在实践中促进幼儿教师专业发展
（上册）

苏　津　主编

首都师范大学出版社

图书在版编目(CIP)数据

在实践中促进幼儿教师专业发展 / 苏津主编. —北京：首都师范大学出版社，2024.6

ISBN 978-7-5656-8082-3

Ⅰ.①在… Ⅱ.①苏… Ⅲ.①幼教人员－职业技能－教师培训－文集 Ⅳ.①G615-53

中国国家版本馆 CIP 数据核字(2024)第 040774 号

ZAI SHIJIAN ZHONG CUJIN YOU'ER JIAOSHI ZHUANYE FAZHAN
在实践中促进幼儿教师专业发展（上册）
苏　津　主编

责任编辑	林　尧　周晓蓉
首都师范大学出版社出版发行	
地　　址	北京西三环北路 105 号
邮　　编	100048
电　　话	68418523(总编室)　68982468(发行部)
网　　址	http://cnupn.cnu.edu.cn
印　　刷	北京印刷集团有限责任公司
经　　销	全国新华书店
版　　次	2024 年 6 月第 1 版
印　　次	2024 年 6 月第 1 次印刷
开　　本	787mm×1092mm　1/16
印　　张	51.75
字　　数	1500 千
定　　价	158.00 元(全三册)

版权所有　违者必究
如有质量问题　请与出版社联系退换

编 委 会

主　编　苏　津

副主编　林　莹　吴媛媛　李　鹏

编　委　（按姓氏笔画排序）
　　　　　王慧迪　王怡雪　王立秋　文振有　宁贤丽
　　　　　仲丹宁　刘　欣　刘会玉　邱　霞　陈　琴
　　　　　罗　阳　赵振颖　胡普树　常　娥　蔡丽菊
　　　　　翟凤洁　潘艳萍　魏　莎

组　委　杨雅楠　闪军燕　赵　强　布松涛　张庭玮
　　　　　苏　博　王　阳　潘永东　钟秋瑜　黄欣钰

目 录

教学实践

【教案】

好饿的小蛇	马佳乐	(003)
工具商店失窃案	邹红焦	(004)
什么动物吃什么	余 磊	(005)
童话世界的冒险之行	陈会会 周文睿	(006)
早期阅读——《跑跑镇》	赵依铭	(008)
谁能装进瓶子里	郑子怡	(010)
王子的舞会	顾沈圆	(011)
认识鲨鱼	陈 欣 吴 洁	(013)
摘果子颜色配对	李婷婷	(014)
我爱吃蔬菜	于 宁	(015)
有趣的京剧脸谱	张子嫣	(016)
会讲故事的象形字	陈丽敏	(018)
热海歌	蔡 季	(019)
旋转的风车	黄 佳	(020)
春日印记	吕小凤	(022)
找不到眼镜	何明健	(023)
我喜欢我自己	罗 敬 黄译漫	(025)
小阿力上小学	李 建	(026)
我是班级志愿者	崔明明	(027)
看图讲述《母鸡萝丝去散步》	薛续萍	(029)
中国地图	钱艾妃 张雪梅	(030)
你为什么不开花	万芯怡	(032)
小"潮"玩 大"铜"趣	邱 霞 晏 琼	(033)
5的组成	李 丹	(034)
小小辩论赛	郭校彦	(035)
扎染——花衣服	文振有	(036)
我家漂亮的尺子	仲丹宁	(037)
小动物爱吃什么	王 伟	(039)
我的小菜园	廖 欣	(040)
方方和圆圆	梁碧燕	(041)

【说课稿】

看电影 ··· 贾晓娟（043）
趣味踢足球创设与实施 ································· 邬彩霞（045）
洋娃娃和小熊跳舞 ······························· 龚 甜 章 静（047）
测一测、量一量 ······································· 张雨龙娃（048）
灵动的跳音 ··· 杨 晨（050）
有趣的方言 ··· 许 娥（052）
音乐活动：迷路的小花鸭 ······························· 彭英英（054）

教育反思

【观察记录】

小小动物园 ··· 梁宗梅（059）
调皮的跳跳 ····································· 唐 霞 肖文清（059）
幼儿园大班幼儿自主游戏时间行为观察 ················· 贺燕婷（060）
"滑滑梯"堵车了 ·· 杨 静（061）
泡菜诞生记（二） ······································ 张淑红（062）
科探区："灯泡亮了"游戏观察记录 ················ 丁 敏 苏 澜（064）
拉近距离 赢得信任 ····································· 李 娜（065）
跷跷板诞生记 ··· 杨 婉（067）
高速公路的奇思妙想 ··································· 余 晨（068）
露营计划 ··· 王璐瑶（069）
花草园里的秘密 ······································· 尹 春（070）
我帮小熊来刷牙 ······································· 刘燕平（071）
攀爬小能手 ··· 白 磊（072）

【案例分析】

"豆"趣无穷
　　——中班自然种植案例 ··························· 陈燕丽（074）
谁来做小排头 ··· 李 萌（076）
泥巴房子 ··· 刘亚翠（078）
我是小厨师 ··· 金 凤（079）
立交桥 ··· 董 娇（081）
自主游戏
　　——高架桥的诞生 ······························· 崔海燕（083）
不一样的毕业典礼 ····································· 张芳芳（084）
你好，蜗牛 ··· 刘思琪（087）
大班探究式剪纸活动 ··································· 王 旭（089）

【教育随笔】

总有一把钥匙属于自己 ································· 余思嘉（091）
守护孩子内心的小世界 ································· 吴妙容（091）

来自星星的故事 …………………………………………… 朱 艺（092）
春种日记
　　——"菜"高八斗 …………………………………… 吴海田（093）
孩子的"惊奇" …………………………………………… 李文君（094）
我的"含羞草"开花了 …………………………………… 王银璐（095）
教育应与爱同在 ………………………………………… 张艺申（095）
书签的故事 ……………………………………………… 杨慕茜（096）
从生活中探索科学的小奥秘 …………………………… 左思杨（097）
有趣的午餐 ……………………………………………… 程 娟（098）
沙池里的鞋底花纹 ……………………………………… 罗丽梅（099）
关于放手的那些事 ……………………………………… 杨 文（100）
幸福心语，在成长的点滴足迹里 ……………………… 何清洁（100）
吮指女孩 ………………………………………………… 董汝媛（101）
翻尿垫 …………………………………………………… 吕美坤（102）
换一种方式夸孩子 ……………………………………… 张 楠（103）
在青春的路上，与你共同成长 ………………………… 毕 程（103）
小种子 大能量
　　——"亲自然"园本课程实践随笔 ………………… 崔雅丽（104）

教育探索

"三全育人"视域下高职院校幼儿教师师德培养的现实思考 ……… 朱玉华 李 杨（109）
浅谈主题活动中家园共育促进幼儿自主学习的研究 ………… 张 旭（111）
小班生活准备主题活动的设计与实施 ………………… 李志楠（113）
幼儿园户外混龄游戏中幼儿亲社会行为的培养策略 … 言春艳（116）
教师专业成长的途径探究 ……………………………… 李比兰（118）
侗族舞蹈文化融入幼儿园舞蹈教学的对策 …………… 黄羽西（120）
创设育人的环境，突显思政的价值
　　——浅谈将课程思政融入幼儿园环境创设课程中 … 罗秀娟（123）
幼儿园科学区材料投放现状研究 ……………………… 郑珊珊（125）
谈融合教育背景下如何促进幼儿同伴交往 …………… 张 洁（130）
幼儿教师对幼儿绘画作品评价的调查研究
　　——以某县城幼儿教师为例 ……………………… 蒋 颖（133）
基于专业发展阶段幼儿园教师分层培养策略 ………… 李倩雯（136）
幼儿体育活动对儿童身心发展的积极影响 …………… 农嘉文（139）
幼儿园课程改革探究 …………………………………… 石 莉（140）
浅谈如何以篮球为载体，促进体教融合 ……………… 陈 萍（142）
基于核心素养培养幼儿劳动力的实践课程建构策略 … 张春娜（144）
浅谈广宁民歌的特征和历史文化价值 ………………… 王杰华（145）
建构多形式师幼互动，支持幼儿探究活动 …………… 李 娜（148）

幼儿园面塑特色活动实施初探	赵振颖(150)
新时代教育改革视域下高质量园本课程的建构与实践研究	郭玉香(152)
行知路上花芬芳，品味童年有歌韵	丁一博(154)
幼儿焦虑来了，你该怎么做	
——幼儿心理健康教育的思与行	侯慧慧(156)
NLP技术用于幼儿教师专业发展的策略研究	刘明珠 任明珠(158)
从ChatGPT的发展看AI对幼儿教育的机遇和挑战	王 淳 刘小军(160)
家园协同提高幼儿园融合教育工作质量的实践研究	门利艳(162)
基于一对一倾听支持幼儿主动学习策略初探	李 晶(164)
幼儿教师素质缺失原因及对策研究	曹伟伟(167)
幼儿园教学活动中师幼互动的问题及对策研究	杨兴雨 尧莹莹(168)
浅谈家园亲子阅读助力缓解幼儿入园焦虑	丁晓会(171)
学前教育专业思政教育新路径：从思政课程到课程思政的转变	汝利娜 王雄燕(173)
华德福教育理念下自然桌子的创设	高 莎 王 丹(175)
幼儿园开展自然教育活动的研究与实施	杨燕花(177)
壮族文化资源在幼儿园区域环境创设中的应用现状	
——以云南省J幼儿园为例	刘新伢(179)
课程游戏化在幼儿活动中的对策与研究	毕 娟(182)
浅议绘本资源对幼儿情绪管理能力的影响	徐果果(184)
幼儿园体验式家长会的组织与实施	张 薇 潘 艳(186)
终身体育视域下促进幼儿动作发展的模式构建研究	张馨月 张雪群(189)
新形势下民办幼儿园招生策略研究	杨 燕 张玉华(193)
学前教育高质量发展的影响因素研究	张 玄(196)
幼儿园集体教学活动中教师提问的调查研究	莫红星(199)
浅谈幼小衔接背景下幼儿阅读能力培养的有效策略	杨婷婷 黄忠惠(201)
依托"五个课堂"启蒙幼儿国防教育	朱 芳 马晓利(203)
自主游戏中教师如何实施有效的观察	张丽娟(205)
奥尔夫音乐教学中理论分析与实践教学协同发展研究	郭丽欣(208)
常态试教，多元丰富；教研引领，家园共育	
——幼儿园创意美术特色教育"红绿蓝"研究综述	张晓玲(210)
基于儿童认知发展阶段的学前儿童绘本设计研究	张 莉(212)
在绿水青山中感知色彩，幼儿的画纸才能更多彩	杨 逸(214)
高职学前教育专业学生职业素养培养途径探索	付 君(216)
"原""趣""甜"三味教研，推动园所开展户外自主游戏	沈 颖(219)
培养小先生 融合又融洽	
——特殊幼儿同伴支持实践	孙 博(222)
幼儿园便捷式室内体育游戏的设计与实施的实践研究	古奕凡 王 杰(224)
基于蒙台梭利、瑞吉欧、华德福幼教体系的幼儿园环境创设分析	林俊杰 罗梦欣(227)
幼儿园推动幼儿家风建设的实践研究	米 娜(229)

积极心理学视角下幼儿教育的刍议 ……………………………… 孙　田　白江妹(232)
科学指导，跳出精彩
　　——大班幼儿跳绳活动有效指导的策略研究 ………………………… 黄秀娟(233)
浅谈幼儿园自主游戏的确立原则 ……………………………………… 陈　玥(236)
教学、评价、幼儿发展三位一体，助力幼儿学习品质养成 …………… 刘冬雨(237)
走班式角色游戏促幼儿自主学习的实践研究 ………………………… 李婷婷(239)
幼儿教师在大班自主游戏中的指导与支持策略研究 ……… 常慧婧　吴　昊(241)
优化幼儿园情境体育教学，促进幼儿体能提升的实践研究 ………… 吴　璘(243)
基于"玩说记展"探索幼儿园泥艺劳动项目活动的新路径 …………… 刘晓婉(246)
巧劳动·趣值日·共发展
　　——幼儿园值日活动的有效开展策略 …………………………… 杨　岩(249)
科学衔接　助力成长 …………………………………………………… 艾红波(251)
基于儿童视角下的教师区域活动观察与指导 ………………………… 黄静雯(253)

教学实践

【教案】

好饿的小蛇

北京市朝阳区教育国资中心幼儿园　马佳乐

教学领域	语言	班级	小班
设计意图	故事《好饿的小蛇》内容简单，画面形象生动有趣。故事中的拟声词使故事充满了趣味性，小蛇贪吃的模样吸引着幼儿，适合小班幼儿模仿与表演。因此我设计了"好饿的小蛇"这一活动。故事中小蛇的话语、动作抓住了孩子的兴趣点，同时结合《纲要》在活动中鼓励幼儿大胆、清楚地表达自己的想法和感受，发挥幼儿的想象力，让幼儿尝试描述简单的事物或过程，让幼儿融入故事的角色，在活动中加深对故事的体验和理解。			
活动目标	1. 感受故事的有趣氛围。 2. 理解小蛇吃各种水果身体变形的故事情节。 3. 能够大胆表达物体的颜色与形状。			
重点难点	重点：乐意表达自己的猜测和想象。 难点：尝试模仿说短句"啊呜咕嘟，啊真好吃"。			
活动准备	物质准备：PPT 课件。 经验准备：幼儿认识常见的基本图形。			
活动过程	一、开始部分 师(出示小蛇图片，幼儿观察)：今天老师给小朋友们带来了一位新朋友。(出示小蛇图片)提问：看，这是谁呀？这条小蛇的身体是什么样的？蛇是怎么样走路的呢？我们一起来学学小蛇走路的样子。 师：今天一大早呀，小蛇的肚子就开始咕噜噜地叫了，你们觉得为什么肚子会叫呢？我们小朋友肚子饿了，会怎么样啊？看看，好饿的小蛇去哪里找好吃的东西了呢？ 二、基本部分 1. 观看图片，理解故事。 (1)出示苹果，观察苹果的样子。 师：好饿的小蛇扭来扭去，它在小树林里发现了什么？ 师：你看到的苹果是什么样子的？ 小结：小蛇见到了一个圆圆的、红红的苹果。 (2)出示小蛇吃过苹果后的样子。 师：咦，小蛇怎么了？怎么会变成现在这个样子呢？为什么你知道是苹果呢？ (3)出示小蛇张开嘴巴的图片，幼儿观察。 师：这圆圆的、红红的苹果真好吃呀，小蛇是怎么吃的呢？ (4)请幼儿模仿小蛇吃苹果的体态动作，并学说短句：啊呜咕嘟，啊真好吃。 2. 观看图片，猜测故事内容。 出示小蛇吃过香蕉、葡萄和菠萝后的样子的图片，幼儿观察。 师：小蛇在小树林里扭来扭去，还吃了很多水果，你们猜，它都吃了什么水果呢？ (1)师：咦！小蛇吃了什么东西呀？为什么你觉得是香蕉呢？真的是香蕉啊，你们是怎么发现的？ 小结：原来小蛇是吃了黄黄的、弯弯的香蕉，变成了弯弯的香蕉蛇了。 请幼儿模仿小蛇吃香蕉的体态动作，并说短句：啊呜咕嘟，啊真好吃。 (2)师：这次小蛇吃了什么呢？(出示小蛇见到葡萄的图)你看到的葡萄是什么样子的？ 小结：原来小蛇是吃了葡萄，会变成一条葡萄蛇。			

续表

活动过程	请幼儿模仿小蛇吃葡萄的体态动作，并说短句：啊呜咕嘟，啊真好吃。 3. 出示图片，幼儿讨论。 (1)师：小蛇在树林里吃了苹果、香蕉、葡萄还有菠萝，它继续在小树林里扭来扭去地散步，突然它发现了一棵长满红苹果的树，好饿的小蛇会怎么样呢？ (2)欣赏小蛇吃苹果树的图片，并学一学小蛇吃树的样子。 4. 小结：故事里的小蛇真有趣，也很贪吃，它看见什么就吃什么，竟然连小树也吃掉了，真好玩。 三、结束部分 师：小蛇散步的时候见到了很多的水果，我们也去户外散散步看看我们能找到什么水果好不好！
活动反思	本次活动内容适合小班幼儿，他们很愿意去模仿小蛇吃东西发出的声音，活动目标基本达成，孩子们感受到绘本故事的乐趣，积极回应老师提出的问题，大胆表达自己的猜想。本次活动需要改进的是教师的提问，提问还需精练，便于幼儿理解操作。

工具商店失窃案

广西壮族自治区百色市德保县马隘镇中心幼儿园　邹红焦

教学领域	综合		班级	中班
设计意图	《纲要》中提出："教育内容的选择既要适合幼儿的现有水平，又要有一定的挑战性；既要符合幼儿的现实需要，又有利于其长远发展；既要贴近幼儿的生活来选择幼儿感兴趣的事物和问题，又有助于拓展幼儿的经验和视野。"根据《纲要》的要求以及中班幼儿的年龄特点，将"工具"作为幼儿综合教育内容，在活动中我为幼儿提供了丰富的可操作的材料，引导幼儿进行案情分析判断推理，寻找嫌疑人，让幼儿感受到通过自己的判断获得成功的喜悦。			
活动目标	1. 感知6以内的数量以及比较6以内数量的多少。 2. 能根据分析、判断、推理、排除等方法寻找嫌疑人，并且知道没有经过他人同意不能随便拿别人的东西。 3. 感受推理成功的喜悦之情。			
重点难点	重点：感知6以内的数量以及比较6以内数量的多少。 难点：能根据分析、判断、推理、排除等方法寻找嫌疑人。			
活动准备	货架、1—6数字卡片、操作表、工具图片、笔、小动物图片等。			
活动过程	一、活动导入 "我是黑猫警长"情景模式。（警笛声响起） 二、了解案情，知道货架1—6层失窃物的数量是多少 案发现场一片狼藉，货架上有灰尘印。 教师引导幼儿探讨工具商店都有什么样的工具，会是什么工具失窃。 教师引导幼儿讨论失窃工具数量，根据落灰尘数与物的对应，明确失窃工具种类——修理工具。 教师引导幼儿讨论究竟是谁偷走了工具。再次勘查现场，根据案发现场留下的蛛丝马迹（黄颜色布料）寻找嫌疑人。 三、播放课件，理解6以内的数量，寻找嫌疑人 师：通过调取监控，发现案发时间为晚上12点左右，现场附近出现了10位嫌疑人，			

续表

活动过程	根据嫌疑人当晚穿的衣服与案发现场留下的布料颜色一样，锁定6名嫌疑人，他们分别是汤姆、灰太狼、蟹老板、狐狸尼尔、蛇精、一只耳。 **四、播放课件，依据线索寻找小偷** 师：亲爱的警员们，来到这里似乎就没有什么线索了，我们得想想办法再次找出犯罪嫌疑人，还有什么办法可以指证他们6位当晚的行踪呢？（幼儿想办法）我也想到了一个好办法——全城张贴悬赏公告，请热心的市民给我们提供目击证词。 目击证人小红帽证词：我那天刚好在商店附近拍流星，流星没有拍到，但拍到了小偷身体部位的影子。 目击证人外卖小哥证词：我是一名外卖送货员，当天晚上12点后，我在大街上来来回回送外卖，只看到工具商店有人进进出出，并未怀疑是失窃了。我清楚地记得那人搬运的东西一次比一次多，其他的记不清了。 目击证人大头儿子证词：我昨天夜里起床喝水时，看见了尼尔在车库里进行汽车大改造，还传来锤子叮叮当当的敲打声和锯子锯东西发出的响声。我认为我们城里的特大失窃案的犯罪嫌疑人就是尼尔！ 师：现在请小小警员们进行数与物的匹配验证，你们有没有信心侦破失窃案件？ **五、活动总结** 师：尼尔被抓了，他做错事情勇于承认错误的态度值得我们小警员们学习，但是偷窃这种行为是不对的，没有经过别人的同意拿走别人的东西，这是不文明的行为，小朋友们有没有办法帮助尼尔呢？ 师：那现在我宣布工具商店失窃案成功告破，警员，现在让我们一起把快乐的心情分享给更多的小伙伴吧！
活动反思	苏霍姆林斯基曾说过，在人的心灵深处都有一种根深蒂固的需要，这就是希望自己是一个发现者、研究者、探索者，而在儿童的精神世界中，这种需要特别强烈。整个活动中，孩子们通过有目的的探究来解决问题，教师要做的是精心呵护孩子们对周围事物和现象的好奇心和探究欲望，创造机会让孩子们建构科学知识和经验。

什么动物吃什么

广西壮族自治区崇左市广西城市职业大学　余　磊

教学领域	语言	班级	小班
设计意图	首先，设计该教学活动可以为幼儿提供倾听和交谈的机会，活动中会出现不同的动物，动物的叫声又各不相同，引导幼儿仔细倾听动物叫声，学会区别并将动物及其叫声进行匹配，这为幼儿提高倾听能力和表达能力提供极好的锻炼机会；其次，在活动中教师设计了活动背景，能让幼儿结合情景使用丰富的语言进行表达；最后，活动结束环节让幼儿创编儿歌可以发展幼儿的想象能力和创造能力。			
活动目标	1. 初步掌握动物的叫声及动物的饮食习惯。 2. 运用有节奏的语言表现小动物的叫声和食物。			
重点难点	重点：初步掌握动物的叫声及动物的饮食习惯。 难点：运用有节奏的语言表现小动物的叫声和食物。			
活动准备	物质准备：图片、铃鼓。 经验准备：幼儿已有集体教学活动的经验。			

续表

| 活动过程 | 一、活动导入
师：小朋友们好！今天是丛林之王——老虎先生的生日！老虎先生给小动物们发出了邀请，给小朋友们和老师也发出了邀请。现在老师就带大家一起参加老虎先生的生日聚会啦！（示意小朋友们站起来围教室走一圈）
二、活动过程
1. 听声音
师：小朋友们，现在我们来到了老虎先生的生日会，（指引小朋友们走到自己的座位上，请他们坐下）但是其他的小动物因为没见过小朋友们，所以都害羞得躲起来啦，我们要通过听它们的声音，把它们请出来，跟它们做好朋友！（拿出食物图片）大家都要竖起小耳朵哦！（示意小朋友们安静，播放第一个动物的叫声——小鸡的叫声）
2. 模仿
师：小朋友们，你们听到了什么叫声呢？可以模仿出来吗？（举手示意）
3. 表达
老师带领幼儿一起说：小公鸡，叽叽叽。（拿出小鸡的图片贴在黑板上）
师：那小鸡喜欢吃什么东西呢？（引导幼儿说出"小鸡喜欢吃……"）
教师带领幼儿一起说：吃什么，吃小虫。
……
（以同样的方法，老师拿出不同的小动物图片，和幼儿一起模仿动物叫，并运用有节奏的语言进行表述）
师：小动物都被请出来啦，现在请小朋友们跟着老师一起做动作来欢迎小动物！
4. 编歌和说歌
师：小朋友们，今天在老虎先生的生日会上你们都交到了哪些新朋友呢？（引起幼儿回忆），现在让我们一起为新朋友编一首儿歌吧！
三、活动结束
师：今天我们学习了一首新的儿歌，小朋友们回家跟爸爸妈妈讨论讨论，其他的小动物是怎么叫的，它们吃什么东西。请小朋友们跟爸爸妈妈为你们找到的动物编儿歌，明天来幼儿园跟老师分享吧！
四、活动延伸
1. 引导幼儿将动物比拟成人，例如："大姐姐，吃什么，吃糖果"。
2. 为了进一步培养幼儿的语言节奏，在表演区为幼儿提供表现动物叫声节奏的图片、动物歌曲录音带，引导幼儿运用不同的节奏方式表现动物的动作、叫声等。 |
| 活动反思 | 整个活动流程还是比较顺畅的，前后衔接不会显得突兀。教师可以在活动前了解一下本班幼儿对动物的认识情况，在活动中可以加入一些小朋友们不常见到的动物，帮助小朋友们认识更多的动物。 |

童话世界的冒险之行

江西省南昌市江西应用科技学院　陈会会　周文睿

教学领域	语言、社会、艺术	班级	大班
设计意图	绘本故事既能锻炼幼儿表达能力，又能启发幼儿想象力和提高问题解决能力等。《绿野仙踪》是一部经典的冒险旅行的故事，它将问题寓于情境，又于情境中不断产生新的问题。以童话情境为主轴，通过对故事脉络的梳理，帮助幼儿发现、分析和解决问题，引导幼儿整合并进行语言、社会、艺术领域内容的学习。		

续表

活动目标	1. 帮助幼儿理解经典文学作品内容，以及解决问题、团结的主题。 2. 通过老师引导和提供材料，初步学会使用多种策略解决问题。 3. 培养幼儿爱动脑的习惯，体验帮助他人解决问题的快乐。
重点难点	重点：引导幼儿理解故事内容。 难点：引导幼儿运用思维导图流畅连贯地总结故事情节，并帮助幼儿创造性地解决问题。
活动准备	物质准备：《绿野仙踪》视频、思维导图、工具表、场景图。 经验准备：大班幼儿已具备了一定语言经验和认知能力，接触过思维导图。
活动过程	一、理解问题情境 1. 欣赏情境——播放故事视频，激发幼儿学习兴趣 师：小朋友们，我们来欣赏一个有趣的故事吧！ 2. 感知思维导图——讲解和示范思维导图，梳理故事情节 (1)展示第一部分思维导图 师：桃乐丝带着小伙伴们沿着这个黄色的道路去寻找翡翠王国了！但这条道路上他们会遇到很多困难，会遇到什么呢？ (2)展示第二部分思维导图 ①继续播放视频——第一段窄山谷 桃乐丝来到一段窄山谷前，狮子带领其他人一起跳了过去，请分析狮子为什么能跳过去。 ②老师继续补全思维导图，展现情境内容，并引导幼儿理解简单思维导图符号（例如：图像、线段、箭头、框符号、结构层次） 小结：桃乐丝解决了这个问题，他们又沿着这条黄色的路继续前行了，我们再看看他们又走到哪了？ 二、明确问题任务 1. 体验故事情境——补全思维导图，完整故事内容 (1)继续播放视频——第二段长山谷。桃乐丝来到一段长山谷前，狮子再也跳不过去了。 (2)教师继续补全思维导图，完整展现情境内容。 2. 识别问题情境——梳理线索信息，确定问题，解决任务 师：桃乐丝现在过不去，怎么办呢？小朋友们，桃乐丝邀请你们帮忙想办法，你们可以帮助他们吗？ 师：那现在的任务就是帮助桃乐丝他们过这个又长又深的山谷。 三、分析问题信息 1. 基于环境，分析解决策略 师：小朋友们仔细观察山谷森林，想一想环境里有什么能帮助他们的吗？ 2. 基于工具表，分析并选择工具 师：桃乐丝还带了背包，背包里有很多工具和物品，大家可以看看有没有帮助桃乐丝过山谷的工具？有用的在括号里打钩哦！ 四、提出解决方案 1. 设计工作坊——发放场景图，小组绘制方案 师：现在请小朋友们根据选择的工具和森林的环境，在这个场景图中画出你的解决方案，画出来的方法越多越好哦！大家有10分钟的时间。 2. 方案发布会——展示方案，分享成果 师：时间到了，现在请各个小组来分享你们的解决方案。

续表

活动过程	五、评价与反思 教师归纳办法类型，并从纪律保持性、合作性、方案数量和类型、作品完整度这几个方面来评价小朋友们的表现。 师小结：小朋友们的办法真多，大部分都可以帮助桃乐丝躲过怪兽，桃乐丝要继续上路，下次会遇到什么问题呢？老师下次课再和小朋友分享！
活动反思	《绿野仙踪》故事富有童趣，以动画形式推动故事发展，激发幼儿欣赏故事的兴趣。该活动目标层次分明，既注重学前儿童欣赏故事的感受，又重视学前儿童语言能力、动手能力、合作能力和问题解决能力的提升。同时教学中运用提问、思维导图、工具图、问题场景图等材料支持，吸引幼儿参与课堂互动。但该活动中还要注意组织幼儿合作，关注幼儿的个体差异。

早期阅读——《跑跑镇》

北京市丰台区蒲黄榆第一幼儿园　赵依铭

教学领域	语言	班级	中班
设计意图	中班幼儿语言倾听的目标是，在集体中能有意识地听与自己有关的信息；语言表达的目标是，愿意与人交谈，喜欢谈论自己感兴趣的话题，能基本完整地讲述自己的所见所闻和经历的事情；语言文明的目标是，幼儿在别人对自己讲话时能回应，能根据场合调节说话声音的大小并能主动使用礼貌用语。 《指南》中指出，幼儿语言领域的核心价值是阅读与理解、倾听与表达。本活动由绘本《跑跑镇》改编而成，中班幼儿的想象已有初步的目的性，对其想象力的培养，关系到幼儿创造性的发展，关系到幼儿新知识的学习。在跑跑镇中两个不相关的物体快跑、碰撞在一起后，变成"新"事物；幼儿可以从两个不同的对象上观察物体的明显特征，进而联想出两个角色碰撞后可能产生的新的变化。整本书充满了创意和趣味，符合中班幼儿的年龄特点与好奇的探索欲望，跟着书中"哒哒哒"的脚步，享受猜测的游戏乐趣。			
活动目标	1. 情绪情感目标：在互动游戏中，体验绘本阅读带来的快乐。 2. 知识技能目标：能根据图片大胆猜测，并愿意表达自己的想法。 3. 能力习惯目标：仔细观察画面，发现动物和物体的显著特征，尝试用简洁的独白语讲述。			
重点难点	重点：感知绘本的故事内容，能用简单固定的句式讲述。 难点：大胆尝试运用固定句式与伙伴演绎故事内容。			
活动准备	物质准备：活动课件；小猫、小鹰、小黑熊、小白熊、公主、海豚、红宝石、苹果、馒头、肉丸子、荷叶、拐杖、仙人球、小鱼、红色卡车、梯子等头饰；绘本故事。 经验准备：对绘本中出现的物品、人物外形特点有初步认识。			
活动过程	一、利用魔术导入故事，激发幼儿兴趣 1. 师：我去过一个神奇的小镇，叫作跑跑镇，那里所有的东西都喜欢奔跑，相撞后还会发生神奇的变化。 出示卡片：大家看小黄和小蓝，他们两个跑着跑着撞在了一起，你们猜他们会变成什么颜色？ 2. 快速旋转卡片，出现了绿色的视觉效果，小黄和小蓝说："我们变成了绿色。" 3. 出示绘本封面。师：今天咱们一起去这个神奇的跑跑镇看一看吧！			

续表

活动过程	**二、活动主体** (一)带领幼儿观看课件阅读绘本内容,模仿句式进行讲述 1. 幼儿观看课件阅读绘本内容,学习句式(播放1—2页课件) 师:小猫哒哒哒,小鹰哒哒哒,咣!撞在一起变成了猫头鹰。 小黑熊哒哒哒,小白熊哒哒哒,咣!撞在一起变成了大熊猫。 (通过阅读图片内容,熟悉×××哒哒哒,×××哒哒哒,咣!撞在一起变成了×××的句式) 2. 幼儿观看课件阅读绘本内容,进行句式跟读讲述(播放3、4页课件) 师:你能像我一样用×××哒哒哒,×××哒哒哒,咣!撞在一起变成了×××的句子说一说跑跑镇发生的事情吗? (引导幼儿用×××哒哒哒,×××哒哒哒,咣!撞在一起变成了×××的句式跟着教师一起说) 师:那我们一起说一说吧!小公主哒哒哒,小海豚哒哒哒,咣!撞在一起变成了美人鱼。 (二)鼓励幼儿仔细阅读绘本内容,尝试使用句式进行讲述 1. 利用课件引发绘本阅读(播放第5页课件) 师:这是谁哒哒哒?这是谁哒哒哒?咣!撞在一起会变成什么呢? 师:跑跑镇上神奇的事情太多了,请小朋友一起到书里找一找答案吧! 2. 倾听背景音乐,进行绘本阅读 教师指导阅读,同时为幼儿巩固句式,使绘本阅读更具趣味性和挑战性。 (三)完整阅读:播放课件,幼儿使用句式进行看图讲述 师:小朋友都发现跑跑镇上哪些神奇的事情啦?我们快来说一说吧!(教师播放课件,幼儿进行讲述) (四)通过角色扮演,幼儿自主体验阅读带来的乐趣,鼓励幼儿勇敢表达 1. 请幼儿扮演绘本中小镇上的居民 师:跑跑镇可真有意思,我都想当跑跑镇的居民了,你们想不想?我想当公主,你们想当谁呀? 2. 播放轻音乐,幼儿进行扮演 (1)幼儿选择角色,分发头饰。 (2)老师先进行表演,幼儿观看(邀请一位老师共同配合表演)。 师:小公主哒哒哒,小鲤鱼哒哒哒,咣!撞在一起变成了美人鱼。 (3)幼儿边说边进行表演,教师为幼儿录像。 师:接下来谁想来表演?老师给小朋友录像,制作成电影《跑跑镇》。 (4)将录像播放给幼儿观看,边看边进行点评。 聊天形式:可教师点评也可幼儿点评。 例如声音的大小,语气的运用,神态是否自然,动作跟讲述是否合拍,面部表情是否自然等。 **三、活动结束** 师:小朋友演得真好!休息一下,我们继续表演,老师会把视频发到班级群里,让爸爸妈妈也看一看我们的表演! 师:除了跑跑镇上这些事情,你还想到了哪些其他的神奇事情?还可以和爸爸妈妈说一说,和小朋友们说一说。 **四、活动延伸** 如果小朋友对这个组合比较感兴趣,回家后可以让家长给你们在手机上下载一个豆包App,里面的小机器人可以模仿你的句式和你进行比赛,然后和大家一起分享。

续表

活动反思	优势：教师对于活动准备非常充分，能接住每个幼儿回答的问题，做到了关注每一位幼儿。整体活动通过动画贯穿，孩子们兴趣高，游戏性强。闯关游戏让活动富有挑战性，能激发幼儿的思考。师幼氛围非常融洽，幼儿对本次活动也非常感兴趣，与教师积极互动。教师一直围绕活动目标开展，层层递进，难度也是逐渐增加，更加激发幼儿的挑战欲望。 不足：教师活动内容非常丰富，不过课件PPT中个别图片不太适合，如果更换一下会更好。活动时间的长短需要再把控一下。

谁能装进瓶子里

北京市密云区第七幼儿园　郑子怡

教学领域	科学	班级	小班
设计意图	《3—6岁儿童学习与发展指南》中指出幼儿的科学学习是在探究具体事物和解决实际问题中，尝试发现事物间的异同和联系的过程。应当充分利用自然和实际生活机会，引导幼儿通过观察、比较、操作等方法，分析问题，不断积累经验。最近班级收集了很多矿泉水瓶，幼儿很感兴趣，经常拿在手里敲、捏、装豆子摇……出于幼儿强烈的好奇心和探究欲望，选择他们感兴趣的材料生成了本次科学探究活动。		
活动目标	1. 在操作过程中，尝试运用多种方法(搓、撕、折、卷、揉)，将物体改变形态装进瓶子里。 2. 通过反复操作，感知物体能否装进瓶子与瓶口大小有关，初步了解"软"的物体特征。 3. 乐意参加科学探究活动，并大胆交流自己的发现。		
重点难点	重点：感知物体能否装进瓶子与瓶口大小有关，初步了解"软"的物体具有容易变形的特点。 难点：大胆尝试用搓、撕、折、卷、揉等多种方法把"软"的物体经过变形后装进瓶子。		
活动准备	物质准备：PPT课件、瓶子、材料包。 经验准备：幼儿经常摆弄瓶子，往里装过东西。		
活动过程	一、谈话导入 出示瓶子，引发幼儿探究兴趣。 师：老师带来了一位好朋友(瓶子)，它有一个大肚子，能装很多东西。 二、基本部分 动手操作、探索哪个能装进瓶子里。 1. 第一次探究 通过动手操作，感知物体与瓶口大小之间的关系。 师(出示材料)：今天，老师给小朋友们带来了瓶子宝宝。 幼儿猜测。 师：你觉得谁能装进瓶子宝宝的肚子里？ 幼儿操作，教师观察指导，分享交流。 师：谁来说说你的瓶子宝宝都装了什么？剩下的材料为什么装不进去？ 师小结：物体比瓶口大装不进去，比瓶口小能装进去。 2. 第二次探究 通过改变物体的形状，尝试用各种方法把物体装进瓶子里。 师(出示PPT)：我的肚子还可以再装三样东西(纸张、彩泥、不织布)，请你来试一试。 师：这次你们觉得能装进去吗？ 幼儿先猜测再动手操作，尝试改变物体形状并装进瓶子。		

	续表
活动过程	分享交流：你刚才试了什么？用什么方法把它装进去的？ 小结：我们还可以用搓、撕、折、卷、揉等方法改变纸张、橡皮泥、不织布的形状，使它们"变小"装进瓶子里。 **三、结束部分** 扩展经验，幼儿了解通过改变物体形状可以为生活带来便利。 师（播放视频）：生活中还有哪些东西可以通过折、卷等方法来改变形状呢？ 小结：面积大的衣服、被子，通过小朋友们和老师折叠能够使它们变小，便于收纳。 **四、活动延伸** 师：想一想冬天厚厚的羽绒服怎么才能放进柜子里不占空间呢？
活动反思	优势：充分分析小班幼儿认识靠行动的年龄特点，在操作过程中，鼓励幼儿尝试运用多种方法（如搓、撕、折、卷、揉等），将易变形物体改变形态装进瓶子里。活动中材料源于幼儿生活，有较强的可探索性、趣味性。材料人手一份利于幼儿进行探索操作；材料具有多样性、层次性等特点。活动游戏化、生活化。 结合小班幼儿常把物体当作人的"拟人性"思维特点，将瓶子比喻成大肚子的瓶子宝宝，鼓励幼儿帮助瓶子宝宝装东西，小班幼儿逻辑推理能力十分有限，所以给予幼儿充分与材料互动的时间，通过一次次操作探索，意在把抽象的科学知识与游戏紧密结合起来，使幼儿自发把这种粗浅的科学知识延伸到生活中，让幼儿快乐地"做中学"。 不足：幼儿的思维发展存在差异性，有的直接操作，有的则是思而不动，我个别指导时不到位，没能让幼儿大胆尝试，向同伴学习。对动作快的幼儿应继续增加材料，使孩子们很专注地尝试，教育活动时间略微有超时。

王子的舞会

北京城市学院　顾沈圆

教学领域	科学	班级	大班
设计意图	《3—6岁儿童学习与发展指南》科学领域中指出，能够初步感知生活中数学的有用和有趣，其中5—6岁幼儿能发现事物简单的排列规律，并尝试创造新的排列规律。《纲要》中指出，幼儿园应帮助幼儿认识数字并进行基本的计数、比较、排序。大班幼儿认识基本的图形，并能够进行简单的模式创造。通过情景创设和课堂提问，引导幼儿帮助王子举办舞会，帮助幼儿学会模式创造、转换。			
活动目标	1. 幼儿能够理解ABAB、ABAC图形规律，综合运用模式并进行简单的模式规律转换、创造。幼儿理解生活中的一些事物也有规律。 2. 幼儿通过游戏和课堂提问的方式，初步感知模式规律的概念。 3. 幼儿在游戏过程中，运用生活经验，感到数学模式规律的乐趣。			
重点难点	重点：幼儿能够进行简单的模式规律创造和模式规律转换。 难点：幼儿能够理解并运用模式规律并进行创造。			
活动准备	物质准备：不同种类的串珠、绳子、课件PPT。 经验准备：幼儿认识基本图形。			
活动过程	**一、导入** 师：小朋友们，猫头鹰先生为我们送来了魔法世界的信函，你们想不想知道信函上写了些什么呢？ 师：请小朋友们跟着猫头鹰先生的指示做动作开启这封信函吧。			

续表

活动过程	师：拍拍手，点点头，拍拍手，点点头，（老师充当猫头鹰先生，幼儿跟着老师一起做动作）打开信函，"小朋友们，你们好，我是魔法世界的王子，我想要举办一场盛大的舞会，可是我遇到了许多困难，需要你们的帮助，请帮帮我吧。" 二、基本过程 师：请小朋友们帮助王子成功举办舞会，帮助王子解决困难。城堡的墙面上铺着许多不同图形的瓷砖，可是其中一面墙上的瓷砖丢失了，小朋友们需要帮助王子找到丢失的瓷砖图形。 困难一：丢失的瓷砖  老师引导幼儿尝试按组分析图形规律（ABAB），并请小朋友上来放一放图形，提问幼儿找到答案的方法。 师小结：可以把一个正方形和一个圆形瓷砖分为一组，按照这样的顺序，我们可以发现横线处应该放正方形瓷砖。 困难二：舞会手链 师：王子说他要给每一个参加舞会的小朋友们分发一条舞会手链，可是他准备的手链数量不够，请小朋友帮他按照已经做好的手链的方法再多做几条。 教师帮助幼儿分析手链的制作规律是由一个白色的珠子、一个黄色的珠子、一个白色的珠子、一个黄色的珠子这样的顺序做成的，让幼儿按照相同的规律方式制作其他手链。 教师将3个幼儿分为一组，给每一组分发多种颜色的串珠和绳子，幼儿按照所学的模式规律自主进行手链制作。其间，教师随时观察，引导幼儿按照模式规律进行创造。 完成后请幼儿介绍自己小组制作的手链规律。老师总结其中的模式规律。 困难三：舞会音乐 师：王子说舞会还缺少一段好听的音乐，图片上有很多不同形状的图形，请小朋友们帮王子把这些图形变成一段好听的音乐。  老师给予提示，可以将△用拍手代替，请幼儿回答○和□可以用什么代替。 根据幼儿回答，将不同形状的图形用动作代替。请小朋友一起做一做，第一遍老师指着不同形状的图形，幼儿做出相对应的动作。第二遍幼儿自主看着图片完成动作。第三遍幼儿在原本看着图片完成的基础上，能够按照ABAC的模式继续做接下来的动作。 顺利帮助王子举办舞会。 请幼儿总结游戏中发现的规律。 三、结束环节 师：小朋友们说一说生活中还有哪些事物是有规律的？ 四、活动延伸 师：回家后，将帮助王子举办舞会的故事讲给爸妈听，思考生活中还有哪些事物是有规律的。
活动反思	优点：本次活动通过帮助王子举办舞会的方式情景代入，帮助幼儿更好地理解不同的模式规律。从模式规律识别、填充、创造，最后到转换的方式，难度升级，层层递进。 缺点：各个环节难度提升过大，部分用词可能不适宜幼儿。

认识鲨鱼

江西省南昌市江西工商职业技术学院 陈 欣 吴 洁

教学领域	科学	班级	中班
设计意图	《3—6岁儿童学习与发展指南》指出教师要"支持幼儿在接触自然、生活事物和现象中积累有益的直接经验和感性认识"。中班幼儿好奇好问、喜欢探究,对海洋动物有了初步的认知。鲨鱼是幼儿见过的动物,借助于教师的语言讲解和视频、音频的直观展示,帮助幼儿了解更多关于鲨鱼身体结构的认识,感知海洋动物的秘密,并萌发对海洋的崇敬和保护之情。		
活动目标	1. 愿意参与认识鲨鱼的活动,乐意与他人交流自己的表现。 2. 在"寻找鲨鱼"游戏中正确找出鲨鱼,提升观察能力、判断能力。 3. 知道鲨鱼身体主要部分由"背鳍""尾鳍"构成。		
重点难点	重点:可以正确找出鲨鱼,并萌发对海洋的保护之情。 难点:能用语言描述鲨鱼的身体结构是由"背鳍""尾鳍"组成的。		
活动准备	物质准备:PPT、水彩笔、双面胶、鲨鱼玩偶。 经验准备:认识鲨鱼,会手指谣。		
活动过程	一、导入部分 1. 通过波妞手指谣,激发幼儿兴趣,引出活动主题 师:今天波妞又来到我们课堂啦,在邀请她出来之前我们一起用上次学过的手指谣来欢迎她吧! 2. 创设情景 师:今天波妞带来了一位好朋友,它一样来自大海,让我们来看看是谁吧! 二、展开部分 1. 观察视频,引出问题 (1)教师播放关于鲨鱼的视频,幼儿仔细观察。 (2)教师进行提问,幼儿进行讨论回答。 师:视频中你看见了谁?它有什么特征?(颜色、大小、形状) 师小结:今天波妞邀请了大鲨鱼,大鲨鱼有大大的身体,它是蓝色的,它的牙齿非常尖,还有一条像剪刀一样的大尾巴,头顶还有一个尖尖角。 2. 游戏"鲨鱼练练看" (1)教师出示图片,让幼儿进行观察并指出正确的鲨鱼图片。 (2)教师出示食物图片,幼儿猜想鲨鱼吃什么食物,并进行验证。 师小结:小朋友们,我们刚刚知道了原来鲨鱼头顶的尖尖角叫"背鳍",它的尾巴叫"尾鳍"。我们看,视频里面的鲨鱼是不是还在找其他鱼类做朋友呢!鲨鱼一般情况下不会随便就发起攻击的……受海洋污染影响,鲨鱼吃的食物里面还有垃圾。请小朋友猜一猜,如果鲨鱼吃到这些东西会怎样呢?(会肚子疼……)因此,我们也要保护环境,保护大鲨鱼,爱护我们干净美丽的大海洋! 3. "我眼中的鲨鱼" (1)教师出示不完整的鲨鱼,引导幼儿观察。 (2)教师分发材料,巡回指导。让幼儿给鲨鱼拼接好身体,并画出他们眼中的鲨鱼。 (3)教师邀请幼儿上台分享,并说出鲨鱼的身体结构(背鳍、尾鳍)。 三、结束部分 教师对本次"认识鲨鱼"活动进行总结,评价幼儿的表现,带领幼儿一起收拾材料。 四、活动延伸 引导幼儿开"小火车"有序将作品放至美工区进行展示。		

	续表
活动反思	本次活动的开展，主要目的是让幼儿认识鲨鱼的身体构造，并引导幼儿爱护环境。从活动目标来看，该活动符合中班幼儿的年龄特点，并且接近幼儿"最近发展区"。从内容上来说，本次活动有针对性也有挑战性，中班小朋友在认识鲨鱼结构的基础上，还需要说出鲨鱼的身体部位叫什么，这是对幼儿认知领域以及语言领域的挑战，从方法上，我主要先通过视频让幼儿直观感受鲨鱼在海洋里如何游，鲨鱼的特征、颜色等，视觉上让幼儿先感知。其次通过游戏提高幼儿的观察和辨认能力，加深对鲨鱼的认识。最后，让幼儿动手操作，并升华主题，幼儿都为鲨鱼加上了美丽的衣服，他们不再惧怕鲨鱼，因为鲨鱼也是我们的好朋友。 不足之处：本次活动和预设之间还是有较大的差距的，我认为自身经验还不足，有时活动衔接比较生硬。在材料的选择上应该更加丰富，图片的选择应该更加严谨，材料投放应该更加开放。最后还应该给幼儿更多的主动权，虽然我一直有这个意识，但是实践起来还是挺困难的，所以在以后的实践中一定要多加注意，时刻提醒自己。

摘果子颜色配对

广西南宁市广西演艺职业学院　李婷婷

教学领域	科学	班级	小班
设计意图	美术教育活动是幼儿艺术活动中的一部分，是幼儿成长过程中不可缺少的重要组成部分，是培养幼儿观察力、思维能力、想象力、审美力以及创造性思维，使之得以全面发展的重要手段。 随着"秋天来了"主题活动的深入，小朋友初步了解了有关秋天的知识，特别是水果，但是对于小班幼儿来说，他们对于水果的颜色还需巩固学习。有一次我听见几名幼儿在讨论水果的颜色，有的说水果是红色的，有的说是黄色的，有的说是蓝色的……最后小朋友们来问我水果到底是什么颜色的。为了让幼儿对水果的颜色有明确的了解，我设计了这一活动，既符合幼儿的现实需要又有利于幼儿的发展；且此内容贴近幼儿的生活，有助于拓展幼儿的生活经验。		
活动目标	1. 初步认识红、黄、蓝三色。 2. 培养幼儿观察、比较、实践操作的能力，发展幼儿初步的颜色认知能力。 3. 积极参与活动，体验帮助别人的快乐。		
重点难点	重点：能正确进行水果与篮子的颜色配对，通过参与活动，学习如何进行颜色配对。 难点：能认识红、黄、蓝三色，在认识三色的基础上，能在老师提供的"果树"上选择自己喜欢的果子放进篮子进行颜色配对。		
活动准备	物质准备：绒球、硬纸板、双面胶、小篮子、音乐等。 经验准备：幼儿认识部分水果，对颜色有基本的感知力。		
活动过程	一、导入阶段 1. 用幼儿感兴趣的方式引入活动主题，如唱与主题相关的儿歌。 2. 让幼儿说出自己喜欢的水果，引导幼儿知道水果有不同的颜色。 二、讲解活动的准备经验 1. 以简单、通俗、易懂的语言讲解本次活动，如水果、篮子颜色的配对等。 2. 通过教师示范来辅助幼儿学习，例如通过改编儿歌（认识水果）展示不同种水果并说出水果颜色。 三、练习正确的活动方式 1. 引导幼儿学习正确的活动方式，如帮助农民伯伯摘下不同颜色的水果并将水果放进		

活动过程	相同颜色的篮子中，进一步加深幼儿对颜色的认识和理解。 2. 在老师的帮助下，让幼儿根据教学要求，正确地活动好身体。 **四、活动巩固** 1. 设置有趣的游戏环节，如摘果子颜色配对比赛，让幼儿通过游戏的方式加强对颜色的认知。 2. 鼓励幼儿参加活动，并在活动中体验劳动及美术教育带来的乐趣。 **五、课堂反思** 1. 鼓励幼儿表达自己的感受，倾听幼儿的反馈并提供适当的回应。 2. 总结课程学习的要点，让幼儿及时掌握所学内容。
活动反思	通过以上的教学活动，幼儿对颜色的认识和理解得到了显著提升。他们不仅能区分常见颜色，还能用适当的语言描述不同水果颜色的区别和特点。此外，多元化的教学活动也激发了幼儿的学习兴趣和创造力，提高了他们观察、思考和动手的能力。

我爱吃蔬菜

山东省青岛市青岛滨海学院教育学部　于　宁

教学领域	健康	班级	小班
设计意图	蔬菜是幼儿生活中不可或缺的食物，富含维生素、矿物质和纤维，为了使幼儿了解更多的蔬菜及其营养价值，教育幼儿多吃蔬菜，养成良好的饮食习惯，我设计了"我爱吃蔬菜"活动。			
活动目标	1. 认识一些常见的蔬菜，知道多吃蔬菜身体好。 2. 能够说出自己喜欢吃的蔬菜。 3. 愿意尝试不同的蔬菜，形成健康的饮食习惯。			
重点难点	重点：能够认识一些常见的蔬菜并说出自己喜欢吃的蔬菜。 难点：培养幼儿对蔬菜的喜爱，克服挑食的习惯。			
活动准备	物质准备：课件、蔬菜照片、游戏音乐。 经验准备：知道"萝卜蹲"的游戏。			
活动过程	**一、导入** 师(出示花花被抓走的图片)：小朋友们，你们看这是谁啊？ 幼：花花。 师：对了！我们的好朋友花花被森林王国的坏蛋菲菲抓走了，他需要我们的帮助才能被解救出来。 师：昨天晚上花花给老师发了一个小视频，让我们一起来看一下吧。 师：刚刚的视频里，花花告诉我们他喜欢吃什么呀？ 幼：蔬菜。 师：真棒，现在花花被我们解救出来啦！你们有没有喜欢的蔬菜呀？跟大家分享一下吧！ 幼：我喜欢吃胡萝卜，因为它对眼睛好；我喜欢吃土豆，因为它很好吃。 师：蔬菜对我们的身体非常好，我们要多吃蔬菜哦！今天老师带来了很多蔬菜宝宝，我们一起来认识一下吧！ **二、认识蔬菜** 师(播放课件展示蔬菜图)：刚刚我们看到了哪些蔬菜宝宝啊？ 幼：白菜、辣椒、茄子、西红柿、黄瓜。			

续表

活动过程	师：太棒啦！那老师要考考你们，这是什么蔬菜呀？ 幼：辣椒。 师：答对了！那这个呢？ 幼：茄子。 师：嗯，小朋友们都很棒哦！认识了这么多蔬菜宝宝。接下来我们来做一个小游戏吧！ **三、游戏"蔬菜蹲"** 师：老师和小朋友们一起玩一个游戏，叫作"蔬菜蹲"。这个游戏和"萝卜蹲"很像哦，不过我们换成了蔬菜宝宝。老师先说明游戏规则哦：小朋友们每组代表一种蔬菜，听到口令后要快速蹲下，然后站起来。比如老师喊口令"白菜蹲，白菜蹲，白菜蹲完辣椒蹲"，辣椒组的小朋友就要快速蹲下，白菜组的小朋友就要快速站起来。大家明白了吗？ 幼：明白了。 进行游戏。 师：小朋友们的表现都很棒哦！老师希望大家都能多吃蔬菜，因为蔬菜对我们的身体非常有益处哦！ **四、活动延伸** 师：今天我们认识了这么多蔬菜宝宝，也玩了有趣的游戏。回家后可以和爸爸妈妈一起挑选一个你最喜欢的蔬菜宝宝，然后用你最喜欢的颜色和风格把它画下来。 师：在画画过程中，小朋友们可以仔细回想蔬菜宝宝的形状、颜色和特点，这样就可以更好地把它画下来。
活动反思	本节课的教学内容紧密结合幼儿的兴趣，让他们快乐学习，激发了他们的学习兴趣和好奇心。但也存在一些不足，如活动可以更加丰富，还可以用蔬菜的实物来开展活动，让幼儿更加直观地观察蔬菜。由于班级人数较多，无法针对每个幼儿的特性和需求进行个性化教学，无法满足所有幼儿的需求。

有趣的京剧脸谱

青岛市青岛滨海学院教育学部　张子嫣

教学领域	艺术	班级	大班
设计意图	京剧是中华传统文化艺术中的瑰宝，有着浓烈的情感色彩、独特的艺术风格，具有很高的艺术价值。虽然不是幼儿经常遇到和熟悉的事物，但从教育角度来说，浓烈的色彩和艺术风格，符合幼儿的心理特点。《纲要》中指出，要引导幼儿能初步感受并喜爱环境、生活和艺术中的美，而以京剧脸谱作为欣赏对象，不仅能让幼儿了解中华传统文化，激发幼儿的民族自豪感，在欣赏的基础上了解京剧脸谱的表现形式，还能让幼儿在了解的基础上大胆进行尝试、创造，充分发挥幼儿的创造力。		
活动目标	1. 了解京剧脸谱的基础知识。 2. 能用线条、色彩对称的方法表现脸谱特征，大胆设计脸谱。 3. 体验动手制作脸谱的乐趣，激发幼儿的民族自豪感。		
重点难点	重点：了解京剧脸谱的基础知识。 难点：能够用线条、色彩对称的方法夸张表现脸谱特征，大胆设计脸谱。		
活动准备	物质准备：做好的脸谱面具、空白脸谱、油画棒、马克笔、视频、脸谱图片。 经验准备：有听过戏曲的经验，对京剧和京剧脸谱有初步的印象。		

续表

活动过程	**一、创设情境，欣赏导入** 师：最近我们班的小朋友表现得都很棒，咱们青岛剧院的叔叔们知道了，想要邀请我们班的小朋友去看一看他们的演出，接下来小朋友们的小火车要开动啦，现在我们出发吧！ 师：小朋友们，各位演员叔叔都准备好喽！快快坐下，让我们仔细来看一看叔叔给我们带来怎样的表演吧（播放准备好的《盗御马》视频） 师：小朋友们来说一说叔叔的脸跟我们的脸有什么不一样？为什么不一样？ 师：叔叔们表演的是中国特有的京剧，是我们国家的艺术瑰宝，全世界那么多国家，只有咱们中国才有。叔叔们脸上化的妆叫作京剧脸谱，这个京剧脸谱这么特别，小朋友们想不想和老师一起来探索京剧脸谱的秘密呀？ **二、引导幼儿细致观察和表达** 1. 出示半张脸谱图片，引导幼儿思考另外半张脸谱的图案 师：小朋友们，一位叔叔今天在表演的时候，不小心把另外半张脸的图画擦掉了，你们能帮助叔叔把他的另外半张脸谱给补一补吗？（引导幼儿主动发现左右两边是一样的，引出对称） 2. 出示说唱脸谱视频，引导幼儿思考脸谱的配色 师：小朋友们，刚刚视频中的叔叔的脸谱是什么颜色呢？一共有几种颜色呢？（引出脸谱的颜色，引导幼儿讨论脸谱颜色的象征） **三、出示做好的京剧脸谱，引导幼儿动手操作** 师：小朋友们，老师自己做的京剧脸谱好不好看呀？你们想不想自己制作一个有趣的京剧脸谱呀？老师带来了许多的空白脸谱，小朋友们来创作一个属于自己的脸谱吧！不过咱们一定要注意脸谱的左右是对称的哟！（教师巡回进行指导） **四、分享自己制作的京剧脸谱** 鼓励幼儿分享自己制作的京剧脸谱，说说有什么特别之处，并跟随歌曲进行扮演。 师：刚刚小朋友们都制作了自己的脸谱，每一个小朋友的脸谱都很有特点，也都很漂亮。老师在这里给大家准备了一首歌，小朋友们可以带上自己的脸谱，跟随歌曲和老师一起来扮演，小朋友们快看，老师的脸谱是蓝脸的窦尔敦，咿呀呀呀呀，我来啦！ **五、欣赏京剧作品，激发幼儿的自豪感** 播放视频《中国的国粹京剧的介绍》，使幼儿明白京剧是中国的国粹，是中国独有的文化。 师：现在小朋友们知道了京剧是和大熊猫一样独一无二的，也制作了属于自己的脸谱，回家后可以把脸谱送给爱听戏的爷爷奶奶，也可以向家人讲一讲自己的脸谱是怎么做的。
活动反思	此次活动目标基本达成，幼儿了解了脸谱的基本知识，也能运用对称和夸张的表现手法来设计脸谱。材料准备充分，能够充分地调动幼儿积极性。 本次活动也存在不足之处，因幼儿发展水平不同，部分幼儿脸谱的设计不足以突显脸谱的特点，还需在日常生活中加强幼儿这方面的练习。

会讲故事的象形字

云南省曲靖市第三幼儿园　陈丽敏

教学领域	语言		班级	大班
设计意图	进入大班以来，很多幼儿已经习得了一些简单的汉字，会依靠字的外形讨论"这个字像什么"，并在日常的生活中时常自发议论，乐此不疲，兴趣浓厚。依据幼儿识字的发展规律及特点，可以发现他们开始进入了识字泛化阶段，主要依靠字的视觉形象来感知"字符"。这是一个非常重要的阶段，对于幼儿的语言发展和学习能力有着深远的影响。《幼儿园入学准备教育指导要点》中指出：应培养幼儿的阅读兴趣和能力，保护幼儿的前书写兴趣。鼓励幼儿自主阅读，保护他们对符号、文字的兴趣和敏感性。经常和幼儿一起讨论书中内容，加深他们的阅读兴趣和理解，鼓励幼儿根据情节、图书画面对故事结果进行预测或续编、创编故事。为了帮助幼儿了解"文字符号"的意义，关注文字特点，形成有关符号和汉字认知的意识，并能用语言进行表达，同时激发幼儿对汉字的学习兴趣，为今后进入小学奠定基础，特设计了本次活动。			
活动目标	1. 初步了解象形字，认识一些简单的象形文字。 2. 能发挥想象，尝试利用象形字进行粗浅的故事创编，并在集体成员面前大胆讲述。 3. 体验活动的乐趣，激发对文字的兴趣。			
重点难点	重点：能够初步了解象形字的特点。 难点：愿意尝试利用象形字卡片进行故事创编，并大胆讲述。			
活动准备	物质准备：课件、象形字操作卡片。 经验准备：幼儿有粗浅的识字经验。			
活动过程	一、活动开始部分 师：找找感兴趣的象形字卡片，猜猜卡片上的文字像什么？ 二、活动基本部分 1. 看一看 播放象形字动画，教师引导幼儿观察画面。 2. 猜一猜 教师出示几个简单的象形字，引导幼儿根据文字特征进行猜测。 (1)单个象形字的猜测 师：这个象形字像什么？猜猜它是谁？ (2)组合象形字的猜测 师：谁能用一句话来说说这个象形字？ (3)象形字构图故事讲述 师：一个象形字告诉你它叫什么名字，两个象形字可以变成一句话。看，许多象形字凑在一起，正在悄悄地"讲故事"…… 师：这几个象形字在讲什么故事？ 3. 编一编 (1)教师提供象形字操作卡，幼儿自由分组，合作进行粗浅的故事创编。 (2)各组大胆分享创编的故事。 三、活动结束部分 教师出示象形字，让幼儿联想动画和中国汉字，为之后的探索活动开展奠定基础。			
活动反思	本次活动目标设计符合大班幼儿的年龄特点，活动以游戏贯串始终，幼儿在游戏的愉悦氛围中感知、认识象形字及"文字符号"的乐趣。活动开展与目标紧紧相扣，过渡流畅自然，既具有趣味性，又达到了活动目标，让幼儿真正在玩中学、在学中玩。			

续表

活动反思	活动准备充分，多媒体运用有效、适当。教师收集了常见的象形字图片，整理出幼儿易于接受的汉字特点，运用多媒体进行活动的前期认识、讲解及交流讨论，幼儿在探索、观看、交流讨论、创编的过程中对"文字符号"产生了浓厚的兴趣。过程中教师语速、音量适中，教态自然亲切，语言丰富，能够及时发现和支持幼儿的学习，尊重幼儿的学习方式及个体差异，成为幼儿学习活动的支持者、合作者、引导者，为幼儿提供合作的机会，体现出"活动化的共同学习"特点。教师通过创设情境、游戏活动，激发幼儿对"文字符号"的兴趣，在游戏中促进幼儿形成有关符号和汉字认知的认识。最后，教师还尽可能地创造师幼、幼幼之间自由交流和交谈的机会，充分遵循幼儿为学习主体的教育精神，活动中幼儿情绪积极，自主探索、自主学习兴致高，会思考、积极参与讨论，对师幼、幼幼互动能够及时回应，有愉快的活动体验。整体活动氛围轻松、活跃。 之后的延伸活动中，教师将会尝试逐步提供附带"现代文字"对比的操作卡片，激发幼儿向更深层次思考与探索，根据幼儿兴趣点不断调整课程内容及材料，多方面支持幼儿自主学习探索，促使活动对幼儿产生持续性的引导与促进。

热海歌

云南省腾冲市第二幼儿园　蔡　季

教学领域	语言	班级	大班
设计意图	《3—6岁儿童学习与发展指南》语言领域目标中指出："5—6岁的幼儿会说本民族或本地区的语言和普通话，发音正确清晰。"大班幼儿的语言表达能力增强，基本能口齿清晰地与同伴交流。中国民谣历史悠远，内容丰富，能表现一个民族的感情与习尚，因此有其独特的情调风格。腾冲历史悠久，文化深厚，民谣众多，作为幼教工作者，有责任让我们的孩子感受腾冲文化的美，因此选择合适的民谣让幼儿学习有重要的教育价值。《热海歌》是腾冲本土脍炙人口的民谣，其歌颂的腾冲国家级旅游风景区热海景点又是大班幼儿较熟悉的，让幼儿通过这首民谣来了解热海，有助于激发幼儿热爱家乡的积极情感，让幼儿用方言有节奏地念民谣，感受民谣乐趣的同时提升幼儿的语言表达能力。			
活动目标	1. 引导幼儿了解民谣内容，学习有节奏地念民谣。 2. 让幼儿体验用腾冲方言唱念民谣带来的乐趣，激发热爱家乡的情感。			
重点难点	了解民谣内容，学习有节奏地念民谣。			
活动准备	物质准备：课件、热海景点图片、民谣《热海歌》视频、节奏图、圆舞板。 经验准备：活动前请家长带幼儿了解有关热海景点的知识，有条件的可带幼儿实地参观了解。			
活动过程	一、开始部分 教师出示热海景点图片，让幼儿观赏或回忆热海的景观。 师：这是什么地方？你都知道哪些关于热海的知识？ 师小结：热海是腾冲非常有名的旅游景点，有着非常丰富的地热资源，有很多热气泉，形成了独特的地热景观，吸引了很多外地游客来旅游参观。 二、基本部分 通过图片，引导幼儿了解民谣内容，让幼儿学习用普通话和腾冲方言有节奏地唱念民谣。			

活动过程	（一）出示图片，帮助幼儿了解民谣内容 1. 欣赏民谣第一遍。 师：你听到儿歌里是怎样介绍热海的？（根据幼儿的回答出示相关的图片） 2. 欣赏民谣第二遍。 师：请把第一遍没有听清的内容补充完整。（把剩余的图片补充完整） 师：我们再来听一遍，把刚才没有听清楚的内容听清楚了，并记住，待会把它找出来。 3. 根据图片师幼一起总结，了解民谣内容。 （二）学习用普通话和腾冲方言有节奏地念民谣 1. 学习用普通话有节奏地念民谣 教师有节奏地示范念民谣。 教师出示节奏图谱，引导幼儿用拍手的方式练习有节奏地念民谣。 幼儿看图谱，教师用圆舞板打节奏，让幼儿有节奏地念民谣。 2. 学习用方言有节奏地念民谣，体验用方言念民谣带来的乐趣 教师示范用腾冲方言有节奏地念民谣。 师：现在的你听到的儿歌跟刚才的有什么不一样？你喜欢哪一种？为什么？ 师小结：这首《热海歌》是腾冲老百姓创编的儿歌，在民间一代代流传下来。像这样从民间老百姓中一代代地流传下来的歌就叫民谣，每个地方都有自己的民谣，大家在念民谣的时候更喜欢用方言来念，这样更亲切、更好听。 幼儿学习用腾冲方言有节奏地唱念民谣。 三、结束部分：激发幼儿对腾冲民谣的兴趣和热爱家乡的情感 师：腾冲历史文化丰富，腾冲人民勤劳有智慧，有很多流传下来的民谣，都非常有趣，比如《谷子歌》《大表姐》等。小朋友们可以回家请爷爷奶奶教你念一些腾冲民谣，然后回来和其他小朋友一起分享。 四、活动延伸：玩民间游戏"两人翻花" 观看视频，学习游戏玩法；幼儿两人结对游戏。
活动反思	此活动在发展幼儿语言表达能力的同时激发了幼儿热爱家乡的情感。整个活动中，我营造了让幼儿想说、敢说、喜欢说、有机会说的宽松和谐的语言活动氛围。 首先，我根据儿歌内容，运用图片直观地让幼儿认识热海景点，一句儿歌一张图片，同时图片上有文字，让幼儿直观形象地学习儿歌的同时也对文字有隐性的感知，为上小学认识汉字做准备。其次，我利用圆舞板打节奏的方式来巩固儿歌，提升幼儿兴趣的同时还能增强幼儿的节奏感。最后，带幼儿用方言来念儿歌，巩固儿歌的同时还激发了幼儿热爱家乡的情感。活动结束时，为了让幼儿保持对腾冲本土儿歌的探索兴趣，我给幼儿念了一首娱教儿歌，孩子们非常开心，整个活动在轻松愉悦的氛围中结束了。在活动延伸中，我巧妙地把儿歌和游戏结合，让幼儿在游戏中复习巩固儿歌，同时提高身体的协调性。 总之，我认为本次教学活动过程井然有序、层层递进、层次分明，师幼互动良好，目标完美达成。

旋转的风车

成都市高新区临江幼儿园　黄　佳

教学领域	科学	班级	大班
设计意图	《旋转的风车》这一活动设计旨在通过一系列的游戏和观察活动，引导幼儿观察风车旋转后颜色排列的规律，并通过实际操作加深理解。活动设计以幼儿为主体，以游戏为		

续表

设计意图	媒介，通过提出问题、观察现象、推理判断、操作实践等环节，引导幼儿主动探索、发现规律、掌握知识。 整个活动设计注重幼儿的参与性和体验性，通过游戏化的方式让幼儿在轻松愉快的氛围中学习知识，培养幼儿的观察力、分析力和推理能力。同时，活动设计也注重层次性和渐进性，从简单到复杂，从易到难，逐步引导幼儿深入探索，发现规律，实现知识的内化。
活动目标	1. 根据图形缺失的颜色，判断推理出旋转后某一位置上的颜色。 2. 能在游戏中仔细观察、分析，发现物体的排列规律。 3. 通过操作，幼儿能掌握风车旋转变化后的排列规律。
重点难点	重点：幼儿能掌握风车旋转变化后的排列规律。 难点：幼儿能判断推理出旋转后某一位置上的颜色。
活动准备	物质准备：风车、不同难度操作记录表、各色水彩笔。 经验准备：玩过风车，对风车的旋转有一定的了解。
活动过程	一、活动引入 师：小朋友们，你们玩过风车吗？ 教师出示风车，引导幼儿发现风车的旋转方向。 师：看，老师这里有一个漂亮的风车，风车上都有哪些颜色？风车旋转起来的时候颜色的顺序发生改变了吗？ 二、出示教具，幼儿观察 1. 出示第一幅风车图，认识旋转箭头代表的意思 师：老师这里有一个风车，这个风车是朝哪个方向转动的呢？请你们说说，是怎么看出来它是向右边旋转的。 师：哦，这里有一个旋转箭头。这个风车就是向右边旋转的。 师小结：哦，原来这个箭头代表的是风车旋转的方向。 2. 出示第二幅风车图，幼儿观察前后两幅图之间的规律 师：风车也转动了起来，你们发现风车有什么变化了吗？ 师小结：小朋友发现前后两个风车旋转后，风车上的颜色位置发生了改变，但是颜色的顺序是没有变的。 3. 出示第三幅风车图，幼儿找规律 师：那你们再看看转动的风车和上一个风车又有什么变化呢？ 4. 出示风车练习图让幼儿观察，请幼儿来操作 师：风车向右旋转，转到这里的时候该是哪个风车了呢？谁愿意来帮帮我呀？将风车转动的图放到问号的地方。 师：请你告诉大家，为什么是这幅风车图呢？ 5. 出示风车图，幼儿观察风车旋转的方向并找规律 师：小朋友仔细观察这幅图上的风车，谁来帮我把风车放回去？ 师：请你告诉大家为什么你要放这个风车？ 师：风车转动的方向变了。因为你们发现了旋转箭头代表风车是向左旋转的。 三、幼儿操作 1. 教师出示操作图片，介绍游戏规则 师：小朋友们都想尝试来找一找风车旋转的规律，老师也给小朋友们准备了风车操作图片，每一组都有难度不同的操作图片，分别有一星和二星难度，请根据自己的情况，选择不同难度的来操作。 2. 幼儿根据自己的能力进行挑战 幼儿回座位操作，老师巡回指导。

活动过程	四、幼儿分享游戏 师：小朋友们说说都玩了什么游戏，分享自己是用什么方法操作的，哪几个游戏最有难度？ 幼儿在互相检查中发现问题、纠正问题。
活动反思	活动中，在幼儿讨论之后，直接出示风车图片，引导幼儿发现风车的旋转方向，此处，借助了标志。这虽然可以快速帮助幼儿认识旋转的作用，但一定程度上也限制了幼儿的思维，有些幼儿不动脑筋就直接发现了风车旋转的秘密。幼儿讨论风车缺失的颜色，并说出理由，这是本节活动的核心所在，只有将数学逻辑搞清楚，才能让后面的操作环节顺理成章。因此，这一环节，老师让孩子们有充足的时间去讨论去表达，并运用旋转小花、旋转风车等不同的材料辅助幼儿理解。

春日印记

四川省眉山市眉山机关幼儿园　吕小凤

教学领域	艺术	班级	大班
设计意图	春天是多彩的季节，大自然就像打翻了颜料的调色盘，吸引着孩子们的眼球。《3—6岁儿童学习与发展指南》中明确指出，幼儿艺术领域学习的关键在于引导幼儿学会用心灵去感受和发现美，用自己的方式去表现美和创造美。大班幼儿好奇心较强，具有丰富的想象力，通过实物的整体联想，可以激发幼儿的创造力。本活动以二十四节气——春分为线索，引导幼儿观察春分节气下大自然的美，鼓励幼儿运用自然材料与新型材料制作独特又美丽的浮雕作品，感受不同艺术表现形式的趣与美。			
活动目标	1. 尝试依据自然材料的外形进行想象，通过摆放、组合等方式表现事物简单的造型。 2. 学习运用石膏粉制作浮雕的方法，感受不同艺术表现形式的趣与美。 3. 体验作画的乐趣，在想象创作中获得成就感。			
重点难点	1. 尝试依据自然材料的外形进行想象，通过摆放、组合等方式表现事物简单的造型。 2. 学习运用石膏粉制作浮雕的方法，感受不同艺术表现形式的趣与美。			
活动准备	物质准备：树枝、树叶、花、石头、石膏粉、绣绷、油泥、量杯、搅拌棒、擀面杖、镊子、硅油纸垫、丙烯颜料、画笔、调色盘、视频、背景音乐。 经验准备：幼儿有一定的借物想象的经验，会使用美术工具。			
活动过程	一、话说节气，感受自然 1. 播放视频，激发兴趣 师：春分，是春天的第四个节气，当进入春分时节，大自然一片春意盎然。下面我们一起走进春分，去感受美丽的大自然吧！ 2. 畅谈节气，感受自然之美 师：春天的大自然就是一位色彩大师，为我们描绘出五彩斑斓的景色，你最喜欢春天的什么？ 二、赏析作品，激发想象 1. 回顾谈话，经验激发 师：我想把美丽的春天留下来，小朋友们有什么好办法？ 幼儿自由回答。 2. 介绍艺术家，亲近大师 师：有一位艺术家也很喜欢收集大自然的宝贝，并用一种特别的方法把它们呈现出来，她就是英国著名的艺术家——雷切尔·戴恩。			

续表

活动过程	师：今天老师带来了几幅作品，请小朋友们看看画面里有哪些大自然的宝贝？它给你什么样的感觉？ 幼儿欣赏。 3. 欣赏作品，激发联想 师：你最喜欢哪一幅作品？发现了什么秘密？从画面中看到了什么？ 师小结：大自然的树、花、草、石头……都被印在了白色的石膏上，像留在了墙壁上一样，仔细看这些树和花是凸出来的。这种运用自然材料和石膏粉通过特别的方法做出来的作品叫浮雕画。 4. 介绍制作方法 师：这些漂亮的浮雕画是怎么做出来的呢？我们一起去看看吧。 (1)教师播放制作浮雕画方法的视频，幼儿观看。 (2)将操作步骤按照顺序依次呈现在屏幕上，帮助幼儿巩固认识。 ①将油泥整理平整后，对收集的自然材料进行想象，然后组合摆放。②摆放完造型，用擀面杖在材料上面滚压，用镊子将材料夹掉。③放上绣绷，将绣绷压在油泥上，并用擀面杖在绣绷上锤几下，让绣绷和油泥更紧实。④将事先调制好的石膏水浇在压好的油泥上面，石膏水与绣绷齐平，静置15分钟。⑤将油泥从固化好的石膏上取下来，用丙烯颜料给作品上色。 (3)介绍材料。 (4)个别幼儿上台尝试操作，教师指导。 三、布置任务，幼儿创作 1. 教师提出要求：小朋友们发挥想象，运用不同的自然材料构思不同的春日美景。 2. 全体幼儿自选材料，自由进行创作。 3. 教师巡回指导，提醒幼儿注意材料的有序取放。 四、展示作品，欣赏评价 1. 师幼将作品呈现在美工区，让幼儿共同欣赏作品。重点引导幼儿从选材、造型、制作、色彩等方面进行欣赏与评价。 2. 请幼儿讲述作品内容。 五、活动延伸 收集更多的自然材料和辅助材料，鼓励幼儿在区角里继续利用材料进行创作。
活动反思	整个活动幼儿参与性很强，初步掌握了制作浮雕画的基本方法，在创作的过程中充分发挥了他们的想象力和动手能力，制作出了各种不同形态的浮雕作品。

找不到眼镜

四川天府新区通用航空职业学院　何明健

教学领域	语言	班级	大班
设计意图	大班幼儿即将步入小学，对小学生活充满了向往，这就需要幼儿教师帮助幼儿做好进入小学的准备。班上很多幼儿现在还不太会做好自己的物品管理，就像故事《找不到眼镜》中的小熊一样丢三落四。因此，设计了本次活动来提高幼儿的物品管理能力。			
活动目标	1. 能结合情境理解小朋友们的良苦用心，懂得要自己管理好物品、不粗心大意的道理。 2. 能够用清楚、连贯的语言大胆讲述故事的主要内容并讨论如何管理好自己的物品；能利用新的方法来整理、保管自己的物品。 3. 让幼儿萌发对小学生活的向往，养成自己管理物品的好习惯。			

续表

重点难点	重点：能够用清楚、连贯的语言大胆讲述故事的主要内容并讨论如何管理好自己的物品；能利用新的方法来整理、保管自己的物品。 难点：能理解小熊朋友们的良苦用心，懂得要自己管理好物品、不粗心大意的道理。
活动准备	物质准备：PPT、挂图、空白表格、马克笔、贴纸。 经验准备：幼儿到小学参观过，知道在小学中自己的物品需要自己保管。
活动过程	一、导入——创设情境，激发兴趣 师（PPT出示小熊图片）：你们看看，小熊最近特别苦恼，你们想知道是怎么回事吗？ 二、活动展开 1. 完整欣赏故事，初步感知 师：昨天下午，小熊睡醒了，可是它突然发现自己的眼镜不见了。 师：小朋友们，你们能不能帮小熊想想，它一般会把眼镜放在什么地方呢？ 师：我们一起来看一看点一点，抽屉里、桌子上……都没有（操作PPT课件） 师：突然，小熊想到了它去过小松鼠的家，你们觉得会在它家里吗？为什么？ 师：小熊现在的心情是怎么样的？你怎么看出来的？（它很生气） 师：接着，小熊又询问了谁呢？（引导幼儿看图说话） 师：猫头鹰帮小熊找到眼镜了吗？在哪里？（找到了，在小熊的头上） 师：最后，小熊回到家，发现了松鼠、狐狸和浣熊写的信。（播放PPT课件，阅读信件） 师：故事听完了，为什么大家没有告诉小熊眼镜在它自己的头上？（只有这样做，以后它才不会粗心大意。） 2. 再次体验故事，理解故事内容 师：我们再来一起回顾一下，最开始，小熊是在什么时候发现自己的眼镜不见了？（出示挂图"小熊的家"） 师：为什么大家的表情都是笑着的？它们当时知道小熊的眼镜在哪里吗？ 师：为什么小熊的朋友们会说："我们只有这样做，以后你才不会粗心大意"呢？（它们想让小熊学会管理好自己的物品） 师：如果小熊是你的朋友，你会直接告诉它答案吗？为什么呢？（请幼儿用完整的语句说出自己的想法） 3. 思考讨论，体验故事 ①问题讨论 师：你们有像小熊这样找不到自己东西的经历吗？为什么会丢失呢？ 师：看来大家都有过这样的经历。虽然眼镜找到了，但是小熊还是很苦恼。因为它跟你们一样，马上也要去上小学了。上了小学，如果还是这样丢三落四的，会怎么样呢？ 师：我们在上学前和放学前可以怎么确保自己的物品没有丢呢？你们可以帮助小熊想想办法吗？（可以设置闹钟、列清单、写备忘录、把物品放到固定位置……） ②提供方法——列清单法 师：你们可以帮助小熊想一想，去上小学需要准备什么物品，然后帮助它设计一个清单吗？ 提供空白表格，请幼儿自己设计清单。（可以用贴纸代表相关的物品，也可以自己画出来） 请幼儿相互分享自己设计的清单并说明用法。 三、活动延伸 师：这个清单，不仅可以给小熊用，小朋友们也可以自己拿来用。从今天开始，小朋友们可以按照这个清单，自己整理自己的书包，学习做一名合格的小学生吧！

	续表
活动反思	1. 在活动中应当多注意对幼儿的引导,当幼儿表达不够清晰的时候,可以运用示范法引导幼儿用正确的方式表达。 2. 在设计清单时应给幼儿多留时间,让幼儿利用材料自主思考。

我喜欢我自己

四川工业科技学院　罗　敬　黄译漫

教学领域	社会	班级	小班
设计意图	《3—6岁儿童学习与发展指南》指出:幼儿在与成人和同伴交往的过程中,不仅学习如何与人友好相处,也在学习如何看待自己、对待他人,不断发展适应社会生活的能力。小班幼儿自我认识的能力还有所欠缺,不够全面、彻底,所以本活动中,老师有方向有目的地引导幼儿正确地认识自己,敢于正视自己的优点和缺点并且提高幼儿对自己的认识以及增强幼儿自身的自信心。			
活动目标	1. 理解绘本内容。 2. 能够说出自己的优缺点。 3. 培养自信心,自尊心,发现他人优点。			
重点难点	重点:发现自己的优点,改正自己的缺点。 难点:能够大胆地说出自己的优点与缺点。			
活动准备	物质准备:PPT、卡片小猪、"魔法"镜子、《找朋友》音乐。 经验准备:知道自己的优点和缺点。			
活动过程	**一、音频导入,激发儿童兴趣** 通过幼儿熟悉的动物音频,引出幼儿课堂主角猪小妹(出示卡片小猪——猪小妹) 师:猪小妹今天会给我们带来怎样的绘本故事呢?我们一起来听一听吧! **二、出示绘本PPT,理解故事内容** 1. 老师讲解绘本PPT前半段:猪小妹的自我认识 师:猪小妹的好朋友是谁?(自己) 师:猪小妹会做什么事?(画画、骑车、读书) 2. 老师讲解PPT后半段:猪小妹失败了依然相信自己 师:猪小妹不开心时,是怎么做的?(想办法让自己开心) 师:猪小妹跌倒时,是怎么做的?(会自己爬起来) 师:猪小妹做错事时,是怎么做的?(会鼓励自己一次又一次) 师:你喜欢这样的猪小妹吗?为什么?(喜欢,因为猪小妹自信、独立) 师小结:猪小妹是坚强、自信、独立的。 **三、大胆展示自己并且说出自己的优缺点** 1. 游戏"看看最棒的自己" (1)游戏规则:两名幼儿为一组看魔法镜子,一名幼儿拿镜子,另一名幼儿说出"魔镜魔镜,谁是世界上最棒的人",魔法镜子会出现最棒的幼儿(幼儿自身),教师引导幼儿说出自己的优点。 (2)幼儿实践。 2. 游戏"看看最棒的朋友" 游戏规则:教师播放音乐《找朋友》,幼儿起身寻找自己的朋友。幼儿两两一组,音乐停,幼儿原地站立,教师询问幼儿为什么会喜欢自己找的这位小朋友。			

	续表
活动过程	师小结：每个小朋友都找到自己的好朋友了，但除了自己的好朋友以外，我们每个人都有自己的优点和缺点，我们要发现优点，拒绝缺点。 **四、活动延伸** 师：今天我们学习了绘本《我喜欢自己》，也找到了自己的好朋友，我们要知道每个人都是不同的，每个人都有自己的长处，每个人都很独特，我们要相信自己，更要爱自己。
活动反思	本次活动是社会领域的自我认知活动，不仅可以让幼儿在绘本故事中认识自我并且知道自己的优缺点，更能促进幼儿的自信心，增强幼儿的自尊心。

小阿力上小学

湖南省常德市汉寿县中心幼儿园　李　建

教学领域	社会、语言	班级	大班
设计意图	幼儿园大班的孩子即将毕业进入小学，这是一个重要的转变。面临这样的转变，自己的爸爸妈妈、老师，周围所有的人都在为孩子做着充分的准备，孩子在老师和家长的不断"鼓励"和"暗示"下似乎也觉得自己可以真的成为小学生了，可是成人是否真正地走进孩子的心灵深处去关注孩子的想法呢？了解孩子的想法，帮助孩子做好入学前的心理准备是十分重要的。新的环境、新的同伴、新的学习方式，面对如此多的未知数，孩子心里存有担忧是很正常的。我们能做的就是要帮助孩子准备好如何在新的转变和处境里减少负面情绪，尝试运用各种方法去积极适应变化。		
活动目标	1. 体验小阿力即将入小学时的心情，知道担忧是件正常的事。 2. 能说出担忧，在尝试解决"担忧"的过程中进一步形成积极乐观的入学准备。		
重点难点	重点：体验小阿力即将入学时的心情，知道担忧是件正常的事。 难点：能说出担忧，在尝试解决"担忧"的过程中进一步形成积极乐观的入学准备。		
活动准备	物质准备：PPT、视频录像、记录纸笔。 经验准备：对小学有一定的了解。		
活动过程	**一、导入** 欣赏绘本故事第一部分，引发幼儿共鸣，表述自己对入小学的担忧。 师：马上就要上小学了，小朋友们准备好了吗？做了哪些准备呢？进小学前还有没有担心的事呢？ 师小结：大家都为进入小学准备了很多，但是也有很多的担忧，小朋友们不要担心，老师帮助你们克服。 **二、解决担忧并交流分享** 1. 老师讲述故事前半部分，引出小阿力对入小学的三个担心。 师：你能看出小阿力在担心什么吗？ 呈现三幅小阿力担忧的图片，过程中关注幼儿对情景图片的观察及合理推断。 生活方面：找厕所；情感方面：交朋友；学习方面：做作业。 2. 尝试帮助小阿力解决担心，并用自己的方式记录下解决这个问题的方法。 师：后面每张桌子上都放着一个小阿力担心的问题，每人选一个问题想一想，我们有三分钟的时间，请把你想到的解决问题的办法记录下来，然后贴到黑板上。 3. 分别对小阿力的"担忧"进行交流，各组表述出罗列的应对方法，教师加以梳理。 (1)先请幼儿介绍记录，交流后以小学老师的录音来为幼儿进行小结。		

续表

活动过程	师小结：小学每一层楼都有男、女厕所，根据标志找到厕所，下课10分钟时可以去上厕所。 （2）请幼儿解读记录卡。 师小结：交朋友的方法还有很多很多，我们都可以去试一试，一定会交到更多的朋友。 （3）观看小学生做作业的视频。 视频中包括的学习方法：抓紧时间，先做作业后玩，做完后自己检查，完成后整理书包为第二天上学做好准备。 教师关注幼儿的记录中是否有视频中没有提到的学习方法，请幼儿进行补充。 三、活动延伸 1. 幼儿可以将其他的担忧记录下来，然后讨论寻找解决的方法。 2. 欣赏故事的结尾部分，感受小阿力的勇气，引发幼儿对小学的向往之情。 师小结：上小学是一件很快乐的事，如果有那么一点点的困难、担心，这也是很正常的。我们要勇敢地去面对，不要把担心都藏在心里，要大胆地把自己的想法说出来，爸爸妈妈、老师和同学都会很乐意帮助你的，办法总比担心多，这样困难会越来越少，本领会越来越大，你们会很快成为快乐的小学生。
活动反思	本次教学活动很有价值，目标定位准确，关注幼小衔接，互动上重情感重方法。活动选材典型，其中小学教师的录音效果最好，非常有效。将"时钟"隐含在不同环节，很有创意。在备课时充分分析教材和幼儿，梳理出问题的共性，采用标志放大提醒幼儿、求助询问以及利用进入小学前养成良好的习惯等方法，解决幼儿所担忧的实际问题。

我是班级志愿者

北京市中国人民解放军火箭军机关幼儿园　崔明明

教学领域	社会	班级	大班
设计意图	在国际爱耳日宣传员活动中，幼儿在园门口给家长和弟弟妹妹发宣传单，并向他们介绍保护耳朵的方法；在情景剧半日开放活动中，幼儿与同伴排练对台词、穿脱衣服、制作道具等。在这些活动中孩子们有着很强烈的乐于帮助别人做事的愿望。在得到成人和同伴的肯定时，幼儿心中会充满无限的自豪感。《幼儿园入学准备教育指导要点》指出，幼小衔接社会准备方面应着重培养幼儿任务意识，热爱集体、交往合作的能力，于是，生成了本次活动——我是班级志愿者。			
活动目标	1. 体验为他人服务的快乐，有集体荣誉感。 2. 尝试协商、分工，学习与同伴合作，完成班级志愿者活动。 3. 能够知道自己是集体中的一员，有责任为集体、为他人去做一些力所能及的事。			
重点难点	重点：通过与同伴的合作，能够完成班级志愿活动。 难点：体验做志愿者的责任感和自豪感。			
活动准备	物质准备：志愿者绶带、PPT课件、志愿活动计划表、纸、分工标记、笔等。 经验准备：幼儿了解志愿者工作并有做小小接待员的前期经验。			
活动过程	一、导入部分 观看幼儿日常自主服务、为他人服务的视频，回忆已有经验，引发幼儿争当志愿者的愿望。 师：视频中小朋友都做了哪些事？ 幼儿：整理积木、摆放椅子、调整水杯位置、做值日生、拉床、铺床、自主取餐等。 师：他真是一名优秀的为集体服务的志愿者。班级中还有哪些地方、哪些事情需要志			

活动过程	愿者？小朋友们愿意当志愿者吗？ 幼儿：愿意！ 师小结：做志愿者要提前做好准备，设计我们的志愿活动计划。 二、基本部分 1. 出示"我是班级志愿者"活动计划表，讨论并介绍志愿活动计划。 师：今天我们班来了很多客人老师，她们是第一次来到我们的幼儿园，我们班两位小朋友刚刚在班级门口迎接客人老师，小朋友们还想为客人老师做哪些志愿活动呢？ 幼：我想给客人老师介绍记录墙、东风驿站、军娃大比拼、植物角等。 师：我们在开始志愿活动前要做哪些准备？ 幼：我们要分组、合作完成分工任务，如贴志愿标记、做介绍、计时和记录。 师：我们的志愿时间是多久？ 幼：10分钟内完成。 师小结：现在我们一起分组行动吧。小朋友们不要忘记自己负责做哪些事，10分钟内完成自己的事情，最后要介绍自己小组完成志愿活动的情况。 2. 分组实施班级志愿活动计划，教师巡视指导。教师根据幼儿分工情况，提出具体问题。 3. 小组介绍设计班级志愿活动的情况，如遇到什么问题，引导说出解决办法。 师：你们小组在进行志愿活动时，有出现什么问题吗？ 幼：规定时间内没有完成志愿活动。 师：有什么好办法可以在规定的时间内完成志愿活动呢？ 幼：计时员可以跟在讲解员旁边，及时提醒。 师小结：呈现每组完成计划的记录，引导幼儿说一说每组需要完善、调整的地方。 三、结束部分 师总结：今天，小志愿者们都完成了志愿计划，老师希望以后你们做任何事都要有计划，学会思考和调整计划，要学会商量、合作。老师相信你们能把每件事都做得更好。 师：现在，请客人老师来说一说，对我们班小朋友的志愿服务满意吗？ 幼儿听到客人老师对志愿服务的评价后，激发出较强的集体荣誉感和自豪感。 四、活动延伸 教师带领幼儿完成为幼儿园做志愿者的活动计划，组织幼儿进行"班级优秀志愿者"评选活动，讨论我们可以为幼儿园、为家、为社区做哪些志愿活动，进一步激发幼儿主动完成任务的愿望。
活动反思	在活动过程中，幼儿通过分工、合作，有序、认真地去完成志愿活动，通过我的有效提问、引导，幼儿可以迅速组织语言将自己想介绍的内容完整地表达输出，师幼互动和幼幼互动效果较好。 在结束部分，帮助幼儿梳理、提升经验时，每个小组的幼儿都认为自己小组的志愿活动完成得很好，我应该更深入地帮助幼儿认识"好在哪里"，如，分工和互相配合得很明确、遇到问题时是用什么样的办法解决的、讲解得很细致等，帮助幼儿获得新经验和经验的迁移，从而更好地运用到日常生活中。

看图讲述《母鸡萝丝去散步》

云南省大理市大理大学教师教育学院　薛续萍

教学领域	语言	班级	大班
设计意图	大班幼儿在讲述中能够说出事件中的相关人、事、物的名称，可以使用常见的动词讲述人、事、物之间的简单关系，会运用一些生活中习得的形象的词句，但是词句不够丰富、细节不够生动，很少使用象声词进行讲述，往往几句就把故事讲完。根据《指南》《纲要》与幼儿讲述的特点设计了本次活动。选择故事幽默诙谐、画面细节丰富的绘本《母鸡萝丝去散步》充分吸引幼儿的注意力。教师通过提问引导幼儿仔细观察图画细节、大胆想象、生动讲述，使幼儿能在大家面前完整地讲述出故事情节。同时，引导幼儿在讲述时有意识地加入象声词使故事更加有趣。		
活动目标	1. 认识到看图讲故事需要仔细观察、大胆想象、生动讲述，从而了解故事情节的发生和发展。 2. 运用已有经验，在讲述过程中学会加入象声词，能通过仔细观察、大胆想象、生动讲述完整的故事情节。 3. 感受图画书的诙谐与幽默。		
重点难点	重点：了解故事情节的发生和发展，完整流畅地讲述故事情节。 难点：加入合适的象声词进行完整讲述。		
活动准备	物质准备：PPT课件、放大的图画书散页若干。 经验准备：具有对故事中简单情节的讲述能力。		
活动过程	一、经验导入，初识绘本 (一)激发经验 1. 师：小朋友平时都去哪里散步？有什么样的感受？ 2. 根据幼儿回答进行小结。 (二)介绍绘本 1. 依次介绍绘本的名称、主人公。 2. 引导幼儿从左到右观察，找到母鸡萝丝的家。 3. 引导幼儿关注接下来的故事。 二、经验迁移，观察、猜想和讲述 (一)学习三大本领：仔细观察、大胆想象、生动讲述 1. 学习三大本领之仔细观察 (1)教师讲述故事。 (2)师：危险在哪里？狐狸想干什么？母鸡萝丝知道她面临的危险吗？你是从哪里看出来的？ (3)教师根据幼儿回答小结，并总结出看图讲故事时要学会的第一个本领——仔细观察。 2. 学习三大本领之大胆想象 (1)教师讲述故事。 (2)师：请大胆想象一下接下来会发生什么：钉耙打在狐狸的脸上会发出什么样的声音？狐狸被打成什么样了？这搞笑的一幕母鸡萝丝看到了吗？为什么没有看到？ (3)师幼一起讲述故事。 (4)教师根据幼儿回答小结，并总结出看图讲故事时要学会的第二个本领——大胆想象。 3. 学习三大本领之生动讲述 (1)教师讲述两遍故事，一遍按图书内容讲述，一遍为生动讲述。		

活动过程	(2)幼儿评价。 (3)教师根据幼儿回答小结,并总结出看图讲故事时要学会的第三个本领——生动讲述。 (二)运用三大本领自主讲述故事二 1. 幼儿讲述故事。 2. 同伴评价。 3. 教师总结评价。 (三)运用三大本领小组主讲述故事三、四、五、六 规则:(1)小组讨论;(2)小组代表进行讲述,其他组小朋友做小小评委,每组讲述完成后请一位小朋友进行评价;(3)所有小组都讲述完成后,小朋友进行投票选出自己认为讲述最好的小组;(4)票数最多的小组获胜。 三、活动总结 师:小朋友们想一想狐狸为什么没有捉到母鸡萝丝? 师小结:做事情要认真仔细。
活动反思	在活动中,通过问题引导让幼儿掌握看图讲述的三大本领,在接下来的故事讲述中幼儿虽然不能做到完整地运用三大本领,但是他们会有意识地运用三大本领进行讲述,使故事更加完整、更加有趣,幼儿可以将这次活动掌握的经验运用到以后的故事讲述与看绘本的过程中。幼儿语言的发展并非一次活动就可以获得质的飞跃,因此需要循序渐进,让幼儿掌握更多可以迁移的经验。

中国地图

云南省昆明市云南城市建设职业学院　钱艾妃　张雪梅

教学领域	艺术	班级	中班
设计意图	《3—6岁儿童学习与发展指南》指出:"4—5岁幼儿能运用绘画、手工制作等表现自己观察到或想象的事物";"能体验作品中线条、形状、色彩、质地等;通过欣赏与作品产生相一致的感受"。万里江山披锦绣,国旗漫卷寄深情,我们生在红旗下,长在春风里,本次我设计以"中国地图"为主题的手工活动,中班幼儿具备一定的纸张造型能力,幼儿无目的的动作逐渐转化为有意图的尝试,合作能力较小班有所提高。通过本次活动引导幼儿了解地图的形状,学习红色经典,传承红色基因,亲自动手制作彩色中国地图,为祖国妈妈献礼!		
活动目标	1. 乐意参与手工活动,逐渐萌发爱祖国的情感。 2. 知道中国地图的轮廓,了解中国地图上各省份的形状及大致所在位置。 3. 会用搓、捏、揉、团的技能把皱纹纸制作成圆团贴到中国地图相应的区域。		
重点难点	重点:能够积极参与到手工活动中,知道中国地图的轮廓,会用搓、捏、揉、团的技能把皱纹纸制作成圆团贴到中国地图相应的区域。 难点:了解中国地图上各省份的轮廓及大致所在位置,能够准确地对应到中国地图上各省份正确的位置并贴上地址标签。		
活动准备	物质准备:各种颜色的手揉皱纹纸、中国地图、双面胶、省份名称小标签、PPT。 经验准备:幼儿对中国地图有初步的认知。		

活动过程	**一、开始部分** 1. 教师出示 PPT 图片（中国地图），激发幼儿兴趣 师：小朋友们大家好！今天苹果老师给大家带来一张图片，请小朋友们仔细观察图片，这是一张什么图呀？ 2. 引导幼儿观察图片，鼓励幼儿举手自主回答问题 师：小朋友们的小眼睛观察得真仔细！对的，这是我们国家的地图！ **二、基本部分** （一）看一看，说一说我眼中的中国地图 师：请小朋友们再仔细看一看，谁能举手说一说我们的中国地图是什么样子的呢？你觉得它像什么？ （引导幼儿再次观察图片，鼓励幼儿举手自主回答问题） （二）搓一搓，做一做中国地图 1. 教师介绍材料及制作方法，引导幼儿感知材料特性及尝试操作材料。 2. 教师出示提前准备好的中国地图轮廓，引导幼儿合作共同制作完成中国地图。 师：请小朋友们选择自己喜欢的皱纹纸颜色，把皱纹纸小长条用小手搓成团，看哪位小朋友做得又快又好！ 3. 邀请完成的幼儿把皱纹纸彩团贴到中国地图的轮廓里（注意引导幼儿相邻省份用不同颜色）。 4. 教师再次引导幼儿观察地图上的省份轮廓，引导幼儿准确地把地址标签贴到相应的位置，完成制作。 **三、结束部分** （一）师幼共同欣赏作品 师：我们的中国地图制作好啦，小朋友们真厉害，有哪位小朋友能来说一说咱们一起制作的中国地图怎么样？ （引导幼儿大胆评价作品，加深幼儿对中国地图的认识） （二）唱一唱 师幼共唱《祖国祖国我爱你》，邀请幼儿用简单的动作或语言表达对祖国妈妈的祝福！ （幼儿在做动作或说话的时候，配班教师拍照，与祖国地图同框。） （三）收一收，结束活动 师：今天我们的手工活动结束啦，请小朋友们帮老师把材料送回家哦，谢谢小朋友们。
活动反思	本次活动设计用心思考了每个环节的可行性以及其中运用到的引导语，本次活动开展得比较顺利，但是在开展过程中还是不可避免地出现了一些问题，包括两个方面：第一，对孩子的反馈没有进行适宜的引导；第二，自身存在紧张感，导致在歌曲清唱时不够流畅。在这些问题中，主要还是第一点：对孩子的反馈没有进行适宜的引导。例如，在引导孩子们说一说地图是什么样子时，没能引导孩子进行更深入的描述，只是简单地描述了颜色、线条等。在活动延伸中，除了可以进行幼儿园环境创设（把师幼共同制作的中国地图放到美工区，活动结束时把幼儿与祖国地图同框的照片也放到美工区进行布置，祝福祖国母亲繁荣昌盛）之外，还可以考虑家园共育：请小朋友们回到家和父母说一说自己认识的中国地图是什么样子的，都知道哪些省份；或向家长推送"童心向党绘祝福"手工绘画主题，让父母与孩子一起共同绘制作品表达对祖国母亲的美好祝愿，再次把活动内容丰富和深化。

你为什么不开花

重庆市永川区重庆文理学院　万芯怡

教学领域	语言		班级	大班
设计意图	随着夏季的到来，路边的花悄悄开了。幼儿们总聚在一起讨论花朵的颜色和特征等。幼儿对花朵产生了兴趣。同时，《纲要》指出，"语言能力是在运用的过程中发展起来的，发展幼儿语言的关键是创设一个能使他们想说、敢说、喜欢说、有机会说并能得到积极应答的语言环境。"所以我设计了本次活动。在活动中，引导幼儿通过观察画面中的细节，寻找不开花的证据，采用自主阅读、分组辩论的方式让大班幼儿在阅读后进行猜测，表述自己的想法。在这个活动中充分遵循大班幼儿的年龄特点，幼儿在质疑、辩论、想象和猜测中大胆表述。			
活动目标	1. 理解绘本中的主要内容，在自主阅读中结合画面细节，推理"你为什么不开花?"并讲述自己的想法。 2. 理解绘本中小熊的疑惑，理解小熊从疑惑、好奇、关心到豁然开朗的情绪变化。			
重点难点	重点：在细致观察中，大胆猜想推理，花苗为什么不开花。 难点：在辩论中，能大胆阐述自己寻找的证据并说明原因。			
活动准备	物质准备：PPT、背景音乐、卡片。 经验准备：幼儿对胡萝卜和玫瑰有一定的了解；了解辩论赛的比赛规则。			
活动过程	一、引发故事"你为什么不开花"的悬念 师：小朋友们，夏天是个美丽的季节。小熊的花圃里开满了玫瑰花，让我们一起去看看是不是所有的花苗都绽放出美丽的花朵。 师：花圃里所有的花苗都开花了吗? 师：故事的名字是《你为什么不开花》，这里的"你"是指什么? 师：为什么不开花呢?（感受题目的疑惑语气，这个花苗为什么不开花，留下悬念） 师小结：体会题目中的疑问语气，给幼儿留下悬念。 二、在观察讨论中寻找判断小熊最后是否种出玫瑰花并进行各自辩论 1. 讲述故事（讲述小熊视角至"我必须弄清楚它为什么不开花"） 师：小熊的心情是怎样的，从哪里可以看出? 师：从地面上看那株花苗有怎样的变化?从哪里看出来的? 2. 继续从兔子的视角讲述故事（至小熊必须弄清楚它为什么不开花） 师：在小熊照顾花苗时，地下的兔子在做什么? 师：兔子是怎样的心情，从哪里可以看出? 师：从地下看那株花苗有怎样的变化?从哪里可以看出? 3. 分组自主阅读（在绘本中寻找是否开出花朵的证据） 幼儿根据自己收集的证据信息进行站队（开花队和没有开花队）。 各队派人张贴自己观点的证据。 4. 分组辩论 师：你认为小熊的花苗最后开花了吗?分别说说自己的理由。 幼儿分别从植物生长变化、小熊的行为、兔子的行为进行辩论。 教师出示玫瑰和胡萝卜的对比图，请幼儿思考故事中无法自己开花的植物究竟是什么，并说说理由。 师小结：想象中的情况和实际情况有很大的差异，所以我们要寻求更多的证据和线索证明你的想法。			

续表

活动过程	**三、感受故事中小熊的情绪变化，理解小熊从疑惑、好奇、关心到豁然开朗的原因** 教师揭示谜底，讲述最终小熊把"花苗"连根拔起，它惊喜地发现，"原来是玫瑰长倒了！"（真正的答案是一朵胡萝卜雕的玫瑰） 师：小熊为什么会产生这么多情绪？分别说说自己的理由。 师：小熊乐观地对待迟开的"玫瑰花"，最终等来了花开。而兔子也得到了大自然的馈赠，品尝到美味的胡萝卜。所以，当两个小朋友都想玩一个玩具时，大家会怎么做呢？ 幼：我们可以一起分享玩具或者他先玩，我再玩，就像绘本中的小熊一样。
活动反思	老师积极引导，激发幼儿兴趣。幼儿参与性高，反复思考玫瑰花为什么不开花，能大胆地表述自己的想法。活动中老师重语言能力表达，孩子词汇量丰富，活动整体效果较好。活动中大班幼儿刚接触到辩论，辩论中随意性强，天马行空，辩着辩着就不知道辩到哪里去了。这对老师是一个挑战，要及时把幼儿拉回来，在这方面能力需继续加强。

小"潮"玩 大"铜"趣

湖北省荆州市机关幼儿园 邱 霞 晏 琼

教学领域	艺术		班级	大班
设计意图	青铜器丰富精美的纹饰是中国最古老的绘画宝库，各种造型和纹样展现了人类早期绘画的质朴美。大班幼儿已具有一定的感受美、表现美的能力，我们以"文创"为主线，通过版画刻画的艺术表现形式展现青铜之美的同时也让幼儿更加深刻地感受到中华民族灿烂悠久的古代文明，萌发对家乡文化的向往和身为荆州人的自豪。			
活动目标	1. 欣赏青铜器的造型和纹饰，感受青铜之美。 2. 尝试运用版画刻画的方法表现青铜器，初步了解"文创"的意义。 3. 体验自由表达和制作具有青铜元素文创的乐趣。			
重点难点	尝试运用版画刻画的方法表现青铜器，初步了解"文创"的意义。			
活动准备	物质准备：青铜展、PPT、铅笔、吹塑板、丙烯颜料、颜料刷及白色围巾、帽子、包包、T恤等。 经验准备：幼儿参观过荆州博物馆，了解青铜器的名称、造型和花纹特点，能用铅笔简单勾画青铜器的外观和花纹。			
活动过程	**一、导入活动：参观青铜展** 1. 幼儿自由讨论青铜器的名称、造型、线条和作用。 师小结：楚国青铜器是楚文化最重要的组成部分，两千多年前，青铜就被制成了礼器、水器、食器、乐器、酒器、兵器用在人们的生活之中，它代表着楚国的古代文明。 师：我们荆州有这么好的青铜文化，用什么方法才能让更多的人知道呢？ 2. 欣赏荆州文创作品，初步理解文创的意义。 师：你还见过哪些文创？如何将荆州的青铜器文化传递出去？ **二、欣赏版画作品，学习版画的制作方法** 1. 欣赏鼎、爵、编钟等青铜器版画并进行对比。 2. 回顾已学纹样，尝试边说边画。 3. 观看视频，了解版画的故事。 **三、尝试用版画的方式制作青铜元素的文创** 1. 观看版画制作视频。 2. 认识材料，幼儿自由结对，合作选择白色围巾、帽子、包包、T恤等，尝试用画一			

续表

活动过程	画、涂一涂、印一印、翻一翻的方法制作"文创"作品。 3. 教师指导幼儿根据实物的不同来确定画面大小、数量等。 **四、幼儿介绍自己的青铜元素文创作品** **五、活动延伸** 师：今天小朋友用版画的方法制作了属于我们荆州的"文创"作品，荆州的文创不止于青铜器，还有很多，下次我们再来做有趣的文创，让更多的人了解我们的荆州文化！
活动反思	青铜器是荆州博物馆馆藏的重要文物，也是我园"十四五"课题研究中的一个重要内容。孩子们通过前期环境创设、学习活动和区角游戏，已对青铜器的名称、类别、纹饰有了初步的认识和了解，但是如何让幼儿在感受与欣赏的基础上，不断表现和创造青铜器的别样美呢？我结合了荆州首届楚文化节中的文创产品这一契机，来激发幼儿的创作欲望，让幼儿用青铜器版画的方式来创作。 从整个活动效果来看，孩子们兴趣十分浓厚，能大胆发挥想象表现青铜器的造型美和纹饰美，而且对于画、涂、印、翻的版画步骤能大胆尝试，虽然有的作品还不尽完美，布局还不够合理，但是孩子们体验了设计的乐趣，我想这就是艺术的魅力所在。让幼儿从小接触经典的民间艺术作品和表现形式，能帮助他们去真实感知、触碰传统文化与历史，对于祖国和家乡文化的了解与认同感会不断增强，热爱祖国和家乡的情感也会被不断激发，从而建立"我是中国人""我是荆州人"的情感认同和文化自信。

5的组成

云南省昆明市安宁市第二幼儿园　李　丹

教学领域	科学		班级	大班
设计意图	《纲要》中指出，"能从生活和游戏中感受事物的数量关系并体验到数学的重要和有趣。"数学活动比较抽象、枯燥，幼儿不易理解消化，不好引发幼儿的学习兴趣。为把抽象的数字概念变得具体，使幼儿不仅能看得见、摸得着，而且能激发童趣，易于消化。根据幼儿的心理和生理特点，我把游戏作为教学活动的主要形式，设计了"5的组成"教学活动，让幼儿通过自身的探索、操作材料获取有关数的组成经验，使幼儿在丰富有趣的操作游戏中，动手、动口、动脑，轻松愉快地学习。			
活动目标	1. 初步学习5的分解组成，知道5有四种分解组合方法。 2. 能与同伴合作探索5的不同分法，并能大胆表达自己的探索发现。			
重点难点	学习5的分解组成，并能大胆表达自己的探索发现。			
活动准备	课件、胡萝卜、纸盘、笔、记录表、数字卡。			
活动过程	一、小组游戏"排队"，初步感知5的分解 1. 将幼儿分成4组，每组5人，请幼儿点数各小组人数。 2. 幼儿分组"排队"，教师介绍游戏玩法：每组的5位小朋友到红线和蓝线上排队，注意2条线上都必须有小朋友。 3. 师：你们组是怎样排队的？教师根据幼儿答案记录排队结果。 4. 师小结：5分成了1和4，5分成了2和3，5分成了3和2，5分成了4和1。 **二、游戏"兔妈妈分胡萝卜"，幼儿探索学习5的分解** 1. 教师创设"兔妈妈分胡萝卜"的游戏情景，引导幼儿进行操作。 要求："兔妈妈"有5根胡萝卜，都要分完，白兔和黑兔的盘子里都必须分到胡萝卜，分好后把方法记录在表格里。 2. 幼儿两两合作探索5的不同分解方法并记录。 3. 集体验证，鼓励幼儿大胆表达自己的探索结果，教师统计并记录。			

续表

活动过程	4. 教师运用课件演示5的四种分法。 5. 师小结：5可以分成1和4……，5一共有四种分解方法。 **三、教师创设游戏情景，幼儿探索学习5的组成** 1. 教师出示课件，提问：小白兔盘子里有几个鸡蛋？小黑兔盘子里应该再加几个鸡蛋才是5个鸡蛋呢？ 2. 鼓励幼儿大胆讲述自己的想法。 3. 教师运用课件演示5的四种组合方法。 4. 师小结：1和4合起来是5……，5的组合方法一共有四种。 **四、游戏"数字大碰对"，复习巩固5的组成** 1. 教师介绍游戏玩法及规则。 师：听音乐，找一找地面上哪个圈里的数字和自己身上的数字合起来是5，音乐停止，就快速跳到这个圈里。 2. 幼儿听音乐游戏1—2遍，集体验证游戏结果。 **五、教师小结，活动结束**
活动反思	本次教学分为四个环节，每个环节都以游戏的形式进行。活动开始以"排队"游戏引入课题，吸引了幼儿的注意，使幼儿一开始就处于积极思考的状态中，在与团队合作中进行思想上的碰撞，进一步激起幼儿学习的兴趣，并让幼儿在"排队"中初步感知5的分解。 幼儿是学习的主人，教师是幼儿学习的支持者、引导者与合作者。为让幼儿深入理解5的组成，第二环节中设计了游戏"兔妈妈分胡萝卜"，让幼儿两两合作进行操作，找出5的四种分解方式，然后结合课件验证并小结幼儿在操作中得出的结论，让幼儿自然习得知识。 第三个环节以游戏"添鸡蛋"让幼儿学习"5的四种组合方式"，此环节采用人机互动的形式，让幼儿在"添鸡蛋"的过程中进行思考、探究、交流，形象直观地得出结论，这样的学习会让幼儿印象深刻，并能体验到成功的喜悦。 活动最后以游戏"数字大碰对"结束，对知识点进行复习巩固。 各环节层层递进，每个环节都以游戏的形式进行，学习氛围轻松。整个活动不仅给幼儿提供了自主探究、合作交流的机会，还让幼儿用自己不同的方法去学习，使不同的幼儿在数学的学习上得到了不同的发展，体现了因材施教的过程。

小小辩论赛

北京市昌平区北京幼师第五实验幼儿园　郭校彦

教学领域	语言	班级	大班
设计意图	这段时间我们展开主题活动"恐龙小分队"，经过一个月的恐龙之旅，孩子们对恐龙的认识经历了从具体到抽象、从话题到生活的过程。一个月的活动过去了，孩子们对恐龙的兴趣依旧不减，在孩子们的心目中恐龙是最厉害的，也有小朋友觉得恐龙太可怕了会伤害我们，大家你一言我一语地进行反驳。针对本班幼儿的特点，我设计开展主题辩论会——"假如恐龙回来，我们应不应该保护它？"		
活动目标	1. 能感受到与别人交流沟通的乐趣，鼓励幼儿勇敢地表达自己的想法。 2. 引导幼儿遵守辩论的规则，懂得按次序轮流发言，学会尊重别人的不同意见。 3. 积极投入辩论赛，激发幼儿对辩论赛的兴趣。		
重点难点	重点：培养幼儿积极思考，大胆、清楚表达自己的观点。 难点：能遵守按次序轮流发言、有序抢答等基本辩论规则。		

续表

活动准备	物质准备：查阅资料并用自己的方式收集资料；"正方""反方"论台、观众席。 经验准备：幼儿已了解辩论赛的规则和知识，组织幼儿观看幼儿能理解的辩论赛视频。
活动过程	一、回顾故事《城里来了大恐龙》，引出辩题 1. 故事回顾《城里来了大恐龙》，通过提问与讨论，激发幼儿辩论的兴趣。 2. 通过举手表决的方式，按照观点自然地分成两组。 二、引导幼儿回忆辩论赛场景，分享搜集的资料 1. 以小组推荐的方式，明确辩论赛中的角色分工。 2. 阅读父母搜集的资料，自由讨论，明确各自的观点。 正方：如果恐龙回来了，我们要保护它。 反方：如果恐龙回来了，我们不应该保护它。 3. 教师阐述辩论赛规则。 三、辩论赛正式开始 (1)第一次辩论：双方代表进行观点陈述并说出自己的理由。 (2)第二次辩论：双方轮流发言"以恐龙的特征和习性为主"进行反驳，在进行发言的时候小主持人担任监督工作，引导其他幼儿认真倾听。 (3)第三次辩论：小组配合，自由辩论，根据对方的观点进行反驳。 (4)现场观众提问。 (5)教师根据记录员记录的观点进行总体表扬，激发幼儿对辩论赛的兴趣。 (6)鼓励幼儿推选出"最佳辩论手"。 师小结：对于本次辩论，每个小朋友都能表达自己的观点，探讨恐龙是否需要保护，能遵守辩论的规则发言，表达清晰、明确：恐龙如果真的来到我们的生活中也许会给我们带来一些好处，同时也会存在一些坏处。不论好坏，我们都要爱惜生命、爱护环境。 四、活动延伸 请绘画："假如恐龙回来了"会发生怎样的故事呢？在家和爸爸妈妈制作故事书，来幼儿园一起分享。
活动反思	辩论赛这种形式积极地调动了幼儿主动参与，培养幼儿合作、互助、语言表达能力和与幼儿合作交流的能力，在活动过程中老师是引导者的身份，幼儿参与度高。幼儿们观点鲜明，遵守辩论赛的规则超出了我的预设。 作为教师要合理利用各种资源，辩论赛中，我发现班级中性格内向的幼儿才应该是最值得被关注的，性格内向的孩子由于天生气质、家庭养育等多种原因日常不愿表达。辩论过程中，此类型幼儿在讨论环节默默地看着，发表观点时也很紧张，可能日常锻炼的机会少，在今后的教学中，需要多给予这类孩子更多关注，鼓励其大胆表达，多提供表现、表达的机会，让班级的每个幼儿都能在原有基础上得到发展。

扎染——花衣服

云南省昆明市昆明城市学院　文振有

教学领域	艺术	班级	大班
设计意图	扎染作为一种独特的艺术形式，可以培养幼儿的创造力和想象力。通过自由表达和个性化的设计，幼儿有机会展示自己的想法和创意。培养幼儿的手工技能和专注力，扎染需要细致的手工操作和耐心的专注力，幼儿在实践中可以提高手眼协调能力、精细动作和耐心等能力。培养幼儿的审美意识，注重颜色和图案的搭配，培养幼儿对美的敏锐性，提高他们对色彩、形式和比例的认知，通过对日常衣物的装饰，形成颜色艳丽富有美感的花衣服。同时也可以培养幼儿的团队合作和交流能力，鼓励幼儿之间的合作和交流。幼儿可以一起分享创意、合作完成作品，学习如何与他人共同努力并发挥各自的特长。引导幼儿了解文化和历史背景，培养对传统艺术的尊重和兴趣。			

续表

活动目标	1. 让幼儿了解扎染艺术的基本概念和技术。 2. 培养幼儿动手能力和艺术创造力。 3. 提升幼儿的观察力和审美能力。
重点难点	重点：让幼儿了解扎染艺术的基本概念和技术。 难点：通过自己创作扎染衣服的活动来提升幼儿的观察力和审美能力。
活动准备	物质准备：扎染工具（绳子、橡皮筋、扎染染料、扎染液、水桶、水杯、海绵），扎染小样板图示，扎染视频，毛巾等清洁用具；织物（幅面较大且能吸收染料的白色衣物）；保护工具（手套、围裙、塑料薄膜）。 经验准备：幼儿对扎染的衣物实物有过接触。
活动过程	一、活动过程 步骤一：导入（5分钟） 老师播放一段介绍一种民间艺术扎染的视频，同时展示一些扎染的衣服实物让学生去近距离感受，并问幼儿是否见过这样的图案，发起讨论，引导幼儿了解扎染的概念和用途。 步骤二：示范（10分钟） 老师向幼儿们展示扎染的布料和颜料，解释如何使用橡皮筋进行扎染。 老师进行简单的扎染示范，示范扎染的基本方法和技巧。 步骤三：实践（30分钟） 老师给每位幼儿发放扎染布料和颜料，并告诉他们可以自由发挥，用各种颜色的颜料进行扎染创作。 老师引导幼儿选择颜料、橡皮筋的使用位置和扎染的手法。 幼儿开始扎染衣物，注意要慢慢进行，保持手稳。 步骤四：整理（10分钟） 老师向幼儿们解释如何清洗扎染工具，如何整理桌面和废弃物。 幼儿在老师的指导下，将使用过的工具放置在指定的位置，并将废弃物清理干净。 步骤五：展示（15分钟） 老师布置展示区域，将幼儿的扎染作品摆放整齐。 老师带领全班幼儿观赏彼此的作品，并对他们的努力和创意给予肯定和鼓励。 二、教学延伸 老师可以引导幼儿观察和欣赏其他扎染作品，了解不同的扎染风格和技法。 老师可以与幼儿一起欣赏绘本或其他艺术作品，让幼儿感受不同艺术形式的魅力。
活动反思	通过这门课程，幼儿们可以实际动手操作，培养自己的创造力和色彩搭配能力，同时也可以提高幼儿的耐心和细致性。教师观察每个幼儿在活动中的参与度和表现，并及时给予帮助和鼓励。教师记录每个幼儿的个人表现和进步，方便评估并与家长分享。教师和幼儿一起回顾活动的过程和成果，鼓励幼儿表达自己的感受和想法。教师可以根据幼儿的兴趣和实际情况进行适当的调整和延伸。愿这堂课能给幼儿带来快乐和启发。与此同时，教师与其他教师交流，分享活动的亮点和改进之处，为日后教学提供参考。

我家漂亮的尺子

重庆市重庆对外经贸学院　仲丹宁

教学领域	科学	班级	大班
设计意图	《纲要（试行）》中提出："引导幼儿对周围环境中的数、量、形等现象产生兴趣，建构初步的数概念，并学习用简单的数学方法解决生活和游戏中某些简单的问题。"大班幼儿对测量已经有了一定的基础，为帮助幼儿在生活中理解和应用自然测量，生成了本次教学活动。		

续表

活动目标	1. 通过绘本阅读，知道身体的各个部位都可以作为测量的工具，进一步积累测量的经验。 2. 学习用手、脚以及手臂作为测量的工具。 3. 乐意大胆尝试，体验用身体测量的乐趣。
重点难点	知道身体的各个部位都可以作为测量的工具，了解用"身体尺"测量长度的方法。
活动准备	物质准备：课件、记录表、笔、衣服。 经验准备：会用测量工具测量、认识身体各个部位。
活动过程	一、经验回顾：我知道的尺子 师：你们认识这些尺吗？它有什么用？ 师小结：尺可以测量物体的长度。如果没有尺子我们该怎样测量？小朋友跟着老师一起来读一本有趣的书，这本书叫《我家漂亮的尺子》。 二、利用课件讲述绘本 老师播放 PPT，讲解绘本内容。 三、现场探索：理解"身体尺" 1. 手尺（引出长度单位"拃"的概念） （1）师：妈妈是用什么来测量的？妈妈是怎样用手来量的？ （2）师小结：把手伸直，从大拇指的头量到小拇指的距离叫"拃"。（在黑板上一边示范，一边讲解给幼儿听） （3）谁愿意来量一量黑板？ 师：为什么老师和小朋友的结果不一样？ 师：每个人的手不一样大，是有区别的。 师小结：小手真有用，现在小手还能做量一量的工具，它叫作"拃"。 2. 脚尺（引出长度单位"一脚印"的概念） （1）师：多多用身体的什么部位量了哪里？上面的 10 和 12 是什么意思？ 师：脚能不能做漂亮的尺子呢？用脚印来量到底是怎么个量法呢？谁来试试？ 师小结：人有两只脚，一个脚印量完了，后面一个脚印可以接过来，从脚跟到脚趾的距离叫作"一脚印"。 （2）请小朋友量一量他到老师跟前的距离。 师小结：原来我们的脚不但可以走路做运动，还可以做一把漂亮的尺子，它叫作"一脚印"。 3. 步尺 师：多多是用什么来量院子的，用步尺测量的时候要注意什么？ 师小结：迈的步子均匀，不能故意很大或很小，正常步伐的大小。 4. 胳膊尺（引出长度单位"抱"和"庹"的概念） 师：多多用身体的什么部位量了哪里？她是怎么量的？ 师小结：两只手臂合围的量叫做"抱"；用胳膊量是两个手臂展开，从左手到右手之间的距离，叫"庹"。 四、游戏：做教室里的漂亮尺子 1. 操作要求：选择适宜的"身体尺"量一量活动室的东西。 2. 幼儿自主操作和体验，教师巡回观察。 3. 填写记录表、分享体验结果。 师小结：原来我们的手、胳膊、脚，可以量长、宽、高，我们的身体就是灵巧的尺子。随着小朋友年龄的增长，小朋友的"身体尺"也会不断增长。
活动反思	本活动旨在通过集体教学活动帮助孩子了解及体验自然测量的趣味性及在生活中的实用性。通过绘本《我家漂亮的尺子》来学习了解什么是自然测量及自然测量都有哪些方法。用测量游戏巩固知识点，整个活动以幼儿为主体，在游戏中兼顾个别幼儿的需求，让每个幼儿都能获得成功的积极体验。

小动物爱吃什么

黑龙江省绥化市北林区第二幼儿园　王　伟

教学领域	语言	班级	托班
设计意图	《幼儿园教育指导纲要（试行）》中指出，语言能力是在运用的过程中发展起来的，发展幼儿语言的关键是创设一个能使他们想说、敢说、喜欢说、有机会说并能得到积极应答的语言环境。2—3岁幼儿语言表达能力相对有限、词语的积累较少，不能很好地掌握和理解一些新词语，为进一步帮助幼儿积累词汇，我设计了此次的活动"小动物爱吃什么"，目的是更好地激发幼儿说话的兴趣，使他们能乐意运用语言进行交往，帮助幼儿在生活中积累运用语言的经验，提高幼儿语言表达能力。		
活动目标	1. 初步掌握小动物的不同叫声，了解小动物爱吃的食物并进行模仿。 2. 能进行简单的身体律动并勇敢大声地讲话。 3. 体验语言活动的乐趣并积极参与互动。		
重点难点	重点：发展语言能力，鼓励幼儿勇敢地讲话。 难点：幼儿模仿较完整的句式。		
活动准备	图片、绳子、礼物盒、乐器、生日帽、生日蛋糕、小火车道具。		
活动过程	师：今天老师听说了一件有趣的事情，今天是白雪公主的生日，她在家里准备了一场盛大的生日舞会，白雪公主准备邀请她的朋友们来参加生日舞会，小动物们一听可开心了，大家都要去给白雪公主过生日，于是大家商量给白雪公主带什么生日礼物呢？ 师：好的小朋友们，我们先来看一看都有哪些小动物来参加生日舞会了呢？它们都带了哪些礼物呢？ 师：第一个被邀请的是小鸭子，小鸭子是怎么叫的呀？它把最爱吃的小虾米带来送给白雪公主。 小鸭子，嘎嘎叫；吃什么，吃虾米。 师：我们看第二个被邀请的是谁呢？是小花猫，小猫咪是怎么叫的呀？它把最爱吃的小鱼带来送给白雪公主当作生日礼物。 小猫咪，喵喵叫；吃什么，吃小鱼。 师：我们看第三个被邀请来的是谁呢？是小花狗，小花狗是怎么叫的呀？它把最爱吃的什么带来了呢？小花狗把最爱吃的肉骨头带来给白雪公主当作生日礼物。 小花狗，汪汪叫；吃什么，吃骨头。 师：我们看第四个被邀请来的小动物是谁呢？是小青蛙，小青蛙是怎么叫的呀？它最爱吃的什么带来了？小青蛙把最爱吃的小蚊子带过来给白雪公主当作生日礼物。 小青蛙，呱呱叫；吃什么，吃蚊子。 师：我们看第五个被邀请来的小动物是谁呢？是小山羊，小山羊带来了什么呢？小山羊把最爱吃的小草带来送给白雪公主。 小山羊，咩咩叫；吃什么，吃小草。 师：小鸭子、小猫咪、小花狗、小青蛙、小山羊都把它们最喜欢吃的虾米、小鱼、骨头、蚊子、小草送给白雪公主，可是白雪公主看了它们带过来的食物并不是很开心，因为这些都不是白雪公主爱吃的食物。 师：小朋友们想一想白雪公主到底喜欢吃什么食物呢？小朋友们猜一猜。老师悄悄地问了一下，原来白雪公主最喜欢吃蛋糕，老师准备了很多的礼物盒子，想请小朋友们找一找，帮助白雪公主找到她最爱吃的生日蛋糕吧！ 幼儿跳高摸礼物盒，找到哪种食物就贴到对应的小动物下边，贴完之后让幼儿跟着节奏律动复习说一遍，最终找到生日蛋糕并送给了白雪公主。		

续表

活动过程	师：小火车来接小动物和白雪公主前往生日舞会现场了，请小朋友们帮助小动物和白雪公主坐到对应的火车厢然后一起出发吧！ 师：小朋友们真厉害，在你们的帮助下，白雪公主和小动物们都顺利地到达舞会现场了，开开心心地参加生日派对，今天老师也带来了我最喜欢吃的食物和小朋友们分享，小朋友们想不想知道是什么呢？原来是苹果和香蕉，小朋友能不能也帮老师说一下秘密口令呢？小朋友们可真是厉害，老师想和小朋友们讲，我们每个人都有自己最喜欢吃的食物，但是也不要挑食哦，要营养均衡才能长得比白雪公主还要漂亮，小朋友们和小杜老师一起分享苹果和香蕉吧！ 师：接下来在阅读活动的时候，找一找还有哪些你认识的小动物，大家一起学一学它们的叫声和爱吃的食物吧，我想小朋友们会有更多更有趣的新发现！
活动反思	教学目标的渗透以及重难点解决策略得当；活动过程安排合理，环节层层递进；幼儿语言发展阶段不同，对于语言发展较缓的幼儿应给予更多的关注，放缓节奏，鼓励幼儿大胆讲话；给予幼儿积极、有针对性的鼓励，能把握介入的时机，提供适当的帮助。

我的小菜园

北京市东城区东四五条幼儿园　廖　欣

教学领域	科学	班级	中班
设计意图	中班序数教育目标：学习10以内的序数，能从不同的方向正确指出某一物体在序列中的位置。所以我尝试用游戏的形式，将"理解6以内的序数"作为教学内容，活动设计结合本班主题"香喷喷的小餐桌"，最后在巩固环节请幼儿将操作材料放到植物角并运用于生活，让幼儿在轻松愉快的活动中认识、运用序数。		
活动目标	1. 能理解6以内的序数，并感知序数的方向性。 2. 能用序数词"第几"表示物体在序列中的位置。 3. 喜欢动手操作，体会序数在生活中的运用。		
重点难点	重点：理解6以内的序数。 难点：能从不同方向正确指出某一物体在序列中的位置。		
活动准备	蔬菜卡片、胶钉、背景图纸。（每位幼儿各一份）		
活动过程	一、谈话导入，激发幼儿活动兴趣 师：小朋友上周回家和爸爸妈妈一起制作了"我家的小餐桌"，桌上的美食都是用不同蔬菜做出来的，今天廖老师就带小朋友一起看看我的小菜园里的蔬菜宝宝。 二、活动过程 1. 教师出示蔬菜卡片，请幼儿一起看看都是什么蔬菜，并一起数一数一共有几种蔬菜？ 师：小朋友都认识这些蔬菜了，那我们一起来数一数一共有几种蔬菜？ 师：我们一起来看一看排在第一个的是什么蔬菜？胡萝卜排在第几个？土豆排在第几个？白菜排在第几个？排在最后一个的是什么蔬菜？番茄排在第几个？它前面的是什么蔬菜？排在第几个？ 2. 请幼儿将蔬菜卡片竖向排成一列摆在菜地背景图纸上。（教师提供竖向菜地背景图纸） 师：廖老师给小朋友提供了蔬菜卡片还有小菜地，现在请你自己动手来种菜。 师：谁来说一说你的菜地是什么样子的？（将操作纸出示给全体幼儿） 师：××把什么蔬菜种在了第一个？说不一样的小朋友你是从哪个方向开始的？我们都知道种菜的时候要从小草的方向开始往上种，那我们现在来看一看什么蔬菜在第一个？什么蔬菜在第二个？……		

续表

活动过程	师：谁的菜地和他的不一样？小朋友们继续来分享。 3. 教师出示不同种类萝卜卡片，请幼儿将不同种类萝卜卡片在横向菜地背景图纸上排成一横排。（教师提供横向菜地背景图纸） 师：小朋友们你们知道吗，萝卜其实有很多种。我们一起来看看都有哪些萝卜吧？ 水萝卜、白萝卜、胡萝卜、小萝卜、青萝卜。 师：现在请小朋友一起自己动手种萝卜。 师：谁来说一说你的萝卜地是什么样子的？（将操作纸出示给全体幼儿） 师：种在第一个的是什么萝卜？说不一样的小朋友你是从哪个方向开始的？小朋友们发现了，从左边开始数和从右边开始数，第一个是不一样的。那么从左数胡萝卜排在第几个？从右数胡萝卜排在第几个？从左数排在第三个的是什么蔬菜？从右数排在第三个的是什么蔬菜？ 师小结：我们数第几要看从哪边开始数，从不同的方向看，物体的排列位置不同。 三、延伸活动 教师出示菜园背景图。 师：我们一起来看看菜园有几行菜地？现在我请小朋友将你种好的萝卜放进我们的小菜园里，放的时候请你告诉我你放在了第几行。
活动反思	本次活动以"菜园种蔬菜"的游戏贯穿始终，操作材料准备充足，环节安排层次清晰、过渡自然，幼儿参与积极性较高。在活动中注重让幼儿在游戏中自主探索和操作，并能结合本班主题开展相关游戏活动，符合幼儿的年龄特点和生活经验。从第一个环节学习在竖向菜地种植蔬菜，再到第二个环节在横向菜地种植蔬菜，体验排列方向的不同，进而学习从不同的方向来说出"第几"，而第三个环节将小菜地种植到大菜园则是安排小朋友再次巩固加深对序数词的掌握以及序数在生活中的运用。

方方和圆圆

广西壮族自治区百色市田阳区那坡镇中心幼儿园　梁碧燕

教学领域	科学	班级	小班
设计意图	本次活动课，利用电子信息化技术希沃课件，引导幼儿找出方形、圆形，加深对方形、圆形的形状特征认知，采用情景游戏的教学方式，层层深入，激发幼儿的学习兴趣，鼓励幼儿寻找身边的方形、圆形物品，并尝试分享找到的物品，增强幼儿的语言表达能力和自信心。			
活动目标	1. 展示巩固对方形、圆形的认识。 2. 利用电子信息化技术希沃课件，引导幼儿找出方形、圆形。 3. 感知生活中的方形和圆形物品。			
重点难点	重点：利用电子信息化技术希沃课件，引导幼儿找出方形、圆形。 难点：能够依据方形和圆形的形状特征感知生活中的物品。			
活动准备	物质准备：希沃课件、生活中的圆形和方形物体、音频。 经验准备：初步认识了圆形和方形，知道圆形和方形的基本特征。			
活动过程	一、导入 出示PPT组图"圆形与方形"，帮助幼儿回忆圆形与方形的特征。 师：这些图形你们认识吗？ 师：它们叫什么名字？是什么样子的？ 师小结：圆形没有角，它的边缘圆溜溜的，很光滑。方形有四个角和四条直直的边，			

活动过程	分为正方形和长方形。正方形有四条一样长的边；长方形面对面的边一样长。 **二、出示生活中的"圆形与方形"物品，引导幼儿了解生活中圆形与方形的物品** 师：在我们的生活中有哪些圆形的物品？ 师：生活中还有哪些方形的物品？ 播放音频《白雪公主的话》，引导幼儿寻找图片中圆形与方形的物品。 师：哎呀，不好，刚刚三个图形和老师说了一个坏消息。老巫婆趁白雪公主睡着的时候，用魔法把白雪公主困在了梦境世界中。白雪公主只有破解老巫婆设下的关卡，才能回到现实世界，否则就只能一直留在梦境世界。我们一起帮助白雪公主打败老巫婆，让白雪公主回到现实世界吧。 1. 播放音频第一段，操作课件，引导幼儿找到PPT图片中房间内圆形与方形的物品。 师：请先认真观察房间内的物品，找一找圆形与方形的物品在哪里？ 2. 播放音频第二段，操作课件，引导幼儿找到PPT图片中客厅内圆形与方形的物品。 师：客厅内有什么？哪些物品是圆形的？哪些物品是方形的？ 3. 播放音频第三段，操作课件，引导幼儿找到PPT图片中室外存在的圆形与方形。 师：室外有哪些物品是圆形的？哪些物品是方形的？ 4. 发放教具，巩固幼儿对圆形与方形物品的掌握。 师小结：恭喜小朋友们帮助白雪公主找到了各种圆形与方形的物品，打败了老巫婆，顺利回到现实世界。 播放游戏音乐，组织幼儿玩游戏"找一找"，鼓励幼儿找一找班级中圆形与方形的物品。 师：现在请小朋友们找一找我们班级内有哪些圆形或方形的物品？ 师：找到后向大家介绍一下你找到了什么？它是什么形状的？ 师小结：我们生活中有许多圆形与方形的物品，如圆圆的纸盘、方方的小椅子、方方的小桌子等，这些物品每天都在发挥着自己的作用，为我们服务。 **三、活动延伸** 日常活动：在日常生活中，引导幼儿观察寻找幼儿园内圆形或方形的物品。 家园共育：家长可鼓励幼儿在生活中寻找圆形或方形的物品，巩固有关圆形与方形的认知。
活动反思	本次活动课，在教案中我明确了教学目标，依托电子信息技术，创设了情境游戏环节，让幼儿帮助白雪公主打败老巫婆回到现实世界中，幼儿表现很活跃，并且能准确地区分方形与圆形，成功地帮助白雪公主打败老巫婆回到现实世界中，成就感满满，整个课堂气氛活跃，通过游戏环节不仅引发了幼儿的学习兴趣及主动参与，同时达到了激发主动学习的目的。 在寻找班级中的方形和圆形宝宝游戏中，幼儿的积极性很高，能把自己找到的方形和圆形物品主动地告知教师和周边的小同伴，使幼儿的表述能力、反应能力和观察能力都得到发展。

【说课稿】

看电影

北京市通州区新城东里幼儿园　贾晓娟

【设计意图】

大班幼儿虽然出现了抽象逻辑思维的萌芽，但还是以具体形象思维为主，应引导幼儿通过直接感知、亲身体验、实际操作进行学习。大班幼儿处于幼小衔接的重要阶段，培养时间观念十分重要。本班幼儿在过渡环节有自主看时钟的意识，能够关注时间的流逝，但不太会看整点和半点时间，因此设计了本次活动。

【说教材】

每个幼儿都有过看电影的经验，本次活动巧妙地将整点、半点的认知与幼儿看电影的经验结合起来，具有一定的趣味性和挑战性，在引导幼儿认识整点、半点的同时，进一步感知时间的先后顺序。

【说活动目标】

1. 学习认识整点、半点，理解钟点和指针的关系。
2. 感知一天中时间的先后顺序。
3. 喜欢参与数学活动，能够运用有关时间的经验，解决看电影的实际问题。

【说重点难点】

重点：学习认识整点、半点，理解钟点和指针的关系。

难点：感知一天中时间的先后顺序。

【说教法】

1. 兴趣导入法：看动画电影是幼儿特别喜欢做的事情，因此我以《熊出没》等电影为切入点进行导入，激发了幼儿参与活动的兴趣。
2. 排序感知法：通过让幼儿给所有场次的电影进行排序，帮助幼儿进一步感知了一天中时间的先后顺序。

【说学法】

1. 操作体验法：教师为幼儿创设了多次自主拨动手中模型钟的机会，帮助幼儿巩固了对整点和半点时间指针位置的认知。
2. 对比观察法：幼儿通过对比观察三个整点时间和三个半点时间指针位置的相同与不同，能够自主发现整点和半点时间指针的指向规律。
3. 记录巩固法：幼儿通过写数字、画指针的方法，能够加深印象，进一步巩固对整点和半点时间的认知。

【说活动过程】

一、谈论有关看电影的话题

1. 教师出示电影《熊出没》的海报图片，吸引幼儿兴趣。
2. 教师出示电影票，师幼共同谈论看电影的话题，引出电影票上有播放时间。

二、出示电影海报，幼儿自主拨动时钟，认识整点时间

1. 教师出示电影《冰雪奇缘》的海报，上面标注电影播放时间为10：00。
2. 幼儿尝试用手中的模型钟拨到相应的时间，然后请一名幼儿拨动大模型钟进行集体验证，并将正确的指针位置记录在黑板上。

3. 再依次出示两张电影海报《汽车总动员》《喜羊羊与灰太狼》，引导幼儿用模型钟拨出上面的整点时间，并将正确的指针位置记录在黑板上。

4. 引导幼儿通过对比观察，发现三个整点时间指针的指向规律。

5. 师小结：分针指着12，时针指着表盘上的任何一个数字，我们就叫它整点，时针指着几就是几点。

三、出示电影海报，幼儿自主拨动时钟，认识半点时间

1. 教师出示电影《疯狂动物城》的海报，上面标注电影播放时间为3:30。

2. 幼儿尝试用手中的模型钟拨出相应的时间，然后进行集体验证，并将正确的指针位置记录在黑板上。

3. 再依次出示两张电影海报《海绵宝宝》《功夫熊猫》，引导幼儿用模型钟拨到上面的半点时间，并将正确的指针位置记录在黑板上。

4. 引导幼儿通过对比观察，发现三个半点时间指针的指向规律。

5. 师小结：分钟指着6，时针指着表盘上的任何两个数字中间，我们就叫它半点，时针刚刚走过数字几，就是几点半。

四、幼儿根据电影海报上的数字时间或表盘时间自主记录整点和半点

1. 引导能力较强的幼儿选择用数字、表盘两种记录形式的海报，能力较弱的幼儿选择单一记录形式的海报。

2. 提示幼儿在绘画指针时要画出时针和分针的区别，时针短分针长。

3. 引导幼儿在用数字记录时尽量将数字写规范，"点"用"："表示。

4. 关注幼儿的书写姿势，引导幼儿做到一拳、一尺、一寸。

5. 完成后引导幼儿与同伴间互相验证。

6. 教师带领幼儿进行集体验证。

五、幼儿尝试为电影的场次进行排序，感知一天中时间的先后顺序

1. 鼓励幼儿给所有场次的电影进行排序，并在海报的右下角写上数字序号。

2. 幼儿分享自己的排列顺序，并用顺时针拨动模型钟的方法依次拨出相应时间，感知时间的先后顺序。

3. 引导幼儿发现规律：在同一天中，如果两场电影一场在上午，一场在下午，一定是上午的电影先播放。如果两场电影都在上午或都在下午播放，那么时针先走过数字几，几点的电影就先播放。

六、时间与幼儿生活的关系

1. 将整点、半点时间与幼儿在幼儿园的生活相联系（教师说出一个整点或半点时间和要做的事情，请幼儿用自己手中的模型钟拨一拨）。

2. 引导幼儿在过渡环节自主看时钟，合理安排自己的时间，抓紧时间做事。

【说活动总结】

本节活动通过创设看电影的游戏情景，以幼儿喜欢的动画电影为切入点，激发幼儿主动学习的兴趣。在活动中，幼儿多次动手操作拨动时钟，自主发现整点和半点时间指针的指向规律，逐步深化了对整点、半点的认知。同时幼儿在给所有场次的电影进行排序时，又进一步感知了时间的先后顺序。

【说活动延伸】

鼓励幼儿根据兴趣在美工区自制指针会转动的钟表，继续巩固对整点、半点的认知。

趣味踢足球创设与实施

广东省廉江市永福幼儿园　邹彩霞

【设计意图】

《指南》健康领域中指出：健康是指人在身体、心理和社会适应方面的良好状态。幼儿阶段是儿童身体发育和技能发展极为迅速的时期，也是形成安全感和乐观态度的重要阶段。开展丰富多样的活动发展幼儿身体平衡和协调能力，让幼儿充分锻炼走、跑、踢、守等动作，提高幼儿的协调性、灵活性、反应能力等，结合本学期大班户外体育大活动区的工作计划，我们开展的游戏区是以球类运动为主，其中我主要负责的区域是趣味踢足球。

【说教材】

《探索·发现·学习》中指出，足球对于幼儿来说，兴趣很重要，通过游戏活动让幼儿去探索足球、发现足球、学习足球的玩法，并在其中体会胜利的喜悦与成功的荣誉感，培养幼儿勇敢、善于适应、勇于进取、挑战、越战越勇的意志。

【说活动目标】

1. 掌握用脚踢，带球往前走、跑，发展脚部的控球能力。
2. 锻炼快速走跑的平衡性及目测能力。
3. 遵守游戏规则，有一定的团队意识，体验踢足球游戏的乐趣。

【说重点难点】

1. 重点：掌握用脚踢，带球往前走、跑，发展脚部的控球能力。
2. 难点：踢球方向力度的控制，及身体重心的变化。

掌握这些对幼儿来说有一定的挑战性，需要在日常活动中多次合作练习。

【说教法】

任务驱动法、演示法、情境教学法、讲解法、电教媒体教学法、讲解规则法、给幼儿制定一定的小任务，通过实际演示教学。幼儿的注意力时间较短，所以在讲解规则、情境讲解时不宜太复杂。

【说学法】

自主学习法、合作探究法、比较法、游戏法、讨论交流法。引导幼儿运用已有的知识经验，围绕话题，大胆发表自己的见解，表达自己的真实想法。借助于自然界的物质材料，将足球活动变为游戏，引导幼儿参与一定规则的足球活动。以小组合作为基础形式，互动促进幼儿学习和各方面的发展。

【说活动过程】

一、开展游戏前期

1. 筹备阶段

大班户外体育大活动区域球类运动刚开展的前期，我们大班组的三位老师，制订工作计划表，商量关于球类运动场地的规划，如教师人员的站位、幼儿参与游戏的人数、比赛局数及时长等。

根据规划好的游戏场地，我们开始了第一次的足球赛，幼儿对踢足球很感兴趣，纷纷表示要先参加这个游戏项目。穿完队服后，场地上呈现了幼儿奔跑的身影，同时也出现了足球不受控制地到处"跑"的情况，比如"跑"到滑梯底下、花基那一边、中三班走廊等。在足球赛的过程中，有些幼儿有手抱球走的习惯，也有一些幼儿去追足球跑的情况等。幼儿还需要加强熟悉踢足球的游戏规则。

2. 重新规划游戏场地及制定游戏规则

考虑到踢足球的材质和场地问题，把原来的靠近滑梯的足球场地和篮球区做一个调换，且场地中间用围栏分隔断开，另一边也有木栅栏，起到挡球的作用。调整场地后开展的踢足球赛，幼儿在踢足球的过程中，明显地减少了足球到处乱跑的现象。

3. 强化游戏规则

重新调整了游戏场地及游戏规则后，两队限定进场踢球的人数，幼儿踢足球的兴致一如既往的浓厚，当有队员成功射球进门时，场地上响起一阵阵"耶"的欢呼声，幼儿看着记分板上又多了一颗星星时，开心地和队友分享激动的心情。

二、实施流程

按照我们户外活动的时间，三个班级准时到达活动场地，集体进行活动前的热身律动，然后师幼一起摆放游戏器械，设置游戏区域的路线，活动游戏结束后，统一时间收拾整理活动器械材料，然后在活动场地进行放松运动，整理物品回班级。

标准的足球赛时长为 90 分钟，即两个半场，每个半场各 45 分钟，中场休息 15 分钟。我们根据成人的足球赛规则简化设置幼儿踢足球赛的游戏规则，整场比赛分为 3 局，每局 10 分钟，中场休息 5 分钟喝水，避免幼儿一直高强度跑。

进入场地后，幼儿自由组队，穿队服，可互相帮忙整理服装，队员商讨队名，最终确定队名，进行足球赛，分享获取星星的结果，原地做放松运动。

【说活动总结】

实施前后效果的观察反馈显示活动取得了显著的成果。通过互换场地，有效减少了足球乱跑的情况，提高了活动的安全性。游戏规则的调整后，幼儿在踢足球赛中更为灵敏协调，团队合作精神也愈发明显。这些变化表明，活动对于幼儿的技能和团队协作水平的提高起到了积极的促进作用。

总体而言，这次趣味踢足球的活动充分体现了对幼儿全面发展的关注与培养。通过踢足球这一有趣而挑战性的活动，不仅锻炼了幼儿的身体，更培养了他们的合作精神，为他们未来的学习与生活奠定了坚实的基础。这样的活动模式值得在日常教育中得以推广，以促进更多幼儿的全面发展。

【说活动延伸】

1. 制订个性化训练计划：有针对性地培养他们在踢足球中的技能和意识。

2. 专业足球教练的引入：考虑邀请专业的足球教练参与活动，为幼儿提供更系统、更专业的足球训练。

3. 足球艺术与文化的融入：通过引入足球艺术和文化元素，拓展活动的内涵，让幼儿通过艺术表达对足球的理解和热爱。

4. 家庭亲子足球日：扩大活动的社会影响力，创办家庭亲子足球日，形成家校合作的良好氛围。

通过这些活动的延伸措施，趣味踢足球活动更加多元、深化，满足幼儿不同层面的需求，更能够培养他们积极向上的态度、团队协作的能力，为他们的未来发展打下坚实的基础。

洋娃娃和小熊跳舞

江西省南昌市江西工商职业技术学院　龚　甜　章　静

【设计意图】

《纲要》指出，在艺术活动中面向全体幼儿，要针对他们的不同特点和需要，让每个幼儿都得到美的熏陶和培养。因此在艺术领域打击乐活动中，我们不能只追求单纯的技能技巧，更要给幼儿提供自由表现的机会，支持鼓励幼儿积极参加打击乐活动，帮助他们提高表演的技能和能力。

打击乐器演奏是幼儿园音乐教学的内容之一，打击乐演奏教学不仅能够帮助幼儿初步掌握乐器演奏的一般知识技能，发展幼儿的节奏感，而且还能够发展幼儿对音色、曲式结构的敏锐性，能够培养幼儿的合作意识、合作能力、创造力、组织纪律性和责任感，还能够提高幼儿的表现力。

【说教材】

根据《指南》，中班艺术教育是指导中班儿童在艺术活动中培养兴趣、感知和表现能力的过程。通过艺术教育，中班儿童能够培养自己的审美情趣，感受美好的事物，表达自己的情感，丰富自己的想象力和创造力。我选择了《洋娃娃和小熊跳舞》这首音乐作品进行教学，其节奏鲜明，旋律欢快，结构工整，容易吸引幼儿的注意力，容易掌握，在乐器配乐与演奏的方案过程中，既能培养幼儿的乐曲感、锻炼幼儿的表演能力，与此同时，又能给幼儿带来快乐的感受。

【说活动目标】

1. 认知目标：感知音乐轻快活泼的旋律，知道歌曲的节奏特点。
2. 技能目标：能看懂图谱、掌握歌曲节奏特点，并运用图谱进行打击乐表演。
3. 情感目标：乐意参加打击乐活动，体验《洋娃娃和小熊跳舞》打击乐活动的快乐。

【说重点难点】

重点：学会认识图谱，能够大胆表演。

难点：感知音乐的节奏特点，并应用图谱进行打击乐演奏。

【说教法】

1. 提问法：我设计提问幼儿，启发幼儿思考：洋娃娃说了什么？它和小熊跳舞的口号是什么？帮助幼儿理解歌曲内容，一方面可以激发幼儿的兴趣，另一方面通过提问法，帮助幼儿理解歌曲内容，并为接下来的活动做准备。

2. 图谱法：可以帮助幼儿掌握歌曲内容，幼儿根据图片进行打击乐演奏，在演奏过程中使用图谱法，一方面可以让幼儿练习如何配置乐器，另一方面可以帮助幼儿掌握歌曲内容，为接下来的打击乐演奏做准备。

3. 多媒体教学法：主要是在第二环节播放歌曲，帮助教师课程的实施，教师小结，带领幼儿掌握歌曲内容和节奏特点。

【说学法】

1. 合唱：通过合唱训练幼儿的合作精神和集体荣誉感。
2. 合奏：通过合奏训练幼儿的合作精神和协调能力。
3. 音乐游戏：通过音乐游戏培养幼儿的合作精神和分享意识。

【说活动过程】

第一个环节是导入环节，精彩的导入，能够帮助吸引幼儿的关注，激起幼儿的兴趣，有助于整个活动的顺利进行，在导入环节，我出示洋娃娃、小熊玩偶，激起幼儿的兴趣。

第二个环节是欣赏乐曲，让幼儿掌握歌曲的内容和节奏特点，之后给幼儿分发头饰，让幼儿参与打击乐角色扮演，能够很好地让幼儿参与进来。

第三个环节是确定配器方案，教师让幼儿挑自己喜欢的乐器，幼儿拿乐器齐奏这首歌曲的节奏探究演奏歌曲，教师介绍乐器，教会幼儿如何配器，教师和幼儿逐句逐段分析，每一种方案都用乐器尝试一下，以此来教会幼儿使用乐器。

第四个环节是分声部徒手练习，教师教会幼儿认识图谱，幼儿根据图谱演奏歌曲。

第五个环节是指挥乐器演奏，教师指挥幼儿尝试进行乐器演奏，演奏完毕教师点评，最后再集体演奏。

【说活动总结】

幼儿总结本节课的收获，教师总结升华主题，最后教师和幼儿跟随多媒体音频再次演唱歌曲来结束本节课。

【说活动延伸】

表演区：将存有音乐《洋娃娃和小熊跳舞》的光盘放入表演区，供幼儿自行练习。

测一测、量一量

山东省青岛市青岛恒星科技学院　张雨龙娃

【设计意图】

幼儿的测量是自然测量，即利用自然物（如虎口、臂长、小棒、绳子等），而不用标准测量物（如尺）作为量具来测量。幼儿测量概念的发展一般会经历游戏和模仿、比较、使用任意单位、认识并使用标准单位四个阶段。大班幼儿大多处于第二、三种水平。

【说教材】

依据《指南》精神，本活动设计注重"能发现生活中许多问题都可以用数学的方式来解决，体验解决问题的乐趣""探究具体事物和解决实际问题中，尝试发现事物间的异同和联系的过程"，帮助幼儿运用直接感知、实际操作和亲身体验的学习方式获得测量的基本经验。

【说活动目标】

本次活动的目标定为：尝试用不同的自然材料测量并比较长度；掌握一些自然测量的基本方法；体验生活中测量的乐趣。

幼儿理解计量单位是很重要的，即测量所运用的单位是均等、不间断、不重叠的。按照皮亚杰的观点，虽然量和数具有同构性，但是幼儿对量的认识往往要晚于对数的认识，这是因为幼儿认识量度时，必须把它作为分割和有顺序位移的一种综合来建构，由此就造成了幼儿在掌握测量技能上的困难，尤其是测量的始端、终点、移动及其记号以及算出量的结果，量后重复测量加以验证等。

【说重点难点】

重难点：掌握自然测量的基本方法如计量单位均等、不间断、不重叠；比较不同工具测量的不同结果。

【说教法】

1. 情景教学法：为幼儿创设"比一比谁跳得比较远"的活动情景，激发幼儿参与活动的积极性和主动性，引导幼儿进行观察，比较谁跳得比较远。

2. 实验操作法：为了比较出谁跳得远，引发测量任务，为幼儿提供丰富的操作物质材料。

3. 观察指导法：针对幼儿在测量活动过程中出现的情况进行观察记录，并采取随机指导。

4. 提问法：根据教师在测量活动中观察到的情况，对幼儿进行提问，启发幼儿积极思考，对测量过程与结果进行总结。

【说学法】

1. 多通道参与法：幼儿通过跳一跳、看一看、比一比、测一测、写一写、说一说，运用多种感觉器官协同作用，比一比谁跳得远。

2. 实验操作法：幼儿通过直接感知、亲身体验、实际操作的方式践行测量任务，在实践过程中体验测量在日常生活中的有用和有趣。

3. 小组合作法：可使幼儿优势互补，形成良好人际关系，培养合作精神，增强团队意识，在大家互帮互助的情况下共同完成测量任务。

4. 交流讨论法：在测量过程中与同伴积极讨论，共同思考解决问题的办法，测量后与教师进行讨论，大胆表达自己的想法。

【说活动过程】

一、倾听任务

教师交代活动任务是幼儿先来跳一跳，再来比一比，看看谁跳得远。此环节体现《指南》社会领域社会适应方面的目标一：幼儿喜欢并适应群体生活，在群体活动中积极、快乐。

二、跳远比赛

幼儿间进行跳远比赛，此环节体现《指南》健康领域动作发展的目标一：幼儿具有一定的平衡能力，动作协调、灵敏以及社会领域社会适应的目标二：幼儿遵守基本的行为规范，理解规则的意义，自觉遵守规则。

三、同向比较

幼儿跳完后首先想到的问题就是谁跳得远，可两个方向都有很多段短距离，教师引导幼儿先比较一侧谁跳得远，再比较另一侧谁跳得远，幼儿自然地通过看的方式进行比较，获得在同向跳远时可以通过"目测"的方法进行比较的经验。

四、异向比较

承接上一环节遗留下的问题，两个方向必然有段距离无法通过目测比较出来，教师引导幼儿发现这个问题，解决问题，在对幼儿提出的解决方法表示认可的同时抛出三种有梯度的自然测量工具，让幼儿通过使用这些材料想办法解决问题。

五、选取材料，进行测量

幼儿自由选择一种工具，选用同种工具的幼儿为一组合作测量，用自己喜欢的方式对结果进行记录，通过小组合作法和实验操作法来解决异向比较遗留下的问题。教师此时要对幼儿的测量过程进行观察记录，列举出现的问题。

此环节体现《指南》科学领域科学探究的目标二：幼儿具有初步的探究能力，能用数字、图画、图表或其他符号记录，探究中能与他人合作与交流。

【说活动总结】

师幼对测量的过程和结果进行讨论。根据幼儿记录纸的内容，并结合上一环节中幼儿测量行为的观察与分析，对幼儿进行由浅入深的分层次提问，引发幼儿对测量过程的回忆。使用PPT动画演示的方式重现测量过程，吸引幼儿的注意，达到归纳与总结的效果，带动幼儿体验生活中测量的有用和有趣！

【说活动延伸】

活动延伸为幼儿提升了学习的趣味性，方便幼儿回顾掌握的一些基本的测量经验，也可以检测此活动的学习效果。身高的测量与幼儿的生活息息相关，幼儿可以使用自然测量的方法和小伙伴们一起进行身高互测，也可以让幼儿选择自己喜欢的内容进行测量，感受到生活中测量的有用和有趣。教师亦可在科学区中投放尺子，潜移默化中渗透标准测量的意识。

灵动的跳音

四川省眉山市四川工商学院　杨　晨

【设计意图】

在钢琴教学中，跳音是一项重要的技巧，对于增强音乐表现力和提高演奏效果具有重要作用。本节课旨在帮助幼儿学习并掌握跳音的弹奏技巧，并理解其在音乐中的重要性。

【说教材】

本堂课的内容是选自西南师范大学出版社出版的、沈秋鸿主编的学前教育教材之《钢琴》中第二章第二节：跳音。选择此教材的原因是这套教材难度比较小，内容安排循序渐进，适合没有接受过正规键盘训练的学生使用。选用教材第9页钢琴曲《基本练习》和《小喇叭》作为学习载体，引导幼儿综合运用跳音的弹奏技巧。

【说活动目标】

1. 初步掌握手腕动作弹奏的跳音。
2. 通过互助学习提高幼儿的自主学习能力。
3. 运用形象的动画激发幼儿的学习兴趣，从而使幼儿获得对跳音的最真实的情感体验。

【说重点难点】

重点：掌握手腕跳音的动作要领。

难点：感受手腕的放松，使弹奏声音轻巧而具有弹性。

【说教法】

综合运用创设情境、分组合作、师生互动、实践练习、归纳总结几种教学模式，创设现实的、有趣的、有思考性的问题情境，组织学生自主探索、合作、交流、主动获取知识，最后将知识拓展应用到实际中去。

【说学法】

采用体验性音乐教学方法、实践性音乐教学方法和探究性音乐教学方法，这些方法能够增强课堂的积极性、活跃性，激发学生的创新精神。

【说活动过程】

一、课前

1. 复习上节课的知识，由教师检查作业，对于完成度较差的幼儿下节课要再次检查。

2. 分组。将班级幼儿分为两人一组，幼儿可以自主选择搭档。由教师搭建网络信息平台，建立班级微信群，幼儿可以从群中获取教师布置的任务，根据任务要求进行自主学习。

二、导入新课

创设情景，引导幼儿欣赏啄木鸟啄木头的动画，选择跳音的片段作为配乐，引导幼儿初步感受跳音的旋律特点，借此引出新课。

三、课中

1. 板书结合教材第9页

跳音的标记是音符的符头上方或下方有一个小黑点或者小三角符号。跳音的分类：手腕跳音、手指跳音以及手臂跳音。这堂课的学习任务是手腕跳音。

2. 动作模仿

再次让幼儿观看啄木鸟啄木头的动画，并和手腕弹奏动作进行分析对比。啄木鸟的脖子就像是我们的手腕，弹奏时要放松。啄木鸟的嘴巴就像是我们弹奏的指尖，触键要有弹性。集中力量在指尖发出通透的声音。此过程需要幼儿在琴盖上进行模仿。

3. 观摩

通过分组上台来观察教师的手腕弹奏要领，教师分步骤讲解。准备工作：像啄木鸟的头准备啄木头；击键：啄木鸟啄木头一样轻巧快速；离键：幼儿通过想象手触摸滚烫的东西会立马收回来的画面，来掌握离键快的要领。接着，教师将慢速完整示范小曲《小喇叭》。

4. 实践操作

首先，预留十分钟时间给幼儿识谱，接着以两人一组互助的模式，完成乐曲《跳音基本练习》。合作模式可分为以下几方面：一人打拍子、一人弹奏；一人唱高音、一人唱低音；一人弹高音、一人弹低音；熟练之后再进行互换。最后，再由幼儿独立去完成练习。此过程教师将下台观摩，随机抽查并记录为平时成绩。

5. 考核评价

鼓励学生自评、互评（评价内容包括动作要领是否规范、有无错音、节奏是否准确等），选出得分最高的幼儿上台进行示范演奏，供大家参考学习。

6. 答疑解惑

每位幼儿可在微信群上发表自己对跳音弹法的疑惑点或者易错点，评选出排名前三的问题，教师先带领大家一起分析问题，由幼儿说出易错的原因，最后教师再进行答疑。

7. 课堂小结

幼儿运用思维导图归纳总结本节课的重难点（包括跳音的动作要领、手腕运用以及声音特点）并记录作业（教材第10页《草原英雄小姐妹》）。学会运用网络资源巩固练习进行知识内化。

四、课后

技能熟练。通过课上熟悉、课下熟练，要求学生完整掌握跳音的知识点以及熟练弹奏跳音练习曲。

【说活动总结】

在本节课堂中，教师通过设计丰富的教学环节，做到理论与实践练习相结合、讲授与互动相结合，使幼儿了解并熟悉了手腕跳音的弹奏方法，具备了演奏简易跳音曲目的能力，有助于培养其音乐感知能力和表现力，同时也有助于提高他们的手部协调性和灵活性。

【说活动延伸】

1. 音乐游戏：可以设计一些与跳音相关的音乐游戏，如节奏接龙、听音辨位等，让幼儿在游戏中锻炼自己的音乐感知能力和表现力。

2. 创编歌曲：可以引导幼儿根据跳音的特点创编歌曲，培养幼儿的创造力和想象力。这些歌曲可以让幼儿表达自己的情感和故事，提高他们的语言表达能力和自信心。

有趣的方言

云南省普洱市幼儿园　许　娥

【设计意图】

《3—6岁儿童学习与发展指南》在语言领域"倾听与表达"目标中对4—5岁幼儿提出"会说本民族或本地区的语言、基本会说普通话"的要求，结合本班幼儿在推普周活动中，我在介绍讲好普通话必要性的时候用方言与幼儿进行了简短的交流，发现他们很开心，并且对方言交流很感兴趣，结合这一实际情况，我萌生出设计一个用方言和普通话结合的语言活动，让幼儿在活动中感受方言的独特魅力与讲普通话的必要性。因此，设计了中班语言活动"有趣的方言"。

【说教材】

本次活动选择绘本《鳄鱼怕怕 牙医怕怕》，运用故事中鳄鱼和牙医两个角色简单、重复对白的特点，让幼儿体验故事中同一个句子用两种不同语言表述的奇妙感受。

【说活动目标】

《纲要》中指出，教育活动的内容选择要既适合幼儿的现有水平，又有一定的挑战性；结合中班幼儿年龄特点及已有经验，我将本次的活动目标定位于：

1. 幼儿通过活动了解方言的独特魅力。
2. 尝试用方言复述故事内容。
3. 体验方言与普通话结合讲故事的乐趣。

【说重点难点】

尝试根据自己的理解用方言复述故事内容。

【说教法】

《纲要》指出："教师应成为学习活动的支持者、合作者、引导者。"因此，我从支持、引导、合作三方面出发，结合本班幼儿的年龄特点，在本活动中我主要采用如下教学方法：

1. 游戏法：通过教师用普通话结合方言与幼儿问好进行互动游戏，激发幼儿的学习兴趣；
2. 讲述法：教师生动形象地讲述故事内容，引导幼儿理解故事内容；
3. 启发提问法：教师通过提问，启发幼儿思考并大胆将自己的发现表达出来。

【说学法】

整个活动我以幼儿为主体，遵循由浅入深的教学原则，让幼儿在玩—听—说—想的氛围中掌握活动的重、难点。

1. 讨论谈话法：让幼儿在讨论普通话与方言的不同环节中无拘无束地说出自己的理解与看法，是幼儿练习说话的好机会。

2. 游戏练习法：幼儿与教师将方言与普通话结合进行交流，通过听口令做动作边游戏边练习，充分体现《纲要》中提出的"语言能力是在运用的过程中发展起来的"的精神实质。

3. 幼儿有了以上谈话讨论和游戏练习的基础之后，在老师的引导下进行有目标的思考，利用"思考学习法"让幼儿在思考、尝试方言与普通话结合、自由切换的过程中主动参与讨论、讲述、表现获得知识，从而掌握活动的重点和难点。

【说活动过程】

托尔斯泰指出："成功的教学需要的不是强制，而是激发学生的学习兴趣。"因此，在整个活动过程中，我设计了听—讲—听—讲的流程安排，让幼儿在不同环节听、说结合，有详有略地推进每个环节。掌握故事中不同的语言与表现手法，适时适度地帮助幼儿理解故事内容，我设计了以下几个环节：

1. 用方言和普通话与幼儿互动问好并喊口令做动作，通过与众不同的问好方式激发幼儿的学习兴趣。这一环节的设计能在最短的时间内吸引幼儿集中注意力，充分运用感官感知游戏内容，为下一环节做好铺垫。

2. 教师引出主题，在听、感受互动游戏的基础上让幼儿亲自参与，鼓励幼儿用方言介绍自己。这一环节能充分满足幼儿的活动欲望，让幼儿在轻松氛围中大胆尝试用方言介绍自己，给幼儿提供表现和说话的机会。

3. 教师用方言与普通话结合的形式给孩子讲述故事。由此引出让幼儿初步了解方言就是只通行于一个地方的语言。这一环节通过讲述、设疑、提问一环扣一环，让幼儿在讨论、谈话中大胆讨论，你一言、我一语，幼儿在轻松、愉快的气氛中提高自己的口语表达能力。它是解决活动重点，突破活动难点的一个关键环节。

4. 让幼儿对比教师讲述故事的方式与平时的不同之处。教师引出普通话和方言语音的差异并鼓励幼儿尝试用普通话和方言描述故事中的同一个句子。

5. 在幼儿对方言有初步理解的基础上，教师用普通话讲述故事主线，鼓励幼儿大胆与教师互动，尝试用方言复述故事内容。

6. 师幼互动游戏看图说方言：教师出示生活中各种常见物品的图卡，与幼儿互动游戏，请幼儿尝试将所看到的图片内容用方言表达出来。

7. 通过方言与普通话结合讲述故事后，小结学说方言与普通话的意义所在，让孩子在渗透教育中体验语言活动的魅力。

【说活动总结】

活动最后教师总结方言是只通行于一个地方的语言，具有地方特色，普通话则是中国人共通的语言，所以我们既要了解方言的独特魅力又要讲好普通话，做好中国娃。

【说活动延伸】

活动延伸是为了更好地保证幼儿学习的完整性和连贯性，因此本次活动延伸的内容为：让幼儿用普通话与方言结合的方式与家长分享故事内容，在家园携手共育中促进幼儿语言表达能力的提升。

音乐活动：迷路的小花鸭

广东省深圳市宝安区新桥禧园幼儿园　彭英英

【设计意图】

小朋友们都很喜欢小动物，每天都会聊到植物角的小鸡、小兔子。根据小朋友们的兴趣爱好，我选择了《迷路的小花鸭》这首歌曲，从孩子们生活中感兴趣的话题出发，让音乐来源于生活，同时又高于生活。

游戏是幼儿最基本的活动、最基本的学习方法，教师需提供幼儿生活化、游戏化的学习经历。所以在本堂课中，开始部分我设计了"说回声、唱回声"的游戏，让幼儿熟悉歌曲、歌词。中间部分我设计了"点兵点将"游戏，让幼儿在游戏中学、玩中学。

【说教材】

歌曲《迷路的小花鸭》歌词有趣、通俗易懂，能让幼儿快速地理解，音律优美、内容生动，在简短的几句歌词中包含了一个极富童趣、寓意深刻的小故事。

【说活动目标】

认知目标：感受歌曲音乐旋律优美，能用轻快的歌声演唱《迷路的小花鸭》。

技能目标：熟悉歌词内容，感受歌词通俗易懂、有意义，激发儿童的同情心。

情感目标：反复倾听歌曲，能自如演唱，体验游戏式歌唱的快乐。

【说重点难点】

重点：熟悉歌曲的旋律，掌握歌曲的基本节奏，尝试续编歌曲结束后的部分。

难点：尝试用好听的声音完整演唱歌曲，并用自己的动作展示歌曲中人物的表现。

【说教法】

本次活动的教学方法主要是围绕着让幼儿在游戏中学、玩中学，引导支持幼儿学习。采用以下教法：游戏教学法导入法、节奏朗诵法、分句教唱法、引导创编法。

【说学法】

幼儿学习方法分为：介绍游戏的名称及主要内容，带领幼儿玩游戏，幼儿熟悉游戏中的音乐，幼儿学习游戏中的歌曲。通过游戏让幼儿快速地熟悉歌词，掌握歌词内容，对歌词朗朗上口。

【说活动过程】

一、开始部分

教师可以利用拍手、拍腿等多种方式跟幼儿问好。师幼之间利用音乐有节奏、有旋律地打招呼。

师：小朋友们，你好，你好。

幼：老师老师，你好，你好。

二、以"和小花鸭玩回声游戏"为由导入活动

师：小朋友们，大家好！我是小花鸭。今天，我们来玩一个回声游戏。

三、游戏"说回声"，初步感知歌词内容

1. 教师介绍"说回声"游戏玩法。

师：怎么玩呢？我说一句话，你们按节奏重复我说的最后三个字！

2. 师幼游戏，教师念歌词，幼儿念伴唱部分歌词。

四、游戏"唱回声",引导幼儿学习演唱歌曲

1. 教师清唱歌曲,全体幼儿说回声。

师:刚才是用说的,如果用唱的方式,你们能唱出回声吗?

2. 点兵点将,教师边唱边有节奏地点幼儿,每句末被指到的幼儿唱回声。

游戏玩法:教师沿着圈内走,被教师指到的小朋友要唱出回声。

师:这次回声不是全班小朋友唱,而是一个小朋友唱,唱到每一句,最后一个字时,被指到的小朋友就要准备唱回声。

五、教师出示图谱,图谱分两次进行

1. 第一遍教师范指图谱,幼儿回忆歌词。

师:刚才,我们玩游戏唱的歌名叫作"迷路的小花鸭",你们还记得唱了什么吗?(出示图谱,教师范指图谱。)

2. 第二遍幼儿跟指出示图谱。

师:请小朋友们跟随老师一起来点一点。

师:小朋友能看着图谱唱出来吗?

六、幼儿跟随教师学唱歌曲,个别幼儿唱回声

1. 幼儿尝试跟唱歌曲,继续游戏。

师:小朋友听了那么多遍歌曲,能试着和我一起唱吗?

2. 个别幼儿当小花鸭,集体演唱。

师:请两个小朋友跟我一起当小花鸭唱一段。其他小朋友唱第二段。

师:声音轻快一些,既能听到自己唱歌,也能听到其他小朋友唱歌。

七、尝试续编歌曲的结束部分

1. 请幼儿创编小朋友把小花鸭送回家之后的故事。

师:好了,迷路的小花鸭已经被小朋友们送回家了,请小朋友们想一想你们把小花鸭送回家之后,鸭妈妈看到迷路的小花鸭会说什么呢?

2. 增加结束造型,再次完整游戏式演唱。

师:我们合着音乐完整地表演一下,结束时唱出我们刚刚创编的鸭妈妈说的话哦,还要摆出结束的造型。

八、结束活动

1. 教师带领幼儿回顾音乐活动,培养幼儿对音乐活动的喜爱。

师:小朋友们,我们今天学习的歌曲叫什么名字?

师:这首歌曲的里面有谁呢?

师:小朋友们要记得把这首歌曲分享给爸爸妈妈和你身边的好朋友听哦!

2. 再见活动。

(1)教师带领幼儿回顾学习内容。

(2)教师和幼儿挥手再见。

【说活动总结】

通过"迷路的小花鸭"音乐活动,小朋友们不仅能够探索音乐的乐趣,同时还提高了幼儿的音乐感知、表达能力和社交技巧,在音乐游戏活动中,还激发小朋友们对小动物们的关爱之情。

【说活动延伸】

在活动后,设置一个音乐探索游戏,将主人公小花鸭(小朋友扮演)带到不同的位置,让它根据特定的音乐或声音提示来选择正确的方向。可以使用简单的乐器或音频设备播放特定的声音,然后小花鸭根据声音的指引来选择下一步的行动,一步一步地找到自己的家。

教育反思

【观察记录】

小小动物园

江苏省盐城市射阳县海都实验幼儿园　梁宗梅

【观察对象】涵涵、小尊　　【班级】中班
【观察时间】上午 10:00—10:50
【观察背景】
　　幼儿升入中班后，合作意识逐步增强。
【观察目标】
　　观察目标幼儿的团队合作意识。
【观察过程】
　　区域活动期间，涵涵和小尊选择了建构区，本周的建构主题是搭建动物园。两人从架子上搬来了长积木开始他们的搭建。小尊看了看刚搬过来的积木，又看了看其他小朋友搭建的作品后对涵涵说："我们的积木可能不够，要用其他的积木搭动物园的大门，大门要搭得很高。"涵涵一听，说："那我再去搬一些积木过来。"涵涵抱着一摞积木走过来并蹲下身将手里的积木放下。"我们开始吧，我搭这边你搭那边。"涵涵对小尊说。小尊点点头，两人一起搭了起来。过了一会儿，小尊提出了一个问题："我们的动物园里没有动物啊？"涵涵听到后停下了手里的搭建，思考了一会儿："我们拿卡纸画动物吧。"说着两人一起画起了小动物。不一会儿，两人的小动物画好了。涵涵和小尊把画好的小动物投放到了动物园里。
【分析与措施】
　　分析：
　　心理学家皮亚杰认为：儿童在与同伴合作的过程中所产生的共鸣，使得儿童获得了关于社会更加广阔的认知。而在《3—6岁儿童学习与发展指南》中也提出"4—5岁幼儿活动时愿意接受同伴的意见和建议。"建构活动是孩子们产生交流较多的活动。在活动中涵涵和小尊一起搭建动物园，并以对话的方式相互交流沟通，这进一步发展了他们的团队合作意识以及交往能力和语言表达能力，也进一步发展了他们发现问题及解决问题的能力。
　　措施：
　　建构区的搭建非常有趣，孩子们在搭建的过程中增强自己的合作意识。开始活动之前，请孩子们共同参与讨论，对建构主题提出自己的意见。活动过程中，对于孩子们出现的一些小问题，我静静地观察、记录和等待，并给予他们充足的思考和讨论时间。我们教师的耐心等待和放手，让孩子们得以自然积累搭建经验，观察能力和处理细节的能力得到发展。活动结束后，邀请孩子们将活动过程中的合作经验进行分享，并对此进行总结，鼓励孩子们在活动时进行有效的合作。

调皮的跳跳

江西省南昌市江西工商职业技术学院　唐　霞　肖文清

【观察对象】跳跳　【班级】中班

【观察时间】2023年5月19日星期五上午区域活动

【观察背景】

跳跳父母很溺爱孩子，使得跳跳养成一些不良的生活习惯。跳跳父母很担心他在幼儿园的生活，但是跳跳在幼儿园总是调皮捣蛋，各方面发展都有所欠缺。在集体教学活动中，跳跳难以集中注意力，经常破坏课堂纪律，使得其他幼儿也无法集中注意力参与活动。与同伴交往时，由于跳跳经常欺负其他幼儿，其他幼儿不愿和他合作游戏。

【观察目标】

帮助跳跳矫正不良行为，融入集体生活。

【观察过程】

在区域活动时。其他小朋友都和自己的伙伴愉快地游戏，只有跳跳一个人呆呆地站在那里不知所措。跳跳犹豫地走到我的面前说："老师，没有人愿意和我一起玩。"我也怕他跟其他小朋友又发生冲突，不耐烦地跟他说："反正也没有小朋友愿意和你一起玩，你就自己玩吧，别影响其他小朋友。"其他小朋友听到我的话，悄悄跟同伴说："老师也和我们一样不喜欢跳跳，跳跳真讨人厌。"

【分析与措施】

分析：

跳跳父母很溺爱孩子，使得跳跳养成了一些不好的生活习惯，教师在发现跳跳不能很好地融入集体生活时，并没有想办法去解决这个问题。在进行区域活动时，跳跳因为没有融入集体，无法进行游戏活动，便向老师求助，教师对此不仅没有理会跳跳的诉求，还任由其他同伴去嘲笑跳跳，使得跳跳没法建立良好的同伴交往关系，教师也没有营造出一个适宜的生活氛围。

措施：

1. 观察跳跳在园时的生活、学习及游戏活动时的表现，找到跳跳擅长的领域，开展专门的活动，为跳跳创设与同伴交往的机会。

2. 家园共育。询问幼儿在家时的生活状态、家庭教育观念及方法，针对幼儿的不足之处，根据所了解到的内容，制订相对应的计划。再通过家访的方式，进行实地考察，完善幼儿的教育计划，指导家长学习并应用科学的育儿观及教育手段。

3. 在园时，主动与幼儿沟通，了解其心里的想法。分析幼儿出现不良行为的具体原因，设计社交小游戏，帮助幼儿建立正确的交往观念。

4. 与其他幼儿进行谈话，了解其他幼儿不愿与跳跳交往的具体原因。根据谈话结论，教师以游戏者的身份，带领跳跳共同参与同伴游戏，在游戏中引导跳跳掌握科学的社交手段。

5. 自我反思。教师耐心较差，根据跳跳的不良行为，产生了偏见，未能面向全体学生，促进幼儿的个性发展。

幼儿园大班幼儿自主游戏时间行为观察

山东省聊城市聊城大学东昌学院　贺燕婷

【观察对象】东城街道中心幼儿园大二班幼儿　【班级】大班

【观察时间】2023年5月20日～26日

【观察背景】
　　幼儿园大班儿童思维发展快，开始掌握认知方法，并且好问好学，非常富有创造性思维，许多孩子在游戏过程中都创造出了很多非常富有创意的形象，但是大班儿童的情绪变化却不再容易被发现。

【观察目标】
　　1. 观察幼儿在游戏过程中的创造性表现。
　　2. 观察幼儿在游戏过程中的情绪变化。
　　3. 观察幼儿认知方法的掌握。

【观察过程】
　　下午三点半游戏开始，孩子们拿出了大型积木，萱萱用积木搭建了一把椅子，但是她不满意又开始搭建一座桥，萱萱跑过去问老师如何搭一座桥，老师鼓励她自己先尝试，于是萱萱回来搭桥，萱萱不断尝试把积木搭成一座桥，经过不断探索终于搭成了一座简陋的桥，萱萱又跑去问老师："老师，我的桥好看吗？"老师说："萱萱搭的桥还不太美观，可以让它更好看吗？"萱萱听后回去接着尝试，可是积极性明显降低，慢慢地不再愿意搭桥，老师发现后，走过来说："萱萱，我们应该多尝试，之前的桥不就搭得很好嘛，我们还可以让它更美观。"在老师的鼓励下萱萱又开始搭桥，嘴里念叨着"先搭左边再搭右边，不对不对，返回去……"，过了一段时间萱萱终于搭好了桥，老师也为萱萱高兴。

【分析与措施】
　　分析：
　　萱萱在游戏过程中非常富有创造性思维，会想要用积木搭建桥，并且不断探索，这符合大班幼儿好学的特点，而且大班儿童个性初具雏形，在老师说她的桥不好看时，她并不会表现得很伤心沮丧，而是不愿意再搭桥。在老师鼓励并指导萱萱后，她又开始搭建桥，在搭桥过程中其实可以看到大班儿童已经开始掌握了认知方法，懂得了观察，也掌握了一定的观察方法会动手探索，分得清左右并且对于搭建过程有记忆。

　　措施：
　　1. 大班儿童情绪不再外露，老师提出建议或批评时可以具体一些并注意幼儿情绪变化，鼓励其改变和改正。
　　2. 大班儿童思维发展快，开始掌握认知方法，具有一定的条理性，老师可以鼓励其继续探索，可以不过多干预。
　　3. 大班儿童好学好问，老师要注意为儿童解答并在游戏过程中适当指导儿童。

"滑滑梯"堵车了

湖北省黄冈市黄冈师范学院附属幼儿园　　杨　静

【观察对象】七喜、乐乐、果果、灏灏　【班级】大班
【观察时间】2023年11月7日上午
【观察背景】
　　户外自主游戏是我园的园本课程，在开展了一段时间的自主游戏后，幼儿对游戏材料与游戏同伴的选择、游戏困难的处理，有了一定程度的经验积累。

【观察目标】

观察幼儿在户外自主游戏过程中的游戏状态，能够强化教师支持策略，进而多角度丰富幼儿游戏经验。

【观察过程】

孩子们商量选定了游戏区域后，开始从器械区搬出自己想玩的人字梯、木板、木梯、木架等工具，陆续拼搭起了自己的"游乐场所"。

远处传来了果果的声音："嘿，我们还没有拼好，等我们拼好了你们再玩，可以吗？"已经爬上架子的小朋友看了一圈，乖乖地下来了。这时，七喜和乐乐小朋友合作将一个长长的梯子抬了过来，"让让，让让，我们的梯子来啦！"将梯子的接口卡好后，七喜发现几个架子之间还空着，他和乐乐、果果商量："我们来搭一个'滑滑梯'怎么样？"于是，在他们的号召下，小朋友们开始帮忙拿短木板、长木板过来，没过一会儿，一个直线的斜坡形的"滑滑梯"拼好了，孩子们准备开始玩了。

这时候，两边同时都有小朋友往梯子上爬，到了中间动不了。于是，老师提醒道："哎呀，你们堵车了？"两边的小朋友互相看向对面，灏灏发现靠左边的队伍长一些，于是，招呼右边的小朋友自觉地往后退，把右边作为出口，左边作为入口，让大家跑到左边去排队。

前面的小朋友已经爬到"滑滑梯"的位置了，一开始小朋友们都只敢坐在"滑滑梯"上，双手扶着木板，慢慢往前蹭，这时，灏灏站了起来，大声说："老师你看，我可以站着走下去，我一点都不怕。"在灏灏的示范下，孩子们逐渐变得勇敢起来，开始愿意尝试或蹲着，或站着走过"滑滑梯"……

【分析与措施】

分析：

1. 大班的小朋友分享合作的意识较强，人际交往能力有了一定的发展，他们在游戏中能够运用和平的方式解决冲突。

2. 果果能够率先发现游戏的问题并提供解决办法，灏灏则展现了榜样的示范作用，能够带动其他小朋友丰富游戏的玩法。

措施：

1. 在发现孩子们游戏过程中遇到的问题时，适当地给予干预，提供幼儿解决问题的办法。

2. 丰富游戏的层次性，可在游戏结束后，请小朋友总结本次游戏的开心之处和不开心之处，引导幼儿学习如何解决与他人的冲突。同时，可提供滑滑梯真实图片和造型，引导幼儿思考，如何增加滑滑梯游戏难度，增强所有幼儿的游戏体验感。

泡菜诞生记（二）

北京卫戍区第二幼儿园（高井园）　张淑红

【观察对象】大勋、毛豆　【班级】大班

【观察时间】区域活动时间

【观察背景】

上次幼儿通过小组讨论制订了采访计划书，激发了幼儿想要采访的愿望。这一次有了记录单，大家更有目的性了，他们纷纷讨论可以"采访"谁，用怎样的方式进行记录……

【观察目标】

能通过讨论确定采访对象及记录方式。

【观察过程】

1. 可以采访谁？

菲菲说："我们要去问谁呢？"

毛豆说："我们可以问老师啊！"

鱼儿说："我觉得还可以问爸爸妈妈，他们肯定也知道！"

潼潼说："我们还可以去问食堂的叔叔阿姨，他们每天为我们做好吃的饭菜，这个他们肯定也会的啊！"

超超说："还可以问爷爷奶奶，他们一定知道！"

经过了一番讨论，大家最后决定向食堂的叔叔阿姨、老师、爸爸妈妈、爷爷奶奶进行提问。

我说："你们想怎么去提问呢？"

大勋说："我想自己去找老师提问！"

米彩说："我想和大勋一起去找食堂的爷爷奶奶提问！"

潼潼说："我想和我们组的小朋友一起去找老师提问！"

我继续问道："可是老师和爷爷奶奶说的制作方法一定很多，那怎么才能全部带回来和小朋友们分享呢？"

米彩说："我可以把他们说的画出来！"

大勋着急回应道："我很聪明，我用小脑袋就能记下来！"

潼潼说："我们还能用手机录下来啊！"

菲菲说："老师，我觉得你可以帮我们写字呀！"

我点点头说："你们说的方法都很好！那我们就用这些方法去采访，看看哪种记录方式更合适吧！"

2. 大家来投票——哪种记录方式更合适？

小朋友们带着采访小任务出发了，他们分成不同的记录小组，有的小朋友拿着水彩笔和纸，有的小朋友带着手机，有的小朋友小手空空。老师们和食堂的爷爷奶奶认真、耐心地分享着他们制作泡菜的经验。小朋友们用自己喜欢的方式记录着。绘画组的小朋友边听边画，手机组的小朋友举着手机认真听着，我辅助另一组小朋友用文字记录整个过程，选择用小脑袋记录的小朋友没一会儿就忘了，时不时地追问老师刚才讲的是什么内容。半个小时过去了，采访顺利结束，带着大人们的制作经验，小朋友们回班开始兴奋地分享。

每个小组都分享完毕，我问道："你们觉得哪种记录方式能够把老师们、爷爷奶奶的方法全部记录下来呢？小朋友们可以用自己喜欢的方式为你认为比较好的记录方法进行投票，看看哪种记录方式最合适吧！"说罢，小朋友们纷纷进行投票，最后用手机和绘画的记录方法得到的票数最多，大家对此进行讨论：

阳阳说："我觉得用手机录下来的方法最好！这样我们就像看电视一样可以看到老师们、爷爷奶奶们说出制作方法！"

超超提出疑问："可是我们不能一直看手机吧，大家如果要做泡菜的话肯定不能随时看手机啊！"

鱼儿说："对啊！我觉得绘画的记录方式最好了！我们在制作的时候忘了的话还能随时

看，就像看菜单一样！"

坦克说："老师平时也是用笔写字的，我们就用水彩笔画就可以啦！"

我提问道："为什么用大脑记忆的方式得到的票数比较少呢？"

菲菲说："因为我们记不住那么多的事情，所以这个票数最少。"

我说："小朋友们都很棒，我们用不同的方式进行记录，发现用绘画的方式记录过程是最合适并且能够随时提醒我们该怎样做！"

【分析与措施】

分析：

有了前期制订计划的活动经验，幼儿在本次活动中，能通过交流、讨论以及自身原有经验确定采访对象，让接下来的活动能够顺利开展。大家对于记录方式有着不同的理解，体现了幼儿的实际发展水平，通过实践后分享，大家通过对比发现不同的记录方式的优缺点并确定了最优记录方式。

措施：

《入学准备指导要点》提出要"乐于独立思考并敢于表达"。在"调查采访"这一活动中，教师为幼儿提供充分的时间思考、讨论和表达自己的观点，接纳幼儿不同的想法。鼓励幼儿积极补充同伴的表达，并说明理由。教师借助提供投票记录表，帮助幼儿了解投票结果并助力幼儿梳理总结，幼儿探究兴趣和积极性持续升高。

科探区："灯泡亮了"游戏观察记录

四川省宜宾市虹桥幼儿园　丁　敏　苏　澜

【观察对象】糖糖、唱白　【班级】大班

【观察时间】2023年11月8日中午

【观察背景】

科探区，唱白和糖糖正在合作进行串联电路实验，电路连接完成后放下电闸，他们发现灯泡没有亮起来。

【观察目标】

观察幼儿在游戏中遇到问题如何合作解决。

【观察过程】

糖糖："老师我们的线路怎么不亮呢？"

老师："你们认为是什么原因呢？"

糖糖："是电池没电了。"

唱白："黑电线和白接头在一起，所以不会亮"。

老师："你们有没有检查灯泡呢？"

唱白："灯泡是好的。"

老师："那你们再仔细检查一下，再试试吧！"

唱白提出重新再来一次，白色电线连接底座白色接头、黑色电线连接底座黑色接头，两人继续合作，连接电池底座和电灯底座时发现一边剩下的是白色一边是黑色（如图1）。唱白用白色电线进行连接（如图2）。拉下电闸后发现，电灯依然没有亮。

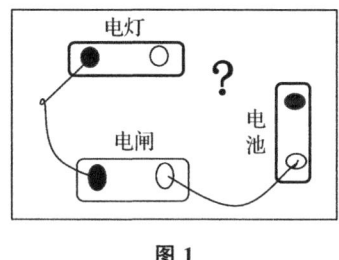
图 1

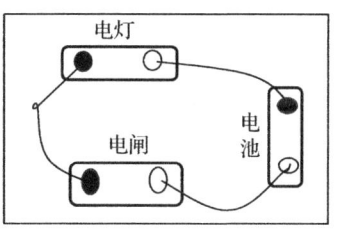
图 2

唱白再次检查线路，糖糖准备动手拆掉电闸底座白色接头上的线时，唱白制止并说道："是对的！"并继续摆弄线路思考，电池底座和电灯底座，一边是白色一边是黑色没法选择电线，糖糖这时提出可以再加一个电池底座（如图 3），唱白拒绝，继续思考了 20 秒左右，就这样两人来回僵持了 5 局，在糖糖第五次拿回电池底座时，唱白被说服。这一次白色电线和白色接头、黑色电线和黑色接头刚好连接完成（如图 4）。连接完成后两人放下电闸开关，灯泡亮了起来！糖糖向小伙伴分享说："要两个电池才能亮起来"。

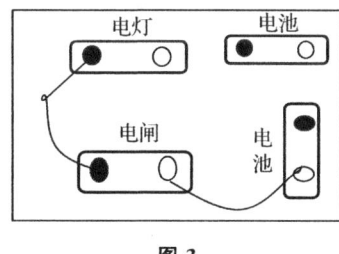
图 3

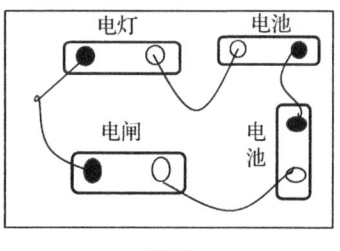
图 4

【分析与措施】

分析：

本次实验活动持续了 10 分 12 秒，糖糖和唱白对串联电流实验操作都有前期经验，但在实验过程中，两个孩子对白色电线要和代表正极的白色接头进行连接时产生了分歧，糖糖认为电线和正负极可以随意连接，而唱白则认为需按照颜色连接。第一次实验失败后，两个孩子解决问题的方式也是截然不同的，糖糖的第一反应是求助老师，唱白则是自己思考后再求助老师。

措施：

老师在第一阶段始终以观察者身份观察幼儿整个活动过程，并提出"检查一下，猜猜是什么原因？"开放式问题启发幼儿；在后来的实验过程中，糖糖共五次提出增加一个电池底座，被拒绝了四次，但是依然没有放弃并说出了自己的理由，实验结束后，老师带领幼儿进行了游戏记录，并通过实验再次论证唱白提出的白色电线连接底座白色接头、黑色电线连接底座黑色的连接方式是否正确，帮助幼儿提升相关经验。

拉近距离　赢得信任

北京市丰台区长辛店第一幼儿园　李　娜

【观察对象】白云　【班级】小班

【观察时间】2023 年 9 月
【观察背景】
　　幼儿离开家庭，迈入幼儿园这个新的环境。
【观察目标】
　　幼儿入园表现
【观察过程】
　　场景 1：
　　小班入园前期，教师邀请全班家长与小朋友共同到柳荫公园开展亲子同游活动。这天小朋友在家人的陪伴下，兴高采烈地游戏着……这时，白云的妈妈带着白云也来到了集体中，白云刚刚被妈妈领入集体中就哭闹起来，拼命地躲藏着每一位老师、家长、小朋友，不容大家亲近他一下，还一个劲儿地拉着妈妈吵着要回家，妈妈无论怎样劝慰他，都未能收到成效，甚至白云都不愿在公园多停留一刻。妈妈只好与教师沟通后，无奈地带白云离开了活动现场。
　　场景 2：
　　开学第一天，父母带领孩子来园后，小朋友都饶有兴趣地同家长一同玩玩具，白云却一直没有配合父母的要求，拖拽椅子，摔玩具，爬桌子，父母在一旁不停地呵斥。直至白云将玩具重重地打到老师的脸上，家长见此毫不犹豫地伸出手，狠狠地向白云的胳膊拧去，孩子一下哭了起来。孩子一边哭一边跑到一旁，家长也跟着跑到一旁。过了一会儿，家长看孩子不哭后想带孩子回到集体中，但白云一直都不愿回到集体之中。
　　半日结束时，我与家长进行简短的交流，白云总会趁我不注意时，使劲拽几下我的裙子，拽完之后马上迅速跑开，躲在一旁咯咯地乐，直至与家长交流结束。
【分析与措施】
　　分析：
　　从白云参加班级活动的表现来看，可以看出孩子对陌生环境及人的信任感和安全感极低，他在用自己的方式尝试与教师交流，试探教师的底线，直至活动结束孩子来拽我的裙子时，孩子已从我和他的几次交流中感受到教师对他的关爱与信任，并希望得到老师的关注。
　　家访及半日活动中，家长的表现也让我感受到他们的无奈，家长因工作繁忙疏于对孩子的陪伴与交流，仅仅使用简单粗暴的方式制止孩子的错误行为。不考虑孩子行为背后真正的原因。
　　措施：
　　幼儿入园后分离焦虑及一系列自我保护的反应，源于孩子安全感及信任感的缺失，重建安全感与信任感就需要教师注意以下几点。
　　1. 尽可能创设幼儿熟悉及温暖的环境，让幼儿感受到环境带来的安全感。
　　2. 对孩子们细致入微地关爱，让他们感受到教师带来的安全感与信任感。
　　3. 尝试利用多种形式让孩子们体验到同伴陪伴下的乐趣，感受区别于家人的安全感和信任感。
　　4. 积极与家长沟通，了解教育中的不对等，帮助家长解决教育中的实际问题，做好家园共育工作。
　　白云作为入园后表现较为突出的孩子，正在用他自己的方式引起我的关注，但作为一名教师还应关注班中每一名刚刚离开父母的孩子，他们同样需要教师的爱护，无论在何时教师都应保持平和的心态。利用自己敏锐的观察力发现问题的本质，用科学的教育观解决实际问题，帮助每个孩子健康快乐地成长。

跷跷板诞生记

上海市静安区洛川路幼儿园　杨　婉

【观察对象】参与跷跷板改造的幼儿　**【班级】**大班
【观察时间】2023年9月
【观察背景】

孩子们对幼儿园新开发的树皮场地很感兴趣，鑫鑫说："在这里是不是可以玩一些不一样的？"于是开始了探索与尝试。

【观察目标】

观察和分析幼儿在新环境中自我探索和创新的过程，了解他们如何通过协作和沟通来解决问题，创造新的玩法，及在过程中发展的社会情感、认知和动作技能。

【观察过程】

场景一：跷跷板诞生记

小小说："玩跷跷板吧。"他们搬来了波波球，找来了木板，做出了一个的跷跷板。一开始两个小朋友玩，后来有小朋友不断加入，从两个人玩到四个人玩，慢慢地参与的人越来越多。熙熙、轩轩、一苇、乐乐、浪浪正在玩跷跷板，鑫鑫跑过来，浪浪给他让了一个位置，一苇说："太挤了，你去那边玩。"鑫鑫提出来："跷跷板位置太少了，我们需要一个更长的。"最后经过讨论，决定要一个长一点的竹梯。

场景二：跷跷板翘起来

新竹梯到了，小朋友们一起把竹梯抬到波波球上，摆放时竹梯一边着地一边翘了起来。维维来回观察，鑫鑫把竹梯往翘起来的一边移动了一点，两边同时抬起来了，维维边数边说："这根是最中间的。"鑫鑫观察后有些怀疑："不是的。"维维说："我们一起数，一共9根，你从那边数我从这边数，是不是我们都数到了，这就是中间的一根。"鑫鑫说："是的。那我们把竹梯摆摆好吧。"他俩尝试把竹梯调整到了合适的位置，开始了游戏。

玩跷跷板时，六个人坐上去，竹梯又翘不起来了。他们开始讨论，周周说："跷跷板，太低了！给它加高一点吧。"鑫鑫搬来轮胎，把波波球放在轮胎上，跷跷板更高了！

场景三：欢乐跷跷板

玩跷跷板时，Amy、小小、夏天、周周分别坐在两边，薇薇和鑫鑫在最外面，除了重量，还依靠手来玩跷跷板。浪浪和维维站在最中间，一开始浪浪站着，维维拉着他的手站起来，经过几次之后维维找到了平衡感，站在跷跷板上进行活动。

【分析与措施】

分析：

孩子们在"跷跷板诞生记"活动中通过不断尝试和调整，改进结构，使得更多的同伴可以一起玩，这体现了他们对物理规律的初步认识和实践能力。特别是对"平衡"和"支撑点"的理解，他们在实际操作中表现出了初步的物理直觉和解决问题的能力。

措施：

1. 设计更多与杠杆、平衡和支撑点相关的实践活动，引导他们进行更深入的探索和学习。例如，提供不同长度和材质的杠杆、不同形状和重量的物体等，让他们自由探索和实验。

2. 利用多媒体，帮助他们更直观地理解相关的物理概念和原理，从而加深他们的认识和记忆。

3. 在活动中加入更多的团队合作元素，锻炼他们沟通、协调和合作的能力。例如，设置团队挑战和竞赛，引导幼儿共同探讨和解决问题。

高速公路的奇思妙想

云南省玉溪市澄江市机关幼儿园　余　晨

【观察对象】熙熙、晞晞、承承、尧尧　【班级】中班

【观察时间】区域活动时间

【观察背景】

在区域活动中，珂珂搭了一条高速公路，引发了同伴间的交谈。

"这是去昆阳的高速公路，我放假时去过那儿。""你这个搭得不好，一点儿都不像高速公路。""那你搭一个给我看看。"

他俩真去搭了一条高速公路。他们用长形木板和圆柱一层一层搭建，并且还用其他形状的积木放在了每一层的长形木板上当汽车。

经过讨论，大家决定搭建一些高速公路。尧尧说："这些积木都太小了，我们需要大的东西才能建出大的高速公路。"我让孩子们说一说自己认为可以用到的材料。大家你一言，我一语，说出了奶粉罐、纸砖、纸箱等需要用到的东西，他们非常激动，决定等收集好材料就开始搭建。

【观察目标】

孩子们能够根据自己的计划来进行搭建，积极思考，尝试独立解决问题。在活动后进行自我评价，反思本次活动的不足和可取之处。

【观察过程】

孩子们先做了计划。他们的计划中有下坡的高速公路，有高架桥，还有分岔路口。晞晞用纸砖和纸箱搭建了高速公路的主体部分。我拿着他们的计划对他们说："我看你们的计划上画了像桥一样的东西，那是什么呀？""那是高架桥。""那你们的高架桥搭出来了吗？"他指了指有奶粉罐的那一部分，说："这就是我们的高架桥呀，这些奶粉罐就是高架桥的柱子，两边的纸砖是它的围栏。"沿着他们的高速公路继续往前走，我看见一些用三角形搭建的东西，我问："那这个部分是什么呀？"承承说："这里我们打算建一个隧道，高速公路上是有隧道的。"过了一会儿我再过来看的时候，他们的高速公路搭向了另一个方向，他们用纸砖斜立着放起来，我问熙熙："这是什么呀？"她指着告诉我："这就是我们下坡的高速公路呀，开到这里的话汽车就要下坡了。"高速路上有一个像小房子一样的东西，我问："你们搭的这个是什么呀？"晞晞很兴奋地告诉我说："这是收费站呀，这是张家营收费站。"接着他还有模有样地跟我说："你好，欢迎你进入张家营收费站。"随着熙熙把最后一个纸砖放好，他们的下坡路段就建好了。然后他们跑过来跟我说："老师，我们的高速公路建好了。"我假装拿过他们的计划，说："你们计划上画的这两个小弯弯是什么呀？"晞晞说："哦，我们的分岔路口还没有搭呢。"于是他们又开始按照图纸重新搭建他们的高速公路上的分岔路口。

【分析与措施】

分析：

建构高速公路的过程中问题多多，但是活动中幼儿能够自主探究，材料给了幼儿无限的可能性。在本次建构活动中我为幼儿提供的大多为低结构材料，在使用低结构材料时幼儿较多是自主创造，本次游戏中多样的材料加上启发幼儿研究材料，双管齐下，有效地推进游戏的发展。

幼儿能运用支撑、平铺、围合、互补等技能创造性地搭建出不同特点的高速公路，提升了建构技能。同时，他们的空间认知能力、对材料形状和质地的感知运用等能力也得到提升。

本次游戏充满了趣味性和挑战性，大大增进了幼儿同伴间的交往。不管是建构过程的默契配合，还是困惑时刻的出谋划策，都体现了幼儿高水平的合作能力。这样的游戏，让幼儿深刻体会到团队的力量，共同享受成功的喜悦。

措施：

在幼儿进行高速公路初探时，教师可以引导幼儿思考高速公路的框架是什么样子的，还要考虑到建构高速公路的材料多样性的问题，可为幼儿提供更加多元的建构材料，如泥、土、水等相结合，呈现出更生活化的操作背景，使幼儿解决实际问题的能力提高。幼儿对于搭建的高速公路都非常有成就感，在以后的游戏中教师可以尝试更多的可能，如带幼儿到户外搭建更多的高速公路，比如水上的高速公路等。在不同的场地也会增加新的问题，教师不断地引导幼儿探究，提高幼儿解决实际问题的能力。

露营计划

北京市东城区东四五条幼儿园　王璐瑶

【观察对象】大坤、桐桐、吕白、沐沐　【班级】中班
【观察时间】2023 年 5 月 12 日
【观察背景】

随着天气逐渐变暖，孩子们经常会讨论到周末出游的计划，"我周末要去公园玩、我周末要去动物园、我要和妈妈一起去野餐"等，在交谈中，孩子们商量要在积木区开展"露营"的计划，他们纷纷说着露营可以做哪些事情，如"可以烧烤、可以放风筝、可以喝茶……"，一场"露营"的游戏开始了。

【观察目标】

1. 了解、观察幼儿游戏的内容及游戏现状。

2. 通过关注游戏及有针对性的指导，丰富幼儿对"露营"的经验，提供丰富的意图材料，支持幼儿更加深入地游戏。

【观察过程】

区域游戏开始了，沐沐等几个小朋友来到积木区要一起玩露营的游戏。游戏前我向孩子们询问了他们游戏的想法以及露营都可以做哪些事情。孩子们纷纷说："我们可以坐在一起喝茶""可以搭一个烤串架、吃烤串""露营还可以铺个野餐垫，一起吃东西，可以野餐""可以放风筝、唱歌、弹琴、拍照、拍视频"等等。说着孩子们已经迫不及待地游戏了，沐

沐和大坤一起用长方形积木和圆柱形的积木搭建了桌子和椅子，然后拿来了茶壶、茶杯、茶具、茶叶罐等材料开始沏茶、喝茶。吕白和桐桐一起搭建了一个烧烤架，然后拿来了一些食物放在上面烤，都烤好之后她们一起坐在地垫上开始有说有笑地野餐……

【分析与措施】

分析：

沐沐、桐桐等几个小朋友在游戏中都有自己的想法，生活经验比较丰富。在露营游戏中她们能够分工、合作进行游戏，如有的幼儿搭建喝茶桌椅、有的幼儿搭建烧烤架……搭建的都非常地形象，搭建好后同伴间能够友好地进行游戏。

措施：

1. 增加游戏前口头计划的环节，幼儿游戏的目的性更加明确，内容更加丰富。
2. 根据幼儿游戏的内容提供丰富的意图材料：茶壶、茶杯、茶具、各种茶叶罐、各种食材、盘子碗若干、野餐垫。
3. 通过回顾生活中的"露营"的场景以及观察露营的图片等多种方式帮助幼儿丰富游戏经验。
4. 鼓励家长和孩子们利用周末时间一起露营，并有针对性地收集露营意图材料。

花草园里的秘密

江苏省连云港市东海县山左口中心幼儿园　尹　春

【观察对象】桐桐　**【班级】**大班

【观察时间】上午 10：25—10：40

【观察背景】

幼儿在班级认领的花草种植地里进行观察写生。

【观察目标】

了解幼儿能否细致地观察到花园内植物的生长变化，有持续观察、探索的兴趣和能力。

【观察过程】

桐桐和小伙伴在花草园内进行观察写生活动，一会儿，她笑眯眯地跑到我的身边并用手指着自己的画说："老师，我发现迷迭香经过一段时间的生长，越长越高了。"接着她抬起右手挠了挠头又自言自语道："迷迭香需要太阳光的照射，但是阳光不能太强烈，下大雨的话就不能给它浇水了。"没等我回应她，就跑走了。

过了一会儿，桐桐又兴奋地跟我分享她更多的发现：

1. 肾蕨的叶子是绿绿的，但是它的叶子摸起来有点硬硬的，还有一点点粗糙。
2. 肾蕨叶子整个看起来就像细细长长的舌头的造型，每片叶子上有好多小叶子紧密挨在一起，像鱼鳞一样。
3. 绿绿的肾蕨长大了很多，但是有的叶子变黄了。

桐桐很疑惑："是不是最近总是下雨，肾蕨花水喝太多了？"她的猜测引起边上的小朋友也七嘴八舌地分享着。说完她又跑开和小伙伴们认真地观察起来。

【分析与措施】

分析：

1.《指南》中指出，5—6 岁幼儿能通过观察、比较与分析描述事物的变化。桐桐在花草园观察活动中积极主动且能较快地发现迷迭香与肾蕨的生长变化，从中可以看出她具有初步的科学探究能力。

2. 在花草观察中桐桐能细致观察到肾蕨花从整体到细节处的造型，且敢于对观察到的肾蕨花叶子出现少数枯死的现象进行大胆猜测与分析，从中可以看出她不仅有较好的观察能力，而且思维能力和学习品质也较好。

3. 在观察的过程中能用恰当的语言(形容词、比喻)清楚且连贯地来描述自己的观察发现，说明其语言能力发展较好。

措施：

1. 请幼儿与家人一起查阅资料或请有种花经验的家长讲述有关肾蕨、迷迭香植物的生长习性，帮助幼儿积累对植物生长的相关经验。

2. 提供花草相关的绘本图书，引导幼儿借助图书查找相关问题，了解其原因，并有意识地引导幼儿观察周围的事物，指导其基本的观察方法，提升观察力。

3. 支持幼儿对感兴趣的花草进行调查(如：生长习性、周期等)，引导幼儿在探究过程中，通过多种方式验证猜测并梳理调查结果，且提供多样性的记录工具，支持、激发幼儿探究的兴趣，学会做简单的观察记录并组织分享交流，帮助幼儿回顾自己的探究过程。

我帮小熊来刷牙

北京市延庆区大榆树中心幼儿园　刘燕平

【观察对象】香香　【班级】小班

【观察时间】过渡环节

【观察背景】

保健医蒋老师为我们班上了一节刷牙的课，通过故事使孩子了解刷牙的重要性，并学习了刷牙方法。结合"我的小手真能干"主题活动，激发孩子帮小熊穿衣、刷牙的愿望。所以我和孩子一同创设"我帮小熊来刷牙"主题墙饰。我们用纸盒将小熊的头固定在墙上，将小熊的牙齿夸张地表现出来，并在旁边准备出真实的牙刷。在小熊的上面，贴出刷牙方法的图示照片、儿歌，提示孩子正确的刷牙方法。

【观察目标】

观察幼儿刷牙的方法是否正确。

【观察过程】

下午，孩子们刚从户外回来，小朋友都聚到小熊旁边，香香最先拿到牙刷，分分在一边说："老师说，人多要排队，你们往后点"。香香专心地在牙刷上挤了一些牙膏，认真地刷了起来，嘴里还不停地念着儿歌，刷了一会儿，香香一扭头不小心将牙刷碰到小熊的脸了，旁边的小朋友开心大声说："香香别刷小熊脸，他都哭了。"香香扭过头，用小手捂着小熊的脸："对不起，我不是故意的，你别哭啊。"

晚上离园时，孩子们都兴奋地拉着爸爸妈妈的手到活动室，看我们的小熊朋友，有的给爸爸妈妈讲应该怎样刷牙，有的还给他们讲自己是怎样帮助小熊刷牙的。

【分析与措施】

分析：

小班幼儿常把动物当成人，是幼儿思维"拟人性"特点的体现。三四岁幼儿喜爱童话故事，自己也常常幻想生活在童话世界之中。我们应理解、接纳幼儿的这一特点，并运用这一特点进行教育，会比空洞的说教有效得多。小班幼儿的认知正处于知觉行动到具体形象思维过渡阶段，他们习惯可感可视，而日常的刷牙对于幼儿来说只是一项任务的完成，完成的过程和结果并不直观。基于此，在主题活动中我们考虑创设了相应的练习环境，生成互动性墙饰。首先突出了小班幼儿具体直观的思维特点。将小熊的嘴巴做成立体的，便于幼儿进行直观的操作练习，满足幼儿边说边做的需要，也满足了小班幼儿认知靠行动的学习特点。这也给幼儿创设了用口头和肢体语言一同来表达思想的机会，使他们在游戏中学到本领，体验到更多的愉悦。

措施：

通过活动可以看出幼儿已经真正融入到情境中。小班主题墙饰的创设，应该迎合幼儿的心理特点，将技能融于墙饰中，创设动态又具情境的环境墙饰，让幼儿有与墙饰互动的机会，使幼儿在与墙饰的互动中积累经验，掌握正确的刷牙方法，并能够坚持早晚刷牙，这对幼儿习惯的养成具有促进作用。

攀爬小能手

山西省太原市育蕾幼儿园　白　磊

【观察对象】奇奇　【班级】大班

【观察时间】2023 年 4 月 13 日

【观察背景】

提供攀爬器械供幼儿选择游戏。

【观察目标】

掌握肘膝着地爬（匍匐爬）的动作要领情况。

【观察过程】

奇奇第一次在硬垫上进行尝试，刚开始动作不熟练，右腿发力向后蹬，胳膊没有用力，导致身体并未向前移动。他再次尝试，想用胳膊的力量带动身体移动，但由于肢体不够协调及灵活性不够，爬行过程用时较长。老师请他在旁边观察其他小朋友爬行，告诉他："匍匐爬可以想象成自由泳，要想办法把自己往前拉，我们需要手肘撑地，后面膝盖和脚掌配合，让自己往前移，同时你的屁股会微微翘起来一点。"有了老师的讲解，随后又观察了其他动作到位的幼儿的示范，奇奇在一次次的练习中，知道匍匐爬要手脚一起配合起来，要领掌握后，奇奇的爬行比之前规范多了，爬起来活脱脱像只小蜥蜴。

【分析与措施】

分析：

奇奇在第一次攀行过程中并不是很熟练，有些紧张，但对于他来说，不熟练、不连贯是正常的表现。奇奇没有畏惧，在不断努力、尝试中完成攀爬任务，表明他是一个有勇气且任务意识强的幼儿。在爬行过程中，用右脚发力向后蹬，可见他的右脚与右腿的肌肉力量比左脚大，但双臂的力量较弱，且身体的协调性、灵活性都不够，加之对攀爬不熟悉，整个过程耗时较长。经分析，奇奇现阶段爬行水平与其左脚、左腿的大肌肉力量、手臂力量以及身体协调与灵活性发展的欠缺有密切关系，需提供多样活动来发展其身体综合素质。

措施：

1. 关注每一种运动背后的意义，提升综合运动能力。匍匐爬是一项融合多项基本动作以及心理素质的高级动作。匍匐爬过程中，幼儿需要较强的肘部支撑力量、大臂力量、腿部的蹬力、平衡性、协调性等。在了解匍匐爬动作的前提与功能性之后，分析奇奇现阶段身体素质的发展水平，认为不能对奇奇匍匐爬动作以及速度等有过高要求，也不能过多地训练单项爬的技能，需要运用多项户外活动来发展奇奇的身体综合素质。

2. 器械与材料的"隐形"支架。通过观察、分析并支持奇奇匍匐爬的动作发展过程，可以看到从刚开始的不熟练爬行，到后期熟练爬行，幼儿已掌握该动作要领。之后提供其他材料，提升游戏难度。可见，为幼儿提供适宜且富有挑战的环境是一种帮助其实现最近发展区能力的"支架"策略。尤其是在户外运动中，让幼儿能够在自己的能力范围内大胆探索，挑战自己运动技能的最近发展区。

【案例分析】

"豆"趣无穷
——中班自然种植案例

北京市清华大学附属中学广华幼儿园　陈燕丽

一、案例背景

黄豆是幼儿园里常见的用于探索植物发芽的一类种子，教师一般在教室区角里进行水培发芽，最后因为营养不足等原因黄豆苗就死亡了。活动探究也就戛然而止了。幼儿很期待看到一粒种子长大后开花结果。"老师，我们种的豆子会开花结果吗？""会呀。""什么时候才能结果呀？好想它快点长大呀。""可是为什么在小盆里种着种着就死了？""是不是我们给它的家太小了？""能不能把它们种到外面的小小种植园呀？"……幼儿常常会疑问并对此进行讨论，好奇长大后的豆子是什么样子。教师注意到幼儿的兴趣、言行、思想、困惑并及时支持、回应幼儿。于是开始了一场室外种植探究活动。

二、案例描述

春种夏耘，秋收冬藏，秋天结合丰收的果实，教师以"豆趣无穷"为名，开展了种豆、识豆、摘豆、品豆、玩豆等系列活动。

种豆：感受种子的生命力

春天，幼儿在教师的带领下，翻地，捡石头，在科学老师的带领下，认识了锄头、铲子、铁锹等劳动工具，挖一个坑，丢下几粒种子、盖上土、浇水、松土、拔出杂草……几天之后小豆子发芽了，又过了几天，幼儿与我分享："幼苗长得有我的手指头高啦。"幼儿开心得不得了。在幼儿的细心照顾下，小豆苗一天天长大了。

识豆：秋天的硕果

秋天到了，幼儿惊喜地发现春天种下的黄豆结出了累累硕果。幼儿常常蹲在黄豆身边，仔细观察，积极讨论。暖暖说："老师，我觉得豆荚就像弯弯的月亮。"凯凯说："豆荚像一艘小船。"棉棉说："老师，你看豆荚像我的眉毛。"幼儿认真仔细地观察，想象就像打开了门的水闸里的水，喷涌而出。幼儿看着、说着、乐着……

幼儿纷纷伸出手触摸饱满的豆荚，感受一丛丛一串串豆荚上细细的绒毛以及涨大的颗粒。乐乐说："老师，这里面真的有豆子吗？我想剥开看看。"教师和幼儿一起采摘了部分豆荚，一探究竟。小朋友们一听说摘豆子高兴得不得了，都迫不及待地剥开豆荚。原来，里面真的有豆子哩，绿色的、圆圆的、胖嘟嘟的、嫩嫩的。闻一闻，香香的，赛赛说："真嫩呀，我真想咬一口呀。"

甜甜大声说："老师，快看，我这个里面剥开了三颗豆子。"陆陆续续有幼儿说："老师，我剥的这个里面有两颗豆子，还想要再剥一个。"幼儿都沉浸在剥豆子的欢乐中。

在摘豆子时，细心的幼儿发现，有的豆荚的外面有一些黑色的小孔，摘下的豆子剥开来看，发现有一只小青虫，它静悄悄地躲在里面享用着美味的午餐。于是，为了防止虫子吃其他植株的豆子，教师连根拔起了一株豆苗。通过观察，幼儿对黄豆根部的小球球展开了热烈的讨论，有幼儿说是泥巴，为了探究出结果，幼儿对其进行冲洗后发现它还在，幼儿猜测是虫子，但摸一摸发现它不会动。老师介绍这些小球球叫根瘤菌，它是豆科植物所特有的，不需要施肥，它能自己合成肥料。幼儿一边观察一边探索，感受植物的神奇。

摘豆：丰收的喜悦

"秋分到寒露，晚稻登场收黄豆。"进入九月中下旬，幼儿园里的黄豆叶片已经变黄，有些已经脱落，豆荚由绿变黄，由软变硬，教师和幼儿一起决定将黄豆收获。

正正选择了一株粗壮挂满豆荚的豆苗，他说："我来拔这株大的，我力气大。"可是不一会儿，正正憋得满脸通红却没有拔起来。这时，兴兴看见了，自主地走过去帮他，他们使出最大的力气，却一屁股坐在了地上，但最终还是将它拔起来了，逗得其他幼儿都开怀大笑，正正和兴兴握着手里的豆苗也非常开心。每一名幼儿都沉浸其中，体会着丰收的喜悦。

品豆：豆豆变身记

收获了黄豆，幼儿最先想到的就是吃，怎么吃呢？哪些是用豆子做成的美食？教师发起了一次亲子大调查活动。原来黄豆可以变成豆腐、豆浆、豆腐乳、豆豉、酱油……

教师和幼儿还一起制作拌豆芽、豆浆、豆腐。体验最古老的石磨制作豆制品美食的方法，对比破壁机研磨，感受古人的智慧以及科技的进步。

玩豆：游戏太"豆"

幼儿在剥豆子时，表现出的对于数的认识，教师还组织开展了各领域活动。通过抓一把豆子，比较多少，按数取豆，引导幼儿感知和理解事物"量"的特征，从估算到点数，理解数与数之间的关系。通过豆豆贴画感受大自然的颜色之美，通过歌唱《煮豆燃豆萁》了解历史故事。

三、案例分析

一颗种子从播种、发芽、成长、开花到结果，幼儿能从中感受生命的魅力，感知植物的成长，感触科学的乐趣，感谢自然的馈赠。在整个"豆"趣无穷的活动中，幼儿们积极参与其中，常常会有很多的疑问。譬如，在观察黄豆的成熟的初期，部分幼儿会有疑问，如这是我吃过的毛豆呀，怎么是黄豆呢？在黄豆成熟初期剥开的豆子是绿色的，怎么能叫黄豆呢？应该叫绿豆吧。

四、案例措施

教师及时表扬有生活经验又爱思考的幼儿，鼓励他们大胆表达，增强幼儿的自信心。同时积极正确地引导，让幼儿观察干黄豆和刚摘下的黄豆，引导幼儿从颜色、大小、硬度等多方面观察比较。最后幼儿明白了，毛豆就是绿色的黄豆，也就是黄豆的"小时候"，等毛豆成熟了，晒干了就变成黄豆啦。等成熟了，一定要再来看看。教师带来绿豆和黄豆豆荚，让幼儿观察绿豆豆荚和黄豆豆荚的区别，剥开豆荚比较豆子数量和颜色等，通过直接感知、动手操作等方式，真正区分绿豆和黄豆。

五、案例总结

本次活动较好地完成了规定的教育目标，让幼儿全程参与其中，是一次以幼儿为主体的种植活动，是一次完整的自然科学探究活动。幼儿种豆，关注豆子发芽、成长、开花、结果，给黄豆植株浇水、除草等，最后亲子共同制作成一道美食，深刻体会到了劳动的艰辛，知道了食物来之不易，懂得了劳动的意义，养成了珍惜粮食、不挑食的优良品德。

在活动过程中，充分尊重幼儿的好奇心，让幼儿亲近自然、感知动植物的生长变化，善于观察、乐于思考。感知一粒种子从发芽、生长、开花、结果的生命周期。感悟大自然的美好与人类共生共存的密切关系。

谁来做小排头

北京市第七幼儿园 李 萌

一、案例背景

餐后散步是幼儿园为保证幼儿身体健康日常进行的活动之一，由于楼道空间有限，孩子们在讨论、尝试后决定班级散步时采用环形队列进行。

刚刚解决完散步队形问题，其他问题也接踵而来。幼儿在楼道散步时，部分幼儿出现为了争当排头而不断产生争吵的现象，让楼道原本安静和谐的氛围变得秩序混乱。如何帮助幼儿解决这一问题呢？散步本就是幼儿自主的活动，幼儿的活动就该幼儿自己来解决，于是有了接下来的这一幕。

二、案例描述

问题的源头

"你得站我后面。""是你不讲理。"……

顺着争吵声，我走到楼道，源源和宁宁立马大步走到我面前，都提高声音抢着告诉我"自己才是排头"的理由。

"老师，是我先出来的，所以我是排头。"

"老师，我先吃完饭的，我才是排头。"

我马上安抚两人："你俩先别着急，咱们请大家一起想想办法。"

问题的解决

当两个孩子向大家提出散步时出现的问题后，引发了大家的关注。我询问道："你们遇到过这样的情况吗？"他们纷纷表达着自己的意见。一个孩子说："有次我明明是第一个，结果思思就跑到我前面当了排头。"其他孩子也表示出现过类似情况。为了帮助孩子们调动已有经验，找到解决问题的办法，我鼓励他们说出自己的想法："看来大家也遇到过这样的问题，那我们怎么解决呢？"

"我觉得应该先吃完饭的小朋友当排头。"小希说道。

"不行，昨天源源先吃完的，但是他没有搬椅子，我先到的阳台，所以我觉得先到阳台的人来当排头。"苗苗说。听了几位小朋友的想法，我发现孩子都认为先完成事情的人可以做排头，但对先做完哪些事情能当排头的意见各不相同。

结合这一分歧，孩子们展开了小组讨论，在各自表达完自己的理由后通过举手表决，最终全班一致认为"谁先到阳台，谁来当排头"。

新问题的产生和解决

在大家还沉浸在成功解决问题的喜悦中时，安安提出了一个问题："老师，我有时候在散步时不知道排在哪儿。"霄霄立刻回应："你可以去问啊，我每次找不到都会问。"但安安反驳道："但是楼道里很乱啊！"班里一时间陷入了沉思，似乎也没有更好的解决办法。我问道："安安，你当时是怎么解决的呢？"安安回答："我在队伍里随便找了个位置，有的小朋友说我插队。"珺珺提出了一个建议："可以给排头做个标记，这样大家就能到队尾了。"大家都很赞同这个想法。我又问："那做什么样的标记呢？"珺珺接着说："排头可以举手，这样就不用问了。"霄霄马上反驳："一直举手会很累。"成成说："那可以在身上贴标记。"宁宁说："但是小排头在最前面，后面的小朋友可能看不见。"成成继续说："那就前后都贴上标记。"

孩子们一致通过这一办法。

我鼓励他们在第二天散步时尝试这个方法。按照约定，饭后源源第一个到阳台当排头，并贴好标记开始散步。可散步的小朋友越来越多，队伍变成了环形。当珺珺出来时，她走到每个小朋友身边查看，有个小朋友提醒她："源源是排头。"珺珺马上走到源源的前面，当起了队尾。之后的孩子也都遇到了同样的问题，他们发现标记被散步的小朋友挡住，看来这个方法并不方便。

于是，幼儿们再次讨论，并总结出"排头的标记要大，要高"。小希马上说："举旗子吧。"涵涵说："太累了，和举手一样。"孟孟说："排头戴个表演区的帽子吧，这样明显。"这个方法让孩子们都眼前一亮，纷纷表示肯定。成成却说："可是个子矮的小朋友戴上，还是会被挡住。"谢近反驳说："我们试一试吧。"于是，幼儿们再次利用散步的时间尝试"戴帽子"的方法。果然，从那以后的散步再也没有出现寻找排头的声音了。

三、案例分析

大班幼儿随着成长和自我发展，自我意识越来越强，是非观也逐渐形成，在遇到困难或问题时，也都愿意自己解决，但因生活经验不足，往往在问题解决上出现方法不当导致同伴间产生冲突，教师要及时捕捉这些问题，并引导幼儿用适合的方式方法解决，从而丰富幼儿解决问题的经验，提高他们主动解决问题的能力。

1. 倾听幼儿想法，抓住教育契机，满足幼儿的发展需求。

散步是幼儿园活动中再普通不过的小环节了，而幼儿在发生矛盾和问题时可不分环节大小、时间长短，随时随地都有可能发生。我及时捕捉到幼儿在为"自己才是小排头"而争吵、为"找不到谁是排头"而困扰以及孩子想要解决问题这一契机，开展了"谁来当排头"讨论活动，多倾听幼儿的想法，鼓励他们提出自己的解决办法，从而满足幼儿内心想要自主解决问题的发展需求。

2. 将幼儿的问题还给幼儿解决，培养幼儿主动解决问题的能力。

案例中，孩子们在解决了"谁来当排头"这一问题后，又引发了排头在队伍中不明显的问题。我没有马上给予指导，而是考虑到餐后散步是每个幼儿都会参与的活动，既然是他们自己的活动，那也应该将解决问题的权利还给他们，相信他们解决问题的能力。《指南》中指出："5—6岁的幼儿能在活动中出主意想办法。"通过他们的讨论，支持他们充分发挥自主性，将生活中"标记"这一经验迁移到"排头"身上来解决新问题。我还鼓励他们大胆尝试自己的想法，最终孩子们通过几次实践，共同探寻到了最适合的方法，幼儿不仅提高了主动解决问题的能力，也丰富了生活经验，此外成功解决问题也使幼儿获得了自豪感和自信心。

四、案例措施

1. 倾听幼儿心声，尊重幼儿的想法，支持幼儿的尝试。
2. 在生活中，我利用"退后"的方法，将幼儿遇到的问题还给幼儿自己解决。
3. 相信孩子们的能力，鼓励孩子们将自己的想法反复进行实践，寻找最适合的方法将问题解决。

五、案例总结

生活中要抓住有价值的教育契机，通过给予幼儿充分的时间和空间，支持他们通过实践解决，孩子们会从中提高自主发现问题、解决问题的能力，同时也发展了遇到困难不放弃，大胆表达自己的意见或建议，敢于尝试的学习品质。此外，作为大班幼儿，他们在试错过程中，也获得了经验的积累，以及为班级解决问题的自豪感。

教师对幼儿的信任与肯定带给幼儿的是成长与自信，孩子们的反馈一定会给予教育者意想不到的惊喜。

泥巴房子

北京市昌平区清悦幼儿园　刘亚翠

一、案例背景

开展自主游戏的同时，对传统游戏在自主游戏中的融合和创新做了一定的探索，最近孩子们对泥工特别感兴趣，每次自主游戏时泥工区都是最受孩子们欢迎的地方。

二、案例描述

到了创意馆的泥工区，孩子们换好衣服准备活动时，迪迪发现了上一次他捏的小桌子腿掉了，他说："刘老师，上次我捏的明明很结实，是谁把它弄坏了？"大家听到迪迪的话都觉得很奇怪，因为并没有人碰过迪迪捏的小桌子。于是我拿起掉了腿的小桌子给大家看："迪迪的小桌子是用黄泥捏的，跟我们往常用的橡皮泥是不一样的，黄泥捏的桌子腿在湿润的时候可以完全黏在一起，但是等黄泥干了以后会有什么变化？"小雨说："黄泥干了就变得硬硬的。"浩浩说："因为迪迪是把桌子腿单独粘上的，和桌面是拼接在一块的，里面也没有固定，所以干了就掉下来了。"这时我拿起之前捏的一个房子给大家看："你们看这个房子有什么不同？"迪迪："这个房子的墙是一个完整的。"晨晨说："这个房子的房顶是单独盖上去的还可以拿下来，它们没有拼接在一起。"我说："你们观察得非常仔细，这个房子的墙是用一块完整的黄泥捏出来的，没有拼接的痕迹，所以它干了以后就是一个完整的作品，房顶也是一整块泥捏的，晾干以后就可以盖在房顶上，那一会儿我们在捏作品时大家知道应该怎么做了吧！"孩子们点点头。幼儿有了用黄泥捏作品的经验，今天我们打算用黄泥捏一个漂亮的房子，我问大家："你们都想捏什么样的房子呢？"迪迪说："我想捏一个跟亭子长得很像的房子，有四根柱子上面是尖尖的房顶。"浩浩说："我想捏一个正方形的房子，上面的房顶是三角形的。"晨晨说："我要捏艾莎公主的城堡还有雪宝，他们的房子都很漂亮。"小雨说："我想捏一个金字塔那样的房子，墙是三角形，房顶也是三角形的。"我说："每个人都有自己的想法，那我们就按自己的想法去做吧。"接下来大家便开始动手捏起来。这时只见晨晨使劲用他的小拳头捶泥，然后又找工具刀开始切，自己嘴里还念叨着："艾莎的城堡有很多房间组合在一起，有高有矮，我得把泥分一下，门口再捏个雪宝陪着艾莎。"旁边的迪迪这一次吸取经验没有拼接，而是用整块黄泥把房子的四根柱子连同地面一起捏出来了。他说："刘老师你看，这次我的房子一定会很结实，柱子肯定不会再掉下来了，因为我用这块泥的四个角直接捏出了柱子和地面，它们是完整的，一会儿我再给它加上一个尖尖的房顶就成功了。"我说："迪迪很棒！你记住了黄泥的特性，这次的房子一定很结实！"小雨赶忙把她的金字塔给我看，"刘老师，我的金字塔也是用一块完整的泥捏出来的，肯定不会裂开。"我问："你是用什么方法捏成金字塔的？""我从整块泥中间用手顶出一个鼓包，再捏出尖尖的塔顶，把四周一直转，按压出三角形的样子就可以了，现在我还要往上面画一些砖的痕迹，这样就更像真正的金字塔了。"说完她又找到了工具刀开始认真地在金字塔上刻出砖的造型。

时间过得很快，活动时间马上就要结束了，孩子们的作品也都完成得差不多了，这时晨晨说："刘老师，我的城堡虽然做好了，但是这个颜色我不喜欢，跟艾莎的城堡颜色不同。"浩浩说："没关系呀，你可以等它干了以后再给城堡涂上你喜欢的颜色不就行了。"晨晨高兴地点点头。就这样孩子们把自己想要做的房子都捏出来了，我们一起摆放在展区等待有更多的小朋友们欣赏。

三、案例分析

泥工活动不仅能发展幼儿的观察力、想象力和语言表达能力，还能培养幼儿手脑并用的能力和提高幼儿的审美能力。因为泥塑活动中幼儿可以随意地用搓、揉、捏、压等方法来改变黄泥的形状，也可以根据自己的意愿来将其塑造成物体的形象，所以深受幼儿喜爱，这一次由幼儿自己发现了黄泥与橡皮泥的不同之处，从而通过大家的共同讨论总结经验，并找到了解决办法。幼儿得知黄泥作品不能拼接，要用一整块泥把作品捏出来晒干后就不会碎裂、掉下来。

四、案例措施

1. 教师要时刻关注孩子的兴趣，追随孩子的脚步，提供丰富的材料，增加辅助工具（各种模具、低结构材料投放）

2. 提前制订计划，想捏出什么作品可以先画出来，拿着自己的设计图去制作，在过程中总结经验并梳理。

3. 游戏中幼儿把控不好黄泥的干湿度时，教师要及时鼓励幼儿多尝试。

五、案例总结

幼儿能够自己主动讨论、合作学习，在思维的碰撞中找到答案，在达成一致的过程中充分锻炼了幼儿的解决问题的能力与探究的能力。教师在活动过程中要给孩子们提供充足的探究时间与空间，相信幼儿，尊重幼儿，在教学实践中要努力探索、寻求适合幼儿年龄特点的泥工内容与方法，让他们在自由、宽松、愉悦的氛围中大胆感受美、创造美。

我是小厨师

中国人民解放军总装备部后勤部小营幼儿园　金　凤

一、案例背景

小班幼儿生活自理能力较弱，受手指小肌肉精细动作的阻碍，他们不会自己系扣子、不会自己穿衣服的现象比较普遍。基于幼儿学习与发展的需要，我们投放了游戏自制材料，让幼儿自主探索感知、实际操作，通过扣按扣的活动，不仅增强了幼儿手部力量，丰富了游戏内容与材料，同时引导幼儿学会按图形进行分类，掌握三种图形的外形特征，并且在持续的操作中学会坚持，逐步养成遇到问题后，能够尝试着寻找解决方法的学习品质。

二、案例描述

观察一：

多多选择了玩具后坐到座位上，拿出步骤图后开始操作。首先拿出了汉堡材料，根据提示图，多多开始将一边的按扣按在一起，接着又将另一边的按扣按好，按照这样的方法很快将一个汉堡组装好。接着又拿出了三明治的材料，多多将两片食材叠在一起，使劲地将两片食材贴得紧紧的，可是还是没有按下去，她又从上面的那片食材下手，从上往下用整个手掌进行按压，还是没有对准中间的按扣，她开始左顾右盼，看看别人的玩具，又看看自己的玩具。接着又向教师投来求助的目光，这时教师介入帮忙，问道："多多，遇到了什么困难啦？""我使劲按也按不了。""我们一起看看有什么好方法吧。"教师发现"三明治"的按扣在中间，幼儿手部力量比较弱，精细动作发展较弱，不会往中间使劲按。在教师的帮助下，师生合作完成三明治的制作。随后，多多开始做"吐司"，结果又遇到了和"三明治"一样的问题。

观察二：

晓宇取出玩具，根据步骤图提示，首先拿出了装着汉堡的食材筐，开始将按扣对在一起，接着又拿出装"三明治"的食材筐，不假思索地将相应的食材组合，"吐司"也是一样。

三、案例分析

幼儿在操作中，教师提供的材料给幼儿造成了干扰，通过幼儿的动作及完成的速度来看，汉堡是最快完成的，汉堡上的按扣分别在两边，而且都在边缘处，幼儿可以较顺利地完成制作；而三明治和吐司相对来说形状都大于圆形，且教师将按扣设置在了最中心的位置，幼儿的手较小，从按扣位置来说不利于幼儿使劲。汉堡上的按扣是小号按扣，三明治和吐司是大号按扣，按扣越大需要的力也就越大，也给幼儿造成了操作上的困扰。

幼儿对图形的认知是通过辨认、对应、分类等方式来强化，教师已经将食材分好类放到相应的食材筐里，给幼儿降低了难度，没有了挑战性，也不能让幼儿通过分类来锻炼幼儿对图形的感知和认识。

四、案例措施

措施一：调整按扣大小。为了暗藏引导性，引导幼儿将相同形状的食材组合在一起，教师分别在汉堡上设置小按扣，三明治设置中号按扣，吐司较大，使用魔术贴。调整按扣的位置，将按扣调整至食材边缘，便于幼儿对齐、按压等。

措施二：准备一个放食材的盘子，把所有的食材放到一个盘子中，幼儿通过辨认找到相同形状的食材来组合再制作完成。完成后需要把做好的食物放到相应照片的筐中，再一次通过分类来锻炼幼儿对图形的感知和认识。

五、案例总结

根据《纲要》科学领域小班目标："认识圆形、方形、三角形"，我们自制的不织布材料"汉堡包""吐司""三明治"，很好地从生活实物中物化了这个学习目标，将抽象、概括的图形概念以具体、生动的实物进行展示，使实物形状与图形之间建立起联系。

小班幼儿的特点是好模仿、容易沉浸在游戏的情景氛围中，所以小班材料的趣味性是吸引幼儿操作的第一要素。我们抓住幼儿的学习特点，结合他们的生活经验与爱好，通过操作、观察，得到启发。运用幼儿感兴趣的美食，来引导其对图形概念的感知与模仿学习。

《幼儿形状辨认能力的发展》指出，幼儿图形概念发展是幼儿从感知几何形体的外部形状到能用相应的词语予以表达，需经历配对—指认—命名的过程。图形的配对完全依据直观进行，即使不知道图形的名称，幼儿仍可通过对图形的直接感知和模仿，找出相同的几何图形，这是对几何图形的感知问题，是一种感性积累和认识几何图形的前奏。

我们开展娃娃家小厨师的游戏活动，引导幼儿选用不同的"配料"（圆形的鸡蛋、方形的火腿、三角形的奶酪），通过配对的制作手法，去观察、去寻找、去动手操作，自己做出一份"美食"。这既满足了幼儿游戏的需要，也在潜移默化中通过模仿和感知巩固了幼儿的核心经验，知道了三种图形的外形特征。

我们投放的自制材料具有以下特点：

1. 兴趣性。从兴趣性来说，它符合小班幼儿的年龄特点，仿真的低结构材料吸引幼儿的注意力和兴趣点，使幼儿去选择这份材料。但游戏情境性还不足，可以增加一个"烤箱"或"微波炉"，不仅增多了游戏材料，创设了游戏场景，能够持续地支持幼儿情景游戏的开展。

2. 操作性。在操作的过程中，小朋友可以自由移动、处理、探索和使用这份材料。通过按、压、重叠等方法将按扣按在一起，将撕拉扣粘贴在一起。并且将教师准备的"食材"由半成品通过自己的操作一步步变成成品，满足了幼儿动手动脑的需求，充分与材料互动。按按扣的过程促进了幼儿精细动作的发展及手眼协调性，为了成功制作出食物，也促进幼儿坚持完成活动，发展了良好的学习品质。

3. 引导性。外在引导性：也就是步骤图，幼儿在操作时需要步骤图的支持，支持幼儿一步步完成活动且发展了幼儿的读图能力。教师准备的步骤图也比较明确，能够将关键步骤展现给幼儿。内在引导性：三种食材分别是两种不同大小的按扣和魔术贴，引导幼儿自主纠错，暗藏引导性，设置的台阶能够帮助幼儿一步步完成活动。

虽然只是一件区域的材料，展示的却是数学领域的课程内容，从目标的制定，材料趣味性、操作性把握，材料的引导性暗设，把我们教师的指导都蕴含在一件材料中，教师隐藏在材料的背后，最终引导幼儿走向核心目标。

立交桥

云南省昆明市昆明理工大学津桥学院　董　娇

一、案例背景

在建构游戏中，5—6岁幼儿能用常见的几何体有创意地画出和拼搭出物体的空间造型，幼儿的兴趣爱好、生活经验和操作行为都在其中表现得淋漓尽致，他们开始运用数、量、型、比例、对称等提高搭建技能，也能通过架空、围合、拼插等来拓展空间知觉。但是，该班幼儿的制订计划的能力，克服困难、团队协作的能力还有欠缺，此次搭建立交桥是一个很好的机会，老师可以在鼓励幼儿大胆想象的基础上，让幼儿学会自主有计划地进行活动，遇到困难多动脑多尝试，努力想办法解决问题。

二、案例描述

（一）认识材料和商量计划

在游戏开始前，老师带小朋友们一起了解建构区储存的材料，一边看一边指认建构的材料，分别有易拉罐、大烟盒、隔板、方块积木、辅助材料（各种汽车、花朵等小玩具）。认识完材料后老师让孩子们互相商量自己要跟谁玩、玩什么、怎么玩，小朋友们自主商量。

（二）绘制建构计划并分享计划

老师请各位小朋友按照刚才自己商量的去绘制自己的计划，地面建构的幼儿穿上鞋套后就开始在小黑板上用粉笔来画下他们的计划，桌面建构的幼儿是在纸上画下自己的计划，画好之后老师请小朋友们分享自己小组计划要搭什么，如何去完成。幼儿纷纷自主发言，老师在了解完小朋友们的计划后，就让小朋友们开始按计划搭建立交桥。

（三）亲自动手操作，共同搭建立交桥

三位幼儿合作将2个易拉罐为一组垒高成一根柱子，共搭了6根柱子，并且往上面连接隔板，绕成环形。贝贝对两个小男孩说："你们俩搭的太小了。"他们想了一下，觉得对，然后"推翻"刚搭好的柱子，又多次尝试增加易拉罐来垒高柱子搭隔板，搭成一个圆环形的立交桥初始模型。

然后贝贝和轩轩开始搭立交桥的6个分岔路，刚开始他们是用3个易拉罐垒高，和圆形齐平，但是只是单根柱子，用一块细的隔板与这个柱子相连后，小朋友感觉分岔路太窄，又用了3个易拉罐垒高为另一根柱子，并且4根柱子两两相对，把分岔路搭宽搭长。与此同时，峰峰在圆形立交桥的中心部位搭他计划里的喷泉，首先他用易拉罐围合搭了圆形水池，然后用4个易拉罐和1块隔板在水池中心搭了喷泉的底座，然后又用万能工匠里面的可拼插的积塑材料搭了一个喷泉，形象逼真。

立交桥右手边的小区主要是轩轩利用垒高和架空搭的4层小区，下面基底宽，上面3层楼层一样的高和宽，楼顶盖顶了，还放了一盆花做装饰。左手边的游泳池是用大烟盒围合成的，又用易拉罐垒高，用一块窄的隔板放在最上面两个易拉罐之间夹着，做成了游泳池上的跳水台。所有的物体都搭建好之后，他们还在上面放了辅助材料中的各种汽车小玩具，三个小朋友开始在搭好的立交桥上玩小汽车。

（四）回顾搭建过程，分享遇到的问题和解决方法

老师在孩子们搭建结束后问小朋友们："大家的计划都完成了吗？"小朋友们都表示完成了。老师紧接着又问："在你们建构的时候有没有遇到什么困难？"小朋友说："有。"老师就开始请举手的小朋友回答，峰峰举手说："我们搭的那个喷泉老是倒掉。"老师紧接着问："解决了吗？""解决了。"紧接着轩轩又说道："我们搭的桥开始很小，后面又一起搭了大的桥。"老师表扬了小朋友们，并鼓励他们将自己是怎样解决这个困难的方法用画图的方式记录下来。

（五）教师评价与小结，肯定并表扬幼儿

教师对小朋友们搭建过程中的精彩表现进行分析，老师说："今天小朋友们都非常厉害，实现了围合架空的组合，使喷泉更加稳固和逼真，还把立交桥搭建得更大更稳固，经过多次尝试操作，解决了立交桥斜坡的问题。大家都非常棒，能很好地制订计划和解决问题。"说完之后，带领小朋友把游戏的积分奖励卡填一下，对小朋友们在活动中的良好行为进行记录和奖励。

三、案例分析

该老师在充分了解幼儿的身心发展特点和兴趣爱好后，选择了"立交桥"这一主题来进行建构游戏，在建构区分别投放了易拉罐、隔板、大烟盒、方块积木、插塑等材料，鼓励幼儿积极参与其中，通过图画、数字和图表的形式进行计划、记录，并进行立交桥的围合、转弯、架空、环绕等技能的练习，也让幼儿在过程中学习材料零部件的运用。建构物主体是幼儿自己计划的，是他们所喜闻乐见的，过程充满挑战性，极大地激发了幼儿的探索欲望。

幼儿在建构游戏过程中有很强的目的性和计划性，遇到困难能坚持下去并想办法解决，有同伴协商、合作搭建的能力。同时建构技能日趋成熟，能有效利用架空和垒高的组合，手部精细动作发展较好，并能结合穿插、围合、连接、盖顶等方法，还能根据游戏主题情景，发散性地联系到日常生活中的建筑物、景点、物体等进行综合搭建，使得游戏活动更具情节化色彩。

四、案例措施

1. 教师根据大班幼儿的身心发展特点提供了丰富多样的材料，多为低结构的材料，更有利于幼儿对其进行变换、探索和创造。也带领幼儿认识材料，方便后续搭建游戏的取用。

2. 教师尊重幼儿的想法，让他们互相商量游戏的主题及搭建计划，让幼儿大胆表达出来，利于幼儿主动性、同伴协商能力以及计划能力的培养。并且在幼儿分享后及时给予表扬和鼓励。

3. 教师在整个建构游戏过程中，角色定位准确。在整个搭建活动中，教师没有进行干预，而是把时间空间都留给幼儿，自己在旁边观察和鼓励。发现幼儿遇到了问题，放手让孩子自己动脑思考，通过不断试错和练习来解决问题，尊重幼儿的思维和行动，不以自己的经验去干涉，保护儿童的游戏心理，做好幼儿游戏活动中的观察者、支持者、引导者。

五、案例总结

1. 在建构游戏中，需要为幼儿提供丰富多样的材料，尤其要增加低结构材料的投放，给予幼儿更多选择、探索、创造和一物多玩的机会。

2. 在建构游戏中，要做幼儿游戏活动的观察者、支持者和合作者。给予幼儿更多自主思考、动手操作、大胆分享的机会，有利于培养幼儿的积极主动性、独立自主性和创新性。

3. 教师需要对幼儿良好的行为进行恰当的表扬和奖励，例如，对小朋友在搭建过程中良好的同伴合作、多样组合的搭建方法、坚持探索的学习品质、按计划来进行操作、丰富的创新性等进行肯定和表扬。这样可以增强小朋友们的自信心，同时葆有对建构游戏的热爱。

自主游戏
——高架桥的诞生

辽宁省铁岭县教育局　崔海燕

一、案例背景

起初孩子们觉得利用树枝这种低结构的材料以及彩泥构建立体几何图形是一件很有趣的事情，因为可以按照自己的想法随意地组建几何模型，同时组建好的模型也可以叠加起来，类似我们儿时玩的积木游戏，因此这次关于树枝的有趣的自然课程，就这样依据孩子的兴趣而衍生出来。我们发现孩子们对用不同粗细的树枝搭建感兴趣，同时因为时值入秋，东北的瓢虫居多，在户外活动时，孩子们喜欢探讨和瓢虫有关的趣事，借此契机，同幼儿共同探讨如何解决瓢虫"出行"问题，继而衍生出新的课程——昆虫高架桥。

二、案例描述

在空间立体搭建中，寻找兴趣点，以兴趣点为突破口，用安吉游戏精神贯穿始终，由简单的立体几何搭建到建筑物的搭建，在这个过程中，让幼儿体验探究—试验—总结—再次试验—搭建成功，这是一次有主题有延续内容又有升华的生活体验式教育的尝试。

幼儿 A：因为车想开到更高的地方所以要建造高架桥。

幼儿 B：哈哈，车想开我家楼那么高，我家在 14 楼。

幼儿 C：是因为有水，有水的地方车开不过去，所以要架起来。

师：小朋友们，老师发现一个问题，我们一起看一下，图片上是不是有很多车都开往同一个方向呢？如果很多很多车都在一条机动车道上行驶会怎样呢？

幼儿 D：会堵车。

幼儿 E：会开得很慢。

幼儿 F：老师我知道了，车太多会堵车，在桥上开，有高有低，它们分开了，就不堵车了。

师：老师要告诉小朋友，这种情况叫分流。

通过师与幼的讨论，最终总结出高架桥的意义有两点：翻越障碍、分流。

三、案例分析

在孩子们探讨高架桥的意义时，起初孩子们都着重针对高架桥的高度去讨论，继而会有孩子说出车想开到高处的想法，在引导过程中发现，有部分幼儿观察细致，发现高架桥可以翻越障碍，我们认为教师提前准备的高架桥样图的选材要有针对性，同时尽可能多地给孩子观察和分析的机会，这样更有助于孩子们的分析和探讨。

在孩子们建造的过程中，由基础的几何体建造，演变至建筑物式的搭建，需要幼儿具备一定的造物经验，同时也要具备思考和探究的能力，通过提供不同的材料以及给予幼儿"假设"和"试验"的机会，最终得出思索的结论并且加以实施和验证，这种类似"科学家"式的活动流程，既是对儿童的一种考验，同时也是对教师的一次精神的洗礼。

在给孩子们准备材料之时，教师准备了很多鸡蛋托和麻绳等，孩子们在完成高架桥之余发现，这些鸡蛋托有点像灯罩，于是孩子们利用树枝支撑的特点以及灯罩的外形，给高架桥立起一个个路灯，同时其中一组小朋友利用麻绳做了一个创意摆线，教师在问询那个麻绳代表什么时，有一个小朋友说那是河流，这些随机的创作，让原本单一的高架桥变得有"方向"又有"温度"。

四、案例措施

在讨论的过程中以民主式的机制去提升幼儿兴趣。在投放材料时，给予幼儿多元化选择的权利。在游戏搭建过程中给予幼儿尝试、体验的机会。让儿童在游戏中感受平等选择的乐趣以及投入到游戏中的喜悦之感。教师转变角色，由游戏的设计者转变为游戏的观察者和儿童游戏过程中的倾听者与指导者。

五、案例总结

一场游戏，一次心灵的碰撞，在游戏中让我们发现儿童的能力，也让教师变成了儿童，重拾美好的童年。

不一样的毕业典礼

北京卫戍区直属机关幼儿园　张芳芳

一、案例背景

大班毕业的日子越来越近了，一次晨间谈话的时候丝丝说："我姐姐小学毕业了，她们要举行毕业典礼，张老师，我们举行毕业典礼吗？"我告诉孩子们，我们也会举行毕业典礼。今年我决定让孩子们自己策划和举办一场真正属于他们自己的毕业典礼，从中体验到生活的仪式感，并在参与的过程中促进各方面能力的发展。

二、案例描述

（一）认真倾听，满足心愿

我问幼儿们："什么是毕业？在你心中毕业意味着什么？"

佳浩："毕业就是要离开幼儿园，去上小学了。"

豆豆："我们6岁就要毕业了。"

熙熙："以后不能在幼儿园吃饭、睡觉了。"
诺诺："要离开老师和小朋友，认识新朋友了。"

孩子们你一言我一语地表达着自己的想法，分享中有开心，有激动，有期待，有的还带着淡淡的忧伤。

我又问："你们想举办一个什么样的毕业典礼呢？"
果果："我想请爸爸妈妈一起来幼儿园。"
清远："我想把六一表演的诗朗诵再说一遍。"
轩轩："我想拍毕业照。"
义达："我想把自己最喜欢的玩具送给小班的弟弟妹妹们。"
乐乐："我想穿上最漂亮的衣服表演节目。"

看到孩子们兴致勃勃的样子，听着孩子们对毕业典礼的美好憧憬，让我对这次活动也充满了期待，为了让孩子们对毕业典礼有个初步的了解，我和孩子们一起观看了之前毕业典礼的视频，看完后他们似乎更加感兴趣了，主动交流起自己的想法，倾听了孩子们的心声后，我们毕业典礼的准备工作正式开始啦。

（二）积极准备，满怀期待

1. 选择场地，各抒己见

我问："小朋友们觉得在哪里举行毕业典礼比较好呢？"
紫萌："在操场上举行吧，我们可以表演篮球操。"
佳浩："操场上太晒了，还是在教室里好。"
清远："我同意在教室里。"
致远："我同意在操场上。"
……

正当我在为孩子们的争论不休发愁时，一个声音打破了僵局。"同意在操场上的举手。"梓琳大声说。"同意在教室里的举手。"最终有 10 个人同意在操场上，12 个人同意在教室里。经过了解我得知孩子们之所以想在操场上是因为想表演自己喜欢的篮球操，于是我建议把毕业典礼分成两部分，家长先在操场上观看篮球操和集体舞，然后再回到教室，孩子们纷纷表示同意。

2. 积极报名，形式多样

我问："你们想表演什么节目呢？"
梓琳："毕业典礼，当然要朗诵毕业诗。"
丝丝："我要弹钢琴。"
果果："我表演绕口令。"
致远："我要背诵一首唐诗。"
美妍："我要跳芭蕾舞"。

就连平时性格内向的晨晨也想给大家讲故事，孩子们积极参与的表现完全出乎我的意料，为了保证每个孩子都能参与，最后我们商议决定采用小组表演和个人表演相结合的方式。

3. 认真排练，准备就绪

每天自由活动的时间，都能看到孩子们忙碌的身影，表演区里的孩子们正在排练《再见了，我的幼儿园》手势舞，他们经常会因为一个动作争论不休，最后通过演示、猜拳、举手同意等方法统一了动作，这个过程也提高了孩子们与同伴合作和解决问题的能力；美工区的孩子们也在认真地制作毕业典礼海报，在小组长的"指挥"下，有的画，有的剪，有的粘贴，在多次调整后，一张独一无二的毕业海报制作完成了，虽然海报做得还有些混乱和稚嫩，但在孩子们的眼中却是最完美的。

小主持人是毕业典礼中的重要角色，竞争还是很激烈的，有五个小朋友都参加了"竞选"，最后他们通过投票的方式选出了纯一小朋友作为毕业典礼的主持人。

4. 精心彩排，力求完美

第一次在教室彩排的时候，看到孩子们把小椅子摆放成四排，我便发现了小椅子摆放存在的问题，但我没有直接告诉他们应该怎么做，而是让他们通过亲身体验，自己发现问题，从而找出解决问题的方法。

我说："小椅子放好了，请小朋友坐好，一起欣赏美妍带来的舞蹈吧。"

孩子们很快坐在了小椅子上，这时候坐在第四排的果果说："老师，前面小朋友挡着我了，看不见啊。"

佳浩："我坐着也看不见，站起来能看见。"

于是我借机说："这可怎么办呢？"

美妍："我们摆成半圆吧。"孩子们在摆到一半的时候，却发现椅子太多摆不开。

小雨："那就把小椅子摆在教室两边吧。"大家试了试还是不满意。

佳浩："我们摆成圆吧，爸爸妈妈在我们身后也围坐成一个圆，中间是我们的舞台。"大家一起把小椅子围成了一前一后两个大圆，小椅子摆放的问题解决了。

（三）尽情展示，定格美好

毕业典礼如期举行，从门口的小小引导员到班级环境的讲解员，再到节目的主持人，孩子们全心投入。当《再见了，我的幼儿园》音乐响起的时候，孩子们都掩饰不住心中的不舍，流下了泪水，分享"毕业蛋糕"，手绘心愿卡，镜头下每一个精彩的瞬间都是我们最美好的回忆。

三、案例分析

毕业典礼对于大班的孩子们来说是很有意义的，以往的毕业典礼都是老师制定方案，孩子们只是作为表演者被动参与，但这次毕业典礼老师选择了放手，给孩子们提供了主动学习的机会和空间，在整个活动过程中孩子们能够大胆表达自己的想法，在发现问题后，积极想办法解决问题。他们通过讨论、投票、尝试、实践等一系列活动，获取了主动学习的经验。

四、案例措施

活动中，最大限度地支持孩子们的想法和行为，善于发现每个孩子的闪光点，给每个孩子提供大胆表现的机会，鼓励他们按照自己的想法去尝试，使他们发现问题、解决问题的能力不断提高。

五、案例总结

孩子比我们想象的要能干得多，关键在于我们是否给予了他们发挥表现的空间，是否激发了他们自觉管理的愿望，"幼儿在前，教师在后"并不是一句空话，而是要求我们要以"儿童为本"，发挥他们的主动性和创造性，引导他们自我发现、自我学习、自我体验、自我游戏，在孩子需要的时候适时介入，陪他们一起享受参与的过程。

这次活动因为"倾听"而更加美好，因为"陪伴"而更加难忘，正是倾听儿童、尊重儿童、支持儿童，让我们收获了不一样的毕业典礼，我觉得这才是真正属于孩子们的毕业典礼。

你好，蜗牛

四川省成都市龙泉驿区滨河玉龙生态幼儿园　刘思琪

一、案例背景

自然教育是幼儿遵循自然，与自然做朋友，认识、体验、发现和探索自然。大班幼儿的探索求知欲望强。在一次观察种植区时，孩子们发现了蜗牛，并且产生了浓厚的兴趣，基于孩子们对蜗牛浓厚的兴趣，我们一起走到大自然中去认识、去发现、去倾听、去体验、去探索。

二、案例描述

看蜗牛

今天是孩子们商讨给种植区植物松土的日子，孩子们拿着小铁锹，来到了种植区，孩子们正在观察植物们有没有长大时，突然，传来了一个声音，"这里有蜗牛"，原来是多多发现了蜗牛，并大声呼喊："哇！我发现这里有蜗牛，老师，老师，你快过来，我发现蜗牛啦。"小朋友们听到了之后快速跑到多多旁边蹲下查看，兜兜看了一会儿没发现，一只手拉着多多的手臂摇晃说："多多，在哪里？在哪里？蜗牛在哪里啊？我怎么没有看到呢？哪里有蜗牛？"多多用手指着说："在这里，这片叶子下面，很小的蜗牛，你们要仔细看。"枣枣拉着叶子说："快看，蜗牛在这里"，孩子们挤过来看，豆豆提议："我们再找找哪里有蜗牛吧。""我要去教室拿放大镜，这样看得更清楚些。"我及时跟进孩子们的想法，组织孩子们一起上楼去拿放大镜，然后开始寻找蜗牛之旅。

找蜗牛

——还有哪里有蜗牛呢？

花花："小蜗牛应该在水池旁边，上次我在幼儿园门口前的水池里就发现了蜗牛。"豆豆："我知道我知道，蜗牛应该在叶子下面。"枣枣："不对，蜗牛在土里，它们在睡觉。"兜兜："你们说的都不对，蜗牛会在我们幼儿园的百花园里。"最后，教师引导孩子们通过投票解决，经过孩子们的激烈讨论以及投票，决定兵分三路，一组在种植区继续寻找蜗牛，一组去幼儿园的水池旁寻找蜗牛，还有一组专门去每棵大树下寻找蜗牛，孩子们纷纷化身"小小侦探员"，开启了他们的福尔摩斯探案之行。

数蜗牛

（一）第一次数蜗牛数量

经过孩子们每天上下放学都去探索，一有时间就跑出去找蜗牛，终于发现了蜗牛的痕迹，花花："我找到蜗牛啦！"兜兜："老师，快看，我找到蜗牛壳了。"攀攀："我这儿也发现了一只。"豆豆用手指头点数，枣枣边数边掰手指，问道："豆豆，你找到了多少只蜗牛？"多多："我们1组找到了5只蜗牛。"

组内讨论1分钟，说一说发现了多少只蜗牛。

1组组长嘻嘻："我们发现了2只。"1组组员多多："不对，我发现了有5只。"2组组长攀攀："老师，我们组一共发现了4只。"3组组长枣枣："我们发现了有10只蜗牛。"多多："你乱说，哪儿有10只蜗牛。"

我发现孩子们在讨论时，嘻嘻一个人坐到一边，背对大家生闷气，嘻嘻个性要强，交流沟通方面比较欠缺，于是我走过去和嘻嘻交流沟通了一会儿，嘻嘻也终于跟我说出了他的心声，嘻嘻认为，他自己数的蜗牛只有 2 只，但是组员多多说他发现的是 5 只，可嘻嘻坚定自己的想法只有 2 只蜗牛，组员们都跟着多多说发现了 5 只蜗牛，所以嘻嘻很生气，一个人坐到一边，首先我对嘻嘻一直坚持自己的想法，没有被别的小朋友的想法左右的行为给予了表扬，然后大家讨论完之后，将刚刚嘻嘻和组员们发生的事告诉大家，提出问题："有什么办法让大家都知道蜗牛数量呢？"

花花："老师，我们可以用一张纸，一支笔，发现一只蜗牛就在纸上画一下。"攀攀："我们也可以用贴纸，发现蜗牛就贴一张。"兜兜："我们大家也可以用手指数，发现一只蜗牛就伸出一只手指头。"……

（二）第二次数蜗牛数量

每组举手投票，用纸记、贴贴纸、用手指比等方法再一次去数一数有多少只蜗牛。我跟着孩子们再一次踏上数蜗牛的道路，记录完成之后，孩子们回来，大家异口同声地告诉我，1 组有 5 只，2 组有 4 只，3 组有 1 只。

（三）幼儿园一共有几只蜗牛？

兜兜："这个简单，我们把我们观察的蜗牛数量全都加起来就行了呗。"豆豆："2 只……4 只等于……"枣枣："12 只。"有的孩子开始掰手指，有的孩子心算，有的孩子用笔记下来等等。

三、案例分析

在整个活动中，孩子们愿意自主学习知识，并且能够尝试着和同伴交流沟通自己的想法，学习不放弃、求知探索科学的精神，孩子们的各项能力也得到了相应的提高和增强，其中个别孩子能够一直坚定自己的想法非常棒，在整个活动中，孩子们积极举手回答问题。并且我发现有很多的孩子有意识地用手指头数、用头点数或者默数的方法记录蜗牛的数量，同样观察到也有部分孩子没有记录蜗牛的数量随口乱说数字，以及数过了的蜗牛再数一次等情况，针对这些观察到的现象，我组织孩子们回到教室，利用餐前时间提问。

四、案例措施

整个活动中，从孩子们自己看蜗牛到找蜗牛，最后到数蜗牛，孩子们对蜗牛的兴趣很高。在找蜗牛时，孩子们第一次怎么也找不到，教师引导孩子们数蜗牛时也出现了很大的争议，每个小朋友都觉得自己数的是正确的，教师也因此发现孩子用手指头数、用头点数或者默数，或者浑水摸鱼，听别的小朋友说多少就是多少，教师没有选择直接告诉孩子们答案，而是引导孩子自己思考第二次数蜗牛有什么改进的地方，最后，孩子们都运用了自己擅长的方法数对了蜗牛的数量。

五、案例总结

蒙台梭利提出："儿童的一切教育都必须遵循一个原则，即帮助孩子身心自然地发展。""我看到了，我忘记了，我听到了，我记住了，我做过了，我理解了"。基于这些理论，以及孩子们的实际探索，可见自然教育对于幼儿发展是非常重要的，跟随孩子们，我自己也收获了很多关于蜗牛的知识。

大班探究式剪纸活动

北京市朝阳区北辰福第幼儿园 王 旭

一、案例背景

探究式剪纸活动，简言之就是以开展探究式主题活动的理念，进行剪纸活动。实际上根据《纲要》与《指南》的精神及要求，学前阶段的任何活动都要以探究式的方式进行，因为这是由幼儿的发展特点及学习方式决定的，幼儿是在不断探索中，通过亲身体验、实际感知与操作等方式获得经验，故我们在设计任何一种活动的时候都要支持幼儿的探究行为，引导幼儿在探究中获得丰富的经验，以为其后续学习和终身发展奠定基础。

二、案例描述

在剪拉手小人的活动中，也就是探索二方连续剪过程中，为了让孩子发现两个小人怎样拉在一起不断开，教师并没有直接告诉孩子折纸和剪纸的方法，而是一步步地引导幼儿发现问题，解决问题，不断尝试。教师首先出示了一幅剪好的拉手小人，请孩子们观察这与平时的剪纸有什么不同，孩子们有的说："以前是剪一个小人，这个是两个小人连在了一起。"还有的说："这是折叠纸以后剪出来的。"我追问道："以前我们剪窗花也是折叠纸再剪的，这与剪窗花的折法一样吗？"孩子们想了想有的说一样，有的说不一样，我请孩子们动手尝试以验证自己的想法，尝试过后，孩子们都说不一样。我又问道："拉手小人是怎么折叠的呢？"孩子们再次进行了尝试，有的孩子是一次对折，有的孩子是两次对折，还有的孩子是像折小扇子那样折，通过幼儿的尝试，他们发现折法不一样，从不同的开口方向剪，剪出来的效果都不一样。

三、案例分析

幼儿在不断的尝试中发现无论是两次对折还是用扇子折叠的方法都没有成功，不是两个小人没有连在一起，就是其中一个小人剪断了。而且还发现同样都是扇子折叠的方法，都是从两个开口的方向剪，却剪出了两种效果，孩子们再次陷入了沉思，为什么会出现这种情况呢？孩子们又开始了尝试，通过一次又一次的实际操作，利用幼儿发现的问题激发孩子们的好奇心和探究欲望，不断地尝试挑战，不怕困难，最终孩子们发现了拉手小人的奥秘，孩子们挑战成功了。

无论是两次对折剪还是以小扇子的方式折叠剪，都可以剪出连在一起的小人，如果是两次对折剪，就从没有开口的方向剪，如果是扇子折叠剪，就从一个开口的方向剪。除此之外，最重要的是剪到另一侧的时候，将小人手的部分剪到头，然后留出一段距离再剪其余的部位，这是连在一起的关键步骤。当孩子们发现了这个规律之后，他们越剪越爱剪，有的孩子还剪出了连在一起的树，还有的剪出了三个拉手的小人，看到孩子们在探究的过程中认真、细心、不怕困难、互帮互助的情景，我十分欣慰。

四、案例措施

这次探究性剪纸活动，是由园所开展的探究式主题活动而来，其内涵是指幼儿围绕着他们所关心的某一主题进行深入研究和探讨的过程，在这个过程中，幼儿自发参与、自主探究、自由表达，从而获得自身的发展，教师则根据幼儿的兴趣和发展阶段的特点，提供、创设丰富的材料与环境，鼓励幼儿主动、大胆地参与探索与学习，并适时、适度地予以支持和引导的一系列活动。教师关注幼儿剪纸的过程，并运用各种方法帮助幼儿理解并学会寻找和运用规律的途径，引导幼儿学会观察、猜想、操作、发现、总结等。并且要尊重幼儿在探究过程中的每一次尝试，用倾听、微笑以及接纳的态度去鼓励幼儿积极地表现，推动幼儿对剪纸的探索。二者结合成为探究式剪纸活动促幼儿发展。

五、案例总结

《指南》中明确提出注重幼儿学习品质的发展，在探究式剪纸活动中，看到了孩子们认真、专注、不怕困难，敢于挑战、互相帮助等品质，面对失败，孩子们不气馁，面对成功，孩子们露出自信的笑容，并与同伴们进行分享，还有自己的创造。幼儿表现出来的积极态度是终身学习与发展所必需的宝贵品质。在探索剪纸的过程中，幼儿自发参与、自主探究、自由表达，每次的探究过程都需要动脑筋思考，鼓励幼儿多问自己一个"为什么?""我还可以用哪些方法试一试?"，发散幼儿的思维，在尝试中，不断发现问题，动手动脑解决问题，通过多次的尝试，发现规律及运用规律，体现了幼儿思维发展的过程。

【教育随笔】

总有一把钥匙属于自己

广东省肇庆市广州华商学院　余思嘉

开学有两个月了,我发现我们班上有一位行为"特殊"的孩子,她叫嘉嘉,她总是坐在教室的最后,上课也不活泼、主动,当一群小朋友围在一起快乐地玩耍时,她总是躲躲闪闪,静静地待在一旁,低着头,有时还会自言自语。为了改善她的性格,我时时会关注她的举动,注意对她进行引导。

今天下午自由活动的时候,我把大班的孩子们聚集到教室里,打算举行一场绘画比赛,以此来锻炼孩子们的想象力与创造力。每一位孩子都需要发挥自己的想象,画一幅画,并且画完后要站在讲台上向大家讲解自己的绘画作品,最后进行投票,挑选出最好看的一幅画挂在教室的展览处。在逐个观察每个孩子的画画过程时,我发现大班孩子们绘画水平参差不齐,有的孩子想象力不足,只会简单地画一些图形形状,但有的孩子想象力天马行空,在自己的作品上画了许多灵动的动物,当我走到嘉嘉小朋友的身边时,我蹲下身,近距离欣赏她的作品,令我惊讶的是,她的绘画作品十分新颖,可以从中看出嘉嘉小朋友是一位具有丰富想象力与创造力的孩子。

比赛时间结束,接下来是作品讲解时间,大概有四五个小朋友讲解后,我便让嘉嘉上前来讲解自己的作品,嘉嘉忐忑地走上前,在我的眼神的鼓励下,她完成了作品讲解,并获得了其他小朋友的支持,最终,在投票环节结束后,嘉嘉的绘画作品高票胜出。

通过嘉嘉小朋友的事情,我深深地领悟到内向的孩子拥有丰富的内心世界,他们善于观察,善于思考,注意力更加集中,想象力也更加丰富,但是他们活动性不强,不善于表达,不善于与人沟通。因此,在教育小朋友时,教师应该要这样做:

第一,教师应该多去倾听和理解孩子,及时给予回应和关注,例如可以经常与内向的孩子进行交流,边交流边轻轻抚摸他的头,要给他们足够的时间与机会表达自己的看法和意见,不要打断与忽视他们,让孩子感受到老师的关爱,对他人产生信任,从而更好地敞开心扉,放开自己。

第二,每一位小朋友都有自己的闪光点,都有打开自身潜力的钥匙,作为教师,不仅应该主动多方面地观察、了解孩子,还要及时挖掘与开发孩子的潜力,及时发现他们的闪光点,并加以调试。

第三,教师应该肯定小朋友的点滴进步,激发他们的积极主动性,发掘孩子的特长和优点,并热情地鼓励孩子主动尝试,引导孩子主动表达自己,这样才能让每个孩子都绽放出自己的光彩,使每个孩子都能更有自信地成长。

守护孩子内心的小世界

广东省深圳市龙岗区龙岗街道水岸新都花园幼儿园　吴妙容

小班孩子入园已有一段时间了,孩子们对美工区 KT 板放着的材料都有着强烈的好奇心。班级有一个孩子在好奇心的驱使下,在美工区KT板里的材料中拿走了一颗珠子,并且将珠子塞进自己的鼻孔里。因无法自行取出,她急得哭出声来,引起了我们老师的注意。老师安抚孩子后把她带去医护室,在校医的帮助下将珠子从孩子的鼻孔里取出来。

经过这件事,我反思着自己班级管理工作存在的安全问题并思考解决办法。出现了问题就要解决,首先,我在下午对孩子们进行了安全教育,并通过视频图片的方式告诉孩子们将物品塞进身体的任何部位都是有危险性的。其次,我也打开孩子们好奇的世界,告诉孩子们这些是美工区做手工的材料,一一介绍着这些材料。再次,与孩子们约定好这些材料只能用于手工或是创作类游戏,不能拿来做危险的事情,最后,就是将这些材料打开,供幼儿自由拿取。

而后,班级美工区柜子上的材料成了孩子们探索的游戏新天地,孩子每天都用手触摸着美工区柜子里那一格一格的材料。有一天,浩浩小朋友拿着餐后玩具的篮子,将篮子里装满材料后,他拿着这些混在一起的材料来到走廊问:"老师,这是什么?"当时我看到他手上拿的篮子里装满的材料后,一时之间很是无奈。我心想,浩浩这样做应该是有原因的,我蹲下问:"浩浩,你怎么装满满一篮子的美工区材料呀?"他说:"老师,你的快递到了。"当时我十分好奇,与孩子交谈中,才了解到他是在模仿快递员送快递。原来孩子在生活的情景中感知领悟并学习;孩子在饶有趣味的情景中模仿探究得到了成长。了解孩子此番行动的原因后,我陪着浩浩一起玩着他喜欢的快递员游戏,在此游戏过程中,还引来其他孩子的参与,那些混在一起的材料成为了孩子们餐后的游戏材料,直到最后孩子们把材料像送快递一样,一一送回到格子里去,游戏才最终结束。

有时候,看着孩子在形形色色的材料操作中专注地学习,我更加理解了"孩子需要自主学习,以人为本的教育,就应该让孩子拥有自己的特征,个性化地学习与发展。"我们应该守护孩子内心的小世界。

来自星星的故事

四川省成都市武侯区幼狮幼儿园　朱　艺

今年3月份小班下学期开学的时候,我们班来了一位叫小星星的幼儿。他是一个不爱讲话,但又有自己想法的小朋友。刚来的第一周,我发现,他吃饭的时候,有时坐在那儿,不动勺子,发呆。交流后,知道菜里有他不喜欢吃的菜,所以他不想吃。想到他刚来,需要一个适应过程,于是刚开始我就鼓励他,并且奖励他小贴画;实在不想吃我就把他不喜欢吃的菜挑出来,或者老师过去喂他,他虽有些抗拒,但还是吃了。周末的时候,和小星星的妈妈交流了第一周的在园情况。通过交流了解到小星星在家里都是爷爷奶奶包办得多,以致他比较挑食,不喜欢的都不吃。

在幼儿园教育中不宜过度保护和包办代替,养成幼儿过于依赖的不良习惯。要帮助幼儿养成良好的饮食习惯,营养均衡。作为幼儿园老师,应该想办法让幼儿不偏食,帮助幼儿养成良好的生活习惯和饮食习惯。接下来第二周的一天,有一道菜是洋葱炒肉,小星星又不动勺子坐在那里玩。我走过去问他,他说:"不喜欢吃洋葱,洋葱是臭的。"这次我没有给他挑出来,也没有喂他让他被动吃,而是告诉他洋葱的味道是很特别,而且它有特异功能呢。知道为什么幼儿园厨师叔叔用洋葱炒肉吗?因为夏天快到了,越来越多的蚊子要来了，它们在你身上"叮"了一下（边说边做动作），身上就会痒。但是吃了洋葱后，蚊子就不会来"叮"你或在你身上爬了，因为它们闻到了洋葱的味道。你喜不喜欢蚊子"叮"你？他摇摇头说："不喜欢，会有红点点，还会痒。"我说："那你就要多吃点洋葱喔！这样蚊子就不会来找我了。"于是，这一天他把碗里的洋葱全都吃完了。吃完之后对我说："我把碗里的洋葱吃完了，我不怕蚊子了，以后连蚂蚁也不会在我身上爬了。"

从这件事，我体会到了教师的教育行为要考虑到幼儿的年龄特点，用他们能够理解的方式，比如利用和他们生活相关的情境来说服他们主动接受。正如《指南》中所讲：要珍视游戏和生活的独特价值。多用游戏化的、有趣的、幼儿感兴趣懂得的方法，而不是一味地奖励或者一味地强迫。同时，要有耐心，循序渐进地帮助幼儿养成良好的习惯。

春种日记
——"菜"高八斗

陕西省延安市新区第四幼儿园　吴海田

《幼儿园教育指导纲要（试行）》指出："尽量为幼儿创设探索和学习的环境，有效地促进幼儿的发展。"这里的环境包括了自然环境和心理环境。对幼儿来说，自然环境能更直接地为他们自主探索提供支持。

一、活动的开展

活动一：春种的思考

关于种什么蔬菜，小朋友们展开了激烈的讨论，各抒己见。为此，我们举行了投票仪式，请他们为喜欢的"菜菜"投上自己的一票，经过统计，最终决定种植香菜和鸡毛菜。

种植需要蔬菜种子、营养土、泡沫箱和铲子等，此外测量尺可以观察植物生长，标记能够区分每种"菜菜"。当然，植物生长还需要阳光、雨水和定期浇水。

分析：

本次活动以幼儿为主体，以幼儿兴趣为主导，其间幼儿大胆参与讨论，提高了对植物生长的认知。投票环节充分体现了幼儿的主体地位，大大激发了幼儿的活动热情，同时简单、科学的统计方法能锻炼幼儿的数学计算能力，发展幼儿的科学探究能力。

活动二：春种进行中

1. 备土

土壤和工具准备好以后，小朋友们干劲十足，相互合作，很快把土壤全部倒入了事先准备好的泡沫箱中。

2. 翻土浇水

为确保土壤湿度以及土壤中没有大的石头、柴草等杂物，小朋友们又用铲子、叉子仔细地进行着清理工作，并喷湿了土壤。

3. 造壕

土壤备好后，小朋友们认真观看和学习老师如何给蔬菜种子们创造一个舒适温暖的"家"。

4. 播种

最后，小朋友小心翼翼地亲手种下了自己喜爱的蔬菜种子，满心期待着"菜菜"的长大！

分析：

幼儿通过亲身体验，了解了播种的具体步骤，知道如何去种植蔬菜，并从中感受到农民种地的辛苦，从而萌发爱惜粮食、尊重劳动的意识。幼儿在这一过程中也提升了对植物生长的认知，懂得要尊重生命，不随意践踏生命。

二、活动收获与感悟

陈鹤琴先生说过："大自然，大社会是活教材"。本系列活动，幼儿直接感知、亲身体验了播种、照料植物的过程，体会到植物的生长变化并感受到劳动的乐趣和收获的喜悦，还能培养幼儿持之以恒的优良品质。在活动中我发现观察记录表是很有必要的，它不仅是科学探究的一种方法，对幼儿前书写能力的发展也很有帮助。在接下来的工作中，我会继续利用好种植区，让幼儿在种植活动中探索，在劳动活动中锻炼，在实践活动中体验，激发幼儿的探索兴趣，提高幼儿的认知水平，发展幼儿的实践能力，培养幼儿热爱家乡、热爱大自然的美好情感，更好地促进幼儿全面发展。

孩子的"惊奇"

北京市大兴区黄村镇第二中心幼儿园　李文君

由于前一天天降大雨，地上十分潮湿。第二天户外活动时间，豪豪小朋友发现了蜗牛，就向我报告了他的发现，我当时只是心不在焉地应了一声。但这一发现却引起了其他小朋友的关注，他们立刻对草丛、冬青树下进行仔细的搜索。我怕树枝刮着小朋友，所以就过去制止了这一行动，在我的大声呵止下小朋友们当时停止了行动，但不一会儿他们又偷偷地展开了"搜捕"行动。

看到小朋友们对蜗牛产生了这么大的兴趣，于是我不再阻止孩子们的行动，而是加入到了他们的队伍中。针对他们的兴趣，深入挖掘教育价值。于是我提问："蜗牛住哪里呀？""蜗牛吃什么呀？""蜗牛是害虫还是益虫？"我们一起讨论着……这时，我发现他们的眼睛里充满对知识的渴望，而且专注力特别高，在介绍完毕后再次反问刚才学习的知识，发现他们基本记住了，还争先恐后地回答。

其实，在孩子们的眼里，世间的一切都是新鲜的，他们对任何事情都充满了好奇。孩子在成长的过程中，不停地发现、探索、学习，不断地超越和发展自我，他们也需要外部世界给予的惊奇。所以，教师不能忽视孩子的惊奇，应对此引起更多的关注，使儿童的惊奇升华出更多的教育意义，使个别孩子的惊奇成为全体孩子的惊奇。就像他们对蜗牛的发现，在他们产生惊奇以后会有一连串的疑问，这是最好的教育时机，我们应当不失时机地展开与孩子的"对话"——与孩子共同讨论蜗牛的特征、生活习性等，引导孩子对蜗牛进行仔细的观察。在我们教师的激励下，孩子经过探索对蜗牛所有的疑问都得到了解决。如果当时我像开始时那样放弃了，孩子就失去了认识蜗牛的良机。

我们教师应当养成"惊奇"的习惯，惊奇于孩子的惊奇。孩子们惊奇的东西，我们也要主动地去"惊奇"，养成好习惯。

我的"含羞草"开花了

北京市昌平区马池口镇中心幼儿园　王银璐

曾经,读到这样一首诗——"每个孩子都是一朵花,只是花期不同。有的花开在春天,有的开在别的季节。当人家的花在春天开放时,你不要急,也许你家的花是在夏天开;如果到了秋天还没有开,你也不要着急跺脚,说不定你家的这棵是蜡梅,开得会更动人。如果你的花到冬天还没开放,你也不要生气,没准你的花是一棵铁树,铁树不开花,开花惊艳四方,且炫丽无比。真正的园丁不会在意花开的时间,只会默默耕耘,静待花开……"

是啊!"教育是一个缓慢而优雅的过程。"每个孩子都是独一无二的种子,会发芽,会长大,会开花。只是每朵花开花的速度不同,花期不同而已。有的花,几滴雨露就能开得绚烂多彩;有的花,却需要漫长的浇灌与等待。

班里有个叫睿睿的小男孩,是个插班生,每天都像含羞草一样把自己封闭起来,躲在教室的角落,一句话也不说,也不和小朋友做游戏,孩子的父母非常着急。为了打消家长的顾虑,克服睿睿的入园焦虑,我查阅资料,请教老教师,并和孩子家长进行深入的沟通,鼓励他们,请他们放心。之后的集体活动,我没有急于要求他回到座位,也没有批评他破坏了规则,而是时不时地给他一个眼神,请他回答一个问题,给他一个微笑,轻轻拍拍他的肩,抚摸他的小脸蛋,送他大大的拥抱,即使他从不给我回应。我和他约定,每天都会送他一个我亲手折的折纸,集齐10个,我送他一个"万能赞",他达成我的一个小心愿。渐渐地,他开始愿意追随我的目光,跟在我的身后,时不时地在步行来园的路上摘一朵牵牛花送给我,听到我念叨每个老师的电脑都长得一样,分不清,从家里带来漂亮的贴纸给我贴满电脑外壳做装饰,让我感动了好久。

睿睿的变化让我增强了信心。偶然间,我发现他对舞蹈很感兴趣,每次带着小朋友做律动,他都会目不转睛地靠近我盯着看。他妈妈告诉我,孩子回家经常把从幼儿园"偷学"的舞蹈跳给家人看。一次排节目,我让睿睿站在了最显眼的位置,并且给了他足够的肯定。"睿睿,你的舞姿特别优美,动作到位,是男孩子的榜样!"睿睿一下子像变了个人,开始喜欢和人交流,愿意参加活动,并且成为了啦啦操队员,最终看到了在赛场上拿一等奖的他。

质朴的工作更容易让人感到幸福。这幸福,来自于真情付出后的喜悦,来自于辛勤努力后的收获。是孩子让我不离不弃地坚守这份梦想,是孩子让我为教育事业的奉献甘之如饴,无怨无悔!

教育应与爱同在

中央民族大学附属中学丰台实验学校幼儿园　张艺申

《爱的奉献》这首歌中唱道:"只要人人都献出一点爱,世界将变成美好的人间……"可见,作为教育者要给孩子献出爱心,这样孩子才会给别人爱心。爱是一种道德上的感化,对孩子纯洁的心灵起到熏陶的作用。对于幼儿教育,爱是永恒的,无私的,无须回报的。

因此,我们时刻都要让孩子感受到老师对他的关爱,也让孩子学到怎样去爱别人。很难想象,没有得到爱的孩子,怎样能给别人爱。没有爱就没有希望,没有爱就没有教育,爱应与教育同在。

记得我们班的孩子们刚来到幼儿园时,大多数都离不开家人,哭闹不止,鑫鑫就是其中之一。他刚来的时候号啕大哭,我抱着他,摸摸他的头,亲切地问:"鑫鑫,为什么哭呀?"他抽泣着伤心地说:"我要妈妈!我要妈妈来!"我轻柔地说:"在幼儿园有这么多好朋友陪着你呢,还有爱你的老师陪着你呀,咱们可以一起做游戏,一起讲故事,一起唱歌,待会咱们就去外面玩一玩,有很多有意思的事呢。"说着,我为鑫鑫擦干眼泪,没想到,鑫鑫却跟我说:"我想滑滑梯。""好呀!没问题!"我笑着回答他。鑫鑫用信任的小眼神看着我,渐渐地停止了哭泣,我的心里也感到无比幸福与欣慰。

用真诚的语言与孩子心灵沟通,就可以实现与孩子心与心的交汇。与孩子像朋友一样友好而真诚地相处,就可以让孩子感受到友爱和快乐,让孩子在爱中成长,在爱中进步。

在开学不久的一次户外时,我对孩子们说:"咱们一起做游戏吧!"结果话音未落孩子们就四散跑开了。当时我心里真有一种说不出来的滋味。于是我试着与孩子们沟通,告诉他们:"我很喜欢你们,想跟你们做朋友,我们可以一起玩吗?"孩子们听后高兴地异口同声地答应了。我加入孩子们的行列,和他们一起蹦,一起跳,一起欢呼。就这样,我与他们之间的距离拉近了。于是,我抓住这个契机,和孩子们一起讨论认识新朋友的小方法,与好朋友发生小矛盾时我们可以怎样解决。一次次的交流,让我们之间的信任增强了,班里懂得体谅和关心别人的孩子也越来越多了,大家相互关爱、相互帮助、相互体谅。

教育应与爱同在,关爱每个孩子,平等地对待,一视同仁。这种无私的、真诚的爱能让孩子真正体会到亲人般的温暖。当孩子进步了,应给予孩子赏识;孩子退步了,也不应一味批评孩子,而是要给予他及时的安慰与鼓励,并帮助他改正错误……一句鼓励的话语,一声充满爱的问候,一个善意的眼神都会让孩子感到似春风般的温暖。教育应与爱同在!

书签的故事

北京市西城区曙光幼儿园 杨慕茜

区域活动是幼儿最期待的环节,在区域活动期间幼儿可以充分地享受自由的游戏,根据需求进行自主的发展。这天做好区域计划后,可可举着橡皮对我说:"杨老师,你猜我的橡皮除了擦东西,还能干什么用?"我摇摇头表示不知道。"还可以做书签。做计划时我的计划本总是得一页一页翻,耽误时间,我把橡皮夹进来当书签。"可可演示着自己的想法。"这样夹进去。"可可将橡皮夹进去后,拿起本上的绳子将计划本挂在区域中,这时橡皮掉了出来。可可又尝试了一次,橡皮还是掉了下来。她捡起橡皮说:"这个橡皮有点厚,总是掉下来。我需要做个书签。"

可可修改了自己的区域计划,修改成去美工区做书签。在美工区,她认真地制作着书签。第一步寻找需要的材料。她找了张白纸和水彩笔、画垫、剪刀。首先她拿起白纸,剪成了自己需要的形状,一个缺两个角的长方形,上面两个角剪成了两条弧线。她放下剪刀,铺好画垫,开始给书签画漂亮的图案。画了个心形,涂上了她喜欢的粉色。背面也画了心形,也涂上了漂亮的颜色。书签做好了,可可把书签夹进计划本说:"做好了!"她兴奋地展示着成果。可可的计划本里多了一个漂亮的书签，一个属于可可自己的自制小书签。

可可联系实际，想到自己需要书签，就开动脑筋找了橡皮做书签，但在实践中又发现了问题。她并没有放弃。做书签的过程中，她很有条理。找到自己需要的材料和工具，一步步实施自己的计划。在制作前她想好了自己的步骤，裁剪、装饰、涂色，按部就班地制作着。从开始用橡皮做书签到最后自制书签的完成，心中一直有一个自己的目标，为了实现自己的目标不断尝试着。在制作前，可可已经画出了书签的样子，证明她做事有计划性。在制作过程中，又体现出可可做事非常有序、有逻辑。

孩子们需要更多自由的空间，在发展过程中，能清楚自己的需求。中班幼儿需要目标化的活动区游戏，可可计划很详细。可可将此事在班中进行了分享，我充分肯定了自主学习的可可，也鼓励其他幼儿有自己的需求后，通过自己的努力去实现。孩子们根据自己的需求去做东西，过程会更投入和专注。同时孩子们自主学习的水平也会再上一个层次。教师需要为孩子们提供适宜的材料、工具和环境的支持，更重要的是在孩子们产生这种"哇"的时刻时，教师要记录下来，将幼儿闪光的行为及时给予肯定，请幼儿分享方法给同伴，同伴间的相互学习对幼儿是一种非常有效的学习方式。在儿童视角下，把要学变为我想学，这才是幼儿最好的学习方式。

从生活中探索科学的小奥秘

北京市昌平区教工幼儿园　左思杨

每周五，我们都会将班级中的玩具消毒，有的小朋友吃完水果，会主动帮助老师，将需要消毒的玩具放到水池旁边。老师将玩具倒入盛满水的水池中，进行清洗、消毒。

这时，就听见沛然在盥洗室发出惊奇的声音："哇！你们快来看！这些雪花插片全都漂起来啦！"其他小朋友听到沛然的声音后，马上围了过去，七嘴八舌地讨论起来。

"好神奇呀！雪花插片漂在水上真神奇！"小邢说。"老师！快来快来！这个好神奇呀！"

我听到孩子们的说话声，问道："咦？是什么玩具漂起来了？""雪花插片！好多雪花插片都漂在水上！"豪豪疑惑："为什么雪花插片能漂起来呢？"

"一定是因为这个水有魔法，就跟动画片里似的，我刚才看到老师往水里放了东西！"小郎说道。

"那另外一个盆里老师什么都没放啊，我刚才看到了。"沛然说。

"唉！我发现水盆底下有一个小铁球！"梦晗说道。

"为什么小铁球漂不起来呢？"豪豪好奇地问道。

"对呀，这是怎么回事呢？哪个小朋友知道？"我反问道。梦晗说："我觉得是因为小铁球太重了，才跑到水盆底下去了。"

"那到底是不是梦晗说的这样呢？"我继续问，"我们怎样才能知道梦晗猜得对不对呢？"

"我有一个好办法！我们可以让雪花插片和小铁球比一比谁重，就知道了！"沛然想了一下，说道。

"哇，沛然你真是太聪明了！"我说，"可是我们怎么才能知道谁重呢？"

梦晗想了想之后说："我有办法了！我们可以用秤，我妈妈做蛋糕时就会用秤称一下重量，但是咱们班没有啊。"

于是，孩子们想到了食堂有称，最后我们在小食堂里找到了秤，他们从显示屏上的数字知道了小铁球比雪花插片更重。

我继续问道："哇！你们真是聪明！你们想与其他玩具一起跟水做游戏吗？"小朋友们说："想！我想知道！""我也想知道！"

"那么，我们一起和水做个小游戏吧！"我说道："大家一起去找一找你认为能在水上游泳的物体出来，我们一起来试一试，看看谁和水是好朋友！"

孩子们开心地在班级里找了起来，不一会儿，就找到了许多东西——玩具车、油画棒、磁力片、纸、超轻黏土、绳子等，找到了很多材料，孩子们又开始了自己新的探索。

由此可见，幼儿的提问是一种新的认识需要与自身已有的心理水平不相适应的具体表现。我们应以鼓励的态度对待幼儿的提问，而且回答时要有启发性，对于一些较简单的、幼儿通过自己的努力可以得出答案的问题，教师可适当地反问，鼓励幼儿用自己已有的知识经验，通过观察和探索思考找出答案。

有趣的午餐

北京市昌平区教工幼儿园　程　娟

进餐音乐响起了，瑞瑞两只小手端起碗，将米饭倒入口中，大口吃了起来，勺子在一旁的桌子上静静地待着。我提醒道："请小朋友一手拿着勺子，一手扶着碗吃饭哟。"瑞瑞看着我笑了笑，拿起小勺，攥着勺子，往嘴里扒拉，米饭瞬间掉落在桌子上。我提示他小手变成小手枪，三个手指来帮忙，可瑞瑞一会儿就五根手指一起握着勺子。这时我想到了餐前唱起的歌谣，歌谣中提到了"在大大的花园里面挖呀挖，种大大的种子，开大大的花"。瑞瑞手中的小勺多像挖土的铲子啊。于是，我对他说："看，你的小勺子像不像挖土的小铲子呀，这个小铲子很神奇，需要来三个手指来帮忙，轻轻挖，慢慢送，饭菜可不能掉。"瑞瑞高兴地试了起来，把菜慢慢舀起来，慢慢放到嘴里，大口嚼了起来。我鼓励他继续正确使用勺子。

这时我又注意到了角落里的欣欣，她发愁地看着盘子里的青椒炒鸡蛋，拿着勺子只吃碗里的米饭和盘子里的牛肉。我鼓励她品尝一下绿绿的青椒，可她还是试图将青椒和鸡蛋分离出来，只吃鸡蛋。于是，我蹲下身来，将她挑出的青椒舀上一点点，对她说："尝一尝，就一点点好不好？"欣欣噘着嘴说："这个不好吃，我就爱吃鸡蛋。"说着便夺过勺子自己吃起来。我继续鼓励："我把你盘子里的菜变成大花，分成几份，就是几瓣花，咱们把鸡蛋和青椒一起'挖'起来吃，好不好？"欣欣试着吃了起来，完全忘了青椒是她不爱吃的蔬菜。我继续鼓励："欣欣真棒，原来爱吃和不爱吃的放在一起，味道也不错。"旁边小朋友也被这个游戏吸引了，有的也把自己不爱吃的菜分成了小花瓣，大口吃了起来。

在进餐过程中，我随时观察幼儿的进餐情况，了解幼儿的需求，分析他们的困惑，根据不同情况，采取不同的方式帮助和鼓励。瑞瑞和欣欣一个是不太会用小勺，一个是有一点儿挑食。我用种花的游戏吸引他们的注意力，抓住机会指导他们正确用勺和大口吃菜。幼儿在自主游戏中逐渐改善用勺的方法和挑食的习惯，逐渐养成良好进餐习惯。《纲要》中指出：要贴近幼儿的生活，发掘生活中隐含的教育价值，把握时机积极引导。针对幼儿在进餐中的问题，我还利用环境创设互动墙，鼓励幼儿饭菜吃干净，不挑食，养成良好的进餐习惯。在家庭教育方面，我会向家长介绍幼儿园的美食，介绍幼儿正确进餐方法和幼儿园采取的策略，及时宣传营养膳食的知识和烹饪方法，并引导家长鼓励幼儿做到荤素搭配进餐，正确使用小勺。家园配合，共同促进幼儿身体健康发展。

沙池里的鞋底花纹

云南省玉溪市通海县杨广中心幼儿园　罗丽梅

中国教育家陶行知先生提出："生活即教育，教育源于生活，教育回归于生活。"在日常生活中，我们要细心观察孩子的一言一行、一举一动，及时抓住生活中的闪光点，接纳孩子的新需要、新兴趣、新发现，这样的教育会是成功的教育。

玩沙活动时间到了，刚下过雨的沙池里的沙平静而没有痕迹。孩子们像往常一样有秩序地进入沙池，开始了自己快乐游戏。王睿捷小朋友却一步三回头地在看沙池里留下的自己的鞋印。从沙池边缘捡了一根小花枝，小心翼翼地描摹起鞋底花纹来。描完自己的，又找了余越小朋友的小熊花纹描起来。整个活动期间，孩子都在安静地进行鞋底花纹描摹。活动结束后，在进行小结时，孩子们都纷纷介绍着自己的收获：拓印的小乌龟、小鱼、小骨头……塑造的城堡、蛋糕、沙柱，挖的隧道……当然，王睿捷也介绍了今天的成果，大家也回头看了看，沙池里果然有许多不同的鞋底花纹，小朋友七嘴八舌地说，"明天我也画鞋底花纹"，于是一次好的美术素材也就产生了。

第二天，孩子们选择了自己喜欢的竹签、筷子、聪明棒、吸管等进入沙池，开始了鞋底花纹的描摹。今天的描摹更是一串串的惊喜：孩子们有拿筷子的，有拿竹签的，有的直接用手指，探索出选择细细的竹签进行作画效果比较好，图案最完整。而粗粗的筷子和手指会破坏图案的完整性。活动中，我充分发挥幼幼互动、师幼互动的作用，相互合作与创新，让幼儿自主地和同伴交流，感知鞋底花纹的多样性，知道鞋底花纹有曲线、直线、圆形、点……为装饰画的创作活动奠定了基础。由此可见，绘画工具的变化、绘画材料不同、教学模式的更新直接影响了孩子对美术活动的兴趣，同时也决定了孩子不同的美术表现形式。

《幼儿园教育指导纲要（试行）》中指出"教师应成为幼儿学习活动的支持者、合作者、引导者。要善于发现幼儿感兴趣的事物、游戏和偶发事件中所隐含的教育价值，把握时机，积极引导。"《3—6岁儿童学习与发展指南》中也指出，"根据幼儿的生活经验，与幼儿共同确定艺术表达表现的主题，引导幼儿围绕主题展开想象，进行艺术表现。"本次活动打破了以往画画的常规形式，拓展了幼儿美术教育的内容，以新鲜的方法调动孩子们参与美术活动的积极性。利用沙池作画，除了鞋底花纹，以后将进行对沙池周围的事、物，进行写生，比如海棠花、葡萄、葫芦、紫藤、灯笼花，攀登架……培养幼儿想象力和创造力，激发幼儿自由地表达自己思想的欲望和对艺术的热爱。

关于放手的那些事

河北省张家口市经开区盛华东大街幼儿园　杨　文

有人说老师的高尚在于以高尚的师德师风影响、激励着孩子们的成长。我们用细腻的心灵和敏锐的眼光捕捉来自孩子们的亮光，照亮着自己并成为那一束光，温暖着彼此。

游戏时间是孩子们最自由、最快乐的时候，他们沉浸在自己的游戏里，是那么地投入。这时，静下心来走向他们，你会发现很多有趣的事情，甚至还有让你感动的画面。

在搭建游戏前，我总会对他们提出要求。活动开始，只见他们把积木分成两组，一组用几个低矮的积木搭建平衡桥。另一组增加难度，两个高梯子间用一块木板连接，梯子的另一侧铺好垫子，他们想从梯子上一跃而下跳到垫子上。完成后，孩子们有秩序地玩了起来，几个女孩子选择低矮的平衡桥，其他的孩子则选择了具有挑战性的高梯子。几次跳跃后，昊宇说："老师，刚才木梯子向后晃了一下，差点儿把我摔下来。"我走过去准备帮他，突然一个念头闪过："我不去帮他，他会不会自己解决问题呢。"于是我对昊宇说："你真细心，发现了大问题，那你能想办法解决吗？"他微笑着点了点头，接着跑去拿来了一块木板，在梯子下面横着放，想把梯子撑开，发现太长了不合适，于是又把木板竖起来靠在梯子上，一松手，木板倒了，尝试几次都没有成功。他的举动引来其他小朋友，"昊宇怎么了？""这个梯子不稳，我跳下来的时候晃了一下，差点儿把我摔下来。""我也发现了。"……于是大家一起想办法。莘雅走到梯子旁，用手扶着。立崇钻到梯子下面，用身体做支撑，为了安全，我制止了他。这时睿泽也拿来了一块木板，塞到梯子下面，微微倾斜靠在梯子上，咚，木板倒了，昊宇见状拿手里的木板去顶睿泽的这块，依然没成功。他俩继续摆弄，不停调整，不断尝试，最终木板抵在梯子的第二节上稳稳地支撑住，解决了问题。活动后，我问他们："户外活动时，你们遇到了哪些问题？"昊宇第一个举手，分享了遇到的困难及解决办法。我表扬他们遇到问题积极探索的好品质，鼓励孩子们要向他俩学习。

我庆幸我学着放手给他们独立解决问题的机会，自由探索、自主学习。苏霍姆林斯基说过："唤起人实行自我教育，乃是真正的教育。"作为教师，要学会放手让孩子在尝试中学习，充分尊重并相信孩子，给予更多的时间、空间和自主权，让孩子在观察、思考、发现、创造中体验乐趣。曾经多少风雨，多少故事，多少情境，默默地诠释了我"坚守教育初心，牢记育人使命"的坚定信念。

幸福心语，在成长的点滴足迹里

浙江杭州萧山海亮禾璞幼儿园　何清洁

幸福在每天的集体共学里。

常听园长说："身体需要一日三餐，我们的生命更需要心灵的营养，每个人都是一个能量场，一个幸福智慧的老师才能更好地滋养一批孩子；一个幸福智慧的爸爸妈妈才能建设一个幸福有爱的家。"幼儿园除了每周安排常规的教研技能培训，还有每周园长带着全体老师学习。很欣喜部分家长也参与共学，集体共学让我更有智慧和能量面对每一天的生活、学习、工作。"对于学习成长什么时候开始都不晚，什么时候结束都太早。"作为老师如果我有一碗水，就只能给孩子一碗水。因此特别希望自己不断学习，为孩子们的成长导引一条智慧的河流。

幸福在家园共育的交流里。

感谢孩子们这群有爱的小生命，让我和30多个家庭里的爸爸妈妈长辈们建立起了联结。尤其3—6岁这个阶段的幼儿教育特别需要家园的通力合作。平常每一次和家长沟通，自己都很受启发。有些孩子表现过于好动，对此会有些困惑，通过和家长深度交流，了解到幼儿由家里长辈带，电子产品接触多了，对其有了影响，家长对此及时做了调整。有孩子在小朋友互动时，会有一些小摩擦，像到了大班，部分幼儿特别喜欢卡通人物，好的或者不太好的都去模仿，家园互通，对幼儿做了及时正向的引导。在家庭里，爸爸妈妈面对一个孩子，对孩子有比较全面的了解，在幼儿园我们老师面对的是一个年龄段全班级的孩子，对孩子阶段性的发展特点会更了解。带班中，感谢家长和老师及时互动，一起想办法，家园联动来共同助力孩子的成长。

幸福在每一个孩子成长的足迹里。

每一颗为师者的心和父母的心，是一样的，希望自己带的孩子成长得越来越好。很欣喜地观察到，有的幼儿由开始入园的分离哭闹，慢慢适应幼儿园小社会的集体生活了；有的孩子在小班时有些怯生，随着和班级小朋友们在一起生活学习，到了中大班能在小伙伴面前大方地表达自己了。孩子真的是充满无限希望的，每一个孩子的生命成长，就像一个待开垦的万亩百花园，在此特别希望我们老师家长共同携手，继续给孩子这片百花园播下一颗颗习惯养成、多元智能的种子，用爱守护孩子们每一次的春暖花开，期待未来的满庭芬芳。

感谢孩子们、家长们的陪伴砥砺，祝福孩子们喜乐成长，祝福每个家庭阖家幸福！

吮指女孩

云南省昭通市水富市向家坝镇中心幼儿园　董汝媛

荧荧是班上一个聪明伶俐的小女孩，大家都很喜欢她，但她最近有一个坏习惯——爱吸吮手指。经过近期的观察，在午睡、上课、游戏时都会发现她将指头放入嘴里吸吮。午睡起床时，就会听到小朋友的告状声："老师，我看见荧荧睡觉时又在吃手了！"这时，她用无辜的眼神看着我，仿佛在说："我不是故意的。"有时候，看见她在吃手，我提醒她，她就把手指拿出来，趁我不注意，一会儿她又偷偷地吮吸手指。

通过离园时间与孩子妈妈交流，了解到她在断奶后就有吸吮手指的习惯，当时家里人未能引起重视，想着等孩子大点时，自然就不会吸吮手指了，结果她却一直没能将这个不良习惯改掉。当他们认识到其吸吮手指的危害时，又认为孩子年纪小，不忍心用强制的手段制止她，错过了纠正不良习惯的黄金时期。孩子吸吮手指的习惯也是他们头疼的问题，曾试过几种方法，但效果不大。

吸吮是经常反复吸吮口唇、手指、脚趾、被子等行为，长时间吸吮手指，会因局部刺激而使手指变大、变粗，影响美观和精细动作的发展。吸吮手指很容易造成寄生虫感染，还会使上下牙槽咬合不齐。吸吮行为经过长时间积累而成，如果用强制的方法，会使孩子产生逆反心理。只能用引导、鼓励的方法，使她自己认识到吸吮手指的坏处，帮她建立改掉吸吮手指的信心。

我将吸吮手指会产生的后果用故事《贝贝的手指》讲给她听，让她自己去故事里寻找为什么贝贝的手指与别的小朋友不一样。当她从故事里找到答案后，很紧张地问我："老师，我会不会变成跟贝贝一样呢？"我笑着和她说："只要你从现在开始下定决心改掉吸吮手指的习惯，我相信你不会变得和贝贝一样的，我们都愿意帮助你一起改掉这个习惯。"她听了很高兴地说："那我以后也不咬手指了。"

帮助孩子改正不良习惯需要教师和家长的配合和坚持，在幼儿园一日生活和家庭习惯中，多点引导和监督，多点提醒和耐心，通过孩子喜欢的途径、愿意接受的方式去沟通，长期坚持后才能产生效果。针对孩子的实际情况以及后续坚持的引导，荧荧吸吮手指的情况得到改善，吸吮手指的现象有了明显的减少，有时习惯性地出现这一动作，在老师的提醒下她便会控制自己不去吮吸手指。相信在家园的配合和坚持下，这样的情况会得到更大的改善。

翻尿垫

北京市顺义区幸福幼儿园　吕美坤

午睡时间到了，朴朴望着床单上的隔尿垫发呆。原来是我错把隔尿垫铺反了。朴朴先看看我，见我不动声色，便小心翼翼地拿起尿垫的一角，翻过来摸摸，又放下去再摸摸。确定自己的判断正确后，决定把隔尿垫翻过来。

他站在床下，尝试将隔尿垫翻过来，可是隔尿垫太长了，他使劲摊开双臂，够不到。这次他向床头爬去。拽起床头隔尿垫的两个角慢慢地站起来，试图把整个隔尿垫拎起来。可他不够高。于是，他把双手举过头顶尽自己最大的力气，把手上的隔尿垫往床尾抛去。好不容易铺好了床尾，床头的两个角却拽不动了。他意识到是自己的身体压住了隔尿垫，于是他弓起身子，用一只手和双脚支撑，另外一只手试图铺平其中一个角。尝试几次后，他发现自己不能踩在隔尿垫上，这次他小心翼翼地绕过隔尿垫，站到枕头上铺隔尿垫，终于成功了。

这让我不禁感慨幼儿天生就具备探究能力，他在面对自发要完成的任务时表现出来的积极性更高，在自己感兴趣的事情上，能在一定时间内全神贯注于完成自定任务，乐意有头有尾地完成并做好自定任务。在完成任务过程中，就算不顺利他也愿意继续尝试，不放弃。幼儿天生就很有创造性，在解决问题无果后，也会具有打破原有思路，尝试新策略再解决的智慧，只要教师能给予幼儿自主探究的时间，不催促和打断幼儿的探究过程，还给幼儿一个安静的环境，放慢脚步，到必要时再给予幼儿关键的支持，我相信幼儿的潜力一定会被激发出来的。

换一种方式夸孩子

北京市东城区东四五条幼儿园　张　楠

在日常的教育教学中，我们总是会表扬孩子，但如何有效地表扬孩子成了难题，是不是仅仅一句"你真棒"就能激励孩子的内心呢？有一次我们去外边散步，地上有一些落叶，很多小朋友都从旁边路过，但没有发现这些树叶，但是乐乐小朋友一下子就发现了落叶，说"秋天到了，地上有很多落叶呢。"我刚想夸她一句"你真棒"，但是在心里想了一下孩子们经常听到"你真棒"这句夸奖，会不会不想听了呢，我就对她说："乐乐你观察得真仔细，我觉得你以后都能成为小科学家呢！"乐乐听了以后感觉眼睛里都散发着光芒，看着我就说："老师，我要当科学家！"

夸奖孩子的话有很多，怎样才能夸到孩子的心里呢？仔细分析一下，当我们看到孩子上课回答对很难的问题时，我们经常是脱口而出：你真棒、你真聪明。这些话语里面还会带有赞叹的成分。我们随口的夸奖，有可能会给孩子带来一些鼓励！那我们换一种说法：你很努力。这样有针对性的表扬，孩子可能就会觉得自己应该多看书，多长知识，更能激励孩子积极向上，更会选择有挑战性的任务。

先要对孩子做事情的整个过程有所了解。有的时候亲眼看到孩子努力的付出，当你在表扬孩子的时候，不妨把自己的所见所闻描述出来。比如孩子去卫生间拿抹布把洒出来的水擦了好几遍，我们可以这样说："宝贝，你擦桌子很细心哦，来来回回地把水都擦干净了，好辛苦啊！"把孩子的辛苦说出来，孩子就会觉得老师也是尊重他的，能看到他的辛苦付出。

夸奖不仅仅是事后对孩子的肯定，有时候在预见到孩子对某些事情可能有抵触时，也可以事先夸夸孩子，用表扬来打预防针，可能会有意想不到的"疗效"。对于一些挑食的孩子，我们也可以这样说："我发现你和别的小朋友不一样呢！别人不喜欢吃蔬菜，你却特别爱吃蔬菜。真的是太厉害了！"然后你会发现他真的会把蔬菜全部吃完。孩子也会对经常听到的表扬语言有一些免疫，一样的表扬换一种方式来说也会起到不一样的效果哦！

在青春的路上，与你共同成长

辽宁省军区第一幼儿园　毕　程

本班有个名叫依依的小天使，她聪明伶俐、善良热心、乐于助人。她最喜欢帮老师分担一些力所能及的小任务，并以大姐姐的身份照顾班级里的弟弟妹妹。然而，就是这样一个可爱的小家伙却有个小毛病，一见到饭菜会呕吐。我不禁好奇，她怎样会有这种反应。经过一段时间的观察，我发现了其中的奥秘。原来，她不喜欢吃蔬菜，是个纯纯的"肉食爱好者"，喜欢吃包子、饺子、烧卖等带馅的食物，以及炒菜里的肉类。蔬菜几乎不在她的食谱之列。了解情况后，我与家长进行了深入沟通，从餐桌习惯的培养到蔬菜的营养价值，家长都极为配合，并表示愿意与我们共育教育。

为了改变依依的饮食习惯，我先让她在餐前负责给小朋友讲故事和分发餐具，以此培养她的责任感和荣誉感。同时，鼓励她尝试吃一些蔬菜，并承诺下次还请她帮忙。餐后，我利用散步的时间给孩子们讲解蔬菜的营养成分，并告诉他们："吃饭能让我们营养均衡，使身体长高，尤其是蔬菜中的各种营养成分，能让我们更健康。"通过逐步强化均衡饮食、多吃蔬菜的益处，我发现依依呕吐的次数明显减少了。

看到成效后，我给家长提出建议，例如在做饭时邀请依依帮忙择菜、洗菜，增进她与蔬菜的亲密感情。同时，建议家长在家尽量做营养丰富的蔬菜，保证饮食均衡。经过两个多月的努力，依依的饮食习惯逐渐改善。但革命尚未成功，我们还需继续努力。我开始了解她对各种蔬菜的喜好程度，如她喜欢的油菜、菠菜，我就多给她盛一些；不喜欢的就少盛一些，让她减少对吃菜的压力情绪，并确保三餐营养均衡。

如此坚持下去，这样的默契渐渐形成了常态。依依能接受的蔬菜越来越多，我们开始正常给她盛饭菜。起初，她仍不太适应，但每次我都会变着花样地夸她吃了蔬菜，变得更漂亮了。渐渐地，她似乎忘了提出减少菜量的要求。如今的她已不再是那个一见饭菜就呕吐的小家伙。她学会了自我鼓励式地进餐，还会效仿着我的样态去告诉其他小朋友，一定要多吃蔬菜，这样对身体好。甚至还会自夸道："你看见我没？我就是爱吃蔬菜才长这么漂亮的，知道不！"这可爱的小天使让我们忍俊不禁，家长也对我们的教育方式感激不已。

可见，其实教育并非一成不变，而是需要采用多样化的方法抓住孩子们的内心，让他们主动学习与生活，改变不良习惯。让我们一起努力，为孩子们的成长助力。在这条成长的路上，我愿与所有的小天使们共同成长！

小种子　大能量

——"亲自然"园本课程实践随笔

北京市平谷区第一幼儿园　崔雅丽

在萝卜丰收的季节，我们的"萝卜一家亲"主题活动开始啦！孩子们通过视频和照片的形式在班级群中分享寻找萝卜的快乐体验过程。有的去地里体验拔萝卜，有的去菜店买萝卜，有的在家里制作萝卜美食，孩子们把劳动成果带到幼儿园，共同布置我们的"萝卜小店"。

"萝卜小店"分享会开始啦！

孩子们积极地分享自己带来的萝卜，这时候，桐桐小朋友拿了一个透明的小袋子，袋子里装了很多棕色的小东西。

孩子们非常好奇地问："你拿的是什么呢？是小石头吗？"

桐桐非常骄傲地说："我拿的是萝卜种子，妈妈说种到土里就能长出大红萝卜！"

小朋友们纷纷围过来一看究竟，有的还忍不住用手摸一摸。看到孩子们对萝卜籽这么感兴趣，我也加入观察的队伍中。

"这萝卜籽的形状真特别，像什么呢？"

"像蚂蚁。""像沙粒。""像小石头。"……

"那你们想不想看一看小小的萝卜籽是怎么长成大萝卜的呢？"

接下来的日子里，班级的阳台上就多了一块小一班"萝卜责任田"。

"有了种子，种植还需要准备什么呢？"孩子们表达自己的看法。

简单的讨论后，开始行动起来！准备泥土，放入种植箱中，然后起垄，开条小沟，再用水壶沿沟底浇一次水，等水下渗后，孩子们分组取来种子，尝试均匀撒种，虽然小手不太灵活，但却非常专注，忙得不亦乐乎。初次感受挖土、浇水、种种子、培土的全过程，孩子们兴奋不已。

过了几天，"萝卜责任田"没有任何变化。

孩子们有些着急："老师，种子为什么还没发芽呢？"

我安慰说："大家不要着急，种子也像小朋友一样需要吸取营养、慢慢长大！"

第五天早餐后，梓奕兴奋的声音从阳台传来："老师，快来看种子发芽了！"

听到他的喊声，孩子们全都围过去，看到几株小苗儿刚顶开泥土，露出嫩绿的小芽，孩子们像看"宝贝"一样，小心翼翼地观察破土而出的小芽，兴奋的声音不断传来。

"你们知道种种子时，我们为什么要为种子盖上泥土吗？"我问。

"为了让它不冷。""为了让它不被晒干。"

我肯定孩子们的说法，继续说："给种子盖上泥土，那是对种子的一种考验，看它在黑暗中够不够勇敢和坚强，做一个不怕困难、坚强的小苗儿，它才能破土而出，健康地长大！小朋友们也要向小苗儿学习，做个不怕困难的宝宝哟！"

孩子们坚定地向我点了点头。

我们的"萝卜责任田"真正成为了孩子们喜爱的、具有启迪意义的"劳动乐园"。小小的种植活动，看似微小、简单，实则蕴含大大的能量！"亲自然"体验活动中，不仅帮助幼儿开阔视野，提高幼儿观察能力、劳动能力和增强幼儿的责任感，还能激发和满足幼儿的好奇心。

教育探索

"三全育人"视域下高职院校幼儿教师师德培养的现实思考

北京市北京青年政治学院　朱玉华　李　杨

"人生百年，立于幼学"，学前教育是人终身学习的开端，也是人全面发展的基础。党的十九大提出，要"办好学前教育"，实现幼有所育。党的二十大报告明确强调，要加强师德师风建设，培养高素质教师队伍，弘扬尊师重教社会风尚。学前教育的发展，幼儿教师素质是关键，幼儿教师是幼儿健康成长的启蒙者和引路人，其自身的职业道德素质直接影响着幼儿的健康发展，关系着我国的学前教育质量。高职院校学前教育专业学生作为幼儿教师的重要来源，培养其健全的人格、健康的心理和高尚的道德品质，是使其具备良好的师德的关键，也是高职学前教育专业人才培养的首要目标。"三全育人"是新时代高校落实"立德树人"任务的重要途径和实践模式，高校深刻领会全员育人、全过程育人、全方位育人在幼儿教师培养中的重要作用，培养出德能兼备的高素质幼儿教师，完成高职院校学前教育专业责任和使命所在。

一、问题的提出

师德，一般被认为是教师职业道德的简称。在《幼儿园教师专业标准（试行）》中，国家对幼儿园教师专业素质提出了基本要求，明确了"师德为先、幼儿为本、能力为重、终身学习"的基本理念，对幼儿教师师德培养提出了明确要求。"师德"作为幼儿教师职业道德规范的首要要求，一直以来受到幼教从业人员和管理者，以及教育部门的高度重视，在幼儿教师职前职后的培训中都是重要的组成内容。然而，不可回避的是，近年来，一些违背幼儿教师师德的事件时有发生，甚至有一些严重的师德失范事件。这些事件的发生，损害了幼儿教师队伍的形象，一定程度上引发了社会对幼儿教师的信任危机。我们要充分重视幼儿教师师德建设，从思想深处解决幼儿教师的师德认识偏差问题。

目前，学界对幼儿教师的师德教育关注不多，或从政策层面进行研究，或从师德自身内涵进行阐释，立足师德培养实践开展的研究较少。本文立足高职院校幼儿教师师德培养实践，进行现实路径思考，以期为幼儿教师师德建设提供参考和建议。

二、高职院校幼儿教师师德培养的现状

幼儿教师师德培养是系统长期的过程，在职前职后的不同阶段，培养重点也各有侧重。高职院校对幼儿教师职前师德培训一般是通过课内与课外相结合的方式进行的。课堂是学生教育的主阵地，课程思政与思政课程同向同行是培养学生高尚师德的重要路径。近年来，课程思政越来越受到专业教师的重视，但是，在实际教学中，专业教师关注的重点更多的仍然是学生是否掌握学前教育基本理论知识，以及对幼师弹、唱、跳、说等基本职业技能的培养，对于学生的理想信念教育、责任担当意识的培养不够重视，对于相关内容存在"蜻蜓点水"、点到为止的现象。还有的专业教师对于学前教育课程的理解不够深入，对幼儿教师岗位的认知与理解不够充分，对课程思政的认识还停留于知识表面，讲专业知识形象生动，讲课程思政生硬教条，深度挖掘不够，影响了育人效果。第二课堂作为培养学生综合素养的重要手段，以其形式多样、过程生动赢得了学生的喜爱，成为学校育人的重要组成部分。我们在看到第二课堂育人实效的同时，也要看到一些第二课堂活动在开展育人实践的过程中，缺少与学生成长规律和专业特点有机结合的主题活动，存在育人对象不聚焦、

效果打折扣的情况。立足幼儿教师在校三年的学习与培养，有效提升第一课堂与第二课堂在师德培养上的合力，是高职院校需要重视和解决的问题。

三、对策及建议

师德培养是系统工程，需要课内课外两个课堂共同发力，既润物无声又掷地有声。北京青年政治学院学前教育学院在坚持学生三年一贯制培养，加强三全育人探索，将师德培养融合在学生成长全过程方面，进行了有效的路径探索。

（一）加强师德培养载体建设

加强"课堂教学、主题活动、校园环境、网络平台"师德培养四载体建设，实现师德培养第一课堂与第二课堂的有效衔接。根据学前教育专业特点，充分挖掘课程的思政和德育元素，坚持门门课程讲思政、渗透师德教育，开设幼儿教师职业道德课程，发挥课堂主阵地作用，建设涵养教育情怀的课堂教学载体。面向未来教师岗位，开展开学第一课、师德演讲、未来幼师宣誓、教师节、童心节、毕业最后一课等主题教育活动。组织参加有较大社会影响力的大型活动，如冬奥会志愿服务、天安门志愿服务、世界文明大会志愿服务、海外华人子女寻根之旅等志愿服务，将师德教育渗透主题教育、文体、志愿服务、社会实践等各类活动，建设丰富多彩的主题活动载体。开展名师劳模进校园宣讲教书育人、敬业精神、工匠精神活动，制定《学前教育专业师范生日常行为规范》，将师德规范教育与日常行为养成相结合，教师以身作则，建设"两代师表，代代相传"的校园环境载体，做实"四个引路人"教育。加强微信公众号建设，宣传核心价值观、师德精神、师生优秀事迹，传播幼师榜样力量，建设网络教育平台载体。

（二）加强学生自我成长培养

发挥党员导师、辅导员、班主任、同伴的引领和示范作用。学前教育学院开展以"1＋N"为核心，多层级同心圆结构的"向阳花开"育人模式。在"1＋N"的模式下，师生、生生之间通过双向选择自愿组成开放性互助小组"向阳花小队"，党员导师具体指导，学生党员带领"向阳花小队"自主开展活动。"向阳花小队"一方面积极开展"向阳行动"，组织大家参加各级各类志愿服务和社会实践活动，发扬服务精神，开阔眼界，增长才干；另一方面大力打造"向阳先锋"，鼓励同学们向榜样学习，发挥榜样引领示范作用。同时，编制《花开学前　卓越幼师》学生成长手册，内容涵盖学习、生活、劳动、活动、志愿服务、社会实践、成长反思等内容，学生详细记录三年学习和成长的过程，加强学生自我认知、自我管理、自我发展，形成学生课外学习成长引导、评价体系，助力学生实现自我成长。

加强班级、宿舍两个育人平台建设，学院领导担任班级、宿舍第一导师，辅导员、班主任、党员导师进课堂、进宿舍、进学生实习一线开展指导，引导学生按照幼儿教师岗位要求，注重仪容仪表，增强遵规守纪意识，强化师德教育与日常行为养成相结合，培养学生良好的行为习惯，养成良好的师德师风；定期开展宿舍文化节，推选"五星宿舍"，打造宿舍精品文化，提升学风班风，引导学生全面健康成长。

（三）加强网络思政教育，培根铸魂

在新媒体时代，网络思想政治教育作用不容忽视。学前教育学院注重发挥网络育人功能，开设"花开学前"微信公众号，加强思想教育引领。在内容上，以建党百年、建团百年等重要历史事件或特殊时间节点为契机在公众号上开设特色栏目，开展思想政治引领；结合五四青年节、国庆节、国家公祭日等节日以及二十四节气，通过介绍节日和节气的由来，引导同学们进行相关知识学习，弘扬中华优秀传统文化，涵养学生爱党爱国情怀。打造"花开琴键""花开电台""花开巧手"等特色栏目，展示幼儿歌曲表演、幼儿园环境创设、幼儿教

师口语、学前儿童游戏等课程的学习成果，彰显学生实践技能，着力提升学生岗位适应能力。"学前之花"栏目记录和展示同学们参与专业技能竞赛、各级各类比赛、文体活动、志愿服务、社会实践等情况，彰显学前小花积极、阳光的青春风采。着力推介"向阳先锋"，发挥榜样的示范引领作用，彰显幼师正能量。

总之，师德是幼儿教师素养的首要内容，加强高职院校学前教育专业学生师德培养，需要整合学校的各种人力、物力资源，需要全员、全过程、全方位参与，一方面在幼儿教育的理念、愿景、价值观等方面加强思想引领，另一方面要持续对学生的专业学习、思想政治教育、师德涵养、文化素养、职业素养等方面进行专业教育和价值塑造，只有师德培养三年不断线，才能为幼教行业培养出更多合格师资。

浅谈主题活动中家园共育促进幼儿自主学习的研究

北京市平谷区南独乐河幼儿园　张　旭

家庭和幼儿园是影响幼儿发展最主要的两大环境，家长和教师分别是这两大环境的施教者。《纲要》也明确指出："家庭是幼儿园重要的合作伙伴。应本着尊重、平等、合作的原则，争取家长的理解、支持和主动参与，并积极支持、帮助家长提高教育能力。"针对家长对园内开展的主题活动不了解，不能够与园所充分沟通交流、支持合作、资源共享等现象，在主题活动中通过家园共育支持幼儿自主学习与发展，成为我们研究的重点。

一、有效的沟通途径，构建家园互动平台

幼儿园主题活动的开展，光靠老师的力量是不够的。实践证明，一个好的主题活动能够顺利和深入开展都需要家长的支持和配合，因此家长也是主题活动的宝贵资源。怎样才能够发挥家园共育的目的，途径是第一步。

（一）通过面对面交流让家长了解主题活动

1. 家长会：建立家园密切关系的第一步

家长会中，通过主题活动介绍和幼儿的照片、视频，帮助家长了解开展主题活动的意义和价值。在"一粒种子的旅行"的主题活动开展初期，孩子们经常会寻找生活中不同的种子，并尝试在不同地方进行种植、观察、记录等。有些家长不理解，觉得老师每天都在让孩子们随意地玩，对班中的活动不太愿意参加。针对这一情况，我们及时召开了家长会。在家长会上介绍主题的由来，帮助家长梳理近段时间孩子们的活动情况，并播放记录孩子们实践过程和观察结果的视频，使主题活动开展的过程立体地展现在家长面前，最终得到了家长的认可，并鼓励家长也积极参与到主题活动中来。

2. 家长座谈：互动对话引共鸣

主题结束后，我们立即围绕主题活动开展由家长、教师、主任和园长多方参与的座谈会。座谈的基本议题一般包括活动的理念是否可行、在活动中看到的孩子表现、家长在活动中的想法和感受、对幼儿园的建议、育儿的困惑等。刚刚亲历完活动，家长的感受是最为新鲜和深刻的。及时的家长座谈能避免有效信息随时间推移而流失，容易形成家长之间的共鸣，也便于家长间交流好的育儿方法。

（二）通过现代信息技术促进家园互动

在互联网快速发展的今天，为更有效地将网络作为教师与家长有效融合、密切联系的快捷通道，更好地促进家园间的双向互动，我们利用微信群和公众号进行有效沟通。家园沟通的形式不是单一的，而是多种途径相结合，形成交错不断的沟通网。这样才能真正有效地建立家园共育平台，支撑主题活动开展，支持幼儿自主学习能力的培养。

二、有效的共育策略为幼儿自主学习搭建平台

（一）家长资源——主题开展的坚强后盾

1. 物质资源

我园地处农村，丰富的自然资源是最宝贵的教育财富。幼儿园以富有"农"味的农村生活为立足点，挖掘身边可利用的自然资源，以主题活动为载体，开展生活化主题活动。而这些各种以农村为特色的主题活动的开展，需要大量的材料和工具。有了前期的家园沟通平台，主题活动在开展过程中需要的工具和材料就有了很大的保障。

2. 精神资源

通过多种共育平台的建立，家长们渐渐了解了主题开展的教育意义，明确了幼儿的发展目标。例如：主题活动"红薯"中，孩子们尝试用各种身边的材料去挖红薯。如果是以前，家长们会认为这是老师在带着孩子们玩，孩子没有得到任何的发展。但是现在家长们更多的是支持活动的开展，因为通过沟通平台，他们了解到挖掘的过程中，孩子们要自己想办法，找材料，发现问题，解决问题，甚至要自己制作挖红薯的工具。有了家长们的支持，主题得以更顺利地开展。

（二）家长参与——主题开展的有力保障

1. 让家长间接参与幼儿园的教育活动

注重家长与孩子的共同探究、共同成长。如在大班"环保"主题活动中，为充分调动家长的积极性，我们请家长和孩子一起查阅水污染、空气污染等有关环保的资料，利用节假日带孩子实地参观并探究水怎么变脏了；汽车的尾气有什么危害；等等。从幼儿的生活经验出发，帮助幼儿了解和感受自然环境与人类生活的密切关系。这样的活动不仅使孩子尝试了各种学习方法，而且初步培养了孩子的环保意识。有的家长还深有感触地说："这些活动也提高了我们成人的环保意识。"

2. 让家长直接参与幼儿园的教育活动

把家长请进幼儿园，让他们以一个教育者的身份参与幼儿的学习、生活活动，发挥来自社会各行业家长的独特作用。我们幼儿园正是本着合作、平等的态度去激发家长参与活动的主动性和积极性。这样，家长从原来幼儿教育的旁观者、被指导者的角色变成了现在幼儿教育的合作者、支持者。

三、有效的自主学习促进幼儿全面发展

（一）自主观察能力的提升

随着家园共育平台的建立，更多的乡镇家长对幼儿教育有了正确的认识，为幼儿的自主学习提供充足的时间和空间。孩子们对自己感兴趣的现象有了更多的观察时间，观察的范围更广了，观察的内容更细致了。主题活动"小蚂蚁"的开展过程中，通过有效的家园互动，家长了解了主题目标，利用周末的时间带领孩子们到户外观察蚂蚁。通过家长的叙述，我们能够看出孩子在自主观察时，更能够有目的地观察，观察的角度和范围更广。通过对活动区、实践活动两个时间段的调查统计，我们发现：孩子们自主观察的次数更多了，同时观察的持续性更长了。观察能力的提高有助于未来主题活动的深入开展，同时帮助幼儿提高观察能力，为幼儿实践和创新能力的发展奠定了基础。

（二）自主解决问题的能力

通过家园共育的知识讲座，家长们开始能够从幼儿的角度去审视幼儿的行为，理解他们，并知道在幼儿需要的时候应给予一定的支持，但不是包办代替。因此，孩子们得到了越来越多的自己发现问题、解决问题的机会。主题活动"建小桥"中，孩子们从纸箱、木板、空心砖等一次次的实验、失败、改进、再实验等一系列活动，终于在水渠上建了三座不同材质的小桥。活动中，孩子们积极地思考、想办法、画设计图，在建筑区实验，初步建立了自己想办法解决问题的能力。

（三）语言能力得以发展

在主题活动的开展中，幼儿观察和解决问题的能力不仅提升了，语言能力也得到了最大限度的发展。在一次次的试验中，幼儿与家长、教师、同伴等人的沟通，都是在帮助幼儿语言系统的发展。主题活动"建小桥"过程中，孩子们从查阅各种桥梁的资料，讨论建造小桥的方法、工具和材料，再到小组中的人员分工，实践中的同伴协调、查找问题，每个环节都离不开有效语言沟通的支持。我们也对本班幼儿语言情况进行了调查，发现开展课题后，越来越多的幼儿能够主动与教师、同伴或家长进行交流，在主题活动开展过程中，自己能就遇到的问题与同伴进行有效沟通。同时，也体现出主题活动中家园共育对幼儿自主学习的帮助。相信在未来的日子里，孩子们会在教师、家长的共同配合引导下，在多个方面都能够有所进步与提升。

小班生活准备主题活动的设计与实施

北京市中央军委机关红星幼儿园奥运村园　李志楠

3—6岁是为幼儿后继学习和终身发展奠基的重要阶段，也是为幼儿做好入学准备的关键阶段。帮助幼儿科学做好入学准备教育，是幼儿园和家长共同关注的问题。《幼儿园入学准备教育指导要点》以促进幼儿身心全面准备为目标，围绕幼儿入学所需的关键素质，提出身心准备、生活准备、社会准备和学习准备四个方面的内容。本学期，我们以其为标准，对生活准备的发展目标：生活习惯、生活自理、安全防护、参与劳动，进行了生活准备主题活动设计与实施的研究和讨论。

一、本班幼儿生活习惯和生活自理能力现状分析

新小班幼儿正处于生活习惯和自理能力培养的重要阶段。初入园的小班幼儿，刚刚适应幼儿园生活，脱离了家长们无微不至的照顾，生活习惯普遍还在建立中，生活自理能力较弱，需要在老师的指导下逐步学会自己独立盥洗、进餐和如厕等生活活动。

二、生活准备发展目标及重点指导内容的学习与认识

在对于幼儿生活准备的理论学习和经验积累中，我们进行了"生活准备"和"行知合一"相关的理论研训，明确了生活准备的四个发展目标。同时也在日常生活中观察幼儿生活活动，关注典型案例并记录和分析原因，一起交流研讨。由此，教师对幼儿生活活动的组织与实施有了更加深入的认识和启发。结合小班幼儿可塑性大，极容易接受外界环境刺激的年龄特点，在小班幼儿游戏化的一日生活中，尝试进行了生活准备主题活动的设计与实施。

三、生活准备主题的活动设计与实施

（一）生活准备主题活动设计与实施前的教师观察与准备

在观察本班幼儿一日生活中生活习惯、自理能力等方面明显不足和需要重点指导的内容时，发现我班幼儿在盥洗、进餐、穿脱衣裤以及自己的事情自己做方面，还需要进一步的学习与指导。由此，和班级老师共同商讨后，确定了我班近期的生活准备主题活动"干净的小手人人爱""衣呀呀""我会自己做"和"小勺小碗都爱我"。

（二）生活准备主题活动设计与实施中的教师指导策略

1. 生活习惯

（1）以游戏、儿歌、故事或幼儿喜欢的人物形象激发幼儿愿意主动洗手、进餐，并以榜样示范、表扬鼓励的正面引导方式，激发幼儿积极的态度。

例如，在进行"干净的小手人人爱"生活主题活动时，我们发现部分幼儿洗手时容易靠着洗手台，还喜欢在洗手池前玩水，以致袖口湿了半截，地上也"发了水"。为了引导幼儿养成良好的生活习惯，我们利用唐老鸭的卡通形象，鼓励幼儿模仿游戏，洗手时卷起小袖子、撅起小屁股，同时洗完后比一比看谁的衣服不被打湿，与老师击掌加油点赞，以此激发幼儿养成良好洗手习惯的积极性。

（2）营造良好的环境氛围，循序递增地引导，给予幼儿时间和空间，鼓励幼儿尝试独立完成事情。

例如，在"衣呀呀"生活主题活动中，小朋友在穿脱衣服时，不知道怎样将反了的衣裤正过来，这时候，一定要给予幼儿动手操作的时间，不要催促帮忙，需要老师帮助时，再以亲切自然的态度，耐心地引导幼儿先观察，然后一步一步地鼓励幼儿按照老师说的动作翻衣服，最后给予适时的鼓励和表扬，增强幼儿独立完成事情的自信心。

（3）进行适宜的墙面环境创设，提供隐性的指导。

例如，在"干净的小手人人爱"生活主题活动中，考虑到小班幼儿对于七步洗手法不太熟练，同时为了让小朋友洗手时更直观地看到完整的七步洗手法，我们在进行墙面环境创设时，将横向步骤图调整为三组纵向步骤图，方便幼儿观看，让隐性指导更有效。

（4）开展适宜的集体活动、游戏活动，帮助幼儿积累经验。

例如，在"我会自己做"生活主题活动中，针对部分小朋友总是穿反鞋子和袜子的情况，我们开展了"小脚的朋友"集体活动，小朋友们在活动中通过故事游戏、实际体验，学习了穿脱鞋袜的方法，小朋友开心地给自己的小脚丫找朋友，和小鞋子"捉迷藏"，游戏化的活动有效地激发了幼儿参与活动的积极性。

（5）家园共育，与家长有一致的目标，将好习惯保持。

例如，将幼儿在幼儿园近期的生活习惯养成活动照片发送给家长，引导家长在家协助教师，以帮助幼儿保持和养成好习惯。

2. 生活自理

（1）拟人化的情境和儿童化的语言激发幼儿自我服务的意识。以表扬、鼓励的形式引导幼儿，激发幼儿自己的事情自己做的意愿。与区域游戏融合互动，激发幼儿动手的兴趣。

例如，在提醒小朋友检查自己的小鞋子是否穿反了时，说："看看谁的小鞋子头碰头、亲一亲啦！"提醒小朋友用毛巾擦干手心手背时，说："手心手背都要盖好小花被才舒服哦！"

（2）以同伴间的榜样示范引导幼儿尝试自己的事情自己做。允许幼儿试错，在尝试中找到正确的方法。

例如，引导小朋友在进餐过程中，看一看大家都是怎么用勺子的，拇指哥哥和食指弟弟有没有抓牢小勺子，表扬做得棒的小朋友，小朋友们纷纷积极举手向大家展示自己握勺子的方法。即使错了也鼓励幼儿自己尝试调整，慢慢练习。

(3)教师耐心的陪伴以及循序渐进的、适时适当的帮助，培养幼儿做事的持续性和坚持性。

例如，在进餐中遇到吃得慢和挑食的小朋友，老师耐心的陪伴和鼓励是对幼儿最大的支持和帮助。

(4)教师的亲身示范、启发式的提问，引导幼儿回忆反思前期经验，并加以运用。同时鼓励同伴之间互相帮助增加幼儿的经验认知。

例如，当幼儿不会穿衣、拉拉链时，教师可以亲身示范，引导幼儿模仿。或者提问幼儿："还记得我们穿衣服的小儿歌吗？我们一起动起来吧！""小拉锁要怎样才能拉上来呢？"

(5)适宜的墙面环境创设，提供隐性的指导。

例如，在更衣柜旁，创设"我是最棒的"墙面环境创设，将叠衣裤、穿鞋子和翻衣服的正确步骤展示出来，让幼儿能够随时观看了解。

(6)家园共育，与家长有一致的目标，将好习惯保持。

例如，将幼儿的变化、成长和进步，通过照片、视频展示给家长，鼓励家长让幼儿在家也要自己的事情自己做。

3. 安全防护

(1)建立良好的师幼关系，增进幼儿的勇气，让幼儿愿意在遇到困难或危险时向老师求助。同时以儿歌、顺口溜、趣味童谣的形式激发幼儿自我保护的意识。

例如，可以对小朋友说："老师相信你可以的，大胆尝试一下，老师陪着你。"在排队或者户外活动时，边说儿歌边引导幼儿进行活动，适时增强幼儿的安全感。

(2)引导幼儿回忆或者迁移危险行为的体验，通过游戏化的方式寻找生活中存在危险的地方，引导幼儿在游戏中知道要保护自己，避免受伤。

例如，组织"会咬人的'电'老虎""不能吃的'糖果'"集体活动，增强幼儿自我保护意识。

(3)以故事、情境、实际场景的反思和观察，总结经验，引导幼儿探究保护自己的方法。教师启发式的提问，引导幼儿思考安全的重要性。

例如，提醒小朋友时，说："小秋裤和小袜子玩捉迷藏，小秋裤藏进袜子里，我们要保护好自己。"

开展家园共育，共同关注增强幼儿的安全意识，在日常生活中培养幼儿形成自我保护的安全意识。

4. 参与劳动

(1)树立劳动榜样，学习榜样的劳动行为，发挥榜样的模范带头作用。利用表扬、鼓励的方式，增强幼儿做事情的成就感。

(2)支持幼儿感兴趣的劳动项目(如水洒了想拖地等)，并给予幼儿尝试参与劳动的机会。

(3)开展绘本故事，结合劳动节等节日活动，引导幼儿了解劳动的意义。

(4)家园共育，与家长沟通并达成相同的目标，长期支持并鼓励幼儿参与力所能及的劳动。

四、活动反思与收获

本次的教研活动中，结合入学准备教育指导要点，我对小班幼儿在生活准备中的具体学习内容有了更加深入的认识和启发，同时对如何开展小班幼儿生活准备主题活动设计与实施，也有了更多的想法。

在活动创设中，通过研讨交流，我发现生活准备中的习惯培养和能力学习是有区别的，习惯培养是长期的、持续的和每天都要做的，例如做到饭后漱口和餐前便后洗手等，可以在日常生活过渡环节以及环境创设等，引导幼儿将好的习惯延续下去；而能力学习是需要幼儿掌握和熟悉具体方法的，例如洗手的正确方法和叠衣服的方法等，可以利用集体活动带领幼儿进行学习，并在日常生活中练习掌握。所以在开展主题活动中，习惯和能力培养的表现形式也是各不相同的，需要依据其所要达到的目标进行创设和开展。

同时，在生活准备主题活动设计和实施中，我也认识到，对于小班幼儿来说，游戏化的一日生活很重要，所以制定的小班生活准备具体学习内容也要更富有童趣和游戏化，幼儿才会更加感兴趣，并有参与的积极性。在接下来的时间里，我将继续遵循探究出的指导策略，更好地培养幼儿生活准备方面的习惯，奠定良好的基础。

幼儿园户外混龄游戏中幼儿亲社会行为的培养策略

广西壮族自治区商务厅幼儿园　言春艳

随着社会的不断发展，幼儿园教育逐渐注重培养幼儿的社会性行为。户外混龄游戏作为一种重要的教育方式，为幼儿提供了广泛的社交机会。然而，亲社会行为的培养在实践中面临一系列困境。本文将从深化对幼儿园户外混龄游戏中亲社会行为培养困境的分析开始，提出相应的培养策略，旨在为解决这一问题提供理论支持和实践指导。

一、幼儿园户外混龄游戏中幼儿亲社会行为的培养困境

在户外混龄游戏中，培养幼儿的亲社会行为存在一系列挑战。首当其冲的是竞争性行为的显现，这表现为幼儿在游戏中可能展现出争抢资源、争夺领导地位的倾向，而非融洽的合作与慷慨的分享。这种竞争性行为往往阻碍了团队协作的形成，使得亲社会行为的培养变得更为复杂。其次，年龄差异可能成为沟通的一道阻碍，使得较小的幼儿难以融入较大的群体。这样的差异可能导致沟通障碍，使得合作变得更加具有挑战性，需要针对不同年龄段的幼儿采取差异化的沟通和引导策略。另外，一些幼儿可能表现出社交回避行为，对与他人的互动持保留态度，导致其社交技能的欠缺。这种社交回避行为可能源于羞怯、不安，抑或是对社交环境的陌生感，进一步提高了亲社会行为的培养难度。在这些复杂而多样的困境中，亲社会行为的培养变得愈发具有挑战性，要求教育者采取多层次、多方面的策略，引导幼儿在户外混龄游戏中建立积极、健康的社交互动方式。

二、幼儿园户外混龄游戏中幼儿亲社会行为的培养策略

（一）建立积极的竞争文化

在幼儿园户外混龄游戏的亲社会行为培养中，争取建立积极的竞争文化至关重要。我们鼓励幼儿正确看待竞争，将其视为一种激发合作精神的机会。通过巧妙设计有奖励的协作竞技游戏，点燃幼儿内在的团队协作精神，培养幼儿分享与合作的观念，让每位幼儿在竞争中体验到共同成长、共同成功的喜悦。这样的竞争文化不仅激发了幼儿的动力和积极性，更重要的是使他们增强竞争与合作之间密切关系的认知，使其在竞争中感受到团队的价值，从而在社交互动中展现更积极的态度。

例如，为了在户外混龄游戏中培养亲社会行为，我们可以设计一个名为"合作大冒险"的游戏活动。在这个活动中，我们将注重建立积极的竞争文化，并通过实际操作激发幼儿的团队协作精神。首先，我们将幼儿分成若干小组，每个小组都有一个明确的任务目标，例如完成一个复杂的拼图、建造一个小屋，或是制作一幅大型合作画。这些任务需要小组成员共同努力，充分发挥每个人的特长，以完成整个任务。为了建立积极的竞争文化，我们将设立奖励机制。每个小组完成任务后，不仅会得到全体成员的掌声和鼓励，还会有小奖品作为认可和激励。重要的是，这些奖励并非仅仅给予任务完成最快的小组，而是综合考虑合作程度、团队默契以及每个幼儿在团队中的贡献。这种奖励机制将强调团队合作的重要性，而非仅仅强调竞争的结果。通过这个游戏，我们期望幼儿能够在竞争中体验到合作的愉悦，认识到每个人在团队中都具有独特的价值。这种经验有助于塑造幼儿积极的社交行为，激发幼儿内在的团队协作精神，深化他们对分享与合作的认识。这样的竞争文化不仅为亲社会行为的培养提供了实际的框架，更为幼儿在未来的社交互动中注入了积极向上的动力。

(二)巧妙设计游戏任务

在幼儿园户外混龄游戏的亲社会行为培养中，巧妙设计游戏任务被认为是一项关键策略。我们致力于为幼儿创造有助于社交技能培养的游戏环境。这包括设计一系列合作性任务，通过这些任务的完成，鼓励幼儿共同努力，强化团队合作的重要性。这些任务旨在激发幼儿的团队精神，促使他们共同思考、共同规划，并通过共同努力实现共同目标。例如，可以设置需要团队协作才能完成的挑战，如搭建一个大型积木结构或解决一个有趣的谜题。这些任务不仅可以培养幼儿的团队协作能力，还可以强调每个成员在团队中的重要性，促使幼儿在游戏中建立起相互依赖和支持的关系，从而在社交互动中更加积极主动。

例如，为了在户外混龄游戏中培养亲社会行为，我们可以设计一个名为"探险合作任务"的游戏活动。在这个活动中，我们通过巧妙设计游戏任务，旨在引导幼儿共同努力，强化团队合作的重要性。每个小组将被分配一份"探险任务书"，其中包含一系列需要共同完成的任务。这些任务不仅要求幼儿在游戏中展示个体技能，还要更注重团队的协作。例如，其中一项任务可能是搭建一个巨大的积木城堡，每位成员负责一部分，最终完成整个城堡。这要求幼儿共同思考、分工合作，使每个小组成员都感到自己在任务中的重要性。此外，我们可以设置一些有趣而富有挑战性的谜题，需要小组成员共同解决。通过这些谜题，不仅能够培养幼儿的逻辑思维能力，还能够促使他们共同规划、相互支持，从而在合作中提高整体的团队效能。在这个游戏活动中，任务的设计将注重激发幼儿的团队精神，使他们在实现共同目标的过程中建立起相互依赖和支持的关系。这样的游戏环境有助于培养幼儿的团队协作能力，强调每个成员在团队中的重要性，从而在社交互动中更加积极主动。通过这一策略，我们期望幼儿在游戏的过程中既能够乐在其中，又能够获得有益的社交技能和经验。

(三)设立榜样角色

在幼儿园户外混龄游戏的亲社会行为培养中，设立榜样角色被认为是一项有效的策略。我们在游戏过程中引入榜样，通过他们积极的社交行为示范影响其他幼儿。这种做法旨在通过实际案例向幼儿展示积极社交行为的重要性，同时激发幼儿的模仿欲望。通过榜样的参与和引导，其他幼儿更容易理解并模仿这些行为。此外，设立榜样角色也可以对他们的成就进行正面强化，强调积极社交行为的重要性，从而鼓励更多的幼儿参与到亲社会行为的培养中来，形成积极向上的社交氛围。通过这一策略，我们旨在在游戏中树立引导性榜样,为幼儿提供真实而强有力的社交学习经验。

例如,为了在户外混龄游戏中促进亲社会行为的培养,我们可以设计一个名为"友善探险家"的活动。在这个活动中,我们特意引入一位"友善探险家"作为榜样角色,通过他的积极社交行为示范影响其他幼儿。这位友善探险家将在游戏中展现出协作、分享和尊重他人等积极品质。例如,在完成任务时,他会主动寻求队友的建议,鼓励大家一起思考解决方案,同时在争取奖励时,强调整个团队的努力和贡献。通过这样的示范,友善探险家带领其他幼儿在游戏中体验到积极社交行为的乐趣。此外,我们还会通过对友善探险家的成就进行正面强化,公开表扬他的协作和分享行为,强调这些积极社交行为的重要性。通过正面强化,我们鼓励更多的幼儿参与到亲社会行为的培养中来,形成一个积极向上的社交氛围。通过设立友善探险家这样的角色,我们旨在在游戏中树立引导性榜样,为幼儿提供真实而强有力的社交学习经验。这样的实例不仅在游戏中为幼儿树立了积极的行为模式,也为他们在日常生活中建立起更为友好、合作的社交互动奠定了基础。

通过对幼儿园户外混龄游戏中亲社会行为的培养困境进行深入分析,并提出相应的培养策略,可以更好地引导幼儿在游戏中培养积极的社交行为。教育工作者和家长应共同努力,创造良好的教育环境,为幼儿的全面发展奠定基础。

教师专业成长的途径探究

广西壮族自治区直属机关第二幼儿园　李比兰

幼儿教师的专业成长对提高全民素质和教育质量起着至关重要的作用。需要教育行政部门、政府和幼儿园肩负起此重任,充分地认识到幼儿教师专业成长的重要性的同时,更要建立健全有利于教师专业成长的新机制,进一步促进教师专业成长有效措施。

(一)幼儿园应该重视教师的专业成长

幼儿教师是幼儿园教学和管理的主体,幼儿教师的发展与幼儿园息息相关。同样,幼儿教师的专业成长离不开幼儿园的重视。幼儿园的重视不仅仅是在口头上的重视,更需要的是行为上的重视,例如,为教师的专业成长提供必要的指导和支持,在制度上为教师的专业成长做保障等。我们发现大多数的幼儿园都存在着对少数优秀教师专业成长的重视,而其他教师专业成长却被忽视。面对这种情况就需要幼儿园从领导层"以人为本",尊重教师,重视每一位教师的专业成长,在制度层面上鼓励教师开展专业成长的建设,并在行政上为这些教师提供方便,可以通过聘请专家指导等方式调动所有幼儿教师对自己的职业进行规划并明确其成长的方向和途径。这些无疑离不开幼儿园的重视。

同时,幼儿园的重视还需要一个持续的评估和奖励机制。幼儿园可以聘请专家对幼儿园教师的专业成长提出相应的要求并定期评估,一方面使幼儿园行政领导切实认识到教师的高素质是幼儿园教育教学质量和水平的根本保证,并为每一位教师的专业成长创造条件,另一方面还可以更清楚地让幼儿教师认识到自身专业成长的必要性和重要性。

此外,教师专业发展不仅仅是学校、教师的行为,更应该是各级政府部门的职责和义务,各级政府部门和教育行政部门应该全面落实幼儿教育的文件精神,督促检查教师专业发展运行情况,并给予适当的指导。建立健全一系列的法规政策,统筹管理教师继续教育的培训情况,以拓宽幼儿教师专业成长的途径。

(二)建立健全适合教师专业成长的新机制

人是环境的产物，人与环境应该和谐相处。根据教育生态学的观点，人必须与他所在环境的生态圈相适应、相协调，这样才能较好地生存，人的言行中或多或少都会带有环境的烙印。同样，幼儿教师也需要与幼儿园的生态环境相适应，教师的专业成长也需要与幼儿园的支持性条件相协调。在幼儿园的工作中，有效合理的激励机制能调动教师的工作积极性，反之，如果激励的措施和方法不当或缺失，往往会使教师心理上产生埋怨情绪，进而引发消极抵抗。目前现存的幼儿园亟待形成有利于教师专业成长的政策、法规和相关激励制度，这就需要幼儿园重视教师专业成长，制定教师专业成长相关的制度和奖励制度等，在教师的专业成长与职称评定、工资晋升、职务提升等方面提供激励政策，不断地激发教师对自我专业成长的追求，所以学校要建立健全适合教师专业成长的新机制来鼓励教师发展。

(三)加强推动教师专业持续成长的培训力度

南宁市幼儿教师专业成长现状存在着许多问题，这与培训不力有着直接关系，而目前，虽然国家已经开始重视学前教育师资力量的增强，但是一些弱势幼儿园、民办幼儿园还存在着正规培训机会少的现状，而"职后培训在相当大的程度上陷于瘫痪的状态"。因此必须加大推动教师专业持续成长的培训力度。

现代的教育理论认为，教师不仅是蜡烛、园丁和灵魂的工程师，更是一个终身学习者、课程开发者和行动研究者。如果没有高素质的教师队伍就没有幼儿教育的发展，而高素质的师资队伍又离不开培训，因此幼儿园应根据实际情况因地制宜地开拓培训方式和开展培训项目。要充分考虑大多数幼儿教师在职培训的特点，并结合幼儿园教师的工作特点和普遍性的问题，组织一些灵活多样、针对性强、实效性高的培训项目，以适合本园的实际情况。

第一，开发"校本培训"项目，服务本园教师。幼儿园开发校本培训项目，就是根据本幼儿园的幼儿的需要，从学校实情出发组织培训、开展研究、设计课程，尽量开发和利用学校的各种教学资源和潜力，致力于激发全校师生的创新意识和解决教育教学中的具体问题。这种形式的培训往往针对性较强，能够对本园的问题作为出发点，着力解决问题为关键，对于教师个人的成长以及幼儿园的发展都有意义。例如，某幼儿园在本园中开展了幼教理论每月讲习班、教材教法改革培训班、技能技巧培训班等校本培训班，教师可以在各种校本培训中养成持续学习的习惯，在此基础上形成兴趣，从而寻求自主专业发展的道路。

第二，拓宽培训形式，使每一个教师都有培训的机会。现在由于国家和省市对幼儿教育的重视，教育培训项目也有所增加，其中广西每年都有幼儿园教师国家培训，以及区级培训，另外还有一些相关的培训项目，例如，保育员培训、骨干教师培训、幼儿园园长班等培训，面对这些培训幼儿园管理者要公平地派教师参加，尽量使每一位教师都有机会参与，增强其继续学习的动力。另外幼儿园也可以与相关的教育培训机构合作举办有针对性的培训班，来拓展培训的形式，增加培训的人次。

(四)明确教师自我专业成长的方向

教师自我专业成长不仅需要学校的重视、健全的机制支持、有效的培训提升，同时更需要幼儿教师本人明确自身专业成长方向，通过自己不断的努力去实现自我的专业成长之路。第一，需要幼儿教师有自身专业发展的需求和理想，这对教师的专业发展具有直接的影响，也是教师专业成长的内在因素和根本的动力源泉。第二，明确目标，养成良好的学习习惯。这是教师的专业成长的手段，幼儿教师可以根据自己工作的实际情况，把在阅读中学到的知识和感悟用到自己的实践工作中去，不断地提升自己的工作能力。第三，重视专业成长的关键时期。有学者认为，影响教师成长的关键事件往往会使教师出现质的改变，如果幼儿教师在这一阶段确立了专业发展的方向和愿望，往往会精力充沛地投入到工作和学习之中，为自己的专业成长打下良好的基础。

（五）提升教师专业成长的学历支撑

通过调查不难看出，南宁市幼儿教师的学历偏低，在客观上也影响了教师专业成长的平台和空间。所以提升幼儿教师学历是实现教师专业成长手段之一。提升学历教育首先需要幼儿教师自身的重视，在意识上认识到自己的知识储备不足，并以学历提升为学习的契机，重点在于知识的学习；同时也需要幼儿园的支持，学历教育难免要占用一些幼儿园正常的工作教学时间，所以幼儿园要安排好教师的时间，从政策和行动上支持教师的学历提升，同时教师的学历提升也是实现幼儿园师资力量提升的重要途径，具有深远的意义。

最后，从上述的论述不难看出随着我国不断地加大对教育培训投资的力度和重视程度，特别是国家对学前教育师资力量的不断重视，对教师的素质的提高、实现教师专业成长具有非常重要的推动作用。这就更加需要我们开拓幼儿教师培训的多种渠道，充分利用社会的培训资源，挖掘学校内部的资源，使每一位教师都成为培训的受益者，努力地实现幼儿教师专业化道路的长久提高。

西南大学兰英教授认为，教育在受到来自全球化的影响和挑战时，作为推进教育发展核心力量的教师，需要有效提升专业素养以应对来自全球化教育的挑战。教师的专业成长不仅仅是教师发展的必然需要，也是学生成长发展的应然需要，更是民族素质提高的关键要素。而幼儿教师的专业成长是提升专业素养的重要途径。通过对南宁市的11所幼儿园的教师开展调查研究，发现幼儿教师的专业成长存在着一些问题和不足，包括内部原因和外部原因。因此，针对问题提出相应的策略，包括幼儿园应该重视教师的专业成长、建立健全适合教师专业发展的新机制、加强推动教师专业持续成长的培训力度、明确教师自我专业成长的方向、提升教师专业成长的学历支撑等策略，以期待能够改善幼儿教师的专业成长之路。同时，在国家对学前教育教师专业成长越来越重视的背景下，南宁市的幼儿教师虽然一时面临着一些问题，但是相信在教育行政部门、幼儿园、幼儿教师个人的共同努力下，幼儿教师实现专业成长之路一定具有质的飞跃和提高。

侗族舞蹈文化融入幼儿园舞蹈教学的对策

广西壮族自治区广西农业工程职业技术学院　黄羽西

2023年6月2日，习近平总书记在北京出席文化传承发展座谈会并发表了重要讲话，阐述了如何推进中国特色社会主义文化建设、建设中华民族现代文明。将传统文化与中国特色社会主义幼儿教育相结合，建设与传承中国特色社会主义文化成为幼儿教师新时代的新使命。广西的侗族舞蹈汇聚了侗族人民的民族精神、文化精髓、传统风俗、生活习惯等，极具观赏性和艺术内涵，是广西民间文化艺术的宝贵遗产，它将中华民族优秀传统文化蕴藏在舞蹈动作和舞台之上，具有极大的传承价值。深化对侗族舞蹈文化的规律性认识，敢于提出新思想，将侗族舞蹈的生命力延续在新时代的文化建设当中，把侗族舞蹈文化渗透到广西幼儿园的舞蹈教学当中，是树立文化自信、坚持守正创新、担当文化新使命的必由之路。

一、侗族舞蹈文化融入幼儿园舞蹈教学存在的问题

（一）少数民族舞蹈文化的重视度低

在幼儿教育中，教育观念以及重视程度深刻影响着幼儿园的教育方向和课程的建设。随着中国特色社会主义素质教育的广泛开展，国家越来越重视对于幼儿文化素质的培养，舞蹈教育作为文化教育的一种手段，占有极其重要的地位。然而幼儿园在舞蹈教学课程中，往往较少开发本土少数民族舞蹈主题课程，对于侗族舞蹈，仅仅将其作为舞蹈课程中的一个环节甚至是赏析内容，没有体现在课程目标的描述中，也没有形成系统的主题课程来制订教学计划。幼儿园管理人员对侗族舞蹈教学重视度一般，幼儿园艺术领域课程中侗族舞蹈教学所占比重较低。

（二）侗族舞蹈学习难度大

少数民族的舞蹈有着鲜明的特色，这就要求舞蹈教学人员本身需要掌握侗族文化，并将其融入到舞蹈当中，体现出少数民族舞蹈的内涵，实现有效的舞蹈教学。在广西幼儿园舞蹈教学中，教师选用的舞蹈内容集中在较典型的幼儿健身舞蹈、新疆舞、孔雀舞和蒙古族舞等舞蹈，这些舞蹈的基础动作经过社会化的宣传和改革，已经形成基本的学习模式和展示形式，基本动作的理解和学习难度较小，大众化程度高。侗族舞蹈的学习需要不断深入了解侗族的文化，基本掌握侗族舞蹈表情、舞蹈动作、舞蹈构图等元素中蕴含的文化内涵，探索侗族人民的劳动文化，这样的学习往往需要长时间的探索与积累，具备一定的操作难度，导致幼儿园在进行舞蹈课程安排的时候拒绝选用侗族舞蹈。

（三）现有资源较少，缺乏专业的指导

侗族舞蹈文化融入幼儿园舞蹈教学的基础研究和行动研究较少，缺少实践改革的案例进行借鉴，幼儿教师在进行舞蹈赏析、学习、改编的时候容易出现"无据可依"的情况，缺少较为典型的专业化指导，无形之中增加了侗族舞蹈与幼儿园舞蹈教学结合的难度，以及教师在实践过程中的压力。

二、侗族舞蹈融入幼儿园舞蹈教学的对策建议

（一）营造良好的舞蹈教学环境，整合相关资源

相应领域的环境对幼儿在该领域发展中有着不可替代的作用和意义。幼儿园首先应当依据课程目标和计划，多方位、多角度营造一个轻松、愉悦、富有艺术性的舞蹈教学环境。完善相关物质环境，配以相应形式的环境创设，满足幼儿观察的基本需要。提升人文环境的质量，教师加深自身舞蹈艺术素养，与幼儿进行交谈，让幼儿间进行讨论，令舞蹈教学自然而然地渗透到一日生活当中。重视家园共育，开设相关主题会议，向家长渗透少数民族舞蹈的教育价值和重要性，明确侗族舞蹈的特色、优势与地位。提高幼儿对于少数民族舞蹈的兴趣，让幼儿喜爱少数民族舞蹈。给幼儿创造一个良好的舞蹈学习环境，使得幼儿乐于参与到其中，实现全方面的发展。同时在进行侗族舞蹈的教学时，还应该重视少数民族文化资源的利用，合理地运用侗族文化资源，将其转化为课程资源，借鉴其长处，发展本土文化。

（二）培养专业的师资队伍

优良的师资队伍是侗族舞蹈教学开展的必要条件。少数民族的舞蹈教学有着一定的特殊性，幼儿学习少数民族舞蹈正是幼儿接触少数民族文化的一个机会。幼儿园可以成立舞蹈教研组，将侗族舞蹈的开发和教学作为主题进行研讨，教研组教学人员按照要求和计划，采用实地走访、文献查询、线上课堂等方式了解侗族舞蹈，提升自身的钻研能力和探索精神，培养兴趣，了解侗族舞蹈蕴含的理念和意义，有利于提高教学质量，更好地掌握侗族

舞蹈文化。幼儿园制订相应计划，给教师提供和创造了解探讨侗族舞蹈文化的机会和条件，进一步提高幼儿园少数民族舞蹈教学人员的教学水平，优化教学的结构。在了解总结本园、本班幼儿的具体情况的前提下，幼儿园教师提升自身文化素养、观察、分析能力，提升自身的教学水平，将侗族舞蹈更好地融入教学之中。幼儿园要重视侗族舞蹈课程的开展情况，落实教师的反思反馈工作，收集幼儿、家长的意见与建议，并不断地改善侗族课程的教学内容以及教学的方式，激发幼儿对于少数民族舞蹈的学习兴趣，充分地调动幼儿对于学习侗族舞蹈的积极性。

（三）寻找侗族舞蹈文化和幼儿发展的契合点

幼儿的教育应该遵循幼儿的意愿，将游戏作为教育的基础模式，保证幼儿全身心的健康发展。幼儿园的舞蹈老师应该综合侗族文化背景、社会生活的现实情况，并依据实际的教学情况，系统全面地了解幼儿身心发展的实际现状，寻找侗族舞蹈文化与幼儿发展的契合点。教师进行教学时要循序渐进，立足于幼儿兴趣，贯彻因材施教原则，针对幼儿不同发展情况对教学进行合理调整。能够以侗族文化背景下的故事或者突出形象作为依托，让幼儿充分感受侗族舞蹈的内涵，提高幼儿对于侗族舞蹈的学习兴趣，充分地调动幼儿学习侗族舞蹈的积极性。老师要根据幼儿的实际情况对舞蹈课程的教学内容和教学形式进行改革和创新，采用信息化的手段让幼儿全面了解侗族舞蹈文化，结合侗族人民的生活习性和劳动特点引导幼儿理解侗族舞蹈文化的生活内涵，调动幼儿学习的积极性，使幼儿可以主动地参与到舞蹈活动当中，提高幼儿对于舞蹈课程的兴趣。依据实际情况适当地减轻对幼儿的技能要求，引导幼儿多欣赏舞蹈，夯实幼儿对侗族舞蹈的理解，提升幼儿欣赏侗族舞蹈的积极情感，使幼儿可以在愉快轻松的环境下学习并喜爱侗族舞蹈。

（四）增强师幼、亲子的良性互动

"幼儿为本"的儿童观要求我们要重视幼儿的自主发展，培养兴趣爱好，发挥自身的潜能，每个幼儿都有自己独特的思想和兴趣爱好，教师在渗透侗族舞蹈文化时应该充分重视幼儿的自主学习能力和兴趣，以"调动兴趣—了解基础文化—学习基本动作—学习舞蹈作品—创编舞蹈作品"为基本学习路线；发挥新时代教师的角色作用，教师作为幼儿侗族舞蹈学习的组织者、引导者、帮助者、合作者等，在教学过程中应重视幼儿的反应，提高与幼儿语言交流和肢体交流的频率，增加良性互动的次数，鼓励幼儿自主学习以及培养其积极探索的精神。根据幼儿的个体差异性，让幼儿不同程度地参与侗族舞蹈教学的设计与组织，在过程中教师依据实际情况加入幼儿的讨论策划，培养幼儿的创造力和激发幼儿的学习兴趣。亲子互动是侗族舞蹈文化渗透到幼儿舞蹈教学的重要路径。侗族舞蹈文化源于侗族人民的劳动生活，家长通过各种方式了解侗族舞蹈中的文化内涵，寻找少数民族文化中优秀的元素，与现实的劳动生活相碰撞，更新教学方法帮助幼儿了解和掌握侗族舞蹈文化。

综上所述，侗族舞蹈能够有效促进幼儿园文化教育和艺术教育的发展。舞蹈可以让幼儿感受美、体验美、创造美。而少数民族的舞蹈教学可以帮助幼儿了解少数民族的文化，有效促进少数民族文化与幼儿教育的有机融合，助力少数民族文化的传承与发展。侗族舞蹈文化作为典型的少数民族文化，有着重要的教育价值和意义。在侗族舞蹈文化融入幼儿园舞蹈教学的过程中还存在明显的问题，诸如幼儿园对于侗族舞蹈教学的重视度不够，侗族舞蹈本身结构复杂，学习难度较大，缺少专业的幼儿少数民族舞蹈教师，侗族舞蹈的课程安排不合理，教学资源缺乏等问题。针对存在的问题，需要从环境、师资队伍建设、教学方式等方面，结合幼儿身心发展特征安排舞蹈课程，并且增强师幼、亲子之间的良性互动，实现幼儿园侗族舞蹈教学。

创设育人的环境，突显思政的价值
——浅谈将课程思政融入幼儿园环境创设课程中

江苏省常州市工贸高级技工学校　罗秀娟

育才造士，为国之本。一直以来，中央和地方各级政府都高度重视各类学校的思想政治工作，都坚持把立德树人作为中心环节，坚持在育人的全过程和全方位中融入思想政治教育工作。不管是高等教育、基础教育，还是职业教育，广大的教育工作者一直重视和加强学校的思想政治工作，坚持把课程思政融入各类课程，实现思想政治教育与知识体系教育的有机统一，为国家提供强有力的人才支撑。

一、将课程思政融入幼儿园环境创设课程的重要意义

学前教育事关亿万少年儿童的健康成长，事关社会的和谐稳定，事关党和国家的建设。幼儿教师作为幼儿的启蒙教师，肩负着更高要求的历史使命，幼儿要扣好人生的第一颗扣子，离不开幼儿教师的正确指引。

幼儿园的环境可以给幼儿提供主动活动的机会和条件，潜移默化地影响着幼儿。中国现代学前教育先驱陈鹤琴先生、美国哈佛大学心理学家怀特等诸多人士都强调了幼儿园环境对促进幼儿的发展，发挥着巨大的作用。幼儿园教育环境创设课程（以下简称环境创设课程）是学前教育专业开设的专业课，又是一门操作性很强的课程。

结合环境创设课程的性质和我校学生的实际情况，为了提升思想政治教育的亲和力和针对性，使得环境创设课程和课程思政同向同行，形成协同效应，研究将课程思政融入环境创设课程中，具有十分重要的意义。

（一）提升学前教育专业学生的专业素质和职业道德

课程思政，即在各门课程中融入思想政治教育的元素，潜移默化地影响学生的思想觉悟和言谈举止。把课程思政融入到环境创设课程中，教师注重引导学前专业的学生对科学的儿童观、教育观、环境观的理解和实践。指导学生严格遵守爱国守法、爱岗敬业、关爱学生、教书育人、为人师表、终身学习的职业道德规范。课程思政可以促进学前教育专业学生综合素养的提高，良好的职业素养和行为习惯的养成，从而使幼教师资队伍的后备人才素质真正得到提高。

（二）充实专业课程和实践的内容

"受教育者先受教"，学前教育专业的学生终将走上工作岗位。所以他们的育人意识和育人能力，会直接影响到最后育人的效果。而教师的育人意识和能力的培养是一个长期的过程，需要把培养人才的整个过程贯穿到在职前、职中、职后的教育之中。

把思政教育融入环境创设课程，间接增强准幼师的教育意识。课堂教学与环境创设的模拟练习环节，让学生尊重幼儿学习方式与特点，体现社会主义道德和中华传统美德，确保对幼儿产生正面积极的影响，思考并尝试创设好的育人环境。这样的过程可以使学生利用环境进行教育的能力得到有针对性的提高。

提升学生的整体素质，最有效的方法就是把课程思政和教学实践相结合，真正做到理实一体化。在学前教育专业的教学实践中，有助于培养学生科学的儿童观、教师观和教育观；在日常的实践教学中，具备幼教工作的能力，以实现立德树人的目标，表达教育情怀、展示师德师风、体现个人素养。

（三）弘扬社会主义核心价值观和优秀传统文化

环境创设课程是一种教育专业课程，思政教育注重师德师风、教育理想信念、教师职业道德。在当下，爱国主义、传统美德、中国革命道德、社会主义道德以及优良道德品质教育等内容被广泛包含在环境创设课程体系中。

学生可以充分认识到环境与个人发展之间的关系，从课程的理论和实践出发，了解中国的时代文化和核心精神，并尽力地让自己的发展顺应时代的需求。将思政教育融入环境创设课程，有助于学生科学把握人生的方向和道路，倾注对祖国的忠诚和热爱，培养优良道德品质，增强学生的责任感和使命感。

（四）促进儿童全方位的健康发展

幼儿的学习是基于直接体验的。环境是重要的教育资源，它可以支撑和满足幼儿的经验需求。儿童在与丰富多彩、变化多样、可操作性强的环境的有效互动中，对周边的世界有了感知和认识。良好的幼儿园环境有利于陶冶师幼的性情，有利于丰富师幼交往的内容，有利于激发幼儿对环境的探索和热爱，起到立德、增智、强体、知美、创新的作用，全面促进幼儿身心的健康发展。

学前教育专业的学生是准幼师，在了解和认同某些文化、精神和价值观后，在未来的教育实践中，往往会主动地渗入幼儿园环境的创设中，从而影响到幼儿的思想。比如，如果要建立特定的教育环境，激发儿童学习，他们就能更主动地将爱国元素融入到幼儿园环境创设中，并通过多种表现方式引导、熏陶幼儿。幼儿老师帮助幼儿了解时代、地域、民族、国家，从而形成对国家的认同与归属感。这为新时代的育人工程打下了良好的基础，同时也为全面发展少年儿童的身心和谐做出了应有的贡献。

二、将课程思政融入环境创设课程的改革和实践

（一）深挖思政元素，发挥隐形教育

将思想政治元素融入到环境创设课程中，对课程教师的教学理念提出了新的要求，促进课程内容的变化。教师教学首先考虑的是如何利用课堂这个主阵地开展思政教育。因此，环境创设教学的老师要积极转变教学理念，巧妙融合课程思政，加大课程投入，对教学的内容、目标和功能方面做出长远的规划。

环境创设课程具有双重功效，不仅可以促进学生专业知识和技能的发展，还可以用正确的思政观和教育观，帮助学生树立科学的环境创设理念。教学内容要根据本课程的特点进行梳理，深挖专业课程蕴含的思想政治教育元素，建设课程思政的元素库，推动"思政育人"与专业建设有机融合。把思政元素融入专业课程的学习之中，以创造良好的"幼儿生态环境教育"理念，以达到"1＋1＞2"的效果。

（二）融合思政元素，建设精品课程

职业教育是与普通教育具有同等重要地位的教育类型。课程思政要实现习近平总书记提出的新时代人才目标，就必须依靠教师队伍，加强课程建设，通过课堂教学服务于学生主体，有效地把思政教育和幼教专业教育有机融合，不仅传播知识，而且传授美德。

为了更好地发挥"三全育人"的功能，以建设精品课程、一体化工作项目为抓手，全面推进课程体系建设。结合工学一体化培养模式，培育具有综合职业能力、德技并修、技艺精湛的技能劳动者和能工巧匠，我校聘请了一批幼儿园园长和骨干教师担任技术指导专家，同时聘请了在一体化课改中具有丰富经验的教师担任课程专家，在学校专业教师中选拔了骨干成开发团队核心成员，共同组成了工学一体化培养模式课程开发的团队，建设精品课程。

(三) 践行思政元素,开展第二课堂

习近平总书记曾在2016年全国高校思想政治工作会议上指出:"社会是个大课堂。青年要成长为国家栋梁之材,既要读万卷书,又要行万里路。"而学校的第二课堂,是学生把理论与实践相结合最便捷最有效的阵地。

环境创设课程的实践部分较多,在第一课堂(理论课堂)外,利用好第二课堂阵地,将思想道德教育,情感认知教育,世界观、人生观、价值观教育融入本课程内,使教学与实践相结合,更好地实现理实一体化。第二课堂形式多样、方法灵活、时间充裕、运用切实,在课程思政建设中发挥着独特作用。

结合我校的具体情况,开设丰富多彩的第二课堂。把思政元素融入学生的环境创设手工作品中,使学生的环境创设设计更有教育意义,有利于培养学生对幼教专业的兴趣,提升专业技能,优化知识结构,弘扬工匠精神。

三、课程思政融入环境创设课程中的实践成效

随着我校学前教育专业师生不断深入地研究和实践,课程思政在环境创设课程中的教育成果已经凸显,主要呈现在以下几个方面:

第一,课程思政与环境创设课程有效结合,思政教学原理更加鲜活生动,调动了学生学习的积极性、活动的参与性,优化了教学效果。

第二,课程思政与环境创设课程的融合,使得思政教学与专业发展紧密结合,加强学生专业能力的培养和专业知识的掌握。职业道德、个人品德等方面都得到了提高,使学生对今后的工作岗位的适应能力得到了提升。

第三,伴随着课程思政的深入实施,环境创设课程的教师迎来了新的挑战和机遇,调动了教师责任感和使命感,提升了环境创设课程教师的教科研能力和实践教学水平。

四、结语

幼儿园教育环境创设课程蕴含丰富的课程思政的元素,充分挖掘并将思政元素融入到课程中,是对课程思政广度的推进。推进课程思政的建设,既丰富了幼儿园环境创设课程内容,又增加了课堂的活力,有助于准幼儿教师们思想政治素养的提升,引导他们寓政于教、言传身教,以德立学、以德施教,从而增强教育意识,提高政治理论水平,提升人文素养。

幼儿园科学区材料投放现状研究

山东省青岛市青岛求实职业技术学院 郑珊珊

科学区作为探索性和操作性比较强的活动区域,材料的选择与投放对区域活动的实施效果的影响发挥着重要的作用,笔者通过观察法和访谈法进行相关资料的收集与整理,本文从材料的种类、材料的结构性、材料的层次性、材料投放的周期几个方面进行科学区材料投放现状的分析。总体来看,中、大班在材料的种类上还是比较丰富的,材料也体现了一定的结构性和层次性,可能受其观念的影响,教师投放材料时不能完全满足幼儿的兴趣和需要,投放材料的数量、种类往往由教师一人来决定。

一、材料的种类

1. 科学区的材料

科学区的材料根据目的指向大致分为三类：科学玩具类、科学实验类和制作创造类。科学玩具类材料是指那些能够用科学原理进行探究操作的成品材料；科学实验类材料是指可以进行科学实验操作的材料；制作创造类材料是指用废旧材料和日常生活中所熟悉的物品进行科学小创作的材料。幼儿园中班和大班科学区材料投放情况如表1、表2所示：

表1 中班科学区材料投放情况

材料的名称	具体的材料	材料数量/个	在总材料种类中所占比重/%
科学玩具类	沙漏、结构磁铁、万花筒、Hape玩具、磁拼、弹跳蛙、弹跳娃娃、陀螺、天平、风扇、听诊器、摩天轮	12	57.1
科学实验类	摩擦起电材料、影子材料、平台镜、凹凸面镜、U形磁铁、碎磁铁、手动发电手电筒	7	33.3
制作创造类	小猫钓鱼（自制）、赛车跑道（自制）	2	9.6

表2 大班科学区材料投放情况

材料的名称	具体的材料	材料数量/个	在总材料种类中所占比重/%
科学玩具类	结构磁铁、磁拼、电子积木、天平、弹跳蛙、旋转仪、齿轮玩具	7	35
科学实验类	放大镜、三棱镜、电路、滴管、吹泡泡材料	5	25
制作创造类	万花筒（自制）、自制电玩（自制两种）、迷宫（自制两种）、赛车跑道（自制）、陀螺（自制）、传声筒（自制）	8	40

从表1、表2可以看出，中班科学玩具类的材料投放得比较多，超过材料总数的一半，科学实验类次之，制作创造类的最少。大班制作创造类的材料所占比重最大，有四成材料属于制作创造类，科学玩具类次之，所占比重最少的是科学实验类。从总体上看，大班三类材料投放的均衡性要优于中班。

2. 自然角的材料

自然角的材料根据目的指向性大致分为观赏类材料、观察类材料和实践类材料三种。观赏类材料是指主要用于幼儿观赏，同时起到环境美化作用的材料；观察类材料是指主要用于幼儿观察，其最主要目的是使幼儿能近距离地观察，在细致的观察中全面、深入地了解和认识事物；实践类材料是指给幼儿提供实践操作的机会，使他们亲自动手种植植物和喂养小动物，在亲身体验中观察动植物的生长、成长变化，培养他们的责任心、爱心和耐心等良好的心理品质。幼儿园中班和大班自然角材料投放情况如表3、表4所示：

表 3　中班自然角材料投放情况

材料的名称	具体的材料	材料数量/个	在总材料种类中所占比重/%
观赏类	文竹、仙人球、绿萝、仙客来、凤仙花、千禧星、海棠、金鱼、花卉图片	9	42.8
观察类	种子、动物标本、树干横切面、树叶图片、种子图片、放大镜	6	28.6
实践类	白萝卜苗、大蒜苗、胡萝卜苗、浇水器、金鱼、渔具	6	28.6

表 4　大班自然角材料投放情况

材料的名称	具体的材料	材料数量/个	在总材料种类中所占比重/%
观赏类	凤仙花、秋海棠、千禧星、绿萝、仙人掌、小叶草、仙客来、花卉图片、金鱼	10	35.7
观察类	核桃、栗子、花生、柿子、梨、苹果、石榴、放大镜	8	28.6
实践类	金鱼、乌龟、喂养工具、浇水器、胡萝卜苗、洋葱苗、红薯苗、大蒜苗、土豆苗	10	35.7

从表3、表4中可以看出中班和大班观赏类材料和大班实践类材料所占比重最大，在材料的种类上没有太大的区别，大班实践类材料较中班丰富。

科学区域活动中的材料除了上述这些可供操作的材料之外，还有一些辅助的工具性材料，如记录本、记录工具和操作示意图。

3. 科学区域活动的内容

从材料的种类来看，科学区域活动的内容大致包括两大类，一类是身边的自然科学现象；另一类是动物、植物与环境。身边的自然科学现象又包括光、声音、力、电、磁、物理实验；动物、植物与环境包括动物、花草、种子、果实、根须等。中班和大班科学区域活动的内容具体情况如表5所示。本班中有的内容会在相应的框内打"√"。

表 5　中班和大班科学区域活动的内容

班级	身边的自然科学现象						动、植物与环境					
	光	声音	力	电	磁	物理实验	动物		花草	种子	果实	根须
							龟	鱼				
中班	√	√	√	√	√			√	√	√		
大班	√	√	√	√	√	√	√	√	√		√	√

从表5中可以看出科学区域活动的内容是比较丰富的，既有关于探究身边自然科学现象的内容，也有观察动物、植物生长、成长变化的内容，虽然有些内容中班和大班都有涉及，例如身边的自然科学现象的内容都有磁性原理、平衡原理、弹性原理、发电原理和旋转等，但是大班在难度上和材料的丰富程度上要优于中班。以电和力的内容为例，如表6所示。

表 6　中班、大班电和力的内容比较

班级	电	力
中班	静电实验操作；手动发电玩具的玩法	摩擦力(赛车跑道)；弹力、旋转力(陀螺)、力的平衡(天平)
大班	电池、简单的线路操作；自制电玩具；电动玩具的玩法；电子积木的使用	摩擦力(齿轮、赛车跑道)；力的平衡(自制天平)；省力办法；浮力；旋转力(自制陀螺)；弹力

如表 6 所示，中班和大班关于电和力的内容确实存在一定的差异性，有适度地考虑幼儿的年龄特征和发展需要，但是在其他内容上这种差异性并不太明显，大班和中班往往是一样的。例如在磁的内容中都是关于磁铁的吸引力的，结构磁铁和磁拼的材料在中班和大班也一样。

二、材料的结构性

材料的结构性是指教师投放的材料的松散程度、可变性和开放性的大小。低结构的材料开放程度和可变性较大，结构松散，玩法也多样化；高结构的材料开放程度和可变性较小，结构紧凑，玩法比较单一。

在笔者观察的班级中，教师投放的材料既有高结构的材料又有低结构的材料，投放的高结构材料的种类普遍多于低结构材料。中班有六成以上的材料为高结构材料，低结构材料只占三成多一点；大班接近六成为高结构材料，低结构材料为四成多，相对于中班而言大班投放的低结构材料种类要多。具体情况见表 7、表 8 所示：

表 7　中班科学区域活动材料的结构性情况

材料的结构性	材料的数量/类	具体材料	在总材料中所占的比重/%
高结构材料	28	沙漏、结构磁铁、万花筒、Hape 玩具、磁拼、弹跳蛙、弹跳娃娃、手动发电手电筒、陀螺、天平、风扇、听诊器、摩天轮；文竹、仙人球、绿萝、仙客来、凤仙花、千禧星、海棠、金鱼、花卉图片、种子、动物标本、树干横切面、树叶图片、种子图片、放大镜、白萝卜苗、大蒜苗、胡萝卜苗、浇水器、渔具	66.7
低结构材料	14	摩擦起电材料、影子材料、平面镜、凹凸面镜、U 形磁铁、碎磁铁、小猫钓鱼(自制)、赛车跑道(自制)	33.3

表 8　大班科学区域活动材料的结构性情况

材料的结构性	材料的数量/类	具体材料	在总材料中所占的比重/%
高结构材料	24	结构磁铁、磁拼、电子积木、天平、弹跳蛙、旋转仪、齿轮玩具；核桃、栗子、花生、柿子、梨、苹果、石榴、放大镜、凤仙花、秋海棠、千禧星、绿萝、仙人掌、小叶草、仙客来、花卉图片、金鱼、乌龟	53.3

续表

材料的结构性	材料的数量/类	具体材料	在总材料中所占的比重/%
低结构材料	21	放大镜、三棱镜、电路、滴管、吹泡泡材料、万花筒（自制）、自制电玩（自制两种）、迷宫（自制两种）、赛车跑道（自制）、陀螺（自制）、传声筒（自制）；喂养工具、浇水器、记录工具、葫芦萝卜苗、洋葱苗、红薯苗、大蒜苗、土豆苗	46.7

三、材料的层次性

材料的层次性包括两个维度，第一个维度是纵向的层次性即材料的年龄差异性，是指不同年龄班中，教师要根据不同年龄段幼儿的发展需要，投放相应的操作材料；第二个维度是横向的层次性即材料的难易程度，是指教师为同一个年龄段的孩子投放操作材料时要考虑不同幼儿的发展水平和需要，能够按照循序渐进的方式将材料细化，使不同发展阶段的幼儿都能通过与材料的互动获得相应的发展。

根据笔者对幼儿园两个班级的观察，从总体上看科学区域活动的材料存在一定的纵向层次性，而且材料投放的层次性是与材料的种类和材料的结构性相联系的。从整体上看，纵向的层次性在材料的种类和结构性上的表现是，不同的年龄班教师在投放材料时有一定的差异性，大班科学制作创作类材料较多，但是中班科学玩具类材料较多；大班自然角实践类的材料比中班要多。在投放材料的结构性上，大班低结构材料的种类要多于中班，大班低结构材料所占的比重要高于中班。

材料横向的层次性在材料的种类和结构性上的体现是指教师会根据一定的目的投放不同种类和不同结构的材料，在一定程度上能够满足幼儿的不同探究需要。从材料的种类上看，教师投放的材料有科学玩具类、科学实验类、制作创造类、观察类、观赏类和实践类，这是因为幼儿的思维参与水平是不同的，幼儿可以根据自己的发展水平选择自己擅长或感兴趣的操作材料。从材料的结构性上看，既有高结构的材料又有低结构的材料，高结构的材料对幼儿操作水平的要求较低，低结构的材料需要幼儿有较高的操作水平，也体现了幼儿操作的层次性。

四、材料投放的周期

根据教师更换材料的周期，科学区域活动投放的材料大致分为两类，一类是常规材料，这类材料可能一学期内一直存在着，没有任何的数量上和种类上的变化；另一类是可更新材料，这类材料依附于一定的集体教学活动，这部分材料的投放是与一定的主题活动相配合的，更换周期源于主题活动的时间，通常是1—2周。

常规材料一学期甚至更长的时间在班级中一直存在着，没有特殊情况教师是不会增加或者减少材料的数量和种类的。

可更新的材料的投放来源于一定的主题活动，在笔者为期三个月的观察中，中班活动"好玩的磁铁""有趣的影子"；大班活动"神奇赛车""我喜欢测量"都来自快乐与发展课程。在这些主题下延伸的科学区域探究活动以及教师根据主题活动的需要在科学区相应地投放一些材料，如表9所示：

表 9 中班和大班在主题活动下投放的材料

主题	投放材料	期望达到的探究效果
好玩的磁铁	不同形状的磁铁（U形、长条形和其他）、曲别针、铁夹子、瓶盖、木块、串珠、纸盒、泡沫球、纸盒、好玩的磁铁记录本	使幼儿知道哪些东西能被磁铁吸起来，哪些不能；怎样借助曲别针和铁夹子将不能被磁铁吸起来的物品吸起来
有趣的影子	手电筒、长方体的木块和立体人偶、空白板、有趣的影子记录表	使幼儿感知光影的关系及影子的变化规律（改变手电筒、木块与空白板的距离和位置）
神奇赛车	教师自制的可调坡度的不同路面的车道（光滑面、瓦楞纸面、布面），玩具车若干	通过自主操作，幼儿感知在不同的坡度、不同的路面上车滑行的速度不同
我喜欢测量	自然测量工具：筷子、线绳、长条积木、吸管、冰糕棍、矿泉水瓶、测量记录本	引导幼儿用这些自然的测量工具来测量自己感兴趣的物品，用不同的测量工具测量相同的物体，（与同伴交流自己的探究方法，发现其中的问题，测量工具不统一，工具头尾不相连，工具选择不适宜等问题）探究基本的测量方法

表9所涉及的材料是教师根据主题活动的需要来投放的，只要投放材料的相应目标实现了，这些材料就会被拿走。通常情况下会在科学区放置1—2周。

通过对以上科学区材料投放的现状分析，作为教师应该成为激活科学区域活力的引导者，结合幼儿的兴趣需要投放材料，科学区本身开放性较强，教师要学会适当放手，让幼儿参与科学区材料的投放，提高幼儿进行科学探索的主动性和积极性。

谈融合教育背景下如何促进幼儿同伴交往

福建省福州市福建省直屏西幼儿园 张 洁

在现有的融合教育背景下，幼儿同伴交往存在着诸多问题和挑战。融合教育的理论基础和实践给幼儿的同伴交往提出了新的要求和挑战。幼儿同伴交往的重要性已经被广泛认可，但是存在的问题却仍然不容忽视。与传统教育不同，融合教育要求幼儿能够与有不同特殊教育需求的伙伴进行有效的交往，这给幼儿的同伴交往带来了新的问题和难度。幼儿同伴交往问题的研究具有重要的理论和实践意义。

一、融合教育背景下的幼儿同伴交往问题概述

（一）融合教育的理论基础与实践挑战

融合教育是一种旨在将特殊需求学生融入普通教育环境中的教育模式，旨在促进不同背景和能力的学生之间的融洽交往和合作。在融合教育背景下，幼儿同伴交往的重要性日益受到重视。然而，目前存在着幼儿同伴交往不足、交往质量低等问题，需要寻找有效的方法来改善和促进幼儿之间的交往。为了解决这一问题，我们通过兴趣聚焦教育方法的应用，使幼儿在融合教育背景下更好地与同伴进行交往和合作，促进他们的社交技能和情感

发展。

(二)幼儿同伴交往的重要性

幼儿同伴交往对于幼儿的社会情感发展至关重要。通过同伴交往，幼儿可以建立友谊关系，体验友情的温暖和支持。在同伴群体中，幼儿可以学习如何与他人相处、分享玩具和资源，以及如何解决冲突和处理分歧。这些经验不仅有助于幼儿发展积极的情感态度，还能培养幼儿的同理心和合作意识。

幼儿同伴交往对于幼儿的认知发展也具有重要意义。在同伴交往中，幼儿可以通过观察和模仿他人来学习新的知识和技能。他们可以与同伴共同探索、发现和解决问题，从而提高他们的思维能力和解决问题的能力。同伴交往还可以激发幼儿的好奇心和求知欲，促进他们的主动学习和探索精神。

幼儿同伴交往对于幼儿的语言发展也起到重要的推动作用。在同伴交往的过程中，幼儿需要用语言与他人进行沟通和交流。通过与同伴的对话和互动，幼儿不断扩展自己的词汇量，提高语言表达能力。同时，同伴交往还可以为幼儿提供各种语言环境和语境，激发他们对语言的兴趣和热爱，进一步促进他们的语言发展。

(三)融合教育背景下存在的幼儿同伴交往问题

同伴排斥是融合教育背景下幼儿同伴交往中常见的问题之一。由于幼儿存在着明显的个体差异，一些幼儿可能会因为外貌、行为习惯等方面的不同而被其他同伴排斥。这种排斥行为不仅会导致受排斥的幼儿自尊心的受损，还会影响到幼儿之间的交往质量和互动水平。

沟通困难也是幼儿同伴交往中的一大问题。在融合教育背景下，幼儿可能来自不同的文化背景和语言环境，这使得他们在交流和沟通方面存在困难。特别是对于那些语言表达能力较差的幼儿来说，他们往往无法有效地表达自己的想法和需求，这进一步加剧了他们与同伴之间的沟通困难。

合作能力的不足也是融合教育背景下幼儿同伴交往中的一个重要问题。幼儿在合作过程中需要学会理解和尊重他人的观点，同时也需要学会妥协和合作。在融合教育中，一些幼儿可能由于自身发展水平的差异，导致其合作能力较弱。这使得他们在与同伴进行合作时经常出现困难和冲突。

二、影响幼儿同伴交往的主要因素分析

(一)环境因素

学校环境是幼儿同伴交往的重要场所之一。在学校中，教师和学校管理者可以通过创设积极的学习氛围来促进幼儿之间的互动和交往。例如，教师可以组织各种团队活动，鼓励幼儿合作学习和共同完成任务，从而提高他们的社交技能。学校还可以提供丰富多样的社交机会，例如组织幼儿参加集体活动、社团组织或社区活动等，让幼儿有更多的机会与同伴进行交流和互动。

家庭环境也是幼儿同伴交往的重要影响因素之一。家庭是幼儿成长的第一课堂，家庭成员对于幼儿的行为和态度具有重要影响。家长可以通过提供良好的家庭氛围和积极的家庭教育来促进幼儿之间的同伴交往。例如，家长可以鼓励幼儿与其他同龄幼儿进行互动，组织家庭聚会或邀请同龄幼儿来家中玩耍，从而增强幼儿的社交技能和交往动机。家长还可以提供适当的引导和支持，帮助幼儿解决同伴交往中的问题和困扰，促进他们的良好互动。

除了学校和家庭环境外，社交场所也是幼儿同伴交往的重要场所之一。例如，公园、游乐场、幼儿园外等社交场所，这些社交场所为幼儿提供了与其他同龄幼儿接触和交流的机会。在这些社交场所中，幼儿可以通过参与各种游戏和活动与其他同伴进行互动，从而促进他们的同伴交往。

（二）个体因素

幼儿的性格特点对同伴交往起着重要的作用。有些幼儿性格外向、开朗，善于与他人交往，容易与同伴建立良好的互动关系。而有些幼儿性格内向、害羞，对于同伴交往则更困难。因此，教师在幼儿同伴交往中应根据幼儿的性格特点，采取相应的教育方法。对于外向的幼儿，可以鼓励他们主动与同伴交流，参与团体活动，培养他们的领导能力和合作意识。对于内向的幼儿，则可以通过小组合作的方式，让他们逐渐融入集体生活中，提高他们的社交能力。

幼儿的认知能力也会影响同伴交往。认知能力是指幼儿对于自己和他人的认知、理解和判断能力。幼儿的认知能力发展水平不同，会影响他们对同伴的理解和互动方式。教师可以通过营造温馨的教育环境和提供适当的教学方法，促进幼儿认知能力的发展。例如，在游戏活动中，教师可以引导幼儿观察、思考、解决问题，培养他们的观察力、思维力和创造力，从而提高他们在同伴交往中的表现能力。幼儿的社交技能对于同伴交往也起着至关重要的作用。社交技能是指幼儿在与他人交往时所表现出的行为和表达方式。良好的社交技能可以使幼儿更好地与同伴沟通、合作和解决冲突。教师可以引导幼儿通过模仿、示范和指导的方式掌握社交技能。例如，在幼儿园中设置合作游戏、角色扮演等活动，让幼儿在游戏中学习如何与他人合作、沟通和分享，从而提高他们的社交技能。

个体因素对幼儿同伴交往有着重要的影响。幼儿的性格特点、认知能力和社交技能都会影响他们与同伴的互动方式和交往质量。因此，教师在幼儿教育中应根据幼儿的个体因素，采取相应的干预措施，促进幼儿之间的良好同伴交往。通过提供适当的教育环境和教学方法，培养幼儿的社交技能和认知能力，可以有效促进幼儿同伴交往的发展。这对于融合教育背景下的幼儿教育具有重要的实践意义。

三、促进幼儿同伴交往的策略及实证研究

（一）教师引导与干预策略

在融合教育背景下，教师的引导与干预策略对于促进幼儿同伴交往起着至关重要的作用。教师作为幼儿教育的主要指导者和引领者，应当充分认识幼儿同伴交往对于其社交能力和发展的重要性，并采取相应的策略来引导和干预幼儿之间的交往。一方面，教师应当建立积极的教育环境，为幼儿同伴交往提供良好的条件。教师可以通过开展丰富多样的游戏和互动活动来激发幼儿的兴趣，并鼓励他们积极参与其中。同时，教师还应该创造一个安全、和谐的学习氛围，让幼儿感受亲近和信任，从而主动与他人进行交往。另一方面，教师应当注重引导幼儿发展良好的交往技能。幼儿在同伴交往中往往存在着一些问题，比如缺乏倾听和分享的能力，容易产生冲突和争吵等。教师可以通过开展角色扮演等活动，帮助幼儿学习如何与他人进行有效的沟通和合作。此外，教师还可以利用故事、图画等来讲解和演示良好的交往行为，引导幼儿模仿和学习。同时，教师还应当注重幼儿的个体差异。每个幼儿的个性和特点都不同，教师需要根据幼儿的实际情况，采取个性化的引导策略。例如，对于内向的幼儿，教师可以设立小组活动，让他们与少数几个熟悉的同伴进行交往；对于外向的幼儿，教师可以鼓励他们主动发起交往，培养他们与不同人群进行良好互动的能力。

与此同时，教师还应当与家长进行密切合作，共同促进幼儿同伴交往的发展。家庭是幼儿社会化的重要场所，家长的支持和参与对于幼儿的交往能力和发展具有重要影响。教师可以通过家长会议、亲子活动等形式，与家长进行交流和合作，共同制订促进幼儿同伴交往的计划和策略。

（二）家庭教育与社区资源的整合

家庭教育在幼儿同伴交往中起着至关重要的作用。家庭是幼儿最早接触到的社会环境，家庭教育对于培养幼儿的社交技能和交往能力起着决定性的影响。家长应该重视幼儿社交能力的培养，通过与孩子的互动和沟通，引导他们学会与人交往、分享和合作。家庭应该为幼儿提供良好的社交环境，鼓励他们参与社交活动，与同龄人建立起良好的互动关系。

社区资源的整合也对幼儿同伴交往的促进起到了重要的支持作用。社区可以提供各种各样的资源，如公园、图书馆、艺术馆等，这些资源可以为幼儿提供丰富的社交机会。幼儿可以在这些场所与其他孩子进行游戏和互动，通过与他人合作和交流，培养自己的社交技能和交往能力。社区资源还可以提供专业的教育支持，如社区活动中心可以开设针对幼儿同伴交往的培训课程，帮助幼儿学会有效地与他人交往。

幼儿教师对幼儿绘画作品评价的调查研究

——以某县城幼儿教师为例

横琴首都师范大学子期实验幼儿园　蒋　颖

幼儿美术作品是幼儿美术活动的结果，它清晰地反映出幼儿美术能力的水平和特点。幼儿美术作品的评价是幼儿美术教育课程中不可或缺的一部分。对幼儿绘画作品进行正确的评价，有助于教师了解幼儿美术能力，了解幼儿该阶段的多项发展水平，以此为依据，为幼儿制定进一步的教育目标及相适应的教育方案，从而使幼儿获得全面且富有个性的发展。

那么，在教师的眼中，什么样的画是好画？评价的依据是什么？研究者希望通过调查研究了解某县幼儿园教师对3—6岁儿童的绘画作品的评价维度。

一、幼儿绘画作品评价的概念界定

1. 幼儿绘画作品

幼儿绘画作品是指3—6岁儿童时期，幼儿对外部世界充满好奇地观察后，积极主动地使用笔、纸等美术材料和工具，运用线条、色彩、形状等各种艺术形式语言，通过构图、涂色等艺术手段塑造出一定内涵的可视的艺术形象。绘画是幼儿表达自己对周围事物的感受和内心意愿的最主要方式之一。

2. 幼儿绘画作品评价

幼儿绘画作品评价是指对幼儿的绘画作品进行某种程度的价值判断。由于评价者的视角不同，评价方法和标准的不同，评价的结果也会存在差异。本研究主要调查教师对幼儿绘画作品的评价内容及标准等。

二、研究分析

研究者在某县城的3所幼儿园确定了15名美术教育经验相对丰富的幼儿教师作为研究对象，随机选择4幅幼儿绘画作品有针对性地对幼儿教师进行非结构化访谈，深入了解幼儿教师对于儿童美术作品的评价标准。

(一)研究的初步发现

通过对 10 名教师对于这 4 幅儿童绘画作品的评价的整理,研究者提取出了 5 个关键词。

1. 画面

"画面"一词在访谈中多次直接出现,根据访谈对象的阐述,这里的"画面"主要包括画面内容、构图、造型、色彩使用等。如"画面很细致""画面太简单,不丰富""色彩饱满""构图太乱"。

2. 年龄

在评价儿童绘画作品时,访谈对象常常会关注儿童的年龄。在访谈中,几乎每一个访谈对象都提到了"年龄"。同时访谈者注意到,"年龄"始终伴随着"水平"一词。这里访谈对象的评价考虑了幼儿的阶段发展水平及年龄特点。

3. 生活

幼儿的绘画是否表现了其生活,绘画中是否体现幼儿在生活中的观察,也是访谈对象评价儿童绘画作品时考虑的维度之一。如"这应该是小作者很熟悉的场景,应该经常发生""这幅画表现了生活"。

4. 情感

在访谈中,访谈对象也对幼儿绘画作品中的情感进行了解读。如"可以看出这个小朋友喜欢小动物""说明他想念幼儿园和其他小朋友了""体现了乐于助人的精神"。

5. 想象力

从访谈中可以看出,访谈对象对"想象力"十分重视,这可能跟近年来我国社会尤其是教育界对创造性的呼吁有关,这说明社会各界对儿童创造性的重视已在观念上影响了幼儿教师。

(二)研究分析

1. 评价标准多维度,重视作品中情感及想象力的表现

研究者通过查阅资料发现,大多数关于儿童美术作品评价的现状研究都认为我国儿童美术作品评价标准成人化,如画面是否干净、比例是否恰当,过于强调共性和一般性,忽视了幼儿发展的差异。评价内容以技能为主,如构图、色彩等,不重视幼儿的情感、态度价值观方面的表现。

然而,在这次访谈中,研究者了解到访谈对象对于幼儿绘画作品的评价主要基于画面、年龄、生活、情感、想象力这五个维度进行。除了这五个主要的维度,一些访谈对象还提到了其他的评价标准,比如"这幅画表示了乱扔垃圾的现象""有意境""有故事"等。可见,访谈对象对于儿童绘画作品的评价是多维度的。比如对《爸爸的同学》这幅画进行评价时,访谈对象提出"想象力丰富""可以看出作者喜欢小动物""画面细致""表现生活"。另一幅《下雨了》,访谈对象的评价是"表现了生活""体现乐于助人的精神""很有爱""有意境,有故事""简洁大方"等。可见,技能虽然是访谈对象认为的一个重要评价标准,但并不是唯一的评价标准,他们也重视儿童绘画作品中蕴含的情感和意境。

近年来,随着我国现代一些教育家及学者对于学前儿童美术教育价值的教育思想的提出,学前儿童教育改革的思潮使传统美术教育受到了冲击,儿童美术教育正在向着《指南》中提到的"促进幼儿身心全面和谐发展"不断完善着,教师的观念也在潜移默化中转变着。

2. 正面评价为主

评价幼儿绘画作品时,访谈对象多从正面进行评价。访谈对象更偏向于寻找儿童美术

作品中的亮点。学者陈秉龙提出:"儿童绘画让我们发现另一个美妙的世界。我们应该始终以欣赏的目光注视着孩子,用积极的态度激励孩子。"

3. 年龄是评价的前提,但教师对幼儿年龄特点把握不清

在对一幅绘画作品进行评价之前,访谈对象都会下意识地看一看作品下面标注的作者的年龄,有时也会喃喃自语地说:"是××岁啊。"然后才开始正式地评价。在访谈中,访谈对象也会时常根据作者的年龄判定作品的画作水平,幼儿的年龄是访谈对象进行评价的一个基础标准,是评价的前提。比如一位教师说:"3岁幼儿模仿能力弱,但能画出车子的形状,很好。"

虽然访谈对象在评价时会注意结合幼儿的年龄,但对于幼儿的年龄特点把握并不十分清楚,或者并不准确。比如访谈对象说到的"5岁这种水平不错""3岁水平很好""4岁水平很好"等,诸如此类的评价,虽然都提到了年龄,但也只是这样笼统地总结一句,没有进一步结合这个年龄段的年龄特点进行阐述。

4. 评价经验少,评价语言笼统概括

虽然访谈对象对儿童美术作品进行评价时是多维度的,但是评价语言十分笼统,没有具体的阐述。比如访谈时,访谈对象会说:"不错""水平高",往往需要访谈者追问下去,才会说出大概的理由,比如"画面很细致"。接着访谈者再追问:"细致表现在哪些方面?"访谈对象就会说:"比如这个头发。"访谈中,研究者发现,一开始让访谈对象对儿童绘画作品进行评价时,访谈对象显得有些无措,并多次提到:"我们都不怎么评价的。"可见,平时访谈对象较少进行评价方面的研究,评价经验少。

三、研究建议

基于研究结果及讨论,研究者针对本次研究中发现的问题,对该县幼儿教师和幼儿园提出初步建议。

(一)教师

1. 正确理解幼儿绘画作品评价的价值

思想是行动的指导,教师只有首先解决思想上的问题,即正确理解幼儿绘画作品评价的价值,重视幼儿绘画作品评价的意义,才能进行正确的,有指导意义的评价。

2. 丰富幼儿绘画作品评价的相关专业知识

(1)熟知幼儿绘画发展的发展阶段与特点

对幼儿绘画发展阶段进行了解,可以让教师从整体上了解幼儿的绘画,儿童的绘画发展过程遵循着一定的客观发展规律,这种规律是不以人的意志为转移的。教育必须以儿童的发展规律为依据。

(2)了解幼儿绘画作品评价标准的各方观点,建立自己科学而生动的评价标准

目前孔起英、杨景芝、朱家雄、潘元石、罗恩菲尔德等学者都对幼儿美术作品提出了一些评价标准,这些都是学者专家经过长期的实践和思考研究得出来的,他们的观点非常值得教师借鉴和学习。教师首先应该清楚了解国内外各位专家学者提出的标准,在此基础上,可以结合教学实践,提出自己对于幼儿绘画作品评价的见解。理论的学习是教师迈向专业之路,提升自我修养的坚实基础。

(二)幼儿园

1. 组织教师进行幼儿绘画作品评价的相关理论学习

幼儿园应结合自身实际,选择合适的方式组织教师进行幼儿绘画作品评价的相关学习,提升教师美术方面的专业知识素养。

2. 在实践中提高教师的幼儿绘画作品评价能力

园方要多让教师进行实际的历练，在实际操作中去运用理论。例如开展儿童美术作品评价的相关课题，在教研中让教师发现问题，学习知识理论，提高教师对于作品评价的研究积极性和研究能力，从而提升教师的评价能力。

四、研究反思

1. 后续可以追加调查不同教龄和不同学历老师对幼儿绘画作品的评价标准。
2. 本调查在研究建议方面比较粗浅，后续可针对幼儿教师对幼儿绘画作品的评价标准现状中出现的问题开展相应的策略研究。

基于专业发展阶段幼儿园教师分层培养策略

广东省广州市天河区旭日雅苑幼儿园　李倩雯

2018年颁布的《关于全面深化新时代教师队伍建设改革的意见》提出了学前教育教师队伍建设的战略目标，并将其置于发展先发地位。"二孩"政策落地后，园所品质和师资质量面临严峻考验。各园所结合自身实际，开拓了不同园所分层培养路径，总体而言，教师专业成长过程分为准备期、适应期、发展期、创造期，每个阶段结束后，教师分别称为新手教师、成熟教师、骨干教师、专家教师。

一、不同专业发展阶段教师特点

每个发展阶段的教师都有其特定的特点和需求。从培养路径打造角度出发，新手教师及成熟教师阶段仍处于"输入"阶段，即教师处于自身专业知识的丰富与专业水平高速提升的阶段。而进入到骨干教师以及专家型教师阶段后，则可以"输出"为主要途径，即充分发挥其引领与带动的作用。

新手教师的特点是"合格"，大部分的新手教师都是刚刚从教育学院毕业或者没有经过系统培训的教师。在这个阶段，新手教师面临的最主要矛盾是理论知识与实践应用之间的异同，他们最需要的是获得基本的教学技能和知识，适应教学工作的环境和要求。

成熟教师的特点是"稳定"，该阶段教师已经积累了一定的教学经验，能在班主任的岗位上具有稳定、熟练的表现。他们对教学过程和教学管理有一定的领悟能力，能够独立、高效地完成教学任务。但该阶段的教师仍需要不断地学习和反思，与时俱进地提高自身的教育教学水平。

骨干教师面临三个方面挑战：专业水平要熟练深广，专业素养要全面整体化，专业发展要从学习成长向引领前行转变。但同时骨干教师已具备一定的领导能力，能够与其他教师合作并引领他们不断提高教学质量，还能与家长和学校管理层建立良好的合作关系。

专家教师具备深入研究的能力和广泛的专业知识。他们在教育理论和实践方面进行了大量的研究，对幼儿教育的发展具有前瞻性和创新性的见解。他们能凭借其丰富的专业知识和经验，将自己的经验和知识传授给其他阶段的教师，并提供指导和支持，成为其他教师专业发展的重要引导者和指导者。

二、幼儿园教师分层培养目标

(一)新手教师阶段发展目标

新手教师阶段发展总目标为完成新手教师到成熟教师的转变。成为基本熟悉幼儿园保教常规工作,有教育责任感,成为幼儿喜欢、家长认可的合格教师。主要培养新手教师的职业认知与适应能力、保育能力、环境布置与初步创设能力、游戏活动组织能力、教育教学能力、沟通与交往能力以及专业发展意识与规划制定七个方面的能力。

(二)成熟教师阶段发展目标

经过了新手教师阶段,进入成熟阶段的教师应具有独立带班的能力,且在岗位上呈现稳定与成熟的状态。主要可从理解政策、一日活动组织、环境创设、游戏活动支持、科学教学、沟通与互动以及专业发展自我修正七个方面能力开展培养。

(三)骨干教师阶段发展目标

骨干教师的培养目标是为了加强幼儿园的队伍建设,培养一批具有高素质、专业能力强的教师,带动和推动园所的整体教育发展。骨干教师通过其深厚的专业知识和领导能力,对其他教师产生示范效应,起到引领、辐射和带动作用。

(四)专家型教师阶段发展目标

专家型教师需具备特长领域和专题,作为培训者和改革者,需深入研究、创新实践和成果应用,为教育改革和发展提供支持和方向。培养方面包括文化引领力与学习能力、保教质量监控能力、环境创设与利用能力、游戏活动支持与指导能力、课程资源开发与利用能力、教学研究能力、教师培养能力,并重视个性与专业的发展。

三、幼儿园教师分层培养策略

(一)新手教师阶段培养策略

新手教师刚走上工作岗位,没有实践体验。这阶段的主要矛盾是实现从书本知识到实际操作,从间接经验到直接经验的转化,解决适应实际工作和环境所需要的基本功的矛盾。

1. 提供专门的培养课程。幼儿园应当设置针对新手教师的专门培养课程,以帮助他们适应角色转变。课程应包括学习国家政策、法律法规和相关文件,以及园所内部的工作职责、一日工作流程、园所规章制度的系统学习。此外,还应涵盖师德师风专业素养、应急紧急处理培训、环境布置与初步创设培训,以及各类文案撰写培训等具体专业能力方面的培养内容。

2. 提供观摩展示的机会。在新手教师阶段可有针对性地对技能、专业知识、课例展示等内容举办教学技能基本功的竞赛,可以定期组织新手教师观摩其他阶段教师课例,并以"听""学"为主,习得教育教学技巧。

3. 建立导师指导制度。青蓝工程或师徒结对的形式,能有效地为新手教师寻找一位引领人与指导教师。因此园所可建立健全的导师指导制度,为每一名新手阶段教师选定一位有经验和专业知识的资深教师作为导师,提供定期的指导和交流机会。

4. 提供个人发展计划和支持。园所及导师需协助新手教师制订个人发展计划,以明确短期和长期的发展目标。基于发展计划,适时提供相关支持和资源。

(二)成熟教师阶段培养策略

与新手教师相比,成熟教师已在实践中具备了一定经验和技能,能够独立完成教学任务。因此,与新手教师相比,成熟教师面临的挑战是专业技能及知识往熟练与完备的方向发展。

1. 提供进阶学习的机会。针对新手教师与成熟教师培养目标的差异,园所需设计培训课程帮助成熟教师深化专业知识和提升教学技能，加强深层政策理解能力和游戏活动支持能力。鼓励成熟教师参加学习，如教育研讨会、专题讲座、在线教育平台等，实时了解教育领域最新发展。

2. 给予独立带班的机会。如果新手教师定位为副班教师，那成熟教师则应定位为班主任。园所可让成熟教师担任班主任，乃至教研组长或其他领导角色，帮助他们在教育团队中发挥更大的影响力和领导力。

3. 创造总结与发展的机会。成熟教师有丰富的实践经验，园所可在日常、期末给予他们经验分享的机会，内容涵盖班级、个人成长，活动组织，环境创设等。园所鼓励成熟教师寻找特长，为骨干教师阶段做准备。

（三）骨干教师阶段培养策略

骨干教师应是具备卓越教学表现和领导能力的教师。骨干教师培养思路与新手教师及成熟教师的培养思路稍有差异，更应注重引导骨干教师的输出即展示与成长，通过各项平台充分发挥引领作用。

1. 组建骨干教师研发团队。进入骨干教师阶段，团队需设计领导培训课程，提升教师团队管理、决策能力和领导技巧，并提供机会参与管理活动，锻炼领导才能。此外，骨干教师应作为园所发展的动力，参与定期教研，解决发展难题，共同打造未来发展路径。

2. 打造个人专业方向。成熟教师能熟练运用行业内知识与技能，而骨干教师则是对某一方面进行深度研究与探索，如班级管理、环境创设、游戏组织、家长工作等方面。园所需帮助每一名骨干教师发掘自身专业发展方向，提炼实践经验，打造一支覆盖面广、专业性强、个性化的骨干教师队伍。

3. 提供发展资源、机会。骨干教师的发展路径更多基于自身的探寻与努力，因此园所需为骨干教师提供更多的教学资源和推广平台，提供资源支持。其次，园所可多给予骨干教师参与园内外的教育研讨会、教学展示和专题演讲活动，让他们的教学经验得到分享和推广。

（四）专家型教师阶段培养策略

专家型教师是在教育领域中具备深厚专业知识和卓越教学技能的领军人物。对于园所而言，专家型教师的打造具有更强烈的广泛性与专业性，因此应给予他们更多成长与展示的机会。

1. 提供高级学术研究机会。鼓励专家型教师参与国内外重要学术研讨会、教育论坛和学术会议，与国内外同行进行高水平的学术交流和合作。同时应给予专家型教师开展高水平教育研究的机会，支持其在教育创新、教育政策等领域进行前沿研究，推动教育领域的发展。

2. 担任顾问或导师角色。专家型教师作为园所培养的最后阶段，充当新手、成熟教师以及骨干教师专业或个人成长的顾问或导师，提供专业指导和支持。园所可让专家型教师担任"讲师""导师"，进行园内引领工作，并给予机会让他们走出园内，面向家长、进入社区提供咨询和支持。

3. 鼓励创新汇编成果。园所应鼓励专家型教师创新研究，参与创新项目和教育研究，为幼儿教育做出贡献。专家型教师可将研究成果和教学经验整理成书籍、教材或学术论文，通过出版发表等方式分享给更多的教育从业者，带同园内团队、同行共同发展。

幼儿园教师专业发展是一个持续的过程，需要根据教师所处的不同阶段，提供相应的实施策略。新手教师需要基础培训和导师指导；成熟教师需要继续学习和参与教研活动；

骨干教师需要提高教学管理和领导能力；专家型教师要推动教育改革和研究项目。通过有针对性的策略，促进幼儿园教师专业发展，提高教师的教学水平和幼儿的综合素养。

幼儿体育活动对儿童身心发展的积极影响

广东省深圳市潜龙学校附属龙岸幼儿园　农嘉文

一、幼儿身心发展与教育

（一）幼儿身心发展的重要性

幼儿期是儿童身心发展的关键阶段，在这个阶段，儿童的身体和心理健康对于其全面发展具有重要意义。因此，提供高质量的教育环境和适宜的体育活动对于幼儿的身心发展至关重要。体育活动是教育中不可忽视的一部分，幼儿体育活动作为一种重要的教育手段，越来越受到人们的重视并且得到广泛推广，在对幼儿教育的高质量研究中，以体育活动作为切入点，关注幼儿身心健康发展，在体育活动的组织中有意识地根据幼儿的发展水平以及需求调整活动组织，不断提高体育活动组织的质量水平，推进幼儿体育活动高质量发展，让幼儿在体育活动中获得身心健康的支持保障。

（二）幼儿体育教育的意义

幼儿体育教育在促进幼儿认知中尤为凸显，体育活动中的各种规则和技巧要求幼儿进行思考和决策，发展和提高幼儿的逻辑思维和问题解决能力。不仅如此，体育活动的开展还可以使幼儿的注意力和专注力得到提升，促进幼儿的认知水平发展。在组织体育活动时，教师会提前预设活动的开展情况，把握好幼儿在活动中需要掌握的能力目标，包括认知目标、情感目标、能力目标，将目标渗透在活动过程中教师会通过情境将幼儿带入活动中，为满足幼儿认知发展水平的需求，促进幼儿的认知发展，让幼儿更好地了解活动开展的目的，帮助幼儿获得新的知识，幼儿体育活动对幼儿认知水平的影响是通过幼儿在活动的体验中自己真实的感受来获取认知，并内化的一个过程，满足了幼儿"在玩中学，在学中玩"的教育模式，所以积极的幼儿体育活动促进着幼儿的认知水平和认知宽度的发展。

二、幼儿体育活动在幼儿成长中的作用

（一）幼儿体育活动的重要性

幼儿体育活动影响着幼儿综合能力的发展，包括学习能力、语言表达能力、思维能力、创造力、协作能力，培养幼儿的综合能力是为了使幼儿能够更好地适应社会环境、成就自我。在体育活动中不仅帮助幼儿的体能发展，教师有意识地将综合能力渗透在体育活动目标中、过程中，让幼儿在健康发展的同时能够获得语言上的分享表达、思维的发散、创造力的表现以及学会协作。健康是发展的前提，良好的身体发育、愉快的情绪、健康的体质是幼儿身心发展的重要标准，是其他领域学习的发展基础，体育活动通过活动组织、游戏开展等方式促进着幼儿的身心健康发展，在健康的基础上和活动的组织中将"五育理念"渗透在活动里，旨在培养幼儿的综合能力，促进幼儿的全面发展。

（二）通过体育游戏培养幼儿对游戏的兴趣

皮亚杰提出"玩中学，学中玩"是因为游戏是学前儿童活动学习的主要方式，幼儿的天性就是"玩"，为满足学前儿童的认知发展需求，教师需要根据幼儿的年龄特点、能力发展水平，从幼儿的兴趣出发，满足幼儿的内在需求和外在成长需要，在开展体育活动中从儿

童的视角出发，通过游戏的方式激发幼儿的兴趣和好奇心。学前儿童处于具体形象思维阶段，可以通过具体的、实际的、真实的场景或者是道具让幼儿更加沉浸于活动中，通过开展丰富而不同的体育活动来满足幼儿的天性与需求的发展，满足幼儿的个体差异。在丰富而不同的体育活动中激发幼儿对游戏的兴趣，加上具体的操作与体验，使幼儿能够直观地感受游戏带来的成就感。大多数体育活动开展的场地处于室外或者是宽敞的体育室内，满足幼儿对空间的探索，在开放式的活动场所幼儿会更加放松，运动量的达标能够满足幼儿的精力释放，在心理的活动上能够获得释放和抒发。

（三）幼儿体育活动对幼儿心理和身体发展的影响

在心理发展方面，幼儿体育活动能够提高幼儿的社交能力和情绪管理能力。在体育活动中，以大班幼儿为例，在活动组织中使其互相合作、协作，以培养幼儿的团队意识以及合作精神。同时，通过体育活动，幼儿可以释放自己的情绪，提高情绪管理能力，培养积极向上的心态。在身体发展方面幼儿体育活动能够增强幼儿的肌肉力量和促进骨骼发育，提高身体协调能力。通过各种有氧运动，幼儿可以增强心肺功能，提高耐力和灵敏度，还能促进幼儿的身体知觉和空间意识，培养幼儿的运动技能。在身体发展的影响方面，体能活动的开展会通过平衡、跑、跳等来锻炼幼儿的技能发展，促进幼儿的手眼协调、平衡能力和大肌肉的发展，从而满足幼儿的身体体能锻炼。

幼儿园课程改革探究

广东省深圳市南澳中心幼儿园　石　莉

科技的发展不断改变着人们的生活与社交方式，社会对人才能力的要求也在不断提升。学前教育对于幼儿未来的发展有着深远的影响，良好的学前教育能够培养幼儿完善的人格品质和良好的学习能力，让幼儿在未来的学习和生活中，取得更大的成绩。身为一名幼儿园园长，要充分认识当前时代的变化发展趋势，意识到学前教育对幼儿未来发展的重要性，基于与时俱进的思想和眼光，对幼儿园课程进行改革，不断提升幼儿教育活动效率，促进幼儿全面健康发展。

一、开展教学研讨工作，提升课程改革效率

基于培养幼儿综合能力所开设的幼儿园课程给予了教师更大的发挥空间，能够让教师更加灵活地挑选课程内容，这种全新的教育方式，对教师来说既是一种挑战，也是一种全新的机遇。为了充分发挥出新课改的效果，园长要积极开展教学研讨工作和教师培训工作，不断完善和提升教师的教育理念和专业技能，确保教师能够更加充分地理解和把握新课程的思想与内涵，有效开展各项教育活动，丰富幼儿的学习体验，提高幼儿的学习积极性，引发幼儿的思考热情，促进幼儿学习能力和创造能力的发展。例如，园长可以定期开展教学观摩活动，组织幼儿园教师轮流观摩每个班级教师的教育活动，学习不同教师的教学风格和教育方法。在教学观摩活动结束后，园长将所有教师集中起来，针对教育活动中存在的问题进行讨论与评价，并说出有效的解决和应对策略。这种观摩学习的方式，不仅能够让教师学到更多优秀的教育方法和教育理念，同时也能集思广益以共同解决教育过程中遇到的问题，教师们在相互探讨的过程中，能够不断提升自身的教育理念，在教育过程中，也能更好地引导幼儿，帮助幼儿实现健康成长，为幼儿日后的学习和生活奠定良好的基础。

二、转变教师教育方法，保证课程顺利实施

幼儿园的课程改革不仅需要落实在课程内容上，还需要落实到教育方法上。传统的幼儿教育，常常将幼儿放置在被动接受知识的地位，教师占据了教育活动的主体地位。这种以教师为中心的教育方式，无法激发幼儿的自主思考意识，幼儿的创造性思维也难以得到有效培养，这对幼儿各个方面能力和素质的发展很不利。为此，园长要多鼓励教师对教育方式进行创新，转变教师的教育观念，要求教师将幼儿放置在学习主体地位，与幼儿进行平等的师生对话，以合作的方式来共同完成教育任务，实现活动目标，充分调动幼儿的活动参与积极性，培养幼儿的主动学习意识，通过有效的师生互动引导幼儿自主思考，促进幼儿创造思维与发散思维的全面发展。例如，大班在开展与思维有关的课程活动时，教师不能采用小学的教学方法，对幼儿进行灌输式教育，而应当采用触摸式教学法，借助实物来引导幼儿将具体的事物与抽象的知识联系起来，帮助幼儿实现具象思维方式到抽象思维方式的转变，提高教学活动的趣味性，提升教学效果，活跃幼儿的思维，让幼儿对知识产生更多创新性的思考。

三、创新幼儿评价方式，完善课程改革内容

要想做到对幼儿园课程的充分改革与创新，幼儿园教师还应当充分关注对幼儿的评价工作。传统的幼儿教育活动中，教师更加注重对幼儿能力和知识的评价，改革后的幼儿园教学活动，则需要充分关注幼儿自身的成长与发展，采用生成性评价和发展性评价，对幼儿的综合能力与情感态度进行全方位评价，确保评价内容更加客观准确，如此能够充分激发出幼儿内在的学习动力，增强幼儿的学习自信，激发幼儿内在潜能，活跃幼儿思维，帮助幼儿实现更大的突破与发展。例如，幼儿园在开展舞蹈类活动时，就可以针对自编舞蹈的创意性、舞蹈时形体动作的美观性等方面，对幼儿进行充分评价，确保每个幼儿的个性都能得到充分凸显。与此同时，园长也应当要求教师在开展活动课程的过程中，鼓励幼儿与同伴之间进行相互评价，通过这种方式来有效培养幼儿的主体意识，提高幼儿的语言表达能力，让幼儿学会关注他人长处和优点。这种课程评价方式的转变不仅能够更好地调动幼儿的活动积极性，也能让幼儿认同评价结果，每个幼儿自身的优势都能得到充分发挥，如此对于幼儿综合素质和能力的发展非常有利。

四、开展家园合作教育，拓宽课程改革路径

幼儿教育课程的顺利实施，离不开家长的配合和参与。因此，构建家园合作共育模式也是幼儿园课程改革的目标之一。为了保证改革后的课程目标能够在教育活动中得到顺利落实，园长应要求各班教师重视家园合作，即让教师在平时的工作中，积极主动地与幼儿家长取得联系，拓宽家校之间的沟通渠道，让家长详细了解幼儿园每日开设的课程内容，了解每种课程的开设目的和意义。这种有效的沟通，保证家长能够主动配合教师工作，为幼儿构建和谐的学习和成长环境，增强课程活动效果，帮助幼儿更好地成长。例如，园长可要求各班教师在每天晚上固定的时间，利用微信群发布幼儿园每日的课程实施情况，利用图文结合的方式来明确课程活动的开设目的，同时告知家长一些有效的教育方式，引导家长配合教师的工作。另外，幼儿园还可以开展亲子活动，邀请幼儿的父母进课堂，充分发挥家长的教育作用，增进家长与幼儿园之间的交流互动，调动家长参与家园共育活动的积极性。家园共育的方式促进了课程改革活动的顺利实施，保障了幼儿教育的成效。

五、关注幼儿发展特点，增强课程改革实效

幼儿教育具有过程性、生动性、愉悦性等特点，在实施幼儿园课程改革活动的过程中，教师需要充分关注和准确把握幼儿每个阶段的学习特点，从幼儿身心发展规律出发，开设

更多实践性的课程。幼儿园园长和各班教师要将学习的地点由室内转移到室外,让幼儿在各种各样的实践活动中,充分释放天性,放飞自身的想象力,发展创造力,拓展思维视野,激发创新精神。与此同时,教师也要充分尊重每位幼儿的想象力与创造力,对幼儿提出的各种新奇想法应给予充分的肯定,激发幼儿的实践探索积极性。

总之,身为一名幼儿园园长,需要不断更新教育知识,应用与时俱进的教育眼光制定行之有效的课程改革方案。日常课程改革工作中,教师需要重视幼儿身心健康发展问题,并且应用全新的教育理念和教育模式充分调动幼儿的学习积极性,全面培养幼儿的各项能力,为幼儿的长远发展奠定坚实的基础,使得幼儿在未来的学习和生活中能够获得更大的成就。

浅谈如何以篮球为载体,促进体教融合

广东省深圳市福田区教育科学研究院附属幼儿园　陈　萍

篮球是一项适合幼儿发展的运动项目,可以极大地促进幼儿运动能力、运动水平和意志品质的发展。我园把小篮球运动定为幼儿园的体育特色,探究如何以篮球为载体,促进体教融合。在开展过程中,我们总结了以下方面的经验:

一、因地制宜,营造特色环境氛围

1. 充分利用场地优势,创设篮球运动条件。我园把大操场按照全国小篮球活动场的标准规格,精心设计成了两块适于开展幼儿小篮球活动的规范篮球场,配备幼儿使用的专业篮球架,让幼儿一走进校园就有想持球运动的欲望。

2. 让篮球无处不在。我们根据幼儿的年龄特点及身高,在篮球场周围设置了便于幼儿取放篮球的篮球架,让篮球充满操场四周,人手一球,幼儿可以随时随地看到球、拿到球、玩到球、整理球。通过接触篮球,幼儿真正了解篮球、热爱篮球。

3. 充分创设校园篮球运动环境。我们不仅是通过各种主题活动让幼儿了解篮球及篮球运动,还会让幼儿自己动手,利用废旧篮球进行各种环保制作,不但美化了校园,还培养幼儿热爱篮球、热爱环保的情怀,让篮球在幼儿园各个角落占有一席之地。

4. 重视孩子们篮球活动的宣传展示。校园环境中除了展示篮球世界的动态,更重要的是展示幼儿的日常篮球活动照片,不断欣赏幼儿的进步,从而大大增强他们的自信心和荣誉感,更愿意积极投入篮球运动中去。

二、以点带面,全面普及幼儿篮球

在园领导的积极牵头下,确定以篮球作为我园健康体育特色的目标,在全园分年龄段推广小篮球活动,扎实地把篮球教学融入幼儿的一日活动中去。我园由最初仅有 6 名幼儿参与篮球队,如今发展成了全园普及的篮球运动项目。全园教职工和家长都参与其中,为幼儿做好表率作用,通过"大手拉小手"的方式,做到家家讲篮球,人人爱运动。

三、提倡玩中学、学中练模式

以培养幼儿的兴趣为出发点,用寓教于乐的篮球游戏吸引幼儿积极参与。通过游戏,我们把篮球作为幼儿手中的一种玩具慢慢演变成幼儿学习掌握运动技能的载体,逐步朝着具备科学体系特色课程的方向发展。我们的篮球特色活动包含以下几个方面:篮球操、篮球体育游戏、篮球技能练习和篮球场上竞技。根据不同年龄特点,针对性地制订了不同的

活动。

1. 科学制订特色计划，划分层次重点教学

根据各年龄段幼儿的特点，进行分层次教学安排。小班幼儿主要是玩球，开展各种与篮球相关的游戏活动，培养幼儿对篮球活动的兴趣；中班幼儿开始加强篮球技能技巧的认识练习；大班幼儿开始组队，进行团队配合练习。

2. 融入一日生活每个环节，有机结合各项活动

《幼儿园教育指导纲要（试行）》中指出，要开展丰富多彩的户外游戏和体育活动，培养幼儿参加体育活动的兴趣和习惯。因此，我们把篮球融入幼儿一日生活的各个环节中。首先，篮球操体现在早晨锻炼环节，以篮球为媒介，配上幼儿熟悉的音乐律动和专业的体能训练结构，进行有效的锻炼。其次，在平时的体育活动教学中，以"一物多玩"形式，把篮球充分融入体育游戏活动，让幼儿爱上篮球、爱上运动。最后，在下午户外活动或放学时组织开展班级、年级篮球团队竞赛，让篮球氛围"活"起来。除此之外，我们利用各班语言教学活动和餐后活动了解、阅读与篮球相关的新闻和故事。

四、注重心理健康，锻炼意志，培养积极向上的合作意识

近年来，随着家长们对幼儿的过度保护和维权意识的过度强化，很多老师为了减少因幼儿受伤而与家长之间产生的摩擦，逐步用安静活动替代体育活动；家庭也存在一些现象：家长对子女照顾过多，却忽略了培养孩子的合作意识。而篮球活动中传球的配合、接球的呼应、投球的欢呼，就是让幼儿在运动中不断培养合作意识，体现团队力量。篮球运动不是一个人的运动，它能使幼儿在篮球运动中通过相互鼓励、积极传球逐渐建立起彼此的信任，他们需要和队友分工合作，共同进退，就算失败了，小伙伴也会互相安慰，再接再厉。在篮球活动中建立团队精神。

五、家园配合努力实践，彰显成绩共获荣誉

我园把篮球运动作为体育特色项目面向全园开展，在园内建立浓厚的篮球氛围，深受师生和家长们的喜爱。这对促进家园共育、形成良好教育氛围起到了积极作用。通过成立教师篮球队、家长篮球队，有意识地开展教师篮球训练、家长篮球竞赛等活动树立榜样，让孩子们在加油呐喊声感受篮球运动的快乐。

我园充分利用"走出去、引进来"的方式大力发展小篮球运动。多年来，我们紧紧抓住体教融合机会，组建多支中大班篮球队伍积极参加省内外各种联赛、友谊赛。2018年，我园幼儿代表深圳赴苏州参加了"2018年NYBO青少年公开赛"全国U6组总决赛，荣获全国亚军荣誉。在八年间，我园培养了篮球小精英达140人，为各小学和篮球俱乐部输送了大量小篮球人才。孩子已经成了地方篮球联赛荣誉榜上的常客、篮球圈子里的佼佼者。

经过多次体教融合赛事的沉淀洗礼，我园篮球体育特色取得一定的知名度，并积极带动周边幼儿园加入到篮球运动中来。我园还通过举办幼儿园篮球联赛，主动邀请社会团体或个人自由组队参加联赛。在篮球技能交流切磋中，不断把体教融合辐射到周围。

"一分耕耘，一分收获"，在篮球运动发展的路上，我们还在不断奔跑。只有我们继续保持篮球体育特色，不断完善篮球教学活动体系，才能让用篮球点燃幼儿的运动激情，强健他们的健康体魄，让我园的体教融合落到实处，让体育特色彰显魅力！

基于核心素养培养幼儿劳动力的实践课程建构策略

广东省深圳市坪山区新合幼儿园　张春娜

随着素质教育的不断推进,劳动教育的重要作用也逐渐地显现了出来。劳动教育在幼儿园教育中不可或缺,但受应试教育的影响,幼儿园、家庭以及社会轻视和忽视劳动教育,因此在学生群体中出现好逸恶劳、不劳而获等思想,部分学生缺少劳动意识、掌握的劳动知识偏少、不珍视劳动成果。进入新时代后,幼儿园教育更加重视劳动实践所发挥的育人和指导作用,引导幼儿转变劳动观念,因此,本文重点研究幼儿园劳动课程的建设策略,首先提高教师劳动教育能力和水平,搭建优秀的教育班底,从而在开展劳动教育活动时,让幼儿在教师的引领之下,增强劳动意识,调动参与劳动实践的积极性,培养其形成正确的价值观,以实现全面发展。

良好的劳动教育可以在幼儿的学习过程当中潜移默化地影响他们个人的情感以及思维的培养。因此将劳动教育融入幼儿园的启蒙教育活动当中,可以促进幼儿园劳动教育环境的创设,帮助幼儿进行更加深入劳动教育。同时也能够增强幼儿对于中华优秀传统文化的认同感,受到中华优秀传统文化的浸润。

一、幼儿园构建劳动教育课程的必要性

劳动教育的重要性已经逐渐被许多教育者所重视,但是依然存在着"纸上谈兵"的现象,幼儿园教育中劳动教育缺失现象严重,许多幼儿园不重视开展劳动教育,将幼儿的劳动教育停留在口头之上,劳动教育的缺失会影响幼儿身心的全面发展,也将会导致劳动教育成为"空谈",无法解决实际问题。面对这种情况,幼儿园需要深化教育工作者对劳动教育及其内涵的理解,让劳动教育得到应有的重视,促使更多教育工作者清晰地认识劳动教育存在的意义。

幼儿园开展劳动课程的构建工作是当前教育改革和发展的重要内容之一。随着社会经济的不断发展和人民生活水平的不断提高,幼儿的综合素质也日益受到重视。而劳动教育作为幼儿园教育的重要组成部分,对于培养幼儿的实践能力、创新能力和团队协作能力具有重要意义。因此,建设幼儿园劳动课程,促进劳动教育的深入开展,已成为当前教育工作中亟待解决的问题之一。

二、基于核心素养下培养幼儿劳动力的实践课程建构策略

(一)利用劳动教育创设情境

在将劳动教育融入幼儿园的启蒙教育活动当中时,可以根据幼儿园的现实状况进行合理统筹规划,将幼儿园室内以及室外的活动空间与劳动教育进行有效的结合。幼儿园可以搭建出劳动教育展示区域,为幼儿能够亲自参与劳动实践活动中提供实践基础。幼儿通过主动参与劳动教育,对传统的农耕文化进行学习,感受劳动的魅力。这不仅可以培养幼儿的自主学习能力和动手操作能力,也能够将劳动教育融入幼儿园的启蒙教育活动当中,传承和发扬优秀的农耕文化。也可以利用多媒体技术向幼儿展示劳动教育的相关视频等,让幼儿在观看活动视频时感受劳动教育的魅力。寓教于乐,帮助幼儿培养动手能力,让幼儿从小就能够认识劳动的重要性,树立远大的理想抱负。

(二)开展劳动主题文化活动

幼儿园可以定期开展劳动教育的主题活动,在幼儿园园区内进行劳动教育相关文化的

展示，比如传统的农耕文化等。让幼儿在活动过程当中更加深入地了解劳动的相关知识，也可以让幼儿以及家长教师等共同参与进来。幼儿园内，幼儿目光所及之处都充满劳动教育的内容，让幼儿的视觉、听觉以及触觉都能接触并感受到劳动教育，对优秀的劳动教育产生更加深刻的记忆，感悟劳动教育的魅力。

（三）开展劳动实践活动

如今，在幼儿园的环境规划当中，大部分幼儿园都会设置一部分室外区域让幼儿进行蔬菜瓜果的种植。教师可以充分利用这些种植区培养幼儿的劳动能力。教师可以通过视频教学的形式，让幼儿学习到农耕文化，让幼儿参与种植活动，幼儿园也可以将幼儿亲自种植的蔬菜瓜果作为材料，开展一系列的烹饪主题活动。让幼儿积极参与，充分发挥自身的动手能力。也可以在活动中培养幼儿团队合作的能力，让幼儿更加热爱劳动。

（四）举办劳动教育比赛

幼儿园为了更好地将劳动教育融入启蒙教育活动当中。可以设计开展劳动教育的比赛活动，让幼儿积极参与比赛当中。通过进行赛前的积极准备，让幼儿充分了解劳动教育的深刻内涵。让幼儿了解劳动模范的优秀品质。通过亲自参与劳动比赛之中，充分发挥幼儿的自主能力和创造性。培养幼儿吃苦耐劳的能力，通过劳动教育的比赛锻炼幼儿的自信心以及耐心。拓宽幼儿园培养幼儿综合素养的路径。在劳动教育的比赛整体过程当中，幼儿很可能选择多人进行共同制作，因此在准备的过程当中，也可以培养幼儿的团队协作能力，促进幼儿的全面发展。

三、基于核心素养下培养幼儿劳动力的实践课程建构的意义

劳动教育在幼儿园教育教学过程中发挥着无法替代的作用，是塑造幼儿健康人格、促进幼儿全面发展的重要手段。劳动教育之所以长期被忽视、被淡化，大部分的原因在于人们没有从理论的角度来把握劳动教育的本质及内涵。在教育实践中劳动教育常被淹没在综合实践活动等内容里，未能明确其本质内涵，这也让劳动教育失去自身独特属性。因此，回归教育初心，以幼儿全面发展为价值指引，进一步探索劳动教育的精神实质，增强劳动教育在幼儿园整体教学中的重要性。通过劳动教育树立学生良好品德，增长学生才智，强健学生体魄，提高学生审美能力，激发学生的创造力等。

幼儿园可以采用多种方式将劳动教育融入幼儿园的启蒙教育活动当中，让幼儿充分发挥主观能动性。构建核心素养下幼儿劳动力的实践课程，可以让幼儿得到优秀传统文化的熏陶。开展劳动教育，提高幼儿的动手能力和培养幼儿吃苦耐劳的精神，促进幼儿全面发展，为其自身的人格培养奠定良好基础。

浅谈广宁民歌的特征和历史文化价值

广东省广州市白云工商技师学院　王杰华

一、引言

广宁民歌受现代化、城镇化进程的影响，以及老一辈音乐传承者的故去，再加上广宁民歌在整个历史发展过程中主要是以口头流传和简单文字记录的方式传承给下一代，并没有明确的歌谱记录，所以独特的广宁民歌面临着失传的危机。

同时，广宁民歌是中国传统音乐文化的重要组成部分，本文通过专人采风和资料分析，

对其进行多方面的探究。

二、广宁的地理历史文化背景

要了解广宁民歌首先要了解广宁的地理位置和广宁的历史文化。广宁县位于广东省西北部。"广宁"含有"广泛安宁"的意思，广宁是革命老区，也是全国著名竹子之乡、武术之乡和全国文化先进县。

近年来，广宁县政府一直重视文化建设，围绕建设文化强县的目标，深入开展形式多样、丰富多彩的群众文化活动，组织音乐文化展演，不断提高文艺创作水平，并取得了丰硕的成果。

三、广宁民歌的特征

广宁民歌是广宁及其附近地区群众喜闻乐见且具有浓郁地方特色的一种音乐艺术形式。下面对各广宁民歌的构成要素的具体特性进行论述。

（一）广宁民歌的唱腔特征

通过采风发现，广宁民歌最大的特点就是歌曲比较高亢，节奏较自由。大部分的广宁民歌都可以随着歌曲内容的变化而唱出不同类型的韵律。曲调也会有所变化，脱口成歌，对答如流。但并不是所有的区域都是同一种唱腔，其中的"广宁客家山歌"的唱腔就另有特色。同时发现，流行于各镇的民歌唱腔也有各自不同的风格特点。

（二）广宁民歌常见的五大表现手法

1. 押韵

广宁民歌中最常见的表现手法就是押韵，其特征跟诗歌、对联中的押韵大同小异，是指在歌曲某些句子的最后一个字使用同韵母（广宁白话的译音）相同或相近的字，使人们咏唱时朗朗上口。如《永远千秋不断情》：妹子送条毛手巾，朝头洗脸晚洗身；新买耳环胡椒花，送了耳环送纱绸；问妹交情交多久，交到河里无水流。

该曲目中的尾音分别翻译成广宁方言为：巾音 gēn、身音 sèn、花音 fà、绸音 zǎo、久音 zāo、流音 lao。从中可以看到广宁民歌中押韵体在尾字读音为广宁方言的押韵。

2. 直叙

广宁民歌中的直叙表现手法可以称为"赋"体，简单地说就是大白话，是广宁民歌使用最多的一种表现手法。歌曲在创作过程具有较强的即兴性。如《放同群》：妇女原来深受苦，千辛万苦数唔清。万古以来苦传苦，而今唔讲你唔知。日里做工唔够吃，夜间推冷到天明。想去想来心苦楚，农工妇女苦更多。

3. 起兴

广宁民歌中的起兴表现手法具体地说就是歌唱者借事物起兴，通过歌声抒发情感，由于民歌均出于兴者（歌手）口中，所以也可以说是一种托物述事的表现手法。另外，也有作者看到某个事物后有所启发，但是写出来的作品所要歌唱的对象既可有关联也可无关联，这事物只是起到起兴的作用，即借物起兴。如《千金难买哥心情》：高山岭上一枝花，花香传遍山脚下。妹子比花香十倍，不知是否落富家。不爱珍珠不爱宝，只爱情哥人勤劳。珍珠宝贝买得到，千金难买哥心情。

从歌词可以看出，此曲开始是在表达花的美，但在最后表达的是歌曲主人公对爱人的眷念之情，属于典型的起兴体。

4. "呀"字尾音辅助

在广宁民歌中有的歌曲在表现上会在歌句的末尾加一个"呀"字以做修饰，这一尾音起到语气修饰的作用（跟语气字"吧"、"啦"相当）；第二个就是起到强调句意的作用。如《出嫁女梳妆歌》：祖先呀，今夜你孙来占位呀，你孙占位坐中央。脚踏筛箕青竹筋呀，脚踏披麻大孝神呀。上怡摆开金鸡龙凤菜呀，下怡摆开明镜娇梳头呀。

5. 重段叠句

广宁民歌中表现的"重段叠句"又叫重叠手法，是指作者为了强调某一事物或者表明某一段故事旨意而多次使用的同一类型的字词。如《九篸歌》：割只骟鸡第一篸，应该留落五更啼。鸭仔炒姜第二篸，应该放去塘心游。白鸽破开第三篸，应该留巨耍天空。烧只肥鹅第四篸，应该放落海中游。副只大猪第五篸，应该留到摆门风。副只金牛第六篸，应该留落驶霜田。第六数来第七篸，蛋丝木耳盖面头。第七数来第八篸，鲸鱼虾米碗心装。第九篸来热辣辣，堡南蚝鼓衬猪蹄。九篸唔能吃得了，十二味碟又出台。

此曲中明显看出，作者运用了数字递增的方式来表达菜式之多。然后又多次重复"应该"二字以表达其本意。是典型的"重段叠句"表现手法。

上述是广宁民歌中常见的五大表现形式，它们之间既有共性也有个性，各具特色，统一于广宁民族音乐文化之中。

(三)广宁民歌常见的四种演唱形式

民歌是人民生活的真实写照，它与当地的地理、文化等息息相关。所以民歌反映着本民族特有的历史风俗和文化传统。受广宁独特的地理特征和人文环境的影响，在人们不断创作、流传下，经过发展和演变，广宁民歌逐渐出现独唱、对驳唱、小组唱和问答式对唱等形式。下面对其四大形式的具体特征做简单探究：

1. 独唱

广宁民歌中的独唱指的是独自一个人清唱，没有任何伴奏，歌曲由歌唱者一人完成。广宁人民独自在田地干活时都有独唱一歌的习惯，而这歌曲内容可以涉及多个方面。其目的只有一个就是抒发内心的感情，宣泄心情。如《甘愿跟郎不怕穷》：赤豆煮粥满锅红，甘愿跟郎不怕穷。只要两人情义好，郎如乞吃妹挽筒。郎心甘来妹心甘，情愿同郎睡瓜棚。情愿同郎喝粥水，情愿同郎吃薯羹。

2. 对驳唱

对驳唱通俗说就是山歌对唱，歌唱者就是在山上干活的人民，以男女隔山驳唱的形式尾驳尾对唱，对唱的内容相互关联，不能走题。

3. 小组唱

小组唱有一人领唱众人跟唱、分组演唱、大合唱三种表现形式，该歌唱形式也得到了很好的展现。例如获得"2011年广东省群众文艺作品评选音乐类"一等奖的广宁原创童谣作品《点点脚泥》：点点脚越泥，阿公上树劈柴皮，劈倒孟过迳。迳心迳口得只死狐狸，乌鸡肾，白鸡肾，喊埋姊妹吃木菌。

该作品以合唱的形式呈现，由陈英华作曲、江小兵整理歌词，该歌谣以童年回忆的形式讲述民间孩子们在农村成长的种种乐趣。该作品以广宁方言为基础，配以轻松欢快的伴奏，是传统广宁民歌的新形式，整首歌曲朗朗上口。现已收录于"广东省音乐家协会官网"。

4. 问答式对唱

问答式对唱类似于"驳唱"的歌唱形式，但是不同于驳唱的是"问答式对唱"是演唱者通过"一问接一答"的形式，有男女间的情歌对唱、父子间的亲情交流对唱，也有在山上或田地上一同干活的两人对唱等多种形式。每年春节在广宁宝锭山和竹海大观旅游风景区表演的问答式民歌对唱，就属于这种对唱类型。

总的来说，广宁民歌大多都以各镇的语言习惯、生活风俗和人文特色等为基本条件，然后综合本土方言和唱腔特点，通过民间演唱或人们传唱的口头形流传于民间，不同镇、村之间会有着不同的歌唱形式，具有较强的地域性。

四、探究广宁民歌对于历史文化发展的价值和意义

1. 传承广宁文化，突显广宁文化自身特色

广宁民歌是我国民族音乐的重要组成部分，研究广宁民歌，首先能通过书面的形式突显其不同于其他民族的音乐风格、音乐特色和艺术魅力。其次使更多人了解广宁民歌，让广宁民歌更好地传承下去。对于解读中华文化，继承民间艺术的优秀传统具有重要的意义。

2. 丰富中华民族文化，提高民族凝聚力

其一，从一定意义上说，文化就是隐形生产力。文化是民族凝聚力和创造力的重要源泉，而增强中华文化建设是提高我国民族凝聚力的必要手段；

其二，广宁民歌是中华民族文化的一部分，广宁人民热衷于本土民歌甚至可以说本土民歌是本地人民的一种强大的精神寄托，所以广宁民歌的发展也有助于我国的文化建设和民族凝聚力的提高。

建构多形式师幼互动，支持幼儿探究活动

北京市平谷区第四幼儿园 李 娜

《幼儿园保育教育质量评估指南》将"师幼互动"视为教育过程的核心。师幼互动质量对幼儿认知发展、表达表征、学习品质和社会性发展水平等方面产生着重要影响。引领教师基于对幼儿的观察与解读，聚焦有效的师幼互动，以保证教育目标及活动价值的实现。互动强调以幼儿为主体、基于幼儿的兴趣经验和个体差异，使幼儿在获得快乐与满足的同时，最大限度地支持幼儿的探究与发展。

一、师幼互动要基于对幼儿的观察与解读

《幼儿园工作规程》明确提出，"幼儿园教师的主要职责是观察了解幼儿，依据国家规定的幼儿园课程标准，结合本班幼儿的具体情况，制定和执行教育工作"。教师提供有效支持行为的前提是有效观察和合理解读幼儿的情绪、语言、行为和认知经验等。幼儿在活动中的表征及行为，都需要教师进行细致的观察与记录，这样方便教师更清晰地了解幼儿，使教师的引导和评价更准确。教师在观察—记录—支持—评价—反思中，把握幼儿语言和行为背后的意义与需要，更准确清晰地了解儿童的兴趣爱好、发展水平及个体差异，以便教师根据幼儿的实际水平进行梳理和整合，将解读作为有效互动与支持的依据，更好地促进儿童持续发展。

二、师幼互动要体现方法的灵活多样

（一）情感互动

《3—6岁儿童学习与发展指南》明确指出，"愉快的情绪"是"幼儿身心健康的重要标志，也是幼儿其他领域学习与发展的基础"。情感支持是幼儿园师幼互动中至关重要的环节。幼儿参与活动的积极性直接受制于幼儿特定情感的驱动，快乐的情感可以提高幼儿的好奇与兴趣，从而使幼儿主动地参与活动与交流中去。作为幼儿教师要善于发现幼儿的情绪变化，用心了解、支持幼儿。用积极、肯定、正面的情绪，用微笑、拥抱、鼓励、表扬等情感互动方式让幼儿获得安全感、信赖感和归属感，从而让幼儿愉悦地、积极地、大胆地进行探

究活动。

（二）材料互动

皮亚杰曾提出："儿童的智慧源于材料。"材料的有效投放能够提高幼儿参与活动的兴趣与探究欲望，是支持幼儿自主学习的前提。活动前教师要依据幼儿生活经验与能力，加强材料投放的目的性、科学性和针对性，活动中材料能引发幼儿动手、动脑，幼儿在与材料的互动中不断把目标推向深入，促进高阶思维的发展。由于幼儿认知经验与结构、发展方向与速度及心理特质存在差异性，同年龄段幼儿发展水平也不尽相同。因此教师投放材料时还要重视把握幼儿发展的原有水平，重视材料投放的层次性，促进每个幼儿在原有水平上得到不同层次的提高。

（三）语言互动

1. 教师通过开放性提问激发幼儿创造性思维

教师在活动中的提问应由浅入深、层层递进，同时具备启发性、开放性的特点，可有意识地根据幼儿经验、观察和思考进行开放性提问，这样不但可以激发幼儿自主探究积极性，还能拓宽幼儿原有经验，引导幼儿在活动中积极思考、积极参与、积极应答。如大班科学活动"有趣的指纹"中，当幼儿发现自己和身边伙伴的指纹不一样时，教师以"哇，你们的发现真有意思，再仔细看一看，指纹还有哪些秘密？"这一问题促进幼儿细致观察。在大班科学活动"制造阴凉"中，幼儿积极探索用纸板挡住光不照射在自己身上的方法，通过已有的光影经验，多数幼儿通过不断调整纸板位置，尝试用纸板挡住阳光制造出"一片阴凉"。为让幼儿更深入发现光影变化，教师提出"光、纸板和身体形成什么样角度，你身上阴凉面积最大？"这种没有具体导向却"煽风点火"般的提问，使得观察与探索不断生成。在这样的提问过程中，教师也真正成为幼儿活动的支持者、引导者，引发活动不断地深入。

2. 教师通过与幼儿一起推测、讨论与提升，驱动性问题促进幼儿深度学习

在与幼儿一起梳理想要解决的问题时，需与幼儿一起就关键问题进行推测、讨论与反问。谷雨节气后，师幼一起在自然区水泡了黑豆、红豆、绿豆和黄豆，在"发芽的豆宝宝"观察活动中，幼儿观察发现很多问题，如：为什么泡水以后的黑豆水变成棕色了？豆宝宝会一起发芽吗？长出的小芽长大后会不会变成叶子？教师在幼儿提出的大量问题中，抓取关键性有驱动性价值的问题——"豆豆长出的小芽长大后会不会变成叶子"，提醒幼儿注意观察和记录，豆子长出的小芽到底是叶子还是根呢？抓住具有探究价值的驱动性问题，组织幼儿进行科学探究。

3. 教师通过追问，引发幼儿不断深入思考

有效的追问是通过教师提出问题，幼儿回答提问，教师根据幼儿反应与回应再次抛出问题，幼儿再回答的良性互动。其间，幼儿的思考与教师不断碰撞与互动，此过程中教师不断引导幼儿重新思考、挑战，从而提升幼儿推理能力、逻辑思维能力和表达能力。在此过程中，教师的追问要找准切入点，找到幼儿回答问题的突破口与关键性问题，引导幼儿不断探究，而且教师要善于倾听幼儿回答，适时抓住有价值的部分进行追问。当幼儿在活动中回应问题不够准确或欠缺思考时，教师的追问可以通过引导幼儿思考找到答案。如中班科学活动"寻找最粗的树"中，小于拿纸绳测量梧桐树树干的周长，但是纸绳的长度显然不够，他邀请花花帮他再拿一条纸绳一起尝试测量，花花用了绿色的布绳，布绳稍长，只用上将近一半儿，小于和花花感知了梧桐树树干的周长；花花提议再去测量玉兰树，小于目测玉兰树一定比梧桐树细不用量，他决定去量大杨树。这次他喊的同伴是嘻嘻，两人用的都是纸绳（长度一样），两条纸绳的长度正好和大杨树的粗度一致，小于很开心地高喊：

"大杨树最粗了,它的周长和两根绳儿一样!"我走过去和他击掌:"老师真为你耐心的测量高兴,想一想两次和你一起测量的小伙伴的测量工具一样吗?""不一样。"我赶紧反问:"那这两种工具有区别吗?""我去比一比去。"我的追问引导幼儿发现问题并开始深入探究。

当幼儿回答偏离主题时,教师的追问可以引领幼儿重新回到讨论主题。如科学活动"影子追逐战",孩子们在用镜子反射太阳光的探索活动后,开始谈论:"我的影子最高了,我的光影特别亮,我的影子在那里呢,你们快看!"听着孩子们饶有兴趣地分享自己的喜悦,教师适时引发幼儿思考与探索:"哇哦,你们的影子太有趣了,你们试一试看看谁的影子能够射到'大蝴蝶'的上面。"幼儿通过调整和变换角度,感知了光影关系,教师提问:"你的影子为什么能够反射到'大蝴蝶'上呢?你是怎么做到的?"通过追问,引导幼儿深入探索。

4. 教师通过梳理与总结,提升幼儿科学经验

当幼儿表达不够完整、较单一片面时,教师可以在耐心倾听的基础上,对幼儿的回答进行梳理、提升和总结,帮助幼儿将零散的经验条理化、全面化和系统化。如小班科学活动"取出冰中玩具",教师提问:"刚才我们都用了什么好办法取出了冰里面的玩具?"幼儿说可以用锤子、积木砸,把冰放在太阳下等,教师进行归纳:"我们可以把冰敲碎,可以用到锤子、积木等;还可以让冰快点融化,可以用热水、晒太阳等方法。"由于每个幼儿在独立思维和逻辑探索的过程中所收集和得到的答案都比较单一、凌乱或是不完全,教师就需要将其补充完整,进行总结提升。

总之,作为幼儿教师要建构积极愉悦、充满探索性、不断引发幼儿深入探究的多形式师幼互动形式,支持幼儿深入主动进行探究活动,真正实现用"高质量的师幼互动"形式,支持每名幼儿的学习与发展。

幼儿园面塑特色活动实施初探

北京市通州区永顺镇中心幼儿园 赵振颖

面塑艺术是民俗艺术中不可多得的瑰宝,具有相当的民俗价值、审美价值及教育价值。面塑材料方便可取,可塑性强,色彩多样的面塑正是培养幼儿动手动脑能力,激发幼儿创造力的有效载体。

一、巧用环境要素,激发幼儿参与面塑活动的热情

环境是幼儿园教育中不可或缺的要素之一,良好的环境能够激发幼儿参与面塑活动的热情。

(一)创造轻松兼具美感的外部环境

我国著名教育家陈鹤琴先生曾说:"怎样的环境就能得到怎样的刺激,得到怎样的印象。"创设能够调动幼儿兴趣的环境,能使幼儿在活动中更为投入。幼儿园可以设置专门的面塑活动室,墙面、天花板和地板等可以用面塑作品对其进行装饰,营造一个浓厚的面塑艺术氛围。

幼儿的艺术行为深受周围环境的影响,通过参与班级创设,幼儿看到自己的作品被展示时,内心是十分满足和开心的。师幼在共同装饰的过程中,激发了幼儿的创造兴趣和热情,同时也激发了幼儿的艺术灵感。这样的环境贴近幼儿的心灵,能够让幼儿在耳濡目染中更喜欢面塑活动。

（二）创设宽松自由的创作环境

宽松、和谐、自由的创作环境有利于幼儿的创作和个性发展。教师创设理解、接纳、民主的氛围，为幼儿提供充分的安全心理环境，让幼儿无拘无束地大胆表达自己的内心所想，与此同时，重视每一位幼儿的表现和艺术创作，并及时给予肯定和表扬。在幼儿捏塑时，教师要注意引导幼儿进行充分的观察，尽情地交流。幼儿在这样的环境中，才会有事愿意和老师分享，有问题愿意与大家商量，在集体面前敢于表达自己的想法和感受。

二、巧用材料要素，激发幼儿制作面塑的灵感

材料是幼儿园面塑活动的关键要素之一。不同的材料能够激发幼儿不同的创作灵感。因此，幼儿园在开展面塑特色活动时，应该根据幼儿的年龄特点、兴趣和需要，提供丰富多样的材料。例如，幼儿园可以提供各种颜色的面团、模具、刀具等常规材料，同时也可以引入一些特殊的材料，如干花、糖果等，让幼儿在制作面塑时有更多的选择和创意。此外，幼儿园还可以鼓励幼儿使用一些非常规的材料，如毛线、布料等，让幼儿在制作面塑时能够发挥自己的想象力和创造力。

三、巧用内容要素，激发幼儿参与面塑活动的意愿

在开展面塑特色活动时，教师应该根据幼儿的年龄特点、兴趣和需要，设计丰富多彩的面塑活动。例如，幼儿园可以设计一些简单的面塑制作活动，如捏小动物、水果等，让幼儿初步了解面塑的特点和制作方法；同时也可以设计一些具有挑战性的活动，如制作面塑人物、建筑等，让幼儿在制作面塑时能够发挥自己的想象力和创造力。此外，幼儿园还可以引入一些具有文化特色的面塑内容，如传统故事、民俗等，让幼儿在制作面塑时能够了解和传承中华传统文化。

四、巧用组织形式要素，激发幼儿参与面塑的兴趣

在开展面塑特色活动时，幼儿园应该根据幼儿的年龄特点、兴趣和需要，采取灵活多样的组织形式。随着幼儿知识经验、生活经验的丰富，泥塑技能的成熟，他们的创作欲望会随之增长。这时，教师可鼓励幼儿大胆想象，拟设主题，进行创作。

1. 集体创作，分工合作。此时，可引导幼儿通过集体讨论、设计主题、分工合作塑造大型场面的群像。比如，创作"马路上""动物园"等主题作品时，让幼儿自由选择塑造其中一种或多种事物的形象，引导幼儿合理布置场景，给幼儿更多的表现空间。通过集体创作，幼儿的合作意识、交往能力、自信心都得到了提高。

2. 自由组合，自由创作。这一阶段，幼儿开始寻找合作伙伴进行共同设计、自由创作。他们通过讨论确定主题，然后分工合作创作主题泥塑作品，如"生日会""对弈""我们的幼儿园""升国旗"等。这时，幼儿的想象空间更加宽泛，思维更加灵活，作品不拘一格，发展了自身的综合能力。

3. 幼儿园还可以采取亲子互动的形式，让家长和幼儿一起参与面塑制作活动，增加亲子之间的互动和交流。通过不同的组织形式，能够激发幼儿参与面塑活动的兴趣和积极性。

幼儿园面塑特色活动的实施需要巧用环境、材料、内容和组织形式要素。通过营造浓厚的面塑艺术氛围、提供丰富多样的材料、设计丰富多彩的内容以及采取灵活多样的组织形式等激发幼儿参与面塑活动的热情、灵感和意愿。同时提高幼儿对面塑活动的兴趣和积极性，促进幼儿的身心发展以及提高幼儿园的教育质量。

总之，在泥塑活动中，《纲要》为幼教工作者指明了方向。幼教工作者应不断实践和探索，力争将《纲要》精神落到实处，让幼儿通过泥塑活动真正体验艺术创作带来的成功和快乐。

新时代教育改革视域下高质量园本课程的建构与实践研究

北京市怀柔区第三幼儿园　郭玉香

"树立以提高质量为核心的教育发展观，注重教育内涵发展"是《国家中长期教育改革和发展规划纲要（2010—2020）》提出的战略目标，标志着我国教育步入了以质量为核心的发展时期。为了贯彻党中央决策部署的重要举措，满足提高学前教育质量的迫切需要，2022年教育部颁布的《幼儿园保育教育质量评估指南》（以下简称《评估指南》）构建了幼儿园保教质量评估指标体系，勾勒了高质量的幼儿园保教的实践样态，为学前教育的高质量发展提供了科学的实施指南和明确的行动依据。自文件颁布一年来，我园不断地学习—研究—实践—反思，逐步厘清思路，转变教育观念与教学行为，努力推动全面实现幼儿园高质量发展的目标。

一、理念重塑，认知迭代知标而为

有效落实《评估指南》，更新教育理念，转变教育行为。老师们在一日保教活动中时刻用四个问题审视自身的教育教学行为，即"是否相信每一个幼儿都是积极主动、有能力的学习者？""是否尊重个体差异，遵循幼儿身心发展规律和学前教育规律？""是否坚持以游戏为基本活动，珍视生活和游戏的独特价值？""是否最大限度地支持和满足幼儿通过直接感知、实际操作和亲身体验获取经验的需要？"为了更加科学、规范地实施《评估指南》，我园坚持以党建工作为引领，以师德建设为中心，以促进教师专业发展为目标，以学用《评估指南》为工作主线，通过专家导读、专题研讨、集中学习、业务培训、自我诊断等多种方式，采用"学、研、用、考、评"理论与实践相结合的行动路径，强调在日复一日的实践中，坚持儿童立场、聚焦教育过程、抓住师幼互动和强化科学评估，以此来更新教师的儿童观、游戏观、课程观，将儿童发展的自身需求与教育目标紧密结合，进一步探索完善以儿童为本，以游戏为基本活动的开放性、多样态、个性化的一日生活课程，促进幼儿园课程向高质量发展。

二、活动重构，儿童生活游戏为媒

《评估指南》上至总体要求，下至评估指标，都彰显了理解儿童、尊重儿童、以儿童为中心的思想，确立了儿童的主体地位。

（一）倾听儿童内心——让游戏成为幼儿园活动的根本

游戏是幼儿获取经验最直接的一种方式，在日常教学中，教师真正走进儿童内心，聆听每一名儿童的所思所想。真正做到"倾听儿童，相伴成长"。六一庆祝活动，教师将活动"以结果为中心"转化为"以过程为重点"，将单一的演出形式变为多元沉浸式的互动体验，师幼共同设计50个游戏体验区。

奇趣乐园中，孩子们捉泥鳅、钓小鱼、体验造云机、畅享泡沫之夏，在自然游戏中自主探索，体验科学的乐趣；花果乐园中，孩子们感受水墨长廊、花园写生、创意扎染等带来的艺术氛围，他们大胆表达，提升艺术审美情趣；爱心市集中，孩子们将自制的艺术品、家中的玩具、图书带到幼儿园，和同伴间以物换物或进行售卖，将筹集的所有善款用于公益活动之中，以"小手拉大手"的形式传递着绿色环保和关爱他人的情感，养成了良好的品行。别样的六一亲子游园会，孩子们自发地制订游戏计划、自主选择游戏材料和玩伴，充分体验和同伴一起游戏的快乐，既满足了幼儿爱玩的天性，幼儿也在快乐中获得了自信，真正体现了孩子是游戏的主人。

（二）尊重儿童需要——让儿童成为幼儿园课程的起点

我园长期以来致力于将自然资源融入园本课程的探索与实践，刚才提到的四千多平方米的自然生态园，被孩子亲切地称为"花果园"，这里四季有花，三季有果，植被种类丰富、设备设施齐全，是孩子们最喜欢的天然游戏场。我们坚持立足儿童本位，从资源挖掘的视角出发，依托花果园的环境优势建构出"乐"系列课程。其中，"乐探"在于引导幼儿通过感知自然现象、观察动植物等进行自然探索；"乐享"在于支持儿童借助多种自然物展开自然游戏，满足儿童对游戏的本能喜爱；"乐创"在于促使幼儿在感受美、欣赏美的基础上进行艺术创作；"乐畅"在于通过开展特色活动来丰富幼儿沉浸于大自然中的内心情感体验；"乐尚"在于使儿童热爱自然、崇尚自然，与自然形成更加融洽的关系。幼儿对大自然的一切都具有十分强烈的好奇心和求知欲，教师要善于捕捉幼儿的兴趣点，生成适宜幼儿发展的多领域活动。

（三）支持儿童发展——让环境成为幼儿园课程的隐性支持

《评估指南》把品德启蒙作为办园方向中的关键要素，进一步明确了幼儿园阶段要以落实立德树人这一根本任务为中心和方向。因此，教师要树立将品德启蒙融入幼儿园教育的理念，将品德启蒙渗透在生活中、体现在课程中以及浸润在环境中。园长带领业务干部深入班级，以《评估指南》中幼儿游戏表达表征的评估要点开展行政教研，引领教师在创设环境的过程中，将注重结果性呈现转变为注重幼儿与人、与事、与物互动过程的记录，注重环境的游戏性、互动性、探究性，充分发挥环境育人的功能。

三、评价重建，以评促教促改相融

《评估指南》让幼儿园干部、教师在评价过程中有了抓手，能够全面、客观、系统地对教师发展、幼儿发展进行分析，进而采取有效的措施，发挥以评促教、以评促改的作用。

一是突出过程性评估。秉承"一日生活皆课程"的理念，我园将评估指标细化到一日生活的各个环节，老师们利用音频、视频、图像、文字等不同方式观察记录幼儿的游戏行为，对应评价指标进行分析；业务干部利用教研活动、业务学习等进行研讨，提升教师捕捉幼儿行为的能力，并给予及时解读和回应，以此来发现每一个孩子最需要的关切点。

二是突出多元化评估。延展评估范围，从不同层面对接《评估指南》，审议教育教学活动的实效性。第一，从保教管理层面考虑，在制订学期、月、周、日保教计划和撰写总结过程中，对接评估要点，保证了计划与总结的科学性。第二，从主题活动层面考虑，主题开展前分析幼儿已有经验，开展中，注重过程性的观察与记录；开展后，注重五大领域不同形式的表达与表现。第三，从教学层面考虑，通过对比、分析活动组织、师幼互动的有效性，进而及时进行反馈调整。第四，从教师个体层面考虑，关注幼儿发展的整体性、自主性，善于抓住教育契机等，通过实施《评估指南》得以提升。

三是层级式评估。我园全体干部、教师通过学习《评估指南》，将指标与自身的实际工作相结合。一方面，十位干部进行包班式管理指导，充分利用《评估指南》去评估园所发展、卫生保健、保育安全、教师教育教学行为等，并给予有针对性的指导。另一方面，我园倡导以反思和改进实践为导向的教师自我评估，从质量视角发挥主观能动性，反馈教育方式，调整教育思想，改进教育行为。

四、直面挑战，以创新为改革动力

我们要坚持教育优先发展，科技自立自强，加快建设教育强国、科技强国、人才强国，培养拥有创新能力的拔尖人才，无论是以核心素养为指向的基础教育，还是建设现代化强国的教育需求，都要培养创新型人才。这对每一位幼教工作者都提出了挑战，《评估指南》的颁布与实施，为我们提供了强有力的依据和抓手，也为我们指明了前行方向。

《评估指南》的实施对幼儿园的业务管理者和教师提出了新的要求和挑战，我园将继续落实《评估指南》，将提升保教质量作为教育的专业追求，开展新时代教育改革视域下的园本课程，为构建高质量教育体系，实现教育强国奠定坚实基础。

行知路上花芬芳，品味童年有歌韵

江苏省苏州市工业园区斜塘街道星湖幼儿园　丁一博

陶行知先生注重激励幼儿学会自主探究，在共生场中注重激发幼儿参与各种活动，提升幼儿参与的自觉性，让幼儿体验合作也是学习音乐的大舞台。歌唱活动是借助嗓音表达思想、交流情感的一种幼儿音乐活动形式，是幼儿喜闻乐见的、易于理解和接受的音乐内容。

一、红色歌曲爱凝心声，歌有声韵润泽初心

陶行知先生注重引导幼儿自主探究，学唱红色歌曲，在传唱红色歌曲中，不仅潜移默化中让幼儿热爱党和国家，还让幼儿懂得了自己要力争上游，做个爱祖国爱党爱人民的好儿童。在学唱歌曲、传唱歌曲、共唱歌曲中，幼儿的爱国情感变得深厚。

(一)塑生活美感，陶醉红色歌曲之美

教师在歌唱活动中，用适合幼儿的语言来创设审美情境，可以激发幼儿的歌唱探究能力，引导幼儿来学唱歌曲，跟着教师一起表现出歌曲的美好。如在学习歌唱《吃水不忘挖井人》的时候，教师引导幼儿先来感受歌曲的歌词之美，如从小爷爷对我说，吃水不忘挖井人，曾经苦难才明白，没有共产党，哪有新中国，从小老师教我唱，唱支山歌给党听，几经风雨更懂得，跟着共产党，才有新中国。通过念诵歌词，幼儿懂得了歌曲歌词美，在聆听林妙可的演唱中，更感受歌曲中爱国爱党的情感。幼儿自己跟着学唱时，也感受其中的爱国力量，懂得要知恩图报，充满感谢共产党给予我们新生的情感。

(二)品生活共情，品味红色歌曲之善

歌唱活动生活化，更注重引导幼儿对歌词进行细致品鉴，发现其中的"善"文化，从而丰富幼儿的诸多体验。教师引导幼儿对歌词中所写的人物或者动物进行评价，并代入他们共情以进行理解，从而帮助幼儿获得歌词的内涵，让幼儿懂得歌词中充满了善心和美好。如在学习《唱支山歌给党听》时，教师带领幼儿先观影，了解这首歌曲是电影《雷锋》的插曲，而这首歌曲中也有雷锋叔叔日记中的内容。词作家姚筱舟创作的时候，采用了民间歌谣的方式，用倾诉的语调，讲述了对党的赞美和深情依恋。教师带领幼儿从自己生活的角度，来说说自己对母亲的热爱，明白母亲是世界上最爱自己的人。再引导幼儿从自己的母亲说到中国共产党这位母亲，让幼儿懂得要把党作为自己的第二位母亲。

二、音乐游戏融入歌唱，歌有情韵律动融入

(一)融入创编，提升音乐游戏感知力

音乐游戏中，教师要融入各种肢体动作并带领幼儿做这些动作来激活幼儿的音乐感知能力。在音乐游戏中培养幼儿学会理解音乐，融入气氛的能力。在音乐游戏"小精灵和萤火虫"中，教师播放音乐《Yesh li yadayim》，幼儿欣赏，感受音乐节奏的欢快活泼。听完后，

教师提问"听了这首音乐你想做什么动作？把你创编的动作跟大家表演一下吧"。在 A 段音乐中，教师扮演小精灵，幼儿扮演萤火虫，萤火虫随音乐和小精灵一起练习做拍肩、拍手、拍腿、踏脚等动作。教师播放音乐，师幼共同做动作。在 B 段音乐中，教师讲解游戏情景，小精灵走累了刚想蹲下休息一会儿，调皮的萤火虫立马飞过去挠小精灵，小精灵轻轻推开萤火虫，萤火虫赶紧飞走了，唱起歌曲《小精灵》。教师和幼儿一起随 B 段音乐进行游戏。通过强化练习交换角色的部分，间奏处引导幼儿随音乐交换角色进行游戏，多加练习，提高幼儿的反应能力。

（二）家园共育，使音乐融入幼儿的生活

幼儿教育具有一定的特殊性，在幼儿教育中需要更多地投入情感，遵循幼儿教育的规律性和特殊性，在教学中创新教学模式，并灵活运用，让幼儿在音乐教育中感受到美与快乐。

罗丹说过："我们的生活不是缺少美，而是缺少发现美的眼睛。"同样地，在幼儿教育中，我们不是缺少美，而是缺乏创造美的能力。而创造音乐美，首先就需要让幼儿对音乐感兴趣，乐意去学习音乐知识等。

而对幼儿的音乐教育，不仅要在幼儿园进行，也需要家庭的参与，充分发挥家庭在幼儿教育中的重要作用。众所周知，幼儿的父母更了解每位幼儿的特点，这样便可以因势利导，按照幼儿的喜好对其进行音乐教育。而进行良好的家庭教育，笔者认为需要做好三个方面的工作。

第一，父母首先要营造良好的家庭环境，营造良好的音乐氛围，比如平时播放幼儿喜欢听的音乐时，给幼儿讲述歌词的意义以及其中的内涵，结合一定的小故事，提高幼儿对音乐的理解能力。

第二，父母要以身作则，在平时多听音乐，尤其是有益于身心的音乐，比如下班之后可以听一些轻音乐，对于放松心情有很好的效果，久而久之，这种方式便会对幼儿产生潜移默化的影响，为幼儿形成良好的音乐习惯提供帮助。

第三，充分发挥幼儿的个性和天赋，让幼儿自主选择喜欢的音乐，通过弹奏各种乐器，提高对各种乐器的认识等。

总而言之，家庭教育与幼儿园教学应该及时相结合，从而提高幼儿的音乐审美能力和感受情绪情感的能力。

三、智慧童声传递歌韵，趣味歌唱传递深情

陶行知先生注重生活化的教学法，从中挖掘适合幼儿的教育源泉，引导幼儿自己来思考，自己来合作，对音乐中渗透的各种道德力量进行感悟。在歌曲中品鉴多元能量，提升自己的音乐素养。

（一）品生活共情，品味歌唱之善

歌唱教学生活化，更注重引导幼儿对歌词进行细致品鉴，从而帮助幼儿理解歌词的内涵，让幼儿懂得歌词中充满了善心和美好。如在学习《彝家娃娃真幸福》的时候，教师引导幼儿来念诵歌词，先来品味歌词中传达的"小确幸"，让幼儿体验到其中的快乐和幸福。这时候，教师让幼儿念诵的时候"声音要甜美一些，轻巧一些，表情要笑起来，咬字吐字要清晰"。这时候幼儿会轻轻跟随教师来念诵，如在念诵"银项链罗，阿里里，白衣白帽，阿里里"的时候，教师引导幼儿自己将歌曲中的人物服饰之美进行品鉴，感悟人物的快乐。这时候，教师再引导幼儿自己来说说如果自己的生活很幸福，会有怎样的表现，幼儿们会说"会高兴得又唱又跳，会手舞足蹈"。教师再引导幼儿念诵后面的歌词，体验"又跳舞罗阿里里，又唱歌罗阿里里",幼儿自己融入动作,戴着彝族头饰,开心地跳舞。

(二)融生活审美,感悟歌唱之旨

歌唱教学生活化需要激发幼儿对歌唱的主题进行理解。在每个歌唱作品中,还含有一定的主旨。教师创设生活化的情境,引导幼儿来思考,学会对歌曲的主题深思,迁移幼儿的生活。如在学习《小马与风车》中,通过对歌曲中的想象"小马""小风车"的单独表述,来激发幼儿自己的审美体验。教师再引导幼儿来学习另一首歌曲《勇敢的鄂伦春》,教师引导幼儿自己来观察人物,引导幼儿来思考,鄂伦春做了哪些事来保护森林。这时候,教师引导幼儿来念诵歌词"森林里住着勇敢的鄂伦春"。从而引导幼儿对鄂伦春的精神有所了解。自己也在合作演唱歌曲中,理解了歌曲是在赞美一位少数民族英雄。

陶行知先生注重在各种活动中培植幼儿的核心素养,通过多元的艺术化活动激发幼儿的多元智能。教师激发幼儿自己探究歌唱主题,理解歌唱故事,感悟歌唱中丰富多彩的大千世界。生活化的音乐教学法,对幼儿的乐感提升具有积极的作用,还可以帮助幼儿感悟到音乐世界的迷人和绮丽。在走进音乐的审美世界中,通过启发幼儿自己来理解音乐,表演音乐,自我传唱,合作传唱,对幼儿未来的发展具有积极的价值。

幼儿焦虑来了,你该怎么做

——幼儿心理健康教育的思与行

广东省佛山市顺德美致实验幼儿园　侯慧慧

随着中国社会的飞速进步,在激烈的竞争环境中,长辈们对幼儿的宠爱已经成为"小公主""小皇帝"的一种常态。幼儿进入幼儿园生活后,绝大部分家长片面的重视知识教育,而忽视了幼儿心理健康的发展,导致越来越多的幼儿出现了不同程度的心理健康问题,如:焦虑、胆小、自私、独立性弱,容易暴怒,与他人不合作,坐立不定,经常"忙碌"等。这些问题已经影响了幼儿心理素质和健康人格的培养。

一、谈幼儿的焦虑哪里来,案例分析焦虑情绪形成

4岁的达达情绪很不稳定,经常会表现得很焦虑,稍有一点点不适就会大哭大闹,和小朋友的相处较紧张,经常会因为小朋友的一句话或者一个动作,就开始暴怒哭闹。这天,班上的三位老师因为生病都请假了。其他班的老师到班上顶岗,达达一个早上不间断地哭闹,也不跟老师说自己哭闹的原因。直到我去巡班,跟他进行对话,他才跟我说出心里话,他对于自己班上的老师都不在感觉到不适应,只能一直哭闹。

1. 幼儿分析

达达情绪不稳定,经常会表现得很焦虑,稍有一点不适就会大哭大闹。达达刚上小班,小班幼儿正处于建立基本社交和情感联系的关键时期。他们与老师之间的关系,往往是他们最初也是最深刻的社交体验。在这个过程中,老师不仅是他们知识的传授者,更是他们情感的寄托和安全的象征。因此,当孩子们因为某种原因暂时见不到老师时,他们会感到不安和焦虑,担心失去这份重要的情感联系和安全感。

2. 教师分析

对于小班幼儿来说,见不到本班老师时的焦虑情绪是一个普遍而重要的教育议题。从教师的角度来看,这种情绪的产生源于孩子们对教师的深深依赖和信任。

小班幼儿正处于建立基本社交和情感联系的关键时期，作为老师，我们需要充分理解和尊重孩子们的这种情感需求。在日常生活中，我们可以通过多陪伴、多沟通、多理解来建立更深厚的师生情感。同时，当孩子们因为见不到老师而感到焦虑时，我们可以尝试用温和的语气、耐心的态度来安抚他们的情绪，让他们感受我们的关爱和支持。

3. 家长分析

幼儿在家庭中可能存在一些问题，导致他情绪不稳定。家长应该多关注幼儿的情绪变化，及时发现问题并采取相应的措施。同时，家长也应该与老师进行沟通和交流，共同关注幼儿的成长和发展。

二、思——幼儿焦虑为何形成，多方位分析焦虑原因

在幼儿园教育中，教师需要加强与幼儿之间的沟通和交流，及时发现问题并采取相应的措施；家长也需要多关注幼儿的情绪变化，并采取相应的措施；同时，幼儿园也需要加强与家长之间的沟通和交流，共同关注幼儿的成长和发展。只有这样才能够更好地促进幼儿园教育事业的发展。

1. 在人类心理发展的早期，特别是幼儿时期，对于其心理健康的发展至关重要。在这个阶段，幼儿需要得到充分的关注和关爱，以便他们能够健康地成长和发展。在这个案例中，达达是一个情绪不稳定的幼儿，经常会表现得很焦虑，稍有一点不适就会大哭大闹。这说明达达可能存在一些心理问题，需要得到及时的关注和帮助。

2. 为了帮助幼儿缓解焦虑情绪，我们应该采取有效的措施。这是一种普遍存在的心理问题。在这个案例中，老师可以采用一些有效的缓解焦虑情绪的方法，如倾听、安慰、鼓励等，帮助幼儿缓解焦虑和压力。同时，家长也可以采用一些有效的缓解焦虑情绪的方法，如陪伴、安慰、引导等，共同关注幼儿的成长和发展。

3. 建立一个有利的家庭氛围是促进幼儿心理健康的关键因素。在这个案例中，家长应该多关注幼儿的情绪变化，并采取相应的措施。同时，家长也应该与老师进行沟通和交流，共同关注幼儿的成长和发展。

4. 建立良好的教育教学环境。教育教学环境对于幼儿心理健康的发展也非常重要。我们可以通过一些具体的措施来缓解幼儿的焦虑情绪。也可以引导幼儿学会表达自己的情感，让他们在面对类似情况时能够主动寻求帮助和支持。

作为教师，我们需要以理解、尊重和关爱的态度去对待，并通过多种方式帮助幼儿建立更健康、更稳定的情感联系和社交能力。

在这个案例中，老师应该加强与幼儿之间的沟通和交流，并采取相应的措施。同时，幼儿园也应该加强与家长之间的沟通和交流，共同关注幼儿的成长和发展。

三、行——缓解焦虑策略，助力幼儿心理健康发展

1. 通过游戏缓解焦虑：游戏是幼儿最喜欢的活动之一，也是缓解焦虑的有效方法之一。教师可以创造一些有趣的游戏，例如"猜谜语""找宝藏"，来帮助幼儿放松身心，减轻焦虑感。

2. 通过音乐缓解焦虑：音乐是一种非常有效的缓解焦虑的方法。老师可以播放一些轻松愉悦的音乐，如儿歌、轻音乐等，让幼儿们在音乐中放松身心，缓解焦虑。

3. 通过绘画缓解焦虑：绘画是一种非常有益的活动，可以帮助幼儿们表达自己的情感和想法。老师可以让幼儿们自由绘画，或者指导他们画一些简单的图案，如小动物、花草等，让幼儿们在绘画中放松心情，缓解焦虑。

4. 通过亲子互动缓解焦虑：亲子互动是一种非常有效的缓解焦虑的方法。老师可以邀

请家长参加幼儿园的各种活动，包括游戏、唱歌、跳舞等，这样可以让幼儿们感受家长的关怀和支持，有助于缓解他们的焦虑情绪。

四、家园合力，共筑幼儿心理健康墙

为了促进幼儿的发展，我们需要构建一个和谐的学习环境，使幼儿能够与老师和其他伙伴相处融洽，并且能够在团队合作时获得舒适和满足。在合力共同应对幼儿心理健康问题的当下，我们既要高度重视和满足幼儿受保护，受照顾的需要，又要尊重和满足他们不断增长的独立要求。

家庭可以被视为一个完整的社区，它为幼儿提供了一个良好的发展空间，也为他们的未来打下了扎实的基石。在家庭教育方面，家庭就像第一所小学，而家长则像幼儿的第一位教师，在他们相处过程中，家长无时无刻不在影响着他们的个人发展。无数的研究表明，无论是幼儿的未来，还是幼儿的成长，家长的积极参与是至关重要的。幼儿园的教育更加全面、严谨，更加注重宏观的视角，更加注重深入的思考；而家庭教育的环境更加丰富、活跃，更加贴近社会的需要。因此，要想让幼儿园的教育真正落地，就必须要求家长的参与。当这些因素互补作用时，就有望建立一个健康的发展轨道。

苏联教育家苏霍姆林斯基曾把学校和家庭比作两个"教育者"，即学校与家庭应该保持一致的行动，向儿童提出同样的要求，并且要有共同的信念，以便让幼儿们在成长过程中受益。然而，很多家长仍未能充分意识他们也可以成为一名优秀的教师。为了更加全面地发挥幼儿的潜力，我们应该加强家长的素质引导，鼓励他们承担更大的社会责任，为幼儿的健康发展创造更加完善的心理发展环境，并且建立健全的家庭教育体系，以确保幼儿园和社会的发展。及时交换幼儿与家庭对幼儿成长过程的诉求，使双方在交流中发展。通过幼儿园与家庭的有效沟通，我们可以更好地培养幼儿的品德，帮助他们健康快乐地成长，并且在这个过程中，我们可以帮助他们建立良好的情绪、积极的情感、个性和意志品质，从而促进他们的身心健康和谐发展。

NLP 技术用于幼儿教师专业发展的策略研究

江西省南昌理工学院　刘明珠　任明珠

在数字化时代，教育领域面临着前所未有的机遇和挑战。自然语言处理（NLP）技术作为人工智能的一部分正逐渐引起广泛关注，并在教育中崭露头角。本文旨在探讨 NLP 技术如何影响幼儿教师的专业发展，并提出相关策略。本文旨在为幼儿教育和教育技术领域的从业者提供有益的见解，促进幼儿教育的智能化和个性化发展，以更好地满足幼儿的学习需求。

一、NLP 技术概述

（一）NLP 技术的基本原理

自然语言处理（Natural Language Processing，NLP）技术是一门涵盖多学科知识的领域，旨在使计算机能够理解、分析和生成人类语言。NLP 技术的基本原理包括语言模型、词嵌入、句法分析和语义理解。

（二）NLP 技术在教育领域的应用现状

NLP 技术在教育领域的应用呈现出多样化和广泛性：

1. 自动化评估：NLP 技术用于自动评估学生的写作、口语表达和听力理解能力，为教

师提供即时反馈，有助于个性化教学。

2. 个性化学习：通过分析学生的学习数据，NLP 技术可以为每个学生提供定制化的学习材料和建议，促进学生的个性化学习。

3. 智能教育助手：NLP 技术支持智能教育助手的开发，这些助手可以回答学生的问题、解释难点、提供反馈，并促进互动式学习。

4. 语言教育：NLP 技术在语言教育中广泛应用，包括外语学习、发音纠正、口语培训等，提高了语言教育的效果。

5. 在教育领域，NLP 技术为教育者和学习者提供了强大的工具和资源，为教育创新和提高教育质量提供了新的途径。

二、NLP 技术在幼儿教育中的应用

（一）幼儿语言教学中的应用

NLP 技术在幼儿语言教学中具有重要作用。通过语音识别技术，NLP 可以帮助幼儿教师更好地理解幼儿的发音和语音习得过程。此外，NLP 技术可以用于语言教育应用的开发，提供有趣、互动的学习工具，帮助幼儿更轻松地掌握语言技能。

（二）幼儿行为分析和评估中的应用

NLP 技术也可应用于幼儿行为分析和评估。通过分析幼儿的书面和口头表达，NLP 技术可以识别学习障碍、情感问题或认知发展差异。这有助于幼儿教师更好地了解每个幼儿的需求，提供个性化的支持和反馈。同时，NLP 技术还可以自动化评估幼儿的语言和认知发展，提供更客观和准确的评估结果，帮助幼儿教师更好地制订教育计划和策略。

三、NLP 技术对幼儿教师专业发展的影响

（一）帮助教师更好地理解幼儿语言发展

NLP 技术可以为幼儿教师提供强大的语言分析工具，帮助他们更深入地理解幼儿的语言发展过程。通过分析幼儿的语言输入和输出，教师可以识别语言习得中的关键阶段和难点，制订有针对性的教学计划，帮助幼儿更好地发展语言能力。

（二）提升教师教学方法和策略

NLP 技术不仅可以分析幼儿的语言表现，还可以分析教学过程中的数据，包括课堂互动、学生反馈等。这有助于了解教师教学的有效性，发现教学中的问题，并根据数据提出改进教学方法和策略。NLP 技术可以促使教师实现教育过程的不断优化和创新。

四、基于 NLP 技术的幼儿教师专业发展策略

（一）利用 NLP 技术优化教师培训和教学设计

在幼儿教育领域，教师的专业发展至关重要。为了提高幼儿教育的质量，教育机构可以充分利用 NLP 技术来改进教师培训和教学设计。以下是一些基于 NLP 技术的策略：

1. 智能化教师培训工具：教育机构可以开发智能化的教师培训工具，这些工具基于 NLP 技术，能够根据教师的需求和进展，提供个性化的培训建议和教育资源。这些工具可以帮助教师更好地了解最新的教育理论、教学方法和幼儿发展研究，从而不断提升他们的专业知识。

2. 自动化教学设计：NLP 技术可以用于自动化教学设计，根据幼儿的需求和教育目标，为教师生成教材推荐、课程规划和学习路径的建议。这有助于教师更高效地准备教学内容，提供个性化的学习体验，并确保课程与幼儿的发展阶段相匹配。这种自动化教学设计可以减轻教师的工作负担，使他们更专注于教育过程的实施。

（二）提高教师的自我反思和评估能力

NLP 技术可以为教师提供有力的自我反思和评估工具，帮助他们不断改进自己的教学方法和提高教育质量。以下是一些相关策略：

1. 个性化教学反馈：教育机构可以利用 NLP 技术开发个性化的教学反馈工具，这些工具可以分析学生的表现和教学过程中的数据，并根据分析结果提供实时反馈。教师可以借助这些反馈，了解自己的教学效果，发现教学中的问题和机会，并进行必要的调整。

2. 数据驱动的教育决策：NLP 技术的数据分析功能可以帮助教师更好地了解学生的学习需求和教学进展。教师可以分析学生的语言发展、行为模式和情感状态，以及与教学方法相关的数据。这种数据驱动的教育决策可以帮助教师优化教学策略，提供个性化的支持，以确保每个幼儿都能够充分发展。

五、结论

NLP 技术在幼儿教育领域的应用为幼儿教师专业发展带来了全新的机遇。通过帮助教师更好地理解幼儿的语言发展情况、提升教学方法和策略，以及提供个性化的教育支持，NLP 技术有望推动幼儿教育的质量和效果的提升。因此，借助 NLP 技术的应用，幼儿教育可以更好地满足未来社会的需求，为幼儿提供更优质的教育服务。

从 ChatGPT 的发展看 AI 对幼儿教育的机遇和挑战

江西省南昌市南昌理工学院　王　淳　刘小军

一、AI 在幼儿教育领域的机遇

AI 技术在幼儿教育中具有许多创新应用。首先，AI 可以通过自然语言处理和语音识别技术，为幼儿提供更加自然、流畅的对话交互体验，从而促进幼儿语言沟通和表达能力的提升。其次，还可以通过计算机视觉技术，为幼儿提供更加生动、直观的视觉学习体验，通过虚拟现实和增强现实技术，让幼儿身临其境地进行学习。最后，AI 可以结合大量数据模拟，帮助教育者更好地了解幼儿的情感状态和需求，为其提供更加贴心、个性化的情感关怀和教育服务。这些创新应用为幼儿教育带来了更加丰富多样的学习体验，为幼儿的全面发展提供了新的可能性。

ChatGPT 是一种自然语言的处理模型，是 AI 领域中的模型之一，它的关键技术和算法主要包括 Transformer 结构、预训练和微调技术。ChatGPT 从 1 到 4 的版本更迭主要是使用了来自人类反馈的强化学习方案，将人类的偏好作为模型的激励信号，进行更大范围的语言模型训练，在数据量庞大的公开数据集上训练模型，之后微调达到所需要的性能，取得更好的使用效果，以适应特定领域的需求。

ChatGPT 关键技术的不断优化，使其适用于幼儿教育领域，为幼儿教育中多种技术辅助教学提供结实基础。ChatGPT 强大的自然语言处理能力和对话生成能力为幼儿教育带来了全新的可能性，将在幼儿教育领域产生深远的影响，推动着幼儿教育的智能化和个性化发展。可以帮助教师在课堂上给幼儿提供更加个性化、智能化的教育服务，激发幼儿学习兴趣，提升教学效果，促进幼儿智力发展，鼓励幼儿探索世界。同时，ChatGPT 也给幼儿教育领域带来了一系列的技术挑战和伦理问题，抓住 AI 发展机遇的同时也要面对 ChatGPT 带来的问题和挑战。

ChatGPT 能够模拟真实人类说话方式进行互动，不仅有文字对话方式，还有语音对话方式，能满足不同年龄幼儿的沟通互动的需求，有利于学龄前儿童练习对话，促进幼儿语言表达和思维能力的发展，分辨"你""我""他"等，加强自身认知能力和语言运用能力，锻炼幼儿的表达能力，在教师无法兼顾所有幼儿的情况下依旧能促进幼儿学习，既针对幼儿的个体情况进行了单独锻炼，又减轻了教师需要照顾全班幼儿的负担，弥补教师在幼儿较多班级中无法进行个性化教学的困难点。ChatGPT 在与幼儿的一定时间的沟通交流中生成该幼儿独特的学习特点和需求，依据幼儿特点，运行符合其学习水平和兴趣爱好的教学内容，实现个性化教学和学习辅导，帮助幼儿答疑解惑。家长或教师会因为其他事情无法及时回答幼儿的问题，ChatGPT 能够满足幼儿对世界的好奇心和想象力，使用幼儿能听懂的语言解释问题，把幼儿一个个的"为什么"转化为易懂的知识，让幼儿得到合适的解答。

ChatGPT 在幼儿教育中已经有了一些实际的应用案例。以幼儿双语教育为例，一些在线教育平台利用 ChatGPT 技术开发了智能英语学习机器人线上平台，通过与幼儿进行语音对话、识别字母等练习，帮助他们提高英语听说能力。这样不仅提供了更加个性化的学习体验，还能够根据幼儿的学习情况进行实时调整，塑造双语教育的良好环境，提供针对性的学习辅导。另外，ChatGPT 还被应用在幼儿阅读以及创作中，可以根据幼儿的阅读习惯和兴趣特点，生成更加符合他们需求的绘本图书内容。幼儿在画画过程中也可以根据自身想象，利用 ChatGPT 完成画作，有利于幼儿兴趣的发掘和激发其创作的兴趣，丰富教学过程，使幼儿教学活动不局限于纸笔，打破空间的界限，在幼儿园和家庭都能引导幼儿进行学习和创作。

AI 在幼儿教育中的未来发展充满着无限的可能性。随着技术的不断进步和发展，ChatGPT 等 AI 技术将会在幼儿教育中扮演越来越重要的角色。AI 技术不断发展将会更加智能化、个性化地服务于幼儿教育，为幼儿提供更加全面、深入的学习体验。针对幼儿教育领域的 AI 模型不断创新，结合虚拟现实、增强现实等技术，为幼儿创造更加丰富多彩的学习环境，激发其学习兴趣，提升学习效果。然而，AI 在幼儿教育中的未来发展也面临着一些挑战，如数据隐私保护、道德伦理等问题，需要社会各界共同努力解决。

二、AI 在幼儿教育中的挑战

目前没有专门面向幼儿教育的大型 AI 系统，只有利用 ChatGPT 技术打造的针对某一教育方向上的幼儿教育平台。打造大型全面的幼儿教育 AI 平台需要具备强大的计算能力，以应对幼儿教育中复杂的数据处理和学习模型训练任务。幼儿教育当中，幼儿学习的个性化需求对数据的处理速度和准确性提出了高要求。同时幼儿教育中的问题的解答需要精准，在对于幼儿的引导方面不允许有差错，在确保教学内容的准确性的同时，还需要符合当下社会的发展情况。这些技术挑战需要 AI 技术不断创新和突破，以便更好地应用于幼儿教育领域。

此外，ChatGPT 技术需要大量数据库来进行学习，才能够得出精确的生成答案，当 ChatGPT 运用在幼儿教育领域时，保护幼儿的隐私数据显得尤为重要。幼儿的个人信息、学习记录、行为特征等都属于隐私范畴，任何未经授权的获取和使用都可能对幼儿的成长和发展造成潜在风险。我们需要建立健全的隐私保护法律法规和规范，明确规定幼儿隐私数据的收集、使用和保护原则，加强对 AI 技术在幼儿教育中的隐私保护技术研发和推广，确保幼儿隐私数据在 AI 应用中得到有效保护，避免隐私泄露和滥用的风险。

AI 教育的普及可能导致幼儿与真实的教师和同伴接触减少，影响他们与其他幼儿正常人际交往能力的培养。因此需要制定科学的教学方案，正确引导幼儿使用 AI 教学辅助平台，将幼儿正常人际交往和 AI 交流学习时间合理安排，避免幼儿混淆现实和网络。

在 AI 技术逐渐融入各个领域的当下，AI 技术会逐渐成为幼儿教育的辅助工具，合理运用 AI 技术，拓宽幼儿教育的发展视野，获取更好的教育资源，实现幼儿个性化发展。但同时 AI 技术发展、政策监管、合理安排教学等挑战依旧是需要重点关注和解决的问题。只有充分认识到这些挑战，并采取针对性的措施，才能更好地推动 AI 技术在幼儿教育中的应用，为幼儿教育的未来发展提供有力支持。

家园协同提高幼儿园融合教育工作质量的实践研究

北京市昌平区南邵镇中心幼儿园　门利艳

幼儿园在实践融合教育的过程中，100%接纳幼儿入园的确保证了特殊幼儿接受学前教育的权利，提高了教育公平性，但是家庭教育理念和实践的不同步、不同向，让每名特殊幼儿全面、和谐的发展受到了不同程度的限制。很多家长认为把有特殊需要的幼儿送进普通幼儿园就是大功告成了，殊不知，这只是万里长征的第一步。如何做到真正的融合，这需要的不仅是幼儿园单方面的努力，也需要高质量的家庭支持，只有幼儿园和家庭都把自己当作促进幼儿发展的主体，双方积极主动地相互了解、相互配合、相互支持，通过有效的家园协同，才能最终促进融合教育的高质量发展。

为了让有特殊需要的幼儿进得来、留得住、发展好，园所提出了家园协同融合育人的理念，即"从我对你进行教育到我同你一起成长"；并明确了家园协同的三个路径，即制度建设、资源建设、人才建设；进而形成幼儿园与家庭的管理共同体、学习共同体、文化共同体，最终形成成长共同体。

下面就从以下三个方面向大家分享：

一、制度建设——构建家园协同管理共同体

（一）健全保障机制

幼儿园结合实践工作情况健全了"家园协同融合育人 123 保障机制"，成立了一个融合教育领导小组，也叫彩虹团，园长任组长（团长）；明确了幼儿园融合教育的两个主体责任、园所和家庭的职责。确定了融合教育三个工作流程：特殊需要幼儿教育评估的申请流程、家长入班参与融合教育观察的申请流程、专业教师入户指导申请流程。

（二）健全学习机制

确定了"家园协同融合育人 211 学习机制"，即要确保全园教师家长每学期 2 次的集中学习，融合班级教师家长每月 1 次的专项学习，课题组成员每周 1 次的教研活动。做到每月自主学习和集体学习相结合，专项学习与整体学习相结合。

（三）健全沟通机制

确定"家园协同融合育人 333 沟通机制"，明确了家园沟通的三次时间、三项内容、三个原则。班级教师和家长沟通的 3 次时间指每天放学、每周周五，每月月底；三个内容有亮点行为的发现与维持、问题行为的进步与指导、教学计划的进展与调整；三个原则有从实际出发、不盲目攀比、以幼儿发展为本。

二、资源建设——打造家园协同学习共同体

（一）建设学习资源

我们整理了网站、公众号、视频号三类线上资源，视频、音频、文字三类线下资源，组织教师和家长通过"三单式"学习更新观念、丰富知识、掌握方法，即菜单式学习、订单式学习、点单式学习。菜单式学习就是我们将融合教育学习资源分为理念类、知识类、方法类，提供菜单式学习资源；订单式学习就是园所征集老师和家长的学习需求，将学习需求转化为需求订单，根据订单，梳理资源推荐给教师家长学习；点单式学习就是聚焦幼儿某一问题行为或家长教师某一困惑，通过教师、家长点单有针对性提供相应的学习资源。

（二）建设环境资源

我们园所对物质环境和精神环境分别进行建设，做好融合教育的环境支持。首先，结合幼儿发展的需要在园内进行"一园两室三区"环境资源建设。即建设一个种植园，支持幼儿参与自然种植、照顾、采摘等各项活动；建设一个资源教室，支持融合教育的实施，建设一个家校社共育咨询室，保障家园沟通顺利进行；同时创设快乐休息区、情绪选择区、交友互动区。

指导家长在家中设立两角一区，即生活角、休息角、游戏区。生活角主要在客厅和厨房，家长同幼儿一起劳动、生活。休息角让幼儿休闲放松，同时也可以承担家庭快乐休息的功能。同时在家庭中创设游戏区，玩具可以从家庭已有的玩具中选择使用，也可以从幼儿园借用。

有特殊需要幼儿的发展是各种环境因素综合作用的结果，当家庭、幼儿园环境协同一致、同向同步的时候，对有特殊需要幼儿的发展可以起到积极有效的促进作用。

（三）建设专家资源

融合教育具有很强的专业性，在家园协同中有时会需要专家的引领。我园积极联系高校的融合教育专家、各区特教专家、本区心理教育专家，以及我们以往毕业的特殊需要幼儿家长，建立了市、区、园、家四级专家库，及时给教师和家长做专业的指导。

三、人才建设——形成家园协同文化共同体

（一）不拘一格聚人才

我园成立了与融合教育有关的"彩虹团"，通过面向园所教师和家长公开报名的方式，引入对融合教育感兴趣或是有过融合教育背景的人员。"彩虹团"的成立尊重教职工和家长的个人意愿，满足实施融合教育对人力的多元需求，形成了三全育人的融合教育文化氛围。

（二）分类培训育人才

老师和家长是实施融合教育的关键因素，因此我们将教师和家长同步纳入人才建设计划，积极对接融合教育需要，从学习全覆盖、培训有重点、支持有目标三个方面入手培养融合教育人才。

1. 学习全覆盖。指的是每学期由融合教育专家系统讲解学前融合教育的理念、特殊儿童的心理发展特点与教育、融合教育实施模式等。各种专家讲座培训都是全园参与，同时保护家长隐私，在线上培训时家长可以用化名参加，线下培训时家长可以选择现场或者是线上同步学习。

2. 培训有重点。带领融合班级老师"走出去"，到区特教中心、融合教育园所学习先进的融合教育理念和实践经验；与北京市优秀园所共同探索融合教育的新路径；推荐家长参与各类型的特教亲子活动，全面提升教师和家长融合育人的素养，即具有融合态度、融合知识、融合技能，从而树立科学的教育观、儿童观。

3. 支持有目标。我园针对学有余力的青年教师，有目的地促进他们专业化学习。现在，我园融合教师团队成员中已有部分教师取得了特教教师资格证书、心理咨询师资质，为家园协同开展融合教育打下了坚实的人才基础。"学习全覆盖"让老师们和家长们了解融合教育是什么，"培训有重点"让他们在融合教育时更有思路、更有信心，"支持有目标"让融合育人的专业化水平得到提高。

（三）各尽其能用人才

园所结合融合教育需要，充分发挥教职工和家长特长，由体育老师设计感统活动、美术老师设计绘画活动、有特教教师资格证的老师设计语言活动、后勤师傅协助设计农耕活动、食堂老师安排小帮厨和设计美食制作活动，同时根据需求安排家长助教参与融合课程。我们还邀请了昌平区特教学校的老师来园进行联合教研。在各种活动中，老师们都能充分地和专家互动交流，详细介绍个案情况、实施的策略及效果，每次都能得到专家一人一案的详细、专业的指导。

在两年多的研究中，园所通过家园协同的制度建设、资源建设、人才建设，进而初步形成了幼儿园与家庭的管理共同体、学习共同体、文化共同体。家园协同开展学前融合教育，确实有效促进了学前融合教育的高质量发展。在这个过程中，幼儿、家长、教师都遇到了更好的自己。每个幼儿身上积淀了一种看不见，但是非常宝贵的品质。相信这些被改变的不仅是一个孩子，更是一个家庭，一个社会；不仅会改变一个孩子的童年，更会改变一个孩子的一生。

学前融合教育已经成为特殊教育高质量发展的大方向，有特殊需要的儿童家长通过赋权与增能，能够不断地明确自己在家园系统育人的角色定位，能够充分发挥自身的优势，逐步提升协同育人的能力，从而形成家园协同的合力，使家园协同真正实现1+1＞2的效果。家园协同联动不仅能够促进有特殊需要幼儿的发展，更能够推动家庭、园所、社会的和谐共生融合发展，从而最终推进国家治理体系和治理能力的现代化建设。

基于一对一倾听支持幼儿主动学习策略初探

北京市西城区红山幼儿园　李　晶

一、研究缘起

主动学习是幼儿终身学习和发展的核心品质，而游戏是幼儿一日生活中的基本活动，也是幼儿的学习方式。在贯彻和实施《幼儿园保育教育质量评估指南》精神的实践中，我们愈发重视教育的过程，从研究教师如何教转变为研究幼儿如何学，因此幼儿如何游戏、又是如何通过游戏进行主动学习的，就成了我们研究的重点。在《幼儿园保育教育质量评估指南》教育过程第28条中写道："重视幼儿通过绘画、讲述等方式对自己经历过的游戏、阅读图画书、观察等活动进行表达表征，教师能一对一倾听并真实记录幼儿的想法和体验。"在实践中，我园通过一对一倾听作为一种很好的路径，帮助教师读懂幼儿。

二、概念界定

幼儿主动学习，指由幼儿自己发起或主动参与的创造性学习，是幼儿通过直接感知、实际操作、亲身体验，并在与人、材料、观点、情景以及时间的互动中，能动地建构现实生活中的知识、学习方式及新的理解，积累学习经验的过程。

一对一倾听，指在人际交往中，一方全身心地倾听另一方的言辞、情感和思想，给予对方足够的关注和尊重。此处的一对一倾听是教师能一对一倾听并真实记录幼儿的想法和体验，也泛指教师运用摄影、摄像、观察等多元方式了解幼儿的所思所想。

三、研究方法与设计

（一）研究方法

1. 观察法：运用一对一倾听及观察、访谈、儿童会议等方法获得儿童不同角度的观念和看法，发现儿童的视角。结合我园幼儿主动学习现状进行调研分析，观察时主要参照霍力岩编制的《学前儿童主动学习关键发展指标体系》测查我园各年龄段幼儿目前的主动学习的多维度指标。

2. 个案研究法：运用多种方式记录幼儿个案（一个人或一组人），以便全面、客观地了解幼儿主动学习相关的表现，在研究期间通过对某一个体和一组样本的一对一倾听的连续调查，并通过横向和纵向的数据对比，从而研究其主动学习行为发展变化的全过程。

3. 经验总结法：通过对文献的研究，教师达成理论共识，在实践和研究的过程中，对达成共识的经验进行科学的筛选、分析、核实、验证，使教师共同积累有效的支持策略，并通过经验总结提高教师的反思能力。

（二）研究设计

1. 第一阶段：准备阶段

（1）学习《幼儿园保育教育质量评估指南》等文件精神，了解一对一倾听的价值、意义，在理念上达成共识。

（2）外出观摩，交流研讨，进一步了解一对一倾听支持幼儿主动学习的实践意义和普遍做法。

（3）实验组教师预设活动内容：通过观察幼儿自主游戏情况和一对一倾听了解幼儿的想法和感受，并通过环境材料等支持促进幼儿主动学习与发展。对照组只做常规化区域游戏活动。

2. 第二阶段：实施阶段

实验班对幼儿游戏行为进行记录，并开展一对一倾听活动，并及时追随幼儿的兴趣和想法，调整班级环境、材料等，以支持幼儿下一步游戏。

3. 第三阶段：整理阶段

（1）整理相关研究资料、照片、影像、观察案例等资料，撰写研究报告。

（2）对比分析，从个性中寻求共性，总结梳理经验和不足。

四、研究结果与分析

（一）一对一倾听带来关系的转变，让幼儿更加自主

研究发现，一对一倾听使得师幼之间、幼幼之间、师师之间、教师和家长之间的关系都发生了一些变化。三者之间更加融洽和谐，教师通过一对一倾听发现每一名幼儿的闪光点，更加能够带着赏识的眼光看待每一名幼儿，即使老师之前判定为淘气的幼儿、内向的幼儿等，如今老师都能在他们身上发现闪闪发光的地方，通过扬长避短，帮助幼儿建立自信。幼儿和幼儿之间更加注重同伴关系，他们在游戏中也能倾听彼此的声音，关注对方的表达和需求，从以自我为中心逐渐学会移情，渐渐感受他人的想法。教师之间在一对一倾听的实践中彼此交流探讨，共同研究，教师之间关系更加亲密，通过班级小教研、年级组教研，教师之间逐步形成学习共同体，更加具有凝聚力。此做法也让家长感受到教师关注每一名幼儿，教师工作的不易，也感受教师对孩子浓浓的爱，家园关系更多了一些理解和

信任。

值得一提的是，在班级开展一对一倾听的过程中，园领导也逐步放权，开始倾听老师的想法和愿望，当老师对班级建设、课程设置、常规管理等有了新的想法时，园领导积极支持教师的想法，放手让老师去尝试和探索。全园逐步形成倾听文化。

（二）一对一倾听带来观念的转变，让教师发现儿童的视角

通过一对一倾听，教师逐步"闭上嘴""管住手"，慢慢退到幼儿身后，从以往幼儿游戏中教师频繁互动，到如今教师通过摄影、摄像、观察、文字记录等方式陪伴幼儿的主动学习，当幼儿在游戏中发现问题、遇到困难，没有主动寻求老师帮助时，老师能够给予幼儿充分的时间和空间去探究。教师行为转变的背后就体现出教师观念的转变，从原来的"我想""我要"到如今老师常说的"我们班孩子想""我们班孩子需要"。通过孩子的表征，老师们也看到了幼儿是有能力的学习者。

（三）一对一倾听带来儿童的转变，支持幼儿成为生活的小主人

通过调查问卷，发现我园幼儿平时家长包办代替较多，幼儿即使到了中大班，仍会出现"等、靠、要"的行为。通过一对一倾听活动，幼儿从游戏中的小主人逐渐转变为生活中的小主人，他们渐渐独立，有自己的想法，愿意通过协商、合作等方式自己解决问题。他们更加好奇、好问，思维更加活跃，也越来越爱动脑筋、越来越爱表达了。从游戏到生活，幼儿体验成功、自豪感，他们时常认为"我能行""我可以"，生活中也更加独立，这种从被动到主动的转变，让幼儿逐渐成为生活的小主人。

（四）一对一倾听带来教师的转变，促发教师的内驱力，体验职业幸福感

通过一对一倾听，教师能够更加多元地了解幼儿的真实想法。教师根据幼儿的意愿逐步调整开放性、支持性的班级环境，增加低结构的玩具材料以支持幼儿更加自主地游戏和学习。通过连续地观察、倾听，教师也更加主动地去倾听、学习、解读、研究，教师从"要我做"逐渐变为"我要做"，在不断学习、反思与调整中，教师的思维品质和内驱动力都得到了提升。在交流、分享、互研、共研中，看到老师眼中的光，脸上的笑容，感受到老师职业的幸福感。

五、研究建议

幼儿是在游戏中获得学习和发展的，因此我们可以理解为主动游戏的过程就是幼儿主动学习的过程。而一对一倾听是教师读懂幼儿的有效路径。教师应珍视游戏的作用，同时根据幼儿的表征和一对一倾听更加深入和全面地了解幼儿的所思所想及情感体验，并为幼儿创设适宜的环境来支持幼儿在游戏中的主动学习。

1. 教师的支持作用。自主游戏进行过程中，幼儿的主体性地位充分发挥。教师在放手幼儿游戏的同时，也要思考教师的作用，要最大限度地支持幼儿的游戏愿望，关注幼儿游戏中的情绪，适时调整材料和环境创设的跟进。其中包括：支持幼儿的想法、尊重幼儿选择、鼓励幼儿的探究、提供可变的材料、重视过程而非结果、不随意打断、更改和批判幼儿的行为等。

2. 丰富和拓展幼儿的生活经验。教师要利用一日生活中的各个环节及家园共育，帮助幼儿不断丰富和拓展生活经验，可利用开放性问题鼓励幼儿的话题讨论，通过儿童会议支持幼儿之间经验共享，并通过积极评价推进幼儿游戏的深度和广度的发展。

3. 一对一倾听不是结束，只是课程的开始。通过一对一倾听，教师了解更加丰富和立体的儿童形象，在了解幼儿的真实想法的同时收集资料，为分析、解读儿童的行为，开展适宜班级儿童的课程做好准备。

幼儿教师素质缺失原因及对策研究

洛阳科技职业学院　曹伟伟

幼儿教师高素质的发展，需要政府、社会和幼儿教师的共同努力，给予幼儿教师更多的尊重和关心，从而提高幼儿教师的素质，推动素质教育的开展，培养高素质的幼儿，助力幼教事业的发展。

一、幼儿教师素质存在的问题

（一）幼儿教师缺乏教学实践，个人素养不足

目前，我国大部分幼儿教师重视理论学习，轻视实践活动，而且在大学的专业学习中也侧重于理论知识的学习，进行教学实践的机会少。刚入园的幼儿教师由于缺少教学和组织活动实践经验，在开展教学、活动组织和家长沟通上出现大大小小的问题，导致幼儿教师工作信心降低，增加了心理压力，教师的综合素质不能得到提升，在遇到教学或沟通上的问题时不能及时以良好的心态解决和应对，从而不利于幼儿教师专业素质和心理素质的提高。

（二）幼儿教师存在的心理问题

虽然我国的经济水平快速提高，但幼儿教师的工资却没有明显提升，目前消费水平还是相对较高的，可幼儿教师较低的薪资待遇并不能满足现实生活的生存需要，所以大多数人选择了其他工作，导致了很多人才的流失。幼儿教师在人们眼中只是照顾小孩的简单工作，所以幼儿教师在工作中时常会得不到幼儿家长和社会人士的尊重，从而会引起幼儿教师不好意思在同学和亲戚面前提起自己的职业，久而久之影响了幼儿教师的心理。

二、幼儿教师素质存在问题的原因

（一）幼儿园自身发展原因

幼儿园要以"一切为了孩子"为办园宗旨。幼儿园要创建一个优秀的幼儿教师队伍，才能为幼儿提供良好的受教育环境，才能让幼儿在快乐的、幸福的环境中成长。当前幼儿园不重视实践活动的开展。幼教是一个实践性很强的职业，因为幼儿教师面对的是懵懂的幼儿，不能教授理论知识，而且幼儿的学习和接受能力是有限的，所以幼儿教师要把自己学习的理论知识化为实践活动，让幼儿在游戏中学习生活经验和习惯。但部分幼儿园并不能为幼儿教师提供较多参与实践的机会，所以幼儿教师的专业素质和综合素质得不到提升和发展。

（二）幼儿教师素质结构多样

幼儿好奇心强，爱模仿，活泼好动，情绪容易受到影响，个性开始逐渐形成，作为一名合格的幼儿教师要热爱幼儿，对幼儿有足够的耐心，重视自己的行为举止和生活习惯，学会调节自己的消极情绪等，而这些大大小小的要求，给幼儿教师带来了很大的心理压力，不仅要让自己有较高的专业素质和实践能力，也需要有较好的综合素质，还要根据幼儿不同年龄特征及水平，在教学时不断调整教学计划和教学方式，来满足幼儿身心发展的需要。

三、提升幼儿教师素质的对策

（一）幼儿园加强实践活动的开展

幼儿园应重视和其他幼儿园合作，方便教师之间的相互学习和汲取其他幼儿园优秀的

地方，学习他们的办园特色，让自己的幼儿园往更加优质的方向发展。在教学活动中，每个教师都有独有的教学方法方式，新来的幼儿教师可以通过开展教师交流会议，向老教师学习经验和方法，来提高自己的教学能力，增加教学阅历，同时在交流的过程中也增进了同事之间的感情。

幼儿园应组织定期或不定期的外出实践，让教师学习不同幼儿园的地域风情和教育方式，通过学习可以提高教师的教学技巧和能力，增进教师工作的事业心和教学的自信心。外出实践有助于提高教师队伍的整体实力，推动幼儿园可持续且高质量地发展。

(二)提高幼儿教师的个人素养

幼儿教师应该具备积极、乐观、开朗的性格。在授课的过程中，要常常保持良好的心态，要注意低迷的情绪会直接影响幼儿，为幼儿带来不好的学习体验。幼儿时期是孩子求知欲和模仿能力较强的阶段，幼儿教师在教学和生活上要发挥榜样的作用。幼儿教师在和幼儿相处时，做到不说谎，要求幼儿的事情要自己先做到，再要求幼儿做到，从无形中教会幼儿诚实守信；要重视入园、离园对幼儿的问好，平时和同事碰面也要习惯性问好，潜移默化地影响幼儿养成文明的交流习惯。幼儿教师的日常行为习惯和言谈举止是对幼儿间接的教育，也是幼儿最容易模仿和学习的地方，所以幼儿教师完善和强化日常习惯及言谈举止是很有必要的。

(三)强化幼儿教师的心理素质

幼儿教师的心理素质无形中给幼儿带来了影响。要强化幼儿教师的心理素质，首先国家要重视对幼儿教师心理健康的教育，也要在经济方面提高幼儿教师的薪资，让幼儿教师对自己的工作更加有热情。幼儿园要适当地给予幼儿教师心理疏导，缓解教师的心理压力，排解教师的情绪，避免教师因压力过大而带情绪进行教学活动，从而影响到幼儿的心理发展。幼儿教师要学会调解自我情绪，能够正确地认识自己，积极地学习心理健康教育。

四、总结

培养高素质的幼儿教师是不可忽视、不容懈怠的，对此国家和幼儿园要着重关注幼儿教师素质的提高。随着国家对学历要求的提高，幼儿教师的专业素质正在逐步提高，从而不断缩小城乡师资力量的差距。作为一名幼儿教师，要明确自己从事幼师行业初心，要做好心理建设，在工作中不带情绪上班，要保持较好的心情，以积极乐观的心态面对幼儿。教师之间要处理好关系，互相学习，互相帮忙，多参加实践活动和经验交流，工作之余也要不断汲取知识，增加自己的阅历，才能在工作中游刃有余，不会感到乏味无趣。同时幼儿教师也要学会交流技巧，做好与幼儿家长之间的沟通交流，及时向家长反馈幼儿在园时发生的事情。

幼儿园教学活动中师幼互动的问题及对策研究

河南省郑州科技学院　杨兴雨　尧莹莹

在幼儿园的教育教学活动中，高质的师幼互动不仅能保证幼儿主动性的充分实现，也是幼儿园教师高效组织教学的重要体现。因此，通过对幼儿园教学活动中师幼互动的问题进行分析，发现其存在的问题并提出合理化的教育建议，以期能够对幼儿园教育教学活动带来启示。

一、问题提出

随着《3—6岁儿童学习与发展指南》与《幼儿园教育指导纲要（试行）》的颁布与实施，高效高质的幼儿园教育教学活动成为幼儿园教育的重要工作。师幼互动作为评价其教学活动的重要指标，对幼儿园教育活动的提升有着重要的作用。互动的过程不仅是幼儿语言表达能力提升的过程，也是促进幼儿全面发展、教师专业素质提高的过程。师幼互动是教师与幼儿的一种双向的人际交流，渗透于一日生活中的各个环节。优质的师幼互动可以促进教育教学活动中教育目标的顺利实现，也是促进幼儿全面发展的关键性因素。

二、幼儿园教学活动中师幼互动存在的问题

（一）师幼互动的频率低、质量低

由于目前大部分幼儿园的课程多为预设课程，教学时间固定，并提前设计好了课程目标、课程内容、教学过程。在施教过程中，教师急于在有限时间内完成教学任务，反而弱化师幼互动。在教学互动过程中，教师总是渴望幼儿能够跟着标准化答案去走，希望能够顺利完成预设目标，加上家长提前在家里或者补习班的教学，使得幼儿对所学知识点熟悉，缺乏对知识的新鲜感，对教师的教学缺乏兴趣，这些多重因素造成了师幼互动的频率低、质量低。

（二）师幼互动过程中教师占主体地位

目前，集体性教学活动中，教师在师幼互动行为中占主体地位，幼儿属于从属地位，教师的行为往往决定了幼儿在活动中的发展方向。部分教师认为如果让幼儿自己去做事情，他们就会没有纪律性，也会出现很多的安全隐患。上级交代的教学任务也完不成，家长也会对老师产生意见，尤其是室外教学活动时，安全的保证多过幼儿自主性的表达。

（三）师幼互动的形式单一

幼儿园教学活动中的师幼互动大多是以问答形式呈现。教师的提问分为记忆性考察问题、批判矫正性问题、日常管理性问题、逻辑推理性问题。有老师提到教学任务中有明确规定要求幼儿记忆的知识，所以提问的目的也就是检验幼儿知识的了解和掌握程度，以致教师提问方式单一，且缺乏多种提问方式的技能。此外，在教师对幼儿回答后的回应上，简单表扬、方便易于运用成了老师们的首选，而这大大削弱了互动内容的多样性和具体性。表扬的具体性是多数教师需要去提高的部分。

三、幼儿园教学活动中师幼互动问题产生的原因

（一）教育经验缺乏，对教学方法运用不到位

多数教师师幼互动低效、低质的原因之一是教学经验缺乏，特别是新手教师，对课堂教学的把握度不高，提前预设内容过多，又急于完成预设课程，因此在实施上强调结果论即教学过程的完成，忽视教学过程中幼儿的自我体验和师幼互动。一旦遇到孩子的回答和自己预设的答案不一致时，往往会以忽视或者沿着正确答案引导的方式去处理。因此，在教学过程中，教师害怕随机的师幼互动，热衷于预设的师幼互动，这种师幼互动更像是幼儿园的"彩排"，不仅影响幼儿在教学过程中参与的积极性，也降低了师幼互动的有效性。

（二）忽视幼儿在师幼互动中的主体地位

作为师幼互动的双方，教师与幼儿在互动过程中都应该具有主动性，但在实际教学中教师往往会占据主导地位，无意或者有意地左右幼儿行为的发生。幼儿在师幼互动过程中常常处于被动地位，依赖和顺从老师，缺少掌握主动权。大部分的活动是由教师组织发起的，幼儿在这之中必须是安静的，服从教师的管理和组织，不能随意说话和走动，不能随意打断教师精心组织的教学互动，幼儿的大部分行为都是为了配合老师。

(三)家园理念主导，教师缺乏科学互动的观念

幼儿园的教育理念一定程度上影响了幼儿园的办学特色。在当今社会这个大背景下，许多父母"望子成龙，望女成凤"，他们会期望自己的孩子学到更多的文化科学知识，这也作为他们评价幼儿园的标准。大班幼儿除了正常的活动之外，还会学习小学内容，例如识生字，看图说话等。幼儿园为了迎合家长的理念，限制了幼儿的活动时间和范围，让幼儿急于学习知识，认为师幼互动只是学习过程中的一个环节。这样不仅会制约幼儿自身的成长，也限制了幼儿教师专业性的发展。幼儿园用这种方式希望获得社会和家长的认可，获得最大的收益。

四、幼儿园教学活动中提升师幼互动质量的对策

(一)创造良好的师幼互动环境，为良性互动创设条件

幼儿园教师必须为幼儿营造良好的班级氛围。首先，教师要尊重幼儿的个体差异，公平认真地对待每一位幼儿。在教学活动中部分教师互动开展得很顺利，她们普遍提到说："我没有把自己当作老师，我把自己看成他们的朋友，融入到他们中间去。"老师要学会放低姿态，提高幼儿的主体地位，主动地融入到幼儿的群体之中，积极热情地去跟幼儿进行交流，为互动奠定良好的感情基础。一节故事课上，教师只说一个题目，让幼儿发挥想象力自由创编，教师倾听幼儿的故事，参与其中，与他们分享故事中的快乐。最后，教师要倾听幼儿的诉求并及时给予反馈。当有幼儿向你炫耀他的作品时，老师可以对他进行赞美和表扬，当有幼儿向你寻求帮助时，应该带有包容和耐心引导幼儿做出正确的判断，让幼儿真正感受到你的关怀。因此，良好的精神环境保证了师幼互动的有效开展。

(二)增强教学过程的预设性，提升师幼互动技巧

面对预设课程，教师可提前预设猜想幼儿在教学过程中的回应，提前做好假设，如在"独一无二的我"社会领域的课程中，提问幼儿你觉得自己有什么不同，预设幼儿可能出现的特别的想法，教师应该如何应对，是否有教育价值去随机生成一个课程，这些都需要教师运用教育智慧，提升互动技巧。在互动过程中，教师应充实自己的提问方式和回应方式，多提出开放性问题，减少封闭性问题的输出，努力激发幼儿的积极性，让幼儿多表达自己的想法。同时，教师应反思自己的教学活动，在工作教研时分享自己的感想，多学习优秀教师丰富的教学经验，努力提升互动技巧。

(三)教师转变教育观念，发挥幼儿作为师幼互动的主体地位

在传统的教育观念里，教师往往把自己当作幼儿的领导者、保护者、教育者，从而将幼儿放在被领导、被保护、被教育的位置，形成了不平等的师幼互动关系。师幼互动是教师与幼儿同为主体一种双向交流的过程。在教学活动过程中，教师是引导者、指引者、参与者，教师对自己身份的明确定位，会让她们在过程中更多地关注幼儿的兴趣和情感表达，可以更好地促进互动开展。

(四)幼儿园更新教学理念，提高幼儿园教师专业素养

在幼儿园层面，应给予教师体验式教学和赞美强化练习，让教师在体验中提升师幼互动的质量。教师应该树立平等的师幼互动的理念，主动去探寻幼儿的精神世界，用真诚的态度去跟幼儿进行交往。幼儿受身心发展水平的限制，很少能用完整准确的语言表达自己的想法，导致教师不能及时了解幼儿的需要并做出回应，限制了互动的进行。在活动过程中，教师要记住自己是"引导者"，当幼儿对活动表现出巨大的兴趣时，教师要及时肯定和给予鼓励；当幼儿遇到问题时，教师要帮助解决问题，引导幼儿完成活动。在活动过程中，教师要灵活运用教学方法，及时了解幼儿的需求，制订出完整科学的计划因材施教。幼具有个体差异性,教师可以通过多种方法,如榜样法、鼓励法去引导幼儿进行互动,促进幼儿全面发展。

浅谈家园亲子阅读助力缓解幼儿入园焦虑

河南省洛阳市中国人民解放军 96608 部队幼儿园　丁晓会

每年的新生入园,不少孩子会产生入园焦虑、恐惧,年轻的家长们也常常觉得束手无策。如何有效缓解孩子的入园焦虑,使其尽快适应幼儿园的生活,成为家园双方共同探讨解决的问题。

早期阅读是缓解幼儿入园焦虑必不可少的元素之一。现在很受欢迎的绘本是孩子接触最早的文学作品类型。它贴近儿童的世界,内容关于友情、亲情、成长和环境等,与幼儿的理解力和生活经验相适应,几乎涵盖了儿童生活、成长的方方面面。现在很多主题绘本都在关注幼儿的入园焦虑,以此引导幼儿适应入园生活。

一、绘本阅读有效帮助孩子和家长做好入园前思想准备工作

如何有效缓解幼儿入园焦虑,入园前的思想准备工作是必不可少的。作为家长和教师应首先让幼儿了解幼儿园与家庭的不一样。除了在孩子入园前带孩子接触家庭以外的世界,到新幼儿园去参观、玩耍,入园前多与孩子共读一些入园类的绘本也是很有必要的。

《啪嗒猫第一天上学》中啪嗒猫畏惧上幼儿园,找出种种借口不上幼儿园,他紧张得要命,搬出各种理由都被妈妈拒绝了。这是一本任何时候读起来都令人开心的书。这个令人愉快的故事告诉我们,幽默而慷慨的帮助是多么地被需要。书中的画面充满了有趣的细节,通过由啪嗒猫不想去幼儿园引起的一系列混乱快乐的事,让孩子知道幼儿园没有那么可怕,幼儿园是充满欢乐的地方。

《我好担心》这个故事用了很多的篇幅来描绘小老鼠初入学的担心,还有对所有新事物的担心。所以他经常是慢慢地进入角色,适应环境。该绘本不仅对于孩子有教育意义,更能安抚家长对孩子入园前的诸多不放心。一个孩子真正长大的过程一定不是在怀抱里的。父母应该做的是了解孩子焦虑的原因,帮助孩子一个个地解决。但同时也要坚持按时送孩子到幼儿园,相信孩子的适应能力,同时也相信幼儿园和老师。

《妈妈心,妈妈树》里面的小苹果要上学了,她也有离开妈妈时的不安全感。她哭泣流泪,渴求妈妈的陪伴。妈妈听懂了孩子的心声,她做了颗看得见摸得着的"妈妈心"作为寄托母爱的载体。"妈妈心"是小苹果心灵安全的依托,使小苹果在陌生环境中仍能感受到"母爱"。这颗"妈妈心"给所有母亲的启示是,在孩子处于"困境"时,母亲要学会善于给孩子排忧解难,抚平孩子小小心灵上的不安,使他们时刻感觉到有母亲的爱,自己是安全的,是幸福的。"妈妈心"也是母亲对孩子施爱的技巧,善于对孩子施爱,特别是善于对不同年龄的孩子施爱,是母爱质量的体现。

二、绘本阅读让幼儿有情感共鸣,正视"入园"

有一种成长叫作上幼儿园,孩子从家庭到幼儿园集体生活中,要经历从个体到集体的转变,如何在这个过程里让孩子不再孤单,情感有所共鸣,绘本是很好的媒介,帮助幼儿正视"入园"我不怕,"入园"我不孤单。

绘本《我不要去幼儿园》中,小兔子西蒙从最初的什么都反对、说不要,到最后爱上了

幼儿园，甚至不愿意回家的故事。描写了孩子们的心路历程，即从"独处"到爱上幼儿园，从"担心"到"开心"的温情故事画面。这本绘本贴近幼儿生活，是所有新入园孩子的写照，让孩子正视自己入园，真正从心里接受幼儿园。

当孩子想妈妈时，绘本《魔法亲亲》非常真实地反映出每个身处分离情境的小小孩内心。那些随分离而涌现的焦虑、恐惧、不安和失措的感受和情绪。仿佛觉得只要离开父母或自己所爱的人，就会失去爱的保障。幸好浣熊妈妈的"亲亲"及时解救了小浣熊。这样的爱带给小浣熊十足的安全感和勇气，挺胸面对原本令自己恐惧的事，甚至激发出爱的力量，从模仿中学习表达自己对妈妈的爱，付出爱的实际语言和行动。故事也告诉孩子们小浣熊在学校孤单的时候把掌心轻按在脸颊，妈妈的吻就会温暖他的心，他就不会再孤单和害怕了。

三、利用绘本阅读有效开展家园合作，帮助幼儿适应幼儿园生活

有家长经常会这样说："孩子入园已经不哭了，可是总是发现每天尿湿了裤子，或者弄脏了衣服回来！"如果您认为孩子入园后不再哭哭闹闹，就已经觉得孩子度过了焦虑期，是不正确的。其实真正的焦虑是孩子对入园后幼儿园生活的诸多不适应。如何让孩子尽快适应幼儿园生活尽快走出焦虑呢，绘本给了我们很多帮助。

《汤姆上幼儿园》(汤姆系列)和《考拉宝宝在托儿所》(考拉宝宝系列)都是关于幼儿园生活的绘本，考拉宝宝系列绘本中很多关于日常生活习惯的绘本，如《考拉宝宝吃饭啦》《考拉宝宝在托儿所》《考拉宝宝学上厕所》《考拉宝宝怕黑夜》等有效帮助幼儿熟悉幼儿园一日生活的各个环节，有效吸引幼儿，帮助幼儿培养良好的生活习惯。《考拉宝宝吃饭啦》送给不爱吃饭和挑食的孩子。吃饭的时间到了，小仓鼠皮皮光知道玩耍，怎么办呢？孩子们在读完故事后受到鼓励，学习自己吃饭，吃饭不能挑食；《考拉宝宝在花园》帮助幼儿学习如何与别人有礼貌地打招呼、教会孩子在集体生活中如何友好地与小朋友相处，让孩子有爱心、有礼貌，培养幼儿的社交能力。

四、绘本阅读有效帮助幼儿入园后提高自理能力

自理能力能有效增加幼儿的自信心，尤其对于新入园的孩子，掌握一定的自理能力能提高幼儿入园积极性，真正从思想上喜欢来幼儿园，在幼儿园中找到自信心。

入园孩子年龄较小，很多孩子不会自己动手吃饭，要成人喂饭，还有一些孩子脱衣、穿衣、穿鞋都要成人帮忙。绘本《我去刷牙》《乔比想要自己动手做》《我要洗澡》《你好》《草莓点心》《车来了》《我喜欢游泳》是日本画家佐佐木洋子编绘的，分别描绘孩子在刷牙、洗澡、游玩、吃点心等各种时候所碰到的问题，以风趣的方式教会他们人生的最初的知识。书中的图形不仅夸张吸引人，而且采用了一些局部折叠的方式，这些设计很符合低龄儿童的阅读心理。这些绘本鼓励孩子们自己动手做事情，如何学会自己动手吃饭，怎样握勺子，怎样脱裤子，怎样脱鞋子，配合简单的儿歌，孩子们很快学会了自己动手穿脱衣服。孩子们也在自己动手的过程中体会到了绘本中的快乐情绪。

五、绘本阅读对于新入园家长教育观的潜作用

(一)亲子共读帮助家长营造良好亲子关系和家庭氛围

绘本的作用不仅对于孩子有共鸣有启发，对于身边的爸爸妈妈们也是一样的，由于平时工作较忙，家长回家后很少静下心来与孩子交流。通过绘本亲子共读，很多家长越来越感受到亲子阅读的魅力。每天也都会抽出一些时间与孩子一起阅读，在这个过程中，家长在实践中探索出了很多亲子阅读的方法。家长运用多样的阅读方法，让孩子在听一听、看一看、讲一讲、玩一玩的阅读过程中感受、体验、掌握阅读内容，唤起儿童的创造力、想象力，促进孩子认知发展，打下良好学习的基础，使孩子一生受用无穷。父母也重拾了童

心，感受了阅读的乐趣，营造了家庭的学习气氛。

(二)绘本阅读帮助家长把握教育契机，弥补教育缺失

近年来我们的家庭教育出了很多问题。多数家庭存在着对孩子百般溺爱、百依百顺的现象，对于孩子日常生活中的教育很多家长束手无策。一系列成长绘本帮助家长树立正确的教育观，根据孩子的年龄和身心特点对孩子进行教育。通过绘本，家长有意识地使用绘本中的语言，引导孩子灵活地运用绘本语言，抓住生活中的教育契机，鼓励孩子以绘本中的人物为榜样，培养孩子良好的个性品质。

总之，绘本作为儿童的"人生第一本书"，被公认为是最适合孩子早期教育的读物，不仅对于新入园的孩子、入园后的孩子乃至所有成长中的孩童们成长的教育作用都是毋庸置疑的。还在为孩子入园焦虑的家长何不从现在开始准备起来，拿起绘本，与孩子坐在一起共同感受绘本带来的魅力和亲子阅读的幸福瞬间吧。

学前教育专业思政教育新路径：从思政课程到课程思政的转变

武汉工程科技学院　汝利娜　王雄燕

学前教育专业思政教育是培养德智体美全面发展的优秀人才的重要途径。然而，传统的思政课程存在着教学内容陈旧、教学方式单一、教师素质不高等问题，导致学生缺乏学习兴趣和积极性。因此，如何提高高校思政教育的实效性和针对性，成了亟待解决的问题。

一、"思政课程"与"课程思政"

学前教育专业思想政治理论课是对大学生进行马克思主义理论教育和中国特色社会主义教育的核心课程，作为一门独立的学科体系，思政教育是所有教育的根基，是培养学生道德品格、社会责任、爱国情怀、辩证唯物主义认识论的主要途径。然而，一直以来"思政课程"都处于孤军奋战的艰难困境中，没能和高校课程体系中的通识教育课、公共基础课、专业课程有效融合，局限性日益凸显。

2016年12月，习近平总书记在全国高校思想政治工作会议上强调："要用好课堂教学这个主渠道，思想政治理论课要坚持在改进中加强，提升思想政治教育亲和力和针对性，满足学生成长发展需求和期待，其他各门课都要守好一段渠、种好责任田，使各类课程与思想政治理论课同向同行，形成协同效应。"

二、从"思政课程"向"课程思政"转变

1. 转变教学理念

传统的思政课程以教师为中心，注重知识的传授和灌输，而忽视了学生的学习需求和个性差异。而课程思政则以学生为中心，注重学生的全面发展，强调培养学生的创新精神和实践能力。因此，教师需要转变教学理念，从以教师为中心转变为以学生为中心，注重学生的个性差异和全面发展。

2. 丰富教学内容

传统的思政课程教学内容相对陈旧，缺乏时代性和针对性。而课程思政则要求教师根据时代发展和学生需求，不断更新教学内容，将最新的理论和实践成果融入教学中，提高学生的学习兴趣和积极性。同时，教师还要注重教学内容的针对性和实用性，帮助学生解决实际问题。

3. 创新教学方式

传统的思政课程教学方式单一，缺乏互动性和参与性。而课程思政则要求教师采用多种教学方式，如小组讨论、案例分析、角色扮演等，增强学生的参与感和互动性。同时，教师还需要利用现代信息技术手段，如网络教学平台、在线课程等，实现线上线下相结合的教学方式，提高教学效果。

4. 提高教师素质

传统的思政课程教师素质参差不齐，缺乏专业性和实践性。而课程思政则要求教师具备较高的专业素养和实践能力，能够引导学生发现问题、分析问题和解决问题。因此，高校需要加强对教师的培训和考核，提高教师的专业素养和实践能力。

三、高校思政教育的新路径

1. 完善课程体系

高校需要完善课程体系，建立全面的思政教育体系。除了传统的思政课程外，高校还需要开设各类具有针对性的专业课程、通识课程和实践课程，形成"全覆盖、齐参与、共协同"的思政教育格局。同时，高校还需要注重课程的层次性和系统性，确保不同层次的学生都能够接受到全面而系统的思政教育。

2. 加强实践教学

实践教学是高校思政教育的重要组成部分。高校需要加强实践教学，建立实践教学基地，组织学生参加社会实践活动、志愿服务活动等。通过实践教学，学生可以更加深入地了解社会、认识国情、增强责任感和使命感。同时，实践教学还可以培养学生的创新精神和实践能力，提高学生的综合素质和社会适应能力。

3. 强化校园文化建设

校园文化建设是高校思政教育的重要载体。高校需要加强校园文化建设，营造积极向上的文化氛围。通过举办各类文化活动、科技竞赛、文艺演出等，丰富学生的课余生活，提高学生的文化素养和审美水平。同时，高校还需要注重校园文化的传承和创新，推动校园文化的可持续发展。

4. 建立多元评价机制

建立多元评价机制是高校思政教育的重要保障。高校需要建立以教师评价、学生自评、社会评价等多维度评价机制为基础的评价体系。通过评价机制的建立和完善，全面了解学生的学习情况和社会适应能力，为后续的思政教育工作提供参考和依据。同时，评价机制还可以促进教师和学生之间的互动和交流，提高教学效果和学习效果。

四、结论

从思政课程到课程思政的转变是高校思政教育发展的必然趋势。课堂是高校教育的主阵地和主渠道，课堂教学是教书育人的主要途径，思政教育不应是一门独立的学科，应突破思政课堂教学内容和授课场所的局限性，在专业课程教学内容中充分挖掘思政教育资源，将思政课程与专业课堂相融合，发挥专业课堂教学润物无声的德育功能，将思政教育贯穿于高校教育的全过程，将立德树人作为高校教师的神圣职责，实现由"思政课程"向"课程思政"的创造性转变，真正发挥"全课程、全方位、全员制"的新时代高校"课程思政"教育体系的作用。

华德福教育理念下自然桌子的创设

湖北省武汉市华中农业大学幼儿园　高　莎　王　丹

"自然缺失症"已成为当代城市幼儿的显著问题。多年来我园依托农业高校得天独厚的自然资源，同时基于华德福教育理念，开发了一套较为完善的"自然教育"课程体系，凝练出了以"自然"为特色的园本文化。我们还借力多元互动，内化"自然"理念，将自然教育不断延展出经典的二十四节气课程、微景观自然角和自然桌子。

一、概念界定

（一）华德福理念

华德福教育是鲁道夫·史代纳根据自创的人智学理论创建的。其重在强调人"身""心""灵"三元的和谐、融合与共同发展，简单来说就是"以人为本"。体系主张按照人的意识发展规律，针对意识的成长阶段来设置教学内容，因此我园深入贯彻华德福教育理念，将大自然"搬"进教室。

近些年来，大多数幼儿园对外宣传的亮点在于"现代化""高端大气""上档次"，这些确实是一个幼儿园品质的表现，但仔细想想，这对于刚刚脱离父母怀抱的孩子来说带来了什么呢？带来的是与大自然的隔绝，禁锢了孩子的探索欲，使幼儿丧失了创造力与好奇心。

华德福理念认为大自然是充满生命力的，让孩子们靠近大自然会提高他们的想象力、感知力与判断力，给孩子的认知、身心发展提供意想不到的能量。

（二）自然桌子

自然桌子，一张"会说话的桌子"，它诉说着春夏秋冬四季更替，更是大自然的舞台，是季节的灵魂。自然桌子放在室内的合适区域，可以设计不同的场景；会根据季节的不同，通过自然物展示和呈现此时、此刻、此地季节的状态。其主要目的是吸引孩子们的注意力，激发他们探索的欲望以及好奇心，从而感受大自然的季节变化。

我们通过设置"自然桌子"，展现大自然微妙的变化，让孩子们通过观察知道我们处在一个什么样的世界中，慢慢地，变成有着鲜活意识的人。这是大自然给予我们的机会，去引导、激发、提高孩子自我意识、洞察力。

二、自然桌子的设定

（一）选择相对固定的区域

创设季节桌需要一张特别的桌子，最好是原木的，更贴近自然，或者独立设一个架子。在靠近窗边或墙壁的一角更合适，两边被墙壁包围，并相对固定。

（二）自然桌子所需材料

布置自然桌子最基本的材料就是一块柔软飘浮的布，可以是任意材质。将布铺在桌子上，抑或固定在墙上，形成舞台幕布般错落有致的背景，笼罩整个场景，营造出不同的氛围。

其次就是布置场景所需要的道具，与大自然是一致的。大到房子、车子、湖泊、树林，小到石头、沙子、木块、毛线等都可以用来搭建自然桌子。还可以手工制作一些羊毛玩偶，来丰富场景，让孩子们真切感受到所处的世界。

（三）选择材料、搭建场景与季节相配

自然桌子创设的侧重点在于反映真实的生活与自然，要遵循自然变化规律，展现一年

四季的不同，所以我们在自然桌子上投放的材料需尽可能和季节相匹配，包括色彩、物品、人类活动等。比如春天可以采用雨后小草嫩芽的嫩绿色或者是桃花代表的粉色；夏天可以是深绿色或蓝色；秋天则是丰收的金色；冬天用蓝色或是白色。

除此之外，人类活动场景也是必不可少的一部分，例如在传统节日可以添置一些代表节日特征的物件，力求与现实相符合。遇上中秋节可以摆放一些月饼，在墙上挂上一轮明月；端午节则放上粽子，摆上龙舟，系上五彩绳；春节挂上鞭炮，贴上窗花与春联。在无形中会让孩子们对于所摆放的物品产生强烈的好奇心，这样对于中国传统文化的灌输便会更加深刻。

（四）注重微景观的打造

在自然桌子的布局上，要呈现当下季节的特质，但不能太烦琐，不要什么东西都堆在那里。布局要有艺术美感，有空间和秩序感，忌凌乱繁杂，否则容易变成杂物桌。季节桌还要注重微景观的打造，要有小场景，有故事画面。比如春夏时节可以呈现春游景，冬季可以呈现雪娃娃。总之，不同季节有不同的故事与场景，这些都需要教师认真思考与规划。

（五）自然桌要具有互动性

自然桌子不是独立存在的，它应该具有整体性与互动性。自然教育是我园特色，每周的自然体验日与自然桌子的内容，都是有呼应的，它是整体中的局部。自然桌子是教师主导的自然艺术作品，孩子们可以参与其中，不主张孩子们把自然桌子上的物品拿去玩耍，孩子们对自然桌子应该是敬畏的态度，像欣赏艺术作品一样。但是，还可以创设特定区域让孩子去与自然桌子互动，如写生台、手工台等。

（六）提高教师审美

为了呈现完美的自然桌子，这就需要教师们不断提高审美，考虑色彩搭配、场景构造以及与主题的契合度。教师们常常费尽心思将教室充满各种色彩鲜明的图案，但有研究表明过于鲜艳的颜色会分散孩子的注意力，同时会产生烦躁以及不安情绪。而华德福教育理念则是侧重强调更贴近于生活、自然本真的学习生活环境，在这种环境下，孩子更容易放松下来，去探索、去了解自我。因此提高教师的审美，创设一个让幼儿感到温暖、安全的环境变得十分关键。在色彩搭配方面，大自然就是一位优秀的配色大师，它所描绘的事物都有着精妙的配色。

三、创设自然桌子的意义

华德福自然教育理念是一种崇尚回归自然的教育理念，认为人的生长发展是离不开大自然的，人与自然应和谐相处，其强调对于幼儿的教育要无限贴近于大自然，让孩子真切感受大自然的变化，而不是拘泥于死板的教学课程。因为知识是藏在生活中的，让孩子顺应自然、亲近自然、了解自然，便是促进孩子对于自身的认识，是自我感知力的提高。

大自然是最好的老师，同时它为自然教育提供了材料，孩子们所接触的玩具都是最原始、最本真的，教育学家表示让孩子们接触这些材料的原始状态，更有利于培养幼儿的感知力、探索力，更能提高他们的思维能力以及判断力、洞察力，让孩子进一步感受自然、了解自然，将大自然的生命力传输给孩子们。

自然桌子的设定是对于华德福自然教育理念深入学习后的产物，强调遵循自然、符合孩子的天性，追求顺应幼儿的身心发展，拒绝揠苗助长的行为。其本意就是让幼儿亲近自然并产生无限的好奇，从而进行探索、实践，达到"身""心""灵"的全面发展。

综上，我园将以华德福自然教育理念为指导，将其落实在真正的教育实践中，所创设的"自然桌子"充分展现让孩子亲近自然、了解自然、顺应自然，弥补孩子的"自然缺失症"。

而这些既不能操之过急,也不能消极懈怠,应给予孩子充分的耐心与空间,鼓励孩子去探寻真相,发现其中的奥秘;同时在合适时间给予他们相应的帮助,辅助他们了解世界、了解自然。一个人的成长与发展,关键便在于幼儿时期,如果幼儿时期没有接收到正确的指引与引导,就犹如一棵歪脖子树,是畸形的,无法保证之后的生活;但如果在幼儿时期通过教师、家长的积极正确引导,这棵小树苗深深扎根于土壤,必将成为一棵参天大树。所以我们要为孩子的潜能发展营造出健康、温暖的成长环境,让其"身""心""灵"与自然和谐发展。

幼儿园开展自然教育活动的研究与实施

云南省保山市隆阳区光丽英博幼儿园 杨燕花

幼儿自然教育对幼儿的成长和发展具有重要的意义和作用,可以激发幼儿的好奇心和探索欲。自然教育不仅能够丰富幼儿的生活经验,拓展幼儿的知识视野,还能促进幼儿的身心健康,提高幼儿的创造力和问题解决能力。《幼儿园教育指导纲要(试行)》中明确指出:当前幼儿园教育应当注重结合实际情况,利用当地自然教育资源,全方位深化教育教学效果。幼儿园教师要注重从自然教育环境出发,打造适合幼儿身心发展的自然课程体系。

一、营造自然环境,深入自然生活

要想促进幼儿健康快乐成长,教师应当注重遵循幼儿的天性,充分利用幼儿园现有自然资源,深入挖掘自然教育环境,让幼儿在自然环境中充分感受到学习的乐趣。例如,在幼儿园的小花园中结合其地势以及花草树木资源,为幼儿创设迷宫、野炊、树屋、绳梯、秋千、帐篷、饲养角等多种自然生活场景,组织幼儿在小花园资源中释放自己的天性,有的幼儿在荡秋千的环节中玩得不亦乐乎,还有的幼儿每次都会在迷宫中迷路,这依然不影响他们对迷宫游戏的喜爱程度,让幼儿在最原始的自然资源中享受到无穷的乐趣,激发了幼儿参与学习的主动性以及积极性。

二、打造自然教育课程,释放幼儿天性

在构建幼儿园自然教育课程的过程中,幼儿园教师要善于发掘与自然资源相关的课程内容,结合幼儿的个性特点,为幼儿打造符合其身心发展特点的自然课程体系。例如,在自然探秘环节中,教师组织幼儿共同参与玉米种植活动,从一开始幼儿对玉米种子的观察,到幼儿各自选好玉米种植点,之后再带领他们一起展开种植活动。有的小朋友拿着小铲子、小耙子和老师一起开垦菜地,有的小朋友负责敲碎翻出来的大块泥土,这样才更有利于种子的生长。从挖坑到填埋玉米种子,然后浇水,等待玉米种子破土而出,之后又带领孩子们一同观察玉米的成长过程,并记录下来,从而让孩子们了解玉米从发芽、生长、开花到长出胡须以及长出果实的整个成长过程。教师引导幼儿在自然活动中学习与掌握玉米的生长奥秘,促使幼儿们全方位掌握自然植物的生长知识,并有效扩展幼儿的学习视野。

三、丰富自然教育方法,注重有效引领

在具体展开自然课程教学中,教师应当注重关注幼儿的学习感受,注重采取恰当正确的教育引导方式,引领幼儿健康快乐地成长。同时结合幼儿的特点,关心与爱护幼儿,帮助幼儿在自然课程学习过程中有效达成健康成长教育目标。例如,对于自然教育不仅局限于幼儿园的本土环境中,也可以扩展到幼儿园课外学习环境中,进一步丰富幼儿园自然教育方法，幼儿教师可以邀请家长一起进入自然教育学习中，利用自己的生活经验，带领幼儿共同参与其中，亲自引导种植、播种以及收获等多种活动，在亲子活动中，促使幼儿获得更多直接种植经验，并拉近幼儿与父母之间的距离，全方位强化自然教育有效方法。

四、自然教育课程中的角色游戏

游戏是幼儿最喜爱的活动，幼儿在活动中可与同伴自由结伴、交往，并将自己的生活经验显现其中。游戏的内容来源于幼儿的生活，如与父母在家庭中的日常生活就会在"娃娃家"游戏中体现出来。自然教育课程也可以伴有游戏活动，如在"秋天的颜色"主题活动中，会有许多漂亮的树叶，孩子们可以进行相应的游戏，比如利用掉下的树叶制作树叶粘贴画、树叶书签以及进行树叶分类等活动。

五、根据孩子的不同兴趣和需求，创设不同的种植科学小实验

在自然教育课程中，要让幼儿的生活变得自由、自主、积极。如在幼儿园中的自然角，可根据孩子的不同兴趣和需求，创设不同的种植科学小实验，如植物的向阳实验，相同植物在不同环境中的生长情况等。孩子们每天都会自主去观察、记录。在进行集体教学"多样的天气"后，孩子便会每天关注天气的变化，老师可以和孩子一起制作天气预报的展板，在每天吃午饭前，请小朋友充当"小小气象员"向同伴播报每天的天气。

六、重构自然教育的方式

在过往的自然教育中，幼儿园作为一个独立的实体存在，虽然有各种亲子活动的联合教育，却缺少实质性合作。如何让自然教育的教学组织形式从封闭转向开放和融合，以开放的视野重构自然教育的教学组织和学习方式呢？首先，我们要充分利用网络，开展资源合作、共享，建立了家园联合体。通过微信群、QQ群、抖音、校园网络等平台，将幼儿园教师典型教学案例、视频发送到班级群上，让家长学会怎样教育幼儿进行自然教育活动；鼓励有经验的家长拍摄自然教育视频并将其推送到微信群、抖音和网络平台。这样既可以避免教学组织形式的单一性，又弥补了教学资源的不足。其次，我们还根据幼儿家庭自然资源条件的实际情况，从幼儿的爱好兴趣出发，在家长的指导下广泛开展宠物饲养、庭院种植、田园采风等探究性学习活动。将探究学习的成果或通过视频或者以带实物到幼儿园的方式进行展示，让幼儿充分体验成功和成长快乐。

七、重构自然教育的环境

（一）整体打造，创设充满"野趣"的自然教育环境

强化经验化改造，将教学区、生活区、活动区相对分离。以绿色为主题，宜树则树，宜花则花，宜草则草，使幼儿园呈现"红花绿草满园栽，风送花香蝶时来"的自然景象。

（二）提升打造，创设充满"童趣"的自然环境

我们认为，幼儿园教育就是要对幼儿的每一次生命活动进行关怀，让幼儿学习的过程变成一种享受生命的过程。为此，我们在活动区设置了沙池、水车、轮胎秋千以及依树而建的"树屋生态滑滑梯"；在种植区我们修建了花坛、花圃，种植大量的季节性花卉和植物；在班级我们根据幼儿不同的认知水平，由浅入深、从简到繁选择符合时令的、具有鲜明季节特征的植物；创设充满个性特色的班级"自然角"，让幼儿在感受四季的变换中直接参与环境的对话，尽情地展示自然教育活动带来的童真、童趣。

（三）重点打造，创设充满"农趣"的自然环境

为了给幼儿提供真实的自然体验环境，幼儿园建立的自然教育特色体验区由专人管理。根据主题活动需要，在"智慧树"区块种植了玉米、辣椒等高杆植物；在"星星屋"区块种植了茄子、空心菜、白菜及南瓜、丝瓜等藤蔓类植物；在"太阳岛"区块种植了向日葵、包菜；

在"花果园"区块种植了玉兰、桂花、樱桃、橘子、桃子、石榴、柿子等花卉和果树;在"饲养"区块养殖了金鱼、小兔、鸽子、乌龟等小动物。让幼儿在真实的自然环境中增长经验,充分体验大自然生活带来的快乐。

总而言之,大自然资源是进一步激发幼儿们学习兴趣,并在无形中提升幼儿们学习能力的一种课程资源。因此幼儿园教师在合理应用自然资源的过程中,要善于结合幼儿的个性特点,创设丰富自然环境,开发自然教育课程,丰富自然教育的教学方式,合理有效地构建自然教育课程体系,有针对性地展开教育引导,促进自然教育课程教学质量的提升。

壮族文化资源在幼儿园区域环境创设中的应用现状
——以云南省J幼儿园为例

云南省文山学院　刘新伢

3—6岁是幼儿理解本土民族文化,增强民族自豪感、认同感、责任感的最佳时期,而区域环境创设是幼儿自主学习的重要形式,能有效促进幼儿的发展。以壮族文化作为切入点,探讨壮族文化资源在幼儿园区域环境创设中的应用现状,剖析问题及原因,有利于丰富幼儿园的区域活动实践,更能加强幼儿的民族文化自信。

一、调查对象及方法

(一)调查对象

在云南省丘北县境内,少数民族人口占总人口的62.52%,生活着12万多名壮族群众,壮族文化历史悠久、资源丰富,以丘北县境内J幼儿园为研究对象,从地域上及壮族文化历史发展上具有代表性。

(二)调查方法

通过走访调查和实地访谈等形式对该地区幼儿园区域活动应用壮族文化的情况进行了解,丰富调查依据,选取具有代表性的J幼儿园作为深入调研的对象,利用观察法和访谈法对该幼儿园的区域环境和教师进行了访谈,收集相关资料。

二、幼儿园区域环境创设中壮族文化应用的现状

(一)幼儿园壮族文化区域环境的创设

J幼儿园以班级为单位开展区域环境创设,从壮族服饰、壮族美食、壮族文学、壮族节日习俗、壮族音乐舞蹈五个维度开展区域。

1. 幼儿园壮族服饰区域环境的创设

本地的壮族服装基本上以黑蓝色为主,样式比较少,但是在服装的图案上,不同地区会有各自不同的风格。壮族人民特有的工艺织品壮锦颜色绚丽,图样丰富多彩,具有浓郁的民族特色。在班级区域环境创设中应用了壮锦、布料、染料、织布机、头饰和鞋子等壮族服饰以及制作和欣赏材料。教师利用区域开展壮族服饰绘制活动,受到幼儿的喜爱,艺术区一直是热门区域,后来在操作区加入了织壮锦活动,虽然目前还需要老师辅助操作,但已经让幼儿感受到了壮锦的魅力,喜欢上了壮族的服饰。

2. 幼儿园壮族美食区域环境的创设

壮族人喜欢吃米饭、米粥,喜欢糯米制作的食物,壮族特色五色糯米被用作染料,香味浓郁,色泽鲜艳,受到幼儿喜爱。在生活区投放植物染料、糯米、艾叶、米粉等制作材

料，投放电磁炉、锅具让幼儿实际操作，在笔者观察期间，在这个区域的孩子对于染花米饭特别有经验，能利用原材料进行多种配色，也可以拼搭出多种造型。经过访谈得知，该幼儿园定期举行了民族美食节活动，每个班级都会制作自己民族的特色美食，家长参与制作，加深了幼儿对民族美食的体验，也让壮族美食从区域中延伸到了其他活动中。

3. 幼儿园壮族文学区域环境的创设

将壮族文学融入幼儿园区域环境创设中，十分具有教育意义，壮族的故事、歌谣、谚语可以提高幼儿的生活经验，神话、传说和故事可以让幼儿感受壮族悠久的历史和壮族人民坚韧不屈、团结一致的精神，让幼儿从小就树立起对壮族文化的自豪感和认同感，也有利于壮族文化的传承与发展。在阅读区、表演区投放一些壮族文学的相关书籍，在笔者观察期间未见幼儿进行阅读或表演，也未看到教师有相对应的引导。

4. 幼儿园壮族节日习俗区域环境的创设

壮族特有的传统节日有很多，例如正月三十的吃立节，就是壮族的春节，是为了庆祝战士们凯旋的节日，农历三月三壮族人民会去扫墓，制作五色糯米饭、赶歌圩等。这些节日习俗反映了壮族人民坚守家园的英勇精神和对美好生活的向往。据观察，壮族节日习俗是做得比较有特色的区域环境创设，在多个活动区挂上了幼儿制作的壮族手工作品，让幼儿参与到班级区域环境创设的活动中。科学区投放了植物枝叶、捣药罐、大米等操作材料，美工区投放了一次性的碗碟、绳子、剪刀、画纸等创作材料，活动区展示的幼儿的手工作品都是幼儿在美工区亲手制作而成的。

5. 幼儿园壮族音乐舞蹈区域环境的创设

壮族以"好歌"而闻名，壮乡被誉为"歌海"，壮族人民善于通过民歌来抒发自己的思想感情。壮族舞蹈主题鲜明，舞步矫健有力，充分体现了壮族人民勤劳勇敢的精神和坚韧的民族性格。在该幼儿园音乐区、表演区都有壮族乐器和壮族服饰、装饰等，在走访中也感受到了幼儿园壮族教师的壮族舞蹈和音乐才华，孩子们耳濡目染，热爱壮族的歌舞、乐器。

(二) 幼儿教师对壮族文化的运用意识与能力

幼儿园教师对壮族文化了解的程度会影响幼儿园壮族文化资源在区域环境创设中的开发和利用。据笔者访谈，该园教师都表示对壮族文化有所了解，大多数是关于壮族的节日风俗、音乐舞蹈和壮族美食这几个方面的了解。在访谈时，老师们表示平时会根据课程的需要来融入壮族文化，主要选择本土壮族资源，结合网络查询、询问壮族的同事、翻阅书籍、询问家长等方式来进行融入。但所有教师都表示并没有参加过相关培训，大多是借鉴别人的做法或是自己摸索。幼儿教师表示在运用壮族文化资源创设区域环境时遇到的问题集中在资源的整合比较困难；材料购买缺少经费；得不到幼儿园的支持等方面。也有一部分教师表示目前还不了解壮族文化，只专注于做好自己的日常工作，认为自身应该加强了解壮族文化，根据幼儿的年龄特点开展具体系统的区域活动。

三、幼儿园壮族文化在区域活动环境创设中应用存在的问题

(一) 壮族文化资源在区域环境中材料投放较少

壮族有许多特色的美食，有五色糯米饭、血肠、鸡肉、酿酒等，但是比较适合幼儿在区域活动中进行操作的只有五色糯米饭，让幼儿学会色素提取，制作不同颜色的糯米饭；壮族有众多的神话故事和谚语，但是其内容对于幼儿来说太过高深，不适合用于区域环境的创设。壮族的文化资源非常丰富，但是要找到适宜幼儿进行区域环境创设需要的材料。

据了解，壮族工艺材料比较昂贵，例如，壮族服饰中的壮锦，其织造过程十分复杂，需要特殊的机器来织造，熟练的工人一天只能编织一尺左右，再加上其他材料费，一床壮锦的成本已经在四五百元以上了，有些教师其实有很多好的想法可以进行区域环境的创设，但是却因为金钱问题而放弃了。

（三）教师对开发利用壮族文化资源的认识和能力不足

很多教师对于壮族文化的了解只是一些比较简单和表面的，不会主动地去开发壮族文化资源，利用资源进行区域环境创设。教师自己对壮族文化的了解也比较浅显，所以对幼儿的教育效果也只能是流于表面。教师对壮族文化的理解程度直接影响壮族文化中幼儿园区域环境中的开发和活用。J幼儿园的教师大多数都是壮族，对壮族的文化有一定了解。但是教师较少会在区域环境创设中进行壮族文化的融入，具体原因是教师把资源融入幼儿园区域环创的能力不足。

四、幼儿园壮族文化在区域环境创设中应用的对策

（一）为幼儿提供丰富的、适宜的壮族文化材料

区域环境创设时使用的材料一定要能引起幼儿的兴趣，使幼儿有探究的欲望。壮族文化内容丰富，但并不是所有壮族文化的内容和形式都适合幼儿园区域环境的建设。教师对壮族文化在区域环境中的创设的具体实践应该从幼儿的角度出发，教师需要体验壮族文化的魅力，对壮族文化的内容进行选择后认真论证，挑选出适合的环境创设材料，在区域环境的影响下使幼儿得到更好的发展。

（二）注重民族传统文化与现代文化的融合

壮族文化有几千年的历史，把壮族传统文化与现代文化相融合，可以赋予壮族传统文化新的生命力，也可以丰富现代文化的内容，幼儿园区域环境创设中应将壮族传统文化与现代文化相融合。教师在进行区域环境创设时可以利用现代科技来融入壮族文化，例如PPT课件、有声绘本阅读、3D模拟动画……这些现代科技可以生动形象地展示壮族文化，激发幼儿的学习兴趣。此外，壮族文化资源丰富多彩，教师不可能对所有的壮族文化都有所了解，幼儿园可以根据壮族文化的类型进行分类，建立资源库，幼儿园的教师可以在资源库中按类别找到自己所需要的壮族文化来进行区域环境创设。教师也可以把自己对于壮族文化的见解和教育经验录入到资源库中，对资源库进行不断的更新和扩充，打造壮族文化资源智慧系统。

（三）加强教师对壮族文化知识的培训

幼儿园应制订详细的培训计划，规范教师培训管理制度，按教师的学历、年龄、业务水平、工作能力、实践经验，分层提出培训目标，使其区域环境创设理论水平得到提高，并支持教师在园内开展壮族文化融入区域环境创设的教学实践，让教师互相评价、指导。通过系统和有针对性的学习，教师能够对壮族文化进行全面了解，能够不断深挖其教育价值，更好地进行幼儿园区域环境创设。

要提升教师对壮族文化的认识，加强壮族文化在幼儿园区域环境创设在的运用，只通过幼儿园的培训是不够的，还要拓宽教师认识壮族文化知识的途径。

课程游戏化在幼儿活动中的对策与研究

云南省文山州富宁县第二幼儿园　毕　娟

《幼儿园教育指导纲要(试行)》明确指出:"幼儿园教育要为幼儿一生发展奠基,并且要以游戏作为基本活动。"这就确立了游戏化的教学形式在幼儿一日活动中的重要性,同时也对幼儿园新课程的改革——课程游戏化指明了明确必要性。随着社会的进步,幼儿教育备受重视,如何有效完成幼儿教育活动也成为教育者们关心的问题。游戏在幼儿教育当中扮演着重要的角色,可以调动课堂气氛,充分吸引幼儿的目光,对于提高教学质量来说意义重大。

作为幼儿园的教师,必须清晰深刻地认识到教育游戏与幼儿学习成长之间的重要关系,并尽心尽力地致力于如何高效地在教学活动中运用教育游戏,以期取得教学水平的长足进步,为这些祖国花朵的光明未来做出应有的贡献。本文将对如何运用教育游戏提出些许看法,对游戏在幼儿教育中的重要作用进行分析,并论述游戏在幼儿教育中的运用原则及策略。

一、游戏在幼儿教育当中的重要性

(一)巩固加强常识性知识能力

受传统教学模式的影响,幼儿教学中涉及很多常识性教学内容,导致幼儿在现阶段的学习兴趣不高。常识性教学内容多来源于幼儿教学的教材,游戏的融入可以很好地解决理论常识枯燥乏味的问题,游戏本身的乐趣可以让幼儿在其中释放自我,愉快表达自己的想法,提高幼儿的学习主动性。例如在讲解常用生活工具的用途和特性的时候,为了激发幼儿的学习兴趣,幼儿教师可以准备相关的工具让幼儿自己感受并且使用。这样做不仅可以缓解幼儿对于理论知识的排斥感,而且可以使其在自主实践中领悟到理论知识的现实指导意义。

(二)提高幼儿的语言能力

一提到幼儿的教学语言,一般都会联想到童话、寓言故事等文学体裁,这类的表达形式更加符合幼儿的身心特点。幼儿教师可以将幼儿分配成不同的角色进行故事情节演绎游戏,让幼儿通过自己的感受来表现故事中人物的情感,此活动可以很好地培养幼儿的语言能力。

(三)幼儿的综合能力明显提高

在游戏的应用过程中需要运用游戏规则来保证游戏的顺利进行,这些规则会让幼儿在不自觉中养成良好的纪律性和品格。除此之外,游戏的设置需要幼儿开动脑筋以及进行相应的体育锻炼,在特定的体力和脑力锻炼当中,幼儿的思考能力和学习水平会有很大的提高,对于培养幼儿的综合能力来说效果显著。

二、游戏在幼儿教育中的应用原则

(一)游戏与生活相联系的原则

幼儿的学习来源于现实生活,幼儿是学习的主体,游戏的设计要符合幼儿的现实生活,为幼儿营造出一种游戏的氛围,激发幼儿学习的兴趣。

(二)游戏符合幼儿个体差异的原则

每个幼儿都是独立的个体,对于知识的接受程度不同,其兴趣爱好不同,智力发展水平也不同。所以，在幼儿游戏教育中，要根据幼儿的个体差异来制定游戏环节，因材施教。

（三）以幼儿为主、教师为辅的原则

在幼儿游戏教育中，幼儿是游戏的主体，教师起着引导的作用。教师要为幼儿提供展示自己的机会，积极主动地观察幼儿游戏的过程，在给幼儿提供空间的同时，不能放任幼儿，要及时组织引导幼儿游戏。在合理的游戏中，让幼儿学到知识，提高能力，获得快乐，并发展幼儿的潜能。

三、实施课程游戏化的初步策略

课程游戏化不是纸上谈兵，不能模仿照搬一蹴而就，需要教师更多的领悟、思考与创新，所以如何围绕《指南》突出"课程游戏化理念下的幼儿一日活动组织"，还需要我们积极地探索与实践。

1. 加强学习，理解游戏本质，从思想上破茧

要开展课程游戏化，首先得进入课程游戏化，观念必须先"行"。所以作为教师，我们必须通过各种渠道不断学习，思想要跟着进化，要树立新的教育理念，理解游戏本质，帮助幼儿从游戏的快乐中获取该掌握的知识。

2. 积极尝试，调整固有模式，从行为上转变

实施课程游戏化的关键在于教师，教师有效的教育行为及能力是课程游戏化项目建设品质提高的关键。所以在课程游戏化建设过程中，我们要不断提升自身的游戏化能力，从行为上转变，将教育自然地融入幼儿的生活。

(1)注重教育教学游戏化。在幼儿一日的教育教学活动中，我们要从课程方案的编制、主题活动的设计、关键活动组合、游戏活动的拓展方面来一起推进课程的有效实施。

(2)注重游戏化环境的优化。幼儿园的环境创设中无论是幼儿园整体规划布置，还是某一局部的装饰，都尽量力求结构的合理、色彩的协调、风格的和谐，做到繁简适度、浓淡相宜，使幼儿感到清新美好。

在环境的布置中，可以邀请幼儿一同参与，这对他们有巨大的吸引力，不仅可以使幼儿全身心投入，还可以体验成功的喜悦。此外还要注重材料的投放要丰富多样，要有层次性，让幼儿能根据自己的水平来选择。

四、课程游戏化在教学活动中的运用与措施

（一）营造良好的教学环境

教学活动是在一定的环境氛围之中进行的，有天然的硬件设施所构成的环境，也有教师主导的课堂氛围环境。运用游戏教学，首先必须在硬件设施方面有充足的准备，包括游戏场地及游戏用到的材料等，以保证幼儿有充分的发挥空间。同时需要教师精心组织游戏教学过程，以保证课堂上能提起孩子们的参与兴趣，营造良好的课堂氛围。

（二）让幼儿真正成为游戏的主人

幼儿是游戏的主人，在游戏中幼儿是执行者，他们可以根据自己的需要和愿望来玩游戏，教师应该从全方位的角度去看待幼儿的游戏自主权，让幼儿自己确定想玩什么、怎么样玩、和谁一起玩、在什么地方玩等，游戏中的规则是根据幼儿的游戏需要确定的，而不是外界强加的，这样幼儿才愿意自觉遵守。游戏中只有让幼儿根据自己的愿望和想法与玩具材料发生互动，才有可能使幼儿真正产生兴趣和自主体验，才能使幼儿以自己的方式将外部经验内化成自己的经验。因此教师要让幼儿真正成为游戏的主人，要让幼儿主动控制活动进程，自主决定活动的方式方法。这是教师指导幼儿游戏的关键。

（三）角色扮演，增加对游戏活动的兴趣

开展户外游戏活动，一般以体育游戏为主，根据天气情况、幼儿身心发展特点和动静交替原则，有时也在户外穿插进行一些运动量较小的游戏，如角色游戏、智力游戏等。科学的体育活动，能提高孩子基本活动能力和运动技能，从而达到锻炼身体、增强体质，愉悦身心的目的。

（四）深化游戏体验，创新教学评价

在教学活动过程中运用游戏时，为幼儿选择和创设适合他们发展的游戏，游戏评价是最容易被忽视而又最关键的环节。教学实践中，一般的做法是以教师的评价为主。其实从中班、大班幼儿的身心发展来看，多数孩子在思维、口语表达能力方面，有参与评价的能力。教师可让他们谈谈游戏过程给自己带来的收获与体验，并对他们表达的想法及时做出肯定、鼓励性的评价。根据情况选取幼儿提及的问题组织讨论，从而强化体现于游戏中的教学目标，诱导幼儿从感性认识中深化体验，积累经验知识。

"当人具有充分的意义时，他才会游戏，只有游戏的时候，他才是真正的人。"这句话真切地表达了游戏对人们发展的重要性。经过研究，多种多样的游戏方式在教育过程中唤起了幼儿的游戏精神，不仅激发了幼儿在活动中的兴趣，还促进了幼儿全面发展。在幼儿教育中，教师应当合理利用游戏，充分发挥游戏的作用，促进幼儿的发展。

浅议绘本资源对幼儿情绪管理能力的影响

四川省成都高新区第二幼儿园　徐果果

情绪安定、愉快是衡量幼儿身心健康的重要标志。但在日常生活中，负面情绪无可避免，由于缺乏一定的情绪管理经验，幼儿在面对负面情绪时，常常比成人更加不知如何疏解。特别是初入园的小班幼儿，语言表达能力较差，更加不懂如何正确地表达自己的情感，一旦发生什么事情，就会乱发脾气，大喊大叫。这些问题不仅对儿童的学习和生活造成了很大的影响，而且对整个儿童早期教育的质量也有一定的影响。幼儿的情感问题不容忽视，笔者在幼儿园教育教学中发现，一些绘本资源的引入，对于幼儿情绪管理能力的提升，有着很大的帮助，因此在日常教学中，尝试利用绘本对幼儿进行情绪教育，融合阅读、表演、绘画等多种教育方式，取得了比较显著的效果。

一、选择适宜绘本，挖掘情绪教育价值

对幼儿而言，情绪调节的基础是进行情绪识别，对各种情绪建立起客观、正确的认知，绘本能帮助幼儿识别不同情绪。教师要认清、倾听、理解、把握小班幼儿的情感发展特征，选择有针对性、循序渐进的情感主题绘本，并充分发挥其情感教育的作用。适合于小班的情感图册，具有如下特征：

（一）色彩明快，立体直观

小班幼儿以具体形象思维为主，他们对图像的兴趣明显优于对文字符号的兴趣，因此教师要为幼儿选择以图像为主的绘本，便于幼儿理解。选择的绘本中，还要有明亮的色彩、立体直观的角色形象。明亮的色彩能充分渲染绘本故事中的情绪氛围，加深幼儿对故事内容的理解以及感受角色情绪的变化；立体直观的画面能将幼儿带入故事情境，身临其境地感受故事内容，达到视觉、听觉、触觉三种感官的融合。如《我的情绪小怪兽》是一本适合

小班幼儿阅读的立体绘本书，书中文字呈现不多，设置了大面积的明亮色块来吸引读者。书中的每种颜色都代表着一种情绪：黄色代表快乐、红色代表生气、黑色代表害怕等，把抽象的情绪概念变成有颜色的可爱的小怪兽。每翻动一页，3D立体画面就会跃然纸上，促使幼儿兴趣盎然地轻松地感知各种情绪。

（二）富有童趣，贴近生活

小班幼儿年龄小，认知水平有限，选择的绘本如果不够生动有趣，或是离幼儿的生活经验太远，他们可能不感兴趣、难以理解。因此，教师要善于挖掘富有童趣且贴近幼儿生活的绘本，让幼儿在绘本呈现的熟悉的生活场景中，自然而然地获取认知体验，以此建构相关的情绪知识，在自己已有认知水平的基础上进行扩展、提升。

如绘本《菲菲生气了》，故事中引发菲菲生气的原因是菲菲的玩具被姐姐抢走了，这是幼儿生活中时常经历的事件。熟悉的生活情景容易引发幼儿的情感共鸣，把幼儿迅速带入故事情节和氛围中，在故事场景中深入了解、体验菲菲的情绪历程。

比起口头教育孩子如何辨别和应对自己的各种情绪，情景主题绘画中图文并茂的形式更便于幼儿理解，还能对孩子在生活中的各种情绪的应对起到启发和指导的作用。

二、融合绘本教育，逐步实现情绪管理教育

以绘本为载体开展情绪教育活动，除了可以运用阅读方式外，还可以借助角色扮演、续编绘画等游戏方式，增强幼儿的参与感。让幼儿运用多种方式，从多个维度来认识情绪、感知情绪、体验情绪，从而增强情绪教育的有效性，最终实现情绪管理。

（一）趣味阅读，认知情绪

阅读是幼儿了解绘本内容的最直接方式。如何通过趣味阅读，引发小班幼儿对情绪绘本的兴趣呢？教师要让绘本画面、文字"活"起来，使之变成"立体"的画面；同时，依据绘本的情节，通过玩一玩、动一动等操作活动，吸引幼儿进入绘本的情境，在边玩边操作中，感知各种情绪。

以绘本《生气汤》为例，教师要注重引导幼儿看图思考：小男孩的心情是怎样的，你是怎么看出来的，请你找找书中表示生气的词语，小男孩为什么会生气。针对开放性问题的思考，幼儿在阅读过程中能逐渐积累关于情绪的认知和理解，从而准确理解和识别自己的情绪。

（二）回顾讨论，体验情绪

开展情绪绘本主题教育活动，教师还可以围绕故事情节，增加回顾、交流讨论环节，让幼儿在讨论中回顾、在交流中碰撞，从而突破学习难点，体验情绪内涵。讨论环节可围绕绘本主人公情绪的表征、情绪经历、情绪的变化开展，引导幼儿联系故事情节进行思考、交流，通过深度学习，为幼儿梳理经验，在体验中巩固对各种情绪的认知。

比如《生气汤》中的小男孩，将心中的不愉快通过尖叫、大喊等途径发泄出来；《宝贝，别生气》中的恐龙姐姐，学会通过深呼吸、数数、想象美好事物来调节情绪等。老师引导幼儿思考用什么方式来排解情绪。结合生活经验，幼儿给出不同的答案，如玩玩具、吃喜欢的东西、跟好朋友玩等。幼儿根据自身的需求和感受去探寻答案的过程，正是加深幼儿情绪体验的过程。

三、巧借绘本设置情景，延续情绪主题教育

由于小班幼儿年龄的特殊性，难以通过一两次情绪主题教育让其学会管理情绪，教师还需在日常生活中，借助绘本巧设适合幼儿的各种教育场景，让幼儿可以在放松身心之后自由表达自己真实的情绪。通过正面引导的方式，协助幼儿进行情绪转移、排解，逐步培养幼儿情绪管理的能力，促进其积极健康情绪的养成。

(一)创设"心情城堡"

创设"心情城堡",供幼儿情绪排解和宣泄。心情城堡可以设在相对偏僻、安静的角落,如寝室、活动室角落等,作为协助幼儿调节情绪的"私密区"。"心情城堡"可以是一个小帐篷,也可以是一个相对封闭的小屋子,内侧有柔软的小沙发、靠枕,外侧用纱幔做隔断,既安全又私密。"心情城堡"里可投放让幼儿心情愉悦的绘本,如《我不生气》《永远永远爱你》等,供幼儿阅读,并播放舒缓的音乐,设置收纳"坏情绪"的垃圾桶等。当幼儿情绪不好时,可以来这里一边听音乐一边阅读绘本;还能将不开心的事情用彩色笔画出来,然后丢进"坏情绪"垃圾桶,达到宣泄、排解情绪的目的。

(二)筹建"心情剧场"

筹建"心情剧场"利用幼儿最喜欢的情绪绘本,以幼儿最喜欢的游戏方式开展戏剧表演。"心情剧场"可以设在教室周围或走廊上,让幼儿在任何时候都能参与游戏;"心情剧场"的剧本必须由幼儿自主投票选出,再根据剧本自主进行相关的角色扮演活动。通过内容聚焦、情节构建、探秘情绪等多种操作方式开展游戏,幼儿在表演中消除负面情绪,培养积极、健康的情感,学习调整自己的情绪,并促进幼儿口语的表达能力。

儿童情感的发展是一个充满不确定性的过程,而情感教育不可能立即产生效果,它需要长期的培养和影响,需要循序渐进地深入开展。幼儿年龄较小,情绪波动大,所以,老师要善于发掘更好的、有感情的绘本,把它们自然而然地融入孩子的学习生活中去,通过多种形式,让孩子学习识别情绪,逐渐学会如何控制自己的情绪,成为自己情绪的主人。并且,园所应积极争取家长的认同与合作,家园共育,共同促进幼儿情绪管理能力的发展。

幼儿园体验式家长会的组织与实施

四川省天府新区新兴幼儿园 张 薇 潘 艳

家长会是家长与幼儿园共商共议育儿策略的重要手段,是教师与家长进行沟通的桥梁。"体验式"家长会,让家长与教师面对面坐在一起,在班级教师的引导下,进行思想和观念的碰撞,是新型的信息交流所不能取代的。"体验式"家长会打破家长会的传统模式,使"一言堂"的单调乏味不再出现,能充分调动家长的主动性、积极性,让家长在体验中感悟,在感悟中思考,在思考中提升。

一、体验式家长会的现实意义

(一)价值彰显:家长会对幼儿发展具有重要意义

《幼儿园教育指导纲要(试行)》明确指出:"家庭是幼儿园重要的合作伙伴。应本着尊重、平等、合作的原则,争取家长的理解、支持和主动参与,并积极支持、帮助家长提高教育能力。"家庭和幼儿园是3—6岁幼儿的主要活动场所,在这两个场所获得的经验对幼儿的发展具有非常重要的意义。幼儿的成长还需要家庭和幼儿园协同合作,家长会显然是幼儿园与家长沟通的重要形式,也是落实《幼儿园教师指导纲要(试行)》要求的有效途径之一。

(二)现实审视:我国家长会中亟待解决的问题

我园之前是隶属小学的一所农村幼儿园,受地域环境及小学家长会模式的影响,幼儿园家长会陈旧老套,往往成为教师向家长传授他们理论与实践的"单行道",很难实现家园真正坦诚与密切的交流互动,不利于幼儿成长发展。

1. 主客体颠倒

家长会变成了教师发布会,教师"一言堂"讲述很多关于幼儿的内容,家长只能被动地坐着听,没有机会发表意见。

2. 缺乏创意

我园家长会形式单一,家长对其流程已了如指掌。通过调查发现,我园父母参与率呈缓降趋势,主要原因归结于家长会内容流程单一、缺乏设计。

3. 效果不佳

家长会后不但没有解决问题,反而影响了亲子关系、家庭关系以及家园关系。再加之受疫情影响的三年,家长习惯于在线上开展家长会,方便快捷,不受地点影响,开始排斥更花时间精力的线下家长会。

由此可见,我园家长会已不能适应新时代的发展,家长会从内容到形式,都应当探寻一种新的模式,而体验式家长会以家长为主体,将家长定位为体验者和参与者,通过主动参与、实践体验、分享交流、自我调整等方式,实现家园共育,使家园友好合作,科学育儿,达成良好成效。

二、体验式家长会的内涵及优势

(一)体验式家长会的内涵

体验式家长会是依据家长的需要和家庭教育需要,通过体验式团体心理教育技术,在团体动力的推动下,围绕教育主题而展开的体验、成长和学习活动。所谓体验式家长会,重在体验,要让幼儿家长能自觉参与其中,成为主体,发挥主动性,在相应的真实情景中认可教师所传递的教育理念,并能够亲身躬行。幼儿园的体验式家长会一般可分为三个环节:首先,采用视频小故事、绘本等形式进行开场导入,明确主题;其次,进入体验式游戏环节,让家长通过游戏切身体验并认可教师所提到的问题,形成共鸣和价值统一;最后,分组进行思考探讨和碰撞,讨论问题的解决策略。在这一过程中,家长积极参与家长会,而非被动的接受者,获得了良好的效果。

(二)体验式家长会与传统家长会的优缺点对比

表1 体验式家长会与传统家长会的优缺点对比

	传统家长会	体验式家长会
氛围	氛围被动:教师"一言堂",教师是家长会的主体,教师的言语就是权威	氛围主动:家长成为会议主体,教师起到穿针引线的作用,人人发表意见,相互平等、相互尊重,共谋共担家园共育之重任
流程	流程单一:全园集中听园长或专家讲座,再分班由老师讲解本学期工作重点及家园配合事项	流程丰富:相互认识(家长介绍自己可为班级贡献的资源,老师展示教育智慧);体验游戏(体会游戏背后的教育寓意);话题讨论(本年龄段的关键话题);观看视频(强化对家长会主题的认同感);成果检视(会中的要求由各组长跟踪、反馈)
设计	缺乏设计:会场环境、家长座位安排随意,忽略团队精神	精心设计:会场环境根据主题精心安排,家长座位按3年不变的班级小组(4组或以上)就座,各组有组长和副组长3年引领
目标	目标模糊:基于片段式、散点状召开,主题欠突出	目标系统:围绕三年成长与发展目标,小班增强自理能力及自信心;中班培养情绪管理能力及同情心;大班加强计划、学习、解决问题能力及鼓励家长保持良好的心态与孩子共成长

三、体验式家长会的流程

体验式家长会的操作流程是相对固定的,可以根据本园的实际情况进行增减,也可以将流程的顺序做适当调整。但"游戏""视频"及"讨论和分享话题"是体验式家长会的精华,读者可以在此基础上完善和再创造,创造性地发扬体验式家长会的优势。

(一)相互认识(10分钟)

此环节是为了让老师了解更多的家长资源,利于后期家长资源的利用,也为家长们提供了介绍自己以及拥有的优势资源的机会。为了避免家长在自我介绍时过于自由发挥而拖延时间,教师可提供如下自我介绍的句式建议:

我是×××的爸爸/妈妈,从事××工作,非常有幸成为这个大家庭中的一员,我可以为班级提供×××的服务。请大家多多照!

(二)欣赏幼儿日常活动照片视频(时间灵活)

本环节用于家长会正式开始之前,先到达班级的家长可以先欣赏播放的电子相册。相册里放的是班级教师平时抓拍的照片,内容包括幼儿在园生活、运动、游戏、学习等场景。这个过程能让家长更加了解幼儿的在园情况,也能更直观地看到幼儿各个领域的发展情况。

(三)体验游戏(30分钟)

设置符合家长会主题的游戏,此环节的设置不只是为活跃氛围为游戏,而是通过游戏让家长更直接或更直观地体会游戏背后的寓意。教师在讲述游戏方法及规则时,语言要精练,让每位家长听清楚玩法及规则,还可以请个别家长或教师进行示范,让家长更清晰明了游戏玩法。

(四)话题讨论(40分钟)

教师可以在召开家长会之前调查班级家长感兴趣的话题,然后教师根据调查结果和班级实际现状以及班级最近遇到的问题,进行话题的最终确定。在确定话题的过程中要把握话题的时代感、可操作性、年龄特征和价值观。话题确定后,教师要查阅和收集相关资料,夯实自己的专业知识。每个家长小组选择的话题最好各不相同,这样既可以节省时间,又可以使全体家长在有限的时间里获得更多的信息和达成共识。话题讨论的时间最好控制在15—20分钟,各小组派代表分享讨论结果时时间控制在5分钟以内。家长会在预定时间里结束也是保证质量的关键。教师对话题的小结和提炼不仅要紧扣主题,还要充分显示出专业性,达到"用敬业感动家长、用情感打动家长和用专业引领家长"的目的,促使家园共育获得事半功倍之效。

(五)观看视频或数字故事(15分钟)

视频或故事可寻找和本次主题相关的一些资源,如网络上的新闻片段和其他类型的视频故事,也可根据本园的需要拍摄一些小视频,如保育教师日常护理幼儿的视频、教师做班级区域材料视频、卫生消毒视频、幼儿园厨师做餐点视频等。

教师在开家长会前一定要调试好设备,如视频能否正常播放,音量是否适宜等,准备补救方案,如有问题,立马进行补救。

(六)检视成果

这是召开完体验式家长会后的延伸活动。教师可以邀请个别有意愿、有能力撰写会后感受或体会的家长积极投稿,也可在班级群内进行心得体会的反馈和探讨。更重要的是,会后各家委会的小组长应在组内发起相关督促,如每晚坚持30分钟的亲子阅读、用心陪伴孩子等家长会上达成共识的内容。

通过开展体验游戏、话题讨论、观看视频、故事分享等体验式家长会,让家长在有限的时间和空间里，调动各种感官自主、轻松地了解幼儿的发展规律及特点，学习先进的教育理念和科学有效的教育方法，老师也可以在轻松的氛围下了解到家长的需求，从而找寻更科学有效的教育方法来促进幼儿的发展。经过上述周期的摸索与调整，不仅解决了前期传统式家长会主客体颠倒、缺乏创意、效果不佳等问题，而且还让教师及家长接受了新的会议模式：不是你说我听而是互动沟通，不是简单用耳而是充分用心，不是一人会而是全体会，不是倚重智商而是以情商启动智商，充分体现了新时代教育的理念。

终身体育视域下促进幼儿动作发展的模式构建研究

四川省成都市高新区南华幼儿园　张馨月　张雪群

一、研究缘起

（一）目前幼儿园体育教学方法不适宜促进幼儿动作发展

通过对全园参与教学活动的教师进行教研访谈，发现在幼儿的体育教育中存在成人化现象，出现就技能学习而教育，忽视了体育活动中幼儿的直接经验活动，忽视了幼儿参与体育活动的主动性的影响作用，导致幼儿园体育教育不适合幼儿的身心发展需要，不能激发幼儿参与体育的兴趣。同时，就教师本身而言，由于对幼儿体育教育的专业性不足，理念认识上存在偏差，出现不了解幼儿基本动作发展的核心经验，仅重视安全的提示和规则的强调，忽视了针对锻炼动作本身的动作指导；对幼儿动作要领及锻炼的目标不清晰不规范，游戏时引导指导不适时、适当、适度；设计的游戏没有挑战性，不能激发幼儿的动力，提供的材料的互动性、层次性不够等一系列教育问题，导致幼儿园体育活动类型单一、内容枯燥无趣，无挑战性，直接影响幼儿的动作活动、动作发展的速度和质量，而且幼儿运动的习惯和积极性亦会受到影响。

（二）终身体育理念对幼儿园体育的作用

终身体育理念源自国家提出的终身教育方针，是指身体素质锻炼的一种理念。从生命周期来看，这就要求一个人在生命开始到生命结束的过程中，不断学习、丰富体育知识，始终参与体育锻炼，并且将体育锻炼视为生活中不可或缺的一部分，以此不断增强自身体质，带动其他方面的学习。

幼儿体育是组成终身体育的重要部分，幼儿阶段孩子对事物充满好奇心而且学习能力极强，要想在这一阶段培养幼儿形成终身体育意识，可以在体育活动和教育中，对儿童的运动兴趣和活动能力进行培养，增强幼儿运动的主观能动性，这是当前最主要的任务。教师在体育教学中，需要充分发挥幼儿的主体作用，采用丰富多彩的教学方式，活跃教学氛围，全面调动幼儿的运动兴趣，使其积极自主参与体育活动中，逐渐从快乐体育过渡到终身体育。

二、主要研究阶段

（一）准备阶段

通过文献研究、查阅资料，了解终身体育理念、终身体育视角下的研究以及幼儿动作发展现状及相关研究，为本研究做好理论准备。同时对我园教师、家长进行调查，了解教师、家长对幼儿园开展终身体育视域下促进幼儿动作发展的模式构建研究的意见和建议。

(二)实施阶段

1. 开展专题培训

通过开展专题培训，组织教师对终身体育理念进行学习。

2. 邀请专家开展讲座

邀请相关专家对促进幼儿动作发展的体育教育进行指导和帮助，从而使教师在实践交流中，将理论与实践相互融合并得到启发。

3. 开展实践研究

引导教师在终身体育理念下，探索促进幼儿动作发展的体育教育内容和路径，在探索中逐渐形成模式，并将模式进行试验，验证其有效性。

(三)总结阶段

组织开展教学研讨活动、教学展示活动、教育科研活动、案例研究等，不断在研究中梳理阶段性研究成果。

三、成果产生的过程

(一)明确儿童的终身体育理念的概念及特征

课题组通过开展理论学习与专题培训，结合陈琦教授对终身体育的研究，进一步明确了终身体育的概念：终身体育是指一个人终身主动接受体育指导、教育、参加体育锻炼。终身体育要求受教育者不仅在学校(含学前家庭体育)时接受体育教育、增强体质、增进健康，形成体育学习和锻炼的意识、习惯和能力，而且在毕业后仍能坚持体育学习和锻炼，并得以终身受益。

同时，在明确终身体育的概念的基础上明确其理念的特征，将特征作为实践研究的策略基础。终身体育打破了传统体育观念中对体育特定阶段和地域的局限，强调持之以恒、坚持不懈的体育精神，减少功利色彩，以强身健体、缓解学习压力、改善生活质量为目标，将体育同生活有机结合，激发人运动的主动性和积极性，将运动逐渐发展成一种健康生活方式。

(二)以终身体育的理念为核心，设置全面整体的体育活动

各班聚焦本年龄段的幼儿不同动作发展特征和目标，强调以体育活动的整体性和连续性为中心，在活动形式上开展多样化的体育活动实践研究。例如，以跳跃动作为主题，以跳跃动作的五个发展水平为内容，通过开展体育教学活动、体育游戏、户外亲子体育运动等路径入手，通过大量的实践不仅让幼儿掌握良好的运动技能，也能够让幼儿在运动的过程中体验到成功的快感和愉悦的心情。

(三)以儿童发展需要为基准，制定教师支持个体不同水平发展的体育活动"鹰架"策略

研究围绕幼儿动作发展的需要，查阅文献并开展研讨，梳理出幼儿动作发展中满足基础性、必要性和重要性特征的幼儿动作发展的"核心经验"。根据幼儿动作发展的顺序性，聚焦不同儿童的个体本身的最近发展区，组成了幼儿每一个动作发展下"核心经验"的"鹰架表"，在"鹰架表"的支持下教师能够了解幼儿动作发展的线索和路径，进而教师围绕幼儿实际发展的需要设计适宜的活动，能够让幼儿主动学习，在活动中获得有价值的经验。

(四)发挥不同资源优势，激发体育活动开展的创新思维

课题组打破局限与园所本身资源开展活动的思维界限，通过对园所、社区多元化资源的特征梳理，开展资源本体、资源改组等方式的创设与利用，也就是将园社资源最大化的使用，并在本身拥有的资源基础之上创意地使用其他资源完成活动的设计。以此实现整合资源，探索在大自然、大社会实施幼儿体育游戏和活动的可能，加强园所与社会的联动。

通过家园合作促进幼儿体能发展的研究实施路径，建构家园共育新模式，引领辐射高新区家园工作，助力成都幸福工程。

四、成果的内容

（一）认识性成果——初步的模式建构（见图1）

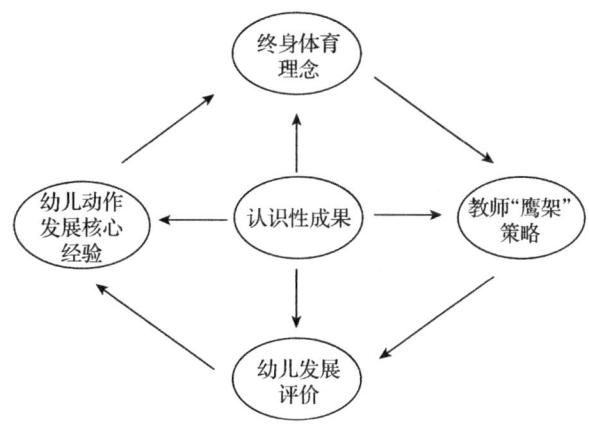

图1　初步的模式建构

该模式中四者的逻辑关系是：幼儿动作发展核心经验决定着幼儿动作发展的内容。终身体育理念是幼儿动作发展的价值导向，也决定着幼儿动作发展的路径。教师"鹰架"策略是促进幼儿动作发展的黏合剂。幼儿发展评价是促进幼儿动作发展的关键。

1. 以"核心经验"为发展内容——以跳跃动作为例

围绕现有文献和研究，研究初期对幼儿动作发展核心经验进行梳理，以跳跃动作发展的核心经验名称、核心经验内容、水平级别，初步形成幼儿动作发展的核心经验体系。各班级根据实际情况选择适合自己班级幼儿的内容设计开展教学。

2. 以"双多"为发展路径

如何打破现有的传统体育教学的困境，从真正意义上落实终身体育的思想理念是一直以来的研究难点。为此，课题组从现有存在的问题入手，开展多次研讨剖析，最终确定以"多元化资源"和"多样化体育活动"为基本路径，将资源和活动进行有机融合，形成"3＋2＋1"的体育活动路径。

在该路径中以一周的活动开展为时间单位。一方面，对多元化的资源进行筛选，以园所内建筑环境资源、运动器械资源、社区活动资源、家长资源为四大板块分别确定了路径实施的资源基础。另一方面，结合幼儿的学习方式，以体育游戏为主，结合专项体育教学活动，并以适量的亲子运动相适应。三者在内容上相互联系，形式上相互补，不仅能够有效促进幼儿动作发展，也能实现增强幼儿主动参加运动的兴趣。

3. 以"鹰架"为发展策略

教师在幼儿活动中的观察与支持是促进幼儿发展的重要部分。而教师面对幼儿的发展应该"看什么"以及看到了幼儿的发展的空间后"如何科学支持"是至关重要的教学策略。因此根据幼儿动作发展的顺序性,聚焦不同儿童的个体本身的最近发展区,组成了幼儿每一个动作发展下"核心经验"的"鹰架表",每一幅"鹰架表"包含了处于三个水平(前期、中期、后期)的幼儿核心经验下的行为表现范例,并提供给教师相应的支持策略的范例。

4. 以"评价"为发展新起点

在研究中,教师逐步转变对评价的观念,落实全新的评价内容与评价方式。在每一次活动的设计与实施中,以尊重儿童的差异性为主,解决了观察什么,观察了以后如何支持等问题,形成随时、及时的观察与评价,以观察评价的结果为基础开展下一阶段的支持,螺旋上升,有效促进儿童个体的发展,增强幼儿参与体育活动的积极性。

(二)物化成果

1. 教师撰写论文获奖共计3篇,发表论文1篇。
2. 各年龄段初步形成幼儿动作发展运动资源包,每个运动资源包中包含36个体育游戏、24个体育教学案例、12个亲子运动案例。

五、成果产生的效果

1. 促进幼儿动作的发展

本研究在学期前和学期末的两个时间节点,利用《国民体质测定标准手册》(幼儿部分)对幼儿动作发展进行前测和后测调查,通过对数据的汇总和录入,分析前后测数据中幼儿达标情况,聚焦幼儿的整体发展。幼儿动作发展前后测数据比重表如表1所示:

表1 幼儿动作发展前后测数据比重表

维度		待提升率(%)	合格率(%)	良好率(%)	优秀率(%)
10米折返跑	前测	39.29	40.48	17.14	3.10
	后测	12.50	27.30	35.20	25.00
立定跳跃	前测	19.05	39.29	30.71	10.95
	后测	9.18	28.57	41.07	21.17
网球掷远	前测	51.43	32.62	12.38	3.57
	后测	35.37	38.42	20.61	5.60
双脚连续跳	前测	20.95	26.19	30.95	21.90
	后测	8.70	13.30	32.73	45.27
坐位体前屈	前测	49.05	27.14	18.10	5.71
	后测	29.49	29.49	29.74	11.28
走平衡木	前测	39.76	24.52	25.95	9.76
	后测	5.34	11.20	34.35	49.11

从表1可知,全园幼儿各项目的待提升率都有明显下降,说明在该模式的影响下,幼儿动作发展水平达标人数有明显的增加。其中,从后测数据可知,幼儿的双脚连续跳、立定跳跃、走平衡木未达标人数为最少,分别为8.70%、9.18%和5.34%;幼儿的10米折返跑、双脚连续跳、走平衡木动作的优秀率变化最大,其后测比率分别达到25.00%、45.27%和49.11%。

上述数据说明在本研究模式的探索下，该模式的实施对幼儿的动作发展有积极正面的促进作用。

2. 促进教师专业成长，提高教育效益

（1）树立教师终身体育的教育理念

通过本研究的开展，教师逐步意识到体育对幼儿全方面发展的重要性，同时，通过开展理论学习和实践研究，教师从思想上深化理解了终身体育的重要价值，形成对终身体育正确的认识，即：体育活动是伴随幼儿一生的重要活动，通过多样化的运动内容和形式，增强幼儿对体育活动的兴趣和自信，从而使幼儿养成终身体育的运动习惯，从而促进终生健康发展。教师对教育的认识决定了教育工作的质量。因此，教师从本质上内化了终身体育的理念，从而能够有效将终身体育的全新理念有机融入体育的教育教学活动中。

（2）教师有效观察、科学解读幼儿，成为"有准备的教师"

观察与解读幼儿是教师每日的常态工作，而如何有效观察和解读，从而支持幼儿的发展，一直以来是一线教师努力研究的方向和内容。以往教师对幼儿的体育教育内容随意性较大，选择的内容和方式很少关注幼儿的发展需求。通过本研究，教师能够掌握幼儿动作发展的核心经验、运动发展的各类知识，开展适宜幼儿的活动。在活动过程中，能够对幼儿发展的状况开展针对性观察，对幼儿行为进行科学解读，从而选择适宜不同幼儿发展需求的教学策略，以更好地促进每个幼儿主动发展。

（3）增强教师科研意识，以科研视角促进自身反思

本研究中运用了实验研究、实践研究等多种方法，并将质性分析和量化分析进行有机整合，打破教师"经验论"的思维方式，带给教师全新的研究视角。以此，教师在常态化的工作中，形成以科学工具为载体开展科学分析和研究的工作习惯。同时，也从研究的过程和阶段性结果中看到实际的研究成效，激发教师反思自身在教研工作中的成长，促进教师科研经验的迁移。

3. 带动家长积极形成终身运动教育理念

在研究开展初期，针对家长在幼儿运动发展的需求和困惑进行调查。调查结果显示，家长肯定幼儿运动的意义和价值，但在实际生活中，由于培训班，幼儿运动的时间、地点等限制，对幼儿感兴趣和适宜的运动的内容不了解，造成幼儿在家的运动时间短，不能养成良好的运动习惯。本次研究中收集了家长的具体需求，利用幼儿园的微信公众号等平台提供科学的亲子运动资源，发布运动任务，并定期举办相应的亲子运动会等活动，让家长亲身参与幼儿的运动，不仅培养幼儿的运动习惯，家长也形成了终身体育的理念。同时，研究结果的分享，让家长看到了终身体育对幼儿发展的积极作用，让家长看到幼儿的进步和成长，从小处辐射各个家庭，使家家形成正确的教育理念，也进一步实现了全民共享终身体育的期望。

新形势下民办幼儿园招生策略研究

四川省成都市龙泉驿区启夏幼儿园　杨　燕　张玉华

随着社会不断发展与进步，大家逐渐认可了教育的重要性，对学前教育也非常地重视。因此教育部门也出台了相关政策，大量开设普惠性公立幼儿园，规范民办幼儿园办学。在

学前教育迅猛发展、公立幼儿园不断新增的过程中，民办幼儿发展面临的问题和挑战越来越多。随着民办园生源数量的减少，招生问题也就成了民办幼儿园发展中面临的最重要的问题。再加上这几年因为疫情，很多家庭的经济收入受到了影响，家长在为孩子选择幼儿园时也要充分考虑家庭的经济情况，此形势下民办幼儿园的招生工作面临着前所未有的困难。

民办幼儿园是由国家机构以外的社会组织或者个人，利用非国家财政性经费，面向社会依法举办对学龄前幼儿实施保育和教育的机构。据统计，2019年民办幼儿园达到19.32万所，因近几年新形势的影响，在2020年民办幼儿园减少了3.0%，目前全国共有16.8万所民办园。

一、新形势下民办幼儿园招生现状

在国家的大力支持与发展下，普及普惠幼儿园的大量增加，很多家长前期会在民办幼儿园登记并报名，但同时也会参加普及普惠幼儿园摇号，一旦孩子摇上普及普惠幼儿园，98%的家长都会选择去普及普惠幼儿园就读，放弃民办幼儿园。所以民办幼儿园就会出现前期看着招生情况挺好的，但普及普惠幼儿园摇号结果一出来，民办幼儿园的名额就少了很多，生源很不稳定。

中高端的民办幼儿园经常出现这样的情况：咨询的家长很多，但报名的少，家长在前期了解幼儿园的时候觉得民办幼儿园各方面都很不错，教育理念及方式都是家长很认同的，在听到费用后，很多家长就会说再考虑一下，其实家长也很想将孩子送到环境优美、教育质量好、评价高的民办幼儿园，但出于家庭经济情况的考虑，最终有很多家长会放弃。

二、新形势下民办幼儿园招生困难的原因分析

（一）生育率降低，生源少

现在整体幼儿园的生源变少，最主要的问题就是"生育率降低"。现在的年轻人的生活工作压力都很大，生育成本和教育成本却在不断上升，导致很多年轻夫妻想要生孩子的想法越来越少。虽然国家在几年前就开放了"二孩"政策，现在已开放了"三孩"政策，但很多家庭还是不太敢生，因为孕育孩子的成本很高，从2021年的数据来看，我国将一个孩子抚养到18岁的成本需要55.89万元。很多普通家庭担心养不起，没有办法给孩子好的教育及生活。所以，在大部分人都抱着这样的想法时，自然会趋向于不生、少生。生育率也就会大幅度下降。据统计，从2017年到2021年，短短五年的时间，我国出生人口下降了661万人，2021年人口出生率仅为7.5%，人口出生率呈断崖式下跌。

（二）新形势下的社会经济因素

疫情的暴发对经济造成较大冲击，餐饮、娱乐场所、实体经营都受到了很大的影响。疫情防控一定程度上影响各企业复工复产速度，导致家庭的收入也受到了影响。家长在给孩子选择幼儿园时也会充分考虑家庭的经济情况，这也是导致中高端民办幼儿园招生困难的因素。

（三）普及普惠幼儿园的快速崛起

在国家的大力支持下，普及普惠幼儿园快速崛起。据教育部统计：2021年我国普及普惠性幼儿园比例达83%，比2011年增长了149.7%。随着普及普惠幼儿园的不断增长，民办幼儿园的招生工作面临着前所未有的危机。因为与普及普惠幼儿园中公办幼儿园相比，民办幼儿园的优势并不突出。

民办幼儿园的整体费用比普及普惠幼儿园要高。公办幼儿园教师的稳定性强，民办幼儿园的标准不一，教师的能力参差不齐，流动性大。公办幼儿园的教学管理严格按照国家制定的大纲进行。民办幼儿园自主管理，体制灵活，但民办幼儿园的办园水平良莠不齐。与公办

幼儿园相比，民办幼儿园没有政府财政的支持，全靠经营收入支撑，又面临市场价格竞争。

三、新形势下民办幼儿园招生策略

（一）提高保教质量，加强内涵建设

民办幼儿园只有通过不断地提高保教质量，加强内涵建设，才能吸引更多的家长和孩子。民办幼儿园只要真正做好保教工作，就会得到家长的认可，家长也会向身边的朋友、同事推荐，民办幼儿园知名度也会提高。

1. 重视教师能力提升

民办园的教师队伍较为年轻化，学习能力强。幼儿园应当积极地为教师提供深造和学习的机会。在实践中去提高教师的能力。定期邀请专家来园对教师进行指导，开展讲座、教研并通过小组学习的形式指导教师的工作。幼儿园也可派教师外出学习，学习新的理念及方式，回到幼儿园再对幼儿园的教师进行二次培训。此外，多开展园所的联谊活动，让教师之间可以相互交流、合作和互助。在园内可以多开展教研活动，以教研的形式促进教师之间的传帮带，以科研促教学。

2. 加强师德师风的培训

一位教师必须具备良好的师德师风，定期开展师德师风培训是建设良好师资的保障。在民办幼儿园里要让全体教职工了解其内容，明确要求。

3. 稳定教师队伍

民办幼儿园普遍教师流动性大。教师流动不但会打乱幼儿园正常的教学秩序，影响幼儿园的保教质量，还可能对班级幼儿的情感造成一定的伤害，因此幼儿家长也十分关注教师的稳定问题，教师队伍的稳定性成为他们选择幼儿园的重要因素。

4. 不断加强教学过程、细节的管理

针对民办幼儿园的实际情况，特别是在平时工作中存在的问题和教学中遇到的难题，可以以此来制订教研计划和课题；教师之间开展交流和竞赛活动，并对幼儿园的保教工作进行深入系统的总结，从而更好地促进民办幼儿园发展。

5. 加强监督检查力度

民办幼儿园的工作都是很细致琐碎的，为更好地促进发展，平时要加强监督检查，可以采取多劳多得、优质优酬的分配方式，最大限度地调动教师的积极性。

（二）完善招生宣传，重视新媒体技术

1. 招生方案的完善

结合民办幼儿园自身情况，对周边环境、家长群体进行分析，从而制定完善的招生方案。

2. 梳理招生话术

民办幼儿园如何更好地做好招生工作，需要结合民办幼儿园的园所文化、课程实施、特色活动等方面梳理出专业语言，面对家长经常提出的一些问题进行总结梳理，形成一套完整的招生话术，让每一位教师看到这份资料都知道如何介绍自己的幼儿园，如何回答家长的疑问。

3. 丰富的招生活动

可以充分利用社区、小区物业等，让教师走出幼儿园开展招生活动，也可以邀请家长走进幼儿园参加活动，让家长更直观地了解幼儿园。

4. 充分运用新媒体技术

当下是新媒体时代，民办幼儿园可以通过官网、微博、微信公众号、微信群、QQ群、

抖音、西瓜视频等网络平台，将民办幼儿园的一些活动日常、特色活动推送出去，让更多的家长知道幼儿园，了解幼儿园，从而促使他们走进幼儿园。

(三)培养招生老师，打造专业团队

1.组建招生团队

民办幼儿园的招生工作内容涉及很多，所以在民办幼儿园可以组建一个专业的招生团队，招生团队的教师可以是幼儿园园内教师。

2.招生老师的培训及教研

前期对招生团队的成员进行培训，通过培训让老师更深入地了解幼儿园的文化及发展等。对于招生工作开展的过程中遇到的问题，招生组的教师及时开展教研活动，再将这些问题及解答方式纳入话术的文档中，积累经验。

在新形势下民办幼儿园的招生工作面临着巨大的挑战，但这也提供了发展自身的机会。民办幼儿园在招生的工作中，要充分利用园所的优势，转变招生理念，拓宽工作思路，才能在激烈的生源竞争中脱颖而出。

学前教育高质量发展的影响因素研究

四川省绵阳市西南财经大学天府学院　张　玄

一、"学前教育"宏观研究现状与发展趋势

(一)"学前教育"宏观研究现状

继党的十九大首次提出"高质量发展"，党的二十大又将"高质量发展"列为全面建设社会主义现代化国家的首要任务，2021年7月，中共中央办公厅、国务院办公厅印发了《关于进一步减轻义务教育阶段学生作业负担和校外培训负担的意见》，内容重点是"双减"，即减少校内作业量，减轻学生负担；减少校外培训负担，从严治理校外培训机构。该政策作为教育改革的"一号工程"。

国内的学前教育研究正以理论理性的态势，建立起完整的研究体系，形成了研究发展的良好趋势，但仍有许多方面有待深入探索，未来发展的方向仍然是宏观统筹、理论实践并重、系统完善的层次化研究。

(二)"学前教育"发展趋势

随着中国经济的快速发展，学前教育的重要性与日俱增，国内关于学前教育的研究也受到了越加广泛的关注，学前教育的发展在中国越来越受重视，中国不断推进学前教育高质量发展，以及保教一体化、托幼一体化路径的发展。

目前国内学前教育的发展正处于蓬勃发展阶段，在全面提高学前教育质量的同时，充分发挥学前教育的作用，把握学前教育发展的趋势，是今后学前教育发展的重要方向。

二、学前教育高质量发展的影响因素分析

(一)宏观环境因素

从政策上，学前教育一直受到社会的广泛关注及政府的高度重视。2018年11月《关于学前教育深化改革规范发展的若干意见》的发布，到2019年1月《关于开展城镇小区配套幼儿园治理工作的通知》，由中央财政支持学前教育发展专项基金将由2018年的150亿元提高到2019年的168.5亿元，通过各种渠道有效解决了"入园难""就读难"的历史难题，健全完善各项考评办法，突出了"教育均衡""就近入学""质量至上"的成绩。据教育部公布 2022 年全国教育事业发展统计数据公报显示，学前教育阶段的新生入园人数持续减少，幼儿园下沉托育，似乎已成大势所趋，是不得不做的必选项。

（二）学校因素

幼儿园教学质量参差不齐。在利润的驱动下，质量参差不齐的幼儿园纷纷打出"特色办园""新理念办园"等口号，给家长和社会造成幼儿教育欣欣向荣、百花齐放的假象，使得家长选择幼儿园时处于蒙蔽状态，无法看清幼儿园在市场化竞争下的真正面目。家长和幼儿园处于相互迎合的状态，家长追求"看得见"的教育，幼儿园利用和迎合家长的这种追求，加剧幼儿园的不合理发展，且普遍在教学上只注重孩子基础知识教育而忽略了孩子的健康力、习惯力、思维力、阅读力、审美力和创造力，教育内容的单一导致孩子成长和发展受限。

（三）学前教育资源配备不均衡

新形势下学前教育高质量发展、教育资源的配备仍然存在问题，缺乏硬件支持的背景学前教育下沉托育难以获得较大的提升。而学前教育阶段，正是需要大量教育资源辅助幼儿学习活动的重要时期，缺乏教育资源的幼儿，在不同教育资源的配备背景下，幼儿对学习的兴趣也将出现不同的分化，对后续学习的坚持性也将存在较大的差异，是不可忽视的重大问题。

（四）教师因素

目前随着社会经济的发展，国家对幼儿教师的学历要求也在不断提高。2012 年教育部颁布出台的《幼儿园教师专业标准（试行）》明确指出"幼儿园教师是履行幼儿园教育工作职责的专业人员，需要经过严格的培养与培训，具有良好的职业道德，掌握系统的专业知识和专业技能"。当前，幼儿园教师学历已经以大专、本科为主，研究生学历的幼儿教师在幼儿园已不鲜见，但从宏观上仍存在师资结构不合理、发展不均衡、学历水平不高等问题。纵观当下形式，托幼一体是必然趋势，校内优化学前师资人培养方案，融入托育知识与技能，同时启动职后培训计划是高质量人才发展的重要方向。

（五）家庭因素

学前教育高质量发展，家庭配合是重要的组成部分。随着国家经济快速发展，幼儿的饮食、服装、玩具等物质生活方面虽能得到保障且有条件发展幼儿多个方面的课外兴趣和拓宽幼儿的视野，但在精神层面更应创建平等、民主、温馨、和谐的家庭精神环境，让幼儿感受家庭的温暖，从而产生安全感与归属感、培养自信心、增强逻辑思维能力和沟通能力。充分开发幼儿的潜能，促进幼儿身心健康、快乐地成长。

三、影响学前教育高质量发展的主要问题

（一）"双减"失效问题

教育"双减"政策的初衷是减轻学生过重的课业负担和家校双重压力，但由于各地教育资源分配不均衡，导致一些地区的学校仍然面临着师资不足、教育设施不完善等问题，无法提供足够的支持和保障，造成教育"双减"政策难以有效实施。在一些家庭中，仍存在着过度重视学习成绩的观念，家长短期更加焦虑，认为"双减"只是形式上的消失，因此即使政策出台也难以改变家长对于孩子学业的要求，使得教育"双减"政策的效果受到限制。学校的评价体系仍然倾向于以考试成绩为主指标，这导致了学校和家长对学习成绩的过度关注，而忽视了学生的全面发展。

综上所述，教育"双减"政策失效的原因是多个方面的，既包括教育资源分配不均衡、家庭教育观念等因素，也包括学校评价体系的问题以及培训机构的存在等原因。解决这些问题需要全社会共同努力，包括改善教育资源配置、培养科学的家庭教育观念、完善学校评价体系等。

（二）"托幼一体化、保教一体化"认知问题

很多家长和社会大众对于"托幼一体化""保教一体化"概念和相关政策并不了解，缺乏对于这一教育模式的认知和了解，导致人们对于这一模式的认知不足。在传统的教育观念中，学前教育和幼儿园教育被视为两个独立的阶段，学前教育主要强调的是婴幼儿的保育和照顾，而幼儿园则强调学前教育的智育和德育培养。因此，很多人认为幼儿园是一个独立的教育模式，对于将学前教育和幼儿园教育融为一体的"托幼一体化""保教一体化"认知不到位。甚至可能认为"托幼一体化""保教一体化"是对传统家庭教育的冲击，导致对其持有负面看法而并未去深入了解。

四、学前教育高质量发展相关问题的解决措施及建议

（一）"双减"有效执行的解决策略

提高学生学习兴趣，有效布置课外作业，杜绝枯燥乏味的题海战术，避免学生产生厌学情绪，学校方面可以设计分层次有合理梯度的作业，精化作业的有效性，在教学教研方面必须整体研究设计。优化开展课程，合理安排学生课内外时间分配。

同时学生家长要放手和监督同行，放手是一定要让孩子学会独立保质保量完成精选的作业，监督是督促孩子形成自己的错题库、劣势项专项精练相结合。

（二）"托幼一体化、保教一体化"落地策略的建议

提升"托幼一体化""保教一体化"服务品质。通过在幼儿园内增加托幼班的形式，合理共享现有基础设施及师资力量，有效缓解托位短缺问题，有利于拓展托幼教育资源的配置。加强师资保育培训，做好托幼课程衔接，在师资和课程上需有所优化，以满足不同年龄阶段孩子的需求。

积极开展照护服务课程体系建设，加强"托幼一体化"课程研究，做好托幼衔接，进行科学的环境创设，例如3岁以下的孩子，设置符合幼儿身高和使用习惯及专属婴幼儿的设备（婴儿床、独立操作台）；多一些柔软的装饰物，既保障安全环境，又营造温馨氛围，让孩子能更快地融入新的环境中。3岁以上的孩子身体技能发展逐渐完善，开始脱离婴孩阶段，则需要匹配相应的师资及环境。

根据课程需求，打造多个不同场景的功能教学区，并提供更多社交的场所和环境，让学生学习更多生活技能，在获得成长养分的同时奠定健全的人格基础。

五、总结

上述方面高校至幼儿园已经有了显著的认知和成果，例如幼儿园转公、政府公办幼儿园数量的提升、本科类大学不断增设学前教育专业、早期教育专业，投入大量人力物建设并实施学前教育专业高质量人才培养方案。据四年来的实地调查与采访资料获知，西南财经大学天府学院，从建立专业之初招生情况来看：2020级学前教育专科149人，本科39人。2021级本科82人，专科146人，小学教育49人，早期教育3人。2022级学前教育本科60人，专科127人，小学教育214人，早期教育10人。2023级学前教育本科101人，专科108人，小学教育212人，早期教育8人。从数据中可以看到这是国民在高等教育中对于学前教育的觉醒，实施前端以提高人才培养质量，后端建设解决职后培训的计划。

2023年的教育公报数据显示，相比去年，普通高等教育本专科及成人本专科招生人数持续增加。2023年全国各类高等教育在学总规模达到3779万人，高等教育毛入学率达到

45.7%，比去年增加3%，各类教育在校生达5120.47万人，比上年增加295.10万人，增长6.12%。这一系列数据说明各大高校为学前教育高质量发展正在不断注入新鲜血液，同时也代表着学前教育事业的发展将迎来一场大规模的改革。

"双减""托幼一体化""保教一体化"的完善将是学前教育高质量发展的未来主要路线，此路线的实行符合民心所向，是特定时代背景下良性的优胜劣汰。提高了学前教育行业规范化建设，使学前教育"广覆盖、保基本、有质量"，形成高质量发展学前教育公共服务体系。最终以达到助力小康社会的全面达成，提升家长、学子的综合幸福指数，产学融合，促进各行各业繁荣。

幼儿园集体教学活动中教师提问的调查研究

云南省保山市隆阳区光丽英硕幼儿园 莫红星

教师提问是指在集中教学过程中，教师根据教学要求，对有关教学内容，设置一系列教学情景，要求儿童思考与回答，以促进儿童积极的思维，提高教学质量的一种教学方式。在《幼儿园教育指导纲要（试行）》中指出：幼儿园教育是基础教育的重要组成部分，是我国学校教育和终身教育的奠基阶段。城乡各类幼儿园都应该从实际出发，因地制宜地实施素质教育，为幼儿一生的发展打下好的基础。

一、幼儿园集体教学活动中教师提问的现状分析

（一）提问的方式及回答

在集体教学活动中，教师的提问主要有直接提问、追问以及反问三种类型，每一种提问方式对幼儿的作用是不一样的。直接提问可以快速地捕捉信息，但是不利于幼儿发散思维的培养；追问可以引导幼儿积极地思考问题，但是会拖慢整个教学的进程，以及如果教师控制不好问题的方向，很容易使幼儿的回答出乎意料，缺乏教学经验、对班级幼儿的整体情况不是特别了解的老师对此的掌控也有一定的难度。教学经验丰富的老师在提出问题后，一般会给幼儿足够的思考时间，这与幼儿自身的发展特点有关系。

（二）幼儿回答方式

在活动中，师幼互动的方式是千姿百态的，但是在幼儿的回答方式上，更多是由教师掌控，教师提出的要求不同，幼儿回答的方式也就有所区别。

教师要求幼儿按指令回答，幼儿就得做出相应回答，如果没有明确的要求，那就集体回答。

（三）幼儿回答后教师的反应

幼儿在回答了教师的提问之后，教师通常有以下几种反应的方式，第一种是幼儿回答超出教师预先设定好的范围，教师对整个活动进行调整；第二种是回答正确或者错误的幼儿，教师采取不同的反馈方式；第三种是对于全体幼儿都回答不好的问题，教师采取特殊调整方式。

二、幼儿园集体教学活动中教师提问存在问题的成因分析

在幼儿园集中教育教学活动中，教师与幼儿最主要的互动方式就是提问。教师提问的设计状况直接关系整个集体教学活动的效果，也与整个教学活动目标能否实现有着很大的关系。一个好的问题设计，既能够激发幼儿积极地去思考，形成一个良好的师幼互动局面，

带动整个集体教学活动的课堂氛围，也能够让幼儿在教师一个又一个问题的指引下去探究事物的本质属性，进而达到活动的最终目标。

（一）教师自身因素

通过调查发现大部分幼儿园老师在组织集体教学活动前都会认真备课，做好活动前的准备，但是无论是从教多年的老教师还是新入职的老师，几乎没有任何一个老师可以在组织活动前，把所有在活动中教师要提问的问题都一一罗列出来，也没有任何一个老师可以把整个活动中幼儿会提出的的问题写出来。教师在提问前的准备活动中只能是把该活动中最主要的几个问题列出来，至于其他的问题，也只能根据当时的活动场景来临时发挥，教师提问带有很强的随意性。

（二）班级规模影响教师提问

中国是一个人口大国，每个教学班的人数也不同，大多数的班级都已经超出了规定的人数，这就使得教师在提问的方式上受到影响。更多的时候，教师为了更好地掌握本节活动的节奏，在集体教学活动中对课堂实施了较为严格的掌控，对幼儿的提问也是采取集体回答的方式。虽然也会使用个别提问的方式，但是给予幼儿回答的时间比较短，大部分时间都是教师提问后，立即就请幼儿回答问题，不能引导深入地去思考问题，很多问题只是随意带过；对那些回答不出老师想要的答案的幼儿，老师没有进一步的提示引导幼儿去思考，也没有给予幼儿足够的思考时间，而是请其他的小朋友代他回答，没有对幼儿进行追问，最后教师进行笼统性的肯定回复。

（三）幼儿身心发展特点影响教师提问

3—6岁的幼儿身心发展处于人生的一个非常关键的时期，学前儿童的发展既是一个自然成长的过程，同时也是一个不断社会化的过程。有研究指出，幼儿的情感发展水平、社会性发展水平和认知发展水平等因素都会对教师与幼儿之间良好的互动产生很大的影响。那些认知发展水平较高、积极、活泼开朗的幼儿总是能够更好地得到老师、小伙伴的注意，也就可以得到比其他小朋友更多的提问与回答问题的机会。幼儿的积极表现，同样对教师有极大的促进作用，能够激发教师的课堂热情，把整个课堂气氛带动起来，从而在不知不觉中提高了教学质量。而那些认知发展水平一般、性格内向、消极被动的幼儿，则需要教师付出更多的鼓励和关注，时刻注意这一类幼儿的活动，在幼儿表现出消极行为时，积极地鼓励他们，在幼儿有表现欲望时，教师应该及时引导他们，帮助其慢慢地建立起自信。

（四）教学内容影响教师提问

每个幼儿园在教学内容上的选择呈现千姿百态的情况，有的幼儿园选取的是专门的主题活动，教学活动围绕主题活动展开，而有的幼儿园则是分科教学，把教学内容分为五大领域，通过观察，发现不同领域的集体教学活动中，教师的提问也是不同的。

三、幼儿园集体教学活动中教师提问的建议

幼儿时期是一个特殊的教育阶段，这一时期幼儿存在着许多的关键期，对幼儿各个方面的发展和提高起着非常重要的作用。因此，教师在组织活动之前需要认真做好课前准备，兼顾每个幼儿的思维的能力和认知水平，合理地分配问题的难易程度，从而就可以从很大程度上避免在教学过程中出现冷场或者混乱局面。

1. 做好提问前的准备，明确提问的目的。俗话说：成功往往属于有准备的人，而教师的提问要想取得很好的教学效果，与教师提问前做好充分的准备有很大的关系。然而实际的教学过程中，有些教师在教学活动中没有事先设计好提问，而是随意地问幼儿一些问题，抓不住教学的重点，课堂整体涣散，相应地，也就起不到很好的教学效果。教师在提问前，

首先要考虑的一个问题是为什么要问这个问题，也就是本次提问的目的是什么，只有明确提问的目的，我们才会朝这个方向去努力，提问才不会迷茫。在提出问题时，教师首先要明确本次活动要教给幼儿什么内容，然后根据所设计的教学内容来设计教师提问，从而选择提问的方式及类型。不管所要达到的目标是什么，教师只有明确提问的目的到底是什么，才能引导教师正确地去选择提问的方式，从而促进教师的专业发展，提高整个教学的质量。

2. 适当减少问题的数量，提问语言清晰，指向性明确。首先，幼儿的身心发展特点及规律使得其对这个世界充满着极大的好奇，教师在组织集体教学活动时的提问就起到了非常关键的作用，因为提问的质量关系幼儿的认知发展。其次，教师提问也要设计好每个问题的先后顺序，比如采用递进式的提问，一开始，从事物最浅显的地方问起，等待幼儿回答出理想的答案之后，再依次加深问题的难度，引导幼儿逐步深入问题，最终达到教师预设的教学效果。最后，在集体教学活动中，教师要注重认知、情感和技能三者的达成，不能只注重幼儿的认知及技能的训练，而忽视了对幼儿情感态度的培养，在活动中，应兼顾到三者之间的关系，这样才能使提问更有效。

3. 适当运用整合开放式提问和封闭式提问方式。在实际的幼儿园集体教学活动中，虽然存在班额过大、幼儿难管、家长难沟通等因素，但是作为幼儿老师，应该想方设法去平衡各个幼儿回答问题的机会，促进幼儿的整体发展。在活动过程中，教师应该兼顾所有的幼儿，对于那些比较难管理的幼儿，教师应该采用积极鼓励的方式，而不是总是把他们当作反面教材来处理，不给予这类幼儿回答的机会；对于那些不举手的幼儿，教师应该深入地了解幼儿不举手的原因，并提出相对应的对策，在教学活动中给予这类幼儿回答问题的机会，增强他们的自信心和自豪感，从而使他们在今后的活动中能够积极举手回答老师的问题；而对于那些回答不出问题的幼儿，教师应该耐心地引导他们去积极地思考，而不是请其他幼儿代替回答或者直接说出问题的答案，使幼儿失去独立思考的机会。

4. 注重"平等对话"师幼关系的建立，凸显幼儿主体地位。教师与幼儿交流、沟通，幼儿作为较小的个体，明显处于交流、沟通的弱势地位，在这一过程中，教师只有充分发挥幼儿的主动性和求知的动力，幼儿才能充分体现出自主、合作、探究的学习兴趣。教师在进行教学提问时，要注意师幼之间"平等对话"关系的建立，层层递进促进幼儿思考、发展。

浅谈幼小衔接背景下幼儿阅读能力培养的有效策略

云南省红河州州级机关幼儿园　　杨婷婷　黄忠惠

一、当前幼小衔接中阅读衔接存在的问题

1. 幼儿园阶段幼儿阅读以绘本为主，图画多，文字少。正式进入小学阶段之后，"识字"教学替代了幼儿时期图画绘本和游戏活动为主的课堂，不同家庭对于阅读的认知也存在差异，家校双方对孩子的阅读引导督促工作不力使得孩子的阅读兴趣和品位没有得到正面的提升，小学低年段学生的阅读兴趣比较单一、随意。

2. 小学低年段学生的阅读习惯还未有效养成。在课堂学习中学生对于指读、朗读、默读等阅读方法的接受并不总是通畅顺利的，常常还伴随着课堂组织管理和纪律问题。因此，阅读习惯的培养还需要先落实好基本的阅读方法，并经历多次重复才能转化成较为稳定的习惯。

3. 由于幼儿缺乏良好的倾听习惯，容易打断他人的讲话或不能正确理解他人的意思。不少小学低年段学生在交流方面，较为关注自我的表达而对倾听他人的耐心不足。

二、幼小衔接的幼儿阅读能力培养的重要性

3—6岁是幼儿语言发展的关键期，是幼儿学习口头语言的关键期，而小学阶段7—12岁的学生重在书面语言的阅读学习，正逐渐培养起逻辑思维的能力并将它运用于解决具体问题。为适应这样的成长特点，小学阶段的阅读教学注重以培养独立阅读能力为核心，基于对话与交流进行阅读教学，珍视学生独特的感受、体验与理解。

幼儿的阅读发展经历了从图像到文字的发展过程；适合学前儿童阅读的书面材料主要是图画书，其中的图画、符号以及文字等都是学前儿童阅读的内容；在图画书的阅读中，儿童阅读理解的能力不断提升，为进入小学后正式学习书面语言做好准备；培养幼儿的阅读理解能力是早期阅读的一个关键问题。

三、幼小衔接中培养幼儿早期阅读的有效策略

阅读是从书面材料中获取信息的过程。通过前阅读，幼儿可以接触学习有关书面语言的信息，获得书面语言意识、行为和初步的能力。在图画书的阅读中，应注意培养孩子具有正确的阅读行为和习惯。通过阅读图画、符号和文字，获取书面语言所要传递的信息，然后达到对书面材料的理解，并使用口语及其他各种方式表现出来。

（一）从生活实际出发，培育幼儿的早期阅读能力

在幼儿教育过程中，绝不能仅局限于课堂内的教学，而是要从生活实际出发，利用好现实生活这个教学的大课堂去培育幼儿的早期阅读能力。教师和父母要具备教育意识，善于把握适宜的教学时机。在幼儿园，教师要加强与幼儿的交流，关注幼儿的行为与心理感受，让幼儿语言的学习贯穿于幼儿的一日生活中。在家中，家长要有意识地捕捉能够锻炼孩子阅读能力的机会。生活中处处都是课堂，处处都是学习的契机，只要家长和教师有敏锐的观察力和充分的教育意识，就不难在日常生活中帮助幼儿锻炼自身的各项才能，学习语言表达，学习理解分析，在正常的生活中不经意地学会读书写字，自然地发展幼儿的早期阅读能力。

1. 经常和幼儿一起阅读，引导他们以自己的经验为基础理解图书的内容。如引导幼儿仔细观察画面，结合画面讨论故事内容，学习建立画面与故事内容的联系。和幼儿一起讨论或回忆书中的故事情节，引导他们有条理地说出故事的大致内容。在给幼儿读书或讲故事时，可先不告诉名字，让幼儿听完后自己取名字，并说出这样命名的理由。鼓励幼儿自主阅读，并与他人讨论自己在阅读中的发现、体会和想法。

2. 在阅读中发展幼儿的想象和创造力。如鼓励幼儿依据画面线索讲述故事，大胆想象、推测故事情节的发展，改编故事部分情节或续编故事结尾。鼓励幼儿用故事表演、绘画、泥塑等不同的方式表达自己对图书和故事的理解。鼓励和支持幼儿自编故事，并为自编的故事配上图画，制成图画书。

3. 引导幼儿感受文学作品的美。如有意识地引导幼儿欣赏或模仿文学作品的语言节奏和韵律。给幼儿读书时，通过表情、动作和抑扬顿挫的声音传达书中的情绪情感，让幼儿体会作品的感染力和表现力。

4. 在确保幼儿身心快乐健康的基础上推进"早期阅读"。对于幼儿教育而言，最重要的就是确保幼儿的身心健康和快乐，"早期阅读"的推进，同样离不开对幼儿快乐心理的重视。幼儿在学习过程中尚未形成明确的学习目标和学习计划等，幼儿进行学习常是自发、随性、不受拘束的，如果将学习任务强加在幼儿身上，往往只能获得事倍功半的效果。在幼儿教

育中，必须把幼儿的快乐放在首位，只有顺从幼儿的合理意愿去安排他们的学习内容，幼儿才会配合为其所计划的教学安排，从而获得有效益的学习成果。

(二)培养幼儿书面表达的愿望和初步的技能

1. 让幼儿在写写画画的过程中体验文字符号的功能，激发书写的兴趣。如：准备供幼儿随时取放的纸、笔等材料，也可利用沙地、树枝等自然材料，满足幼儿自由涂画的需要。鼓励幼儿将自己感兴趣的事情或故事画下来并讲给别人听，让幼儿体会写画的方式可以表达自己的想法和情感。把幼儿讲过的事情用文字记录下来，并念给他听，使幼儿知道说的话可以用文字记录下来，从中体会文字的用途。

2. 在绘画和游戏中做必要的书写准备。如：把虚线画出的图形轮廓连成实线的游戏，促进幼儿手眼协调，同时帮助幼儿学习由上至下、由左至右的运笔技能。鼓励幼儿学习书写自己的名字。帮助幼儿学习正确的握笔姿势，提醒他们写画时保持正确姿势。

3. 培养幼儿做游戏计划、绘画游戏故事的习惯。游戏前坚持让幼儿做游戏计划，培养幼儿做事的计划性及团队合作能力；游戏后坚持让幼儿绘画游戏故事，进行游戏分享，让幼儿发现自己、悦纳自己、分享自我，享受表达。如在每天的自主游戏前，请幼儿做游戏计划，把孩子自己的想法以图画的形式画下来，计划怎么游戏，和谁一起游戏，培养幼儿做事有计划的好习惯。游戏后，请幼儿画出整个游戏场景，请家长根据孩子的绘画及讲述用文字记录孩子们的游戏内容。培养幼儿具有书面表达的愿望和初步技能。

总而言之，实现幼儿园与小学的科学衔接，培养幼儿"早期阅读"能力，离不开家长和教师的双重帮助，只有在家庭和幼儿园的共同努力下，幼儿才能更好地培养起自身的阅读兴趣，发展自身的阅读能力，为今后的小学学习打下坚实基础。

依托"五个课堂"启蒙幼儿国防教育

云南省蒙自军分区机关幼儿园　朱　芳　马晓利

孩子是祖国的未来、民族的希望，提高和加强青少年的国防素质，是国防教育的百年大计。在我国，国防教育是全民性的教育活动，幼儿园教育作为终身教育及学校教育的奠基阶段，理应成为国防教育的初始场所，加强全民国防教育应从娃娃抓起。多年来，我园在全面总结办学办园经验，深入分析幼儿教育发展趋势的基础上，紧紧围绕幼儿教育的规范要求，充分结合军队幼儿园办学特点和优势，把握国防教育的特点规律，积极适应幼儿教育课题改革形势要求，探索并规范了"五个课堂"启蒙幼儿国防教育的方法路子。

一、立足园区主课堂，在系统规范中奠定认知基础

幼儿国防启蒙教育，首先是系统性的教育。我们依托教室、操场、游戏区等场所，结合幼儿园日常教学活动，从基础设施建设、师资队伍培养、园本教材修订、主题活动开展等方面入手，帮助幼儿认识国防、了解国防。

我园始终把提高教师的素质能力作为抓好教育的首要任务和前提基础，紧贴教学对象、家庭社会和教育任务三个需求，按照"缺什么就补什么，什么弱就训什么"原则，组织老师认真学习国防知识，开展教学交流训练，总结了一套三讲、三谈、三评法。"三讲"部队派出专管国防教育的干部到幼儿园给老师、幼儿及家长讲国防教育公开课，帮助大家不断提高国防启蒙教育教学的能力。"三谈"通过与幼儿交谈，了解掌握幼儿对国防知识的兴趣点；

与家长交谈，了解掌握幼儿在国防启蒙教育过程中的点滴变化；与教师交谈，了解掌握教师在开展国防启蒙教育中的心得、困惑，帮助教师在不断总结中积极补齐素质短板。"三评"采取领导讲评、家长点评、教师互评的方法，找准进一步提高老师素质的方向和着力点。

我们还把国防启蒙教育有机渗透到一日活动五大领域的教育活动中，中大班幼儿认识国旗、国徽、党旗，清楚它们的含义，了解祖国领土、疆域与边防，知道中国人民解放军的建立和光荣的战斗历程，给幼儿讲解国防知识小故事、战斗英雄故事。学会唱国歌，运用各种艺术手段，激发幼儿对祖国、军队的热爱之情。

每周一全园举行的升国旗活动，制定严格的升旗制度和程序。幼儿通过行注目礼、唱国歌，进行爱国主义教育，激发幼儿的报国之志。每周五是园里的国防教育日，各级部开展集中教学活动、主题活动（徒步拉练、参观红色基地、小兵军训、红色影片展影）、"小小特种兵"军事游戏、红歌传唱、国防晨跑、国防体能大循环、营区散步等活动实践国防启蒙教育。

二、开辟社会第二课堂，在拓展渠道中培塑红色基因

幼儿国防启蒙教育，也是趣味性的教育。我们始终注重挖掘和利用社会教育资源，组织幼儿通过参观、游览，感受正能量熏陶，让"幼苗"从一开始就把根深深扎进红色土壤。

蒙自自古就是军事战略要冲和屯兵重镇，素有"兵城"之称。在漫漫长河中，它承载着边地文化、中原文化、党史文化、军旅文化、西方文化等多元文化的丰厚积淀，充分利用本地红色历史文化基地，形成外出参观见学的制度，增强教师和幼儿的爱国意识和国防意识。"亲子参观活动"中，家长和幼儿一起参观西南联大旧址，了解和感受战火纷飞的岁月中，当时中国最优秀的学者在蒙自边陲小镇静心传承中华文化的不易，用时代精神的滋养、历史使命的担当对幼儿进行深刻洗礼；参观张冲、朱德等英雄雕像，参观蒙自查尼皮中国共产党云南第一次代表大会会址，重走红色旧址，知道我们今天幸福安稳的生活和学习环境都是这些英雄浴血奋斗换来的；另外还组织幼儿参观红河革命军事馆，分区党史军史长廊、国防文化墙，瞻仰革命烈士纪念碑、蒙自烈士陵园……让全园师幼直观感受驻地百年尚武御敌、不屈斗争的深厚历史文化。

三、借助部队立体课堂，在互动参与中深化情感认同

幼儿的成长规律决定了体验式、参与式教育是国防启蒙教育的重要手段。我们充分发挥身在军营、心贴军人的优势，组织幼儿通过参与军事活动，与战士互动，逐步强化孩子对国防、对军队的认同。

每学期组织幼儿进入部队营区开展各类主题活动，全方位接受国防氛围熏陶。"全民国防教育日"，我们邀请解放军战士入园进行武器展示，为孩子们进行军体操表演。参观战士内务整理，观看战士们射击、体能、队列训练等，在指导员的带领下，进行站姿、坐姿、敬礼、稍息、立正、队列训练。

在一次次的参观和体验活动中，孩子们深切地体会了解放军在艰苦条件下训练的辛苦，也明白了解放军刻苦训练的目的就是保卫祖国的安宁，由此产生对解放军叔叔的崇敬之情。同时，解放军坚强、勇敢、自律、自信等良好品格已经潜移默化地影响到了孩子们，他们在日常生活中的晨检、如厕、喝水、游戏等环节会自觉排队，遇到困难勇于挑战不退缩，做事情有始有终、坚持到底，懂得自己管理自己并监督他人改正缺点，幼儿在潜移默化中逐步养成勇敢自信、乐观向上、有自制力、有处理能力的优良品质。

四、强化养成动态课堂，在活动锻炼中培养意志品格

任何教育都是动态的过程，幼儿国防启蒙教育同样需要在动态中深化和推进。我们坚持把国防教育贯穿到孩子的游戏、生活和其他课外活动中，培养他们坚强、勇敢、自律、自信的意志品格。

养成训练是幼儿园国防启蒙教育中的重要手段和环节。我们开展"整理小能手比武"活动，孩子们将自己的书包柜、小椅子、小床铺、小口杯、小毛巾等摆放得整整齐齐，一日生活中逐步养成自制力、自理能力。

我们还借助分区教导队，给孩子开展人生第一次"小小兵军训"活动，使幼儿更好领悟纪律的含义、规范的意义，学会坚强面对困难、挑战自我培养幼儿团队精神、集体意识，展现了孩子们不怕苦、不怕累、顽强拼搏、坚持到底的部队幼儿园精神风貌。

五、巧用实践成果课堂，在才艺展示中巩固教育成效

实践是检验和深化教育的有效方式。我们始终注重把国防教育渗透到幼儿的才艺培养和展示中，延伸到幼儿园的重大活动中，进一步深化国防教育成效，培养崇拜英雄、崇尚勇敢、崇敬牺牲奉献精神的情怀。

每周五是我园的国防实践日，幼儿从入园开始，持续开展国防晨跑、国防体能大循环、学雷锋助人活动、好娃娃爱劳动活动等，将国防启蒙教育融入一日生活各个环节，提高幼儿身体素质的同时，更提升幼儿乐于助人、团结协作的精神。

多年来，我园组织幼儿动手动脑，用绘画等形式颂扬国防文化，小班幼儿给天安门涂色，中班幼儿画国旗、画国防意愿画，大班用泥工、纸工等自制战斗机、坦克、大炮等，以此表达心中对祖国、对解放军的热爱。

幼儿红歌比赛是红歌传唱的一次升华，传递着自强不息、艰苦奋斗的精神，在红歌比赛中，老师、家长和幼儿认真选歌、认真排练、认真准备服装、认真布置环境、认真组织活动，比赛场面精彩纷呈、热闹非凡，孩子们用红歌表达对祖国的热爱之情，从红歌中汲取精神力量，受到感化和教育。

在六一儿童节、国庆节等庆典活动中，我园举办"我们是共产主义接班人""融绿色方阵·塑红色基因""英雄人物在我心""红歌伴我快长大""童心向党"等红色主题晚会，孩子们用舞蹈、歌曲、小品等形式，演绎了解放军英勇不屈的光辉形象。节目将文艺演出与德育教育有效结合，继承和颂扬红色传统，是幼儿园开展国防教育和爱国主义教育良好效果的现实缩影。

幼儿园国防启蒙教育践行三十余年，爱国强军的种子在幼儿心中生根发芽，已形成了我园的特色和亮点，但对国防启蒙教育的研究，永远在路上……

自主游戏中教师如何实施有效的观察

云南省昆明市中共昆明市委机关幼儿园　张丽娟

游戏是幼儿成长、发展和学习的重要方式。幼儿游戏中，教师的观察起着至关重要的作用。

自主游戏即幼儿在一定的游戏环境中根据自己的兴趣和需要，以快乐和满足为目的，自由选择、自主开展、自发交流的积极主动的活动过程，这一过程也是幼儿兴趣需要得到满足，天性自由表现，积极性、主动性、创造性充分发挥和人格建构的过程。

观察是一种有目的、有计划、有方向且比较持久的知觉活动。教师对幼儿的观察伴随着幼儿园一日生活随时随地发生着。当前，幼儿教师在幼儿自主游戏观察中确实存在很多亟待解决的问题。

一、幼儿园自主游戏中教师观察存在的问题

（一）观察目的不明确

观察目的不明确是幼儿园教师存在的较为普遍的问题，没有明确的目的会使得大量的时间被浪费，同时观察效果也不理想，只能看到游戏活动中的表面现象，不能深入分析其本质。明确的观察目的就像是一艘船的"锚"，能够帮助教师合理地选择对象、圈定范围，进而形成一个有条理、层次清晰的观察框架。框架的建立是很有必要的，如果只是随机进行观察，教师不能够深刻认识幼儿园游戏的价值，也没办法给幼儿进行专业指导。

（二）角色定位存在偏差

从目前来看，很多教师在观察幼儿自主游戏时对自身的角色定位存在偏差，无法将不同角色有效区分开来，因此经常会出现监护者、观察者、引导者角色随意切换的情况。幼儿自主游戏的观察效果也随之受到了很大影响。例如，在进行一些活动量较大的自主游戏活动时，有些教师经常会出现难以区分监护者与观察者角色的问题，习惯以保护安全为由对幼儿游戏行为加以干涉。这不仅会直接影响幼儿的游戏体验，也很难观察幼儿真实的一面，影响其学习和发展。

（三）观察记录过于主观，没有重点

在观察幼儿自主游戏过程时，有些教师不擅长对幼儿游戏表现进行文字记录，记录中经常会出现"愉快""积极"等主观性较强的词语，有时甚至会在游戏记录中对幼儿的游戏表现、情绪状态等做出直接判断。同时，教师的记录没重点，类似于"流水账"。很多教师的观察记录，我们读完无法了解游戏的具体材料投放、参与此次游戏的幼儿水平、游戏的主题、游戏的过程……缺乏清晰、有条理、详细、准确的描写，使得游戏观察记录失去了其自身的意义。

（四）解读分析能力不足

很多教师在进行幼儿自主游戏观察时，不能对幼儿的游戏行为进行有效的识别，总用传统的教学思维对幼儿的游戏行为进行定性的观察。在对幼儿游戏过程中的表现分析并不细致，在对行为进行描述时，通常也只采用一些猜测性的语言。有些教师通过对幼儿平时的表现，主观地对幼儿进行了评价，因此所得到的结论比较刻板，在对幼儿进行自主游戏观察时，下意识地忽略详细的分析，就得到了结论。这种主观的思维定式的判断，所得到的结论通常都有失偏颇。这也是导致幼儿教师在对幼儿游戏行为进行分析和解读的过程中产生偏差的重要原因。

（五）观察技能匮乏

很多幼儿教师观察技能匮乏，没有掌握科学的观察理论，也没有选择有效的观察方法。教师们如果对幼儿自主游戏观察的视角比较单一，观察的过程中所捕捉到的教育契机就缺乏敏感度，容易导致观察和记录的相关信息不准确等问题。

教育家蒙台梭利认为："要教育幼儿就要了解幼儿，而观察幼儿正是了解幼儿的主要途径之一，是教师进行有效指导的前提。"因此，想要全面地了解幼儿，则需多次反复的观察以及更加深入地探索观察的方式方法。

二、在幼儿的自主游戏中磨炼观察的策略

（一）制订合理的观察计划

在进行幼儿自主游戏观察时，教师为避免出现无目的的观察，还需在组织幼儿进行自主游戏活动之前，根据自主游戏活动的主体内容、大致流程及观察目的来制订合理的观察计划，将不同游戏阶段乃至不同情况下的观察内容、观察重点、观察方法明确出来，之后再严格按照观察计划进行观察，以保证观察目的的明确性，将幼儿在游戏过程中的表现准确记录下来。

（二）明确自身观察立场

在幼儿进行自主游戏活动时，教师需要扮演过程观察者、安全监护者、游戏支持者、学习推动者等多重身份。要想顺利完成幼儿自主游戏观察工作，就必须对这些身份角色对应的工作职责进行深入了解，同时将不同角色间的关系明确区分开来，以免因角色切换过于频繁而使不同角色间产生冲突，影响观察工作的顺利完成。

（三）积极融入游戏活动

对于教师来说，要想准确了解幼儿在游戏过程中的心理变化，理解幼儿各种行为表现的原因，同样还需参与游戏活动中来，以幼儿的视角来看待其游戏表现，感受游戏所带来的各种体验，解决逻辑分析能力不足所带来的各种困难。

（四）详细记录观察内容

教师在对幼儿的自主游戏表现进行观察、记录时，为避免记录内容过于主观，还需提前将需要记录的观察内容进行细化分解，同时明确列出每一项的观察内容，尽可能通过详细的观察内容记录来保证记录内容的真实性，减少记录内容中的主观色彩。

另外，为获取足够详细的观察内容，教师还可以选择在合适的时机与幼儿进行沟通，通过参与游戏活动、探讨游戏内容、提出建议的方式来了解幼儿内心想法、意愿，并将这些交流内容详细记录下来。

（五）针对不同的场景，也需选择适宜的观察方法

1. 扫描观察法。在固定的时间段里对幼儿依次进行轮流观察。这种方法可以帮助教师大体了解全班幼儿的游戏状况。使用这种方法时，教师应保证所有的幼儿均在自己的视线范围内。一般先设计好表格，教师每隔一段时间（如10分钟），在表格内做记号即可。

2. 定点观察法。选择某个区域进行一段时间系统、细致的观察，观察对象包括此区域内的所有幼儿或部分幼儿。这种方法比较适合教师想要了解某个区域幼儿游戏的全过程，以便把握幼儿游戏的兴趣、水平、特点和个体差异等。

3. 追踪观察法即定人观察法。明确某个幼儿作为观察对象之后，幼儿走到哪儿，教师就跟踪到哪儿，并进行系统、细致的观察。这种方法有助于教师了解个别幼儿的游戏状态，是进行个案研究最好的方法。

（六）观察记录时可以采用的便捷方式

观察记录在书写的时候可以采用"叙述＋分析＋反思"的三段论式，也可以采用"夹叙夹议＋反思"的两段论式。如果记录相对简单，描述也很简短，可以采用第一种方式；如果记录较长，较复杂，采用第二种方式会更轻松一些。观察记录要围绕具有典型意义的事件，重点突出。与主题无关的内容尽量简化，详略得当，避免泛泛而谈。对事件的描述尽可能系统、完整，描述清晰、条理、有逻辑。对事件的描述要尽可能客观、真实、准确，避免主观臆断和偏见。同时，考虑幼儿教育工作的复杂性和特殊性，幼儿教师在做观察记录时还可以采用以下几种较为便捷的方式：

1. 图片故事记录。教师通过图片来反映幼儿的游戏过程。为方便大家阅读，教师可以在每幅图片下面写上几句话。

2. 便笺纸记录。教师在带班期间随身携带一个便笺本，将对幼儿的观察随机记录在便笺条上，之后有时间可以整理一下，没有时间，也可以将其当作非正式的观察记录。

3. 视频、录音记录。教师把幼儿的游戏过程录下来，当作游戏资料保存起来。视频和录音本身就是记录的一种方式，而且是最真实、最形象的一种记录，更有助于研讨和交流。

有效观察是每一位教师需要在实践中不断锤炼的基本功，只有学会有效观察，才能提升教师的观察能力，提高观察质量，真正为促进幼儿的发展提供有益、积极的帮助。但是，儿童观察记录并没有一个对的时间，也没有一个完美的方法，要想成功地找到最适宜的记录方式，必须通过不断实践，不断反思。

奥尔夫音乐教学中理论分析与实践教学协同发展研究

四川省眉山市四川科技职业学院　郭丽欣

奥尔夫的音乐教育实践内容丰富、形式多样、教法灵活，整个教学过程都是一个充满创造性的活动。奥尔夫音乐教育要求全员参与，在活动中不管是一岁左右的小婴儿，还是老年长者，都有适合的动作或者乐器，让参与者感受音乐的韵律，体验音乐的快乐。"本土化"是奥尔夫教学实践中的又一次延伸，从儿童所熟悉的语言、文化、环境出发进行音乐教育，也就是说要使用符合本民族、本地区的音乐素材，这样既有利于学生的掌握又有利于本民族文化的传承与发展。

我们坚持遵循《中华人民共和国职业教育法》文件精神，努力增强课程的实践性、开放性和职业性，培养"以能力为中心"的技术型人才，是高等职业教育的培养模式。以岗位要求为核心，实现教学与就业的相对接。将奥尔夫音乐教学渗透音乐的各科，把握住奥尔夫音乐教学理念的核心，拓展教学理念在各学科中的运用。

一、奥尔夫音乐教学价值研究意义

1. 理论价值分析

奥尔夫音乐教学理念，有利于音乐教育教学模式的改革。奥尔夫音乐的最大特点就是关注对孩子内心世界的开发，其出发点是孩子，而非音乐，让音乐成为孩子发挥想象、学会肢体表达的重要途径，而非一种负担。目前，我们的很多乡村幼儿教育、中小学音乐教育还比较传统。为了改善传统的教学形式，我们把奥尔夫音乐教学引入到音乐教学方面是非常有必要的，通过奥尔夫音乐教学理念的引入，逐步将原有音乐教学中"音本位"的教学理念改为以"乐本位"为主导的教学模式和教学理念。这种教学理念下，学生的感知力、领悟能力、创造力等都得到发展。

2. 实践教育意义

奥尔夫强调"奥尔夫音乐注重实践参与性，遵循人类认知是从感性到理性的原则，通过感觉——视觉、听觉、触觉、嗅觉等，去协调、发动全身心各个方面的反应能力，引导全体儿童参与游戏活动，让儿童去主动体验唱、跳、拍、击打，抒发及宣泄情绪情感。"

在音乐教学中有效地运用奥尔夫教学中的一些理念和基本方法不但能充分调动学生的学习积极性，活跃教学气氛，提高教学质量，还可以使音乐教学朝着更符合学前教育、中小学音乐特色的方向发展。学前幼教专业的课程设置，如音乐、舞蹈、美术、幼儿文学等诸多课程的开展，也为幼师学生全面学习奥尔夫音乐教学提供了有利条件。因为奥尔夫教学非常注重通过实践进行音乐教育和教学。这些实践包括音乐实践、动作实践、游戏实践、朗诵实践、即兴唱奏实践、表演实践等。

二、奥尔夫音乐在课程中的运用

1. 奥尔夫教学法在音乐基础理论（基础乐理、视唱练耳）中的运用

乐理和视唱课是音乐专业学生和学前教育专业学生都需要学习的课程，在学习过程中，由于课程偏理论性，教师授课多是以讲授为主，学生多是以听讲为主，所以学生普遍缺乏兴趣，学习效果不好。针对这些情况，在教授理论课程时，我们将奥尔夫教学法中相对应的格子节奏练习运用到课堂教学中，每个格子中可以放入不同时值的音符。这些可移动的音符使原来僵化不变的内容变得非常活泼有趣。再配上动听的音乐，原本沉闷的课堂里充满了欢声笑语。在这种积极的学习状态下，教学质量也有了明显的提高。在视唱练耳教学中，我们以学生为主体参与者，教师只是起到协调、控制、引导作用。教师给学生几个简单的音符，学生根据要求创编出节奏型，其他学生再进行演唱。每个学生充分发挥出创造性与自主性，这样做使每位学生都能参与进来。除此之外，还可以运用卡农、多声部等方式来进行视唱练耳的学习。不仅如此，还可以加入音乐元素，比如速度、力度等，来让学生进行指挥，展示他们的能力，训练他们的反应，立刻让课堂变得欢声笑语。

2. 奥尔夫教学法在歌唱教学中的运用

奥尔夫音乐教学中非常注重歌唱，它认为歌唱是人类的本性和本能之一。歌唱的形式应该是多种多样的，除了我们经常听到的独唱和大合唱之外，奥尔夫音乐教学更加注重表演唱、重唱、伴唱等形式，这些唱法更能吸引学生的兴趣，让学生感受音乐的无限魅力。幼儿园的歌唱课都是以集体形式进行演唱，非常适合奥尔夫音乐教学。首先在歌曲的选择上不需要很难很长，可以选择一些经典曲目，比如《小星星》《宝贝》《勇气大爆炸》。这些歌曲清新流畅，旋律简单而又优美，其内容形式与幼儿发展的目标非常吻合，非常适合学生演唱。在中小学的音乐教学中，音乐鉴赏课程不仅是让学生聆听，还要让学生能根据乐句来创编动作，跟随音乐一起律动。此外，还可以进行手脚节奏节拍的训练，学会一首歌曲后，先用手拍打节拍，之后再用脚跺出节奏，分别训练好后一起进行手脚节拍节奏的练习，这样真正实现手、脚、嘴结合运用，进行多感官的练习。

3. 奥尔夫教学法在钢琴教学中的应用

打破传统的单纯演奏模式，将钢琴教学分为几个阶段，分别为钢琴基础、即兴伴奏、幼少儿歌曲自弹自唱。在课堂教学实践中，加入趣味性的乐曲，让学生能通过各种形式的教学来提高兴趣。比如运用轮奏、接力、分组等方式来强化大课的群体效应，改变以往枯燥的练习方式，引导学生在教学过程中相互观摩、探讨、学习。节奏一直是奥尔夫教学中的基石，教师从最初的音乐体验开始，让学生亲身感受到拍子、速度、力度、节奏的变化。在教学中教师多示范或者运用游戏的方法来进行教学。言语的表述很重要，语言可以启发学生了解音乐的节奏，可以从孩子熟悉动物名称或者称呼来说进行节奏训练，等学生认识了基本节拍后，借用汉字为代读字符，进行组合节奏，汉字的词义能让学生更加形象地认识节拍。例如，用"走""跑""慢走""快跑"四种汉字替换节奏符号，"走"代表四分音符，"跑"代表八分音符，"慢走"代表二分音符，"快跑"代表十六分音符。教师可以弹奏这些音符，学生根据音符来进行走、跑、停的活动，能用身体正确做出走、跑等动作，接着再让学生弹奏这些音符，教师做动作，看学生能否真正辨别出对错。这样做打破原来只弹不动

的状态。音乐音符、音乐元素都能体验,让学生把音乐基础打牢固。

一堂好的音乐课,应该需要夯实的理论与实践配合,并进行有效的结合。教师应该根据学生的年龄合理地安排教学。奥尔夫音乐现已广泛适用于幼儿园、中小学校,为更好地发挥其作用,作为音乐教育者我们应大胆创新,不断追求,创造性地应用教育理念,使学生走向自主创新的学习之路。此外,作为一种多元开放、兼容并蓄、不断演进的音乐教学体系,在一定思想观念、原则及策略中可以继续发展和进化,因而我们需要关注音乐的综合性、创造性、开放性等特点。在传承民族音乐文化、母语文化等本土特性的基础上,形成一套适用于我国普通音乐教育的教学体系,真正推进我国音乐教育的进步和深化。

常态试教,多元丰富;教研引领,家园共育
——幼儿园创意美术特色教育"红绿蓝"研究综述

湖北省荆门市京山市直属机关幼儿园　张晓玲

《幼儿园教育指导纲要(试行)》中明确指出:"提供自由表现的机会,鼓励幼儿用不同艺术形式大胆地表达自己的情感、理解和想象,尊重每个幼儿的想法和创造,肯定和接纳他们独特的审美感受和表现方式,分享他们创造的快乐。"幼儿园开展创意美术教学就是激发幼儿创造力的有益实践。幼儿园作为实施学前教育的机构,同样也担负着培养幼儿创造力的重要使命。

然而,在教学实践中,我们也发现了种种问题,为此,我带领老师们开始尝试将创意美术教学与五大领域、区域游戏、一日生活等多个维度深入融合,运用文献查阅、问卷调查、行动研究等多种方法,研讨总结出一套"红绿蓝"创意美术特色教育体系,以期实现特色教育与园所文化合理共生。现作如下阐述——

"红、绿、蓝"分别代表创意美术特色教育体系的三个色彩教育模式,也代表三个年龄段的不同色彩主题,通过不同材料、不同载体、不同表现形式、不同创作方法,让幼儿在红色传统文化中、绿色自然生活中、蓝色民间艺术中发现美、鉴赏美、创造美。

我们的实施策略是:常态试教,多元丰富;教研引领,家园共育。

一、红绿蓝常规教育活动的开展,让创意美术教育常态化。

围绕创意美术特色教育总目标,在每周一下午,我们结合幼儿园园本教材进行创意美术教育活动例行试教:大班以红色传统文化教育为主,学习拓印画、剪纸画、彩绘画、创意线描画等表现形式;中班以绿色自然环保生态文化教育为主,学习蜡笔画、油水分离、吹画、印染等表现形式;小班以蓝色民间艺术为主,学习撕贴、印章、涂鸦等表现形式。为创意美术园本课程的修订提供实践依据。

二、红绿蓝多元环境的创设,让创意美术教育丰富化

环境是重要的学习资源,幼儿园环境、班级环境以及创意美术独立区域空间的建立是重点。我们关注环境创设与情感表达之间的逻辑联系,将本土特色与创意美术课程联系起来,以年级、楼层、班级为单元,打造具有家乡地域特点的"美丽乡村"红色文化特色环境,以瓶瓶罐罐、纸杯纸盘等废旧材料以及树叶、稻草、木块、松果、石头等各种自然材料为载体,将具有代表性的家乡本土特色文化渲染于幼儿园的活动室、走廊、操场等地,绿色自然文化生态环保元素随处可见,确保每一处环境都能够传达出一定的艺术内涵,更好地

满足幼儿的个性化发展需要。

为了更好地打造幼儿园创意美术特色名片,为创意美术教育教学提供更多的创作条件,我们还将附楼四层全部调整为美术功能室,以"扎染""编织""陶泥""剪纸""国画"为支点,弥补集体教学的不足之处,为全面深化幼儿园创意美术特色教育体系做完备的物资准备。让幼儿能够自由观察、欣赏,任意选用不同的工具和材料,创造性地表达自己的情感与认识,从而发展幼儿的创作能力,蓝色民间艺术文化在幼儿的心灵开始生根发芽。

三、红绿蓝教研活动的开展,让创意美术教育有效化

针对幼儿园部分老师创意美术理念认知不足、活动内容创意性不强、活动开展游戏化形式不丰富等问题,我们组织青年教师开展创意美术特色课程实践竞讲活动,主要突出强调创意美术的三大特点:

1. 课程表现形式多元化。创意美术课程字眼是"创意",以教材为基础,主张探索精神,实现美术表现的多元化,比如在美术材料运用上倡导"变废为宝",将生活中废弃或闲置的材料充分运用到美术作品上,不仅环保,更能够提高幼儿的动手动脑能力。

2. 教学手段的灵活自主。充分尊重幼儿的意愿,根据幼儿的不同特点制定符合其自身发展的教学策略,而不是传统教育模式中"我就像你这样做"的临摹模式,这样灵活的教学是以"幼儿为本"的教学活动,对于教师的教学而言,也是一种解放。为改进创意平凡,我们利用每两周一次的园本培训,组织教师共同探讨实践教学中如何合理运用教育策略、创意美术活动对幼儿的影响以及创意美术活动与五大领域的深入融合等多个方面问题。提炼出了情境创设法、感知欣赏法、情感体验法、模拟游戏法、对比探索法、儿歌简化法、范例示范法等教学方法。

3. 注重个性发展。对于幼儿的不同个性,创意美术则为他们提供了自我展示的空间,不同的个性就是不同的美术作品,对于幼儿个性的关注必然带来美术教学上更多创意性美术作品的出现。

四、多形式的家园活动,让创意美术教育生活化

坚持开展每学期末的亲子成果汇报活动、家长进课堂活动,通过教育教学、作品展示、美术欣赏、现场绘画等多种形式让家长参与其中,感受幼儿美术水平的提升。鼓励家长和幼儿共同收集原生态的绿色素材,比如五谷杂粮、田间树叶、散落的铅笔屑、废旧毛线等,与幼儿一起完成创意美术作品,一方面提高幼儿对周边环境的审美评价能力,另一方面深入渗透绿色自然生活教育,有效激发幼儿用美术表现形式美化生活的愿望。家园合力共同提高幼儿塑造美术作品的技能,从而促进幼儿的心智发展。

五、创意美术文化节活动,让创意美术教育社会化

为了让幼儿的内心世界能够充分得到表达,我们组织开展了以年级为单位的创意美术文化节活动,涵盖环保创意、亲子手工、创意拼盘、现场作画等多方面创意形式,一方面提高幼儿的审美能力,另一方面有效激发幼儿的创作激情。家园合力一定程度上提高了幼儿各种美术表现技能,引导幼儿相互交流和相互欣赏,张扬了幼儿的艺术个性,体现了创意美术的特色,同时也扩大了创意美术教育的家园影响力。

随着红绿蓝创意美术教育体系的研究与实践,一系列的自主学习、集体交流、观摩培训、案例研讨带来了幼儿园教师教育观念的转变和创新意识的提升,也促进教师个人专业发展水平达到了一个新高度。经过创意美术创作体验,小班幼儿一年之后对颜色有清楚的认知、能独立完成作品,逐步走向形象绘画阶段;中班幼儿能够将自己所想的运用简单的图形、多种颜色表现出来,粘、卷、揉、撕、压等美术技能也逐步提高;大班的孩子会根据教师提供的欣赏作品发挥想象创作,并对纸张、颜色、材料、工具有更加明确的需求,创作的作品也更加充满想象力和形象感。幼儿园也成为了一所"充满创意的幼儿园",丰富的生态化自然环保素材、幼儿美术活动作品或亲子作品,结合家园巧夺天工的创意,红色传统文化、绿色自然文化、蓝色民间艺术文化,将家乡特有的文化色彩缩影在园所的各个角落,创意无限、妙趣横生。

基于儿童认知发展阶段的学前儿童绘本设计研究

四川省眉山市四川科技职业学院 张 莉

一、儿童认知发展阶段的心理学理论

1. 儿童认知发展理论概述

皮亚杰认为,儿童认知发展经历了感觉运动期、前运算期、具体运算期和形式运算期四个阶段。在感觉运动期,儿童通过感官和动作来探索世界,逐渐建立起对物体永久性的认识。儿童还没有形成完整的逻辑思维能力,但他们已经开始能够理解和操作一些基本的概念,如大小和形状等。在前运算期,开始能够使用语言来表达自己的想法,但思维仍然以具体的事物为主,缺乏抽象思维能力。在具体运算期,儿童逻辑思维能力得到了显著提高,能够理解和运用一些基本的数学和逻辑概念,如分类、排序等。此外,还能够进行一些简单的推理和决策。在形式运算期,已经具备了完全的逻辑思维能力,能够理解和运用一些复杂的数学和逻辑概念,还具备较强的抽象思维能力和创造性思维能力。

除了皮亚杰的理论之外,还有其他一些重要的儿童认知发展理论,如维果茨基的社会文化理论、布鲁纳的符号表示理论和信息加工理论等。这些理论都为我们提供了深入了解儿童认知发展的重要视角和方法。

2. 不同年龄阶段儿童的认知特征和发展规律

赵影在《学龄前儿童教育绘本设计研究》提出:学龄前儿童处于一个快速发展的阶段,认知能力、情感和社会行为都在不断发展和变化。在这个阶段,儿童的认知特征主要表现在以下几个方面:首先,儿童的思维逐渐从具体形象转向抽象逻辑;其次,儿童的注意力和记忆力得到了显著提高;最后,儿童开始形成自我意识和他人意识。这些特点为学前儿童绘本设计提供了重要的参考。

3. 儿童生理和心理发展特点

首先,从生理角度来看,学龄前儿童的大脑发育迅速,对外界刺激的感知能力不断增强。眼睛和手部的协调能力也在不断提高,这使得儿童能够更好地理解和掌握图画信息。因此,要通过丰富、生动、具象的图画来吸引儿童的注意力,激发他们的好奇心和探索欲望。

其次,从心理角度来看,学龄前儿童的认知能力、情感表达能力和社会交往能力都在不断发展。因此,学前儿童绘本设计需要充分考虑这些心理特点,通过合理的故事情节和角色设定,帮助儿童理解和掌握一些基本的社会规则和道德观念,培养他们的同理心和合作精神。

最后,学龄前儿童的心理发展还表现对色彩、形状、声音等元素的敏感度不断提高。他们喜欢丰富多彩的图画,喜欢听悦耳的音乐,喜欢模仿各种动物的声音。因此,学前儿童绘本设计需要充分利用这些特点，通过丰富的色彩搭配、生动的形象描绘、动听的音乐配音，创造出一个富有趣味性和吸引力的阅读环境。

二、学前儿童绘本设计的要素分析

1. 文字设计原则

在学前儿童绘本设计中，文字设计原则是至关重要的一环。首先，文字不仅是儿童获取信息的主要途径，更是激发儿童想象力和创造力的重要媒介。其次，我们需要关注文字的设计原则。一是简洁明了，尽量使用儿童熟悉的词汇和语言，以便于儿童理解和接受；二是生动有趣，通过巧妙的文字设计和布局，激发儿童的阅读兴趣；三是寓教于乐，将教育内容巧妙地融入故事中，使儿童在阅读的过程中既能获得知识，又能得到乐趣。四是需要关注文字的布局和排版。

2. 色彩设计原则

首先，我们需要理解色彩对儿童心理的影响。色彩是儿童认识世界的重要途径之一，它能够引发儿童的视觉兴趣，激发他们的想象力和创造力。例如，鲜艳的色彩可以吸引儿童的注意力，使他们对绘本产生浓厚的兴趣；而柔和的色彩则可以帮助儿童放松心情，进入阅读的状态。因此，色彩设计应该是生动、丰富和富有变化的，以满足儿童对色彩的好奇心和探索欲望。

其次，色彩设计应该符合儿童的认知发展阶段。不同年龄段的儿童对色彩的感知能力和理解能力是不同的。例如，幼儿阶段的孩子更喜欢鲜艳、对比强烈的色彩，因为他们的视觉系统正在快速发展，这种色彩可以刺激他们的视觉神经，帮助他们更好地认识世界。而学龄前的孩子已经能够理解和使用更复杂的色彩组合，因此，他们更需要的是丰富、细腻的色彩表现，以激发他们的想象力和创造力。

3. 形态设计原则

在学前儿童绘本设计的要素分析中，形态设计原则是至关重要的一环。形态设计原则主要涉及绘本中图形、色彩、线条、形状等视觉元素的运用，以及这些元素如何与绘本的主题和内容相结合，从而创造出富有表现力和吸引力的视觉效果。

首先，形态设计原则强调的是图形的选择和使用。图形是绘本中最基本的视觉元素，它可以直接传达信息，激发儿童的想象力和创造力。因此，绘本设计者需要根据绘本的主题和内容，选择与之相符的图形。其次，形态设计原则也关注色彩的运用。色彩不仅可以增强绘本的视觉效果，还可以影响儿童的情绪和感知。因此，设计者需要根据绘本的主题和内容，选择合适的色彩。例如，如果绘本的主题如果是关于快乐和友谊的，那么设计者可以选择明亮的色彩，如红色、黄色、蓝色等，来表达这种快乐和友谊的氛围。同时，设计者还需要考虑色彩的搭配和对比，以确保绘本的色彩效果既和谐又鲜明。

4. 故事内容设计原则

在学前儿童绘本设计中，故事内容的设计原则是至关重要的一环。它不仅关乎绘本的教育价值，也直接影响儿童对绘本的接受程度和理解深度。因此，我们在设计故事内容时，必须遵循一些基本的原则。

首先，故事内容必须符合儿童的认知发展阶段，选择他们能够理解和接受的故事主题和情节。例如，对于幼儿阶段的孩子，可以选择一些简单的、有趣的故事，如动物故事、童话故事等；对于学龄前的孩子，可以选择一些稍微复杂的故事，如寓言故事、科幻故事等。

其次，故事内容必须具有教育意义。设计故事内容时，注重故事的教育价值，帮助儿童学习新的知识，培养良好的品格和习惯。例如，可以通过故事来传递环保、友善、勇敢等价值观，也可以通过故事来教授儿童一些基础的科学知识、生活技能等。

再次，故事内容具有吸引力。儿童的注意力有限，如果故事内容平淡无奇，无法吸引他们的注意力，他们就可能会对绘本失去兴趣。因此，在设计故事内容时，必须注重故事的吸引力，使其能够引发儿童的兴趣和好奇心。例如，我们可以通过设置悬念、冲突等手法来增加故事的吸引力。

最后，故事内容与图画紧密结合。绘本是一种图文并茂的艺术形式，图画和文字是相辅相成的。如果故事内容和图画之间存在脱节，就会影响到儿童对故事的理解和感受。因此，在设计故事内容时，必须注意与图画的结合，使故事和图画能够相互补充，共同构建一个完整的故事世界。

三、总结

首先，学龄前教育是促进儿童全面发展的重要阶段，绘本作为一种具有启蒙和益智功能的图画读物，在儿童教育中的作用不容忽视。通过对学龄前儿童教育绘本的分析，发现绘本在语言、科学、艺术、健康和社会领域的教育运用具有深远的影响。因此，将教育五大领域理念融入到儿童绘本的设计创作中，不仅可以提高儿童的学习兴趣，也有助于培养他们的多元智能。

其次，绘本的特征和价值在于其精美的图画语言、视觉形式和书籍版式设计。这些元素不仅能够吸引儿童的注意力，也能够激发他们的想象力和创造力。此外，绘本还可以根据儿童的心理和生理特征进行设计，以满足他们的个性化需求。因此，绘本在儿童教育中的应用具有广泛的潜力。

最后，色彩在儿童认知发展中起着重要的作用。研究发现，色彩可以影响儿童的情绪、注意力和记忆力，从而对他们的认知发展产生影响。因此，数字绘本的色彩设计应该注重提升儿童的色彩联想与审美能力，以促进他们的认知心理发展。

在绿水青山中感知色彩，幼儿的画纸才能更多彩

北京市门头沟区第五幼儿园　　杨　逸

美术教育的目的就是让儿童更好地认识美和表达美。生活中充满诗情画意，一幅幅美丽的风景就是画。我们教孩子画的是什么？植物、动物、快乐的节日、各季节风景……原来我们让幼儿画的就是生活中的事物。绘画是一种运用线条、造型、色彩等手段，通过细致的观察与丰富的联想想象进行再创造的艺术形式。它将自然界中美的色彩，凝固为幼儿心中的永恒。那么让孩子在生活中学习色彩，幼儿才能在绘画时将色彩应用得更恰当。

一、在生活中感受色彩美

罗丹说过："美是到处都有的，生活中不缺少美，而是缺少发现美的眼睛。"自然环境中的美数不胜数，为了让幼儿开启发现美的眼睛，培养寻找美的能力，寻找色彩、感受色彩。我们走进大自然，引导幼儿用心灵感受大自然的色彩美。大自然奇异变幻的色彩可以引起幼儿无穷的想象，色彩的对比、协调等培养了幼儿色彩的感知和审美能力。让孩子们分辨客观世界之间的色彩差异，并注意它们在不同环境下所产生的变化，这是孩子们认知、感知世界的基础，也是他们学习用色彩进行表现的前提。我经常有意识地引导幼儿观察和欣

赏四季变化、生活中的色彩，春天绿草红花，夏天枝繁叶茂，秋天红叶飘飘，冬天白雪皑皑。引导幼儿观察各季节的色调倾向，去尝试用色彩突出四季特征。长此以往，幼儿不仅对发现周围生活中的色彩充满兴趣且能够敏感捕捉事物之间微妙的色彩变化。

二、在生活中引导幼儿追求颜色

那些对色彩不敏感的孩子，在绘画时对色彩没有追求，不管涂了什么颜色，好不好看，只要涂上颜色就好，有时整体构图、布局、创意都好，可是由于色彩用得不好，而使整个画面不尽如人意。因此从生活中感受和追求颜色的搭配，从而启发创作应用显得尤为重要。如有些孩子的衣服色彩和谐，我会有意赞美："呀！这件衣服有红、白两种颜色组合，好看极了！""哇！这件衣服在浅蓝里印上浅粉花朵，也好看！"在我故作声张中，孩子们一个个地被吸引来了，都认真细致地去发现、介绍起来。

趁此机会，我引导幼儿用色彩表现衣服的美。漂亮的裙子、好看的小毛巾、漂亮的节日装饰都是好题材。随机地引导孩子在生活中发现彩色的颜色，并用心进行设计，让孩子在好奇、感兴趣中慢慢使他们对色彩有了浓厚的兴趣。

三、在生活中认识色彩

根据幼儿的记忆特点，形象记忆孩子更易记住。看色卡认识色彩对孩子来说很枯燥不易记忆，那怎样让孩子们轻松地认识颜色呢？其实在生活中存在许多教育契机。如在吃水果、蔬菜时有意引导幼儿认识色彩。苹果是红色的、梨子是黄色的、西瓜是绿色的、胡萝卜是橙色的、紫薯是紫色的等，幼儿认识苹果是红色的后，还可追问"除了苹果，什么物品也是红色的？""看到红色你想到哪些东西？"用更多同色的物品帮助幼儿巩固认识色彩。许多幼儿在一日生活中习惯性地辨认身边物品是什么颜色。要是在生活发现一种自己未见过的颜色，幼儿会相互讨论、交流，或主动来问老师，可见通过这种方式学习颜色，幼儿有了主动学习的兴趣。我们有意识引导，幼儿无意识学，使幼儿学得感兴趣，学得轻松，掌握得牢固。

四、在生活中学习色彩搭配

大自然丰富多彩，为绘画教学准备了充足的素材。爱游戏是幼儿的天性，游戏是幼儿的开心果，游戏也是幼儿学习和认识事物的过程。在游戏中，我们有意识地对幼儿进行一些初步色彩知识的传授，以培养幼儿色彩感知和运用能力。如在幼儿区域活动，娃娃餐厅的厨师要烧出色香味俱全的菜肴才能招揽顾客，但菜是用橡皮泥制作的无法品尝味道，因而对顾客来说吸引力最大的是菜的形状和颜色搭配了。我们教师便充当餐厅顾问适时给予幼儿色彩搭配的指导。

如在绿色橡皮泥的青菜上面加几丝红色橡皮泥做的辣椒，很快就被顾客选走了，让幼儿感受色彩搭配的重要性。又如在娃娃家给娃娃提供各种款式各种颜色和花纹的衣物，让幼儿在实际操作中，以及在同伴的评价中学习色彩搭配的方法和感受色彩搭配的和谐美。通过老师这些有意识的安排，让幼儿在游戏中无意识地、快乐地探索，对幼儿色彩搭配的知识和技能起着潜移默化的培养，一些幼儿能将生活中所发现探究到的色彩搭配应用到绘画中，幼儿的色彩搭配能力有了一定的提高。

五、在生活中探索色彩的变化

常说兴趣是最好的老师，兴趣不高又怎能学好。爱游戏是幼儿的天性，通过游戏让孩子感知色彩的变化最合适不过。有趣的色彩游戏会让幼儿学得更主动、记忆更深刻。如让幼儿带上黄色镜片的眼镜，幼儿观察的蓝天变成绿天，红墙变成橙色的墙，带给幼儿新奇感，让好奇心促使幼儿主动探究更多的色彩变化。又如将陀螺红蓝相间或各色混在一起，在快速旋转中会发生视觉效应，前者变成紫色，后者则变成黑色。幼儿在玩一玩时发现了这些秘密,从而主动探索、自主学习。科学活动时我们自制变色卡片,让幼儿通过不断地尝试两种或多种色彩混合能变成什么颜色,直接投放在科学区。组织幼儿画"变"出来的画,两种颜色变成一种颜色极大提升了幼儿绘画的兴趣,同时帮助幼儿巩固通过探索所发现的色彩变化。

六、在生活中学习背景色的装饰

优美协调的环境可以熏陶和感染幼儿,引发幼儿审美情感。我们创设的学习环境色彩鲜艳协调,既有艺术性又有教育性。幼儿通过周围色彩视觉环境的感知,体验色彩的种类、深浅、色调带给人的愉快的感受。如主题墙上用真的树皮和树枝做一棵树。孩子们有时间就会去摸摸,看看。有一天清晨来园,周燊兴高采烈地对我说:"杨老师,你看我带来了什么!"说完高举起手中的一小块树皮,"我想给小朋友们看。"一小块树皮在我们班掀起了一股热潮,于是我们决定来到旁边小公园寻找更多资源,孩子们在地上捡到不少树枝和树皮,满载而归。回来后,经过商讨我们把树皮和树枝放到美工区,就这样绿水青山中的自然资源被我们带回了班级,保存下来。

总之,生活中蕴藏着许多色彩美,也提供了很多引导幼儿感受色彩美、学习色彩美的教育契机,只要我们善于发现、善于挖掘,重视孩子的心理,通过自由的积极的活动来增强他们在美术活动中的自信,培养他们对美术的兴趣,同时注意各项能力的训练。这样,他们今后才能更好地去理解美表达美,幼儿更好地在绘画中运用色彩,让幼儿的绘画作品更美,更生动。

高职学前教育专业学生职业素养培养途径探索

重庆市铜梁区重庆传媒职业学院 付 君

职业素养是高职院校学生综合素养的重要组成部分。学前教育专业的学生具有双重身份,既是学生又是职前幼儿教师,那么对学前教育专业学生的职业素养培养就显得特别重要。本文将从职业道德、职业技能、心理素质和沟通协作四个方面对高职学前教育专业学生的职业素养的培养途径进行探索。

一、引言

随着社会对幼儿教育日益增长的关注,高职学前教育专业学生的培养也是各高职院校积极探索的方向。职业素养作为学生综合素质的重要组成部分,对于他们未来的职业发展具有至关重要的影响。然而,从实习单位、用人单位的调查反馈显示高职学前教育专业学生在职业素养方面存在一定的问题:或是缺乏职业认同感,或是缺乏幼师生该有的耐心、细心、爱心和责任心,或是缺乏实践教学能力,或是面对真实的幼儿园教学环境缺乏应有的抗压能力和心理素质。因此,加强高职学前教育专业学生职业素养的培养显得尤为重要。本文旨在探讨高职学前教育专业学生职业素养的培养途径。

二、学前教育专业学生职业素养的内涵

本文所指的学前教育专业学生职业素养内涵包含四个方面的内容,一是职业道德,即教育学生树立正确的教育观念,尊重幼儿,关注他们的全面发展;二是职业技能,即加强实践教学,提高学生的教学技能,如组织、管理、沟通等能力;三是心理素质,就是培养学生的抗压能力和自我调节能力,以应对幼儿教育中的各种挑战;四是团队协作,即强调

团队建设，培养学生的合作精神，提高他们在团队中的协作能力。

三、学前教育专业学生职业素养培养途径

(一) 职业道德教育

1. 重视职业道德教育

学校应该将职业道德教育纳入课程体系，通过课堂教学、讲座、实践活动等多种形式，让学生了解职业道德的基本概念、原则和规范。同时，学校应该注重培养学生的职业意识和职业责任感，让他们认识到职业道德对于个人成长和职业发展的重要性。

2. 树立正确的价值观

高职学生应该树立正确的价值观，包括诚信、敬业、责任、公正等基本价值观。这些价值观是职业道德的核心，也是个人品质的重要组成部分。学校可以通过引导学生阅读优秀文学作品、参加社会实践活动等方式，帮助他们树立正确的价值观，培养良好的道德品质。

3. 加强实践锻炼

职业道德的培养离不开实践锻炼。学校应该为学生提供实习、实践的机会，让他们在实际工作中体验职业道德的重要性，并从中学习如何遵守职业道德规范。同时，学生也应该积极参与社会公益活动和志愿者活动，增强社会责任感和奉献精神。

4. 建立良好的师生关系

良好的师生关系是培养职业道德的重要基础。教师应该以身作则，注重师德师风建设，为学生树立榜样。同时，教师应该关注学生的情感需求，关心他们的成长和发展，帮助他们解决实际问题，建立信任和尊重的关系。这样能够增强学生的归属感和自信心，促进他们形成良好的职业道德。

(二) 职业技能培养

职业技能是高职学前教育学生必备的基本素质之一，是实现就业和职业发展的重要保障。通过职业技能培养，学生可以掌握相关的专业知识和技能，提高自身的综合素质和竞争力，更好地适应市场需求和职业发展要求。学前教育专业学生的职业技能通常分为两大类：师范教育技能和艺术类技能。师范教育技能是学前教育专业学生应具备的基本技能，即如何组织幼儿园教育教学活动的技能；艺术类技能通常指儿歌弹唱、舞蹈创编、简笔画和手工环境创设等技能。这些技能可以从以下几个途径强化：

1. 学校加强专业课程建设，优化课程体系

根据幼儿园教师标准中要求的幼师能力，来科学设置相应的课程。注重理论与实践相结合，增加实践性教学环节，提高学生的动手能力和实践技能。

2. 加强职业知识学习

通过课堂教学、实践操作、案例分析等方式，学生掌握幼儿教育的理论知识和实践技能。在课堂教学中通过模拟教学为主的五大领域课程教学，提高学生的组织能力和语言表达能力。

3. 强化校企合作

与企业合作，建立稳定的实习基地，为学生提供真实的职业环境，让他们在实践中学习和成长。开展实践教学和实习基地建设，让学生有机会亲身参与实际工作，增强实践经验，能够有效地提高学生的职业技能。

4. 师资队伍建设

要培养学前教育专业学生较强的职业技能，不能忽视高职院校学前教育专业师资队伍

的建设,加强教师培训,提高教师的教学能力和水平,打造一支高水平的教师队伍是培养学前教育专业学生职业技能的前提。

(三)重视学生心理素质培养

心理素质的培养越来越受到人们的重视。尤其是对于高职学前教育专业学生来说,他们所要从事的是幼儿教育行业,在从学校走向工作岗位的这个过程中,在从学生成为教师的这个过程中,在从有老师、辅导员保护到必须独立面对领导面对家长的这个过程中,幼师学生面临着更多的挑战和压力。而且良好的心理素质可以增强适应能力,有助于大学生更好地适应新的生活环境和学习环境,更好地应对各种挑战;良好的心理素质能够提高抗压能力,使学生面对学习压力和人际关系的处理,能够更好地应对,保持积极的心态;良好的心理素质增强自信心,帮助学生更好地认识自己。因此,培养良好的心理素质显得尤为重要。具体可以从以下几个方面着手:

1. 提高应对挫折的能力

当代的学前教育学生大多是独生子女,并且我国经济飞速发展的大环境下,学生们在成长过程中缺乏挫折教育,缺乏面对失败的正确经验的积累,缺乏吃苦精神。所以培养学生良好的心理素质,使他们在面对挫折和困难时,能够保持冷静,积极应对。通过培养良好的心态和应对策略,学生可以更好地应对挫折,增强自己的心理韧性。

2. 培养良好的心态

教导学生保持积极乐观的心态,正确看待挫折和失败,增强自信心。辅导员或者教师引导学生能通过自我评价和自我反思,发现自己的优点和不足,从而更好地调整自己的心态,提高自我认知水平。也可以在教学过程中正面鼓励认可学生,多发现学生的优点和特长,鼓励他们发挥自己的特长,多实现自己的价值。

3. 建立健康的生活习惯

人的身体健康和心理健康通常是有着紧密联系的。所以合理安排作息时间,保证充足的睡眠,保持良好的饮食习惯,对心理健康非常重要。

4. 增加社交活动

学前教育学生在成为幼师后,必须保持活力和饱满的精神状态,在日常的幼儿园教学活动中还需要又唱又跳,所以鼓励学前专业学生参加各种社交活动,提高人际交往能力和与人沟通的能力。这不仅可以培养学生的职业技能,也能培养学生的心理素质。

5. 学校定期心理辅导

学校应设立心理辅导机构,为学生提供专业的心理咨询服务。学前教育专业的老师和辅导员也应该具备职业敏锐性,关心关怀学生,能够及时发现学生的心理困惑或者心理问题。

(四)培养团队协作能力

团队协作能力是高职学前教育专业学生必须具备的一项重要能力,它不仅有助于提高学生综合素质,还能为学生未来的职业生涯奠定坚实的基础。团队协作能力主要是沟通能力、责任意识和团队协作能力。培养学前学生团队协作能力的主要策略有:

1. 营造良好的团队氛围:学校应注重营造一个积极向上、团结协作的校园文化氛围,让学生感受到团队的温暖和力量。

2. 强化团队意识教育:学校应通过课程、讲座、活动等形式,加强对学生团队意识的教育和培养,让他们明白团队的重要性,以及自己在团队中的角色和责任。

3. 组织丰富的团队活动:学校应积极组织各种形式的团队活动,如社团活动、竞赛、项目合作等,让学生在实践中锻炼自己的团队协作能力。

4. 建立有效的沟通机制:学校应建立有效的沟通机制,鼓励学生之间进行积极的交流和沟通,培养他们的沟通技巧和表达能力。

5. 培养学生的领导力:学校应注重培养学生的领导力,让他们学会如何带领团队、协调团队成员之间的关系,从而更好地发挥团队精神。

四、总结

高职学前教育专业学生职业素养的培养是一个系统工程,需要学校、教师、学生等多方面的共同努力。也需要各个方面积极思考,创新途径,比如个性化指导,即针对学生的个体差异,提供个性化指导,帮助他们更好地发展自己的职业素养;又比如鼓励引导学生反思,以便更好地提升自己的职业素养。只有作为培养主体的学校和教师重视学前学生职业素养的培养,采取有效的教育方法和途径,才能使他们更好地适应社会需求,为未来的职业生涯奠定坚实的基础,也为幼儿教育事业的发展做出贡献。

"原""趣""甜"三味教研,推动园所开展户外自主游戏

北京市延庆区庆园幼儿园 沈 颖

一、明确概念,奠定基础

园本教研是以幼儿园园长和教师为研究主体,以幼儿园教育教学或保育工作中出现或存在的问题为研究对象,以改善和提高幼儿管理和教育质量,促进幼儿、教师和幼儿园发展为目的的教育研究活动。

二、找准定位,专业引领

随着课程改革的不断推进,幼儿园的园本教研对教师自身专业成长发挥着越来越重要的作用。《纲要》明确指出:教育活动的组织形式应根据需要合理安排,因时、因地、因内容、因材料灵活地运用。这就要求幼儿园结合本地区、幼儿园、教师和班级幼儿的实际情况开展教研活动。而这些实际情况的分析、研究,以及一日活动的组织,也只有通过园本教研这一渠道才能正确实施。在园本教研中,教师通过理论与实践的学习实现专业引领,通过同伴间的交流分享实现互助学习,通过自我评价实现自我反思与提高。

三、发现问题,分析原因

我园是新建园,教师队伍的流动性大,尤其大量涌入的新教师,培训的速度赶不上更换的速度。我园的教研存在以下几个方面的问题。

1. 缺乏园本教研的内在动力

园本教研活动没有真正激发广大教师的内在动力。教师缺乏参与教研活动的积极性。教研活动中教师普遍存在沉默、不爱发言的现象。

2. 教研的效率不高

教师队伍参差不齐,幼儿园的教师队伍年轻化,教师缺乏教育教学经验和专业技能。新老教师的断层和衔接障碍直接导致教师间互动资源的匮乏,甚至有教师把教研看成负担,园本教研的效率不高。

3. 园本教研流于形式

园本教研活动以集中学习和以园长、教研组织者主讲为主,教师只是被动的参与者。

这种形式没有考虑到教研内容是否与本班实际结合，是否适合不同班级的教师，忽略了教师的个体差异，很难进行。

4. 教研成果不够落地

有的时候教研内容很好，但是研究的过程和成果只停留在教师、幼儿、班级表面上发生的短暂变化，缺乏日常管理和相应的保证机制。

四、多种途径，提升效率

为了提升园本教研活动和幼儿园户外自主游戏的质量，探索出更适合教师、幼儿发展的户外自主游戏环境和教育策略，有效推进幼儿园户外游戏活动及自主游戏的组织与实施。帮助教师在读懂幼儿的基础上更好地回应、支持并推进幼儿户外自主游戏，引发幼儿的深度学习，促进幼儿健康快乐成长。我园通过三味教研，开展户外游戏新模式研究，提升幼儿游戏质量。

(一)"原"味——做真问题研究

1. 践行"真"研究，构建教研网络

(1)借助区级核心教研组，指引教研方向

借助区级及学区教研组指导，指引我园教研方向，将教研的着力点和落脚点放在研究幼儿上，刘洁老师和教研室团队走进园所，对在户外游戏中教师的放手教研进行指导，提升教师的专业能力和幼儿的游戏质量。

(2)完善园级核心教研组，提升教研实效

成立由园长为组长、业务干部和教研组长为小组成员的园所教研组，进一步完善和规范园级核心教研组，活动前把握教研方向，活动后对照《延庆区幼儿园教研活动评价标准》进行自评，查找阻碍本园所质量提升的核心问题，反思、改进教研行为，进一步提升园本教研实效性。

(3)建立园级层层教研组，达到人人参与

通过园级核心教研组行政教研，教研干部和组长干部教研，班长老师园级大教研，二班教师小教研，三班教师班级教研的形式，围绕户外游戏进行教研，做到教研人人参与，提升教师的专业性，提升户外活动质量，最终促进幼儿的发展。

2. 探寻"真"困惑，确定教研内容

我园以户外游戏为切入点和落脚点，将安吉游戏本土化。很多老师听说过安吉游戏，但是并没有走进安吉游戏的现场，在落实实践工作中存在困惑。通过教研活动解决户外游戏中存在的困惑，提升户外游戏质量和幼儿体质。

3. 收集"真"问题，提炼教研主题

采用观察、问卷调查、随机访谈、文本分析等方式，收集教师在"基于安吉游戏理念进行户外游戏"时的真需要、真问题、真想法，梳理出教师最困惑且急需解决的问题，提炼出一个个有价值的教研活动主题，结合教师的真问题进行教研，解决问题，指导实践工作。

(二)"趣"味——促教学做合一

"教学做合一"是陶行知先生教育理论的核心。教与学都是以做为中心，教的方法根据学的方法，学的方法根据做的方法，在做的过程中教，在做的过程中学。园本教研中的"教学做合一"，则是在园本教研时，都要与实践相结合，与实际生活相联系，把"做"放在园本教研的中心环节，把"做"放在教研过程的重点，在做中教、在做中学、在做中研。

1. 沙龙研讨，达成问题共识

沙龙研讨是针对教师在实际教学中迫切需要解决的共性问题进行体验式教研的一种形

式。沙龙研讨能够营造研究和研讨问题的学术氛围，通过深入而广泛地思考一个问题，拓宽教师思考和解决问题的思路，碰撞出更多的智慧，达成解决难点问题的共识。针对户外模式，前期我们进行户外挑战性游戏，面对新的教育观和安吉游戏理念，将转变户外游戏模式。在户外挑战性游戏中幼儿在自己创设的关卡里不断挑战，在体质和运动技能提升方面有显著效果。

2. 好书共读，夯实共研根基

在教研活动中，我们共同研读关于安吉游戏的图书，通过集体、班级、个人不同的形式进行学习；我们还抓住教师零散的时间，通过广播和微信群等途径进行理论学习；同时在教研活动组织前，行政教研和干部教研中共同学习安吉游戏的理念，做到为教研奠定理论基础，夯实共研根基。

3. 化虚为实，直面教育现场

我园让教研活动更多地走进"真实"的幼儿游戏现场，直面教师关于户外游戏场的真问题、真困惑，开展浸润式教研。我园结合安吉游戏理念，经过沙龙研讨后，户外孩子们玩起了真游戏，成为了游戏的主人。为调研落实情况，我们走进了游戏的现场，观察教师的游戏现场，发现教师在知道和做到之间还存在差距，于是我们结合教师如何做到放手进行了教研。并沉浸式地观摩感受幼儿的户外游戏，观察幼儿的游戏情况，结合教师的如何观察、评价等进行深入的研讨。好的教研活动离不开现场，在整个教研活动中，老师们一直都在做的过程中教，在做的过程中学，在做的过程中研，在做的过程中促进教师和幼儿的共同发展。

4. 专家引领，促进质量提升

我们还邀请了西城教研室教研员张平老师，结合户外游戏及教研活动进行指导。过程中借助专家引领，充分与专家互动，解决实践中的真实问题，研讨措施，提升了教研以及户外游戏的质量。首先，教研前我们多次和张平老师进行互动，探讨教研重点和教研过程。其次，张平老师全程组织或参加教研活动，引领教师转变思想，学习理念，研讨措施。最后，张平老师结合教研指导户外实践。这种全参与、沉浸式的教研形式，较好地实现了资源共享、互学互研、共同成长。在专家的引领下共同思考户外游戏的突破点和生长点，共谋向纵深推进的新思路、新举措。

（三）"甜"味——收获教研喜悦

我园根据安吉游戏理念，立足儿童视角，聚焦户外游戏，进行基于教师问题和困惑的递进式探索。教师在研究"真问题"中解决了一个个困惑，在多形式教研中"快乐教研"，品味了教研的甜蜜味道，在自主、开放、多元、愉悦的教研中提高了自主教研水平。同时，教研带动了园所户外模式的推进，幼儿在前，教师在后，幼儿玩属于自己的真游戏，户外游戏真正成了幼儿的生活场、游戏场。这种接地气、针对性强的教研活动为教师在户外游戏探索中不断前进提供了动力，成为幼儿园发展的动力源和助推器，形成了幼儿、教师、教研、游戏、园所共同发展的效应。

培养小先生 融合又融洽
——特殊幼儿同伴支持实践

北京市延庆区第一幼儿园 孙 博

"小先生制"是陶行知先生在20世纪30年代提出的一种教育模式，它指出每个学生都有个人的优势学科或技能，都可以做别人的小先生。在"小先生制"中，学生既能提升自身的业务素质，又能对同行给予一定的帮助和指导，形成了相互支持的关系。学生通过扮演"小先生"的角色，为能力较弱的同学提供指导和帮助，进而实现共同发展。小先生制和我们的同伴支持不谋而合，都是一种有组织的服务形式，它基于幼儿遇到困难时寻找同伴帮助或者大部分幼儿对同龄人友好的自然倾向，对一部分幼儿进行相关技能的培训，使他们以一种负责的、敏感的和移情的方式为同伴提供支持和帮助。可以说，小先生制是同伴支持的一种具体实施方式，生生互助的"小先生制"可以帮助所有幼儿从独享走向共享。

采用"小先生制"的方式在融合班级中对特殊幼儿实施行而有效的融合教育是一项细致而长期的工作，下面我就以我园大班某孤独症幼儿为例，进行详细阐述。

一、"小先生"的选择标准

选择适合的"小先生"是有效实施同伴支持的首要条件，融合教育中并非所有幼儿都适合承担"小先生"的角色，小先生需要介入特殊幼儿的生活和学习中，为其提供一切可能的支持。因此，我们在班级中采用正提名法和竞选相结合的方式来选择"小先生"。首先告知孩子们我们要在班级中推选助人小帮手，并与幼儿一起讨论什么样的幼儿可以成为"小先生"，并让每个幼儿选出3名自己认为最适合的人员并说出理由，最后进行统计，选票最多的幼儿来担任小先生。

在讨论中，大家一致认为助人小帮手也就是我们的小先生要具备以下特质：亲社会行为发展较好，也就是我们俗称的人缘好，在班里小朋友心中认可度高，善于交往，具备较强的社交技巧和能力。学习能力和自我管理能力较强，能够遵循教师指令并较好完成各项任务，这样更能够为特殊幼儿提供帮助。坚持有较高的出勤率，能够对特殊幼儿进行连续性、持久性的帮助。

选出小先生后我们还为其颁发小胸章，小小胸章赋予幼儿一定的荣誉感和使命感，对其他幼儿来说也是一种激励。

二、"小先生"的选择数量

运用同伴正提名法能够推选出更加适宜的小先生，但在数量上还要进行斟酌和控制，如果小先生数量过多，可能他们彼此之间更愿意一起游戏和学习，导致对特殊幼儿的帮助和指导会弱化。但如果小先生数量太少，会过于花费一个"小先生"的时间和精力，有时候还会影响小先生正常的学习和游戏生活。综合考虑我们认为2—3人为宜，由于是针对孤独症幼儿的支持，人员选择要相对固定，这样可以实施持续、深入的帮助，随着特殊幼儿需求的变化，也可以结合实际适时更换和调整。

三、"小先生"的培养方法

为了使小先生发挥最大的支持效果，在"小先生"上任前，我们采用了情感融入、明确分工、讲解示范、模拟练习、实际操作、反馈调整六大步骤对"小先生"进行培训。

步骤一：情感融入

创设小先生和特殊幼儿互动接触的机会，来增加彼此的熟悉感和亲近感，如教学活动中让他们坐在一起、游戏中分到一个小组或者搭建平台共同来完成一件事情等，从空间到内容上都为特殊幼儿和小先生创设互动机会。

步骤二：明确分工

融合班级的所有教师不仅要面向普通幼儿还要关注特殊幼儿，所以在设计教学内容和流程时，要同时参考集体活动的教学计划和特殊幼儿的个别化教育计划。在特殊幼儿个别化教育计划中会设计小先生的分工与任务。一般来说，他们的任务是短期的、及时的、具体的，这也受大班幼儿的思维特点影响，他们的逻辑思维能力还未完全发展，对计划的设计和执行能力较低，比较适合执行简单明了、有步骤、阶段性的任务。

步骤三：讲解示范

针对具体任务，需要分别对 3 位小先生进行细致的讲解和示范，如当幼儿在进餐环节离开座位时，就需要 A 将其领回，如果叫他名字没有回应的话，这时候就可以拉着他的手把其带回座位，用简单的语言告诉他坐下吃饭；如果他坐在那里不动，帮他把勺子放在手上提醒他吃饭或先喂他几口，然后尝试让他自己吃。讲解示范要有具体的情境和方法，这样更加便于小先生的操作。

步骤四：模拟练习

教师创设模拟的场景，分别请 3 位小先生结合自己的任务进行练习，过程中需要教师及时肯定鼓励小先生做得好的地方，同时对于不太合适或不恰当的行为要及时纠正并告知其原因，在纠正后需要重新练习，直至小先生能够完全掌握，轻松应对。

步骤五：实际操作

当小先生在模拟情境中能完成任务后，就可以上任了。为了使小先生在支持特殊幼儿的过程中更有目的性和针对性，我们会制定每个小先生的任务清单，用表格的方式进行简单的符号记录，记录过程有时会需要教师的帮助。

步骤六：反馈调整

为了更好地发挥小先生的价值和作用，有效的反思调整是必不可少的，我们每天会利用闲散时间，让老师和小先生们围在一起进行简单的复盘、交流和反馈，对在同伴支持的过程中出现的具体问题进行讨论和分析。在这个过程中教师注意要使用积极的语言对小先生的工作进行肯定和鼓励，对困惑的问题给予帮助和解决。如开始 A 会说："老师，琪琪总是上墙头很危险，我叫她她还故意往上爬，我也不敢上去拉她，怎么办？"老师会反问 A 和其他小先生："你们有没有解决这个问题的好办法？"小先生们就会调动已有经验："可以叫老师来帮忙"，"可以在户外游戏前和琪琪约定好不做危险的事情"，"还可以将琪琪上墙头的地方用东西遮挡起来"，"不让她轻松上去"……这样的方式激发小先生们自主思考，当然操作起来就更加得心应手。在每天的反馈交流中，小先生们会越来越有问题意识，并思考解决问题的办法，后期在制订支持计划的时候还会一起来讨论，这样的过程也是实效融合的过程，不仅特殊幼儿有发展，普通幼儿也能够得到提高。另外，当存在危险时，我们会启动应急预案，老师会直接进入支持系统。

四、"小先生"的评价策略

科学评价是检验同伴支持有效性的重要途径，更是深化融合教育的有力工具，为使我们的"小先生制"在融合教育中更具实效性，我们采用自评和他评的方式来对小先生进行评价。评价环节中，特殊幼儿、小先生、教师和其他同伴均是评价者，既有过程性评价也有结果性评价。

（一）小先生的自评

我们采用每天一评价、每周一统计、每月一亮相的方式进行。其中每天的评价由小先生做自评，在小先生的计划单中，一共有 5 颗待点亮的小星星，他们会结合自己的实际情况进行客观评价。每周五我们进行点亮小星星的数量统计，看看谁的小星星点亮得最多，将每周的小星星数量进行积攒，每月末我们进行亮相，评选最棒小先生。

（二）同伴间的他评

除了小先生自评外，我们还增设同伴评价和教师评价，其中同伴包括特殊幼儿、普通幼儿、其他小先生。通过询问同伴进行评价，如你最喜欢的小先生是谁，并说出你的理由。同时使用评价表的方式来记录每次的他评结果，将相应的小星星用涂色的方式点亮。

（三）积攒小星星兑换爱的礼物

为了能让小先生制活动持续进行，幼儿可以使用小星星兑换小礼物，不同数量的小星星对应不同的小礼物，如 5 颗星星可以兑换小贴纸、10 颗星星可以兑换小勋章、20 颗星星可以兑换盲盒、50 颗星星可以兑换大礼包等。星星的数量和礼物均由幼儿讨论得出，这样不仅是对小先生的肯定和鼓励，对其他同伴也有积极的影响。通过积攒小星星强化好行为，使更多的孩子都能够发自内心地接纳、关心、帮助特殊幼儿，感受付出的快乐，成就最好的自己。

坚持融合教育不是因为有希望才坚持，而是因为有了坚持才会有希望。融合路上，让我们一起携手前行。

幼儿园便捷式室内体育游戏的设计与实施的实践研究

成都市武侯区第二十四幼儿园　古奕凡　王　杰

本文旨在探讨幼儿园便捷式室内体育游戏的设计与实施，以确保幼儿在阴雨、高温、雾霾等天气时体育活动的时间及质量，同时促进幼儿身心健康和谐发展。文章分析了问题与原因，介绍了便捷式室内体育游戏的设计与实施，并提供了具体的活动设计案例。研究表明，便捷式室内体育游戏在幼儿园中具有重要的作用，能有效弥补无法进行户外体育活动时的空缺，提高幼儿的身体素质、运动技能、社交能力和学习兴趣。

一、研究背景

为了确保幼儿在阴雨、高温、雾霾等天气的体育活动时间，开展室内体育游戏势在必行，又因为园所场地的限制，如何开展便捷式室内体育游戏便成为研究的重点，在本研究中，我们首先尝试了低结构材料自主游戏的探索，因地制宜创设幼儿室内活动的场地，结合幼儿年龄特点和兴趣撰写教案，随后在班级实践游戏活动，再开展教研活动进行观摩研讨，最终形成一套切实可行的便捷式室内体育游戏活动实施的教案集。

二、问题与原因分析

（一）拟解决的具体问题

1. 室内体育游戏的组织形式单一

通过问卷发现 88.46% 的教师在开展室内体育游戏时采用集体游戏形式进行，73.8% 是以小组游戏形式，没有采用自主游戏的方式，可见教师往往采取高度结构化和高控性的形式来开展活动，室内活动空间有限加上户外体育器械拿取不方便，游戏材料拘泥于桌椅、呼啦圈、沙包、积木等方便拿取类的材料，形式较为单一，游戏时往往采取轮流、分组等方式进行，导致存在幼儿运动不充分、不均衡，运动量不达标等问题，影响室内体育运动的效果。

2. 室内体育游戏的玩法单一

调查中发现部分教师在开展室内体育游戏活动时会考虑利用环境进行，但是基本只会利用教室、桌椅、玩具柜等，而忽略走廊、楼道等空间的利用和幼儿生活物品及身体部位的利用。在利用桌子、板凳开展游戏时，只会让幼儿从桌子下钻爬，从板凳上走平衡等，游戏玩法单一，思维固化，不会创新。

3. 室内体育游戏材料在投放、收纳时不便，缺乏适宜性

体育游戏材料在游戏中占有非常重要的地位，在调查中发现教师对户外体育器械、游戏材料用于室内游戏时，存在拿取不方便，室内不好收纳的问题，而每次从户外搬运材料又费时费力。另外在教室、走廊、大厅、楼梯等地方投放的运动材料没有及时收纳又会对幼儿的其他活动以及日常通行带来极大的不便。

(二)问题简要分析

室内体育游戏组织形式、玩法和材料投放等方面问题的成因主要涉及教师的观念、能力、环境和材料等多个方面。要解决这些问题，需要教师提高认识，不断提升自身的专业能力，积极创新，充分利用环境和材料，为幼儿提供丰富多样、富有挑战性和适宜性的室内体育游戏体验。

三、幼儿园便捷式室内体育游戏的设计与实施

(一)活动设计

以游戏"赶小鸭"为例，其中游戏一改编自户外游戏"贪吃蛇"，将原本游戏中随意走动的内容，更换为随意蹲走，从而减少了幼儿的移动面积，针对较狭小的室内空间，更适宜开始。游戏二改编自户外游戏"网小鱼"，将原本游戏中躲闪跑的内容调整为蹲走躲避，降低了幼儿的移动速度，从而规避了室内的安全隐患。设计室内体育游戏时首先确定为徒手平衡类游戏，根据活动方向、类别，选择相应动作，确立活动目标，最终形成教案初稿内容。针对初稿，教师首先研讨，针对活动目标的表述以及游戏设计的科学性与适宜性做调整。

(二)活动实施

以游戏"黑猫警长"为例，在集中观摩活动现场后，执教教师对本活动现场展开自评，执教教师指出，根据前期教研组对教案的优化建议，在原有教案的基础上，新增加了游戏一"探路找粮"，优化原有教案中使用的桌子材料，增加捕鼠夹角色。

教师分组讨论后，对活动的实施提出评议，同时对活动中出现的问题提出改进建议，组长对本次游戏进行总结。

四、研究现状及成效

(一)我国便捷式室内体育游戏活动现状

1. 便捷式室内体育游戏玩法丰富多样

幼儿园室内体育游戏是对户外体育游戏的有效补充。当前，户外体育游戏主要发展幼儿的下肢力量，室内体育游戏则主要发展幼儿的上肢力量。例如，利用桌子进行撑跳，户外进行快速跑、跳跃等速度快、动静大的游戏，室内则进行蹲走、爬等速度慢、动静小的游戏。教师在设计游戏时，要充分考虑室内空间小、隐患大等特点，设计出的室内体育游

戏要丰富多样，形成对户外体育游戏的有益补充。

2. 便捷式室内体育游戏材料投放、收纳方便适宜

教师设计了合理的收纳方式，将绳网、绳索、木板利用细绳或插销固定在扶手上或墙边。游戏时只需要将材料摆好，就形成了绳网攀爬、穿越火线、楼道滑梯等游戏，不再需要去户外搬运。游戏结束后只需将材料固定在扶手上或墙边，收纳方便且不影响日常通行。

3. 便捷式室内体育游戏易于引发幼儿自发开展

目前能让幼儿自发进行的游戏都有一个共性，那就是简单便捷，通常只有2—3个角色，配合朗朗上口的儿歌，例如"小鸭小鸭嘎嘎嘎，摇摇摆摆孵小鸭"或"一群小熊来过河，摆个造型冻住了"等儿歌口令，幼儿基本听一遍就会了，于是便能方便快捷地进行游戏。

（二）取得的效果

1. 幼儿方面

（1）身体素质得到提升：便捷式室内体育游戏可以帮助幼儿在室内环境中进行适度的运动，提高幼儿的身体素质，包括平衡性、肌肉力量、协调性、灵活性和耐力等。

（2）运动技能得到发展：幼儿可以通过参与各种类型的体育游戏，学习和提高各种运动技能，如钻、跨、撑、爬行、平衡等，培养幼儿对运动的兴趣和爱好。

（3）社交能力得到培养：许多便捷式室内体育游戏需要幼儿之间的合作和协作，这有助于培养幼儿的团队合作精神和社交能力。

2. 教师方面

（1）组织活动观念得到转变：游戏不再以排队接力的形式进行，以集体游戏和鱼贯式游戏进行，减少了幼儿等待的时间；讲解规则时语言精练，并进行有效的示范；在开展比赛类的游戏时，不刻意淘汰幼儿，就算产生淘汰，也会对淘汰的幼儿进行有意义的安排。

（2）教学能力得到增强：教师知道要根据幼儿的年龄、兴趣和发展水平来设计和实施体育游戏，教师更好地了解幼儿的需求，教学能力增强。

（3）师生关系有所增进：便捷式室内体育游戏可以为教师和幼儿提供一个轻松愉快的互动平台，教师能快速地参与游戏，从观察指导者的角色转变为共玩者的角色，增进了师生之间的关系。

3. 幼儿园方面

（1）丰富教育内容：便捷式室内体育游戏丰富了幼儿园的体育教育内容，增加了体育教育的趣味性和多样性，提高了幼儿对体育教育的参与度和积极性。

（2）促进家园合作：将便捷式室内体育游戏进行推广，家长能了解幼儿在园的体育活动，促进家园合作，共同关注幼儿的身心健康发展。

（3）提高园所辐射引领：2023年9月20日由成都市青羊区学前教育协会主办的"成都市特色幼儿园浸入式考察研修班'共建共享·聚力成长'"活动中，古奕凡老师进行了《幼儿园便捷式室内体育游戏的开发与实施的实践研究》主题讲座；张译尹老师执教了《小熊取蜂蜜》；陈源老师执教了《圈圈大作战》，效果良好，深受老师们一致好评。

便捷式室内体育游戏在幼儿园中发挥了重要的作用，有效地弥补了无法进行户外体育活动时的空缺。教师能更便捷地组织游戏，幼儿也能自发地进行游戏，我们需设计出更多有趣、好玩的便捷式室内体育游戏，促进幼儿全方面地发展。

基于蒙台梭利、瑞吉欧、华德福幼教体系的幼儿园环境创设分析

四川省成都市成都艺术职业大学　林俊杰　罗梦欣

一、引言

《幼儿园教育指导纲要（试行）》中明确提出："环境是重要的教育资源，应通过环境的创设和利用，有效地促进幼儿的发展。"环境之于幼儿的发展价值早已在理论与实践中得以充分体现。我国幼儿园环境创设的探索近年来颇受关注，但其仍存在诸多问题。基于此，本研究通过分析国外蒙台梭利教育体系、华德福教育体系、瑞吉欧教育体系的幼儿园环境创设基本理念、原则及特色，旨在结合其理念与实践中的可取之处，为我国幼儿园环境创设提供一些有效的帮助。

二、三大教育体系下的幼儿园环境创设探析

（一）蒙氏教育模式下的环境观——"有准备的环境"

蒙台梭利教育体系是由意大利医生玛利亚·蒙台梭利于20世纪初提出的，其理念核心在于尊重和激发儿童的自主性、创新性和独立性。蒙台梭利认为，儿童是生命的创造者和发展者，他们有自我学习和探索的潜能，因此，教师的角色应该是引导者和协助者，为幼儿提供一个有组织安排、充满关爱及温暖的"有准备的环境"一直以来都是蒙台梭利教育体系所推崇的理念，在幼儿园环境创设中，"有准备的环境"的理念强调环境创设要支持儿童、儿童在前，为幼儿创设一个有准备的环境，强调环境的预设性，强调提供丰富的实践活动和自由选择的机会，让儿童通过亲身体验和实际操作来学习和掌握知识。例如，教室中会设有各种各样的实践活动区，如日常生活区、感官区、数学区等，让儿童可以自由选择进行活动。同时，这些活动区的设置也会考虑到儿童的身高和力量，让他们能够在实际操作中得到锻炼和发展。此外，蒙台梭利模式下的幼儿园环境创设还注重环境的安静与和谐，以营造一个有利于儿童专注和自我发展的氛围，旨在培养儿童的自主学习和社会适应能力，为他们的未来生活打下坚实的基础。

（二）华德福教育模式下的环境观——"回归自然、生活，关注儿童心与灵的环境"

华德福教育认为儿童的主要学习方式就是模仿，通过模仿周围的环境及环境中的人、事、物来获得直接经验，从而认识世界。因此，教师的首要工作应该是给予儿童一个温暖、友爱、和睦、安全的环境，在这样的环境中给儿童提供美好的材料与自然事物，以便让儿童可以通过自身感知进行模仿学习。华德福的环境教育理念强调教育要关注物质本身，也要关注幼儿心灵。幼儿园的物质环境和非物质环境应该统一协调，平衡发展，让幼儿的身心能与环境融为一体。华德福教育体系下的幼儿园环境创设，注重与自然和社会的和谐共处，以及环境的生态化和社区化。在具体的环境创设过程中，幼儿园会尽可能地模拟自然环境，如使用天然材料制作的家具，布置充满生机的植物，以及设置各种让孩子接触自然的活动区域。同时，华德福教育体系下的幼儿园也会注重社区化的创设，例如设置角色扮演区，让孩子通过模拟社会生活，学习和理解社会规则及人际交往。除此之外，华德福教育理念要求在环境创设中尽量简单、质朴并且需要留有空白以便幼儿发挥自主创造能力，教师要善于利用自然与社会环境的有利因素引导幼儿，积极发现幼儿美好的品质，丰富环境的教学意义。

(三)瑞吉欧教育模式下的环境观——环境是"第三位教师"

瑞吉欧教育认为环境应当是幼儿最好的老师,幼儿本身、家长、教师及所处社区共同组成一个有机环境,能够更好地培养幼儿的良好品质与促进幼儿身心健康发展。因此,瑞吉欧教育模式中的方案教学及项目式活动都是以有机环境为基础逐渐开展而来的。儿童的发展需要依附于环境并能够促进环境的有机变化,但这需要教师为儿童提供一个有机可变、极具挑战的环境,让幼儿在环境中可以更好交流与互动,不断激发幼儿的好奇心与探索欲望,让幼儿不断地自我感知以获得直接经验,从而发展自身。瑞吉欧教育体系下,幼儿园的环境创设重视人际交往和情感表达的体现。在瑞吉欧的教育理念中,孩子们是主动的学习者,他们通过与他人的交往,以及与环境的互动来获取知识和技能。因此,在幼儿园环境中,会设置各种社交区域和活动区,如角色扮演区、小组合作区等,让孩子们有机会进行真实的社会交往,学习并实践社会规则和人际关系处理。所谓"环境是第三位老师"就是指良好的环境恰恰支持孩子的社会互动,可以让孩子在不断探索与学习中形成属于自己的世界。

三、当前我国幼儿园环境创设存在的问题

(一)精神环境创设与物质环境创设的脱轨

在幼儿园的教育环境创设工作中,只重视对幼儿园中的人和物以及幼儿园外的人和物的充分利用,只在意看得见的由显性物质构成的物质环境,忽视了人与物、人与人之间构成的隐性精神环境,这种流于表面的环境创设,无法对幼儿的心灵和情感形成共鸣,不利于充分发挥环境对幼儿发展的进步作用。

(二)幼儿园环境创设的价值主客体错位

幼儿园环境创设应先明确为什么创设和为谁创设的问题。目前在环境创设过程中,教师对环境创设的价值判断错位,没有充分考虑到作为受益主体的幼儿在环境创设中的兴趣和发展需要。环境创设只是凭借自己的感觉判断或者幼儿园工作安排的需求。

(三)过度频繁地变换环境,教育资源浪费

儿童的发展是从实践经验而来,需要幼儿在环境中不断探索和学习,但是过于频繁地更换环境,不易于幼儿和环境建立起互动与联系,导致幼儿不能允分熟悉环境、融入环境,不仅浪费资源,还极大减少了创设环境的实用价值。同时由于幼儿身心发展不成熟,频繁地更换教学环境,会降低幼儿的安全感与信任感,反而会让儿童对于新环境产生抗拒,不利于儿童的心性稳定。

四、国外三种教育模式对我国幼儿园环境创设的启示

(一)注重环境创设的全面性,营造融洽的教育氛围

幼儿园环境是幼儿身心发展的重要场所,全面性应该是幼儿园环境创设所必备的原则,让幼儿能够在安全、健康、温暖且富有变化性的环境中发展自我是幼儿园环境创设的宗旨。不过目前许多幼儿园的环境创设更加注重物质材料的丰富性,而忽略了环境创设理念的建设,一定程度上忽视了精神环境的建构。正如三大教育体系都反复强调"家"的感觉,把幼儿园布置得像家一样,让孩子们感到并不是在"上学",而是在生活,园所就像自家的大房子,每一个角落都可以去探索。因此,教师在环境创设时,应从整体上设计安排,关注幼儿园精神环境的创设,同时让环境创设渗透到一日保教生活之中,为幼儿营造一个安全、温暖的学习和活动氛围,让孩子在自由活泼、自主自律与真实生活中充分发挥创造力,潜移默化地影响幼儿身心发展,为儿童的健康成长提供环境支持。

（二）注重环境创设的参与性，引导幼儿参与环境创设

幼儿通过与环境的互动来获得直接经验，从而感知、了解环境，幼儿应该是环境的主人，教师在环境创设中应当充分考虑幼儿的身心发展规律，甚至可以让幼儿亲身参与创设环境，尊重考虑幼儿的意见，而不是仅凭主观臆断。瑞吉欧环境教育取向的成功，不仅来源于环境中各个要素之间的积极配合，而且也有赖于环境中各个要素具有教育的成分。在其中，幼儿可以用自己喜欢的方式去打开未知的世界，孩子个体的自主探索、孩子之间的相互关系非常重要。幼儿园环境创设的过程是幼儿与教师共同参与合作的过程，教师要有让幼儿参与环境创设的意识，并且认识到环境的教育性不仅蕴藏于环境之中，还蕴含于环境创设的过程中。在整个环境创设的过程中，不能以自己的审美或标准去审视幼儿的作品，而应关注幼儿参与环境创设的过程，而不要过于看重结果。

（三）注重环境创设的发展性，为幼儿创设一个动态的环境

幼儿是在与环境的互动中发展的，让幼儿赋予幼儿园环境以生命，为幼儿创设一个动态、富有挑战性的环境来激发幼儿的灵性。瑞吉欧教育模式为幼儿创设一个开放互动的空间环境，通过动态发展的环境主题、丰富多样的环境材料激发幼儿对周围事物的探索和同伴教师之间的互动。主张环境创设既要有无限的探索潜力，让孩子们自主发起学习活动，又能提供合作的机会，真正实现环境教育的理念。因此，在幼儿园中，当环境创设达到一定教育目的、收到预期的效果后，应在已有基础上逐步更换新环境创设的内容，在考虑幼儿发展需求的基础上投放材料，才会使幼儿保持对周围动态环境的浓厚兴趣，主动实现与环境的有效互动，发挥环境对幼儿的教育与影响。

幼儿园推动幼儿家风建设的实践研究

北京市西城区民族团结幼儿园　米　娜

优良的家风建设是立德树人的重要一环，良好的家风和家庭美德正是社会主义核心价值观在现实生活中的直观体现。家庭氛围、文化、家规、家训等构成了家风，建设良好的家风可以为子女提供优良的生活环境和精神滋养，使其在和谐的家庭氛围中成长、成才。幼儿园落实立德树人根本任务，从推动幼儿家风建设入手，探索家园共育新方式，对幼儿终身发展有着深远意义和影响。

一、当前幼儿家风建设的现状与价值

（一）国家日益重视家风建设

进入新时代以来，我国越来越重视家风的培养，习近平总书记强调，"不论时代发生多大变化，不论生活格局发生多大变化，我们都要重视家庭建设，注重家庭、注重家教、注重家风"。良好的家风和家庭美德正是社会主义核心价值观在现实生活中的直观体现。因此要重视家风建设，家庭教育。

（二）家风对于幼儿品德的发展具有重要作用

家风是指一个家族世代流传下来的，较为稳定的文化传统、价值观念、文化环境、生活习惯、处事方式的总和，以耳提面命的方式代代相传。优良的家风是立德树人的载体。良好的家风以影响幼儿行为习惯、是非观念和价值取向的方式对幼儿品德的发展产生积极影响。

(三)当前家风建设方面存在问题

当前社会存在家庭观念日渐淡薄,家庭教育中存在家长过于娇宠子女、过度重视学业、言传胜过身教等问题。心理学家发现青春期出现问题的少年,很多都存在幼儿期家庭教育缺失的现象。10岁之前是家庭教育的黄金时期,3—6岁是幼儿规则意识建立、品德萌芽的关键期,这与家庭教育密不可分。家庭氛围、文化、家规、家训等构成了家风,也对幼儿乃至成年发展起着重要作用,因此立德树人不容忽视家风建设。

二、幼儿园推动幼儿家风建设的途径与方法

(一)形成以节日为载体推动幼儿家风建设的有效策略

以节日为载体,挖掘蕴含在节日中有利于儿童德育发展的优秀家风文化内涵,挖掘清明节蕴含的缅怀先人、弘扬孝道的家风文化内涵;端午节蕴含的家庭礼仪、家庭规则的文化内涵;中秋节和国庆节蕴含的思家、思乡、思聚的情感和爱国情怀;春节和元宵节蕴含着和睦相处等文化内涵。以这些内涵为价值导向,结合幼儿发展需要设计幼儿园德育活动,以幼儿园活动带动家庭活动开展,推动家风建设(见图1)。

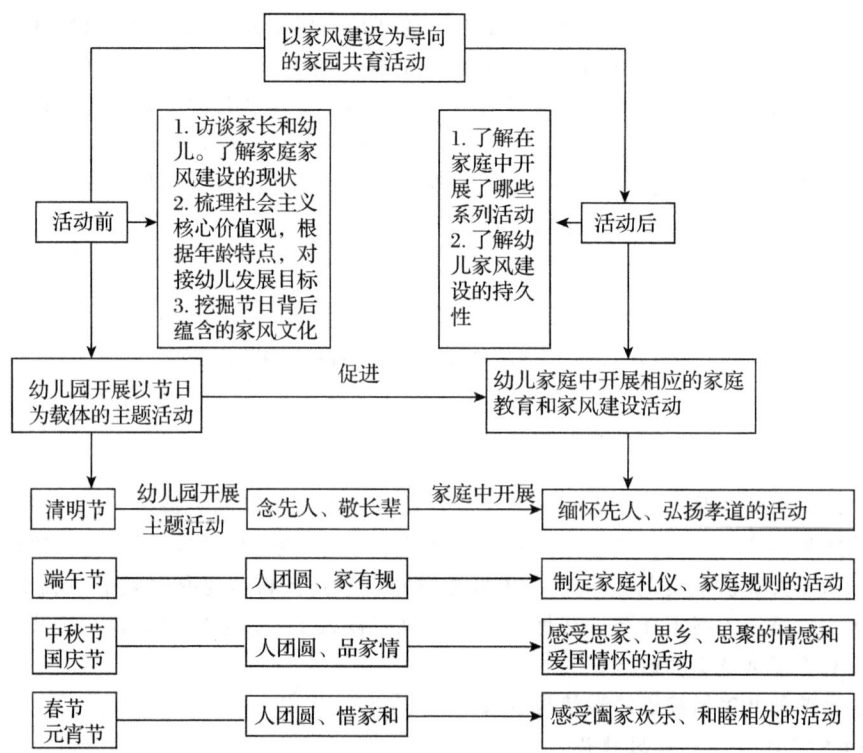

图1 以家风建设为导向的家园共育活动建设

例如,在清明节传统节日中,幼儿园根据幼儿年龄特点开展相应的节日主题活动,引发了幼儿对家的兴趣和探索,及对清明节内涵的了解体验。幼儿通过对家的探索,了解家庭成员、与自己的关系,了解长辈对自己的期望,了解家庭的组成等,进而对家有了自己的认识和理解。又通过清明节念先人、敬长辈的活动,了解家族的延续、家谱的传承。也和家人共同协商制定家规,形成家庭成员具体行为准则与规范、治家的道德原则等内容,体现幼儿家庭中家风建设的过程与方法。

家人共同参与协商制定的家庭成员行为规范,使每一位成员更乐于自我约束和践行,有效避免家庭成员间的冲突,使家庭氛围更为民主、平等。节日容易得到家庭的重视、父

母的参与，更容易实现家园同步，更容易形成家庭成员团聚的生活场景，节日中蕴含的家文化更容易被唤醒和挖掘，使之被家庭成员感受到，得到持续和巩固，形成家庭的家风。

(二)建立个性化家园沟通的有效方式

1. 运用幼儿成长档案作为幼儿园推动家风建设的主要方式

每一名幼儿都有属于自己的、个性化的成长档案。其中记录着幼儿在园参与节日活动的真实情况记录，如在开展节日主题活动前、中、后幼儿的真实表现、成长、社会性发展等，使家长能够了解幼儿在园感兴趣的活动及延伸家庭生活的部分，同时教育者也会给予肯定和期待，等待家长反馈幼儿家庭中的生活记录。从成长档案的记录中发现其家风特点，有针对性地给予建议、支持，也使幼儿家风建设得以稳定、持续，实现促进幼儿家风建设。

2. 依托家长沙龙、主题家长会、公众号推送等多种方式，辅助家园交流

在家长沙龙、家长会中分享、传播良好家风建设经验，以此正向引导每一名幼儿家长重视起家风建设，相互学习经验，尊重、支持每一名幼儿家庭的家风建设，也是促进家园沟通的关键。

例如，幼儿园在开展家园沟通工作时借助专家资源，组织班级家长开展家长沙龙活动，其目的是结合当前幼儿家庭教育现状、家庭教育关键问题以及家庭氛围的调节等相关话题，进行交流与分享，促进家庭教育环境，推动家风建设积极发展。活动内容包含家长交流家庭氛围对幼儿成长的影响、专家分享家庭教育关键问题解决策略、举例介绍调节情绪的办法与措施，助力家长营造良好的家庭氛围，树立以幼儿角度理解幼儿的家庭教育观，形成健康、积极的家庭教育环境。

建立家长乐于参与的、愿意与老师交流的内容和方式，有助于教育者了解和支持幼儿家庭的家风建设。

(三)通过幼儿引导家庭家风建设

在本研究中幼儿园通过开展幼儿感兴趣的活动，以小手拉大手的方式，将幼儿喜欢的活动内容延伸到家庭中，引导家庭成员关注家风建设。

例如中秋节之际，班级小朋友与老师共读了绘本《从前有个月饼村》，引导幼儿了解各式各样的月饼。过程中幼儿对书中月饼的角色和人物对话特别喜欢，产生了模仿表演的行为，由此班级生成了"从前有个月饼村"主题活动。教师结合幼儿兴趣先是在表演区投放表演道具，又在图书区投放表演的故事书和故事手偶，还将这一故事分享给家长。家长们对此也很感兴趣，纷纷在家中和幼儿一起阅读图画书、尝试着模仿和表演故事情节。

在此期间，老师与哼哼小朋友进行了一场采访。哼哼向老师介绍："我问爸爸妈妈为什么五仁月饼有五种馅儿，爸爸妈妈说因为五种馅儿在一起是最美味的。"哼哼还高兴地说："我和爷爷奶奶、姥姥姥爷、爸爸妈妈还有哥哥，都吃了月饼。"老师说："哇，一家人都聚在一起了呀！"哼哼回答："对呀，老师说过中秋节要团团圆圆一起过，和家人一起相亲相爱。"老师追问："是怎么和家人一起过中秋节的呢？"哼哼说："我和爸爸妈妈一起看月亮，表演了月饼村的故事。"哼哼面露幸福地说："我喜欢和家人一起表演，我可以让我哥哥当月亮，他胖胖的非常适合月亮的角色。"

活动不仅支持幼儿表现自己对绘本故事的理解与喜爱的情感，还增进了幼儿与家人之间的感情。哼哼妈妈十分感谢班级的活动并说："他太喜欢这个表演了，每天都拉着全家人一起排演，哼哼乐在其中，家人看到他主动的样子也很开心，陪着他一起乐在其中，感受着家人在一起的快乐。"

教育者关注幼儿在节日活动中的兴趣与愿望，开展符合节日习俗、幼儿年龄特点、有

利于家园共育的班级活动。幼儿在活动中主动表达、个性化地展现自己，回到家庭中积极与家人互动，共同感受节日下家庭的和美氛围，过程中家庭的和睦温馨。由此可见，家风建设对幼儿有深远的影响。

在营造父母和幼儿相互学习的观念中，也在营造更为平等、相互尊重的家庭成员关系和氛围，父母能够以学习者的身份陪同幼儿成长，这本身是父母自身的成长，以家长的成长引起了家庭家风建设行之有效。

积极心理学视角下幼儿教育的刍议

云南省昆明市云南工商学院　孙　田　白江妹

美国心理学家马丁·塞利格曼在1998年提出了积极心理学，被视为心理学领域的一场革命。因为积极心理学与传统的心理学流派观点不同，它主张研究人类的积极面。积极心理学重点研究人们积极的心理素质，强调挖掘每个人拥有的独特的潜能和优势，强调积极情绪体验的重要性，强调培养个体的积极的心理品质，从而提高人们的幸福感。

积极心理学的发展为幼儿教育提供了新的视角和指导策略，将帮助幼儿教师更好地引导幼儿的学习和健康成长。以下是从积极心理学的理念出发，提出几个将积极心理学应用于幼儿教育的策略：

（一）通过培训培养幼儿教师的积极心理素质，以促进幼儿的全面发展

拥有积极心理素质的人在面对困难、挫折和压力时，能够保持乐观、积极的心态，并且具备良好的情绪管理能力和应对能力。通过培训培养幼儿教师的积极心理素质，既有助于教师本人的成长和发展，还有利于促进幼儿的全面发展。

首先，培养幼儿教师的积极心理素质可以帮助他们更好地应对工作中的压力和挑战。一项实证研究的元分析结果显示，幼儿园教师工作压力主要源于"社会地位与工资待遇"、"工作负荷"和"幼儿园管理"。培养幼儿教师的积极心理素养，让他们面对压力和挑战时可以保持积极、乐观的态度，帮助他们更好地应对这些压力源。

其次，积极心理素质有助于幼儿教师与家长建立良好的沟通和合作关系。秦旭芳等人在调查新入职幼儿教师应对家园矛盾的现状及影响因素时发现，在影响新入职教师应对家园矛盾的因素中个人因素影响较大。如果幼儿教师能以一种积极的态度主动与家长沟通意见及反馈，将能促进家园合作，有效降低家园矛盾。

此外，积极心理素质还能够帮助幼儿教师更好地引导幼儿的情绪和行为。杨叶恒和刘平在研究3—6岁幼儿情绪发展的特点时发现，这一年龄段的幼儿情绪极易随外界环境变化而变化，幼儿情绪稳定性差，常以自我为中心，特别容易冲动且任性。如果幼儿教师能够以积极的心态，允许和接纳幼儿的这些情绪和行为，给予幼儿肯定和支持，让幼儿感觉到被理解和关爱，就能够帮助他们更好地管理和调节情绪，培养积极的行为习惯。

（二）设计以积极情绪为基础的教学活动，培养幼儿的积极情绪，以促进幼儿的全面发展

积极情绪对于幼儿来讲，具有重要意义。王巧婧和冯晓杭认为，积极情绪能够促进幼儿身心健康发展和认知能力的发展，还能够为幼儿良好个性的发展奠定基础。段晓娅认为积极情绪不仅可以促进幼儿身体健康发展，还可以发展幼儿的智力，拓展幼儿思维，提高

幼儿认知水平，发展幼儿的社会性，还能让幼儿更好地感知和发现美，更积极地表现和创造美。因此，在教学活动中，以积极情绪为基础，培养幼儿的积极情绪，是非常重要的。

设计以积极情绪为基础的教学活动可以从以下几个方面入手：第一，学习环境的布置方面，可以为幼儿创设一个积极的学习环境，例如通过在教室中摆放一些鲜花、玩具等，为幼儿提供一个温馨、舒适、安全的学习环境，让幼儿感受到愉快、放松和温暖。第二，教学内容的主题方面，可以从幼儿感兴趣的方面入手，例如，如果幼儿喜欢小动物，那就可以设计一个"可爱的小猫咪"的主题教学活动，让他们通过观察、探索和实践来学习相关的知识，这种根据幼儿的兴趣和爱好设计的教学内容，可以让幼儿对学习充满热情。第三，教学活动的设计中，可以给幼儿一定的自主选择权，例如，为幼儿准备绘本、科普书、童话故事等不同类型的书籍，让幼儿根据自己的兴趣挑选想要阅读的书籍，让他们在学习中体验到主动性和掌控感。

（三）通过教育教学活动，重点培养幼儿的积极心理品质，以促进幼儿的全面发展

培养幼儿的积极心理品质对他们的成长和发展至关重要。林宜真认为，强调培养幼儿的积极心理品质，是因为其能帮助幼儿改正缺点、树立自信、学会管理情绪，塑造健康人格，不仅有助于幼儿现阶段的发展，更能为其未来的发展奠定良好的基础。关于幼儿积极心理品质的培养重点，刘玉娟认为，在幼儿阶段应重点培养幼儿的希望、乐观、审美、好奇心、责任心、创造力、社交智慧和坚持与自制等积极心理品质，在她的研究中还提出了幼儿积极心理品质培养五大总体策略：游戏为主、反复训练、坚持民主、以身作则和家园共育。

具体来说，幼儿教师在教育教学中可以通过讲述一些励志的故事，像托马斯·爱迪生发明电灯的故事，让孩子们明白失败并不可怕，最重要的是要有坚持不懈的精神，只要我们努力，就有可能实现自己的梦想，从而激发孩子们内心的希望。在教育教学中当孩子遇到困难时，幼儿教师可以对孩子说："你是可以的，你一定能完成它，老师相信你"，通过正面的肯定鼓励幼儿，陪伴幼儿攻克难关；当幼儿完成一项任务时，幼儿教师可以及时给予表扬和赞美，让孩子感受到自己的价值和能力，从而培养他们的乐观态度。幼儿教师可以在教育教学中通过布置作业的形式，分配给幼儿一些适合他们完成的任务，例如让幼儿整理自己的玩具或者完成一些简单的家务活动，让他们学会承担责任，来培养幼儿的责任心……

积极心理学为幼儿教育注入了新的理论指导和实践策略。当幼儿教育融入积极心理学的理念和方法时，幼儿教师便能运用这些理念和方法更深入地理解并引导幼儿的成长，从而提升幼儿教育的效果。

科学指导，跳出精彩

——大班幼儿跳绳活动有效指导的策略研究

北京市丰台区实验幼儿园　黄秀娟

《纲要》明确指出："培养幼儿对体育活动的兴趣是幼儿园体育的重要目标，要根据幼儿的特点组织生动有趣、形式多样的体育活动，吸引幼儿主动参加。"跳绳是一项很好的体育运动形式，它不仅简单易行，花样繁多，而且能使整个大脑以及全身器官都处于有节奏的

收缩与放松的交替之中，对人体循环、呼吸和新陈代谢等功能都起到良好的促进作用。

对于大班幼儿来说，跳绳是一项颇具挑战性的运动，它包括跳、甩、握等基本动作，这些动作的产生与幼儿的力量、耐力、反应速度以及协调能力等密切相关。幼儿手脚协调配合，摇绳练臂力，跳绳练腿劲，快摇练速度，多跳练耐力。然而，在刚开始组织跳绳活动时，绝大部分幼儿总是有一定的畏难情绪。跳绳是一项需要反复练习的运动，对于幼儿园大班的幼儿来讲，比较枯燥，掌握不到要领，容易产生退缩情绪，从而对跳绳失去了兴趣。因此，在大班幼儿的跳绳教学活动中，教师应进行科学、有效的组织与指导。

一、多种玩法，激发幼儿跳绳的兴趣

为了激发大班幼儿跳绳的兴趣，教师在组织跳绳教学活动前可以通过一物多玩等方式，利用跳绳开展相应的探索性游戏，让幼儿先对跳绳产生兴趣。如教师与幼儿进行"踩小蛇""揪尾巴""抛接绳子"等游戏。这些探索性游戏可以很好地让幼儿对跳绳产生兴趣。同时，在大班幼儿的跳绳教学活动中，教师可以针对幼儿的发展特点和运动难点，开展适当的锻炼和游戏，如竞赛游戏、任务式游戏、情景游戏等，激发幼儿跳绳的积极性。

二、自主分组，保证幼儿跳绳的时间和场地

大班幼儿在探究新领域时往往急于求成，看见别人跳绳觉得很简单，自己在尝试时往往容易失去信心。教师可以让幼儿自主选择跳绳玩伴，相互激励学习。教师可以就分组、分时段、分场地进行指导。同时指导幼儿练习前做好身体各部位的准备活动，特别是足部、腿部、腕部、踝部等部位，结束时一定要做好放松活动。

三、整体示范，了解幼儿跳绳的现有水平

教师指导幼儿跳绳，首先要了解幼儿的跳绳水平。在与幼儿共同活动中，教师要关注幼儿的活动，经过多次观察，了解当前幼儿已有的活动经验，正确估计幼儿的活动水平。还要特别关注个别幼儿动作、能力发展的差异。教师在教学中发现，幼儿练习跳绳时无法掌握跳绳的要领，动作不够规范。

活动中教师还发现，有的幼儿在练习时只存在一个问题，有的幼儿可能存在好几个问题，当任何一个问题存在时，幼儿都不能熟练掌握跳绳的要领。这时，教师可以请班里已经会跳的幼儿做榜样，其他幼儿观察：同伴的绳子是怎么放的？他跳绳时两脚的动作是怎么配合的？两只手是怎么甩的？应该注意哪些动作？让幼儿对跳绳的动作有初步的认识。

四、动作分解，帮助幼儿逐步练习

跳绳是一项综合性的全身运动，因此教师可先给幼儿做示范，分解跳绳的双手和双脚动作，讲解动作要点，从徒手听节奏跳、按节奏模仿跳绳动作、单手拿绳跳、双手拿绳实际练习跳等进行分步练习。

1. 徒手听节奏跳。教师先讲清跳绳时的腿部动作要领：幼儿在整个跳绳过程中应该是髋、膝、踝关节充分压紧，最大限度地降低关节的伸展程度，缩短缓冲的时间，然后让幼儿一边拍手，一边随着节奏跳。

2. 按节奏模仿跳绳动作。幼儿仍空着双手，按照已熟悉的节奏，双臂和双脚模仿跳绳的动作。上肢动作要领：大臂夹紧，小臂微曲，摇绳时用小臂和手腕的力量转动摇绳。这样摇绳不仅省力，而且平稳。但也有幼儿在跳绳过程中会出现大臂外展，增加了阻力，在摇绳时不仅需要很大的力量，而且动作不稳定，易于掉绳。针对存在该问题的幼儿，教师可让其练习腋下夹上手帕，因为幼儿随时注意自己要夹紧大臂，所以能达到很好地纠正动作的目的。

3. 单手拿绳跳。幼儿先两手握绳，两臂自然弯曲，上臂和前臂夹角为120°，握住跳绳的两头，左、右手交替拿绳，要求绳落地时双脚跳动，按正常的节奏模仿跳绳动作。

4. 双手拿绳实际练习跳。教师要关注幼儿的头部动作一定要规范，头部动作在跳绳过程中起到稳定身体的作用。正确的头部动作是：头微低，目视正前下方 3 米处，这样才能控制好身体平衡。只有身体平衡了，跳绳的动作才能稳定，才不容易失误，才能跳得快。让幼儿练习双脚正跳时，将跳绳放在体后，两手腕同时用力从体后向体前摇绳，当绳从身后摇转到体前下落触地时，两脚立即起跳让绳通过脚下，再同时落地屈膝缓冲，准备再次起跳。

以上分解练习，教师可从最基础的手摇绳练起，然后过渡到摇绳跳过去，再摇绳这样的分解练习阶段，分解练习降低幼儿学跳绳的难度，强化跳绳时的节奏感，幼儿学习跳绳就容易得多，从能够动作连贯地跳一下到能连续跳几下。

五、个别指导，强化幼儿的规范动作

教师应以鼓励、赞赏为主，对于能力稍弱、协调性不好的幼儿，尽量降低跳绳难度要求，不至于让他们失去信心。对于那些能力较强的幼儿，教师可以简化步骤，增加难度，激发他们挑战自己的欲望。在幼儿练习跳绳时，教师在旁观察，找到幼儿的问题所在。

六、同伴互助，促进幼儿共同学习

幼儿在练习跳绳的过程中需要有针对性的指导，同伴互助就成为了一种很好的学习方式。大班幼儿已具备一定的交往能力，他们不仅注意自己的活动，而且注意同伴的活动。他们会主动地向同伴学习，一起讨论问题。引导幼儿间互助，掌握跳绳的方法及技能，帮助幼儿在活动中学会互相合作，使跳绳水平得到进一步提高。

七、奖励机制激发幼儿跳绳的动力

适当给予幼儿物质奖励符合大班幼儿的心理需求。如在班级互动墙面设立"光荣榜""擂台榜"，这不仅是对幼儿跳绳的一种鼓励，而且进一步激发了幼儿学跳绳的积极性。将打破纪录的"新成绩"写在上面，达到激励每个幼儿不断努力的最终目的。

八、变换方式，增加幼儿跳绳的乐趣

当幼儿经过前期的分解动作练习，已熟练掌握跳绳的动作要领时，为了让幼儿更积极地参与跳绳，教师可提供多层次、具有选择自由度的跳绳内容。例如，教师可根据幼儿能力分成不同的组进行练习，不能连续跳绳的一部分幼儿在一组，而相对来说已经掌握跳绳技能的幼儿可由教师带着练习花样跳绳，有反跳、单脚跳、两脚交替跳、边跑边跳、双人跳、双臂交叉跳、双飞跳、跳大绳等。幼儿具有选择的自由，容易形成心理上的安全感和自由感，这是增加幼儿进行自主地练习跳绳乐趣的前提条件，并使幼儿自身不同的兴趣需要得到满足，让每个幼儿都获得成功的体验。

九、家园配合，提高幼儿的跳绳能力

幼儿是一个发展的主体，幼儿园任何一项活动的深入开展，单靠老师的力量是远远不够的，应该让家长认识到跳绳对幼儿各个方面发展所起到的积极作用。所以，教师可通过和家长面谈、召开小型家长会等一系列措施得到家长的认可和支持。倡导家长每天尽量抽出一小部分时间和幼儿一起练习跳绳，并及时与老师交流幼儿在家的练习情况，一起探讨提高幼儿跳绳水平的方法。这样在家，家长和幼儿一起跳绳；在幼儿园，和老师同伴一起跳绳，共同为幼儿营造出快乐、轻松的学习跳绳活动氛围。

总之，大班幼儿的跳绳教学活动不仅是对幼儿运动能力的挑战，更是对教师专业知识和经验的考验。教师不仅要为幼儿提供合适的场地，保证幼儿充足的练习时间，还可以根据跳绳的不同形式变化吸引幼儿，让幼儿在轻松愉悦的状态下逐步练习并熟练掌握跳绳的

技能，最终喜欢上跳绳这项活动。同时，教师还要密切关注幼儿的年龄特点和能力，在活动中进一步发现并探索更多的跳绳指导方法，对幼儿进行科学、规范的指导，从而真正达到以跳绳促进大班幼儿运动能力发展的目的，促进幼儿健康成长。

浅谈幼儿园自主游戏的确立原则

北京市丰台区宛平幼儿园　陈　玥

一、撕去成人的标签，把游戏还给孩子

《教育部2021年工作要点》中指出，要推动学前教育深化改革规范发展，实施"安吉游戏"推广计划，推进科学保教。《指南》提到：儿童的发展是一个整体，要关注幼儿学习与发展的整体性。在游戏中，儿童玩什么、怎么玩、和谁玩都由自己决定，教师不做任何的干预。"安吉游戏"把游戏的自主权彻底还给孩子，让孩子在自主、自由的游戏中，获得经验、体验自主、表达见解、迎接挑战，使儿童的潜能得到最大限度的发展。

"让游戏点亮幼儿生命"，一句看似简单的话语，诠释了安吉游戏的信念。《儿童权利公约》规定：幼儿的游戏是幼儿的正当权利；《幼儿园工作规程》规定：要以游戏为基本活动，寓教育于各项活动之中。游戏在幼儿的生活中占据很重要的位置。安吉游戏的核心就在于幼儿的"真游戏"以及教师的"放手与退后"。它解放了幼儿，去除了教育生态中各环节的形式化内容，带来了幼儿的发展与教师的成长，保持了教育的活力。

在以往的教育中，教师总"不舍得放手"，在孩子的游戏中指手画脚，让幼儿有话不敢说、有想法不敢做。教师也因此而困惑，为什么人家的孩子勇敢、大胆，而我的孩子唯唯诺诺，不敢做也不敢言呢？给孩子贴标签是教师的潜意识做法，无形中伤害着孩子的心灵。想要看到变化，首先要让孩子感到安全，这样孩子才会去尝试，才会与他人合作，才会做实验或去冒险。幼儿清楚地知道教师就在身边，不仅不会干预或责备他们，还会在有需要时帮助他们。当感受到成人的信任时，幼儿就会变得自信，意识到"我可以做决定""我的观点很重要""我能解决"。只有让幼儿知道不必担心对错，他们才能大胆表达自己的想法，并实践自己的想法。

二、创设自然朴素的游戏场，还给孩子无限可能

说起游戏场地，一定要大、要宽阔、要平坦、要分区贴标。然而，"安吉游戏"告诉我们：一个小水坑、一个小土坡也会带给孩子乐趣、快乐、无限可能。教育者要重新审视游戏场地和空间，将幼儿生活的场所尽可能地利用起来，如长草的小土坡、枯竭的种植地、荒芜的小破屋等；把原先封闭的、观赏的区域，都作为游戏场地开放给孩子。

让户外活动不再限于开展早操、间操等，户外游戏场地逐渐发展为高度、坡度、质地、植被等均有变化的游戏空间，多变的户外环境丰富了游戏内容，保障了孩子们有地方玩、有新鲜事挑战。当幼儿真正投入自己的游戏时，他们学习、成长、挑战自我，和他人建立关系，体验无限的喜悦。幼儿有足够的空间和时间，以自己的方式和节奏成长，在探究和发现中不断体验"哇！我做到了"的喜悦。

三、认清材料的特殊属性，还给孩子探究的主体性

投入的状态产生于幼儿充满激情的探索和发现物质世界与社会的过程中。当幼儿不担心外在评判，全身心投入，努力做成某一件事情时，随之而来的喜悦又会促使他们开启新一轮的自我挑战。第一，游戏材料要以自然生态、可反复使用、不必经常更换为主；第二，游戏材料须由幼儿园层面统一规划投放，能够满足不同年龄段孩子的游戏需求；第三，游戏材料是孩子可以自主掌控，有无限玩法的；第四，游戏材料的收纳整理及游戏过程中的护理工作，须支持幼儿自主完成。第五，游戏材料可根据幼儿的需要更换其位置，便于幼儿游戏，为幼儿游戏服务。

安吉积木、安吉梯、安吉箱、轮胎、板凳等材料，是"安吉游戏"独有的游戏材料，孩子们可以随心所欲地布置和参与游戏。"安吉游戏"所使用的都是改造的本土材料，低成本、高质量，且每一个游玩设施都是独一无二的。在满足幼儿不同游戏兴趣及发展水平的同时，也促进了幼儿在健康、情感、社交、认知、科学探究、语言、艺术等多领域的发展。

综观我园的游戏场地及材料，我们没有大片的池塘水域，但我们有可移动的水桶；我们没有跌宕不平的沙池，但我们有长满小草的小山坡；我们没有充满未知的安吉箱梯，但我们有幼儿的桌椅板凳。投放不同的游戏材料会带给幼儿无限游戏的可能，每一种游戏材料在幼儿手上都会产生不同的利用价值。

我相信：只要我们多观察、细思考，做一个有心的教师，将"安吉精神"与实践相结合，尊重幼儿学习与发展的基本规律和特点，为幼儿创设自主游戏的空间与时间，满足幼儿自主游戏的愿望，激发幼儿自主游戏的兴趣，促进幼儿身心全面和谐发展，就能让每一个孩子都拥有幸福的童年，让每一个孩子都有能力积极面对充满变化的未来。把"真"游戏还给孩子，让游戏点亮童年，点亮生命。在幼儿与世界、同伴的有意义的交往和活动中，幼儿形成自己的见解、想法和规划，从而发掘自身最大潜能。

教学、评价、幼儿发展三位一体，助力幼儿学习品质养成

北京市大兴区亦庄镇中心幼儿园　　刘冬雨

幼儿发展评价对幼儿的学习与发展、幼儿教师的专业成长、提升学前教育质量都具有重要意义。《幼儿园保育教育质量评估指南》提出，"坚持儿童为本、科学评估、以评促建原则""充分发挥评估的引导、诊断、改进和激励功能，注重过程性、发展性评估"，评价幼儿发展水平的指标不再局限于数量上所掌握的具体知识和技能。

《指南》指出，学习品质是幼儿在活动过程中表现出的"积极态度和良好行为倾向"，能反映儿童自己以多种方式进行学习的倾向、态度、习惯和风格等。

很多国家的儿童学习目标中都有关于学习品质内容的明确表述，美国华盛顿州提出了培养"好奇心与兴趣""坚持性与注意力""创造力与发明""反思与解释"，为促进幼儿学习品质的发展开展学习品质评价探究，落实教学、评价、发展三位一体，及时反馈和调整日常教育教学活动，为幼儿教师教学提供依据，助力幼儿学习品质的养成。

一、"在主题活动中关注学习品质养成"，助力幼儿学习品质形成

学习品质不是孤立存在的，它是在五大领域的具体学习活动中表现出来的，是在幼儿的生活中、游戏中显露出来的，因此学习品质也一定要在幼儿实际的生活、游戏中，在幼儿的一日生活中进行长期培养。

我园以主题活动为核心，在活动中对幼儿学习品质进行评价。在幼儿兴趣和问题的内在驱动下，主动积极地探究并解决问题，发展认知、情感、能力、个性和学习品质，并将

学习所得迁移到新情境中进行深化学习。

在开展主题活动前，我们首先通过观察了解幼儿的兴趣及问题，之后挖掘、分析活动中的核心学习品质，再学习相关的理论知识及经验，最后教师预设品格主题活动。在开展过程中结合学习品质的评价对幼儿发展进行分析与评价，有效培养幼儿的学习品质。

二、学习品质评价弹性化，促进幼儿自由成长

1. 观察记录表，个性化评估幼儿学习品质

在用统一标准观察、分析、判断幼儿发展水平的同时，探索评价标准的弹性化，思考如何评价才能体现幼儿的个性化发展，以发展的眼光看待幼儿。比如，幼儿"专注"学习品质其中有一条评价标准是"别人跟自己说话的时候，能够安静认真倾听，集中注意力并对相应话题有所回应"。评价幼儿在此方面的发展情况，可以先列举最能体现该指标的典型行为并观察幼儿是否出现这些行为及出现频率，同时还要持续性地、细致地观察幼儿在此指标方面的特有行为表现，拍照记录形成案例并给出分析，客观、科学、有层次地进行评价工作。

2. 一对一倾听幼儿的声音，全面、科学地评估幼儿学习品质的发展

教师在倾听和记录幼儿游戏的过程中，了解幼儿对游戏的兴趣、游戏过程中的想法、情绪等，并以此作为依据给予幼儿适宜的支持。依托游戏记录，教师能够站在幼儿的视角理解幼儿，并分析、反思、调整教学行为，有效促进幼儿学习品质的发展。

在大班，每名幼儿都有一个记录本，没有限制幼儿记录的内容，他们可以随意记录有意义的事情、想说的话、阅读图画书的内容等。教师一对一倾听并真实记录幼儿的想法和体验，尝试着去理解每一名幼儿，了解他们内心的想法，相信他们是有能力对自己活动进行评价的人，从而更科学、全面地评估幼儿学习品质的发展。

如大一班在一次扎染活动后，有的孩子记录道："今天扎染的颜色比以前的要浅很多，我想也许是时间短了，也许是布料不对，我准备再试试。"由此可以看出，孩子在活动中能够积极主动地探索并解决问题，还进行自我反思、评价，并得到相应的经验。

在这次扎染活动中还有的幼儿记录道："今天的扎染方式是我们自创的，将布角对角对折到最小，然后用皮筋捆上，我们都很好奇花纹是什么样的。""今天扎染的布我准备用来做发卡上的花，花纹和颜色都很好看。"幼儿在活动中的收获是不同的，有的对颜色的变化感到好奇；有的对扎染方法呈现的花纹感到有趣；有的对扎染布的用途做规划。从记录本中可以看出幼儿参与活动积极主动、有想象力和创造力等良好的学习品质，所以教师只有多一点时间倾听、挖掘更多的教育元素，才能满足不同幼儿个性化的需求，对幼儿做出科学合理的评价。

三、依据评价为教师教学实践提供依据，支持并促进幼儿的学习与发展

在幼儿感兴趣的主题活动中，通过教师评价、家长评价、幼儿自评等方法，观察幼儿在活动中的情况，并对信息进行整理、分析、判断，有利于教师对自己的教育现场和教育行为进行反思，教师可以自我评估教育行为是否适宜，是否支持幼儿学习品质的养成，是否需要个体的关注和培养。同时带有反思性质的自我评估，对教师自己是一种及时的诊断，有利于教师及时改进教育行为，因材施教并可持续进行。

走班式角色游戏促幼儿自主学习的实践研究

北京市大兴区亦庄镇第二中心幼儿园　李婷婷

一、国内外研究现状

(一)国内研究现状

《幼儿园教育指导纲要(试行)》指出,"玩是孩子的天性,要发现、保护和引导幼儿固有的天性","幼儿园以游戏为基本活动"。但在实际的教育中,还存在重智育、轻游戏的倾向。家长更关心孩子的智力发展,往往认为角色游戏就是"玩",对孩子的成长没有多少作用。如今的幼儿自我意识强,缺乏同伴之间的交往意识,不会和同伴分享、在游戏中不懂得谦让合作等。同时角色区游戏可以丰富幼儿的知识和技能,而走班式角色区游戏主要是让幼儿自主选择多个角色区,感受不同角色区的氛围和知识技能。

(二)国外研究现状

自19世纪下半叶以来,儿童的游戏不仅是人类学、社会学及美学等学科研究的课题,也是学前教育学和儿童心理学研究的课题。古希腊哲学家柏拉图最早提出游戏在儿童发展中的实际意义,自此以后许多研究者开始探讨游戏对儿童发展的价值。法国思想家卢梭认为,对于孩子来说,工作与玩耍乃是一回事,他的游戏就是他的工作。

二、案例呈现

走班式角色游戏可以让幼儿接触到更多的游戏环境,每个班级的角色游戏规则都是不同的,幼儿每次到一个班级中都要适应不同的游戏规则,并且幼儿可以扮演更多的角色,开阔幼儿的视野。并且每到一个新班级幼儿都要考虑用怎样的角色进入游戏,如何进入游戏,提高了幼儿的思考能力。走班角色游戏可以使幼儿在不同的环境下,使用不同的思维方式学习不同的东西,锻炼其思维敏捷性,将学习变成乐趣,促进幼儿身心健康发展。

为了培养幼儿的学习自主性,本人采用了走班式角色游戏的方式,让幼儿在没有老师的带领下,自己选择班级进行角色游戏。游戏的整个环节都由幼儿自己进行设计选择。教师通过监控来观察幼儿的行为举止,通过监控,教师看到了以下的一幕。

点点、汤圆、红红、小微小朋友选择了去一班的角色游戏区,一班的角色游戏区主题是饭店,四个小朋友手拉手走进了一班,点点和汤圆看到游戏区中的道具,自主商量起各自要扮演什么角色。点点拿起了厨师帽扮演厨师,汤圆拿起了围裙扮演切菜员。但是红红和小微都拿起了服务员的衣服。红红说:"是我先拿到的,我应该当服务员。"小微也表示是自己先拿的应该自己来做服务员。这个时候点点很着急地说:"要不你们两个石头剪刀布吧,如果一直这样争吵的话,一会儿游戏的时间就到了,我们就没有办法一起玩游戏了。"于是,红红和小微都同意了点点的做法。结果小微输了,但是她并没有表现出不高兴,反而痛快地拿起了代表客人的衣服。红红说道:"那我先当一会儿服务员,一会儿也让你做服务员。"小微一听更加高兴了,最后四个人高高兴兴地投入到游戏当中。他们在一班玩了一会儿之后,点点提议说我们去别的班级玩吧,四个小朋友手拉手又来到了茶馆区。

从以上案例中可以看出,小朋友们都特别喜欢角色扮演游戏,但是有时候由于角色数量有限制,很容易发生争抢,教师可以在适当的时候进行引导,让幼儿学会商量,学会分工合作。让幼儿学会独立地解决问题。比如以上案例中矛盾产生的原因是有的小朋友需求没有被及时满足。这个时候,在其他小伙伴的帮助下,幼儿可以改变自己的需求并配合完成游戏。点点利用石头剪刀布的方式轻松地解决了这次矛盾，说明走班式角色游戏更加能够培养幼儿的应变能力，区域环境的不确定也更加能够反映每个孩子身上的不足之处。而红红和小微在听取了他人意见之后会对事情进行衡量，学会了尊重他人。走班角色游戏能够让幼儿体会到更多的角色，在角色责任的要求下，幼儿也在不断地提高自主能力。

三、研究效果

（一）对教师而言

1. 对教师在教学过程中的角色意识进行强化。幼儿在进行角色游戏过程中，教师也要融入到游戏当中去，教师与幼儿一起进行游戏，也就是说幼儿与教师之间变成了合作伙伴的关系。教师之所以要融入到游戏当中，是因为更容易观察儿童的思想行为，并根据幼儿的特点设计相应的教学方案。在活动过程中教师要学会尊重幼儿的思想和行为，将更多的精力放在幼儿综合能力的发展上，利用对话对幼儿进行正确的引导，有利于建立良好的师生关系，对话是理解、沟通、尊重、信任的基础，有效的对话能够促进师生共同成长。

2. 有利于教师学会有目的地组织评价活动，从调查研究中看到，幼儿教师越来越重视走班式角色游戏的交流和评价，在不同班级的角色游戏中，教师都会有目的地设计评价内容，然后运用不同的评价方式，培养幼儿的自主学习能力，让幼儿能够更加地独立。

3. 通过研究提升了教师观察、反思的能力。教师只有不断地反思才能进步，才能提高自身的专业素养。如果教师不是通过观察幼儿的行为举止而进行的反思则是缺乏经验的，也是缺少生命力的。在反思过程中，教师要站在旁人的角度来审视自己在角色游戏中的教学效果，并且教师们可以互相进行教学观察，然后详细介绍自己所看到的场景，每个教师可以以自己的教学经验进行反思，也可以结合其他教师的教学经验进行反思，扩展自己的经验和理论，通过反复研究反思，教师们真正成长起来。他们不仅逐渐养成了善于反思的习惯，而且形成了一个学习研究共同体，每位教师的能力都获得提高，区域活动研究也随之得到深入。

4. 提升了教师撰写案例的能力。在走班式角色区域游戏实施过程中，教师要对游戏过程中的事件和情景进行不断地思考，总结自己的教学情况，并且要多与其他教师进行深入的交流。教师要深入诱发孩子的内部动机，利用新鲜的事物来让幼儿对事物感到好奇，比如利用喷画作品来吸引幼儿的注意力从而对喷画感兴趣。教师可以将这样的事件做成案例，教师在写案例的过程中就会知道，案例不是写出来的，而是研究出来的，只有他们不断地细心观察和总结，才能写出像样的案例，案例不仅能够增强教师们的观察意识，还能提高教师的教学质量，进而推进课题组教师有效开展课题研究的进程。

（二）对幼儿而言

在走班式角色区域游戏活动中，教师会尊重幼儿的想法和行为，幼儿会将角色中的工作看作自己的责任，幼儿在游戏中能够完全掌握自主权，他们可以自由地表达自己的想法，独立地解决在游戏中遇到的问题。走班式角色游戏使得幼儿可以在不同的班级扮演不同的角色，他们能够体会到每一个角色的思想。幼儿最喜欢的一个角色游戏就是自己是老师，扮演教师和幼儿的过程中，他们会主动学习一些知识来给其他幼儿进行讲解。比如在小超市游戏区，他们有的当收银员，有的当老板，有的当售货员，为了扮演角色，他们会拿出相关的绘本故事进行研究和模仿。如果在扮演角色中遇到从前没有遇到的问题，小朋友们会去思考如何解决，提高自主解决问题的能力。在游戏过后，每次看到有关小超市的绘本故事或者有关超市的数学问题的时候，小朋友们都会竖起耳朵听，并且积极主动地进行学习，促进了幼儿自主学习能力的发展。幼儿经历过角色游戏后，更爱学习了，因为他们想把每个角色都扮演好。每个角色都具备不同的特质，而这些特质就需要小朋友们主动地去探索和学习。

当然在角色游戏中幼儿还可以学会如何进行合作，如何配合其他人完成工作。在自己无法解决问题的时候还可以寻求其他人的帮助，听取他人的建议，培养幼儿尊重他人的意识。在游戏中，孩子们在操作的过程中获得知识，获得发展，就这样，幼儿在一步一步的探索中提高了独立解决问题的能力。

幼儿教师在大班自主游戏中的指导与支持策略研究

北京市丰台区花城幼儿园　常慧婧　吴昊

自主游戏是幼儿教育中的一项重要活动，有助于幼儿发展各种技能，如问题解决、社交互动、创造力和自主学习能力。然而，自主游戏并不意味着完全没有教师指导，教师在游戏中的角色至关重要。他们需要以一种灵活的方式参与到幼儿的游戏中，提供适当的指导和支持，以确保游戏有益于幼儿的成长和学习。

一、大班自主游戏活动中教师观察与指导的意义

(一)疑点洞察：教师的"魔法眼"助力幼儿成长

在大班自主游戏中，教师的观察能力是关键，就像拥有一双"魔法眼"一样，教师需要细心观察每位幼儿的行为和表现，发现他们可能在游戏中遇到的困惑和疑虑，涉及游戏规则的理解、与同伴的互动问题，或是情感方面的挫折。通过洞察问题，教师能够更好地理解幼儿的需求，及时采取措施来解决问题，促进幼儿的成长和学习。

(二)情感沟通：教师的倾听技巧与情感支持

在大班自主游戏中，幼儿常常经历各种情感起伏，例如兴奋、挫折、焦虑等。作为教师，我们需要具备良好的倾听技巧，以及足够的情感支持。我们应主动与幼儿交流，倾听他们的感受，给予他们情感上的理解、安慰和鼓励。通过情感沟通，可以与幼儿建立起更深层次的联系，帮助他们更好地处理情感问题，建立更加牢固的信任关系。

(三)知识启发：教师点亮幼儿自主学习的星星

在大班自主游戏中，教师有机会点亮幼儿自主学习的星星。当幼儿在游戏中提出问题或表现出对某个主题的兴趣时，教师可以灵活地提供相关的知识启发，这种启发能够激发幼儿的好奇心，鼓励他们主动去探索和学习。通过这种方式，教师不仅促进了幼儿的自主学习，还使他们在游戏中不断积累知识，为未来的学习打下坚实的基础。

二、幼儿教师在大班自主游戏中的指导与支持策略

(一)探索引导：激发幼儿的创造力

在自主游戏中，教师的角色应该是引导者而不是指挥者。教师可以通过开放性的问题、材料或情景，激发幼儿的创造力和探索欲望。例如，我们在自主游戏时间里提供了一些建造积木的材料，让幼儿自由发挥想象，搭建他们自己的建筑作品。哲哲热衷于参与这个活动，但很快就遇到了挑战，他尝试着建造一个高塔，但总是倒塌。看到他的困惑，我走近他，轻轻地问："哲哲，你有没有想过为什么它总是倒下来？"哲哲犹豫了一下，然后说："可能是因为我没有给它一个稳固的基础。"

我鼓励他继续思考，提出了一些问题，如"什么样的基础最稳固？""你能想出一种方法来让它更牢固吗?"哲哲开始思考,并试着用一些积木块来搭建一个更稳固的基础。虽然一开始仍然有些波折,但他不断尝试,最终成功地建立了一个高耸的塔楼。在这个过程中,我没有直接告诉哲哲如何做,而是通过引导他思考和探索,激发了他的创造力。他不仅搭建了一个美丽的建筑作品,还培养了解决问题的能力和坚持不懈的精神。

我深刻地体会到,在大班自主游戏中,探索引导是一种强大的教育策略。教师不应简单地告诉幼儿正确的答案,而应通过提问和引导,激发幼儿的思考和创造力,帮助他们克服挑战,取得成功。这种引导方式不仅能够培养幼儿的自主学习能力,还能够增强他们的自信心和问题解决能力,为他们未来的学习和生活奠定坚实的基础。

(二)沟通之桥:建立信任与合作的纽带

在自主游戏中,幼儿通常需要与同伴进行互动和合作。教师可以充当沟通之桥,帮助幼儿建立信任,团结协作。教师可以引导幼儿学会分享、倾听他人的意见、解决冲突,并通过游戏情境培养社交技能,有助于幼儿发展良好的人际关系和团队合作能力。例如,我的班级中,有一个名叫小雨的女孩,她在自主游戏中常常表现出对独立玩耍的偏好,不太愿意与其他幼儿合作,在建造积木、绘画和角色扮演等活动中都更喜欢独立完成任务。

我观察到小雨的这种行为模式,决定采取一种渐进的方法来建立与她的信任与合作。首先,我主动与她交流,询问她在游戏中的想法和兴趣,表达了对她的尊重,肯定了她的独立性,并告诉她我很欣赏她的创意和努力。接下来,我慢慢引导小雨参与一些需要合作的活动,如建造一个大型城堡或绘制一幅大尺寸的画。我邀请她与其他幼儿一起工作,并强调合作的重要性,以完成更大规模的项目。我鼓励她与同伴分享创意,共同制订计划,并互相帮助解决问题。

渐渐地,小雨开始接受了合作,并与其他幼儿建立了更紧密的联系。她学会了分享和倾听,也体验到了与他人共同努力的乐趣。最重要的是,她建立了更多的信任感,知道教师和同伴都是支持她的人。

(三)寓教于乐:创造趣味性的学习体验

在自主游戏中,教师可以巧妙地将教育内容融入到游戏中,创造趣味性的学习体验。如通过角色扮演游戏教授幼儿社交礼仪,或者通过植物种植游戏学习自然科学知识,这种方式让幼儿在玩乐中不知不觉地获取知识,增加了学习的乐趣。例如,我们开展了一个主题为"探索恐龙世界"的自主游戏活动,该主题吸引了许多幼儿的兴趣,他们迫不及待地加入到这个探险的旅程中。首先,我为幼儿准备了一个巨大的恐龙场景布景,其中包括模型恐龙、岩石、植物等元素。我邀请幼儿一起创建一个恐龙世界,每个人都有机会设计并制作自己的恐龙角色,这个活动充满了创造性,幼儿可以自由发挥想象力,同时学习有关恐龙的知识。

为了深化学习,我设计了一系列富有趣味性的游戏和活动。如我们组织了一次"化石挖掘"活动,幼儿在沙盘中挖掘恐龙化石,然后用化石复原图谱将它们组装起来。这不仅锻炼了他们的动手能力,还向他们传输了关于恐龙生活的知识。另一个活动是"恐龙迷宫探险",幼儿需要在迷宫中找到不同种类的恐龙,同时学习它们的特征和生活习性。这个活动既培养了幼儿的观察力和解决问题的能力,又激发了他们对科学和自然的兴趣。整个探索恐龙世界的活动充满了趣味性,幼儿在玩耍中不知不觉地学到了许多知识。他们变得更加好奇,积极参与,享受学习的过程。

(四)个性关怀:满足幼儿需求的教育支持

每个幼儿都有不同的需求和兴趣。教师应该了解每个幼儿的个性特点,为他们提供个性化的支持，包括根据幼儿的兴趣提供游戏材料，关注幼儿的情感状态，以及调整游戏活动以满足他们的需求。例如，我的班级中，有一个名叫齐齐的男孩，他常常感到害羞和不安，很少与其他幼儿互动，更不用说自主游戏了。作为他的幼儿教师，我意识到需要特别的关怀和支持，来帮助他克服这些困难。首先，我与齐齐的家长进行了深入的沟通，了解他在家庭环境中的情况和需求，帮助我更好地了解他。然后，我尝试与齐齐建立亲近的关系，每天早上在他来到班级时都与他聊天，鼓励他分享自己的感受和兴趣。通过这种方式，我逐渐赢得了他的信任，他开始更加愿意与我互动。在自主游戏活动中，我特别为齐齐设计了一些适合他兴趣的活动。例如，我发现他对拼图有浓厚的兴趣，于是提供了各种难度的拼图游戏，让他在游戏中获得成就感。同时，我鼓励他与其他幼儿一起参与小组游戏，帮助他建立社交技能和自信心。

在大班自主游戏中，个性关怀是至关重要的。每个幼儿都是独特的，有不同的需求和挑战。作为教师，我们需要倾听、观察，并采取有针对性的支持措施，以确保每位幼儿都能够获得适合他们发展的机会，建立积极的学习和社交经验。通过个性关怀，我们可以为每个幼儿创造一个支持和尊重他们个体差异的教育环境。

三、结语

总而言之，幼儿教师在大班自主游戏中的指导与支持策略是为了创造一个富有启发性和鼓励性的学习环境，让幼儿更好地成长和学习。教师的角色不仅是传授者，更是引导者和支持者，为幼儿的未来奠定坚实基础。希望本研究能够为幼儿教育领域的教师提供实用的指导，促进幼儿的全面发展。

优化幼儿园情境体育教学，促进幼儿体能提升的实践研究

北京市丰台区蒲黄榆第二幼儿园　吴　瑛

《幼儿园教育指导纲要（试行）》《3—6岁儿童学习与发展指南》为幼儿教育的改革指明了方向，《纲要》明确提出"体育是促进幼儿全面发展的重要手段，开展丰富多彩的体育活动，用幼儿感兴趣的方式发展基本动作，培养幼儿良好的意志品质、个性品质，使他们在快乐的童年生活中获得有益于身心发展的经验"。

基于此，我园开展了"优化幼儿园情境体育教学，促进幼儿体能提升的实践研究"，通过选择科学、系统的教学内容，运用适宜的、有效的教学指导，促进幼儿的身心发展，形成具有我园特色的适合各年龄段幼儿的体育教学模式，整体提高我园体育教学活动水平。

一、注重体育教学中准备活动的创新，提升幼儿参与兴趣

准备活动是体育教学的重要环节之一，关系到整体活动的质量和效果。于是，我们在不断探索中，更加注重对准备活动环节的创新：

1. 口令法。指导幼儿按照老师下达的口令（哨音）完成规定的动作。这对培养幼儿的组织纪律性等起到积极的作用。例如，大班准备活动中，结合幼儿理解能力水平及数学教育的渗透，我们尝试采用一至三口令，对应着三个不同动作，幼儿做对老师所喊的数的规定动作时予以其鼓励表扬。

2. 手势法。我们尝试创编不同的手势，让幼儿按老师不同的手势做不同的动作。这种方法也能使幼儿的注意力集中，增强幼儿的兴趣。例如，教师手上举表示向上跳，把手下

压表示下蹲，把手侧指表示向侧跳。游戏要求幼儿必须实时根据老师不同的手势而快速完成各种动作。

3. 模仿法。在没有口令的情况下幼儿跟着老师做不同的动作。这种方法能集中幼儿的注意力，引起幼儿的兴趣。

4. 集中法。以全班为单位进行各种队列练习。如小班可以一个跟着一个走；中班可以走圆形、两队变四队纵队练习；大班可以切断分队走，2路变4路、4路变2路纵队练习等。

5. 游戏法。采用这种方法能集中幼儿的注意力，提高他们的学习兴趣。例如，打地鼠、小飞机、开火车钻山洞等游戏。

6. 持物法。幼儿手持轻器械或轻物进行准备活动。此种方法与徒手操一样对矫正幼儿的身体姿势，培养他们的协调能力都有重要的作用。它比徒手操更容易引起幼儿的兴趣。

以上几种准备活动方法并非孤立使用的，有时综合使用几种方法。因此，在体育教学中准备活动要根据教学目标、幼儿的年龄特点而定。这就要求我们老师在教学中认真钻研教材、目标，科学设计准备活动，从而有效地激发幼儿参与活动的兴趣，提高体育教学的质量。

二、注重教学活动中运动量的调节，有效提升幼儿运动的实效

幼儿进行体育运动时，若运动量过大，则损害幼儿的健康；若运动量过小，则达不到增强体质的效果。体育活动开始时，应做一些运动量较小的动作，在中间部分安排强度大、难度高的动作练习，使幼儿达到生理负荷的高峰，之后再安排活动量较小的游戏直至放松结束。

案例：小袋鼠学本领

热身运动后，大班的孩子就开始当小袋鼠。老师先带着孩子们在空场地上助跑跨跳。跑了三次后孩子们的心率应该已经达到每分钟140次。教师又引导孩子们助跑＋跨跳，提醒孩子们可选择不同长度的路线，注意助跑速度，增加游戏的难度，此时孩子的心率达到每分钟150—170次。之后教师再带孩子们做一些动静交替的游戏，孩子的心率降到每分钟120次，最后自主收器械，随音乐做放松的动作，活动结束。

思考与分析：活动中，孩子们头上微微出汗了，小脸也红扑扑的，开心地笑着跑着，一幅幸福的景象。此次活动虽然很简单，没有复杂的程序、没有挑战性的动作、没有一物多玩的花样，但此次体育活动老师对运动量能够做到心中有数，遵循了运动量从小—增大—顶峰—下降—放松的规律，活动过程中让孩子们的精力得到足够的释放，让孩子们的身体得到适宜科学的锻炼。

三、提升教师的指导策略，运用多种方式，形成积极有效的师幼互动

《纲要》指出，执行教育计划的过程是教师的再创造过程，教师在教育过程中应成为幼儿学习活动的支持者、合作者、引导者。这对教师的指导策略、角色定位提出了更高的要求。教师的语言要简练、生动，能吸引幼儿的注意力。生动的口头语言固然吸引幼儿，但适当的肢体语言在某个环节的应用，却胜于口头语言。教师有的放矢地指导幼儿学习基本动作。

在幼儿自由练习时，教师可充分利用幼儿榜样的影响作用，激发幼儿相互学习。如学习侧身钻时，幼儿两三人一组进行练习，提醒幼儿在练习时，要注意观察同伴的动作是否做对，错在什么地方。通过互相观察，互相纠正，既调动幼儿练习的积极性，还能有效地发挥同伴的示范作用。此做法适用于中大班幼儿。

练习时应注意密度、强度的分配，避免幼儿过度疲劳。如学习蛙跳动作时，教师要考虑动作的密度和强度的有机结合，过长时间地练习双手撑地，下蹲向前跳，有可能会使幼儿的手臂和腹部肌肉疲劳，出现酸痛的现象。为避免这一现象，教师的组织方式可从集体练习到分组练习或个别示范，再到集体练习，让幼儿在整个练习的过程中，既有充分练习的时间，又有身心调适的休息，达到更好的练习效果。

把握重难点，从易到难地进行练习。如练习从高处跳下时，教师先让幼儿在20—30厘米处往下跳，掌握基本高度向下跳的正确动作，知道落地时前脚掌要先着地，双手后摆，屈膝保持平衡。进而过渡上升到30—40厘米的高度往下跳，此时要特别关注个体差异，教师要帮助幼儿克服心理障碍，以鼓励、帮助的方式，增强其自信心，勇敢地往下跳。

案例：蚂蚁搬豆

在一次体育观摩课中，老师扮演蚂蚁妈妈，小班幼儿扮演小蚂蚁，小蚂蚁在垫子上练习爬行。练习了一会儿了，老师提高了难度，爬过垫子到前方拿一个小球回来。交代完玩法之后，孩子们前进了。一开始还进行得很顺利，后来有一个小蚂蚁在垫子上爬来爬去赖着不走也不去拿球，其他幼儿也效仿了。垫子上孩子们爬来爬去，不亦乐乎。面对着这么多的观摩老师，这位老师没有生气、没有命令，而是叫配班老师再多拿两个垫子来，让孩子们在上面爬个够，设计拿小球的环节也没有再进行下去。

思考与分析：不是每个游戏孩子们都感兴趣。这位老师设计的小游戏就因为孩子们不喜欢而取消了。相信有些老师也会遇到类似的问题，自己辛辛苦苦设计的环节，孩子们不感兴趣，反而对其他事物的兴趣更浓。但这位教师随着孩子的兴趣点及时调整了教学内容，尊重幼儿的兴趣需要，体现了教师的教育机智和对孩子的爱。

（一）通过"教师的疑问"，将知识技能抛给孩子，让提问成为师幼互动中的"弹力球"。

基本部分是体育课程中最为关键和重要的一部分，本节课预设的目标、技能要点都需要在这个环节完成，所以这环节的提问方式就是重中之重。在教学过程中，幼儿的提问是强烈求知欲的反映，也是自主学习的表现，幼儿提问的基础是从已有经验或情景中通过对事物的观察发现新问题，通过提问实现自己对事物的探索，满足其好奇心和求知欲。同时幼儿的提问是思考的起点，是获取知识的钥匙，他们往往是遇到在自己的认知经验范围内解决不了的问题或有疑问时才提问或求助于教师和同伴。教师应放下架子真正接纳和认可幼儿的想法，不失时机地将问题重新"抛"给幼儿，不必急于把自己的想法在幼儿尚未具备相关经验时强加给他们，引发幼儿进一步思考与探索。

除此之外，教师要善于将孩子提出的问题"变相"地抛给孩子，就是所谓的"借力打力"。让孩子们去发现自己的问题，并提出来，跟随教师共同寻找解决问题的方法。教师通过不断的提问，深层次的提问、相互之间的比较，引导幼儿对问题有更加深入的了解。

（二）通过"活动结束后的讲评"，让提问成活动后的"百宝箱"。

结束部分往往是教师们不太重视的环节，一节活动下来，孩子和老师都会有一些疲倦，结束部分只进行身体上的疲劳缓解就可以了，但其实体育课程的结束部分和我们活动区的开展一样，都需要教师做出及时的讲评，有针对性的讲评才能够为本次的活动真正意义上的画上了一个"完美的句号"。

如投掷活动结束后，教师提问：为什么有的小朋友投弹近？有的投弹远？怎么就能投的远？请投的远的小朋友和大家分享自己的好方法。你知道哪项体育运动和单手投弹有关吗？还可以进行相关活动的渗透或下次活动的铺垫等。

这样的提问时机和提问方式给孩子们一个回忆、思考、发现、解决、巩固的过程，相当于帮助孩子们收集了刚刚"忙碌"课堂上没有来得及记住的"宝贵经验",相当于一个"百宝箱"。如果教师全程采用这样神秘、紧密、开放、深入的提问方式,这样在一节体育活动结束之后,孩子们不仅能够掌握技能,还会感到十分开心!

基于"玩说记展"探索幼儿园泥艺劳动项目活动的新路径

北京市丰台区花城幼儿园　刘晓婉

巴尔扎克曾说过:"持续不断地劳动是人生的铁律,也是艺术的铁律。"劳动是生活的基本,是造就人们文化艺术、幸福快乐的根本。基于以上理论依据以及对现实基础的分析,我们认识到:泥艺劳动是和幼儿生活相联系的,泥艺劳动过程是幼儿经验建构的过程,泥艺劳动是推进幼儿劳动教育的重要途径之一,其课程化是促进泥艺劳动教育落地实施的重要举措。因此,在课程游戏化的视域下,我园开展特色泥艺劳动,指向幼儿泥艺兴趣的提升以及良好劳动品质的培养,达成美心、美行、美性的"三美"幼儿培养目标。

通过不断的教育教学实践和研讨,发挥集体的力量,笔者得以在实践和理论之间架起一道桥梁,进而梳理了基于"玩说记展"探索幼儿园泥艺劳动项目活动的新路径(见图1),即创环境支持幼儿"玩"、创支架支持幼儿"说"、创情境支持幼儿"记"、创平台支持幼儿"展",激发幼儿的劳动兴趣和探索欲望,支持幼儿创设自我表现的机会,让幼儿积极主动、有效获取泥艺劳动知识,在动手动脑中感知用泥进行艺术创造的乐趣,对自己的劳动感到自豪。

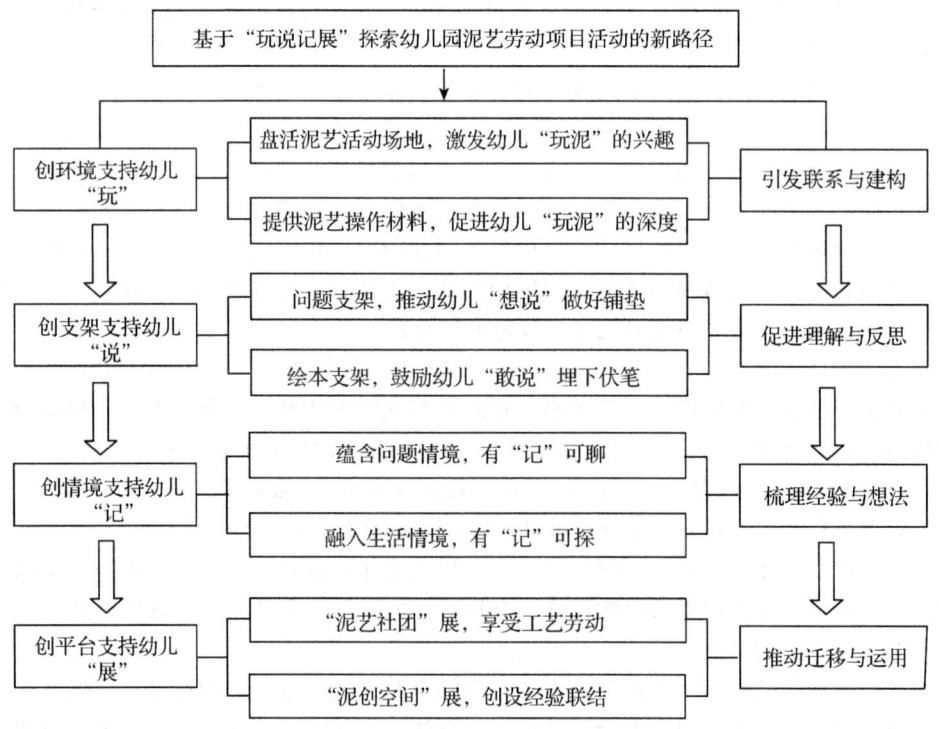

图1　基于"玩说记展"探索幼儿园泥艺劳动项目活动的新路径

一、创设环境支持幼儿"玩",引发联系与建构

(一)盘活泥艺活动场地,激发幼儿"玩泥"的兴趣

我园基于不同的泥艺活动特点,将泥艺活动场地主要分为户外的"泥趣坊"和室内的"印刻吧",其中泥趣坊是泥艺活动的户外主场地,也是泥艺活动区中空间最大的区域。偌大的区域皆是幼儿的操作区,也是幼儿施展本领的舞台。在该区域中,孩子根据喜好挑选石头,并发挥想象力在石头上进行涂鸦创作;利用模具制作泥砖并砌成创意泥水墙,不断发展手部精细动作,形成坚持不懈的学习品质;利用沙、水、泥以及在户外唾手可得的自然材料创作泥浆画,用泥浆拓印,不断提高创造性和艺术表达能力。

(二)提供泥艺操作材料,促进幼儿"玩泥"的深度

丰富的材料是进行泥艺劳动活动的前提,只有主动与材料互动,才能调动幼儿的积极性,从中体验发现的乐趣,激发探索的欲望使幼儿的泥艺劳动的行进过程更加深入,从而获得丰富的认知经验,促使幼儿在与材料的互动中深化。因此,教师及时提供丰富的便于幼儿取放的各类材料(泥、沙、石)、工具和辅助材料,与幼儿共同确定"玩转泥水"特色主题活动(见表1),引导幼儿围绕主题展开想象,进行创作表现。

表1 "玩转泥水"特色主题活动

年龄班	活动内容	材料准备	核心经验
小班	泥浆拓印	主料:泥土、沙、水 辅料:各类自然材料、生活用品 工具:拓印工具、刷子、围裙、手套等	1. 了解水和泥按不同比例混合而产生的不同的泥浆 2. 运用水、泥比例恰当的泥浆进行拓印
中班	泥浆画	主料:泥土、沙、水 辅料:树叶、花瓣 工具:刷子、围裙、手套等	1. 设计画面造型 2. 调整泥、沙、水的比例 3. 结合自然物进行创作
大班	制作泥砖	主料:陶泥 工具:泥砖模具、自制模具、雕刻工具、围裙、手套等	1. 调整泥、沙、水的比例 2. 使用模具制作泥砖 3. 在泥砖上进行印刻 4. 研究晾晒时间和成品效果之间的关系

二、创支架支持幼儿"说",促进理解与反思

(一)问题支架,推动幼儿"想说"做好铺垫

《指南》中指出,认真对待幼儿的问题,引导幼儿猜一猜、想一想。问题支架强调立足幼儿生活,通过观察身边的事物和人,激发幼儿的好奇心和问题意识,以问题支架为导向策略,使幼儿去探究和发现以产生对客体的认知。幼儿在泥地里观察,喜欢通过自己的探索和研究获取直接经验:"泥摸起来是什么样的?""泥可以做什么?""泥还可以怎么玩?"……幼儿"玩泥"的兴趣持续高涨,我们从幼儿的兴趣出发,和他们一道开始了"和泥玩游戏"的探索之旅。在主题活动开展前,我们和幼儿一起围绕"玩什么""怎么玩"开展讨论,形成若干个小活动,在"小泥人"制作过程中,他们能用正确的词语来表达自己的想法,同伴之间的交流和分享让他们的画面变得生动,语言变得更加丰富,同时还获得了来自同伴的观察视角,彼此的经验相互碰撞、交流。

（二）绘本支架，鼓励幼儿"敢说"埋下伏笔

绘本具有情节生动、幼儿喜闻乐见，内容丰富，有助于良好劳动品质的塑造，道理浅显、幼儿易于接受等特征，幼儿在与故事角色交融中培养"敢说"能力。为了更好地满足幼儿制作小泥人的需求，为幼儿提供适宜的经验支持，我们尝试在班级阅读区投放了《小泥人》等与泥艺劳动有关的绘本故事，故事中的有趣情节深深吸引着他们，围绕"怎样做泥人？""泥太黏了，怎么办？"等问题，幼儿展开了积极的讨论："安装泥人的手、脚时可以上上下下折一折，这样小泥人更有动态趣味""粘不住的时候可以用水"……通过阅读绘本《小泥人》，了解泥和水的配比，尝试通过了解绘本故事中提供的信息，调整自己的制作方法，初步感知和泥成功的秘诀，修正自己的劳动行为。

三、创情境支持幼儿"记"，梳理经验与想法

（一）蕴含问题情境，有"记"可聊

问题是幼儿认识过程的反应。在泥艺劳动活动中，幼儿会产生各种各样的问题，有了问题，幼儿便会有充分的积极性和主动性去探索答案，因此，创设蕴含问题的情境，鼓励他们尝试用图画、符号来进行表达，并丰富他们的记录经验，发现游戏中的有趣联系，促进思考。当幼儿来到"印刻吧"，发现陶泥不多了，不够制作泥塑作品时，主动地提出："只剩一点泥了，怎么办？"大家通过讨论，得出挖泥补充材料的想法，大家围绕"泥从哪里来呢""泥里有什么"问题，经历了挖土劳动，在探索中收获各领域的知识。

（二）融入生活情境，有"记"可探

布兰思福特提出，深度学习必须重视知识的可使用情境及知识的理解与迁移。依据情境认知理论，知识不能孤立于幼儿的生活而存在，知识的学习应该联系幼儿的真实生活场景，通过创设情境，促进幼儿对学习产生兴趣，激发幼儿自发地思考与迁移，实现深度学习。和泥制作工序对幼儿来说确实有点挑战，"那怎样才能把泥和成黏土一样呢？"幼儿通过回忆生活中和面的方法和经验进行讨论："用力捏捏可能就会变成块状。""加点水试试，然后捏捏。""湿的和干的混合，就像和面团一样。""把黏的和不黏的混合。""我在电视机里见过和泥后要摔泥。"……然后一一尝试，发现加水可以让土变软、变黏、变湿。通过第一次尝试，幼儿总结经验如下：和泥前需要过滤泥土；和泥加水要慢慢加，切勿一下子加太多；和泥到一定程度可以进行摔泥。在不断摸索的过程中幼儿主动总结规律并进行反思。

四、创平台支持幼儿"展"，推动迁移与运用

（一）"泥艺社团"展，享受工艺劳动

泥艺社团采用中大班混龄的形式，重视幼儿参与的自主性，积极发挥大带小作用，发挥幼儿之间互相学习、积极交流的作用，通过"泥艺社团"展（见图2），有效促进幼儿社会性发展。采用询问调查、教师推荐、家长协助、幼儿自选、自我展示等方式选择入社的幼儿，教师通过给幼儿讲述故事、进行谈话、欣赏作品等方式让幼儿在想象中创造，表现画面，合理使用材料，表达情感。该社团活动建设以幼儿兴趣为出发点，为幼儿的发展准备各种机会、创造各种条件，让幼儿充分享受泥艺劳动创作的快乐，努力践行"来源生活，回归生活"的教育愿景。

（二）"泥创空间"展，创设经验联结

泥艺劳动项目活动的核心目标是"创"，除了全域性开放的空间创设外，特色"泥创空间"也是支持课程目标的重要资源。"泥创空间"展的创设，丰富了常规学习区域的内容，补充了泥艺劳动内容的特色发展部分，同时也为幼儿提供了更多经验发展和兴趣发展的可能。展览馆四周靠墙的架子是幼儿作品陈列区，上面的作品按材料、创作者年龄段分类摆放，

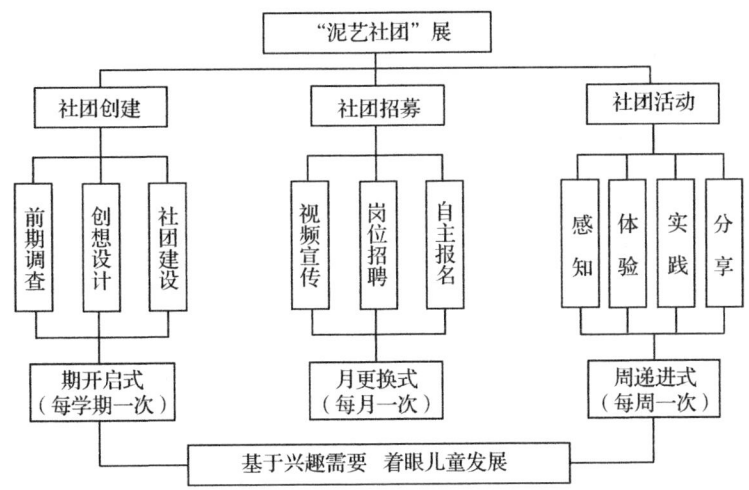

图2 "泥艺社团"展

且每一件作品上都标注了名称、作者和创作时间。同时,利用墙上的电视机播放幼儿动态沙画创作活动视频以及幼儿活动过程的视频,幼儿可以在该区域互相欣赏作品,分享、交流创作过程中的想法等。

总之,劳动之所以崇高,是因为劳动是财富之母,人类所享受的一切物质成果、科技成果、文化成果无一不是劳动的产物。小小的泥塑,使劳动和艺术通过快乐的方式从幼儿的指尖传递到心灵,将心中美好的事物通过泥艺的制作,以立体的形式表现出来,它承载了中华民族最优秀的劳动技术、劳动情感和劳动素养。

巧劳动·趣值日·共发展

——幼儿园值日活动的有效开展策略

北京市大兴区青云店镇中心幼儿园　杨　岩

值日是幼儿园常规活动的一部分,对于幼儿劳动观、集体观和发展观的培养有重要影响,也是幼儿劳动教育中不可或缺的一环。从当前幼儿值日情况来看,普遍存在兴趣不足、效率低下、认识模糊、敷衍应付等问题,很多孩子认为值日就是"干活",从而对值日有一定的抵触和排斥情绪;还有的孩子把拖把、簸箕当玩具,追赶打闹,丝毫没有自主劳动意识,而是把值日当作游戏的一种;还有的孩子态度尚可,但是劳动技能不足,做事拖沓效率低。值日就像一面镜子,折射出幼儿劳动教育的不足,也让我们看到了完善值日活动、提升幼儿劳动素养的必要性和紧迫性。

一、环境创设,支持幼儿主动劳动

幼儿从小就拥有优越的生活条件,很多孩子从没有在家中劳动过,所以劳动意识和劳动能力相对薄弱。所以,有些孩子无法融入到值日环境中,在值日活动中不够积极。针对这一问题,教师可以通过环境创设让幼儿懂得什么是值日,自己要做什么、怎么做、达到什么样的效果、需要注意什么等,幼儿理解了这些才能主动参与到值日活动中,以此激发幼儿的值日热情。

比如教师可以创设一面"值日墙",通过张贴画报、图片、卡通画等让幼儿明白什么是值日、为什么要值日,图画的形式更有利于幼儿理解;在"值日园地"板块则显示具体的值日信息,比如日期、值日生姓名、值日内容、注意事项、明日预告等,这些内容都是图文并茂的,幼儿能够看得懂才能快速执行。

值日生佩戴值日卡牌或值日袖章,这对于幼儿来说是一个具有激励性的标志,能够激发幼儿内心的荣誉感和责任感,而教师也会强调值日生的工作内容、安全事宜等,并鼓励孩子们做好值日,为大家服务。

值日生同样参与环境创设和整理,比如在区域活动完毕后,值日生会帮助老师收拾画纸、各种工具,清扫地上的纸屑等,为了便于幼儿操作,教师可以在地板上画出一个"垃圾圈",让值日生把垃圾扫到圈里,这样幼儿有了明确的目标,就能更好地执行值日任务。

在"值日墙"中,还可以开设"值日小模范"专栏,表扬在值日中表现突出的孩子,从而起到榜样和激励作用。一系列的环境创设,能够强化幼儿的值日意识,进而从"被动值日"转向"主动值日",激发幼儿值日的积极性。

二、自律自省,遵守班级值日制度

幼儿阶段对制度、纪律、规范等缺乏理解,经常是我行我素、随心所欲,在值日活动中也是这样,喜欢做的时候积极表现,不喜欢做的时候直接退出,这些都会影响值日秩序和值日效果。所以,做好值日教师首先要培养幼儿的制度意识,采取民主管理的方式,循序渐进提高幼儿的值日自律性。

比如在班级值日制度的制定中,教师可以采取"值日讨论会议"的方式,让幼儿说一说自己对于值日的想法和建议,比如"你喜欢哪一类的劳动项目?谁来说一说为什么每天都要值日?为什么每个人都要轮流值日?我们在值日中要做什么?怎样才能值好日?"教师让幼儿参与讨论,即使孩子们没有提出可行性建议,但是也能通过这一行为认识到自己的责任:我是班级的小主人,为班级服务是每个人都应该做的事。有了这样的认知幼儿才能主动约束自己的行为。

教师可以根据幼儿的行为特点、能力水平等设计具体的值日制度内容,比如值日活动的组织管理、人员安排、内容细则、责任分工、评价标准、激励方式等,通过民主规范的制度管理强化幼儿的值日意识,还可以让幼儿参与值日表、值日公约的设计和制作,以此提高幼儿的制度执行能力。

三、尽职尽责,强化幼儿责任意识

值日并不仅是单纯的劳动,更是培养幼儿集体意识、责任意识、奉献意识的桥梁纽带。在值日活动中培养幼儿的责任感,让幼儿懂得"人人为我,我为人人"的朴素道理,激发幼儿关心集体、关爱他人的朴素情感,在值日的同时培养幼儿的健全人格。

例如值日生帮助老师分发餐具和小点心时,教师会适时表扬值日生:"我们今天的小值日生表现真好,他们第一个帮老师分餐具,等大家都拿到点心后自己才去吃,让我们为值日的小朋友鼓掌点赞!"教师的表扬让幼儿内心充满被认同、被肯定的喜悦感,而其他孩子也会暗暗鼓劲:我值日的时候也要好好表现,也要得到老师的表扬。

在值日活动中,教师要将值日任务细化到人,这样才能做到"人人有事做、事事有人做",这是提高幼儿值日责任感的重要一环。比如摆放桌椅、给植物浇水、桌面卫生、地面卫生、整理玩具、洗手时维持秩序、检查空调、门窗是否关好……这些内容都会有具体值日生负责,每天值日生都会拿到自己的值日卡,值日卡上画出了自己要做的事,这样更有利于幼儿完成值日任务。

此外，教师还可以每周评选一次"最美值日生"，大家一起评选出本周值日表现出色的小朋友，教师为获奖幼儿颁发奖状、小红花和小奖品。在幼儿值日活动中，激励与约束同在、自主与民主同行，这样的环境更有利于激发幼儿的责任感，无论是在生活中还是值日活动中都能做到尽职尽责，这对于幼儿良好行为习惯的养成有积极的促进作用。

四、寓教于乐，提升幼儿劳动技能

劳动是值日的主旋律，也是提高幼儿劳动技能的"实践场"。针对不少幼儿劳动技能不足、动手能力差的问题，教师可以围绕值日目标设计形式多样的劳动游戏，让幼儿在学中玩、玩中学，一方面提高幼儿的劳动技能，另一方面则能够激发幼儿的值日热情。

在值日活动中，教师不但要注重培养幼儿的劳动技能，而且还要鼓励幼儿把自己在值日中学到的劳动技能运用到生活中，比如帮家长做简单家务，做"家庭值日小能手"等，从而使值日活动从幼儿园到生活延伸，真正提高幼儿的劳动能力，促进幼儿良好劳动习惯的养成。

五、有效评价，发展幼儿劳动素养

评价是评估幼儿值日质量的重要一环，也是最容易被忽视的环节。通过评价能够对幼儿在值日中的表现有更系统、更全面的认识，而这也是教师发现问题、完善值日活动设计的必要依据。

在值日评价中，教师不但要关注幼儿的值日质量，而且还要从幼儿的过程性表现进行评价，比如是否能够和他人密切合作，是否有团队意识和协调能力，在同伴遇到困难时是否能主动帮助，是否能够创造性地进行劳动，在值日过程中是否有变通行为……这些都可以作为评价幼儿值日质量的依据。教师要重视评价成果，从中发现具有典型性、普遍性的问题，围绕这些问题设计主题活动。比如幼儿在值日活动中合作能力较差，教师就可以从"互动合作"出发设计劳动实践内容，重点强化幼儿之间的协同合作能力，以此弥合幼儿的能力短板，构建起"以评促教、以评促学"的良好格局。总之，在幼儿值日评价中，教师要合理设计评价标准，有效应用评价结果，多措并举促进幼儿劳动素养的发展。

六、结语

值日小天地，儿童大成长——在幼儿园值日活动中，教师要从幼儿实际情况出发，从环境创设、民主管理、责任培养、主题设计、有效评价几个层面入手，切实培养幼儿的劳动意识，激励幼儿主动劳动、主动承担责任的积极性，在值日活动中提高幼儿的劳动实践能力，让幼儿获得全面锻炼。教师要注重值日的趣味性和可行性，让幼儿在值日过程中获得更美好的实践体验，在心理上获得荣誉感和成就感，这样才能发挥值日活动的双重效应，促进幼儿身心健康发展。

科学衔接　助力成长

吉林省长春市吉林省省直机关第二幼儿园　艾红波

为扎实推进幼儿园与小学科学有效衔接，必须全面转变教师观念，逐步改变衔接意识的薄弱，全面转变家长观念，大力破除"不能输在起跑线上"的认知误区，缓解家长焦虑和"抢跑"心理。

为此，幼儿园组织教师认真学习《3—6岁儿童学习与发展指南》和《幼儿园教育指导纲要（试行）》，贯彻落实《教育部关于大力推进幼儿园与小学科学衔接的指导意见》及《幼儿园入学准备教育指导纲要要点》精神。以国内外先进的幼儿教育理论为引导，以促进儿童的发展为本，遵循幼儿身心发展特点和教育规律，坚持以游戏为基本活动，规范制订并落实活动计划，将入学准备有机渗透于保教工作全过程，以培养健康、活泼、勇敢、自信的新一代儿童为宗旨，为入小学做好准备，为终身发展奠定良好基础。

一、从转变活动方式入手，为提升学习兴趣做好心理准备

活动方式的转变是由幼儿的发展特点来决定的，让幼儿习惯在生活中学习，并能学以致用，真正感受到学习带来的快乐。只有确立科学的幼小衔接的观念，才能明确教育方法，让活动方式顺应幼儿的特点，让幼儿乐意主动参与，从而增强幼儿参与活动的持久性。

秋游活动是幼儿最感兴趣的活动，我们将这个话题作为一个幼小衔接的专题活动内容来开展，根据大班幼儿独立、自主的特点，以及他们的兴趣需要，努力地找寻幼小衔接活动的结合点，以丰富多彩、生动活泼的形式激发幼儿的学习兴趣。我们对活动进行设计安排，让幼儿在活动中体验"自己长大了"的积极情感。大自然是孩子们最广阔的课堂，为了让小朋友能更生动、直观地了解、认识秋天，感受大自然中各种动植物的变化，丰富幼儿生活、拓宽视野、亲近大自然，让幼儿体验集体同游的快乐，我们到南湖公园开展秋游活动。精彩的传统游戏，如拔河比赛、找宝藏、丢手绢、传花、过独木桥等，让孩子们玩出童真、玩出智慧、玩出精彩。孩子们拥抱自然，体验秋天，秋游活动给孩子们增添了美好的回忆，感受了秋天的绚丽；秋天的收获也丰富了幼儿的生活经验。

通过实践与探索，我们领悟到只有立足于正确的教育观念，将幼儿的终身学习、后续发展放在第一位，才能在幼小衔接工作中有所突破和创新。学会幼小衔接活动的形式是容易的，而掌握幼小衔接教育理念，具备幼小衔接的意识是困难的，所以必须不断地摸索研究，在实践中反思，才能把幼小衔接工作做得扎实、有效。

二、通过组织各种比赛活动，培养幼儿的好习惯，做好生活准备

幼儿升入大班后觉得自己长大了，不再是幼儿园的小弟弟、小妹妹了，我们抓住幼儿渴望长大的契机，开展大带小活动，在一日生活各环节中加强观察与指导，积极鼓励幼儿自己的事情自己做，如自己整理衣服，整理书包，学系鞋带。其间我们组织幼儿开展拍球、跳绳、夹杏核、拼图、足球比赛等活动，在活动中培养幼儿的好习惯，在竞赛中促进能力的提高，为幼儿入小学做好生活准备。

三、在多种节日活动中，让孩子们学到知识、学会合作，做好社会准备

让孩子们在多种节日活动中学到知识，学会与人交往、合作和分享。如在"欢度元宵节"活动中，和孩子们一起布置环境，自己和面包饺子，剪窗花、闹花灯、团元宵、猜谜语，"三八妇女节"中我们每个小朋友为妈妈制作了手工礼物，引导孩子学会关心，学会体贴，激发孩子对妈妈的感恩之情。

"欢庆十一"主题活动中，我们重温开国大典这一激动人心的时刻，向孩子们讲解国旗、国徽的象征意义，孩子们用绘画、诗朗诵、歌咏比赛等形式来庆祝祖国妈妈的生日。活动形式丰富，使孩子们乐于参与活动，在活动中得到锻炼，各种能力得到提升。

四、利用多种途径把不同领域的知识融入到一日生活游戏中，做好学习准备

我们经常让幼儿欣赏优秀的文学作品，学习古诗、听故事，看图讲述，感受绘本作品中语言的丰富和优美，养成良好的阅读习惯。为幼儿营造一种能够极大地调动其参加活动的积极性，使其听与说都能处于最佳状态的氛围。我们以表扬鼓励为主，再结合主题活动开展自主游戏，为幼儿提供丰富有效的材料，引导幼儿在自由、宽松的气氛中主动探索、

学习。我们开设了多种区角,根据幼儿的年龄特点、教育教学总目标和正在进行的主题活动,有层次地、有步骤地提出各阶段的区域活动目标,幼儿每天都有充裕的活动机会和活动时间。利用多种途径把不同领域的知识融入到一日生活中,引导幼儿将学习与现实需要紧密结合,发展幼儿的逻辑思维能力和空间想象能力,训练幼儿做事认真、细致,具有主动性、条理性、坚持性和创造性。教育幼儿勇于克服困难,培养幼儿学习的毅力和自信心,为幼儿今后的发展打下坚实的基础。

五、家园共育,合作共赢

幼儿教育离不开家庭教育。陈鹤琴提出,幼稚教育是一件很复杂的事情,不是家庭单方面可以胜任的,也不是幼稚园单方面能胜任的,必定要两个方面共同合作方能得到充分的功效。为了使家长了解我们的工作,争取家长的理解与信任,切实做好常规性的家长工作。我们利用早晚接送的时间主动与每一位家长进行沟通,做到及时与家长沟通反馈幼儿的情况。我们的工作得到了家长的理解和支持。家园协调一致,共同促进幼儿的健康成长。

总之,幼儿园教育不仅是孩子最初的教育阶段,更是小学教育的准备阶段。幼儿园教育与小学教育的衔接问题,已经直接关系到了孩子的未来成长。正因如此,幼儿园、小学以及家庭三个方面都要保持高度的配合和协调,旨在帮助儿童提升自身的生活能力、交往能力、保护能力以及学习能力。我们继续将幼小衔接工作渗透到幼儿园的一日生活和游戏之中,遵循幼儿的发展规律,注重兴趣、习惯的培养,在潜移默化、循序渐进中帮助幼儿做好身心、生活、社会、学习等各个方面的入学准备,为幼儿顺利进入小学生活科学助力!

基于儿童视角下的教师区域活动观察与指导

广东省河源市连平县教育示范幼儿园 黄静雯

一、材料投放与主题活动内容相融合

区域活动作为集体活动的补充与拓展,已成为当前幼儿园实施素质教育、推进幼教改革的一种重要活动形式。为了使区域活动能真正地适合幼儿全面发展,在投放材料时,我们往往可以从主题教学内容上进行延伸与拓展,根据班级实际情况和幼儿需求,我们可以围绕主题内容对环境的布置和材料的投放进行合理设置,并根据主题的推进进程与幼儿的兴趣需求进行有目的的更换、调整。让幼儿在区域活动中大胆探索,促进幼儿自主探索、科学求证。如小班主题活动"秋的消息"中,孩子们对秋天的水果特别感兴趣,我们与幼儿一起收集在秋天成熟的水果的图片与实物,共同布置班级环境;根据孩子们的兴趣点,我们探索了"柚子的秘密",认识柚子,在美工区让幼儿进行柚子写生、柚子涂鸦;在科学区让幼儿观察柚子皮的变化、柚子的沉浮;在语言区投放幼儿收集的一系列关于水果的书籍,一起分享。随着主题活动的开展,区角活动也围绕着主题活动不断深入与拓展,材料投放的实时性对幼儿获取知识、发展能力提供了有效的帮助。

(一)根据幼儿年龄特点投放区域材料

教师投放区域材料时要根据本班幼儿的年龄特点、兴趣爱好等,这样才能调动幼儿活动的积极性,让幼儿感受到探索的乐趣,体验成功的快乐。如小班区域活动"好听的声音"中,提供了易拉罐、塑料瓶、泡沫盒、装有不同种类豆子的瓶子等,遵循小班幼儿好奇心强,喜欢用多种感官或动作去探索物体的特点。因此在区域材料投放上需要考虑幼儿的已有经验以及发展的可能性。

（二）根据幼儿能力的差异，提供不同层次的材料

即使是同一年龄阶段的幼儿也存在差异性，因此在材料投放时需要考虑不同水平层次的幼儿，推动他们的发展，通过观察理解幼儿的思考方式、游戏特点，对幼儿的活动水平做出准确的判断。如教师在小班美工区投放了很多材料，刚投放时幼儿都挺感兴趣的，但是随着活动的推进，教师发现材料逐渐被冷落了。通过教师的观察以及对幼儿活动的分析，及时修改活动难度，在同一种材料中放置不同难度的材料，让每一个幼儿都能体验到成功的快乐并促使他们在原有能力上得到提高。

二、选择观察对象，巧妙运用观察策略

（一）确定观察要点，明确观察方向

观察要将全体幼儿与个别幼儿相结合的方式进行综合性观察。如观察幼儿行为发生的背景、倾听幼儿的需求与兴趣、观察幼儿与材料的互动状态、观察幼儿的发现……

有了观察的方向，教师才能更好地把握整体，进行有目的的观察，从而得到幼儿与材料互动的第一手资料，并从中分析一些现象产生的原因，进行进一步调整与改变。让每一个幼儿在与材料的互动中进一步得到发展。

（二）落实观察目标，推动观察过程

在区域活动中，教师只有通过细致的观察，才能更好地了解幼儿，以便在幼儿需要的时候给予恰到好处的帮助。而教师的有效观察对教师的思考、分析的正确性有直接的影响，可以对幼儿活动水平的表现做出正确的判断，得出结论。并对他们所出现的具体情况进行分析，从而得出横向、纵向的比较与分析。如在小班科学区开展活动时，幼儿的游戏中往往会出现很多教师没有料想到的情况，这时我们可以从幼儿的行为表现上进行分析观察，针对幼儿不同的活动表现来分析材料引发的不同情况。根据幼儿的实际发展情况，提供相应的策略方法，帮助幼儿有更多的发挥空间。

三、把握介入时机，寻找指导时间

在区域活动中教师的介入是必要的，但介入的时机和介入的方式非常重要，教师不当的介入反而会打断幼儿的行为，不利于幼儿专注力的发展，影响幼儿持续性地学习。因此，在区域活动中教师要先以旁观者的身份进行观察，观察幼儿在活动中的言谈举止和行为表现，学会等待，寻找适合的时机介入，在幼儿真正需要的时候给予恰当的指导。在观察幼儿活动中，遇到以下几种情况我们可以进行介入。

（一）将要放弃时

有些幼儿遇到困难能利用已有经验解决，有些幼儿会在同伴的帮助下解决问题，但有些幼儿遇到困难找不到解决办法时会直接放弃，这时老师可以进行适当的指导帮助他们解决困难和问题。

（二）发生争执时

在区域活动中，由于每个幼儿都有自己的想法和思考，当自己的想法得不到认同时争执就会发生。特别是小班幼儿，他们还不懂如何合作与分享，争执时有发生，这时就需要老师适时介入。如在建构区，浩浩和萱萱正在搭建城堡，他们对城堡的屋顶设计有不同的想法，两个人争个不停，这时我请他们将各自的想法说出来，然后一起决定怎么搭建，最后两个小朋友共同搭建一座大型城堡，并在结束后共同分享。

（三）有求于老师时

区域活动中，幼儿在活动遇到问题无法解决向老师求助时，教师要及时介入引导幼儿，

鼓励帮助幼儿寻找出解决办法，帮助幼儿更好地开展活动。当幼儿在活动中的问题得到解决时，教师就要适时退出，给幼儿更多自我探索的空间。如幼儿在美工区探索新材料——扭扭棒，幼儿迟迟不能达到自己想要的效果，产生挫败感时，教师可以作为合作者，共同讨论扭扭棒的基本玩法，然后让幼儿自由探索，学会用多种方式制作不同的扭扭棒作品。

在实践中促进幼儿教师专业发展
（中册）

苏 津 主编

首都师范大学出版社
CAPITAL NORMAL UNIVERSITY PRESS

图书在版编目(CIP)数据

在实践中促进幼儿教师专业发展 / 苏津主编. —北京：首都师范大学出版社，2024.6

ISBN 978-7-5656-8082-3

Ⅰ.①在… Ⅱ.①苏… Ⅲ.①幼教人员－职业技能－教师培训－文集 Ⅳ.①G615-53

中国国家版本馆 CIP 数据核字(2024)第 040774 号

ZAI SHIJIAN ZHONG CUJIN YOU'ER JIAOSHI ZHUANYE FAZHAN
在实践中促进幼儿教师专业发展(中册)
苏　津　主编

责任编辑	林　尧　周晓蓉

首都师范大学出版社出版发行

地　　址	北京西三环北路 105 号
邮　　编	100048
电　　话	68418523(总编室)　68982468(发行部)
网　　址	http://cnupn.cnu.edu.cn
印　　刷	北京印刷集团有限责任公司
经　　销	全国新华书店
版　　次	2024 年 6 月第 1 版
印　　次	2024 年 6 月第 1 次印刷
开　　本	787mm×1092mm　1/16
印　　张	51.75
字　　数	1500 千
定　　价	158.00 元(全三册)

版权所有　违者必究
如有质量问题　请与出版社联系退换

编委会

主　编　苏　津

副主编　林　莹　吴媛媛　李　鹏

编　委　（按姓氏笔画排序）
　　　　　　王慧迪　王怡雪　王立秋　文振有　宁贤丽
　　　　　　仲丹宁　刘　欣　刘会玉　邱　霞　陈　琴
　　　　　　罗　阳　赵振颖　胡普树　常　娥　蔡丽菊
　　　　　　翟凤洁　潘艳萍　魏　莎

组　委　杨雅楠　闪军燕　赵　强　布松涛　张庭玮
　　　　　　苏　博　王　阳　潘永东　钟秋瑜　黄欣钰

目 录

教学实践

【教案】

神奇的磁铁	祁家英(003)
爱	王 瑞(004)
学做小海军	刘会玉(005)
你好！未来！	朱浩尘(007)
小鳄鱼的烦恼	吴小双(008)
保护自己的隐私部位	王 硕(009)
有趣的排序	盖欣桐(011)
神奇的数块	姚慧晶(012)
小乌鸦爱妈妈	樊 硕(014)
儿歌《小老鼠串门儿》	吴 迪(015)
蔬菜的不同样子	莫煊儿(016)
兔子历险记	何 欣 曹继荣(018)
鸡宝宝本领大	宋如心(019)
小刺猬运果子	李新月(020)
藏哪里了	郭日晶(022)
乌鸦喝水	张 蕾(023)
欣赏《说唱脸谱》	柴柳清(025)
《蝈蝈和蛐蛐》	杜 鹃(026)
小小收纳师	唐雪娇(027)
真正的魔法师	张芳芳(029)
1和许多	李 娜(030)
辨别左右	宋 歌(031)
夏天的雷雨	邓俊莲(033)
千足虫	樊俊芳(034)
对对歌	黄馨莹(036)
小兔子拔萝卜	牛美群(037)
好玩的象形字	周 莎(039)
绘本故事《小威向前冲》	游钦娟(040)
挖呀挖呀挖	贾文哲(041)
小猴运桃	赵 莉(043)
金灿灿的秋天	金 磊(044)

天气预报标志我知道 …………………………………………………… 史　可（045）
剥花生 ………………………………………………………………… 盛晓月（047）
单、双数的奥秘 ………………………………………………………… 陈　静（048）
小蚂蚁运球 …………………………………………………………… 李天娇（049）
老巫婆的汤 …………………………………………………………… 宫子胭（051）
森林大冒险 …………………………………………………………… 王智楠（052）
胆子小也没关系 ……………………………………………………… 罗　瑶（053）
图形宝宝 ………………………………………… 王成秀　朱翠苹（055）
蔬菜香香 ………………………………………… 朱翠苹　王成秀（056）
寻找彩虹 ……………………………………………………………… 康　京（058）
登山棋 ………………………………………………………………… 宋　燕（059）
头发飞起来了 ………………………………………………………… 田　爽（061）
排序大冲关 …………………………………………………………… 宋丽芳（062）
绘画活动"幼儿眼中的小小军营" …………………………………… 徐永枫（064）
毛球体验馆之彩色雪糕棒 …………………………………………… 刘　宁（065）
我和蔬菜交朋友 ……………………………………………………… 史国巧（066）

【说课稿】
辛勤的劳动者 …………………………………… 严冠楠　夏郡薇（068）
鹅大哥出门 …………………………………………………………… 刘会玉（069）
颜色变身记 …………………………………………………………… 姚佳禹（071）
玛丽游行记 …………………………………………………………… 崔玉萍（072）
好玩的影子 …………………………………………………………… 晏利芳（074）
手电筒看见了什么 …………………………………………………… 李　嘉（076）
好玩的跳绳 …………………………………………………………… 王铭杨（078）
上当的眼睛 …………………………………………………………… 王　静（080）
拔萝卜 ………………………………………………………………… 李盼盼（082）
体育活动"小猫滚球" ………………………………………………… 熊　攀（083）

教育反思

【观察记录】
第一次在幼儿园"过生日"
　　——幼儿人际交往初探索 ………………………………………… 修丽玮（089）
和"泥"一起玩 ………………………………………………………… 邹降壤（090）
我的建构乐园 ………………………………………………………… 张玉竹（091）
区域规则的建立 ……………………………………………………… 乔　谦（092）

【案例分析】
好玩的椅子 …………………………………………………………… 沈　鑫（093）
探秘蚕宝宝 …………………………………………………………… 刘　宇（095）
轮胎变身记 …………………………………………………………… 尚丽娟（097）

| 我是小小泥瓦匠 | 刘　航（099） |

用数学方法解决生活问题

　　——以中班自然测量为例　　　　　　　　　杨秋实（101）

| 足球又踢起来了 | 李　晶（103） |
| 户外娃娃家"变形记" | 冯德清（105） |

放"筒"生趣

　　——放手游戏下的教师与幼儿成长之实践案例　　高　娟（107）

"小超市"玩出"大精彩"	龚娇龙（109）
孩子变得自信了	李玉雨（111）
自主游戏"有魔法的黑板擦"案例分析	邓致娴（112）
没有一无是处的孩子	雷娅梅（114）
汉南长江大桥	康凯昱（116）
"吃饭问题"大阻击	杨　硕（118）
桌子变形记	何　燕　徐也娜（120）
地面上怎样会没有水	张　雪　王　芳（122）
鸟窝诞生记	聂　静（123）

【教育随笔】

多米诺骨牌	崔淑艳（126）
我们一起来舞龙	沈美婵（126）
幼儿园里无"小事"	常妍杰（127）
对标评估指南，提升家长工作	温英凤（128）
告状的禹桥	冯　蕊（129）

教育探索

爱的校园文化建设	艾乌兰（133）
青海本土文化在幼儿教育中的魅力	张　玥　张莉莉（135）
幼小衔接中幼儿任务意识的自我建构	魏美艳（137）

兵团幼儿园教师职业幸福感现状及提升策略

　　——以第八师石河子市第二幼儿园为例　　　蔡　玉（139）

针对"无聊的孩子"区域游戏现象的观察与反思	王楠楠（142）
建构游戏中中班幼儿同伴交往行为的研究	韩旭婷（144）
利用园本化活动进行幼儿品格教育的实践研究	宁贤丽（148）
巧用图画书阅读"四步法"支持幼儿深度学习	赵　欣（151）
人工智能与虚拟现实技术在幼儿教育中的前景与挑战	郑杨小玉（153）

"爱时光"

　　——融合教育在家园合作中的实践与思考　　张海月（155）

美好"食"光

　　——小班幼儿良好进餐行为习惯的研究　　　张　敬（158）

| 立德树人视角下开展幼儿爱国主义教育活动的实践研究 | 唐　菲（160） |

记录·倾听·回应
　　——大班幼儿一对一倾听融入一日生活实践研究 ………… 林　茹(162)
幼儿美术作品在幼儿园环境创设中的价值与应用 …………… 熊　萍(165)
幼儿"隐性科学"启蒙教育的探索 ……………………………… 康安琪(167)
浅谈游戏活动对幼儿同伴交往能力的作用 …………………… 宋佳颖(169)
对抓好幼儿园安全工作的几点思考 …………………………… 侯　静(172)
幼儿园自主游戏背景下教师专业素养的提升 ………………… 蔡　晖(174)
关于"社会行为问题"幼儿的个案研究 ………………………… 汤　丽(177)
科学区游戏中幼儿深度学习能力的现状调查分析 …………… 杨　畅(180)
基于CLASS评量表的幼儿园大班美术教育活动师幼互动质量现状研究 …… 李佼君(184)
巧借自然资源，生活教育"优"体验 ……………………………… 江梦云(187)
《西游记》视角下的幼儿园教师团队建设研究 ………………… 练海燕(190)
以游戏化户外活动，促幼儿全面成长 …………………………… 赵天明(192)
浅谈园本教研中的"留白"管理 ………………………………… 程　征(195)
基于培养幼儿"体育＋艺术"素养的生活课程开发与实践 …… 郭建刚(198)
体育课与健康教育融合模式探究 ……………………………… 吴　曼(200)
以项目化学习方式推进大班幼儿深度学习思维的策略研究
　　——以"缆车动起来"为例 …………………………………… 冒玉莹(203)
浅谈教师与幼儿有效沟通的技巧 ……………………………… 魏翌如(206)
育人育德，教之大计
　　——幼儿园教育中落实文化育人策略探析 ………………… 王　珍(209)
节日课程促幼儿深度学习
　　——以清明节主题课程为例 ………………………………… 张夏玲(211)
浅谈幼儿园"戏墨"活动的教学策略 …………………………… 邝翠平(213)
幼儿教师对幼儿的评价方式研究 ……………………………… 陈　欣(216)
基于儿童视域下的课程建构策略 ……………………………… 吴晓娟(219)
建构区游戏教师评价存在的问题及对策研究 ………………… 武雪梅(221)
基于儿童视角的幼儿园种植活动组织与实施优化 …………… 黄真真(224)
幼小衔接视觉下幼儿前书写的有效支持策略 ………………… 梁焕贤(226)
分析民间游戏对幼儿成长的作用 ……………………………… 高书芬(228)
基于缓解农村家长"小学化倾向"的家园共育实践研究 ……… 戴金珊(230)
不惑的代价
　　——标志性评价策略运用之辨思 …………………………… 周　襄(233)
农村幼儿园大班户外运动区材料投放的策略研究 …………… 李仁才(235)
督导并行，推动幼儿园课程高质量发展 ……………………… 王玲玲(238)
浅谈数字化转型下的学前教育幼儿园发展 …………………… 李　娜(240)
幼儿园教育小学化倾向问题的研究
　　——以桂岭镇中心幼儿园为例 ……………………………… 周爱洁(243)
幼儿园劳动教育的实践探索 …………………………………… 曾丽敏(245)

"糖葫芦"式 5—6 岁儿童思辨类绘本教学范式探索
　　——以大班绘本教学《太阳去度假》为例 ················ 卢筱肖(248)
"静极思动",从绘本中挖掘运动
　　——利用绘本在儿童视角下开展幼儿园球类游戏 ············ 王黛琳(250)
幼儿园大班自制玩教具制作及有效性研究 ··················· 郭金鹏(253)
提升幼儿教师职业幸福感的探索与园本化实践 ················· 宋雪丽(255)
B 市学龄前幼儿饮食行为与体能发展关系的研究 ··············· 孔俊霞(262)
幼儿园劳动教育与 STEAM 教育相结合的课程实施策略 ······· 沈　彤　术雪松(264)
关于语言暴力对学龄前儿童影响的研究 ···················· 贾秀南(266)
幼儿园班本课程探索与实践
　　——以小班"很高兴'玉'你相遇"课程为例 ··············· 邓秀芝(269)
幼儿制订"游戏计划书"的必要性及实施策略 ················· 梁思雨(272)
幼儿教师绘本教学提升策略的研究 ······················ 丁　祎(274)
现代信息技术在学前教育教学活动中的有效应用 ··············· 郑如洁(276)

教学实践

【教案】

神奇的磁铁

青海省西宁市青海师范大学　祁家英

教学领域	科学	班级	中班
设计意图	中班幼儿的年龄普遍处于4至5岁，大部分幼儿都接触过磁性玩具，并且被神奇的磁铁所吸引，产生探索欲望。根据"科学儿童观"，本次活动考虑幼儿需求，从幼儿的兴趣出发，满足幼儿的好奇心，让幼儿自主进行探索，把幼儿当作活动的主体。一次偶然的机会，我看到几名幼儿在沙地里玩磁铁时磁铁上吸附了一些铁丝，幼儿不理解为什么磁铁会吸住铁丝，于是展开了讨论。《3—6岁儿童学习与发展指南》中对于中班科学领域的目标有：能感知和发现简单的物理现象；《幼儿园教育指导纲要（试行）》在科学领域提到应该"有好奇心，能发现周围环境中有趣的事情"。于是，我决定设计一节关于磁铁的课程，让幼儿在日常生活中感知、认识磁铁的特性。通过本次课程活动，引导幼儿自己动手操作来发现磁铁的特性，培养幼儿的动手操作能力和探索精神。			
活动目标	1. 初步了解磁铁吸引金属的特性。 2. 能熟练运用磁铁的特性完成相关游戏活动。 3. 愿意大胆思考和积极探索。			
重点难点	重点：感知、认识磁铁对金属物品的磁性，了解磁铁的特性。 难点：对磁铁磁性的理解，运用磁铁的特性完成相关游戏活动。			
活动准备	物质准备：曲别针、1元硬币、非金属纽扣、圆环形磁铁、毛线、木制钓竿。 经验准备：幼儿玩过磁性玩具，认识曲别针、1元硬币与纽扣，并且能区分三者的材质不同。			
活动过程	一、导入活动 谜语导入。 师：今天老师给小朋友们介绍一个好朋友，它可以帮助小朋友们找到埋在沙地里的宝藏哦。小朋友们猜猜它是谁？小块很神秘，天生有吸力，吸住小硬币，一扫就抓起。 幼：磁铁。 二、基本环节 1. 设置情景，引导幼儿在寻找宝藏的过程中讨论磁铁可能存在的特性。 师：老师在幼儿园里发现了一处藏宝地，就在沙地乐园里，里面埋了许多宝藏。小朋友们可以通过磁铁宝宝的帮助找到一部分宝藏，而另一部分宝藏磁铁宝宝也找不到。那小朋友们想不想在磁铁宝宝的帮助下一起寻找宝藏呢？ 幼：想。 幼：老师，为什么磁铁宝宝也找不到另一部分宝藏呢？ 师：这是个神奇的问题，请小朋友们在寻找宝藏的过程中自己思考一下吧。等小朋友们找到宝藏之后老师再告诉你们正确答案。 2. 操作探索，让幼儿发现、认识磁铁吸引金属的特性。 师：现在请小朋友们拿起磁铁宝宝沿着沙地寻找宝藏吧。看看会找到什么样的宝藏呢？（教师引导幼儿用磁铁吸引曲别针和硬币，幼儿自主操作，教师巡回指导） 幼：老师，我们找到了曲别针和硬币。 师：哪位小朋友能告诉老师，小朋友们是怎样找到这些宝藏的呢？ 幼：当我们用磁铁宝宝靠近沙地时，埋在沙地里的曲别针和硬币就自己吸到磁铁宝宝身			

活动过程	上了。 师：老师也帮小朋友们找到了另一部分宝藏，小朋友们看看是什么宝藏呀？（向幼儿展示纽扣） 幼：纽扣。 师：现在宝藏全都已经找到啦，小朋友们有没有发现磁铁宝宝寻找宝藏的特点呢？（教师引导幼儿说出铁、金属等关键性字词，阐述磁铁的特性） 幼：磁铁宝宝只能找到曲别针和硬币，因为它们都是金属做的，而纽扣不是金属做的，所以磁铁宝宝就找不到纽扣。 教师小结：磁铁宝宝本身具有磁性，会对铁等金属物品产生吸引力。所以当磁铁宝宝靠近沙地时会把曲别针和硬币吸上来，靠近纽扣时就不会有反应。这就是前面问题的正确答案。 **三、拓展延伸** 师：小朋友们想不想继续跟磁铁宝宝做朋友呢？ 幼：想。 师：老师给每位小朋友都准备了一块磁铁，小朋友们可以带回家，在经过爸爸妈妈同意之后，在家里走一走、逛一逛，用神奇的磁铁去试一试家里哪些东西可以被吸住，是不是很有意思呀！
活动反思	通过运用磁铁制作相关教具，以"寻宝藏"的活动情节带领幼儿感知、认识磁铁的特性，激发了幼儿科学探索的兴趣。幼儿在游戏过程中感知并认识到磁铁的特性，对磁铁有一定的了解。

爱

陕西省渭南市同州幼儿园　王　瑞

教学领域	语言	班级	大班
设计意图	爱无时无刻不在我们身边，幼儿的成长更是倾注了家人、老师、同伴以及社会大量的爱。到底什么是爱？怎样表达爱？本次活动从以上问题出发，选取生活中常见的表达爱的方式，让幼儿通过行动、语言来体验爱、感受爱。			
活动目标	1. 知道爱有不同的表达方式。 2. 能大胆地表达自己的爱。 3. 感受到爱别人和被爱都是一种幸福。			
重点难点	重点：能大胆地表达自己的爱。 难点：感受到爱别人和被爱都是一种幸福。			
活动准备	物质准备：图片、故事《小鸟学飞》、礼物。 经验准备：幼儿有表达爱的经历。			
活动过程	**一、谈话导入** 师：最近天气太冷了，今天早上我的妈妈打电话告诉我说这几天降温了，让我多穿一些衣服，不要着凉了。挂断电话后我觉得心里暖暖的，很幸福，因为我觉得我的妈妈很爱我。			

续表

活动过程	提问：(1)你们感觉身边有谁爱你？他们是怎么爱你的？(2)你们爱谁？你是怎样表达对他们的爱的？ 二、基本部分 出示图片：了解爱的不同表达方式。 提问：(1)他们是怎样表达自己的爱的？(2)除了用动作表达爱以外，我们可以用哪些语言把爱表达出来？(3)在生活中小朋友们得到了爸爸妈妈和老师的爱，你们觉得幸福吗？当你给别人你的爱后你是什么感觉？ 教师小结：被别人爱和爱别人都是一种幸福。 讲述故事《小鸟学飞》。 提问：小鸟不小心摔下去了，鸟妈妈为什么不来救它？你觉得鸟妈妈爱小鸟吗？ 教师小结：其实鸟妈妈非常爱小鸟，但因为小鸟在成长的过程中必须学会飞翔这项本领，鸟妈妈不救小鸟是为了帮助小鸟早一点学会飞翔，让它自己成长，而这种爱就叫放手的爱。 提问：在生活中有没有像鸟妈妈一样虽然很爱你们，但在你们遇到困难时没有帮助你们反而让你们自己成长的人呢？他爱你吗？他是怎么对你的？ 教师小结：虽然有时爸爸妈妈和老师在你们遇到困难的时候并没有帮助你们，但是他们心里是很爱你们的。 三、结束部分 老师通过自己表达爱的方式送给小朋友礼物，小朋友们用自己表达爱的方式回赠老师的爱。
活动反思	我们知道爱要分享，当我们感受到爱的时候也可以让别人感受到爱的幸福，所以回去之后可以用你的表达方式，把你的爱分享给你爱的人。

学做小海军

新疆维吾尔自治区乌鲁木齐市天山职业技术大学　刘会玉

教学领域	艺术	班级	大班
设计意图	韵律活动是幼儿喜欢的音乐活动之一，在学前儿童音乐活动中，音乐与身体动作常常是不能分开的。在日常生活中，我们常常可以看到幼儿听到自己喜欢的音乐就会手舞足蹈，这是他们对音乐最自然的本能反应。《指南》中指出，"韵律教学应是创造条件让幼儿接触多种艺术形式和作品。充分尊重幼儿的兴趣和独特感受，理解他们欣赏时的行为。让幼儿喜欢参与艺术活动，并能大胆地表现自己的情感和体验，具有初步的艺术表现和创造能力"。歌曲《小海军》节奏欢快，海军这个职业也是大班幼儿喜欢和向往的，因此我设计了此次歌表演艺术活动，在欢快的音乐中幼儿随着音乐做身体动作，积极参与韵律活动，激发幼儿昂扬的斗志。			
活动目标	1. 感知歌曲节奏有力的特点。 2. 根据歌词内容，能情绪饱满、动作有力、合拍地进行歌表演。 3. 喜欢歌表演活动，体验当海军的自豪感。			
重点难点	能情绪饱满、动作有力、合拍地进行歌表演。			
活动准备	物质准备：《小海军》歌曲音频。 经验准备：幼儿已有歌曲表演活动经验。			

续表

活动过程	
	一、导入部分 师：一封信去旅行，邮筒里面停一停，到邮局盖个章，邮递员按门铃，叮咚叮咚叮咚叮，谁来啦？让我们一起来看看邮递员叔叔今天给我们送来的是什么信呢？让我们一起打开信看看！（展示海军叔叔的照片） 教师模仿敬礼动作，引发幼儿思考。 师：小朋友们，一般什么人会做这个动作呢？今天，老师给小朋友们介绍一位英雄，你们猜猜他是做什么的？答案就在歌曲中，请小朋友们仔细听。 师：老师唱完这首歌，请小朋友们说说歌曲中有什么呢？你们知道海军是干什么的吗？ **二、展开部分** 1. 教师展示海军的图片和战舰，引导幼儿表达他们对海军的认识，并询问学生想要了解哪些内容。 2. 教师简要介绍海军的概念和特点，并与幼儿讨论海军的任务和主要工作。 师：中国人民解放军海军是他们的全名，成立于1949年，主要负责近海防御工作，分为五人兵种，包括海军潜艇部队、海军水面舰艇部队、海军航空兵部队、海军陆战队、海军岸防兵部队。海军为我们维护祖国广阔的海疆，维护中国的海洋资源和海洋主权。 3. 认识海军的主要舰艇和装备。 师：水面舰艇是现代海军的主要装备，常分为航空母舰（大海上的"巨无霸"）、驱逐舰、护卫舰、登陆舰、侦察船、补给船等。 （播放海军建设和维护安全的视频，让孩子们更加深刻地认识海军） 师：海军叔叔为我们守卫祖国海疆、维护国家安全，所以我们从小要热爱我们的解放军叔叔们，更要向他们学习热爱祖国。 4. 回顾前面的音乐，插入自己的舞蹈。 师：小朋友们还记得前面老师展示的《小海军》吗？老师知道你们现在很佩服海军叔叔，那么接下来请小朋友们结合自己对歌曲的认识和老师一起来创编舞蹈动作吧。 师：小海军应该是什么样子的？大炮又是什么样子的？我们应该怎样开炮艇？小朋友们可真厉害，那我们跟着歌曲再来一次吧！（播放音乐） 5. 教师示范动作、分解练习。 师：老师一边唱一边做动作，看看老师和小朋友们做得一不一样呢。 师：现在请小朋友和老师一起边唱边做动作，我们要变身为小海军了哦！ 6. 匹配动作，随音乐练习。 师：小朋友们越来越有小海军的气势了，现在老师唱歌，小朋友们做动作，让我看看咱们班的小海军是怎么样打败敌人的呢？ 师：现在小朋友和老师一起，边唱边做动作，一起消灭敌人吧！ **三、结束活动** 师：老师发现有些小朋友很有创意呢，跳得特别棒，那么老师现在想请小朋友来展示一下自己创编的舞蹈，哪位小朋友愿意呢？ **四、活动延伸** 1. 日常活动：教师可通过谈话、观看阅兵、升旗仪式等活动渗透红色爱国教育，进一步激发幼儿热爱祖国的情感。 2. 家园共育：可以带小朋友们去参观海军基地，带小朋友们更好更直观地了解海军，从而更好地学习和认识海军。 3. 知识竞赛：调动孩子们的兴趣和注意力，增强他们对海军和国家的认识。

续表

活动反思	首先整首歌曲内容是幼儿感兴趣的，利用幼儿熟悉的"邮递员"活动可以更好地吸引幼儿，幼儿随着教师设计的环节层层递进，边听边想边做动作，在欢快的气氛下完成音乐活动，培养幼儿爱国的情怀和责任感。 活动中，教师对于幼儿的回应给予积极的赞赏，在积极有效的师幼互动中较好地达成了活动目标。

你好！未来！

北京市东城区崇文第三幼儿园　朱浩尘

教学领域	语言	班级	大班
设计意图	幼儿即将迎来人生中的第一次毕业，面对幼儿园举办的各类毕业季活动，他们对自己未来的生活有了很多期待。为了将幼儿心中因毕业产生的小小种子留存下来，我设计了本次活动，让他们通过读信、画信的方式，将自己对未来的憧憬与期待记录下来，相信总有一天这些小种子会生根发芽的。		
活动目标	1. 了解信的基本格式，能用图画等方式将自己想要说的话记录下来，并能用清楚连贯的语言表述信的内容。 2. 能够大方自信地与同伴分享自己对未来生活的猜想与期待，在活动中憧憬未来。		
重点难点	重点：能用图画等方式将自己想要说的话记录下来。 难点：能够大方自信地与同伴分享自己对未来生活的猜想与期待，在活动中憧憬未来。		
活动准备	物质准备：绘本《将来有一天》、老师给幼儿的一封信、A4纸、黑色水彩笔若干、宝箱1个。 经验准备：对即将毕业有一定的个人感受。		
活动过程	一、绘本导入，畅想未来 1. 出示绘本《将来有一天》，引导幼儿回忆绘本主人公对未来的畅想。 提问：他们是谁？还记得他们有哪些梦想吗？ 2. 引导幼儿谈谈自己对未来生活的好奇和梦想。 提问：你长大以后想要做什么？你觉得未来是什么样的？ 二、小组讨论，联络未来 1. 引导幼儿进行小组讨论，思考如何将自己的想象或梦想传达给未来的自己。 提问：你们想不想让未来的自己也了解你现在的想法？ 引导幼儿讨论：怎么才能将我们的梦想与对未来的想象传达给未来的自己呢？幼儿讨论并引出用写信的方式记录自己的想法。 2. 为幼儿读一封信，引导幼儿关注信中的内容，大概了解信的格式。 提问：老师给你们的信中都有什么？我们不会写字怎么办？如果想要写信我们需要准备什么？ 三、留下印记，送给未来 1. 分发材料，请幼儿将想对未来的自己说的话用绘画的方式记录下来。 2. 请个别幼儿分享自己画的信的内容。 3. 将所有幼儿的信收集到宝箱内，带幼儿一起到操场进行藏宝游戏，自然结束。		

| 活动反思 | "未来"是一个孩子们不常接触到的词语，随着孩子们的成长，"未来"一词在他们身边出现的频率越来越高。那么什么是未来呢？本活动由孩子们感兴趣的绘本故事出发，用循序渐进的方式帮助孩子们理解概念，让孩子们懂得什么是未来，并萌发对未来的憧憬。再通过老师给孩子们的一封信，让孩子们通过猜测信件内容，感受用图画代替文字表达自己意图的方式，产生对画一封信的兴趣，并最终尝试独立为未来的自己画一封信。另外，孩子们即将进入小学，前书写能力的培养也显得尤为重要，本次活动提升了幼儿的前书写能力，符合大班幼儿的年龄特点。|

小鳄鱼的烦恼

云南省曲靖市第三幼儿园　吴小双

教学领域	数学	班级	大班
设计意图	《指南》中建议：通过实物操作引导幼儿理解数与数之间的关系，并用"加"或"减"的办法来解决问题。大班幼儿正值数概念发展的"飞跃期"，对抽象的数学知识已经有了一定的理解，但从具象的物体到抽象的数概念还需要一个发展的过程。因此，教师改编了绘本故事《世上我最讨厌计算》，利用故事主人公小鳄鱼讨厌计算的故事发展线索来创设游戏情境，激发幼儿的活动兴趣。把幼儿生活中熟悉的"买卖东西"这一场景作为学习载体，通过口编10以内的应用题并进行加减运算，帮助幼儿把获得的数学知识和经验更好地运用到生活中，发现、感知数学在生活中的存在与重要性。			
活动目标	1. 理解故事内容，发现生活中许多问题都可以用数学的方法来解决。 2. 愿意尝试用数学的方法解决生活和游戏中的问题，体验解决问题的乐趣。			
重点难点	重点：理解故事内容，能发现生活中许多问题都可以用数学的方法来解决。 难点：能口编10以内的应用题并列式计算。			
活动准备	物质准备：课件、任务卡、头饰、数卡和小黑板。 经验准备：幼儿理解10以内加减法的实际意义，计算过10以内的加减法，尝试过口编应用题。			
活动过程	一、感知"小鳄鱼的烦恼"，发现生活中数学的存在和重要性 1. 欣赏课件，倾听故事 教师引导幼儿边听教师讲述故事，边观察画面内容。 思考：小鳄鱼的烦恼是什么？它是怎么做的？ 2. 提问激发幼儿帮助小鳄鱼解决问题的积极性 教师提问：小鳄鱼的烦恼是什么？小鳄鱼想做哪些工作？它的愿望实现了没有？发现问题以后小鳄鱼对待计算的态度改变了吗？它现在需要什么帮助？ 二、通过游戏帮助小鳄鱼解决烦恼 学习口编应用题并列式计算，理解10以内加法和减法的实际意义。 1. 游戏"火眼金睛" 教师出示课件，幼儿快速点数并说出鱼的总数，游戏时教师提问幼儿点数或目测鱼的数量，引导幼儿进行口编加法和减法应用题并列式计算。重复游戏2—3次，帮助幼儿熟练进行口编10以内的应用题并列式计算。			

续表

活动过程	2. 游戏"耳聪目明" 幼儿分别戴不同的头饰扮演售票员、乘客等，根据教师的课件和语音播报玩"上车"和"下车"的游戏，扮演售票员的幼儿根据提示和提问在小黑板上列式计算。 集体列式计算并进行验证，引导幼儿通过口编应用题并列式计算，充分感受10以内加法和减法的实际意义。重复游戏。 3. 游戏"眼疾手快" 先摆一摆、数一数，再说一说、写一写，把任务卡上的算式填写完整，帮助小鳄鱼学会口编应用题并列式计算。（不会写数字的幼儿可以用自己喜欢的图案表示，如圆圈、小花等） 幼儿操作，教师巡视指导。 集体验证，巩固学习成果。 三、延伸活动 学会了计算的小鳄鱼身上还会发生什么样的故事呢？请幼儿大胆想象并在操作卡的背面画一画。
活动反思	本活动采用游戏化的教学方式，通过直接感知、动手操作等方法巩固幼儿口编10以内的应用题和列式计算的学习经验，借助游戏让幼儿亲身体验数学在日常生活中的运用，帮助幼儿发现、感知数学在生活中的存在与重要性。活动中幼儿主体性得以充分发挥，达成活动目标，幼儿活动积极性较高，活动兴趣浓厚，活动效果较好。

保护自己的隐私部位

北京市东城区华之澜实验幼儿园　王　硕

教学领域	健康	班级	大班
设计意图	《纲要》明确提出：密切结合幼儿的生活和活动进行安全、保健等方面的教育，以提高幼儿的自我保护能力。幼儿身体隐私部位的自我保护，是典型的幼儿安全、保健教育问题。让幼儿知道身体的哪些部位是隐私部位，如果遇到有人试图要摸你的隐私部位怎么办等，经过认真思考，我设计了这一健康教育活动。			
活动目标	1. 了解身体的隐私部位，知道要保护自己并尊重别人的隐私。 2. 能正确识别男女的隐私部位，掌握保护隐私部位的方法。 3. 能积极参与活动，增强幼儿的自我保护能力。			
重点难点	重点：能正确识别男女的隐私部位。 难点：掌握保护隐私部位的方法。			
活动准备	物质准备：多媒体课件、安全自护图片、知识竞赛题卡、卡通人体图、固体胶、小花贴纸。 经验准备：认识自己身体的各部位。			
活动过程	一、创设情境，引起兴趣 1. 师幼随着音乐律动自然地玩"碰一碰"的游戏。 师：小朋友，我们来玩一个"碰一碰"的游戏吧。 2. 引导幼儿说一说碰了身体的哪些部位。 师：刚才你和好朋友碰了身体的哪些部位？（头、手、膝盖、脚）			

活动过程	**二、感知理解，操作体验** 1. 说一说。 （出示、操作卡通人体图片）引导幼儿与同伴自由交流，说一说身体的哪些部位不能给别人随便看、随便摸。 师：小朋友们知道吗？我们身体的有些部位是不能让别人随便看，更不能让别人随便摸的，你们猜猜看是哪些部位？ 2. 贴一贴。 每组分发一张卡通人体图，引导幼儿在自主讨论的基础上进行小组合作，将不能让别人随便看、随便摸的部位用小花贴纸遮盖起来。 3. 辨一辨。 教师借助电子白板的拖拉功能，将幼儿操作时共同的遮盖部位，如人物图片上的胸部、屁股等部位用小花贴纸遮盖起来。对于幼儿操作时有异议的身体遮盖部位，引导他们观察、思辨、纠错。 师：你们为什么要把这些部位遮盖起来呢？ 师幼小结：图片上遮盖起来的，像胸部、腿、屁股等部位，都不能随便露出来，更不能让别人随便看、随便摸，它们都是小朋友身体的隐私部位。 **三、拓展知识，提升经验** 1. 引导幼儿根据自己的已有经验大胆地发表看法。 师：小朋友都知道了身体的隐私部位，那怎样保护我们的隐私部位呢？ 2. 播放课件《不许摸》，了解故事中小羊是如何保护隐私部位的。 师幼小结：我们要学会保护自己的隐私部位，如果有人要摸你的隐私部位，可以明确拒绝、大声地喊大人、赶快离开。 3. 幼儿观察、比较图片中小朋友的做法，进一步丰富保护自己和尊重别人隐私的经验。 师幼小结：我们要保护好自己的隐私部位，平时注意穿好衣服，在上公共厕所的时候要随手把门关上。同时，我们还要学会尊重别人的隐私，在别人换衣服、上厕所时，我们不要故意去看。 **四、迁移经验，巩固提升** 幼儿分为四队，进行相关的知识抢答。每答对一题，就在课件的"星星榜"中得一颗"星"。 **五、活动延伸** 1. 在区域活动中，引导幼儿将保护隐私部位的经验用自己的方法记录下来，并自制"自我保护小画册"。 2. 在"大带小"活动中，将自制的"自我保护小画册"讲给小、中班的小朋友听，一起分享有关自我保护的经验。
活动反思	通过播放课件、观察图片、讨论和操作，幼儿已积累了一些对隐私部位的保护经验，如何使他们的经验得到更好的提炼、巩固和升华，活动最后的知识抢答环节，对整个活动目标的达成起到了点石成金的作用。

有趣的排序

山西省临汾市浮山县第一幼儿园　盖欣桐

教学领域	科学		班级	大班
设计意图	《指南》科学领域指出：大班幼儿在数学认知方面初步感知生活中数学的作用，能发现按一定规律排列的物品比较整齐、美观。《纲要》提出让幼儿在生活中学数学、玩数学、用数学。学习有规律地排序，通过观察、探索发现事物的排序规律，激发幼儿对数学活动的兴趣，使之喜欢并愿意参加数学活动。			
活动目标	1. 在活动中体验到排序规律的乐趣。 2. 通过观察、探索发现物体的排序规律。 3. 积极尝试并创造新的排序规律。			
重点难点	重点：鼓励幼儿在动手操作活动中，探索发现物体排序的规律。 难点：能自主创造出新的排序规律。			
活动准备	物质准备：课件、小毛球、自制手环带。 经验准备：掌握两拍和三拍的节奏不同。			
活动过程	一、律动导入 师：小朋友们，在活动开始之前，请大家听着音乐跟着老师一起来动一动吧！ 播放音乐，师幼共同做拍手、拍腿动作并重复。 师：你们有没有发现什么？你们觉得有什么规律吗？ 出示图片，AB规律（拍手、拍腿）。 小结：以两个动作为一组重复进行，这就是有规律的排序。 二、做有规律的排序动作 1. 出示城堡图片，创建情境。 师：你们表现得这么棒，老师决定带你们参加一个舞会，这个舞会在魔仙堡举行，你们想不想参加呢？可是这个舞会需要小朋友们学会一些有规律排序的动作，我们一起来学习吧！ 2. 分别出示图片，ABB规律（拍手、拍腿、拍腿）、AABB规律（拍手、拍手、拍腿、拍腿）、ABCD规律（拍手、拍腿、拍肩、跺脚）。请幼儿说出这几套动作分别有几个动作，并以几个动作为一组进行重复，如果继续按这组动作排下去，那接下来应该是什么动作？播放音乐，练习各组动作。 三、其他规律 师：小朋友们可真厉害，这么快就学会了舞会需要的有规律排序的动作，给自己鼓鼓掌吧！在魔仙堡中，老师还发现了一些有规律排序的物品，请小朋友们来看一看它们是如何排序的。 1. 出示热气球图片（AB，颜色） 师：热气球有什么规律呢？这个规律是按什么方式来排序的？ 小结：热气球以白色和橙色两种颜色为一组进行重复有规律的排序，这个规律是按照颜色来排序的。 2. 出示蘑菇图片（ABC，大小） 师：老师在魔仙堡的路边发现了蘑菇，蘑菇的排列方式有什么规律呢？这个规律是按什么方式来排序的？			

续表

活动过程	小结：按大小来排序，分成大、中、小三种大小的蘑菇重复排序；按颜色来排序，分成紫色、黄色、橙色三种颜色重复排序。 3. 出示彩旗图片（AB，形状；ABCD，颜色） 师：进入魔仙堡的舞会大厅，老师看到了悬挂的彩旗，你们仔细观察一下这些彩旗是按什么方式来排序的呢？ 小结：按形状来排序，三角形、圆形两种形状重复排序；按颜色来排序，蓝色、黄色、绿色、红色四种颜色有规律地排序。 四、制作手环 师：现在有关舞会的排序动作学会了，魔仙堡也参观了，想进入舞会还需要最后一个物品——舞会手环。 1. 教师展示舞会手环，请幼儿说一说手环有什么规律。 2. 教师讲解操作材料的使用以及注意事项，请幼儿制作手环。 每组分发各色小毛球若干，将手环带的双面胶撕开，将各色小毛球粘在手环带的双面胶上，请幼儿制作有规律排序的手环。 3. 总结评价作品。 五、活动结束 师：小朋友们制作的手环都特别漂亮，现在就请小朋友们戴着手环一起来做一做刚刚学会的舞会拍手舞吧！ 播放律动音乐，师幼一起做拍手舞。
活动反思	本次活动以魔仙堡的舞会为情境贯穿整个活动，幼儿有很高的积极性。活动中以律动的形式展现排序，将知识游戏化，更能激起幼儿的兴趣，幼儿参与度比较高。操作环节让幼儿自主操作，孩子们在实践中理解有规律排序的特点，尝试有规律排序的方法，感受到了数学的快乐。

神奇的数块

北京市昌平区桃洼幼儿园　姚慧晶

教学领域	科学	班级	大班
设计意图	孩子们升入大班以来，思维很活跃，本班幼儿对益智区拼摆类玩具有兴趣，尤其是图形拼摆，每次游戏后他们都愿意分享自己的拼摆经验和成果。根据《指南》中提出的幼儿学习方式是突出"做中学、生活中学、游戏中学"的原则，一切活动都要从幼儿的兴趣出发。我设计了本次活动，将经典游戏"俄罗斯方块"中的各种数块图形拼摆成各种图案，层层递进地开展观察探究活动，初步渗透面积的概念，从而促进幼儿思维发展。			
活动目标	1. 游戏过程中，幼儿观察、探索认识五种数块的外形，初步建立面积概念。 2. 认真观察，敢于表达自己探索出的数块组合的方法，发展拼摆数块的想象力。 3. 体验思维游戏带来的快乐。			
重点难点	重点：认识五种数块的外形，利用不同的数块组合拼摆图案，建立面积概念。 难点：通过观察房屋空缺的部分，探究多种组合拼摆的形式，并能表达数块组合的拼摆方法。			

续表

活动准备	物质准备：课件、五种数块、操作卡。 经验准备：幼儿有玩过各种拼摆玩具的游戏经验，有拼摆四个小数块组成五种图形的经验。
活动过程	一、导入部分 出示前期幼儿用四个数块拼摆的五种图形 师：小朋友们还记得我们之前用小数块拼出的图形都叫什么名字吗？ 师：你们猜一猜，它们的大小一样吗？ 二、开始部分 游戏：数块填充 师：大家好，欢迎小朋友们来到我的家，我正在盖房子，少垒了几块砖，你们能帮我把这几块砖给填充好吗？ 数块填充：(1)利用白板操作，将这些数块砖填充到房子里；(2)鼓励幼儿利用旋转、翻面的方式进行填充。 三、过程部分 游戏1：长方形数块组合游戏 师：我的房子快盖好了，可是现在还缺一些长方形的砖，你们能帮我用这些数块拼一些长方形的砖吗？ 鼓励幼儿利用旋转、翻面的方式，探索哪些数块可以拼成长方形。 游戏2：两块数块砖拼组游戏 师：现在我们要给房子安装窗户了，小朋友们猜一猜这四块窗户的大小一样吗？ 鼓励幼儿观察需要填补的部分，利用旋转、翻面的方式自主探索进行组合拼摆。 引导幼儿发现虽然窗户的形状不同，但是用的数块的数量和大小是一样的，进一步理解面积的概念。 游戏3：三块数块砖拼组游戏 师：小朋友们太棒了，接下来的任务是铺地板，你能用手中的数块图形帮助我吗？ 师：小朋友们猜一猜这两块地板的大小一样吗？ 鼓励幼儿观察需要填补的地板，利用旋转、翻面的方式自主探索进行组合拼摆，将地板填充好。 四、延伸活动 1. 提供需要3—6块数块镶嵌组合的图案，幼儿自主探索拼摆。 2. 将数块游戏材料投放在益智区，供幼儿继续进行创意拼摆游戏。
活动反思	兴趣促进孩子思维能力的发展。《指南》中提出活动要从幼儿的兴趣出发，本次活动以"盖房子"为线索，通过设计具有不同挑战难度的四个游戏，推动幼儿思维不断深入。在活动过程中，幼儿能够随着游戏的进展对活动保持极高的兴趣。 提供适宜的游戏材料，满足幼儿的思维发展。《指南》中还提到，幼儿的学习方式是"做中学、生活中学、游戏中学"，要给幼儿提供充足的操作机会，让幼儿在动手操作中获得知识。通过为幼儿提供易操作、趣味性强的材料，激发幼儿的探究兴趣和认知需求。 有效的方法可以帮助幼儿突破重难点，完成活动目标。我从环节设计、材料投放、指导策略三个方面来突破活动的重难点。 在材料的提供上，能够考虑到孩子发展水平的不同，提供难度不同的材料，注重材料的层次性，让每个幼儿都能在自己原有的水平上得到提升。

小乌鸦爱妈妈

北京市昌平区桃洼学校幼儿园　樊　硕

教学领域	艺术	班级	大班
设计意图	在教材的选择上，我遵循《指南》的精神，以"艺术是人类感受美、表现美和创造美的重要形式，也是表达自己对周围世界的认识和情绪态度的独特方式"为指导思想，选取快乐与发展课程大班教材中《小乌鸦爱妈妈》这一极具教育意义的歌曲内容，以歌唱教学为载体，幼儿在歌曲学唱中感受来源于生活中的艺术美，并为表达表现美创设条件，又从中渗透"爱的反哺"的亲情美，为幼儿培育"美"的种子。		
活动目标	1. 感受歌曲舒缓的特点，理解每句句尾"花""鸦""耍""家"四拍长音表达出的"爱"，并尝试有感情地演唱。 2. 通过倾听和观察图片感知、记忆歌词的内容，并用图谱表示。 3. 乐意向小乌鸦学习回报妈妈的爱。		
重点难点	重点：理解歌曲内容，学会唱新歌。 难点：理解歌曲每句句尾"花""鸦""耍""家"四拍长音表达出的"爱"，并尝试有感情地演唱。		
活动准备	物质准备：钢琴、黑板、大图谱1套、小图谱若干套。 经验准备：幼儿有听歌曲摆图谱的经验。		
活动过程	一、开始部分 幼儿唱歌进入教室，唤醒幼儿积极愉快的情绪。 师：小朋友们，我们之前学过一首有关妈妈的歌你们还记得吗？ 复习歌曲《世上只有妈妈好》，唤起幼儿爱妈妈的情感。 二、发声练习 引导幼儿放松喉部，能用自然的声音模仿喇叭声、动物叫声，不喊唱。 师：我们唱歌的要求是要用好听的声音来唱。 带领幼儿练习发声，提醒幼儿放松喉部。幼儿在教师的引导下学习放松喉部，与教师用问答的方式进行发声练习，声音自然、适中。 三、故事导入 《小乌鸦爱妈妈》的故事帮助幼儿理解歌曲的内容和情感。 四、范唱新歌，摆图片 1. 教师反复范唱新歌，诵读歌词，帮助幼儿完整感知新歌旋律及内容，边唱边观察了解幼儿情况。 2. 出示教具，明确任务要求。引导幼儿初步记忆歌词内容及乐句顺序，验证幼儿摆出的图片顺序。 五、全曲带唱，幼儿完整跟唱新歌 1. 在钢琴的伴奏下，引导幼儿按照图片提示，学习完整跟唱新歌。 2. 用分句教唱的方法，帮助幼儿掌握新歌中的难点。同时，教师用手势辅助，将一字多音节的"花""鸦"等字保持四拍。 小结：因为小乌鸦对妈妈的爱很深很长，所以这个地方的音唱得很深情，要长一些。 3. 采用不同的演唱方式调动幼儿积极性。		

	续表
活动过程	**六、交流情感** 提问：小乌鸦非常爱妈妈，你们爱自己的妈妈吗？说一说你们是用什么方式表达自己对妈妈的爱。 **七、活动延伸** 鼓励幼儿在表演区演唱这首歌曲，在美工区为妈妈做礼物表达爱意。
活动反思	在本次活动中，开始环节复习幼儿学过的歌曲《世上只有妈妈好》，激发幼儿歌唱兴趣，唤起幼儿爱妈妈的情感。 在学唱歌曲环节中，我采取四步逐层落实目标：第一步，先用自编故事来激发幼儿对歌曲的学习兴趣，帮助幼儿初步了解歌曲的歌词情境。第二步，借助图片，采用幼儿自己动手操作摆图片的方式进一步帮助幼儿理解歌词的内涵。第三步，学唱歌曲。在第一遍听赏教学环节中，我为幼儿演唱《小乌鸦爱妈妈》，感受歌曲抒情、缓慢的情绪特点。然后带幼儿一起完整地唱新歌，用幼儿能理解的方式帮助幼儿突破难点四拍长音，充分调动幼儿的积极性。第四步，结尾部分提问幼儿来完成情感目标。至此预设目标达成，在欢乐的游戏场景中，幼儿不知不觉地学会了歌曲。

儿歌《小老鼠串门儿》

北京市昌平区桃洼幼儿园　吴　迪

教学领域	语言	班级	中班
设计意图	童话剧小演员的选拔活动开始了，孩子们各抒己见，积极又认真地为同伴投票。雨欣说："我要把票投给嘟嘟，因为她表演狐狸的时候声音很像一只真正的狐狸。"雨欣的话得到了同伴们的认同。孩子们不禁尝试起用不同的音调、声音、语气说话，不时逗得自己和同伴哈哈大笑。《指南》中明确指出：中班幼儿应能结合情景感到不同语气、语调所表达的不同意思。结合班级幼儿的兴趣、需要及发展目标，我设计了本次语言教学活动。			
活动目标	1. 能够感受诗歌中小老鼠串到小猫家慌张的心情，并能用相应的语气讲述小老鼠的话。 2. 理解儿歌内容，感受儿歌幽默、风趣的特点。 3. 愿意大胆表达自己的想法，体验与同伴一起朗诵诗歌的乐趣。			
重点难点	重点：理解儿歌内容，感受诙谐幽默的儿歌内容。 难点：能够感受诗歌中小老鼠串到小猫家慌张的心情，并能用相应的语气讲述小老鼠的话。			
活动准备	物质准备：课件、拱形门、玩具。 经验准备：有过串门儿的经验。			
活动过程	**一、串门儿引入主题，激发幼儿的学习兴趣** 1. 游戏引入主题，感知体验串门儿的含义。 师：你们都串过门儿吗？我们先玩一个串门儿的游戏吧！ 幼儿自主选择主人或客人的角色，体验串门儿活动的乐趣。音乐结束后幼儿回到座位。 师：你都去谁家串门儿了？为什么去他家？你感觉怎么样？ 2. 谈话引入主题，鼓励幼儿大胆猜想和表达。 师：小老鼠闲着没事的时候特别爱串门儿，你猜它会串到谁家呢？为什么？			

续表

活动过程	二、理解诗歌内容，学习说诗歌 1. 完整欣赏诗歌，通过提问帮助幼儿理解诗歌内容。 师：诗歌讲了一件什么事？ 师：小老鼠进到小猫家后是什么样的？ 师：小老鼠说了什么？ 2. 第二次完整欣赏诗歌，鼓励幼儿用相应的语气讲述小老鼠说的话。 师：小老鼠串到小猫家怎么样了？ 师：你想一想慌了神的时候会怎么说话？ 3. 鼓励幼儿用不同的语气朗诵诗歌，体验朗诵诗歌的乐趣。 师：那我们用这种语气说一说。 三、通过角色体验，感受诗歌幽默、风趣的特点 1. 游戏"小老鼠串门儿"，感知理解儿歌中小老鼠串到小猫家的心情。 师：小老鼠遇到小猫的心情是怎么样的？会怎么做呢？ 师：那我们来试一试，我现在是大猫了啊！ 小结：小老鼠遇到小猫会逃窜、害怕、哭等，都是小老鼠慌了神的表现。 2. 通过提问，感知儿歌幽默、风趣的特点。 师：请你和你的同伴说一说你听到这个儿歌后有什么感受？为什么？ 师：谁来和大家一起分享一下你听儿歌后的感受？为什么？
活动反思	本次活动有以下优点：目标的制定与内容的选择适合幼儿年龄。师幼关系较为融洽，气氛活跃，幼儿能大胆表达自己的想法，积极参与活动。教师尊重幼儿，给幼儿充分表达的机会，注重与各领域整合。活动设计层层递进、动静结合，教学方式符合幼儿的年龄特点，充分吸引幼儿兴趣，为幼儿搭建台阶，使幼儿在每一个环节中都能获得发展。活动形式较丰富，重视幼儿在活动中的游戏、操作、感知等体验，体现幼儿的主体地位，促进幼儿自主学习。 不足之处是：教师的提问针对性不强，导致幼儿回答问题时存在问东说西的现象。幼儿表达欲望较强，倾听他人的意识较差。

蔬菜的不同样子

广东省东莞市桥头镇实验幼儿园　莫煊儿

教学领域	科学		班级	中班
设计意图	在幼儿园，小朋友的午餐会吃到秋葵蒸水蛋、灯笼椒炒肉片、洋葱炒鸡蛋等美味菜肴。小朋友知道这道菜很美味，但因为里面的蔬菜不是整体出现，且切的方式让蔬菜只呈现一个截面，小朋友就有点小迷糊认不得了。借此机会开展该活动，让幼儿通过实际操作获得最直观的感受，以横切面、竖切面两种平面形式入手，使幼儿较系统地获得对蔬菜整体和部分的认识。将游戏融入活动中，增强活动的趣味性，激发幼儿在日常生活中对蔬菜瓜果持续观察的兴趣。			
活动目标	1. 看到不同的蔬菜能够说出其对应名称，知道蔬菜因为切的方式不同而产生不同切面的基本特征。 2. 可以按照要求记录，尝试较快速地对应上蔬菜整体与部分的关系。 3. 乐意参与到活动中，喜欢在日常生活中观察蔬菜瓜果。			

续表

重点难点	重点：知道蔬菜因为切的方式不同而产生不同切面的基本特征。 难点：可以进行记录，尝试较快速地对应上蔬菜整体与部分的关系。
活动准备	物质准备：小纸箱、盖布、蔬菜、水果刀、托盘、颜料、记录表、素描纸。 经验准备：在日常生活中已经看到过、品尝过这些蔬菜。
活动过程	**一、导入部分** 激趣导入：猜猜我的蔬菜朋友是谁呢？ 师：今天我请来我的蔬菜朋友们，但是一听要和小朋友们见面，它们就有点害羞了，悄悄地藏了起来。 准备的箱子里面放置不同的蔬菜，邀请小朋友上来摸摸箱子里的蔬菜。通过触摸猜摸到的是什么蔬菜，尝试说出摸到蔬菜的名称，并简单描述蔬菜的形状、颜色、有无气味等。 **二、展开部分** 1. 提出问题 师：我的蔬菜好朋友们会魔法，它们可以变成不同的样子，你们想不想来看看它们不同的样子都是什么样的呢？ 师：就像我们平时吃午饭的时候，也可以看到很多的蔬菜好朋友，但是它们每次出现的样子都不一样，小朋友们来看看这是什么？（出示秋葵蒸水蛋图片）这是它打横切开的样子，你们想不想看看它完整的样子是什么样的？ 用秋葵分别示范竖切一刀、横切一刀的切面，引导幼儿观察发现两者之间的区别、两者与整体的区别。（轮廓、大小、长短、边的厚薄、是否有籽、其他特征） 2. 动手操作 发放"蔬菜的不同样子"切面记录表，让幼儿自己操作，尝试发现其中的不同。幼儿以小组合作的形式将老师分发的蔬菜竖切、横切，自己观察竖切、横切的截面有什么不一样，利用截面蘸取颜料拓印的方式记录在记录表上。 师幼小结：邀请幼儿分享自己的发现并询问幼儿意见，将幼儿认为较统一的意见标在黑板上。 3. 切面拓印 鼓励幼儿利用不同蔬菜的不同截面，蘸取不同的颜料叠加进行创作。幼儿自己创作的作品要能说出有哪种蔬菜的哪种截面。 **三、结束部分** 游戏：猜猜都有什么蔬菜？ 邀请幼儿利用自己创作的作品和同伴进行互动，说说作品里面含有哪种蔬菜，这种蔬菜是哪个切面。 师幼小结，回顾刚刚幼儿一起总结出来的蔬菜整体与部分的切面特征，对幼儿的自主探索进行鼓励。
活动反思	因为第一次进行这样的探究操作活动，孩子们异常兴奋，在活动的过程中都迫不及待想要自己操作。但因为颜料调制得较稀，在拓印时有些蔬菜的特征反而得不到明显的表现，下次活动要控制颜料的水分。本次活动也应该根据孩子们的兴趣适当地把时间延长，让孩子有足够的时间进行尝试。

兔子历险记

北京市昌平区工业幼儿园冠华园南园　何　欣　曹继荣

教学领域	语言		班级	大班
设计意图	故事是孩子们最感兴趣的文学体裁了。近期，我发现在图书区的孩子变多了，孩子们一边阅读一边讲了起来！根据画面他们讲起了自己理解的故事。《指南》中指出"鼓励幼儿依据画面线索讲述故事，大胆推测、想象故事情节的发展"，我根据大班幼儿年龄特点设计了本次活动。			
活动目标	1. 愿意参与看图讲述活动，能够感受完整讲述的成功与快乐。 2. 能根据图片展开合理的想象，创编出不同的故事情节，尝试加入角色对话并完整讲述。 3. 逐步养成认真倾听、大胆表达的好习惯。			
重点难点	重点：能根据图片展开合理的想象，创编出不同的故事情节，尝试加入角色对话。 难点：创编出不同的故事情节，并尝试加入人物对话完整讲述。			
活动准备	物质准备：PPT、手偶、操作纸、头饰、大对话框、铅笔、橡皮。 经验准备：幼儿有看图讲述的经验。			
活动过程	一、图片导入，引发幼儿对故事情节进行推测 提问：故事发生在什么地方？可能发生了什么事情？ 师：今天我给小朋友带来了一个故事，这个故事要一起讲，听听谁讲得完整，讲得生动，讲得有趣。 二、理解图片内容，尝试完整讲述 1. 观察图片，分析梳理图片内容，为看图讲述故事做准备。 提问：图片中有谁？它在那里做什么？大象怎么救的小兔？大象会怎样对付老虎？ 2. 尝试完整讲述故事。 幼儿自由讲述，教师巡回倾听。 小结：把三幅图的内容串起来都讲到了，大象救兔子的事情讲清楚了，这个故事才完整。 三、理解对话框的含义，尝试创编角色对话 1. 出示对话框，理解对话框的含义。 提问：这是什么标志？它指着谁？什么意思？ 小结：这个就是对话框，小三角标志指着谁代表谁在说话。 2. 尝试为小兔子创编对话，引发幼儿思考为其他角色加入对话。 提问：兔子是什么心情？会说些什么？在这个故事里还有哪些角色可以加入对话？说什么呢？ 小结：我们可以根据故事情节和人物的心情来创编对话。 四、利用操作材料创编故事，为不同角色加入对话并尝试完整讲述 1. 幼儿创编故事，教师巡回指导。 教师提要求：时间10分钟，根据情节和角色心情来加入对话并完整讲述。 幼儿根据自己的兴趣选择操作材料，进行讲述活动。 2. 分享交流创编的故事，体验交流的乐趣。 幼儿分享故事，互相点评。 小结：原来讲故事时加入角色之间的对话，故事就会变得更加生动、精彩。			

	续表
活动反思	本次活动目标清晰、层次分明、重点突出。先是初步讲述，帮助幼儿理顺故事情节，运用自己的语言进行清晰的表达，然后加入角色语言进行讲述，将故事讲得更完整、更丰富。层层递进，为幼儿的讲述提供支架。 在创编角色对话时采用了表演的形式，以艺术的方式表达出了自己创编的对话与故事。在幼儿讲述的环节，幼儿分工合作，和同伴友好地完成一件事情。幼儿为主体，为每个幼儿提供了想说、敢说、大胆说的机会，给孩子充分的想象、组织言语的机会。幼儿从初步的看图自由讲述到描述画面，再加入对话，层层递进，使故事完整、丰富。本次活动为幼儿创设了宽松的环境，让每个人都有机会参与尝试，积极参加、分享。大多数幼儿能达成目标。 本次活动还存在以下不足：教师的语言不够简练，说得多，可以再让幼儿说得多一些。在活动中分享时，让更多的幼儿进行分享。教师的随机应变能力需要加强，对于突发情况的处理要更加灵活。

鸡宝宝本领大

北京市房山区周口店镇中心幼儿园　宋如心

教学领域	健康	班级	小班
设计意图	户外活动中，我发现我班大部分幼儿喜欢走独木桥、石子路等，缺少挑战性。根据幼儿的兴趣点和现阶段平衡能力的发展需要，我设计了本次活动，根据情景"帮兔奶奶拔萝卜"，使幼儿能够主动参加到游戏活动中，发展其平衡能力。		
活动目标	1. 在游戏中学习平衡木上的不同走法，发展幼儿身体的协调性、灵活性。 2. 幼儿能勇敢地参与游戏，走过平衡木。 3. 懂得关心别人，感受游戏带来的快乐。		
重点难点	重点：在游戏中学习平衡木上的不同走法，发展幼儿身体的协调性、灵活性。 难点：学习平衡木上的不同走法。		
活动准备	物质准备：头饰、胸牌、水果、萝卜、小花、树、草地、平衡木、轮胎、过河石、蘑菇、小背篓、音乐。 经验准备：幼儿有走平衡木的经验。		
活动过程	一、导入部分 师：今天天气真好，我们听着音乐一起运动运动吧！ 二、游戏活动 带领幼儿进行平衡练习。 1. 过第一座小桥 师：今天天气这么好，宝宝们跟着妈妈到外面走走吧！呀！前面有两座桥，妈妈看看宝宝能不能自己安全地走过去。 幼儿走过较宽、没有障碍的平衡木。 2. 过第二座小桥 师：你们看又有两座小桥，这两座小桥和刚才那两座小桥有什么不一样啊？ 师：这两座小桥上面是镂空的，我们踩在上面的时候，一定要踩稳慢慢地走，小眼睛要看仔细，脚要踩在木条中间，可以把你的"小翅膀"举起来保持平衡，注意不要推别人。哪个宝宝想来试一试啊？		

	续表
活动过程	指导幼儿一个跟着一个走，注意保持距离，脚要踩稳，双手举起来保持平衡，走平衡木时不推拉幼儿，注意安全。 3. 过第三座小桥 师：你们看前面有一座独木桥，桥上长出了几朵大蘑菇，这次我们应该怎么走过去呢？ 师：这次过桥时，我们要从大蘑菇的上面迈过去，注意你的小脚一定要抬高，小脚要踩在独木桥的中间，"翅膀"要举起来保持平衡，一个跟着一个走过去。 教师引导幼儿跨过障碍走过平衡木。走过有障碍物的平衡木后，继续往前走。 4. 过第四座小桥 师：你们看，这有一个山洞，山洞前面有一条没有桥的河，河里只有一些石头，这次我们应该怎么过河呢？ 师：这次我们要踩着石头过河，这些石头有的高、有的低，宝宝们走的时候一定要注意，慢慢走，小脚一定要踩稳，千万不要掉到河里去。听说这条河里面有大鳄鱼，宝宝们如果看到大鳄鱼千万不要害怕，要安静地站在石头上，千万不要动，等大鳄鱼走远后，我们再前进。 引导幼儿迈过高低不同的石头。 三、为兔奶奶拔萝卜 师：刚才我们散步时，我发现前面有一片萝卜地，一会儿我们就沿着小路去给兔奶奶拔萝卜。听说那附近住着一只灰太狼，如果我们拔萝卜时遇到它，就要快速躲到萝卜地旁边的房子里。出发前妈妈有个小任务：一会儿每个宝宝要背上一个小背篓，每次拔2根萝卜放在背篓里，拔完后，就沿着原路走回家，现在我们出发吧。 灰太狼不定时出现，增加游戏的趣味性。 四、结束部分 师：你们真是太勇敢了，拔了这么多萝卜，快跟着妈妈一起用你们的"小翅膀"拍拍小腿，互相拍拍小肩膀，放松放松吧！ 师：好了，现在我们去给兔奶奶送萝卜吧！
活动反思	我根据小班幼儿爱动这一特点制定了本次活动，采用了游戏化的情景导入方式，呈现小动物们快乐的一天。活动中，通过看望兔奶奶、为兔奶奶拔萝卜、迈过蘑菇、躲避大灰狼等动静交替的环节，鼓励幼儿积极参与游戏，发展其平衡能力。 不足之处是场地较大，教师在指导幼儿方面照顾不够，应将场地布置得集中一些，方便指导全体幼儿。

小刺猬运果子

北京市房山区周口店镇中心幼儿园　李新月

教学领域	健康	班级	小班
设计意图	《纲要》中指出：幼儿园应开展多种有趣的体育活动，尤其是户外活动，从而培养幼儿参加体育锻炼的积极性。足球是幼儿园小朋友非常喜欢的一项体育游戏，足球游戏发展幼儿的灵敏性、力量、速度等身体素质。小班幼儿初次接触足球游戏，应尝试用多种方式进行足球游戏，感受玩足球游戏的乐趣。因此，我设计了用手玩的足球游戏。			
活动目标	1. 探索足球的多种玩法，锻炼身体的协调性和灵活性。 2. 能够双手滚球，推球绕过障碍，控制球的方向。 3. 乐意参与足球活动，体验足球活动带来的乐趣。			

续表

重点难点	重点：练习双手滚球，锻炼身体的灵活性。 难点：双手推球过障碍，能够控制球的方向。
活动准备	物质准备：音乐、小刺猬头饰、拱门小动物家、塑料小桥平衡木、锥形桶、轮胎、大树图片、拱形门、足球。 经验准备：幼儿认识足球，玩过足球游戏。
活动过程	一、开始部分 师：孩子们，今天李老师当刺猬妈妈，你们当刺猬宝宝。刺猬宝宝们跟妈妈到果园玩吧！ 教师带领幼儿边听音乐边进入活动场地，做热身运动。 师：果园里真漂亮，我们站成一排和妈妈一起来跳个舞吧。 二、基本部分 1. 幼儿探索运果子的方法。 师：孩子们，我们每人拿一颗果子双手抱住，找个宽敞的地方站好。 师：这么多果子，我们怎么才能运回家？请小刺猬们试一试。 师：请××小刺猬说一说你是怎么运的呀？我们一起来学一学，谁还有不同的方法呢？（幼儿自由介绍并示范） 小结：小刺猬们真聪明，想到这么多的玩法，妈妈也有一个好方法，编成了儿歌，"小果子，放地上，小小手，放在后，一手一下轻轻推，我的果子听指挥。"（教师边说边推） 2. 小刺猬运果子。 (1)小刺猬第一次运果子 师：我们要分成两队把果子运回家，走出果园大门，穿过草地，绕过树林，通过小桥回到家，把果子放进篮子里。听到音乐就可以出发啦。（播放音乐《皇家萌卫》，教师边说儿歌，边与幼儿运果子） 小结：小刺猬们真厉害，妈妈发现有的小刺猬用的力气太大，将果子一下滚到很远，再去追果子，没有保护好它。我们要一下一下地轻轻推。 (2)小刺猬第二次运果子 师：果园里还有很多果子，记得用妈妈说的儿歌中的方法来运果子。 师：孩子们，不好了！刚才妈妈听说大灰狼要来抢我们的果子，怎么才能保护果子？（幼儿提出办法）对，当大灰狼来的时候，我们蹲下把果子抱在怀里，这样就不会被它发现了。 师：我们在果园门口排好队，听到音乐声就可以出发啦。 教师播放音乐《狼叫的声音》，幼儿赶快抱好果子蹲下。若有果子没抱好，就被大灰狼抢走了。 小结：刺猬宝宝们太棒了，成功地躲避了大灰狼将果子运回了家，我们既勤劳又勇敢，快给自己鼓鼓掌！ 3. 分享果子。 师：哇！这么多的果子，我们一人抱一个去分享给我们的动物朋友吧。我们要对小动物说什么呀？"××请你吃果子"。 三、放松整理 1. 播放音乐《你是我的好朋友》，重点对手臂、腰部、腿部进行放松。 师：今天过得真开心呀，我们一起拿一个果子，跟着妈妈围着篮子跳个舞吧。 2. 幼儿与教师一起收拾玩具。 师：这么多果子我们也吃不完呀，我们可以放在粮仓里，留着冬天吃。

续表

活动反思	本次教育活动以游戏导入，激发幼儿的兴趣。幼儿的兴趣很高，充满积极性。在趣味玩果子时，幼儿迅速进入游戏状态，锻炼了手、眼、耳的协调能力。有了儿歌的指导，大部分幼儿都能够根据儿歌内容来摸果子，大灰狼的介入使幼儿参与游戏更加投入，真正融入游戏的情境中。

藏哪里了

山西省大同市实验幼儿园　郭日晶

教学领域	语言	班级	小班
设计意图	捉迷藏是孩子们最喜爱的游戏之一，故事《藏哪里了》以捉迷藏为线索，引导幼儿仔细观察图片，理解故事内容，体验阅读的乐趣。同时，《指南》指出：幼儿期是语言发展的重要时期，应丰富其语言表达能力，培养阅读兴趣和良好的阅读习惯。希望通过本次活动引导幼儿喜欢阅读故事并养成良好的阅读习惯。			
活动目标	1. 知道小动物的显著外形特征。 2. 能准确说出小动物的躲藏位置。 3. 喜欢阅读故事，理解故事内容。			
重点难点	重点：能准确说出小动物的躲藏位置。 难点：喜欢阅读故事，理解故事内容。			
活动准备	物质准备：课件、教材、树、草丛、石头、表演服、游戏背景音乐。 经验准备：对小动物的显著外形特征有初步了解。			
活动过程	一、开始部分 游戏导入，激发兴趣。 师：森林里的小动物们想请小朋友们一起玩游戏，游戏的名字叫"猜猜我是谁"。怎么玩呢？小耳朵仔细听：小动物们藏起来了，可能藏在树、石头和草丛的后面，它们只露出了身体的一部分，看看小朋友们能不能猜到是哪只小动物？ 小猴子：小朋友们好！猜猜我是谁呀？ 师：是谁呢？你是怎么猜到的？小眼睛真亮！又有声音了，是哪只小动物呢？怎么猜到是小羊的？还有一只小动物藏着，是谁呢？怎么猜到是狐狸呢？ 小结：小朋友们太聪明了，都猜对了！小动物们说森林里发生了特别有趣的事情，想请小朋友们一起去看看，到底是什么有趣的事情呢？ 二、基本部分 阅读故事，理解故事内容。 1. 了解外形特征 师：读书的时候要注意什么呢？还记得我们阅读的儿歌吗？图上有哪些小动物呢？小猴子的尾巴是什么样子的？小鸭子的嘴巴和脚丫是什么样子的？大象的耳朵和鼻子又是什么样子的？小兔子的耳朵是什么样子的呢？ 师：小动物们到底在干什么呢？小熊为什么捂住了眼睛？怎么看出来它们在捉迷藏呢？谁来负责找大伙，又是谁负责躲藏呢？ 2. 说出躲藏位置 师：小熊找到了谁？为什么是小兔？小兔藏在哪里呢？（引导幼儿完整讲述：小兔子藏			

续表

活动过程	在蘑菇的后面)小熊还找到了哪只小动物?请小朋友轻轻翻到下一页,怎么看出是小猴呢?小猴藏在哪里呢?(引导幼儿完整讲述:小猴藏在树叶的后面) 师:还有哪些小动物没被找到?一起来看看小熊找到了吗?为什么是小鸭子?小鸭子藏在哪里呢?(引导幼儿完整讲述:小鸭子藏在花丛的后面)还有哪只小动物没被找到?小熊找到大象了吗?大象藏在哪里呢?(引导幼儿完整讲述:大象藏在草丛的后面) 小结:小动物们都找到了,故事也讲完啦!故事有个好听的名字叫《藏哪里了》。 3. 回顾故事内容 师:故事里有哪些小动物呢?它们在做什么?小熊找到大家了吗?小动物们藏在哪里?故事的名字是什么? **三、结束部分:游戏"捉迷藏"** 师:捉迷藏好不好玩,你们想不想玩?接下来小朋友们躲藏,老师来找你们,大伙可以藏在树、草丛、石头后面,注意不要着急、不要推挤(播放音乐)。 小结:小朋友们,捉迷藏好不好玩呀?我们回教室继续玩吧! **四、活动延伸** 小朋友们回到家里也可以和爸爸妈妈玩捉迷藏。
活动反思	活动以"猜猜我是谁"游戏导入,激发了幼儿的兴趣。活动过程比较完整,层层递进,流程紧凑。从活动设计看,符合幼儿年龄发展特点,设计合理。从师幼互动看,教师有引导,幼儿有参与,尊重了幼儿的主动性,幼儿体验感良好。 需改进的问题:活动中语速略快,需要放慢语速。语言需要更幼儿化,语气应抑扬顿挫、温柔亲和。教态再自然、大方一些。

乌鸦喝水

陕西省咸阳市杨凌区西北农林科技大学幼儿园　张　蕾

教学领域	科学	班级	大班
设计意图	活动设计灵感来源于《乌鸦喝水》这则经典有趣的童话故事。故事通俗易懂,以"喝水"为线索,用简洁生动的语言描绘出乌鸦机灵智慧的形象。《指南》中指出:幼儿科学学习的核心是激发探究兴趣,体验探究过程,发展初步的探究能力。成人要善于发现和保护幼儿的好奇心,充分利用机会,引导幼儿通过观察、比较、操作、实验等方法,发现问题、分析问题并解决问题。帮助幼儿不断积累经验,并运用于新的学习活动,培养受益终身的学习态度和能力。 针对大班幼儿的认知水平以及兴趣点,以童话故事《乌鸦喝水》为活动载体,将科学与童话相结合,把幼儿带入童话世界,以"乌鸦怎样喝到水"作为活动的切入点和探索的关键点。在探究过程中,幼儿通过大胆猜测、实验操作,积极探究、发现问题、解决问题并获得成功的快乐,从而激发幼儿主动探究的欲望和兴趣。			
活动目标	1. 通过探索、观察不同材料投入瓶中后水位的变化,初步感知瓶子里水位的高低变化与水量和石子的大小、数量的关系。 2. 尝试小组合作,体验与同伴合作学习、交流的乐趣,提高解决实际问题的能力。			
重点难点	重点:通过动手操作,了解在有水的瓶子中加入石头和沙可以使水位升高。 难点:小组合作探索,自主发现乌鸦能否喝到水与水量的多少以及材料的不同有关系。			

续表

活动准备	物质准备：玻璃瓶、石头、沙子、硬币、布、勺子、漏斗、记录纸、红黑贴纸、课件。 经验准备：幼儿已熟悉《乌鸦喝水》的故事。
活动过程	一、故事导入 播放 PPT，生动讲述《乌鸦喝水》的故事。 引导提问：乌鸦用什么办法喝到水了？把石头放进瓶子里这个办法真的能喝到水吗？ 二、实验探索 1. 猜想 播放课件，请幼儿观察两个装有水的瓶子，说说发现了什么？猜想把石头放进瓶子，乌鸦能喝到水吗？ 引导幼儿将猜想的结果记录在纸上，觉得乌鸦能喝到瓶子里的水请贴红色，如果不能请贴上黑色。 有的小朋友说都能喝到，有的小朋友说都不能喝到，还有的小朋友说一个能喝到，一个不能喝到，那到底是怎样的呢？让我们来做实验得出结果吧！ 2. 实验 认识操作材料，了解使用方法及实验要求。 幼儿动手操作并记录结果，分享交流。 提问：有什么办法让乌鸦喝到低水位瓶子里的水？ 三、再次实验 师：用沙子进行实验时，我们可以借助漏斗来帮忙。 教师讲解实验操作的注意事项，幼儿实验并记录结果，分享交流。 提问：为什么同样是低水位的瓶子，加入石头乌鸦喝不到水，加入沙子后它却能喝到水？ 小结：石头比较大，石头之间的缝隙也大，水就钻到石头缝隙里。而沙子比较细，沙子之间缝隙小，水就到沙子上面来了，水位也就升高了，乌鸦就能喝到水了。 四、分组讨论 幼儿大胆猜想并说一说生活中除了石头和沙子能让水位升高外，还有哪些材料可以让水位升高？为什么？ 观看视频。 提问：请观察将硬币和布塞进瓶子里，水位一样吗？为什么硬币很快能让水位升高，而布放进去水位没升高？ 小结：因为布有吸水性，所以水位没升高。 五、活动延伸 在生活中还有很多东西能让水位升高，回家找一找、试一试，把发现的结果和大家一起分享吧！
活动反思	活动营造了良好的探索环境，创设"帮助乌鸦喝水"的问题情境，引发幼儿思考，幼儿积极参与，体验合作、交流的乐趣。教师给幼儿提供充分的材料和选用机会，满足不同幼儿的需要；让每位幼儿都承担不同的探索职责，有利于其主体性得到最大的体现。教师关键性的提问和引导，使幼儿感受实验前的思考、预测及验证、观察、分析、表达等科学探究过程，幼儿真正成为学习的主人。

欣赏《说唱脸谱》

陕西省咸阳市杨陵区西北农林科技大学幼儿园　柴柳清

教学领域	艺术		班级	大班
设计意图	脸谱，是一种具有中国文化特色的特殊化妆造型艺术。由于每个历史人物或某一种类型的人物都有一种程式，就像唱歌、奏乐都要按照乐谱一样，所以称为"脸谱"，京剧脸谱已成为大家公认的中国传统文化标识之一。为了让幼儿进一步感受国粹的魅力，提高幼儿对美的理解，鼓励幼儿大胆自信地表演，引导幼儿喜欢京剧，并热爱中华优秀传统文化，激发幼儿的爱国情怀，我设计了本次活动。			
活动目标	1. 通过脸谱让幼儿认识京剧中各种不同的角色（黑脸、红脸、蓝脸、白脸、黄脸等）。 2. 通过了解不同角色，幼儿可以自己辨别人物性格并通过自己的动作表达出来。 3. 激发幼儿爱国情感，让幼儿在音乐中感受民族自豪感。			
重点难点	重点：通过脸谱让幼儿认识京剧中各种不同的角色。 难点：通过了解脸谱，幼儿可以根据不同颜色的脸谱辨别人物性格并通过自己的动作表达出来。			
活动准备	物质准备：小段京剧片段、各种脸谱面具、视频、《说唱脸谱》音乐。 经验准备：提前了解和京剧相关的知识。			
活动过程	1. 请幼儿观看京剧片段，并引导幼儿说一说自己的观后感。 师：对，这些人和我们平时说话、唱歌的语调、音调不一样，而且他们的脸上都有不一样的颜色。 2. 出示脸谱面具，请幼儿观察脸谱上的颜色、图案，说一说自己的想法。 师：小朋友们，这些面具都有不同的颜色和图案，谁来说一说这些不同颜色的面具都代表了什么性格？ 3. 邀请幼儿共同听一听歌曲《说唱脸谱》，并请幼儿说一说都唱了哪些脸谱？ 师：小朋友们非常棒，歌曲里唱了蓝脸的窦尔敦、红脸的关公、黄脸的典韦、白脸的曹操、黑脸的张飞。 4. 教师根据歌词，向幼儿讲解不同颜色脸谱的代表人物以及性格。 5. 教师邀请幼儿一起来演一演不同脸谱代表的人物，模仿人物性格以及动作。 6. 让幼儿观看京剧视频，并向幼儿讲述京剧的发展。			
活动反思	本节课开始时我让幼儿观看了京剧的相关片段，使幼儿了解到京剧和我们平时的歌曲不一样，并在活动中出示了京剧脸谱面具，让幼儿产生了好奇与兴趣。为了让幼儿加深对歌词的理解，通过先听歌曲再讲解的方法对这些人物的性格特征进行剖析，为理解歌曲做了铺垫。 活动中幼儿学习的积极性比较高，但用动作表现不同人物的性格方面不是很理想。活动后我进行了反思，可以从网上找一些有代表性的京剧图片及片段，鼓励幼儿自己探索模仿，并带动每位幼儿展示的情绪。这样就能充分结合幼儿的实际情况，展示出尊重幼儿，以幼儿为主体地位的教育观。			

《蝈蝈和蛐蛐》

山东省济南市市中区雅苑幼儿园　杜　鹃

教学领域	艺术		班级	大班
设计意图	《蝈蝈和蛐蛐》是一首曲调幽默诙谐，含有北方戏曲演唱风格的歌曲。整首作品围绕蝈蝈和蛐蛐吹牛皮的有趣故事，运用拖长腔、边说边唱等演唱形式不断激发幼儿演唱的欲望。幼儿能够在体验和表现蝈蝈、蛐蛐吹牛皮的行腔特点和得意神情的同时，了解北方戏曲拖长腔、边说边唱的特点，初步分角色演唱歌曲。			
活动目标	1. 感受歌曲诙谐有趣的风格，体验戏曲表演的快乐。 2. 能表现出蝈蝈和蛐蛐吹牛皮时的得意神情，完整快乐地跟唱歌曲。 3. 初步学习歌曲中拖长腔、边说边唱等戏曲唱法。			
重点难点	了解歌曲的唱腔特点，能用不同表情进行角色对唱。			
活动准备	物质准备：课件、音乐、手偶、图谱板子、图谱架子。 经验准备：了解京剧、京歌的特点。			
活动过程	一、导入环节 师：孩子们，今天我们班里来了两个小客人，一个是蝈蝈，一个是蛐蛐，你想知道它们之间发生了什么事吗？让我们一起来听听吧！ 二、展开环节 1. 通过提问，感知歌曲风格 教师手偶表演，完整范唱。 师：你听到了什么？ 师：里面有说话，也有唱歌，特别有意思。你也来学一学。 师：歌曲有点拖长腔，听了这句歌词你心里怎么样？ 小结：这种拐着弯、边说边唱或者还有点拖长腔的方法，是戏曲的一种独特唱法。 2. 互动提问，理解歌词内容 师：你还有哪些发现呀？ 师：什么叫吹牛皮？就是说大话。说自己做不了的事情就是吹牛皮。但是，有的时候吹牛皮也是一件很好玩的事，就像这首歌里蝈蝈和蛐蛐的故事。 3. 出示图谱，感受歌词内容 师：你觉得这首歌有没有很难的地方？什么是越侃越入迷？ 师：他们都说了什么呀？蛐蛐听了怎么做的？ 4. 完整学唱歌曲 (1) 借助图谱，了解故事结构 师：这首歌曲有几段？每一段里都讲了什么事？ 第一段：吃饱了吹牛皮。 第二段：各自在吹牛皮。蝈蝈说了什么，你能唱唱吗？蛐蛐怎么说的呢？ 第三段：继续吹牛，引来了一只大公鸡，把它们全都吃下去了。 师：它们都说自己能管着全天下的动物，怎么管的？ 师：蛐蛐听了怎么做？ (2) 播放课件，完整欣赏与跟唱 师：我们一起加上动作，把歌曲表演一下吧。			

续表

活动过程	（3）自选角色学唱歌曲 师：你最喜欢歌曲的哪一段？老师给大家放音乐，咱们站在自己喜欢的那段歌谱旁边，一起唱一唱，好吗？ 师：大家表演吹牛皮的时候加上动作和表情，应该会更棒。咱们找一个小朋友来扮演大公鸡，其他小朋友和你的好伙伴一个演蝈蝈，一个演蛐蛐，我们边玩游戏边唱歌吧！ 师：为什么歌曲最后蝈蝈和蛐蛐会被大公鸡吃掉？ 小结：自己做不到的事情就不能随便说大话，会让别人不相信自己，后果也可能会很危险。 **三、结束环节** 师：我们把这首好听的歌曲唱给其他班的小朋友听一听吧。
活动反思	大部分幼儿能够找到自己的学习生长点，带着疑问积极地参与到后面的活动中。在活动中，结合角色扮演及多功能图谱板的使用，在练唱歌曲时适时地与幼儿进行互动，帮助幼儿理解歌词的同时也激发了幼儿的学习兴趣。活动中应鼓励幼儿大胆、自由地交流，提炼出重、难点，有针对性地进行教学。

小小收纳师

重庆市两江新区云启幼儿园　唐雪娇

教学领域	社会	班级	大班
设计意图	3至6岁是为幼儿后续学习和终身发展奠基的重要阶段，也是为幼儿做好入学准备的关键时期，而整理能力是幼儿日常行为规范中良好习惯培养的一个重要内容。大班是幼小衔接的关键期，让幼儿学会整理，养成爱整洁、做事认真的习惯，有利于培养幼儿的责任感，提高动手能力，增强自我服务意识，为适应小学生活奠定基础。			
活动目标	1. 通过观察比较，懂得衣物、玩具、图书、书包等物品的整理方法，能够按照大小、颜色、类属关系等特性尝试分类。 2. 观看收纳视频，学习、提炼整理收纳的方法，能够对不同的物品进行收纳整理。 3. 喜欢整理，体验整理为生活、学习带来的便利，养成良好的整理习惯。			
重点难点	重点：通过观察比较，懂得衣物、玩具、图书、书包等物品的整理方法，能够按照大小、颜色、类属关系等特性尝试分类。 难点：观看收纳视频，学习、提炼整理收纳的方法，能够对不同的物品进行收纳整理。			
活动准备	物质准备：柜子图、书包、文具盒、本，收纳方法视频、收纳方法图谱、收纳盒。 经验准备：日常生活中有分类的意识和经验。			
活动过程	**一、创设情景，唤起整理意识** 1. 情景导入 师：小熊要举行生日派对，家里有点乱，需要大家帮助，我们一起去看看吧。 2. 引导幼儿观察场景，提出解决办法 师：请问你们有什么办法？ 儿童自由表达想法和建议，并尝试分类。 **二、大胆尝试，整理初体验** 儿童自由尝试整理，提炼经验，分享交流。			

续表

活动过程	师：说说你的方法（依次对三个场景进行总结），其他小朋友还有补充的吗？ 小结：小朋友根据自己的生活经验提出了按照大小、前后顺序整理是一个很好的办法，将同类型的物品放在一起。 **三、经验提升，了解新型职业——收纳师** 1. 提出问题 师：现在物品从外面看上去很整齐，那我再仔细看看里面真的很整齐吗？还可以用什么办法分类呢？ 2. 推荐新型职业——收纳师 观看收纳师收纳物品的视频。 师：说说你学到的本领。 运用图谱帮助幼儿提升整理经验，可以参考以下方法：先清空再按大小、颜色、类别分类，最后摆放物品。 3. 再次尝试收纳整理 儿童分小组合作整理一个柜子，提供大小不一的收纳盒子，提醒幼儿按需取拿整理。 小结：小朋友运用收纳师的方法进行再次整理，这次明显看出来小朋友们整理分类的能力更强了，你们真是小小收纳师。 **四、突破自我，整理小书包** 运用整理方法自行整理书包。 师：马上步入小学了，你们的书包整齐吗？你们会整理自己的书包吗？ 儿童自主整理书包里的物品，同伴相互交换检查书包，检查整理收纳的效果。 小结：整理好书包是为了我们取放物品更加便捷，如果摆放得乱七八糟就无法快速便捷地拿出物品。 **五、游戏：快快拿出来** 听指令拿出相应物品。 师：我们现在一起来检验一下整理后的物品是否方便取放。 口令：××（绘本、文具盒、本）快快拿出来，3，2，1。××快快放进去，3，2，1。 同伴再次检查书包里是否放整齐。 小结：在日常生活中，很多东西都需要动手去整理和收纳，不仅看起来美观、整洁，而且锻炼了幼儿自我管理能力，提高了学习效率，预防拖拉和丢三落四的坏习惯。 **六、活动延伸** 回家主动观察家里的环境，哪些地方还需要二次收纳，让生活环境更整洁。
活动反思	1. 选材适宜，贴近生活。通过本次活动的经验提升，为幼儿步入小学更好地管理、整理自己的衣物做好准备，同时也为日常生活中的收纳做好准备，让自己的物品更加整洁有序。 2. 多种路径，满足探索。通过"情景初探—初次整理—学习整理—再次整理"的路径去陪伴幼儿主动探索和总结整理收纳的方法，教师精炼提问，幼儿充分操作，体现"幼儿在前，教师在后"教学策略，尊重幼儿的主体地位。 3. 充分体验，提升经验。本次活动采用观察、学习、对比、操作的学习方法让孩子沉浸式体验整理收纳，活动设计4次整理收纳，真正让幼儿在做中学、做中长。

真正的魔法师

陕西省西安市第六保育院　张芳芳

教学领域	科学	班级	中班
设计意图	本次活动借助数学绘本，讲述了一个魔法师如何通过三轮考验成为一个真正的魔法师的故事。为什么选择本次活动，是想让孩子感知数学活动不仅仅是平时的数与量的关系，还可以进行科学探究，数学活动也可以变成最初、最浅、最好玩的生活游戏，但在游戏中需要不断烧脑，不断探究。中班幼儿对于数学认知比较浅显、直观，作为教师更应该引导孩子们去思考、去认知，将数学活动生活化。		
活动目标	1. 在熟悉序数的基础上能根据提示找到事物的相对位置。 2. 在绘本情境中看懂数学符号：→。 3. 体验数学思考的乐趣。		
重点难点	重点：在熟悉序数的基础上能根据提示找到事物的相对位置。 难点：在绘本情境中看懂数学符号：→。		
活动准备	物质准备：任务卡片、魔法棒、魔法帽拼图、课件。 经验准备：熟悉10以内序数。		
活动过程	一、开始部分 故事导入。 师：魔法城堡将要举办一场魔法考核，小魔法师非常担心自己无法通关，想邀请我们小朋友们帮助他们一起参与比赛，你们愿意帮助他们吗？ 二、基本部分 1. 魔法考试准备时 师：魔法考核都有哪些关卡呢？（第一关寻找魔法钥匙，第二关寻找魔法卡片，第三关找到魔法礼服，闯关成功） 师：今天参加魔法考试的参赛者一共有多少位？他们是按照什么顺序排队的？ 师：那我们一起来看看魔法考官给出的提示。 师："→"由哪两个部分组成？表示什么意思呢？（符号由直线和箭头两个部分组成，箭头有方向，表示从一个方向到另外一个方向） 师：原来小小魔法师是按照从矮到高的顺序进行排队的，我们一起来看看魔法考官是怎么表示的。魔法考官给出的提示是从矮到高。 2. 魔法考试第一关 师：现在进入魔法考试第一关。魔法考官给了我们什么提示？ 师：图中哪几位魔法师找到了钥匙，请你来指一指。 师：你怎么证明他们几个人找到了钥匙？ 3. 魔法考试第二关 师：现在，即将进入魔法考试第二关，你们准备好了吗？ 师：魔法考官给了我们什么提示？ 师：图中几号魔法师找到了魔法卡片，为什么？ 4. 魔法考试第三关 师：马上进入第三关，魔法考官给了我们什么提示？ 师：到底哪一件魔法衣才是魔法考官想要找到的呢？ 师：老师最喜欢的是"←4"魔法衣，你们猜猜是哪一件呢？		

続表

活动过程	师：那你有没有特别喜欢的魔法衣，请你也用"符号＋数字"的形式描述出来，让我们也来猜一猜。 **三、结束部分** 魔法师创设题目，幼儿进行寻找。 师：这个时候，可恶的老巫婆把小魔法师的魔法帽变成了碎片藏在了我们的活动室，聪明的小朋友赶快根据任务卡上的提示，帮助小魔法师找回魔法帽。 师：这是什么地方呢？这些符号又是什么意思呢？ 师：请哪位小朋友来说一说你们是怎么找到卡片的？ 师：你们都好厉害啊！帮助小魔法师顺利通过了考试，成为一名真正的魔法师。魔法师为了感谢小朋友的帮助，也给你们准备了惊喜，这些小惊喜就藏在第一排听课老师的手里，但是需要小朋友抽取卡片，寻找任务卡上对应的老师，说出咒语，才能拿到自己的神秘小礼物。只有找对了老师，并且说出咒语，老师才能把神秘小礼物送给你。 师：说一说你的卡片上的提示是什么？ 师：咒语我要悄悄地告诉你们，咒语就是"请问，你有魔法棒吗？"。只有找到对的老师并说出魔法咒语才能获得礼物，你们准备好了吗？快去找到任务卡对应的老师问问他吧！
活动反思	本次活动中，孩子跟随小魔法师的步伐感知序数不是指绝对位置，而是指事物间的相对位置。通过理解符号→的含义帮助小魔法师成为真正的魔法师，最终获取自己的魔法棒。活动中孩子们兴趣高涨，在游戏的氛围中自由、自主地寻宝。

1 和许多

重庆市两江新区嘉竹学园清晖幼儿园　李　娜

教学领域	数学	班级	小班
设计意图	1和许多是小班学数前准备的教育内容，是关于感知集合和量的教学的重要内容之一。小班幼儿对数量的关系认识表现为具体形象思维，我选择了采萝卜和摘青菜的游戏情景，让幼儿通过老师所提供的特定材料来感知"1"和"许多"这两个不同的量，幼儿在愉快的游戏氛围中进行该数学活动。			
活动目标	1. 体验集体活动"1"和"许多"的快乐。 2. 在游戏中幼儿能初步感知"1"和"许多"两个不同的量。 3. 能安静地倾听，能按要求取放物品。			
重点难点	重点：在游戏中幼儿认识"1"和"许多"。 难点：感知"1"和"许多"两个不同的量。			
活动准备	物质准备：小兔头饰、萝卜、青菜、篮子、音乐、场景背景板。			
活动过程	**一、引题激发幼儿兴趣，初步感知"1"和"许多"** 师：今天兔妈妈要带我的兔宝宝们去郊外玩啦，你们准备好了吗？ **二、提出问题，尝试活动，初步感知"1"和"许多"的关系** 师：你们的大眼睛看到了什么呀？（一朵红色的花、许多黄色的花） 师：今天去采萝卜我们应该带上什么工具？（篮子） 出示准备好的篮子，引导幼儿说出"许多"的篮子。			

续表

活动过程	师：现在请每个兔宝宝去选一只篮子，边选边说"我拿了一只篮子"。 师：兔宝宝们，你的手中有几只篮子？（一只） 小结：刚刚有许多的篮子，分成了一个一个的篮子。 师：现在每个兔宝宝都有一只篮子，请你管好自己的篮子，我们出发了。 **三、进一步感知并初步区别"1"和"许多"两个不同的量** 教师带领幼儿到布置好的萝卜地里。 师：你们看到了几个萝卜？（许多）现在妈妈给你们一个任务，每个兔宝宝去采一个萝卜放进自己的篮子里，然后回到妈妈身边来。 师：我的宝宝真能干！快来告诉妈妈你采了几个萝卜？（要求幼儿说：我采了一个萝卜） 师：刚刚地里有许多萝卜，现在分成了一个一个的。现在请小兔子们把萝卜放在篮子里，原来一个一个合起来变成了许多。 **四、师幼互动，提升经验** 师：请兔宝宝再去客人老师那里取一棵青菜。 师：今天小兔子们真厉害，把许多可以分成一个一个的，把一个一个地合起来变成了许多。我们赶紧把青菜和萝卜拿回家煮一下吧。
活动反思	数学是从现实世界中抽象出来的，来源于生活，回归于生活。本次活动我有意识地营造一种生活化、情趣化的教学环境，让幼儿在采萝卜、取青菜的过程中，感受数的关系及参与活动的乐趣。在交流的过程中，既能发展幼儿的语言表达能力，又能促其将自己获得的经验与教师交流分享，《纲要》中指出的"师生互动"得到充分体现。总之在整个活动过程中，数学成为一种隐性的活动，幼儿始终在情境中享受丰盛的"数学大餐"。

辨别左右

北京市顺义区吉祥幼儿园　宋　歌

教学领域	科学	班级	大班
设计意图	《指南》中明确指出"初步辨别自己的左右"为5至6岁幼儿应达到的目标。幼儿5岁后是左右概念的发展期，幼儿辨别空间方位要经过以自身为中心定向逐步过渡到以客体为中心的定向过程。大班幼儿在日常生活与游戏时，常存在分不清左右方向的问题。因此根据大班幼儿的年龄特点，我设计了以游戏为主的教学活动，让孩子们在游戏中学习辨别左右。		
活动目标	1. 积极参加数学活动，在活动中体验方位游戏的快乐。 2. 能以自身为中心辨别左右。 3. 能够与同伴一起，运用左右进行游戏。		
重点难点	重点：学会以自身为中心区分左右。 难点：在辨别左右的基础上，能运用左右进行游戏。		
活动准备	物质准备：骰子、箭头方向标、音乐、小蛇线路图、棋盘、桌签、障碍物等。 经验准备：幼儿对什么是方位有初步认知。		

活动过程	一、听音乐入场 师：孩子们，一会儿我们听音乐做律动进入教室，看看谁的耳朵敏锐，能听出歌词里面有几个方位？ 师：刚才的歌词里唱到了几个方位？分别是什么？ 师：对，刚才的歌词里有四个方位，分别是前、后、左、右。 二、认识左右 师：快来找一找，我们的身体哪个部位是左右对称的？ 师：你们都找对了，我们从上往下再梳理一遍左右对称的部位，眉毛、眼睛、耳朵、胳膊、手、腿、脚。 三、以游戏的形式巩固幼儿对左右的认识 师：你们做得很棒，老师还给你们带来了两个好玩的游戏，要注意听，看看谁的反应更灵敏！ 游戏一：我来说，你来做 请你左手举起来，请你右脚点一点。请你左臂画个圈，请你右腿抬一抬。请你左手摸摸头，请你右手碰鼻子。请你左手摸脖子，请你右手碰肚子。 师：你们的反应能力很强，但第二个游戏加大难度了，你们有没有勇气来挑战？ 游戏二：上下左右 师：第二个游戏是"上下左右"，老师会给你们放一段音乐，请大家注意听并随音乐迅速做出动作。 四、分组探究，对左右进行深入巩固 师：小朋友们真厉害，不仅聪明还敢于挑战，接下来老师这里还有四项任务，需要小朋友们分组合作完成。 任务一：帮小蛇找食物 玩法：听儿歌的口令来帮助小蛇找食物，在完成任务时，需要分工合作，有人听录音传递指令，有人帮助小蛇找食物。 任务二：穿越地雷阵 玩法：前方的道路埋有很多地雷，我们的战士已经探测好路线，并留下了标记卡片，你们需要根据卡片的提示行进，只有方向正确，才能成功穿越地雷阵。穿越地雷阵时，需要和朋友合作在记录纸上记录下行进路线。 任务三：双人合作闯迷宫 玩法：一人蒙住双眼，一人在旁协助，看迷宫的路线并发出指令，引导同伴走到终点。 任务四：开小车 玩法：由一名小朋友扮演交通警察，其他小朋友当小汽车，小汽车需要根据交通警察的指令标的提示行进，才能顺利开出停车场。 五、分享展示 请各组幼儿分享游戏成果及记录表。 六、教师小结 师：我们以自身为中心认识了左右，又通过玩游戏、完成任务对左和右有了更深的认知，你们真了不起。

	续表
活动反思	本活动为幼儿创设了宽松的学习氛围，通过儿歌、指令、游戏等不同形式的学习方法，帮助幼儿学习辨别左右方位。我抓住大班幼儿合作化的共同学习这个特点，给予幼儿充分探究的机会，让幼儿在游戏的过程中进一步巩固分辨左右。从课堂氛围上来看，"分组探究活动"将活动推向了高潮，幼儿能在愉悦的心情下感受数学的有趣，真正在自主、快乐的氛围中学习。但活动中仍有不足，比如教师在活动中应该做镜面动作，有个别环节在示范中有些小失误。

夏天的雷雨

四川省德阳市德阳科贸职业学院　邓俊莲

教学领域	艺术	班级	中班
设计意图	《夏天的雷雨》是一首描写夏天雷雨特点的歌曲，其节奏欢快，内容有趣。歌词中"轰隆隆""哗啦啦"等象声词能增强歌曲的节奏感，又能增添歌曲的表现力。中班幼儿具有一定的艺术表现力，喜欢听有韵律的歌谣。因此，结合幼儿的发展水平与兴趣特点，通过欣赏、观察、学唱、表演等形式，我设计了此次活动。		
活动目标	1. 理解歌曲的内容，简单了解夏天雷雨的特点。 2. 学唱歌曲《夏天的雷雨》，能根据歌曲内容创编简单的动作。 3. 感受问答形式演唱的趣味性，产生表演歌曲的自信心。		
重点难点	重点：理解歌曲内容，运用问答形式学唱歌曲《夏天的雷雨》。 难点：演唱时节奏准确，能根据歌曲内容创编简单的动作。		
活动准备	物质准备：教学课件、歌曲《夏天的雷雨》、入场券、小红旗、五角星贴画。 经验准备：幼儿见过雷雨，会唱《我爱我的小动物》。		
活动过程	一、活动导入 1. 情境导入：创设"参加音乐会"的闯关情境，激发幼儿兴趣。 师：小朋友们，今天森林里举办了一场森林音乐会，小动物们想邀请大家参加音乐会，但是小动物们说必须通过层层考验才能拿到入场券。 2. 发声练习：带领幼儿唱《我爱我的小动物》，避免活动中声带受损，为音乐活动做准备。 二、活动展开 第一关：听一听，说一说 (1) 出示雷雨图片和画有三个问号的图片，引导幼儿在歌曲中找到三个问题。 (2) 教师演唱歌曲《夏天的雷雨》第一段，幼儿认真倾听，思考歌曲中的问题。 师：天空中什么光发亮？天空中什么声音响？天空中什么落下来？ (3) 幼儿猜想、讨论问题的答案，教师演唱歌曲第二段。 (4) 呈现音乐图谱，揭晓问题的答案。 师：这是发生在什么季节呢？很好，所以这是夏天的雷雨，歌曲里唱的就是我们夏天雷雨天气时的特点。 第二关：学一学，唱一唱 (1) 教师用大小声的方式示范演唱，幼儿集体学唱歌曲《夏天的雷雨》。 (2) 对于切分节奏的部分，教师重点指导。 (3) 幼儿分为红旗组、星星组，以问答对唱的形式练习歌曲。		

活动过程	师：红旗组的小朋友来问，星星组的小朋友来答。 第三关：编一编，跳一跳 (1)幼儿小组讨论，尝试根据歌曲内容创编简单的动作。 (2)教师巡视，对于不会创编的幼儿给予引导和帮助。 师：天空中一闪闪，我们可以做什么动作来表现呢？ (3)鼓励幼儿分小组上台表现。 三、活动结束 发放入场券，开展"小小表演家"活动。 师幼共同歌表演《夏天的雷雨》，自然结束本次活动。 师：小朋友们都通过了层层考验，顺利拿到我们的入场券啦，快去参加音乐会表演《夏天的雷雨》吧！ 四、活动延伸 延伸至科学领域。 充分抓住幼儿对夏天雷雨季节感兴趣的教育契机，开展活动"夏天的秘密"，了解夏天的特征。
活动反思	《纲要》中指出：教师在活动过程中成为幼儿学习活动的支持者和引导者。一个活动的成功与否，要看孩子的能力在原有水平上是否得到相应的提高和发展。本次活动通过创设闯关游戏的方式，层层递进，先让幼儿初步感受歌曲，调动幼儿对活动的兴趣，然后采用分段教学的形式帮助幼儿理解记忆歌词，更好地帮助幼儿学唱歌曲，最后创造机会让幼儿歌表演，满足幼儿对音乐表达的兴趣。但活动也存在一些不足，由于空间和材料的限制，没有给幼儿提供更好的学习情境。还需要关注幼儿的个别差异，及时观察幼儿在活动中的表现，促进每位幼儿的发展。

千足虫

内蒙古自治区乌兰察布市凉城县第一幼儿园　樊俊芳

教学领域	数学	班级	中班
设计意图	本次活动从内容到形式上的设计都遵循着《指南》的引领，用孩子们生活中喜欢观察周围事物的特点，设计出一系列需要观察获得答案的环节，使幼儿在玩中学、学中做、做中知，从而在满足幼儿求知欲望的基础上达到活动的目的。中班幼儿正处于直观形象思维向抽象思维的过渡阶段，在活动中，我根据幼儿的年龄特点和实际发展水平，运用生动有趣的白板教学有效激发幼儿参与活动的兴趣，结合多种教育方式及幼儿的身心发展规律，有效提高幼儿各方面能力。		
活动目标	1. 初步了解千足虫的外形特点，掌握三种颜色按规律排序。 2. 培养幼儿的观察力、判断力和动手操作能力。 3. 感受千足虫的可爱有趣，从而对昆虫产生探索欲望。		
重点难点	重点：掌握三种颜色按规律排序。 难点：对昆虫产生探索欲望。		
活动准备	物质准备：视频、PPT、操作板、音乐。 经验准备：幼儿喜欢观察昆虫，有过相关经历。		

续表

	一、活动导入 1. 播放视频，激发幼儿的兴趣 师：小朋友们，今天老师看到一只特别有趣的昆虫，你们想不想知道是什么呀？（教师播放视频） 师：谁知道这只虫子叫什么名字？它最大的特点是什么？ 2. 引出主题 师：今天我们班也来了一只有趣的千足虫，我们鼓掌欢迎。（出示卡通千足虫） 3. 过渡 千足虫跟幼儿互动问好。 千足虫：小朋友们好，我是一只漂亮的千足虫，我每天都把自己打扮得干干净净、整整齐齐的，尤其我会穿各种颜色的鞋，我好看吗？告诉你们一个小秘密吧，以前我可不是这么好看，因为穿的鞋子一点规律都没有，看上去乱七八糟的，你们看。（播放没有穿鞋规律的千足虫图片）哈哈，小朋友们，可不要把这个秘密告诉别人呀。 **二、幼儿观察千足虫，学习按规律排序** 1. 发现排序规律 师：小朋友们，它的鞋子颜色一样吗？你们发现什么规律了？ 小结：小朋友们发现它的穿鞋规律了吗？我们一起看看，是不是一双红色，一双绿色的。（教师引导幼儿一起说红色、绿色、红色、绿色……）我们把这样的规律叫作AB-AB规律排序。 2. 感知排序规律 (1) 学习AAB排序规律 千足虫：小朋友们，我现在要变换一种更好看的穿法了，你们看！ 教师引导幼儿观察，帮助幼儿找到这次的穿法规律。 (2) 学习ABB排序规律 师：这是什么穿法？ 幼儿分组讨论并回答。 小结：我们看看是不是红、绿、绿的穿法。（教师边说边用手指按顺序指红、绿、绿，红、绿、绿……）小朋友太棒了，这次又找出它的穿鞋规律了，我们把这样的规律叫作ABB排序规律。 **三、幼儿操作练习，巩固排序规律** 千足虫：小朋友们，我还想穿三种颜色的鞋，我应该按什么规律来穿能更好看呢？这可把我愁坏了，你们帮我想想办法吧！ 师：它想穿三种颜色的鞋子，可以怎么穿呢？请你跟周围的小朋友们说说，在操作板上试试吧。 (1) 幼儿操作练习，教师随机观察引导 鼓励幼儿大胆想象，创新操作，及时表扬按规律摆放的幼儿。 引导能力弱的幼儿先摆出三种颜色的第一组样式，然后后面的排序都按照第一组样式摆。 (2) 幼儿展示 幼儿之间介绍自己的穿法，请个别幼儿到前面边操作边展示穿法。 千足虫：小朋友们，你们可真聪明呀！我想请你们一起跳支舞。 **四、活动结束** 师：小朋友们，你们的鞋子是什么颜色的？（幼儿互相说）我们现在都来当千足虫的脚，
活动过程	

续表

活动过程	变成一只大大的千足虫吧。 引导幼儿排队站好，观察白板上千足虫鞋子的规律变化，幼儿在音乐响的时候赶紧按白板规律找位置。找完位置检查后随音乐律动跳舞自然结束。
活动反思	这节数学活动以幼儿们的操作为主，让每个孩子都有自己动手操作的机会，大部分孩子都能掌握按规律排序，活动的目的基本达到。活动的过程能兼顾全体幼儿的需求，注重幼儿的个体差异，让每个幼儿都有成功和进步的体验。

对对歌

广西壮族自治区商务厅幼儿园 黄馨莹

教学领域	语言	班级	大班
设计意图	《纲要》中指出：创造一个自由宽松的语言交往环境，支持、鼓励、吸引幼儿与同伴、教师或其他人交流，使幼儿想说、敢说、喜欢说、有机会说并能得到积极应答的环境。大班幼儿的语言交流增多，幼儿开始尝试使用量词，使用量词引发了他们的小讨论。我抓住这一契机，运用《对对歌》这首富有节奏感、短小精练、流传甚广的儿歌开展语言活动，儿歌含有许多常用的量词，浅显易懂，贴近幼儿生活，符合大班幼儿的语言特点。			
活动目标	1. 感受大与小、多与少的关系。 2. 尝试正确地使用一些常见的量词。 3. 大胆地表达自己的想法并与同伴分享自己的心得。			
重点难点	重点：能通过儿歌学习常见的量词。 难点：尝试使用正确的量词进行儿歌创编。			
活动准备	物质准备：课件、表格、画笔。 经验准备：对物体大小、多少有初步了解。			
活动过程	一、导入游戏，激发幼儿兴趣 师：我班的小朋友呀聪明又能干，今天老师要和小朋友们玩一个游戏，看看谁的反应最快。 师：大大大。 幼：小小小。 师：多多多。 幼：少少少。 师：你们的反应真灵敏，接下来还有更难的考验等着我们，你们准备好接受新的考验了吗？ 二、幼儿尝试正确地使用量词，学习儿歌 1. 通过观察图片引出"量词"，引导幼儿感知量词。 师：这里有两张图片，请小朋友仔细观察它们有什么不同？ 教师操作课件出示一个苹果和一篮苹果，引导幼儿观察图片找出区别。 师：它们都是苹果，这边是一个苹果，那边有很多的苹果，那一共有几个苹果呢？我们数不清楚，不能说清有几个苹果，所以我们有一个很厉害的量词可以来帮助我们："一篮"。			

续表

活动过程	2. 鼓励幼儿尝试说出正确的量词。 师："量词"可以表示物体的单位，今天它们要和我们捉迷藏，请大家一起把它们找出来。 教师操作课件出示铅笔、刀的图片，鼓励幼儿说出一捆铅笔、一把刀。 师：一边多，一边少，一捆铅笔一把刀。 教师操作课件出示西瓜、枣的图片，鼓励幼儿说出一个西瓜、一颗枣。 师：一边大，一边小，一个西瓜一颗枣。 教师操作课件出示饼干、糕的图片，鼓励幼儿说出一盒饼干、一块糕。 师：一边多，一边少，一盒饼干一块糕。 教师操作课件出示肥猪、猫的图片，鼓励幼儿说出一头肥猪、一只猫。 师：一边大，一边小，一头肥猪一只猫。 教师操作课件出示大雁、鸟的图片，鼓励幼儿说出一群大雁、一只鸟。 师：一边多，一边少，一群大雁一只鸟。 教师操作课件出示松树、草的图片，鼓励幼儿说出一棵松树、一根草。 师：一边大，一边小，一棵松树一根草。 **三、鼓励幼儿有节奏地朗诵儿歌** 师：你们太棒了，通过努力所有的量词都被我们找到了，它们变成了一首好听的儿歌《对对歌》，让我们一起来念一遍吧。 鼓励幼儿根据课件图谱，有节奏地朗诵儿歌《对对歌》。 师：你们又通过了一个考验，还有一个更艰难的挑战等着我们，你们要不要继续闯关？ **四、游戏：量词对对碰** 幼儿轮流进行"量词对对碰"游戏，进一步熟悉量词。 师：谁想来参加挑战？ 师：这个对对碰挑战也没有难倒我们小朋友，你们真聪明！ **五、鼓励幼儿仿编儿歌** 教师出示仿编儿歌图卡，请幼儿观察图卡。 师：最后还有一个终极挑战，这是我们的仿编图卡，请把它带回家，将你们想到的儿歌内容用绘画的形式和爸爸妈妈一起记录下来。明天带来和我们分享你的《对对歌》。
活动反思	本次活动结合游戏层层递进，帮助幼儿理解量词，学习正确地使用量词，进一步锻炼了幼儿的语言表达能力，从思维方式、学习习惯、社会技能等方面顺利有效地实现幼小衔接。

小兔子拔萝卜

北京市朝阳区朝花幼儿园（汇星园）　牛美群

教学领域	健康	班级	小班
设计意图	秋收的季节到了，小朋友们对拔萝卜活动很感兴趣，结合幼儿的兴趣点我设计了体育活动"小兔子拔萝卜"，让幼儿在快乐游戏的同时练习双脚连续跳的动作，提升身体素质。			
活动目标	1. 掌握双脚连续跳的方法。 2. 能遵守游戏规则。 3. 体会到任务成功的喜悦，愉快地参与游戏。			

续表

重点难点	重点：掌握双脚连续跳的动作。 难点：能够双脚并齐跳过障碍物。
活动准备	物质准备：小徽章贴纸、胡萝卜道具、兔子贴纸、拱形门、筐、飞盘、积木。 经验准备：幼儿玩过小兔子跳跳跳的游戏，知道兔子喜欢吃胡萝卜。有双脚向前跳的经验。跳过《小皮球》身体律动舞。
活动过程	一、热身环节 1. 热身活动 幼儿分为两组跟随教师跑步前进，双臂自然摆动，与同伴保持安全距离。 2. 专项热身活动 幼儿跟随儿歌做动作，锻炼双脚跳。 二、体验分享环节 师：小朋友们，今天我们变身成为可爱的小兔子，我是兔妈妈，我们有一个很重要的任务，就是把地里的胡萝卜收干净，开始之前我们要先拿到"小勇士"徽章！ 游戏情境：小兔子需要双脚跳到前面的魔法门旁边，小精灵在那里给我们准备了徽章，每只小兔子拿一枚小徽章贴在身上，才能完成接下来的任务。 三、练习提高环节 师：每只小兔子都拿到了徽章，要开启我们的拔萝卜任务了。我们面前有很多障碍物，小兔子们要连续跳过每个障碍物，然后拔一根萝卜返回，最后把萝卜放在筐里。每次只能拔一根，不然这根魔法萝卜会生气跑掉的，兔妈妈先来做一个示范。 师：小兔子们看明白了吗？兔妈妈是连续跳过 5 个障碍物，中间没有停下来。现在我们准备出发，在前一只小兔子拔到萝卜后，后面的小兔子再出发。 幼儿分为四组开始游戏，每名幼儿都有一次拔萝卜的机会。教师引导幼儿双脚连续跳，拔到萝卜后双脚跳回。 四、提升环节 师：兔宝宝们都成功拔到了萝卜，现在任务的难度提升了，障碍物变多了，所以在拔萝卜前我们要练习一下。前面有四条路，每一条路都很危险，所以小兔子们可以都试一试，看看自己一会儿选择哪一条路来拔萝卜。 障碍物分为四组：第 1 组 10 个飞盘，第 2 组 5 个飞盘 5 块积木，第 3、4 组分别 10 块积木，提升游戏难度，幼儿自主选择路线拔萝卜。教师引导幼儿进行练习，关注个别幼儿，及时进行帮助引导。直到幼儿拔完萝卜，活动自然结束。 五、结束部分 师：哇，小兔子们，你们太棒了！刚才都完成了任务，吃了胡萝卜，变得很有力气，眼睛也又大又亮。现在让我们听音乐放松一下吧，每只小兔子找到你的好朋友，小脚对在一起，小手拉好，变小船摇一摇。 请个别幼儿帮助教师整理物品。
活动反思	本次活动借助道具使幼儿能够真切地体会到拔萝卜的感觉，激发了参与游戏的积极性。整体活动环节，通过情景代入跳障碍的方式引导幼儿练习双脚连续跳的动作。在提升环节中，教师设计了不同难度的路线，能够满足不同幼儿的个体需求。同时在这个环节中，教师发现个别幼儿喜欢尝试难度较高的路线，失败次数较多，这时教师应及时引导幼儿挑选适合自己水平的路线。在之后的活动中，教师要及时关注每位幼儿的任务完成度，及时引导幼儿在适合自己水平的路线中进行游戏。

好玩的象形字

湖北省武汉市江岸区滨江外滩幼儿园　周　莎

教学领域	语言	班级	大班
设计意图	在区域活动及游戏中，大班孩子通常用图文并茂的方式来记录自己的游戏过程和拟定的规则，并有强烈的意愿将自己写写画画的内容分享给同伴。结合本学期教材整合课程"符号会说话"主题中语言领域的"神奇的符号"，我很受启发，生成了本次活动。		
活动目标	1. 乐意参与语言活动，对文字产生兴趣。 2. 知道汉字是中国特有的文字，了解象形字的特征。 3. 能大胆表述象形字与事物间的联系，认识简单的象形字。		
重点难点	重点：了解象形字的特征。 难点：能大胆表述象形字与事物间的联系，认识简单的象形字。		
活动准备	物质准备：课件、象形字图片、动画、照相机。 经验准备：认识一些简单的汉字。		
活动过程	**一、导入活动，图片激趣** 师：今天老师带来了一幅有趣的画，你从画里看到了什么？ 师：这幅画里藏着很多神奇的符号，你们发现了吗？你们觉得这些符号代表什么意思？ 教师小结符号的作用。 师：很久以前，人们还没有发明文字，古人是这样记录他们看到的事物的。 小结：其实这是中国古代人发明的文字，叫作"象形字"。 **二、观察并讨论象形字，了解象形字的特征** 1. 观察象形字，大胆猜想 出示象形字"日、月、田、木、水、山"，鼓励幼儿猜测其意义。 幼儿表述后，教师随即出示与"日、月、田、木、水、山"对应的事物图片，引导幼儿建立象形字与事物的关联性。 师：正因为这些字与所表示的事物外形很相似，所以称它们为"象形字"。 再次出示象形字"火、人、口、林、鱼、龟"，引导幼儿借形猜字，进一步理解象形字的意义。 教师出示"火、人、口、林、鱼、龟"的真实图片，请幼儿将图片与文字配对，验证他们对象形字的猜想是否正确。 师：古人的象形字是怎么创造出来的？ 小结：古时候的人就是照着事物的样子画下来并形成了象形字。 2. 说说象形字的特点 太阳是圆圆的球体，在中间加一点表示它会发出光和热。 月亮多数时间是弯弯的，中间一条线表示月亮的亮光。 大块稻田就是一个方形，里面的田埂把它分成一格一格的。 三个凸起的三角形表示群峰的山脉。 …… **三、比较象形字与汉字的不同** 出示现代汉字"日、月、火、口、山"，提问是什么字。 出示对应象形字，让幼儿比较两个字哪里不同。		

活动过程	小结：象形文字经过很多年的演变变成现在的汉字，象形文字是圆圆的，汉字是方方的。汉字是中国特有的文字，我们叫它"方块字"，它更加清晰，便于我们交流和书写。 四、游戏：身体摆字 分组摆字造型，教师拍照上传，一起欣赏。 五、结束部分，图片延伸 师：我还有一张神奇的画(36个象形字)，里面有很多象形字，我们一起去找找吧！
活动反思	对学龄前幼儿来说，文字是比较抽象的符号，学习起来较枯燥乏味，以游戏形式开展教学，让幼儿更有学习的兴趣。导入环节老师通过猜想象形字图片激发幼儿的兴趣，考虑到幼儿发展特点，选取了12个有代表性的象形字，进行配对游戏，引导幼儿了解象形字的特点。接着比较象形字与汉字的不同，了解汉字的演化过程及象形字与现代汉字的联系。游戏"身体摆字"环节，幼儿参与积极性非常高，能跟着老师积极思考，在操作、验证的过程中获得了较好的活动效果。整个活动更以幼儿为主体，在玩中学，学中玩。

绘本故事《小威向前冲》

广东省深圳市大鹏新区东岸幼儿园　游钦娟

教学领域	语言		班级	大班
设计意图	通过开展探究活动，让幼儿了解宝宝是由精子和卵子结合发育而成的。			
活动目标	1. 通过阅读了解宝宝是由精子和卵子结合发育而成的。 2. 初步学习正确评价自己，寻找自己和爸爸妈妈之间像的地方。 3. 感知生命的孕育过程，懂得珍惜生命。			
重点难点	重点：感知生命的孕育过程，懂得珍惜生命。 难点：了解宝宝是由精子和卵子结合发育而成的。			
活动准备	物质准备：PPT课件、气球若干、视频。 经验准备：知道自己是母亲怀胎十月生下的。			
活动过程	一、开始部分 引出绘本《小威向前冲》。 介绍书里面的主人公——小威。 师：看到书名，你猜小威是一位怎样的朋友呢？向前冲是什么意思？ 二、基础部分 点击PPT的故事绘本页面，教师有感情地讲述故事。 师：小威是怎么样的小家伙？他住在哪里？他会怎样？你们认为小威是个怎样的小孩？ 幼：很厉害、很聪明、很棒的小孩。 师：小威是不是"棒小孩"呢？为什么？ 师：你是什么高手呢？你们有没有像小威一样，有什么地方做得不太好呢？ 幼：画画很好，围棋、英语不太好…… 小结：现在你认为小威是"棒小孩"了吗？有一方面做得很棒就是"棒小孩"！ 师：小威还有个朋友——小布，他也是游泳高手，他们的游泳水平不相上下。有一天学校里要举行一场游泳比赛，奖品是个美丽的卵子。为了得到游泳冠军，小威每天都			

续表

活动过程	练习游泳，终于要进行游泳比赛了，学校发了泳镜、号码牌和比赛地图。 点击PPT出示地图页面，幼儿集体看地图。 师：你认为小威该怎么走？（给孩子充足观察地图的时间，而不是着急让幼儿来表述自己的想法和答案） 师：游泳比赛开始了，小布赶上来了，小威该怎么办呢？ 幼：向前冲，要努力…… 小结：遇到困难时只有努力向前冲才有可能获得胜利。 师：小威果然是游泳高手，冠军奖品小威很喜欢，他一下子钻了进去。神奇的事情发生了，布朗太太的肚子越来越大。很快，小宝宝出生了，是个可爱的小女孩——小娜。 小娜渐渐长大，发现自己的数学实在是不好，不过她可是个游泳高手！ 师：小娜怎么样？她长得像谁？小威去哪里了？ 总结：因为小娜是布朗先生和布朗太太的女儿，所以很像。 师：你和你的爸爸妈妈有没有长得很像的地方？ 幼：我和我妈妈嘴巴很像，脾气很像，眼睛很像…… **三、结束部分** 游戏：我和你不一样的地方 请幼儿说一说自己与好朋友哪里不像。 **四、绘本延伸** 幼儿借助"娃娃"开展游戏，体验布朗太太怀孕的幸福时刻，体验母亲孕育宝宝的美好过程，感受这一份亲情带来的幸福。
活动反思	这次活动借助绘本故事让幼儿初步理解胎儿是由精子和卵子结合发育而成的，感知生命的孕育过程，懂得珍惜生命。

挖呀挖呀挖

新疆维吾尔自治区生产建设兵团第六师军户农场幼儿园　贾文哲

教学领域	语言	班级	小班
设计意图	《指南》中指出，"珍视幼儿生活和游戏的独特价值，充分尊重好奇心和学习兴趣，创设丰富的教育环境"，"幼儿的语言能力是在交流和运用的过程中发展起来的，应支持、鼓励、吸引幼儿与教师、同伴或其他人交流，让幼儿敢说、想说、喜欢说"。结合小班幼儿《指南》语言学习要求"能听懂短小的儿歌和故事"，本次活动利用比较流行的《挖呀挖呀挖》儿歌为教学内容，通过创设完整的故事情景，调动小班幼儿学习语言的愿望和兴趣，帮助幼儿更好地倾听和理解儿歌内容。在幼儿前期经验的基础上进行语言能力再提升，让幼儿在情境中学习"小小的、大大的、特别大的"语言表达特点，并能够在游戏情景中大胆表述。			
活动目标	1. 能听懂儿歌内容，感知"小小的、大大的、特别大的"语言表达特点。 2. 能够大胆地用"小小的、大大的、特别大的"进行表述。 3. 在游戏中体验学习语言的乐趣。			
重点难点	重点：能听懂儿歌内容，感知"小小的、大大的、特别大的"语言表达特点。 难点：能够大胆地用"小小的、大大的、特别大的"进行表述。			

续表

活动准备	物质准备：《挖呀挖呀挖》音频、魔法灯笼、种子图片、花朵图片、花园背景板。 经验准备：幼儿熟悉儿歌《挖呀挖呀挖》旋律。
活动过程	一、音乐律动导入 教师播放《挖呀挖呀挖》音频。 二、建花园 倾听和理解儿歌，感知"小小的、大大的、特别大的"语言表达方式。 1. 引出"小小的、大大的、特别大的"花园。 师：刚才在儿歌中你们听到了什么？（花园、种子、花朵） 师：儿歌中的花园都是什么样子呢？（引出幼儿说出小小的、大大的、特别大的花园） 利用魔法灯笼引出小小的、大大的、特别大的花园背景板。 2. 游戏"建花园"。 师：小朋友们，你们知道这个魔法灯笼是谁送给我的吗？（花仙子入场，向小朋友们提出帮忙建花园的请求） 播放儿歌，教师带领幼儿进行"小小的、大大的、特别大的"建花园游戏。（引导幼儿手拉手围成一个圆，圆圈跟随儿歌内容由小变大） 三、种花园 进一步感知"小小的、大大的、特别大的"语言表达特点。 1. 魔法灯笼引出丢失种子和花朵的花园。 师：小朋友们快来看看，我们建造的花园里缺少什么呀？（种子、花朵）那我们用魔法灯笼把它们呼唤出来吧。 2. 邀请幼儿将丢失的花朵种回花园。 花仙子：我太高兴了，给小朋友们带来了一个百宝箱，猜猜里面有什么？原来是丢失的种子和花朵。 四、说花园 引导幼儿用"小小的、大大的、特别大的"大胆地进行表述。 1. 引导幼儿用"小小的、大大的、特别大的"进行表述。 师：在什么样的花园，种什么样的种子，开什么样的花。 2. 请个别幼儿根据花园背景图内容继续进行大胆表述。 3. 老师身上还藏着3朵调皮的花朵，引导幼儿大胆表述并护送花朵回到属于自己的花园。 五、游花园 跟着儿歌边说边做游戏。 师：花仙子临走前让我邀请小朋友们去小小的花园、大大的花园、特别大的花园参加舞会，你们愿意参加吗？（听到儿歌唱到小小的花园时，就去小小的花园背景板前做手指律动……） 六、结束部分 全体幼儿一起表演儿歌《挖呀挖呀挖》律动离场。
活动反思	活动中我通过创设"建花园、种花园、说花园、游花园"完整的故事情境，充分利用道具魔法灯笼和花仙子引起幼儿的好奇心，从而调动他们的学习兴趣。制作了大量的教具帮助幼儿直观理解儿歌内容，巧用"建花园、种花园"环节让幼儿感知"小小的、大大的、特别大的"等语言表达特点。在"说花园"环节中，幼儿们为了护送花朵回到相应的花园中，真正做到了敢说、想说、喜欢说，都愿意积极大胆地表述，进入了本节课的高潮环节，同时也轻松完成本节课的难点，活动整体效果较好。

小猴运桃

新疆维吾尔自治区昌吉市御景·蕾朵幼儿园　赵　莉

教学领域	健康	班级	中班
设计意图	《指南》健康领域中指出，幼儿阶段是儿童身体发育和机能发展极为迅速的时期，也是形成安全感和乐观态度的重要阶段。发育良好的身体、愉快的情绪、强健的体质、协调的动作、良好的生活习惯和基本生活能力是幼儿身心健康的重要标志，也是其他领域学习与发展的基础。结合《指南》，我根据本班幼儿的年龄特点及发展水平组织了本次教学活动。		
活动目标	1. 乐于参与"小猴运桃"活动，体会体育游戏乐趣。 2. 了解游戏规则，知道侧钻、障碍跑的动作要领。 3. 能熟练协调地侧钻过拱形门，绕过标志杆跑。		
重点难点	重点：掌握侧钻、障碍跑的动作要领。 难点：能熟练协调地进行侧钻、障碍跑。		
活动准备	物质准备：小猴手偶、拱形门、标志杆、沙包、篮子。 经验准备：运动时能主动躲避危险，能变换速度直线跑。		
活动过程	一、开始部分 情境导入，激发幼儿的活动兴趣。 师：小朋友，猴奶奶请我们帮忙运桃子呢，我们一起去吧！在出发之前，让我们先来活动活动身体。 教师带领幼儿随音乐做热身活动，活动颈、手腕、肩、腰、膝盖、脚踝等部位。 二、活动过程 1. 教师示范讲解侧钻、障碍跑的动作要领，幼儿练习。 师：猴奶奶说运桃子要走很远一段路程，我们要先侧钻过拱形门，然后绕过标志杆，最后把桃子送到目的地。 2. 教师讲解侧钻动作要领并示范，幼儿练习。 动作要领：身体侧对着拱形门，两腿屈膝，前腿伸过拱形门，然后低头弯腰，侧身钻过。钻过的同时，前腿改为屈膝并将身体的重心转移到前腿上，然后后腿再跟着伸出拱形门。 幼儿练习，教师指导。 3. 教师讲解障碍跑动作要领并示范，幼儿练习。 动作要领：先快速直线跑，在接近标志杆时，要放慢速度，变换方向，同时将身体重心稍向内倾，绕过标志杆后再加速直线跑，不能漏绕，依次绕过标志杆。 幼儿练习，教师指导。 4. 在游戏中练习并巩固侧钻、障碍跑。 (1)幼儿分组练习侧钻、障碍跑。 教师设置两组障碍物，并讲解游戏玩法。 师：每人拿一个桃子(沙包)，侧钻过拱形门，绕过标志杆，把桃子(沙包)运到目的地(放入篮子)。侧钻时不要碰到拱形门，绕杆跑时不要碰到标志杆。前一个小朋友钻过所有的拱形门后，后一个小朋友才能出发。 幼儿分组进行游戏，教师指导。 (2)幼儿分组竞赛，巩固侧钻、障碍跑。		

	续表
活动过程	教师讲解游戏规则。 师：现在两组小朋友要分别帮猴奶奶运桃子，在规定的时间内哪一组运的桃子多，哪一组就获胜。 幼儿进行竞赛，教师提醒幼儿注意安全，避免磕伤、碰伤。 教师对幼儿活动中的表现进行点评，强调游戏规则和动作要领。 **三、结束部分** 教师带领幼儿随音乐做放松运动，拍打四肢，舒缓肌肉，结束活动。 **四、活动延伸** 在户外活动时，请幼儿对游戏进行改编，如进行"小蚂蚁运粮食"的游戏。
活动反思	本次活动我采用了示范和比赛相结合的教学方法，两种方法非常适合中班的幼儿。示范可以让幼儿看到正确的动作姿势，以便幼儿更好地学习；比赛可以巩固幼儿已学的动作，让幼儿产生竞争意识。 整个活动过程孩子们的参与性比较强，能积极地学习侧钻、障碍跑的动作要领，孩子们一直兴趣盎然，达到预期的目标，同时也促进了幼儿大肌肉的发展和身体协调能力。不足之处是有些幼儿在活动中很想表达自己的想法，但是他们都没能说出自己的想法。在今后开展活动的过程中，教师要多多关注，多给他们表达自己想法的机会。 通过本次活动，我明白了：要上好一节体育活动课，教师需要投入更多的激情来带动幼儿，教师讲述的语言要吸引幼儿。当然最重要的还是要根据孩子的特点设计好整个活动的环节，满足幼儿多方面的发展需求，多从孩子的角度去设计教学活动。

金灿灿的秋天

上海市奉贤区花米幼儿园　金 磊

教学领域	美术	班级	中班
设计意图	今年的秋天来得有些迟，幼儿园的树木还都是绿油油的。一次户外活动，孩子们在草地上捡到了一片金黄色的树叶，都饶有兴致，纷纷围上前观察。看到孩子们这么有兴趣，想起小班时候，孩子们进行过手指点画树叶的活动，这次我决定采用不同的形式，用不同的材料进行拓印，表现树叶大小的不同。让孩子们体验创造的乐趣，感受金灿灿的秋天。			
活动目标	1. 尝试用拓印的方法大胆表现秋天树叶的丰富多彩。 2. 体验创造的乐趣，感受金灿灿的秋天。			
重点难点	重点：用拓印的方式表现秋天美景。 难点：尝试用不同工具表现树叶大小、色彩不同。			
活动准备	物质准备：视频、音乐、水粉颜料、自制工具、棉花棒、叉子、画纸、调色盘。 经验准备：知道秋天树叶的变化。			
活动过程	**一、赏秋** 师：孩子们，现在是什么季节？ 师：你眼中的秋天是什么样子的？ 小结：秋天是金黄色的、金灿灿的，给人一种暖暖的感觉。 师：今天老师带大家一起走进秋天的树林，看看这金灿灿的秋天。（播放秋天的视频）			

活动过程	师：视频中的秋天是什么样子的？ 小结：秋天的树叶有红色、黄色、橙色的……秋天真美丽，我们一起把这个美丽的秋天留下来吧！ 设计意图：通过观看视频，幼儿发现秋天树叶的丰富多彩。 二、绘秋 1. 教师介绍作画的工具并提出作画时的要求。 师：小手小手变呀变，五指变成长树枝，手腕变成粗树干，一圈一圈长大了。 师：靠近树枝的树叶宝宝是大大的，离树枝远一点的树叶宝宝是小小的。 2. 幼儿自由作画，教师巡回指导。 师：现在请你们去创作属于你们的金灿灿的秋天吧。音乐结束，你们就把自己的作品挂在这个架子上。 设计意图：幼儿尝试用不同的工具进行拓印，体验创作的乐趣。 三、享秋 师：谁来介绍一下你绘画的秋天？ 师：你们的作品挂出来，我们好像真的来到了秋天的森林里呢。 师：幼儿园的秋天也很美丽，我们一起去找幼儿园的秋天吧。 设计意图：寻找幼儿园的秋天，感受秋天的美景。
活动反思	带领幼儿体验拓印的过程，培养了幼儿发现美和感受美的能力。在活动开展的时，我发现孩子选择拓印的工具比较单一，大多数孩子都选择了叉子，选择棉花棒的孩子较少，有可能是棉花棒的接触面太小了，孩子需要多次摁压才能表现出树叶。在材料上，可以再提供一些大棉花棒供幼儿操作。

天气预报标志我知道

北京市昌平区教工幼儿园　史　可

教学领域	社会	班级	中班
设计意图	《纲要》中社会领域目标提出：引导幼儿认识常见标志、符号等，理解它们的作用。尝试为生活中的事物设计标志。升入中班后，幼儿自己记录天气预报表并进行播报。我根据中班幼儿的年龄特点，以及幼儿在绘制天气标志时出现的问题，设计了此次活动。			
活动目标	1. 能根据天气晴、多云、大风、下雪的不同特点，设计天气标志。 2. 知道天气预报标志的意思，理解天气预报的作用和对生活的意义。 3. 喜欢参与活动，感受天气与生活的密切关系。			
重点难点	难点：根据天气晴、多云、大风、下雪的不同特点，设计天气标志。 重点：知道天气预报标志的意思，理解天气预报的作用和对生活的意义。			
活动准备	物质准备：音乐、PPT、图片、操作纸、展示板。 经验准备：幼儿有天气预报播报的经验。			
活动过程	一、引出主题 师：天气预报可以展示不同的天气情况，提示我们要注意什么。进入中班后，我们每天都要记录和播报天气预报，但是在记录过程中小朋友发现了一些问题。请说一说你发现了什么问题。			

活动过程	**二、回顾经验，交流讨论** 1. 讨论秋冬季节都有哪些天气，引导幼儿说出秋冬季节的常见天气。 2. 出示图片，引导幼儿讨论用什么标志来表示这四种天气。 3. 引导幼儿观察大风图片，进一步巩固对大风天气的理解，知道应该怎么画大风的标志。 **三、实际操作** 1. 请幼儿想办法让小旗飘起来，让幼儿说出风可以将小旗吹得飘起来。 小结：一根旗杆一个旗面的标志就可以表示大风来了。 2. 出示大风视频，引导幼儿观察大风来了还会有哪些变化。 师：人们的头发有哪些变化？头发被风吹成什么样？ 请幼儿在黑板上画一画。 师：画一个小朋友头发都朝一个方向吹起来就可以代表大风刮来了。视频中还有被大风吹弯的树枝、吹落的树叶，这些标志怎样画？请小朋友发挥自己的想象力，自己设计大风的天气标志。 3. 出示天气预报表，请幼儿说一说表格的内容，进一步了解天气预报表的组成。 师：表格中还有一项是温馨提示，当我们遇到这些天气的时候，我们应该提示大家穿什么样的衣服？走在路上要注意什么？ 小结：老师希望你们也能用简单、明了，让人一看就懂的标志画出来。如果不确定怎么画，老师准备了小提示供大家参考。 **四、操作分享** 1. 幼儿分为晴、多云、风、雪四组，选择自己喜欢的天气，设计记录天气播报。 2. 天气标志一定要画得大、清楚，将天气特征画出来，让大家都能看明白。 3. 音乐响起开始操作，音乐结束后幼儿将天气播报分组粘贴到展板上，集体分享。 师：咱们都制作了天气预报，现在我们分好组进行展示。 幼儿选出最喜欢的一张，请幼儿表达为什么喜欢，他画的标志好在哪里？ 小结：这些标志画得简单又明了，咱们一看就能看出天气，并且能根据天气看出他想给咱们的温馨提示。 **五、拓展延伸** 师：这是我们设计的标志，看一看天气标志还可以怎样设计。天气标志有很多的表示方法，在秋冬季节我们还会遇到多种天气，比如说雾霾天气，它的标志也是不一样的，以后我们再继续设计更多的天气标志。
活动反思	幼儿喜欢自己通过动手操作设计自己的天气标志，愿意和老师一起播报天气预报，能够感受标志的重要性。幼儿的积极性很高，能够集中注意力，全部参与到活动中。本次活动还存在以下不足：个别幼儿的关注度不够，没有照顾到所有孩子。在幼儿个人操作时，应注意提醒幼儿坐姿、拿笔姿势、用眼卫生。在教育活动中语言不够简练。

剥花生

北京市昌平区教工幼儿园　盛晓月

教学领域	科学	班级	小班
设计意图	《指南》中指出：幼儿科学学习的核心是激发探索的兴趣，体验探究的过程，发展初步的探究能力。本班幼儿对花生充满了兴趣，但在探索事物上方法较单一，对于借助工具进行探索比较欠缺。结合本月秋收主题"我与果实做游戏"，孩子们通过观察秋收的果实认识了花生。通过调查发现本班孩子对花生非常感兴趣，分散活动时常常能看到孩子们围着花生闻一闻、摸一摸，说着关于花生的话题。根据本班幼儿兴趣，结合小班幼儿喜欢动手操作、直接感知、亲身体验的年龄特点，我设计了科学游戏"剥花生"。		
活动目标	1. 喜欢参加集体活动，激发幼儿探索的兴趣。 2. 尝试探索多种剥花生的方法，尝试运用语言表达自己的想法与发现。 3. 能够收拾整理工具材料。		
重点难点	重点：能借助工具剥花生。 难点：能正确运用工具探索多种剥花生的方法。		
活动准备	物质准备：音乐、自制挂图、花生、彩色编织筐、苹果筐、剪刀、积木、各种可敲击的玩具。 经验准备：认识带壳的花生。		
活动过程	一、猜谜引出 师：麻房子，红帐子，里面住着白胖子。这是什么呀？ 出示带壳的花生，揭晓谜语：花生。 师：花生宝宝就住在这个硬硬的壳里，我们用什么方法能把花生打开呢？一个花生里住了几粒宝宝呢？我们去试一试这些方法，看看花生里的宝宝是不是和你们说的一样多呢？ 师：花生宝宝爱干净，说喜欢把自己的房子放到彩色编织筐里，豆豆放在苹果筐里。 师：请小朋友悄悄走到桌子前，听到常规收放音乐就要马上结束游戏，安静走回座位上坐好，记住回去时不能把花生宝宝带回座位。 二、幼儿尝试剥花生 1. 幼儿自由用手剥花生，教师进行巡视，听一听幼儿说一说自己用的是什么方法，引导幼儿与同伴交流。 2. 请剥出花生的幼儿说一说自己用什么方法剥出花生的。 3. 教师帮助幼儿总结剥花生的动作"捏"和"咬"，幼儿跟着一起学一学"捏"的动作方法。 4. 教师将方法贴在黑板上，帮助幼儿总结。 5. 请幼儿想一想捏不动花生壳时，手的感觉是什么样的？ 师：刚才用手剥花生时，你的小手感觉怎么样？花生壳是硬硬的，我们小手力气小所以有的小朋友捏不动。老师还看到有的小朋友是用牙咬的，总是咬硬硬的东西会对牙齿不好。那剥不开花生时我们该怎么办呀？你们有什么好办法吗？ 三、借助工具剥花生 师：我们班里有很多工具可以帮助我们剥花生，你们猜猜都有什么呢？（幼儿自由回答） 1. 幼儿自主寻找工具，进行操作探索剥花生。 师：每位小朋友只能选择一种工具，游戏结束后还要把工具放回原处。花生宝宝说喜欢		

活动过程	把自己的房子放到彩色编织筐里，豆豆还是放在苹果筐里。听到常规收放音乐后马上结束，把花生放到桌子上不带回来，悄悄走回座位坐好。 2. 讨论剥花生的方法。 你用了什么工具，你是怎么剥开花生的？（敲、压、剪的方法等） 3. 请个别幼儿展示自己剥花生的方法。 4. 教师将工具和使用方法贴在黑板上，帮助幼儿总结。 **四、品尝花生** 师：你们帮助花生宝宝从硬硬的家里剥出来，花生宝宝们可高兴了，花生王国的大王为了感谢小朋友们，请小朋友品尝花生的美味。我们一起洗洗手品尝美味的花生吧！
活动反思	本次活动体现了各个领域的相互渗透，注重活动的整体性，在操作中探索多种剥花生的方法。选择了自然角常见的自然物，贴近幼儿的生活，并结合游戏开展活动，符合小班幼儿的学习方式，让幼儿在游戏中获得科学探索经验。最大限度地支持和满足幼儿通过直接感知、实际操作和亲身体验获取经验的需要，重视幼儿的学习品质。幼儿兴趣高，积极参与活动，大部分幼儿达到了预定的目标，能够获得成就感。 本次活动也存在以下不足，如：上课时语言不精练，有点啰唆；随机应变能力还要加强，对突发情况的处理应更机智灵活……在今后的活动中，还要多探索不同类型的科学游戏课程，挖掘生活中的科学课程，多选择贴近幼儿生活的、跟季节有关的内容。

单、双数的奥秘

北京市昌平区王府幼儿园　陈　静

教学领域	科学	班级	中班
设计意图	户外活动玩"找朋友"游戏时，孩子们发现有时候每个小朋友都能够找到朋友，有时候就会剩下一个小朋友没朋友，根据这一契机，我设计了本次教育活动。			
活动目标	1. 初步感知理解单、双数的含义。 2. 能够通过游戏找出单、双数。 3. 乐于参与活动，体验游戏的快乐。			
重点难点	重点：理解单、双数的含义，找出单、双数。 难点：掌握辨别单、双数的方法。			
活动准备	物质准备：1—10数字卡片、单双数小牌、小动物玩具若干、《单、双数的奥秘》课件。 经验准备：认识数字1—10。			
活动过程	**一、导入环节** 1. 头脑风暴 师：今天给小朋友们带来了两个朋友，你们认识它吗？"单"看上去像什么？"双"看上去像什么？什么是单？什么是双？（幼儿说自己的想法） 2. 找朋友 师：哪些身体器官是成双成对的？哪些是孤零零只有自己的？你认为数字1和2谁是单数，谁是双数，为什么？ **二、游戏操作环节** 出示数字朋友1—10，请小朋友说出它们的名字。			

续表

活动过程	师：还有一些数字朋友，我们一起来说一说都是谁。 出示数字3，请小朋友猜猜它是单数还是双数。 教师操作，幼儿观察说出结果。 出示数字4，请小朋友操作，分类摆放，观察后说出结果。 教师出示数字，幼儿分组进行操作感知单、双数。 出示数字5—10，幼儿操作后举牌示意结果，教师将幼儿操作的结果粘贴在白板上。 三、纠错订正环节 师：小朋友们，现在请你们看一看刚才你们找出的单数都是谁？（幼儿读出数字） 师：你是怎么知道它是单数的？（幼儿回答自己的想法） 双数同上。 师：两个两个地数，只剩下一个就是单数，没有剩下就是双数。 四、游戏巩固环节 游戏：起飞热气球 请小朋友将1—10数字卡片放入热气球中。游戏结束时，请小朋友说一下单数是谁？双数是谁？ 五、结束环节 师：请小朋友从我这里领取一张车票，带上相同数量的动物朋友，找到对应的单、双数大巴车出去玩儿喽！如果司机不让你上车，说明你的车票有问题，请检查数字、动物数量是否正确。 六、活动延伸 请小朋友寻找生活中出现的其他数字，用你的方法辨别单、双数。
活动反思	本次活动以游戏为主，激发幼儿对单、双数的好奇心，理解"单""双"的含义。采用互动形式进行授课，集体教学，分组操作，激发幼儿的学习兴趣。幼儿参与性强，配合度高，课堂氛围活跃，活动内容紧扣目标，幼儿掌握了分辨单、双数的方法。活动中，教师能够关注不同层次幼儿并进行指导，但语言不够简练，活动时间较长。应在今后活动时间上做好把控，多抛出问题，让幼儿进行思考和表达。

小蚂蚁运球

北京市昌平区王府幼儿园　李天娇

教学领域	健康	班级	中班
设计意图	《纲要》强调幼儿园要开展丰富的户外游戏和体育活动，培养幼儿参加体育活动的兴趣和习惯，增强体质，提高幼儿对环境的适应能力。篮球作为一种全身运动，有助于培养团结友爱的集体精神和严格的组织纪律性，能促进人的速度、耐力、灵敏、协调性等多方面素质的全面发展。为此，我设计了本次活动。		
活动目标	1. 练习移动拍球，锻炼幼儿的控球能力，享受玩球的乐趣。 2. 能够合作完成运球游戏，培养身体的节奏感、秩序感和方向感。		
重点难点	重点：在呼啦圈里持续拍球。 难点：根据呼啦圈前进的速度拍球。		

续表

活动准备	物质准备：呼啦圈、绳子、篮球。 经验准备：可以边拍球边数数1到30。
活动过程	**一、热身** 师：今天老师要带着我们班的小朋友用呼啦圈和篮球一起玩一个有趣的游戏。在玩之前让我们跟着音乐一起来活动活动我们的身体，让我们的身体变得更加灵活。（播放音乐）现在我们的身体都已经活动开了，下面开始我们的游戏。 **二、活动过程** 师：小朋友们你们的面前是什么呀？ 幼：呼啦圈。 师：那你们来猜一猜用球和呼啦圈怎么一起玩？ 幼：呼啦圈套球，站在呼啦圈中拍球，往呼啦圈中投球…… 师：小朋友想到的每一种玩法都不错，我们都来尝试一下吧！ 师：请小朋友上来展示自己的玩法。 师：现在我们都来尝试一下在呼啦圈中拍球，看看你能在呼啦圈里拍几个？ 师：小朋友们请跟着老师的节奏一起拍起来吧！（播放音乐） 师：每一位小朋友都坚持到了最后，为自己鼓掌！ 师：接下来老师要加大难度，看好喽。（在呼啦圈上绑上一根绳子，这样就可以拉动呼啦圈向前行动） 师：小朋友们，这样会动的呼啦圈，你的球还能跟着一起拍吗？请小朋友来尝试一下。请几位小朋友来尝试，老师在前面拉绳，小朋友拍球。 师：现在我要把手里的这根绳子交给一位小朋友，两位小朋友一位拉着呼啦圈，一位拍球，谁来尝试一下？ 师：那我们大家都来尝试一下吧！请你找到你的好朋友，两人一组，一位小朋友拉呼啦圈，一位小朋友拍球。（让幼儿自行合作，摸索与伙伴一起运动的节奏） 师：小朋友们快来快来，我们来玩一个小蚂蚁运球的游戏，现在分为两组，我们来看一看哪组小朋友在运输的过程中又快又不跑球。 在运输的过程中，观察小朋友在合作上有哪些不足，及时提醒。 最后请获胜的小朋友讲一讲，他们是如何把球运输得快还不跑球的。 **三、放松活动** 师：今天小朋友都挑战成功，现在老师奖励你们坐在地上晒晒太阳，摇摇腿，捏捏胳膊，闭上眼睛休息一下，想一想我们今天玩的游戏。 收拾整理呼啦圈、篮球，放回原位。
活动反思	采用多种方法激发幼儿参与活动的兴趣。幼儿处在爱玩的阶段，要吸引幼儿参与活动，就需要采用多种方式。 从开始头脑风暴篮球和呼啦圈如何在一起玩到愿意在呼啦圈里拍球，最后到小朋友随着呼啦圈的移动拍球。难度逐渐增加，幼儿较好地掌握了移动拍球的技巧。

老巫婆的汤

北京市昌平区王府幼儿园　宫子胭

教学领域	艺术	班级	小班
设计意图	"老巫婆的汤"是一节非常生动有趣的音乐课，通过创设生动具体的老巫婆熬汤的情景，引发幼儿参与活动的兴趣，提高积极性。活动以故事情境展开，在情境中自然穿插音乐的节奏，幼儿根据节奏回答出不同水果的名字，在游戏中感受4/4拍的节奏，并且能够根据节奏用动作和乐器大胆表现出来。激发幼儿的音乐兴趣，提高音乐审美和表现能力。		
活动目标	1. 通过语言节奏感受4/4拍的节奏型。 2. 能根据音乐节奏，用拍手等身体动作和乐器进行节奏表演。 3. 感受音乐旋律的诙谐有趣，愿意和同伴一起表演。		
重点难点	重点：用拍手等身体动作表现节奏型。 难点：尝试用乐器进行节奏表演。		
活动准备	物质准备：音乐、巫婆帽、披风、仿真水果、打棒。 经验准备：有音乐节奏游戏活动经验。		
活动过程	一、故事情境导入，激发兴趣 1. 换装游戏 师：今天老师和小朋友们玩个神秘的游戏，请你们闭上眼睛从1数到10，我要开始变身啦！ 师：哈哈哈，看我变成谁啦？（一个老巫婆） 2. 播放音乐，故事引入 在深山里，住着一位老巫婆，她的房间里总是能传出香喷喷的味道。老巫婆究竟在家里做了些什么呢？哦，原来老巫婆有一项非常厉害的本领——熬汤。 师：小朋友们，你们有没有见过爸爸妈妈或其他长辈熬汤？他们熬汤会有什么动作？ 二、倾听音乐，用动作感受节奏 师：那现在老巫婆要准备开始熬汤了，我们看看她是怎么熬汤的。小朋友可以和我一起跟着老巫婆熬汤。（教师带领幼儿跟随音乐做熬汤的动作） 师：可怕的巫婆熬制浓汤。在汤里放点什么才好喝呢？ 师：老巫婆刚才是怎么熬汤的呀？她做了什么动作？（搅拌的动作） 师：那在汤里放点什么才好喝呢？ 师：刚才在熬汤的时候，老巫婆发现小朋友们非常专注，熬汤的动作也很标准，准备为小朋友们熬制一锅"水果甜甜汤"。都要放哪些食材呢，我们一起来看一下。（出示苹果、香蕉、草莓、芒果） 师：我们一起来说说汤里都放了什么？（边打节奏边说水果名称） 师：现在老巫婆要开始熬汤了。（播放音乐完整做一遍动作） 师：刚才小朋友们有没有注意到老巫婆往汤里放食材的时候用了什么动作？拍手。（引导幼儿用拍手表现音乐节奏） 师：现在老巫婆想要请小朋友们跟她一起熬汤，你们准备好了吗？（师幼一起拍手） 师：除了用拍手的动作，我们还可以用什么动作来表现？（幼儿用不同动作表现） 师：那我们用动作再来熬一锅"水果汤"。		

活动过程	**三、认识乐器，并使用乐器进行演奏** 师：小朋友们熬制的汤好香呀。老巫婆发现咱们教室里今天多了许多客人老师，让我们一起为她们也熬一锅"香甜的水果汤"吧！ 师：这次，老巫婆给小朋友们带来了神奇的魔法棒，可以让我们熬制的汤更加香甜，我们一起来看看。（出示打棒，介绍乐器并演示如何使用） 师：用打棒怎么来演奏呢？（边说食材名称边用打棒打节奏） 师：太好听了，准备好了吗？我们要一起熬汤了！（乐器演奏） 师：小朋友们熬的汤真美味呀，让我们下次再熬不一样的汤吧！
活动反思	这是一个小班发展领域中的音乐游戏活动，幼儿在游戏中感受音乐带来的快乐，感受4/4拍节奏型。音乐游戏是很好的音乐启蒙途径，只是孩子的发展水平不一样，过程中会出现小问题，比如乐器的使用等；同时也考验老师的临场应变能力，要根据孩子的临场表现快速做出回应与调整。

森林大冒险

天津市天津大学幼儿园　王智楠

教学领域	科学	班级	中班
设计意图	本次活动的设计来源于在班级中我对孩子们日常行为的观察。刚刚升入中班时，我发现孩子们在日常活动中有很多变化，在拼插玩具、摆放积木、绘画涂色时都会出现简单的规律。我发现他们已经萌生了规律排序的意识，处于探索规律排序的初期，并对这件事有很大的兴趣。于是我抓住这个教育契机设计了本次活动，为以后他们能更深入地探索规律排序奠定基础。		
活动目标	1. 通过情境游戏引导幼儿发现规律，并能按规律排序。 2. 培养幼儿的观察、推理能力。 3. 发现规律排序的乐趣，乐于接受挑战，感受获得成功的快乐。		
重点难点	重点：幼儿愿意参与游戏，能在游戏中观察规律并按特定规律进行排序。 难点：幼儿愿意尝试自主创造规律并按规律排序。		
活动准备	物质准备：课件、兔子玩偶服、动物角色帽、动物角色头像图、情境道具、游戏道具等。 经验准备：认识基本颜色和图形，并能区分图形的大小、长短等。		
活动过程	**一、导入部分** 布置森林情境，幼儿头戴动物角色帽变身小动物。 师：大家好，我是猫咪老师，今天我们来到动物王国是受到了一个神秘人的邀请，你们想知道是谁吗？让我把它请出来吧！ 小兔子：我在穿过森林回家的途中遇到了困难，你们能帮帮我吗？ **二、引导幼儿发现规律并按规律排序** 冒险一：种花 情境：来到花园观察园丁爷爷已经种好的花，并按规律把剩下的花种好即可通过。 引导幼儿发现花是按照颜色"一粉一紫"为一组的规律进行排序的，请幼儿上前将花按规律插好。		

续表

活动过程	如果幼儿不能说出其中的规律，重点引导幼儿发现花朵颜色不同，带着幼儿一起说出"一朵粉花、一朵紫花……"，用重复的语言让幼儿初步感知规律排序。 冒险二：挖地洞 情境：来到山坡上遇见大灰狼，观察小兔子之前挖好的地洞，按规律挖好更多的地洞即可通过。 引导幼儿发现洞是按"一小一大"为一组的规律进行排序的，请幼儿上前按规律放置地洞道具，并依次跳过地洞。 冒险三：搭木桥 情境：大风把木板吹跑了，观察之前木桥的照片，按规律把木板搭好即可通过。 引导幼儿发现木板是按照"两长一短"为一组的规律进行排序的，请幼儿上前搭好木板并依次通过木桥。 如遇到长木板不好拿起的情况，鼓励幼儿合作取放解决困难。 师：大家真棒，我们终于突破了重重困难成功帮助小兔子回家啦。 三、幼儿初步尝试自主创设规律并按规律站队 小兔子：谢谢你们帮我回家，大家想不想到我家来做客呀？要按规律排好队才能请你们进来哦！ 幼儿集体讨论，按照动物角色自主创设规律。请幼儿上前在黑板上贴对应的动物头像图并按规律排队，教师根据现场情况适时引导。 四、结束部分 师：大家都按规律排好队啦，那我们出发去小兔子家吧！（跟着小兔子一起伴随音乐离场） 五、活动延伸 1. 在区域中创设"小兔子的家"，准备多种物品鼓励幼儿创设不同规律，发现规律排序的乐趣与多样性。 2. 找一找生活中有哪些事物是按规律排序的，集体讨论，发现规律排序的用处。
活动反思	整节活动运用现代化、多元化的教学手段，在情境布置、多媒体课件和游戏道具的设计上做到相互融合，使幼儿沉浸在"森林大冒险"的情境中，抓住了幼儿的注意力与兴趣点。结合幼儿的年龄特点，以在冒险游戏中突破一个个难关的形式，由浅入深地完成教学目标，突破重点、难点，充分做到让幼儿在玩中学。在活动中幼儿上前操作游戏道具时其他幼儿会有少量等待时间，应多跟幼儿互动，增强每一名幼儿的参与感。

胆子小也没关系

天津市天津大学幼儿园　罗　瑶

教学领域	社会	班级	中班
设计意图	在孩子成长过程中，许多家长都会发现孩子有过面对困难就退缩的现象。如果在努力坚持和随意放弃中选择了前者，那结果一定是你会继续前行并获得成长，所以对幼儿进行逆商教育的重要性是不言而喻的。天黑了不敢一个人睡觉，台下观众太多不敢上台讲话，跳绳危险不敢加入……一个个胆小的实例告诉我们，如何帮助幼儿摆脱胆子小带来的烦恼迫在眉睫。		

续表

活动目标	1. 知道胆小是人的一种正常情绪，愿意勇敢面对。 2. 能大胆表达自己的想法并尝试寻找解决胆小的方法。 3. 积极参与讨论，体验互动合作的快乐。
重点难点	重点：能说出使自己害怕的事物及其缘由。 难点：能想出多种缓解胆小，使自己变得勇敢的方法。
活动准备	物质准备：课件、小熊及熊妈妈的服饰、小花朵头饰、幕布、床、采访视频、手电筒、歌曲。 经验准备：幼儿有共同讨论、合作的经历。
活动过程	一、表演导入，引出主题 1. 台下观众好多，小熊不敢上台表演。 师：掌声欢迎小熊！ 情景：将台上的幕布侧过来，熊宝宝往幕布外面偷偷看，焦急万分。熊妈妈走过来摸摸熊宝宝的头。 熊妈妈：宝贝，为什么不出去表演？ 熊宝宝：我害怕，妈妈，人太多。 师：熊宝宝是因为什么不出来表演啊？ 幼儿讨论并发言。 2. 天黑了，小熊不敢自己睡觉。 情景：夜幕降临，熊妈妈和宝宝说晚安。 熊宝宝：好黑啊，什么东西在动？是怪兽，妈妈！ 师：在家里，熊宝宝又遇到了什么问题呢？ 幼儿讨论并发言。 二、接受自己胆小的情绪 师：孩子们，小熊经常有胆小的时候。它害怕在众人前表演，害怕在黑夜睡觉。在生活中，你们有没有胆小的时候？ 幼儿讨论并回答。 师：不仅你们有胆小的时候，老师也有胆小的时候呢。 播放采访视频，再请老师上台说一说自己胆小的时候。 师：看，我们身边这么多人都有胆小的时候，所以胆小是人的正常情绪，没什么可丢人的，接纳它就好！ 三、克服胆小的情绪 师：胆小虽正常，但我们也应该想办法去克服它，让自己变得不再胆小。 教师的提问引发幼儿新的思考。 情景：熊妈妈走上台，抚摸着小熊的头。 熊妈妈说："孩子，妈妈小时候也不敢上台表演，可是后来我把台下的人当小花，和小花一起表演就不害怕了。" 师：一会儿小熊再上台的时候，你们用椅子底下的小花挡住自己的脸，跟随音乐晃动身体来配合小熊完成演出好不好？ 师：多亏了熊妈妈的鼓励和小朋友们的帮忙，小熊终于克服了胆小不敢上台的情绪。可是小熊害怕黑暗中的怪兽，你们想知道它是怎么克服的吗？ 情景：夜幕又降临了，小熊看到黑影又开始胆小地往妈妈怀里钻。妈妈走过来和小熊一起玩了手影游戏，打败了"怪兽"。

	续表
活动过程	师：真是有趣的游戏。小朋友们，听了熊妈妈讲的，你们还会怕黑吗？那现在我们请小朋友们也来玩一玩打败怪兽的游戏吧。 幼儿上台互动游戏。 师：打败了怪兽，夜晚就不可怕了，让我们从椅子底下拿出星星灯，一起唱歌陪小熊入眠吧。 **四、教师总结** 师：在我们的生活中，胆小是再正常不过的一种情绪了，试着接纳它就好了。刚才小朋友们说了那么多胆小的情况，老师相信你们一定会想出克服它的好办法。只要你们用智慧的眼睛去观察，用聪明的大脑去思考，我们一定会战胜自己，变得越来越强大。
活动反思	活动中采用视频采访、现场采访等多种形式，让幼儿正视胆小是一种很正常的情绪。运用情景剧表演吸引幼儿，使"胆小"这样的抽象概念变得生活化、简单化，便于幼儿理解。活动目标明确、层次分明，师幼互动性强。

图形宝宝

山东省德州市临邑县临南镇中心幼儿园　王成秀　朱翠苹

教学领域	数学	班级	中班
设计意图	中班幼儿已有了几何概念，能正确地认识圆形、三角形、正方形、长方形，但他们不是从这些形状的特征来认识，而是将其和自己日常生活中熟悉的物体相对照。因此，我设计了"图形宝宝"的活动，将游戏贯穿于整个活动过程，通过创设情景，以课件展示、动手拼摆图形等有趣的活动吸引幼儿。让幼儿在玩中学、学中玩，从而获得有关图形的感性认识，在操作活动和奇妙的想象中进入美丽的科学世界。			
活动目标	1. 通过游戏和拼摆图形，巩固对圆形、三角形、正方形、长方形的基本特征的掌握，能够区分四种几何图形。 2. 通过创设愉悦的游戏，发展幼儿的观察力及创造性思维。			
重点难点	重点：掌握四种几何图形的基本特征。 难点：能用这几种图形进行拼画。			
活动准备	物质准备：魔术箱、四种图形卡片若干、PPT。 经验准备：初步了解生活中的基本图形。			
活动过程	**一、活动导入** 播放开火车音乐做律动入场。 师：今天我开着小火车带你们去图形王国，那里有好多有趣的东西，一起去看看吧。 **二、游戏巩固** 游戏一：摸一摸，认一认。 师：图形王国到了，这里有一只奇妙的箱子，我们看看里面藏的是什么？ 师：魔术箱里东西多，让我来摸一摸，摸出来看是什么？它是什么形状的？日常生活中哪些东西是这种形状的？ 师：魔术箱里东西多，请这位小朋友来摸一摸。 幼儿摸到后，要求说出生活中还有哪些这样的物品。游戏反复进行。 游戏二：摸一摸，猜一猜。			

续表

活动过程	用手在魔术箱里摸一个物品，先猜一猜摸到物品的形状，然后拿出来验证一下。 师：圆圆的、没有角的是圆形，三条边、三个角的是三角形；四条边一样长，四个角一样大的是正方形；四条边，对面的两条边一样长，四个角一样大的是长方形。 游戏三：萝卜蹲。 师：魔术箱还有很多图形宝宝，小朋友们愿不愿意每人从魔术箱里拿一个图形宝宝来做"萝卜蹲"游戏呢？你拿到什么图形宝宝就代表什么图形，我来念儿歌，念到你手中图形宝宝的名字时，你就蹲一下。看清楚自己手中拿的图形，认真听，不要蹲错了。 萝卜蹲，萝卜蹲，萝卜蹲完，圆形宝宝蹲…… 游戏四：送图形宝宝回家。 师：图形宝宝和我们一起做游戏累了，我们先把它们送回家休息一下。认清手中的图形宝宝，把它准确地送回去吧。把不同的图形送到相应的收集筐里。 游戏五：图形拼画。 PPT出示图形拼画图。 师：孩子们，图形王国里还有好多有趣的东西，你们看这是什么？来找一找，这幅图由哪些图形组成？ （1）小组合作拼画。 师：图形王国里的圆形、长方形、正方形、三角形这四个宝宝是好朋友，它们团结在一起，共同组成了很多图画。（出示几种拼图）漂亮吗？你们想不想来试一试、拼一拼，看能不能也拼成同样漂亮的图画？ 师：每一组先商量好拼什么图画，图画中需要哪几个图形。每组选一位小朋友负责选图形，到相应的图形筐里拿取，然后再进行小组合作拼图。我们看哪个小组合作最好，拼出的图形最像。 师：请小组代表介绍一下本组的作品。你用什么图形宝宝来变的？变成了什么？ （2）作品展示。 师：今天你们表现得特别棒，请给自己鼓掌。下课后把这些漂亮的作品放到展厅，让别的小朋友都来看看我们的作品，好吗？ 三、结束部分 让孩子们说一说在图形王国认识的图形宝宝。 四、活动延伸 让幼儿在日常生活中找出其他的图形。
活动反思	"图形宝宝"活动以游戏贯穿整个活动过程，把孩子们的探索欲望调动起来了，幼儿在积极主动的探究过程中提高了认识图形的能力，身心获得了发展。

蔬菜香香

山东省德州市临邑县临南镇中心幼儿园　朱翠苹　王成秀

教学领域	科学	班级	小班
设计意图	在生活中能看到幼儿的挑食现象严重，有些孩子不吃蔬菜，有些孩子不吃不认识的蔬菜。本次活动设置游戏、品尝、讨论等一系列活动，帮助幼儿认识蔬菜，让幼儿爱上吃蔬菜。		

续表

活动目标	1. 愿意吃蔬菜，养成不挑食、多吃蔬菜的好习惯。 2. 初步了解蔬菜的外形特征和营养价值。 3. 运用多种感官感知认识蔬菜，并能用语言进行简单的描述。
重点难点	重点：幼儿能正确描述蔬菜的外形特征，并能初步了解蔬菜的营养价值。 难点：幼儿能够认识到每种蔬菜都有其不同的营养价值，不应该挑食，多吃蔬菜。
活动准备	物质准备：常见的蔬菜、纸箱子。 经验准备：幼儿对蔬菜有基本的认识。
活动过程	**一、游戏导入** 教师准备一个蔬菜盲盒，顶部开口，幼儿看不到里面的蔬菜。 师：现在老师请几个小朋友上来摸盲盒里面的蔬菜，说说摸到的蔬菜的触感。 师：请问你摸到的蔬菜是怎么样的，详细说一说你摸到的感觉。 幼：长长的，扎手，有一头是尖的，有一头圆一点。 幼儿回答之后，请其他幼儿猜测是什么蔬菜，猜测完之后请幼儿将自己摸到的蔬菜拿出来，验证幼儿们的猜测是否正确。 师：黄瓜长长的，扎手，有一头是尖的，有一头圆一点。那除了这些特征，还有哪些特征？闻起来怎么样？ 幼：弯弯的（或直直的），闻起来很清香。 接下来按照此流程继续游戏，直到把准备的蔬菜介绍完。 **二、观察体验，近距离了解蔬菜** 教师展示盲盒里面的蔬菜，并提问：这是什么蔬菜？它的外形特征是什么样？ 幼儿再次观察蔬菜进行外形描述。 教师将蔬菜切开。 师：黄瓜切开是什么样子的？能不能生吃？不能生吃的话我们平时怎么吃？ 生：圆的，外面一圈，里面一圈…… 生：（黄瓜）能生吃，还可以煮着吃。 教师鼓励幼儿大胆地说出感受，给孩子充分展示的机会。 **三、品尝、交流谈体会** 教师将可以吃的蔬菜（黄瓜、西红柿、胡萝卜等）送到厨房洗净切成片给幼儿品尝，让幼儿说说口感。 师：现在我们来吃吃黄瓜，黄瓜是什么颜色（绿色），来尝一尝它是什么味道的。 幼儿品尝，说出西红柿酸、胡萝卜甜、黄瓜有点涩等形容味道的词，并鼓励幼儿与同伴交流，教师进行总结。 **四、活动总结** 师：你们平时吃饭的时候有没有不喜欢吃的蔬菜呢？大家吃午饭的时候我发现有人不喜欢吃西红柿，有人不爱吃黄瓜。谁勇敢地告诉老师，自己有什么不喜欢吃的蔬菜？ 生：菠菜、白菜…… 师：这些蔬菜都含有很高的营养价值。胡萝卜能让眼睛变明亮，西红柿能让皮肤变得更滑，黄瓜能帮助我们排便……所以在吃饭的时候，哪怕自己不喜欢吃的蔬菜也要或多或少吃一点，这样才能够保证我们营养均衡，健康成长。

| 活动反思 | 本次活动的主要目的是丰富幼儿对蔬菜的认知，在活动之前应当请幼儿先简单介绍一下自己熟悉的蔬菜，包括形状、颜色、味道等，让幼儿充分交流了解之后再进行活动。幼儿对蔬菜营养的知识还不够全面，应事先让家长帮助幼儿查找资料，了解一些有关蔬菜营养价值的知识。教师在讲解的过程中，要注意用通俗易懂的语言帮助幼儿理解蔬菜的营养和价值，从而更好地引导幼儿爱吃蔬菜、多吃蔬菜，最终达到均衡饮食的目的。 |

寻找彩虹

北京市朝阳区康泉新城幼儿园　康　京

教学领域	数学		班级	大班
设计意图	谷雨节气到来，雨水变多。有次雨后孩子们在操场上看到彩虹，都惊叹彩虹的美丽。孩子们都觉得彩虹很神奇，彩虹只有在雨后才能见到，晴天的时候很难见到。小朋友好奇地问："彩虹那么漂亮，为什么躲在下雨天呢？我们可不可以在晴天也看到彩虹？"在幼儿园的一日活动中，我们时刻追求创新，鼓励创造，引导幼儿创造性地表现自己的奇思妙想。针对孩子们的大胆提问，我设计了本次科学活动。			
活动目标	1. 通过本次活动幼儿对自然科学产生兴趣，乐于探索彩虹。 2. 感知彩虹的基本特征，了解彩虹的形成过程。 3. 发挥创意及想象力，尝试使用多种方式制造彩虹。			
重点难点	重点：发挥创意及想象力，尝试使用多种方式制造彩虹。 难点：在使用各种方式寻找彩虹的过程中明白彩虹形成的原因和条件。			
活动准备	物质准备：彩虹图片、彩虹形成的视频、透明塑料袋、玻璃杯、纸、纸杯、宽胶带、彩色塑料袋、三棱镜、喷壶、水盆、镜子、白色背景板、剪刀、塑封膜、矿泉水瓶。 经验准备：幼儿在雨后见过彩虹。			
活动过程	一、开始部分 1. 通过谜语引出活动。 谜语：一座长桥架天空，五颜六色真好看，晴天找它看不见，雨后天晴就出现。（谜底：彩虹） 2. 出示图片，帮助幼儿回忆彩虹的特征。 师：你们见过彩虹吗？在什么地方彩虹会出现呢？ 师：彩虹是什么形状？彩虹有什么颜色？（红、橙、黄、绿、青、蓝、紫） 引导幼儿了解彩虹的颜色。 3. 观看彩虹形成的视频，引导幼儿了解彩虹形成的原因和所需条件。 师：想要看到彩虹需要什么呢？（阳光、水） 二、基本部分 1. 鼓励幼儿发挥创意及想象力，大胆猜测哪些材料能制造出彩虹，并积极分享自己的想法。 师：你们觉得什么样的材料可以制造彩虹？为什么？它有什么特点？ 2. 幼儿分组讨论需要用到什么材料和方法来制造彩虹。 师：你们选用了哪些材料？准备如何使用这些材料？想要选用哪些地方来进行实验？			

活动过程	3. 幼儿按照自主选择的材料分为几组，带着选用的材料在操场中寻找适宜的位置来初步尝试彩虹实验，教师从旁观察并分组指导。 师：你们小组的彩虹出现了吗？（失败了）是哪里出了问题？小朋友们有没有什么改进方法？ 师：你们小组的彩虹出现了吗？（成功了）是怎样制造出来的？有没有什么好方法分享？ 师：问题出现了，彩虹映在墙壁上、草地上不容易观察，我们需要白纸。幼儿根据自己的实际需求来选择使用白纸。 教师根据幼儿选择的材料和工具引导幼儿交流分享、演示自己制造彩虹的过程。 师：小朋友们想到了这么多种工具来制造彩虹，每一种都很有特点，非常有创意。 **三、结束部分** 1. 小结：彩虹是由七种颜色形成的弧形彩带，就像天空中架起的一座桥。彩虹有红、橙、黄、绿、青、蓝、紫七种颜色，喷雾里的色彩、白纸上的色彩、杯子中的色彩都是太阳的颜色，太阳给水珠、镜子、杯子折射后显出七种颜色，这些颜色混合在一起就是太阳光。 2. 活动延伸：我们通过刚刚的实验已经发现了那么多的好方法，成功看到了彩虹。还有许多没有被发现的好方法，请小朋友们开动脑筋，发挥创造力，寻找更多能够成功使彩虹出现的方法吧！
活动反思	活动来源于幼儿在节气活动中的发现，因为降雨的增加，幼儿发现了彩虹，从而对彩虹的形成产生了浓厚的兴趣。教师及时捕捉幼儿的兴趣点，根据班级幼儿的发展情况，同时结合《指南》中科学领域的指导要点，设计并组织了本次活动。 教师根据幼儿的想法准备活动材料，从班级的玩具柜到生活中常见的工具，熟悉的材料更便于幼儿在实验中进行操作。丰富的材料种类及数量为幼儿的实验探索提供了多样的选择，通过不断地操作与尝试，大部分幼儿都成功制造出彩虹，积累了成功的实验经验。幼儿在探索中了解到形成彩虹的必要条件是水和阳光，也在彩虹出现的时候观察到彩虹颜色的分布，从而为幼儿的自然科学探索积累了经验。

登山棋

中国人民解放军国防大学幼儿园（红山园） 宋 燕

教学领域	社会	班级	大班
设计意图	我园位处百望山下，幼儿对百望山比较熟悉。5至6岁是幼儿学习棋类游戏、建立秩序感的敏感期。我班幼儿对棋类游戏非常感兴趣，虽然有下棋的经验，但下棋时缺乏规则意识。此次活动结合登山常识，引导幼儿与同伴合作设计棋盘，尝试制定规则并遵守规则，体验下棋的乐趣。			
活动目标	1. 结合爬山的经验，和同伴大胆交流，合作设计登山棋。 2. 通过讨论制定登山棋的规则，喜欢下棋，下棋时能遵守规则。			
重点难点	重点：根据百望山的图片与同伴大胆交流，并合作设计登山棋。 难点：能根据设计好的棋盘尝试制定规则。			
活动准备	物质准备：PPT（棋盘、百望山图片）、音乐、纸质棋盘、水彩笔、棋子、骰子、收纳筐、展板。 经验准备：有下棋的经验，了解常见下棋的规则。			

续表

活动过程	**一、交流讨论，引出活动主题——下棋** 听音乐《爬山乐趣多》，师幼做律动。 师：今天天气真好，我们一起去爬山吧！ 1. 出示亭子图片，幼儿观察。 师：这儿有个亭子，我们去休息一下！老爷爷在做什么？ 幼：下棋。 2. 交流玩过的棋，引出登山棋。 师：你们喜欢下什么棋？ 师：大家都喜欢下棋，今天来到百望山，那我们设计百望山的登山棋吧！ 3. 出示棋盘，了解登山棋。 师：棋盘上有什么？这是哪里？（百望山的山门、山顶的望京楼）格子里为什么有数字？你还发现了什么？ **二、讨论棋盘中缺失的部分，鼓励幼儿设计棋盘** 1. 启发幼儿思考棋盘上缺失的内容。 师：这张棋盘能下棋吗？为什么不能？棋盘上还缺什么？ 师：棋盘从起点到终点就跟小朋友爬山一样。爬山时会看到什么？爬山过程中会发生什么事？空格子里可以设计什么？ 2. 根据图片讨论，鼓励幼儿大胆表达自己的想法。 出示游客随意刻画、踩踏草坪的图片等说一说哪些行为是对的，哪些行为是不对的，应该怎样做。 出示危险山路和安全警示的图片，了解爬山时的危险，学习自我保护。 出示游客休息图片，观察清洁工人，引导幼儿明白要爱护公共环境，不乱扔垃圾，珍惜别人的劳动成果。 师：棋盘上还可以设计什么？ 小结：棋盘中可以设计登山时的注意事项，告诉大家安全爬山，还可以设计登山的文明行为或不文明行为。 3. 根据登山的行为确定奖励和惩罚。 师：如果格子里的事情做得对会怎么样？怎样才能快速到达山顶？在棋盘上怎样奖励？前进用什么表示？ 师：前进多少呢？有没有不同的想法？ 师：如果做得不对呢？怎样惩罚？怎样表示后退？ 4. 幼儿自由分组，小组合作设计棋盘。 师：请小朋友用简单的图案或符号设计空格子里的内容，比比哪组设计得又快又清楚。 幼儿设计，教师巡回指导，重点指导幼儿根据自己的想法设计。 5. 播放倒计时，幼儿整理桌面物品。 **三、自主制定规则并开展下棋游戏** 幼儿分享棋盘内容，师幼讨论制定游戏规则，教师记录。如：一张棋盘几个人玩，怎样投掷骰子，如何判断输赢，区别棋子颜色…… 提供骰子和棋子，幼儿自主下棋，下棋时遵守规则。 **四、师幼小结下棋规则并及时调整** 师：你们制定的规则合适吗？你想怎样调整？ 小结：有的小朋友提前到达了终点，没有到达终点的小朋友也不要难过。比赛总有输赢，过程比结果重要得多。

续表

活动反思	形式新颖的棋盘和环环相扣的内容设计使幼儿对登山棋兴趣浓厚。材料中的图片幼儿比较熟悉,既帮幼儿获得设计棋盘的灵感,又能帮幼儿掌握爬山中的文明准则,学会自我约束。但活动各环节预留回答问题的时间较少,幼儿设计的棋盘形式比较单一。在下次活动时考虑减少活动内容,将每个环节开展得更丰富,为幼儿预留充分思考和讨论的时间。教师对于幼儿的回应多肯定,帮助幼儿树立自信心,不仅能树立榜样的作用,还可以促进幼儿多角度思考。

头发飞起来了

中国人民解放军国防大学幼儿园(红山园)　田　爽

教学领域	科学	班级	中班
设计意图	"静电"现象是幼儿在日常生活中经常能遇到的现象,但他们往往知其然不知其所以然。《指南》中提出"老师要和幼儿一起发现并分享周围新奇、有趣的事物或现象,引导幼儿通过观察、比较、操作、实验等方法,一起寻找问题的答案"。为了探索这个来源于生活的问题,我设计了这次科学活动。		
活动目标	1. 初步感知物体摩擦后产生的静电现象,并发现带静电的物体能吸附质量较轻物体的特性。 2. 大胆猜想并认真验证不同材料是否会在摩擦后产生静电,科学探究,并主动分享交流。 3. 愿意帮助他人,体验帮助他人解决问题的成就感。		
重点难点	重点:感知物体摩擦后产生的静电现象。 难点:不同材料是否会在摩擦后产生静电。		
活动准备	物质准备:PPT、黑板、记录表、纸、托盘、塑料尺子、不同形状的纸片若干、玻璃棒、一次性筷子、吸管、铁钉、布。 经验准备:幼儿见过静电现象。		
活动过程	一、问题和魔术导入,提高幼儿兴趣 (一)出示PPT和音频 师:老师收到了小美的求助电话,发生了什么事呢?大家一起听一听! 师:老师知道小美头发会飞的秘密,今天老师给大家带来一个魔术,学会这个魔术你们也能让头发飞起来。 (二)魔术《会跳动的纸片》 1. 出示纸片,老师拿起塑料尺子悄悄在身后与布摩擦。 2. 请幼儿上前操作。 3. 重复魔术。 4. 幼儿动手操作,与同伴交流自己是否成功。在操作过程中提醒幼儿注意摩擦力度。 5. 幼儿谈谈成功经验(摩擦力度大小)。 6. 总结:魔术的秘密就在于塑料尺与绸布反复摩擦的时候产生了一种神奇的力量,这种神奇的力量就是静电,静电将纸片吸了起来。 二、生活中的静电现象 1. 启发幼儿说出生活中见到的各种静电现象。 2. 观看视频《静电的自述》。		

	续表
活动过程	**三、猜一猜，试一试** （一）大胆猜想 1. 师：刚刚小美求助了一个问题，她每次梳头发时头发都会飞起来，她该怎么办才能让头发不飞起来呢？那开启我们今天的探索吧！我们在实验中找寻方法！ 2. 分组出示操作材料，请幼儿大胆猜测哪些物品摩擦后会起静电。 （二）尝试操作 1. 幼儿动手操作，把玻璃棒、筷子、吸管、铁钉分别和绸布摩擦，然后吸附纸片，验证猜想结果并记录在表格上。 2. 观察幼儿操作，根据情况请个别幼儿说一说猜想与操作的不同，并进行示范操作。 3. 统计各组实验结果，引导幼儿分析记录哪些物品摩擦后能吸起纸片。 4. 小结：玻璃棒和吸管可以产生静电，一次性筷子和铁钉不会产生静电。那么通过实验可知，一次性筷子是木头做的，而吸管和尺子都是塑料，用木头做的梳子就能有效地预防静电，所以我们帮助小美解决了问题。 **四、活动结束** 1. 师：我们帮小美找到了答案，那我们快一起告诉小美吧！她一定特别开心。 2. 师总结：今天我们不仅帮助了小美，还学到了很多有关静电的知识，收获满满。大自然里蕴藏着无穷的奥秘等着小朋友们去发现、探索。老师在科学区里准备了很多材料，小朋友们可以在区域活动时继续玩产生静电的游戏。
活动反思	利用电话音频，巧妙地从区域评价转为教育活动，吸引幼儿兴趣，并感受到要帮助小美的任务感。利用魔术导入主题，调动幼儿的积极性，通过观察、比较、操作，幼儿初步有了对静电的认识，为后面探究静电实验奠定基础。多次实验立足于已有的经验，并且帮助小美解决问题，步步深入，通过小组实验操作和记录表格的形式体验"大胆猜测—尝试操作—表达交流—再次操作—总结提升"的过程，感受到静电产生的乐趣。活动的结束与开始首尾呼应，极大地满足了幼儿兴趣，体验帮助他人解决问题的快乐。

排序大冲关

中国人民解放军国防大学幼儿园（红山园）　宋丽芳

教学领域	数学	班级	大班
设计意图	排序是将两个或两个以上的物体根据某种特征的差异，按照一定的规则排列。建立在对事物比较的基础上，需要有一定的判断推理能力。大班幼儿对排序处于探索状态，他们能够区别物体的形状、颜色和大小，常会很有兴趣地按颜色或形状有规律地用间隔排列的方法摆雪花片、拼搭积塑。 《纲要》中也指出，教育内容的选择，既要适合幼儿的现有水平，又要有一定的挑战性。为了引导幼儿将这些零碎经验加以统合整理，使幼儿对物体按规律排序的认识提升到一个新的层次，形成初步的逻辑思维，根据本班幼儿的现有发展水平，我设计了本次教学活动。			
活动目标	1. 能够根据物体的不同特征观察和寻找物品排序的规律。 2. 愿意将物品按照一定的规律进行排序，发展观察力和思维推理能力。 3. 轻松愉悦地参与操作活动，充分体验排序活动的有用和有趣。			

续表

重点难点	重点：观察和寻找规律，发现掌握规律。 难点：能按物品的不同特征进行规律排序。
活动准备	物质准备：各种图片、展示板、记录卡、水彩笔。 经验准备：能够准确区分物体的颜色、大小、种类。
活动过程	一、游戏导入，感知规律 1. 教师做动作，幼儿跟做，感知规律。 2. 小结：刚才做的动作规律是拍两下手、拍两下腿，再拍两下手、拍两下腿。如果找到规律，就能够很容易记住动作。 二、情境活动，发现规律 1. 出示小手和膝盖图片，引导幼儿观察、发现规律。 师：我们用小手和膝盖图片把刚才的动作记录下来，两次拍手用两幅小手图片来记录，两次拍腿用两幅膝盖图片来记录。 提问：你发现小手和膝盖排在一起有什么规律？接下来排什么？第一组排列和第二组排列一样吗？ 小结：不同物体排在一起，可以按一定的规律来排，设计出第一组规律后，第二组与第一组完全一样，第三组与第二组完全一样，依次这样排下去就叫按规律排序。 2. 出示小狗图片和图形卡片，引导幼儿掌握规律。 师：有个小朋友要回家，老师用几何图形为他铺了一条回家的路，快来看看有什么规律？（三角形、圆形、正方形）用笔将第一组画出，请幼儿来画出第二组和第三组，说出规律。 3. 出示蝴蝶卡片，引导幼儿补充规律。 师：有一只蝴蝶飞到花丛里，小花排序有什么规律？（红、红、黄、黄、蓝、蓝） 请幼儿将第二组空缺的小花补充完整。 小结：今天我们学习了三种不同的排序方法。想一想，除了这几种还能按什么来排序？ 三、自主操作，表现规律 1. 教师提供不同大小、不同颜色、不同种类的牙膏、牙刷图片，请幼儿分组操作，根据物体的不同特征进行规律排序。 基础活动：教师提供顺序，幼儿进行排列。 平行活动：幼儿自己设计规律进行排序。 拓展活动：幼儿与同伴共同设计规律进行排序。 2. 幼儿自主操作，教师巡回指导。 按颜色、物品、大小、种类分类并进行记录。 3. 展示分享作品，评价作品。 将个别作品展示出来，先提问排序规律再评价、展览。 四、联系实际，应用规律 师：其实按规律排序还能美化、装饰、点缀我们的生活。想一想，生活中你在什么地方见到过按规律排序的物品？
活动反思	活动为幼儿提供多元的排序材料，引导幼儿多角度地思考问题，探索和发现各种不同规律的排序方法，促进观察、比较、思考及创造能力的发展，使幼儿在学数学、用数学的过程中充分感受数学的重要和有趣，产生关注生活和身边事物的积极情感态度。

绘画活动"幼儿眼中的小小军营"

中国人民解放军国防大学幼儿园（红山园）　徐永枫

教学领域	艺术	班级	大班
设计意图	1. 幼儿通过"小小军营"主题认识军营、了解军营。 2. 在参观军营经验的基础上，鼓励幼儿用水彩笔和油画棒绘画心目中的军营。 3. 激发幼儿对军营的喜爱以及对军人的尊敬和热爱。		
活动目标	1. 认识军营的整体结构和空间布局，综合运用多种绘画工具进行有简单情节的创作。 2. 认识了解军营独特的军绿色，通过绘画创作方式表现参观军营时的所见所闻。 3. 喜欢与同伴分享自己的绘画作品，大胆表达，萌发对军营的热爱以及对军人的尊敬。		
重点难点	重点：能用自己喜欢的方式绘画，并把军营的大框架以及细节部分表现出来。 难点：创造性地设计自己的作品。		
活动准备	物质准备：水彩笔、油画棒、课件、画纸、画垫。 经验准备：幼儿已具备点、线、面基本的绘画技巧。有参观警卫连的经验。		
活动过程	一、活动导入——忆军营 出示当时参观的照片，引导幼儿回忆。 师：周一上午我们去参观什么地方了？你们参观时看到军营里有什么？ 引导幼儿讨论，激发幼儿的兴趣。 1. 出示"我们眼中的小小军营"PPT。 师：军营门口看到的是什么？ 提取幼儿已有经验，利用PPT进行经验的拓展。 师：进入训练场，你们看到了什么？（军人叔叔展示队列训练和军体拳） 启发幼儿可以画一画自己眼中的军人。 出示参观内务图片，鼓励幼儿回忆内务部分。 师：床上有什么？（整齐的军被、军帽、床单） 师：宿舍里还有什么？（统一的有刻度的水杯、毛巾、脸盆） 2. 欣赏幼儿绘画军营作品，鼓励幼儿交流讨论自己想画的军营。 请幼儿说一说自己想画的是军营的哪部分。 师：先画军营的大轮廓，之后再添加细节部分，涂色以军绿色为主。 二、活动展开——绘军营 1. 提出作画要求（色彩搭配、线条、轮廓）。 2. 幼儿自行作画，教师巡视指导。 指导幼儿先画军营的外围，画出大框架，之后再补充细节部分。 三、活动结束——说军营 1. 绘画结束后，引导幼儿展示分享自己的作品。 2. 通过自评、互评的方式实现绘画经验的提升。		
活动反思	本次教育活动目标制定具体明确，活动过程层次清晰，符合本班幼儿年龄特点和实际水平，并有一定的挑战性。活动中我根据大班幼儿抽象思维能力开始萌发、个性初具雏形的年龄特点和心理需求，以"回忆军营"为契合点将幼儿代入绘画活动中，激发幼儿参与讨论的兴趣，满足幼儿个性化发展，充分体现了寓教于乐的教育理念。活动中能够关注幼儿绘画过程，开放性提问，适时鼓励、支持幼儿，及时、有效与幼儿互动，使幼儿在轻松愉快的绘画中发展个性，获得积极的绘画体验和有益的学习经验，达到		

	续表
活动反思	了预期的教育目标。最后，我也意识到在绘画的过程中应该进一步放手，通过多种有效策略支持幼儿自发、自由和自主的绘画，让幼儿把在军营中看到的各种事物通过绘画作品展现出来，并在积极探索的过程中生成更有价值的教育契机，促进幼儿全面发展。

毛球体验馆之彩色雪糕棒

中国人民解放军国防大学幼儿园（红山园） 刘 宁

教学领域	科学	班级	中班
设计意图	在"好玩的球"的主题活动中，孩子们带来了各种各样的球，在与球的亲密接触中对球的色彩、图案产生了浓厚的兴趣。过渡环节里，常常看见小朋友用手去摸摸小毛球，并用夹子夹着毛球游戏。为此，我设计了本次数学活动"毛球体验馆"，让幼儿在操作和体验中感受毛球的有趣，利用毛球学习按简单的模式进行循环排序，感受数学游戏的乐趣。		
活动目标	1. 感知毛球的不同颜色和大小，能够按简单的模式进行循环排序。 2. 喜欢参加数学活动，在操作和体验中感受简单模式排序的快乐。		
重点难点	重点：能够按简单的模式进行循环排序。 难点：能够不受颜色、大小的影响有规律地循环排序。		
活动准备	物质准备：彩色毛球、彩色雪糕棒。 经验准备：认识几种常见的颜色，能区分大小。		
活动过程	一、"毛球体验馆"来做客，发现认识毛球 设计意图：让幼儿对毛球有所感知，激发幼儿兴趣。 师：今天老师带小朋友们来到了一个有趣的地方"毛球体验馆"！你们来看一看这里有什么？ 师：这里有很多毛球。你们可以去看一看、摸一摸、玩一玩，然后告诉我你有哪些发现？ 幼：颜色不同，大小不同，而且还能弹起来。 师：你们发现了很多圆圆的、毛茸茸的，颜色、大小不同的毛球。 二、"毛球"变魔术，探索排序规律 1. 自然发现"毛球制品"，观察和探究规律。 设计意图：自然发现，激发探究的愿望。 师：除了小朋友们的桌子上有毛球，你们找一找哪里还有毛球？ 幼：那里（幼儿指着毛球体验馆的展板上）。 师：哦！原来这里还有毛球，我们来看看这是什么？ 幼：这是项链。 师：但是这些作品还没有完成，我们一起来完成吧！有没有小朋友告诉我这条项链是怎么穿的呀？ 幼：一个大的粉色，一个小的粉色；又一个大的粉色，又一个小的粉色。 师：那接下来该穿什么了？ 2. 共同完成"毛球"，学习规律排序。 设计意图：学说方法，再次感知规律排序的简单结构。		

续表

活动过程	师：小朋友说得特别好，那有没有小朋友上来帮忙把这条项链穿完呢？ 小结："毛球项链"是按规律排序的，可以按"大小不同颜色相同""大小相同颜色不同"等不同的方法排序。 **三、"毛球"大挑战，体验规律排序** 设计意图：创设情景，激发幼儿的参与兴趣。 1. 提出活动要求。 师：毛球馆的馆长想请我们班的小朋友来帮助毛球馆装饰雪糕棒，每个小朋友用毛球像穿项链一样按照规律排序的方法来装饰雪糕棒。 2. 幼儿自主操作，教师巡回指导。 **四、"毛球雪糕棒"来集合，展示分享作品** 设计意图：引导幼儿描述出自己的排序规律。 1. 请小朋友将自己的作品粘贴在展示板上，相互交流分享。 2. 请个别小朋友进行分享。 小结：小朋友都用了不同的方式来为雪糕棒进行装饰。有大小不同颜色相同的，有大小相同颜色不同的，还有小朋友想到了新的办法！工作人员特别感谢小朋友，这样他们就可以利用这些雪糕棒来布置环境了，他们也让老师对小朋友们说声"谢谢"！ **五、活动延伸** 在美工区里投放不同的毛球和好看的轮廓画，可以供小朋友们继续操作。
活动反思	本节活动是由幼儿的兴趣出发，结合《纲要》精神和班级主题活动衍生的一节数学活动。以幼儿喜欢的毛球为主线，从感知发现到操作再到展示，一气呵成，让幼儿从中体验了乐趣，并为"规律排序"做着不断的尝试与准备。大部分幼儿在活动结束后能掌握既定的目标，锻炼了幼儿的观察力和动手能力。

我和蔬菜交朋友

中国人民解放军国防大学幼儿园（红山园）　史国巧

教学领域	科学	班级	小班
设计意图	蔬菜是幼儿生活中最常见的食物，也是幼儿成长的食物来源。小班幼儿的特点是年龄小，语言表达能力较差，动手能力也较差，他们的思维是具体形象的，在学习过程中要着重于感知事物的明显特征，并尽量与他们自身的日常生活经验结合起来。因此，为小班安排的活动内容更需贴近幼儿的生活。因此我设计了"我和蔬菜交朋友"这个科学活动。此次的活动来源于生活，又能够服务幼儿的生活。		
活动目标	1. 通过游戏了解常见蔬菜的名称。 2. 能运用多种感官，感知蔬菜的基本特征。 3. 愿意参加各种蔬菜类的游戏，体验不同角度认识蔬菜的乐趣。		
重点难点	重点：感知蔬菜的基本特征。 难点：按蔬菜的特征进行分类。		
活动准备	物质准备：儿歌《多吃蔬菜身体好》、蔬菜图片、常见的蔬菜、纸箱做的摸箱、超轻黏土做的蔬菜、蔬菜头饰。 经验准备：生活中幼儿对蔬菜有所了解。		

续表

活动过程	**一、儿歌导入，激发幼儿对蔬菜的兴趣** 1. 播放儿歌《多吃蔬菜身体好》。 2. 讨论儿歌里的内容。 师：小朋友们，你在儿歌里听到了哪几种蔬菜呢？ 师：那你们听到的大萝卜、小白菜、西红柿、黄瓜，它们是什么样子的？ 小结：萝卜是大大的，小白菜是绿绿的，西红柿像圆圆的灯笼，黄瓜是脆脆的。 **二、看一看、摸一摸** 游戏"猜猜我是谁"，请幼儿看一看、摸一摸，说出自己感知到的蔬菜。 师：蔬菜宝宝躲进了秘密小屋，请小朋友来摸一摸，猜一猜它是谁？说一说它的身体是什么样的？ 师：看一看，它的身体是长长的还是圆圆的？ 小结：胡萝卜有长长的身体，洋葱的肚子是圆圆的，南瓜的身体是大大的，茄子的衣服是紫色的。 **三、通过游戏帮助幼儿认识常见的蔬菜** 教师出示展板，通过游戏"找影子"，加深对蔬菜的认识。 师：现在蔬菜宝宝找不到自己的位置了，请小朋友帮助蔬菜宝宝找到自己的影子。 师：小朋友们通过观察蔬菜的特征，帮助蔬菜宝宝找到了自己的影子，你们真厉害！ **四、创设情景，加深小朋友对蔬菜的认识** 教师出示贴有小动物的KT板，帮助小动物完成买菜的任务。 师：现在小兔和小熊要去帮妈妈买菜，兔妈妈要买长长的蔬菜，熊妈妈要买圆圆的蔬菜，小朋友们能帮助小兔和小熊完成任务吗？ 师：让我们一起看一看，小兔和小熊是不是按照妈妈的要求买蔬菜的？ **五、游戏"蔬菜蹲"** 小朋友们帮助小兔和小熊完成了任务，你们真棒！现在奖励每个小朋友一个蔬菜头饰，让我们一起来玩游戏吧！
活动反思	本次活动主要通过与蔬菜宝宝做游戏的形式，让幼儿了解常见的蔬菜。在第一个环节，通过儿歌导入，幼儿先大胆猜想蔬菜的基本特征，再通过出示图片帮助幼儿回顾儿歌中的蔬菜。在第二个环节，让幼儿通过游戏"猜猜我是谁"，把摸到的蔬菜大胆地用语言表达出其特点，拓展出来其他种类的蔬菜。在第三个环节，幼儿帮助蔬菜宝宝找影子游戏时，结束得比较仓促。在第四个环节，帮助小兔和小熊去买菜的时候，幼儿很兴奋。最后，以游戏"蔬菜蹲"结束。整个活动中幼儿的兴趣都比较高，很积极，但幼儿的规则意识有待提高。

【说课稿】

辛勤的劳动者

吉林省长春市长春光华学院 严冠楠 夏郡薇

【设计意图】

根据《纲要》指出,教师应与家庭、社区合作,引导幼儿了解自己的亲人以及与自己生活有关的各行各业人们的劳动,培养对劳动的热爱和对劳动者的尊重。幼儿园大班的孩子已经具备了一定的观察能力、语言表达能力和社会交往能力,他们能够观察到身边的各种劳动者,并对他们的工作产生好奇和兴趣。同时,这个阶段的孩子也开始关注社会,对各种社会现象和问题有了自己的思考和看法。因此我设计此次活动,引导幼儿感知劳动的艰辛,学会尊重他人的劳动成果,让幼儿爱上劳动,从小事做起,培养幼儿的责任感和劳动意识。

【说教材】

在社会领域教育中,我们要培养孩子们的劳动观念,让他们明白劳动的重要性,感受不同职业的劳动者所做出的贡献。"辛勤的劳动者"是幼儿园大班社会领域的活动内容。在此之前,幼儿已经参观过各种职业场所,如超市、医院、餐厅等,对劳动者有了一定的认识和了解。本次活动旨在让大班幼儿认识劳动者的工作内容,理解劳动者的劳动价值,培养他们的劳动积极性和感恩之心。

【说活动目标】

1. 了解各行各业劳动者的工作,知道劳动者的辛苦。
2. 尊重和感谢劳动者的付出。
3. 培养热爱劳动的情感。

【说重点难点】

1. 重点:了解各行各业劳动者的工作环境与工作内容,明白劳动者的辛苦。
2. 难点:尊重并感谢劳动者为社会的付出,培养热爱劳动、尊重劳动者的情感。

【说教法】

1. 观察法。通过观看图片、视频等方式,让幼儿感受并了解到劳动者的工作和辛苦。
2. 讨论法。通过小组讨论让幼儿表达自己对劳动者的看法和感受,以此来培养幼儿的语言表达能力和思维能力。
3. 角色扮演法。通过角色扮演让幼儿体验劳动者的辛苦,从而更好地尊重劳动、尊重劳动者,热爱劳动、热爱劳动者。

【说学法】

1. 观察法。通过观察,幼儿可以更好地了解劳动者的工作。
2. 讨论法。通过讨论,幼儿可以更好地理解劳动者的辛苦和付出。
3. 操作法。通过操作,幼儿可以更好地体验劳动者的工作。

【说活动过程】

一、活动导入

在活动开始向小朋友发出提问,并引导小朋友们思考自己长大后希望从事什么职业。通过这种方法让小朋友了解不同职业的人们。

二、出示图片

引导幼儿观察每种职业的工作内容与特点。鼓励幼儿大胆发言，讲述图片内容，以此增加幼儿对部分特殊职业的认识程度。

三、游戏

让幼儿猜一猜还有哪些不同的职业，并根据职业的特点来猜测职业的名称，看幼儿是否真的了解这些职业的名称与工作特点。

四、观看视频并提问

让幼儿在此次活动中理解每种职业都很辛苦且不容易完成，正是因为有这些劳动者的辛苦劳动，才能保障每个人的幸福生活，要尊重别人的劳动成果。

【说活动总结】

本次活动我通过观察幼儿参与活动的表现和情况，结合问答、绘画或写作等形式的作品，评估幼儿是否理解了劳动者的工作内容与价值，培养了幼儿感恩劳动者的态度。针对教学过程中的不足及时调整策略，提高了教学效果。

【说活动延伸】

在阅读区投放与职业认知相关的图书，供幼儿进一步认知了解职业的多样性。在角色区投放一些职业服饰，供幼儿进行角色体验。在生活中请家长与幼儿谈论自己的工作或幼儿感兴趣的职业，增进幼儿对该职业的了解。

鹅大哥出门

新疆维吾尔自治区乌鲁木齐市新疆天山职业技术大学　刘会玉

【设计意图】

幼儿期是语言发展的关键期。根据小班幼儿的年龄特点，他们在注意力方面是以无意注意为主，易受到主体形象大、色彩鲜艳的对象吸引。本活动所选素材的画面色彩鲜明，主题形象突出，故事中的角色少且拟人化，受到幼儿的喜爱和认同。

【说教材】

"语言是交流和思维的工具"。幼儿期是语言发展的关键期，根据《纲要》中语言活动目标，应注意发展幼儿的语言理解能力、语言表达能力以及思维能力，引导幼儿接触优秀的儿童文学作品，通过多种活动帮助幼儿加深对作品的体验和理解。为此，我设计了小班语言领域"鹅大哥出门"活动。通过故事中鹅大哥出门乐滋滋的心情、神气的样子和欺负其他小动物们的行为，幼儿可以理解故事内容，掌握词汇"乐滋滋""神气"。充分调动幼儿参与的积极性，拓展幼儿的词汇量，发展口语能力。

【说活动目标】

活动目标是教学活动的起点和归宿，对教育活动起着导向作用。《纲要》中指出："发展幼儿语言的关键是创设一个使他们想说、敢说、喜欢说、有机会说，并能得到积极应答的语言环境"，小班幼儿发展目标在语言领域中提及"幼儿能听简短的故事并大致明白故事中的主要情节和角色，能用简短的语言回答问题"。根据以上要求，结合幼儿的年龄特点和语言发展水平特制定以下活动目标。

1. 喜欢听故事，体会词汇"乐滋滋""神气"；
2. 能与教师用简短的语言交流；

3. 体验故事带来的乐趣。

【说重点难点】

结合本课内容和《指南》中，小班语言领域的目标要求，我将认知目标、情感目标定为活动重点，能力目标定为活动难点。为幼儿营造宽松愉快的活动氛围，提供说话的机会，以突破活动重点、难点，达成活动目标。

【说教法】

科学、适宜的教学方法能使教学效果事半功倍，达到教与学的和谐完美统一。基于此，我主要采用的教法是提问法、交流讨论法、角色扮演法，整堂活动我多以交流讨论法为主，在幼儿原有的知识经验的基础上，进一步激发幼儿想说、敢说、喜欢说的兴趣。

主要采用了以下学习方法：

演示法：通过我的语音、语调以及动作加深幼儿对故事的印象，鼓励幼儿用语言复述故事，锻炼幼儿的语言发展能力。

提问讲述法：在讲述故事环节，教师和幼儿以提问的形式让幼儿大胆地表达自己的看法，既发展幼儿的语言，又锻炼幼儿的情感。整个活动以幼儿为主体，变过去的"要我学"为现在的"我要学"，让幼儿在轻松氛围中掌握活动的重难点，萌发幼儿喜欢看图书的情感。

【说学法】

中班幼儿喜爱模仿，对角色游戏特别感兴趣，平时总喜欢把自己想象成故事中的某一角色，但由于词汇缺乏，在游戏中又不知道怎么说，即使说了也不能把意思表达完整。因此活动中让幼儿通过体验法来体验游戏的乐趣，提高语言表达能力。

【说活动过程】

活动过程是整个教育教学活动的精华所在，对幼儿起着至关重要的教育作用。所以我将活动过程分为三个环节：导入、展开、巩固。

一、导入环节

图片导入吸引幼儿，以提问讲述，激发幼儿对故事活动的兴趣。

为了让全班小朋友都看清楚，老师把图片放到了大屏幕上，请小朋友们仔细观察图片中是谁呢？

此环节为幼儿提供一个想说、敢说、喜欢说的语言环境。

二、展开环节

我将其分为了两个步骤：看一看、说一说。

1. 播放PPT，分段讲述故事内容，让幼儿体会词汇"乐滋滋""神气"。（故事里的鹅大哥出门时的心情是怎么样的？鹅大哥出门后，遇见了谁？说了什么？）

在看得见、摸得着的环境中让幼儿体会词汇。

2. 我和幼儿讨论交流，引导幼儿用自己的语言大胆表达鹅大哥的特点，复述和纠正幼儿的语言时，给予幼儿表扬和肯定。加深幼儿对故事情节的印象。

小朋友们觉得鹅大哥是真的"神气"吗，老师觉得鹅大哥一点都不神气，小朋友们觉得怎么样做才是真的神气呢？（帮助其他小朋友和小伙伴友好相处）大宝宝不能欺负小宝宝，只有这样做才是真的神气。

在宽松的语言环境中，有效地师幼互动，充分发挥幼儿的想象力和表达能力。

三、巩固环节

再次完整讲述故事。

考虑到本阶段的幼儿以直观形象思维为主，在幼儿学习了用简单的词汇描述动作特点后,鼓励幼儿两两合作,巩固并用语言描述故事情节。关注所有幼儿的发展,对角色扮演中语言表达不准确的幼儿给予个别指导,做到尊重幼儿个体发展,因材施教。

【说活动总结】

教师引导幼儿理解故事进行情感教育。利用提问法引导幼儿去发现故事的本质,萌发幼儿愿意帮助班级中比自己小的朋友及保护小动物的情感。

【说活动延伸】

此环节出示鹅大哥、小鸡、小鸭的头饰,萌发幼儿参与角色扮演的愿望。将绘本阅读延伸到角色表演区,引导幼儿模仿故事中的对话,体验"神气""乐滋滋"两个词语。在重温绘本内容的同时掌握口语表达能力,感受语言活动的乐趣。

颜色变身记

新疆生产建设兵团第五师双河市89团塔蕾幼儿园　姚佳禹

【设计意图】

《指南》中指出,幼儿艺术领域的学习关键在于创造机会和条件,丰富幼儿的想象力与创造力,引导幼儿去感受美和发现美。颜色的千变万化对幼儿来说具有独特的吸引力,不同颜色的搭配能够变换出新的颜色也能让幼儿感受到美术学习的乐趣,感受颜色之美。因此我设计了本次活动,增加幼儿对于美术活动的兴趣,提升幼儿对于颜色变化的基础经验。

【说教材】

小班的幼儿拥有强烈的好奇心,对世界有求知欲。对于混合颜色产生新颜色非常感兴趣。同时本阶段的幼儿以直接游戏获取经验为主,实践性的活动更能激发幼儿的参与兴趣。本班幼儿具有教材中语言活动"神秘宝宝"的直接学习经验,在此基础上我设计了本节美术活动。

【说活动目标】

1. 了解两种颜色混合的变化,知道红色与蓝色混合后会变成紫色。
2. 在操作中能大胆地将不同的颜色混在一起,并观察其变化。
3. 感受颜色混合变化的奇妙体验,体会自主混合颜色的快乐。

【说重点难点】

1. 重点:能在操作中大胆地将不同的颜色混在一起,并观察其变化。
2. 难点:初步了解颜色混合的变化,知道红色与蓝色混合后会变成紫色。

【说教法】

1. 讲述法:讲述法是教师传播知识最为直接和高效的一种方法,在本次活动中,教师用语言讲解的方式向小朋友们展示颜色混合的过程,同时提醒小朋友们注意操作的步骤。
2. 演示法:演示法能够直接地向幼儿展示实践的过程和方法。在活动中,老师将直接进行颜料混合的展示,方便小朋友们建构已有经验,进行自己的实践。
3. 启发法:启发法能够最大限度地调动幼儿的积极性,开动脑筋,参与活动。在本次活动中,老师将用提问的方式进行启发,引导幼儿仔细思考。

【说学法】

1. 多感官参与法:多感官的参与能够更大限度地提升幼儿学习的效率。在本次活动中,小朋友们用眼睛观察,用耳朵倾听,并动手操作来进行学习。

2. 实践法：实践出真知，实践也是幼儿获取经验的直接方法。在本次活动中，小朋友们通过亲自动手操作颜料混合的实践，获得红色颜料与蓝色颜料混合得到紫色颜料的直接经验。

3. 小组合作法：小组合作能够促进幼儿同伴间互学，帮助幼儿解决一些实际操作中的困难。因此在本活动中，小朋友们选择四人一组进行实践。

【说活动过程】

一、导入部分

分为两个小环节。第一环节是观看《神秘宝宝》的部分动画片，激发幼儿对于颜料的好奇心，并将动画片与之前学习过的《神秘宝宝》的故事进行有效的迁移连接。第二个环节为谈话环节，帮助幼儿回顾对于颜色的已有经验。在本环节中，教师用启发法引导幼儿学习，而幼儿通过多感官学习法来进行学习。

二、基本部分

一共分为三个环节。第一个环节是教师进行"神秘的魔术"展示，在本环节中，教师用讲述法和演示法来进行颜色混合实验，引导幼儿仔细观察颜色混合发生的变化，并初步完成目标一。第二个环节为操作环节，幼儿通过自主操作来感受蓝色与红色混合发生的变化。幼儿在此环节中用操作法来获得直接经验，并通过小组合作法来完成实践，完成目标二。第三个环节为展示与分享的环节。本环节小朋友们分享自己实践的经验，并和大家说一说自己实践的过程。教师对幼儿的活动进行初步的小结，加深幼儿对于红色与蓝色混合得到紫色的直接经验。

三、迁移探索

第一个环节是"黄阿姨来了"，向大家介绍黄色颜料，并请幼儿自由地操作黄色颜料与其他颜料进行混合，发现颜料的变化。在此过程中，小朋友们丰富了除了红、蓝颜料变化之外还有黄色颜料加入后变化的经验，为幼儿的成长与发展创造最近发展区。在此部分幼儿能够感受到不同颜色混合的奇妙体验，感受自主混合颜色的快乐。第二环节为作品分享与小结部分，教师与幼儿共同对本次活动进行回顾并小结。

【说活动总结】

在本次活动中，我巧用蓝爸爸、红妈妈这种生动的形象来为小朋友们讲解红色、蓝色颜料混合的变化，让孩子们在轻松愉快的学习氛围中了解颜料变化的特点。同时，本次活动由浅入深地带领孩子们学习，让幼儿更能够接受。在活动环节的设计方面，增加操作环节，允许幼儿亲身操作、动手体验来获得直接经验，这对于幼儿的成长来说极具好处。

【说活动延伸】

为了能让幼儿对颜色变化的认知产生更为丰富的体验，我将本次活动的延伸设计为两个区域的活动。美工区中，引导幼儿用已有的颜料来混合成新的颜料进行染色。科学区中继续投放本次活动中的色素，再增加新的色素，引导幼儿在区域的自由探索中发现不同色素混合的奇妙变化。

玛丽游行记

吉林省省直机关第二幼儿园　崔玉萍

【设计意图】

设计这个活动的灵感来自《超级玛丽》的游戏，这个游戏情节明了，人物的善恶关系清晰，孩子们很喜欢。《玛丽波尔卡》的音乐曲风比较欢快、诙谐，乐段清晰。我将《超级玛丽》的游戏情境与乐曲结合，设计出了打击游戏"小玛丽闯关"，以闯关的游戏情境吸引幼儿积极参与。在选择乐器和设计活动的过程中也参考了"全国幼儿园音乐教育观摩活动"中关于打击乐的活动设计。最后选择了适合本班孩子学习特点的乐器，用圆舞板、小铃、大鼓、摇铃四种乐器来进行打击乐演奏活动，让幼儿在图谱和口令动作的暗示下大胆运用乐器，体验打击乐带来的乐趣。

【说教材】

大班幼儿对于节奏掌握和打击演奏有一定基础，能大胆尝试创作，愿意体验，乐于表现。根据幼儿的这些特点，我选择用多媒体辅助教学，将以往静态平面的图谱制作成动态并带有动画的音乐图谱，通过视觉、听觉直接感知和实际操作，体验不一样的打击乐活动。

【说活动目标】

1. 在熟悉乐曲结构并会跟随音乐律动游戏的基础上，探索为乐曲匹配合适的乐器，能看懂指挥并大胆地进行演奏。

2. 根据身体动作的暗示，探索用不同的摇铃方法演奏B段音乐；在游戏情节进展线索的提示下累加大鼓并进行合乐演奏。

3. 在闯关游戏的情境中，体验多次闯关和升级所带来的挑战乐趣。

【说重点难点】

1. 重点：根据不同音乐乐段，匹配适合的乐器进行打击乐演奏活动。

2. 难点：能看懂老师的指挥，进行乐器合奏。

【说教法】

提问法、演示法、示范法、讨论法。教师通过提问法将幼儿的思维唤醒，回忆玛丽闯关的情景，随后通过演示法、示范法引导幼儿了解图谱，观察其中事物，并使用朗朗上口的口令帮助幼儿熟知节奏型，在幼儿的讨论中感知ABA结构的音乐特点。

【说学法】

实验法、练习法、探究法。教师赋予幼儿小玛丽的角色进行闯关游戏，通过运用实验法、练习法，引导幼儿感受音乐的欢快诙谐，在探究中为音乐匹配适合的乐器，在玩中学、学中玩，体验了打击游戏的乐趣。

【说活动过程】

一、情境导入——玛丽带我"走"

小玛丽们，今天我们要继续去闯关。欢快的音乐响起，教师带领幼儿律动入场，用肢体动作来感受ABA结构乐曲的欢快曲风。

二、探索问题——玛丽听我"说"

刚才小玛丽走了一条闯关路线，是怎么走的呢？我们一起来看一看。出示闯关路线图，幼儿跟随闯关路线，口述闯关口令。

融合点：通过多媒体课件的演示，幼儿清晰感知了闯关路线，并完整说出了闯关口令。信息技术的融合，跟触摸一体机的亲密互动，让幼儿在音乐活动中有了全新的体验。

三、游戏互动——玛丽陪我"玩"

1. 出示图谱，幼儿边说口令边做相应动作，并分组表演。（分组表演图）

2. 为了帮助小玛丽顺利闯关，我请来了乐器武器帮忙。（出示武器图片）

3. 请幼儿自由感知乐器音色的不同，根据闯关口令和身体动作的暗示，探索为乐曲匹配适合的乐器武器。

根据自己的想法为乐曲匹配乐器，每组选派一名代表说出想法。

四、合作演奏——玛丽助我"演"

1. 闯关正式开始

幼儿根据动态音乐图谱的提示进行闯关演奏，闯关结束后，根据演奏效果播放成功或失败音效。

融合点：动态图谱与音乐的完美融合，让幼儿清晰地了解了乐曲的节奏，并能准确地掌握节拍的时值和强弱关系。

2. 第一次挑战

虽然第一关顺利通过了，可是毒蘑菇的毒性越来越强了，需要另一个武器与碰铃共同对付它（出示大鼓）。当碰到毒蘑菇的时候我们要一起敲打碰铃和大鼓，小朋友们信心满满地向第二关发起挑战。

融合点：教师将幼儿第二关演奏的视频投在一体机上，让幼儿寻找失败的原因。

3. 第二次挑战

吸取了上一次失败的教训，大家团结一心再次发起挑战。经过大家的努力，这一次终于闯关成功，完成了合奏表演。（成功音效，高兴欢呼图片）

4. 交换乐器武器

为了让每一位幼儿都能体验到不同的乐器演奏，进行几轮交换"乐器武器"的演奏活动。这一环节丰富了幼儿对乐器演奏的体验和演奏经验。（交换场地图片、演奏图片）

五、玛丽乐团——玛丽伴我"行"

《指南》艺术领域中提出：艺术是人类感受美、表现美和创造美的重要形式，也是表达自己对周围世界的认识和情感态度的独特方式。基于此，我设计了最后一个环节，成立"玛丽乐团"，带领幼儿来到其他班级，为小朋友们进行演奏。让幼儿在实际的艺术表演活动中与他人相互配合，大胆表现自己、展示自己，从而提升幼儿的表演能力与创造能力。

【说活动总结】

随着一次又一次的成功演奏，我们的活动即将结束。适合幼儿的打击乐器，幽默诙谐的音乐曲风，动态图谱的视觉冲击与多媒体课件的适度融合给幼儿带来了全新的音乐体验，这也充分体现了多媒体、信息技术在音乐活动中的独特价值。我在活动中设计了最后一个环节，成立"玛丽乐团"，带领幼儿来到其他班级，为小朋友们进行演奏。让幼儿在实际的艺术表演活动中与他人相互配合，大胆表现自己、展示自己，从而提升幼儿的表演能力与创造能力。

【说活动延伸】

教师投放多种打击乐器供幼儿体验。带领幼儿观看打击乐活动视频及音乐会视频，了解更多的节奏音乐和打击乐器。请幼儿在生活中寻找更多的打击乐器，带到班级与其他幼儿分享，并与老师、小朋友们一起创作出更动听美妙的节奏。

好玩的影子

湖北省汉川市实验幼儿园　晏利芳

【设计意图】

影子一直是孩子们感兴趣的话题，将科学教育融于幼儿的生活中是新观念的体现。设计活动旨在通过让幼儿探索影子，了解影子与光的密切关系，激发幼儿对影子的好奇与兴趣，学习科学的方法，养成良好的科学态度。

【说教材】

《纲要》中明确指出：幼儿的科学教育是科学启蒙教育，重在激发幼儿的探索和探索欲望。影子是幼儿几乎每天都能见到的，我经常见幼儿踩影子，本次以幼儿的兴趣为出发点，引导幼儿积极探索，从而体验探索和参与的乐趣。

【说活动目标】

1. 初步了解光被物体挡住会出现影子的现象。
2. 通过参与实践操作，了解影子与光的密切关系。
3. 充分体验科学探究的乐趣，享受成功的快乐。

【说重点难点】

1. 重点：感知影子的特征，了解影子的形成。
2. 难点：引导幼儿参与探索，在与同伴的合作中了解影子与光的密切关系。

【说教法】

1. 经验迁移法：幼儿知道物体在阳光下有影子，影子是会变化的，并将已知经验提升，迁移到"猜影子"和"配对游戏"。

2. 问题启发法：为了激发孩子们的思考，培养他们的问题意识和创新精神。教师提出问题，让幼儿通过实践发现问题、解决问题，培养他们独立思考、分析问题和解决问题的能力。通过小组合作，幼儿学会倾听他人的意见，小组合作共同解决问题。

3. 互动游戏法：整个活动我以游戏贯穿始终，通过"踩影子、玩手影、画影子"一系列的游戏活动，让幼儿在轻松愉悦的氛围中与影子互动，在活动中游戏玩耍，在游戏中体验学习，在游戏中感悟道理，形成合作探究式的"师生互动"和"生生互动"。

【说学法】

1. 玩中学

整个活动我遵循幼儿的学习规律和年龄特点，以幼儿为主体，以影子为主线，放手让幼儿自主探索和体验。通过找影子、猜影子、影子连线、踩影子、画影子，由浅入深，由简到难，进一步加深幼儿对影子的认知。

2. 玩中做

《纲要》中指出：教师应成为学习活动的支持者、合作者、引导者，应遵循幼儿身心发展特点，为幼儿创设宽松愉快的物质环境、心理环境，注重幼儿的体验，激发和挖掘幼儿的兴趣和欲望。我遵循"以教师为主导、以幼儿为主体、以活动为主线"的原则，通过探索操作法、小组讨论法、趣味游戏法，提升幼儿的认知能力、动手能力，体验到成功的喜悦。

【说活动过程】

一、导入环节

我以手影游戏导入，激发兴趣。接着让孩子们自己动手探索影子，从实践中感悟出真知，放手让幼儿自己去发现、去探索，培养幼儿自主合作探究的能力。

二、基本环节

由自主探索、交流体验、对应操作、游戏互动四个活动组成。

活动一：自主探索。幼儿通过自己动手操作、亲身体验后，明白了"因为有光，物体挡住了光，所以产生影子"的道理。

活动二：交流体验。幼儿从认知出发，交流已有的生活经验。在积极讨论和细心观察中，孩子们的创新意识和思维能力迸发出火花，萌发了第二次探索的欲望。通过探索发现了光源离物体越近，产生的影子就越大；光源离物体越远，产生的影子就越小。

活动三：对应操作。我让幼儿进行了第三次操作，并要求把操作结果记录下来。孩子们在科学探究活动中体验到成功的乐趣。

活动四：游戏互动。游戏是孩子们最喜欢的一种方式，我通过游戏"踩影子""好玩的手影"，加深、巩固幼儿对影子的认识。最后还向幼儿介绍了影子在生活中的运用。

三、结束环节

幼儿两人一组互画影子，先画小朋友现在所在的位置，并做上标记。下午组织幼儿在做好标记的地方再次画影子，观察并说出影子的变化。

四、延伸环节

影子还有许多的小秘密，小朋友们可以在区域活动中继续探索影子的秘密。还可以回到家里和爸爸妈妈一起探索。

【说活动总结】

1. 科学活动生活化

本次科学活动我顺应孩子的兴趣和需求，挖掘具有教育价值的内容，敏锐地捕捉他们的兴趣点——影子，找到可操作、能拓展的支点，让他们在轻松、愉悦的环境中直接感知、亲身体验、动手操作。

2. 科学活动游戏化

将丰富又有趣的游戏情节贯穿整个活动，如：找影子、玩手影、踩影子、画影子等游戏环节，让孩子在玩中探究影子的产生、变化等。在多次游戏体验中，获得关于影子现象产生和变化的丰富经验。培养孩子们的创新精神和主动探究的能力，使幼儿体验到了操作探索的乐趣。

【说活动延伸】

在科学区提供手电筒、立体玩具、《西游记》人偶、幕布操作台等，组织幼儿玩影子、演皮影戏，继续探索光与影的秘密。

手电筒看见了什么

山西省太原市育蕾幼儿园　李　嘉

【设计意图】

幼儿在很小的时候就对周围的文字、图画有着浓厚的兴趣，我们老师也正确地认识到了早期书写的重要性，尽可能地为幼儿创设丰富的前书写环境，让幼儿提高书写技能和书写意识，感受书写的乐趣。这既是《纲要》《指南》在语言领域中明确给出教师的指导意见，也是教师实现专业化成长的有效途径。

【说教材】

《手电筒看见了什么》是一本巧用黑白交替、黑彩相间的绘本，强烈的黑白色差给幼儿一种神秘的感觉和魅力，激发了孩子们探索的欲望。

【说活动目标】

愿意用图画、符号和文字表现隐藏在画面中的信息。

【说重点难点】

1. 重点：寻找画面中隐藏的线索。

2. 难点：能够用图画、图形、简单的文字及符号来记录看到的信息和表达自己的想法，体验文字符号的功能，培养书写兴趣。

【说教法】

1. 带有思维导图线条的、可呈现线索的小册子

这么做的目的是引导幼儿在寻找线索及记录时有计划地将线索信息记录下来，方便幼儿后续将线索串联，创编故事。

2. 使用实物投影仪

幼儿的"产出"是无法预设的。教师在幼儿每次记录之后的交流分享中都使用实物投影仪，既可以完全真实地展现幼儿记录的内容，又可以灵活地将内容进行放大，在分享交流时达到聚焦对象、观察细节的目的。

3. 使用思维导图

在分享交流的过程中，随着一个个"前书写"的方法从幼儿"产出"的记录作品中被提炼出来，黑板上同步的思维导图逐渐完善、清晰，这种方式能让幼儿建构经验的思维过程显性化、有序化、结构化。

【说学法】

1. 关注并支持幼儿"写"的需求

《指南》在"语言领域的阅读与书写准备"中提出，"5—6岁幼儿具有书面表达的愿望和初步技能""愿意用图画和符号表现事物或故事"，以及教育建议中"让幼儿在写写画画的过程中体验文字符号的功能，培养书写兴趣"，这些都凸显了前书写对学龄前儿童的重要性。事实上，随着幼儿认知经验的丰富、认知能力的提高和精细动作的发展，幼儿大多会逐渐生发出"写"的需求，为进入小学奠定良好的基础。

本节活动将视角落在幼儿"前书写"能力的发展上，识别并支持幼儿"写"的需求。主要目标定位于引导幼儿了解图画、符号、数字和简单文字等"书写"形式，在此基础上尝试运用这些方法进行书面表达。这对于帮助幼儿感知文字组成的一些基本规律，建立和巩固更多的纸笔互动经验，更好地为接触正式书写教育做准备等具有重要的价值。

2. 在幼儿的"产出"中梳理提升经验

本活动突出的特点是在幼儿的"产出"中梳理提升经验。集体教学活动作为高结构的活动，具有较强的预设性。但本节活动并没有因为预设就"牵着幼儿的鼻子走"，而是给予幼儿很大的空间，可以自己选择记录的内容、使用的方法，独自还是两个人一起记录。因此，在活动中幼儿的"产出"是丰富多样、无法预设的。

【说活动过程】

一、寻找线索，把握关键信息

首先，手电筒的光晕和森林的黑暗形成鲜明的对比，给活动笼罩上一层神秘的色彩，手电筒的照明也为幼儿寻找信息提供了帮助。其次，幼儿之间的自主交流讨论也是让幼儿捕捉到关键信息的重要手段。最后，线索记录的呈现及同伴间对照线索后的相互补充，既促进了同伴间的彼此学习，又培养了幼儿的书写兴趣和倾听能力。

二、分享记录内容，发现记录方法

第一次记录中，幼儿在运用已有经验（主要是画画的方法）记录内容时，感受自己所使用的方法的便利和不足。之后，通过讨论、交流与分享，让幼儿思考可以用图画、数字、

符号、简单的文字等进行记录,并在实际操作中进行尝试。最后,结合思维导图的交流分享,帮助幼儿对"书写"记录的具体方法进行梳理小结,在思考、操作的过程中提升学习的有效性。

三、串联关键信息,建构前后逻辑关系

图片中出现的脚印、血渍等线索,给幼儿提供了想象的空间。可以让幼儿根据自己的生活经验想象,大胆地推测,并用自己的独特的方式记录下来。

【说活动总结】

"手电筒看见了什么"是一个简单的活动,它没有复杂的教具、绚丽的媒介材料和热闹的互动,图画书、纸、笔、黑板与幼儿、教师一起构成了活动的基本要素。但这又是一个值得回味的活动,因为在活动中,幼儿给我们带来很多惊喜。

【说活动延伸】

分享故事,提高幼儿预测故事情节和创意阅读的能力。

延伸环节中邀请个别幼儿来讲述,让幼儿对故事内容有一个整体的了解。完整地欣赏故事是文学作品学习过程中不可缺少的环节,在讲述中,可以培养幼儿把握故事线索、建构逻辑的能力,提高幼儿的语言概括能力。

好玩的跳绳

吉林省省直机关第二幼儿园 王铭杨

【设计意图】

《纲要》中提出:幼儿园的活动要将幼儿健康放在首位。新教改也逐渐重视儿童体育健康的培养。本学期组织大班幼儿进行了"跳绳飞舞"的活动,经过一段时间的练习,幼儿对跳绳运动的兴趣和技能掌握逐渐提升,为了进一步提高幼儿对跳绳运动的兴趣,创设"好玩的跳绳"活动案例。

【说教材】

跳绳是中国传统游戏之一,活动"好玩的跳绳"既有娱乐性也具有运动性,是大班幼儿喜爱的活动之一。引导幼儿开始自主去探索跳绳不同的新玩法,进一步提升幼儿对绳类游戏及运动的兴趣,加强幼儿对体育游戏的参与性,全面提升幼儿的运动能力。

【说活动目标】

幼儿园教学活动的目标是活动的核心和灵魂,对活动起着重要的导向作用。根据大班幼儿体能发展的特点和规律,以及本班幼儿的体能发展的现状,在幼儿原有能力水平的基础上,本着"踮踮脚,够得到"的原则,我从以下三个维度设定了本节活动的目标:

1. 感受有趣的运动带来的乐趣,培养幼儿喜欢参与运动的积极性。
2. 促进幼儿社会性的发展,理解在分组游戏中互助、合作、沟通、交流的作用。
3. 提升大班幼儿的体适能,提高幼儿的自主思维和创新探究能力。

【说重点难点】

1. 重点:利用跳绳的多种玩法提升幼儿的体适能。
2. 难点:能通过分组合作交流,创新探索出不同的玩法。

【说教法】

《纲要》中提出:"教师是幼儿学习的支持者、合作者、引导者。"在活动中教师应采取多

种形式、方法，有目的、有计划地引导幼儿生动活泼、主动积极地参与活动。采取行之有效的教学方法，也会让教师在教学活动中感到得心应手，更能较好地完成教学目标。因此，根据本年龄段幼儿的年龄特点，以及对本节活动的具体分析，我采取了以下教学方法。

1. 操作法

引导幼儿根据教师提供的物质材料，充分调动幼儿动手动脑，将自己的想法通过操作材料表现出来，从而获得新的经验和玩法。

2. 开放式提问法

在幼儿进行第一次尝试操作后，将提问方式设置成多样性、开放性的提问，例如：你们组小朋友设计的是怎样的玩法，说一说你们设计的想法和这种玩法的规则。这些问题既能启发幼儿的思维，又能根据已有的经验表达自己的创新想法。

3. 观察指导法

教师根据幼儿在活动操作中的情况给予适当的指导，既要给予充分的鼓励和支持，又要给予点到为止的指导，充分表现教师有效的调控能力，支持幼儿递进式的成长。

【说学法】

为幼儿设定适合幼儿本身的学习方法，是保护幼儿的学习天性和兴趣，使幼儿更好地投入到活动中，并在有趣的学法中收益和成长。因此，我为本节活动设计了以下学习方法。

1. 游戏法

体现游戏是幼儿的主要活动，让幼儿在自创跳绳玩法游戏中，体验乐中悟，玩中学，让幼儿从机械的"要我学"向灵活主动的"我要学"转变，真正成为学习的主动者。

2. 探究法

以幼儿为主体，充分给予幼儿自主探索的机会和空间，让幼儿运用各种感官直接感知、动手动脑、亲身体验去尝试探索问题，在探索中发现问题，并寻求解决问题的方法。

3. 合作交流法

在小组分工合作的学习方法中，让每位幼儿都承担不同的探索职责，体会小组间成员的分工与合作，在帮助幼儿找到适合自己的小组职责的同时，注重幼儿之间、幼儿与教师之间的相互沟通和交流，体现良好的生生互动和师幼互动的合作氛围。

【说活动过程】

一、开始部分

带领幼儿做热身操《勇气大爆发》，教师用动作和表情与幼儿互动，激起他们运动的激情，随着欢快的音乐将肢体活动起来。

目的：这首歌是目前比较火爆的儿童歌曲，欢快的节奏很容易引起幼儿的共鸣，更容易引起幼儿运动的愿望和兴趣。

二、基本部分

1. 带领幼儿进行跳绳练习，肯定幼儿的进步。

目的：让幼儿在复习跳绳的环节中了解跳绳的特点，积极的鼓励给孩子们增加信心，既感兴趣又自信满满。

2. 鼓励幼儿创编单人跳绳的不同跳法，如反跳、单脚跳、各种花样跳等等。

目的：让幼儿从易到难循序渐进来尝试跳绳的不同玩法。鼓励幼儿大胆发挥想象力，尝试创新。

3. 请有创意的幼儿展示跳法，大家可以尝试着跳一跳，感受到不同跳法的乐趣。

目的：注重因材施教，能力强的幼儿可以带动其他幼儿共同进步，分享自己的玩法也是一种快乐。

4. 教师鼓励幼儿自由结伴、自由分组、自由选择辅助器械，团结合作，尝试发现更多跳绳的玩法。双人跳、多人跳，可以将绳编成网状、摆成跳格子，变成跳高、跳远等不同的玩法。

目的：鼓励幼儿分组讨论交流不同玩法的同时，发展幼儿的社会性，在互助、合作、交流中一起解决问题，共同成长。

三、结束部分

1. 鼓励幼儿总结介绍自己组跳绳游戏的玩法，并请其他组的幼儿来尝试着玩一玩。

目的：通过实际操作探究，能说出探究的过程和结果。

2. 教师带领幼儿在舒缓的音乐中进行肢体放松活动。

【说活动总结】

此次游戏活动是我们第一次尝试跳绳的不同玩法，活动前准备的多种游戏辅助器械孩子们利用得不多，多数只是限制在单独利用跳绳来进行新的玩法创新。个别性格内向、交往能力不强的幼儿需要教师积极的鼓励和引导才能结伴。

下一步，我们将观看《动感跳绳》，激发幼儿努力提高跳绳技能的愿望。

对于个别跳绳技能较弱和性格内向的幼儿，鼓励"强带弱"互助行动，让所有幼儿都能在自身能力基础上得到提升。

虽然是第一次尝试跳绳创新玩法，但在持续的活动中我们将继续探讨跳绳的创新玩法以及多利用辅助器械结合的玩法，相信在下次跳绳创新玩法中孩子们会有更多的惊喜展示。

【说活动延伸】

鼓励幼儿在户外活动时，继续尝试进行绳类游戏的不同玩法。鼓励幼儿自由结伴、自由选择辅助器械，团结合作，尝试发现更多好玩的跳绳玩法，把自主探索的时间交给孩子。

上当的眼睛

河北省沧州市东光县幼儿园　　王　静

【设计意图】

进入中班，孩子们对周围的事物和现象越发好奇，他们发现，生活中我们眼睛看到的一些事情却不一定是真的。比如筷子插入玻璃杯，我们看到筷子折了，可是拿出来又没有折；游泳池的水，我们站在岸上看起来很浅，可跳下去却很深；两根一样长的纸条，改变一下位置就看起来不一样长了……由此我设计了《上当的眼睛》这节课，让幼儿通过实验操作感受眼睛对我们的欺骗，从而初步了解光的"折射"现象，懂得凡事都要想一想、试一试，才能辨别真假。

【说教材】

《纲要》中指出，"科学教育应密切联系幼儿的实际生活进行，利用身边的事物与现象作为科学探索的对象"。筷子插入玻璃杯后的变化，水杯后面箭头方向的变化等这些幼儿感兴趣的现象，也是我们园本教材中的科学实验内容。

【说活动目标】

1. 初步认识光的折射现象。
2. 发展合作探究与用符号记录实验结果的能力。

3. 充分体验"科学就在身边",产生在生活中发现、探索和交流的兴趣。

【说重点难点】

1. 重点:通过操作感知、发现光的折射规律,了解光的折射现象,并知道光路可逆。

2. 难点:能够通过观察发现图像的变化延伸至生活并用语言表达。

【说教法】

演示法、操作法、探究法、讨论法、表格记录法。

【说学法】

游戏法、观察法、操作法、探究法、表格记录法。

【说活动过程】

一、开门见山

用变魔术激发幼儿兴趣,导入课题。

二、实验操作

1. 教师示范实验:小鱼掉头。

① 拿一张白纸折成三份,绘制出三条同一方向的小鱼并涂色。

② 将三个透明玻璃杯一一对应摆放在三条小鱼的面前,观察小鱼的方向,并做好记录。

③ 慢慢注入水,直到透过玻璃杯可以清楚看到小鱼图像为止。仔细观察此时小鱼的方向,并再次做好记录。

教师在操作实验过程中可以进一步引导幼儿:如果不画小鱼,还可以画什么?让幼儿带着问题去操作。

总结:经过对比,我们发现第二次记录的小鱼方向和第一次完全相反。真是太神奇了,而且非常令人惊讶!这是为什么呢?原来光通过玻璃杯方向发生了改变,所以小鱼就掉头了,这就叫"光的折射"。

2. 幼儿动手操作实验,进一步探索。

①在纸上绘画出物体,并涂上颜色。

②把画好的物体放在空玻璃杯后,仔细观察物体的方向并记录。

③玻璃杯中装满水,仔细观察物体的方向并做第二次记录。

教师提出新的问题:如果不用圆形的玻璃杯,会怎样呢?

3. 交流分享。

4. 原来我们眼睛看到的东西并不一定是真的,眼睛有时候也会让我们上当。观看小视频《上当的眼睛》。

总结:我们的眼睛为什么会上当呢?原来是因为我们的视角不同、位置不同,所以给我们造成了错觉。原来在我们的生活中有这么多的科学道理需要我们小朋友去探索、去发现。

【说活动总结】

本次实验活动有几个创新点,一是实验内容来源于生活中常见的现象,实验器材也简单易得。二是整个过程孩子们学习兴趣浓厚,能够在教师的有效引导下,积极主动地参与活动,如绘制小鱼、往玻璃杯里加水、观察记录小鱼的方向等,这些都是因为老师课前准备充分,实验步骤演示清晰明确。课后我的延伸是如果用其他形状的玻璃杯行不行呢?让孩子们始终带着问题去探索。问题是创新的火花,让孩子从小学会发现问题、提出问题、解决问题,始终保持浓厚的探究兴趣和探究欲望,这也是幼儿科学教育的最终目标。三是实验结果隐喻生活中的道理,那就是眼睛有时也会上当。但由于时间问题,课堂实验略显不足，但我会继续为孩子们在班级区角、家庭中创造条件，以支持孩子的学习。总之，我要继续努力发现生活中可用于幼儿实验的素材，让幼儿科学实验源于生活，归于生活。

【说活动延伸】

我们眼睛看到的一些东西有时候并不真实，需要我们想一想、试一试，用心去辨别。但是上当的眼睛也会给人们带来欢笑，魔术就是利用了这一原理。我们回家把今天老师教的小实验做给爸爸妈妈看，那就是一个好玩的"小魔术师"！

拔萝卜

湖北省当阳市半月镇东岳幼儿园　李盼盼

【设计意图】

小班幼儿处在具体行动思维阶段，喜欢色彩鲜艳、活动化的对象，喜欢游戏，爱模仿。因此要选取贴近幼儿生活的文学作品作为活动的内容，保证幼儿在积极愉快的氛围中活动，便于孩子们更好地联系实际理解文学作品的内容。《拔萝卜》这个故事就符合这一特点，孩子们能通过故事感受文学语言的美，让幼儿在游戏中体验到学习的乐趣。

【说教材】

《拔萝卜》这个故事主要讲述了老公公种了个大萝卜，但是他一个人拔不动，最后在老婆婆、小姑娘、小黄狗、小花猫和小老鼠集体的帮助下，终于拔起了大萝卜。通过故事，幼儿懂得"人多力量大"的道理并体验获得成功的愉快情感。故事中的语言非常简明而又口语化，出场的角色也是幼儿比较熟悉的，同时充满幼儿情趣，贴近幼儿生活，符合《纲要》中对选材的要求。

【说活动目标】

根据小班幼儿年龄特点以及本班幼儿的实际情况，我制定了如下三维目标：

1. 了解故事中的人物角色和主要情节，理解"拉、拔、帮"等词的意思。
2. 能简单复述故事并能说出主要对话，尝试根据故事情节模仿各种角色进行故事表演。
3. 喜欢听故事，体验人多力量大，同伴之间应该相互合作的乐趣。

【说重点难点】

1. 重点：理解故事内容，知道"人多力量大"的道理。
2. 难点：通过语言表达和角色扮演相结合的形式，充分感受故事的童趣，领会故事蕴含的寓意和哲理。

【说教法】

启发提问法、观察法、引导发现法、谈话法、游戏表演法和多媒体教学法。

【说学法】

1. 多感官参与法。在整个活动中，我将调动幼儿的多种感官，通过看、说、想、做、玩等进行学习。
2. 游戏法。游戏是幼儿最喜爱的活动，我将游戏贯穿始终，旨在激发幼儿参与活动的兴趣，同时在潜移默化中巩固幼儿对故事的理解和认知。

【说活动过程】

1. 音乐游戏，激发兴趣

活动导入时，我请幼儿先戴上蓝萝卜爸爸、紫萝卜妈妈、粉萝卜豆咪和黄萝卜豆乐的萝卜家族的头饰，一边播放音乐，一边带领幼儿玩"萝卜蹲"的游戏。然后提问引导幼儿观察思考问题，如：这个胖嘟嘟的大萝卜长在哪里？谁爱种萝卜，爱吃萝卜？想吃到土地里成熟美味的大萝卜要怎么办？由此调动幼儿的已有知识经验，激发幼儿的兴趣，引导幼儿迅速融入本次主题活动。

2. 欣赏故事，初步感知

播放课件，并向幼儿声情并茂地讲述《拔萝卜》的故事，让幼儿学会倾听故事，了解《拔萝卜》的故事情节。在讲述故事时，穿插提问并引导幼儿大胆想象并复述故事情节。比如：故事里是谁种的大萝卜？萝卜是什么样子的？老公公在拔萝卜的时候遇到了什么困难？他请谁来帮忙的？由此激发幼儿对故事的兴趣，提高幼儿的理解能力和口语表达能力，加深幼儿的感受。

3. 播放视频，分段理解

小班的幼儿喜欢色彩鲜艳、活动化的对象，所以我采用播放分段视频动画的形式来帮助幼儿深入理解。播放第一段故事后提问幼儿："老爷爷种了一个萝卜，每天都对萝卜说了什么？"播放第2—3段视频后引导幼儿讨论：老爷爷一个人拔不出萝卜，他是怎么做怎么说的？从而引导幼儿学会用"嗨哟嗨哟"以及"×××，快快来，快来帮忙拔萝卜"的句式进行回答。播放第4—6段视频后提问幼儿思考：小黄狗、小猫咪和小老鼠是怎么回答的？从而引导幼儿学会用"（动物的叫声）来了，来了"的句式进行回答。播放最后一段视频后提问，幼儿思考并进行讨论：最后萝卜是在什么情况下被拔出来的？他们高兴吗？幼儿回答后再进行师幼小结，进一步感知"人多力量大"的道理，突破本次活动的重难点。

4. 分发教具，讲述故事

在幼儿理解故事内容之后，我会给幼儿分发老公公、大萝卜、老婆婆、小姑娘、小黄狗、小花猫和小老鼠的磁性卡片，让幼儿一边听故事录音，一边根据故事情节的发展及时把手中的角色贴到磁性黑板上。由此巩固幼儿对故事情节顺序的理解，并为接下来的表演打下扎实的基础。

5. 角色扮演，巩固提升

在活动的最后，我充分尊重幼儿的意愿，提供充足的头饰、服饰等材料，让他们选择角色进行表演，并鼓励幼儿对角色语言运用和创造。表演结束后，我及时给予幼儿肯定和鼓励，增强他们的信心。最后活动自然结束，满足小班幼儿爱模仿的天性和需求。

【说活动总结】

整个活动通过游戏化的方式贯穿始终，充分激发幼儿的兴趣，帮助幼儿更好地记忆和理解故事的内容。发展幼儿的语言表达能力、想象力，明白"人多力量大"的道理。

【说活动延伸】

好的教育活动是一个长期持续的过程，要特别重视对幼儿能力、习惯的培养。我引导幼儿在音乐活动中学唱儿歌《拔萝卜》，使得语言与艺术相互渗透，促进幼儿全面学习与发展。

体育活动"小猫滚球"

北京市海淀区立新幼儿园　熊　攀

【设计意图】

孩子们在认识、熟悉球后，都喜欢上了球，球对于孩子们来说已经不再陌生，他们玩过拍球、滚球、自抛自接球等游戏，自由地滚球对于他们来说也比较熟悉，而定向滚球需要有良好的手眼协调性和身体的灵活性，还要掌握控球的能力，所以有一定的难度。于是我设计了本次体育活动"小猫滚球"。

【说教材】

球类运动涵盖了走、跑、跳、投等多种运动形式，能全面、有效地促进幼儿身体素质的发展，为幼儿的一切活动打下坚实的身体基础。"小猫滚球"能够通过球类游戏活动的形式，让幼儿享受体育运动的快乐，培养幼儿参与体育游戏的兴趣，提高灵敏、速度、力量、耐力等身体素质和动作的准确性、协调性，增强幼儿体能。

【说活动目标】

1. 探索学习直线滚球和绕障碍滚球的方法。
2. 能够手眼协调控制球向指定方向滚动。
3. 能积极参加体育活动，并能遵守游戏规则。

【说重点难点】

1. 重点：学习滚球的方法。
2. 难点：能够控制球身的方向和速度。

【说教法】

1. 示范法：通过同伴示范、教师示范，让幼儿掌握定向滚球的方法，突破活动重难点。
2. 情景游戏法：以主题情景游戏"我和猫妈妈做游戏"情节贯穿活动始终，增加了活动的情趣。
3. 练习法：运果子的过程中给幼儿提供展示表达的机会，通过同伴学习和教师讲解示范，让幼儿得到充分的滚球练习。

【说学法】

1. 操作体验法：幼儿通过运果子游戏，不断尝试体验滚球的方法。
2. 模仿法：幼儿通过观察同伴和教师展示，学习滚球动作。

【说活动过程】

一、情景带入

"今天的天气真好，老师请来一个小动物朋友，猜猜它是谁？喵喵喵，你们愿意跟着猫妈妈一起去做游戏吗？那请小朋友学着小花猫的样子走过来，取你喜欢的头饰戴上。"教师通过创设故事情境激发幼儿活动兴趣，猫宝宝跟着猫妈妈一起做热身，重点活动腰、双臂、膝盖、腿等部位，为滚球的动作做好准备。接着幼儿通过自由探索球的多种玩法，激发与球做游戏的兴趣，并引出滚球游戏。

二、探索滚球方法

首先是直线滚球。"小猫们，今天球想和你们做游戏，它想从起点直线滚到终点，你们能帮助它吗？"幼儿自由探索尝试，教师观察巡视，幼儿遇到问题后，教师提问："你们觉得球怎样才能滚得又快又稳？"引发幼儿思考，通过讲解示范帮助幼儿梳理经验，在滚球时要注意跟着球往前跑，不要用劲太大。最后鼓励幼儿再去尝试游戏，初步完成目标1。

接着进行障碍滚球。"这一次球宝宝要绕过树墩再滚到对面去，你们想想怎样能让球宝宝滚过去呢？"幼儿尝试绕障碍滚球。教师发现还是有孩子的球跑偏或者去捡球的情况发生，提问："在绕过树墩的过程中，你是怎么控制球的方向的？"通过教师示范帮助幼儿梳理经验，引导幼儿知道当球改变方向的时候，需要用双臂轻轻送球，以便控制球的方向和速度。最后让幼儿再去尝试体验绕障碍滚球的方法，突破活动重难点。

三、综合游戏

在掌握了直线和障碍滚球后，进行综合游戏"带球宝宝去旅行"，通过游戏练习巩固滚球的方法，教师观察全体幼儿掌握的情况，以便有针对性地进行指导。游戏使活动更具有挑战性，是整个活动的高潮部分。我根据幼儿的能力水平设置了难易不同的路线，幼儿自由选择游戏，教师提醒幼儿遵守游戏规则，注意安全，同时关注指导个别幼儿。

四、整理放松

活动结束后，我肯定、表扬了孩子们活动中的积极表现，送小球回家又进行了滚球的练习，通过舞蹈动作放松，重点放松双臂和腿，活动结束后收拾整理场地和玩具。

【说活动总结】

本次活动结合中班幼儿年龄特点，从幼儿的兴趣出发，创设故事情境，调动幼儿参与游戏的积极性。游戏从自由滚球、直线滚球、障碍滚球，最后到综合游戏，活动层层深入，一环扣一环。游戏中以幼儿为主体，通过教师观察提问、同伴示范再到教师讲解示范帮助幼儿梳理经验。幼儿练习，层层突破活动重难点，每名幼儿在滚球方法上都得到了提升，能够控制速度和方向进行滚球。

【说活动延伸】

教育活动是长期、持续的过程，特别是动作发展，所以在活动结束后我做了两个延伸活动：1. 在家跟爸爸、妈妈一起玩滚球游戏；2. 在晨间锻炼和户外体育游戏中，我继续引导幼儿玩"小猫滚球"的游戏，发展幼儿手眼协调和控球的能力。

教育反思

【观察记录】

第一次在幼儿园"过生日"
——幼儿人际交往初探索

北京市大兴区黄村镇第二中心幼儿园　修丽玮

【观察对象】 佳琳、文硕、一鹤　**【班级】** 小班

【观察时间】 区域活动时

【观察背景】

本次观察幼儿均为入园刚满两个月的小班幼儿,而他们对于班级活动区中的"娃娃家"是最为感兴趣的,幼儿在"娃娃家"中自由扮演角色,一起玩,一起交谈。同时由于投放的活动材料相对充足,减少了争抢现象的发生,幼儿从中体验到了与同伴交往、合作的快乐,语言能力也得到了发展。

【观察目标】

1. 初步学习扮演家庭成员角色,反映简单的现实生活。
2. 初步尝试遵守简单的游戏规则。
3. 学会在游戏中使用礼貌用语。

【观察过程】

妈妈文硕在大家都进入"娃娃家"后,穿好围裙说:"今天先给弟弟过生日吧。"于是,"四口之家"就按照我给他们讲过的"家庭责任制"开始干活。姐姐、弟弟、爸爸在客厅里又是忙着抱宝宝,又是拿起座机一直打电话,娃娃车也推进厨房了,客厅和卧室已然一片狼藉。姐姐拿着一把梳子正在给小宝宝梳头发,爸爸抢过去说:"我要给我的宝宝梳头。"姐姐喊了起来:"你干吗抢我的梳子!老师,他抢我的梳子!"两人起了纠纷,我赶忙阻止了他俩。"你们俩别打架,可以姐姐先梳,梳完了给爸爸。"爸爸就在边上等着姐姐梳,梳完了接过梳子给自己手中的小宝宝梳。过了一会儿,妈妈已经做好了满满一大桌子菜,桌子都快放不下了,妈妈在摆好餐具和菜后,却没有叫大家来吃饭,而是也进入客厅和爸爸、姐姐、弟弟一起摸摸这儿,摸摸那儿。

【分析与措施】

分析:

女孩子天生喜欢模仿妈妈的一言一行,尤其是做饭。由于安全问题,父母从来不会让幼儿接触到厨房中的任何危险物品,于是在"娃娃家"里可以满足许多女孩子的梦。在厨房里炒个不停,爸爸、姐姐、弟弟俨然成了家里的闲人,东摸摸、西看看,可算过足了瘾,终于知道"娃娃家"里都有什么东西了。幼儿由于还没有形成规则意识,他们把拿出来的家庭物品四处摆放,不会归位。

措施:

老师要反省自身,是不是没有注意到平时的教育细节,没有让幼儿更好地学会与他人沟通,学会换位思考,理解他人的感受,并且运用语言去解决问题。鼓励幼儿在区域游戏中遇到困难时,要自己努力去想办法解决。每一个小小的"突破",都会使孩子产生成功的愉悦,激起自信心,增强独立性。

和"泥"一起玩

贵州省六盘水市盘州市第一幼儿园　　邹降壤

【观察对象】楠楠、溪溪、小博　**【班级】**小班

【观察时间】户外活动时

【观察背景】

在户外活动时间，孩子们来到泥区开始了他们的玩泥探索之旅。

【观察目标】

观察幼儿在玩泥游戏中发现问题、解决问题的能力。

【观察过程】

片段一：

楠楠在用泥搓成一个一个小圆球，他想要把小圆球一个一个连接在一起的时候，小圆球总也连不牢固，只要一拿起来，小圆球就会断开。楠楠放下小圆球，用小碗装了一点水，把小圆球放在碗里蘸了一点水，再把小圆球一个一个连接在一起，这次小圆球蘸上水之后，可以连在一起了。

片段二：

溪溪说："老师，我在做小雪人，但是雪人的手我粘上去它又掉下来，粘上去又掉下来，怎么办？"我说："在桶里有一些树枝，你试一试能不能帮助你。"溪溪拿了一根小树枝，把用泥做的手换成小树枝插在"雪人"的身体上。溪溪看了看，发现雪人的手一边很长，一边又很短，于是又把长的那边拿下来，折短了一些，再把树枝插在泥人的身上，一个小雪人就完成了。

片段三：

小博今天要做一间房子，当他做好底板以后，就用一节一节的树枝插在底板的边上围成一圈，然后在里面做一些东西。"树枝用来做什么呢？"我问。"是房子的围栏啊！我用泥粘不稳，我就用树枝插起来当它的围栏。"他说。

【分析与措施】

分析：

幼儿在玩泥活动中发现问题，会通过自己的生活经验来自己解决。例如，楠楠发现了泥干了不容易连在一起，知道用水可以让泥更黏，这样就可以连在一起。当幼儿在活动中发现问题，自己又不能解决的时候，教师没有直接帮幼儿解决，而是结合问题及时提供解决问题的材料，支持幼儿探索解决问题的方法。例如，溪溪遇到了雪人的手粘不上去的问题，教师提供树枝支持幼儿换一种方式自己尝试。当老师提供新的材料以后，幼儿对同一种材料的使用又会不一样，如溪溪用树枝当作雪人的手，而小博用树枝当作房子的围栏。

措施：

在幼儿解决问题的过程中，又会发现一些问题。例如，楠楠的泥蘸了水以后，泥又太黏了。针对这个问题，我在活动结束以后采用游戏回顾的方式，支持幼儿讨论加水的方法，加多少水合适？通过对比、观察、讨论，幼儿总结更好的加水方法。同时，幼儿在不断玩泥的过程中又会产生新的问题，教师及时提供丰富、适宜的材料，能支持幼儿在活动中持续探索的兴趣。

我的建构乐园

湖北省武汉市纱帽山幼儿园　张玉竹

【观察对象】汐汐　【班级】中班

【观察时间】户外活动时

【观察背景】

汐汐是一个小脑袋非常灵活的女孩子，动手能力较强，但在建构能力方面有一些欠缺。

【观察目标】

丰富幼儿的建构经验，提升建构技巧。

【观察过程】

镜头一：

户外建构区中，汐汐拉着小车挑选了一块圆柱形积木，然后把它放在了长板下面。我轻轻地问道："汐汐，你在干什么呀？""搭滑滑梯。"说完，她又跑去拿了一块圆柱形积木，这样就搭成了有两块长板的小滑梯。

搭完后，汐汐爬上去还没开始滑，滑梯便一下子全散了架。汐汐见状立马跑到材料架上又取了两块长板，放下后，又开始去取圆柱形积木。这次汐汐不再是一块一块地取，而是先数了数有几块长板，接着往材料架跑，一边跑还一边回头用小手点数着，这次取回来的两块圆柱形积木正适合做滑梯用。

镜头二：

汐汐小心翼翼地再次爬上小滑梯，由于只是用四块圆柱形积木支撑着四块长板，稳定性不够，所以汐汐的滑梯再次以失败告终。汐汐嘟囔着："哎，怎么还不行啊？""咦？我还可以……"汐汐没有气馁，转身又跑向材料架，边跑边回头。这次汐汐把取来的四块圆柱形积木放在了小滑梯矮的那一边，于是一张小床搭成了。

心满意足的汐汐高兴地爬上小床，结果刚躺下又爬起来。她蹲在自己的小床边低着头看床底。看了一会儿后，走向材料架，又取了两块圆柱形积木，放在了小床下面中间的位置。

我问道："你把什么东西放到了床下面啊？"汐汐说："我怕我的床不稳，就又放了两块圆柱形积木，这样就稳当了！"她还在床上面放上了一块长方形积木，当作她的小枕头，之后，便舒舒服服地在上面玩了起来。

【分析与措施】

分析：

在第一次取圆柱形积木时，她分两次取了两块。第二次取时，她能够总结前面的经验，知道需要几块取几块，在去取的路上还不时地回过头点数，生怕忘记数量。从中，我们能看出汐汐的认真、仔细和用心。

对于一个四岁半的孩子来说，失败了两次还能继续坚持，这种认真专注、不放弃的精神值得鼓励。汐汐在多次失败后能转变思路"搭不成滑梯，我可以搭小床"，遇到问题尽可能自己尝试解决，这体现出她思维的灵活性。

经过之前的游戏，汐汐明白了应该怎样让小床更稳固。为避免失败，她搭好了还不忘记再检查一遍，随后在小床下面的中间位置增加了圆柱形积木作为支撑。最后，汐汐把一块长方形积木当作小枕头,说明她的以物代物能力和创造能力都很强。

措施:

丰富幼儿的经验,提升幼儿的建构水平。从案例中可以看出,汐汐的建构游戏水平不是很高,搭建的内容也相对简单。教师可以在平时的活动中,有意识地通过多种方式丰富汐汐的建构经验,帮助她拓展建构内容。比如,引导她观察其他幼儿的作品,观察建构作品的图片,多倾听其他幼儿分享的经验,请有经验的幼儿跟她一起搭建等。

区域规则的建立

中国人民解放军国防大学幼儿园(红山园)　乔　谦

【观察对象】琳琳　【班级】小班

【观察时间】区域活动时

【观察背景】

琳琳因为生病有一个星期没来幼儿园了,在她没有来园的期间,我们班已经开始了区域游戏,因此她不太了解区域规则。

【观察目标】

在区域游戏中通过对幼儿游戏行为的观察,建立合理必要的活动区规则。

【观察过程】

今天区域游戏的时间到了,其他小朋友都拿着他们的签到卡去选择区域了,只有琳琳坐在小椅子上不知道该做什么。这时我对她说:"走,老师带你认识一下咱们班的区域。"走到益科区,我给她介绍了区域里面的材料,我发现她好像对里面的玩具很感兴趣,可是我一看签到处已经满员了,我便对她说:"今天这里已经没有位置了,明天你可以来这里。"在把班里的区域介绍完之后我发现只有图书区可以进入,其他区域都满员了,琳琳有点不开心,但是也把她的签到卡挂在了图书区并进去看书了。过了10分钟,我发现在图书区的琳琳不见了,她出现在了益科区,跟别的小朋友玩起了玩具。

我便去问琳琳:"你怎么不在图书区看书了?"

"我想玩这个,不想看书!"

"可是你的签到卡不是挂在图书区了吗?"

"好吧,好吧。"说着她回到了图书区。

又过了一会儿,我发现琳琳又去了拼插区摆弄着玩具。我只好对琳琳说:"琳琳,今天老师跟你介绍各个区域可能耽误了你选择区域,但是今天是不是可以坚持一下,明天再选择你想玩的?"

这下琳琳回到了图书区,一直到游戏结束。

【分析与措施】

分析:

《纲要》中指出:游戏是幼儿的基本活动,应将教育融于游戏之中。游戏占据幼儿生活的大部分时间,区域游戏是幼儿生活的缩影,每个孩子都爱玩区域游戏,但是由于他们年龄小,生活经验有限,如果没有老师正确的引导,区域游戏就会成为没有组织、没有目标的玩。就像琳琳,如果老师不去及时引导,可能她就会觉得这一整个游戏过程中,我想玩什么就玩什么。

措施：

游戏有目标性，我们把开学初定的关于区域游戏的目标细化。活动中不随便更换自己选择的区角，逐步培养活动的坚持性。建立合理必要的活动区规则。注重讲评工作，小班幼儿不能正确评价自己的行为和能力，也不能很好地表述自己和其他人在区域中的表现。我们的评价不仅能培养孩子的规则意识，也能在潜移默化中让幼儿养成正确评价自己和同伴的习惯。

【案例分析】

好玩的椅子

黑龙江省伊春市南岔县东方红幼儿园　沈　鑫

一、案例背景

《纲要》中指出，幼儿的学习是以直接经验为基础，是在游戏和日常活动中进行的，要珍视游戏和生活的独特价值。椅子是生活的必需品，幼儿在园的生活中离不开椅子的陪伴。在对大班幼儿的观察中，我发现他们非常喜欢用椅子做玩具，从椅子上跳下来，把椅子当小车推、当小马骑等，大家玩得不亦乐乎。为满足幼儿兴趣与发展的需要，结合大班幼儿特点，我设计了本次活动。

二、案例描述

（一）热身活动——"开火车""抢椅子"

活动导入：我们能够用椅子玩哪些游戏呢？大家快来展示一下吧！

果果第一个倒坐在椅子上，同时告诉乐乐和晨晨："你们快来像我一样在我的后面排好队，我们一起开火车吧！"听到同伴的呼唤，两人立即拿起椅子开心地加入，旁边的幼儿也都陆续赶来，整齐地在他们的后面排队，大伙形成了一列长长的火车。果果大声说道："火车出发啦！"所有的幼儿一起将椅子向上抬起，用脚向前移动。有的幼儿速度快些，有的幼儿慢些，偶尔会出现拥挤的情况，不时传来他们的嬉笑声。一会儿工夫，他们就行进了一大圈，幼儿们都累得气喘吁吁。为了不妨碍幼儿的探索，教师完全放权，站在旁边默默地关注着孩子们的活动。

三圈过后，果果又提议大家一起玩抢椅子游戏，小伙伴们纷纷点头，立即将椅子围成一个圆圈，小朋友们站在椅子旁边，准备做游戏。旁边不远处的晨晨却一直摇头说："我不想参加。"乐乐说："你为什么不想参加？你害怕吗？""我只是感觉不安全。"晨晨答道。乐乐马上拉起晨晨的手说："别怕！我来保护你。"晨晨迟疑地点点头。这时果果说："让老师来当裁判吧！"幼儿们都拍手赞成。于是，老师成了游戏的裁判。一声"开始"后，幼儿们迅速顺时针跑起来，当听到"停"后，其他幼儿都立即选择就近的椅子坐下，只剩晨晨自己在焦急地寻找空座。连续进行几次游戏后，都是以晨晨找寻座位未果告终，她有点沮丧。这时教师走到晨晨的面前，鼓励道："今天你表现得很勇敢，相信下一次你会做得更好！让我们大家一起为晨晨加油！"她开心地点点头。

（二）自主探索和同伴合作

抢椅子游戏玩累了，小朋友开始和自己的伙伴摆弄起手中的椅子。乐乐将手里的椅子摆放好，从上面一跃而下，开心地通过"小山"，告诉身旁的晨晨："这么玩可刺激了，你试试!"晨晨看见后连忙摆手并摇头说:"你这样做太不安全了,我可不要试。"当教师看到这种情景后,就亲自演示起从椅子上跳下的动作,小朋友也纷纷模仿,可是晨晨还是不停地摇头。和晨晨经过短暂的沟通后,她同意牵着教师的手来尝试一下。她紧紧抓住教师的手,双脚小心翼翼地放在椅子上,只听"扑通"一声,晨晨安全落地后开心得直拍手,教师和其他幼儿都不由自主地为她鼓掌。

活动区另一边几个幼儿没有研究出新游戏,只是在不停地摆放椅子,半天不出声。教师走过去引导他们说:"可以将摆放好的椅子看成'小山',那如果把椅子放倒后能看成什么呢?"果果马上回答道:"它可以看成山边的马路!"其他幼儿们也开始重新尝试不同的摆放方式了。乐乐和晨晨则开始进行组合构建,将两把椅子背面放倒后,背靠背地摆放在一起,变成了一条"宽阔的马路",他们一前一后地迈了过去。果果也受到启发将椅子侧面摆放好,一个障碍出现了,她双腿轻跳轻松过关。他们将设计好的这几种玩法组合成一个新的游戏,引来更多的幼儿参与其中。乐乐和晨晨负责椅子的摆放和搭建,果果负责组织幼儿有序地进行游戏。

(三)完成组合游戏的搭建,进行分组游戏

不一会儿,组合游戏就搭建完成了,第一关将一把椅子正常摆放;第二关将两把椅子侧面放倒,椅背挨着椅背摆放"一"形;第三关是将两把椅子背着地,背靠背对齐摆放出一个长方形;第四关是将两把椅子倒扣过来,用椅背组合成"V"字形。所有的幼儿都被组合游戏吸引了过来,他们取了一个好听的名字叫"突出重围",开启了分组闯关活动。每5名幼儿一组自由组队,共分两组。教师再一次被邀请来当裁判,当游戏开始后,全部组员通过障碍最快的一组获胜。在这次比赛中,晨晨全身心投入到比赛中,虽然速度稍慢,但脸上多了几分坚毅和自信。其他幼儿也都能以最快的速度通过障碍,大家都开心地笑了,最后还不忘让教师帮助他们拍照留念。

三、案例分析

活动一中,激发幼儿自主探究兴趣,调动幼儿参与游戏活动。活动二中,幼儿利用一把椅子和多把椅子设计游戏,自主和同伴进行交流和创新。在游戏活动中,提高动作的灵活性和协调性。活动三中,幼儿利用设计出的椅子游戏,构建出组合游戏,愿意和同伴合作体会游戏活动带来的快乐。

四、案例措施

教师作为游戏活动的支持者,在幼儿自主探究的过程中提供时间、材料、场地的支持和保障。我们要相信幼儿有自主学习的能力,所以在游戏活动中要以儿童为本,完全放权,不妨碍幼儿的探索。教师作为游戏活动的参与者,能够清楚地观察到每位幼儿的行为及情绪上的变化。适时地引导和鼓励幼儿,增加幼儿的自我效能感,提高参与热情,勇于挑战自己。

教师无条件地悦纳幼儿,支持、引导胆怯的幼儿体验游戏的快乐并给予及时鼓励。当幼儿在游戏活动中遇到困难时,教师适时的引导能够让幼儿豁然开朗,他们会根据自己的想法衍生出多种游戏玩法,想象力和创造力加速提升。

尊重幼儿的意愿,在游戏活动中无条件地支持幼儿,最大限度地利用游戏资源发展幼儿的自主探究意识,满足幼儿自主探究的需求,帮助幼儿达到最近发展区。

五、感悟与体会

幼儿利用椅子来创造新的游戏,把自己的想法展示出来,表现自己想要的游戏情节。本次活动主要以锻炼幼儿的想象力、创造力、身体协调性为主,利用已有的生活经验,利用椅子大胆尝试游戏活动。同时能够利用椅子不同方式的翻转创建出新的游戏，并能够选择恰当的方式通过障碍。最后幼儿经过多次探索和合作，汇总游戏玩法衍生出组合游戏进行分组闯关。

探秘蚕宝宝

湖北省十堰市商务局幼儿园　刘　宇

一、案例背景

一天早晨，思涵小朋友带着蚕宝宝来了，孩子们都很高兴。蚕宝宝的出现给小朋友们带来了极大的惊喜，他们对蚕宝宝的每一件事都很感兴趣，于是大家不约而同地决定要踏上探秘蚕宝宝的旅程。

《指南》中指出：应最大限度地支持和满足幼儿通过直接感知、实际操作和亲身体验获取经验的需要。通过与自然、生活、现象的接触，积累对儿童有益的直接体验和感性认识，所以我们以"蚕"为中心，带领幼儿进行观察，一系列趣味盎然、充满爱心的小故事悄然而来。

二、案例描述

（一）成熟的"茧"

一天早晨，当小朋友和平时一样，为蚕清理小窝时，他们注意到桑叶上有很多白色的丝，兴奋地说："蚕在吐丝，它在吐丝！"他们好奇地问道："那只蚕已经吐出了丝，难道要结茧了？"

晨间谈话中，小朋友们讨论了今天的主题：蚕宝宝何时结茧？面对幼儿的疑问，我鼓励幼儿自行回家查资料。

老师："那么，大家有没有注意到这只蚕是怎样结成茧的呢？"

佳欣："首先要找到一个位置，再用丝将自己包住！"

安安："它会吐出很多丝，把自己包起来，然后开始结茧。"

第二天桐桐兴奋地喊着："大家快看，蚕宝宝结茧啦！"大家一起讨论着蚕宝宝什么时候结茧的。桐桐说："这些小蚕肯定是趁着我们熟睡的时候，偷偷地做了一个茧。"

（二）蚕茧大猜想——神奇的"双宫蚕"

又过了几天，孩子们收拾蚕宝宝箱子的时候，芳雨在桑叶上发现了一个白茧，她用手抚摸着说："老师，这个茧感觉很硬。"后来她摇晃着说："好像有什么东西在里面活动。"就在此时，旁边的宏宏忽然兴奋地大叫了一声，因为她看到有两只蚕正在吐丝，而它们的茧竟然重叠在了一起，宏宏兴奋地说道："难道这是双胞胎？"孩子们发出一阵"咯咯咯"的笑声。

（三）蚕茧价值大探秘——自制"蚕丝扇"

古有俗语："小满三日结新茧。"在"小满"节气来临之际，老师和小朋友们一起体验制作了蚕丝扇。孩子们惊叹蚕丝竟然有那么长。周周说："哇，蚕丝好细，比头发丝还要细。"皓皓说："蚕宝宝的肚子好大，居然能装这么多的蚕丝。"

（四）蚕宝宝的葬礼

不久后蚕宝宝破茧成蛾，蚕蛾在产下蚕卵后去世了，蚕蛾的死亡让孩子们感到很伤心，我们决定把死去的蚕蛾埋葬起来，埋葬在孩子们最爱的地方——彩虹色秘密基地。孩子们说："这样就可以经常来看看蚕宝宝，蚕宝宝一定要在天上好好吃饭，快快乐乐的哟！"还有小朋友自发地给蚕宝宝写起了信，潇潇也在信封上写了"天天开心"，他说："愿蚕宝宝每天都快乐。"

三、案例分析

场景一分析：在孩子们天真烂漫的言语中，我鼓励他们大胆、自由、自主地表达自己内心的真实感受，鼓励孩子们任何天马行空的猜测，尊重他们的想象力，保护他们的好奇心，聆听他们对蚕宝宝的种种猜想。在与蚕宝宝一起成长的过程中，小朋友们不但感受到了蚕宝宝外形的变化，也学到了怎样去爱护周围的人和事物，体会到了生命教育的意义。

场景二分析：在这个过程中，孩子们自由地发表着自己的看法，将自己的所见所闻都说了出来。同时，他们还将自己的生活与蚕宝宝联系在了一起，由"双宫蚕"联想到"双胞胎"，看着蚕茧里的蚕宝宝，想象着妈妈肚子里的小宝宝也是这样。鼓励幼儿畅所欲言表达的过程中，丰富了幼儿的想象力，激发了幼儿的创造力，让幼儿在敢想、敢说、敢做中不断成长。

场景三分析：孩子们在制作蚕丝扇的过程中，与班上的小伙伴一起进行分享、交流、体验，获得的不仅仅是科学探究能力的发展，同时在语言表达能力、社会交往等方面都获得不同的发展。亲身体验、感知中华文化千年瑰宝，将民族自豪感根植于心。

场景四分析：蚕的生命虽短，却在短短的生命中做出了很大的贡献。孩子们面对死亡的蚕蛾，表现出悲伤的情绪，也让他们感受到了生命的可贵，能够更好地了解生命，体会到蚕的生命轨迹和它特有的价值。因此，他们对生命有了更多的了解，对生命的热爱、对生命的尊重、对生命的敬畏，让生命的价值得以充分地释放出来，学习如何去爱护自己和周围的人。

四、案例措施

1. 家园携手，共筑成长。通过调查问卷的形式，引导幼儿自己动手动脑收集信息，与爸爸妈妈一起查找资料，查找蚕宝宝的秘密，增强家园共育，也让孩子学会解决问题的方法。

2. 创设一个轻松、自由的环境，鼓励幼儿表达不同的感受，交流自己独特的发现，既拓宽思维，又锻炼语言表达能力。

3. 从幼儿的兴趣点出发，抓住教育契机。注重生活教育，衍生出多样化教育教学活动。带领小朋友探秘丝绸之路，领略中国几千年来文化瑰宝的魅力，提升我们的文化自信。

4. 科学、适宜地引导幼儿正确面对生命的消逝。让幼儿学会观察，学会思考，学会尊重生命，探究生命，爱护生命，并与幼儿共同体会生命的意义与价值。

五、感悟与体会

幼儿从自己的兴趣开始，去体会养蚕的快乐，主动地去探索、去发现、去分享，他们的社会交往能力被开发出来，他们的表达能力也在不同程度上得到提升，他们会主动去探究问题，去解决面前的难题。他们目睹了生命的开始、变化和终结，在满足了好奇心的同时，也培养出了对生命的热爱和敬畏。

生命教育是早期教育中不可缺少的一环，通过蚕开启"生命之窗"，让幼儿更好地了解、体会到蚕的生命轨迹，体会蚕宝宝特殊的价值。蚕宝宝虽小，却勾起了小朋友对"大"的兴致。活动的不断进行，既能激起孩子们对蚕的好奇心，又能在自己的生活中体会到如何爱护周围的人与事，这就是生命教育的意义。

轮胎变身记

湖北省十堰市商务局幼儿园 尚丽娟

一、案例背景

陈鹤琴先生认为："小孩子是生来好动的，是以游戏为生命的。"游戏是儿童自发的行为，是幼儿学习和生活的特有方式。操场上投放的废旧轮胎深得孩子们的喜爱，这一低结构材料可以让孩子们主动探索、自由创新，提高解决问题的能力。同时，将环保意识融入日常游戏，让孩子们切身体会到废旧物品再利用的价值。

户外活动时，孩子们将轮胎平放，变成"独木桥"走着。不一会儿，游戏变得无聊了。于是，孩子们开始了轮胎的探索之旅。

二、案例描述

（一）初探轮胎

1. 好玩的跷跷板

小雅将拱形桥穿过竖立的轮胎洞，倒着摆放成了"跷跷板"，玩的时候总是摇晃，轮胎也东倒西歪，经过不断的尝试、失败、再尝试，"跷跷板"仍丝毫不动。这时多多把木板放到轮胎上，新的"跷跷板"诞生了。但木板的中心未放到轮胎上，使"跷跷板"一边长一边短，玩的时候总有一边悬空，两人交换位置后，坐在短木板那端的人仍被翘起来悬空了。最终他们尝试着调整成两边一样长，"跷跷板"成功了，吸引了很多孩子。

2. 跷跷板变隧道与滑滑梯

刚拼好的"跷跷板"非常受欢迎，没过多久，幼儿就失去了兴趣，有的孩子加入了其他轮胎游戏。这时依依与小雅商量玩什么，小雅说："我们搭一条可以钻的隧道吧！"她们把两个轮胎竖立，再把木板放进去，当放入第一个轮胎时，轮胎歪了，依依扶着歪的轮胎，小雅继续把木板插入第二个轮胎，但第二个轮胎也歪了，小雅发现是轮胎分布不均匀导致的，她就和依依一起调整三个轮胎分布的位置。"隧道"做好了，她们高兴地钻"隧道"。

有的孩子拆掉了"跷跷板"的木板与轮胎，合作把轮胎平放垒高，把木板一端搭在垒高的轮胎上。"滑滑梯"搭好了，他们排队玩"滑滑梯"。但在滑下的过程中，孩子们发现要用手推动向下滑，而且叠放的轮胎向下倾斜。孩子们七嘴八舌地议论起来，航航说："要搭高一点，每一个轮胎要放整齐才稳。"通过调整，幼儿顺利地滑下去。

（二）畅想轮胎

1. 轮胎山路探险

在玩"滑滑梯"的过程中，有的孩子说再重新设计一下很像路，那该怎么设计呢？在游戏结束后，孩子们开始讨论。他们打算用轮胎合作搭建"轮胎山"，用木板搭"山路"。一条"山路"很快完成了，他们在"山路"上探险。

2. 轮胎桥的诞生

搭建"轮胎山路"游戏结束后，孩子们一起欣赏这个作品，并继续探讨关于"路"的话题，如"路有弯弯的""有直直的""有车子走的路""山上有路"等。多多说："不只是山上有路，水上也有路，是桥。"一场关于轮胎搭"桥"的游戏展开了。

孩子们先搭了两个轮胎叠放的墩子，另一端则是一个平放的轮胎，上面搭了一块木板，搭建了第一座"桥"。又在一端平放了一个轮胎，将一个梯子架空，搭建了第二座"桥"。再在后面平放排列了几个轮胎，在这些轮胎上面交错摆放了三个轮胎。他们搭建好后，航航说："我感觉不对，这座桥太短了！"多多说："我们再用塑料拱形桥搭吧！"孩子们把塑料拱形桥连接轮胎摆放了两座"桥"，将塑料墩子和塑料独木桥连接，放上塑料拱形门，开心地玩起了"过小桥"游戏。

(1)尝试让"桥"更稳的方法

游戏一开始，孩子们在桥上晃晃悠悠来回走着，部分孩子不敢走。航航尝试着将一个轮胎放在"小桥"下，大家觉得稳一些了，就在其他"小桥"下面多放了一个轮胎。这时，新的问题又出现了，其中一座"桥"变得不稳了。他们在梯子下面放上了更多的轮胎。这时，依依滚着轮胎从"小桥"上平稳走过，航航两手各滚一个轮胎过"小桥"，孩子们模仿着玩起来。

(2)过桥大通关

通过一次次的游戏尝试，孩子们的"桥"越走越稳，同时还解锁了很多新的玩法，游戏也越来越有趣。孩子们通过观察游戏图片，发现合作才能搭得更好玩。通过商量、合作，最终搭好了一个过桥大通关的游戏场地，并制定了游戏规则，他们在自己搭建的游戏里继续探索，不断调整着更适合他们自己的游戏。

三、案例分析

幼儿自主探索轮胎的多样玩法，运用多种材料进行游戏组合。如游戏中，幼儿能仔细观察跷跷板、滑梯的主要特征，发现跷跷板左右两端不平衡的问题，锻炼了观察能力；发现跷跷板不稳固、滑梯不能顺畅滑下，愿意思考原因并解决问题；乐于思考更多有关轮胎的有趣玩法，发展了创造力；同伴间相互沟通协商、合作搭建，自由表达自己发现的问题与想法，同时也愿意倾听、采纳他人的建议，语言表达及人际交往能力得到提升；遇到问题积极尝试解决并获得成功，增长自信，获得成就感。幼儿收获了多个领域的有益经验，幼儿的探究能力、学习能力和合作能力得到提升。

四、案例措施

在探索轮胎的多样玩法中，可将建构游戏与冒险性游戏结合，不仅仅局限于轮胎材料本身的组合，可与多样材料组合进行轮胎玩法的有趣探索。也可从建构游戏入手，让幼儿更好地运用轮胎进行组合创造，鼓励幼儿自由分组讨论搭建主题与搭建方案，包括搭建什么、如何设计、运用何种材料等，更多地调动幼儿对轮胎与其他材料的组合。还可加强游戏与课程的联系。运用以轮胎为主的建构游戏，让幼儿了解垒高架空轮胎组合中"结构与稳固性"关系的探究，掌握"稳固性"系统性经验。在活动中加入科学实验，为幼儿梳理"结构与稳固性"的经验，更好地促进幼儿游戏推进。

五、感悟与体会

在自主游戏实践的过程中，我感受到只有在教师和幼儿之间建立完全尊重与信任的状态下，幼儿才能在身体、心理上获得满足；在情感、社会性、智力上得到发展。幼儿的学习是一个自我探索的过程，教师应摒弃心中的焦虑，做一个有心人，细心观察、了解幼儿，尊重幼儿的兴趣和需求。适当退位，充分发挥幼儿在游戏中的自主性和创造性，让他们自由地沉浸在完全自主的真游戏下，获得全面发展。

我是小小泥瓦匠

北京市房山区周口店镇中心幼儿园 刘 航

一、案例背景

开学初期,幼儿对新的班级环境有着非常浓厚的探索欲望,尤其是科学区。慢慢地,我发现幼儿对于去科学区的兴趣越来越淡。一次聊天中我问幼儿怎么最近都不太喜欢去科学区玩了呢?孩子们的回答让我惊讶,"科学区的玩具我在中班的时候就玩过了!"通过那一次谈话,我意识到科学区中固定的几种玩具已经不能引起幼儿的探索愿望。于是,我在科学区中投放了新的玩具"小小泥瓦匠",我想,有了新投放的材料,孩子们会主动地参与进来,而且能在自己的发现、选择、探索中得出一些经验。

二、案例描述

(一)这个玩具怎么玩

投放的新玩具在科学区安安静静地"睡"了一天后,终于被小朋友们发现了。于是他们展开了激烈的讨论,"哇!新玩具哎!""这怎么玩啊?""这个是砖块吗?我看着跟我家盖房子的砖块差不多啊!""这个袋子里的是什么东西?""真可惜今天区域活动的时间结束了,我明天要来科学区!""我也要来科学区!"

第二天越越和保灏率先选择了新玩具,但是面对新玩具也是一筹莫展。两名小朋友就这个玩具到底应该怎么玩展开了一系列的讨论。"我觉得这个就是盖房子用的,你看这个就是砖块,大的那个就是用来当房顶的。""这是不是跟建构区的积木一样啊,要不咱俩试试吧!"不一会儿的工夫,两名小朋友就合作搭了一座小房子,"他们在建构区搭博物馆,我们也可以搭博物馆。""就是咱们这个博物馆有点太小了。"

在收区时,他们又遇到了问题,怎么才能将这个小的"博物馆"保留下来呢?小组分享环节,保灏和越越将自己遇到的问题说给了其他小朋友听,小朋友们七嘴八舌地讨论着,"唉,美工区不是有垫板吗?你们下次再搭的时候把砖块放在垫板上不就行了吗!""对啊!拿垫板当托盘,你这个作品不就保存下来了吗!"……这时睿睿从玩具筐中拿了一张纸板出来说道:"哎呀!还去什么美工区啊!这不是有垫板吗!这是不是就是这个玩具的垫板啊!"

(二)"水泥"怎样制作

游戏开始前保灏和睿睿没有着急开始搭建,而是先把所有他们觉得和这个玩具有关的材料都研究了一遍。"我觉得这个玩具就是盖房子用的,你看这儿还有图纸呢!""我爸爸说盖房子得有水泥,不然房子就该塌了,可是水泥是哪个啊?""你说是不是这个袋子里的粉末啊?""一会儿咱俩试试不就知道了,柜子里有水瓶,一会儿去接水!"说完,两名小朋友非常有默契地分工合作,保灏去接水,睿睿用小勺子将水泥粉放到小盘子中。保灏接好水后,开始一点点地往盘子里加水,睿睿则慢慢搅拌着说:"老师,你快看,我们俩把水泥弄好了。""那你们可以开始搭建房子了哦!"我说。

(三)水井怎样搭建更牢固

水泥制作完成了,两名小朋友开始了他们的造房计划。"我觉得咱俩先从简单的开始吧!你看这个水井的图纸,是不是简单点儿?""行!就先从水井开始!""我找砖块,你抹水泥。"因为是两名小朋友分工合作一起搭建,所以小水井很快就完工了。两名小朋友激动地说道:"水井搭完了,明天就可以展示给小朋友们看了。"

第二天活动时间还没有开始，有的小朋友就发现了搭建好的水井，你一言我一语地说着："他们俩可真牛，水井真的搭出来了。""我怎么看着这水井怪怪的！"更有好奇心强的小朋友用手去碰了碰水井，突然，水井的砖块掉了下来。碰水井的小朋友不好意思地说："我没使劲，我就轻轻地碰了一下。"保灏发现他的作品被破坏了，不高兴地说："谁让你用手动的，你就看看砖块能掉吗？"这时有细心的小朋友说："你们看，掉下来的砖块上边都没有水泥。""保灏昨天是抹了，怎么今天都没有了呢？是不是抹的水泥太少了，要是抹多点应该就不会掉了吧！""那咱俩今天再试试，看看抹多点是不是就不掉了？"得到了解决办法，活动时间一开始，保灏和睿睿就飞快地进到了科学区，再一次尝试搭建水井，并且听取了其他小朋友的建议将水泥多抹了许多出来。睿睿一边抹水泥一边说："我抹这么多水泥，这次应该不会掉了吧？""肯定不会了，一会儿搭完了给别的小朋友看看。"

活动结束后，小朋友们再一次围了过来，保灏自豪地说："看吧！这个水井上的砖块一定不会再掉了，不信明天你们再来看。""对！我们俩今天抹了好多水泥，明天再碰肯定不会再掉了。"这时有个小朋友说："你那水泥多得都溢出来了，水井的砖块都快看不见了。"又一名小朋友说："你们不觉得这个水井很奇怪吗？"睿睿不甘示弱地反问道："哪儿怪了？这水井就是这个样子的！"保灏对着图纸看了半天突然说道："我知道了，这水井的砖块不是这么放的，咱俩砖块放错了。"

（四）水井怎样才能更美观

"昨天他们说咱俩这水泥太多了不好看，那少了又粘不住，这可怎么办啊？"睿睿没有理保灏，而是径直走到玩具柜前，在玩具筐前寻找着什么。突然睿睿高兴地叫道："保灏，你看这是什么？"保灏说："你说咱俩拿这个牙刷把多出来的水泥给刷掉行不行？""咱俩再重新搭一遍，这次一定能成功。"

这一次搭建，保灏整个人都小心翼翼的，就怕搭出来的水井又被小朋友说不好看，他一边对照着图纸看砖块的摆放，又将多出来的水泥用小牙刷轻轻地刷干净。就这样，两名小朋友再一次将水井搭建完成了，并在小组点评时将自己改建水井的好方法介绍给其他小朋友听。

三、案例分析

科学区的探究活动是幼儿喜欢的活动，幼儿通过操作，探知事物的奥秘，既满足了幼儿的摆弄操作愿望，也使幼儿从中得出一些经验。通过投放缩小版的砖瓦和仿真黏土，让幼儿充分发挥想象力，感知泥瓦匠工作的奥秘，原来我们生活中的房子是通过这种方法搭建起来的。

四、案例措施

在活动中，教师提供了记录纸、克秤、题卡等辅助材料，记录纸便于幼儿对自己搭建的结果进行记录和交流；克秤使幼儿掌握了基本的称重方法，并且通过称重来感知水和水泥粉之间的配比。与同伴共同分享自己的搭建经验和成果，让幼儿在他人的基础上有新的发现。

五、感悟与体会

大家一起讨论发现其中的秘密，分享其中的乐趣。幼儿在自由宽松的氛围里主动地探索搭建方法，这是幼儿的学习过程，也是幼儿的成长过程。

用数学方法解决生活问题
——以中班自然测量为例

北京市房山区周口店镇中心幼儿园　杨秋实

一、案例背景

关于幼小衔接，家长最在意的就是孩子在拼音和数学方面的学习，其实，不论小学还是幼儿园，对幼儿数学认知的学习都是尊重幼儿年龄和学习特点的。《指南》中指出：幼儿的思维特点是以具体形象思维为主，应注重引导幼儿通过直接感知、亲身体验和实际操作进行科学学习。无论是利用数学解决生活问题，或是寻找生活中的数学，重点都落在感知生活中数学的有用和有趣。本案例中的自然测量活动要追溯到上一个主题活动"呀！土豆"。幼儿在菜地中种植了许多土豆，在幼儿的悉心照顾下小土豆长大了，在一次种植观察中引发了本次活动。

二、案例描述

（一）谁是土豆大王

"看！我的小土豆苗真高！是土豆大王！"晨晨兴奋地说。"我的土豆苗也挺高的，比你的更高。"浩浩说。"我的也高，你们看看！'土豆大王'非我莫属。"大家你一言我一语地争论起来，都觉得自己的土豆最高。"那咱们就比一比，看看到底谁是'土豆大王'，不过肯定是我，你们看我的土豆苗已经到我膝盖了。"晨晨站在自己的土豆苗旁边，边说边用手比画着。

一时间孩子们纷纷开始用身体比画起来，有的拿小腿比，有的和手臂比，还有的和自己的手掌比，"我的土豆苗比我两只手还高！""我的土豆苗到我小腿这儿，没到膝盖。"孩子们都有了自己的测量结果，但因为没有做记号，所以大家比来比去也没有最终结果。

回班后，孩子们还有些意犹未尽，"我觉得我们应该用尺子量一量到底谁的高。"蕾蕾说道。"可是我们也不认识尺子上的那些线呀。"柏鑫说，"而且咱们班的尺子太短了，肯定不行。咱们得找个长的东西。"

（二）有趣的测量

通过集体讨论，我们决定在活动室里寻找合适的测量工具：最长的积木、长纸板、高粱秆、丝带、毛根、一次性筷子、玻璃棒、导线等等。

选好测量工具后，我们再次来到小菜园进行测量。小轶用的是长纸板，他的土豆苗比长纸板还要高。我正在旁边观察，只见小轶在思考几秒后开始把纸板对折再对折，一直到把纸板分割成相等的小格，先从底部测量，一个纸板不够他就把纸板长度用手标记在土豆苗上，然后再测一次，最终他数了一下一共是12格。"我的比你的高。""咱们的差不多高。""可我的印记比你的长啊。"辰辰和曦曦的争论引起了我的注意，原来是她们的土豆苗看起来差不多高，且两人用的都是丝带，但测量出的结果却差很多，于是我让她俩再测一次。辰辰测时一只手拽住丝带的头，放在土豆苗的根部，另一只手把丝带顺着往上抻直，然后在土豆苗的顶端停住，再用彩笔画一条线；而曦曦则是直接把丝带前端一大截放在地上，蹲着测时也没有把丝带抻直。如此，测量的结果当然大不相同，不过孩子们也因此获得了经验，测量时要从一头开始测，如果是软的测量工具一定要把它抻直，这样测出来的才准确。长争和小伟用的是一次性筷子和小长条积木，他俩的测量工具都不够长，长争想到把自己的筷子放在小伟的积木上方，变成一个组合工具，这下他们俩的土豆苗都测出来了。孩子们在测量完以后把结果记录了下来。

回到活动室后，孩子们都迫不及待地把自己的记录和工具放到一起，想知道"土豆大王"到底花落谁家。通过仔细对比后，晨晨的土豆苗最高，是当之无愧的"土豆大王"。

三、案例分析

在第一次活动中我们可以发现，幼儿在遇到"谁是土豆大王"这个问题时，能够利用身体部位来"比一比"，对初步的测量有着浓厚的兴趣。但此时的幼儿对如何正确测量以及如何表述结果等都缺乏相应的经验。

在第二次活动中，孩子们不再停留于测量自己的身体，而是开始想要通过一些生活中的常见物品来当作测量工具。但孩子们在开始测量时，也遇到了一些问题，如：手放在哪里？工具不够长怎么办？第一次量好了，下次从哪里开始？为什么我们量的结果不一样？在一次次的测量中，孩子们逐渐明白了，测量时要确定一个开始的地方，从工具的一头量到另一头；量的时候不能重复量，也不能跳着量，不然会不准确。同时，在活动中孩子们还学会了当自己的测量工具不够长时，可以同伴合作测量。

四、案例措施

（一）区域支持，巩固已有测量经验

在区角投放高粱秆、麻绳、长积木、丝带、纸板等各种长度测量工具，供孩子们探索如何测量和记录活动室中物品的尺寸。同时，引导孩子们画出自己的小人像，在区域活动中相互测量彼此身体各部位的尺寸，并在自己的小人像上做出尺寸标记，让幼儿在与同伴的合作中，从目测式测量慢慢地走向更为准确的测量。

（二）组合测量，发现多种测量方式

在测量一些较大、较长、较高的物体时，鼓励幼儿利用多种测量物组合测量，帮助幼儿从游戏中慢慢习得较准确的自然测量方法。为幼儿提供真实的测量情境，让幼儿在解决真实问题的情境中，充分地感知测量的过程。注重引导幼儿在测量中使用多种不同的测量工具，启发幼儿比较不同测量工具测出的结果。

（三）持续测量，记录土豆生长过程

在之前的活动中，孩子们更多的是在学习测量的关键性技能，有测量的概念。测量结束后，有的幼儿的土豆苗高，获得了成就感，土豆苗矮的幼儿则表现出一定的沮丧情绪。然而，在持续测量、记录的活动中，孩子们也能够感知小土豆的生长变化，也能从测量中推断出自己的土豆长得矮的原因，从而更好地照顾小土豆。

五、感悟与体会

在本次自然测量活动中，我捕捉到了孩子们的兴趣点，并在这一兴趣点上鼓励、引导幼儿深入探究。在测量过程中，我也和孩子们一起发现、讨论遇到的新问题、解决的新办法，关注幼儿经验持续不断地获得、重组和改造，实现了师幼在此经历中的共同成长。三组幼儿典型的测量镜头给我留下了深刻印象，幼儿通过把长纸板分割成格、软丝带抻直测量、和同伴组合测量等，在探索和尝试中不断发现问题，学会自主分析问题，尝试在实践中解决问题，收获属于自己的新经验，并在生活情境中整合迁移。

除了获得解决问题、合作探索方面经验之外，我们还看到每个幼儿都能积极地尝试用测量的方式解决生活中的问题，同时能够倾听别人提出的建议，一起总结测量的好方法，在总结归纳方面也得到了提升。"谁是土豆大王"的活动虽然告一段落，但看到孩子们对测量活动很感兴趣，我也会在接下来的学习中继续支持孩子们进行测量游戏。

足球又踢起来了

山西省太原市育星幼儿园　李　晶

一、案例背景

《指南》中倡导要"关注幼儿学习与发展的整体性",在"说明"中指出:"儿童的发展是一个整体,要注重领域之间、目标之间的相互渗透和整合,促进幼儿身心全面协调发展。"教育部《关于大力推进幼儿园与小学科学衔接的指导意见》中指出:坚持儿童为本。关注儿童发展的连续性,尊重儿童的原有经验和发展差异;关注儿童发展的整体性,帮助儿童做好身心全面准备和适应;关注儿童发展的可持续性,培养有益于儿童终身发展的习惯与能力。因此幼儿的情绪发展就是在一日生活的各个环节中培养和渗透的。今天,我们的运动场上就发生了这样的一件事。

二、案例描述

今天果果小朋友和他的好朋友们在足球场上自发举办了一个3V3规模的小比赛。

比赛开始了,果果高兴地与伙伴们踢球。当对方射出一颗球时,他的情绪稍微有点波动,但并不妨碍他游戏的进程。接着,对方又进了一个球,打到2比2的时候,他稍微有些着急了。眼看户外游戏时间快到了,这时候裁判还没说开始,他已经将球踢进了球门。这时引发了大家的争论,有的说算,有的说不算。对方非常生气,于是这场争论也随之开始了。

(一)失控

果果说:"我明明踢进去了。"城城说:"教练说不算。"梓杰说:"明明裁判还没说开始,也没吹哨,我们没准备好,所以那个球就不算啊。"果果不服气叉着腰哭着说:"你眼花了。"城城说:"你才眼花了呢!"这时候,眼看着那边的时间就快到了,但他们争得面红耳赤,双方互相动手推起了对方说:"为什么不算?不公平!"

(二)愤怒

这时果果的队友认为现在只是2比2,最起码没输,所以队友当时是很平静的、乐观的。果果悲伤、难过,孤独一人守望着球门不停地哭着说:"凭什么不算?我就纳闷了,非常非常纳闷。"

(三)平静

这时果果的队友一手叉腰在旁指着他并劝道:"你要努力,努力不就行了吗?"但果果仍然解不开心结,嘴中还是愤怒地唠叨着。眼看时间一分一秒地过去,对方想继续游戏,于是走过来抚慰他说:"那就让你3分得了。"当时他陷入了尴尬的局面,不知如何收场。

突然,梓杰化解了尴尬。他跑过来说:"嘿!你脚底下踩着球是咋回事了,那个球是粘在你脚底下踢不出来了,不能玩儿啦?"大家一听哄然大笑,果果的尴尬也随之化解了。

(四)愉悦

这时,梓杰直接摆出了一个手势,告诉他们往前踢球,大家把球门让开,然后城城直接躺在了地上,摆出了睡罗汉造型,让大家射门。这时球又踢起来了!

三、案例分析

1. 情绪失控

果果在班上是个很要强、好胜的孩子,他的爸爸又是足球教练,在技能方面训练得多些，所以果果是有优越感的。可恰恰在这场比赛当中，比分是 2 比 2 的紧张时刻，也是决定胜负的一球，他想赢的心态超出一切，导致规则上的越界。他心里认为他是足球教练的儿子，拥有很多别的小朋友不会的技能，所以他是强的那个。正是因为他这样好胜，遇到挫败时难以承受。

2. 转为愤怒

此时他的情绪波动，遇到问题不能较好地管理自己的情绪，反应过激。针对他平时的行为表现，他的心理建设不足，欠历练，所以他需要社会交往技能的帮助。如果老师此时介入或打断他的这种问题行为，我相信之后的处理方式和他的学习收获便完全不同了。

3. 转变平静

可能发展到现在，有人会问：到了这步了，教师还不介入吗？可当我们看到之后的情节发展时，我们就会明白，老师的退一步助力同伴之间交往的"协调"能力。所以在实践应用当中，我们同样应该把"表现"当作观察、分析、了解幼儿的指标，从其在某方面能力发展中看到他的进步。

四、案例措施

（一）当幼儿情绪失控时

保持良好的情绪状态，具备一定的情绪调控能力，有助于幼儿积极适应小学新的环境和人际关系。当时面对这一突发事件，首先我的反应是：我能利用这个机会让幼儿学习什么？所以并没有很快地去干预，而是在旁观察、等待，利用这个机会帮助他们学会交往技能与知识（如遵守基本规则、克服挫折感、学习解决冲突等）。

（二）当幼儿情绪转为愤怒时

教师根据幼儿的现有发展水平和可能达到的发展水平，采取了"三不原则"：不伤害自己，不伤害他人，不损坏物品的基础上退一步。给幼儿足够的时间和宽容，让孩子挑战他的潜能，超越其最近发展区可能达到的发展水平。

（三）当幼儿情绪转为平静时

当孩子遇到问题时，我们更应多考虑如何帮助幼儿从冲突中学习。给幼儿创造时间、空间，在适当的环境和活动拓展中提升他的经验，促进身心健康成长。所以适时地放手，也是对孩子终身发展有积极作用的。

五、感悟与体会

回到活动室回顾今天的户外游戏环节时，我们可以播放视频，让孩子们共同来发现问题、解决问题，提升原有的游戏认知经验与发展水平。

我们可以积极看待幼儿，发现每个幼儿的进步，并在全面观察、了解幼儿的基础上发现每个幼儿都有其发展方面的优势，这些发现就是幼儿的潜能。当我们发现和了解了幼儿的潜能，就有可能通过提供适当的环境和活动拓展提升他的经验，促其进步。看似是一项体育运动，它渗透了孩子们很多的品质与各种调控情绪的能力。

幼儿的学习与发展是在生活中综合表现出来的，不单单指一项体育运动。我们一定要在充分认识和利用各环节教育价值的基础上，合理组织、科学安排一日生活，将之有机地融合为一个整体，让幼儿在生活中身心健康地成长。

同时也要充分理解和尊重幼儿的学习方式和特点，在游戏活动和一日生活中，支持幼儿通过直接感知、实际操作和亲身体验等方式积累经验，逐步做好身心各方面的准备，幼儿终将会受益。

户外娃娃家"变形记"

广东省深圳市龙岗区机关幼儿园 冯德清

一、案例背景

角色游戏是幼儿园里小班、中班和大班孩子都喜欢玩的游戏,其中娃娃家游戏占据非常重要的地位。户外自主游戏是幼儿园室内区域活动的延伸和补充,不仅能够满足幼儿在户外活动的需求,而且还能在自主游戏中提升幼儿的学习品质,促进幼儿深度学习,从而促进幼儿身心健康发展。《指南》中指出:创造机会和条件,支持幼儿自发的艺术表现和创造,提供丰富的便于幼儿取放的材料、工具和物品,支持幼儿进行自主游戏。材料作为幼儿提升学习品质的媒介,有着极其重要的作用。如果材料选得合适,幼儿则专注、自信,充满创造力;反之,则畏难,注意力难以集中,对材料没有兴趣。

二、案例描述

(一)自主游戏,忙碌且杂乱

1. 初期探索的平行游戏

户外混龄游戏开始了,几名幼儿来到户外娃娃家。游戏过程中,孩子们各自忙活,整个场地忙忙碌碌。活动结束后,孩子们的雀跃之情溢于言表,大家纷纷介绍自己的游戏。

幼儿A:"今天我去娃娃家炒菜了!"

幼儿B:"我也在娃娃家做饭。"

幼儿C:"我也做饭了。"

2. 再次深入地多向互动

师:娃娃家里都有谁?他们可以做什么?

幼儿A:"我想扮演厨师,可以做好吃的菜。"

幼儿B:"我想扮演爸爸,宝宝肚子饿的时候,我可以煮饭给他吃。"

幼儿C:"我想扮演阿姨,可以洗衣服。"

幼儿D:"我等宝宝睡觉的时候去扫地。"

(二)化繁为简,逐渐合理化

1. 调整布局

接连几次游戏后,孩子们遇到了新的问题。

幼儿A:"我觉得娃娃家好小啊。"

幼儿B:"我在煮饭的时候,玥玥过来差点撞到我了。"

幼儿C:"这个架子老是倒下来,挡住我们过路了。"

幼儿D:"那我们把不需要的东西搬走吧,要用的时候再拿。"

经过一番讨论,孩子们将自己理想的娃娃家布局说出来,我们撤走架子,搬来桌子,孩子们有选择地取舍,让"娃娃家"变得宽敞又舒适。

2. 材料分类

问题:我们有哪些材料?怎样才能更方便使用?

幼儿A:"好多锅啊,还有铲子。"

幼儿B:"我看到很多碗,可以用来吃饭的。"

幼儿C:"有盘子啊,装菜用的。"

幼儿 D："有很多东西，有时候找不到我想要的东西。"

经过一番讨论，孩子们把材料按大小、用途进行分类，把同类的材料放一起，方便拿取和使用。

3. 摆放工具

场地有了新的变化，也开始自主建立材料的摆放规则。

幼儿 A："东西分类好了之后，看起来好多了。"

幼儿 B："以后我们在哪里拿的就要放回哪里去。"

幼儿 C："我们的娃娃家越来越好玩了。"

(三)拓展思路，游戏多样化

1. 生火记

先使用仿真玩具进行模拟烧烤，幼儿熟练操作后，尝试使用放大镜取火。准备并清洗烧烤需要的蔬菜，给红薯削皮，开始烧烤。操作过程中注意安全，开展"护火行动"。成功后与小伙伴分享美食。

2. 豆浆诞生记

部分幼儿准备并清洗黄豆，部分幼儿尝试推磨，另外的幼儿负责舀水、加水。收集豆浆并再次磨制，使用滤网过滤豆渣。将磨好的豆浆煮熟，成功制作豆浆，请幼儿闻一闻豆浆的香味，尝一尝豆浆并分享感受。

3. 表演

幼儿共同讨论表演内容，确定表演服装，排练并跟随音乐表演。

三、案例分析

第一阶段：

游戏现状分析：这个阶段的游戏，幼儿的互动主题和方式单一，他们专注于各自角色的工作，对话内容简短单一，同伴互动较少。作为旁观者，我发现孩子们与材料的互动是不够的。

材料分析现状：材料数量多，使用程度不高。

结合幼儿游戏活动的表现，老师后面会更多关注到孩子游戏的后续进程，以及幼儿的游戏状态和水平。

1. 幼儿有意识地进行角色分工，爸爸、妈妈等角色一应俱全。

2. 通过生活经验的迁移与链接，孩子们给娃娃家的材料赋予更多的现实用途。

3. 进行了象征性的角色扮演，互动主题丰富、多样，很好地把生活中的细节表现出来，并且他们的语言互动也多起来了。

第二阶段：

在这一过程中，孩子们交流了自己遇到的问题，一起分析原因，明确了户外娃娃家的布局及材料的使用。通过讨论，娃娃家的规则初步形成，为后续的探索奠定了良好的基础。

第三阶段：

在整个过程中孩子能够通过亲身体验游戏发现不同的问题，提出问题后能够寻找解决方法。在合作中互相提醒，表达自己的想法，也能够在与他人的探讨中获取信息，并采纳他人建议调整游戏方式。

四、案例措施

在幼儿商讨过程中，教师充分放手，为幼儿提供尽可能多的自主交流合作空间，把解决问题的权利交给幼儿。

1. 在协商中主动分工合作

从调整布局开始，幼儿讨论材料的分类和工具的摆放，然后大家合理分配娃娃家的场地和工作人员，主动分工、合作整理。幼儿之间提问、倾听和采纳建议，在相互协商中达成共识。

2. 在协商中一起解决问题

案例中，当幼儿遇到问题时大家一起协商解决，如架子挡住路、找不到想要的工具等。当孩子提出想法的时候，我们可以鼓励幼儿实践，引导幼儿从多个角度思考和解决问题。最后，更适合孩子游戏的娃娃家诞生了。

五、感悟与体会

1. 作为幼儿游戏的观察者和支持者，教师除了关注幼儿的每一步探究行为之外，更重要的是正确解读幼儿行为背后的真实需求，并及时给予适宜的帮助和支持。

2. 在整个游戏过程中，幼儿能自主地支配物体、操作材料，并进行大胆的创造，他们自主地探索、想象、创造、合作、解决问题。在与游戏材料、同伴的互动中获得广泛的游戏经验和认知经验，各方面能力在原有的水平上都得到了提高。幼儿在与同伴的互动中充分体验交往的积极情感，获得更广泛的交往经验和基本交往技能，提高了幼儿的社会交往能力。

3. 本次游戏幼儿对户外娃娃家的思考和行动，在时间、游戏上都具有持续性，游戏过程是层层递进、环环相扣的。

户外娃娃家弥补了室内环境的不足，促进幼儿各方面的发展。教师要注重户外自主游戏的环境创设，尤其要充分利用户外材料的特点，通过不同的材料和方法来激发幼儿的探索欲望，从而提升幼儿的学习品质。

放"筒"生趣
——放手游戏下的教师与幼儿成长之实践案例

甘肃省陇南市礼县盐官镇中心幼儿园　高　娟

一、案例背景

《纲要》中指出："玩是幼儿的天性""要发现、保护和引导幼儿固有的天性""以游戏为基本活动"。以前，民间传统游戏是一种集自由性、趣味性和假设性于一体的玩耍活动和学习活动，具有一定的教育性、随意性和娱乐性。但是，随着幼儿教育的飞速发展，总感觉幼儿在游戏中缺少"灵魂性"的东西。"安吉游戏"的出现给我们冲击——这就是我们要找的游戏，是真正属于孩子的游戏，它做到了把游戏还给孩子。在游戏改革的大环境下，我们要如何拓展思路，做到"放手"，挖掘新玩法，从"传统游戏"向"自主游戏"不断转变？该如何在"真游戏"中找准自己的定位呢？如何发展具有自己特色的"安吉游戏"？在这种思考下，我园开展了"安吉游戏"探索之路。我们班选择了滚筒游戏，开始了和孩子的探究之旅。

二、案例描述

（一）探索滚筒的玩法

1. 初次尝试

孩子们兴高采烈地搬出了滚筒，他们有的推着滚筒跑，有的钻进滚筒里让筒滚动起来，有的双腿分开坐在滚筒上……

"老师，辰辰站上去了，太危险……"一个孩子大喊着向老师跑来。张老师赶紧跑过去想伸手扶，突然想到什么，停下了伸出的手，笑着说："保护好自己，你真厉害！"然后，辰辰就开始了他的滚筒之旅……

短短的四十分钟，孩子们战胜了"危险"的滚筒，萌生了将它踩在脚下，让它动起来的想法……

2. 想方设法"站上去"

在游戏开始前，老师和孩子们进行了讨论：为什么游戏中的困难很大？可不可以站上去？最后得出结论：滚筒是滚动的，所以游戏是困难大，也很有意思的；我们可以站上去，但是一定要保护好自己。

张老师提议道："你们都认为是可以站在滚筒上的，那么怎样可以站到滚筒上？大家可以把想法设计在纸上，我们再去实践，看看你们的想法可行吗？"

3. 努力"爬"了上去

孩子们按照自己想的办法，在游戏场地进行了探索实践。张老师全程盯着孩子们，时刻准备冲向掉下来的孩子。

(二)探究与发展

1. 主题班环创"滚滚乐"，帮助幼儿自主记录游戏

为了持续推进游戏，幼儿园为孩子们提供了一面班本课程主题墙，张老师和孩子们共同设计自己的游戏课程。

2. 制订长远计划，丰富游戏的内容

(1)观看视频，找出问题

通过前期游戏，孩子们有了一定的经验。于是，张老师播放了滚筒的游戏视频。通过再现游戏，让孩子们感受彼此的成长，发现接下来游戏的发展方向。

(2)实践探索，合作分组

几次游戏后，孩子们对滚筒游戏的激情越来越高涨，且游戏能力明显得到了提升，团队意识强。

片段一：

涵涵："我们扶着你，你慢慢上去，站稳了我们放手。"

丹丹："你别怕，我们保护你，慢慢来。"

在同伴的帮助下反复尝试，兰兰和几个幼儿都可以自己在滚筒上自由行走了。

片段二：

辰辰："你们先不要着急走，上去先站稳，找到平衡点慢慢移动……"

"没事，你们别怕，要是不稳就跳下来……"

在辰辰的指导下，很快就有小朋友能独自或者两两结伴滚动滚筒前行，有的甚至能交换了……

三、案例分析

老师想"扶孩子""救孩子"等行为，充分表现了对孩子游戏安全的深深担忧。"放手"游戏过程中教师的心理压力很大，但是又能正确引导孩子积极探索，在经过多次游戏后，老师能站在观察者的角度，观察幼儿游戏，并做一定的记录……教师也在成长。

幼儿在游戏中能自主分组，发现问题，解决问题，并且相互帮助。有的孩子在反复失败后，越挫越勇，有着持之以恒的耐力。总之，他们的成长不仅仅在于学会游戏本身，更在于同伴关系的发展，自主能力的提升。

整个游戏，幼儿经历了"不会走—会走""单人—多人"的过程。终于，不会的幼儿成功地站上滚筒，会的幼儿开始挑战更有难度的玩法。这样的学习过程，是符合幼儿的学习方式和学习特点的，具有丰富的发展价值。

四、案例措施

（一）放手与鼓励

在探索滚筒玩法的阶段，教师"放手"，幼儿自主探索，发现有人站上去后进行鼓励，并适当给予安全提示，让幼儿自主游戏的同时明白游戏中安全的重要性。

（二）共同分析与探究，一起记录

整个游戏中，都是教师与幼儿共同制订游戏计划，设计班本课程主题墙，使幼儿有规划地开展游戏，并自己去记录每一步成长。能持续探索不同的玩法，保持游戏的兴趣不减。

五、感悟与体会

整个游戏，老师从开始的胆战心惊到后面的放手与自主观察，都体现了教师在"放手"游戏下的自我成长，从传统的规划者向观察者的蜕变之旅。在持续完整的观察之后，教师发现幼儿会自主判断游戏的危险程度并控制游戏，不仅会保护自己，而且还会保护同伴。

幼儿从规则游戏向自主游戏不断摸索，从遇到问题找老师到自主讨论解决，实现了"放手"游戏下幼儿自主性学习的发展。在重复练习中一点点地调整难度，创造自己的最近发展区以适合自己的节奏，小步递进地突破自己的能力极限。

以幼儿自主探索为主导的滚筒游戏实现了真正的游戏，也完成了幼儿与老师的共同发展，是幼儿园游戏改革的成功案例。

"小超市"玩出"大精彩"

湖北省宜昌市长阳土家族自治县贺家坪镇中心幼儿园　龚娇龙

一、案例背景

《指南》中指出：游戏是促进幼儿学习与发展的重要途径，幼儿园要以游戏为基本活动。区域游戏开始了，在"娃娃家"里扮演妈妈的伊伊对小雨说："宝宝肚子饿了，你去买点奶粉回来。"小雨皱着眉头说："我不知道在哪里买。"沫沫说："我知道，超市里可以买，每次妈妈都会在超市给我买好多好吃的。"这时，旁边的小朋友纷纷说起了最近爸爸妈妈都给自己买了什么好吃的、好玩的。显而易见，孩子们已经将生活经验迁移到了游戏中。同时，中班的幼儿已经有了主动与同伴交往的意识。于是，在师幼共同讨论下，我们将班级中的"娃娃家"调整为"超市"。通过师幼共同创设环境，幼儿自发自主地进行游戏。

二、案例描述

（一）超市试营业

花朵超市试营业开始了，游戏一开始就吸引了很多的幼儿参加，他们对新游戏区都很感兴趣。只见孩子们拿着"钱"来到超市门口，兴高采烈地走了进去，这时子杰快速地占据了收银台的位置，自主当上了收银员，伊伊被大家推荐成了服务员，而其他小朋友都跑去选自己喜欢的物品了。"老板，这个东西几块钱？""老板，给我买一下单。""老板，这两个东西几块钱？"一时间，大家都来到了收银台，叽叽喳喳地吵了起来。服务员伊伊双手叉着腰，不知道要干什么，只是左看看右看看，而收银员子杰却忙得不可开交。没过多久，买单的人越来越多，拥挤在一起，子杰大声地喊着："不要挤，太多人了，你们排一下队。"可是大家并没有反应。这时涵涵拿着商品准备去付钱，可看见收银台人太多，她看了我一眼后直接拿着商品走出了超市。没过多久，超市的物品就被大家一扫而空。随着区域游戏时间的结束，第一次的超市购物体验就这么结束了。第一天试营业中出现了一些混乱的场面，在区域活动分享谈话时，孩子们纷纷"投诉"起来。

(二) 超市的"停业整顿"

大家围坐在一起把昨天的问题和计划梳理了一遍，决定让超市"停业整顿"。孩子们合作把柜子移到了中间，把原本的一个出口变成了两个。同时，还拿出了自带的材料进行了分类摆放。瑞瑞觉得买东西不仅可以用纸质的"钱"，还可以用手机，于是找来玩具当作手机。小雨和沫沫把超市的出入口标识做好后并粘贴在相应的位置。子杰还为收银台地面做了排队的标志。很快，材料就被大家整理好了。

(三) "整顿"后的超市游戏

经过大家的努力，第二天超市又继续营业了。子杰第一个跳出来说："这次还是我来当收银员。"昕昕高兴地说："我妈妈昨天带我去超市了，我知道服务员要干什么，我来当服务员。"说完就走到超市门口直直地站了起来。沫沫说："我也要当服务员，我来卖东西。"角色分好后，大家拿着钱陆续走进超市。"欢迎光临，欢迎光临。"昕昕小声地说着。看到没有客人了，她又走进了超市，小声地叫卖着："快来这里买东西，有好吃的薯片。"经过她一喊，旁边选购的小朋友一下子就过来了。于是她继续到没有顾客的位置叫卖，声音也比之前更大了。这时，已经排好队的桃桃听到叫卖声走了过去，当他再次回到收银台准备买单时，发现自己原来的位置已经被其他小朋友占据了，于是果断地走到了最后一个继续排队。超市里响起了一阵阵的叫卖声，只见沫沫大方地介绍着自己的蛋糕，并主动询问顾客需要什么口味。而一旁的昕昕也不示弱，用介绍饮料颜色的办法吸引顾客，此时的超市热闹极了。

超市里的东西多了起来，在哪里排队，怎么给钱，从哪里进哪里出，这一切逐渐变得规范起来了，来"逛超市"和"买东西"的人也逐渐多了起来。

三、案例分析

游戏一分析：第一天试营业的超市游戏中出现了各种问题，如：商品种类不足、买卖规则不清、空间规划不合理、角色分配不明等，导致游戏混乱。中班幼儿的游戏特点是联合游戏，他们身上已经有了共同游戏的影子，从一开始的松散，逐渐变得有了相同的游戏目的，只不过这种目的是随时变化的。

游戏二分析：当超市出现了新问题时，孩子们通过分类、理货、设计，超市的物品也整齐地展现在了我们的眼前，每个孩子都是优秀的理货员。

游戏三分析："停业整顿"既给了孩子们调整规则的时间，也为丰富超市材料提供了可能。孩子们的"超市游戏"更多的是兴趣，并不是听命于他人的安排。加之有了一定的购物经验，在交往、语言表达上有了较大的发展。售货员能大胆、主动、有礼貌地用角色语言与顾客进行互动交流，角色意识逐渐增强。

四、案例措施

在整个过程中，教师始终处于一个观察者的角色，没有及时给予孩子们帮助，而是相信孩子们有能力自己解决，带着这样一种理念去助推着他们，没有直接干预。教师组织分享谈话，鼓励孩子们说出问题，支持他们寻找解决问题的办法。于是，"超市游戏"中存在的问题得到了解决，内容也得到了进一步的丰富。

当孩子需要教师的时候，比如沫沫拿着美工区颜料看向我时，我肯定地点了点头，给予了他们支持。随着新问题的不断出现，孩子们能相互帮助，不断尝试解决办法，通过自己的一些生活经验和同伴之间的思维碰撞，逐步提升了解决问题的能力。

五、感悟与体会

"小超市"玩出"大精彩"活动的生成与开展，是几个幼儿的兴趣变成全班幼儿的共同兴趣的过程。幼儿从简单的模仿到有质量的游戏，进一步深化了对超市和购物的认识和体验；超市游戏的准备过程中，通过对商品分类、不同数量材料的取放的游戏体验，丰富了幼儿的科学经验；在遇到问题、讨论问题、解决问题的过程中，不断提升幼儿的游戏能力，同时也促进了幼儿的表达能力、社会交往能力的发展。

中班幼儿游戏的特点是联合游戏，这时的幼儿已经有了初步的合作意识，活动中，教师始终作为观察者，充分尊重"幼儿是游戏的主人"的原则，并通过提问、调整材料、保证时间等策略，使幼儿在自身有限经验的基础上通过充分探究逐渐拓展关于超市的经验，从而使"开超市"逐渐变得丰富而有质量。

孩子变得自信了

广东省东莞市凤岗镇第一幼儿园　李玉雨

一、案例背景

有个叫荧荧的四岁小姑娘，内向羞涩，善于掩藏自我。在幼儿园时，她常表现得沉默寡言，鲜少能主动参与游戏。仅在父母的要求下，她才会轻轻向老师打招呼，课堂上也不常发言。然而，在和她的父母多次对话后，我发现原来荧荧在家是个十分活泼的孩子，喜欢表达自我，总是笑声不断。这让我不禁思考，究竟是什么原因导致她在人群中无法自由自在地展示自己呢？她真的那么怕生吗？为了找到原因，我开始对她进行全面的观察，并通过个体研究和一对一的教育策略，希望帮助荧荧摆脱内向的性格。

二、案例描述

课堂进行时，她习惯沉默地坐着，从不主动参与。通过反复的眼神交流，我发现她似乎理解我所想，于是她缓缓地站起，轻声发言，声音轻如蚊鸣，脸色红如苹果。学期开始时开展的一次语言活动，我邀请孩子们互相分享祝福，大部分孩子都积极地参与，唯独她显得有些拘谨。我发现每次我与她眼神交会时，她会低头咬指甲，但眼神却并没有极力避开我。我抓住了这个契机，开心地告诉大家："我们的荧荧已经好好准备了她的祝福，让我们邀请她告诉我们吧！"这一次，她却没有犹豫，站起身，轻轻地说："我祝福你们每天都开心！"她的话因为声音过柔，没几个人听见。我把荧荧揽到我旁边，告诉她："荧荧，你的勇气给大家留下了深刻的印象，他们都想要听你的祝福，能不能再大声一点说呢？"随后，在我的鼓励下，她逐渐战胜了恐惧和羞怯，用清晰的声音再次说出了祝福："我祝福你们和老师每天都开心！"尽管脸还是红扑扑的，但她的发言赢得了热烈的掌声。大家一直以为荧荧不太擅长发言，没想到她的话语原来也能引起强烈的反响！

近期，我们的幼儿园恰逢语言和音乐课程的评估时期。所有的小朋友们都紧锣密鼓地开始了复习。当进行情景剧排练时，我注意到荧荧总是无法专心。我试过用眼神对荧荧提醒，但是效果并不太好。直到我多次念出她的名字，荧荧才恍然大悟。然而，她会因为自己的行为、节奏与其他孩子不同步显得有些沮丧，有时又会变得像之前那样胆怯害羞。这种情形的频繁出现，导致荧荧越来越缺乏自信。为了帮助她改变这种状况，我让她单独扮演"妈妈"这个角色，并在真实场景中表演。在角色认同的推动下，荧荧全力以赴地扮演着

"妈妈"这个角色,这也逐渐提升了她的自信。最后的结果表明,荧荧全身心地投入到这个角色中,并且出色地完成了演绎。

三、案例分析

从目前的观察结果来看,荧荧在学习活动上显得不够积极、缺乏勇气,但是教师的鼓励显然对她起到了极大的激励作用。在创作祝福语的环节,她不仅祝福同龄的小伙伴,还会为老师送祝愿。她内心其实有很多想说的话,但是却担心不敢自由表达。

四、案例措施

教师的及时鼓励使她感受到老师的深深关怀和同伴的关注,这让她勇敢地去面对自己的畏惧,大胆地表达自己的想法。

在我踊跃的指导和不断的赞赏鼓励中,内向的荧荧渐渐地信心满满。课前音乐活动出现的问题暗示大家,其实荧荧的表演才能非常强。当荧荧拿着枕头唱歌:"柔软的小枕头,有个小神仙在中间睡觉。"她完全投入到角色中,且唱得声音温柔。很明显,荧荧的情绪被感染,并引发情绪的反应。如果教师无法深入理解孩子,不能仔细分析荧荧心不在焉的原因,而仅仅是斥责批评,可能会让荧荧无法克服缺乏自信的困扰,从而失去学习的热情和动力。相较之下,教师适当地让荧荧扮演"妈妈"角色,满足了荧荧的情感需求,使荧荧更具自信,这既改变了荧荧和以前被动学习的心态,也鼓励了荧荧敢于展现自我,效果显著。

我始终激励荧荧积极地参加各式各样的互动游戏,如"猜猜看我是谁""传话游戏"以及一些传统的民间游戏,比如"丢手绢"和"荷花开放的月份"等。我鼓励她全力以赴地投入这些游戏中,畅所欲言、尽情欢乐,摆脱羞涩和矜持。"游戏能给人带来乐趣、自由和满足。"福禄贝尔的话准确地描绘了游戏在孩子性格成长过程中所起的不可替代的影响。

五、感悟与体会

经过一段时间的观察和培养,荧荧已经能够在伙伴面前流利地进行交谈和表演。在冬季的亲子活动中团队舞蹈表演的环节,我们见到荧荧站在最引人注目的地方,充满自信地展示自己的舞蹈技巧。最近,在班级的故事述说比赛中,荧荧的表现相当自如,她以生动的方式讲述了《小乌龟看爷爷》这个故事,给我们带来了很多惊喜!

我坚信,让荧荧发生变化的关键在于我们在师生互动中的持久关注和对小孩的赞美教育所带来的影响。当我们面对一位在幼儿园内沉默内向但在家中又能言辞流畅的孩子时,作为教师,我们应该重视与孩子之间积极并充满情感的交流,也不该吝啬"表扬"。我们要努力为孩子打造一个积极向上且富有支持力的学习环境,做孩子学习中的辅助者、合作者,这就是"亲师信道"理念在该实例中的体现。我将会不断探索并理解《纲要》的核心思想,全过程关注每一个幼儿的成长,使他们的发展更加生动、充满活力。

自主游戏"有魔法的黑板擦"案例分析

湖北省荆门市东宝区长宁实验幼儿园 邓致娴

一、案例背景

为贯彻落实教育部《关于大力推进幼儿园与小学科学衔接的指导意见》文件精神,我园坚持科学导向,践行"安吉游戏"理念,全方位创设"安吉游戏"环境,教师们转变教学方式,树立科学的儿童观和教育观。在户外自主游戏中,孩子在体验涂鸦乐趣的同时,几个孩子对黑板擦的探索吸引了我。

二、案例描述

许彤拿着粉笔和黑板擦来到涂鸦区的黑板区域，画着画着，发现有一块地方用黑板擦怎么擦都擦不干净。他又用力地尝试，还是有粉笔印子。

旁边的张梓妍也用力擦，说："有的地方擦得掉，有的怎么擦不掉？"这个时候，许彤也跑过来小手很用力地在黑板上擦，接着跑到了水池边，在黑板擦上接了点水，然后兴冲冲地跑回来，一边说"要把它擦干净！擦干净！"一边用沾了水的黑板擦擦黑板，黑板瞬间变得像镜子一样反光。"好奇怪呀！水被黑板擦吸进去了，一滴也没有掉到地上。"于是，对海绵的探索开始了……

佳添说："哇，我可以重新画了。"他在才用水擦了黑板的湿区上画了一个圆，颜色很淡。他又跑到没有用水打湿的干区画了一个圆。过了几秒钟，用水打湿的黑板擦出的水印越来越明显。

这时，许彤又用打湿的黑板擦擦了起来，黑板又成了像镜子一样。可是没过一会儿，才擦干净的地方干了后又出现水印了，许彤去水杯架上找了一张纸打湿，跑过来擦了起来……

许彤说："卫生纸吸水也很厉害呀！"梓妍说："这两个哪个吸水性更好啊？""为什么水沾在黑板擦上面，就把水吸进去啦？都没流到地上……"圣明说："我再试试，用这个擦擦看。"在反复多次的实验后，小朋友们有了结论：黑板擦和纸都能吸水，还有拓印笔刷也能吸水，并且加了水后可以更轻松地擦干净。

他们发现黑板擦和纸沾水后会擦得很干净，其他小朋友也加入进来。越来越多的小朋友变身"小小清洁工"，把小朋友们画的粉笔印子和水粉印子认真地擦干净……

在擦的过程中，宇航发现比他身高还要高的地方他没有办法擦到。于是他先踮起脚擦，然后跳起来擦，旁边的小朋友也跟着他，模仿他的动作学了起来。他发现跳起来还是够不着，他想了一会儿，去涂鸦区的材料筐里面拿了一根长长的杆子过来，他用手拿着杆子把黑板擦往上推，控制它的方向。他兴奋地说："你们看，我擦到了！"然后高兴地跳起来。

宇航解决了"擦不到"的问题，迫不及待地跟小伙伴分享，其他小朋友也学他的动作，一起将黑板擦得干干净净。

三、案例分析

幼儿在涂鸦区有了三个发现：1.黑板擦、卫生纸可以吸水。2.涂鸦用的海绵笔刷、拓印笔刷也可以吸水。3.干的黑板擦比湿的黑板擦要难擦，湿的黑板擦要擦得轻松一些。

并且在游戏结束后的集体分享环节，我和孩子们一起进行了深入探究。对卫生纸和黑板擦两种材料"哪种吸水更快"进行猜想与验证。可见幼儿发现了生活中事物的有趣，并乐于探究。

幼儿通过画画的方式，将"小小清洁工"的经验画出来，并且我一对一地倾听他们的游戏故事，幼儿从经验中获得成长、总结、提升。

四、案例措施

《指南》中将幼儿科学探究的基本过程大致分为：提出问题、进行猜想、验证猜想、记录信息、交流表达五个环节与步骤。教师在观察与支持幼儿的游戏过程中，秉持正确的幼儿观，充分尊重幼儿的意愿，根据幼儿的游戏兴趣及游戏进展情况延长游戏时间，给予幼儿充分的探索机会和自由探索的平台。

当幼儿游戏陷入瓶颈时，通过启发式提问促进幼儿思考，让幼儿大胆猜测，迁移经验，深度猜想。让幼儿在思考后完成实验，体验探究过程。

在分享环节,教师将游戏视频投放到屏幕上,幼儿一起交流讨论。教师在后期引导幼儿的过程中,可以将黑板擦的海绵、纸作为一个延伸点,延伸到科学领域。针对"魔法黑板擦的奥秘"进行交流,生成实验游戏和教育契机。

五、感悟与体会

在涂鸦区中,普普通通用来擦拭板面的黑板擦引发了孩子们的探究兴趣,印证了五大领域是相互融合且不孤立的。科学学习的核心是激发探究兴趣,体验探究过程,发展孩子初步的探究能力。教师要善于发现和保护幼儿的好奇心,当幼儿产生探究兴趣后,教师的后续支持对于他们解决问题的能力发展至关重要。在一起做"小小清洁工"和探究吸水的材料实验中,发展了幼儿的人际交往能力和语言表达能力。

教师在游戏中作为观察者、支持者,要时刻认真观察,这样才能发现问题,帮助幼儿更深入地进行游戏,要给予幼儿必要的支持。在故事分享与研讨环节,教师要善于发现共性问题,深入讨论;多提问开放性的问题,让幼儿有足够的时间思考;不断提升自己的观察能力,发现幼儿的每一面。

在进行反思活动时,教师介入与指导的语言还需要更有针对性、更简洁,还应及时地肯定幼儿在游戏中体现出的主动清洁的好习惯。

没有一无是处的孩子

贵州省六盘水市盘州市第一幼儿园　雷娅梅

一、案例背景

小班新生入园,带来了孩子和家长的各种焦虑,也带来了孩子和家长的各种问题。班上的晔晔是小朋友和老师最先认识并记住的孩子,因为每天老师都要对他点名多次,班上有不好的事情,小朋友也总说是晔晔干的。走路碰倒小朋友,说"他挡着我的路了";想要的玩具抢到手,说"我就要";不高兴就对小朋友动手,想干什么就干什么。他的小世界里处处充满着"自我",这样的晔晔让我"麻烦不断",常有家长向我反映晔晔打小朋友了、碰着小朋友了、抢小朋友玩具了等,我也经常联系晔晔爸爸沟通孩子的情况,每次送孩子入园,家长都在门外千叮咛、万嘱咐才让孩子进校门,家长这样的态度让我对晔晔的教育充满了信心。

二、案例描述

入园两个月了,晔晔总是惹麻烦,每天都有小朋友被他弄哭。直到有一天,旁边小朋友的椅子倒了,她没有注意到,正准备坐上去,晔晔看见了,赶忙把椅子扶起来,说:"你小心一点,你的椅子倒了。"看见这样的晔晔,我瞬间明白了,原来不是孩子真的"一无是处",是他更多表现出的是"问题面"。我把他的举动大声告诉所有小朋友,并且说:"原来我们晔晔是个小暖男,他会关心小朋友,雷老师很喜欢这样的晔晔,你们喜欢这样的晔晔吗?""喜欢""只要他不打我了我就喜欢他""只要他不抢我玩具我就喜欢他",我趁机请小朋友分享他们被晔晔"欺负"时的心情,孩子们争先恐后地表达着自己的想法和感受,我仔细观察晔晔的变化。当小朋友说到被他欺负的事,他就低着头搓手;当说到喜欢他时,晔晔很高兴,但是他一脸通红。看到他的这一行为,我进一步了解了他的内心——渴望得到认可、接纳、包容、肯定和赞许。经过这件事情以后,我经常给他创造帮助小朋友的机会,他很乐意并且很开心。这样的晔晔让我感到欣慰的同时又很疑惑,问题到底出在哪里?孩子的行为为什么会有这么大的反差，甚至充满着矛盾？于是，我决定先让自己冷静下来，冷静地去分析晔晔各种行为背后的原因，冷静地去倾听他的心声，了解他做各种行为时的想法。然后与家长约谈，帮助家长分析孩子行为背后的原因和动机，让家庭教育也更有针对性。

在与家长沟通时，家长很焦虑、很沉重、很无助，他们甚至说对孩子已经束手无策。为帮助家长排解内心的担忧，我告诉家长：约谈不是为了批评孩子，不是去挑孩子的问题，没有一无是处的孩子，他身上的闪光点同样是很美好、很温暖的，只是他在成长的过程中对于一些事情没有认知，也没有相应的经验支撑。在他过去的成长中，我们对于他现在表现出来的问题没有足够重视，但是这并不可怕，我们作为家长和教师，有责任帮助孩子去认识到那些他没有的认知，去获得他没有的经验和技能，引导孩子朝着积极阳光的方向发展，只要了解问题所在，找对方法，坚持陪伴和教导，孩子的这些问题都可以得到解决。家长了解我的想法以后，把孩子在家的情况以及他们的教育方式、内心的想法与我详细表述，至此，我对孩子的成长环境有了更全面的了解，为分析问题和解决问题筹备了第一手资料，针对晔晔的家园共育计划开始启程。

三、案例分析

（一）孩子行为分析

1. 他每一次的行为都是为了满足自我的需求，晔晔的"利己"认知较强，却缺乏"利他"认知。
2. 对自己的行为和动作缺乏判断，不能判断动作是否会对别人造成伤害，常造成无意伤害。
3. 人际交往的发展不足以支撑他在群体中获得认可。
4. 自我控制能力不足，不会控制自己的情绪和行为。
5. 遇到问题时"武力解决"，这在很大程度上和家庭因素有关。

（二）家长方面的因素

1. 家长对孩子的教育存在两个极端：一是喜欢给孩子"特殊待遇"，过分注意孩子，过分满足孩子；二是"武力解决"，没法沟通就开打。
2. 经常立规矩，但是没有做到"言出必行"，雷声大雨点小，很多时候让孩子钻了空子。
3. 面对孩子表现出的问题行为，家长总认为"孩子还小，大一点就好了"，没有去分析行为背后的问题和原因，给予及时的指导。
4. 孩子一哭闹家长就妥协，失去原则，被孩子闹得束手无策，轻易满足无理要求。

四、案例措施

家园沟通，制定家园共育策略。

1. 学会接纳孩子，与孩子共情，言传身教培养孩子"利他"行为的发展，帮助孩子在"利他"行为中体验到被认可、被接纳的成就感。
2. 坚持跟踪观察指导，关注孩子的行为动作，及时指导他判断自己动作的危险因素。
3. 为孩子的人际交往创造机会，帮助孩子进行良好的人际交往活动。
4. 不一味禁止，让孩子有机会犯错，有机会承担后果，知道界限感，学会承担责任。
5. 面对孩子的问题，不着急处理，观察其行为，听听孩子的想法，分析行为背后的心理及原因，找准问题着手，避免无效唠叨。
6. 少说教，更多利用"立规矩"来代替口头上的说教，并且立规矩之后要执行。
7. 逐渐淡化"过分关注"和"过分满足"，坚决杜绝"特殊待遇"，让孩子渐渐淡化"唯我独尊"这一认知。

8. 表扬和惩罚都是因为孩子的行为，不是因为成人的心情和感受。
9. 不过分强调孩子的不足，避免形成负面暗示。
10. 有问题家园及时沟通，及时解决。

五、感悟与体会

没有一无是处的孩子，教育的真谛是唤醒，用爱唤醒孩子内心的美好和智慧。教育的智慧是放大优点，用教育的智慧激发孩子的闪光点，让每一个孩子都发光发热，做最闪亮的自己。对于孩子，我们用心陪伴，用爱浇灌，静待花开。让我们坚守初心，做温暖的教育者。

汉南长江大桥

湖北省武汉市车谷育杰幼儿园　康凯昱

一、案例背景

近日，汉南区即将修建长江大桥的消息家喻户晓，捕捉到这一教育契机，大班的教师及时组织了相关教育教学活动"认识各种各样的桥"和讨论活动"我来设计长江大桥"，引导幼儿建构起对桥的基本结构的知识。在讨论的过程中，幼儿对自己动手表现出更为强烈的兴趣。同时本班幼儿已经具有一定的独立建造能力，掌握了一定的搭建技巧，会使用辅助材料，事先能进行一定的设想和规划，并能通过分工、合作完成一项较为复杂的工程。大班幼儿能够搭建出有场景、有情节的较高水平的建筑群，且其建构作品多为立体结构，讲究对称和平衡，比较形象。

结合本班幼儿平时喜爱积木搭建的兴趣点，教师为其提供充足的、各种形状的实心积木，以及充裕的搭建场地，供幼儿自由发挥、尽情创造。孩子们从尝试个人搭建，到分工合作搭建较大以及较为复杂的桥。在这一过程中体验创新、感受合作，并激发其对家乡的热爱之情。

二、案例描述

（一）长江大桥设计图纸

在教学活动延伸环节，教师为幼儿提供笔、彩纸、白纸、固体胶，引导幼儿自主探究，利用现有材料设计自己喜爱的长江大桥。

在设计图纸分享的时间，吱吱分享了和莹莹的对话，并告诉大家："他设计的长江大桥是和彩虹一样的拱形，所以叫彩虹桥。"但他觉得这座桥的形状用积木有点难搭建，因此他需要帮手。

（二）理想与现实的碰撞

设计完图纸的第二天，孩子们拿着自己设计的图纸来到建构室。吱吱拿着图纸开始搭建，莹莹提出要在吱吱的桥上走走看，吱吱表示同意并想一起走。由于长条积木的宽度不够，他俩只能单脚在桥上走动，而且发现在走动的过程中积木会移动，人会不小心摔倒。莹莹双手展开，依次向前迈出左右脚在桥上前进，右脚抬起时不小心将半圆形积木撞倒，说道："这桥也太窄了，一点儿也不好走！"吱吱听到后跨出桥面走到莹莹旁边扶起被撞倒的积木说道："我重新再搭一座吧！"莹莹回应道："好呀！我们一起搭一座很大很长，可以走很多小汽车的桥吧！"

一旁的毛毛和小智听到后，走到莹莹身边请求加入。

（三）分工合作搭建大桥

达成合作的第二天，毛毛用短圆柱的积木做脚，长方形积木做面，一层一层地进行垒高，形成一个四层的台阶，看了看自己的作品对吱吱说道："你看我的设计，接下来我需要很多长条形的积木。"吱吱看了看说："没问题！"

莹莹接过长方体的积木把积木立着放置，又拿了两根，一端靠在中间的积木上形成一个三脚架，说道："你们快看，这样的形状是不是比一个半圆形更好看？"还没等回应，三根长条积木倒了，莹莹摸了摸头，思考着。小智说："我们这样吧，多用几根搭三角形，上面再横着放一根，把桥两边的三角形压住。"吱吱笑着说道："你好厉害呀！但这个好像还是有些不稳。"孩子们陷入了沉默，"我们用重的积木把它夹住看看。"莹莹突然说道。吱吱递过来两块正方体积木。

接下来孩子们开始了流水线式的构建，依次将桥两侧建构起斜拉式桥拱。大桥的搭建基本结束，进入验收阶段。

（四）大桥搭好啦

大桥完工检查后，孩子们兴致勃勃地拿来各种各样的玩具车进行过桥实验。吱吱拿着一辆小汽车用力向前一推，汽车顺利地过了大半段桥。毛毛启动汽车，前进，上坡，通过第一个上坡，通过桥面，最后通过下坡。"耶！"孩子们一起发出欢呼声，汉南长江大桥建造成功啦！

三、案例分析

设计的作品是对大桥的基本形态的大致想象，同时由于立体绘制以及绘画能力的约束，单纯的"纸上谈兵"无法充分地体现幼儿的想象力。

在作品展示环节，我意识到教育教学活动以及提供材料对于幼儿思维以及创作的局限性，幼儿设计的大桥多以拱桥为主且较少出现带有自主特色的设计。

初次建构，小朋友们首先多数选择按照自己的设计图进行自主建构，虽然对于桥有了初步的认识，但在建造的过程中注意力多放在桥的长度以及基本造型上，没有考虑桥面通行以及安全问题。

这一次的合作过程中出现了协作也有小摩擦，莹莹在合作初期担任"领导者"的角色，积极地组织与促成这次合作。在第一次莹莹出现创新行为时，迎来同伴们的肯定，同时也促使其他幼儿思考。完成建构后，幼儿迫不及待地进行通车实验，在手动推小汽车成功后尝试电动小汽车，但并未考虑到操纵的安全性，导致出现了侧翻。此时莹莹调动已有生活经验，提醒毛毛小心操作。

四、案例措施

（一）支持幼儿的游戏需求，尊重幼儿的主体地位

班级建构区域无法满足幼儿的游戏需求，教师及时提供新的游戏场所，并提供更为丰富的多形状建构材料。

（二）积极促进幼儿认知和社会性的发展

从教育教学活动的认识桥到自主建构"长江大桥"，幼儿在理想与现实的碰撞中，认知得以更新与巩固。在建构的过程中，他们不断地遇到问题、解决问题，从而获得多方面的发展。

（三）用欣赏的眼光发现幼儿的优良品质

《指南》中指出，"幼儿在活动过程中表现出积极态度和良好行为倾向是终身学习与发展

所必需的宝贵品质"。在此建构游戏中，幼儿从绘制图纸到独自搭建的不满意，到最后合作搭建的欢呼雀跃，他们从个体到团队，我看到了幼儿的互相融合；合作的过程中有过争执，但也有毫不吝啬地夸赞，我看到了幼儿的积极乐观；一个个问题的出现，又一一地解决，围绕"长江大桥"进行一系列优化，我看到了幼儿的坚持不懈；对材料的归纳以及搭建方式的创新，我看到了幼儿的勇于尝试、敢于创新。

（四）进一步的支持策略

教师的支持策略主要有以下几点：1. 加强前期经验铺垫以及后期总结性评价，巩固幼儿的已有经验以及激发幼儿的生成性学习动能；2. 基于教师观察、解读进行有效的引导，注重良好的师幼关系，营造轻松的游戏氛围；3. 为幼儿提供更多类型的建构图片以及材料，丰富幼儿认知，不局限于单一材料的建构，鼓励幼儿进行二次创造。

五、感悟与体会

整个游戏的过程曲折，但幼儿遇到问题、解决问题，从猜想到验证再优化成功，整个过程具有阶段性以及连贯性。在不断的合作探索中，幼儿不断地思考、尝试、体谅、互助。在教师的支持与环境材料的支撑下，建构起了属于他们的"汉南长江大桥"，也筑起了他们的友谊之桥。大桥搭建完成后，与幼儿进行讨论时发现，前期的教育教学活动中出现的照片以及视频无法帮助他们在建构的过程中进行细节性的思考，前期经验的铺垫存在欠缺。同时为充分观察幼儿的行为，教师在此过程中处于无介入的状态，虽然对于幼儿的建构能力以及合作游戏的发展情况有较为充分的了解，但缺乏对于幼儿的有效指导。

"吃饭问题"大阻击

北京市东城区东四五条幼儿园　　杨　硕

一、案例背景

幼儿在幼儿园一天有"三餐两点"，这也证明进餐对幼儿来说是很重要的一个环节。培养良好进餐行为的重要意义在于纠正不良饮食行为，增进儿童身心健康。每个班都存在肥胖儿和体弱儿，导致幼儿肥胖和体弱除了先天的遗传因素，关键就是幼儿的不良饮食习惯。

二、案例描述

西西是一个挑食、偏食很严重的孩子，同时也是一名体弱儿。刚开学时幼儿园里所有好吃的东西都引不起他的兴趣，他总是坐在那里把小手放在腿上碰也不碰碗筷。老师过去提醒他时，他就嘟起小嘴什么话也听不进去似的；想要喂他吃饭时，他就把小脑袋往旁边一回，并死死地抿着小嘴。于是我马上找到原来带过他的小班老师，了解了情况后才知道西西在小班时挑食就很严重。小班的老师说："西西一直如此，他在幼儿园只爱吃鱼汤拌饭！"我与西西的妈妈进行了沟通，了解到西西在家很娇惯，西西妈妈为了让他吃饭也尝试了许多方法，比如：吃菜要榨成蔬菜汁才能喝下去，只有汤泡饭西西才吃……

三、案例分析

西西挑食、偏食这种不良的进餐习惯，我在与家长沟通交流时发现问题的根源往往存在于不当的家庭教育中。

1. 万千宠爱。西西一直由长辈照料，比较溺爱，一味迁就，所以长期下来，形成孩子目前挑食、偏食的现象。

2. 成人影响。听妈妈说西西的姥姥本身的餐饮习惯就有问题，会挑食、偏食，这也会使孩子的饮食习惯直接或间接地受到影响。

3. 包办代替。由于西西是长辈照料，老人对孩子行为习惯的培养不够重视，发现孩子吃饭较慢时就喂饭，孩子说不爱吃的东西就不吃，缺乏教育策略，时间一长养成他自理能力差，挑食、偏食的不良习惯。

因此，要纠正西西挑食、偏食的不良进餐习惯，培养他良好的饮食进餐习惯，要家园合作共育，相互配合至关重要。

四、案例措施

(一) 与家长沟通的策略

1. 面对不同人群采取适宜的沟通技巧

对于年轻的、有文化的父母，可以把教育宣传资料发给他们，让他们回家阅读更新自己的知识体系。对于不方便阅读的老人来说，就需要寻找实际案例，用实例、故事、他人的教训帮助老人更新观念，以免让他们觉得教师在危言耸听。

2. 对于不同态度的家长沟通时要明确侧重点

在和家长进行沟通时，会有家长积极支持与不支持两种态度。对于积极支持的家长，要为其提供科学正确的教育理念与适宜其孩子的教育方式来指导家长。对于不支持教师观点的家长，首先要告知其若不改正错误的教育观点会造成的不良影响，其次向家长强调并让家长认识幼儿健康饮食的重要性，改变家长错误的教育理念和观点。

3. 从膳食平衡的角度指导家长学会科学养育孩子

为了帮助家长为挑食、偏食的幼儿选择健康食材，可以制作一张"信号灯食品卡"发送到班级群中，帮助家长时时自查，为孩子多选择"绿灯食品"（蛋白质、蔬菜等），少让孩子吃"黄灯食品"（主食、水果等），尽量不让他们吃"红灯食品"（甜食、油炸食品等）。

4. 指导家长带领孩子做适当运动和家务劳动

西西不仅挑食、偏食，还是一名体弱儿；不但存在不良的饮食习惯，还存在看电视多、运动少，被动等待多、自己动手少的现象。因此要提醒家长回家后要让孩子运动 20—30 分钟，并鼓励孩子坚持每天锻炼，鼓励孩子做些简单的家务。

(二) 在园内的进餐习惯培养策略

1. 绘本教育策略

通过绘本阅读给西西介绍食谱中食物与人体健康的关系，他了解吃了不同的食物，相应地对身体都有什么好处、有哪些营养，好好吃饭不挑食、偏食，身体才能健康地成长，这样就不容易生病。

2. 同伴榜样策略

利用同伴资源，起到榜样作用。西西和吃饭好的幼儿坐在一桌，借助他们的榜样作用来影响他，从而起到教育和引导的作用。

3. 调整菜序策略

在西西进餐时，我常常发现他会先挑自己喜欢吃的食物，然后就会以"吃饱了"为理由把不爱吃的食物剩下。对于这种情况，我采取了先把他特别爱吃的食物留下，让他先把不太爱吃的食物吃完，并告诉他把盘子里的菜吃完才能举手添。这样不仅大大改善幼儿挑食、偏食的不良饮食习惯，剩饭的现象也有了一定的减少。

4. 逐步添加策略

西西从小就不吃木耳，所以要让他一下改过来是不太可能的。对于这种情况，我会采取逐步添加的方法：先少量地给他盛一点，让他先适应食物的味道，再逐渐加量，每次都比上一次多加一点直到正常量。这样不爱吃的食物也会慢慢地接受、慢慢地愿意吃。

5. 及时鼓励策略

还有一种很重要的方法就是积极地鼓励他。对于西西来说，只要有一点点的进步，老师都要注意到，并能给予及时的肯定与鼓励。这样会使他心情愉悦，从而调动他的积极性，促使他改正挑食、偏食的不良进餐习惯。

五、感悟与体会

培养幼儿良好的饮食进餐习惯是幼儿园工作的重要内容，《指南》中对4—5岁幼儿饮食进餐习惯的目标中指出：不偏食、挑食，不暴饮暴食，喜欢吃瓜果、蔬菜等新鲜食品。我相信，在我和家长的共同努力下，在我和班中教师的精心教育下，西西的饮食进餐习惯会越来越好，挑食、偏食的"吃饭问题"会慢慢地消失。希望我们的孩子都能健康、茁壮地成长！

桌子变形记

江苏省南通市南通开发区中兴幼儿园　何　燕　徐也娜

一、案例背景

一次游戏分享中，孩子们围绕身边的桌椅侃侃而谈……通过及时跟进的讨论，我们跟随幼儿兴趣把建构主题进阶为"各种各样的桌子"。

二、案例描述

一次区域游戏中，幼儿发现桌子小而拥挤，他们相互讨论解决问题。在此过程中他们对桌子产生极大的兴趣，并一直沉浸在搭建"各种各样的桌子"中。

三、案例分析

（一）简单平铺的桌子

观察：6月2日上午区域游戏时间，小鹏用长长的木板在地上搭建，小睿拿来了大环形、小环形和小半圆围合在一起。这时，小乔来到建构区蹲在小睿搭建的桌子前问："你们搭的是什么啊？""我们搭建的是桌子呀。""那你们的桌子为什么躺在地上？"

分析：从幼儿的对话中，我发现他们虽然对桌子兴趣浓厚，但缺乏对桌子的直观认识。在游戏分享环节，把"桌子由哪几部分组成""桌子有几条腿"等问题抛给幼儿，通过讨论他们发现桌子有脚的，可以站在地上的，并且桌子的脚不一样。

（二）圆柱形的桌脚不够了？

观察：6月12日上午，杨思颖选择大环形和大半圆围合做桌面，圆柱形状的积木架空做桌脚。6月15日下午，龚沐恩发现没有圆柱形了，不好搭桌脚了。

分析：从幼儿的搭建现场和建构区任务卡上，教师发现了幼儿用的桌脚都是圆柱形。于是提出问题引导幼儿思考："你们看除了圆柱，还有哪些积木也可以做桌脚呢？"通过观察，幼儿发现了不同形状的积木都可以代替搭建桌脚。

（三）你知道的桌子有哪些？

观察：小锐用三角形做桌脚，大半圆做桌面搭出了圆形桌，哈哈用小环形垒高，大环形围合搭成圆形桌；小凯用两个大半圆平铺成桌面搭成了一张圆形桌。小锐："老师，我们的桌子已经搭建完成了。"老师："谁来介绍一下你们搭建的桌子呢？"哈哈："我们搭的都是圆形桌。""那你们还会搭其他形状的桌子吗？"小凯："我会搭方形桌、椭圆形桌。""除了不同形状的桌子,你们还会搭其他种类的桌子吗?"

分析:小班幼儿发现问题并能够自主解决的能力较弱,需要教师适当地介入,推动他们多样化地搭建。师幼通过讨论,分享收集到的各种桌子图片,并绘制桌子网络图,帮助幼儿清晰地认识各种各样的桌子。同时投放建构课程书、自制书,为幼儿提供搭建参考。接下来的搭建中,幼儿们先设计图纸再搭建。

(四)搭建好的桌子还缺些什么呢?

观察:6月19日上午,小锐用三角形平铺做桌面,矮圆柱做桌脚架空搭建了一张飞机桌,小墨在旁边用长方形的板子平铺围合搭建了一张会议桌。搭建完,小墨看着桌子说:"桌子上可以放点什么呢?"

分析:幼儿相互讨论,发表自己的意见:可以放"娃娃家"的食物,也可以去美工区用黏土制作食物放桌上,还可以放转动的人偶坐在椅子上……很快建构区出现了新的改变。

(五)桌子是"哥哥",椅子是"弟弟"

观察:美美用两个小木方块垒高成一个比桌子矮的椅子,小姜搭建了四张和桌子一样高的椅子,小乔搭建一张比桌子高的椅子。我问:"小乔,你的椅子比桌子还高,人偶坐在椅子上舒服吗?想一想教室里的桌椅是怎么样的呢?"

分析:教师通过提问、尝试试错等方式,静等他们自主发现问题,同伴之间形成了问题场。运用生活经验引导幼儿了解桌椅的关系,鼓励幼儿主动测量和比较,发现桌椅高低的关系。

(六)今天你来建构区了吗?

观察:自从建构区投放任务卡以来,幼儿们每次搭建好都会记录。一次游戏中葡萄翻着任务卡说:"姐姐,你已经好久都没来建构区了,这里都找不到你的名字。"

分析:建构区任务卡可以帮助幼儿保存当下主题的搭建作品,同时可以让幼儿和老师了解建构区幼儿游戏的次数。当翻阅任务卡发现个别幼儿在这半个月内一次都没有进入建构区,我们采取了一些措施激发幼儿的搭建兴趣。如:在游戏分享环节现场展示幼儿的创意作品,教师引领幼儿观察建构课程书……

(七)多变的桌子展览会

有了任务卡的投放,孩子们的参与度越来越高,他们开始搭建青蛙桌、蚂蚁桌……慢慢地,各种有创意的桌子搭建完成了,幼儿们迁移了景区导游的经验,自己当导游介绍建构区的桌子。今后我们将持续引导,继续观察,鼓励幼儿搭建他们设计的桌子……

四、案例措施

(一)问题为导向,推进游戏开展

"桌子变形记"的游戏主题起源于幼儿的问题发现,随着他们对桌子产生兴趣,在建构区开展桌子搭建游戏,幼儿们又发现了不同的问题。一个个问题随着"桌子变形记"建构主题的不断推进,持续激发着幼儿的思考,推动着游戏的深入。

(二)师幼共探讨,解锁建构技能

为了提高幼儿的建构技能,教师引导幼儿在探讨中了解到不同的建构技能。在一次次解决问题的过程中,一起见证了建构游戏中幼儿的发展与转变,从而获得新经验和新技能。

(三)任务卡的投放,激发幼儿搭建欲望

任务卡贯穿于"桌子变形记"主题的各阶段的探索中,它不仅给能力较弱的幼儿提供搭建图片,还可以在游戏分享时分享幼儿搭建的不同样式、不同功能的桌子图片,激发幼儿们的搭建欲望。

(四)适宜的角色,有效支持幼儿游戏

在本主题建构游戏中,教师通过绘制网络图、投放建构书籍等,适时地介入,让幼儿从简单平铺到搭建不同样式、功能的桌子;从不主动加入建构游戏到建构区满员……教师有效地支持幼儿对所搭建的主题由易到难、由单一到多样的发展。

(五)进一步的支持策略

本次主题建构游戏中,幼儿获得发展的领域主要集中在建构技能、手工制作、语言表达、表征能力、问题解决等方面,设计创造、同伴合作等发展不明显,后期需加强区域和区域之间的沟通,让幼儿真正玩起来。最后提供更多不同类型的桌子的图片,丰富幼儿对桌子的认知,并在建构区提供丰富的低结构与无结构材料,鼓励幼儿大胆尝试设计与搭建更多有创意的桌子。

五、感悟与体会

整个建构游戏,我们秉持"幼儿在前、教师在后""自主发现问题—解决实际问题—激发探究兴趣—发展探究能力—学会协商合作"的理念。孩子们一步步提高自己的建构技能,丰富建构经验,同时实现了多领域的发展。

地面上怎样会没有水

北京市朝阳区康泉新城幼儿园　张　雪　王　芳

一、案例背景

吃完午饭后孩子们在盥洗室内洗手,有小朋友因为地上有水而滑倒了。因此,小朋友们开始研究水是怎么来的?盥洗室地面上怎么样才会没水?

二、案例描述

吃完午饭的小朋友去盥洗室洗手、漱口喝水,就听盥洗室里小朋友喊道:"张老师!北北摔倒了!"我马上走到了盥洗室,北北哭着走过来对我说:"老师,地太滑了,把我滑倒了。"我连忙帮他检查了全身有没有摔伤,这时过来了好多小朋友都关心地问北北有没有摔疼。"我知道为什么北北会摔倒了!地上有好多水!"早早大声说道。"对,你看地上有好多小水滴,肯定特别滑!"洋洋应和着。小朋友们看着地上的水七嘴八舌地开始说起来:"太多水了,一不小心就会滑倒。""这些水是哪来的呀?"萱萱问道。于是,小朋友们开始四处看了起来,早早看了一会儿说:"老师,我找到了!你看牛牛洗完手没有'谢谢水龙头'就去拿小毛巾擦手了,把小水滴甩得满地都是。"存存说:"张老师,我知道了!你看米多,漱口的时候杯子里还有水没倒干净他就把杯子冲下放,水都流出来了。"甜甜说:"有的小朋友洗手的时候不好好洗,把水都弄到台子上了,小水滴顺着台子就流到地上了。"我问:"那我们怎么样才能让地上没有水呀?"几个孩子开始动脑筋想办法,存存说:"有了!我想了一个好办法!小朋友洗手的时候张老师来看着我们,都要'谢谢水龙头'再去擦手。""洗手的时候不玩水。"萱萱说道。"水杯里的水一定要喝干净,没有水了再送小水杯回家。"甜甜说。

三、案例分析

1. 班级幼儿观察能力较强,通过教师的适当引导能够发现问题,对于生活中发现的问题感兴趣,并愿意尝试去解决问题。

2. 洗手后在池子里甩三下手,把手上多余的水甩到池子里。为了让孩子感兴趣,我们告诉幼儿每次洗完手后都要"谢谢水龙头",通过此次观察,我发现有的幼儿洗完手后会说

"谢谢水龙头",但是不在水池中甩小手,证明幼儿不太了解"谢谢水龙头"的真正意义是什么。

3. 幼儿知道送小水杯回家时水杯中要没有水,会出现把水杯倒置拿来验证水杯中还有没有水的现象。

4. 幼儿对水很感兴趣,洗手时会出现开着水龙头玩水的现象。

5. 班级幼儿能够关心同伴。

四、案例措施

1. 在全体幼儿面前分享本次事件,表扬能够积极动脑筋想出问题和解决办法的幼儿,鼓励其他幼儿遇到问题主动想办法解决。

2. 引导幼儿了解"谢谢水龙头"的真正意义(甩掉手上的水)。

3. 利用墙面环境引导幼儿了解地面上怎样会没有水,如:将杯中的水喝干净、洗手后检查"水帘洞"等。

4. 开展关于水的集体活动,满足幼儿对水的好奇心,提供接触水、玩水的机会。

五、感悟与体会

基于此次观察,我对自己平时的教育实践进行了反思。

首先是有些环节幼儿还不能够理解其具体意义,教师应在平时提要求时对幼儿说明为什么要这样做。比如"谢谢水龙头"是为了把手上的小水滴送回水池里,而且水龙头为我们服务了,所以我们要对它说"谢谢"。

其次是在平时教育教学活动中,教师比较注重幼儿道德教育的培养,幼儿道德教育在幼儿园教学中占重要的地位。一个人良好品德的形成是一个长期、复杂、曲折的发展过程。幼儿期是道德品质、行为习惯和个性开始形成的重要时期,从小培养幼儿与同伴友好相处、互相关心、乐于助人,就为他们热爱集体、热爱人民、热爱祖国奠定了坚实的基础。所以当北北摔倒了的时候小朋友们没有出现看笑话的情况,而是去关心同伴有没有受伤,有没有摔疼。

最后是幼儿对水很感兴趣,在平时的教育教学中,可以增加观察水、了解水的特性的活动,夏天的时候可以增加玩水的活动,给幼儿充足的时间玩水。可以在科学区创设水的环境,根据幼儿的兴趣点灵活掌握教学活动内容。

孩子们在活动中的表现说明他们确实是对这种活动非常感兴趣,因为所有的话题都在围绕解决这个问题进行,并且能找到最后的解决办法和途径。解决这个问题的过程中,孩子们能够通过观察同伴的行动,找到问题的根源。如果以后教师多设计一些类似的活动,孩子们的观察能力和解决问题的能力就会得到锻炼,就会逐渐提高。让孩子们在活动中学会观察、分析问题,学会解决问题,从而提高各方面的能力。

鸟窝诞生记

湖北省宜昌市枝江市董市镇中心幼儿园　聂　静

一、案例背景

"鸟窝诞生记"是在一日晨间活动背景下产生的。早晨孩子们在教学楼西侧旁边的空旷场地活动,突然有几只小鸟从天空飞过,停靠在一旁的树枝上,晨晨、彦彦发现了这一现象。

餐前活动时，晨晨、彦彦给大家分享了这一现象，老师顺势提问："你们知道小鸟的家叫什么名字吗？"

姗姗举手："我知道，叫鸟窝。"

老师追问："那你们知道鸟窝长什么样子吗？"小朋友们表示很好奇，于是老师发挥教育机智，运用多媒体投屏手段，向孩子们展示了鸟窝的图片。

不一会儿，游戏时间到了，孩子们来到了积木区，他们计划搭建一个鸟窝。由此引发了幼儿的发散思维，进行了激烈的讨论：如何把积木牢固地搭好？最厚的积木不够了怎么办？身高不够怎么办？站在梯子上拿不到积木怎么办？孩子们苦思冥想，不断尝试，寻求解决的方法，从而衍生出了"鸟窝诞生记"游戏。

二、案例描述

（一）初建鸟窝，"难""解"并重

有了认识了解鸟窝的经验，孩子们讨论出想要搭建鸟窝的想法后，都摩拳擦掌，迫不及待地想要去积木区大展身手了。这不，游戏时间到了，对搭建鸟窝感兴趣的几位小朋友兴致勃勃地来到积木区，开始了热火朝天的"鸟窝"工程建设。在不断垒高的过程中，他们遇到了困难。

1."左右为难"

"两块积木离得太远了，我放不稳。"晨晨的积木放不稳，左右尝试了好几次，总是摇摇晃晃的。

2."迎刃而解"

"移过去一点不就行啦！"彦彦把左边的长方体积木移过去和右边的长方体积木连接起来，这样左侧就留出来一个比较大的空位，晨晨立马将长方体积木竖着插进去。

3."知难而退"

"小鸟可以睡在里面了。"彦彦搭了五层就不想再继续搭建了，他认为鸟窝已经搭建成功了，但他的小伙伴不这样认为。

4."浑身解数"

"这里面需要几只鸟才行，现在都没有鸟。"嘉木："我们再搭高一点儿，小鸟看见就会飞来了。"就这样，在小伙伴用尽浑身解数的劝说下，彦彦又开始继续搭建。

5."寸步难行"

"哎呀，积木倒了一块，掉进去了。"周周很紧张，尝试拿了一下又拿不出来，喊来小伙伴帮忙，彦彦和嘉木弯腰尝试了一下，发现也拿不出来。晨晨说："可是也进不去呀。"彦彦说："我知道啦！"只见他拿走了一块积木，留出了一道门，嘉木在这个空隙里面弯腰，成功取出了积木。可是掉进去的积木是取出来了，但随之而来的是旁边被嘉木身体碰到的积木又倒了一些。孩子们看着自己"奋战"了许久的鸟窝还是这样地矮小，个个沮丧极了，甚至还互相指责。

（二）再建鸟窝，不断垒高，探"高"成功

休整了片刻，晨晨说："嘉木，我们跳过去多拿一些积木，把鸟窝做大一点儿。"孩子们整装待发，重拾信心，不断搬来积木，不断进行垒高，有了前面搭建的经验，这次他们搭建起来容易多了。一旁的周周、晨晨、嘉木似乎觉得还不够，还在不停地搬运，这个时候孩子们自然而然地在追求垒高的高度。看着越来越高的鸟窝，小伙伴们兴奋极了，彦彦则奔走相告，不断地向小伙伴炫耀，吸引小朋友们前来参观他们的作品。晨晨特别自豪地向小伙伴们介绍："我们的鸟窝比奥特曼还要高啦！"

（三）设计图纸，创新鸟窝

在接下来的游戏记录里，孩子们对自己梦想中的鸟窝有了新的构思。晨晨是这样说的："在鸟窝上面搭建很多的积木，用薄的积木、厚的积木一起搭。我们的脚底下放许多积木，我站在上面，就可以搭很高。"彦彦说："我爬到梯子上面去，这样我就变高了，别人给我递积木，我就往上面放，我要把鸟窝搭得和滑梯一样高。"姗姗说："我要把鸟窝周围搭得很牢固，不会倒下，上面还要有个盖子，这样下雨的时候小鸟就不会淋雨了。"孩子们将设计图和设计想法在班上进行了分享，大家一致同意搬来梯子增加高度，将鸟窝搭得很高很高，让小鸟从天空中飞过的时候，一低头就能看见。

（四）成功建巢，再创新高

再次来到游戏场地，小朋友们紧锣密鼓地开始搭建鸟窝。彦彦、晨晨、周周、嘉木齐心协力从玩具棚搬来梯子，他们将梯子架在平稳的地方。晨晨和彦彦率先爬了上去，其他小朋友则在下面争先恐后地给他们递不同尺寸的长方体积木，晨晨不断指挥小伙伴们配合他拿取积木。

他们马上发现了新问题，一侧的鸟窝搭建得太高，另外一边却搭不到，整个鸟窝露出了极大的缺口。他们搬来了梯子，摆好梯子之后，这次彦彦和嘉木爬上去搭，姗姗在下面递积木，很快他们发现速度太慢了，彦彦急得自己下去拿积木去了，晨晨及时补位爬上去搭积木，彦彦号召思羽、琪琪、嘉俊都来帮忙运积木，递给梯子上面的小朋友搭建。递的人多了，上面搭建的小朋友明显忙不过来。这时终于爬上了梯子的瑶瑶想到了一个好办法，她将多的积木存放在折梯的中间，然后慢慢"消化"。随着不断搭建，鸟窝的高度终于达到了孩子们理想的状态。

三、案例分析

在幼儿的游戏世界里，大型积木是非常受欢迎的材料，本次案例"鸟窝诞生记"看似玩积木搭建的游戏，但其丰富的价值蕴含在游戏中。积木游戏不仅好玩，还能对幼儿的空间知觉、观察能力、想象能力、思维能力、创造能力、解决问题能力、语言表达能力、人际交往能力、物品归纳的认知和大小肌肉的发育等多方面的发展产生积极影响，幼儿在愉快的游戏中不自觉地、潜移默化地发展了各项能力。

四、案例措施

整个游戏过程中，教师担当观察、记录的角色，游戏结束回到活动室之后，我们就游戏过程开展了交流分享。通过回顾游戏视频实录，孩子们踊跃发言，献计献策，为以后的游戏积累经验。

五、感悟与体会

思行有度，方能致远。在游戏的最后，鸟窝搭建虽已达到了孩子们的理想水平，但鸟窝却是在孩子们捏着一把汗的"曲折"行径中完成的，而且这其中老师也进行了好几次交流沟通。虽然孩子们很享受鸟窝"高、大、上"的劳动成果，但从他们的最终表情可以看出是不尽如人意的。我们的孩子生活在农村，对于搭建的技巧技能、语言沟通交流等经验不足，本次游戏还欠缺一定的思维发散能力、问题解决能力，孩子们只想着搭建鸟窝就只能用像砖一样的长方体积木按序排列，并没有想出当积木不够时还可以用其他形状的积木一起搭建，这样搭建出的鸟窝必然是多姿多彩的。

教师在游戏中担当着支持者、观察者。在今后的游戏中，我们将一如既往地尊重幼儿的意愿，在需要的情况下对幼儿提供适宜、有效的支持与引导，在爱、冒险、喜悦、投入、反思下让"鸟窝诞生记"的游戏精神指引孩子们更深入地发展，走向未来。

【教育随笔】

多米诺骨牌

河北省张家口市幼儿园　崔淑艳

问题是激发幼儿自主学习、自主探究的支点，幼儿在游戏中发现问题，从而引发他的积极思考、尝试、探究，这是孩子们最好的学习方式。

在户外活动中，大一班的小朋友依旧在碳化积木区继续他们关于"桥"的搭建游戏，其中有一组小朋友似乎玩得不太一样，一块短积木、一块长积木……一块挨着一块地排得很长，我们猜想可能也是一座独特的桥吧？

于是，我试探着问了一下："你们玩的是什么呀？""多米诺骨牌。"孩子们自信地回答我。啊？多米诺骨牌之间不是应该有一定的距离吗？孩子们似乎看出了我的疑惑，说道："这样摆放，每一块短积木中间的距离是一样的。"于是他们开始小心翼翼地把长积木抽出去，偶尔会因为抽得太快导致前面的小积木依次倒了，其中一个小女孩就会告诉大家慢点往出拉，别碰到两边的积木就不会倒了。孩子们在游戏中发现了什么？是在什么情况下孩子们想到要用同样厚度的积木块来控制多米诺骨牌之间的距离呢？因为错过了这个过程，于是我试着问了这个小女孩："这个办法真的很好，你为什么会有这个想法呢？"于是，她开始很认真地一边演示，一边给我们讲了起来。

原来，在最开始的时候，两块多米诺骨牌之间的距离特别大，她发现推倒第一块，碰不到后面的骨牌，就没办法产生连续的效果。于是她调整积木之间的距离，挨得近一些，但是两块骨牌同时倒下也不行。再试，又发现每一块骨牌中间的距离有大有小，有的跟着倒了，有的碰不到。她就想怎么才能让中间的距离一样呢？于是，她找来了大块的积木分别放到骨牌的中间，这样就能够保证骨牌之间的距离是一样的，试了之后终于成功了。

小朋友讲述的时候思路清晰，表达到位，同时对自己的这个办法充满自信。孩子们开始正式演示，当他们抽走了中间的大积木块，开始推动骨牌后，新的问题又出现了，骨牌中间的距离固定了，但是前后骨牌的位置不齐，甚至完全错开，导致骨牌到这里就终止了。于是，她和同伴们开始调整摆放的方法，让大积木块和骨牌的一端对齐，摆了一段长度后还要拿大积木在一侧推一推，保证是整齐的。看到孩子们的操作，我惊叹幼儿遇到问题解决问题的能力如此强。

一个多米诺骨牌游戏看似简单，但是在摆放的过程中会存在很多因素导致不同的游戏效果。孩子们自发、自主游戏的过程也是发现问题、自主解决问题的过程，过程中幼儿的主动思考、反复验证、形成答案是他们特有的学习过程，而教师的作用应该是观察后的分析，引导后的鼓励，帮助幼儿梳理游戏中发现问题、解决问题的思路，从而提升幼儿积极主动探索的能力。

我们一起来舞龙

北京市房山区周口店镇中心幼儿园　沈美婵

户外游戏中，孩子们看到一条漂亮的"巨龙"一下子就兴奋了起来，个个跃跃欲试。通过协商，请10名幼儿玩起了舞龙，5人为一组。航航和玥玥分别为龙头，其他幼儿拿龙的身体。

游戏中，只听航航一直不停地大声喊道："我是龙头，你们得跟着我，听我的指挥好嘛！""我在这儿呢，你们跟着我呀……"另一组也是同样的情况，孩子们只是随意摆弄着龙，要不就在操场中央来回跑来跑去。游戏结束后，航航抱怨道："老师，他们都不跟着我呀！来回乱跑！"

结束后，针对幼儿游戏出现的问题"怎么舞龙？"开展了集体活动。观看舞龙的视频再讨论，孩子们说："龙要一直跟着龙珠。""龙身子要跟随龙头。""还可以左右甩龙，上下甩龙。""我看到还有两条龙一起合作舞，两条龙来回钻。"

经过小组讨论，孩子们一起制订了小组的舞龙计划，有各种各样的动作，甚至有两条龙一起合作舞龙的。

晞晞："老师，户外的时候我们可以再试试吗？""当然可以。"

就这样，大家进行了第二次的舞龙尝试。

孩子们舞龙的兴趣高涨，越来越多的幼儿想参与其中，他们拿着计划表带领着小组成员舞龙。音乐一起，孩子们就开始了……

舞龙的整体效果有了很大的改善，孩子们之间有了配合，两组合作。但在游戏过程中，他们又出现了问题。

玥玥："这个龙的队形都是歪的！你要踮起来。"

辰辰："轩轩，你的龙尾都没甩过头顶，没甩起来，你的龙都倒在地上了！"

诺诺："你的棍子是不是拿得太靠上面了，拿不稳了。"

晨晨："你没跟上前面的龙身，你都要摔倒了！"

结束后，针对幼儿舞龙出现的新问题，我们又进行了讨论，改动计划，再次尝试舞龙游戏。

在第一次游戏中，舞龙过程比较随意，孩子们来回跑来跑去，要不就是站得歪歪扭扭的，动作也非常单一。这样一来，孩子们也会因为没有挑战性、没有乐趣而放弃舞龙，在过程中孩子们也没有得到充分锻炼。

根据问题，我进行了集体活动、讨论活动等，通过让幼儿观看舞龙的视频，幼儿对舞龙有了初步的了解：舞龙时，龙要跟着龙珠做动作，龙珠去哪里，龙也要去哪里。

依据中班幼儿的社会性特点：敢于尝试有难度的活动和任务，为了培养幼儿的合作意识，一起商讨制定小组的舞龙动作及队形。在舞龙过程中，幼儿用蹲、走以及手部的平衡动作来表现，有了明显的改善，遇到问题时幼儿一起相互讨论，共同想出解决办法后再次进行尝试。

幼儿园里无"小事"

北京市丰台区吉而慧幼儿园　常妍杰

这天起床后，孩子们吃完午点，我发现在餐桌前有几个孩子聚集在一起，原来是盘子摞得东倒西歪，摇摇欲坠，而孩子们还在往上摞。有个别幼儿看着摇摇欲坠的盘子，再看看手中的盘子，发现还可以继续放，就小心地继续往上摞，摞的时候还用手在旁边护着，显然是怕盘子掉下来。我小声地告诉配班老师:"盘子要倒了。"原本是想让她和我共同关注孩子们接下来会怎么做,结果我刚和她说完,她就三步并做两步地走过去,试图整理要倒塌的盘子。我赶紧走过去拉住她,小声说:"能不能让孩子们自己解决呢?"她看着我,于是我走到孩子们面前,开始组织孩子们观察盘子的情况,讨论解决的办法。"小朋友们,为什么会出现盘子要倒的情况呢?"孩子们的讨论非常激烈,文明说:"盘子不一样大,老师拿盘子的时候拿一样大的就行了。"信信说:"把一样大的盘子摞在一起。"满满说:"请值日生帮忙整理。"还有的说:"把大的放下面,小的放上面。"……小朋友们讨论得很激烈,我请每个小朋友把自己的想法演示一遍,并讨论哪一种方法最好,最后得出结论:把盘子分大小放最好。接着,我又问道:"今天有几个小朋友没来,我们制定的规则他们不知道,我们不能来一个人就讲解一遍吧,怎么让大家都知道并遵守这个规则呢?"孩子们又是一阵讨论,最后决定:由今天的值日生把小朋友们讨论的规则画下来,贴在配餐桌前的墙上,使每个放盘子的人都能看到,这样就不用一个一个讲解了。孩子们都同意,很快规则画好贴在了墙上。从此以后,我们班的盘子每次都摆得非常整齐,偶尔有的小朋友没放好,很快就有后面的小朋友帮忙摆好,再也没出现过盘子摆得过高而倒的现象。

事后,我也在想:如果当时我们把盘子整理好了,孩子们明天能不能摆好呢?大概率是不可能的,因为孩子们根本没关注这件事。在幼儿阶段,孩子的学习是以直接经验为基础的,在游戏和日常生活中进行的,我们的"顺手"剥夺了孩子主动学习和体验的机会,就错过了一次次教育契机。幼儿生活经验的积累是一件件小事组成的,而我们在日常生活中很容易将这些小事忽略了。

对标评估指南,提升家长工作

山西省钢新实业有限公司幼教中心第七幼儿园　温英凤

著名教育家陈鹤琴先生曾说:"幼儿教育是一件很复杂的事情,不是家庭或幼儿园一方面可以单独胜任的,必定两个方面共同合作才能得到充分的功效。"作为一名一线的幼儿园教师,深知家园合作的重要性,也在工作中遇到了让人难忘的"沟通"。

奇奇是我们班中途转来的孩子,刚来时我们都比较关注他,希望他能尽快适应班级生活,观察中发现他每天安安静静不出声,也不和小朋友玩耍,当小朋友们做游戏时,他凑过去看看然后又退回来,坐在自己的小椅子上默默地关注着大家。每个孩子都有自己成长的节奏和接纳外界的方式,我不想打扰奇奇,想给他更多的时间慢慢适应,所以每天和孩子妈妈沟通时,总是让她放心,孩子很好。但一段时间后发现,和我沟通完,奇奇妈妈立刻低头不停地询问孩子问题,恨不得他是监控回放,得把一天的事情都说出来,我知道这是家长不信任我们的工作。更有一次,奇奇手上有一个红点,不仔细看都看不出来,妈妈立马板着脸问我们是怎么回事,孩子说自己抓破的,她却不相信。她总觉得奇奇个子小、力气小、胆子小,和小朋友在一起老吃亏。后来又说另一个小朋友打奇奇,这个孩子是个问题孩子,还报复小朋友。对于她这样的言论,我很反对,她却固执己见。为了避免奇奇妈妈的疑虑和对奇奇的盘问,我们班上三位老师每天接园时都会把孩子的在园情况跟她汇报一下,面对奇奇妈妈的"无理"与"无礼"真的是非常无奈。

在我对奇奇妈妈的"苛刻"已经快失去了互信时,我看到了《幼儿园保育教育质量评估指南》中这样一条指标：幼儿园与家长建立平等互信关系，教师及时与家长分享幼儿的成长和进步，了解幼儿在家庭中的表现，认真倾听家长的意见建议。是啊，我们硬性要求家长必须信任老师，未免有些强人所难，尤其孩子刚刚进入新的环境，我只用几句"挺好的，请放心"是无法消除家长的"排异"反应，我更没有深入了解孩子的成长环境和背景，怎能搭建家园"沟通链"呢？

于是我向奇奇妈妈发出邀请，和她进行了一次深入沟通。原来奇奇妈妈是一名护士，白班夜班倒，上班繁忙，休息时间很不固定。入园前都是爸爸全职照顾奇奇，而奇奇爸爸喜欢打游戏，经常和奇奇是各玩各的，只能满足孩子的基本饮食起居，根本谈不上陪伴与教育。因此奇奇妈妈总觉得亏欠孩子，心存愧疚而又焦虑满满，怕孩子进入集体受到伤害，也想抓住所有机会了解孩子。在了解了这些情况后，我完全理解了她的"心结"，理解了她的"过度关注"，在耐心等待奇奇接纳我们时，也耐心等待奇奇妈妈的适应和接纳。

家长工作看似平凡，但聚焦到孩子身上却需要我们教师用专业理论武装自己。《幼儿园保育教育质量评估指南》作为幼儿高质量教育的新方向标，家园共育方面的指标突出了幼儿园和家庭之间教育的合作性、共生性与成长性。很幸运能在"困"的时候，有《幼儿园保育教育质量评估指南》这把钥匙帮我打开。重视幼儿园与家庭之间的沟通与合作，不是告诉家长要做什么、怎么做，而是"我们"一起向内走，用心"真沟通"，发现教育的内在力量。我们不要刻意追求引领家长，也没有必要一味迎合家长的要求，更多的时候，家园关系呈现出的是一种共同探讨的姿态与共同成长的节奏。

告状的禹桥

中国人民解放军国防大学幼儿园（红山园）　冯　蕊

告状是幼儿园出现次数最多的情况，作为老师不可轻视，正确认识和处理幼儿的告状行为，在幼儿园中十分重要。

一天林林、禹桥进积木区玩了起来。突然，林林和禹桥发生争吵，都说自己先拿到长条积木的，互不相让，最后争夺起来。林林力气大，把长条积木抢走了，还把禹桥的手指弄疼了。禹桥说着要去告诉老师，一会儿就来到了老师面前。了解事情经过后，我首先缓和幼儿关系，再把问题抛给孩子："你觉得应该怎么做呢？"培养幼儿独立解决问题的能力，逐步减少幼儿的告状行为。

禹桥为了求得老师的公正判决，做出了告状的举动。中班幼儿以自我为中心，只知道维护自己的利益和快乐，他们不会用友好协商等方法来解决问题，自己没有办法解决时，会向老师告状，希望老师能够帮助自己达到意愿。

上述案例中，禹桥希望通过老师的权威帮助他重新拿到积木，这也是幼儿遇到困难就向教师告状的原因之一。作为老师，不可轻视幼儿的告状行为，正确处理会无形中拉近同伴之间的良好关系。

那教师应如何正确应对幼儿"告状"行为呢？

1. 态度要端正。当孩子找老师"告状"时，他们认为老师是公正无私的，不能随意敷衍或置之不理，应该站在孩子的角度耐心倾听幼儿讲述事情经过，设身处地地从幼儿角度看待问题。

2. 掌握详情"对症下药"。要查清事情的前因后果，具体问题具体分析，选择合适方式"开方治病"。比如：引导幼儿利用自己的亲身感受进行换位思考，并寻找解决问题的方法。

3. 培养幼儿独立解决问题的能力。要适当放手，不要一味地去帮助幼儿解决问题，应鼓励幼儿自己独立尝试，并在实践中成长。

教育探索

爱的校园文化建设

内蒙古自治区通辽市科尔沁左翼中旗幼儿园　艾乌兰

幼儿园校园文化的形成、凝练、累积的过程，实质上是幼儿园办学理念、价值观念、行为规范等逐步建立和不断完善的过程。近年来，我园紧紧围绕实施"爱的教育"的办园理念，通过内强素质、外树形象的有效方式，以办人民满意的幼儿园为价值追求，积极创建和谐有特色的幼儿园文化，采取多种措施用"爱的教育"倾力打造有自己特色的幼儿园核心文化。

一、秉承传统，提升内涵，展现精神文化育人精髓

校园精神文化是校园文化建设的核心内容，是一个园所本质、个性、精神面貌的集中反映。因此在这方面，我们准确把握本园实际和时代精神，根据幼儿园规程和《纲要》精神，围绕"爱"的教育，构建了我园积极向上、严谨求实的办园宗旨、园风、园训、教风、学风、班风，设计了属于我园特色的园徽、园旗、园歌、吉祥物等，从而使我园的校园文化建设更具特色。

二、依托园设，营造特色，凸显环境文化教育魅力

环境是重要的教育资源，物质环境与人文环境同时抓起。近年来，我们精心打造校园环境文化，让每一处的环境都有益于孩子的全面发展，做到每一堵墙都会说话，每一块绿地都会抒情，每一个角落都有美的闪现，让校园处处都成为育人场所，凸显环境文化的教育魅力。

1. 创设爱的物质环境。绿化、美化、儿童画相结合，碧绿的足球场，蓝黄相间的塑胶运动场，树木、鲜花、绿草、凉亭、水车、假山、木屋、葡萄藤，与嬉戏的孩子们相映成趣。将传统文化、礼仪文化、民族文化、核心价值观融为一体，融入幼儿学习成长的全过程，营造有利于幼儿健康成长的和谐环境。

2. 营造爱的人文环境。环创中一条条爱的标语，教学中一首首爱的歌曲、一则则爱的故事，耳濡目染，日久天长，爱心教育收到事半功倍的效果。走进幼儿园，就走进了一个充满爱心、温馨、和谐、文明、快乐的童话王国。

三、丰富载体，注重素养，提高课程文化教育质量

课程是教师带领孩子为实现一定目标而进行的活动，可直接达到教育目标。它是幼儿园教育实施的基本载体，办园理念终归要通过课程来实现，因此构建课程文化是提升幼儿园核心发展力的必经之路。

以"为孩子们幸福人生奠基，为孩子们终身发展铺路"为己任，考虑的是怎样让孩子玩起来、快乐起来。在五大领域教学活动中，我们首先把情感目标放在首位，凸显爱的目标和地方色彩。生命安全教育，让孩子们认识自我，学会保护自己；快乐足球活动，让孩子们学会了勇敢顽强及团队意识；插花、茶艺，让孩子们学会了优雅，懂得热爱生活；生态体验小厨房里一个个快乐的小厨师，学习包、捏、擀、压、切、搓等各项劳动技能；创意美劳活动，让幼儿们懂得自然中各种材料都可以创造美、表现美；蒙诺科学探索乐园，孩子们亲手操作、亲身感知，沉浸在探究的乐趣中；心理沙盘游戏让孩子们和谐快乐成长；奥尔夫音乐课堂，孩子们玩奏各种乐器，陶醉在美妙的旋律之中；大型建构室成就了孩子们小小工程师的梦想；中国舞的柔美让孩子们用协调的肢体动作表现美；区域活动让孩子真正做到了自己动手、自我服务、自主学习；礼仪课程在一日生活中点点滴滴的渗透，让孩子们变得彬彬有礼。

四、把握关键，以点带面，探索行为文化教育方式

《纲要》中指出："幼儿园要促进幼儿良好行为习惯的养成，培养孩子们良好的德行。"园所文化中，行为文化是连接外层物质文化、制度文化和内层精神文化的中间环节，作为园所文化核心的精神文化往往要通过行为文化表现出来。因此，行为文化建设是关键，抓住关键就能带动全盘，就能推动园所文化的总体建设，实现"人创造文化，文化塑造人"。

爱的行为文化包括管理者的人文管理、教职工的团结协作和孩子们的良好习惯的养成。"管理就是服务"是我们的准则，一心为教师服务，为家长服务，为孩子服务。每天，孩子们在问候声中开始一天的快乐生活。一日生活都渗透着爱的教育，升旗仪式、"小小值日生"、"小小气象员"、"礼仪小标兵"、"我是小小主持人"等制度的坚持，使幼儿养成良好的行为习惯。每逢重要传统节日，通过主题活动让孩子们了解中华传统文化。如清明节，开展缅怀英烈主题活动，让幼儿接受革命传统教育。把各种行为规范编成体操和朗朗上口的儿歌让幼儿一边锻炼身体一边接受品德教育。把养成教育内化在日常教学之中，做到时时注意，事事讲究，为孩子们日后成为受欢迎的社会人打下坚实基础。

五、师生共创，突出亮点，搭建活动文化成长舞台

幼儿园校园文化建设中很重要的一点就是要开展健康向上、生动活泼、丰富多彩的文化活动，精心安排各种活动让爱动起来是我园所有活动的宗旨目标。文化活动的开展促进和调动了教职员工的积极性和创造潜能，推动幼儿园校园文化建设不断向前发展。

六、立足园本，精化管理，健全制度文化保障体系

制度文化作为校园文化的内在机制，是促进教师可持续发展、维持幼儿园正常秩序必不可少的保障系统。其包括幼儿园的规章制度、管理条例及职责范围等。幼儿园制度文化的构建可以起到激励、规范、凝聚人心的作用，对保障幼儿园工作科学有序地开展具有重要的意义，同时也是在幼儿园师幼中培植幼儿园倡导的价值观的过程。"无规矩不成方圆"，只有建设起完整的规章制度，规范了师生的行为，才有可能建设起良好的校风，才能保证幼儿园各项工作的顺利开展。

一所健康发展的园所，一定有一套完善的民主管理制度。相关章程、园规由职代会通过，民主决策。校园文化建设制度、党建制度、工会制度、保教制度、后勤制度、安全制度、财务制度、教师培养培训制度、家长学校制度等已经健全，并逐渐完善。管理中心坚持做到工作有计划、考评有制度、工作有落实、问题有整改、成效有记录、人人有职责，形成一种"以制度约束人，以制度管理人，以制度激励人"的管理体系，真正做到各项工作"人人参与，齐抓共管"。

七、积极探索，凝心聚力，打造班级文化教育特色

班级文化作为一种隐性的教育力量，表现出一个班级独特的风貌和精神，是一个班级的灵魂所在，具有凝聚、约束、鼓舞、同化的作用。和谐幸福的班级文化建设是一门艺术，需要全体班级成员积极去参与和探索。它是无形的，却有着极强的教育力量。

班级是幼儿在园内的小家，我们围绕"爱的教育"抓"班级文化"。各班级汇聚教师、家长和幼儿智慧，在"爱"的文化背景下，根据本班级特点形成属于每个班级的文化特色，完成个性班级文化创建工作，富有特色的班级精神、班名、班级 Logo、班风、班训、班歌、吉祥物、班级公约、区域游戏规则，采取"班币激励"，让教师、幼儿和家长人人以班级为荣，人人为班级代言，人人为幼儿园代言。我们相信那句话："播下一种文化，收获一种习惯；播下一种习惯，收获一种性格；播下一种性格，收获一种命运。"愿每一位教师都能通过"我的文化我的班"演讲活动经营好自己的班级文化，愿每一位幼儿都能在绚丽绽放的班级文化之花中熠熠生辉！

八、资源共享，家校合一，拓展网络文化教育空间

幼儿园早期教育不应是封闭式的，应与家庭、社会教育紧密结合，形成全方位的合力教育。家长是重要的教育资源，我们积极引领家长共同承担教育幼儿的责任，不仅激励家长积极参与我们的活动，还要让家长和幼儿一起学习，一起成长。通过幼儿园网站、幼儿园微信公众号、家长学校、家长读书沙龙、家长学校网络课程、家长微信学习群等向家长传递先进教育理念和教育方法，发挥我园家庭教育讲师团和家长家庭教育指导委员会作用，每天在学习群里安排值讲教师负责家庭教育讲座或《不输在家庭教育上》读书分享。采取这一系列新颖而有益的举措不但能拓展幼儿的活动空间，激发幼儿的活动兴趣，丰富幼儿的知识和经验，而且可以帮助家长建立起科学的育儿观，丰富家长的家教经验，使幼儿教育得到延伸。

雨露润花蕾，温馨满校园。经过几年的努力，我们科尔沁左翼中旗幼儿园沐浴着爱的阳光，用责任播种爱的种子，用智慧传递爱的能量，以小爱育大爱，创建大爱家园。身处这样一个充满浓浓文化氛围、充满爱的童话乐园里，孩子们说："我爱我的幼儿园！"老师们说："在这里我们快乐工作、快乐生活、快乐学习！"家长们说："这样充满爱的幼儿园，不仅是孩子们的第二个家，也是我们的家。"我们正以饱满的热情、昂扬的姿态，为幼儿园的进一步发展而努力！

幼儿园校园文化建设不是由口号、标语堆砌起来的，它应该融入幼儿园工作的方方面面。在具体的实践中，幼儿园应组织全体教职员工全方位地将文化建设落实到工作的各个方面，持之以恒，不懈努力，使之成为一种生机勃勃、催人不断奋发向上的组织精神。

青海本土文化在幼儿教育中的魅力

青海省西宁市三毛幼儿园　张　玥　张莉莉

文化是一个国家和民族的灵魂。文化兴国运兴，文化强民族强。青海本土文化是中华文化的组成部分，是存在于青海幼儿身边的优秀文化。儿童作为一种社会性存在，其生存和发展离不开特定的文化背景。《纲要》中提出要教育幼儿感受丰富优秀的祖国文化，了解家乡的变化与发展，激起幼儿爱家乡、爱祖国的情感。幼儿园阶段也正值幼儿教育启蒙期，正是我们将中华文化之根植入幼儿心灵，做好培根铸魂育人工作的重要阶段。

通过充分挖掘青海本土文化当中具有教育价值的文化资源，将黄河石、土族轮子秋、青海特色美食、河湟皮影、酥油花、彩陶等青海本土文化纳入幼儿园教育，能够拓展幼儿园课程体系，丰富幼儿的生活体验，对弘扬青海本土文化，建立民族文化自信以及培养幼儿爱家乡、爱祖国的情感具有重要的推动作用。在世界文化不断交融的背景下，富含人文内涵的中华文化是塑造幼儿正确的价值观和良好的个性品质的重要途径，能够滋养幼儿心灵，促进幼儿核心价值观的培养。

一、以本土文化育幼，培养爱家乡、爱祖国的情感

青海本土文化是青海地方文化，也是中华文化的重要组成部分。幼儿对家乡文化的认同感与归属感并不是与生俱来的，需要从小培养。通过丰富多样的教育活动、区域游戏、社会实践等，让幼儿了解、认同、弘扬和发展青海本土文化，让幼儿在与青海本土文化接触的过程中感知、欣赏和接纳青海本土文化的丰富内涵，激发他们对青海本土文化的热爱，从而让青海本土文化在幼儿的接纳、创造和推陈出新中得到传承和发展，唤起幼儿对青海本土文化的自觉，激起幼儿对中华优秀文化和独特本土文化的热爱，培养幼儿爱祖国、爱家乡的情怀。

二、本土文化教育贴近幼儿生活，更能激发幼儿学习潜力

幼儿园阶段幼儿的生理、心理发展尚未成熟，处于具体形象和动作性思维阶段，幼儿以直观的、具体的方式感知世界，这就要求幼儿园的课程内容应源于生活。陶行知先生提出："生活即教育，教育只有通过生活才能产生作用并真正成为教育。"强调了幼儿园课程内容要源于生活，课程的组织要融于生活，课程价值要高于生活。对于幼儿来说，贴近生活的活动都是有趣的活动，那些集聚浓浓"烟火气"的生活才能真正满足幼儿学习与发展的需要，激发幼儿学习的主动性。

青海是位于高原地区的多民族地区，有着"中华水塔"的美称，故以丰富多彩的民族文化、历史悠久的黄河石文化以及独特的三江源文化构成了青海特色本土文化。它经过长期的历史积淀所包含的社会习俗、历史遗存、工艺美术、民间曲艺等内容，与幼儿生活息息相关，可有效激起幼儿学习的兴趣和学习潜力。

三、拓展幼儿园课程内容，丰富幼儿教育支持

随着幼儿园课程改革的不断深入，幼儿园课程强调全面教育，以生活活动、五大领域集体活动、区域活动、户外活动为主要形式，以日常礼仪与日常生活行为教育、科普知识、美术创作、身体动作发展等为主要内容，促进幼儿全面发展，但是课程内容缺少对地方文化、中华传统文化的深入挖掘和传承。在幼儿园开展青海本土文化教育，既是传承和繁荣青海本土文化的需要，又是促进幼儿全面发展的需要，青海本土文化的生活性、审美性、综合性和实践性可以为幼儿心智的启蒙和能力的发展提供良好支撑。因此，应基于青海本土文化视域构建园本课程，进一步挖掘各类青海本土文化教育资源。比如：青海的自然风景、人文风光、文化故事、传统民俗文化、革命故事、美食文化等，将这些具有家乡特色的元素作为幼儿活动的支持，能够进一步拓展幼儿园课程体系范围，丰富幼儿园课程建设的文化内涵，实现幼儿园教育的本土化、生活化、民俗化。

四、创新本土文化传承，实现本土文化教育游戏化

幼儿教育以游戏为主要活动，开展幼儿园青海本土文化教育，就要秉承课程游戏化中"自由、自主、愉悦、创造"的游戏理念和精神，让课程更加贴合幼儿成长与发展的规律，贴近幼儿的生活和实际需要，成为有趣的、有效的、生动活泼的、儿童主动活动的过程。让青海本土文化教育课程实现游戏化的过程，就是教师把青海本土文化内容借助环境创设、区域设置、保教活动等途径，深入挖掘、拓展和传承青海本土文化，用游戏化方式为青海本土文化赋予有趣、丰富、形象生动的面纱的过程，进一步将青海本土文化内涵彰显得淋漓尽致、贴近生活。

总之，将青海本土文化资源融入幼儿园课程，进行游戏化的教育实践，能够让地方文化特色与幼儿教育有机结合，在丰富园本教育内容，以贴近幼儿生活的教育支持幼儿发展的同时，能够满足幼儿的多元文化学习要求，切实推动幼儿园园本课程体系优化完善和多元化发展。此外，以青海本土文化为内容开展幼儿教育，是对青海本土文化的传承与发展，在培养幼儿文化自信，树立幼儿爱祖国、爱家乡的情感方面发挥着重要作用。

幼小衔接中幼儿任务意识的自我建构

山西省运城河津市市直机关幼儿园　魏美艳

2021年，教育部颁布了《关于大力推进幼儿园和小学科学衔接的指导意见》，我园组织老师认真学习，理解其内涵是实现基础教育高质量发展的举措。针对现阶段初入学小学生注意力不集中、不理解题意、记不住作业等问题，我们通过研讨、审思以幼儿为主体的教育理念，确立了幼小衔接的探索主题——幼儿任务意识的自我主动建构。

一、变"老师要求"为"幼儿自己要求"

落实以幼儿为主体的理念，老师的教育行为就要追寻孩子的主动性发展需求，不断反思和调整。

根据"自我建构任务意识"思路，我园把孩子们跳绳、拍球活动以完成任务的形式来开展，引导幼儿树立自我任务意识。

在一次户外跳绳活动的指导中，孩子们每人都在学习或练习跳绳。杨辰高兴地说："老师，我跳了5下。"老师："连续跳了5下，老师也为你高兴，明天争取连续跳到8下。""嗯！"我仔细分析"明天连续跳到8下"，这应该是老师对幼儿命令式的主观要求。老师的引导语言怎样让幼儿感受到有温度的信任与鼓励，主动为自己的进步制定目标呢？和其他老师研讨后换成这样说："你才练习了一小会儿就能连续跳5下，那明天你计划跳到多少下？"当老师这样问孩子时，孩子们的回答是这样的：有的说我要跳到100下，有的说我不知道，有的说10下……新的问题产生了，孩子们的目标预估不切合实际。教师怎样引领孩子制定适合自己水平的小目标，从而完成任务？我于是进行下面的推进。

二、变"盲目"为"看得见"

既然幼儿不能预估自己的进步，那就用实际结果来记录。具体做法是，老师引导孩子们设计"今日小任务"记录表，以"拍球小能手""跳绳小达人"来展示，结合幼儿跳绳、拍球过程中遇到的问题及解决办法，形成任务墙。这个可视化任务目标墙，形象化地让幼儿看到了自己每天的进步。在成就感的激励下，孩子们每天的10分钟练习很积极，边拍边数，主动记录时还会说昨天拍了几下，今天拍了几下，多了几下，在此过程中了解了自己的进步程度，对自己有了客观的认识。而且主动纵向、横向比较，拍球、跳绳水平的提高显而易见。

相信孩子们学会了拍球、跳绳以及花样拍球、花样跳绳，小学的课间10分钟将会是十分精彩的。

三、变"接受任务"为"展示小本领"

任务的执行和有效完成是以幼儿的知识和技能的掌握为基础的，即幼儿要有一定的知识和经验储备。

比如"美食播报"，活动前老师们讨论，播报活动要让幼儿知道：什么是播报？什么是美食？为什么要做美食播报？怎样做美食播报？不知道食物的营养价值怎么办？最后一个问题涉及查资料的自我学习能力。查资料用什么方法最好？问家长，问老师，从图画书中找，用手机查……什么方法最方便？手机。孩子们如何用手机查？怎样解决他们不能完全进行文字阅读这个问题？用语音和视频。这样符合孩子们"直接感知、实际操作、亲身体验"的学习特点。

活动中，孩子们对用语音查找资料的方法很感兴趣。他们对着老师的手机说出"视频胡萝卜（冬瓜等）的营养"，当看到手机出现视频后，高兴地欢呼了起来。

孩子们学会了用手机查找资料进行学习这个技能，那么今天的任务就是把学会用手机查资料这个方法展示给家长。当孩子把这些展示给家长的时候，他有满满的成就感：我会用手机查找资料，是用语音和视频查，我长本领了。家长为孩子感到高兴欣慰，从而给予了我园肯定和支持。

孩子们认识到手机是学习工具，不只用它可以看动画片、玩游戏，这也是他们入学后自我学习能力的一个准备。

四、变"关注任务完成"为"重过程效果评价"

自我评价是一种综合能力，它体现出幼儿对自我认知能力、性格等综合内容的预估和调适。

在组织幼儿进行任务完成情况的自我评价过程中，老师的引导方式、提问语言是尊重幼儿的学习需求的。如：大家的任务完成了吗？你是怎样完成的？你有什么感受（或你的心情怎样）？请大家说一说谁完成任务的办法比较好？你学到了什么？老师很期待下一次你的分享哦！我们的分享评价是宽松的、快乐的、有成就感的，它关注的是孩子做任务的过程和效果，以及同伴之间的互动促进，表现在孩子们自信地分享自己的成功，得到同伴的赞同和鼓励，还能学到不同的办法，愿意调整自己的思路以及做法，更快更好地完成任务，提升完成任务的效率。不仅感受到自己的成长，还能客观地认识自己的同伴。

这种分享的成就感拉近了孩子们之间的距离，互动进步更是孩子们交往的收获，是必不可少的入学准备。

五、变"老师牵引"为"创意行动"

开学初大班的孩子们在种植园种植了菠菜、韭菜等蔬菜，每天看到它们一点点长高，喜爱之情溢于言表。转眼十一月份天气变冷，一次户外植物园的观察活动中，孩子们发现长得好好的菠菜、胡萝卜、大葱、韭菜等蔬菜都蔫了，怎么回事？孩子们着急地议论着，有小朋友说它们是冻死的，这个想法引起了大家的共鸣，但仅此而已没有了下文，孩子们的认知停留在天冷就该如此。问题出现了，就该进一步探究解决。

问题引领。针对孩子们刚萌芽的想法，老师的支持应是顺势而为。于是老师问："它们会不会冻坏呢？"孩子们紧张地说"会"。再问怎么办呢？于是"为蔬菜穿冬衣"的爱心助力探索活动展开了。给蔬菜宝宝穿什么样的冬衣，孩子们否定了安装空调、盖砖房……最后确定了搭建透明的大棚房子。

条件推进。可是问题又出现了，怎样搭建塑料大棚，需要哪些材料？孩子们又通过商量，认为家长、自己和老师搜集材料不如请园长阿姨支持，园长阿姨很痛快地答应了，但也提出了条件：画出蔬菜宝宝的大棚设计图和所需材料的清单。没想到这下激发了孩子们的创造力和行动力，他们很快设计出了可爱的动物头像大棚门，还以绿油油的蔬菜小苗做大棚身体的装饰，材料的长度和弯度都画了出来并标上了尺寸（老师的帮助）。原来压力在爱心、热情面前就是动力呀！

一切准备就绪，孩子们开工了。搭框架，给大棚安小门，铺塑料布，安装固定器，用土压住大棚周围缝隙……齐心协力克服重重困难，经过一系列陌生而又烦琐的步骤，蔬菜大棚终于搭建好了，蔬菜宝宝"穿"上了暖和的冬衣，细心的孩子们还为蔬菜宝宝的冬衣设计了专属 Logo 呢！

主动建构。为"蔬菜宝宝穿冬衣"活动圆满收工了，"小树呢？它们冷不冷？"当孩子们提出这个问题后,我们全力支持且最大限度地放手。"老师,小树穿什么冬衣?""老师也不知道,怎么办呢?""能用你的手机查一下吗?""当然可以。"于是孩子们用手机查资料,知道了小树的冬衣在什么位置,既防虫又保暖。幼儿为小树涂白,为树宝宝穿自己的棉衣,缠上自己的围巾,还为小树的衣服涂上漂亮的花色、添上笑脸,好一个"我爱小树,小树懂我"的生态共存的温馨画面!

孩子们在一次次与大自然的"对话"中,表现出了热情探究、主动合作、坚持等学习品质,这岂不是很好的入学准备?

幼儿任务意识的自我建构是一个逐步形成的过程,需要孩子们不断积累成就感,从而形成习惯。引导孩子们学有思、思而做、做有果,把生活、游戏、学习经验积累成智慧。为幼儿进入小学打好基础,提供专业支撑,促进幼儿全面发展,我们还在继续探索。

兵团幼儿园教师职业幸福感现状及提升策略
——以第八师石河子市第二幼儿园为例

新疆维吾尔自治区石河子市第二幼儿园　蔡　玉

享有职业幸福是教师的基本权利。中共中央、国务院于2018年发布的《关于全面深化新时代教师队伍建设改革的意见》指出:"到2035年,尊师重教蔚然成风,广大教师在岗位上有幸福感、事业上有成就感、社会上有荣誉感,教师成为让人羡慕的职业。"幼儿教师的职业幸福感,对推动学前教育师资队伍建设具有重要价值。八师石河子市坚持"公办普惠,优质均衡",出台了《第八师石河子市2019—2025年幼儿园布局规划实施方案》,更加关注教师队伍,提出加强教师队伍建设,关注幼儿园教师职业幸福感。

一、幼儿园教师职业幸福感现状

本研究选取在石河子大学参加"继续教育"的兵团的338名幼儿教师、八师石河子市第二幼儿园37名教师为对象,发放"幼儿园教师职业幸福感的调查问卷",对兵团幼儿教师职业幸福感现状进行调查,对石河子市第二幼儿园9名教师进行访谈。最终结果运用SPSS 25.0进行分析,结果如下。

表1　兵团幼儿教师职业幸福感的描述统计($N=338$)

维度	最小值	最大值	均值
心理幸福感	1.50	5.00	4.02
情绪幸福感	1.50	5.00	3.70
社会幸福感	1.00	5.00	3.86
认知幸福感	1.00	5.00	3.53
职业幸福感	1.73	5.00	3.73

由表1可以看出,兵团幼儿教师职业幸福感的均值为3.73,标准差是0.624,得分高于其理论均值,兵团幼儿教师职业总体幸福感呈中等偏上。

表 2　八师石河子市第二幼儿园教师职业幸福感的描述统计（$N=37$）

维度	最小值	最大值	均值
心理幸福感	1.50	5.00	4.12
情绪幸福感	2.83	5.00	4.16
社会幸福感	3.33	5.00	4.38
认知幸福感	2.75	5.00	4.24
职业幸福感	3.13	5.00	4.22

由表 2 可以看出，我园幼儿教师职业幸福感的均值为 4.22，标准差是 0.53，得分高于其理论均值，幼儿教师职业幸福感较高。

二、幼儿园教师职业幸福感调查结论

第一，兵团幼儿教师职业幸福感总体水平良好，但各幸福感不同，维度发展不均衡。四个维度得分由低到高的情况分别是认知幸福感、情绪幸福感、社会幸福感、心理幸福感，得分分别约为 3.53、3.70、3.86、4.02，各维度得分均高于理论中值但均值存在差异。因此，可以看出兵团幼儿教师的职业幸福感的内容发展尚不均衡。

第二，八师石河子市第二幼儿园教师职业幸福感整体水平高于兵团幼儿教师。我园四个维度得分由低到高的情况分别是心理幸福感、情绪幸福感、认知幸福感、社会幸福感，得分分别为 4.12、4.16、4.24、4.38，每个维度的得分均高于理论中值，其职业幸福感高于兵团幼儿教师。

三、幼儿园教师职业幸福感现状反思

（一）情绪幸福感维度

幼儿教师在工作中是否感到轻松、和谐、有幸福感属于情绪维度，是职业幸福感的重要维度之一。兵团 7 个师幼儿园 26% 的幼儿教师感到幼儿园有同质化的管理模式，忽略了教师内心的感受，工作主动性不足，影响了教师职业幸福感。我园 85% 的教师认为在幼儿园工作是和谐、团结、轻松的。

（二）认知幸福感维度

兵团 7 个师幼儿园问卷中，29% 的老师对是否能通过这一职业实现自身教育理想和人生价值持否定态度或不确定态度。我园 85% 的老师认同幼儿园注重教师专业成长、新教师培养，认为专业发展既是职业幸福的重要来源，又是获得幸福的途径。职业幸福感高的教师会主动学习，提升专业素养。（D 老师：幼儿老师必须有过硬的专业知识、能力，才能了解不同年龄阶段孩子的发展特点以及教育措施，才会有成就感和幸福感。）

四、"幸福二幼"多维度提升幼儿教师职业幸福感的策略

（一）打造和谐的幼儿园教师团队

我园着力营造和谐、和爱、和美的人文环境，打造一支积极向上、团结奋进的教师队伍。第一，班子和谐。领导班子互相团结协作是带好一个团队的关键。通过领导班子的和谐自上而下地带动教师、激励教师、影响教师，形成和谐民主的环境氛围。第二，教师和谐。我园以"和谐"为着力点，倡导"三多三少"，即多一点肯定、多一点欣赏、多一点感恩；提倡少一点否定、少一点责备、少一点抱怨。第三，师幼和谐。教师聚焦幼儿需要，关注幼儿的个体差异，以幼儿为本，通过一个爱抚的动作、一句积极的肯定、一个亲切的微笑促进师幼和谐。

(二)打造轻松的幼儿园教师团队

为了舒缓平日工作中的紧张和压力,调动老师的工作热情、团队凝聚力和归属感,我们通过以下两个途径来开展活动。

途径一:丰富教职工的文化生活,缓解工作压力。第一,"党建+团建"活动,把"我"变成"我们",提高教师之间的协作精神和集体主义精神。第二,师幼共读,书香满校园。我们鼓励师幼共读,开展读书分享会活动,增强教师的人文底蕴。成立绘本馆,开展绘本漂流活动,实现师幼共读、亲子共读的良好氛围。第三,心理健康团建。每学期开展心理健康团建活动,培养教师彼此之间的团结协作精神。

途径二:多种关心赢得教师家属对教师工作的支持。每逢节日录制家人问候视频,疫情防控期间关爱生宝宝的教师。慰问新入职教师,关心南疆支教教师。增强了幼儿园老师们的凝聚力,营造了更好的团队氛围。

(三)打造成长有力的幼儿园教师团队

1. 以园本培训为契机,助力教师专业成长。第一,计划先行,夯实教研基础。我园充分了解教师需求,做好培训课程的顶层架构,制订园本培训计划。第二,改变培训形式,让学习自然地发生。采取多种形式的培训策略,如讲座结束后巧妙设计"个别发言、幸运转盘、你猜我答"等活动,调动了老师线上学习的积极性。第三,优化小教研。教研动机从任务驱动走向问题驱动,教研内容从主要研课走向研游戏、一日生活、幼小衔接等内容。第四,深挖培训资源。我园在幼小衔接试点校、足球特色中学等开展培训,教师主动参与性高。第五,参训教师二级辐射。教师参加培训后对园内教师进行二次培训,以点带面,全面铺开。第六,专家引领。我园与石河子大学师范学院学前教育系形成专业链接,由专业教师团队指导,提升我园教科研能力。第七,坚持"应需而培、培而致用"的原则。打破只培专业的狭隘认识,还涉及教师信息化能力提升、心理健康、沟通答辩能力提升等培训内容。

2. 分层管理,形成梯级教师团队。第一,创新培养模式,打造金字塔式团队架构,制订教师发展培养计划。第二,搭建多元平台分层管理。新手教师进行教育教学常规和基本功培训,成熟教师进行特长化和专业化培训,骨干教师开展专业研究和经验提炼培训,资深教师进行专业引领和实践指导培训。

3. 释放团队效能,促进教师共同发展。我园升级为全国"安吉游戏"第二轮实践园,积极发挥作用,石河子、沙湾两地幼儿园携手应需而研,对冬季室内"安吉游戏"推进存在的困惑进行梳理分析。同时与第九师幼儿园形成安吉游戏手拉手联合体,开展"安吉游戏"专项交流、分享。

(四)新教师"抱团培养"模式的探索,推进新建园教师专业发展

2021年4月我园新城校区建成,引进25名新教师,教师年轻且专业能力弱、发展不均衡,我园开展新教师"抱团培养"模式的探索。

1. 培养内容选择注重实用性。新教师面临的问题大多与幼儿一日生活各环节有关,大到班级的管理,小到幼儿洗手、如厕、盥洗等。培训内容还会选取新教师急需解决的问题,比如新生入园焦虑现象的分析与解决办法、新手班主任家长会的组织与策划等。

2. 注重必要性,紧要的优先培训。例如多数新教师对"幼儿行为观察与分析"感到困惑的普遍性问题。首先,我们培训幼儿游戏行为观察与分析方法、书写观察记录的格式等内容,发现很多新教师对《3—6岁儿童学习与发展指南》不熟悉,特别是对各年龄段幼儿典型特点了解不深刻,导致在观察描述及分析的过程中不能够把握幼儿的年龄特点,继而无法提出适当的教育策略。此培训解决新教师在幼儿行为观察与分析中的最大问题。

总之，提升教师职业幸福感，除了教师本人正确认识教育职业、努力提高教育专业技能、全身心投入工作之外，幼儿园还可以做出更多努力，如改善校园人文环境、营造良好工作氛围；落实"双减"政策；开展分层分类培训，助力教师专业成长，提升教师职业幸福感。

针对"无聊的孩子"区域游戏现象的观察与反思

新疆维吾尔自治区哈密市第四幼儿园　王楠楠

游戏为教育提供了一种顺应儿童天性的法则。通过游戏，儿童可以自由地表达自己的想法和感受，发挥自己的想象力和创造力，同时也能够培养儿童的思维能力、语言表达能力和社会交往等多方面的能力。因此，在幼儿的教育过程中，游戏活动应该被重视和充分发挥。然而，在幼儿园教学实践中，我发现"无聊的孩子"区域游戏现象层出不穷。这些孩子选择了玩游戏，却缺乏探究和沉浸体验，只是简单、枯燥地重复着游戏规则。对于这种问题，我们需要注意孩子们的游戏表现，并引导他们真正地探究游戏规则和人物角色，以激发他们的兴趣，防止孩子们在游戏中过度地重复机械操作，进而使教育意义丧失。

一、"无聊的孩子"具体表现：幼儿机械重复游戏规则，缺乏探究和沉浸体验

幼儿参与游戏，但在游戏中，因缺乏主动性和探究精神，表现出机械重复和缺乏创造性的行为。他们或是没有充分利用游戏材料和环境，陷入单调的重复动作中；或是缺乏兴趣和动力去尝试新的想法或角色扮演，仅仅满足于简单的重复行为；或是缺乏想象力和创造力，无法从游戏中获得充分的沉浸体验，以下是几则课堂实录片段。

（一）室内的捉迷藏游戏

老师："好，现在是室内游戏时间！我们要玩捉迷藏游戏，规则是你们可以藏在教室里的任何地方，我来找你们。"

欣蕊："我们是不是每次都玩这个？我觉得这个游戏很无聊。"

老师："那你有什么其他的游戏建议吗？"

欣蕊："不知道，我只是觉得每次都玩一样的游戏不太有趣。"

这个真实场景中，幼儿园老师提出了捉迷藏的游戏规则，但欣蕊对这个游戏感到无聊，表达了对机械重复游戏规则的不满，希望能有一些新的游戏或变化来增加乐趣。反映出幼儿在游戏中只是机械地按照老师制定的规则进行游戏，而缺乏探索和沉浸体验的情况。他们可能渴望有更多的变化和创新，以使游戏更加有趣和吸引人。

（二）角色扮演的游戏中

欣蕊："我们今天要玩扮演医生和病人的游戏，我们都已经扮演过很多次了，感觉很无聊。"

梓墨："是吗？我也有同样的感觉。你有什么其他的游戏建议吗？"

欣蕊："我不知道，但是我希望能尝试一些不同的角色或者故事情节。"

梓墨："也许我们可以问问老师。"

这个例子中，幼儿们正在角色扮演区玩医生和病人的游戏，但他们对这个游戏缺乏深入理解和兴趣，缺乏情感和想象力的投入。

（三）表演区的刻板表演

幼儿园的表演区，幼儿准备向老师们展示他们的才艺。

幼儿1："老师们，请欣赏我的芭蕾舞表演。"

幼儿2："老师们，请观赏我的画。"

幼儿3："老师们，请倾听我的诗朗诵表演。"

教师："孩子们，你们的表演看起来有些刻板和缺乏创意。希望你们能够展现出更多的个性和想象力。"

幼儿1："但是老师，我们只会这些节目，我们不知道该怎么做得更好。"

幼儿在表演中展示自己的才艺和热情，这对他们的成长和发展是非常有帮助的。然而，在实际生活中常会出现如上述例子中缺乏个性和创意的刻板表演。幼儿们可能在表演中只是机械地模仿老师或其他固定的表演节目，缺乏展示自己独特才能和创造力的机会。正如有论者提出的："游戏是幼儿的自主性活动，而不是成人强加的逼迫性活动……教师应该让幼儿成为游戏的主人，让幼儿主动控制活动进程，自主决定活动的方式方法，而不是按成人规定的或演示的方式方法来操作。"

二、"无聊的孩子"现象背后：区域游戏缺乏引导和激发幼儿主动参与的元素

上述三个例子中，幼儿虽参与到区域游戏中，但并没有真正享受到游戏的快乐，出现"无聊的孩子"现象。从根本上来说，该问题源于区域游戏缺乏引导和激发幼儿主动参与的元素，即游戏组织方式不恰当、游戏与教学关系不清、区域游戏构建少方向。

（一）游戏组织方式不恰当

在幼儿园的游戏组织中，一方面，教师可能受到教学压力和课程安排的影响，将游戏视为达到教学目标的手段，忽视了幼儿的自主性和兴趣发展。导致教师过度控制游戏，以教学的思路来设计游戏的主题、场景、材料、人物和规则等。在这种情况下，幼儿缺乏自主探索和自主建构的经验，无法获得愉悦的游戏体验。他们成为教师设定的游戏执行者，缺乏主动性和创造性，游戏变得枯燥乏味。另一方面，教师对游戏的设计和引导可能存在困惑或认识不足，缺乏深入的理解和专业知识，导致无法提供恰当的支持和指导。教师完全放任幼儿的游戏，将游戏完全交给幼儿，使得教师成为一个纯粹的旁观者，放弃了自身的指导和教育职责。

（二）游戏与教学关系不清

未能很好地处理游戏与教学的关系是导致"无聊的孩子"问题出现的另一原因。教师和幼儿园管理层对教学游戏化的理解和认知存在偏差，过于强调游戏的重要性，将其作为唯一的教育方式，而忽视了集体教学的价值和作用。同时，对于教学的定义和范围也存在误解，以为提及教学就意味着要追求小学化的教学方式，忽略了幼儿园独特的教育特点和发展需求。这导致游戏在幼儿园教学中被赋予了新的重要性，而传统的教学组织形式被忽视。

（三）区域游戏构建少方向

游戏化课程构建缺乏方向和目的，无法真正理解课程游戏化的内涵和覆盖的范围。这种情况的出现可能是因为教师在课程游戏化方面的专业培训和指导不足。他们可能没有充分的专业知识和实践经验，缺乏对课程游戏化的全面了解。在缺乏明确的方向和目标的情况下，教师很难将游戏与课程有机地结合起来，无法设计出富有意义和引导性的游戏化学习活动。

三、"无聊的孩子"启示思考：重视与尊重每个孩子的个体差异

"无聊的孩子"问题的出现，本质上是未落实"以生为本"教育理念的体现。因此，幼儿园及教师需从提供多样化的区域游戏体验、设计和组织趣味性区域游戏、教师成为区域游戏的引导者等方面进行改进。

(一)提供多样化的区域游戏体验

丰富多样化的区域游戏体验，创造多样化的游戏环境，提供不同类型的游戏区域，包括角色扮演区、建造区、艺术区、阅读角等。提供各种不同的游戏道具，如玩具人偶、积木、拼图、画笔、颜料、乐器等。除此之外，还可以定期更新游戏环境，定期更换游戏区域的布置和道具，使幼儿保持新鲜感。

(二)教师成为区域游戏的引导者

教师应该充当引导者的角色，通过提供适当的问题、提示和挑战，引导幼儿参与区域活动，激发幼儿的好奇心、想象力和创造力，帮助他们探索和发现新的学习机会。这需要为教师提供专业培训，使他们了解区域活动的原理、目标和方法。培训可以包括理论知识、实际操作和案例研究，帮助教师掌握区域活动的核心概念和技巧。此外，教师也应密切观察和了解每个幼儿的兴趣、需求和学习风格。他们可以根据幼儿的个体差异，提供个性化的区域活动，满足幼儿的需求，避免他们感到无聊。

(三)优化幼儿区域游戏活动评价

采用多种评价方式来了解幼儿在区域游戏活动中的参与程度和学习效果，是全面了解幼儿表现的关键。幼儿园可鼓励幼儿进行自我评价和同伴评价，让他们参与到评价过程中。这可以增强幼儿的自主性和责任感，同时促进他们在互动中学习和成长。更为重要的是，评价过程中要充分考虑幼儿的个体差异和发展水平，确保评价具有针对性，能够满足每个幼儿的特殊需求和发展潜能，避免"一刀切"的评价标准。

游戏与幼儿的成长息息相关，幼儿与游戏有着密不可分的关系。对于幼儿来说，游戏是他们最自然、最直接的表达方式。通过游戏，他们可以展示自己的想象力、创造力和探索欲望。游戏不仅是幼儿的娱乐活动，更是他们认识世界、学习技能和发展各方面能力的重要途径。让我们把游戏真正地还给幼儿，给予他们充分的自由与创造空间，呵护幼儿成长！

建构游戏中中班幼儿同伴交往行为的研究

新疆维吾尔自治区乌鲁木齐市新疆科信职业技术学院　韩旭婷

一、研究背景

《纲要》中指出：游戏是幼儿园的基本活动。游戏更是在幼儿同伴交往过程中起着无法替代的作用。人际交往既是幼儿社会性发展的主要内容，也是幼儿社会适应性良好发展的重要途径。为把握4—5岁幼儿同伴交往发展的关键期，探寻建构游戏中幼儿同伴交往是为日后教师对幼儿同伴交往指导策略产生的有力途径。

二、研究内容

通过对中班幼儿不同的建构游戏环节、不同组织形式的建构游戏中的同伴交往行为进行比较与分析，探寻这些建构游戏因素对幼儿在建构游戏中的同伴交往行为中是否存在影响，进而有效探索正确引导幼儿同伴交往行为的策略。

表1　研究对象情况统计表　　　　　（单位：人）

班级	总人数	男生人数	女生人数
中一班	26	14	12
中二班	27	11	16
总计	53	25	28

通过查阅文献资料，绘制观察记录表，编码幼儿同伴交往行为，比较不同游戏组织形式中幼儿同伴交往行为，最后进行统计与分析。为更多的幼儿教师提供可供参考的实践案例及经验，丰富建构游戏中对幼儿同伴交往的观察及指导方法。

三、研究意义

（一）理论意义

中班幼儿正处于自我意识发展的重要阶段，游戏正是幼儿社会化及创造良好交往意识的重要行径。我国对于建构游戏的研究仅停留在对于建构游戏本身的研究，对于幼儿同伴交往研究更是属于初期阶段，尤其对于建构游戏中幼儿同伴交往的研究更是少之甚少。本研究以一个新视角探寻幼儿的同伴交往因素及教师对其的引导和支持策略，具有十分重要的意义。

（二）实践意义

许多教师在幼儿建构游戏的过程中只注重培养幼儿的能力，却忽视了其中蕴含着幼儿同伴交往的重要因素，对于观察和分析幼儿的行为更是手足无措。本研究通过对建构游戏中幼儿的观察和个案分析，给予一线教师更多实践经验和思考方向。

四、研究结果与分析

（一）主题建构游戏中幼儿消极同伴交往行为与积极同伴交往行为

1. 主题建构游戏中的幼儿消极同伴交往行为

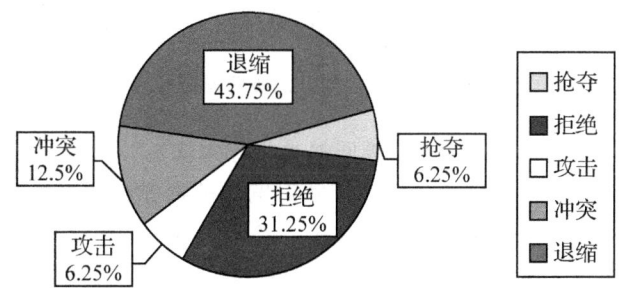

图1　主题建构游戏中的幼儿消极同伴交往行为饼状图

中班幼儿正处于同伴交往能力培养的重要阶段，主题建构游戏中幼儿出现最多的消极同伴交往行为就是"退缩"和"拒绝"。大部分幼儿都能和平地解决建构游戏中发生的同伴交往问题。

在观察过程中出现多次幼儿因意见不合或分工不明确造成的退缩或拒绝行为。只有在游戏准备阶段让幼儿充分协商、统一观点并明确分工，才能改变主题建构游戏中这种消极行为。

2. 主题建构游戏中的幼儿积极同伴交往行为

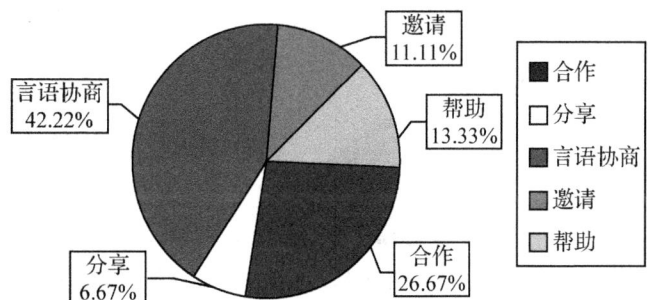

图2　主题建构游戏中的幼儿积极同伴交往行为饼状图

主题建构游戏中幼儿出现最多的积极同伴交往行为就是"言语协商"和"合作"。主题建构游戏都以小组形式开展游戏，所以言语协商和合作在幼儿的同伴交往行为中必不可少，幼儿只有通过不断的协商和合作才能良好地展开游戏。而出现最少的是"分享"，幼儿比较缺乏分享意识。

主题建构游戏的小组游戏形式，容易让幼儿之间产生竞争关系，从而降低了幼儿的分享意愿。通过材料的分享行为可以帮助幼儿建立和维持良好的同伴交往关系。但是如果教师没有明确恰当的评判标准，就会激化幼儿之间的竞争意识，淡化分享意识。除此之外，教师提供的材料种类与数量也至关重要，如果材料准备不够充分也会影响幼儿之间的材料分享行为。

（二）区域建构游戏中的幼儿消极同伴交往行为与积极同伴交往行为

1. 区域建构游戏中的幼儿消极同伴交往行为

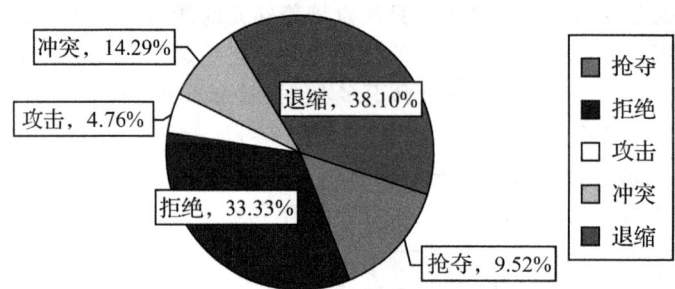

图3　区域建构游戏中的幼儿消极同伴交往行为饼状图

区域建构游戏中幼儿出现最多的消极同伴交往行为就是"退缩"和"拒绝"。这是因为区域建构游戏中幼儿对是否与同伴合作游戏有相对宽松的选择权。当幼儿面对同伴的邀请、合作等行为时，一些幼儿因同伴交往能力较差，或因性格、家庭教育、同伴关系等其他原因选择了拒绝和退缩。出现最少的是"攻击"，因早晨区域游戏类型众多，参与区域建构游戏的幼儿人数相对较少，且幼儿大多以单独游戏或平行游戏为主，游戏中能够遵守区域游戏规则，发生消极同伴交往行为的次数也相对较少，故基本不会出现攻击行为。

消极的同伴交往行为丰富了幼儿同伴交往的经验，诱导着积极同伴交往行为的产生。相对自由的区域建构游戏中，幼儿的抢夺行为十分常见，但这种抢夺行为反而会促进幼儿累积解决问题的经验。抢夺成功时，他们也会思考对方是否需要自己的分享。抢夺不成功时，他们就会思考用其他方式诱导对方分享。

2. 区域建构游戏中的幼儿积极同伴交往行为

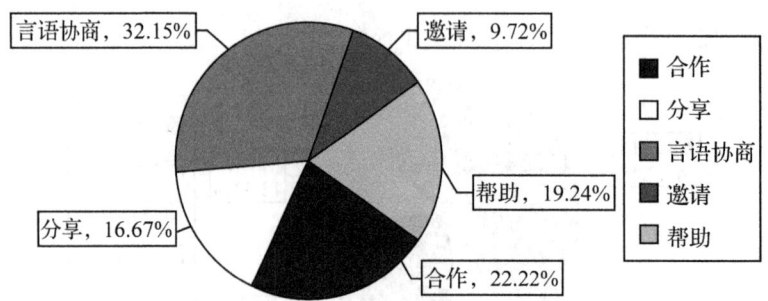

图4　区域建构游戏中的幼儿积极同伴交往行为饼状图

区域建构游戏中幼儿出现最多的积极同伴交往行为就是"言语协商"和"合作"。区域建构游戏并没有要求幼儿进行合作游戏,初期的游戏幼儿都以单独游戏或平行游戏形式开展,而在游戏过程中遇到越来越多的问题和同伴交往机会时,幼儿会有自发合作、言语协商等积极同伴交往行为,所以言语协商及合作行为在幼儿的积极同伴交往行为中十分常见。而出现最少的是"邀请",幼儿大多以平行游戏或单独游戏开展区域建构游戏。

（三）建构游戏中两种不同组织形式幼儿同伴交往行为的对比

1. 建构游戏中两种不同组织形式幼儿积极同伴交往行为的对比

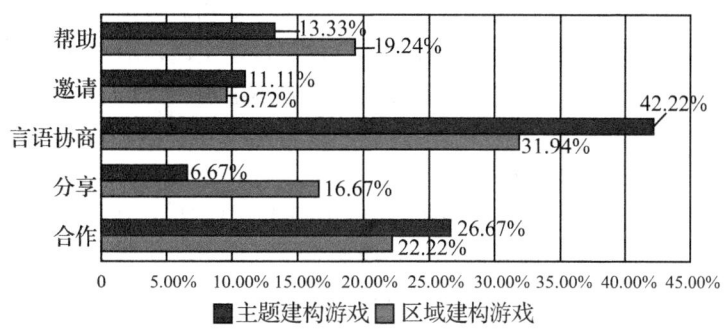

图5　建构游戏中两种不同组织形式幼儿积极同伴交往行为的对比条形图

从图中可看出,"言语协商"在两种组织形式的建构游戏中都占据幼儿积极同伴交往策略的重要位置。这是因为建构游戏中教师参与较少,往往确定建构主题后,"搭建何种类型""采用何种材料"等问题就会引起幼儿的讨论与协商。主题建构游戏更注重小组合作形式,故"言语协商"这种同伴交往行为占比比区域建构游戏更多。其次,"分享"行为的频次占比在两种组织形式的建构游戏中差距较大。区域建构游戏比主题建构游戏中出现的分享行为足足多了10%,而且这种分享行为大多是幼儿自主自愿的行为。

2. 建构游戏中两种不同组织形式幼儿消极同伴交往行为的对比

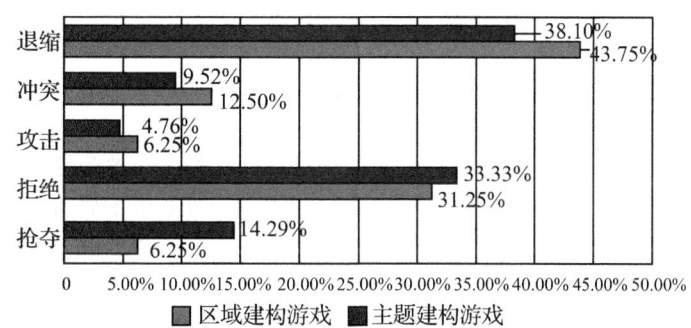

图6　建构游戏中两种不同组织形式幼儿消极同伴交往行为的对比条形图

从图中可看出,"退缩"和"拒绝"是两种组织形式的建构游戏中幼儿消极同伴交往的主要策略。这是因为中班幼儿正处于同伴交往发展的重要阶段,幼儿因为交往能力差异性较大及性格等其他因素,面对其他幼儿发起邀请和合作等积极的同伴交往行为,可能会选择退缩和拒绝。其次"抢夺"行为在两种组织形式的建构游戏中的差异最大。

开放的活动组织形式更易使幼儿发挥主体意识,推动幼儿积极同伴交往行为的产生。主题建构游戏的小组游戏形式,让每个幼儿都成为小组的一员,幼儿只能为了集体共同目标而努力，自主自愿与同伴交往的欲望便降低，不同的个体差异反而容易激化幼儿之间消极同伴交往行为的产生。而区域活动中幼儿以独立个体进行游戏，其他幼儿遇到问题或者困境，更容易激发他们的主体意识。帮助其他幼儿的同时，也能增进幼儿之间的同伴交往关系，而且积极行为的出现也更容易引起更多良好同伴交往互动的产生。

五、教育建议

（一）提供充足的协商时间，引导幼儿统一目标、确立分工

提供充足的协商时间，有助于幼儿之间统一目标、确立分工。而目标的统一和明确的分工是决定幼儿后期同伴交往行为的重要因素。在主题建构游戏准备阶段，教师应充分让幼儿进行协商，而且协商前应该明确协商内容：确定搭建主题，小组成员自由结合选出组长，确立搭建方法，明确分工内容……教师也要明确小组长的责任，以防游戏展开阶段其他因素干扰幼儿，忘记自己的目标或分工内容，引发消极行为的产生。

（二）明确评价标准，激励分享行为

主题建构游戏中教师的评价标准影响着幼儿同伴交往行为的趋向。在主题建构行为中，教师往往以作品的呈现结果作为评判标准，而忽略了过程中幼儿同伴交往行为的培养。教师不应完全以作品的美观、大小等方面作为评判幼儿主题建构游戏的唯一标准。游戏中是否能够与其他小朋友积极配合、融洽合作等行为，也可以作为建构游戏评价的标准之一。在幼儿游戏过程中，如果幼儿能主动与其他小组成员分享，教师应及时表扬，并作为游戏评价标准的加分项，可以有效引导幼儿之间更多积极行为的产生。

（三）在消极行为中总结经验，优化交往策略

消极的同伴交往行为有利于幼儿丰富交往经验。在游戏中发生消极同伴交往行为属于正常现象，教师不应对这种消极行为"敬而远之"，一经发现就批评或者让另一方幼儿妥协。幼儿都会在错误中成长，而教师就是经验总结的引导者。区域建构游戏中幼儿同伴交往行为发生频繁，只要不存在较大危险，教师可以让幼儿自行解决，给予幼儿尝试使用其他交往策略解决问题的机会。在不断尝试的过程中，幼儿的同伴交往能力也会不断提升。每次游戏结束后，教师可以增加一个总结环节，举例游戏中幼儿同伴交往出现的一些具体问题，与幼儿共同分析原因，讨论解决方法。游戏中幼儿能用交往策略改善他人的消极行为，那么教师也可以与全班幼儿分享，总结经验，鼓励此行为，以优化幼儿的交往策略。

（四）增加开放形式游戏，强化幼儿主体意识

开放的游戏形式，更利于幼儿之间的同伴交往行为的产生。教师可以多增加这种开放式的游戏形式，也可以将传统的主题建构模式进行改革，游戏中不要给幼儿设立太多不必要的规则和条框，以免限制幼儿之间同伴交往行为的发生。主体意识是幼儿积极交往行为产生的重要因素，教师要培养幼儿的"主人翁"意识，使之在游戏中能够关注其他幼儿，在他人遇到问题时能够积极帮助，或彼此协商解决问题。

利用园本化活动进行幼儿品格教育的实践研究

山西省太原市军区机关幼儿园　宁贤丽

一、园本幼儿品格教育意义

在二十大报告中提出，"育人的根本在于立德。要全面贯彻党的教育方针，落实立德树人根本任务。"幼儿期是幼儿个性和品格形成的关键时期，幼儿园要利用园本化特色教育发

力,为幼儿创设全方位的育人环境,提升幼儿学会做人、学会做事、学会共处的品格综合素养和能力,为幼儿的一生打下坚实的品格基础。在新形势下探讨如何将幼儿品格教育在园本化活动中渗透养成,将幼儿品格教育落实到日常中,落实到学前教育的实践中,具有非常重要的实践意义。

二、园本幼儿品格教育现状

了解我园幼儿品格现状做出针对性的分析评价,通过园本化活动促进幼儿品格教育。

(一)调查访谈

教师在一日生活中运用随机观察、跟踪观察、个案观察、整体观察等方法了解幼儿在园的品格现状,及时采用表格、录音、视频等方式进行观察记录,一学年教师人均撰写72篇记录结果。以每班30名幼儿为例,教师观察幼儿频次2次/人,达到100%;3次/人,达到22.8%;4次以上/人,达到8.6%。同时了解幼儿在家庭中品格养成现状,调查访谈军人家长100名,占家长总人数的30.7%;调查访谈地方家长100名,占家长总人数的30.7%。

(二)现状分析

1. 存在"差异性"

通过观察记录和调查访谈,由于现阶段我园家长接受教育程度不同,教师认知水平不同,在进行幼儿品格教育的过程中存在缺少科学理论知识、认知经验偏差、陪伴时间有限、表面性教育严重、缺乏有效性交流、互动陪伴质量不高、不够尊重和理解幼儿等现象。同时,目前大多园、校存在对品格教育关注度不够,品格内容课程设置相对较少等共性问题。

2. 存在"不持久性"

综合观察记录和调查访谈,在教育过程中成人滥用奖励和惩罚;只看重行为结果不看重行为努力过程;不能给幼儿良好榜样示范;幼儿处于被动服从地位,使幼儿产生强烈的逆反心理和抵触情绪;为达到成人的标准结果不择方法;一段时间一种表现。部分教师出现职业倦怠,为单纯地完成教育目标而进行一些机械、简单的教育,不注重日积月累,幼儿缺少实际感受与实践行为,出现幼儿品格行为情况"不持久"的现象。

3. 存在"不均衡性"

我园为部队园所,其中现役军人子女占比52.5%,部队聘、转、三代子女占比10.7%,军人子女共占比63.2%。受家长行为潜移默化的影响,幼儿在独立、秩序、勇敢、抗挫、坚持等品格养成方面优势明显。由于军人职业的特殊性,军人家庭存在家长陪伴不足、沟通交流较少、情感互动缺乏等教育现象,因此幼儿在耐心、主动、好奇等品格行为方面相对欠缺。

三、构建丰富的园本化活动

(一)利用地域文化资源开展园本化活动

1. 太原民俗文化资源

观看太原威风锣鼓、太原高跷、徐沟背铁棍、并州剪纸、晋中吹打、晋祠古庙会、晋剧、太原莲花落、社火、皮影戏、面塑(面花、面人、花馍、花糕)等,利用太原民俗文化资源开展园本化活动。

2. 太原民间名吃资源

参观太原宁化府醋厂、面粉二厂、味精厂,品尝六味斋酱肘花、六味斋酱肉、郭杜林晋式月饼、傅山童子鸡。山西是"面食之乡",红面猫耳朵、莜面栲栳栳、沾片子、拨烂子、碗坨、荞面灌肠、白面剔尖、豆面抿尖等面食享有盛誉,利用太原民间名吃资源开展园本化活动。

(二)利用红色优势资源开展园本化活动

山西省太原市是全国著名的红色教育基地,我园周边革命纪念馆有:八路军驻晋办事处旧址、国民师范旧址、清太徐抗日民主政府旧址、黄坡革命烈士陵园、双塔革命烈士陵园、牛驼寨烈士陵园、彭真纪念馆、解放纪念馆等,利用红色优势资源开展园本化活动。

同时我园是部队园所,利用部队园优势在军营、军队基地、国防展览馆等方面的军队优势资源开展园本化活动。

(三)整合区域团体资源开展园本化活动

目前我园已与几所部队幼儿园建立了"幼儿园联盟";从2014年至今与地方六所民办园先后结对,形成"帮扶指导发展共同体";2021年5月至今,我园每年与小学签订"幼小衔接结对单位"。切实发挥集体的智慧和力量,整合区域团队资源作为园本化活动。

四、开展园本化活动进行幼儿品格教育

(一)教研活动引领进行品格教育

1. 我园利用园本教研活动开展"利用山西太原本土资源开展民俗义化初探活动"。建议家长带着幼儿观看太原威风锣鼓、太原高跷、徐沟背铁棍,赶晋祠古庙会,欣赏社火和面塑,体验太原民间民俗游戏的活动。注重资源价值的深度挖掘,以更加有效的方式开展园本活动,进行幼儿品格教育。

2. 同时我园和多所部队幼儿园进行联合教研,开展以部队资源等为主题的研讨交流活动。通过剖析成功案例背后的指导思想和价值,强调因地制宜结合实际进行探索和创新,开展了升国旗、打军体拳、小小兵队列练习、战壕游戏、军事新闻播报、红色故事讲述、春季运动会"上阵父子兵,运动一起拼"、参观军事基地、参观国防展览馆等丰富多样的实践活动。

以教研活动为引领的实践活动对幼儿进行品格教育,萌发幼儿爱国情感,促进了幼儿有爱心、有秩序、抗挫、机智、独立、勇敢、乐观、积极等良好品格养成。

(二)生活资源重视进行品格教育

幼儿园课程丰富、灵活、生成性高,平日生活中遇到的问题及游戏中的各种现象,幼儿园的一草一木,都能成为孩子们探究的园本活动。这些来源于生活的园本活动是从儿童需要出发的,对幼儿进行品格教育也是最适合的。

每年园里月季花开,在"月季花小秘密"活动中,幼儿先做计划,思考:月季花的树叶是什么形状的?花是什么颜色的?幼儿观察到月季花枝上尖尖的小刺,兴趣浓厚引发讨论:花刺有什么作用?还有哪些花有花刺?月季花什么时候开?共有哪些花色?……自然而然生成了系列的探寻"月季花小秘密"园本主题活动。

活动中培养了幼儿好奇、探究、合作、分享、友爱、创造等良好品格,提高了动手能力,增长了知识,丰富了经验,获得了自信。

(三)儿童最佳创生进行品格教育

当前我们最重要的是应当摒弃成人视角,回到儿童视角中去。或许成人更愿意做出规划:哪些是有用的?哪些是没用的?而儿童则是"万物皆备于我",儿童自己就是园本活动的最佳创建者,因此给予儿童机会进行园本化活动、进行品格教育行之有效。

例如"月季花小秘密"主题活动继续生成,当幼儿发现月季花上的刺时热议起来:"啊,刺很扎手呢。""我看到别的花的花枝上没有刺啊!""还有哪些花枝上有刺呢?""我想到了,妈妈过生日时,爸爸给妈妈送的玫瑰花枝上也有刺。"讨论引发了幼儿的探究兴趣,于是幼儿

自主分工，收集哪些花是有刺的？花刺有什么作用？被花刺刺了怎么办？幼儿分工后各自大展身手，有的问家长、查资料，有的让家长带领去公园看花展、看视频，进行答案收集、画图记录。

接下来，教师还带幼儿去户外写生画花、做干花书签、动手制作玫瑰花酱等。幼儿边活动边创生，在园本化活动中培养了主动、积极、感恩、宽容、责任、分享、节俭等良好品格，收获满满。

(四)教师潜能发挥进行品格教育

教师选择了什么样的园本化活动，会影响着孩子们学习的结果，也会影响他们看待世界的眼光。作为新时代的学前教育工作者应该走到更宽广的世界中去，为幼儿的学习提供适宜的、多样化的支撑。

2020年12月，我们居住的城市——太原，地铁2号线正式运行，从此展开了城市轨道交通新的一页。抓住时机，我园教师们开启了"相育太原"的班级主题课程活动"我和地铁有个约会"。

首先开展问卷调查：你知道地铁有车轮吗？地铁有司机开吗？地铁为什么在地下面？激起幼儿了解地铁的兴趣。然后开展系列主题活动：坐地铁初体验、建造心目中的地铁、绘画地铁站名牌等。教师组织家长带幼儿乘坐地铁，在有特色的站点开展"品味太原"园本化游戏活动："柳巷我来了""探访钟楼街""品味清和园头脑""邂逅老鼠窟元宵""尝鲜认一力饺子"。这些活动紧扣时代脉搏，注重和儿童生活密切相关的教育新契机，关注生活，关注附近环境，教师成为最佳园本活动的挖掘者，培养了幼儿创造、探究、合作、分享、主动、积极等良好品格。

五、结语

集幼儿、教师、家庭、幼儿园、社会共同合力创造丰富的园本化活动，为幼儿品格教育创造更多、更好的机会和条件，避免了品格教育差异性存在。培养幼儿持久、全面、均衡提升综合素养和品格能力，为幼儿的一生打下坚实的品格基础。

巧用图画书阅读"四步法"支持幼儿深度学习

青海省六一幼儿园 赵 欣

图画书画面精美生动，色彩鲜艳，内容贴近幼儿生活，符合幼儿阶段具体形象的认知特点。多年来许多优秀的图画书进入幼儿园成为幼儿园教育活动的热点，图画书的教育价值和功能对幼儿的发展不言而喻，在实践中探索图画书阅读活动"四步法"支持幼儿深度学习，使幼儿成为有能力的学习者，积极为幼儿的终身发展奠定基础。

一、"看"——支持幼儿观察思考

图画书也称为"绘本"，是利用一系列图画和相应的文字结合起来讲述故事或传递信息的书籍。图画是讲述故事或传递信息的主要媒介，文字简单明了，必须依赖于图画才能更丰富、更完整地传递具体内容。所以在教学中我们首先从"看"开始。

1. 精细看图

图画书的画面具有很高的价值，任何一个细微的变化都可能是一个新的阅读视角，推进故事的发展。如《团圆》中通过对人物表情、动作、场景细节的精细观察，才能理解孩子与父亲从久别重逢的陌生到朝夕相处、亲密无间，再到别离时的依依不舍情感的变化，体会亲情的温暖与感动。在此过程中，幼儿掌握观察的方法，从整体到局部，从大到小，从细微处寻找线索。在看的过程中得到情感共鸣，得到心灵启示。

2. 对比看图

图画书故事内容完整，具有连续性，看图时运用前后对比的方法，幼儿可以从图画中发现故事线索，厘清故事逻辑，推理故事情节的发展，自主阅读感受快乐。如《好饿的小蛇》，幼儿通过前后的对比看图，就会对故事的后续发展产生探究学习，大胆联想、猜想：小蛇吃下不同的食物身体会发生什么有趣的变化？阅读变得更有挑战性，变得更加有趣。

3. 思考看图

图画书的故事贴近幼儿的生活，画面呈现的场景恰似幼儿生活的环境，幼儿身临其境、感同身受。幼儿在看图时展开思考，解决问题。如：《别让太阳掉下来》，幼儿思考为什么小牛不用犄角顶起太阳，而是用背托起太阳？幼儿结合已有的生活经验去解决《爷爷一定有办法》中的问题并引发幼儿思考：如果你是爷爷你会怎样做？幼儿运用多种方法解决问题的能力得到锻炼。

二、"说"——支持幼儿自主表达

1. 说理解

当幼儿看到图画书时会被画面内容吸引，鼓励幼儿运用已掌握的词、句式将自己的理解表达出来，说出自己想要表达的内容。如《七只瞎老鼠》画面简单、一目了然，能够激发幼儿说的兴趣，鼓励幼儿用自己的语言将看到的说出来：七只瞎老鼠遇到了什么？每一只瞎老鼠摸到了什么？心有所想，一"说"为快。

2. 说感受

每一本图画书都蕴含着道理、启示、感悟，鼓励幼儿用心灵去接近、去感受，总能碰撞出智慧的火花与情感的共鸣。鼓励幼儿说出心里话，自由、轻松地表达，不由自主，直"说"胸臆。

3. 说续编、仿编、改编

有趣的图画书总能带给幼儿愉悦的阅读体验，在积极的情绪体验中，鼓励幼儿说出新故事。如续编《大卫上学去》，结合自己的经验说一说大卫在学校还会遇到什么事？根据《小蓝和小黄》替换故事角色仿编新故事，改编《龟兔赛跑》老故事变换新情节等等，幼儿的语言表达能力、创编能力、发散性思维得以提升，畅所欲言，"说"出新意。

三、"做"——支持幼儿大胆创造

著名幼儿教育家蒙台梭利曾说："我听了，我会忘记；我看了，我会记住；我做了，我也就理解了。"阅读图画书，在"看"和"说"的基础上，延伸出许多有趣的活动吸引幼儿主动参与，幼儿在"做中学"，从而得到多元发展。

1. 做游戏

结合图画书故事内容做游戏，如《随母鸡萝丝去散步》利用体育器械做体能游戏，幼儿锻炼运动机能。在《老鼠嫁女》喜庆的锣鼓声中做音乐游戏，幼儿感知音乐情绪的变化，提升音乐鉴赏能力。结合《葡萄》做语言问答游戏，幼儿专注倾听、快速应变、清楚表达，发展运用语言的能力。

2. 做图画书

自制图画书活动是幼儿最喜闻乐见的活动。幼儿把熟悉的图画书故事画出来，把自己的故事画出来，把生活故事画出来，把有趣的自然现象画出来……之后同伴间互相交流自己的图画书与成品图画书有什么不一样。幼儿大胆想象，自由创作，自信分享，使图画书阅读活动深刻而丰富。

3. 做道具

有喜爱就有模仿，图画书中幼儿喜欢的人物造型、场景、道具都是幼儿制作的灵感。幼儿施展自己的动手能力，运用身边的材料，或画、或剪、或拼搭、或组装……仿佛置身书中的世界，又使书中的情景再现，尝试创造的快乐，为后续的阅读活动做服务。

四、"演"——支持幼儿全面发展

将静态的图画书阅读活动与动态的表演结合起来，幼儿在半真实的情境中以表演的形式与图画书对话。如《一园青菜成了精》，幼儿扮演的蔬菜栩栩如生，通过自身的动作、表情、言语等外显行为，富有个性地表达对图画书的理解。又如舞台剧《西游记》，幼儿运用协商、分工、合作的方法，和同伴一起讨论角色的分配、场景的布置、道具的使用、剧情内容的选择、表演的具体实施、排练、演出等等，幼儿整合、迁移已有的知识经验，全身心地投入到图画书中。

小小一本图画书教育价值意义非凡。实践证明，以幼儿为中心，在图画书阅读活动中巧用"看""说""做""演"四步法，支持幼儿自主学习、探究学习、合作学习，达到深度学习的目的。使幼儿获得健康、科学、艺术、社会等领域的全面发展，成为有能力的学习者。

人工智能与虚拟现实技术在幼儿教育中的前景与挑战

新疆维吾尔自治区乌鲁木齐市第十一幼儿园　郑杨小玉

随着科技的进步，幼儿教育正经历深刻变革。从传统的黑板和教科书，到今天的智能化、交互化教学环境，创新的可能性无处不在。但作为幼儿园教师，我明白技术本身并不是教育的核心，真正的价值在于如何将其与教育理念相结合，充分发挥其潜能。因此，我希望探索人工智能和虚拟现实技术在幼儿教育中的机遇与挑战。本文将概述这两大技术，分析它们的教育应用前景与可能的风险，最后提议如何在现代技术与传统教育间找到平衡。目标是为教育工作者，特别是对新技术感兴趣但又有所顾虑的老师提供一个清晰的视角。

一、人工智能与虚拟现实技术简介

随着科技的快速发展，人工智能与虚拟现实技术逐渐渗透到我们的日常生活中。这些技术原本令人畏惧、陌生，如今正在逐渐展现其在教育领域的巨大潜力。而对于教育工作者，了解这些技术的基本概念和特点，是我们能够更好地为学生服务的关键。

人工智能，通常简称 AI，是模拟人类智慧的技术，能够进行学习、推理和自主决策。这不仅仅是让机器模拟"思考"的科学，更是使其具备学习能力、自适应性和高效处理信息的能力。例如，通过大量的数据输入，AI 可以从中汲取知识，不断优化自己的操作，并针对新的情境做出相应的调整。而虚拟现实，称为 VR，是一种计算机技术，旨在模拟真实或想象的环境，为用户提供身临其境的体验。在教育领域，这种沉浸式的体验为学生带来了前所未有的学习机会。他们可以借助 VR 访问历史遗址，探索太空的奥秘，甚至在虚拟实验室中自由尝试，不受现实世界的限制。更为重要的是，VR 可以根据每个学生的学习习惯和兴趣进行调整，从而为他们提供更为个性化的学习经验。当我们谈论这两种技术时，我们实际上是在探讨一个更为广阔的话题：如何利用最新的科技为我们的学生创造更好的学习环境。这不仅要求我们了解技术本身，更需要我们思考如何将技术与教育目标相结合，确保技术真正为教育服务。

二、人工智能与虚拟现实在幼儿教育中的前景

在教育的大舞台上,每一位幼儿都是独特的个体,拥有自己的兴趣、能力和学习速度。传统的教学方式常常难以满足每位幼儿的个性化需求,而现如今,人工智能与虚拟现实技术的兴起为我们提供了前所未有的机会。

首先,个性化学习成为可能。随着 AI 技术的进步,其数据驱动的方式可以为每位幼儿提供量身定制的教学内容。通过分析幼儿的学习行为、偏好和进度,AI 能够及时调整教学策略,确保每个孩子都能在适合自己的节奏中学习,从而挖掘其学习潜力。

其次,交互式学习环境为幼儿带来了更加生动、真实的学习体验。虚拟现实技术能够为幼儿创造一个沉浸式的环境,让他们仿佛置身于一个全新的世界中。无论是探索雨林的秘密,还是与远古的恐龙亲密接触,这种身临其境的体验能够极大地激发幼儿的好奇心和探索欲望。

此外,动手操作与创新能力培养也成为现实。通过结合 AI 和 VR 技术,我们可以设计出各种实践活动,不仅使幼儿能够动手操作,更能够激发他们的创造力和想象力。在这个过程中,幼儿不再是被动的学习者,而是成为主动的创造者。

最后,这些技术同样为教师提供了宝贵的辅助工具。想象一下,有了 AI 助理的帮助,教师可以更加轻松地管理和评估学生的学习进度。而通过 VR 模拟场景,教师则可以为幼儿创造更为真实、生动的教学环境,从而提高教学效率和效果。

总的来说,人工智能与虚拟现实技术为幼儿教育带来了无限的前景。然而,如何将这些技术与教育理念相结合,确保技术真正为教育服务,仍然是我们需要深入探讨和思考的问题。

三、面临的挑战与问题

在探索人工智能与虚拟现实技术为幼儿教育带来的无限前景时,我们必须清醒地认识到这些技术同样带来了一系列的挑战与问题。作为教育者,我们有责任确保这些技术在为教育服务的同时,不会给孩子们带来意想不到的负担。

首先,我们需要警惕技术依赖。虽然高科技设备能够为幼儿提供丰富的学习资源和体验,但过度依赖技术可能导致他们在基础教育能力上出现缺失。例如,过度使用 AI 辅助工具可能会导致孩子们在基本的阅读、写作和数学技能上的欠缺。我们必须确保技术成为教育的补充,而不是替代。

其次,数据隐私与安全是一个不容忽视的问题。在使用 AI 和 VR 技术时,大量的学习数据和个人信息会被收集和存储。如何确保这些数据不被滥用,保护幼儿的隐私,是我们必须面对的挑战。

此外,费用与资源也是一个需要深入思考的问题。高科技设备通常伴随着高昂的成本和维护费用。不是每所幼儿园都有足够的资源来购买和维护这些设备。这可能导致技术在幼儿教育中的应用出现差距,从而加大教育不平等的问题。

最后,我们不能忽视技术对幼儿健康的潜在影响。例如,长时间使用虚拟现实设备可能对幼儿的视力或认知发展产生不良影响。我们必须确保在引入新技术时,始终将孩子的健康放在首位。

综上所述,人工智能与虚拟现实技术为幼儿教育带来的机遇和挑战并存。我们必须在享受技术带来的便利的同时,始终保持警惕,确保技术真正为教育和幼儿的健康成长服务。

四、平衡技术与传统教育的方法

随着技术在教育领域的日益普及,如何在现代技术与传统教育方法之间找到一个平衡

点，已经成为众多教育者深思的问题。实际上，技术并不是传统教育方法的对立面，而是可以与之互补，共同为幼儿提供更加全面、高效的教育。

首先，我们需要重新审视教育的本质。教育不仅仅是传授知识，更重要的是培养孩子的思维方式、情感与社交能力。因此，我们可以结合传统与技术手段，确保教育的质量和深度。例如，虽然 AI 可以为幼儿提供个性化的学习内容，但真正的情感交流、团队合作和实地体验等，还需要传统的教育方法来完成。通过结合两者的优势，我们可以为幼儿创造一个更加丰富、有深度的学习环境。

其次，教育者培训是关键。教师不仅需要掌握新技术的使用方法，更需要理解如何在技术辅助下，仍然保持对幼儿的真挚关心与关注。真正的教育，始终离不开人与人之间的情感连接。因此，培训内容不应只限于技术操作，更应该强调如何在技术与人之间建立桥梁，确保教育的人文关怀不被忽视。

最后，与家长合作是确保技术在教育中恰当应用的关键。家长是孩子的第一位教育者，他们对于技术在教育中的看法和态度，直接影响到技术的实际效果。因此，教育者需要与家长建立良好的沟通机制，确保他们理解并支持技术在教育中的应用，同时也应听取他们的反馈和建议，不断优化教育方法。

总的来说，技术和传统教育方法并不是水火不容，而是可以相辅相成的。只要我们始终牢记教育的真正目的，善于平衡和调和，就可以为幼儿提供一个既现代又有温度的教育环境。

五、结论

随着科技进步，人工智能和虚拟现实技术为幼儿教育开辟了新的可能，如个性化学习、沉浸式体验和创新能力培养。但技术的应用也带来了挑战，例如技术依赖、数据隐私和健康风险。为此，教育者需要找到传统与现代技术之间的平衡，确保教育的质量和深度。这既要求教育者继续学习，与家长合作，也强调在技术革新中不忘教育的初心。未来的幼儿教育将进入一个与技术紧密结合的时代。但无论技术如何发展，真正的教育核心仍是对幼儿的关心和培养。希望所有幼儿教育工作者能在这个技术与传统交融的新时代，为孩子创造一个更为丰富、有深度的学习环境。

"爱时光"

——融合教育在家园合作中的实践与思考

北京市东城区前门幼儿园　张海月

宝贝诺诺是 2020 年入园的小班幼儿，年龄 4 岁，是班中最与众不同的一个女孩。之所以与众不同，是因为她在幼儿园的表现和其他小朋友们不太一样，她总喜欢自说自话、踱来踱去，也总喜欢尝试用修长的手指对身边的物品进行探索，但她最擅长的其实是在你始料不及的时候突然"亮嗓"，给所有人一个措手不及。

老师发现了孩子的"不一样"，对幼儿进行了细致的观察，在掌握第一手材料后与家长进行深度沟通。家长也意识到孩子与同龄人的"不一样"，带孩子去医院做了全面检查，结果显示幼儿的"大运动、精细动作、适应能力、语言、社会行为"五个领域指标异常，智龄为 28.8 岁（2 岁 4 个月），高度疑似"自闭症谱系障碍伴有轻度发育迟缓"。针对特殊的"诺诺"，班中老师采取了多种应对"魔法"。

一、诺诺的"日常"

在面对班中三十几名幼儿时,最先让老师记住的往往都是那些最与众不同的孩子,诺诺便是我第一个记住的女孩子。当第一次见到她,我俯身微笑想用拥抱接过妈妈手中的她时,她的眼神完美地与我擦身而过,尽管我用再夸张的表情、语气来吸引她的注意,也没能与她的眼神相遇。这是我第一次发现她的与众不同,也是从这一刻起我便记住了她的名字。

诺诺在来幼儿园后不会像其他小朋友安静地坐在自己的座位上听老师讲话,她总是穿梭于班中的每个角落,永不停歇,喜欢拿起近期最感兴趣的玩具按照有规律的顺序摆放到自己的座位上,无论是插片玩具、彩色瓶盖还是彩色水彩笔,她总是不停地将它们按照一定的顺序(颜色、大小、形状)摆成一排,便不再理会。她更喜欢做的事情是抠掉能摸到的一切纸张,将它们用手撕成一条一条并且卷成小卷堆放在一起,老师稍不留神,墙面就要遭殃了。老师请她坐回自己的座位时她总是刚坐下就迅速跑走了,如果再强行让她坐在座椅上,她会突然高声尖叫,嘴里不停说着:"你是坏人,我不听你的……"

进餐时,她总喜欢在发完勺子后先叼起勺子不撒嘴,但吃起东西来却很少用勺子,她总是用手指从饭盘里捏起自己爱吃的白米饭和肉菜,遇到自己爱吃的会大口吞咽、迅速吃完,但如果没有自己爱吃的就会继续游走,任凭谁劝也绝不吃一口。如果饿得不行了,你一定想不到她会怎样做……

最让大家发愁的就是午睡环节,我们还需要做很多工作才能让她上床。但上床后问题又来了,诺诺会时不时地自说自话,有时低声细语,有时却突然"亮嗓",让人始料不及。甚至会突然情绪崩溃大哭起来,想要让她睡个安稳的午觉,也许只能看运气了……

二、老师的"魔法"

"宝贝宝贝如我心意,快快显灵!"来看一看老师的"魔法"。

幼儿园里,面对不能按时吃三餐的诺诺,生活老师无论多忙总是想着给她保留餐点,不定时地提醒甚至带领她一起如厕、洗手、喝水。在她哭闹时,我们已经能够分析出她是因为饿了渴了还是困闹,甚至对她是否该如厕都已经了如指掌。诺诺似乎能够感受到老师对她的关注,每次都会很贴心地对生活老师说:"我要你,你给我好吃的,你帮我小便。"

经过一段时间的幼儿园生活,她会在我每节语言活动时悄悄地回到自己的座位上,认真听我生动形象地讲着有趣的故事,有时我那夸张的声音或是动作她也会学一学。在我讲完故事提问时,她也会自言自语地将正确答案说出来。她会说:"你可真逗,你给我讲故事吧。"

午觉时,我们会像妈妈一样和她一起躺在床上尝试哄她入睡,拍拍她的背,揉揉她的小肚子,甚至尝试搂着她、抱着她,希望她能快快入睡。她的生物钟极其准时,虽然醒后她还会大哭大闹,但我们会及时安抚。她会在午睡时挑选哄睡老师,无论是谁我们也会克服困难先将她哄入睡。因为她总是对我们说:"我要你,不要她。"

老师们的"魔法"果然了得!现在的诺诺已经像其他小朋友们一样,有了习惯性的幼儿园一日生活作息时间了,虽然她还是跟其他小朋友与众不同,但她的改变与能力提升已是显而易见的了。

三、心中的"苦恼"

说完诺诺的故事,我想说一说作为特殊儿童老师的苦恼,我们不是专业的特殊儿童教育者,单凭我们自己的力量不能有效改变现状,但我们一定是孩子成功路上不可或缺的一部分。我们有的只是对幼儿教师职业道德的恪守和对于每个与自己有缘相遇的幼儿最负责的那份关爱与照顾。

这最为平常的字眼听起来仿佛弱不禁风,也许你会说:"换作是谁,面对孩子的与众不同都会给予一份关爱与照顾。"但我想说,幼教老师的可贵并不是那一句对孩子的关爱与照顾,而是那弥足珍贵的一朝一夕的相处时光,那善于观察发现、分析解决问题的能力,那把自己的一颗心要平均分成几十份的不易。没有一朝一夕的相处,没有对幼儿一个举动的点滴观察与分析,没有那无数次尝试不同的解决方式,没有把爱公平分给每一个孩子的克制,怎么就能轻易说出这就是关爱与照顾呢!

"爱的教育不是终点,而是人生路上走过每一步留下的脚印。"宝贝的与众不同在我心,爱的教育永远在我心!

四、家长的"肯定"

对于特殊儿童来说,家长的配合显得更加重要,家长参与特殊儿童教育教学也是最便捷有效的途径。拥有特殊孩子的家庭往往是不容易承认或接受的,作为教育者非常能理解家长的处境,主动与家长进行坦诚的沟通,对特殊儿童的特殊教育有着非常积极的影响,因此在特殊教育中有必要渗透家校互动这个环节。发展特殊教育,推动家校合作建设,是坚持以人为本教育理念,弘扬人道主义精神的重要手段,也是关爱特殊儿童的外在表现。

(一)利用多种方式主动与家长进行沟通

1. 争取家长对儿童干预工作的支持

在幼儿园里,与家长沟通最多的方式就是面对面地交流,因为老师每天要与家长见面,所以我们就尽可能利用这个时间与家长进行沟通与交流。

及时与家长进行访谈,了解孩子的问题、孩子问题形成的原因以及家长的困惑,也向家长反映孩子的进展,了解家长对孩子干预所持的态度、配合的程度。了解到诺诺的家长属于合作性的,愿意家校协同共育。

2. 尊重家长是实现有效沟通的前提

在与家长的交流中,首先要一心一意地倾听家长的话,要让家长觉得自己很受重视和尊重。其次,在与家长交流中我们要注意保护家长的自尊,在向家长反映孩子在园的表现时,尽量单独进行沟通。同时还要站在家长的角度去思考,让家长与你站在同一条战线上,形成教育的合力,告诉家长要为孩子的成长考虑。

3. 建立多种沟通交流的平台

就现在而言,我们可以利用的联系交流方式有很多,如:电话联系、上门家访、召开家长会、家长面谈、幼儿成长档案等。本学期我们创设幼儿成长档案,是家园合作中必不可少的一项沟通内容,孩子的表现与进步,教师都记录在上面,把孩子在幼儿园的信息及时反馈给家长。

(二)不断探索指导策略,发展家园教育合力

1. 发挥家长自身资源,共促幼儿成长

在倾听中了解家长的特点与优势,引导家长意识到在教育孩子的过程中自己是可以做好的。一是循序渐进,幼儿在家的作息时间和活动要求要与幼儿园达成一致,引导诺诺对日常常规的融合。二是及时强化,在家诺诺按要求完成一项活动时,及时给予强化,除了竖大拇指、摸头、语言鼓励外,可为诺诺设置奖励卡情景,通过奖励卡上画有笑脸、大拇指等具体形象的呈现方式,有利于强化的持久性。三是影随指导,家长在家要不断关注孩子的神情、注意力和内心活动,一旦发现诺诺出现游离状态时,家长要跟影子一样,随时出现,用固定的肢体语言动作,将游离状态下的诺诺拉回到需要集中注意力的事情上面,

时刻给诺诺提醒。

2. 后期的跟进工作很重要

和家长共同制定孩子进步的目标。特殊幼儿的进步是缓慢的，不可能一下子能达到总目标，所以制定目标时既要制定总目标，又要有阶段目标。制定目标后，后期的跟进很重要，与家长随时联系，了解孩子的目标是否能够坚持下来，孩子在这段时间有没有变化，或者家长在教育孩子的过程中出现什么新的问题；还要了解什么方法对孩子现在的教育起的作用大，然后再实现下一阶段的目标。这种方法不会给孩子、家长带来压力和不适应，相反能让家长和孩子看到了自己的进步，看到了成功的希望。

教育是一个慢过程，看到孩子的点滴进步就要鼓励、表扬，也要让家长看到希望。老师与家长的沟通不是告状，不是诉苦，不是宣泄，而是与家长合作。引导家长用正确的方法解决孩子现在存在的问题，从而让孩子越来越优秀。

美好"食"光
——小班幼儿良好进餐行为习惯的研究

四川省成都市武侯区幼狮幼儿园　张　敬

幼儿阶段是孩子身体发展的关键期，养成良好的饮食、进餐行为习惯是幼儿健康成长的保证。但是现在的家长在对子女的教育中往往重视智力开发，而忽视了孩子行为习惯的培养，再加上家长们对孩子过度的宠爱和溺爱，使得孩子养成了许多不良的进餐习惯。我对我园小班幼儿进餐环节进行过观察，发现很多存在的问题，如：挑食，只吃肉不吃蔬菜；自己不动手，等待老师帮忙喂饭；咀嚼吞咽困难，饭菜包在嘴里；边吃边玩，随意下位；不会正确使用餐具，用手抓饭，导致桌面、地面上到处都是饭粒，还有进餐速度极慢。对于以上情况我进行了思考，如果幼儿的进餐行为习惯得不到良好的改善，会使他们营养不均衡，进而影响幼儿的健康成长。同时幼儿会错失良好行为习惯养成的关键期，以后纠正起来会更加不易，不良的进餐行为还会影响幼儿将来的社会人际交往以及个性发展。家庭教育是教育的基础，幼儿的成长很大程度上都是受到了家庭教养方式和家长的教育观念的影响，因此我们以问卷的方式对家长进行了调查，了解了幼儿在家进餐的情况。从调查中我们得知，全班85%的幼儿在家有不良进餐行为，例如：挑食、边吃边玩、看电视、追着喂饭、自己不动手、咀嚼和吞咽差等不良进餐行为。习惯的养成直接与家长的教养方式和态度有关，从调查中了解到，大多是因为家长担心孩子吃不饱而想尽办法哄孩子吃饭、祖辈对孙子孙女的娇惯或家长没有教养方面的认识而听之任之等因素造成的。

那我们教师该如何做才能帮助幼儿养成良好的进餐行为习惯呢？

一、在园内通过多途径开展教育活动

教师可以通过集体主题教学活动让幼儿知道正确的进餐习惯。通过区域游戏锻炼幼儿的小手肌肉能力，通过种植区激发幼儿珍惜粮食的意识以及小厨房活动激发幼儿对食物的兴趣等，多种途径来培养幼儿良好的进餐行为习惯。

我认为必须让孩子明白什么是对的，要怎么做才是正确的，为什么要这样做。同时要纠正已养成的不良习惯，例如在进餐时不到处走动、不用手抓饭菜、不乱撒饭粒、不敲打餐具等。我通过进餐前、进餐中和进餐后三个环节来实施教育活动和培养措施。

1. 丰富的餐前活动

餐前活动非常重要，一是要让小班幼儿知道洗手的重要性，掌握正确的洗手方法以及养成良好的进餐行为习惯；二是激发幼儿对食物的欲望；三是让幼儿了解健康营养知识。

第一，洗手环节。教师可以通过儿歌的形式教会幼儿"七步洗手法"，一边念儿歌一边洗手可以让洗手环节变得更有趣。当幼儿掌握正确的洗手方法后，教师可以等小朋友洗完手后以游戏的形式鼓励认真洗手的幼儿。教师在洗手前说："今天我们玩一个'谁是香香手'的游戏，小朋友们洗完手以后，老师会来闻闻谁的小手最香，谁的小手最香老师会送一个贴纸给他。"老师可以根据班上小朋友的情况发小奖励，还可以在洗手台的墙上张贴洗手的步骤图，引导幼儿养成餐前洗手的好习惯。

第二，食谱的介绍。为了激发幼儿的食欲，教师可以把今天要吃的饭菜一一介绍给幼儿。在介绍的过程中，语言一定要丰富、有趣，可以加上夸张的语态和肢体动作，还可以以"猜谜语"的形式让幼儿对食物产生兴趣，同时也要展示食物，加深幼儿对食物的好感和印象。其实在介绍食谱的时候，老师可以用通俗易懂的语言说说食材的营养价值，例如"红薯是甜甜的，多吃红薯可以拉粑粑"等，并表现出自己迫不及待想要品尝的样子，以唤起幼儿的食欲。

第三，对于幼儿不喜欢吃的食物，教师把这些编成故事里面的主人公，有趣的情节，以讲故事的形式传递给幼儿。例如小朋友不喜欢吃番茄，教师可以这样说："从前有一个小番茄，它穿着一件红红的衣服，长得胖胖的，它特别喜欢旅行，有一天它遇见了我们班可爱的小朋友，它说它想到你们的肚子里去旅行，你们愿意吗？"

餐前活动以安静活动为主，可以使幼儿从兴奋的情绪中逐渐恢复平静，让幼儿以一种愉快的心情等待用餐。

2. 轻松愉悦地进餐

进餐环境是影响幼儿进餐质量的重要因素之一，良好的进餐环境不仅是进餐时周围的物质环境，还包括轻松、愉悦的心理环境，这样的环境能唤起幼儿的食欲，激发幼儿进餐的兴趣，从而培养幼儿良好的进餐行为习惯。

(1) 营造温馨的进餐氛围

在幼儿进餐时要努力创造轻松和谐的气氛，让幼儿保持良好的心情，播放优美舒畅的轻音乐可以营造温馨、快乐的进餐氛围，引导幼儿愉快地进餐。

(2) 有序组织幼儿进餐

教师可以在分饭区的地上贴上标识，让幼儿按标识有序排队，分组端饭。教师提醒幼儿要双手端饭，慢慢走到自己的座位上，轻拿轻放。鼓励幼儿吃完自己的饭菜，吃饭时双手扶碗，正确使用小勺吃饭。小班幼儿小手肌肉精细动作发育不全，可能掌握不好正确使用小勺的方法，教师可在区角游戏中投放材料来促进幼儿练习。

(3) 满足幼儿的需求

教师应该改变吃饭禁止说话的观念，允许幼儿在不影响进餐的情况下轻声交谈。

(4) 树立榜样，宽容对待

对于进餐表现好的幼儿，教师可以用眼神给予鼓励，或用摸头、点赞的方式，切忌大声说话，以免分散幼儿进餐的注意力。在进餐过程中，幼儿难免会撒饭或是把饭倒在地上，这时教师应采用亲切、关心的态度，而不是批评或训斥以免影响幼儿食欲。

(5) 关注幼儿的个体差异

每个幼儿都存在着个体的差异，教师除了要观察全班幼儿，还要关注个别幼儿。对于挑食的幼儿，可采取一对一的方式，以故事、儿歌、榜样的形式进行正面引导。班级有一小部分幼儿咀嚼能力、吞咽能力差，常常嘴里嚼着食物无法吞咽，教师可以教他咀嚼的方法。遇到需要反复咀嚼的食物，首先鼓励幼儿一点一点地进食，然后用牙齿咬碎后再尝试吞咽，这类食物给量不宜过多，等他们的咀嚼吞咽能力提高后再逐步加量。对于胃口小的幼儿，可以鼓励他们每顿多吃一口，总之根据幼儿的情况，选取适用的方式进行鼓励。

3. 有序的餐后整理

餐后的整理、盥洗是形成良好进餐行为习惯的内容之一。用餐结束后，教师可以引导幼儿将餐具按标识放回装餐具的盆里。然后帮助幼儿学习漱口、擦嘴的正确方法，养成饭后漱口的好习惯。接着组织幼儿进行安静的区域活动，避免影响还在进餐的幼儿。最后，全班进餐结束后进行餐后散步活动。

当然，很多行为习惯教育效果不是立竿见影的，它必须通过反复练习和长期坚持才能形成，要充分利用幼儿园三餐两点的时段对幼儿的进餐行为进行培养。在习惯的培养过程中，我们采用逐步完善、个别纠正的办法。长期坚持下来，幼儿可以树立起正确用餐的意识。

二、家园配合共同培养

俗话说：解铃还须系铃人。我们要培养孩子的良好进餐习惯，这个任务最终必须落实到家长身上。如果幼儿园单方面对幼儿进行进餐习惯的培养，而忽视了家长和家庭教育的作用，那么最终还是"事倍功半"，对孩子的培养谈不上成功，反而造成幼儿的两面性。因此，取得家长对我们教育的支持是首要的前提。

在发现幼儿进餐方面的问题后，我们采取了家长沙龙、家长会的形式，让家长了解幼儿在进餐方面存在的问题，明白培养良好进餐行为习惯的意义。同时让家长们知道我们班级的培养目标和培养计划，以及具体的措施，和家长达成家园合作的共识，为孩子们铺开了一条培养良好的进餐习惯的大道。

其次，家园栏、微信群作为家园互动的平台，定期发一些家长关注的内容、需要配合的事项等，例如幼儿每天进餐情况登记表、饮食方面的教育内容、需要加强的进餐行为培养内容……让家长知道幼儿园老师做了什么，怎么做的，哪些方面是需要家长在家里配合一起做。这样，家长的教养步伐就能跟我们同步走，实现家园同步的目的。

立德树人视角下开展幼儿爱国主义教育活动的实践研究

四川省成都市武侯区幼狮幼儿园　唐　菲

《纲要》明确了爱国主义教育的内容，为幼儿阶段的爱国主义教育指明了方向，幼儿园在具体实施中也取得了一定的教育效果。但随着经济的快速发展、科技进步和国际形势的变化，人们的思想也变得更加多元化。爱国主义是每个国家的国民精神和国民素质中最主导、最重要的，因此我们应该从幼儿时期开始培养幼儿成为一个坚定的爱国主义者和具有新时代特点的有理想的、爱祖国的栋梁之材。

近年来，学前教育阶段日益重视爱国主义教育，重视培养幼儿的爱国主义情怀，幼儿园纷纷开展一系列爱国主义教育活动。但是活动如何形成、活动内容以及活动目标并未统一。我聚焦"立德树人视角下开展中班幼儿爱国主义教育活动的实践研究"，从爱国教育活动中进行实践探索，培养中班幼儿的爱国主义情怀。

一、将爱国主义教育融于环境创设中，从环境布置中激发幼儿的归属感

中班幼儿以直观具体形象思维为主，爱国、爱家乡的命题对他们来说比较抽象。利用环境创设，用直观有形的东西帮助幼儿了解自己所在的幼儿园、班级，自己居住的社区、城市，了解家乡的风景、美食、文化、少数民族服饰，通过直接感知和体验培养幼儿爱集体、爱家乡、爱祖国的意识，为激发幼儿的爱国情感奠定基础。从小处着眼，由小到大，由家到国，从爱家的教育逐步升华为爱国的教育。

二、围绕传统佳节开展爱国主义教育活动，进行爱国主义的情感教育

10月1日是中国的国庆节，在国庆节前夕开展"我爱祖国"的主题教育活动。本次活动借助图片和视频，引导幼儿认识国旗和国徽，学唱国歌，知道升国旗时的礼仪；认识中国地图以及部分标志性建筑，如天安门、长城、故宫等；知道10月1日是中国的国庆节，建立国家的概念；知道自己是中国人，对自己是中国人感到自豪。

中秋节时，引导幼儿了解中秋节的习俗、有关中秋节的故事，通过手工活动，了解月亮形状的变化。并以"圆月"为载体，帮助幼儿理解"团圆"一词，引导幼儿爱家、爱家人、爱家乡。端午节时，通过播放动画片，引导幼儿认识屈原，感受古人的爱国情怀，并结合屈原的爱国行为，讨论如何爱家乡、爱祖国。

注重介绍故事和人物，描述和讲解情景画面，幼儿明白爱国人物故事背后的心理和情感。

三、借助"二十四节气"活动，体验中国传统文化

《纲要》中社会领域指出：充分利用社会资源，引导幼儿实际感受祖国文化的丰富与优秀，感受家乡的变化与发展，激发幼儿爱家乡、爱祖国的情感。挖掘"二十四节气"中蕴含的文化内涵和爱国主义教育，用幼儿喜闻乐见的形式引导幼儿认同中国传统文化。

选择合适的绘本，并根据不同的节气选择不同的绘本故事，了解不同节气的美食，不同地域的饮食习惯，如冬至的饺子、小寒的腊八粥……制作和二十四节气相关的作品，用自己独特的方式表达对祖国传统文化的理解。通过亲自制作获得直接体验，感受二十四节气中的文化内涵；通过材料创设教育情境，实现爱国主义教育，使幼儿认同传统文化，对传统文化感到自豪，进而热爱传统文化。

四、将教育教学活动同爱国教育实践结合，促使幼儿产生爱国行动

张永燕在《爱国主义教育融入幼儿园社会教学活动策略研究》中提出：爱国主义教育是贯穿幼儿成长发育各个阶段的重要教学内容。在幼儿阶段利用社会教学活动开展爱国主义教育对于培养幼儿的爱国情感以及爱国主义精神具有重要的实践价值。在此过程中，需要教师科学地选择教学材料，不断丰富教学内容，组织多种形式的爱国主义教育活动，并以三维目标的制定和教学内容方法的整合来确保爱国主义教育的系统性，不断优化自身专业能力，以科学创新的社会教学活动来强化爱国主义教育效果。

品德教育的最高层次就是爱国主义教育，它是我国国民公德"五爱"教育的前提和核心。爱国主义情感是在培养幼儿爱父母、爱幼儿园、爱家乡、爱首都、爱国旗、爱领袖和爱人民的基础上形成的。将爱国主义教育迁移到实践领域，让幼儿在多种形式的体验与感知中获得爱国素养的提升，是幼儿园爱国主义教育必须着力践行的重要使命。因此，以日常活动为载体，拓宽延伸爱国主义教育路径十分重要，可以参考以下活动途径。

1. 升旗仪式：利用每周一的升旗仪式感受升国旗的重要性，在仪式中激发幼儿的爱国情怀，并在班级中开展讨论活动。

2. 美术活动：欣赏国画艺术，进行文化艺术的熏陶，为启发幼儿的爱国情怀打下基础。

3. 音乐活动：欣赏戏曲艺术，并且结合当地特色如川剧变脸，学习不同民族的儿歌和舞蹈。认识民族文化，提升爱国主义素养。

4. 语言活动：赏析、背诵诗歌，感受诗歌的韵律美，在诗歌爱国、爱家乡主题中激发幼儿的爱国情感。

5. 建构区游戏：认识中国的特色古建筑，了解古建筑的特殊工艺、形式。

6. 皮影游戏：选择关于爱国的绘本故事题材，如《木兰从军》《雷锋故事》《董存瑞》等，通过角色扮演让幼儿自觉地体验爱国情感的同时大方抒发爱国情怀。

7. 户外游戏和民间游戏相结合：可以开展赛龙舟游戏，感受端午节的习俗；开展开火车游戏，了解一些城市和地区的名字。

8. 餐前时间：教师讲述传统故事、民族故事、爱国人物的故事，在具体的故事情节中感受爱国情怀。

五、利用家园共育，丰富幼儿的爱国主义教育的形式

利用周末、节假日和寒暑假，鼓励家长带幼儿去参观博物馆、红色基地、文化遗产、自然遗产、名胜古迹等，感受"非遗文化"、家乡文化。在体验中感受国家的发展、国家的伟大，产生自豪感，产生中国文化认同和文化自信。每月开展一次分享活动，让幼儿分享自己的所见所闻以及感受。如每逢"二十四节气"活动开展前，让家长和幼儿共同收集有关节气的小知识，鼓励幼儿将自己的收获进行分享。推荐适合幼儿观看的纪录片、动画片，家长在家陪同幼儿观看。

百年大计，教育为本；国家发展，教育先行。习近平总书记提到实现第二个百年奋斗目标，学校教育在加强革命历史教育的重要地位不可或缺。习近平总书记说："以史为鉴，可以知兴替。我们要用历史映照现实、远观未来。"实现下一个百年目标，中国百年来的革命史不但值得借鉴与总结，更值得下一代去继承和发扬。坚持以习近平新时代中国特色社会主义思想为指导，全面贯彻党的教育方针，落实立德树人根本任务，遵循教育规律，强化教师队伍基础作用，围绕凝聚人心、完善人格、开发人力、培育人才、造福人民的工作目标，发展素质教育，培养德、智、体、美、劳全面发展的社会主义建设者和接班人。坚持"五育"并举，全面发展素质教育，突出德育实效。完善德育工作体系，认真制定德育工作实施方案，深化课程育人、文化育人、活动育人、实践育人、管理育人、协同育人。大力开展理想信念、社会主义核心价值观、中华优秀传统文化、生态文明和心理健康教育。加强爱国主义、集体主义、社会主义教育，引导少年儿童听党话、跟党走。

记录·倾听·回应
——大班幼儿一对一倾听融入一日生活实践研究

浙江省杭州市滨江区滨汇幼儿园　林　茹

一、实践价值

随着"生活教育"的不断落实，我们发现幼儿的课程源自其生活中感兴趣的瞬间、生活中意外发现的事物等，教师应贴合幼儿的生活经验，构建与梳理幼儿喜爱的课程。但是幼儿园每个班级孩子多，每个幼儿又都是独立的个体，所以他们对生活有着自己的感悟及兴趣点，如何寻找一个可视化载体促进幼儿记录生活及生活经验？教师想到了"一对一倾听"的方式，"一对一倾听"是一个由幼儿将想法进行表征，形成一个可视化的现象的过程，其价值具体如下。

（一）链接活动源点，落实行知精神

陶行知的生活教育思想指出："一日生活即教育。"可见课程的生发是从儿童的生活经验中提取的。利用一对一倾听活动引导幼儿对自己的一日生活进行记录，教师能有效了解幼儿遇到的问题、兴趣点及解决问题的过程。在可视化儿童经验的同时，落实"生活即教育"精神，同时结合幼儿生活经验可视化的现状不断调整及梳理课程。

（二）遵循幼儿兴趣，满足幼儿表达

儿童作为一个完整的个体，对周围生活有着自己的认知与感受。一对一倾听活动是幼儿记录一日生活中问题、一日生活中感悟、一日生活中发现的新事物等生活经验，并在师幼互动、幼幼互动的过程中不断加深对生活的认知，表达自己的情感，获得对生活的热爱，支持幼儿原有的生活经验不断加深与拓展。

（三）多维度评价观察，深化原有经验

一对一倾听活动的开展能够让教师、家长多维度观察幼儿的生活及游戏瞬间，梳理幼儿各类经验的掌握情况。根据这些情况与幼儿进行深度有效的互动，支持幼儿原有经验的不断拓展，促进幼儿的个别化成长和深度学习，不断深化"生活即教育"的精神，让生活处处是课程。

二、实践策略

（一）记录：提供多重生活契机，生成倾听活动内容

在一日生活的每个瞬间，幼儿随时随地会产生问题。因此为了高效发现幼儿的兴趣，一对一倾听记录可以充分利用一日活动中的碎片时间，随时随地抓住每一次可以倾听的机会，对幼儿遇到的问题进行倾听。

例如在一对一倾听活动中，我们转变了以往只在区域活动中进行一对一倾听的现状，每天从游戏活动、生活活动、户外活动及课程活动中任选其一进行倾听。

1. 游戏活动。引导幼儿结合自主游戏，将设计游戏时的想法、寻找材料的过程、游戏开展中遇到的问题、游戏过后的自我评价等内容进行记录，让幼儿的游戏经验可视化，结合幼儿游戏中遇到的问题、困难等做出回应。

2. 生活活动。生活活动分为生活中幼儿感兴趣的瞬间，如看见一只麻雀、遇见一场雨等；同时也包含幼儿生活活动的瞬间，如幼儿学习怎么规划自己的时间等过程，让生活经验可视化，追随幼儿感兴趣的生活事件进行回应。

3. 户外活动。结合户外活动中的体育活动、自然探索等活动进行绘画日记的记录，让幼儿关于运动的经验可视化，关于户外自然探索的经验可视化。

4. 课程活动。结合课程活动中幼儿遇到的问题，引导幼儿进行记录，包括自己对活动的疑问、活动中找到的答案等。

总之，老师要根据孩子的生活弹性安排一日活动的时间，记录他们生活中的发现、游戏中的发现、作品中的发现、阅读中的发现、创作中的发现……让孩子们在主动记录中生成内容，潜移默化地让幼儿获得更多的知识和经验。

（二）倾听：巧用多维技术手段，触发一日多角度倾听

对幼儿一对一倾听的过程中发现一些孩子的表述能力逐渐增强，孩子讲得比较快、比较多，教师可以利用多元途径链接一日生活，对幼儿进行倾听及互动，触发一对一倾听活动的精彩。

1. 信息技术使用

(1)手机录音：利用手机自带的录音功能开展一对一倾听活动，教师利用手机的录音功能记录下幼儿说的话，分析幼儿的对话，深度开展活动。

(2)手机录像：利用手机录像功能记录下幼儿的活动过程，根据视频回放分析幼儿的对话，可以制作二维码来分享与保存。

(3)记录表格：在原有的倾听基础上，结合指标制作一对一倾听记录表格，开展一对一倾听活动。

2. 马赛克方法融入

"马赛克方法"作为一种融合了多元方法、多重声音的研究方式，其在方法论层面所依据的价值观是一种积极的、全纳的儿童观，认为幼儿就是他们自身生活方面的专家，是熟练的交流者，是权力的持有者和意义的创造者。"马赛克方法"不仅利用多种工具支持幼儿发出自己的声音，也强调教师通过录音、文字记录、收集整理儿童的表征等方式来记录幼儿的声音。例如，在了解幼儿喜欢的户外游戏场地时，拍照为幼儿提供了一种易于掌握且可视化的交流方式。借助所拍摄的照片，借助"马赛克方法"的多元工具，无论幼儿的年龄、能力、个性存在何种差异，每一个幼儿都能真正成为"发声"的主角，而不再只是被倾听的对象。

3. 合理分工记录

为了保证完整倾听每位孩子的表述，避免"消极等待"现象，在自主游戏中，请班级中两位教师与保育教师分工合作，进行一对一倾听。也可邀请幼儿与同伴之间开启互相倾听，并录像进行记录，以同伴经验分享的方式解决游戏中的问题，同时满足每位幼儿被倾听的需要。

(三)回应：支持幼儿想法，实现深度倾听活动

在一日活动中进行一对一倾听，能推动幼儿在个别对话中充分、积极地反思自己的经验。因此在倾听和记录中，教师对幼儿的回应支持很重要，教师尊重幼儿的表达，真实记录，不将自己的个人想法、情感强加给幼儿。认真、耐心地倾听，并以点头、微笑等积极的方式给予回应。让孩子们表达自己在活动中的发现、思考、疑问等，在倾听中尝试了解孩子，读懂孩子。

例如在一日活动的区域游戏环节的一对一倾听记录中，教师通过以下几种手段对幼儿进行了支持与回应。

1. 解决问题，寻求答案

如教师发现烧火做饭游戏中幼儿不知如何下手，教师提出问题，引导幼儿为他人服务，明白做事要坚持。

2. 经验分享，梳理提升

如娃娃家游戏中，教师通过经验梳理的方法与幼儿进行了互动。

3. 重点提问，面面俱到

结合幼儿的现状找出幼儿的现实需要，制定符合幼儿最近发展区的目标，判断是否需要师幼互动及互动的价值点。如游戏中部分孩子不愿意表达，即使老师积极引导也说不清楚，这时教师可以先精简提问。其次请幼儿自由发问，教师认真倾听，听完再进行互动，防止打断幼儿的思绪。

三、结语

一对一倾听与记录是将幼儿的体验、经历转化为知识的过程，能唤醒幼儿的游戏记忆，

促进思维和语言的发展，同时也是教师读懂幼儿和洞悉幼儿思维水平的有效途径。在一对一倾听记录中，幼儿显示出学习能力与解决问题的能力，他们以独特的方式建构着对客观事物的理解，通过经验的迁移、大胆想象与创造，不断尝试解决一个又一个游戏中的真问题。同时在这个过程中，教师也能够融入幼儿，不断与之进行互动，带着理解与共情与幼儿深度交流，助力幼儿成长。当教师能够了解到幼儿内心的真实感受并做出良好的回应时，利于幼儿与教师之间产生安全依恋，促进幼儿进一步向教师敞开心扉，更加大胆地释放内心的想法。

幼儿美术作品在幼儿园环境创设中的价值与应用

广东省深圳市龙岗区龙城街道鸿基幼儿园　熊　萍

幼儿美术作品在幼儿园环境创设中的应用研究具有多方面的意义，对幼儿园来说，有利于打造生动有趣、丰富多彩的园区环境，促进幼儿美术作品更多地在幼儿园环境中应用。对幼儿来说，能更好地吸收丰富的美术文化，培养幼儿从小爱美术、爱手工、爱绘画的情感，得到健康且全面的发展。对教师来说，有利于促进教师们教育理念的转变，提升教师对美术的认识及欣赏水平，并为教师将幼儿美术作品运用到幼儿园环境创设中提供灵感和现实的帮助。

一、浅谈我国当前幼儿园环境创设现状

1. 中部部分地区乡镇幼儿园环境创设现状

幼儿园是小朋友们生活学习、培养习惯的地方。我曾就职于湖北省某市某镇民办幼儿园，该园所有教室均为平房。虽然该园规模大，幼儿人数可观，绿化环境不错，但是该园内环境创设以及班级环境创设十分不规范。每个班级放眼可观的班级环境，只有课室内的一面主题墙和课室门口的家园联系栏，主题墙的内容多以节庆、季节为主。该幼儿园班级环境创设幼儿参与率极低，托、小、中班主题墙基本是以教师制作为主，完全没有幼儿参与。大班教室环境也是以教师创作为主，幼儿参与为辅，大班的班级环境中也少见幼儿的美术作品。该园公共区域环境以吊饰、贴画为主，吊饰一部分来自采购，一部分为教师手工制作。贴画以即时贴剪裁的植物、交通工具、动物为主，贴画颜色单一，缺乏生动形象的感觉。总体来说，这所幼儿园环境创设的特点就是教师包办，幼儿参与少，内容单一，基本没有供幼儿有效学习的环境。

2. 沿海地区一线城市幼儿园环境创设状况

上海是繁华的大都市，在沿海地区中相对于其他城市来说，各个行业相对发达，学前教育方面也相对较强。我曾就职于上海市某民办幼儿园，该园是一所民办二级一类园，该幼儿园环境创设较为规范，公共区域环境内容丰富，整体富于美感，但大部分公共区域环境均由教师制作，很少有幼儿美术作品，幼儿参与较少。园内每间课室内有两三面环境墙，一面为主题墙，其余墙面为班级自设，例如：作品墙、问题墙等。基本上每个班级都设有幼儿作品墙，课室外有家园联系栏。该幼儿园大部分班级都有将幼儿美术作品运用到环境创设中，但是作品形式单一，绘画类作品居多，且绘画内容统一，幼儿创造性不高。

深圳是中国的一线城市，经济发达，教育事业也比其他城市优秀，教育部门对各区幼儿园管理比较严格。2018年8月，我就职于深圳市某民办幼儿园，该园是一所中英文双语幼儿园，设有八个班级，以IB课程为主。IB是探究式学习，需要学习者进行探究，发现问题并解决问题。所以此园班级环境创设主要呈现了幼儿的探索学习过程，环境创设大部分来源于幼儿，室内外环境创设处处可见幼儿的影子。班级环境主要以幼儿美术作品为主，包括：简笔画、水彩画、手工作品等。在这些作品中又分为平面作品和立体作品，形式多样，种类繁多，具有观赏价值及教育价值。该园环境创设以幼儿为主导者，非常值得学习参考，但在陈列方式上略显单一，幼儿园绘画作品多悬挂于课室内的墙面，手工作品则随意摆放在课室走廊的玻璃窗上，整体并不美观。

二、幼儿美术作品应用于幼儿园环境创设的价值

1. 教育价值

幼儿美术作品应用到幼儿园环境创设中能增强环境中的教育价值。在环境中加入幼儿作品，能为幼儿提供更多的视觉刺激，有助于提高他们的审美能力，也能使幼儿在观赏同伴的作品时有更广阔的联想空间，培养幼儿的想象力。不仅如此，幼儿在进行美术作品创作的过程中还能锻炼他们的动手能力。

2. 体现环境的创意性和特色性

将幼儿美术作品运用到环境创设中，不再以教师的制作为主。幼儿是天生的创作者，他们的作品风格各异，充满想象，富有童趣，充满创意，将他们的作品运用到环境中，能使幼儿园环境焕然一新，独一无二且富有特色。

三、幼儿美术作品应用到幼儿园环境创设中的策略

1. 合理布局，充分利用空间

在幼儿园环境创设中，各班级基本上都会利用教室的空间设立美工区、益智区、建构区等一系列区域，往往会忽略一些小空间，如：窗台、教室角落、拐角……这些空间大多数会被浪费，教师可以寻找契机将这些小空间利用起来。可以在窗台用幼儿的手工作品进行装饰，也可以在拐角设置绘画作品展示区，这些区域大多数是公共区域，将这些小的公共区域合理利用起来会有意想不到的效果。

2. 调动幼儿的积极性，让他们成为创设环境的主人

陈鹤琴先生指出："通过儿童的思想和双手布置的环境，可以使他对环境中的事物更加了解，也更加爱护。"因此，教师在环境创设中要充分发挥幼儿的主动性、积极性，让他们参与到环境创设中，让他们自己动手成为环境创设的主人。想要让他们积极参与到环境创设中，就要开展能让他们感兴趣的活动。利用讨论、采访、观察等方式，了解他们感兴趣的事物，并设置成有相关意义的活动，在活动中发挥他们的积极性。此外，在活动设置上应注重因材施教，考虑幼儿水平发展的不同来设置活动的难易程度。

3. 培养幼儿爱他人、爱祖国、爱家乡、爱集体的情感

在幼儿环境创设中，可以根据本地特色，合理利用家乡资源，例如：名胜古迹、小吃、特产、习俗等来刺激幼儿的创作灵感，让幼儿了解家乡民俗文化，培养他们热爱家乡、热爱祖国的情感。与此同时，在幼儿园环境创设中，设置专栏，例如：生日栏、我爱我家、我的朋友……营造温馨友好的氛围，从而培养幼儿关爱他人、关爱集体的情感。

4. 利用丰富的家长资源，让他们参与环境创设

在幼儿环境创设中合理利用家长资源，教师引导家长参与环境创设，并帮助教师收集各种资源。例如，家长从事的行业各不相同，为了使班级环境丰富多彩，我们可以动员家长收集与自己职业有关的照片、视频、故事等来刺激幼儿的创作。与此同时，在环境创设中，我们能通过鼓励家长收集大量废旧材料的方式来丰富环境创设中所使用到的材料。可以收集纸盒、奶粉罐、饮料瓶等，让幼儿利用各种废旧材料进行创作。

四、结束语

教师是幼儿美术作品运用到幼儿园环境中的核心,幼儿的主体意识是环境创设的实质,幼儿园管理者在幼儿美术作品运用到环境创设时要给予绝对的支持与帮助。教师在引导幼儿参与环境创设时要考虑幼儿自身的年龄特点,教师在环境创设中也要注重环境创设的教育性,在环境创设中为幼儿提供丰富的材料,及时对幼儿美术作品给出正面评价。

幼儿"隐性科学"启蒙教育的探索

北京市大兴区黄村镇第二中心幼儿园 康安琪

结合《纲要》的要点,科学探索活动是幼儿时期的一项重要教学内容,在幼儿一日活动的开展中,可以找到不少关于"隐性科学"的素材。引导学生在参与科学探索的过程中,得到丰富的体验和探索,在这些体验和探索的过程中,提升自身的学习兴趣和求知欲。本文以一日活动为载体,充分挖掘农村资源,引导幼儿在科学探索活动中主动探索身边的隐性科学现象,提高逻辑推理能力,引导幼儿形成良好的科学常规。在本课题的研究过程中,笔者紧紧抓住"隐性"和"启蒙"两个词汇,结合日常教学,引导学生开启对科学的探索之路。

一、当前及存在的问题

在科学活动中幼儿是活动的主体,而他们的经验来自生活和周边的环境,许多科学素材都隐藏在幼儿的一日活动中,作为农村幼儿园更要关注生活中的隐性科学现象,将它生成为幼儿感兴趣的科学活动。我校位于农村,是一所农村幼儿园,幼儿园附近有着广阔的田野,有着丰富的教学资源,同时科学活动的有效开展可以很好地培养幼儿的好奇心、求知欲、探索的习惯和方法,让他们关注、珍惜身边的环境资源,结合当前我校的地理特点,这些对于农村幼儿的健康成长是非常重要的。

(一)教师洞察能力弱,不善于发现

幼儿各方面的经验都来源于生活,科学活动更应该与生活相互联系。同时自然环境是幼儿接触最多的科学资源,我们要及时发现生活中的科学现象并引导幼儿去观察。如:雨后出现彩虹的现象、小鱼吐泡泡的现象等。这些现象的出现教师或许会一语带过,没有意识到这其实是生成科学活动的契机。这就是教师观察能力弱的表现。

(二)教师课堂教学用语不科学

幼儿园科学活动是幼儿启蒙的科学教育,我们要为幼儿传递准确的科学概念,教师的课堂教学用语一定要具有准确性、科学性,关键概念的表述是否正确会影响幼儿的认知发展。如科学活动"水的溶解"中,教师告诉幼儿,糖在水里经过搅拌溶解了。看到这一现象幼儿说:"夏天,冰淇淋也会溶解的。"教师肯定了幼儿的回答。由此看出,教师自身并没有区分"溶解"和"融化"的含义,给了幼儿一个错误的知识。

(三)教师对幼儿年龄特点把握不到位,活动设计缺乏针对性

幼儿对科学的认知是具有阶段性的,农村幼儿园的科学活动大多都按照主题来,在生成主题时,没考虑各年龄段幼儿的个体差异,出现有些科学活动不符合本年龄段幼儿的操作与认知范围。如中班下学期科学活动"躲在哪儿?"让幼儿品尝,分辨酸、甜、苦、辣、咸的味道。这样的教学设计适合小班幼儿的年龄特点,失去了科学操作的意义,也无法提升幼儿的科学经验,这就是教师对幼儿年龄特点把握不到位、活动设计缺乏针对性的体现。

"教育应当是生活本身,生活和经验是教育的灵魂,离开生活和经验就没有生长,也就

没有教育。"因此，我们根据目前农村幼儿园科学活动发展的状况，尝试以幼儿一日生活为契机，利用农村的科学资源，结合幼儿的兴趣点，以此生成幼儿感兴趣的、具有操作意义的农村特色的科学活动。所以，我们要进行一个"开展农村幼儿园隐性科学的探索与研究"的课题探索活动。

二、"隐性科学"研究开展的实践与探索

我主要从以下几个方面加以着手开展。

(一)利用一日活动，培养幼儿对隐性科学活动的兴趣

一直以来，我受到陶行知"生活即教育"的教育观念的影响，在幼儿教学的开展中，将目光聚焦于生活，认为生活中也有很多吸引我们的地方。所以在日常的教学中，我利用一日活动，培养幼儿对隐性科学的兴趣。在幼儿阶段，生活中的很多现象都会引起幼儿的关注和留意，而教师完全可以结合幼儿这方面的关注度，引导幼儿在生活情景中开展探索和实践，以便了解生活中隐性课程的广泛性、多样性和生动性。可以利用活动时间，带孩子们到户外走走、活动一下。比如每年春天的时候，我们都会带领幼儿到户外"寻找春天"，教师可以以此为契机，以一日活动为切入点，培养幼儿对隐性科学活动的兴趣，从而在不知不觉中生成科学活动，激发幼儿对科学活动的兴趣，主动探究。

(二)运用农村资源，鼓励幼儿主动发现隐性科学现象

结合农村幼儿教育的特色，在我看来，农村幼儿教育中有着城市幼儿教育所没有的优势和特色，农村幼儿园教学不用局限于幼儿园的哪个空间，在幼儿园附近也会有很多可以利用的资源，而幼儿的探索可以以农村资源、户外活动作为基本点。教师可以充分运用农村资源，寻找隐性科学资源，比如在我的教学中，我结合农村资源，引导幼儿认识农作物并参与种植，在参与种植的过程中，关注种子发芽、长大；运用农村资源带领幼儿去玩泥巴、认识蚯蚓、观察稻子的成熟等；还可以去观察农村到处可见的家禽等动物，通过观察这些动物的生活习性以及生长过程，引导幼儿主动发现科学。

(三)观察大自然，引发幼儿对隐性科学现象的思考

在幼儿教育中，大自然是幼儿参与学习的最佳环境，在大自然这个大环境中，有着各种各样的现成的活教材。比如平日我会带领幼儿一起去探索大自然，在大自然中蕴藏着各种各样的奥秘，比如田野里有很多小动物，如青蛙、泥鳅、蚯蚓、鱼等，秋天会有浓雾和露水，夏天的夜晚会有萤火虫。在大自然中会有清新的泥土，也会看到农村乡间的水泥路，会遇到小树林中的小石头等。而所有这些生活环境都可以成为孩子们思考的素材，这些发生在幼儿身边的自然现象，也会给幼儿的科学探索带来很多别样的灵感。

(四)开展科学为主题的教研活动

幼儿日常教学都是结合一定的主题活动开展起来的，这些科学主题教研活动，使得我们的幼儿一日课堂有了更多的条理性。在开展主题活动时，往往会有幼儿的兴趣点不断深入，或对另一方面的内容更感兴趣。因此，我们应根据幼儿的经验和认知情况，在活动中随机生成一些适宜的探究活动，让更多的"毛细血管"来充实"主动脉"。

以主题活动"各种各样的管子"为例，我们把管子的相关问题作为这一主题活动的开始。我设计了调查表，请幼儿调查看到的、知道的各种各样的管子，并进行相关的收集。通过调查收集活动把幼儿的问题进行分类。我们根据幼儿的问题，主要安排了以下几个活动："什么能通过""玩管子""毛细现象"等。在了解了管子的特性以后，在"玩管子"活动中又生成了"制作管子迷宫""制作管子玩具""纸管变变变"等活动，让孩子运用自己习得的提升经验，并让孩子们在合作中进行表现，体验创作的快乐。幼儿学科学具有直观性和活动性，

当他们面对某些具体的事物或现象时才会提出问题。同时他们需要自身的参与和亲手对物质材料的操作，用自己的感受去充分感知事物来获取知识，发展智力。因此，可以根据自己的教学需要在教室内创设科技区域，作为课堂教学的延伸，让幼儿以小组活动的形式，充分在科技区域里进行自由探索，积极营造动手探索的科学环境氛围。可开展如：物体的弹性、物质的溶解、斜坡与惯性、颜色的变化、物体的旋转、电的奥秘、镜面反射、好玩的空气等活动。在创设过程中应将材料投放的有效性放在首位，有计划、有目的地投放区域材料。注重观察，及时调整区域的位置，让幼儿在活动中明白科学原来离我们这么近，幼儿们可以通过自己的实验操作，挑战自己的原有经验，发现并记录下结果，保护、激发幼儿的探索欲望。

我们希望通过充满童趣和富有挑战的科学教育环境，丰富、支持儿童观察、思考、比较、交流的探究过程。让孩子在环境中发现科学、探索科学，从而更好地提高幼儿的自主学习能力。与此同时，教师必须根据幼儿的特点、水平以及内容进行有目的的引导，协调好环境、幼儿、教师三方的作用，使环境中的科学发挥得淋漓尽致，最终促进幼儿科学素养的提升。

此外，幼儿"隐性科学"启蒙教育活动，还可以结合常见的科技产品及对人类的影响。随着科学技术向社会生活的日益渗透，生活在现代社会的幼儿无时无刻不在接触各类高科技的产品。因此，可以选用一部分反映现代科技的产生和它们在社会生活中的作用，让幼儿体验、感受科学技术迅猛发展的时代气息和现代社会的幸福生活。

以上是我关于幼儿"隐性科学"启蒙教育的探索的课题研究，在今后的教学中，我会更进一步融入"隐性科学"的内容，力促幼儿科学素养的全面提升。

浅谈游戏活动对幼儿同伴交往能力的作用

北京市大兴区黄村镇第二中心幼儿园　宋佳颖

三四岁的幼儿正处在社会性发展的关键期，随着入园焦虑期慢慢过去，幼儿的情绪也变得稳定，他们对同伴的需求越来越大。但是我在观察中发现：小班幼儿在与同伴交往中常表现出以自我为中心、同伴交往不和睦、缺乏交往技巧等特点。在游戏活动中，我变身为观察者，通过幼儿的行为表现，分析出幼儿在同伴交往过程中存在的问题。

一、细心观察，发现问题

（一）孤独型幼儿，不愿与他人交往

案例一：翔翔不爱说话，总喜欢独自游戏。在一次户外游戏"有趣的轮胎"中，翔翔因为有些胆小就蹲在了一个轮胎上导致后边的小朋友也过不去了。这时，后面的小朋友开始催促，二宝走过去想牵翔翔的手帮助他走过去，可翔翔却甩开了他的手，自己一个人晃悠悠地向前走。

发现问题：这类幼儿平时更乐意与自己熟悉的人待在一起，不会主动进行同伴交往，喜欢独自进行游戏。甚至当同伴主动和他交往时，会采取"躲避"的方式。

（二）内向型幼儿，不敢与他人交往

案例二：然然性格有些胆小懦弱，在游戏活动时总是一个人在角落安静地待着，从不主动与同伴交往。在一次户外骑小车活动中，只见然然自己站在一边，小手挠着头……看着他旁边的小朋友快乐地玩着小车，我觉得不对劲，便走过去问他怎么了，然然噘着小嘴说:"我也想玩小车,可是小朋友都在玩,没有我玩的地方了。"于是我建议然然加入大家的游戏中,和小朋友一起玩,但然然摇了摇头。

发现问题:这类幼儿性格内向,从不敢主动与他人交往,但心里有和同伴交往的想法,因缺乏自信不敢主动说出来,总躲到一旁,所以慢慢地变成孤单一人。

(三)霸道型幼儿,不会与他人交往

案例三:坤坤是班里的"小霸王",和同伴一起玩的时候总发生矛盾。一次玩射飞镖游戏,坤坤手中的飞镖坏掉了,他看见旁边心仪的飞镖是好的就直接用手把飞镖抢了过来,心仪哭着找到老师,老师问坤坤,他却理直气壮地说:"我的飞镖坏了,心仪的是好的,我就用她的。"

发现问题:此类幼儿能主动与他人进行交往,但常常以自我为中心,缺乏交往技巧,会采取武力的方式解决问题,经常引发同伴间的矛盾,导致交往不顺利。

二、教师引导,促进交往

(一)选择合适的器材,让幼儿体验同伴交往的乐趣

器材的选择和投放要考虑小班幼儿年龄特点以及幼儿兴趣爱好和动作发展的需要,还要让玩具本身发挥其让幼儿进行同伴交往的功能。例如"同舟共济"游戏,玩法是两名幼儿站到同一个呼啦圈内,将后面一个呼啦圈铺到前面,用两个呼啦圈交替铺路前进。这个游戏需要两个人一起玩。游戏中,幼儿玩得不亦乐乎,不仅促进了幼儿间的同伴交往能力,还让幼儿感受到共同游戏的快乐,体验到了交往的乐趣。

(二)创设游戏,引导幼儿进行同伴间的交往

由于小班幼儿年龄特点,精心创设游戏情景能提高幼儿同伴间交往的概率,并引导幼儿从"独来独往"慢慢发展到"共同游戏"。随着游戏的深入,"朋友间的帮助合作玩得更开心",这是孩子们的感受,从此游戏活动成为幼儿最期盼的活动之一。如在"蚂蚁搬豆"的情景游戏中,幼儿扮演一只只"小蚂蚁",将"豆豆"运回蚂蚁窝。游戏初期,幼儿独自利用小推车"运豆豆"。多次游戏后,幼儿的兴趣明显减退,同伴间的交往也很少。教师发现了这个问题并进行分析,幼儿兴趣的减退是因为对游戏太过熟悉,所以改进方法是增加游戏环节,加强难度。游戏玩法要求幼儿找一个好朋友,两人合作用肚子夹"豆豆"运回蚂蚁窝。游戏开始了,个别幼儿有些害羞,但随着游戏活动的开展,幼儿也越来越主动。在"蚂蚁搬豆"过程中也有了交流,只听他们说:"用肚子顶呀!球快要掉了,我们赢了!"新增加的游戏环节需要两名幼儿合作用肚子运球,对小班幼儿来说有些难度,但正是因为游戏中需要幼儿与同伴一起配合、探索用什么方法"搬豆豆"更好,增加了幼儿同伴间的交往机会。

(三)针对问题选择方式,解决同伴间交往的问题

1. 孤独型幼儿,不愿与他人交往

(1)教师以玩伴身份介入,和幼儿交朋友

针对"孤独"型幼儿,他们不敢与同伴一起游戏,并存在退缩心理。教师要以玩伴的身份介入,主动和幼儿交朋友:"这个游戏咱们玩过了,我想去玩另一个有意思的游戏,我们一起去好吗?""哇,这个小车看起来很有意思,我们一起玩好吗?"这样和幼儿手拉手去玩别的游戏,帮助幼儿迈出交往的第一步。和幼儿一起玩的同时,教师以玩伴的身份引导幼儿说话,引导幼儿交往,这样可以帮助幼儿克服退缩心理,敢于交朋友。

(2)教师带入角色,和幼儿谈话

根据小班幼儿年龄特点,他们眼中一切都是卡通的,动物全部是拟人化的。在引导幼儿的同时,要根据幼儿年龄特点选择小班幼儿喜欢的游戏角色语言。如,在小鸭子找朋友

活动中，教师可以使用"今天你和小鸭子做好朋友了吗？""一只小鸭子说它没有朋友好孤单啊，我们帮帮它，好不好？"这类语言。对于性格比较内向、软弱的幼儿，更需要利用角色游戏、角色语言做鼓励和引导。

2. 内向型幼儿，不敢与他人交往

（1）同伴结对，互帮互助

针对小班幼儿年龄特点，幼儿模仿能力强，喜欢学习身边的"小榜样"，教师可以鼓励幼儿强弱结对，能力较强的幼儿帮助能力偏弱的幼儿，充分发挥同伴引领的作用。

（2）鼓励表扬，增加自信

在日常生活中不难看出，那些愿意将自己的玩具、食物进行分享的幼儿，往往更能得到同伴的青睐。在游戏活动中玩具都是可交换的，我玩会儿你的，你玩会儿我的。教师要仔细观察，及时发现幼儿的这种行为并加以鼓励表扬。幼儿在分享的过程中感受到了喜悦，逐步增强自信心，敢于和同伴共同游戏。

3. 霸道型幼儿，不会与他人交往

学会交往，礼貌待人。

针对"霸道"型幼儿，在游戏活动中，教师要着重引导幼儿学会礼貌、清晰地表达自己的意愿。如在游戏活动时，教师可以示范礼貌用语"我玩这个可以吗？""×××，我们一起玩好不好？"。幼儿在模仿教师行为中，初步了解了怎么做才能获得同伴的喜欢。如在骑小车活动中，思泽看到小车被小朋友们骑走了，转过身就去抢森森的小车，森森不愿意，结果两人发生了矛盾，开始抢夺小车。不一会儿，森森哭着跑来找老师告状说："老师，思泽抢我的小车，还推我。"教师询问后给思泽示范如何正确与同伴商量，并询问森森"如果思泽这样做你的感受是什么"，森森表示这样可以一起玩，会很开心。思泽点点头，学着老师的样子和森森说："没有小车了，我能和你一起玩吗？"思泽见森森没回话，赶紧又说："对不起，刚才推你了，我不推了，咱们一起玩吧。"森森点头说："那好吧，我们一起玩。"两人一起快乐地玩了起来。通过教师示范、引导，幼儿能学习用正确的礼貌用语表达自己的想法和交往意愿，并以商量的方式而不是用武力去解决，这样能够有效提高小班幼儿同伴交往的成功率。

三、具体实施，效果显著

通过以上的方式对幼儿加以引导，笔者发现本班幼儿在游戏活动中同伴交往能力明显增强，幼儿从最初的各玩各的逐渐过渡到与同伴有了语言上的交往、情感上的交流。在游戏中遇到自己不能解决的问题时，幼儿能够主动向他人求助，并在获得帮助后能对他人表示感谢。在与同伴交往过程中发生矛盾时，会说"对不起"来表达歉意；在玩具不够时，会用"好不好？""行不行？"等商量用语与同伴进行协商。在游戏活动中学会了交往的技巧，获得了丰富的交往经验，并扩大了交往范围，有效提高了小班幼儿同伴间的交往能力。

幼儿的同伴交往能力并不是仅通过短期指导就可以见效的，作为教师，要耐心地对待每一名幼儿。要及时关注幼儿同伴交往的发展，及时发现交往过程中所出现的问题，积极解决，让幼儿产生同伴交往的意愿，感受同伴交往的快乐，为日后建立良好的同伴关系奠定扎实的基础，促进幼儿各方面健康成长。

对抓好幼儿园安全工作的几点思考

北京市东城区卫生健康委员会第一幼儿园　侯　静

幼儿园的孩子们年龄小，自我保护能力弱，安全事故随时都有可能发生，意外伤害事故也日益成为社会关注的焦点。幼儿园的孩子均是未成年人，没有民事行为能力，作为幼儿园的管理者如何尽可能防止幼儿在园受到意外伤害，已经成为幼儿园工作的重中之重。幼儿园的安全工作应该注意哪些问题，应该怎样正常开展好安全工作，使幼儿意外伤害事故少发生、不发生，为孩子们营造安全、健康、舒适的成长环境，助力其安全长大，成为我们深思的问题。

一、易发生的安全问题

广义上的幼儿园安全，是指幼儿身体、心理安全以及幼儿教师人身安全、幼儿园的财产安全。狭义上的幼儿园安全，是指孩子在园期间发生在园所内或与园所直接相关的地点和场所的伤害性事件。伤害性事件造成的因素，既有人为因素，也有自然因素。人为因素包括园所暴力、火灾、食物中毒、建筑物倒塌或园所设施发生故障等，也可能是一些自然因素引起的，如洪涝灾害、地震、传染病等。

二、出现安全问题的原因分析

（一）幼儿自我保护和安全防范能力差

由于幼儿年龄小，缺乏安全知识和经验，识别危险和自我保护能力差，加上活泼好动、好奇、好探索，在活动中对危险事物不能做出正确判断，不能预见行为后果。幼儿面临危险时不会自我保护，安全意识薄弱，因此，擦伤、摔伤、烫伤、骨折等事故经常发生。

（二）家庭教育方面存在一定问题

现在家庭中的老人多视自己的孙辈为掌上明珠，幼儿父母大多为独生子女，家长的安全防范意识薄弱，限制了孩子的活动，过多地对幼儿采取各种保护性管理措施，忽略了对幼儿独立能力的培养，这样就失去了对孩子进行安全教育的很多机会。造成对孩子的过度保护，不能更好地培养孩子的自我保护能力和树立孩子的安全防范意识。

（三）存在安全制度不严、管理不善问题

安全工作在个别幼儿园管理工作中，仍然存在"说起来重要，做起来次要，忙起来不要"的现象。各种制度仅仅停留在制定好后被装在文件夹里、挂在墙上，检查时拿出来应付一下。例如幼儿园都有"幼儿接送制度"，竟然还是有幼儿走失的情况发生。园所管理中，往往重视教育教学工作，忽视安全工作，没有把幼儿园安全工作放在重中之重的位置，出了安全问题才发现制度只停留在"挂在墙上""说在口中"，而没有真真正正落实到实际行动上，悔之晚矣。

（四）硬件方面存在安全隐患

有的幼儿园设施设备陈旧、老化，房舍年久失修，抗震等级不够，电线线路老化严重，大型活动组合器械、滑梯、攀登架等无日常检查维护。有的则是存在重大消防安全隐患，消防设施落后、陈旧，消防器材不足，消防通道占用、杂物堆积，安全保卫力量不足、素质不高等问题。

三、保护幼儿安全是我们义不容辞的责任

（一）安全是幼儿身心健康的需要

幼儿园的孩子年龄在3—6岁，正处在身体发育的关键时期，自我保护能力和安全防范能力都较差。《纲要》中明确指出：教师应该把保护幼儿的生命和促进幼儿健康放在工作的首位。

《幼儿园教师专业标准》中明确指出：关爱幼儿，重视幼儿身心健康，将保护幼儿生命安全放在首位，并从专业角度、知识和能力三个层面相互呼应，全面提出了具体要求。如：教师要将保护幼儿生命安全放在首位；熟知幼儿园的安全应急预案，掌握在意外事故和危险情况下幼儿安全防护与自救的基本方法；能有效保护幼儿，危险情况下优先救护幼儿等。安全工作是幼儿园的头等大事。幼儿的安全应放在全园工作的首位来重视，只有在幼儿生命安全的基础上才能保证其身心健康发展。

（二）安全是社会和家庭的需要

幼儿纯真可爱、好奇心强，他们身处现在的社会中，各种潜在的危险无处不在。减少意外伤害事故发生，提高幼儿生存质量已经成为家庭、幼儿园乃至整个社会关注的热点问题。幼儿园的主要任务就是教给孩子认识生活中的安全问题，学习防护与自救的知识，让孩子们远离危险。因此，在幼儿园阶段，应根据幼儿不同年龄特点，多组织、安排相应的安全教育内容，为幼儿健康成长保驾护航。

（三）安全是幼儿园的需要

近些年，幼儿园安全问题不断发生，防范能力最弱的幼儿群体在这些安全事故中的伤害比例是最大的。幼儿园如何助力幼儿健康、安全成长，如何加强幼儿园安全的科学管理，如何培养幼儿的安全意识和灾害逃生技能，已经成为摆在幼儿园管理者面前刻不容缓、急需解决的问题。

四、幼儿园防范安全事故的措施

幼儿园是幼儿集体生活的场所，安全管理无处不在。对幼儿的安全教育也应成为幼儿园长期的教育内容，需要与日常生活有机地结合和渗透。

（一）分层管理，逐级落实责任

幼儿园安全工作实行园长负责制，成立以园长为安全工作第一责任人的安全工作领导小组，建立分层管理网络，实行"一岗双责"。将幼儿园安全工作细化成后勤综合治理安全、食堂管理安全、教学班级安全、卫生保健安全等几部分，明确各自安全方面承担的职责要求，开展专题培训，层层签订责任书，杜绝安全事故的发生。定期召开学期、月、周安全工作例会，就近期重点安全工作进行部署，对发现的安全问题进行协调解决。开展专项检查，对发现的问题及时整改，对出现安全责任事故的人员进行责任追究。

（二）预防为主，打下良好基础

"凡事预则立，不预则废。"幼儿园工作中，要坚持防患于未然，消除事故隐患，应提前采取对应措施。对可能发生危险的人、事、物等因素提前防范，从隐患入手，对安全工作事前有部署、事中有检查、事后有总结反思，积极、自觉、主动地消除各项安全隐患，以避免安全事故的发生，造成对幼儿的伤害。定期开展安全知识宣传与培训，每季度组织一次安全应急演练，开展安全自查与检查，每月至少对幼儿开展一次安全教育等。认真做好安全预防工作，才是做好安全工作的基础。

（三）相互联动，促进密切配合

幼儿园安全工作不仅要有园所内部各部门积极配合，同时也要与社会、家庭密切联系，相互配合，还要努力争取上级主管单位、教育行政部门、街道、社区、公安、消防、城管、

安全监督等多部门的支持配合与联动。例如：定期请辖区消防员来园开展消防安全技能培训与检查，定期邀请派出所的民警开展反恐防暴安全培训，邀请市场监督管理局的专业人员对食堂工作人员开展食品安全培训等。

（四）讲究科学，理论指导实践

幼儿园安全工作不能仅仅依赖以往的经验，一定要建立在理论基础之上，以科学的安全管理理论来指导幼儿园的安全工作。幼儿园要根据园所自身的条件，理论与实践相结合，合理、高效地开展安全工作。不能盲目地认为投入的资金和人力越多越好，要选择适合自己园所安全的设施设备。园所也不能只按照书本要求开展幼儿园工作，而没有考虑自身实际、特殊情况，缺乏必要的调查研究与论证，使得安全工作没有针对性和有效性。幼儿园开展安全工作缺乏科学性和时效性，缺乏相应的科学的理论基础，使幼儿园的安全工作停留在一种疲于应付的状态。随着科技发展的进步，我们的幼儿园已经应用上了先进的技防设备、安全网络信息平台，有了科技的支撑，幼儿园安全工作会更有保障。

（五）以人为本，提供安全保障

幼儿园是服务幼儿和家长的，教育对象是孩子，幼儿园应尊重幼儿身心发展的需要，以幼儿的发展为重要考虑因素，提供安全、环保、无障碍的学习、生活环境，这也是园所管理的重要任务。所以，幼儿园安全工作不能以牺牲幼儿各方面发展为代价，一切要以尊重幼儿为基本原则。例如在安装技防设备时，卫生间、浴室就要注意保护幼儿的隐私等。

（六）安全第一，提升思想认识

在幼儿园的各项工作中，应当将幼儿园的安全工作放在首要位置。当幼儿园的安全工作与其他教育教学工作发生矛盾和冲突时，要以幼儿园的安全工作为重。这主要体现在：幼儿园的安全管理部门和人员的安全措施优先于其他部门的决策，幼儿园安全专用基金划拨优先于其他费用支出，幼儿园安全知识教育优先于其他教育教学，幼儿园安全检查和考核在幼儿园考核工作中应占有重要权重等。

幼儿园安全是幼儿园管理工作中永恒的话题，因为安全既是一切教育活动的基本目标，同时也是教育教学活动有效开展的基本保障。"生命不保，何谈教育"，我们希望孩子们能在幼儿园舒适安全的环境中健康成长，在潜移默化的教育中提升安全防护意识，习得自我保护能力。作为幼儿园的管理者时刻绷紧安全这根弦，确保我们可爱的孩子们安全长大。

幼儿园自主游戏背景下教师专业素养的提升

湖北省武汉市武昌区教育局南湖花园城康乐幼儿园　蔡　晖

为深入贯彻全国教育大会精神，加快建立健全教育评价制度，促进学前教育高质量发展，根据中共中央、国务院《关于学前教育深化改革规范发展的若干意见》和《深化新时代教育评价改革总体方案》精神，制定《幼儿园保育教育质量评估指南》。《幼儿园保育教育质量评估指南》中指出：坚持儿童为本，尊重幼儿年龄特点和成长规律，注重幼儿发展的整体性和连续性，坚持保教结合，以游戏为基本活动，才能有效促进幼儿身心健康发展。

游戏是幼儿的主体活动，也是幼儿学习的主要方式，幼儿园如何将传统教学与游戏相融合，全面、科学地实施游戏课程改革，帮助全体教师探寻能保障幼儿游戏时间、空间、材料、频次的支持策略，推进游戏课程改革步伐是我们当前的首要任务。以幼儿的生活经验和发展为本，重视自主游戏环境的打造，重视幼儿活动中的主体发展，重视教师对幼儿自主游戏的观察指导，是我们所要思考的方向。下面我从深思现实困境、深挖自身资源、深学前沿理念、深研区域环境打造等方面浅谈如何带领园所教师团队开启幼儿园自主游戏的新模式研究，提升教师专业素养。

一、以理论学习为先导，提升教师专业素养

落实《幼儿园教育指导纲要（试行）》《3—6岁儿童学习与发展指南》《幼儿园保育教育质量评估指南》等文件精神，深化幼儿园教育内涵建设，以教科研团队组为阵地，全面落实"幼儿园自主游戏"，厘清自主游戏概念、特征、价值，注重"教师发展评价"。尊重幼儿身心发展规律，以游戏为基本活动，杜绝幼儿园教育"小学化"倾向，确保幼儿安全、健康成长。

二、以规范管理为导向，提高教师保教质量

以研训一体的教研方式，解决自主游戏活动实施中的焦点问题，提高研训实效性。树立"生活即教育"的意识，提高教师随机教育的能力。根据《3—6岁儿童学习与发展指南》的精神，树立"一日活动皆课程"的理念，要求教师把一周课程计划内容有效地落实到幼儿的一日活动之中。

（一）规范一日活动组织管理，促进幼儿健康和谐地发展

1. 梯队式班级管理

班级每天一次班会，中层每周一次例会，全园每月一次质量分析会，落实自主游戏中保教配合的质量，规范教师的行为，加快队伍的成长。通过教师的成长，完善日常教育行为，用老师的美言美语浸润孩子的心灵，用教师的细心观察和有效指导养成孩子良好的游戏习惯，在潜移默化中形成有效的师幼互动。

2. 多层级跟岗管理

帮助不同层次教师共同成长，开展"分层跟岗"活动强化幼儿自主游戏中教师观察与指导的有效管理。每月通过各级管理情况汇总，考核、量化教师观察行为，教师观察行为和观察记录质量与绩效考核挂钩，通过制度保障促进教师的成长，推动游戏课改工作向纵向深发展。

3. 新教师定向管理

由教学园长把关，保教干事、教研组长跟岗新教师，通过随机、预约等多种形式观摩新教师组织一日活动各环节，重点跟踪观察室内外自主游戏的开展并做好详细的记录。根据观察记录对新教师进行针对指导，需要时现场示范，做好示范引领工作。

（二）加强自主游戏研究，开展有效观察评价，提高教学质量

1. 关注幼儿需求

在游戏活动中关注幼儿的发展水平和兴趣需要，关注幼儿的身心特点和发展规律，准确把握游戏活动的价值点，找准教师观察的重点和难点，用适合幼儿的方式开展自主游戏，提高教师观察指导的效度。

2. 找准教师困惑

收集汇总教师关于"幼儿自主游戏中教师观察与指导"的相关困惑，着眼于教师真实需求，开展有针对性的教研活动。了解不同阶段教师的游戏组织现状，如：新手教师对自主游戏的认知情况，成熟型教师在组织游戏活动中遇到的问题，研究型教师对游戏生成课程的思考等，基于教师真需求，开展"真研讨"。利用"老带新""同伴互助"等，在互助互帮中产生思维的碰撞，形成教研梯队。

3. 课程全面均衡

认真学习、把握课程目标、领域目标和各年龄段幼儿的发展目标，充分利用已有的课程资源，结合自主游戏主题，通过合理借鉴、挖掘生成等形成园本课程，确保课程内容的科学性、全面性和均衡性。

4. 相互学习提升

加强自主游戏的指导工作。同班内两位教师要相互切磋交流，反馈幼儿游戏情况，加强平行班教师之间的交流，共享自主游戏资源，从而提高教师自主游戏的指导能力和水平。让幼儿在爱玩、会玩的基础上，懂得规则意识，学会礼貌交往，促进五大领域均衡发展。

三、以双轨教研为方式，强化教师专业水平

以"大小教研联动，实现以研促教"的教研思想找准教师的困惑问题，并采用"大教研把方向、梳理念，小教研重实践、理经验"的方式，切实发挥教研组在幼儿园课程研究和实施过程中的引领作用，使教师在实践、研究、反思中教育观念得到有效提升，教育行为得到切实转变。

（一）大教研组理论培训厘清幼儿园自主游戏的概念、特征、价值

围绕教研主题带领全体教师通过理论培训探索儿童游戏权利的保障，深化对游戏的认识与实践，提升幼儿游戏的质量，与时俱进探寻适应社会发展的育人模式。针对教师短板，通过教研研讨培养幼儿主动性、学习能力、探索、创造、想象、儿童思维、学习品质等核心，全面、科学地实施课程改革。

（二）小教研组实地研究，创设适合儿童心理和需求的游戏场所

小教研组按年龄分为三个组，各组选派一名教研组长带领组员教师进行实地研究，通过交流、研讨、观摩、反思优化教师游戏观察策略，提升教师游戏观察水平，帮助全体教师探寻能保障幼儿游戏时间、空间、材料、频次的支持策略，推进游戏课程改革步伐。

四、以试点班观察为载体，夯实教师研究能力

以试点班研究为载体，依托"游戏课程改革项目联盟""优秀游戏案例评比"等，营造"关注游戏、研究游戏、改进游戏"的氛围，将教学研讨与园本教研、园本培训结合在一起，围绕试点班开展幼儿室内外"自主游戏"中材料投放及教师指导开展各种形式研讨活动。

（一）学习建立思想

在活动组织上，关注幼儿学习与发展的整体性，注重各领域有机结合。将原有的提前备课调整为生成性备课，从一日各环节中发现问题、调整目标、反思现场，形成动态的教育过程，帮助全体教师用新的思想看见儿童，看懂儿童。

（二）思想改变环境

在室内空间布局上去区域化，为幼儿提供大面积的自主游戏场地；在游戏材料上提供符合幼儿年龄特点的，多品种、低结构的多元化材料，充分落实"我的游戏我做主"；在墙面空间上弱化装饰性，重视幼儿通过绘画、讲述等方式对自己经历的游戏进行表达表征，为每一个孩子的游戏轨迹、游戏故事、游戏作品提供可呈现的板块；在教师观察上，教师能一对一倾听并真实记录幼儿的想法和体验，及时给予有效支持；在作息时间上，调整以往的点状时间为现在的块状时间，让孩子最大限度地选择自主活动时间，让《幼儿园保育教育质量评估指南》精神落地。

（三）环境引发行为

支持幼儿自主选择游戏材料、同伴和玩法，支持幼儿参与一日生活中与自己有关的决策，例如："三自"自主游戏，让孩子自由结伴、自选材料、自定主题，让幼儿在自己的活

动场地自主观察、自主讨论、自主游戏，孩子们在活动中充满自主、自由、自信。让教师"看见游戏"，每天两小时的户外自主游戏时间，让教师深入观察孩子的游戏现场，沉浸式记录孩子的游戏过程，游戏后班级教师共同交流孩子的游戏情况，教研研讨时分享孩子的游戏故事，让每位教师看到真游戏，记录真游戏，反思真游戏，专业承载着精细、精练、精彩。

（四）行为产生智慧

厘清幼儿园一日生活的教育价值，认清幼儿的行为价值，能识别幼儿以新的方式主动学习，及时给予有效支持。例如，以往要求孩子们在统一的时间进餐，现在孩子们可以在游戏中分时进餐，并根据自己的需求按量取餐。这样，在遵守一定制度前提下，给幼儿的发展留出空间，既满足了他们的需要，也提出了一定的挑战。

通过游戏课程的改革探索，我们在丰富多样、优质的研究过程中，提升了教师游戏活动的观察与指导能力及教育教学研究能力，充分发掘每位教师的潜力，真正让教科研促进教师成长，最终为促进幼儿发展服务。通过"明目标、共谋划"直面游戏课改的难题，"全覆盖、重践行"深化自主游戏课程改革，"强培训、深研修"进行分层建设师资队伍，"有监测、出成效"全面提升园所保教质量。游戏课程改革让幼儿在快乐游戏的过程中，不断发现问题、提出问题、分析问题和解决问题，真正成为学习和发展的主体，促进幼儿各方面能力的提高，体验"自主游戏"的成功和快乐，真正落实《幼儿园保育教育质量评估指南》精神，为培养德、智、体、美、劳全面发展的社会主义建设者和接班人奠定坚实基础。

关于"社会行为问题"幼儿的个案研究

浙江省杭州市钱塘区江澜幼儿园　汤　丽

一、问题的提出

当前时期，大部分孩子到了3周岁这一阶段时，家长们基本都会选择将孩子送到幼儿园里适应集体生活。而幼儿阶段作为人类发展的重要时期，培养幼儿的社会行为显得尤为关键，这对于幼儿的各方面发展也有着举足轻重的意义。

目前儿童心理行为问题的分类还存在着各种不同的声音，但在"社会行为问题"的界定方向上还比较清晰，其大致包括：与他人不能友好交往合作、撒谎、嫉妒、攻击性行为、吵架、社会适应性弱等。

二、个案描述

（一）个案基本情况

小洛是一个4周岁的小男孩，今年9月份秋季开学刚转到我们班级。在此之前，因为家庭的原因小洛一直没有在幼儿园生活和学习的经历。因此，开学后小洛便出现了各种社会行为问题。在幼儿园里，小洛每天入园后先是表现出焦虑、哭泣，之后在游戏时，常常一个人在教室里漫无目的地游荡着，对于老师的引导和指令不能很好地理解，也不能做出相应的回应，甚至有时候小洛会不自觉地做出一些能让自己快乐的，但在旁人看起来十分异样的举动，如不分场合地尖叫、歌唱、大声发泄情绪、乱跑等。其间，小洛也时常会表现出对周围人群的抵触行为，不愿意与他人交谈，也不喜欢与同龄人接触。在活动中，表现得也比较孤僻，不愿意融入新环境和接受新鲜事物，难以适应幼儿园集体生活。

(二)具体事例

事例一：

户外晨间锻炼期间，小洛站在小朋友的游戏过道上不敢尝试体能锻炼，就在一旁呆呆地看着周围的小朋友进行晨间运动。慢慢地，锻炼的小朋友越来越多导致游戏过道开始拥挤，周围的小朋友都在催促着小洛"快一点，往前走呀！"，小洛被大家一催促，一直沉默的他放声哭了出来，待在原地不知所措。老师耐心引导小洛尝试挑战一下，小洛当即就大声哭了起来，跑到离班级很远的地方。

事例二：

玩搭建游戏时，班级里的孩子们开始自主取材搭建自己的作品了，小洛先是在旁边观察其他小朋友玩耍，之后也学着小朋友去自主取材。这时候小洛看到有个小朋友来到了积木放置区拿取积木，小洛就开始着急了，大声地喊："老师，老师，他抢……我的……"他边说着边挥动着小手让小朋友离开。

事例三：

中午用餐时间到了，小洛端着自己的餐盘回到座位上，安静地坐着一动也不动，面前的食物一口都没有动。老师见状轻轻地走到小洛身边，关心地问："小洛，你怎么啦？今天的午餐超级好吃，你也快尝尝吧！"小洛却低着头支支吾吾地说："不吃……"原以为是当天的饭菜、点心不合小洛的胃口，可接连两周的观察下来发现小洛在幼儿园十分排斥进食，在家里也经常挑食，家长对此也束手无策。

事例四：

中午孩子们正在午休，班级里突然就出现了小洛的声音。只听见小洛躺在床上旁若无人地大声唱起来："恐龙抗狼、恐龙抗……"老师走过去与他轻声交谈，引导他不要打扰其他小朋友休息。当时的小洛好像并不能理解老师的话语，依然我行我素。

三、问题成因

(一)缺乏幼儿园集体生活经验

许多心理学家都曾指出，儿童间的交往是促进儿童发展的有利因素，同伴关系对于健康的认知和社会性发展是绝对必需的。幼儿园是儿童与儿童间构成的小型社会，孩子进入幼儿园后，能够养成良好的生活常规，学会与人交往，增强自我独立性等。如果幼儿缺乏幼儿园经验，将会对其社会适应性、人际交往、规则意识等方面有所影响。

(二)家庭环境的影响

家庭作为儿童社会化最基本的动因，是儿童社会化的基础。据了解，小洛出生以来一直是跟父母和奶奶一起生活。平时父母工作比较忙，陪伴小洛的时间相对较少，在家里跟奶奶待在一起的时间更多。另外，家里还有一个一岁多的小妹妹需要照顾，小洛父母上班期间，奶奶一个人带着小洛和妹妹两个孩子显得精力不足，也不会经常带小洛去户外玩耍结识同龄人。因为家里大人们的时间精力有限，加上家长本身对孩子教育认知上的欠缺，使得小洛的语言发展、运动发展、人际交往等能力受到影响。

除此之外，家长人格也是直接影响儿童社会化的因素。在与小洛父亲日常交流的过程中，观察到小洛父亲是一个寡言少语不乐于与周围人交往的人，他认为与人交际是一件毫无意义的事情。孩子是极具模仿力的个体，在成长的过程中，更是会把亲近的大人作为自己的模仿对象。因此，在多方面因素的影响下，孩子的社会行为问题会逐渐增加。

四、教育措施

(一)与家长互相配合,形成教育合力

首先,教师要与家长沟通孩子的情况,请家长在接下来的时间里积极配合幼儿园的工作,在家对小洛提出一些生活要求,如独立穿衣、不挑食、运动等,养成良好的行为习惯。同时也要关注孩子在家的表现,对于有进步的地方要及时给予鼓励和表扬,表现不好的方面也应及时指出并引导孩子改正。家长也要及时把孩子在家的表现及时反馈给老师,以强化孩子的良好行为,纠正不良行为。

家庭是孩子成长的土壤,父母是孩子的第一任教师。在孩子社会性发展的道路上,成人的角色也是非常重要的。成人需要成为孩子的榜样以及角色模范。因为0—6岁的孩子具有吸收性心智,他会通过观察成人与他人互动时是如何使用动作和语言的,从而吸收模仿并使之成为自己的一部分。其次,成人需要给孩子示范如何与他人合作完成一项活动,如何与他人分享,如何优雅地与他人进行交流等。

(二)为幼儿创造机会,发展社会行为

教师要多为幼儿创造更多的交往机会,如采用合作游戏的方式,增强孩子间的交往频率。同时应当注意对孩子社交过程中的态度和干预,需要给予孩子更多信心以及机会,让孩子尝试处理社交中的冲突和矛盾。教师也可以通过日常活动,引导幼儿正确与人交往。

(三)耐心教育,正确引导

首先,帮助他认识到不良行为的危害性,以增强他克服不良行为的自觉性。一个人的思想决定了他的内心体验和行为转变。必须让他对不良行为带来的危害性有一个正确的认识,如针对他不在幼儿园进食的问题,我采取用生动形象的故事,让他懂得挑食的危害。每当他在幼儿园不挑食并且光盘的时候,老师都会在其他幼儿面前表扬他。

其次,对他提出要求,积极暗示。每次晨间锻炼活动前,老师都会先找他谈话,再单独指导他动作规范,提出明确的要求,鼓励他大胆尝试。与此同时,老师也在旁边全程跟随指导,减轻他的心理负担,逐步克服畏难情绪,提高动作协调能力。

(四)赏识教育,关心爱护

教师平时要多跟孩子接触,做他的好朋友。我经常单独抽时间与他聊天,和他讲故事,教他唱歌,让他觉得老师是很喜欢他的,以增强他适应新环境的能力,这对他有很大的鼓励和支持作用。

五、教育效果

从9月中旬到11月上旬,将近两个月的时间里,经过一系列的干预和教育,小洛在各方面都取得了一定的进步,如:从不听从教师的指令,到能听懂教师的简单指令并完成任务;从无法在幼儿园进食、安静入睡,到能吃一些主食并接受吃蔬菜和肉类,能安静入睡;从不敢尝试体育活动、绘画活动、手工活动,经过教师的鼓励和指导,愿意尝试参与活动;从不与同伴交往互动,到逐渐有与同伴交朋友的欲望并愿意与他人共同游戏;从不遵守规则,到建立了一定的常规,能逐渐遵守规则。

六、教育启示

(一)父母的教养方式与孩子社会行为发展密切相关

幼儿期是孩子社会性发展的重要时期,儿童在这段时间的经历和体验,以及在此基础上的社会性发展状况将影响其一生,将来他们能否适应社会,能否处理好各种人际关系,能否担负起应尽的社会责任，相当程度上取决于这个时期的生活经验和教育。

（二）师幼关系对孩子社会行为发展的重要性

幼儿园教师通常扮演着与父母相似的照料者角色，当儿童沮丧时要安慰儿童，当儿童行为不端时要引导儿童，他们要确保儿童的安全，关注儿童的发展。高质量的师幼关系也为幼儿与同伴间友好相处并建立和谐的关系打下坚实的基础，在这一关系中，幼儿通过教师的榜样示范可以帮助自身在与同伴交往中更好地运用所习得的社会性行为。与之相反，不良的师幼关系会使幼儿对他人产生抵触情绪甚至出现拒绝他人帮助的行为，这一方面会降低幼儿学习的积极性，不利于幼儿的认知发展，另一方面会使幼儿在人际交往中不能与他人和谐相处，阻碍其人际交往能力的提升，不利于社会性的发展。

科学区游戏中幼儿深度学习能力的现状调查分析

重庆师范大学附属幼儿园　杨　畅

本研究在重庆市 C 幼儿园通过选取跟踪 109 名幼儿在科学区游戏中的 643 次状态进行连续性观察记录，从幼儿参与游戏的次数，平均每次持续进行游戏的时间，每次游戏持续进行的次数，是否需要激励鼓励，能否创造性地使用材料解决问题，是否有更深层次的探索，能否进行合理的猜想、提出假设，能否运用比较、观察、实验、操作等进行验证，能否与同伴进行合作互动，是否主动与同伴、教师互动，是否进行游戏操作记录，是否以多种方式进行表征等内容多方面考察幼儿的深度学习水平。结果显示：不论从游戏次数方面、游戏能力方面、合作分享方面、操作意识方面都有着深度学习的表现。此结果对科学区活动的设计、组织和开展具有指导性意义。

一、问卷效度分析

表 1　KMO 和 Bartlett 的检验

KMO 值		0.721
Bartlett 球形度检验	近似卡方	1124.645
	df	78
	p 值	0

使用 KMO 和 Bartlett 检验进行效度验证，从表 1 可以看出：KMO 值为 0.721，介于 0.7~0.8 之间，其效度较好。

二、游戏次数分析

（一）幼儿可以进行持续性游戏

绝大多数幼儿在科学区可以保持 5 次的游戏次数，说明幼儿可以进行持续性的科学区游戏，其游戏次数得到了保障。但超过 5 次后，比例逐渐下降，说明在游戏进行到一定程度后，幼儿的兴趣明显减弱。

（二）每次游戏时间能够得到保障

每次游戏平均持续进行的时间为 7.75 分钟。其中，持续时间在 10 分钟及以上的幼儿占比最高，为 52.57%。可以得出结论，每次游戏大部分幼儿的游戏时间都在 10 分钟及以上，其整体游戏时长为每次幼儿进行深度学习提供了时间保障。

(三)单次游戏持续进行游戏的次数

每次游戏持续进行2次的比例最高，达到32.97%；其次是持续进行3次，比例为23.48%。大部分幼儿会进行多次游戏，其中持续进行2次的比例最高，说明幼儿在尝试过程中，碰到困难仍会选择重新开启游戏，尝试进行第二次游戏以解决问题。

三、游戏能力分析

(一)可以进行自主游戏

需要激励鼓励的人数为219人，不需要激励鼓励的人数为423人，占比为65.79%。大部分幼儿不需要激励鼓励，说明幼儿具有自我调节游戏情绪的能力，可以自主进行游戏。

(二)可以创造性地使用材料解决问题

64.54%的幼儿能够创造性地使用材料解决问题，34.53%的幼儿在游戏中不能创造性地使用材料解决问题。这说明大部分幼儿能创造性地使用材料解决问题。

(三)有更深层次探索

在每次的游戏中能够有更深层次探索的人数为341人，占总人数的53.03%，说明超过一半的幼儿可以在科学区活动中进行更深层次探索。

(四)能进行合理的猜想，提出假设

66.1%的幼儿在游戏过程中能够进行合理的猜想，提出假设，32.66%的幼儿未进行假想猜测。可以看出超过半数的幼儿都可以在游戏中进行猜想，对游戏提出假设，具备科学区深度学习的初步能力。

(五)能运用比较、观察、实验、操作等进行验证

在游戏过程中能否运用比较、观察、实验、操作等进行验证，选择"是"的人数为400人，占比62.21%。说明大部分幼儿能运用比较、观察、实验、操作等进行验证，具备在科学区游戏中进行深度学习的能力。

四、合作分享能力

(一)与同伴进行积极互动

从643次游戏记录中可以看出，大部分幼儿(81.96%)愿意与同伴进行合作互动，而只有少部分幼儿(17.42%)表示不愿意。结果表明，大部分幼儿对于与同伴进行合作互动持积极态度，少数幼儿没有选择与同伴进行合作互动。

(二)主动与教师交流

89.58%的幼儿表示会主动与同伴、教师互动，互动次数主要集中在1—3次。可以看出，大部分幼儿都愿意与同伴、教师互动，这表明他们注重合作和交流，有与教师进行交流的内容，且乐于分享；在与教师的有效互动中，有利于知识的共享和学习效果的提高。

五、记录表征能力

在游戏过程中77.76%的幼儿进行了游戏操作记录，可以看出，经过科学区深度学习的策略调整，现在大部分幼儿有主动进行游戏操作记录的意识，已经养成了良好的记录习惯。且有65.94%的幼儿可以多种方式进行表征。不管是游戏过程中操作记录的自主性，还是游戏结束后的表征能力都有很好的表现。

六、相关分析

表 2　不同年龄段幼儿与幼儿深度学习能力之间的相关性分析

	平均值	标准差	年龄段	是否需要激励鼓励	能否创造性地使用材料解决问题	是否有更深层次探索	能否进行合理的猜想,提出假设	能否运用比较、观察、实验、操作等进行验证	是否主动与同伴、教师互动	是否进行游戏操作记录	是否以多种方式进行表征
年龄段	6.056	2.984	1								
是否需要激励鼓励	1.653	0.496	−0.314**	1							
能否创造性地使用材料解决问题	1.317	0.574	0.263**	−0.182**	1						
是否有更深层次探索	1.457	0.535	0.396**	−0.141**	0.303**	1					
能否进行合理的猜想,提出假设	1.289	0.596	0.190**	−0.134**	0.337**	0.181**	1				
能否运用比较、观察、实验、操作等进行验证	1.353	0.551	0.252**	−0.127**	0.335**	0.244**	0.319**	1			
是否主动与同伴、教师互动	1.042	0.477	−0.027	0.022	0.025	−0.051	0.045	0.074	1		
是否进行游戏操作记录	1.210	0.451	0.092*	−0.064	0.115**	0.150**	0.069	0.040	0.046	1	
是否以多种方式进行表征	1.341	0.474	0.431**	−0.272**	0.306**	0.392**	0.114**	0.201**	−0.043	0.270**	1

注:* $p<0.05$,** $p<0.01$。

从表 2 可知,年龄段和是否需要激励鼓励之间有着显著的负相关关系;不同年龄段和能否创造性地使用材料解决问题,是否有更深层次探索,能否进行合理的猜想,提出假设,能否运用比较、观察、实验、操作等进行验证,是否进行游戏操作记录,是否以多种方式进行表征之间有着显著的正相关关系。因此,班级探索活动对幼儿深度学习的游戏和表征能力均有促进作用。

表3 创造性地使用材料解决问题与幼儿深度学习能力之间的相关分析

	平均值	标准差	能否创造性地使用材料解决问题	是否有更深层次探索	能否进行合理的猜想，提出假设	能否运用比较、观察、实验、操作等进行验证	是否主动与同伴、教师互动	是否进行游戏操作记录	是否以多种方式进行表征
能否创造性地使用材料解决问题	1.317	0.574	1						
是否有更深层次探索	1.457	0.535	0.303**	1					
能否进行合理的猜想，提出假设	1.289	0.596	0.337**	0.181**	1				
能否运用比较、观察、实验、操作等进行验证	1.353	0.551	0.335**	0.244**	0.319**	1			
是否主动与同伴、教师互动	1.042	0.477	0.025	−0.051	0.045	0.074	1		
是否进行游戏操作记录	1.210	0.451	0.115**	0.150**	0.069	0.040	0.046	1	
是否以多种方式进行表征	1.341	0.474	0.306**	0.392**	0.114**	0.201**	−0.043	0.270**	1

注：* $p<0.05$，** $p<0.01$。

从表3可知，能否创造性地使用材料解决问题与是否有更深层次探索，能否进行合理的猜想，提出假设，能否运用比较、观察、实验、操作等进行验证，是否进行游戏操作记录，是否以多种方式进行表征共5项之间全部呈现出显著性，相关系数值分别是0.303、0.337、0.335、0.115、0.306，全部均大于0。因此，能否创造性地使用材料解决问题直接影响着幼儿深度学习能力，也能促进幼儿深度学习能力的发展。

七、讨论

从参与游戏次数、游戏活动能力、合作分享情况和操作意识方面，可以看出科学区游戏中幼儿深度学习能力水平呈良好状态。从不同年龄段幼儿与深度学习能力之间的相关性分析、创造性地使用材料解决问题与幼儿深度学习能力之间的相关分析结果也能得知，班级探索活动、创造性地使用材料解决问题均对幼儿深度学习有促进作用。在科学区可采取以下措施推进幼儿深度学习能力的提升。

1. 环境创设方面

科学区的环境创设，注重问题任务意识的体现，也需注重游戏过程的呈现。这能帮助幼儿在环境中回顾已有经验，推进其游戏的持续进行，为更深层次的探索提供质性的、可视化的帮助。同时，其互动材料应与幼儿视野持平，安装在下半墙，方便幼儿互动。

2. 游戏设计方面

根据幼儿的兴趣点共同商议科学区探索议题，按照"水、光影、电、摩擦力、空气"等议题的特点，教师自学后进行顶层设计，涉及不同属性，按照属性设计游戏逻辑，引导幼儿按步骤推进游戏。同时，允许幼儿生发新的扩散点，拓展思路，将游戏玩出广度与深度。

3. 材料投放方面

按照游戏逻辑设计投放计划，增加幼儿材料的操作性、层次性、丰富性，其材料按幼儿探索进度进行投放，从属性、数量上满足人人有操作、月月有更新、次次有深入，为幼儿深度探究提供有力的、适时的、有推进的材料支撑。

4. 教师支持策略

需要教师通过培训学习、深入研讨提升自身经验。同时观察、分析幼儿，适时调整策略，不断反思改进，促进小组生发课程点，并共同解决困难。教师应有整体思维，做到"蹲下来"，充分体现幼儿的主体地位。在游戏过程中充分观察幼儿，及时敏感捕捉幼儿所需，当幼儿主动寻求帮助或不能推进游戏时，提供适宜的支持策略支撑幼儿持续探索。当幼儿失去兴趣时，激发幼儿的内在学习动机，围绕主题设立有挑战性的目标任务或投放新的材料，重新激起幼儿探索的欲望。同时须做到全面观察、个别引导，以多种方式记录游戏过程，记录清楚游戏步骤以方便幼儿进行后续表征；帮助幼儿建立学习小组，促进集体分享交流。游戏结束后，将记录的内容与游戏计划作比较，学会总结梳理经验；帮助幼儿积累学习策略，提高自主学习的能力。教师还要做好连续性观察、评价，及时做出调整，最后提升经验，形成典型的活动案例，延伸分享成果，推动幼儿生成新的探索活动。

基于CLASS评量表的幼儿园大班美术教育活动师幼互动质量现状研究

新疆维吾尔自治区乌鲁木齐市红旗幼儿园　李佼君

一、研究的背景与意义

（一）美术教育对促进幼儿全面发展与健康成长具有重要意义

《3—6岁儿童学习与发展指南》中从艺术教育内涵角度提出：艺术是幼儿感受美、表现美和创造美的一种重要表现形式。可见，在以幼儿发展为本的儿童观下我国政策文件将幼儿艺术教育放在关键位置，认同美术教育以幼儿发展为价值目标。

（二）师幼互动质量是幼儿园过程性质量提升的核心与关键

2018年下发的《学前教育深化改革规范发展的若干意见》中，"提高幼儿园保教质量"依旧是工作重点。随着国家对学前教育的认识与关注逐渐深入，"质量"已逐渐被确定为学前教育发展的根本，在学前教育改革路上始终被认为是亟待提升与优化的核心内容。

（三）幼儿园美术教育活动中存在师幼互动质量问题

第一，教师主导性过强。师幼互动主要围绕预设的教育活动安排进行，一定程度上无法有效地针对幼儿感兴趣的内容及时进行反馈，易错过生成性的教育时机，教学质量因此受到一定影响。

第二，师幼互动反馈质量不高。大部分教师所展现出的反馈水平较低，主要以重复儿童的语言、封闭性提问为主，对于建立良好的师幼互动关系产生负面影响。

第三，实践中重结果、轻过程。瑞吉欧学前教育理念中，一切与美术相关的幼儿作品都被看作幼儿表达自我的一种语言，但在我国传统艺术教育中这些皆被理解为幼儿知识技能的附属品。

（四）幼儿园美术教育研究领域对师幼互动质量的关注仍不足

研究者从中国知网数据库中以"师幼互动"为关键词或主题词进行检索发现，2010—2022年间有关师幼互动主题的研究文献共1782篇，来源包含期刊与硕士、博士论文，其中与美术教育相关的文献42篇。由此可见，美术教育研究领域对师幼互动的探讨相对较少，相关实证研究成果仍不足。

二、研究述评

（一）核心概念的相关研究

我国学者刘晶波最早提出师幼互动是指发生在幼儿园内，渗透于幼儿一日生活之中的师生双方互动，互相影响的行为方式和活动过程。

（二）有关幼儿园美术教育现状的研究

美术教育的内容脱离幼儿的生活经验。在功利化价值观的影响下，教师进行美术教育活动准备时往往秉持"唯教材"论，强调对知识技能等生成性内容的预设，使幼儿被动接受学习。

美术教学方法重示范、轻启发。实践中存在由于教师示范过于频繁、示范方法固定模式化、示范目的摇摆动摇、封闭式语言应答等问题，导致幼儿的大多数作品与教师示范成品高度相似，甚至出现"我不会画"的现象。

美术评价标准局限化。目前许多教师还是把美术教育活动看作"教师教、学生学"的简单单边活动，强调教育结果的评价理念日渐凸显，个体的主观审美在幼儿绘画作品评价中占据主要成分，绘画技能水平成为评价幼儿绘画作品的唯一标准。

（三）有关师幼互动质量现状的研究

蒋路易等基于18篇师幼互动质量研究文献进行元分析后发现，我国师幼互动质量中"情感支持"领域得分(4.922)最高，"教育支持"领域得分(3.404)最低。王晓芬发现混读班中教师与幼儿的互动水平在三大维度的得分上皆呈现出较低得分，一定程度上说明混读班教育形式下幼儿身心发展需要受到忽视。由此可见，"情感支持"水平偏高、"教育支持"质量急需提升、高质量师幼互动缺少延续性，这些成为我国师幼互动现状的主要表现。

（四）有关师幼互动评估工具的研究

课堂评估编码系统(CLASS)作为目前应用最广泛的评估工具，主要包括情感支持、课堂组织、教学支持三大领域，共10个维度和42个行为指标。我国学者孙晓娟结合本土情况对CLASS量表进行了修订，显示拟合度良好，澳门学者胡碧颖以广州三地区的幼儿园为样本也进行了文化适应的研究，结果显示出良好的心理测量特征。

三、研究设计

（一）研究内容

1. 基于CLASS课堂互动评估系统，分析幼儿园大班美术教育活动师幼互动质量现状。其中包括师幼互动质量在三大领域与10个维度上的整体质量现状、不同结构化程度的美术教育活动师幼互动质量差异、单一结构化美术教育活动师幼互动质量现状。

2. 探讨当前幼儿园大班师幼互动质量在美术教育活动中的状况问题。

（二）研究方法

（1）研究对象

本研究拟选取H幼儿园大班中高结构与低结构两种不同结构化程度下的美术教育活动视频共32段（高结构活动数量为18、低结构活动数量为14），探讨幼儿园大班美术教育活动师幼互动质量现状。

(2)研究工具

本研究采用CLASS作为评估工具，其内容主要包括情感支持、课堂组织和教学支持三大领域，共10个子维度。由于"班级组织"领域及其3个子维度在低结构活动评分中不适用，所以这部分的分析只针对高结构美术教育活动进行。

四、研究结果

(一)大班美术教育活动师幼互动水平在三大领域、10个维度上质量中等

根据CLASS评分操作标准可知，师幼互动三大领域、10个维度的得分都处在中等水平(3—5分之间)，说明幼儿园大班美术教育活动师幼互动质量整体处于中等水平。

(二)不同结构化程度的大班美术教育活动师幼互动质量差异

为考察高结构与低结构两种不同结构化程度活动对师幼互动水平的影响，研究者将其作为自变量，分别以两大领域、7个维度的得分作为因变量，进行独立样本T检验(由于"班级组织"领域及其维度对低结构活动不适用，在此不进行讨论)。结果显示，不同结构化程度的活动对两个领域、7个维度均无显著影响，表明两种不同结构化程度活动中师幼互动状态稳定。

(三)单一结构化美术教育活动中师幼互动质量现状

研究者将对单一结构化美术教育活动师幼互动三大领域得分进行单因素方差分析，考察教师互动水平是否有差异。

结果显示，在高结构活动中师幼互动三大领域之间的得分具有显著性差异($F=17.386$, $p<0.05$)，教师更注重与幼儿情感联系的建立与培养。在低结构活动中师幼互动两大领域之间的得分具有显著性差异[$t(26)=2.930$, $p<0.05$]，教师在日常交流活动中教育支持水平不足。

(四)大班美术教育活动师幼互动质量仍存在一定问题

结合CLASS评量表的统计结果与案例分析可知，美术教育活动师幼互动质量存在以下问题：(1)班级管理方面，师幼互动多以教师为主导，幼儿主体性地位待加强；(2)教育支持方面，师幼对话重结果，缺少对幼儿创造性与高阶思维的培养；(3)教育支持方面，教师语言示范作用不佳，高级词语使用较少。

五、教育建议

(一)树立以幼儿发展为本位的儿童观，提高教师职业素养，体现幼儿主体地位

研究发现，虽然在大班美术教育活动中师幼互动质量整体处于中等水平，具有较高的情感支持水平，但在样本分析中可以看出部分教师在活动中存在课堂控制欲过强等情况。

观念影响行为表现，教师观念会在一定程度上直接影响师幼互动发生过程。因此，教师须树立并强化以幼儿发展为本位的儿童观，在与幼儿的一日互动中提高职业素养，尊重幼儿的主体地位，给予幼儿更多的自由创作空间，促进幼儿自主发展。

由于学前儿童在心智方面尚不成熟、认知发展水平有限，如果完全由幼儿自主探索，那很可能陷入混乱低效的教育困境。因此，教师在活动中要保持敏感性，关注幼儿学习状态，及时捕捉幼儿的需要与困难，以合适的时机与方式介入幼儿的活动。

(二)提高师幼互动反馈质量，促进幼儿高阶思维的发展

通过研究分析发现，虽然大部分情况下教师能够敏锐地意识到幼儿的需要，使师幼互动在良好情感支持氛围中进行，但反馈质量普遍不高，多以重复幼儿的回答为主，较少对相关内容进行延伸与拓展，幼儿得到的回应刺激有限。

幼儿自主学习始终处在最近发展区之间，由此，教师需在教学实践中重视反馈质量的提升，减少简单化的无效互动，多提出开放式问题与追问，延长回应互动时间与频次，关注幼儿的真实体验，在教学活动高质量互动中引发更多幼儿的深入思考与热情讨论，使幼儿在疑惑与顿悟中得到思维发展与能力提升。

(三)丰富自身美术专业知识，为幼儿提供适宜的个性化支持

专业素养是教师进行教学活动的重要基础与前提，也是影响幼儿审美能力与艺术素养提升的关键因素。通过教师访谈，研究者得知绝大部分教师具有自主学习与终身学习的意识与行动，通过园所交流、名师示范课观摩、案例研讨分析等途径，希望提升美术教育活动中的师幼互动质量。

针对美术教育这一领域活动，教师还需要有意识地使用专业美术词汇，使用幼儿熟悉的语言进行解释与描述，将复杂概念简单化，促使幼儿获得大量语言刺激，发展语言能力，并密切联系幼儿生活实际提高互动效率。

(四)重视幼儿生活经验的积累，支持幼儿的学习与发展

研究发现，活动中高质量的师幼互动源于教师对幼儿全面深入的了解，能够准确把握幼儿发展与生活经验水平，在此基础上做到个性化的教育支持，从而促进幼儿的学习与发展。

因此，教师在活动中需要高度注重复杂概念与幼儿生活经验的紧密联系，通过分享交流、讨论思考等形式使幼儿发生思维碰撞，真正促进思维水平的提升，帮助幼儿更好地进行美术创作，从而实现高质量师幼互动。

巧借自然资源，生活教育"优"体验

江苏省苏州市公园路幼儿园　江梦云

《纲要》中指出：善于发现幼儿感兴趣的事物、游戏和偶发事件中所隐含的教育价值，把握时机，积极引导。在课程游戏化背景下，以幼儿为主的学习性区域游戏活动渐渐成为主场。本文以案例"与蚕宝宝的一次亲密接触"为例，通过捕捉兴趣、判断价值，在充分尊重和保护幼儿的好奇心和学习兴趣的基础上，创设具有不同教育价值的兴趣学习区，引导幼儿根据已有的经验，选择感兴趣的材料进行游戏，最大限度地支持和满足幼儿通过直接感知、实际操作和亲身体验，进行自主的学习探索。

一、巧借兴趣架构，推进价值判断

(一)精准观察，捕捉幼儿兴趣

幼儿的兴趣结构是建立在教师的精准观察基础上的，因此教师在日常生活沟通过程中，需要有效地就幼儿的兴趣进行提炼与捕捉。例如，在日常活动中，涵涵和小朋友说："我和妈妈要养蚕宝宝了。"小朋友们纷纷问："蚕宝宝是什么样的呀？我们也想养蚕宝宝。"我说："你可以带几只蚕宝宝给大家看一看吗？"于是，我们开启了和蚕宝宝的第一次"亲密接触"旅程。生活即教育，一双善于发现的眼睛和一颗好奇的心，是幼儿最宝贵的财富。由一名幼儿的"蚕宝宝"话题，引起了其他幼儿的讨论与兴趣，启发了幼儿对蚕宝宝产生探究的欲望。教师要善于从孩子们的日常生活中观察幼儿，发现幼儿的兴趣点，捕捉有价值的教育内容，在幼儿兴趣的基础之上开展活动。

（二）推进自主交流，把握价值判断

为保障生活元素有效渗透到日常活动中，切实提高生活教育活动的实效性，教师需要在幼儿对兴趣探究的基础上，切实就活动主题价值进行提炼，并明晰活动开展方向。例如，在涵涵次日带来了蚕宝宝以后，大家对蚕宝宝进行了观察与交流。

壮壮说："蚕宝宝会咬人的。"涵涵忙说："不会，不会，它不咬人，它会吐丝，它吐出来的丝会把我们的手粘住。它长大了会吐很多的丝。"詹詹说："它怎么不动？"涵涵说："它在睡觉，你可以轻轻地摸一摸它，它不喜欢重重地摸。"西西问："蚕宝宝怎么掉下去了？"涵涵回答道："它是在下面吃东西，它喜欢在桑叶上面吃，也喜欢在桑叶下面吃。"

其中，幼儿讨论的过程中提出的"蚕宝宝为什么不动了呢？""蚕宝宝会咬人吗？""蚕宝宝吃的是什么叶子？""蚕宝宝下面的黑色的点点是什么东西？"均出现了一系列的问题与探索点。对此，通过对幼儿在观察中提出的问题做出梳理，并且在班级群分享后，引发家长与幼儿共同探究问题答案，激发幼儿用各种感官学习和体验，从不同的角度促进幼儿的发展，也将家庭教育和学校教育有效地结合起来。

二、创设游戏区域，鼓励实践探究

《纲要》中提出：幼儿的成长是建立在直接经验基础上的。因此，在日常活动开展过程中，教师不仅需要深化幼儿对活动主题的认知，同时更需要引导幼儿在各游戏区域中有效地落实探究环节，从而帮助幼儿在实践中拓展自身的生活经验。

（一）实践探究，引导切身体验

通过问题情境的渗透，提出"那么谁来照顾蚕宝宝？""怎样照顾蚕宝宝？""需要做哪些事情？""需要准备什么材料？"等相关问题，以观察者、引领者启发幼儿思考，拓展幼儿的思路，并且通过创设相关饲养区域，鼓励幼儿在切身实践探究中寻找问题的答案。创设饲养角，引导幼儿以小组为单位，采集桑叶，轮流照顾蚕宝宝，清理旧的桑叶，投放新的桑叶，清理卫生。在照顾蚕宝宝的过程中，孩子们遇到了新的问题，有了新的发现，如：如果蚕宝宝不动了，说明它吃饱了在睡觉；蚕宝宝的便便是黑色的，会随着蚕宝宝的长大而变大；有的蚕宝宝长得快，有的蚕宝宝长得慢，就像我们小朋友有的高有的矮一样；蚕宝宝每一次蜕皮后，都会长大一些，它的皮是白色的……通过实践探究的过程不断深入学习，就遇到的问题进行探究，进一步深化了幼儿对活动主题的认知。

（二）自主输出，提升内化成果

幼儿逐步参与到活动主题探究的过程中，教师尝试创设相关活动途径，引导幼儿就活动探究过程中的学习成果进行内化，并且通过多元化输出的方式，巩固幼儿在上阶段切身体验过程中的学习成果。

1. 创设区域，引导语言输出

语言输出是引导幼儿就自身学习与探究成果进行梳理的重要途径，其对于幼儿的探索意识具有一定的推动力。对此，在"我会照顾蚕宝宝"活动开展的过程中创设了语言区，并且搜集关于蚕宝宝的图片和知识装订成册，投放到语言区中。引导幼儿主动阅读，并通过"你发现了什么？""你还有其他发现吗？"等问题引导，切实强化对蚕宝宝的认知，弥补幼儿认知上的个体化差异。此外，鼓励孩子们在阅读的基础上做出分享，在分享过程中实现交流提升的目标。

2. 自主创作，鼓励艺术输出

为进一步强化幼儿对活动主题的认知，实现生活教育成果与幼儿生活能力水平的有效转化，引导幼儿就活动过程做出创作与记录，从而在创作过程中深化对蚕宝宝成长的认知与理解。例如，在日常美工活动中，鼓励幼儿就蚕宝宝不同阶段的样子、形态，如：睡觉、爬行、吃桑叶、抬头等，用手机进行记录，并打印成图片张贴在美工区，丰富幼儿的知识经验。通过引导幼儿观察，鼓励幼儿大胆运用美工区的相关材料进行艺术创造活动，从而有效借助艺术创作环节，巩固幼儿对蚕宝宝不同成长阶段的特点与认知。

（三）精准延伸，拓展活动成果

在逐步优化幼儿对活动过程认知的基础上，尝试借助活动延伸的方法，切实就活动主题的科学探究以及深入探究环节进行创设，拓展幼儿对活动主题的认知，并有效强化其生活经验与水平。

1. 科学探究，创设知识架构

单纯的体验与创作环节的落实无法有效地强化幼儿对活动主题的精准化探究成果，需要通过进一步引导，为幼儿创设一套全面的知识架构，继而帮助幼儿对活动主题创设规范性的认知与理解。例如，在科学活动中，主动渗透"蚕宝宝长什么样"等相关活动，为幼儿提供放大镜、记录表、彩笔等工具，鼓励其对蚕宝宝的成长进行规范性的观察。教师在观察过程中逐步强化对幼儿的引导，如"蚕宝宝长什么样呢？""它有脚，有眼睛吗？""它是怎样吃东西的呢？""它的嘴巴在哪里？"……将幼儿的问题进行梳理，并制作成一张记录表，投放到科学区，引导幼儿通过放大镜进行仔细观察，并进行记录。

2. 深入探究，创设建构途径

在原有的教育环节过程中，结合幼儿的活动表现，就活动主题内容做出深入探究。其中，在以蚕宝宝为核心的生活教育活动开展过程中，创设了"桑树园""蚕宝宝的家"等建构活动，鼓励幼儿运用垒高、重叠、架空等搭建方法建构主题，并将建构区与美工区、饲养角联动起来，丰富搭建游戏情境，激发幼儿的游戏兴趣。其中，在建构活动开展的过程中，引导幼儿利用身边可看、可感知的资源，启发每个幼儿充分地与学习材料互动，与学习伙伴互动，与社会环境互动，去支持幼儿们在不断探究、发现、验证、吸收、同化新信息的过程中，为蚕宝宝创设一个全新的家园。

三、推进有效引导，提升幼儿认识

《纲要》中指出：各领域的内容应相互渗透，从不同的角度促进幼儿情感、态度、能力、知识、技能等方面的发展。可见幼儿的学习不是仅仅学习知识，而是借助学习的内容，在学习中促进幼儿各个方面的发展。

从谷雨前到夏至，蚕宝宝都已吐丝、结茧。在和蚕宝宝的亲密接触中，孩子们一方面观察蚕宝宝的生长变化，了解蚕宝宝的生活习性和生长知识；另一方面在照顾喂养的过程中，培养幼儿的责任心和坚持性。通过照顾蚕宝宝，幼儿真切地感受到蚕宝宝生命的存在，感受到蚕宝宝的生长变化，感受到自己行为与蚕宝宝生长之间的关系，从而认识生命、尊重生命、珍惜生命。

四、结语

通过实践发现，"捕捉兴趣—生成活动、判断价值—把握方向、创设游戏区—推进学习探究、有效引导—提升认识"的过程中，教师细心地观察幼儿的生活，从幼儿已有发展水平、兴趣等多方面考虑，"让幼儿做主"来选择游戏活动内容，满足幼儿的发展需求和探索兴趣。教师善于在与幼儿互动的过程中发现和把握生活中有价值的"发展时机"，有效支持和引导幼儿在游戏活动中进行深入学习，提升游戏价值，力求实现游戏活动价值的最大化。

《西游记》视角下的幼儿园教师团队建设研究

广东省惠州市惠城区厚德幼儿园　练海燕

近年来,国内外学者对于团队建设的研究不断深入,团队建设已成为提高团队质量、促进团队发展的重要途径。然而,现有的研究大多关注于企业、科研等领域的团队建设,针对幼儿园教师团队的研究相对较少。鉴于此,本文结合《西游记》中四位主角的特点,探讨幼儿园教师团队建设的独特性,旨在为实践提供有益的启示。

一、用唐僧的韧劲,在慎终如始中抓方向

《西游记》中,唐僧作为队伍领袖,他有着明确的目标和使命感,以其坚定的信念和高尚的品德引领着团队,他始终坚信取得真经的重要性。唐僧的角色启示我们要有明确的目标和坚定的信念,这是团队建设的基石。

幼儿园团队管理需要一位明确目标、有使命感、有领导才能的园长。需要具备良好的组织、管理、沟通和协调能力,能够统筹全局,推动团队朝着共同的目标努力。在日常管理工作中,如面对幼儿教育的复杂性,园长需要保持坚定的信念,不断引导团队成员克服困难。园长作为团队建设中的领导者、决策者,须根据幼儿园的需求和目标来制定策略和方向,做到以制度理园、以文化理人、以规划理发展,以此引领着整个幼儿园团队稳步发展。

1. 建立制度管好园

为了进一步规范教育管理、优化教育行为,努力实现办园目标,园长可以从岗位职责、业务管理、后勤保障、人事管理、党建工作、组织机构管理、部门工作管理等,建立健全幼儿园的规章制度,力求发挥制度的权威性、实用性、时效性、完整性的功能,让办园目标和教育管理全过程有法可依,有章可循,积极推进幼儿园现代化管理进场,抓牢管理效能方向。

2. 强化文化育好人

幼儿园文化建设的核心是园所文化,它将幼儿园的教育思想、教育理念体现在管理制度之中、教育实践之中以及教职员工的行为之中,以引领教师共同成长,营造出一种积极向上、蓬勃发展的学习氛围,激发教师工作积极性、凝聚力和向心力,以文化促发展,推动幼儿园不断前进。作为幼儿园团队中的领头人,园长须带领团队从办园理念、办园方针、办园目标、教育目标、园风园训等方面,制定出幼儿园文化价值体系。

3. 立足规划定方向

以《幼儿园工作规程》、《幼儿园教育指导纲要(试行)》和《3—6岁儿童学习与发展指南》为指导,园长可带领团队就环境建设规划、课程建设规划、家长工作规划、教师成长规划、实施任务规划等方面制定出幼儿园的中长期发展规划,以此促进师、幼、园共生成长与持续发展,构建幼儿园、家庭、社会"和谐共生、健康发展"共同体。

二、用孙悟空的灵劲,在表率创新中促发展

孙悟空用其智慧为团队提供了创新思路,取经路上,他总是充满奇思妙想,事事走在前,并能够在危急时刻想出破解难题的办法。在幼儿园教师团队建设中,孙悟空的角色启示我们要具备独立思考和不断创新的精神,团队中的每个成员都可以发挥自己的特长,为共同的目标做出贡献。团队中应该也要有像孙悟空那样的角色,他们能够快速执行任务,

同时也能提出新的想法和方法，帮助团队解决问题。面对幼儿教育的复杂性和多样性，能够不断创新教育方法，提高教育质量。

1. 以"一子突破"激发"全盘皆活"

孙悟空的72变是他的标志性技能，他能够以出其不意的方式解决问题，展现出创新的思维和解决问题的能力。这种创新和灵活性不仅体现在他的战斗中，也体现在他的日常行为中。一支优质的幼儿园教师团队，同样也需要善于开拓创新、不断挑战自我的骨干教师，需要他们利用变化的能力去解决一些问题，展现出创新的思维和解决问题的能力。

自组织团队，我们这样做：在教师团队梯度建设上，我们通过自组织建设方案，通过组建教师自组织社团的模式实现了管理的创新、团队建设的创新，旨在以社团造就团队凝聚力、以社团凝练员工执行力。在我园，经过多年的沉淀与创造，共创建了"舞点有约""美食煮意""K歌社""彩虹光影社""静远书社"等多个教师自组织社团。

业务培训，我们这样做：为了适应幼教改革发展的需要，提升教师队伍的整体素质，进一步优化幼儿园育人环境，构建实践、互动、多元的课程体系，提高教职员工的整体水平，在常规的业务学习形式上，我们采取一系列的新举措，鼓励教师积极担任园本培训主持人，形成积极向上、好学上进的良好氛围。进一步优化幼儿园育人环境，构建实践、互动、多元的课程体系。

师德师风建设，我们这样做：师德师风专题通常都是从严禁体罚、看反面案例、了解社会新闻等角度进行的，而在年复一年的学习后，教师往往会略显无感，导致无法发挥应有的正面作用。此次，我园以"坚守师德，做幸福的幼教人"为题，通过互动游戏、探讨幸福的定义、获得幸福的方法、幼师的10个幸福时刻等，以正面的形式倡导大家做个有幸福感、有职业操守的幼教人。

2. 以"一马当先"催动"万马奔腾"

我们的教育工作，责任感与执行能力是最基本的职业精神。做好每一件事情是老师以及长辈教导我们的话语，看似一句简单的话，却有着深刻的意义。执行力是构建优质教师团队的不可或缺的催化剂，团队里要有如孙悟空般"一马当先"的责任感与执行力，才能带动整个团队"万马奔腾"般的发展。如一次开学典礼，由年级组长带领着老师们在短短的两天时间里，准备了400份礼品盒、红包，还有大鼓、福娃、祝福墙、欢迎墙……开学当天，伴随锣鼓声声，在财神福娃派送红包的喜庆氛围中，老师们热情洋溢地迎接孩子们的到来，互道一声"新年好"！再如，一次外出参观学习后，大班老师将传统的分餐进阶为幼儿自主取餐；各班级的"走廊环境"更是在短短的两周内"蓬勃发展"；倾听幼儿，幼儿表征也陆续出现并逐渐精彩；班本课程有了新的尝试，涌现了许多更有班级特色的课程……老师们边走边学、边学边进步，这种说干就干的精神，使整个教师团队的责任感与执行能力得到了质的提升。

三、用八戒的巧劲，在精准对接中抓和谐

猪八戒是一位充满团队精神的角色，他是团队保持和谐的核心人物。他虽然有些迟钝，但总是乐于助人，关心队友，愿意为了团队的目标而奋斗。在幼儿园教师团队建设中，猪八戒的角色启示我们要保持乐观的心态，以豁达的态度处理团队内部的事务，促进团队和谐。在日常管理工作中，面对幼儿园的繁杂工作，我们要借鉴猪八戒的乐观精神，始终保持积极的态度，与团队成员分享快乐和成功经验，这样可有效缓解工作压力。同时，要以开放的心态接纳他人的意见和建议，不断改进自己的工作方式，为团队创造一个和谐、积极的工作氛围。

四、用沙僧的柔劲，在实干笃行中抓沟通

沙和尚在《西游记》中通常被认为是一个相对内向、稳重和低调的角色，他总是默默地为团队付出，不求回报，他经常扮演团队中的支持者角色，他总是认真倾听其他成员的意见和建议，并适时地给予反馈。这种倾听能力有助于建立良好的沟通关系，并使团队成员更加愿意与他分享信息和想法。沙和尚的角色启示我们，团队中的合作与沟通能确保团队的和谐与统一。教师团队中的沟通技巧非常重要，因为它有助于建立有效的合作关系、提高教学质量和促进学生的学习发展。

1. 建立清晰的目标和期望：在教师团队中，每个成员都应该明确自己的目标和期望，并与其他成员进行充分沟通，以确保所有人都在同一战线上。这样有助于避免误解和冲突，确保团队成员能够更好地协同工作。

2. 学会倾听和尊重：在团队讨论中，不要急于表达自己的观点，而是要先倾听他人的想法，然后再提出自己的看法。这样可以促进团队成员之间的相互理解和合作。

3. 使用有效的沟通渠道：可以使用多种沟通渠道，如面对面的交流、邮件、电话、短信等，不同的沟通渠道适用于不同的情境和目的。在团队中建立良好的沟通渠道，并让每个成员都知道在何时使用哪种渠道是最有效的。

4. 控制情绪和保持冷静：在团队讨论中，可能会遇到不同意见和冲突，这时要保持冷静，不要情绪化或激烈地表达自己的观点。同时，也要学会尊重他人的情绪和感受，并给予足够的关注和支持。

5. 建立信任和合作文化：要相信他人的能力和贡献，并愿意分享资源和信息。同时，也要尊重他人的隐私，不要过于干涉他人的工作和生活。这样可以促进团队成员之间的相互信任和合作，提高整体效能。

《西游记》中的师徒四人以其不同的特点和性格，为教师团队建设提供了宝贵的启示。每个角色都代表了不同的个性特点和能力，唐僧的信念坚定、目标明确，孙悟空的聪明才智、灵活变通，猪八戒的合作精神，沙和尚的默默奉献、任劳任怨，他们每一个都在团队建设中发挥着不一样的重要作用。综上所述，幼儿园教师团队中应该有明确的领导，同时也需要有创新者、沟通者和支持者，只有在这样的合作精神和个人特长的充分发挥下，才能打造出一支高效、优秀的教师团队。

以游戏化户外活动，促幼儿全面成长

北京市西城区虎坊路幼儿园　赵天明

户外体育活动在教学中起着重要的作用，但仍存在诸多问题，如教学中缺乏有序性与有效性，活动目标不明确，未能充分发挥户外体育活动的教育价值。课程游戏化的原则在于让幼儿在体育活动中增强自身的体魄，继而激发幼儿的天性，促进其健康地成长。

一、幼儿园户外体育活动教育的基本现状

在幼儿园户外体育活动中，由于传统教学观念的影响与沿用，许多幼儿教师未能重新定义幼儿园户外体育活动的内涵与价值，普遍认为课程游戏化仅仅需要让幼儿自主游戏便可，并未从幼儿活动过程中可能出现的安全、交流等问题进行考虑，缺乏科学合理的组织与引导。部分幼儿教师甚至未能全面了解课程游戏化户外体育活动对幼儿的作用，盲目引导幼儿开展活动，缺乏对体育活动的相关认知，难以使幼儿身心在户外体育活动中得到发

展。由于器材、材料的局限性，教师组织幼儿开展的游戏也较为单一，缺乏创新性与有效性。幼儿每天进行同样的游戏活动，面对同样的运动器材，久而久之便会失去对体育活动的兴趣与活力。且幼儿本身对新事物具有较强的好奇心与探究欲，注意力转移的速度较快。但幼儿园中活动场地及体育活动器材较为单一，在数量上也难以满足幼儿的活动需求，未能针对幼儿的发展情况及时调整旧器材，没有新形式的活动及一成不变的器材严重阻碍与限制幼儿的健康发展。

二、户外自主游戏开展中存在的问题

1. 活动场地缺乏整体规划

户外自主游戏需要给幼儿提供足够的游戏活动空间，活动场地是首要条件之一。由于园所条件的格局限制只能根据自己的活动设想零散调整场地的使用情况，缺乏根据园所环境特色而进行的整体规划。

2. 活动材料缺乏规范管理

户外游戏活动需要大量的材料为幼儿游戏提供可能。教师在材料上很用心，及时补充、更新和丰富。为了让幼儿能够自主选择和使用，采取开放式的放置材料方式，经常在活动结束后被任意丢弃，需要教师花费人力、物力和精力收拾和整理。这种额外增加的工作量使得教师对户外游戏望而却步。

3. 游戏活动缺乏适当规则

教师对户外自主游戏缺乏科学认知，在组织过程中不确定是否应该建立规则或如何采用适当的规则。通常会出现两种截然相反的现象。第一种是有游戏、无自主：教师出于安全的考虑，在组织幼儿进行户外游戏活动时很小心地约束孩子，提前定好游戏的内容，再告诉幼儿怎么玩，幼儿就会在教师的预设中开展游戏。游戏已定场地、定内容，甚至在人多的时候采取分组的方式开展。幼儿在游戏时完全变成一种在教师引导下的被动表演，在教师的绝对控制下游戏。第二种是有自主、无约束：老师在组织幼儿游戏时，认为自主游戏就是让幼儿自己随便玩，只要不出安全问题就可以不管。并且在组织游戏时，不知道如何指导幼儿游戏，放任幼儿，活动场面看似热闹但也混乱、嘈杂。

4. 幼儿游戏缺乏经验提升

教师的观念没有充分转变，把游戏活动与教学活动割裂开，认为让幼儿充分游戏，也就是让孩子完全自由地玩耍。幼儿在活动中容易体会到无拘无束、自由自在带来的开心和愉快，很多时候就会对游戏内容浅尝辄止，遇到困难和挑战不愿意克服和尝试，因此就会缺少专注游戏、努力思考的机会。专家指出，幼儿自主游戏提升经历三个发展阶段：第一个阶段是满场跑，无目的地玩；第二个阶段是有一点规则意识，重复做一些事；第三个阶段是高度地专注、创造性地游戏。在实践中能够看到不少幼儿在自主游戏中处在游戏能力发展的初始阶段，游戏经验和水平有待提升。

5. 教师观察缺乏指导跟进

教师在组织幼儿游戏时，往往处于盲目随意状态，对内容缺少科学的计划，更多关注的是幼儿在游戏中的安全问题，活动评价不及时或者流于形式，甚至有些教师不做评价，游戏后直接结束。由于老师不关注幼儿游戏的情况，缺乏观察意识，对游戏过程中遇到的困难，只以知识灌输的形式帮助其寻找直接的解决办法。不善于捕捉游戏过程中的闪光点或不善于发现幼儿出现某种游戏行为背后的缘由，导致无法给予有效的指导和跟进，从而让活动失去教育价值。

三、课程游戏化下幼儿园户外体育活动的研究策略

1. 科学、合理地设计体育活动游戏内容

课程游戏化要科学地进行,由于幼儿智力及机体仍处于发育状态,开展课程游戏体育活动的目的主要在于活动四肢,让幼儿在简单的基本动作中增强自身的体能与身体素质。还要注重幼儿在活动中的安全问题,科学合理地设计体育活动环节,在组织幼儿进行游戏体育活动时,要考虑到游戏的难易程度。由于幼儿自身的身体素质及肢体活动能力存在差异,在设计游戏体育活动时,对幼儿进行分层。让不同身体素质的幼儿进行适当的活动,逐步提高其身体素质与活动兴趣。

2. 营造游戏环境实施体育活动

幼儿对于新鲜的事物具有较强的积极性,而这一年龄特征则可直接影响幼儿对于游戏的选择。不难发现,幼儿们更喜欢在充满科学性的游戏环境中开展体育活动。因此,幼儿教师在组织幼儿开展体育活动时,可利用游戏营造良好的体育活动氛围,继而让幼儿在舒适、愉快的环境中积极参与体育活动,提高其热情与积极性。同时,随着幼儿的成长,其思维能力及创新能力均不断提高,为促进幼儿健康、持续成长,幼儿教师还要考虑到课程游戏化下户外体育活动的有效性。根据不同年龄段幼儿的心理发展需求及活动需求,逐步提高游戏的难易程度,在营造良好的体育游戏环境中,综合提高幼儿的肢体协调能力与平衡能力。

例如,幼儿教师在组织幼儿进行"跳格子"体育活动中,教师便可事先在地面上画上不同颜色的"跳格子"图案,并使用塑料瓶或其他材料进行装饰与点缀,画成不同的小动物,并将准备好的模型放在不同的格子中。在游戏展开时,教师便可让幼儿进行角色扮演,与格子中的小动物进行游戏。以此积极调动幼儿的参与性,提高幼儿对体育活动的兴趣与活动质量。

3. 创新游戏玩法开展体育活动

为有效提高课程游戏化幼儿户外体育活动的质量及活动效果,幼儿教师应增强游戏体育活动的趣味性与娱乐性。并根据幼儿的性格特征、年龄及心理特点,对原有的游戏活动进行重新规划与设计,不断丰富与优化原有的游戏体育活动形式及内容,为幼儿园体育活动增添不一样的游戏色彩。在创新游戏玩法中,主要对游戏的活动形式、场景的变化、体育器材的使用等进行创新设计,继而发挥幼儿内在潜能,在新的游戏活动环节中提高活动积极性与参与性。为此,在开展体育活动时,教师便可借助自然资源与家庭资源,鼓励家长到校参与幼儿的游戏互动,或是通过民间有趣的体育活动来丰富幼儿园体育活动的内涵及活动的价值。

例如,幼儿教师在组织幼儿进行民间体育活动"跳竹竿"时,便可让其家长共同参与,提升幼儿与家长的默契度,增进幼儿家庭之间的情感与交流。同时,幼儿教师还可利用"跳竹竿"游戏转变为"一棒多玩"的游戏形式,让幼儿分为几个小组展开游戏,使用竹竿进行"骑马""抬花轿"等游戏,继而在新的游戏体育活动中增强自身的体质。或是组织幼儿进行"筷子夹沙袋"的新游戏,让幼儿用两手各拿住一根筷子,夹住沙袋从起点跑到终点,若沙袋落地则重新开始,并以接力的形式进行。通过创新不同的游戏玩法,激发幼儿对体育活动的热情。

4. 借助游戏器材实施高效体育活动

在课程游戏化背景下,游戏器材是幼儿园有效开展户外体育活动的重要组成部分,科学、合理地使用游戏器材可有效提高幼儿体育活动的质量。为此,幼儿教师在开展体育活

动时，便可根据游戏过程中所需的材料，准备好充足的游戏器材，继而引导幼儿利用游戏器材开展体育活动，发挥游戏器材的应用价值，并从中锻炼幼儿的操作能力与体质。

例如，幼儿教师在组织幼儿开展体育活动前，便可组织幼儿共同使用现有的塑料瓶、沙子等材料制成哑铃，使用小木棒、塑料碗或易拉罐、彩条制成双面鼓，使用废报纸制成绳子等。这样不仅能让幼儿享受制作游戏器材的过程，又能让幼儿在自制的游戏器材中提高体育活动的兴趣，继而使幼儿充分参与到课程化游戏体育活动中。若教师采用购买的游戏器材开展体育活动，则需要依据幼儿的年龄特征。在组织年龄较小的幼儿进行体育活动时，应尽量选取材质较轻、软质的游戏器材；在组织中大班的幼儿进行体育活动时，应尽量选取较为正规的体育器材。顺应幼儿的年龄发展，保障其安全，提高课程游戏化幼儿户外体育活动的质量。

四、结语

综上所述，在课程游戏化背景下，幼儿教师在组织幼儿进行户外体育活动时，应注重体育活动规划的合理性与科学性。在活动过程中从幼儿的年龄及性格特征出发，不断优化体育活动的游戏方案，在新的游戏器材中引导幼儿展开游戏互动，充分体现户外体育活动教学的意义，不断增强幼儿的体质，促进其发展。

浅谈园本教研中的"留白"管理

广东省深圳市第八幼儿园　程　征

时代发展需要提升人才培养质量，进入新时代，国家对学前教育的重视程度越来越高。早在2010年，中央财政开始实施幼儿教师"国培计划"，我国在教培方面重点围绕支持服务体系、管理体制机制、培训模式创新、培训内容建设、培训绩效评估等方面做了许多的提升。2020年初，为深入贯彻落实《中共中央、国务院关于全面深化新时代教师队伍建设改革的意见》精神，教育部研究制定了《新教师入职培训指南》《幼儿园新入职教师规范化培训实施指南》等11个"国培计划"教师培训项目实施指南。

一、幼儿园教研管理的现状观察

教研活动是幼儿教育的基础因素，其最终目的在于解决老师实际教育教学活动中遇到的问题，促进教师不断提高业务能力，实现先进的教育理念向教育教学行为转化，从而有效提高幼儿园保教质量。教研管理和教研活动是"纲"和"目"的关系，"纲"举才能"目"张，从而实现教研活动效益最大化。

依笔者了解，各园要求教师开展的日常教研活动种类繁多，主要包括：园本教研、学科组教研、年级组教研、新手教师培训、专项主题培训……老师每周至少要参加一次教研活动，多的甚至达到2到3次。如果把这样的教研比作一张网，现在这张网的"眼"几乎全被管理者给堵满了。这种"堵网"式教研管理的现状造成了教研定位"高"，教研内容"满"，教研气氛"紧"，教师工作"累"。但是，没有网"眼"的网，如何去捕鱼呢？

面对堵网眼的"满"，不由得想起，在中国画中有一种技巧叫"留白"。比如南宋马远的《寒江独钓图》，整幅画中，一叶小舟，一位渔翁在垂钓。画面着墨疏淡，空白广阔，整幅画面中没有一丝水，却让人感到烟波浩渺，予人以想象之余地。

二、幼儿园教研管理的"留白"思考

从管理本身来说，工作同样需要留白。正如邓小平同志所说："制订计划遵循的原则，

应该是积极的、留有余地的、经过努力才能达到的。"很多时候，满满当当并不是一件好事。在有限的精力下，重质而轻量，删繁就简，才能领异标新；懂得留白，破除"管理冲动"，教师就会少些"应景文章"。

从教研本质来说，教研管理更需要留白。一支队伍、一批教师的成长，需要科学谋划、统筹管理；教研管理者懂得留白，从教研并重到身心引领，把握工作关键，以关键点作为教师成长的触发点、成长点。将教师发展驱动为一种自觉，引领团队迈向高质量发展阶段，不仅能取得教育实践水平的进步，更达成了教师的心理需求。

从教师发展来说，生活也需要留白。没有留白的生活就像充气太足的气球，飞得越高，内部的压力也会越大，懂得放缓节奏，为生活留白，才能为人生增添更多的幸福感和可能性。

三、幼儿园教研管理的"留白"策略

教师的专业化发展是教育事业发展的必然要求，呈现出明显的阶段特点。各阶段有特定的表现，面临各自的问题和发展任务，同时各阶段互相关联，没有截然的分界点。

在"满"与"白"之间，我们可以做怎样的探索呢？本文立足于教师专业成长，从教师队伍分层培养角度，针对不同类型的教师群体，在教研管理中如何进行"留白"管理？"留白"管理要注意什么？谈一点"一管之见"。

（一）对于新手教师，教研培训内容要留点"空"

新手教师知识储备和实践经验偏少，其专业发展并不是自然自发实现的。在这一阶段，培训的目标是站稳。注重夯实基础，从按指令做事中学会学习反思。

对于新手教师来说，需要培训的内容在教师群体中是最多的，既有入职培训、制度培训、规章培训，又有《纲要》《指南》等理论的熟读领会，还有撰写教案、拟定目标等实践操作，还有家长工作、班级建设等诸多内容，称之为"海量"亦不为过。

对于这种情况，作为管理者，要避免大水漫"灌"，在教研培训上要特别注重在内容上留"空"。可以把培训重点确定为：提升班级课程计划、组织、实施、反思的能力，熟练掌握各领域活动组织和实施，备课以撰写活动设计方案为主，并能配合开展项目活动，积极参与环境创设和材料提供，掌握活动观察指导方法策略。

同时在培训形式上，要从教师专业发展规律出发，区分轻重缓急，坚持循序渐进，要防止从理论到理论的"填鸭式"培训。合理排布理论培训和体验式培训的比例，增加实操比重，比如：培训新教师的一日环节操作的能力时，除了基本的理论讲授外，可以选择跟班观摩、老教师经验谈、案例分析等形式；培训新教师设计与组织实施的能力时，可以通过周、日计划中各个环节的教学反思、说课反思等方式进行；采取"以老带新"方式开展培训时，老教师也要注意把讲台空间更多地留给新老师，鼓励新教师结合新体验多说，围绕新问题多思，调动新教师的积极性和创造性。

（二）对于比较成熟但面临"天花板"窘境的胜任型教师，教研培训形式要留点"白"

新手教师随着专业知识和实践经验的积累，经过3—5年可以发展为胜任型教师，成为了解孩子、了解教材、了解家长，能够管理自我，独立工作，能够胜任常规工作，形成一定的工作风格的教师群体。褪去了初入职时候的迷茫和懵懂，具备一定的理论基础，积累了较为丰富的实践经验，在专业情感、专业能力、专业知识上都已经趋于成熟和稳定，能比较自如地驾驭日常工作。但除了正向发展之外，胜任型教师的这种积累用得好是一笔宝贵的财富，用不好则很有可能成为一种包袱，出现激情弱化、思想固化、理念老化等影响专业水平进一步提升的情况。

在这一阶段，培训的目标是攀升。要提高课程实施的领导力，善行善思，言传身教，能熟练开展项目活动，善于环境创设和材料提供，精于活动观察指导，能发挥对职初教师的"传、帮、带"作用，逐步向骨干教师迈进。

教研培训就要在激发内生动力上下功夫，教研培训的形式上要多留白，防止简单化的理论培训。管理者要立足现实、搭建平台、提供支持，引导教师在专业水平方面实现"三化"，即专业知识的整合化、专业能力的整体化、个性品质的优质化；在综合素质方面达成"三术"整合，即教学专业的"学术"、课堂教学的"艺术"、现代教育"技术"的整合。

积极探索科学有效的教研策略，促使其专业素养内涵式发展，切实推进教师的专业化成长。引导他们对丰富的实践经验进行梳理，使其内化成自己的工作特色和特长，成为促进教师成长的激励点。要更加注重"实战"锤炼，从工作实例中巧妙选取切入点，将具体的处理技巧和策略在实践中不断精心打磨，逐步形成"反应性经验"。在教研工作实施过程中，教研管理者应该为胜任型教师的专业发展提供必需的"补给"，支持帮助教师形成可用、可学、可推广的成功经验，形成激励性、示范性效应。要敞开园门，构建"园、校、家、社区、科研院校"相连相通的交流共享平台，合力破"茧"，助力化"蝶"，在胜任型教师的专业发展道路上扶一程、推一把。

（三）对于独当一面的精干型教师，教研培训方向要留点"道"

相较于新手教师和胜任型教师处理问题的理性化特点，精干型教师对教学情境的观察与判断更多呈现出直觉性特点，专业积淀扎实，在很多情况下，往往不需要进行仔细的分析思考，他们的"反应性经验"能够即时触发，准确捕捉问题，并采取适当的解决方法。

对于这一类的教师，要提高教研培训的层次性，从时空和平台上帮助他们自由自主，在课题和资源上鼓励他们寻路探道，通过各种手段点燃他们创造性思维的火花，根据自身特长选择未来的发展路线。

阶段培养目标是成才。幼儿园为老师们搭建学习平台，开阔视野，拓宽思路。从管理通道上，进入管理岗位，逐渐形成个人管理特色；专业通道上，在课程改革、课题实验、优课评比等多项工作中能积极探索，勇于实践，发挥带头作用，及时将研究成果辐射到全园，创造性开展项目、环境创设、观察指导、领域研习等活动，进一步发挥对胜任型教师的"传、帮、带"作用，触发从精干型教师到专家型教师的迈进。

四、幼儿园教研管理的反思

纵观幼儿园的教研管理，我们往往是在追求细针密线，鞭辟入里。如果换个角度，从教师的体验出发，梳理教师分层培养的路径、策略、方法，形成内容模块，引导教师及时总结教育经验，勤于笔耕，在日常教研活动中让各层级教师担任主讲人，提升教师成就感，提供发展平台，沉淀研修资源，助推教师的可持续专业发展。在工作中要有全局思维，学会给老师"减负"。

善于让工作"留白"，把握工作关键；勇于"留白"，清晰谋篇布局；践行"留白"，给教师留有独立回味思考的空间，留有自主探索的方向。带领老师转变教育理念，改进教学方式，强化教师专业发展的自觉性、实践性与层次性，将更有利于培养一支适应新时代基调、高扬新时代主旋律的幼儿教育教师团队。

留白，是一种生活态度，更是一种人生哲学。弓满易折，弦紧易断，保持平衡，才能从容面对生活的一切。

基于培养幼儿"体育+艺术"素养的生活课程开发与实践

新疆维吾尔自治区喀什地区叶城县恰尔巴格镇幼儿园　郭建刚

一、引言

"体育+艺术"素养的理念强调身体与艺术的完美结合，旨在培养幼儿的身体素质、审美情趣以及艺术表达能力。通过体育活动，幼儿可以锻炼肢体，提高协调能力和体魄，从而塑造健康、积极向上的形象。艺术则为孩子们提供了展现自我、表达情感的平台，培养了幼儿的审美意识和创造力。将体育与艺术相结合，不仅能够促进幼儿在身体和智力上的全面发展，更可以激发幼儿的学习兴趣和潜能。为了实施这一生活课程，本文将采用多元化的教学方法，通过丰富多样的体育项目和艺术形式，如游戏、舞蹈、音乐、绘画等，将课程内容贴近幼儿的生活经验，激发其学习热情。同时，注重培养幼儿的合作意识和团队精神，鼓励幼儿在体育和艺术活动中与他人合作，共同创造。通过课堂的互动交流和实践体验，相信幼儿们将获得身心的全面提升，迎来一段快乐而有趣的学习之旅。

二、幼儿"体育+艺术"素养的定义与内涵

幼儿"体育+艺术"素养是指通过融合体育和艺术这两个领域的教育资源，培养幼儿全面发展的能力和综合素质。它以培养幼儿的身体素质、艺术审美和创造力为目标，通过丰富多样的体育与艺术活动，促进幼儿的身体协调能力、审美情趣和创新思维的发展。

首先，体育素养是培养幼儿身体素质的重要组成部分。通过体育活动，幼儿能够锻炼肢体，培养协调性和反应能力，提升自身的运动能力。同时，体育活动也能够培养幼儿的团队合作意识和竞争意识，增强自信心和自律能力。

其次，艺术素养是培养幼儿审美素质和创造力的要素。通过艺术活动，幼儿可以接触到多种艺术形式，如音乐、舞蹈、美术等，培养他们的感知力和表达能力。艺术活动还能够激发幼儿的想象力和创造力，培养他们的审美情趣和艺术鉴赏能力。

"体育+艺术"素养的培养不仅仅是将体育和艺术简单地并列在一起，更是通过跨学科的方式将二者有机地结合起来。例如，幼儿可以通过舞蹈和音乐的结合来提高身体的协调性和感知力；在绘画活动中，可以融入体操动作，培养幼儿对空间的感知和动手能力。

总之，幼儿"体育+艺术"素养的培养是一项全面发展的教育任务。通过丰富多样的体育与艺术活动，可以培养幼儿的身体素质、审美情趣和创新思维，为幼儿健康成长和个人发展打下坚实的基础。

三、生活课程的重要性与特点

生活课程是基于培养幼儿"体育+艺术"素养的一种教育实践，在培养幼儿综合素质方面，生活课程发挥了重要的作用。

首先，生活课程能够促进幼儿全面发展。通过生活课程，幼儿可以接触到不同领域的学科知识，如体育、艺术等。通过多元化学习能够激发幼儿的兴趣，并培养其综合能力。同时，生活课程注重实践与体验，帮助幼儿通过参与各种活动来感受和理解知识，提高其动手能力和思维能力。

其次，生活课程更加关注幼儿的发展需求。生活课程注重培养幼儿的身体素质和艺术兴趣，将体育与艺术相结合，帮助幼儿探索自己的兴趣和潜能。在体育方面，生活课程注重锻炼幼儿的身体素质，培养其体育意识和团队合作精神。在艺术方面，生活课程注重培

养幼儿的审美能力和创造力,通过绘画、音乐、舞蹈等艺术形式,激发幼儿的想象力和创新思维。

最后,生活课程能够培养幼儿的终身学习能力。通过生活课程的开展,幼儿可以逐渐养成良好的学习习惯和自主学习的能力。生活课程注重培养幼儿的实践能力和问题解决能力,锻炼幼儿的思维方式。这些能力将在幼儿成长的过程中发挥重要作用,使其具备面对未来各种学习和生活挑战的能力。

四、基于"体育＋艺术"素养的生活课程开发

生活课程以幼儿园为背景,通过融合体育和艺术元素,呈现一种全新的教学模式。通过设计有趣、富有互动性的教学活动,我们力求激发幼儿的学习兴趣和创造力,促进其身心全面发展。

首先,在体育方面,通过组织小游戏和运动比赛等活动,旨在培养幼儿的运动技能、身体协调性和团队合作能力。例如,在户外活动中,引导幼儿参与球类游戏,锻炼幼儿的动手能力和反应速度。同时,通过体育舞蹈和健身操等形式,启发幼儿对运动的热爱,促进其身体发展和健康成长。

其次,艺术方面,注重培养幼儿的审美和表达能力。通过绘画、手工艺和音乐舞蹈等活动,帮助幼儿提高创造力和艺术表现能力。例如,在绘画课程中,引导幼儿表达自己的思想和感受,通过绘画作品展现其独特的视觉艺术。

此外,可以组织小型音乐会和舞蹈表演,为幼儿提供展示才艺与自信心的机会。值得一提的是,我们重视教学内容的实际应用,鼓励幼儿将所学的体育和艺术知识运用到生活中。例如,可以组织户外课程,让幼儿通过亲自动手种植花草,体验身心的快乐与收获。这样的实践活动不仅加强了幼儿的实际操作能力,还培养了幼儿的耐心和责任心。

总结而言,基于培养幼儿"体育＋艺术"素养的生活课程开发与实践,旨在推动幼儿全面发展及多元智能的培养。通过体育和艺术的有机结合,我们为幼儿提供了一个丰富多彩的学习平台,激发了其学习热情和创造力。相信在这样的教育环境中,幼儿们将能够全面成长,并展现出独特的个人魅力和才华。

五、生活课程"体育＋艺术"素养培养的实践效果评估

随着社会的发展和教育领域的进步,培养幼儿的全面素养已经成为教育工作者的共同目标。在这个过程中,生活课程以其涵盖广泛、实践性强的优势,成为培养幼儿"体育＋艺术"素养的重要组成部分。在实践中,生活课程"体育＋艺术"素养培养取得了显著的实践效果。通过课程的开发与实施、观察和评估表明,幼儿体育和艺术素养得到了全方位的提升。幼儿在体育活动中展现出积极向上、勇于尝试的态度,同时在艺术创作中展现出丰富的想象力和独特的个性风格。幼儿的身体和心理健康得到了更好的保障,在与他人的交往中也更加自信和积极。综上所述,生活课程"体育＋艺术"素养培养的实践效果显著。通过体育和艺术的有机结合,幼儿在身体、心理和品德等多方面得到了全面的提升。然而,仍然需要不断开发和改进生活课程,以更好地满足幼儿的成长需求。相信在教育工作者的共同努力下,生活课程"体育＋艺术"素养培养将继续发挥重要作用,为幼儿的全面发展提供坚实基础。

六、面临的挑战与对策

在当前教育环境中,培养幼儿的"体育＋艺术"素养成为一种新的趋势。然而,在实施面临一些挑战的同时,我们也需要制定相应的对策。

首先,幼儿教育面临的挑战之一是时间安排的不足。在学校课程中,幼儿的学习时间有限,如何在有限的时间内实施"体育＋艺术"素养的课程开发与实践是一个重要问题。为了解决这个挑战,可以将"体育+艺术"素养的内容融入日常生活中,例如通过参与户外运动和艺术活动,有针对性地提高幼儿的综合素养。

其次,幼儿"体育+艺术"素养的开发也面临着师资力量不足的挑战。在幼儿教育领域,具备专业知识和能力的教师对开发幼儿的"体育+艺术"素养起着至关重要的作用。为了克服这个难题,可以加强对教师的培训,提高教师队伍的专业素养,为教师提供更多的教育资源和支持。

最后,家庭环境对幼儿教育的影响也不容忽视。许多家庭对于幼儿的"体育+艺术"素养重视不够,这给开发幼儿综合素养带来了一定的挑战。为了解决这个问题,学校可以积极与家长进行沟通,提高家长对"体育+艺术"素养的认识,鼓励家长在家庭中给予孩子更多的支持和关注。

七、结束语

总而言之,基于培养幼儿"体育+艺术"素养的生活课程开发与实践在幼儿教育中具有重要意义。通过融入体育和艺术元素,可以为幼儿提供有趣、富有挑战和综合性的学习机会,促进幼儿的全面发展和个性化成长。相信通过不断地努力和探索,我们能够创造更加丰富多样的幼儿教育环境,培养更加出色的幼儿。同时,也希望本研究能够鼓励更多的教育工作者和家长关注幼儿的体育与艺术素养,为幼儿的全面发展助力。

体育课与健康教育融合模式探究

四川省成都市高新区天骄西路幼儿园　吴　曼

一、健康教育是提高健康素养的必要途径

健康素养指个人获取和理解基本健康信息和服务,并运用这些信息和服务做出正确决策,以维护和促进自身健康的能力。具备健康素养必须通过健康教育掌握健康知识以及养成健康的行为生活方式。目前我国居民健康素养水平总体较低,2017年居民健康素养水平只有14.18%,提高健康素养水平的有效途径就是通过健康教育提高对健康知识的认识,同时掌握必备的健康技能。健康素养中所包含的健康知识内容、健康文明的生活习惯以及必备的健康技能都是通过健康教育而掌握的。

二、健康教育现状

有效、系统地开展健康教育是学校教育中重要的组成部分,其中不仅包含健康知识教学,同时也包含与健康相关的活动课程。根据教育部颁布的《中小学健康教育指导纲要》中指出,中小学每学期安排6到7课时的健康教育课,课程内容包含卫生知识、基本的保健技能以及面对疾病危险时的自救方法等。从课时安排上来看,较少的课时安排对于学生认识健康知识、掌握必备的健康技能来说是完全不够的,没有足够的课时保障会导致健康教育的效果变差。而课程内容的安排更多地集中在健康知识了解基础上,而健康教育中最为重要的内容就是健康行为的养成,社会认知理论(Social Cognitive Theory)中指出,影响个人是否执行健康行为的三个要素为:自我效能(Self-efficacy)、目标(Goals)、结果期望(Outcome Expectations),而最为重要的是需要个人在具有对健康知识认知的基础上指定个人的目标,同时去参与。健康知识作为执行健康行为的保障是极为重要的,只有在对健康知识有深刻的认识后才能执行健康行为,从而提高个人的健康。显然目前的健康教育存在一定的问题,而学校体育课程从"体育"更名为"体育与健康"以来,不论是"健康第一"指导

思想指导下的学校体育,还是"健康中国 2030 计划"对学校体育的要求都将健康与体育课堂密切结合在一起,将健康教育融入体育与健康课堂中或许是一种可行的方法。

三、健康教育及体育与健康课程的关系

如果将学校体育中的运动技术教学比作教会学生如何使用身体,那么健康教育就相当于如何科学合理地养护身体,而达到健康不仅要学会科学合理地使用身体,同时也要学会养护身体。对于学生来说,通过身体活动,身体参与养成良好的锻炼习惯,从而为文化课程学习提供良好的基础是重要的,同时,健康行为的培养与学生今后的发展密切相关。"健康第一"指导思想下,新时代的学校体育中,"健康"的含义被赋予了更加深刻的意义,不仅要保证学生在学校拥有充足的室外活动时间,同时也要保证学生能学会一到两项运动技能,从而保证学生在脱离学校进入工作后可以继续进行身体锻炼。其次,达到健康这样一个目标的手段不仅包含身体活动,理应包含健康的相关知识。随着近几次的全国学生体质监测报告的出炉,可以看出目前学生身体素质方面下滑趋势得到了一定的控制,但肥胖、近视等健康问题并没有得到有效解决。将健康教育融入学校体育不仅符合学校体育目标要求,同时也可以为改善学生体质健康提供新方向。

四、健康教育和体育与健康课程融合策略

(一)抓住健康主线,以行为培养为核心培养学生健康行为养成

《体育与健康课程标准 2011 版》中也明确对体育课程目标进行了阐述,其内容包含营养知识、健康生活行为知识等。但是在实际教学中,对健康知识内容的教授方式主要是以理论课程部分进行教授,将健康教育融入体育与健康课程中一方面是对体育与健康课程中健康部分内容的丰富扩充,同时也是以健康教育的方式来重新定义体育与健康课程的任务以及具体实施方法。

抓住健康的主线并不是以体能、体质改变作为核心,健康教育中对于健康的定义包含身体素质部分,但是达到个体健康不仅包含身体健康层面,同时,维护身体的营养知识内容以及健康生活方式、心理健康也是与个体健康密切相关的内容。而重要的是培养学生的健康行为,体育课程中对于技能学习的要求是学生通过科学、系统地学习运动的形式而达到能主动参与运动锻炼并且掌握基本运动的技能。而主动参与就必须以掌握与运动密切相关的健康知识为基础,建立身体活动与健康之间的联系是将健康教育和体育与健康课程融合的关键。

在对健康教育及体育与健康课程融合的过程中,首先要将健康作为最终的总目标,其次以身体活动、技术教学为手段,将不同的身体活动方式与健康知识建立起"桥梁",最后通过学生的运动参与,加深对健康知识的认识,从而提高学生对于自身健康的期望,激发学生主动参与体育运动与执行健康行为的目的。

(二)转变教学理念,构建健康教育和体育与健康课程融合协同机制

健康教育及体育与健康课程之间存在着相互影响又相互合作的关系。体育与健康课程中本身具有与健康相关的知识内容,但是其效果并不理想,根本原因在于过分重视身体活动带来的效应,不管从课程的设置还是内容的安排,都更加偏向于身体技术教学方面。而使健康教育融入体育与健康课程,关键在于实现健康教育及体育与健康课程在教学理念上的协同。

首先,要重视二者相互之间的促进关系。健康教育及体育与健康课程是一种包含关系,健康教育中包含体育与健康相关的知识体系,同时二者又各成体系。同作为教育手段,作为提高学生体质健康、培养健康意识的教育课程,二者之间存在必然的联系。通过对健康

知识的学习了解促进健康的方式，同时通过系统、科学的运动技能学习掌握基本的运动技能，从而反过来促进健康行为的养成。

其次，教师要转变传统的"技能教学"为上的教学理念。技能教学对于学生达到个体健康只是一个方面，如果将技能教学比作使用身体方法的教学的话，那么健康知识的教学就相当于如何养护身体和怎么使用身体的教学，二者结合进行教学才能达到提高学生健康的目的。

最后，是转变学生对于二者融合的认知。在传统的体育课堂中，对运动和健康促进的关系往往设计得较浅，学生大多只知道如何去进行体育运动，但对于运动对健康的促进关系了解甚少。转变学生对于健康和体育课程之间的关系是促进二者融合的重要保障。

（三）完善评价体系，构建以形成性评价与终结性评价结合的体系

目前学校体育中关注较多的问题之一就是评价体系的制定与评价体系内容的建构。对于目前学校体育的评价体系来说，终结性评价是作为最终衡量学生是否达到健康水平的衡量尺，不论是中小学还是高中、大学，每年体质检测指标则成为学校体育中唯一衡量学生健康水平的评价指标，而仅以体质检测指标来衡量学生健康水平与教学效果来说是较为片面的。一方面会导致"考什么练什么"情况的出现，同时也会使学校将关注度过分地转移到最终体质检测水平提高上面，而忽视对学生健康行为的培养。

达到个体健康一定是形成性的。而学生在学习过程中的参与度、对知识的掌握、对运动与健康之间关系的理解则是更为重要的。目前学生体质下降的问题已经由身体素质下降逐步转向近视率、肥胖率方面，而导致学生近视率、肥胖率的原因不仅包含室外活动的频率，同时生活方式是否健康、饮食习惯是否正确都是其影响因素。同时体质下降趋势已经由中小学逐步转向大学校园，一方面电子产品的高速发展、饮食方式的改变是导致现状的原因，但更加值得注意的就是学生通过中小学的学习并没有养成健康的生活习惯，其根本原因还是在于过分依赖终结性评价。

将健康教育融入体育与健康课程不仅是教学思路的转变，更是要转变以终结性评价作为衡量教学效果和学生体质健康的唯一指标的现状。在构建评价体系中更应该重视形成性评价，形成性评价是一种动态的评价，旨在以学生在日常的体育学习的参与过程中反映出的情感、态度以及解决问题的能力作为评价依据，重视形成性评价能使学生从被动接受评价转变为评价真正的主体与积极的参与者。完善的评价体系是使健康教育和体育与健康课程更好融合的保障，打破目前过分重视终结性评价的现状，重视以学生为主体的形成性评价与终结性评价相结合的模式是较为理想的发展方向。

五、总结

据健康中国行动推进委员会在2019年7月发布的《健康中国行动》(2019—2030年)文件中的数据显示，目前中小学生体质健康达标优良率仍不乐观，同时近视率和肥胖率问题也显著，居民健康素养水平仅为14.18%。将健康教育及体育与健康课程进行融合势在必行，只有抓住健康主线，以健康行为培养为核心；转变教学理念，构建健康教育及体育与健康课程协同机制；完善评价体系，注重以形成性评价结合终结性评价模式才能使健康教育真正意义上融入体育与健康课程中。

以项目化学习方式推进大班幼儿深度学习思维的策略研究
——以"缆车动起来"为例

上海市徐汇区星辰幼儿园 冒玉莹

一、研究背景

幼儿深度学习是指幼儿在教师的引导下，在较长的一个时段，围绕着富有挑战性的课题，全身心地积极投入，通过同伴间的合作与探究，运用高阶思维，迁移已有经验，最终解决实际问题的有意义的学习过程。当前幼儿在幼儿园中学习的方式多为浅层学习，教师对于如何引导幼儿从浅层学习转化到深度学习缺乏实践研究，如何通过项目化学习的内容引领幼儿转化学习方式，提升幼儿深度学习思维需要教师思考与实践。

二、案例研究

（一）案例背景

在"我们的城市"主题活动中，三个孩子计划搭建一座游乐场，而连接鬼屋和地铁站的缆车成为他们的第一个挑战。容易造型的铝丝做缆车的缆绳，分别固定在鬼屋顶端和地铁站的地板上；乐高积木搭成的长方体作为缆车，顶部用乐高积木中的三孔梁穿过铝丝，缆车应运而生。在分享环节中三名幼儿现场演示缆车如何运行，就在涵涵将手放在缆车上的一瞬间，缆车"扑通"一声掉在地上四分五裂，"缆车"项目失败了。

（二）案例分析

1. 提出驱动性问题

《3—6岁儿童学习与发展指南》（以下简称《指南》）建议，成人要善于发现和保护幼儿的好奇心、求知欲，注重探索过程，引导幼儿通过观察、比较、操作、实验等方法，学习发现问题、分析问题和解决问题。引导幼儿发现失败中的转机，关注探索过程中的体验和收获是提升幼儿活动成就感，激发幼儿持续、深入探索的关键。

为了更具体地了解幼儿视角的"失败"和"成功"，我们和幼儿共同讨论：你觉得什么叫失败？请把你最近的一次失败记录下来（见图1）。

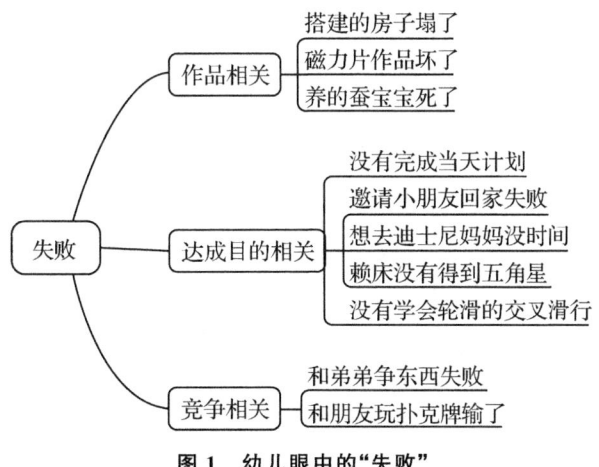

图1 幼儿眼中的"失败"

从幼儿的表征中可以得出，几乎所有幼儿对失败的定义都是结果取向，失败之后随之而来的就是负面的情绪体验,从而影响接下来的活动意愿。

2. 分析幼儿认知水平

我对深度学习的特征和认知活动的基本内涵进行了链接(见表1),以此为基本框架,助推幼儿的深度探究。

表1 布鲁姆认知领域目标分类及与深度学习特征的对照

学习类型	认知过程维度	内涵	幼儿学习的特征
深度学习	应用	把所学知识应用于新的问题情境	迁移运用
	分析	分析当前问题和知识经验的相关性,进行信息整合	整合、意义建构
	评价	做出判断,评价效果	反思、评价
	创造	做出决策,解决问题	解决问题、创造

3. 讨论与思考

每一次讨论也能引发幼儿深度思考,经历了八次探索和讨论终于顺利地解决了问题,举例见表2。

表2 缆车项目探索历程示例

次数	探究过程	讨论原因	讨论解决方案	幼儿深度学习思维
第一次	用铁丝将等高的地铁站和鬼屋连起来,同时铁丝穿过用纸板做的缆车及缆车上的座椅。缆车会马上翻转,座椅朝下	缆车太轻了,需要增加重量	在座椅两边各增加两块乐高积木	整合信息、同伴协作
第二次	缆车依然马上翻转,座椅朝下	未形成确定结论,但愿意试误	尝试将乐高积木粘在缆车的反面	整合信息
第三次	缆车不再翻转,但是会倾斜	缆车两边的重量不一样	在高的一边增加2块乐高直至缆车平衡	迁移、整合、解决问题
第四次	缆车无法左右顺滑移动	铝丝不够光滑	将铝丝换成光滑的渔线	迁移、整合、解决问题
第五次	缆车能够手动左右移动,但无法自行移动	鬼屋和地铁站高度一样,缆车无法在平平的线上自行移动	向班级同伴求助:鬼屋增高一层	同伴协作、解决问题、整合
第六次	缆车能够从高处自行移动到低处,但鬼屋会一直晃动	鬼屋增高后不稳,有倒塌的隐患	向班级同伴求助:在鬼屋下方增加配重,并将四条腿固定到同一片纸板上	同伴协作、解决问题、整合
第七次	缆车无法从低处自行移动到高处	从低处无法向高处移动	向家长求助:借助乐高积木中的滑轮装置,将缆车摇到高处	解决问题、创造、迁移

续表

次数	探究过程	讨论原因	讨论解决方案	幼儿深度学习思维
第八次	缆车运行时会将鬼屋拉斜向地铁站	缆车太重，鬼屋无法承受其重量	利用斜拉桥的受力原理，在鬼屋另一侧拉一根绳索，和缆车的力量保持平衡	迁移、创造、反思

三、教师支持幼儿深度学习的策略

(一)"动机"支持——激发兴趣，增强动机

《指南》中指出，幼儿经验的获得主要来自直接经验。根据幼儿具体形象思维的特点，操作探究类的活动更有助于幼儿保持探究兴趣，提升探究欲望，从而获得感性认知。

首先在缆车项目开始之前，教师与幼儿展开讨论。讨论过程中，教师通过调动幼儿的亲身经历，提升对于搭建游乐场的兴趣，启发幼儿已有的生活经验，增强接下来自主探究的内在动机。

其次，探究的环境和材料会给幼儿一定的暗示，引发幼儿更好地理解问题情境。在确定要实施"缆车"项目后，教师提供了各类缆车的图片，提供绳索类、容器类及易于操作的低结构材料，引发幼儿有目的地、主动地与材料互动。

(二)"理解"支持——引导探究，经验共享

根据幼儿具体形象思维的特点，提供图文资料和视频等资源，引导班级幼儿学习探究，增加共性经验。同时，对家长资源的合理利用，也是帮助幼儿理解问题的重要途径。第七次探索中幼儿面临的主要问题是将缆车从低处移动到高处，这与幼儿已有经验完全相反。于是，教师鼓励轩轩求助于从事地铁设计工作的爸爸来分享专家经验，促进幼儿理解。

(三)"探究"支持——整合信息，问题探究

在深度学习的过程中，同伴协作和交流是其重要特征。"缆车"项目第六次探索中鬼屋增高一层后，出现了不稳的情况。针对这一问题在讨论中通过邀请经验丰富的幼儿进入缆车的问题情境，引导幼儿整合信息，最后提出了"增加配重，稳定四根支撑柱"的关键建议，促成了鬼屋不稳问题的解决。

(四)"方法"支持——经验迁移，解决问题

解决问题的能力是判断幼儿深度学习水平的关键，幼儿需要对问题进行分析和理解并迁移已有经验来解决问题。

1. 基于问题链接生活，让经验可调取

"缆车"项目出现缆车无法自主移动的问题时，教师呈现了幼儿使用室外运动器材"滑行索"的使用视频，幼儿很快根据自己的运动经验发现滑行索运行的关键：索道必须一边高一边低，才能实现自主滑行。由此得出需要将鬼屋加高一层的结论。

2. 鼓励探索关注过程，积累直接经验

《指南》中指出"幼儿经验的获得主要来自直接经验"，因此要让幼儿在实际操作中积累和迁移经验。"缆车"项目的第一次至第三次探索经历中，教师非常清楚将乐高固定在缆车的正面不一定能解决缆车翻转的问题，但并没有直接提出，而是鼓励幼儿积极探索、思考进一步的解决方案。

(五)"评价"支持——批判分析，评价反思

积极有效的评价是幼儿深度学习的保障，能够促进深度学习，不断得到反馈和调整。

1. 鼓励同伴协作分析

在幼儿完成一个阶段的深度探究之后,组织幼儿进行综合的、回顾式的梳理和评价,可引导幼儿尝试批判性反思和自我反思,并推动深度学习持续深入。在"缆车"项目的第八次尝试中毛毛提出:缆车固定在鬼屋上的支柱倒向了地铁站的方向,缆车可能会坠下来。济然进一步做出推测:如果缆车上人再多一点,鬼屋一定会倒向地铁站。这一推测理由充分,并利用这一经验解决了鬼屋会倾倒的问题,完成了问题的创造性解决。

2. 构建多重评价主体

随着深度学习的不断推进,不同主体都有着自己的发现和反思。多主体评价可以从不同角度获得信息,帮助参与者多角度建构经验,完成自我反思。

(1)同伴评价

整个"缆车"项目的探索过程全班幼儿都是参与者、合作者和见证者,而同伴经验水平的同一性也让同伴之间的评价和建议更能被理解和接受。因此同伴会提出鬼屋增高、增加鬼屋底部配重、利用斜拉桥的原理稳固鬼屋来解决当下问题,探索才能继续。

(2)自我评价

幼儿是活动参与的主体,同时也是活动评价的主体,自我评价的过程是对自己的活动进行回顾和反思的过程。这不仅是解决问题思路的梳理,将自己的探索过程用语言的方式表达出来,也是思维再现的过程。

在"缆车"项目发布时,轩轩这样评价自己和同伴:"我觉得我们几个很棒。第一,我们的作品很好玩;第二,我们遇到了很多困难都没有放弃;第三,我们向其他小朋友学会了很多新本领。"轩轩的自我评价不仅包括对自己作品的评价,还包括对自己和同伴的学习品质及学习方法的评价。

(3)教师评价

教师是相对专业的评价者,对幼儿在活动中的表现能够给予相对客观的评价,同时也能根据活动情况对下一阶段的活动进行推动或引导。

教师给出的评价如下:幼儿的探索非常深入,体现了大班幼儿深度学习的特征。当前幼儿解决的是模拟情境的问题,如果能够结合实际问题阐释、解决会更好等。

在深度学习的过程中,教师恰当地引导幼儿在面对一个个需要解决的问题时,通过自己和同伴的努力使问题得以解决,由此过程获得思维的养成、提升解决问题的能力、坚持不放弃的意志、不怕困难直面学习过程的勇气。保持对幼儿学习过程的敏感性,保持对幼儿的尊重和追随,幼儿深度学习的思维必将不期而至。

浅谈教师与幼儿有效沟通的技巧

甘肃省兰州市科文旅集团教育公司　魏翌如

一、教师与幼儿有效沟通的意义

在学前教育之中,幼儿教师和幼儿进行有效沟通,对学前教育的发展和进步有着重要的影响。首先,师幼间的良好沟通对于学前教育之中师幼建立亲密的情感联系有着重要的作用。孩子们在成长和发展的过程中,需要幼儿教师的关爱,从而建立亲密的关系。通过幼儿和幼儿教师之间的友好沟通,孩子们能够感受到教师的关心理解和关爱,能够使孩子们对于教师的信任感增强,这样在幼儿活动和游戏的过程中就会更加听从安排,根据幼儿教师的引导来进行相关的活动和游戏。

其次，师幼间的沟通还可以提升学前教育的效果。幼儿教师通过沟通来了解幼儿的兴趣爱好和性格特点以及当下的需求和所遇到的困难。在此基础之上，教师能够更加具有针对性地结合孩子们的不同情况来制订学前教育计划和方式，及时调整学前教育的策略。

另外，幼儿教师和孩子们的沟通对于孩子们多方面的发展具有重要的推动作用。第一是可以促进孩子们的语言发展。幼儿时期是语言学习的关键时期，与幼儿进行交流可以激发幼儿的兴趣，增强幼儿的语言表达能力，促进幼儿的语言发展。第二是可以培养幼儿的听觉、视觉和触觉有效地沟通，可以调动孩子们多方面的感官，促进孩子们的成长和发展。第三是可以增强孩子们的自信心。幼儿教师通过与孩子们之间的沟通，了解孩子们的内心世界，并对于孩子们的一些想法给予肯定和表扬，可以增强孩子们的自信心。第四是可以提高孩子们的社交能力。幼儿时期是培养孩子们社交能力的关键时期，与孩子们进行良好的交流，可以帮助他们培养良好的社交能力，学会正常与他人进行交流和分享，为之后的学习和生活奠定良好、坚实的基础。由此可见，幼儿教师和幼儿进行有效的沟通，对于幼儿的成长和发展以及幼儿教师的教育工作都有重要的推动作用。

二、教师与幼儿有效沟通的不足

（一）缺乏对有效沟通的认识

教师缺乏对有效沟通的认识可能源于多种原因，如缺乏沟通技巧、工作压力大、对幼儿的关注不够等。具体表现为：缺乏倾听技巧、缺乏反馈和回应、言语过于正式或缺乏情感共鸣、忽略非语言沟通等，具体情况可能因教师、幼儿和环境等因素而有所不同。

（二）缺乏有效的沟通方式

在幼儿园师生沟通中，往往是由幼儿教师主导，进行活动的讲解引导，而孩子们则在另一边进行听取理解和接受。这种方式在一定程度上会导致幼儿教师和幼儿之间的互动变得单向化，变得枯燥无味，孩子们无法从这种沟通中获取知识。

（三）师幼间沟通缺乏创新性

在幼儿教师和幼儿沟通中，如果幼儿教师缺乏创新意识和趣味性，就很难激发孩子们的沟通积极性，影响师幼之间的互动。当师幼间的沟通方式单一，且缺乏师幼互动时，不仅会造成教师表达的内容无法吸引幼儿的注意力，也会造成教师只关注知识传授，缺乏引导幼儿进行创造性思考和表达的沟通方式，无法激发幼儿的创造力和想象力。这种创新性的缺乏可能导致幼儿对师幼沟通缺乏兴趣，无法积极参与教学活动，影响教学效果和师幼关系的建立。

（四）师幼间缺乏尊重和信任

当教师无法真正尊重幼儿的个性、兴趣、能力和需求时，会导致部分幼儿感到被忽视或受到不公平对待；当教师不能真正倾听幼儿的话语，而是急于表达自己的观点和看法，则会导致沟通无法达到预期效果；当教师采用命令、强制等带有胁迫性的沟通方式时，幼儿会感到不安、恐惧或被迫服从，这会破坏师幼间的信任关系。

三、教师与幼儿有效沟通的技巧

（一）以接纳和理解引导幼儿表达内心的真实想法

当我们想让幼儿吐露心声，首先要能够接纳幼儿。不论这个孩子是乖巧的、聪明的，还是活泼的、慢热的、情绪化的，教师都要给予他们足够的关爱和安全感，让他们感受到被接纳、被理解。当幼儿将自己的想法、做法，甚至过失告诉教师时，教师的态度是十分重要的。我们可以使用开放式的问题，引导他们表达自己的感受和想法，同时倾听他们的回答，并给予积极的反馈，让他们知道自己正在被认真对待。当孩子们表现出一些负面情绪或行为时，教师也要保持冷静，以理解的态度帮助孩子找到解决问题的方法，同时鼓励幼儿与我们分享他们日常生活中的经历，让孩子们知道教师愿意听他们的故事。通过这样的方式，幼儿会逐渐愿意向教师敞开心扉，说出他们的心里话。

(二)交流过程中适当运用谈话技巧

在教师和幼儿交流的过程中，教师运用一些特殊的谈话技巧，可以帮助幼儿更好地理解和表达自己的想法。当教师不想引起幼儿的逆反和抗拒时，可以多以"我的感受"而不是"你如何如何"来进行表达。例如，当教师说"你把这里弄得好乱，快把它们整理好"时，幼儿通常并不会立刻整理好弄乱的物品，因为他们需要时间来消化教师对他们的责备和批评。相反，教师换一种表达说"这里乱七八糟的，会影响我们等会儿的游戏活动哦"，幼儿就会立刻去把玩具整理好。同时，教师还需要使用简单、清晰和重复性的语言，确保幼儿能够理解我们所说的话。例如，当教师说"这里怎么还是这么乱，你们是在等我来收拾吗?"时，幼儿会对这种比较复杂的反问句感到困惑。当教师说"我们大家一起快速收拾好这个地方，然后就可以开始下一个活动啦"，幼儿就会给出行为上的正反馈。最后，我们需要给予幼儿足够的关注和时间，在更好地与幼儿建立信任和亲密关系时，帮助他们发展语言和社交技能。

(三)积极正向反馈幼儿的想法和心声

孩子的学习处于什么样的水平？孩子的性格怎样？他有什么兴趣爱好？这些都是老师要了解清楚的。如果老师不了解孩子的具体情况，那么就不知道如何与孩子交流，不知道如何对孩子们提出合理的期待与要求。所以，幼儿教师需要积极正向反馈幼儿的想法和心声。当然，幼儿教师在语言上也应当加强重视。幼儿阶段的孩子们心理承受能力比较弱，在交流沟通的时候，语言稍微不恰当，就会对孩子们产生一定的影响。所以，幼儿教师需要结合班级之中孩子们的不同情况采用不同的语言和态度来进行引导。对于比较内向、较为敏感，心理承受能力较差的幼儿，教师应更多地采用亲切的语调、关怀的语气对他们说话，拉近和孩子们之间的距离，使他们放松下来，以消除幼儿紧张的心理。如"可以吗?""老师相信你""你可以的""没关系"等。对反应较慢的幼儿，教师要有耐心，在语速上要适当地放慢一些，耐心为他们讲解和交流，让他们能够听懂，能够理解。如"慢慢来""老师会帮助你的""别着急"等。对脾气较急的孩子，教师的语调要显得沉稳，语速适中，使幼儿的急躁情绪得以缓和，以保证孩子们能够顺利理解幼儿教师的意思。对刚入园的小班幼儿要多使用儿童化、拟人化的语言，将一些无生命的东西赋予生命来吸引幼儿的注意，使孩子们能够带着兴趣积极主动地和幼儿教师进行有效交流。如"你们看这根香蕉弯弯的，像不像天上的月亮?"对于略大的中大班幼儿则要注意语言的坚定和亲切，使幼儿感到老师的话是经过思考的，不是随随便便说的，是值得听的。

(四)正确处理幼儿之间的矛盾

正确处理幼儿之间的矛盾也是教师和幼儿有效沟通的基础。教师在处理幼儿间的矛盾时，要保持冷静、耐心和理解。孩子们正在学习如何与人相处，需要时间和耐心来培养他们的社交技巧。面对孩子们之间的矛盾，教师首先要了解矛盾的起因，理解每个孩子的感受和行为，并确保自己客观观察或了解到了冲突的经过，在此基础上平衡双方幼儿的情绪，确保他们都能理解对方的立场。同时，尝试引导幼儿从对方的角度看待问题，让他们理解冲突可能带来的伤害，鼓励他们尝试和解。如果孩子们成功地解决了冲突，可以给予他们积极的反馈和表扬，鼓励他们以后更好地处理类似的情况。作为教师或家长，可以通过自己的行为来示范如何处理冲突，以及如何尊重和理解他人。如果孩子之间存在矛盾，家长也应该参与到解决问题的过程中，与教师共同协作，确保孩子得到适当的引导和支持。

综上所述，幼儿园老师是幼儿学习社会行为规范和人际交往、体验社会角色的情感导师，是孩子们初步学习适应社会生活的指导人。教师与孩子们的沟通是进行学前教育的基础，也是提升孩子们交流沟通能力的一种重要的方式。所以，教师在这个过程中以亲切的态度来拉近和孩子们的关系，并结合孩子们的性格特点来有效沟通，从而提高学前教育的效率。

育人育德，教之大计
——幼儿园教育中落实文化育人策略探析
北京市丰台区吉而慧幼儿园　王　珍

社会主义核心价值观是我国社会的灵魂所在，是培育担当民族复兴大任的时代新人的关键所在。幼儿园作为学前教育的起点，有着独特的育人机遇。然而，在实际的教育过程中，德育工作面临着诸多挑战和问题，如何让幼小的心灵在党的培育下茁壮成长，如何在琐碎的日常中践行社会主义核心价值观，都亟待深入思考和探讨。因此，本文将从为党育人、为国育才的角度，通过分析实际问题，探讨在幼儿园教育中落实文化育人策略的有效途径与方法，以期为幼儿园德育工作的提质增效提供有益的借鉴和启示。

一、幼儿园德育工作现状

虽然社会主义核心价值观已被明确提出，但在幼儿园德育实践中，如何将这些抽象的价值观具体化、情感化，让幼儿在日常生活中有更多的体验和领悟，仍是一个亟待解决的难题。同时，幼儿园师资队伍的结构和素质也存在一定差异，有些教师在专业知识和德育能力方面仍需进一步提升，这可能影响到德育工作的深入展开。再加上社会多元化和信息技术的迅猛发展，使得幼儿们在面临各种价值观和信息时更易受到外界影响。有时，幼儿可能会接触到与社会主义核心价值观相悖的信息，导致他们的价值取向产生混乱。如何在多元文化背景下，有效引导幼儿树立正确的价值观，成为亟须研究和解决的难题。

德育工作的过程往往需要较长时间的积累和沉淀，但现实中很多家长和社会对幼儿园德育结果的预期往往过于急功近利，期望短时间内就能看到明显的效果。这种期望与德育工作的特点不相符，可能导致过度的功利化教育，影响到幼儿园德育工作的持续深入开展。幼儿园德育工作还受到一些制度和环境因素的影响。例如，一些幼儿园面临教育资源不足、师生比例失衡等问题，可能影响到德育工作的展开。此外，评价体系的建立也需要更多关注，如何科学客观地评价幼儿的德育成果，以及如何在评价中平衡认知与品德，都是需要深入思考的问题。

二、幼儿园教育中落实文化育人的策略

（一）构建情感沟通桥梁，培育共情能力

在幼儿园教育中，培养幼儿的情感共情能力是落实文化育人的关键内容之一。幼儿正处于感知世界、建构情感的重要阶段，通过构建情感沟通桥梁，可以在幼儿心灵深处种下正确价值观的种子。

教师在日常的教育活动中应注重情感的表达和交流，通过亲身示范，教师可以引导幼儿正确理解并表达自己的情感，让幼儿学会用情感去感受生活中的事物，进而建立对正确价值观的认知。要通过情感故事和情感互动，让幼儿在情感交流中感受到人与人之间的联系。教师可以讲述一些具有情感共鸣的故事，引导幼儿产生同情、关爱、友善等积极情感，从而渗透正确价值观的内涵。同时，为了增强幼儿的共情能力，可以设计一些小组合作活动，让幼儿在合作中感受到他人的需求和情感。这有助于培养幼儿关心他人、分享快乐和扶持弱者的品质，进而构建起社会主义核心价值观的思想基础。此外，家庭教育也应与幼儿园的情感育人相衔接。教师可以通过家长会、亲子活动等形式，与家长分享育人理念，鼓励家长在家庭中与幼儿进行情感交流，共同培养幼儿的共情能力。

比如，在一个春日的早晨，老师为幼儿们带来了一只受伤的小鸟。教师轻轻地抚摸着小鸟，向幼儿们介绍了小鸟的情况。接着，教师与幼儿们共同制订了一个计划，决定将小鸟送到动物医院进行治疗和康复。在接下来的日子里，幼儿们每天都会关心小鸟的情况，他们制订了轮流喂食的计划，小心照料着这个小生命。幼儿们亲手准备食物，喂养小鸟，同时也在这个过程中学会了耐心和关爱。每天的情感交流，让幼儿们更加了解小动物的需要，培养了他们的共情能力。不仅如此，幼儿园还邀请了一位动物医生来与幼儿们分享关于小动物的知识和护理方法。通过亲自参与，幼儿们更深刻地体验到了关心他人的重要性，同时也了解到了正确的价值观和责任感。随着时间的推移，小鸟逐渐康复，幼儿们也在共同关心小动物的过程中成长了许多。这个事例不仅让幼儿们感受到了共情的力量，也使他们更深刻地理解了友善、关爱等社会主义核心价值观。通过构建情感沟通桥梁，幼儿园成功地培育了幼儿们的共情能力，为他们未来的成长奠定了坚实的道德基础。

(二)探索体验式活动，培养实践意识与创新能力

为了在幼儿园教育中落实文化育人策略，我们需要通过体验式活动培养幼儿的实践意识和创新能力。这将有助于让幼儿在积极的互动中更好地理解和践行社会主义核心价值观。我们可以通过开展小型社区服务活动，让幼儿从小就参与到社会实践中。比如，组织幼儿们去附近的养老院或社区，与老人互动、表演节目，用自己的方式传递温暖和关爱。通过这些实际行动，幼儿们可以深刻体会到助人为乐、关心弱者的价值，同时也增强了他们的实践意识。

可以创设富有创意的角色扮演活动，让幼儿在虚拟的情境中体验社会主义核心价值观。例如，设计"小市民"角色扮演，让幼儿扮演不同职业的人物，从而深入了解各种职业的重要性，培养他们的团队合作和责任感。同时，引导幼儿进行创新游戏和手工制作，鼓励他们从小事中发现问题、提出解决方案，培养他们的创新能力。例如，通过设计环保主题的手工制作，让幼儿了解环保的重要性，从而激发他们对环保行动的积极性。家庭参与也是这一策略的重要一环。教师可以将体验式活动延伸至家庭，鼓励家长与幼儿一同参与。例如，设计家庭共建小图书馆的活动，让家庭共同选择、制作、分享书籍，促进家庭成员之间的沟通和互动，培养家庭成员共同价值观的认同。

在本学期，幼儿园的老师们组织了一次小小社区志愿者活动，每个幼儿都被分配了一个小任务，如为花草浇水、清扫公园、整理图书角等。在活动前，老师们向幼儿们介绍了社区志愿者的意义，鼓励他们为社区做出贡献。在活动中，幼儿们充满热情地投入到自己的任务中。有的幼儿认真地为花草浇水，有的幼儿认真地清理垃圾，每个人都尽力而为，充分发挥了自己的创意和实践能力。幼儿之间相互合作，分享工作心得，还发挥出了一些小小的创新点子，如制作花园小标识、设计垃圾分类提示牌等。活动结束后，幼儿们骄傲地向老师们展示了自己的成果。通过亲身实践，他们深刻地体验到了助人为乐、关心环境的重要性。在活动的过程中，幼儿们不仅培养了实践意识，还激发了创新能力，尝试着为

社区做出自己的贡献,践行了社会主义核心价值观。这个小小社区志愿者活动不仅让幼儿们亲身体验到了社会实践的乐趣,还培养了他们的实践意识和创新能力。通过这样的体验式活动,幼儿园成功地将社会主义核心价值观融入幼儿的日常实践中,为他们培养正确的价值观和道德情感提供了有力的支持。

(三)融入游戏教育,培养合作精神与自主意识

游戏教育是幼儿园教育中一种富有趣味性和互动性的教学方法,通过将社会主义核心价值观融入游戏中,可以培养幼儿的合作精神和自主意识,从而落实文化育人策略。

首先,设计多元化的合作游戏,让幼儿在游戏中体验团队合作的重要性。例如,组织幼儿参与大型拼图游戏,让他们在合作中体验共同努力的乐趣,同时也学会了协作、分享和倾听他人的能力。其次,引导幼儿参与角色扮演游戏,让他们在虚拟的情境中体验社会主义核心价值观。通过扮演不同角色,幼儿们可以更好地理解和体验公平、友善、诚实等价值观,并将这些体验转化为他们日常生活中的行为。同时,提供自主选择的游戏环境,培养幼儿的自主意识和创造力。在游戏中,为幼儿提供一定的自主权,让他们根据自己的兴趣和想法进行选择和创造,从而培养他们的自主决策能力。

比如幼儿园开展了一次创意游戏角色扮演活动,活动中,教师为幼儿们设计了一个小小城市的场景,让每个幼儿扮演不同角色,如医生、警察、教师、家长等。在游戏中,幼儿们需要模拟不同职业的情境,展示自己的责任和行为。在角色扮演过程中,幼儿们亲身体验到了不同职业的重要性,同时也学会了倾听和合作。例如,有一次,扮演警察的幼儿在游戏中主动提醒其他幼儿遵守交通规则,扮演医生角色的幼儿在"诊断"的过程中非常细心。这些小小的行为,让幼儿们更加理解、践行社会主义核心价值观。

三、结束语

在党的领导下,幼儿园育人工作将继续深化,落实文化育人策略将成为教育改革的重要方向之一。只有不断创新方法,加强实践,我们才能培养出具有优秀品德和价值观的新一代,为国家的繁荣富强做出更大的贡献。让我们携手共进,共同育人育德,实现教育事业的可持续发展,迈向更加美好的明天。

节日课程促幼儿深度学习
——以清明节主题课程为例

浙江省台州市临海市汛桥镇中心幼儿园　张夏玲

幼儿深度学习是指幼儿在与周围环境的互动中,通过自己独特的学习方式,长时间围绕着自己感兴趣的主题,通过同伴间的沟通交流,互相探索,运用已有经验,聚精会神地投入,最终得到解决方法且解决问题的学习过程。因此,幼儿的深度学习离不开资源。在进行清明节主题课程前,我们多方面收集清明节课程资源,通过简单整理,我们发现清明节课程资源非常丰富。那么,怎么运用丰富的节日资源,促进幼儿深度学习呢?

一、以生活资源为起点,奠定幼儿深度学习

陶行知先生说过:"大自然大社会都是活教材。"春天到了,田野里一大片的野花野草竞相生长着,孩子们喜欢美丽的大自然,在与田野的接触中,偶遇了鼠曲草,在我们汛桥当地也叫作"青"。孩子们对"青"比较好奇,"青"的探索之旅也悄悄地发生了。这种草怎么长了茸毛?摸一摸软软的,闻一闻有点青草的清香。深度学习的开始是教师及时发现幼儿的

兴趣，刺激幼儿的探索欲望。《指南》中指出："要尊重和保护幼儿的好奇心和学习兴趣，最大限度地支持和满足幼儿通过直接感知、实际操作和亲身体验获取经验的需要。"于是，"青"有什么用？怎么"采青"？需要用到哪些工具？成为孩子最大的兴趣点，指引着孩子们继续探究，走向深度学习。

二、以问题解决为导向，促进幼儿深度学习

在清明节主题课程实施过程中，接踵而来的问题出现在孩子们的面前，这些来源于幼儿实际生活经验的问题，通常隐含着丰富多彩的深度学习要素。比如：在孩子们讨论采青问题时，有的建议采青要带上铲子，有的孩子说要带上剪刀和水桶，有的孩子说下雨天不能去采青，这样采好的青会很脏……一连串的问题出现在孩子们的面前，他们踊跃讨论，积极探究，设计了一张采青计划表。带着计划表上的工具，我们出发去采青了。最后，孩子们验证了：采青可以带剪刀去，铲子不适合采青，因为铲子会把青的根铲出来，这样的青很脏。幼儿通过大胆猜想、合作探究、动手操作、实际验证解决了一个又一个的问题。教师积极鼓励幼儿去大胆尝试并支持幼儿的探索行为，积极参与验证。这样一来，幼儿便慢慢学会了独立思考，培养了幼儿解决问题的能力。

三、以积极情绪为动力，激发幼儿深度学习

孩子们的学习有时不会那么顺利，教师的正面指导和积极情绪的支持特别重要。比如：在采青之后，孩子们想知道青是怎么做成青团呢？于是，带着记录表，我们进行包青团等系列活动。在前期做青粉中，怎么把青弄碎跟面粉混在一起呢？孩子们想到了用刀剁碎，但是在剁的过程中，很费力，很费时，而且剁得不够均匀。那么，古时候人们是怎么做青粉的呢？基于孩子们的好奇心，我们带领孩子们用捣臼捣青粉，可是捣槌实在是太重了，需要很多个孩子一起帮忙用力才可以完成。但是，捣出来的青粉比用刀剁碎的细腻很多，而且比较均匀。那么，现在的青粉是怎么来的呢？带着求知欲，我们一起参观用机器制作青粉的过程。通过参观，我们发现原来机器的操作原理很简单，将材料和一定比例的水放进机器，通过机器旋转，一下子就完成了青粉的制作，孩子们都纷纷为高科技点赞。在区域活动中，孩子们用玩具拼了一个个机器，用齿轮来代替机器的旋转，玩得不亦乐乎。因此，我们可以得出：深度学习的重要条件，是积极的情绪和兴趣。想要帮助幼儿更好地深度学习，可以先从动手操作开始。

"儿童的智慧在他的手指尖上"，幼儿通过动手操作，可以学会很多技能。我们老师应该提供技术支持，培养幼儿的动手操作能力，也可以创设相关的教育环境，让幼儿通过动手操作进行深度学习。

在清明节课程活动中，幼儿最感兴趣的就是做青团了。幼儿通过实际感知、动手操作，用记录表记录等方式，记录了做青团的过程中需要注意的事项等。在做青团的过程中孩子们发现如果馅料太多就会漏出来，馅料太少就会导致整个青团口感不好，馅料要不多不少，封口要封紧，这样才可以做好一个完整的青团。整个活动中，教师始终放手让孩子去自主探索、操作，随着他们的兴趣，给他们时间让他们自己去探索发现，激发幼儿的深度学习。

四、以同伴合作为支撑，增强幼儿深度学习

《幼儿园教育指导纲要（试行）》明确指出：教师应充分发挥同伴资源的教育作用。在同伴交往中，由于不同孩子有着不一样的经验水平和立场观点，认知结构存在差异，他们的合作能充分激活"最近发展区"的发展，幼儿同伴群体是重要的条件性教学资源。

例如在清明节习俗"射柳"活动中，孩子们遇到一个共同的问题：做什么样式的弓箭？"我知道弓箭是半圆形的，还需要一支长长的箭。""半圆形的弓箭像山洞一样，有个弧度，

箭的头是尖尖的。""我家有弓箭玩具，箭头不是尖的，妈妈说尖尖的太危险了，很容易受伤。""我家弓箭的头是吸盘做的。"第一组幼儿根据自己的想法利用绘画和折纸的形式制作了弓。接下来的问题是"用什么材料做箭呢？"，幼儿提出了各自的想法："我们可以用玩具棒子做箭。"于是弓箭就做好了，可是用纸做成的弓太容易变形了，孩子们商量用玩具做一副新的弓箭。幼儿将水管玩具拼成弓的形状，准备制作弦的时候，有幼儿提议："我家的弓箭玩具，弦都是有弹力的，因为有弹力的弦会使箭射得更远。"大家一致觉得他说得很有道理。于是，在美工区找来皮筋固定住做弦。幼儿用做好的弓箭玩起了"射柳"活动。但幼儿发现水管玩具拼成的弓有些晃动。由此，开启了第三个问题"什么样的材料可以让弓更牢固？"的探索之旅……在此次做弓箭活动中，幼儿用自己特有的方式面对问题、解决问题的学习过程，不就像极了科学家的研究过程吗？幼儿积极探索，用同伴合作的方式，发展自己的潜能进行深度学习。

五、以评价反思为主轴，支持幼儿深度学习

评价和反思是课程活动的一个重要环节，它既是深度学习一个小阶段的总结，也是深度学习的一个新阶段的起点。2022年，教育部颁布的《幼儿园保育教育质量评估指南》指出，"发现和支持幼儿有意义的学习，采用小组或集体的形式讨论幼儿感兴趣的话题，鼓励幼儿表达自己的观点，提出问题、分析解决问题，拓展提升幼儿日常生活和游戏中的经验"。因此在活动过程中，同伴间的互相帮助，活动的交流和反思对幼儿高阶思维的发展有很大的帮助。例如在清明节习俗体育游戏后，幼儿坐在一起交流感受和心情，分享自己在游戏中遇到的难题和发现等。在交流的过程中，利用集体的力量解决游戏中的难题，促进深度学习的发展。在交流反思中，教师应关注幼儿对学习游戏过程的回顾和再思考，再通过实践验证对错，来回评价和反思，直到问题全都解决。因此，节日课程的评价反思也成为幼儿深度学习的主线部分。

节日课程不仅让孩子感受到我国传统节日的博大精深，更调动了幼儿学习的积极性，促进了幼儿语言沟通、相互合作、社交能力的发展。深度学习，让幼儿聚精会神地探索学习。在节日课程中促进幼儿深度学习，我们教师要做的是学会倾听幼儿的声音，蹲下身来，放慢脚步，看见课程中每一个深度学习的幼儿。

浅谈幼儿园"戏墨"活动的教学策略

广东省广州市南沙区第二幼儿园　邝翠平

《3—6岁儿童学习与发展指南》中提到，"幼儿艺术领域学习的关键在于充分创造条件和机会，在大自然和社会文化生活中萌发幼儿对美的感受和体验，丰富其想象力和创造力，引导幼儿学会用心灵去感受和发现美，用自己的方式去表现和创造美。"水墨画是中国的传统文化之一，在水墨的基础上我园提出了"戏墨"这一活动。戏墨活动已融入我们日常的美术教学活动中，在活动中让幼儿感受戏墨的有趣与魅力。在进行戏墨教学过程中我们不断探索，感知到戏墨活动的成功开展，若仅仅依靠教师的教学会无形中遏制幼儿创造力的发展，若只提供材料让幼儿自主创作又失了戏墨所需的基本技巧。因此，在一定的研究探索基础上，本文提出了以下一些教学策略。

一、以教师为主体，引领幼儿逐步进入戏墨世界

每一项技能的创新都需具备一定的技术基础。戏墨是一种艺术活动，在让幼儿自主创作之前，需学习一定的入门知识，如：戏墨所需的基本工具及其特性、戏墨的作画方法、毛笔的使用笔法、墨水的调制方法……

因此，在戏墨入门阶段，教师将作为重要引领者，教授幼儿戏墨的一些基本知识和技能，为幼儿的自主创作打好基础。

1. 以兴趣为切入点，激发幼儿对戏墨活动的积极性

兴趣是最好的老师，幼儿都喜欢有趣的事物，在戏墨活动中可设计各种各样的情节，引发幼儿的积极性。戏墨活动的入门需学习戏墨所需的工具，如毛笔，在使用毛笔进行绘画时，如何让幼儿清楚了解到中锋和侧锋的使用方法？如果单纯地给幼儿介绍什么时候要用中锋或者侧锋，无疑会让幼儿的兴趣大打折扣，也极容易造成幼儿不理解的现象发生。这时，教师可使用一些趣味话语来进行描述："毛笔在画画之前喜欢先洗澡，它喜欢很温柔的洗澡；毛笔喜欢在画画的时候跳舞，有时候它喜欢站得直直地跳舞（中锋），有时候喜欢躺着跳舞（侧锋）……"教师边表达边操作，幼儿的模仿力极强，这样更能引发幼儿的兴趣，又能让幼儿轻松掌握技巧。

宣纸具有吸水性的特点，利用这一特点教师可设计一些有趣的活动来激发幼儿的兴趣。如：将宣纸用水湿润，让幼儿在纸还没有干之前滴上墨汁，这一操作能让幼儿感知到宣纸和平时画画的纸的不同，看着水和墨渐渐融合，感到既好玩又神奇。

2. 以戏墨游戏引导幼儿认识戏墨的表现形式

戏墨的表现形式是多样的，包括喷画、泼墨、吹画、拓印、破墨、晕染、流淌法等，每一种表现形式都是具有其特点的，利用其特点再设计有趣的课程可以有效地引起幼儿的戏墨兴趣。例如学习吹画的技法时教师可以引导幼儿将墨泼到纸上，再根据自己的兴趣将墨吹向自己喜欢的方向，大胆想象墨汁流过后形成的画面，再使用毛笔进行添画等。

3. 以临摹为入门手段，引导幼儿学习戏墨绘画的技巧

临摹是学习绘画的传统方法。其目的在于掌握绘画的表现手法，是系统地学习优秀绘画技法、艺术思想和创作方法的最好手段。幼儿的天性是好动的，在选择题材的时候可以利用这一特点，他们往往对小动物兴趣浓厚，因此，在进行戏墨活动的时候就可以选择一些小动物，如小白兔、小狗、小猫咪、小金鱼等来作为临摹对象。另外，我们还可以选取与幼儿生活息息相关的事物作为题材。

二、以幼儿为主体，鼓励幼儿自主戏墨创作

在完成以教师为主体的戏墨教学后，则过渡到以幼儿为主体的教学活动。在这一阶段开始前幼儿已经初步掌握了戏墨的入门知识，在接下来的这一阶段则进入到以幼儿为主的阶段，教师应当鼓励幼儿大胆创作，将自己的想法大胆进行描绘。在这一阶段的实施主要涵盖以下几种策略。

1. 创设宽松自由的创作环境

宽松自由的环境能让幼儿身心愉悦，心情放松。在戏墨活动中，教师应当给幼儿营造一个放松的心理环境，为活动创造愉悦的氛围，让幼儿乐于创作，大胆创作。

除了心理环境的营造，外在的直观环境也应当注重。例如在班级区域环境的创设中加设一个戏墨区，在戏墨区中投放足够的材料支持幼儿的自由创作，并在戏墨区的环境创设中使用幼儿的戏墨作品进行布置；在班级大环境的创设中使用幼儿的戏墨作品和一些著名的水墨作品进行布置和展示，让幼儿时刻感受到戏墨的韵味。

2. 尊重和肯定幼儿的创意

3—6岁的幼儿思想不像成人一般受各种规矩戒律的束缚，所以他们的思想是极具创造

性的。这时教师应当无限支持幼儿的创意，即便幼儿的创意在我们的眼中是一团画黑了的水墨，是胡乱打圈构造出来的画像……我们都应当学会尊重和肯定幼儿的画。

3. 学会正面欣赏和评价幼儿作品

在学习戏墨的入门技巧阶段可以看到每个幼儿的掌握程度都是不一样的，整个阶段的过渡是针对大部分幼儿的掌握程度来进行课程的推进，因此个体差异性的存在很正常。如在幼儿的戏墨活动中，幼儿对于墨色的浓、淡、干、湿、焦等的掌握程度是不一致的，面对部分幼儿的不熟练现象，教师应当帮助幼儿树立信心，避免使用批评和打击的语言来进行评价。对于幼儿的技巧掌握程度教师可以进行个别指导，逐步提升幼儿的技能，并对幼儿的进步及时给予肯定和支持。对于幼儿的戏墨成品，教师应避免站在成人的角度来进行欣赏和评价，学会换位思考，用另一种眼光去欣赏幼儿的作品。

三、善用多种手段丰富教学模式

1. 使用多媒体教学

在日益增长的物质文化下，越来越多的智能产品出现在我们的日常生活中，而多媒体技术也已经引入当代的教育课堂当中，为教师们的教育教学提供了诸多便利。多媒体集中了音频与视频、图像与图片等综合元素，利用多媒体进行教学不仅丰富了教学的形式，也提升了教学品质。

在我国早期的动画电影中有不少都采用了传统水墨绘画技法，如在国内外获奖无数的水墨动画《小蝌蚪找妈妈》《牧童》《鹬蚌相争》等都是非常优秀、现成的水墨绘画教学资源。在运用这一类水墨动画时，教师直接使用一体机给幼儿进行播放即可，既可以连贯播放、边播放边讲解，又可以在必要处暂停播放，操作非常便利。对幼儿而言，也可以非常直观地了解到动画片的内容，感受水墨的氛围。另外，在欣赏作品方面一体机也很好地发挥了直观的作用，在幼儿创作完毕后，教师可以对幼儿的作品进行拍摄，使用一体机来进行播放评价，这种做法可以有效放大幼儿的作品，其他幼儿能够更加清晰地观看到作品。而且这一播放方法不仅仅局限在幼儿的作品欣赏中，教师还可以下载一些知名的作品供幼儿欣赏。另外，在戏墨活动中根据活动的主题需要，可以选择一些符合主题的音乐元素加以利用。例如在活动的导入部分播放场景音乐能很好地引起幼儿的注意；在幼儿的创作过程中播放适合主题的音乐能很好地渲染戏墨的氛围，充分调动幼儿的感官。

2. 让教学回归大自然

大自然的一切都是那么地神奇与有生机，大自然的生机勃勃和幼儿的活泼好动又是那么地相似，这也可以理解成幼儿为什么喜欢户外活动。在开展戏墨活动中，何不利用大自然来进一步开展活动呢？让幼儿身处大自然中，不仅身心愉悦，而且大自然中各种各样的事物可以让幼儿积累素材，如青山绿水、鸟语花香、蓝天白云、花开叶落等。幼儿在大自然中观察和感受，产生众多奇思妙想，引起幼儿的创作欲望和灵感。

3. 建立积极向上的分享和评价制度

活动后的分享和评价有助于幼儿提高自我表达能力，增进与同伴的交流互动以及学会欣赏同伴的闪亮之处。在每次的戏墨作品完成后，教师组织幼儿进行作品分享，先让幼儿自由交流分享，再集中请个别幼儿上台分享，可以采取轮流上台的机制，教师也可以根据幼儿的作品表现，每次邀请不同的幼儿，让每一个幼儿都有机会在集体中表达自己。这一做法既能让每一位幼儿都有分享自己作品的机会，也能对上台分享的幼儿进行有针对性的评价。教师须避免负面的、打击幼儿自信心等的评价，教师在评价中可对较优秀的作品进行正面评价，其他的幼儿在倾听评价中既可了解到他人的优秀之处，也可以意识到自身的不足。同时,也应该给予机会让幼儿评价幼儿,得到同伴的肯定,幼儿的自信心和优越感会增加。幼儿评价幼儿时,教师须营造一种积极的评价氛围,引导幼儿学会发现他人的闪光之处。

4. 家园共育

家长是孩子的终身教师,任何的教育都离不开家长的悉心教导。目前社会上出现越来越多的艺术培训班,说明家长们在这一方面的需求也越来越大,越来越多的家长意识到艺术对于孩子成长的重要性。因此幼儿园可以通过开展各式各样的活动,如家长会、家长开放日、开办画展等一系列活动来引导家长了解这类活动的益处,鼓励家长支持自己孩子在园的艺术活动。还可以建议家长带领幼儿参加社会上的一些艺术活动,如参观美术馆、游览大自然的山水,尤其是出现在知名的水墨画中的名胜古迹等方式培养幼儿和家长的艺术气息,感受艺术的独特魅力。

幼儿教师对幼儿的评价方式研究

湖北省武汉市空降兵部队医院幼儿园　陈　欣

一、评价的意义

研究意义在充分了解教师评价幼儿发展水平现状的基础上,通过探讨教师评价幼儿发展水平这一问题,以研究行动的过程及成效来提高幼儿教师评价的能力。

(一)理论的意义

评价是指以幼儿为对象,对幼儿活动、幼儿教育过程中的收益情况和所达到的水平做出价值判断。教师对幼儿的评价应该是科学的、合理的评价。从而激发幼儿自信心,保护幼儿自尊心,增强幼儿学习的主动性和积极性,从而促进幼儿发展。《纲要》中指出,"全面了解幼儿的发展状况,防止片面性,尤其是避免只重知识和技能,忽略情感社会性和实际能力的倾向。在日常生活中与教育教学过程中采取自然的方法进行评价。"幼儿教师可以从这些理论依据知道如何正确地评价,正确的评价带给幼儿的正面影响。

(二)实践的意义

通过实践行动进行研究证实了理论依据,从而让幼儿教师有更深刻的认识。知道了"怎么评""如何评"的问题,改善教师模糊评价的现状。幼儿教师能够更清晰具体地感受幼儿学习的效果和现有的水平,选择适宜的教学内容和方法来促进幼儿的发展。幼儿教师对幼儿的合理评价会呈现整个班级良好的状态,教师自身的评价素养和专业水平也会提升。促进幼儿从现有的水平转化,从而促进幼儿的发展水平、认知水平。

二、幼儿教师对幼儿评价的现状

当前关于幼儿教师评价行为的研究中指出,幼儿园中教师对幼儿的评价还存在许多问题,这种现象影响了幼儿的健康成长。幼儿教师在日常中的主要问题包括:消极的负面评价,习惯的否定,表扬评价内容的单一、片面、不具体、不公平等。

(一)消极的负面评价

1. 贴标签式

贴标签就是给幼儿贴上"坏孩子""捣蛋多动的孩子""安静孤僻的孩子""长相特殊的孩子"等。当这些标签贴在孩子身上时,孩子长大以后往往会朝这个方向去发展,这种现象是极其恶劣并且一直存在的。以下案例是我在幼儿园实习中看到的。

某幼儿园要参加媒体在当地举行的活动，其间由该幼儿园的主任来组织。主任在进入我实习的班级活动室时，直接进教室对着班主班老师说："选几个长得好看的出来，要代表幼儿园参加活动。"看到了琪琪就指着他说："这个小男孩还蛮帅的。"班主班老师回答："他啊不行，太淘气了，喜欢到处跑，怕是在外面管不住。"接着主任又指向另一位幼儿："那这个呢？"班主班老师说："欣怡可以，就是不爱说话，给您推荐熊熊和笑笑，他们各方面综合素质还不错。"随后主任就高兴地把三位幼儿带走了。

首先孩子听到选好看的幼儿但没有自己时，就会产生自卑的心理，觉得老师不喜欢自己，认为自己是不受欢迎的孩子。其次琪琪被老师贴上"淘气、不好管"的标签，老师却没有用正确的语言、方式去引导琪琪。久而久之，琪琪可能会越来越淘气，之后很有可能用淘气来引起老师的注意。最后，有的老师还刻意把幼儿分成好孩子和坏孩子，这些标签就会伴随着幼儿成长，使幼儿获得扭曲的自我认知，后果可想而知。

2. 习惯性的消极否定

观察发现在幼儿一日常规中，教师对每个活动的否定式评价居多。对大多数人来说，"说教、警告、威胁、放狠话、挖苦、谩骂"这些从小就耳濡目染，已经成为我们语言的一部分。以下是笔者在见习时的真实案例。

林老师带着幼儿进行"垃圾分类"的美术教学活动。过程中，林老师让幼儿进行分组讨论并在纸上画出自己所知道的一些垃圾。林老师在巡视的时候看到洋洋画的烟头，拿起她的画纸夸赞道："你们抬头看看，这是洋洋小朋友画的有害垃圾，老师觉得洋洋画得很好。"然后又拿起旁边琦琦的作品："这个是琦琦画的，你们来对比一下哪个更好。"林老师说着就把琦琦的作品丢进垃圾桶，对着琦琦说："老师和小朋友们都觉得你画得不好，希望你重画，画不好就向洋洋学习。"

这是明显的消极否定评价，伤害了幼儿的自尊心。大部分老师做出的消极否定评价还是比较隐蔽的，例如对幼儿的错误行为选择无视，在活动的时候不关注幼儿，讽刺、挖苦幼儿，对于幼儿的提问表示敷衍，经常对幼儿说"不"，用消极命令的语气说话等。看似平常的语言，却不知对幼儿有极大的影响。成人在生活中都渴望被肯定，何况是幼儿呢？久而久之他们会变得越来越不自信，对任何事物觉得乏味提不起兴趣。由此可见，消极否定的评价对幼儿有着多么深远的影响。

老师发现了就要及时纠正自己的错误。以上案例可以做出如下改正：首先表明自己对该幼儿的期望，"老师觉得你可以画得更好，期待你的下一幅作品！"；其次在评价幼儿作品时，尽量让幼儿的作品都能得到展示的机会并做出积极准确的评价；最后教师要以宽容欣赏的心去发现每一位幼儿的闪光点和点滴进步并做到记录。

（二）片面性的表扬

贴标签、消极否定等负面评价不恰当，那么教师一味简单、片面性地表扬就一定合适吗？作为一名合格的幼儿教师，应该是熟知幼儿身心发展规律和不同阶段的关键期的。要认识到幼儿是不断发展的，幼儿有无限的发展潜力，老师只有认识到了这些，才会在评价幼儿的时候减少单一性的评价，不随意地评价幼儿。以下是我在见习时的真实案例。

在一次讲故事的语言活动中，老师提出问题，幼儿们一个个积极举手发言并且声音洪亮，然后教师开始一个个表扬："小杨真棒，小欣真棒，你们都太棒了！"教师就这样一味笼统地表扬幼儿，这种场景在幼儿园是很常见的。幼儿长期在教师这种片面的表扬下会认为表扬只有"很棒、很好"这些词汇，并且觉得自己什么也没做就能被老师表扬，最多也只出现短暂的喜悦，到后面就没有激励的作用了。这种表扬不但没有用，还会抹掉幼儿的积极心态。

那么，究竟应该怎么表扬幼儿呢？笔者认为教师应该减少单一、片面的表扬，不要用无意义的评价干扰幼儿的发展。就拿以上案例改正："小杨、小欣，你们发言的时候声音很洪亮；牛牛的发音很准确、很清晰，老师为你点赞；小杨刚刚举手时的坐姿很端正、很认真，老师很喜欢你这样；小欣的声音好听，故事讲得很生动，老师为你感到骄傲。"这样的评价更具体，根据幼儿自身的特点来进行差异评价，在幼儿心中会有一个良好的鼓励作用，并会长久保持。

三、树立教师正确评价的策略

教师对幼儿进行表扬、奖励是一种积极强化的方法。教师以幼儿的年龄特点与个体差异为依据，通过各种表扬方式与策略给予幼儿支持与肯定，强化正确行为、提高学习兴趣、激发幼儿潜能。

（一）避免一味地"正面"评价

现在幼儿园批评的教育有些匮乏，在教师组织活动中出现了教师表扬过于频繁，从而忽略了教学评价要与幼儿全面发展相结合，这样的评价影响到幼儿的挫折教育，负面的评价也是很重要的。教师如果正确认识幼儿的权利和地位，将幼儿和成人平等对待，而不是让幼儿处于服从地位，在评价幼儿的时候就会更客观，站在幼儿的角度思考问题，而不是泛泛的表扬和批评。

（二）关注幼儿个体差异

每位幼儿都有自己的独特性，存在个体差异。如果我们不重视幼儿的个体差异，就给幼儿贴标签，进行好坏的划分，显然这是不合理、不科学的。

运动会中有20米短跑、立定跳远、单脚站立、投掷和拍球5个项目，每个班级要派出代表，分别参加一个项目的比赛。杨老师根据平时对洋洋的观察，认为洋洋的腿部力量比较弱，但是身体平衡能力在班上比较突出，所以适合去参加单脚站立这个比赛项目。而牛牛的腿部力量比较强，立定跳远的动作掌握得比较熟练，因此适合作为代表去参加立定跳远这个项目的比赛。每个幼儿都千差万别，都有各自的特点，即使是同卵双生子，也存在差异。每个幼儿的成长模式及成长步调都不同，个性性格不同、学习风格不同、已有经验也不同，这就是幼儿的个体差异，对不同的幼儿不能用相同的标准衡量，要发展幼儿的强项，弥补幼儿的不足。

首先，认真观察幼儿个体差异在哪些方面，有针对性地指导；其次，对不同的幼儿有不同的教学方法，做到因材施教；最后，也要家园同步。我们无法忽视幼儿的个体差异，因此必须尊重幼儿发展的个体差异，充分理解和尊重幼儿发展过程中的个别差异，支持和引导他们从原来的水平向更高水平发展。

四、结论

本研究围绕着幼儿教师对幼儿评价的方式为中心探讨，通过自己在实习和在校学习的几个阶段来探索。但由于自身能力相对有限等因素，导致本研究存在诸多不足，调查研究不够全面和深入，本文有待进一步提升改善。因此在以后的学习工作和生活中，我依旧会继续关注幼儿园教师的观察评价工作，在本次研究的基础上不断反思、总结，为下一次的研究做好充分准备。

基于儿童视域下的课程建构策略

北京市西城区实验幼儿园　吴晓娟

儿童课程建构并不是简单地进行游戏活动，而是要将教学活动与游戏活动有机结合，以游戏为载体，让儿童在游戏过程中获得更多的认知，在快乐中学习，提高儿童对学习的兴趣以及对知识的渴望。再者，游戏化的教学方式是在儿童身心发展规律的基础上实施的，不但可以帮助儿童尽快适应幼儿园的教育以及生活，而且还可以通过手脑的实践结合，培养儿童的思维能力和想象力。

一、儿童视域下课程建构的实质

幼儿园课程建构是以游戏为载体、经验为核心，关注儿童需要和兴趣，关注儿童发展和学习规律的一项课程改革和建设性行动。它不仅是一种课程模式，更是一种具有多样化课程实践特征的游戏化建设方向。"课程游戏化"不是用游戏活动去代替课程活动，而是在倾听、感受儿童的同时，让课程更加适合于儿童的年龄特点、贴近于儿童的生活。这种教学模式坚持将游戏精神以及教育理念渗透在课程游戏活动中，真正实现了游戏与教育的有机结合。课程游戏化并不只是简单地去设计一套全新的儿童教学课程，而是在儿童教育过程中去探究如何让教育一步步听到孩子、看见孩子、读到孩子，如何具体、有效地落实基于儿童视域下的课程建构策略。

二、儿童视域下课程实践与策略

教育的本质是来源于生活的，教育与生活之间存在着紧密的联系，也可以说教育是基于生活展开的，生活中不乏教育的存在。那么在教育改革大背景下的儿童课程游戏化改革，更需要将教育与生活实践深度融合在一起，让幼儿在生活中感受学习的快乐，培养幼儿的综合能力，促进儿童教育的进一步发展。

（一）创设课程游戏化情境，让儿童在实践中发展

在儿童课程学习中创设特定的游戏化情境，以儿童感兴趣的事物为游戏活动的出发点，充分利用幼儿园的设施以及便利条件引导儿童全身心地进行自主探索、体验和观察，不仅可以培养儿童在探究问题中解决问题的自主性和积极性，还可以淡化教学环境中人为的教学素材，释放儿童的天性。同时在课程游戏化中通过设计一些丰富多彩、生动活泼、交流性强的游戏活动，在培养儿童实践创造力的同时也培养了儿童对学习的兴趣。

以"美丽的春天"教学活动为例，在此次教学活动中，以"春天"为主题开展相关游戏活动，教师支持儿童在游戏中充分运用看、摸、听、闻等多种感官参与活动，去丰富儿童对春天的感受。在实践活动过程中运用"在公园里找春天""一起去郊游""感受春天的植物"以及"小小种植"等不同的游戏活动，引导儿童在家长的陪同下进行深入探究、体验以及发现。尤其是"小小种植"游戏活动，引导儿童通过操作、观察、照顾植物，对植物的生长也得到了进一步的理解。以一个全新的角度挖掘季节教育等多方面的内容，在课程游戏化活动过程中充分尊重儿童的自主性，建构适合于儿童身心发展特点的课程游戏内容以及形式，注重儿童的游戏体验感和具体操作性，在很大程度上促进了儿童全方面发展，提升了儿童的学习主动性。

（二）创设课程游戏化情境，让生活教育融入其中

陶行知和杜威两位教育家先后提出了"生活即教育""教育即生活"的教育观。教育与生

活是密不可分的,教师通过观察、分析儿童在生活中的行为和语言,根据儿童实际需要创设课程游戏化情境,依托真实的生活游戏,让儿童获得更多的直接体验和满足。不但可以增强儿童的责任感和自信心,还可以帮助儿童了解生活、建立正确的价值观、促进儿童真发展。

以"样样都爱吃"游戏活动为例,教师以观察儿童日常生活中的表现为基础,发现了小朋友存在的挑食问题。于是设计了邀请儿童参与食堂制作午饭的活动。在分析儿童喜欢听故事以及对新鲜事物充满好奇心、喜欢动手操作的基础上,将活动目标游戏化、生活化。通过观看《偏食小镇》的故事,让儿童感知在日常生活就餐中挑食的危害。准备各种蔬菜以及洗菜盆,让儿童对每一种蔬菜进行感知。借助"看一看、说一说、听一听、讲一讲、洗一洗、切一切"等活动形式,激发儿童对蔬菜的兴趣,改善儿童挑食的习惯。在课程游戏化实践中,将生活与教育有机结合,让儿童在真生活中真游戏,真游戏中真发展。

(三)创设课程游戏化情境,提升学生想象力和创造力

美术活动是连接儿童与知识之间的桥梁,设置美术领域的课程游戏化活动是基于儿童身心发展特点和兴趣发展需要的。将游戏精神融入美术活动中,以美术活动为背景,用充满童趣、生动形象的内容和形式,帮助儿童在课程游戏化活动中潜移默化地获得认知,掌握事物的形态特征,积累经验,培养学生的想象力和创造力。

以"好吃的胡萝卜"游戏活动为例,通过引导儿童用大小不等的橡皮泥以及小兔玩具进行"做泥工"的游戏活动。在引导儿童感知胡萝卜结构,掌握物体"形"的特点的同时,还可以帮助儿童之间进行互相学习,增强儿童手的协调性和灵活性,更好地促进其智力发展。

(四)基于儿童视域下,定位自身角色,重视儿童游戏体验

教师在设计、开展课程游戏化教学活动时,要准确定位自身的角色,从儿童的行为入手,关注儿童的实际游戏情况,以朋友的角色与儿童搭建起一个良好的沟通桥梁。在观察过程中了解和发现儿童的需求,支持儿童更好地融入游戏活动中,促使他们在实践活动中养成良好的行为品格。

在教学活动中不应只局限于单一的游戏形式,可以充分发挥儿童的自主性和想象力,自己去设置游戏形式、安排游戏道具。以这种方式进行课程游戏化的开展,不仅可以增强儿童的游戏体验感,真正发挥课程游戏化中儿童的主体作用,同时还有利于教师将游戏内容与价值性的内容融合到一起,提升儿童在游戏中获得经验的体验感,从而提升儿童的综合素质能力。

三、儿童视域下的教学方法

(一)运用马赛克教学研究方法,促进儿童的社会性全面发展

马赛克教学法是一种融合多种方法、多重声音、多个工具的研究方法,将观察、访谈、拍照以及幼儿园之旅的解说等多种方式融合其中,在多个角度构建属于儿童的世界图景。马赛克研究方法强调儿童的主体地位,因此教师在课程游戏化的教学活动中要扮演好倾听者、观察者以及记录者等多个角色,根据每一位儿童的行为特点和兴趣爱好,提供不同的指导,并用具有科学依据的方法对每一位儿童进行档案拍摄、图片制作、采访等,用各种工具把每一位儿童的发展特点立体地呈现出来,真正做到了解儿童、热爱儿童。同时马赛克研究方法从多维度观察、评价儿童,不仅加强了教师对儿童的深度了解,更有助于教师用多渠道倾听儿童的心声,为教学质量提升指明了方向。

(二)聚焦式观察儿童游戏情况,提升儿童综合能力发展

通过观察儿童在生活实践活动、健康领域的实践活动以及美术课程中的各种行为表现,

引导儿童在游戏活动中独立思考，表达自己的观点。教师不仅对儿童进行整体性的观察，了解儿童游戏的总体情况，还要对个别儿童的游戏情况进行单独观察，了解不同儿童的想法和需要，并在旁给予一定的引导。与此同时，教师也可以根据观察到的儿童通过行为表现出来的观点去揣摩儿童的内心想法，并把儿童的这些想法和观点组合在一起，帮助教师更为详尽地了解儿童的看法、观点，引导儿童健康发展，从而制定适合儿童发展特点的游戏教学内容。

（三）运用故事教学法，提高儿童的语言理解能力

对于幼儿园这一发展阶段的孩子来说，浅显易懂、生动活泼的故事形式可能会更受他们的青睐。在游戏活动中通过讲解儿童故事，不仅可以帮助儿童提高语言能力，而且还可以更快地把他们代入到创设的游戏活动情境当中去，更有利于儿童情感的完善。

以《偏食小镇》故事为例，在进行实践活动前先对儿童进行故事氛围的烘托，创设特定的故事情境，加速儿童融入游戏活动中。由此可见，将故事教学法融入课程游戏化的教学活动中，不仅可以使儿童在游戏中获得学习、生活经验，提高儿童对语言、文字的敏感度，储备脑中的故事量，还可以培养儿童的思维想象力，让幼儿园真正成为儿童身心全面发展的地方。

四、结语

综上所述，基于儿童视域下的课程建构不仅是学前教育改革大背景下教育与生活深度融合的新型教学模式，更是帮助儿童身心健康发展，启迪儿童探索性、实践性思维的创新举措。与此同时，儿童课程游戏化还要在家庭的关注和配合下建立起良好的亲子活动游戏化关系，让儿童在游戏中不仅可以获得知识，更可以获得来自家庭的幸福感。基于儿童视域下的课程游戏化实践，并非一个概念或口号，更体现了我们对于党在二十大中关于落实高质量学前教育的不懈追求。

建构区游戏教师评价存在的问题及对策研究

广东省深圳市南山区阅山境幼儿园　武雪梅

经济合作与发展组织指出，未来的教师要成为成熟的评价者，这是教师专业能力之一。教师要运用形成性评价来监测幼儿的发展，并及时提供有针对性的帮助来满足幼儿需求。3—6岁是幼儿成长发育的关键期，教师是除父母之外和幼儿相处时间最多的人且幼儿具有向师性。此时，教师对幼儿的评价对幼儿的身心发展会产生深远的影响。

一、建构区游戏中教师评价存在的问题

（一）评价偏向结果取向

一直以来，对幼儿的建构区游戏的评价通常用在游戏的后半部分，此时幼儿的建构已经基本成形。此时，教师的评价都是结果评价。通过幼儿的分享，抓取关键词"是什么"进而与自己的经验结合进行思考，评价搭建的是否与实际相像，提出具体的改进意见。在这一过程中，教师忽视了幼儿在搭建过程中的搭建水平、人际交往、空间知觉、认知等方面的发展。搭建的过程本质上是幼儿学习与发展的过程，因此在建构区游戏中搭建的过程远远比结果更为重要。幼儿只有在没有压力的环境中才能全身心地投入到建构游戏中享受搭建的过程，进而使活动的效果达到最佳。

(二)评价主体过于单一

倡导发挥被评价者本人在评价中的主体作用是现代教育评价的发展趋势。但是在建构区游戏中评价的主体经常是幼儿教师,而幼儿是被评价者。在评价中处于被动位置。更多的是让幼儿分享而不是自评或他评。教师作为评价的主导者,是否结合了当时情境以及基于儿童视角去评价等都会影响最终评价的效果。人本主义者认为幼儿是活动的中心,幼儿作为建构游戏的主体,在对幼儿的建构区进行评价时要发挥幼儿的主体作用。

(三)评价语言匮乏

在建构区游戏中,教师对幼儿最后成型的作品评价的语言往往是极度匮乏的,是不具体的,是缺乏专业引导的。如:"搭得真像""搭得真漂亮""你真棒""你的动手能力很强"等。这类语言可以用在所有小朋友身上,不具有针对性。幼儿听见夸奖可能会高兴,但并不知道自己好在哪里,哪里可以更好。教师的评价对幼儿没有任何启发和指导。例如"我觉得可以更形象""我认为你可以搭得更好"等这类语言对幼儿来讲不够具体,幼儿听后并不知道从何入手。

(四)评价时情感回应过少

教师积极的情感有助于构建融洽的师生关系,有助于幼儿积极配合教师的教学行为。幼儿具有"向师性",幼儿在与教师相处的过程中会不自觉地模仿老师的行为。如果教师对小朋友表现出敷衍与不在意,幼儿感受不到用心和爱,对于幼儿身心发展是不友好的。其次,幼儿在建构游戏后得不到老师的真心回应及肯定,对幼儿而言是没有得到老师的激励和支持的,会对幼儿之后的活动产生消极影响,这是非常不利的。可见,教师对幼儿评价时情感投入不够将会对幼儿的心理健康产生极大的消极影响。

二、建构区游戏中教师评价建议

建构区游戏的评价要以儿童为中心,教师要树立终身学习的理念,及时转变和调整教育观念,多观察幼儿、关注幼儿、解读幼儿,发挥评价的促进功能。

(一)树立正确的评价理念

理念指挥着行动,教师秉持着什么样的评价理念就会有与之相应的评价行为。教师在建构区游戏中对幼儿的评价不应该仅仅追求给幼儿建构的作品下一个定论,或是评价建构技能的高低,而更应该把关注点放在建构的过程。应该对幼儿的建构情况进行全面的关注,在这个过程中帮助幼儿认识自我,建立自信,全面发展。教师在对建构区游戏进行评价时也体现着自身的儿童观、教育观、课程观,而这些在一定程度上也会影响教师的评价行为。教师在进行总结评价时要以幼儿为中心,遵循儿童发展的特点和规律,充分调动幼儿参与活动的积极性,促进全面发展。因此,教师应树立正确的评价理念,灵活运用多种方法,从不同角度对幼儿进行科学评价。

(二)提升教师的专业能力和素质

关于提升教师的专业能力和素质这是一个被大多数人提到的,也是老师们一直在提高的,教师专业能力和素质是教师高效开展各项活动的前提。要更好地对建构区游戏进行评价,首先,教师对建构区幼儿进行有效充分的观察。要明确观察的目的、掌握观察的技能和方法、学会放手。其次,要进行反思,对建构游戏进行回顾和总结,反思问题和错误。要反思建构区游戏中的精彩瞬间、亮点,反思评价中的不足和败笔,及时总结并进行深刻的剖析和研究,努力寻找问题出现的根源,及时采取补救措施弥补失误,使之成为今后的经验教训。

（三）重视发展性评价

发展性评价是指教师根据幼儿的年龄特点，多渠道地收集幼儿在健康、语言、社会、艺术、科学等不同领域的发展情况，运用多种手段、多视角评价幼儿认知、情感、思维、能力等的发展现状，并在此基础上正确分析幼儿的发展潜能，为幼儿的下一步发展做出科学评判。在建构区活动结束后的评价内容要具体、全面、有重点，可以从计划到过程再到作品。评价内容可以包含幼儿"做了什么""怎么做的""为什么做""在过程中遇到了什么困难"等具体表现。比如在建构区第一次搭建东方明珠这个活动中，可以问"你搭建了什么""和谁一起完成的""用了哪些材料""你是怎么搭建的""你自己觉得拼得怎么样""为什么这里要这么搭建""搭建这个你认为最难的部分是哪里""你有什么技巧分享吗""你还遇到其他困难吗"，引导幼儿对搭建的过程进行提炼、反思和总结。让幼儿对自己的作品先进行分享式评价和讨论式评价，再针对自己在观察或倾听中发现的一些特别有教育价值的游戏瞬间，进行个别化提问。帮助幼儿解决游戏中遇到的核心问题，帮助幼儿个别化和深度学习。

（四）评价主体多元化，综合运用多种评价方法

在建构区评价中教师一方面改变教师为主体的评价方式，使幼儿、家长、管理者、教育专家等多种评价主体联动。在具体的评价中，要明确评价的目标，不同主体评价的目标和侧重点是不同的。例如幼儿之间的互评要重点关注别人的优点和长处，引导小朋友向优秀的人学习。要相信幼儿，相信"幼儿已具备一定的自我意识，在教师的引导下，他们能够进行自我评价。"

另一方面要采用多种评价方法。没有任何一种评价方法是无所不能的，每一种评价方法都各有特色，各有侧重点。因此，教师在进行评价时要综合运用多种评价方法。将诊断性评价、形成性评价与终结性评价相结合；自评与他评相结合；要根据幼儿的个体差异、情境、活动灵活调整。例如对于自信心缺失的小朋友就以激励性评价为主，让评价真正起到提高幼儿能力，促进教师发展的目的。

（五）言语和非言语评价要具体和丰富

在对教师评价进行观察时发现，教师在对幼儿评价时出现了"真棒""真好""真优秀"，在哪里好、好在哪里，并没有具体的评价。发展性评价理论认为评价是通过对现在收集到的信息和资源进行系统的分析，对评价者和被评价者双方的活动进行价值判断，体现学生发展为本的价值取向。因此，发展性评价理论指出评价时应采用多种评价方式，将言语和非言语的评价进行结合，要具体详细，最终促进幼儿自身的发展。建构区游戏的特殊性决定了教师在评价时要具有明确的目标。建构区教师的评价尽量以肯定性语言为主，可以从材料选择、色彩搭配、规则、交往、认知等方面入手。非言语评价可以采用肢体接触、眼神交流等。

总之，学前教育是一直在向前发展的，教师评价也在不断地变得更加系统完善。教师需要树立终身学习的理念，不断地学习新的知识。在评价中要始终以幼儿为中心，关注幼儿的发展，力求从不同的视角客观、公正、平等地看待幼儿，通过多种方式促进幼儿的发展。

基于儿童视角的幼儿园种植活动组织与实施优化

广东省深圳市龙华区实验幼教集团玫瑰幼儿园　黄真真

一、樊篱：教师支持与儿童需要的背离

随着儿童主体地位的不断明确，"看见儿童，尊重儿童，倾听儿童，放权儿童"成为当前的热词。然而，不论是"看见""尊重""倾听"还是"放权"，都蕴含着一定的"参照差异"或是"视野局限"，即由成人来决定某种行为达到的程度，如决定什么可以看见，什么可以忽视，什么值得倾听，什么值得追随。这可能存在着某种主观性，从而影响种植活动的组织与实施，影响教师是否有效支持儿童的需要。当前幼儿园种植活动也存在以下矛盾。

一是定位矛盾。即种植是教师的种植还是儿童的种植。也就是说儿童是种植的亲历者还是浅尝辄止的旁观者，儿童是教师计划的"跟随者"还是植物从播种、养护、照料到收获的决定者？定位不同，影响着儿童在种植活动中的参与程度，关系着儿童的自然体验与感受。

二是价值选择矛盾。种植活动是坚持引导儿童获得相对确切的种植经验，还是尝试让儿童伴随植物的生长与自然深度接触，获得不确定，甚至是失败的经验？价值取向的不同，造就了种植活动的组织与实施的形式差异，即按部就班地"打卡"还是灵活变动，接受儿童的自然生长。

三是审美矛盾。承载种植活动的种植园地是井然有序、生机勃勃还是可以接受"荒芜"与"杂乱"？对审美的不同看法，关系着种植活动开展与幼儿深度学习的程度差异，也关系着我们认为的高质量的种植活动是否与儿童需要的方向一致。因此，回归原点，从儿童的视角出发来组织和优化种植活动成为推动种植活动高质量发展的重要途径。

二、突破：在无限参照体系中倾听儿童

一百个儿童就有一百种语言。为了更好地倾听儿童，了解儿童喜欢的种植活动，我们以马赛克方法为基础，以目的性抽样为方法，选择幼儿园3个大班班级的幼儿为研究对象，通过绘画、访谈、制作地图、构建、拍照等多种方式收集儿童的想法。按照多种参照体系，我们发现，儿童喜欢的种植活动具备以下特点。

（一）植物：关注果实和更替

植物类别影响着幼儿参与种植活动的主动程度。在绘画表征作品中，幼儿倾向于选择有明显特征、常见的作物，如卷心菜、白菜、茄子、萝卜、番茄、辣椒、草莓、西瓜、太阳花等。但是从访谈结果而言，幼儿希冀选择种植多种植物，有更替的空间，如"我不喜欢种花了，想要种菜，这样我们可以带回家吃""种完青菜种萝卜"等。幼儿对种植的作物有自己的想法，但也需要新的刺激——轮替种植来保持新鲜感。

（二）材料：偏向功能和情感体验

种植材料是支持幼儿完成种植活动的重要支撑。在儿童表达向往的种植活动时，指向种植材料的关键词涉及功能用途(有什么用)、情感体验(好不好用)、外在特征(颜色搭配、形状、图案等)。其中，抛却水桶、耙子、铲子、园艺剪刀、篮子等必备工具外，幼儿提出"自动喷淋系统""机器人""摄像机""无人机""自动遮阳伞"等核心词，在关注种植材料的功能用途外，还考虑了对植物生长情况、自身劳作体验等的关注，体现出对科技和便利的需求。

（三）土地：强调自我和立体

土地是种植活动展开的基础。在倾听儿童对土地的表达中，我们发现"我想拥有自己的

一块地""我想每天照顾我的地""我想自己决定在地里种什么"等偏向"拥有"和"自我"的语句出现频率特别高。同时,在提及对土地的畅想时,在区域界限分明、土地形状规则的基础上,儿童会运用"搭架子""搭棚子""高一点""挂瓶子"等的表述,表达自己的看法,他们不仅需要平面的种植,也希冀通过各种工具向上延展土地的种植空间。

(四)组织:喜好操作与探究

种植活动的组织包含知识经验的建立、方法的介绍、注意要点的讨论、对种植活动的实际操作等内容。在对幼儿心目中的种植活动进行调查后,我们发现,幼儿的关注点在于具体的操作和探究未知上,如他们倾向于选择"翻土""播种""浇水""拔草""做稻草人""制作标识牌""制作肥料""采摘果实""晒果皮"等有具体行为的活动,好奇"被鸟吃掉的苗还能长大吗""水培和土培的番薯谁长得快"等具体探究问题。

三、优化:组织儿童喜欢的种植活动

种植活动是幼儿一日生活中的重要组成部分。成人从培养人的角度定义了其重要性及价值。但同时,为了让种植活动走进儿童的内心,实现儿童的"真体验、真游戏、真成长"的需求,我们需要从幼儿喜欢的角度优化已有的、带有强烈的成人意志的、形式化的种植活动。

(一)唤醒:儿童表达的意愿

儿童真切的表达是探析、组织种植活动的基础。为进一步唤醒儿童的意愿,了解他们真实的想法,研究运用"一个方法+一系列深入提问"的方式予以行动。一个方法是指以马赛克方法统筹全局,通过鼓励幼儿拍照(拍摄喜欢的种植园地一角/植物类型/土地/种植工具及材料……),让儿童制作图书(将种植活动/种植园地中最重要的记忆拍下来制作成图片……),"时光回溯之种植活动之旅"(由幼儿自主决定向大家介绍开展的种植活动、种植园的情况……)等多元方式收集孩子的想法。接着以一系列深入提问,如"它是什么""跟我说说这个种植区/作物/工具/土地……""你是怎么种植的/设计的/养护的/开展游戏的……""这次活动和以往相比有什么不一样的地方""你为什么觉得当前的种植园地规划/种植区/种植材料……合适或不合适""对于你喜欢的部分,我们还可以怎么做?对于不喜欢的部分,你有办法解决吗"等提问,由浅入深地激发他们内在的真实意愿,对儿童的想法进行意义建构,从而提取关键信息,对种植的植物、材料投放、土地、组织进行优化。

(二)融合:活动预设与生成

从流程来看,种植活动的步骤较为固定,分为播种、养护和收获。活动的预设也大多围绕种植经验展开。但是,一旦种植活动与幼儿发生连接,它将会衍生出无限的问题,如"我们为什么不多开辟一点地""怎么确认地下的番薯长得好不好""波斯菊可以做成茶吗"等。因此,种植活动的开展需要融合孩子发起的疑问、兴趣、问题等方面,针对某一个部分进行小组探究,或以项目活动的形式开展。也就是说,种植活动在追随幼儿的发展中需要动态调整,除了围绕种植流程为幼儿提供预设的经验外,还需借助探索性游戏为儿童生成的内容提供载体。这一过程中,我们可以依据幼儿喜好的、需要的植物、材料、土地、组织形式灵活开展活动。

(三)接受:不完美和失败体验

种植活动的优化需要创建价值立场以及价值标准。我们需要回答"种植活动是为谁开展的""怎样判别儿童在种植活动中获得了发展"两个问题。显然,种植活动是儿童的活动,那么儿童是否会关注种植园地的设计感、整体的和谐、生机盎然的氛围呢?儿童是否会强调欣赏植物呢?关于种植活动的组织,什么活动才是真正地促进了儿童的发展,一次深入的、具有实操性的失败体验是否可以帮助儿童建立种植经验呢?失败的体验可以作为一个延伸

点帮助儿童深入游戏吗？通过问题的解构，我们发现如果以儿童立场来思考，或许种植活动的组织需要接受不完美和失败的体验。因为相较于审美的追求，儿童更关注其个体所开展的行动，并且由于儿童是在游戏中不断建构经验的，相较于完美地开展一个活动，儿童重视的是他们是如何参与其中的。因此，将种植活动开展的权利交给孩子，接受由于年龄限制带来的相对不完美和没那么成熟的体验是种植活动组织优化的核心。

幼小衔接视觉下幼儿前书写的有效支持策略

广东省云浮市罗定市连州镇中心幼儿园　梁焕贤

前书写能让幼儿把信息通过符号或者文字进行表达，表达出自己的情感和思考。在早期的写作过程中，幼儿可以学习到纸笔的运用，了解书面表达的工作方式和特别之处，也提高书面表达的能力。在此过程中，还可以让幼儿初步建立起读写的自信，养成前书写的习惯，为接下来的学习做好铺垫。因此，教师应在幼儿园的每日生活和活动中鼓励他们进行前书写，以丰富他们在此方面的经验，为他们未来的正规书写做好准备。我园经过实践研究，得到了以下几点幼儿前书写阶段教师如何去激发幼儿前书写兴趣，增加他们的前书写经验，提高前书写能力的有效支持策略。

一、构建一个合适的环境，为幼儿的前书写提供必需的准备环节

《3—6岁儿童学习与发展指南》提出，"教师应准备好便于孩子们取用的纸张、笔等工具，他们还可以用沙子、树枝等天然素材，满足他们自我表达的需求。"在我们的幼儿园，我们准备了大量初级写作用品，充分地满足了孩子们进行早期写作练习的需要。例如在语言区，我们给小朋友们备好了沙盘、树枝等天然素材，以及纸、笔、蜡笔等写作用具，方便他们做早期写作练习；在涂鸦区，教师为幼儿准备容易取放的粉笔，方便幼儿进行涂涂、画画、写写。

二、结合一日活动渗透前书写的教育

（一）正确的书写姿势是前书写的基本功

儿歌作为儿童所偏爱的艺术形式，教师可以利用它来教育儿童如何熟练掌握正确的握笔姿势，并辅助他们通过自我审核来提高他们在开始写字活动前的技能。如在指导孩子们如何写画的过程中，教师们可以唱出《写字歌》这首儿歌，内容是：头正、身直、足安，左手平放纸上，右手紧握笔杆，笔插在虎口，离笔头一寸，胸离桌一拳宽。养成良好的写字姿态和习惯，这样就为孩子们的写字能力提供了稳固的基础。同时，将正确的握笔姿势以图片的形式挂在活动室，作为给孩子们的提示也是一个非常好的方法。

（二）认识田字格是书写的准备

教师可以引导孩子们玩"跳房子"和"小动物住旅馆"的游戏，让孩子在游戏中获得对田字格和其横向中间线、纵向中间线、左上区块、左下区块、右上区块以及右下区块的熟知。

（三）利用各种教育契机，给予幼儿前书写的机会

1. 画（写）卡片

幼儿园生活充满了孩子们需要学习的社交交往，以及频繁的情感表达需求。孩子们在同伴生病时，渴望给予自身的慰问和同情；收到园内教师和小伙伴的援手时，愿意向他们直接道谢。当妇女节、母亲节、父亲节，还有教师节这些重大节日到来时，他们希望能向家长和老师表达内心的感激之情。同时，庆祝生日或毕业仪式这样的活动，他们也期望邀请朋友、家人、教师、园长等来参加。这时候，教师可以把写问候卡、心愿卡、祝福卡、

感谢卡的任务交给孩子，引导孩子用图画、文字、符号的形式制作卡片以表达自己的情感，激发孩子的前书写兴趣。

2. 写（画）日记

每天布置幼儿回家后把今天学过的内容、开心的事情、帮家长做了哪些事情等，用写（画）的形式记录下来，就像小学生写日记一样，第二天回来，让幼儿把自己的日记用完整的句子表达出来。这样，幼儿的语言表达能力和前书写能力都得到不断的提高。

3. 做计划

幼儿每天吃完早餐后，可以拿出自己的小本子，制订上午、下午的活动计划，刚开始时可以用简单的图画、符号的形式记录下来，后期可以用图画、文字、符号、标记等多种形式相结合详细制定自己要去哪个区？和谁一起？玩什么？还可以引导幼儿按照自己的意愿制订周末计划、假期计划等，让幼儿根据自己的计划去做事，让幼儿从小做一个有计划的人。

4. 来园打卡签到活动

为了统计每天的出勤人数，我们让幼儿进行出勤登记，在每日来园签到中临摹自己的名字。在临摹过程中，教师提醒幼儿掌握正确的握笔姿势及正确坐姿。对于那些名字里有难写的字或笔画复杂的儿童，教师可以先让他们学习名字中简单的字，然后逐步进行，最后完整地写出自己的名字，这种由简入繁的学习方法能帮助他们熟练掌握自己名字的写法。同时，我们也支持他们用画画的方式来创作自己的名字，甚至设计自己的名片。经过一段时间的学习，我们的幼儿都能准确地写出自己的名字，更有的还能写出其他同学的名字。经过每日点名签到活动，幼儿的识字量增加了，了解了更多汉字的意义，提升了对汉字的理解和认知能力，签到形式也从临摹转变为自己书写。

5. 角色游戏帮助幼儿构建有趣的前书写经验

角色游戏是幼儿最喜欢的活动，我园教师结合情景让幼儿使用纸、笔等各种工具进行前书写活动。如：烧烤店里的客人点餐，服务员使用纸、笔边听边记录，并计算出金额，幼儿的听说能力、社会交往能力、计算能力以及前书写的能力都得到了锻炼。在他们的影响下，"儿童医院""潮童美发店""萌娃超市"等区域都出现了这样既有汉字又有图画的活动形式，幼儿乐此不疲地用笔记录图画、文字、符号向身边的人传递信息，在轻松愉悦的环境中培养幼儿的前书写。

三、依据主题教学内容，指导幼儿进行有价值的前书写练习

老师需要把前书写的学习融入主题教学活动中，通过一些简单的交流和画图等手段，以此达到深化学习的效果，从而使孩子们收集到更多的信息。这也能帮助我们挖掘孩子们想要传达的主题，并鼓励他们进行有价值的早期书写。例如，我们的幼儿园在进行"即将升入小学"的主题活动中，老师会指导幼儿把他们对小学生活的困扰用画写的方式记录在访谈表格中，然后带他们亲自去小学校园参观并访谈小学生和小学的老师。在这个过程中，老师会预先准备访谈表，鼓励幼儿用各种方式在表格上表达他们的疑虑。这样做不仅能使幼儿把他们的问题整理、记录下来，同时也能让他们理解插图、文字、符号之间的相互联系，还可以提高他们的社会交往能力。

四、执行高效的家园交流，指导幼儿以科学的方式进行前书写

我们幼儿园深信，家庭教育和如何引导幼儿养成良好的写作习惯是有密切关系的。因此，我们采用家庭访问、主题讲座等方式，帮助家长理解和避免影响孩子身心发展的不良书写方法，如：盲目跟写、枯燥的训练等。我们也引导家长以科学的观念看待孩子的书写准备阶段，共同努力培养孩子良好的前书写习惯。例如，在亲子阅读完成后，除了让孩子口述他们对故事的理解,还可以引导孩子用文字、标记、图画等不同方式创作或扩展这个故事。这种创作和扩展的方式,不仅能提高孩子对故事的理解和掌握,也能让孩子理解口语和书面语言的区别。除此之外,家长可以给孩子提供写购物清单、计划周末活动、假期游玩等场景,激发他们的前书写欲望。家庭和幼儿园的有效交流,不仅能提升孩子早期书写的兴趣,还能丰富他们的前书写内容,从而提升他们的前书写能力。

五、结束语

幼儿的学前书写活动是获取正式写作技能的通路,这是他们语言进步的关键阶段。他们在接触学前书写时,可以用文字、标记、图画等多样方式来描绘自己的情绪和念头,同时也可以认识到书写的作用及其特性,学习基本的阅读与写作规则。在指导孩子的学前书写活动中,教师应准确识别出幼儿在前写作中显示出的各种特点,灵活运用那些可以鼓励幼儿积累学前写作经验的策略和方法。尊重并迎合幼儿的学前书写兴趣,促使他们在学前书写活动中全面成长,为他们的终身学习打下坚实的基础。

分析民间游戏对幼儿成长的作用

中央军委机关事务管理总局红星幼儿园(复兴路园)　高书芬

一、民间游戏的定义与特点

游戏,是一种娱乐的方式和方法,能在一定程度上满足幼儿的短暂成就感和身心上的满足感。

民间游戏简单易学,趣味性较强,不受人数、环境影响,多指从民间传出的一些游戏,具有浓厚的民间气息。而且民间游戏能在许多人的脑海里留下属于童年期间的美好回忆,幼儿有了一个综合性的发展方向。

二、民间游戏对幼儿成长的作用

(一)民间游戏促进幼儿动作发展

平时在体育活动中,如果让幼儿机械地反复练习走、跑、跳、躲闪等动作,往往是不能调动幼儿兴趣的。相反,民间游戏具有丰富的趣味性,同时游戏时不受场地和时间限制,小朋友们也特别喜欢此类游戏。如民间游戏"老狼、老狼几点钟""捉尾巴""手推车""老鹰抓小鸡""跳竹竿""赶小猪""猫抓老鼠""拔河""木头人"等。在这些游戏中,可以有效地发展和练习幼儿走、跑、跳、爬、钻、躲闪、平衡等技能及大肌肉发展。

例如"捉尾巴"游戏深受中、大班幼儿的喜爱,该游戏带有一定的挑战性和竞争性。幼儿把尾巴挂在腰间四散跑和快速躲闪其身后追赶的幼儿,尾巴不被别人捉到即可获胜。在这个游戏过程中实物尾巴的出现积极地激发了幼儿运动兴趣,而有尾巴的小朋友在跑的过程中要时刻学会警觉身边追赶自己的小朋友,以确保自己的小尾巴不被捉到,那"捉"的幼儿在这个过程中还要想办法怎么去抓到对方的尾巴成为胜利者。所以在这个游戏中,孩子们在动作发展上得到了一个综合发展:首先眼要明,耳朵要听着周边的声音,然后跑得要快,躲闪要及时。一个游戏下来,幼儿在追和被追的过程中巩固了跑、平衡、躲闪等技能发展,同时幼儿的大肌肉动作也充分得到了发展和身体也得到了全面发展。

(二)民间游戏促进幼儿社会发展

民间游戏具有丰厚的民间艺术文化底蕴,游戏本身更具有趣味性、随机性、挑战性等特点。幼儿可以在民间游戏中习得不怕困难、勇敢挑战的精神,同时从中也可获得自身的坚持力和自制力。

从现状分析，大多数幼儿都是独生子女，在家里经常一个人玩，缺少同龄幼儿之间的交往，间接性阻断了幼儿社会性发展的黄金时期。我们民间游戏恰恰相反，需要许多小朋友相互协作、配合才可以完成。民间游戏在这个过程中给幼儿创造了小朋友之间相互沟通和解决问题的空间，也促进了幼儿之间的社会交往能力和合作意识发展。

再如"两人三足"需要幼儿之间相互配合完成，在这个游戏中重点突出幼儿之间的协作精神和能力，大家只有共同努力才能将游戏更好地进行下去。幼儿在其中学会了幼儿之间的交往能力，同时民间游戏有助于幼儿的社会性的发展。

（三）民间游戏促进幼儿语言能力的发展

很多民间游戏都带有一些儿歌节奏性，比较鲜明、有韵律，而且念起来朗朗上口，能够吸引幼儿自主去学习和模仿，让幼儿在语言发展中有一个语言表达的空间。如小班幼儿处于好模仿阶段，所以我在班级引导幼儿过渡环节时会穿插一些民间游戏，如"口香糖""你拍一，我拍一"。除了在游戏的过程中避免幼儿的消极等待之外，同时利用民间游戏的形式引导幼儿进行有秩序的盥洗活动，也避免人员密集，是一个很不错的形式和方法。游戏通过幼儿和老师一问一答的形式进行，幼儿听教师口令快速模仿得到愉悦感，幼幼之间相互配合完成游戏。同时在这些民间游戏的开展过程中，幼儿可以巩固和锻炼逻辑性的语言表达，也激发了幼儿之间的交流能力，促进幼儿与老师之间的亲密感。

再如"荷花荷花几时开"游戏中的儿歌具有鲜明的押韵性，幼儿的语言在其中不断地得到了发展和练习，而且还间接性地了解了荷花在几月开放、生长的季节、温度是怎么样的等一些严谨的科学性知识。这个游戏有效地促进了幼儿的语言发展，通过师幼、幼幼之间的不断交流，可以激发幼儿愿意在同伴或他人面前用语言表达的欲望，同时这个游戏还更多地锻炼了幼儿的语言逻辑表达能力。

（四）民间游戏有利于促进幼儿良好的个性品质

根据现在幼儿的家庭抚养情况分析，多是"四对一"或"三对一"，这些幼儿被长辈高高捧在手心里，幼儿的心理耐受力也相对较差，遇到问题时多用大哭来表达。民间游戏能够更好地弥补这一点。如"抢凳子"游戏中，首先幼儿得到充分的自由空间，在游戏中不会受到太多外界干扰，伴随音乐或者各种旋律，幼儿在游戏中获得成功感。民间游戏会存在一些竞争性，游戏中有赢有输，很多幼儿就会有挫败感。这时需要教师的正确引导，使幼儿正确认识挫折，学会克服困难，勇敢地战胜自己。

三、民间游戏对教师专业发展的意义和反思

1. 意义

教育是一项有目的、传承性的任务，作为新时代的教师，我们有责任将传统文化继续发扬。在开展课程活动实施之外，我们还要承担文化传承的使命，传承优秀文化，这也是教育的使命。身为新时代的教师更要与时俱进，学会取其精华、去其糟粕。

2. 反思

民间游戏能够直接把我们拉回童年，回忆和同伴在蓝天白云下嬉戏的场景，跳皮筋、踢毽子……但渐渐地，这些生动、有趣的民间游戏已经淡出我们的视线，各种电子产品和网络游戏充斥在幼儿现实生活中。在幼儿园中，教师可以通过各种自制玩具、组织民间游戏来吸引幼儿的兴趣。民间游戏玩法简单易学、趣味性较强、材料简单，同时不受人数、环境的限制。有时候我会在幼儿园带着孩子们玩"老狼，几点钟"，并不断完善游戏形式，根据《纲要》精神进行整改，调节幼儿活动量。看着孩子们全身心投入其中、满头大汗的样子,放学或放假时听着大院楼下的孩子们玩"老狼,几点钟"时开心的笑声,我觉得这就是民间游戏的魅力。身为教师,我有责任传承民间游戏文化,也想呼吁更多的教师在课程游戏之外多关注民间游戏,让民间游戏得到更好的传承,能够在精神压力较强的大环境下给孩子们留下更多美好的童年记忆!

基于缓解农村家长"小学化倾向"的家园共育实践研究

安徽省黄山市祁门县闪江小学幼儿园　戴金珊

一、问题的提出

(一)"小学化倾向"和"超前教育"并存

当今社会发展速度越来越快,人们的工作、生活压力越来越大。教育成为一个国家、社会和个人发展的推动力,成为家庭和个人改变命运的选择。"不能让孩子输在起跑线上"成为家长和社会的普遍心态。家长不想让自己的孩子落后,担心上小学会不习惯,认为幼儿园阶段提前学习小学的知识,孩子就能提前"进入状态"。这种现象正成为一种愈演愈烈的痼疾,危害幼儿的成长和幼儿教育的健康发展。

(二)家园共育的意义重大

对于家园共育,教育家陈鹤琴先生曾经说过:"幼稚教育是一件很复杂的事情,不是家庭一方面可以单独胜任的,也不是幼稚园一方面单独胜任的,必定要两方面共同合作方能得到功效。"近年来,我国对家园共育的工作越来越重视。教育部颁布的《幼儿园教育指导纲要(试行)》明确指出,"家长是幼儿教师的重要合作伙伴。应本着尊重、平等的原则,吸引家长主动参与幼儿园的教育工作。"《指南》中也提及应注重加强幼儿园和家长的合作。因此,家庭和幼儿园应建立一种合作、和谐、互补的关系,对幼儿的成长起到同步、同育、同构的作用,共同促进儿童的发展。

二、研究方法

本研究主要采用实践研究法和调查访问法。实践研究中通过三轮基于目标和发现问题的实践探索,在实践过程中不断丰富和改革幼儿园"小学化倾向"的家园共育的形式和内容。调查法采取半结构式团体问卷,自编调查问卷,调查对象是从Q县3所农村幼儿园中大班各选一个班进行问卷调查,调查的主要目的在于了解农村家长"小学化倾向"的程度与需求,为幼儿园开展家园共育做好需求分析。

为了更加全面地收集信息,研究按每园随机抽样的方法抽取10名幼儿,共有30名幼儿作为研究对象进行谈话活动。为了更好地激发幼儿的谈话兴趣,了解家长的"小学化的倾向"的各种需求,3所农村幼儿园的老师一起商议后设计了幼儿谈话提纲。

三、缓解农村家长"小学化倾向"的家园共育实践过程

(一)第一轮实践:基于农村家长"小学化"现状与需求,探寻家园共育主题和资源

为了使家园共育建立在缓解农村家长"小学化"的基础上,研究的第一轮实践围绕着家长展开调研,了解家长现状,深入寻访家长的困惑与教育需求。因此,研究通过不同形式寻访幼儿,了解平日在家时家长都和他们怎么度过的(见表1)。

表 1　第一轮实践研究调查表

实践	发现问题	解决办法
1. 说一说（谈话活动） (1) 家长访谈（教育观念与需求）。 (2) 幼儿谈话。 2. 看一看（教师观察活动） (1) 教师观察记录家长参与幼儿园活动（家长开放日、家长会）情况。 (2) 教师观察记录家长配合幼儿园一起完成的游戏材料的情况。	1. 幼儿表达能力有限，谈话活动不能完全表达出自己的意愿。 2. 家长的访谈中，年长的家长的观念是"要超前教育，上小学他们才不会输在起跑线上"。	1. 鼓励幼儿将自己的意愿通过绘画的形式表达出来。 2. 分别统计班级中持不同观点家长的人数。和孩子的父母沟通，改变长辈的教育观点。通过一系列的活动，让家长了解"小学化"的危害。

（二）第二轮实践：探索并开展各类家园共育活动

第二轮实践研究在明确家长观念和需求的基础上，积极探索并开展各项活动让家长认识到"小学化"教育的危害，如：邀请送教下乡专家进行缓解农村家长"小学化倾向"家园共育经验分享；各园积极开展缓解家长"小学化倾向"的家园共育经验分享。然后选取一个大班，尝试探索，如召开家长会、举办"家长进课堂"等各类亲子活动（见表2）。

表 2　第二轮实践研究调查表

实践	发现问题	解决办法
1. 家庭教育指导 (1) 家长会（让家长明确幼儿的工作意愿）。 (2) 专家引领（从理论或相关研究视角帮助家长了解"小学化"的危害及经验分享）。 (3) 班级群（布置亲子小游戏、亲子绘本阅读打卡、家庭教育美文等）。 2. 家园共育活动 (1) 家长进课堂活动。 (2) 幼儿园亲子游戏活动。 (3) 利用节假日把家长请进幼儿园和孩子一起参加活动。 (4) 家长开放日。	1. 活动中，家长参与度不是很高，原因是活动时间与他们的工作时间冲突，不利于活动的开展。 2. 班级群的打卡率不高，都是年轻家长完成。 3. 幼儿教师仅从节日着手，存在时间的限制性。	1. 转向幼儿教师积极开展各项活动，并将活动内容延伸到家庭中，增进亲子的互动和情感。 2. 年长的家长不能灵活使用手机，打卡活动对他们来说更有难度。幼儿教师积极鼓励幼儿多和家长一起阅读，并分享故事内容。 3. 引导教师多维度挖掘活动素材，将家园共育活动真正和家长互动起来。

（三）第三轮实践：缓解农村家长"小学化"家园共育体系的开发和建设

第三轮实践研究的主要任务是编制框架体系，以及活动整理和梳理。同时，围绕家园共育活动，形成幼儿园缓解农村家长"小学化"活动设计与实施案例（见表3）。

表 3　第三轮实践研究调查表

实践	发现问题	解决办法
1. 活动目标 (1) 如何缓解家长"小学化倾向"的问题。 (2) 使家长理解家园共育的重要性，积极参与到幼儿的活动中。 2. 活动内容 (1) 知识逻辑（家长视角）：家长会、专	1. 活动一味从缓解"小学化"视角出发，活动的内容单一，对增进家园共育互动关注不足。 2. 家长的"小学化"观念不同，老师对每个家庭分析其存在的问题时总结不够	1. 增强从幼儿视角出发，提升家园共育互动性。 2. 转向更多地从幼儿的家庭生活细节出发，幼儿教师探寻更多的家园共育素材。 3. 教师要针对观念不同的家长，设计出各类活动。

续表

实践	发现问题	解决办法
业引领、经验分享。 (2)心理逻辑(儿童视角):亲子互动游戏。 3.活动实施 (1)亲子游戏活动。 (2)家长进课堂活动。 (3)亲子社会实践活动。 4.活动评价 (1)观察记录。 (2)幼儿及家庭成员评价。	仔细。	

四、缓解农村家长"小学化倾向"的家园共育实践成果

(一)基于缓解农村家长"小学化倾向",开展各类家园活动

在不断探索和丰富活动的实践下,3所农村幼儿园78名幼儿家长的参与度无论在数量上还是质量上都有一定的提升。研究从"'小学化'作业、陪伴游戏、户外活动、参与幼儿园活动"四个方面进行对比(见图1)。

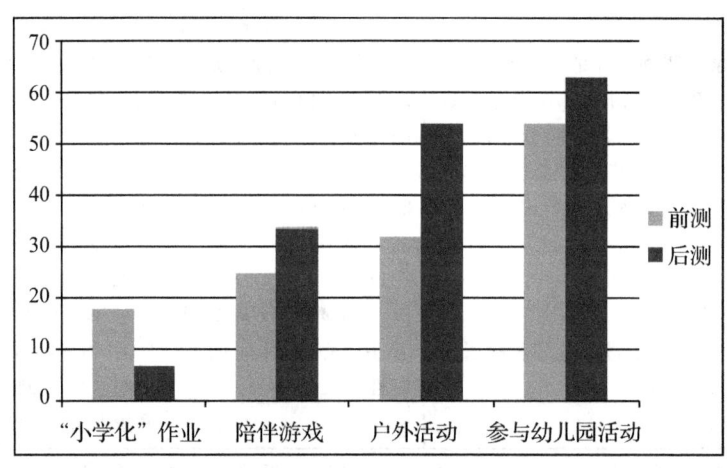

图1 家长参与前后测结果

(二)初步建立家园共育活动的体系和实践成果

研究在期望实现提升家长观念、改革与创新幼儿园家园共育形式的同时,努力开发和建设幼儿园家园共育活动的体系。如,构建相对系统的缓解"小学化"家园共育活动的目标、内容、实施及评价体系(见表4)。

幼儿园在开展一系列活动中,提出了一种新的家园共育模式,以家庭为基础,以学校为支撑,实现家庭教育和学校教育的有机结合,从而有效缓解农村家长"小学化倾向"。活动中虽获得许多新认识和新收获,但仍有许多问题需要我们进一步去思考、去研究,如:针对不同背景家庭教育需求的差异优化亲子活动形式,如何加大引领力度,如何冲击家长长期形成的思维定式进行个性化亲子教育指导等,为后续的实践活动明确方向。

表 4　家园共育活动的体系

活动目标	活动内容	活动实施	活动评价
1. 帮助家长认识"小学化"问题的危害性，并理解家园共育的意义。 2. 帮助家长掌握常用亲子游戏，并学会积极参与到幼儿的活动中。 3. 使家长更了解幼儿，并享受亲子活动的快乐。	1. 知识逻辑（家长视角）：家长会、专业引领、经验分享、"团体"式榜样交流…… 2. 心理逻辑（儿童视角）：亲子互动内容……	1. 亲子游戏活动。 2. 家长进课堂活动。 3. 亲子社会实践活动。 ……	1. 评价手段：观察记录、亲子互动作品、幼儿谈话内容…… 2. 评价主体：幼儿及家庭成员、教师……

不惑的代价
——标志性评价策略运用之辨思

广东省广州市南部战区总医院幼儿园　周　寰

一、导语：一部电影背后的思考

根据王朔同名小说改编的电影《看上去很美》中描述了一个叫方枪枪的小男孩，枪枪在哭声中被送进了幼儿园，这个陌生的地方有种统一的标准正统治着所有的小伙伴们，就是贴在每个人名字后面的小红花。不会自己穿衣服就得不到小红花吗？尿床是我自己能控制的吗？拉不出屎也要拉尿，拉出来奖励小红花，为什么要把人塞进一个模子呢？方枪枪从鄙视小红花渐渐地变得希望得到小红花，他已经开始被同化，然而他却得不到小红花，尽管他一直在学乖，但依旧不被班主任喜欢。小红花就像社会上的名利，孩子们被鼓动了，个个都想得到它。方枪枪得到的第一朵小红花居然是因为领导的一句话，他努力了那么久都得不到，领导的一句话却令他得到一朵小红花，这个崇拜权势的虚伪社会就是这样渗透给下一代的。班主任在不知道其是领导和知道以后的两种态度简直天壤之别，仿佛只有这样的崇拜权势，她才能活得更好。幼儿园就像一个小社会，规矩多如牛毛，初来乍到的方枪枪就像一只野生动物被关进了动物园，幼儿园的老师不断地驯化这个天性尚存的孩子，不消灭他的天性誓不罢休。方枪枪号啕大哭，他孤独，他开始以一种叛逆的方式来寻找自尊，他脱下女孩的裤子给女孩打针，把小红花当成礼物送给他钟情的女孩，"老师是吃人的妖怪！"……枪枪的变坏并不是其自身本身就坏，而是一种教育培养模式的悲剧。

幼儿期是孩子各项行为形成的最佳时期，同时也是其个性和品行形成发展的重要时期，包括生活行为、社会性行为和学习行为等。根据有关文献资料及我园的调查统计，中班孩子是社会性行为发展的关键期。因此，在课题实验中，我们中班以分享行为作为切入点，利用标记性评价策略培养幼儿主动养成不独占、会合作、乐分享的行为。

根据对中班幼儿分享行为三个月的观察记录分析，我们发现从十月到十二月，幼儿能够与他人分享的比例在逐月提高，不独占、会合作、会分享三个指标下的可观察行为都有较大的变化。不独占指标中"经常愿意与同伴一起玩玩具、看图书"的幼儿从十月的36.4%提高到十二月的90.9%；"经常能与同伴交换物品（玩具、图书、食物等）"的幼儿从十月的0增加到十二月的84.8%。会合作指标中的"经常能主动邀请同伴进行游戏或活动"的幼儿从十月的0提高到十二月的66.7%;"经常能配合同伴做好某件事情或完成某项任务"的幼儿从十月的3%增加到十二月的84.8%。会分享指标中的"经常能主动把玩具分给同伴"的幼儿从十月的0提高到十二月的63.3%;"经常能与同伴协商,轮流分享玩具或体验游戏角色"的幼儿从十月的0增加到十二月的51.5%。幼儿能够经常性地与其他孩子分享玩具、图书,与同伴合作游戏、主动分享的比例大大提高,效果十分显著,说明"标记性评价法"这一指导策略效果明显。"标记性评价"指的是以一种特定的方式表扬积极的行为。即按照一定的评价标准,利用红花、星星、印章等标记性物品的奖励来帮助幼儿强化或塑造某一行为。强化积极行为,表扬具体行为,而不是泛泛而谈,既能激发幼儿的恰当行为,也能预防幼儿的不恰当行为。

二、反思与重构:标记性评价策略运用的瓶颈与突破

方枪枪的遭遇背后反映出的正是标记性评价策略的一种扭曲性的运用,这种扭曲导致了方枪枪这样的悲剧。那么,我们应该如何去利用标记性评价策略培养幼儿主动养成健康行为呢?笔者认为,作为标记性评价策略的运用者或者说施教者,必须从以下几个方面努力。

(一)评价目标建立在了解幼儿现状的基础上

教师要了解幼儿,就要对幼儿进行观察。通过观察了解幼儿的内心世界,分析、评估幼儿的最近发展区,确定幼儿是否能达到一定水平。如在培养幼儿某种良好的健康行为习惯时,要看幼儿是否能达到要求,才能充分调动幼儿的积极性。制定出的目标循序渐进,从而培养幼儿良好的健康行为习惯。

(二)评价内容趋于全面性、整体性

只有这样,才能使评价更全面、真实地反映每个幼儿不同方面的优势和长处。如在开展分享行为的活动中根据幼儿行为发展规律,我们制定了三个子目标:不独占、会合作、乐分享。三个子目标在内容上是相关联的,在难度上是层层递进的,避免了内容的单一、片面,全面客观地评价幼儿,增强幼儿的自信心。

(三)幼儿也是评价的参与者

传统的评价是教师自上而下的单向性评价,教师是幼儿的评价者,由教师给幼儿评定好坏优劣。《纲要》反映出幼儿评价主题的多元化思想。评价不再是教师完全支配的过程,幼儿也应作为参与者,对自己的行为表现进行自我评价。目前我们进行的标记性评价方式主要有:自我评价、他人评价、老师评价、小组评价、集体评价、随机评价六种。让幼儿参与评价不仅有利于培养孩子的自尊,也有利于发展幼儿积极的自我意识,培养良好的健康行为习惯。

(四)遵循评价原则,在幼儿的日常生活中自然进行

评价的原则是及时性、适度性、针对性、经常性。教师对于幼儿值得鼓励的行为一定要及时进行表扬,针对具体对象的评价一定要一视同仁,绝不能凭个人的情绪因素把孩子定级。评价有明确的针对性,当幼儿得到标记物时,是明确知道自己为什么得到的,通过多种评价方式融入日常生活中,积极强化,最后达到"从量变到质变"的效果。

(五)充分利用评价结果,发挥其本真价值

评价就是要促进幼儿的发展。比如,通过标记性评价的结果信息的分析,掌握幼儿健康行为发展的实际情况。通过分析影响幼儿健康发展的因素,根据幼儿的不同特点,采用不同的教育方法。同时家长也能正确认识孩子的健康行为发展情况,更好地促进家园教育的一致。

三、结语

新型教育方法的引入无疑是对传统教学模式的一种冲击，作为施教者，我们理应积极地去探索和接受这些新型教育方法，并将其引入到我们的教学实践中。以标记性评价性策略运用为例，我们理应去借鉴，但同时在综合的辨思背后，我们应更加理性地去加以运用和完善，真正通过这样一种教学方法的运用，使幼儿能够形成良好的习性与品行，这才是标记性评价策略运用的最终目的。

农村幼儿园大班户外运动区材料投放的策略研究

云南省昆明市昆明滇池国家旅游度假区大渔幼儿园　李仁才

一、引言

（一）研究背景

农村地区的幼儿园在儿童教育中发挥着至关重要的作用。这些幼儿园为孩子们提供了早期教育的基础，帮助他们在生活中获得知识、技能和社交经验。然而，在确保儿童全面发展方面，特别是在户外运动和探索的环境中，农村地区的幼儿园面临着一系列挑战。在农村地区，很多幼儿园的户外运动区设施和材料相对匮乏，存在着资源不足的问题。这种状况可能限制了儿童在户外活动中的体验和学习机会，阻碍了他们的身体和认知发展。此外，材料的投放策略在农村地区幼儿园中往往缺乏科学性和规划。因此，制定科学合理的材料投放策略，对于提高农村地区幼儿园户外运动区的质量和效益至关重要。

（二）研究目的

本研究的主要目的是探索并制定适合农村幼儿园大班户外运动区的材料投放策略，以促进幼儿的全面发展。研究的结果将有助于教育决策者、教育工作者以及家长更好地理解材料投放策略对儿童成长的影响，为幼儿园的发展和教育提供有益的参考和建议。通过深入研究和实践，我们有望为改善农村地区幼儿园的教育环境和儿童的未来发展做出积极贡献。

（三）研究综述

农村地区的幼儿园大班户外运动区材料投放策略是一个重要而复杂的领域，以下是一些与农村幼儿园大班户外运动区材料投放策略相关的研究综述。

户外运动区的重要性。在农村地区的幼儿园，户外运动区被认为是儿童全面发展的重要环境。研究表明，户外运动区不仅可以促进儿童的身体健康，还可以提高其社交技能、认知发展和情感表达。农村地区的幼儿园通常面临资源有限的挑战，这包括有限的资金、土地和材料。

材料投放策略的重要性。鉴于资源有限，如何合理投放材料成为研究的关键焦点。一些研究探讨了不同类型的材料，如游戏设备、玩具、自然元素等，对儿童的发展产生的影响。Stämpfli（2013）的研究发现，材料的选择和布置可以影响儿童的探索和创造性游戏。

教育理论与实践的结合。一些研究强调了教育理论与实践的结合，以制定材料投放策略。例如，根据 Reggio Emilia 教育方法，户外运动区的材料应该激发儿童的好奇心和探索精神，与其兴趣和发展水平相匹配（Cadwell，2003）。

过去的研究主要关注城市地区的幼儿园，对农村地区的幼儿园户外运动区材料投放策略的研究相对较少。存在的文献多集中在城市幼儿园的案例分析，对农村地区的特殊情况和挑战了解相对有限。因此，有必要深入研究农村地区的幼儿园大班户外运动区，以制定更切实可行的材料投放策略。

二、农村幼儿园大班户外运动区现状分析

（一）农村幼儿园大班户外运动区建设的必要性

当前农村幼儿园大班户外运动区建设的必要性主要体现在以下几个方面：户外运动可以提供更多自由活动的机会，促进幼儿身体各方面的发展，包括肌肉力量、协调能力、平衡感、灵敏度等。户外活动也有助于培养幼儿的社交技能、解决问题的能力和判断力。农村地区建设户外运动区可以让幼儿亲近自然，感受大自然的美丽与神奇，培养他们对自然世界的兴趣与保护意识。

农村地区的幼儿园通常资源有限，户外运动区的建设为幼儿提供了更大的活动空间和适合年龄的设施，让他们能够更好地进行各种运动和游戏活动，丰富他们的幼儿园生活，促进他们的身体健康和全面发展。

（二）当前农村幼儿园大班户外运动区概况

户外运动区在幼儿教育中具有重要意义，不仅可以增强幼儿的体质，还能促进其身心健康发展。然而，当前农村幼儿园大班户外运动区存在一些问题，如设施不足、安全隐患、空间限制等。

大班户外运动区的设施和设备数量有限，且种类相对单一。难以满足幼儿的不同运动需求和兴趣。部分大班户外运动区缺乏明确的分区划分，导致空间利用率不高。当前运动区在可持续性方面有待改善。缺乏使用环保材料和考虑能源消耗等因素的设施设计，无法给幼儿提供一个可持续发展的环境体验。缺乏植被、花坛、植物园等自然元素，无法提供给幼儿真实的自然体验。同时，缺乏环境教育的活动和内容，无法引导幼儿对环境的认知和保护意识。由于季节的影响，大班户外运动区的活动可能会受到限制。例如，在寒冷的冬季或炎热的夏季，部分活动可能不适宜或无法进行。为了解决这个问题，可以考虑在运动区内增加适应不同季节的设施或进行室内户外结合的活动，以确保幼儿在不同季节都能有充实的户外活动体验。

（三）农村幼儿园大班户外运动区材料投放建议

针对农村幼儿园大班户外运动区存在的问题，可以通过以下农村幼儿园大班户外运动区材料投放策略来改善情况：将注意力放在设施建设上，确保投放多样化的运动设施，这些设施应考虑儿童年龄特点，既能促进运动发展，又能激发想象力和探索精神。选用经过检验和认证的安全材料，确保设备符合安全标准。优化户外运动区的布局，充分利用现有的空间。可以将活动结构嵌入墙壁或合理设置多层次结构，以拓展运动区的面积和功能。在材料投放中，注重可持续性和环保概念，采用回收再利用的材料，如废旧木材、废弃轮胎、废弃塑料等。这不仅有助于环保，还能降低成本，并培养幼儿的环保意识。为了提供一个有益且安全的户外运动环境，在户外运动区内增加自然元素，鼓励孩子与自然互动，增强对自然环境的认知和保护意识。在户外运动区投放适应不同季节的设备和材料，确保户外活动在不同季节都能开展。

三、农村幼儿园大班户外运动区材料投放策略

（一）农村幼儿园大班户外运动区材料投放的原则

1. 安全性原则：安全是最重要的考虑因素。投放的材料必须符合相关安全标准，不存在尖锐、锋利、有毒或可能引起幼儿受伤的隐患。例如，设施应该没有尖锐的边缘、棱角，没有松动的部件，所有材料应该经过充分检查和测试，确保其结构稳定，不易翻倒或崩塌。

2. 适宜性原则：材料应根据幼儿的发展水平和兴趣进行选择。考虑幼儿的年龄、身体能力和认知水平，投放的材料应该能够激发他们的好奇心和探索欲望。例如，对于幼儿的平衡训练，可以投放一些平衡木、绳网等设施；对于幼儿的身体力量训练，可以投放一些攀爬墙、横杠等设施。

3. 多样性原则：投放的材料种类应该丰富多样，以满足不同幼儿的需求和兴趣。考虑到幼儿的个体差异，可以投放多种类型的设施，如攀爬设施、摇摆设施、平衡设施、跳跃设施等，让幼儿可以选择适合自己喜好和发展需求的活动项目。

4. 可持续性原则：在材料投放过程中，应尽量考虑可持续性因素。选择具有耐用性和可再利用性的材料，以减少资源消耗和环境影响。例如，可以利用可回收材料进行改造或再利用，如废旧轮胎、废弃的塑料桶等。

（二）农村幼儿园大班户外运动区材料投放实施策略

了解幼儿的兴趣和需求是设计户外运动区的关键。教师可以观察幼儿在游戏中的喜好和选择，或者与他们进行交流，了解他们对不同活动和材料的偏好。

幼儿在成长过程中具有不同的发展水平和能力，因此，在运动区投放层次性的材料非常重要。可以将材料分为不同的难度等级，这样即使幼儿的能力有所不同，每个孩子都能找到适合自己水平的材料。比如提供一些低难度和高难度的攀爬结构等。

农村地区常有一些特色的物品，如旧农具、稻草、竹子等。这些物品可以被重新利用，作为户外运动区的材料。比如用旧农具做健身器材或创意游戏，利用稻草制作障碍物或迷宫，利用竹子搭建简易的篮球架或拼图游戏。选择环保材料可以保护环境和幼儿的健康，例如使用可回收材料如旧轮胎制作摇摆车、攀爬架等，还可以利用废旧的塑料瓶、纸盒等制作拼图、投篮游戏或其他创意玩具。

教师可以观察材料的状况和幼儿的参与度，了解哪些材料经常使用，哪些材料已经失去吸引力。根据评估结果，及时更新和替换过时或不再适用的材料，保持户外运动区的新鲜感和多样性。

农村幼儿园大班户外运动区材料投放的策略应综合考虑幼儿的兴趣和需求，投放可操作性和探索性的材料，分层投放材料，利用本地资源，定期评估和更新材料。这些策略将有助于提升幼儿的参与度、学习能力和创造力，促进他们健康全面地发展。

（三）农村幼儿园大班户外运动区材料投放的实施与监测

检测内容包括定期检查和评估游戏设施的安全性，包括设施的稳定性、损坏程度、表面光滑度等。确保设施没有尖锐的边缘或杂物，并及时修复或更换损坏的部件。检查游戏材料的磨损情况，如绳索的强度、木材的裂纹等。如果有损坏或磨损较严重的材料，及时更换或修复。确保安全标识的清晰度和可读性，包括警示标志、使用说明等，观察幼儿在户外运动区的行为和活动，确保他们正确使用设施，并遵守安全规则和行为准则。

四、结论

在农村幼儿园大班户外运动区材料投放的过程中，教师需要遵循安全性、适宜性、多样性和可持续性等原则，采取多种策略，以满足幼儿的发展需求。通过投放具有探索性和可操作性的材料，投放层次性和生活化的材料，以及定期评估和更新材料，教师可以为幼儿创造一个丰富、有趣、安全的学习环境，促进他们的学习和成长。同时，这些策略也有助于提高农村幼儿园的教育质量，促进其发展。

督导并行，推动幼儿园课程高质量发展

广东省广州市增城区永宁街中心幼儿园　王玲玲

一、幼儿园课程中存在的问题

2021年《中华人民共和国国民经济和社会发展第十四个五年规划和2035年远景目标纲要》中明确提出"建设高质量教育体系"。学前教育作为基础教育的开端，学前教育的高质量发展是建设高质量教育体系的重要组成部分，关乎国家教育高质量发展目标的实现。课程是幼儿园教育的核心，幼儿园高质量的课程开发与建设能够有效促进幼儿园教育又好又快地发展。在教育督导的过程中发现幼儿园缺乏专业的园本课程，过多引入国外课程模式；幼儿园课程偏向于经验化，理论性、专业化不足；幼儿园课程理念到实践的转化方面存在困难等，推动幼儿园课程高质量发展困难重重。

（一）盲目引入，缺乏本土园本化课程

每一种课程模式下都蕴含着一定的文化背景和价值导向，文化的传承与发展体现在一个国家的教育上，培养新时代中国特色社会主义建设的接班人需要我们大力弘扬我国优秀文化。然而，当前我国幼儿园课程偏向引入国外课程模式，照搬国外课程模式，造成与本土文化相脱节，造成"四不像"问题，不仅未学习到国外课程的精髓还容易导致幼儿丧失文化自信。归其原因，主要在于我们对国外课程模式监督力度不够，引入国外课程前缺乏一定的筛选和调整，致使一些幼儿盲目跟随国外课程建设，逐渐迷失了方向，随意更换课程体系，导致幼儿园教育"七零八落"，没有"主心骨"。

还有一些园所着力从中华优秀的传统文化入手，挖掘资源，打造园本课程。目前建设园本课程虽然已经深入人心，但是众多幼儿园园本课程仍然是各幼儿园独自开发，政府主管部门、课程专家等社会方面较少参与。近年来虽然涌现出一批独具特色的优秀园本课程，但幼儿园园本课程整体质量参差不齐，缺乏专业引领。

（二）经验为主，课程理论建设薄弱

理论是实践的先导，缺乏理论的实践如黑暗中行驶的帆船，没有方向，只能随波逐流。在教育督导过程中往往注重办园规范性及各项资料的检阅，对幼儿园课程关注不够。这往往导致幼儿园园本课程随意性较强，预设不足，实施中课程往往还未取得成果就已经夭折在中途，无法有效开展下去。

课程建设需要在课程理解的基础上进行，而幼儿园课程的学习与理解从外在培训到内在转化都存在一定的困难。在外在理论培训方面，教师对理论学习兴趣不足，甚至抵触，教师往往更倾向于观摩实践学习，重视学习的实效性，同时教师自身课程建设的理论素养不高，这更加导致幼儿教师很难进行高质量课程的建设与发展。在教师方面，我们往往较多关注对幼儿教师的外在培训方面，而对于教师的内部学习因素较少考虑。叶澜教授认为教师成长有三条途径，分别是"自发的教师专业发展路径、外控的教师专业发展路径和内控的教师专业发展路径"。教师内在的转化更为重要，教师对于课程的"理论理解"到"实践生成"，不仅从不断学习、积累中转变，更是在教师个人的学习、生活、教学经历中理解、升华。

（三）教师操作困难，课程实施水平不高

随着《3—6岁儿童学习与发展指南》《幼儿园教育指导纲要（试行）》等一系列文件的推进

与落实，幼儿园教师的整体素质不断提升，教师课程理念不断更新。幼儿教师是幼儿园课程的实践者，在实施过程中影响着课程的实际效果，因此幼儿教师的理解与实践的能力非常重要，目前部分幼儿园教师的课程实践能力不足，没有掌握实际教学中灵活实施班级课程的能力，导致在课程实施中难以获得良好的效果，不利于幼儿园课程的高质量发展。

在教育督导过程中发现，幼儿园课程在实践过程中由于教师缺乏专业指导，很难按照理念要求实施，教师在面对具体课程实施时依然不知所措，依然沿用原来的"旧办法"，课程新建设流于形式。而课程的高质量发展，需要幼儿园教师把课程理念不断运用于实践，不断反思，调控自己的教学行为，防止"知、行"脱离。因此课程理论到实践的运用，课程具体的实施方法尤为重要，这影响着课程在教学过程中的实际效果。

二、把握督导重点，促进幼儿园课程高质量发展

近年来，《关于深化新时代教育督导体制机制改革的意见》《教育督导问责办法》等相关文件的出台，为教育督导指明了方向，健全了学前教育政策的保障体系。

（一）以"督"促"导"，打造园本课程

幼儿园课程的高质量发展，要提防"崇洋媚外"、流于形式，责任督学需要把好入门关，以"督"促"导"，落实"监督"职责，严格把控国外课程模式的本土化进程，防止"四不像"。同时充分发挥"导向"作用对国家的最新政策进行详细剖析、解读，让幼儿园了解时政，明确课程建设的方向和路径，帮助幼儿园找准课程建设的着力点。

在园本课程的开发中，教育督导应注重多角度、多结构、全方位地理解以及把握中华优秀传统文化的内涵和外延；应尽可能邀请传统文化领域与学前领域的专家学者、一线骨干教师等，打造一支结构多元化的课程研发团队；尽可能地为课程的开发提供多方面的资源信息，保障中华优秀文化科学、合理地融入幼儿园课程中。

在园本课程资源方面督导教育应注重引导幼儿园依托本土资源，如在岭南地区可以打造具有地域性质的岭南课程模式，发扬岭南地区的美食（烤乳猪、烧鹅、白切鸡、蜜汁叉烧等）、游戏（赛龙舟、老鼠笼、何家公鸡何家猜、七巧板）、艺术文化（粤剧、岭南画派、粤绣、粤彩）等。例如近些年的"安吉游戏"课程模式，就是依托当地本土文化而发展起来的非常鲜明的特色课程模式。

（二）相互合作，构建多元化督导人才队伍

督导队伍是幼儿园发展的指向标，是幼儿园高质量发展的排头兵，构建多元化的督导队伍能够更加专业地指引幼儿园各部门、各岗位有条不紊地工作和学习。目前幼儿园课程理论自身建设后劲不足，教师课程理论薄弱，对新课程理论的学习与认识不深刻，很难运用到具体的课程实施中。因此，需要上级督导部门协调各方人力资源，构建多元化督导人才队伍，扩大督学范围。除了公办幼儿园的园长和教师外，还可以积极邀请优秀民办园所的教学园长、骨干力量参与到评估队伍中，打造一支多元化、专业化的督学队伍，形成教育合力，促进幼儿园课程向着高质量发展。

在开展各级各类督导过程中，坚持"督为本，导为重"的原则，拉近督导队伍与园所之间的距离，让园所能够敢于反映课程理论建设存在的问题，以便督导组能够及时发现问题，从而帮助园所解决课程理论建设中的问题，找出课程理论建设发展中的痛点、难点，而不是一味美化、遮掩问题。

督导队伍的多元化能够让园所和督导队伍拉近距离，园长与园长之间、教师与教师之间，能够有较多互动与交流，集思广益，为幼儿园课程高质量发展出谋划策。

(三)督导并行,提升教师课程实施能力

幼儿园课程理念到实践的转化,需要教师在课程实施方面具有一定的能力和技巧,教师课程实施能力的提升不仅需要下园督导,更需要宏观调配。在督导过程中,不能只停留在"发现问题",更重要的是要与幼儿园共同面对课程实施中的问题,分析问题,并且出谋献策,提出具有建设性的指导建议,甚至搭建适宜的平台和提供适宜的支持,帮助幼儿园有效解决问题。

在对具体幼儿园的督导过程中,开展以公开课、观摩课、推门课、教学研讨等不同形式的督导学习,注重对幼儿园的具体课程实施活动进行深入指导,锚定问题,帮助教师分析、理解新课程理念的运用情况,提高教师课程实施能力。根据维果茨基的"最近发展区理论",学习应着眼于最近发展区,因此在对教师进行督导过程中,要注重了解教师当前的课程实施能力,提出明确的课程实施方法和技巧,手把手指导教师把课程理论运用到具体实践中去,从而不断提高教师的课程实施能力,推动课程的高质量发展。

宏观上,督导主要可以通过姐妹园交流、园所之间一对一帮扶、线上培训等互相学习。针对教师课程实施能力不足的情况,在督导过程中要宏观把握各个园所的课程实施的情况,深入分析各个园所课程实施的不足,总结各方面课程实施的优秀方法和技巧,形成一个个生动的具体课程实施案例集,资源共享,让园所、教师之间互相借鉴学习,快速发现自身课程实施中的不足,学习新方法、新技巧,不断提升自身课程实施的能力,促进幼儿园课程高质量发展。

三、结语

新时代的教育督导是教育高质量发展的重要环节,责任督学既要做好监督,又要引导好幼儿园课程向着高质量发展迈进。督导过程中,在课程开发上注重引导幼儿园挖掘中华优秀传统中的精华,打造优秀园本课程;在课程理论建设方面注重打造一支多元化督导人才队伍,引导提高教师课程理论学习;在课程实施中注重从宏观把控和具体督导两方面着手,提升教师的课程实施能力,促进幼儿园课程向着高质量发展的方向迈进,让幼儿园的保教质量稳步提升,促进幼儿健康发展。

浅谈数字化转型下的学前教育幼儿园发展

天津市河西保育院　李　娜

一、传统幼儿园教育中存在的主要问题

1. 幼儿参与的主动性普遍不高

学龄前儿童年龄普遍较小,逻辑思维能力有限,对待很多事物缺少主观看法。很多教师教学中没有注重启迪幼儿的思维,仅是单向灌输理论知识,"填鸭"式教学,教育亦如此。教师仅是将课件上的多种杂糅知识"一股脑儿"地灌输给幼儿,而没有和幼儿共同探究,共同记录课堂情况,做到活学活用。幼儿仅是被动接受,学习主动性差,教育固然很难取得理想成效。

2. 很少组织有效的教育活动

如果幼儿园教师能组织教育实践活动,激发幼儿参与其中的兴趣,那么幼儿将会更加主动地学习幼儿课堂知识,在实践中内化,逐渐养成良好的行为习惯与道德品质。但是很多教师没有认识到组织教育实践活动的必要性,仅是为了应付上级部门的检查而开展教育

活动，导致该项工作浮于表面，教师基本没有组织有效的活动去引导幼儿践行学习知识，不能达到学以致用，教育效果整体欠佳。

二、数字化转型给幼儿园教育带来的改变

1. 人工智能在教育中的应用

人工智能（AI）作为一项新兴技术，正在逐渐渗透到各个领域，包括教育。对于学前教育幼儿园而言，人工智能的应用对教育教学变革产生了积极的影响。人工智能可以为幼儿园提供智能化的教育工具和资源。例如，智能教具能够根据幼儿的学习情况和需求，提供个性化的学习内容和指导。这有助于满足每个幼儿的学习差异，提高教学效果。人工智能可以提供智能化的评估和反馈系统。传统的评估方式往往需要教师进行手工评估，费时费力。而通过人工智能技术，可以实现自动化的评估和反馈，减轻教师的负担，提高评估的准确性和效率。例如上海市某幼儿园利用语音识别技术，合理进行幼儿的语音交流和语言学习，通过智能机器人与幼儿进行互动和教学，增加学习的趣味性和参与度。

2. 云计算的优势

云计算提供了强大的计算和存储能力。通过云计算平台，幼儿园可以将大量的教育资源、教材和数据存储在云端，实现资源的共享和统一管理。幼儿园可以根据实际需求，灵活地调整云计算资源的使用量和配置。无论是需要扩展教学资源的存储空间，还是需要增加计算能力以支持更复杂的教学应用，云计算都能够提供相应的解决方案。云计算还可以实现远程教学和协作学习。通过云计算平台，幼儿园可以实现远程教学，让幼儿在家中也能够参与到教学活动中。云计算还可以支持多用户的协作学习，提供在线交流和合作的平台。

3. 大数据在教育中的应用

大数据技术的兴起为学前教育幼儿园的教育教学带来了新的机遇。利用大数据技术，幼儿园可以收集、存储和分析大量的学习数据，从而更好地了解幼儿的学习情况和需求，优化教学过程，提高教学效果。大数据还可以用于教学资源的优化和个性化推荐。通过分析幼儿的学习数据和学习行为，幼儿园可以了解幼儿对不同教学资源的喜好和适应情况，从而优化教学资源的选择和使用，提供个性化的学习推荐。

4."AR/VR/MR"技术的创新应用

增强现实（AR）、虚拟现实（VR）和混合现实（MR）技术作为新兴的交互式技术，正在逐渐应用于学前教育和幼儿园，对教育教学变革产生了积极的影响。AR/VR/MR技术可以提供沉浸式的学习体验。通过AR技术，幼儿可以戴上虚拟现实头盔，进入虚拟的学习环境，与虚拟对象进行互动，体验真实场景，提升学习的体验和效果。通过AR/VR/MR技术，幼儿可以进行虚拟实验、模拟操作和场景演练，提高实践能力和问题解决能力。幼儿可以在虚拟环境中进行探索和观察，培养观察和思考的能力。

三、数字化转型下幼儿园教育的具体举措

1. 引入特色的教育资源

教材文本、图画及教师讲解等均是过去幼儿园教育的主要资源类型，幼儿对其司空见惯。而基于数字化转型开展教育活动，能使课程资源更加丰富化、富有感染力与吸引力，更贴近现实生活，真正使教育资源来源于生活又回归生活。

例如，在小班活动"汽车开来了"的表演游戏中，教师可以使用VR技术来创建一种虚拟的汽车驾驶体验。通过戴上VR头盔，幼儿可以身临其境地感受到驾驶汽车的真实感觉。他们可以看到虚拟的车内环境、感受到座位的震动和方向盘的转动，甚至可以听到汽车引

擎声和交通信号的声音。这样一来，幼儿们可以更加深入地理解交通规则和安全意识，同时也增加了游戏的趣味性和参与度。在教学过程中，教师可以利用 VR 技术展示一些实际生活中的情景照片，例如路口交通情况、行人过马路等，幼儿们可以通过 VR 头盔观看这些照片，并与教师一起讨论交通规则和安全问题。他们可以亲身体验并思考自己在不同情况下应该如何行动，从而培养出正确的交通意识和行为习惯。

教师还可以利用 VR 技术创造更多的互动环节。例如，通过 VR 交互游戏，幼儿们可以模拟不同的交通场景，如过马路、等红绿灯等，根据提示做出正确的行动。他们可以通过手柄或体感设备来模拟行走、转向等动作，从而提高对交通规则的理解和应用能力。

2. 共享多方资源，促进幼儿健康成长

新时期下的幼儿园不能独立运行，应主动和家庭、社会沟通协作，和小学精准对接，实现对各类资源的综合化利用。多方形成强大合力，打造并推行共育模式将是未来教育领域的一个主流趋势。家园共育更是幼儿园教育的一个有效途径。信息时代的到来，信息化技术成为联系人与人之间的枢纽，使人们的社交更加便捷、有效。在信息环境下，幼儿园各个班级、全园、家庭和社区之间信息资源快速流动、共享，此时幼儿园教育获得了更多的实用型资源。

比如，在"劳动节亲子活动"中，幼儿园将活动设计、组织及可支配的教育类软硬件资源相关信息上传至园区大数据网站上，供幼儿家长自由阅览，鼓励他们在网站留言板、微信群等发表见解，诚挚地邀请家长委员、教师代表组织会议，结合其他家长反馈的意见修订活动计划及执行方案，通过家长们的积极参与挖掘身边更多的资源，对亲子活动开展提供了可靠的支撑作用。利用互联网的线上沟通方式，以图片、文字、短视频等方式明确本次活动中所需及缺少的物品，比如有家长手工制作"劳动勋章"，还有家长准备小水桶、小刷子等工具，也有家长联系社区共同组织捡石子、扫地等公益性活动等。活动中，教师拍摄了孩子们劳动过程中一张张活泼的笑脸、互帮互助的情景等，并在活动后将其展示在班级网站相册内。幼儿、家长、教师均在参与活动中产生喜悦感，幼儿也切身体会到劳动的辛苦，对于身边清洁工人等劳动者给自己生活创造的便利表示感谢。

3. 丰富幼儿园资源共享

在幼儿园的数字化转型中，可以利用云计算技术来建立一个教育资源共享平台。教师可以将各种教育资源，如图片、视频、音频等上传到云端，然后通过网络和广播等数字化技术条件在幼儿园内的不同场所进行展示和传播。这样，幼儿们可以随时随地通过网络访问这些资源，观看相关的影视资料，并与其他幼儿分享他们的观点和心得。

疫情的时候我们初步建立了天津市河西区幼教资源库，全区老师共享成果，在线上坚持为家长和幼儿推送游戏，打破了园所之间的壁垒，也在长达一年半的线上教学时间中，真正做到了为老师减负，取得了领导和家长们的一致好评。

四、结论

数字化转型为学前教育幼儿园的发展带来了新的机遇和挑战。通过应用 5G、人工智能、区块链、云计算、大数据、AR、VR、MR 等新技术，幼儿园可以推动教育教学变革，促进教育公平，探索数字化教学模式，提升师生数字素养，落实"双减"政策，开发和应用数字化资源，推动网络教研和教师专业发展，同时加强网络安全和数字化理论研究。幼儿园应积极适应数字化时代的需求，不断创新，实现高质量的发展。

幼儿园教育小学化倾向问题的研究
——以桂岭镇中心幼儿园为例

广西壮族自治区桂林市灵川县大圩镇中心校第二附属幼儿园　周爱洁

近年来，学前教育小学化，言行过于规矩，往往使孩子生理和心理产生一系列的不良后果。学龄前幼儿的生理和心理特点决定了他们的生活应以游戏为主，过早给孩子学习任务，将不可避免地给孩子带来生理和心理压抑，家规太多，家长要求过高，不切实际地与别的孩子相比，会使孩子产生反感心理，造成孩子情绪不安与不合群，孩子活泼好动的天性受到摧残。由于成人灌输得太多，还会阻碍孩子主动探索思维的发展，所以家长不要光看孩子学到多少知识，会几道加法题就对幼儿园评价得挺高。反之，不会做题、不会写字则认为上幼儿园没用，这些观念都是错误的。这种小学化的教育方式，偏离了正确的办园方向，对幼儿健康成长带来了很大危害。

一、幼儿园教育小学化倾向的表现

（一）班级设置小学化

《幼儿园工作规程》明确规定：幼儿园小班25人，中班30人，大班35人。但是据笔者了解到桂岭镇的几所幼儿园，无论是小班、中班、大班还是大大班的人数班额都过大。

（二）教材内容小学化

一些幼儿园除了五大领域外，还订购了数字描红、拼音等教材。桂岭镇中心幼儿园大班已经开始写字、学习数的分解，而大大班则开始学习一年级的教材。桂岭镇中心幼儿园用大量的时间教孩子学习加减算术、拼音、识字等知识。有的教师在教育过程中采取的方法是灌输法，孩子被动学习，从而对学习没有兴趣。幼儿园离园或者放假都给孩子布置书面家庭作业，如：书写汉字、背诵诗歌、写加减算术题等。孩子的书包里装的几乎都是本子、笔，而利于孩子发展的桌面材料、玩具、图书却寥寥无几。

（三）教学组织形式小学化

《幼儿园工作规程》中明确指出，幼儿园教育活动应"注重活动的过程"。但同时，它也注重在活动过程中通过自身的感知和思维水平上的操作、观察、探索，产生其情感上的激动、惊讶和各种感受，以及行为上的操作和反复练习，并获得感性知识、学习概念，体验不同感受，形成良好的习惯等。因此，幼儿园教育活动重视将"活动过程"和"活动结果"统一在活动中。而小学教学组织形式呈现出多样化、综合化、丰富化发展的局面。由于各个国家和地区的文化背景不同，生产力发展水平不同，教育发展程度存在差异，教学形式呈现多元化，有班级授课制、分组教学、小组合作学习、个别教学、现场教学乃至复式教学等。

（四）教学评价小学化

桂岭镇中心幼儿园大班、大大班会进行期中考试。如：听老师念汉字幼儿书写在本子上、20以内的加减法等，对幼儿发展水平以"分数"为依据。而小学教学评价主要以学生投入学习的程度、学生创新意识和探索精神展示空间、基础知识和基本技能掌握程度、运用知识解决身边疑难的能力为主。

二、幼儿园教育小学化的原因

（一）观念的原因

通过在桂岭镇中心幼儿园两个月的实习，我了解到造成幼儿园小学化的原因：家长望子成龙、望女成凤，他们普遍对幼儿教育知识知之甚少，不懂得幼儿教育规律。很多家长来园接孩子回家的时候，最关心的就是：今天写了什么字？会加减运算法吗？甚至还要求老师布置家庭作业。他们关心的不是孩子今天在幼儿园开不开心，有没有玩什么好玩的游戏，而关心的是幼儿学会了什么字。当家长以这些内容作为指导考察幼儿的主要发展时，它所带来的结果必然是推动了幼儿园教育趋向小学化。

（二）资源的原因

幼儿园教育的空间资源、人力资源等在一定程度上造成了幼儿园教育小学化。桂岭镇中心幼儿园人数过多，幼儿园空间虽然大，但是并未能很好地利用。教师无法真正对幼儿实施科学的教育，以游戏为基础的活动成了奢求。班级人数过多，这种情况下，为了保证幼儿的安全，端坐静听成了最重要的学习方式。

（三）制度的原因

长期以来，对学前教育重视不够，这是造成幼儿园教育小学化的重要原因之一。

幼儿园和小学虽是相邻近的教育阶段，从教育制度上来说又属于基础教育，但是两个教育阶段却有明显不同的特点，在教育任务、内容、形式、教学要求和方法、作息制度和生活管理等方面都有很大的区别。而质的差异还在于学前阶段儿童是以游戏为主要活动形式，处于受成人保护、养育的情况之下，他们对社会还不负有任何责任。而学龄阶段的儿童则以学习为主要活动，学习成为儿童对社会承担的义务。

三、幼儿受教育权的特殊意义

幼儿的受教育权，特指3—6岁儿童受教育的权利。幼儿受教育权的本质与其他年龄段的儿童有相似之处，也有不同的地方。这种不同，不只是年龄的不同，也是由年龄引发的学习特点、学习可能的不同以及社会、成人、习俗的关注的不同，因而也就出现了立法状况和水平的不同以及法律保护状况的不同。

与中小学不同，学前教育不是将系统的、以书面符号为载体的学科知识的学习作为主要内容，而是注重在生活中学习、在活动中学习、在游戏中学习，注重以适合幼儿身心发展特点的方式开展教和学，注重趣味性和综合性，并把身体的发展放在首位。我国的《幼儿园管理条例》指出，"本条例适用于招收3周岁以上学龄前幼儿，对其进行保育和教育的幼儿园。幼儿园的保育和教育工作应当促进幼儿在体、智、德、美诸方面和谐发展。"

在桂岭镇中心幼儿园实习时，笔者去过大大班两个星期。幼儿平常的户外时间就是做早操、上厕所的时间，平常很少出去玩滑滑梯之类的游戏；经常早上来到幼儿园都是写字，有时候回家还有家庭作业；电视很少看，桌面玩具也很少玩。

教师以育人为天职，就要把课堂给孩子。教师的教学艺术集中表现在给孩子创造表现课堂的机会上，作为教师，我们要把更多的时间留给孩子，把动手、动口的机会给孩子，把表现个性、交流合作、体验成功的机会给孩子。

纵观古今中外的成功人士，他们无一不具备多方面的良好素质，他们辉煌的人生经历一再向我们证明，一个人良好的综合素质，才是人生成功的关键所在。有鉴于此，家长应当知道，成绩好、分数高未必能成就出优秀的孩子。

四、防止和纠正学前教育小学化的对策与建议

儿童的世界是一个神秘的、多彩的、艺术的世界，他们的世界应当充满丰富多彩的游戏、富有想象力的童话和美妙动听的儿歌。幼儿园应为幼儿创设满足孩子自然成长需要的宽松愉快的环境，以游戏为主，保护孩子的童真、童趣和想象力，激发孩子的探究精神和创造力，锻炼幼儿强健的体魄，培养幼儿好的行为习惯、品质、能力，促进孩子快乐健康

成长。当我们认识到小学化倾向是一种幼儿教育的疾病时，就要积极主动地去改变它。面对这样的情况，要克服幼儿园教育小学化倾向问题，我认为以下途径可以参考。

（一）培养孩子的艺术天分

就长远来看，具有独立性格、幽默特质、艺术修养或其他特异天分的孩子往往可以取得辉煌的成功。

（二）加强家长教育，摆正家长幼教观念

幼儿教育小学化倾向在很大程度上受家长的教育观念和需求的牵制，学校应定期向家长开放，让家长亲身参与教学，体会到游戏、玩耍的价值。可以利用幼教专家讲座、家园合作、亲子活动等形式广泛宣传幼儿教育的科学理念，让家长认同并配合幼儿园的科学保教方式，形成家园共育的良好局面，帮助家长树立科学的幼教态度，从而使家长淡化对幼教的功利心态。

（三）做好幼小衔接

儿童的发展既是阶段性的，又是连续性的。学前儿童和小学儿童确有不同阶段的特点，但是一个孩子绝不可能在跨入小学的那一天，突然失去幼儿的特点。发展的连续性规律决定了在衔接时期，幼小两阶段的特点同时并存且相互交叉。幼儿阶段的特点逐渐减弱，小学阶段的特点逐渐增强。为适应儿童在此时的身心发展特点和规律，促进其健康成长，幼儿园和小学都要创设适合儿童发展的教育，即不能一味地要求儿童适应小学生活，而要强调让教育适应儿童的发展，应确立近、远期两个教育目标，近期目标是帮助儿童顺利过渡，远期目标是为儿童一生的成长打下此阶段应有的全面素质。

（四）树立正确的办园理念

各级政府和教育部门要正确引导，加强监管。通过报纸、杂志等媒体宣传正确的教育理念，揭露幼儿园教育小学化的弊端，形成正确的舆论导向。加强教师、教材、教具等各方面监管，对一些错误宣传及时制止，使幼儿园之间生存竞争的条件不再是以看谁学到的知识最多，而是以谁的幼儿园办得好、办得正规，更适合幼儿身心健康、全面发展作为竞争的条件。

其实，幼儿的发展规律和大自然的规律是一样的，如果幼儿园教师以及家长忽视了幼儿的发展规律，破坏了幼儿本身要发展的路线，那么幼儿的"生态环境"也会遭到威胁。

总之，幼儿教育小学化对孩子百害而无一利。要克服幼儿教育的小学化倾向，既需要广大家长的鼎力相助，也需要教师的素质提升。幼儿就像一张白纸，什么都不懂，老师要爱孩子，有一颗善良的心，脸上常带微笑。孩子生活在鼓励之中、自信之中、表扬之中、认可之中会自爱。蹲下来，亦师亦友；慢下来，关注过程；静下来，聆听花蕾。希望老师和家长都能给予孩子们一片蔚蓝的天空，让他们自由、自信、自爱地飞翔。

幼儿园劳动教育的实践探索

广东省东莞市沙田镇第二幼儿园　曾丽敏

教育评价改革促进教育工作全面改革，"指挥棒"的转向，劳动教育是顺应新时代教育评价改革的要求。中共中央、国务院印发的《深化新时代教育评价改革总体方案》（下文简称《总体方案》），着眼促进德智体美劳全面发展，对劳动教育提出了具体的评价标准指向：加强劳动教育评价，探索建立劳动清单制度，让学生在实践中养成劳动习惯，学会劳动、学会勤俭,加强过程性评价等。从新时代教育使命的高度,准确把握加强幼儿园劳动教育的深刻内涵,结合幼儿园"三品"(品行、品格、品质)教育特色,突出幼儿劳动游戏性和生活性的特点,以培养"会自理、勤动手、爱劳动、乐助人"的幼儿为目标,围绕三个"聚焦",按照《总体方案》中劳动教育评价标准指向进行了实践探究。

一、聚焦"劳动清单制度",探索劳动教育实施

坚持"立德树人、全面发展"的实施原则,把握育人导向,坚持立德树人根本任务,全面落实劳动教育"树德、增智、强体、育美",发挥劳动育人功能,促进幼儿全面发展、健康成长。《总体方案》提出探索建立劳动清单制度,明确幼儿参加劳动的具体内容和要求。《3—6岁儿童学习与发展指南》(下文简称《指南》)提出要让儿童具备基本的生活自理能力,鼓励幼儿做力所能及的事情。幼儿园劳动教育评价以《指南》为依据,注重劳动意识启蒙,鼓励并指导幼儿尝试生活自理,讲究个人卫生,懂得尊重他人劳动、珍惜劳动成果。

1. 确定劳动教育目标

根据幼儿身心发展的年龄特点,设立大、中、小班不同年龄的教育目标(见表1)。将幼儿参加简单劳动活动和认识劳动结合起来,发挥游戏在劳动教育的作用,注重劳动教育的价值,提高幼儿劳动意识和劳动情感,养成尊重劳动和尊重他人的基本素养,形成独立、自信的良好品质,拥有积极、乐观的生活态度。

表1 大、中、小班不同年龄的教育目标

班级	小班	中班	大班
教育目标	培养基本生活自理能力	自主进行自我服务劳动	开展力所能及的公益活动
	自己的事情自己做,愿意自我服务,培养基本生活自理能力	尝试使用简单的劳动工具,积累劳动经验,养成认真负责、持久细心的劳动态度	认识生活中关系密切的不同职业,尊重劳动者,崇尚劳动、热爱劳动、珍惜劳动成果

2. 设计清单具体内容

树立"清单越具体,指向越清晰"的意识,对不同年龄段幼儿劳动内容做了具体、细致的规定。遵循"三个融合",即融合一日生活各环节、融合五大领域的教育和融合家园社联动实践。

以小班幼儿生活活动为例,教育目标:自己的事情自己做,愿意自我服务,培养基本生活自理能力。一日生活环节均设立具体的劳动清单内容,入园时乐于配合晨检,自己摆放书包、叠放衣物;进餐时摆放椅子,自主进餐,熟练用勺子吃饭等。在一日生活中,注重随机教育,利用儿歌、故事、游戏等形式,提醒、帮助幼儿进行自我服务,掌握正确方法后,鼓励幼儿逐渐尝试独立照料自己的生活。对幼儿劳动的过程给予耐心等待和积极鼓励,不因做不好或做得慢而包办代替。

以中班幼儿游戏活动为例,教育目标:尝试使用简单的劳动工具,积累劳动经验,养成认真负责、持久细心的劳动态度。各区域游戏活动中的劳动教育内容设立具体的劳动清单内容,如将益智区的物品分类摆放,在美工区可以综合运用折叠、彩绘、粘贴等技能创作手工作品,在表演区自由表演与劳动相关的歌曲或故事等。游戏材料能满足幼儿探索需要,进行科学观察记录和评价,注重游戏的过程而不追求结果的快慢等。鼓励幼儿在游戏中体验多种职业的劳动,积累更多的劳动经验,培养了良好的劳动态度。

以大班幼儿教育活动为例，教育目标：认识生活中关系密切的不同职业，尊重劳动者，崇尚劳动、热爱劳动、珍惜劳动成果。结合五大领域的劳动教育内容，在健康领域方面，养成主动洗手、早晚刷牙、分类整理物品等好习惯，会使用简单的劳动工具或用具。在语言领域方面，有序、连贯、清楚地讲述与劳动相关的见闻和经历。在社会领域方面，认识并采访不同职业的劳动者，协商制定值日生的分工和任务，学会爱惜物品，节约资源。在科学领域方面，观察记录动植物的外形特征和生长变化，尝试根据工具的特征或职能进行分类，用常见的几何形体创意拼搭或画出物体造型等。在艺术领域方面，欣赏有关劳动的艺术作品，制作美术作品布置环境、美化生活，演唱关于劳动的歌曲、自由创编动作表演。如在美工区，引导幼儿玩泥巴、剪纸、制作玩具、装饰器材等，幼儿不仅认识了各种材料的功能，学习到加工和制作的技能，还可以使幼儿体验到创作的乐趣。以"为社会"为主，引导幼儿参与公益劳动类的劳动实践，多种方式认识更多的社会职业和劳动人民的伟大力量，关注幼儿完成计划的情况，给予适宜的鼓励和指导，使幼儿遇到困难能够坚持不放弃。通过家园互动，鼓励家长积极配合幼儿园在家庭中实施劳动教育，形成合力，达成劳动教育一致性。

二、聚焦"养成劳动习惯"，探索劳动教育实践

坚持"科学规范、智慧评价"的评价原则，探索线上线下家园同步，幼儿参与自我评价的评价新模式，突出实践、习惯、勤俭。例如：每周一以"雷锋日"为主题开展劳动日实践活动，在五月份结合品格课程以"会勤俭"为主题开展劳动月专题活动。以活动促进幼儿的身心全面发展，提高幼儿对不同职业认知，促进幼儿社会交往能力发展，培养幼儿吃苦耐劳的品质。以活动促进评价，定期线上上传幼儿的劳动实践图文，积极参加家庭和幼儿园的劳动获得线上积分，通过数据库后台的数据报告了解每个幼儿劳动习惯的养成情况。

三、聚焦"过程性的评价"，探索劳动教育评价

坚持"强化过程、多元评价"的评价原则，根据幼儿年龄特点，科学设计园内外劳动项目，关注幼儿成长过程，全面客观地记录幼儿园内外劳动过程和结果。采取灵活多样的形式，集中与分散相结合，注重过程性评价与终结性评价相结合。幼儿有自我独立的思想和判断，基于儿童视角，激励幼儿用自我评价、同伴互评的手段与方式进行探索，利用"五个一"：一张图文、一句话语、一次行动、一份记录和一个手势来评价。

坚持幼儿值日制度，以"雷锋日"为主题，组织幼儿参加校园劳动，密切家园合作，注重家务劳动，安排适量的劳动任务。注重日常劳动教育时还需要关注专门劳动教育的评价，基于幼儿园"三品"教育课程理念开展的幼儿园劳动教育之园本教科研种植小课题，为幼儿搭建"三品园"种植园地，为课题实施提供资源支持，同时夯实了过程性评价的实践基础。

综上所述，幼儿园实践劳动教育中，聚焦"劳动清单制度""养成劳动习惯""过程性的评价"等三维度培养幼儿自理与集体劳动技能，助力幼儿在劳动中动脑，在劳动中进步，塑造劳动品质，获得全面、系统的发展，为幼儿一生成长奠定基础。

"糖葫芦"式 5—6 岁儿童思辨类绘本教学范式探索

——以大班绘本教学《太阳去度假》为例

浙江省杭州市青少年活动中心　卢筱肖

一、缘起

2022 年，教育部颁布了《义务教育语文课程标准（2022 年版）》，将"思辨性阅读与表达"列为六大学习任务群之一。但在学前教育阶段，儿童思辨能力培养始终未能得到重视与发展，主要原因有以下三点：第一，教师对儿童思辨能力培养意识不强，未能把握儿童思辨能力培养关键期；第二，教师对儿童思辨教育经验不足，未能抓住儿童思辨能力发展兴趣点；第三，教师对儿童思辨绘本解读粗浅，未能挖掘绘本深层教育含义。

总体来看，现阶段部分学前教育工作者对思辨类绘本的教育开发与运用不足。

二、5—6 岁儿童阅读思辨能力培养目标

5—6 岁儿童思维正处于形象思维向抽象逻辑思维过渡时期，在阅读中引导儿童研讨思辨性问题，可以发展儿童的抽象逻辑思维能力。我认为此阶段阅读思辨能力主要包括阅读理解能力、辩证评价能力和多元迁移能力。

1. 在思辨类绘本教学中发展阅读理解能力

《3—6 岁儿童学习与发展指南》中指出，儿童语言发展与认知发展互为支撑，语言促进儿童创造性思维的发展。因此，在思辨类绘本教学中，儿童能通过阅读理解绘本内容，归纳绘本表达的观点，尝试对绘本进行多元解读。

2. 在思辨类绘本教学中发展辩证评价能力

在思辨类绘本教学中，除了深入理解文本的观点内容，更重要的是对绘本文本以及观点内容的是非真伪进行辨别分析，对同伴的观点进行质疑和批判，提高辩证评价能力，并能结合生活经验或绘本内容有理有据地表达自己的观点。

3. 在思辨类绘本教学中发展多元迁移能力

在思辨类绘本教学中，阅读迁移能力是将储存起来的知识在新的阅读过程中加以灵活使用，以获得新知识的能力。儿童根据自己的生活经验，结合绘本内容进行解读，同时将绘本提供的观念迁移到其他绘本文本或者观点中。

三、"糖葫芦"绘本教学范式概述

所谓"糖葫芦"绘本教学范式，指的是选择富有哲学思辨寓意的绘本，将思辨性核心问题作为中轴贯穿始终，用一个核心问题串联所有教学环节。

19 世纪末 20 世纪初，思辨精神在美国教育家约翰·杜威的教育思想中得到系统发展。杜威认为，儿童必须对某个问题进行反复的、严肃的、持续不断的深思，通过考察、探究和检验以排除疑虑、解决问题，并在这一过程中发展个体的智慧。在杜威的思辨教育理念中，突出了"问题"的重要性，特别提出对"某个问题"的深入思考。核心问题若具有思辨价值，同时能引发儿童反复探索的兴趣，并且能贯穿整个教学过程，那么这个"问题"就可以称为"思辨性问题"，成为培养儿童思辨能力的突破口，也是打开思辨性阅读教学大门的金钥匙。这也是本教学范式形成的重要理论依据。

四、"糖葫芦"绘本教学范式在思辨类绘本教学中的实践运用

笔者结合近二十年的学龄前儿童阅读教学实践工作，发现将"思辨"和"阅读"相联系，

"思""阅"相结合，能将抽象的"思辨能力培养"通过"阅读教学"这一可操作化的途径实现，对促进儿童思辨能力发展具有积极作用。

"糖葫芦"绘本教学范式从选材到实践都紧紧围绕核心思辨性问题展开探索，我以绘本教学《太阳去度假》为例，对"糖葫芦"绘本教学范式的实施流程进行阐述。

（一）选水果——选取思辨类题材绘本

在学前教育阶段，绘本阅读是最常见的一种教育方式，是儿童获取知识、增长见识的直接途径，也是儿童学习的主要材料。经过多年的教学实践，我认为富有哲学思辨价值的儿童绘本是促进儿童思辨能力发展的良好载体。

富有哲学思辨寓意的儿童绘本有很多，《活了100万次的猫》探讨了有关"生死、爱、自由"等问题；《天生一对》呈现了"包容、尊重、爱"的伟大；《爱心树》体现了"获取与付出"之间的关系；《獾的礼物》谱写了"生与死"的华丽乐章。而在《太阳去度假》这本书中，则引发读者思考"满足他人的需求"与"满足自身的需求"之间的矛盾，体会"责任"的重要性。

本节课选用的《太阳去度假》能引导儿童展开多角度的创意阅读，加深阅读思考，培养阅读能力，学会理性地思考问题，有理有据、负责任地表达自己的观点，养成实事求是、崇尚真知的态度。

（二）挑竹签——设定思辨性核心问题

《3—6岁儿童学习与发展指南》中明确指出：重视对幼儿积极学习品质的培养，保护幼儿对学习的好奇心，帮助幼儿养成面对困难不屈不挠、认真专注、勇于挑战的良好品质。好奇是人类行为的根本动因之一，提问是人类与生俱来的一种天性，问题是学习的动力，是思维的起点，是思辨的重要前提。

"糖葫芦"绘本教学范式与其他绘本教学法最大的区别在于，在整个教学过程中，核心思辨性问题是唯一的，它将作为整个教学活动的中轴贯穿所有教学环节。

在设计《太阳去度假》的核心问题时，我遵循了以下原则：

1. 问题的多元选择性

多元选择是阅读思辨的基础。这个问题给儿童提供思维的空间，在教学过程中，通过阅读和思考，不断寻找依据论证自己的观点，从最初的凭经验选择到后面有理有据地分析，能看到儿童的思维进阶。

2. 问题的矛盾冲突性

有矛盾冲突才有思维的价值。"支持"和"反对"是两个完全冲突的观点，只有深入思考，才能做出决定。矛盾冲突越激烈，思维碰撞越精彩。

3. 问题的批判质疑性

批判不只有批驳否定的意思，还有评论、评断等多种意思，质疑则是提出疑问的意思。思辨性阅读问题能引导儿童对文本表达的内容和形式的合理性进行客观评判，提出自己的疑问，甚至提出不同的见解，培养思考辨析能力。

在《太阳去度假》这本书的思辨阅读教学中，思辨性核心问题是"你支持太阳去度假吗？"，在整个教学过程中，都围绕此问题展开探索与讨论，孩子们根据生活经验、绘本内容和延伸想象等方式进行思考并树立观点。

4. 串造型——设计递进式教学过程

以杜威为代表的实用主义教育流派认为，教学过程中必须以儿童个人生活实践或直接经验作为学习的中心。在组织思辨阅读活动时，教学核心在于发展儿童的思维，教学环节的设计须围绕核心思辨性阅读问题递进式展开。

"糖葫芦"绘本教学范式的教学过程中的各环节犹如糖葫芦上的一颗颗果粒，以唯一的核心思辨性问题为中轴层层递进。

《太阳去度假》的环节设计围绕"你支持太阳去度假吗？"这一核心思辨性问题展开。儿童从"已有经验""绘本故事""发散思考"三个角度反复思考，并通过"支持""反对"两种立场将自己的观点进行呈现。三个环节层层递进，在第一环节中，孩子们根据生活经验思考"太阳去度假"这件事并说说原因，本环节允许孩子天马行空地想象与表达；第二环节则是在阅读绘本后再次思考，并要求有理有据地发表观点；第三环节是一个观点碰撞的过程，孩子们可以对同伴提出的观点进行思考和反驳。

5. 浇糖衣——建立积极核心价值观

2014年2月，中共中央办公厅印发了《关于培育和践行社会主义核心价值观的意见》，习近平总书记强调要把立德树人作为教育的根本任务，学前教育是基础教育的重要组成部分，这一阶段价值观的形成对学前儿童成长具有举足轻重的影响。

绘本作为最适合儿童阅读的文学作品深受学前儿童喜爱。绝大部分绘本核心价值观明确，比如有的绘本以"爱家人"为主题，有的绘本以"敬畏生命"为主题，有的绘本以"平等公正"为主题。但是思辨性强的绘本，往往核心价值观体现得较为内敛，需要教育工作者加以挖掘，引导儿童领悟。

"糖葫芦"绘本教学范式的最后一步就是浇筑"糖衣"，将绘本蕴含的正能量提炼出来让儿童品味。在《太阳去度假》这本书中，可以让孩子们探讨的思辨性主题很多，比如"满足他人与满足自身之间的矛盾"，比如"权利和义务"，比如"自律"等。而对于大班儿童而言，我认为最应该讨论的主题是"成为一个有责任感的人"。

在学前教育阶段有效开展学前儿童社会主义核心价值观启蒙工作，需要教育工作者提高价值观教育敏感性。通过捕捉孩子的发言并加以引导，以便顺利达成体会核心价值观的教学目标。

五、结语

思维是智力的核心，思维能力决定了一个人智力发展和行为能力的水平。学前教育工作者应该抓住5—6岁儿童思辨能力发展的关键期，在意识上充分重视儿童思辨能力培养，在教学过程中进行大胆的实践，运用"糖葫芦"绘本教学范式开展思辨类绘本教学，引导儿童在绘本阅读过程中，赏析画面、理解内容、品读文字、建构意义，对作品进行理性的评价判读，鼓励儿童发表不同的见解，培养儿童的质疑精神和辩证思维能力，最终促进儿童思辨能力发展，为形成优秀的思维品质奠定基础。

"静极思动"，从绘本中挖掘运动
——利用绘本在儿童视角下开展幼儿园球类游戏

江苏省常熟市塔前幼儿园　王黛琳

在幼儿园中，球是幼儿十分喜爱的玩具。球类游戏生动、有趣，能够调动幼儿参与运动的兴趣与热情，能够锻炼幼儿的灵活度和灵敏度，能够推动幼儿身心的健康发展。但笔者发现，球类游戏开始时幼儿总是蜂拥而至，渐渐地就失去兴趣。教师逐渐将指导改为提醒，最终游戏草草结束。笔者认为主要存在三个方面问题，一是球类投放问题：幼儿园投放的球类往往局限于皮球、纸球这些常见球类，球类品种单一，幼儿在游戏中逐渐对球类活动失去兴趣。二是教师主观意识问题：在组织球类活动时，教师往往强调球类游戏的常规，幼儿为遵守常规，在球类游戏中畏首畏尾。三是支持策略问题：教师从幼儿安全方面考虑，给予球类游戏的挑战度不足或游戏场地空间不够，幼儿在球类游戏中的锻炼流于表面。

《指南》中健康领域的目标中五次提到了球类活动，并提出教师要激发幼儿参加体育活动的兴趣，养成锻炼的习惯。如：为幼儿准备多种体育活动材料，鼓励他选择自己喜欢的材料开展活动。经常和幼儿一起在户外运动和游戏，鼓励幼儿和同伴一起开展体育活动。和幼儿一起观看体育比赛或有关体育赛事的电视节目，培养他对体育活动的兴趣。可见球类活动是十分适合幼儿开展的活动，那么如何开展幼儿园球类活动？球类游戏绘本是很好的媒介，笔者从平时的球类游戏活动中发现、思考与总结，结合球类游戏绘本，从游戏形式、游戏情景和游戏策略三个方面谈谈自己的想法与思考，总结如下。

一、以绘本之巧，了解丰富多彩的球类游戏形式

1. 巧用绘本认识多种球类

在幼儿园的球类游戏中，幼儿接触最多的就是皮球，对其他球类的认识比较匮乏。其实目前世界上大约有28种球，上百种球类运动。为此，笔者选择《去运动吧》这套绘本放置于班级语言区，幼儿在阅读的过程中认识了奥运会七大球类运动项目：羽毛球、排球、乒乓球、网球、棒球、足球和篮球。这套绘本图文并茂，每翻开一本，就像打开认识球类运动的一扇窗户。幼儿不禁对各种不同球类活动产生了强烈的兴趣，也有了要尝试这些球类活动的欲望。此时笔者组织幼儿进行讨论，发动幼儿与家长共同调查，通过不同途径了解自己感兴趣的球类，并记录下自己最想尝试的几种球类活动，教师再在班级中与幼儿讨论决定，选择三种幼儿最想尝试的球类：篮球、足球、乒乓球，有针对性地开展球类游戏。

2. 巧用绘本了解球类规则

每种球类都有不同的玩法与规则，与其十分机械地讲述，不如利用绘本，结合形象的画面来引导幼儿了解不同球类游戏规则。针对幼儿的兴趣点，笔者选择了《了不起的篮球队》《足球运动员》《不可思议乒乓球》这三本介绍篮球、足球、乒乓球的绘本。通过集体阅读和自主阅读，幼儿对这三种球类的基本玩法和规则有了大致了解。笔者发现班级中有小朋友在校外培训班中学习过这三种球类，有这三种球类学习经验，也有分享和表达的欲望。当幼儿在小组阅读时，笔者请这些小朋友作为三种球类活动的小小介绍员，请他们结合绘本和自身经验，把三种球类游戏的玩法介绍给同伴。

3. 巧用绘本感受球类精神

在正规的球类运动中，比赛精神大于比赛本身。在《小个儿也能打篮球》绘本中，幼儿能感受不服输、坚韧不拔的篮球活动精神；在《汤姆踢足球》绘本中，幼儿学会了足球活动中的合作精神，"足球比赛不是一个人赢，而是全队人取胜"；在《不可思议乒乓球》绘本中体会了勇于挑战、不畏挫折、永不放弃的运动精神。笔者发现当下的幼儿多被家长过于宠爱，平时生活中十分缺少不怕困难、迎难而上的坚韧品质，而这些品质恰好是球类游戏中所必需的。因此教师带领幼儿在绘本中感受运动精神之后，更要在开展的球类游戏活动中让幼儿多次尝试，最终获得敢于尝试、不怕困难的球类游戏精神。

二、以绘本之趣，营造童趣十足的球类游戏情景

1. 营造兴趣盎然的乒乓球游戏情景

对于幼儿来说，真正进行乒乓球的训练是枯燥无味的，教师可以从绘本《球》中挖掘游戏情景，绘本《球》中讲述的是小狗和小主人的丢球、接球游戏。教师可投放乒乓球，带领幼儿模仿绘本中的玩法进行抛接乒乓球。在幼儿熟悉乒乓球之后，再带领幼儿探索乒乓球的不同玩法，尝试从一物多玩的角度去创设乒乓球游戏情景。如在体育游戏"乒乓球大闯关"活动中，教师创设了十几种乒乓球游戏情境：颠球、打吊球、打球、端球、摸球、拍球、投球、滚球、吹球、夹球、纸上滚球等。幼儿在这一系列丰富多彩的乒乓球游戏情景中愉快地玩耍，遇到困难也坚持多次尝试，发展了走、跑、跳、攀、爬等各方面的动作技能。

2. 营造妙趣横生的篮球游戏情景

篮球运动是一项综合性的体育运动，由于幼儿年龄、生理特点的限制，学习标准动作有一定难度。为了引起幼儿对篮球活动的兴趣，教师利用绘本《小个儿也能打篮球》，绘本中的小个儿能打篮球，现实中的幼儿也是小个儿，教师可创设趣味化的比赛游戏情景，引导幼儿投入到篮球动作练习中。在小班阶段，教师可以创设儿歌情景，让小班幼儿在儿歌的带领下拍篮球，用鼓励的方式让幼儿越拍越多。在中、大班阶段，教师可创设比赛情景，如运球比快、投球比准等。另外教师还可以创设"小老师"游戏情景，请中、大班幼儿当小老师展示篮球球技，不仅锻炼了自己，也鼓舞了小班幼儿的兴致，帮助他们进一步理解、掌握拍球的动作要领。

3. 营造逐新趣异的足球游戏情景

绘本《足球发烧友》给了教师与幼儿灵感，原来足球可以在各种场地上练习，足球球门也可以是一个篮子。教师可利用幼儿园的户外活动场地，创设趣味游戏情景，将机械的足球技能练习转化为足球游戏。如教师可以引导幼儿在草地上玩运球游戏，将树桩当成球桩子，带领幼儿玩绕球、运球、传球的游戏。再如，教师利用幼儿园里的小山坡，让幼儿在坡上坡下分成两组，引导上下两队幼儿玩传球游戏。在不同的足球游戏场景中，教师鼓励幼儿探索在不同场景中踢球、运球的力度，对身体姿势的要求。正所谓幼儿是游戏的主人，在玩足球中最有趣的射门游戏时，教师更要创设趣味的游戏情景，教师让幼儿自由选择球门，可以选择跨栏玩具当球门，可以选择钻爬拱门当球门，也可以选择轮胎当球门……幼儿在自己选择的球门游戏中乐此不疲地练习、玩耍，享受足球游戏的快乐。

三、以绘本之味，使用具有挑战的球类游戏策略

1. 创设具有挑战性的游戏空间以培养幼儿的自主性

幼儿的自主性是幼儿核心素养的重要内容。在幼儿球类游戏中，教师为幼儿创设有挑战性的游戏空间能够激发幼儿自主性的养成。在绘本《这些都是球》中，教师带领幼儿发现不同的场地有不同的玩球方法，幼儿发现这些从未尝试过的活动场地别有趣味。运动场地本就是开展幼儿球类运动游戏的物质基础，但教师在设置场地时常会有多种顾虑，要求幼儿只能在教师选定的一小片区域内活动，幼儿在这样毫无挑战的场地内玩球，十分局限。教师应大胆地为幼儿设置各种不同的玩球活动空间，即使是玩同种球，在不同的活动场地也能有不同的玩法。如教师给予幼儿跑道胶质地、水泥地、沙地、泥地等不同质地的场地，幼儿能自主选择自己想去的场地，判断不同的场地适合哪种球类，也能使用不同的玩球策略。幼儿在与不同场地的互动中，会创造性地玩出适宜他们发展水平的球类运动游戏。

2. 提供具有挑战性的游戏时间以培养幼儿的坚持性

培养专注力与忍耐力是培养幼儿坚持性的两大内容，也是球类活动中的重要因素。在绘本《我爱足球》中，幼儿跟随主人公米歇尔，看着他靠着自己的专注力和忍耐力从失败到成功，感受了足球活动带来的成功喜悦。足球、篮球、乒乓球都是对抗性很强的竞赛项目，不仅能锻炼幼儿的意志品质，提高幼儿的竞争意识，还有利于培养幼儿积极向上、勇于拼

搏、不怕困难、吃苦耐劳的精神。但是这些精神的培养不是一蹴而就的,需要通过长时间的锻炼,教师在带领幼儿进行球类游戏时,要给予幼儿足够的游戏时间,提供了具有挑战性的活动时间之后,教师的指导除了关注幼儿的基本动作发展外,还要以语言鼓励、榜样示范等方式正向引导幼儿不怕困难、坚持到底。

3. 寻找具有挑战性的游戏方法以培养幼儿的合作能力

合作能力的培养是球类活动中的重中之重,球类活动本就以集体比赛形式为主,而合作能力也是幼儿期十分重要的核心素养,需要幼儿能协商、懂分工、会配合。《一起踢足球》绘本中详细地介绍了足球队员是如何通过协商、分工、配合完成球队的进球。幼儿能从形象的画面中感受合作的意味。在"趣味玩球"的活动中,教师不限定游戏方式,幼儿在集体玩球时,同伴间自然而然会产生合作性游戏以及富有合作性的竞赛。若干个幼儿玩篮球、一起滚球、拍球、互相传球、抢球,这样的游戏促进幼儿与同伴协作、合作、竞争,培养他们的团队精神以及正确面对输赢等品质,教师可根据幼儿的年龄特点,投放数量适宜的球,引导幼儿自由组队玩球,指导幼儿共同制定玩球规则,幼儿在潜移默化中培养了自身的合作能力。

幼儿园大班自制玩教具制作及有效性研究

河南省郑州市航空港区大马幼儿园　郭金鹏

幼儿园的玩教具成为幼儿教育中重要的学习资源,对幼儿的身心发展和认知发展具有重要的作用,玩教具的制作和使用过程是幼儿交往、合作性学习的物质条件,有助于实现学会学习、学会生活、学会合作、终身发展的培养目标。自制玩教具的种类很多,有装饰性的、欣赏性的、教育性的、科学性的等,无论是哪种玩具,在幼儿的眼中都是有趣的。每一件自制玩具都应来源于教师的教学实践,幼儿通过它们来锻炼肢体能力,激发探索兴趣,培养合作意识。因此本文主要以如何促进教师开发设计适合幼儿的玩教具为主要目的,进行实践研究并给出相应的指导策略。

一、精准把脉,找到问题所在

(一)教师缺乏积极性

虽然教师现在都知道玩教具要定时更新、填充,但有时因为怕麻烦等原因往往心有余而力不足,这时就出现直接从网上找一些自制玩教具的视频或图片仿照做下来,缺乏与幼儿园课程目标和内容的衔接与联系,造成徒有其表、败絮其中。照搬照抄模仿了外形但缺少了精髓,没有得到可行可用的制作策略,出现只为做玩教具而做玩教具的倾向,因此导致一些自制玩教具不符合幼儿身心发展的特点和水平。

(二)现有自制玩教具缺乏幼儿与家长的参与

在制作的过程中没有坚持"幼儿能做的就不要代替包办"的原则。教师没有区分"需要教师做的"和"幼儿可以做的"的明确意识。家长也只是负责原材料的提供,没有真正参与其中。幼儿家中的玩具基本是家长购买的成品,这就与幼儿跟随教师学习的手工制作不同步,导致幼儿园和家庭形成了不一样的教育环境。

(三)现有玩教具的应用效果不理想

自制玩教具的可玩性差,不能满足幼儿动手操作能力的发展,有的玩教具配套的细小材料容易丢失或找不到,幼儿在游戏中不断寻找材料,造成无效寻找时间长不能专注投入游戏中，或者有的玩教具在操作中稍不注意就被弄坏了，无法继续游戏。其次是一些高结构材料操作性强但缺乏趣味性，一旦挑战成功便失去兴趣；还有部分自制玩教具是在应付检查，出现大量打印过塑材料的玩教具，难以吸引幼儿的注意力和操作欲望。还有个别玩教具所承载的知识、概念和原理不是学前阶段需要去学习的，结果导致内容不吸引幼儿，不是幼儿的兴趣点，使幼儿排斥教师自制的玩教具。

二、基于问题，提出解决策略

（一）提高教师的积极性

建立自制玩教具深入开展的教研制度，学期初带领大班教师整理幼儿园大班课程总目标、分阶段目标及每学科的教学活动目标。例会研讨，每周集体教研时，教研组长带领大班教师共同分析班级中自制玩教具的种类、适宜性、丰富性及幼儿游戏情况，根据每个区域近期发展目标确定制作玩教具的种类、适宜性、丰富性等。责任到人，在明确教学目标后，结合教师自身的能力优势，将班级各个区域自制玩教具的任务分配到个人，平均每个教师负责2—3个区域自制玩教具的计划、制作、投放与完善工作。

（二）科学引领幼儿与家长参与自制玩教具

首先教师应培养幼儿利用生活中的废旧物品作为玩教具原材料，制作成简单的工艺品或者玩具，不应在乎作品是否成功，而应在乎幼儿参与制作的过程。在幼儿的眼里，身边的生活物品从起初的不起眼，经过有目的地设计、制作，变化成可以使用的工艺品或玩具，虽然不如成品玩具精致漂亮，但由于是幼儿亲自参与制作的，它就有了与成品玩具等同的价值。这种成就感激发了幼儿的发明创造能力，让幼儿收获了自信心，也为幼儿后期的学习打下了坚实的基础。其次做好家园联系，引领家长参与到玩教具的制作中，由于家长对自家幼儿的兴趣爱好较为了解，更容易设计制作出适合幼儿的玩教具。在这个信息化时代，手机不知不觉中占用了父母大量的时间和精力，使得他们疏于幼儿的陪伴和辅导。其中最不容乐观的是在父母的影响下，幼儿也喜爱上了玩手机。因此，我们通过多种形式鼓励家长参与幼儿自制玩教具，例如：自制玩教具比赛、自制玩具打卡活动、自制玩教具展示活动等，因地制宜地发挥家长和幼儿的想象力和创造力，有效提高家长参与的积极性。

（三）增强玩教具的实用性

幼儿玩教具的制作目的是通过玩教具的建立提高幼儿对学习的兴趣，从而促进幼儿教育的进行。因此，在进行幼儿玩教具的制作中应该以玩教具的实用性为主要依据，从而进行幼儿玩教具的制作。第一，在日常教学中以教学内容为基础，组织教师开展"优秀自制玩教具经验交流会"，通过作品分析的方法，使教师发现哪些自制玩教具立意新颖，是优秀的自制玩教具的典型，进一步明确优秀自制玩教具的特点、标准和原则。第二，教师需要对玩教具制作的材料及数量进行合理的规划，通过合理地使用玩教具的材料从而使玩教具更具实用性，还根据市、区有关自制玩教具的参赛和评优活动而进行"幼儿园优秀自制玩教具评选""幼儿园优秀玩教具经验分析会"等活动，提高教师驾驭自制玩教具的能力。第三，确定玩教具的制作目标，尊重幼儿的能力差异，采用教育目标分层次实现的原则，有针对性地投放自制玩教具，体现了因材施教的教育原则，增强玩教具的实用性。从而促进幼儿区域活动的有效开展，做好课堂知识的延伸服务。

三、知行合一，在实践中反思成长

（一）幼儿为本，促进幼儿发展

通过发现问题、提出问题对策，大班教师积极制作，家长和幼儿积极参与。自制玩教具在大班投放一段时间后，我们在幼儿的游戏中发现立体的、趣味性强的、美观的玩教具更能激发幼儿的兴趣。例如：大班自制玩教具"蝴蝶飞飞"，在外形设计上有一定的情境性，不但操作性强还起到美观的作用。例如：语言区的"好饿的毛毛虫"，比起图书、图片，孩子更愿意去动手操作一下，在边操作边讲述的过程中，孩子的注意力会更加集中，不但语言可以得到发展，手部动作也得到了一定的锻炼，提高手眼协调能力，更有利于孩子的发展。家长和幼儿共同制作的玩具让幼儿充满了自豪感，平时不爱表达的孩子在介绍自己的玩具时也显得神采奕奕、充满自信。

（二）发现问题，及时调整

经过教师精心的设计、家长与幼儿的积极参与，大班的自制玩教具有了突飞猛进的趋势，但在不同时期，教师也出现了不一样的问题。如初期制作时热情高涨，达到了量的要求；中期出现消极怠慢，玩教具提供的及时性不够、丰富性不强；到末期出现玩教具不适宜幼儿能力水平等问题。其中不能根据幼儿的能力发展水平不断调整玩教具，是自制玩教具实施中最突出的问题。而导致这一问题的最主要的原因是：我园大多数教师为新进年轻教师，思维活跃但经验不足，对幼儿没有针对性研究，不能准确地观察和分析幼儿的游戏行为，只是在钻研玩教具。针对这一问题我们及时做出调整。

1. 组织教师进行线上培训学习，请专家进园指导。如何有效观察幼儿的游戏行为，怎样通过对幼儿游戏的观察，获取关于幼儿游戏的丰富信息，如幼儿喜欢的游戏类型，幼儿喜欢的玩教具和游戏设备，幼儿喜欢的游戏空间，幼儿乐于参与的游戏主题。观察游戏材料的投放是否符合孩子的年龄特点与发展需要，幼儿在游戏中的兴趣点，或在游戏中面临了什么困难及幼儿间出现矛盾等方面。

2. 建立自制玩教具观察记录制度。加强"幼儿自制玩教具游戏情况观察与记录"，即教师在组织活动中不仅是指导者，还要做观察者，用心记录幼儿在和自制玩教具互动中的行为、语言及探究过程，并通过幼儿的游戏行为，提出改进玩教具的建议和措施。

3. 组织教师问题推进式教研，以发现自制玩教具在幼儿游戏中的问题，并以诊断问题、解决问题为主要目的。将教师的注意力从玩教具转移到幼儿的游戏行为上，使教师在观察、记录、分析幼儿与自制玩教具的游戏过程后，和班级教师共同讨论自制玩教具的优缺点并寻求解决策略，达成共识。及时调整玩教具的种类、形式或结构，这样就能使每个区域中自制玩教具的投放建立在对幼儿经验水平深入了解的基础上。

（三）成果保护与资料汇集

自制玩教具的成果收集，每个月每个班上交至少一件优秀自制玩教具作品，上交的形式是玩教具的文字材料，主要包括自制玩教具的名称、目标、制作过程、游戏玩法，并附有玩教具的现场游戏录像及照片。形成"每月一小结、每学期大总结"的常规，及时保留自制玩教具的成果，为今后教师制作玩教具提供宝贵的借鉴经验和反复研讨的材料。

这只是起点，基于幼儿的发展，将教师的关注点从制作玩教具转向研究幼儿兴趣需要、研究游戏材料的探索空间上，让玩教具充满趣味性和操作性并能引发幼儿深入思考，是我们下一步在自制玩教具的研究和实践中的重中之重。

提升幼儿教师职业幸福感的探索与园本化实践

北京市北海幼儿园　宋雪丽

百年大计，教育为本；教育大计，教师为本。幼儿教师作为幼儿教育的承载者，其幸福感关系着幼儿的身心和谐与健康成长，关系着建构优质均衡的学前教育基本公共服务体系，关系着"办好人民满意的学前教育"战略发展目标的实现。

现实中幼儿教师的职业幸福感体现不佳、职业压力大、职业倦怠等现象层出不穷。本研究借助 OECD 的教师幸福感研究框架，对幼儿教师进行实证调研，客观分析当前幼儿园教师职业幸福感的现状，分析原因，梳理有效策略，力求有效支持幼儿教师提升职业幸福感，进而推动教育质量提升。

一、研究方法

（一）问卷调研法

本研究借鉴了 OECD 于 2020 年发布《教师职业幸福感：数据收集与分析框架》的测评模型，在此基础上依据幼儿教师实际情况进行修订编制成"幼儿园教师职业幸福感的调查问卷"。问卷共发放 120 份，涉及不同职称、教龄、学历、年龄班等教师，确保全方位涵盖幼儿园各类型教师。问卷结果采用 SPSS 进行数据统计与分析。

（二）访谈法

本研究采用随机抽样的方式选取教师进行访谈，旨在深入了解幼儿教师职业幸福感面临的问题与影响因素。

（三）行动研究法

进一步厘清教师职业幸福感存在的问题，为提高幼儿教师职业幸福感提供有力的策略支持。

二、研究结果与分析

（一）幼儿教师职业幸福感及各维度的现状分析

表 1　幼儿教师职业幸福感及各维度得分

维度	N	平均数	标准差	最小值	最大值
总体幸福感	100	3.53	0.871	1.00	5.00
认知幸福感	100	3.82	0.503	1.92	5.00
主观幸福感	100	3.26	0.462	1.88	4.25
健康幸福感	100	3.01	1.061	1.00	5.00
社会幸福感	100	2.85	0.904	1.00	5.00

幼儿教师职业幸福感问卷主要由认知幸福感、主观幸福感、健康幸福感和社会幸福感四个维度构成。

其中，认知幸福感是指教师在有效工作时所需要的一系列知识和技能，其核心要素侧重的是教师的认知能力，表现在自我效能以及专注工作所体现出来的能力水平。

主观幸福感是指幼儿教师良好的心理状态，是教师对自己生活积极或者消极的情绪反应。

健康幸福感是幼儿教师幸福生活的基本保障。教师所承受的工作压力可能会导致教师身心不适。

社会幸福感指的是教师与他人（幼儿、同事、园长等）相互关系的质量。教师社会幸福感对于教师职业幸福感有着积极或消极的影响。

通过数据统计得知，当前幼儿园教师总体职业幸福感处于中等水平。在认知幸福感这一维度上平均得分最高为 3.82，说明幼儿教师在认知幸福感上处于不确定到比较不同意水平之间，幸福感较低。在社会幸福感维度上，平均得分为2.85，说明幼儿教师在这一维度上幸福感趋于不确定状态。

(二)影响幼儿教师职业幸福感的人口学分析

1. 不同年龄班幼儿教师职业幸福感情况分析

表2 不同年龄班幼儿教师职业幸福感情况分析

(I)所在年龄班	(J)所在年龄班	平均值差值(I－J)	标准差	显著性
大班	中班	－8.20626*	2.86181	0.005
	小班	－4.96970	3.35259	0.142
	其他	－5.41414	3.35259	0.110

注：* 平均值差值的显著性水平为0.05。

表3 不同年龄班幼儿教师幸福感统计分析

因变量	(I)所在班级	(J)所在班级	平均值差值	标准误差	F	显著性	事后检验
主观幸福感	小班	大班	－1.636	1.042	3.690	0.015	3－2*
		中班	－3.194	1.054			
		其他	－3.056	1.185			
社会幸福感	大班	中班	－8.206	2.861	2.832	0.042	1－2*
		小班	－4.970	3.352			
		其他	－5.514	3.352			

注：* $p<0.05$，差异显著性水平为0.05。

表3采用单因素方差分析的统计方法，对不同年龄班幼儿教师职业幸福感进行分析，数据统计得知幼儿教师在主观幸福感($p=0.015<0.05$)、社会幸福感($p=0.042<0.05$)这两个维度上幸福感有显著差异。经事后检验，具体差异如下。

表4 不同年龄班幼儿教师主观幸福感的多重比较

(I)所在年龄班	(J)所在年龄班	平均值差值(I－J)	标准误差	显著性
中班	大班	1.55718	0.88925	0.083
	小班	3.19355*	1.05354	0.003
	其他	0.13799	1.05354	0.896

注：* 平均值差值的显著性水平为0.05。

在不同年龄班中，小班教师的主观幸福感与中班教师的主观幸福感有显著差异；大班教师的社会幸福感与中班教师的社会幸福感有显著差异。

2. 不同职称幼儿教师职业幸福感情况分析

表 5　不同职称幼儿教师职业幸福感情况分析

因变量	(I)职称	(J)职称	平均值差值	标准误差	F	显著性
社会幸福感	高级教师	一级教师	−12.533	5.857	2.465	0.038
		二级教师	−12.179	3.943		
		三级教师	−10.635	4.125		
		无定级	−16.367	7.467		
		其他	−21.200	8.786		

表 5 采用单因素方差分析的统计方法，对不同职称幼儿教师职业幸福感进行分析，数据统计得知幼儿教师在社会幸福感（$p=0.038<0.05$）维度上幸福感有显著差异。

表 6　不同职称幼儿教师社会幸福感的多重比较

(I)职称	(J)职称	平均值差值(I−J)	标准误差	显著性
高级教师	一级教师	−12.5333*	5.86400	0.035
	二级教师	−12.5400*	3.93369	0.002
	三级教师	−10.6355*	4.12972	0.012
	无定级	−16.3667*	7.47516	0.031

注：* 平均值差值的显著性水平为 0.05。

经事后检验，具体差异如下：

在不同职称中，高级教师社会幸福感与一级教师社会幸福感（$p=0.035<0.05$）、二级教师（$p=0.002<0.05$）、三级教师（$p=0.012<0.05$）、无定级教师（$p=0.031<0.05$）有显著差异。

3. 不同工作时长幼儿教师职业幸福感情况分析

表 7　不同工作时长幼儿教师职业幸福感统计分析

因变量	(I)工作时间	(J)工作时间	平均值差值	标准误差	F	显著性	事后检验
主观幸福感	8 小时	8—10 小时	1.222	0.978	3.890	0.024	1−3*
		10 小时以上	2.912	0.837			
健康幸福感	10 小时以上	8 小时	10.825	2.333	11.355	0.000	3−1**
		8—10 小时	5.918	1.798			3−2*

* $p<0.05$，差异显著性水平为 0.05，** $p<0.01$，差异显著性水平为 0.01。

表 7 采用单因素方差分析的统计方法，对不同工作时长幼儿教师职业幸福感进行分析，数据统计得知幼儿教师在主观幸福感（$p=0.024<0.05$）、健康幸福感（$p=0.000<0.01$）维度上幸福感有显著差异。经事后检验，具体差异如下：

表 8　不同工作时长幼儿教师健康幸福感的多重比较

（I）日工作时间	（J）日工作时间	平均值差值（I−J）	标准误差	显著性
8 小时	8—10 小时	−4.9074*	2.10170	0.022
	10 小时以上	−10.8254*	2.33293	0

注：* 平均值差值的显著性水平为 0.05。

表 9　不同工作时长幼儿教师主观幸福感的多重比较

（I）日工作时间	（J）日工作时间	平均值差值（I−J）	标准误差	显著性
10 小时以上	8 小时	−2.9127*	1.08575	0.009
	8—10 小时	−1.6905*	0.83695	0.045

注：* 平均值差值的显著性水平为 0.05。

在不同工作时长中，工作时长 10 小时以上的教师分别与 8 小时的教师（$p=0.009<0.05$）、工作时长 8—10 小时的教师（$p=0.045<0.05$）在主观幸福感上存在显著差异。

工作时长 8 小时的教师与工作时长 8—10 小时的教师（$p=0.022<0.05$）、超过 10 小时的教师（$p=0.000<0.01$）在健康幸福感上常存在显著差异。

（三）幼儿教师职业幸福感的影响因素

在问卷调研基础上，本研究对幼儿教师进行了深入访谈与对话。梳理出影响幼儿教师职业幸福感的因素是多种多样的。既有教师主观方面，也涉及客观方面；既有个体因素，也有职业因素、社会因素；既有外部因素，也有内部因素。将幼儿教师职业幸福感影响因素归纳梳理如表 10 所示。

表 10　幼儿教师职业幸福感影响因素统计

主观因素	客观因素		
	职业因素	管理因素	社会因素
健康、职业认同感、工作成就感、自我价值实现、专业能力、家庭支持	教育对象（幼儿）、工作量、福利待遇、职称评定、工作稳定	管理模式、管理方法、工作环境、人际关系、领导力	社会地位、外界评价

三、提升幼儿教师职业幸福感的园本化实践探索

（一）第一轮行动研究：旨在形成职业认同，支持教师快乐工作

采用行动研究法进行第一轮园本化的实践探索，旨在支持教师形成积极的职业认同感，减轻工作压力，能够在工作中感到快乐与温暖，如图 1 所示。

在这一阶段，着力在工作时间、身心健康、教师福利、工作环境四个方面下功夫，竭诚为教师服务，努力提升教师职业幸福感。例如，在工作时间上提出"弹性办公"安排，在不影响班级正常教育教学工作的前提下，给予教师灵活时间补充体力，劳逸结合；在教师福利方面，为教职工子女提供了早、晚看护服务，切实让教师在工作中无后顾之忧，专心踏实地投入工作。

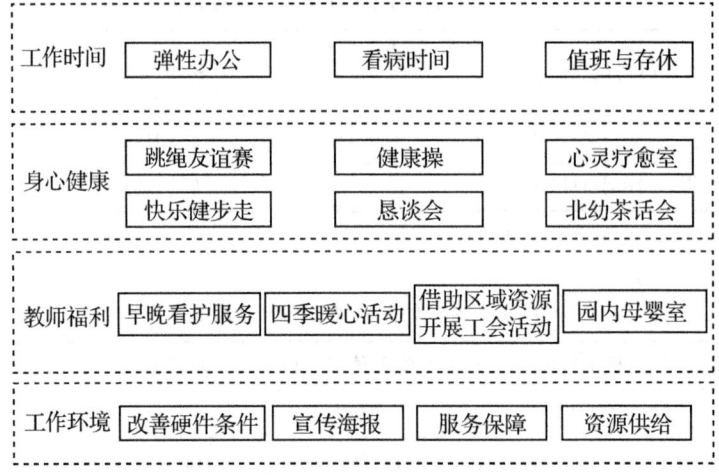

图1 提升幼儿教师职业幸福感的第一轮行动研究

(二)第二轮行动研究：旨在结合需求，从主观上提升职业幸福感

在园本化探索过程中，教师们对于职业幸福感能够有一定的认识和理解，对自身的职业有了正向的认同感。但同时认识到这些措施确实一定程度上增强教师的职业幸福感，但这种外在的、暂时性的支持和帮助，效果只是一时的，不能从根本上提升教师的职业幸福感。

园本化实践探索进入了第二轮行动研究，旨在关注教师内心的真需求和想法，倾听教师心声，支持教师能够由内而外、自发地感受到职业的幸福和快乐(见图2)。

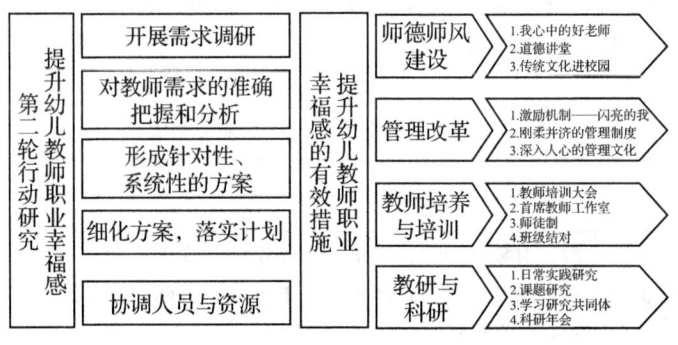

图2 提升幼儿教师职业幸福感的第二轮行动研究

首先，注重幼儿教师师德师风建设。通过开展"我心中的好老师"评选活动，宣传广大教师在常态工作中无私奉献，让教师的辛苦和付出能够被看见、被认可、被尊重，支持教师能够站在"立德树人"的高度上认识教书育人的可贵之处，正确认识和理解教师这一神圣的职业。

其次，深化管理改革。进一步完善管理的体制机制，优化园所制度，弘扬园所文化，从管理角度不断改进和完善，促使提升教师职业幸福感更有实效、更有保障。通过创新激励机制，借助召开"闪亮的我"教师风采活动，为不同个性、不同特长的教师搭建展示自我的平台，充分发挥教师们的优势与长处，提升教师的自信心和价值感。

再次，优化教师培养与培训。提升幼儿教师职业幸福感的关键是要努力提升教师的专业水平，支持教师能够在纷繁的工作中得心应手，提升教师的教学效能感、胜任感。因此，依据不同教师的需求，不同发展阶段、不同发展水平的教师开展按需分层的教师培养与培训，借助首席教师工作室、师徒制、班级结对等方式，为教师提供多元的成长与进修的机会，支持教师增长教学经验与智慧。

最后，加强教研与科研力度和深度。研究是提高教师职业幸福感的内在动力，我们借助日常研究、课题研究、科研年会等多种形式，支持不同能力水平的教师带着研究的思路开展常态化工作，让教师能在工作中感受思考的幸福、自身发展的幸福、幼儿成长的幸福。

（三）第三轮行动研究：旨在转变观念，支持教师做自我发展的主人

之前的过程中虽通过反思认识到以教师为主体的观念，但仍然停留在表面和行为上，没有从根本上支持教师做自我成长与发展的主人。因此，第三轮行动研究旨在转变观念，以人为本，尊重与激发教师的主体性，支持教师真正做一名幸福的教育者（见图3）。

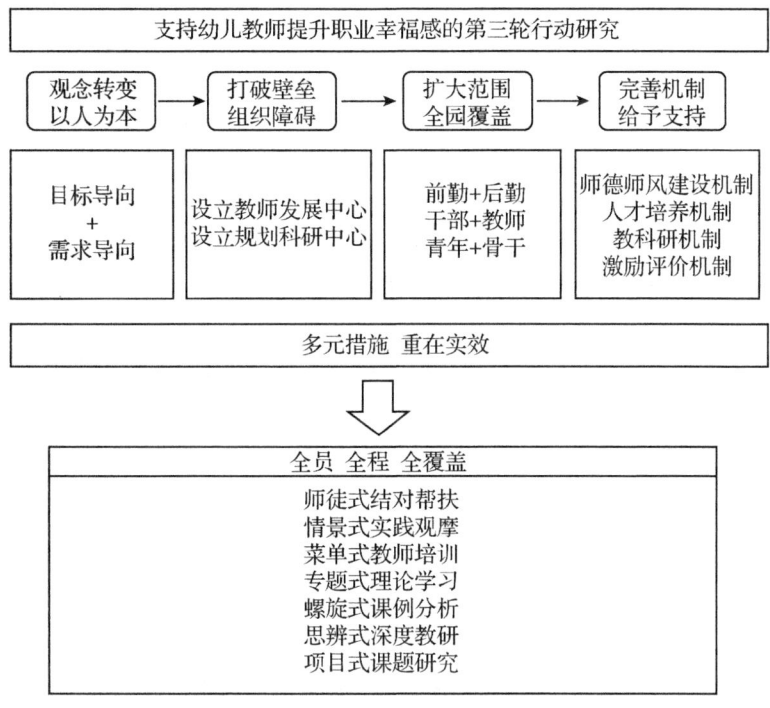

图3 提升幼儿教师职业幸福感的第三轮行动研究

首先，树立"以人为本"的支持理念，坚持目标导向与需求导向相结合，既以提升教师的职业幸福感这一目标为着眼点，在研究方案上进行统筹规划与顶层设计，以确保第三轮行动研究的方向性，又以关注教师的实际需求与问题为着力点，以增强支持的精准性和实用性。

其次，在正确理念的引领下，园所借助岗位设置与调整为契机，打破了固有的部门壁垒，成立了教师发展中心、规划科研中心，为提升园所教师的职业幸福感提供了组织保障。

在以人为本的理念引领下，我们将"人"的范围再次扩大，指向了全体幼儿园教职员工，旨在提升全体教师的获得感与幸福感。

再次，进行大刀阔斧的改革。进一步优化师德师风机制、人才培养机制、教科研机制和激励评价机制等，借助提升园所治理能力和治理水平来推动和实现提升教师们的工作积极性、自主性和内驱力。

最后，在实践层面，通过开展师徒式结对帮扶、情景式实践观察、菜单式教师培训、专题式理论学习、螺旋式课例分析、思辨式深度教研、项目式课题研究等多元方式，对不同类型教师的发展搭建多元平台，努力为教师专业水平提升与发展提供立体化、全方位、多层次的支持，实现全员、全程、全覆盖，切实提升教师的职业幸福感。

B市学龄前幼儿饮食行为与体能发展关系的研究

北京市昌平区王府幼儿园　孔俊霞

《"健康中国2030"规划纲要》不断强调"健康中国，从娃娃抓起"。自《纲要》印发起，幼儿体质健康已经成为当今社会关注的热点。其饮食行为和体能发展对幼儿的健康成长至关重要。目前，随着社会的发展和生活方式的改变，幼儿的饮食行为和体能发展出现了一些问题，如不良的饮食习惯和缺乏运动等，这些问题不仅影响幼儿的健康，还会对其未来的成长和发展产生不利影响。3—6岁是幼儿身体发育和各项技能快速发展的时期。伴随着现代化生活方式的改变，少动少做的生活模式严重影响到幼儿体质健康。

幼儿承载着家庭的希望，也承载着社会的希望。在学龄前，幼儿的健康成长一直受到家庭、幼儿园和社会的密切关注，而幼儿的饮食行为对幼儿健康有着决定性的作用。因此，通过调查现阶段学龄前幼儿营养与体质的现状，分析研究学龄前幼儿饮食行为与体能发展的关系，揭示导致现阶段营养与幼儿体质发展关系的原因。针对原因，提出调整幼儿饮食行为，增设食育和趣味体育游戏及运动活动等策略，并应用于实践。必然有助于幼儿养成良好的饮食习惯，拥有健康的体魄、敏捷的思维，以及积极的情绪和良好的适应能力。

一、饮食行为的概念界定

（一）饮食行为定义

为了能够准确地界定"饮食行为"，研究者翻阅了《中国大百科全书》《辞海》等工具书，并未发现"饮食行为"的相关定义。但是查阅到有关"饮食习惯"的定义：是指人们对食品和饮品的偏好，其中包括对饮食材料与烹饪方法及烹饪风味及作料的偏好。

（二）饮食行为的界定

马冠生将饮食行为界定为"是指受有关食物和健康观念支配的人们的摄食活动，包括食物的选择和购买食用食物的种类、频率，食用的时间、地点，如何食用，和谁一起食用等"。饮食行为的内涵是相当广泛的，它包括众多的行为，诸如：（1）食物的选择；（2）食物的烹饪加工；（3）食物的贮存；（4）食物的消费。也有其他的学者把饮食行为界定为：饮食行为是指在食物原料的选择、加工、烹调方法、进食行为等过程中形成的一种习惯，它受进食环境、经济状况、行为能力、发育状况、教育和知识等各种因素的影响。

二、学龄前幼儿体能发展现状

（一）学龄前幼儿体能发展现状

由于城市化进程、计划生育政策以及全民低头玩数码产品的生活方式，中国儿童活动的时间和空间大为减少。这导致幼儿体能的一些核心指标逐年下降，呈现出"身高长、体质差"的外强中干型趋势。幼儿园及家庭对于体能锻炼的忽视也是导致幼儿体能发展不足的原因之一。许多幼儿园以对体能锻炼所知甚少的教师为主体，加上过度保护，使得儿童体能受到了严重的影响。同时，幼儿园以"绝对安全"为目标，取消户外活动和强度较大的运动，陷入了"不运动幼儿体弱，运动存在安全风险，为安全而取体弱"的"怪圈"中。

(二)影响学龄前幼儿体能发展的因素

影响学龄前幼儿体能发展的因素主要包括遗传因素、营养因素、运动因素、生活习惯、疾病因素以及环境因素等。

三、学龄前幼儿饮食行为与体能发展关系的影响

(一)学龄前幼儿饮食行为现状分析

近年来,3—6岁幼儿的饮食行为和体能发展引起了一些研究者的关注,但是研究文献仍比较匮乏。有研究表明我国幼儿饮食行为现状不容乐观,3—6岁幼儿饮食行为习惯问题很多。顾荣芳、欧新明对全国幼儿饮食行为抽样调查表明:3%—5%的幼儿存在严重饮食问题;45%的幼儿存在饮食行为问题,如挑食、过度吃零食。许多幼儿园老师、家长反映幼儿存在偏好吃某种食物或者不吃某种食物、进餐时间长、玩餐具、吃饭的时候进行其他活动等不良行为。

2015年,在兰州市随机抽取的389名儿童中,高达67.62%的儿童有饮食行为问题;同年,在我国浙江,1721名幼儿中被检出至少有一种饮食行为问题的幼儿占47.3%。幼儿饮食行为问题已经广泛覆盖我国各地。学龄前阶段正是幼儿的身体和心理发育的关键时期,合理的营养是维持生长发育的重要因素,而健康的饮食行为又是均衡幼儿身体营养的重要保障。《幼儿园教育指导纲要(试行)》指出:幼儿园教育的终极目标是促进幼儿身心健康发展,培养幼儿良好的饮食、睡眠、盥洗等生活习惯和生活自理能力。可以看出,良好的饮食行为已经成为幼儿教育中重要的组成部分。此外,3—6岁也是幼儿身心发展的快速时期。这一时期幼儿身体生长速度也在快速发展,每年幼儿平均身高增长5—7cm,体重每年增加2.5—3kg。随着社会生活质量水平的不断提高,幼儿身体成长质量也日益提高,贫血、营养不良等疾病引起幼儿死亡的概率逐年下降。

通过在线进行自主设计调查问卷共回收136份,通过数据分析,有82.96%的幼儿喜欢吃零食;幼儿每天饮用白开水800 mL的人数占23.7%;56.3%的家长认为幼儿存在偏食情况;53.33%的幼儿喜欢吃油炸类食品。

(二)学龄前幼儿饮食行为及其体质关系的研究

发现学龄前幼儿的饮食习惯与体能发展存在显著相关性。具体表现在以下几个方面:饮食结构和进食方式对幼儿的体能发展有影响。调查发现,不良饮食习惯的幼儿其体能发展相对较差,而饮食规律、营养均衡的幼儿则表现出更好的身体素质和运动能力。研究发现,良好的饮食习惯可以使幼儿更容易形成健康的生活方式,从而对其体能发展产生积极影响。

四、学龄前幼儿饮食行为与体能发展的策略

(一)开展食育课程,改变不良饮食行为

从收集到的数据可以看到,刚入园的幼儿体检和体测数据在经过体育活动和膳食干预后对幼儿身体发展的影响。结合幼儿园健康领域课程内容,结合幼儿园开展的食育课程,密切关注幼儿的身心发展的特点,开展相应的体育活动,观察幼儿情绪、体质上的变化。

(二)组织趣味体育游戏,提高学龄前幼儿参与性

运动增加了人体的消耗,使幼儿不自觉地增加食量来增加能量摄入。疫情后幼儿返园,我们根据幼儿的年龄特点设置适宜的体育活动,这时我们如果保持相对规律的运动量,选择健康的白开水和营养丰富、脂肪较低的食物,就可以维持能量出入的最佳状态,从而保持学龄前幼儿生长发育和日常活动的能量需要,也不会导致体重超重或者肥胖。

开展专项体育活动,如拍球、跳绳、跳鞍马等,统计并分析数据结果。比如:1分钟跳

绳比赛，2019 年最好成绩是 159 个，2020 年无，2021 年是 183 个，但 2021 年第一次测试时，幼儿跳绳数比 2019 年同期要差将近 30 个，疫情防控期间缺失的体育运动对孩子们体质发展还是存在一定的影响。

（三）开展家长工作坊，提升家校社协同育人氛围

结合园本课程，开展不同形式的家长工作坊或者家长沙龙，引导家长重视并积极帮助幼儿建立健康的饮食行为，形成健康意识，支持、配合园所开展的各种体能活动，形成合力。

五、结论

本研究表明学龄前幼儿饮食习惯与体能发展之间存在显著相关性。良好的饮食习惯可以促进幼儿的体能发展，而不良的饮食习惯则会对幼儿的体能发展产生负面影响。因此，家长和教育工作者应关注幼儿的饮食习惯，适当引导幼儿进行户外活动和运动锻炼，提高其身体素质和运动能力，从而促进其健康成长。

幼儿园劳动教育与 STEAM 教育相结合的课程实施策略

天津市天津大学幼儿园　沈　彤　术雪松

随着现代教育理念的不断发展，劳动教育与 STEAM 教育已经成为教育领域中的热点话题。劳动教育旨在培养幼儿的动手能力、实践能力和创新能力，而 STEAM 教育则是一种跨学科的综合教育，旨在培养幼儿的科学、技术、工程、艺术和数学等多方面的素养，两者具有天然的契合性。将劳动教育与 STEAM 教育有效结合，不仅可以丰富幼儿的学习内容，提高幼儿的学习兴趣和积极性，还是幼儿园课程建设的新挑战，为幼儿园教育提供了一种新的教育模式。

一、幼儿园劳动教育与 STEAM 教育

（一）幼儿园劳动教育

1. 劳动教育的概念

劳动教育是指通过各种形式的实践活动，使孩子掌握劳动技能，形成劳动情感，养成劳动习惯，发展劳动兴趣，提高劳动能力，树立正确的劳动观念和劳动态度的教育。在幼儿园阶段，劳动教育主要通过日常生活活动、园艺活动、手工制作活动、环保活动等方式进行。

2. 幼儿园劳动教育的价值

幼儿园劳动教育对于培养幼儿的独立性、自主性、创造性，养成良好的生活习惯，提高幼儿的社会适应能力具有重要的价值。通过劳动教育，幼儿可以学会自主地解决问题，培养责任感，形成自信、自尊的人格特征。同时，劳动教育还可以培养幼儿的团队合作精神，提高幼儿的社会交往能力。

（二）幼儿园 STEAM 教育

1. STEAM 教育的概念

STEAM 教育是一种基于科学、技术、工程、艺术和数学的综合性教育。它旨在培养孩子的创新思维和解决问题的能力，通过将各个领域的知识融合在一起，让孩子在实践中学习，从而提高他们的综合素质。

2. 幼儿园 STEAM 教育的价值

幼儿园 STEAM 教育具有很高的价值：(1)可以帮助孩子培养创新思维。通过实践和探索，孩子可以学会从不同的角度看待问题，从而产生新的想法和解决方案。(2)可以提高孩子的动手能力。在实践过程中，孩子可以亲自动手操作，锻炼他们的动手能力，提高他们的实践技能。(3)可以增强孩子的团队协作能力。在小组合作中，孩子可以学会与他人沟通、协作，共同完成任务，提高他们的团队协作能力。(4)可以扩大孩子的知识面。STEAM 教育涵盖了多个学科领域，可以帮助孩子扩大知识面，提高他们的综合素质。(5)可以培养孩子跨学科思维。通过将不同领域的知识融合在一起，孩子可以学会跨学科思考，提高他们的综合分析能力。

(三)幼儿园劳动教育与 STEAM 教育的关系

幼儿园劳动教育注重培养幼儿的劳动技能和劳动习惯，帮助他们掌握生活技能，提高他们的动手能力和创新思维。而 STEAM 教育则强调跨学科的学习，通过综合性的学习内容，培养幼儿的创新思维和解决问题的能力。这两者有着密切的联系。

首先，劳动教育是 STEAM 教育的重要组成部分。在 STEAM 教育中，劳动技能和劳动习惯的培养是不可或缺的。例如，在科学实验中，幼儿需要掌握实验器材的使用方法，这离不开劳动技能的培养。在数学教育中，幼儿需要掌握计算、测量等技能，这同样需要劳动技能的支撑。

其次，STEAM 教育为劳动教育提供了更广阔的平台。在 STEAM 教育中，幼儿不仅需要掌握劳动技能，还需要掌握科学知识、数学思维等跨学科的知识。这些知识的学习和应用可以促进幼儿对劳动技能的理解和应用，提高他们的创新思维和解决问题的能力。

二、幼儿园劳动教育与 STEAM 教育相结合的课程实施策略

1. 制定相互渗透的教育目标

结合劳动教育和 STEAM 教育的理念，制定明确的课程目标，确保两者间的相互渗透。目标应该关注幼儿劳动技能的培养、跨学科知识的运用、创新思维和团队协作能力的培养等。同时，目标应该具有可操作性，能够通过具体的活动和任务来衡量幼儿的学习进展，以实现劳动技能培养和科学素养提升的双重任务。

2. 整合适宜的教学内容

将劳动教育和 STEAM 教育的内容进行整合，设计与幼儿园课程紧密结合的实践性活动，既能培养幼儿的劳动意识、劳动技能，又能激发幼儿的创造力和探索精神。在课程整合的过程中，需要充分考虑幼儿的年龄特点和认知能力，选择幼儿感兴趣且适宜的教学内容，将劳动教育和 STEAM 教育有机地融合在一起，形成一个统一的教育整体，使幼儿在学习和实践中得到全面的锻炼。如自我服务、环境清洁、种植养殖、烹饪烘焙和手工制作等，既让幼儿能够在劳动中掌握技能，感受到劳动的乐趣，又可以结合数学、科学、技术等领域的内容设计问题，引导幼儿在实践中运用知识解决问题，通过创新思维和团队协作完成任务，培养幼儿创造性、解决问题的能力和团队合作精神。

3. 运用多元化的教学方法

在课程实施过程中，应该运用多元化的教学方法，将劳动教育和 STEAM 教育有机结合，让幼儿在轻松愉快的氛围中学习劳动技能，并使幼儿在完成劳动任务的同时掌握相关的科学知识，培养他们的创新意识和实践能力，如示范、讲解、游戏等。

4. 创设情境化的学习环境

为幼儿创设适合幼儿发展的安全、舒适、有趣且情境化的学习环境，营造浓厚的学习氛围，提供教育资源的支持，激发幼儿参与劳动和 STEAM 教育的热情和兴趣。环境创设应注重实用性、互动性和创新性，使幼儿在环境中感受到学习的快乐，提高他们的实践能力和创新能力。为他们提供充足、丰富的教育资源，包括劳动工具、材料、STEAM 教具等，保障幼儿能够进行实际操作和探索，充分发挥劳动教育和 STEAM 教育的融合效果。如为幼儿创设劳动角、种植园、饲养区、烘焙室、木工坊等。

5. 提供有针对性的指导

在课程中，教师可以引入 STEAM 教育理念，设计主题活动和实践任务，有针对性地指导幼儿通过观察、实验、探究等方式来学习，在完成任务的过程中帮助他们掌握正确的劳动技能和跨学科思维方式。鼓励幼儿创新和探索，让他们发挥自己的想象力和创造力，通过科学实验、技术制作等动手操作来尝试新的方法和技能，培养他们的创新意识和探索精神。当他们遇到困难寻求帮助时，教师可以引导他们进行思考，并尝试通过自己的努力找到解决问题的方法，培养他们自我解决问题的能力。教师还可以通过小组合作、角色扮演等方式，鼓励幼儿在合作中互相学习、互相帮助，培养幼儿的团队合作意识，提高他们的团队协作能力和社会交往能力。

6. 建立科学的评价体系

评价体系是评估幼儿园劳动教育与 STEAM 教育结合效果的重要工具。它能全面、客观地反映幼儿园在劳动教育与 STEAM 教育相结合的课程实施过程中的成果和问题。通过评价指标能够衡量幼儿园将劳动教育与 STEAM 教育相结合的效果，分析出幼儿园在劳动教育和 STEAM 教育相结合的课程实施中，是否能够充分利用现有的教学资源，提高资源的使用效率，较好地实现既定的教育目标；孩子参与和兴趣程度是否较高；教师在劳动教育和 STEAM 教育相结合的课程实施过程中，教学方法是否得当，教学效果是否显著；家长对幼儿园的教育工作是否认可；幼儿园在结合劳动教育和 STEAM 教育时，是否能够创设有利于孩子发展的教育环境等。因此，构建一套科学且合理的评价指标体系，能为课程改革提供有利的依据。

综上所述，幼儿园劳动教育与 STEAM 教育的融合是一种创新性的教育模式，二者的相互结合和补充，能够使幼儿在学习过程中培养实践能力和创新能力，提高幼儿的综合素质，形成全面和谐的发展，对幼儿园课程建设和改革具有很大的实践意义和价值。幼儿园是幼儿教育的关键阶段，为更好地促进幼儿健康、全面、和谐的发展，我们应该积极探索和实践这一教育模式，灵活运用各种教学策略和方法，使劳动技能的培养和科学素养的提升相互促进、相得益彰，为幼儿的未来成长奠定坚实的基础。

关于语言暴力对学龄前儿童影响的研究

天津市天津大学幼儿园　贾秀南

我们所说的"语言暴力"是指直接或间接地使用谩骂、蔑视、嘲笑的语言，会给他人的精神、心理上造成影响的行为。语言暴力虽然没有对肉体造成伤害，但是语言暴力却直击心灵的最深处，对被暴力的人来说，受到了严重的心理及精神伤害，是一种"隐形暴力"。而这种"隐形暴力"不是一朝一夕形成的，笔者认为其中存在着诸多问题，才导致了这一"隐形暴力"的出现。

一、当前幼儿教师教育中存在的问题

当前幼师队伍素质参差不齐。幼儿教师的队伍里存在着一些问题,一是由于全社会对学前教育的高度重视,也正是二胎的孩子到了入园年龄,适龄儿童激增,公办幼儿园不能满足这些需求,而民办幼儿园如雨后春笋般地出现,需要大量的幼师;二是在一些偏远的地区,教师们缺乏系统考核培训,师资队伍素质参差不齐。在一些偏远的幼儿园里,教师基本没有编制,教师的工资普遍较低。学校更缺乏对教师的培训,教师素质没有上升,并且教师每天的工作压力非常大,这样就导致教师身心疲惫,有的甚至产生一些心理问题。这一部分教师的不良行为,对整个教师队伍的形象和幼儿的身心健康造成了严重的影响。因此,关注幼儿教师中存在的"语言暴力"问题,应从道德、法律、制度等方面来预防。幼儿教师的"语言暴力"会给幼儿带来非常严重的心理伤害,大家对此并没有足够的重视,也可以说关注点比较片面,而幼儿教师身心压力过大是教师"语言暴力"的主要原因,教师学会疏解压力、提高自身修养等是矫正"语言暴力"的重要举措。

二、教师的语言暴力对幼儿产生了极大的影响

暴力作为一个全球性的问题而存在,提到暴力,大家的脑海中马上就会浮现出各种殴打、体罚、捆绑等造成人肉体上伤害的行为。而语言暴力是除了身体暴力以外存在的一种隐形暴力,这种暴力对人的伤害性更大,它是用语言、行为等方式使受暴者承受巨大的精神痛苦。

(一)语言暴力对幼儿心理的影响与危害

1. 语言暴力下的孩子缺乏自尊、自信心

语言暴力是一种隐形暴力,它与真正的肉体暴力是不同的。幼儿长期接受这样的"语言暴力"会伤害他们的自尊心,使幼儿丧失自信心。孩子的心理比较脆弱,其自尊心像玻璃,掉在地上非常容易破碎,所以我们要万分小心。试想如果一个人的安全感、自信心缺乏甚至消失了,他还怎么去面对未来的挑战?这样的教育方式必然是失败的!

2. 语言暴力下的孩子自卑、失败体验增多

成年时期出现的心理问题大多数与他幼年时期所遭受的心理伤害有很大关系,那些经常遭受"语言暴力"伤害的幼儿,发展下去后果不堪设想。当那些幼儿经常被别人批评指责后,就会使他们产生自卑的心理,感到自己不如别人,或者是不管自己怎么努力都达不到老师的要求,就索性放弃自己,消极的心理暗示越来越多,他们就失去信心,会逐渐变得冷漠,没有进取心。

3. 造成人际关系紧张,形成逃避心理

在很多情况下,被"语言暴力"伤害的孩子会受到多大程度的心理伤害是无法计算的。这种隐形的伤害,可能会让他们有一辈子的心理阴影。他们会拒绝与人交流,独来独往,形成了逃避心理。

4. 产生焦虑抑郁心理,丧失自信心

笔者清楚地记得小时候老师是如何用语言深深地伤害到自己的。而许多老师并没有意识到这一点,受到责备、训斥的孩子容易产生焦虑、抑郁的心理,在他们心里有一种紧张和恐慌为主的情绪,对待人和事非常敏感谨慎,有的也会抑郁,当内心难以承受这种压力时,就会厌恶世界,或报复社会或结束自己的生命。

5. 人格情绪障碍

虽然"语言暴力"从表面上看不出来,但是它对孩子的人格发展却造成了很大伤害,主要有两种表现:一种使他们形成"退缩性人格",即孩子内向、封闭、自卑等;另一种是孩

子形成"攻击性人格"，性格暴躁、易怒，心里充满仇恨、逆反，长大可能会危害社会，害人又害己。

（二）教师的语言暴力对幼儿产生巨大影响

几乎所有的老师都对幼儿说过"狠话"，专家认为这比体罚造成的后果还要严重。"精神惩罚"对幼儿的危害到底有多大，笔者认为有以下几点。

1. 吓唬、冷落幼儿。每当幼儿犯错误或淘气时，老师往往会不自觉地用诸如"你再这样我就把你送到你妈妈找不到的地方了"等话吓唬幼儿，让幼儿因害怕而听话了。

对幼儿的影响：很容易让幼儿的情绪不稳定，出现胆小、抑郁、焦虑、敏感等问题。

2. 言语中否定幼儿的能力。一大部分老师因为追求教学的完美，而忽视了孩子的努力，仅仅因为他们没达到老师理想的标准，就否定他们的能力。

对幼儿的影响：如果教师长期对幼儿持否定的评价，则会影响他们正确地评价自己，从而失去自信心。

3. 误解事实会影响幼儿。老师平时往往不会注意自己的话语中带有夸张的成分，错误认为事情的过程，这会让孩子很委屈。

对幼儿的影响：教师对事实的误解会影响到幼儿的人际关系，会出现骗人、吵架等行为，喜欢攻击别人，对幼儿发展不利。

三、转变观念，注重教师对幼儿的无形的教育

1. 教师的真诚和挚爱是让幼儿感受老师态度的关键。
2. 让幼儿感受认知世界是我们当前教育的前提。
3. 利用各种生活资源随机向幼儿表达老师的爱。
4. 善于用各种形式让幼儿感受老师对自己的喜爱。

四、教师应当如何避免暴力性语言的出现和如何进行语言鼓励

（一）教师应怎样避免语言暴力

1. 提高教师自身素质

作为教师我们不但要教书，还要育人，在日常活动中渗入道德品质、行为习惯等内容，研究幼儿的特点，做到因材施教，灵活变通。然而教师也要注意自身的身心健康，有报道称有50%的教师身心处于亚健康状态。试问这怎么教出身心健康的孩子？所以教师要随时调整自己的心态，学会在压力中、在竞争中永葆一颗乐观进取的心，提高自身的综合素质，才能平和地对待幼儿。

2. 研究教学用语，发挥语言的激励功能

教师在教学过程中，要使用文明的语言，平等对待幼儿，尊重爱护他们。同时，要发挥语言具有激励性的特点，多用鼓励的语言激发他们上进的信心。经过事实证明，教师多用鼓励性的语言，善用鼓励性的语言，其发挥的作用是采用暴力型的语言远远达不到的。

3. 对待幼儿要充满爱心

孩子总是在犯错误与改错误之中逐渐成熟，慢慢长大的。教师要用自己的满腔热情去关爱自己的学生，不仅仅要学会赏识学生的优点，更要学会欣赏他犯错误的"可爱之处"。只有这样，教师才能有平和的心态分析孩子犯错误的原因：他是不是为了引起教师和同学的注意才故意为之的，或者是由于自身的性格偏执和同学闹事儿，抑或是因为家庭不和睦而导致心理不够健康……

当教师以爱为出发点去看待幼儿时，对他们便会多一些关心，多一些理解，多一些宽容，想尽一切办法帮助他们认识自己的错误并改正，从而减少甚至杜绝语言的暴力行为的

出现，用爱心帮孩子们弹奏一曲动听的成长乐章。

4. 要用终身教育的眼光看待学生

现代社会需要的是各种复合型的人才，教师看待学生时不要以成绩作为唯一的指标。不管是成绩好或差的孩子，长大后都能找到适合自己的岗位，也能为国家付出自己的一分力。教师如果能用发展的、辩证的眼光看待学生，对学生的是与非、对与错，便会从一个全新的角度去看待，对学生就不会怨声载道，恶语相向。愿老师们都能规范教学用语，真正成为能维护校园圣洁、滋润祖国花朵茁壮成长的使者。

(二) 教师怎样使用鼓励性语言

教师的鼓励性语言要对幼儿有引导性和针对性。

幼儿园阶段的幼儿自制力比较差，不能控制自己的欲望，比如有些小班的幼儿就喜欢咬人，这是他们的年龄特点决定的。其实我们知道他们并不是真想咬人，而是喜欢，却不知道怎么表达。这就需要教师去正确引导，不能盲目去批评、去阻止。

我们要心平气和、发自内心地与孩子说话，孩子们很敏感，如果他们感觉老师是发自内心的关爱，让他们感觉老师是自己的朋友，他们就会比较容易接受教师的劝导与鼓励。

五、结论

教育是慢而又充满语言魅力的艺术，教师只要有足够的耐心去了解幼儿，就不会有那些伤害性的语言出现。老师应善于妙用"良言"，当幼儿遇到任何挫折与痛苦时，教师要给予足够的关爱，当幼儿自卑时，要记着用他的"闪光点"燃起他的自信心，教师要用鼓励与肯定的语言，这样会让孩子感受到温暖与关爱，然后变得更加优秀。

幼儿园班本课程探索与实践
——以小班"很高兴'玉'你相遇"课程为例

广西—东盟经济技术开发区(南宁华侨投资区)直属幼儿园　邓秀芝

一、生成——挖掘班本课程的内容和资源

(一) 关注幼儿一日生活，从中找到班本课程的切入点

一日生活皆课程，生活即教育，教育即生活。一个话题、一个游戏都可能成为开展课程的契机。教师要认真观察幼儿日常的游戏活动以及汲取生活经验，在一日活动中追随孩子的兴趣点、问题点，抓住教育契机，挖掘教育价值，进行机智教育，以开发适宜的幼儿园班本课程内容。

"很高兴'玉'你相遇"是一次由午餐吃玉米排骨汤引发的班本课程。幼儿在吃玉米的过程中，对玉米产生了极大的兴趣，教师结合我园"生态美育"课程理念，开展了自然教育理念下的班本课程活动，让幼儿更好地与自然进行亲密接触，同时用游戏化的教育方法、生活化的课程方式，培养幼儿积极主动、敢于探究和乐于亲近自然的学习品质。

(二) 追随幼儿的兴趣与需求，挖掘班本课程资源

在开展班本课程教学时，教师要关注幼儿的兴趣与需要，善于挖掘适合本班幼儿的课程资源，引导幼儿不断深入探究，让幼儿在问题情境中不断积累新的经验。可是孩子感兴趣的东西那么多，怎么区分"假"兴趣和"真"兴趣？怎样抓住孩子的"真"兴趣？课程"很高兴'玉'你相遇"源于孩子们感兴趣的话题，通过前期的亲子调查发现，幼儿已经知道玉米有很多种类，还可以做成很多美食。因此，教师通过最简单的谈话，在谈话中观察，在谈话中

提炼，从孩子的兴趣和知识经验出发，自然生成课程。

二、探索——班本课程的实践与推进

（一）课程目标的预设及调整

教师了解幼儿的真正需要后，对课程怎样开展有了明确的方向。根据幼儿已有经验，结合幼儿的谈话兴趣点，开始预设课程目标及课程价值导向。这些预设的课程只是教师以自己的角度来设计课程及推动课程的方式，在后续课程的开展中，教师会根据幼儿的实践探索情况进行修改或者删减，也就是最后呈现的案例会与前面预设课程不一样。课程"很高兴'玉'你相遇"，教师开始预设了7个课程目标，但在实际开展过程中，教师发现幼儿在"为什么玉米叶子有洞洞"这个课程中有浓厚的探索兴趣，于是满足孩子的探索欲望，调整生成"毛毛虫会变成美丽的蝴蝶吗？""毛毛虫为什么不见了？""毛毛虫变成蝴蝶啦"三个案例，这就是预设的"动态"调整。

（二）以幼儿问题为导向，激发幼儿的探索兴趣

课程"很高兴'玉'你相遇"，在预设基础上，孩子了解有关"玉米"的知识，同时，他们萌发出"种植玉米"的愿望。顺应孩子兴趣点——种植玉米。随着"玉米"课程的不断深入，在实践活动中，幼儿的兴趣点、疑问点，多偏向科学、社会活动，幼儿普遍对怎样种玉米、玉米怎样长大等有较高的兴趣，所提出的问题多是"玉米怎样才能快快长大？""为什么玉米叶子有洞洞？""玉米花是怎样的？"。因此，在具体开展过程中，教师应根据幼儿的兴趣点对活动预设进行调整，并结合幼儿提出的问题引导幼儿主动进行分析和探索，让幼儿在分析及解决问题中更持久地探索，从而有效推进活动的开展。

（三）支持幼儿，引导幼儿深度学习探究

教师是幼儿学习、探究的支持者、合作者、引导者。在活动实践过程中，教师要以幼儿为主体，遵循"幼儿在前，教师在后"原则，认真观察幼儿活动。幼儿遇到困难，经过反复尝试不能解决时，教师要及时介入，给予适当的引导和帮助，让幼儿的活动得以深入开展。

1. 种植——怎么种玉米？

种玉米需要什么？首先，通过亲子调查，幼儿已经知道了玉米的种类有很多，并通过投票决定种甜玉米。那玉米到底要怎么种呢？在讨论后孩子们开开心心地来到种植园，从"整地、松土—开沟施底肥、放种子—埋土—浇水"等环节，亲自参与实践，在整地时孩子们发现有一些石头，担心会压坏玉米种子，还提出把石头拣出来。孩子们在这次活动中获得新经验、新知识、新技能。

2. 管理——怎样才能让玉米苗快快长大？

种下去的玉米需要好好管理才能长大，这个过程是孩子们发现问题、解决问题和探索学习的过程，也是观察、记录的过程。教师每天都会和孩子们到种植园看一看，种子发芽了吗？长大了吗？数数长了多少棵？并给玉米小苗苗浇水，看到土里的杂草也会主动帮玉米宝宝除草，孩子们还将自己每天的所作所为用绘画的方式记录下来，这样不仅激发了幼儿的观察力，也丰富了幼儿的生活。"怎样才能让玉米苗快快长大？"这是孩子在发现玉米长出来后提出的新问题。在这次活动中，老师和孩子们共同查阅资料，并且在实践中孩子们知道了植物生长是需要在满足有土壤、有阳光、有充足水分的条件下才能生长，此外还需要给玉米苗定期施肥，这样玉米苗才能快快长大。看着不断长大的玉米苗，孩子们欢呼雀跃起来，觉得很有成就感。

除了每天浇水、除草和定期施肥等日常管理都让幼儿参与外，还应引导幼儿发现问题、解决问题，了解有关植物生长的经验。

阿湖发现家里奶奶会拔掉一些玉米苗，于是孩子们发出疑问"为什么要拔掉一些玉米苗？"。教师引导幼儿大胆地去猜想，听了幼儿的讨论，教师带着孩子们找到园里的种植阿姨寻找答案，阿姨给孩子们讲解了"间苗"的原因及方法。但是，有几个幼儿提出了自己的想法："拔下来的玉米苗会死掉的！""我不想拔，我要看着它长大！"。教师尊重幼儿的选择，让幼儿自己决定是否"间苗"，并让他们在这种对比性的环境中，通过观察发现密度对植物生长的影响。这个时候也有幼儿提出把拔起来的玉米种到别的地方去，为了满足孩子们的探索欲望，教师和孩子一起又开启了移"玉"之行。

在种植活动中，教师带领幼儿到种植园观察玉米的生长状态，引导幼儿发现问题，鼓励幼儿探索解决问题的办法。通过这样的探究活动，帮助幼儿建立探索自然的好奇心，培养他们的探索精神。同时，幼儿的人际交往能力获得了有效提升，幼儿在与同伴充分互动的过程中，其社会性发展也逐步得到提高。

（四）家园家校合力，让课程开出炫彩的花

课程重在让孩子体验、参与以获得直接经验。家长的理解与配合，是我们开展班本课程的最大动力。怎样让家长积极配合参与我们的课程活动呢？首先，让家长了解什么是班本课程？开展班本课程的好处是什么？针对我班幼儿开展班本的实际情况，我利用家长群，将幼儿开展课程活动以视频或照片的形式展示给他们看。其次，在课程需要家长协助时发信息给家长，如亲子调查表、亲子探索、亲子手工作品等，都得到了家长的大力支持，他们参与课程的所有作品也都展示在班级。让他们真正参与到课程中来，看到孩子的进步与收获。

三、反思——不断完善班本课程

（一）转变教师的教育观、儿童观

在进行班本课程教学时，教师要转变"离开教材后无所适从"的状态，尊重幼儿、欣赏幼儿，从幼儿的视角出发，基于幼儿当下的经验兴趣，充分挖掘各种资源助力班本课程的生成。例如，在"很高兴'玉'你相遇"课程中，教师能在整合幼儿兴趣点的基础上，不断对课程内容进行拓展和延伸，通过一次简单的种植，发展幼儿在观察、生活技能、情感认知等多方面的能力，从而促进幼儿健康、全面发展。

（二）抓住偶发事件的教育契机，进行随机教育

在"很高兴'玉'你相遇"课程中，教师发现孩子对毛毛虫会不会变成蝴蝶非常感兴趣，教师及时抓住这一教育契机，将幼儿的兴趣点、可获得经验进行再次拓展延伸，支持孩子们的探索，将毛毛虫带回教室进行细致的观察，同时教师与孩子一起查找资料，最终发现毛毛虫是可以变成蝴蝶的。最后通过亲子探索还知道了自然界中存在食物链的关系，拓展了孩子的知识面。

（三）及时反思，关注幼儿的深度学习

教师在实施班本课程的过程中，不仅要融入评价和反思环节，还要更加细致地把评价和反思落实到每一个环节中，以培养幼儿的批判性思维，促进幼儿的深入探究与学习。

在种植活动中要以幼儿为主，时刻关注幼儿，追随幼儿的活动兴趣，耐心倾听幼儿的想法，同时借助有效的提问引导幼儿发现问题、解决问题。教师要学会放手，让幼儿自己探讨，和伙伴探讨，最后才是师生探讨。

其次，鼓励幼儿运用绘画表征、观察记录表等图文并茂的方式记录玉米种植、发芽、开花的过程。通过这些记录，幼儿积极主动地交流、讨论，调动了幼儿的学习兴趣，幼儿的语言表达能力、观察能力和科学探索能力都得到了发展。

综上所述，教师在开展班本课程时要有一双"慧眼"，及时捕捉一日活动中具有教育价

值的信息。根据幼儿的兴趣和需求，从日常生活中挖掘具有价值的教学资源和内容，并制定科学的措施，积极延伸和拓展班本课程内容，以提高幼儿班本课程的趣味性和多样性，促进幼儿健康、快乐成长。

幼儿制订"游戏计划书"的必要性及实施策略

四川省成都市高新区天骄西路幼儿园　梁思雨

一、幼儿制订"游戏计划书"的必要性

幼儿自主制订自己的游戏计划，不仅可以避免在游戏中出现"无所事事""随意摆弄""争吵冲突"的现象，而且有助于幼儿良好学习品质的培养。通过游戏计划，教师也能够明确幼儿在游戏中需要什么样的条件支持以及调整后续课程体系。

（一）基于儿童游戏的需要

自主游戏是一个开放式的游戏环境，如果没有提前进行游戏计划，例如：没有与同伴商量游戏角色的分工、游戏材料和场地的使用，就会出现"争吵冲突"的现象。同时，计划可以帮助幼儿成为游戏真正的主人，完全尊重幼儿游戏的选择权和决定权，就可以避免游戏现场因为不喜欢而"随意摆弄""无所事事"。

（二）良好学习品质的培养

制订计划时，出于幼儿自觉、自愿、自主的选择，不仅能够最大限度地激发幼儿自主参与游戏的兴趣和积极性，培养幼儿做事的计划性、目的性和坚持性，促进幼儿思辨能力和统筹能力的发展，而且能够提高同伴间的交往和合作能力。幼儿的经验得到了整合、深化、再生，为今后的自我认知发展奠定基础。

（三）游戏材料提供的依据

通过幼儿制订的计划，可以直观了解班级区域游戏的分布情况，哪些区域幼儿感兴趣，哪些区域幼儿不感兴趣。针对不感兴趣区域中出现的问题进行思考，采取对区域内的游戏材料进行更新或更换等措施。

（四）教师完善课程的凭证

根据幼儿计划的内容和方式，可以分析幼儿在兴趣、能力、经验、品质等方面的个体差异。针对这些差异问题，教师不仅在游戏前能够预测幼儿可能遇到的困难，在游戏中为幼儿提供支持和帮助，也能在游戏后及时调整教育方式，生成和完善课程体系，从而促进幼儿的全面发展。

二、当前实践"游戏计划书"存在的问题及原因

（一）存在的问题

当前幼儿自主制订"游戏计划书"，在实践中主要存在以下问题：制作困难、容易偏离计划、不是每个"区角游戏"幼儿都能正确书写计划。

（二）问题存在的原因

1. 缺乏前期经验

目前，游戏计划主要以教师制订为主。教师根据游戏计划来保证幼儿的游戏时间、场地、内容、要求。但幼儿无法养成游戏前进行游戏计划的习惯，若缺乏前期经验，从而影响其制订游戏计划的能力。而这种能力不是一蹴而就的，所以幼儿需要一个可以长期自主制订游戏计划的环境。

2. 违背年龄特点，忽视个体差异

幼儿从会玩游戏开始便会进行游戏计划。只是游戏计划能力发展的阶段不同，每个阶段都有其特点。刚开始，幼儿能够指向自己想要玩的玩具，能用一个字或短语表明自己的意图，说了计划但是没有按照计划执行。接着，幼儿能够用短句陈述自己的计划、制订简单的计划并遵循，但是持续的时间不长。最后，幼儿能够制订详细计划，能运用外部资源持续并完成自己的计划。教师应顺应年龄特点，尊重个体差异，不要求幼儿立刻达到某个阶段，而是引导幼儿从一个阶段到另一个阶段成长。

3. 教师急于干预

教师急于干预，导致幼儿是被动地理解了问题产生的原因，并非幼儿的实际经验，影响了幼儿掌握制订游戏计划的方法，也打击了幼儿制订游戏计划的积极性。

4. "游戏内容"和"游戏计划"概念模糊

幼儿不能区分书写计划是要呈现游戏内容、展示游戏结果还是为了完成内容所做的安排和采取的方法。例如：幼儿在进行美工区游戏前所制订的游戏计划书就是一幅画。

三、实施及落实幼儿自主制订游戏计划的策略

(一) 教师要懂得放手

多给幼儿提供自主制订游戏计划的机会，真正落实"以幼儿为本"的教育理念。帮助幼儿在实践中积累制订游戏计划的经验。

(二) 明确计划书写要素

幼儿游戏计划包含游戏日期、游戏材料、游戏同伴、游戏分工、游戏场地、游戏主题等方面要素。

(三) "阶段式"开展计划

1. 小班

小班幼儿综合能力弱，无法理解游戏计划的含义，再加上直接行动思维的年龄特点，应先让幼儿开展自主游戏，体验自主游戏的方式，感受自主游戏的特点。接着鼓励他们口头表达自己的计划，最后挑战以"绘画"的形式绘制计划。

2. 中班

刚开始，教师以提问的方式引导幼儿用笔将自己的计划简单地记录下来，接着以分享、讨论的形式学习他人好的计划方法，完善计划的组成元素，最后教师通过课程辅助幼儿丰富计划的内容。

3. 大班

首先激励幼儿在游戏的过程中根据自己的需要随时修改计划，不断进行"试错""纠错"的过程；其次鼓励幼儿遇到问题时多依靠同伴的力量；最后允许幼儿根据游戏的进程选择计划的形式：个人、小组或其他新形式。

(四) 教师的有效指导方法

1. 游戏前

帮助幼儿熟悉区域的材料和规则，特别是新投放的材料，要向幼儿介绍功能、用途、注意事项。

2. 游戏中

(1) 教师明确身份，灵活转换

教师是幼儿游戏的支持者、观察者、参与者、倾听者。在幼儿游戏的整个过程中，教师的身份应灵活转换。例如：幼儿在游戏时遇到无法解决的困难寻求帮助时，教师应以积

极、支持的态度回应等。

(2)"顺应"与"干预"的选择

当幼儿自主制订游戏计划时，教师不能急于干预。由于是幼儿自主制订的，所以当然无法保证计划的合理性和科学性。应鼓励幼儿犯错，放手让他们去实践，在实践中发现问题，思考计划的不合理性，自主解决问题，明白合理计划的重要性。对于游戏计划能力发展到"高阶段"的幼儿，教师可以顺势提醒幼儿遵循自己的计划；当幼儿在落实游戏计划的过程中存在安全隐患时，教师应立刻制止，直接干预。

3. 游戏后

回顾感受，交流心得。在回顾中将游戏中出现的问题进行研讨，进一步丰富制订计划的经验；在交流中选择最出彩的计划并给予表彰，激励幼儿自主学习。

幼儿教师绘本教学提升策略的研究

中国人民解放军国防大学幼儿园(红山园)　丁　祎

一、引言

绘本被称为"生命的第一本书"，在幼儿的成长和发展过程中发挥着重要作用。随着越来越多的作家加入绘本的创作行列，绘本进入了一个新时代。本研究的目的是从绘本教学设计的角度阐明绘本在促进幼儿绘本教学设计中的价值，了解教师绘本教学的现状，促进幼儿绘本教学设计的有效性，确定问题并提出有针对性的策略。

二、相关概念界定

(一)绘本

在绘本中，图像和文本是互补和不可或缺的。绘画对绘本的影响超出了文本。即使没有文字，图片也能让人们理解故事，无法用语言表达的想法甚至可以增加它们的意义。它们特别指的是"插图"和"文本"，一本书一起创造了一个故事。这是一本产生与图画书概念相对应的图像和文本故事的书。

(二)绘本教学

从教学的角度来看，绘本教学是一种新的阅读教学方式。在开始绘本教学之前，教师必须做好"准备"，教师应首先彻底地解释绘本，仔细阅读绘本，收集细节，探索对绘本文本特征的理解。形成自己的教学概念，设计适合幼儿身心发展的教学问题，促进幼儿想象力的发展，在问题和答案中思考和表达。

三、幼儿绘本教学的现状和存在的问题

(一)幼儿阅读兴趣和主动性偏低

首先，教学过程中幼儿不积极阅读绘本。其次，绘本的数量也有限。最后，孩子们没有足够的注意力和耐力来阅读绘本，他们很容易被无关的事情所吸引，也很难集中注意力，在进行绘本教学的过程中很难调动幼儿的兴趣。

(二)教学组织以讲故事贯穿，缺少多样性

在绘本教学组织中，大多数教师是以讲述为主，通过图文并茂的形式讲故事完成教学。孩子们参与的情况很少，缺乏多样性的绘本情节融入。教师专注于绘本故事内容，掌控整个教学过程，在绘本中融入对活动的控制要求，教学组织以讲故事贯穿，缺少主动让幼儿参与的机会。完成绘本活动教学后，对幼儿来说只有短暂的记忆，没有深入了解实际知识。

教师教学中缺乏绘本的教学价值体现，仅限于幼儿的听力和记忆，这种程度的绘本教学很难激发幼儿探索、发展的兴趣和开发思维能力。

（三）延伸活动常被忽略

教师在实践教学活动中最常用的信息活动是"给同伴讲故事""绘画""玩耍"。扩展活动可作为绘本教育的一部分，或在活动结束后直接作为角落教育的一个部分进行。这些简单的推广活动为幼儿设计绘本创造了机会。此外，由于延伸是最后的活动，幼儿的注意力很容易长期疲劳。扩展没有新颖之处，不能吸引幼儿的注意力，也不能影响扩展的效果。因此，教师并没有真正发挥信息作用，只是将信息作为活动结束的指示。如果教师没有仔细定义活动范围，幼儿在绘本教育结束后也无法继续探索学习主题内容的真正知识。

四、幼儿绘本教学问题的原因分析

（一）对绘本资源挖掘不深入

教师在进行绘本教育之前选择绘本时存在资源挖掘不够深入的情况，教师一般都会选择一些接近日常生活知识的绘本内容进行教学展示。在教师的认知中，这样的绘本更接近幼儿的生活，会给孩子带来无限的乐趣，孩子们会喜欢这种类型的绘本资源。绘本主题选择主要是依据教育目的为方向，教师在日常绘本资源挖掘重视绘本的选择及其内容的质量，通常关注绘本的一个方面，不能全面兼顾。

（二）教学方式单一

通过日常课堂观察，我们发现教师最喜欢的绘本教学策略是提问。"这张照片里有什么？""这张照片说了什么？"通过这些非常简单的绘本教学提问，改善孩子们的认知，但是这种教学方式过于单一，对答性的解说让孩子失去对绘本应有的喜爱和兴趣，致使幼儿更多专注于老师的提问和讲解。从整体的教学情况来看，绘本教学成为让孩子们专注于教育活动的一个工具，不能很好地体现出其教育价值；教学方式主要是停留在绘本绘画的展示上，不能更好地展现出绘本内在细节和延伸部分，不能引起幼儿的深刻反思。

（三）绘本教学不重视课后延伸

在扩展活动时，有时幼儿的思维会脱离绘本的内容，扩展到现实生活思考问题和解决问题。然而在实践中，教师并不关注信息活动，因为每项活动留给信息的时间很少。幼儿的社会经验和知识非常有限，在教学过程中无法更深入地观察和理解绘本内容，不能依靠自己很好地接收到绘本传递延伸的经验。幼儿在教师的及时指导下，在现有绘本内容的基础上，通过生动的教学和激发经验的融入，带动幼儿获得新知识。但是，在日常教学中仅仅给幼儿时间来自我转移对绘本教育设计的知识是不够的。此外，在课后生活和其他针对幼儿的活动中，教师很少提到绘本的延伸内容，无法帮助幼儿扩展他们的想法，也无法进一步深化幼儿的知识。

五、幼儿绘本教学提升建议

（一）选择适宜的绘本来提高幼儿的阅读兴趣

绘本的主题非常丰富，涵盖了各个方面。基本上，幼儿在不同发展阶段遇到的问题可以通过阅读不同主题的绘本来解决。因此，绘本主题的选择也非常重要。在选择与幼儿生活密切相关的绘本主题时，幼儿熟悉的主题很重要，但也应该注意主题的新颖性。由于幼儿具有强烈的好奇心，所选绘本必须满足他们的迫切愿望，通过绘本阅读让他们感受到乐趣，让他们获得知识，并极大地满足他们的好奇心。

（二）幼儿教师不断探究新方法

绘本的教学方法丰富多彩，可以捕捉幼儿的兴趣。首先，必须充分利用绘本的教育资源，在开始绘本教学之前，教师应根据儿童的年龄、兴趣和发展为幼儿选择绘本。探讨同一本书多方面的教育资源，列出其教育领域和方向，并以表格形式总结，以供日后参考。通过避免重复选择相同的绘本，在减少教师的工作量的同时增加了绘本教学的多样性。在实施活动时设计各种形式的教学，增加绘本的多样性，很容易让幼儿感兴趣。教师们创设模仿、合作的情景，并允许孩子们通过游戏锻炼身体，并主动参加活动，让孩子在游戏中学习绘本的内容，加深对绘本的理解。

（三）选择更有审美性的绘本扩大想象的空间

幼儿园的孩子的认知发展水平有限，绘本难度也不是很高。教师可以选择具有一定审美以及简单易懂的绘本。绘画的美直接决定了孩子是否有兴趣继续阅读。有时绘本的主题和想法很好，但孩子们不想继续阅读，因为插图单调，颜色不美观。因此，具有艺术审美价值的绘本不仅提高了儿童的学习质量和艺术审美能力，还提高了儿童的想象力，使其能够想象故事如何发展，并使用图像和文本创建一系列故事。

随着时代的发展，绘本已经成为一种流行的文学书籍。将绘本纳入幼儿的日常教育已成为一种趋势，有效地促进了母语学习质量的提升。

现代信息技术在学前教育教学活动中的有效应用

江西省南昌市江西应用科技学院教育学院　郑如洁

随着现代信息技术的不断发展，人类社会已经进入了数字化和信息化的时代。信息技术作为一种工具和资源，对学前教育教学活动的优化和提升具有重要意义。尽管许多学前教育工作者已经开始尝试将现代信息技术用于学前教育教学活动，但目前尚缺乏对这方面科学、系统的探索和实证研究。

一、现代信息技术在学前教育教学活动中的优势和挑战

（一）现代信息技术的定义和范畴

现代信息技术是指应用计算机科学、信息科学和通信技术等知识与工具，用于获取、处理、传递和应用信息的一系列技术。它包括但不限于计算机、网络、多媒体技术、虚拟现实、人工智能和物联网等领域。

（二）现代信息技术在学前教育教学活动中的作用和优势

1. 提高教学效果

现代信息技术可以通过多媒体、互动和个性化的方式呈现教学内容，使抽象的教学内容更加生动、形象，吸引幼儿的注意力，便于幼儿理解与认识，提高幼儿学习兴趣，提高教学效果。

2. 丰富教学资源

通过互联网和数字化媒体，教师可以轻松访问和利用丰富多样的教学资源，丰富幼儿的学习方式，如教育游戏、故事书、音视频素材等，以丰富教学内容，创造更具吸引力的学习环境。

3. 激发创造力和想象力

现代信息技术为幼儿提供了创造和想象的平台，如数字绘画软件、虚拟建构世界等，符合幼儿的认知特点和学习规律，可以激发幼儿的创造力和想象力，将极大地帮助幼儿培养良好的学习品质与学习能力。

4. 增强师生互动与合作

通过使用现代信息技术工具，幼儿可以通过多媒体互动教学软件和教具进行学习，在互动和合作中培养团队合作和沟通能力。同时，教师可以与家长进行及时沟通，了解儿童的学习情况和表现。

5. 个性化学习支持

现代信息技术可以根据幼儿的学习需求和特点提供个性化的学习支持，例如学习管理系统可以根据幼儿的学习进度和能力进行个性化的学习推荐。

(三)学前教育教学活动中信息技术的需求和挑战

尽管现代信息技术在学前教育教学活动中具有许多优势，但也面临一些需求和挑战。

1. 教育资源和内容：需要适合幼儿身心发展特点的优质教育资源和内容，以支持幼儿的学习和发展。

2. 教师专业发展：计算机作为辅助手段引入课堂教学，但如果教师和学生掌握信息技术的基本知识与技能还欠熟练，缺乏专家和相关理论指导，会使信息技术与学科融合难以系统化。

3. 家庭和社会支持：学前教育机构需要与家长和社会密切合作，共同关注信息技术在学前教育活动中的应用，同时提供必要的支持和资源，以推进信息技术的应用。

因此，在学前教育教学活动中使用信息技术需要充分考虑以上问题，采用科学和系统的方法，以最大限度地利用信息技术优势，促进学前教育教学活动的现代化和提高教学质量。

二、现代信息技术在学前教育教学活动中的具体应用案例

(一)教学资源的数字化管理和使用

教师可以利用数字化工具管理和使用丰富多样的教学资源与幼儿进行互动，以提高他们的学习兴趣和学习效果。例如，幼儿可以使用数字图书馆中的互动故事书进行听读，同时熟练掌握数字教具工具可以促进幼儿的操作技能和团队合作意识。

(二)个性化教学与自主学习支持

现代信息技术可以为幼儿提供定制化的教学内容，提供个性化教学和自主学习支持。例如，通过分析幼儿学习成果和需求，教师可以为幼儿制订个性化的学习计划，使幼儿能够在适当的时间内学习到他们所需要的知识和技能。

(三)在线学习平台和应用程序

随着移动互联网和智能终端设备的普及，越来越多的线上学习平台和应用程序也开始进入学前教育教学活动中。例如，蚂蚁花园、小猪佩奇、巧虎等线上教育应用程序可以为幼儿提供丰富多彩的学习内容，还可以促进幼儿的兴趣和独立学习能力。

现代信息技术在学前教育教学中应用广泛，其优势不可忽视。这些应用也带来了新的挑战和需求，如保护幼儿隐私和安全，推广信息技术标准化和规范化等。教师在应用过程中应注意平衡，更好地利用信息技术。

三、现代信息技术在学前教育教学活动中的有效应用策略

为更好地应用信息技术于学前教育教学活动，教育者需要采取一系列的有效策略，进一步提升现代信息技术应用的效果。

(一)教师专业知识和技能的提升

教师的专业知识和技能是信息技术在学前教育教学活动中有效应用的基础。教师需要掌握相关的信息技术知识和技能，并且熟练应用到学前教育教学活动中。因此，学前教师在教学方法上，要结合授课内容和班级儿童的接受度，制作合理科学的教学内容，注意自身的主导作用，不能完全依赖课件。教师应该将现代化教学技术和游戏化的教学课堂相融合，提高幼儿学习的积极性和兴趣，同时加深对学习内容的掌握程度。

（二）教育资源和内容的设计与开发

教育资源和内容的设计与开发也是信息技术应用的关键策略。为了有效应用信息技术，设计与开发者需要根据幼儿的认知和学习特点，开发相应的教育资源和内容，以确保其适应性。

（三）学前教育与家庭的合作

学前教育与家庭的合作对于信息技术的应用至关重要。在学前教育中引进信息技术，建立家长和幼儿园沟通的渠道，有利于学前教育的开展。学前教育机构可以通过家长会议、家庭参观日等方式，向家长展示信息技术在幼儿教育中的应用和意义，鼓励家长积极参与孩子的学习过程，与教师进行沟通和合作。通过增加家园沟通渠道，让幼儿园和家长的沟通渠道更加多元化，有效消除彼此的误解，提高沟通效率。

（四）质量评估和监控

高质量的信息技术应用需要进行质量评估和监控。学前教育机构可以通过教师观察、学生反馈以及定期的评估和汇报等方式来建立信息技术应用的标准和评估体系，对教师和幼儿的信息技术应用进行评估和监控，以确保教学活动的质量和效果。

四、现代信息技术在学前教育教学活动中的挑战与解决方案

（一）技术设备和网络环境的问题

技术设备和网络环境的问题是在应用信息技术时面临的一个主要挑战。有些学前教育机构缺乏先进的计算机设备和高速的网络连接，这可能会限制教师和幼儿的信息技术应用。为了解决这个问题，学前教育机构可以通过购买先进的技术设备、提高网络带宽等方式，改善技术设备和网络环境。

（二）学前教育教师和家长的态度

学前教育教师和家长的认知和态度是信息技术应用的另一个挑战。有些教师和家长可能缺乏对信息技术新应用的了解和认知。为此，学前教育机构应该开展有针对性的教育和培训，向教师和家长介绍信息技术应用的好处和优势，并提供相关的指导和支持。

（三）幼儿隐私和安全保护

在信息技术应用过程中，幼儿的隐私和安全保护也是一个挑战。幼儿的个人信息和隐私需要受到保护，并且教育机构需要确保幼儿在信息技术应用过程中的安全。故学前教育机构应该加强信息安全建设，建立安全保护机制和规范，加强安全意识教育和信息技术安全管理，以保障幼儿的权益和安全。

五、结论

（一）研究发现总结

现代信息技术在学前教育教学活动中的应用已经成为一种趋势。通过对现代信息技术在学前教育教学活动中的有效应用进行研究，我们可以得出以下结论。

1. 现代信息技术在学前教育教学活动中具有显著的潜力和优势，可以提升教师教学效果和幼儿学习体验。

2. 教师专业知识和技能的提升、教育资源和内容的设计与开发以及信息技术的融合方法是实现信息技术有效应用的重要策略。

3. 学前教育与家庭的合作、质量评估和监控对有效应用起着关键作用。

(二)对现代信息技术在学前教育教学活动中的有效应用的展望

未来,随着科技的不断发展,我们应该进一步探索信息技术的应用,为幼儿的全面发展提供更好的支持。对此有以下展望。

1. 进一步加强师资培养和专业发展,提高教师的信息技术能力和教育创新能力。

2. 推进教育资源和内容的创新和共享,提高教育资源的质量和有效性。

3. 加强幼儿隐私和安全保护的意识和措施,确保信息技术应用的安全性和可靠性。

现代信息技术对学前教育教学活动的应用具有重要的意义和潜力。未来的研究应继续深入探讨,以提高信息技术应用的效果和影响,促进幼儿的全面健康发展。

在实践中促进幼儿教师专业发展
（下册）

苏 津 主编

首都师范大学出版社
CAPITAL NORMAL UNIVERSITY PRESS

图书在版编目(CIP)数据

在实践中促进幼儿教师专业发展 / 苏津主编. —北京：首都师范大学出版社，2024.6
ISBN 978-7-5656-8082-3

Ⅰ.①在… Ⅱ.①苏… Ⅲ.①幼教人员－职业技能－教师培训－文集 Ⅳ.①G615-53

中国国家版本馆 CIP 数据核字(2024)第 040774 号

ZAI SHIJIAN ZHONG CUJIN YOU'ER JIAOSHI ZHUANYE FAZHAN
在实践中促进幼儿教师专业发展（下册）
苏　津　主编

责任编辑	林　尧　周晓蓉

首都师范大学出版社出版发行

地　　址	北京西三环北路 105 号
邮　　编	100048
电　　话	68418523(总编室)　68982468(发行部)
网　　址	http://cnupn.cnu.edu.cn
印　　刷	北京印刷集团有限责任公司
经　　销	全国新华书店
版　　次	2024 年 6 月第 1 版
印　　次	2024 年 6 月第 1 次印刷
开　　本	787mm×1092mm　1/16
印　　张	51.75
字　　数	1500 千
定　　价	158.00 元（全三册）

版权所有　违者必究
如有质量问题　请与出版社联系退换

编委会

主　编　苏　津

副主编　林　莹　吴媛媛　李　鹏

编　委（按姓氏笔画排序）

王慧迪　王怡雪　王立秋　文振有　宁贤丽
仲丹宁　刘　欣　刘会玉　邱　霞　陈　琴
罗　阳　赵振颖　胡普树　常　娥　蔡丽菊
翟凤洁　潘艳萍　魏　莎

组　委　杨雅楠　闪军燕　赵　强　布松涛　张庭玮
苏　博　王　阳　潘永东　钟秋瑜　黄欣钰

目　录

教学实践

【教案】

算数乐不停	张伟丽	(003)
楼房好还是平房好	张誉小	(004)
魔女城之旅	李惠梅	(005)
小动物音乐会	苌静雅　李　莹	(007)
好听的声音	林　雪	(008)
小蚂蚁	张晓飞	(009)
分分合合	任　颖	(011)
北京的胡同	许馨瑶	(012)
小小值日生	卢　杰	(013)
丛林小战士	孙杭洁	(015)
我是谁	朱思霏	(016)
马路上的车	可佳旭	(017)
彩色面条	赵景飞	(019)
光影大探秘	魏婷婷	(020)
我们爱刷牙	牛　艳	(021)
植物奇妙的身体	刘青雪	(022)
筷子王国	卢艳霞	(024)
我的连衣裙	钟艳英	(025)
夸夸家乡的桥	高小莉	(027)
认识"6"以内的序数	王维静	(028)
金色的房子	姜美英	(029)
冰雪奇"盐"	汪仙娥	(031)
大家一起玩	王　蕊	(032)
有趣的抽奖游戏	于玉婷	(033)
破译小兵	薛砚田	(035)
寻秘风之谷	陈晶晶	(036)
站立的纸牌	曾　艳	(038)
舞动的彩带	张馨尹	(040)
音乐律动"我是跳舞达人"	吴　楠　刘　娜	(041)
大骆驼	于　红	(042)

陀螺讲解员 ………………………………………………………… 柴玉瑞（044）
藏族童谣手势舞《捉迷藏》 ……………………………………… 李梦琪（045）
哈尼族童谣手势舞《其多列》 …………………………………… 马　聪（046）
汉族童谣手势舞《二十四节气歌》 ……………………………… 王思璐（047）

【说课稿】
没有耳朵的兔子 …………………………………………………… 吴小梦（049）
人民币上的中国符号 ……………………………………………… 马　颖（050）
我的身体有秘密 …………………………………………………… 李　倩（053）
积木拼拼乐 ………………………………………………………… 李炜哲（055）
樱桃雨 ……………………………………………………………… 吴　玥（057）
萝卜回来了 ………………………………………………………… 利文娟（058）
一寸虫 ……………………………………………………………… 陈美平（060）
猴子学样 …………………………………………………………… 朱　灵（062）
眼镜公主 …………………………………………………………… 邓蔼绮（064）
英雄的守卫 ………………………………………………………… 聂中华（066）
整理本领无限大 …………………………………………………… 崔雨竹（068）

教育反思

【观察记录】
娃娃家的游戏 ……………………………………………………… 陈　洁（073）
跳大绳 ……………………………………………………………… 薛晶晶（074）
它的声音很特别 …………………………………………………… 王柯蕴（075）
"不睡觉"的小孩 …………………………………………………… 吕佳蕫（076）
别害怕，你是最棒的 ……………………………………………… 程　婉（077）
小汽车 ……………………………………………………………… 陈雪漫（078）
房屋改造记 ………………………………………………………… 王志丽（079）
红旗红旗飘呀飘 …………………………………………………… 张　冰（080）
齿轮大闯关 ………………………………………………………… 刘玉梅（081）
快乐涂鸦
　　——我眼中的美 ……………………………………………… 程　蕊（082）

【案例分析】
小动物温暖的家 …………………………………………………… 钱姗姗（083）
纸牌翻翻乐 ………………………………………………………… 耿京金（085）
我们都想演小马 …………………………………………………… 王　岩（087）
神奇的扎染 ………………………………………………………… 王　岩（089）
我是平衡"高高手" ………………………………………………… 颜国东（091）
"画"信传递爱 …………………………………………… 杨　晓　刘思怡（093）
我们的"菇"事 ……………………………………………………… 彭春红（095）

我是小小劳动者	褚　静（097）
我们一起来签到	刘　佳（099）
与落叶交朋友	何李丹（101）
从"要我喝水"到"我要喝水"	赵洁珺（103）
"果"然有意思	陈　金（105）
与"光"嬉戏，形"影"不离	汪诗琪　姚　璐（107）
我的小学	尹丽微（109）
当表演区遇上数学绘本	杨　晶（111）
喜欢出手的"顽童"	李敬雅（113）
我们的朋友"小饺子"	鲁春梅（115）
整理小能手	赵　楠（117）
合作真快乐	桑　央（118）
"娃娃家"的故事	林　海（120）
"小乌龟"慢慢来	陈　莹（122）
家园共育促进幼儿健康成长	李新新（124）

【教育随笔】

教育，就在不经意间	冯星星（126）
"你已经得到我家最大的贴画了"	张立双（126）
用心去感受　用爱去关怀	吕欣然（127）
小种子的大启示	刘力畅（128）
我换牙啦	周彤珂（129）
排队	邱美娜（129）
老师，她不跟我玩	杨瑞璇（130）
花儿，你慢慢开	石　博（130）
幼儿情绪管理	蒋瑞雪（131）
晨间接待讲究多	张美仙（132）
发现孩子的闪光点	高　月（133）
春天就在我身边	陈思妍（133）
行走在滚筒上	张雪荷（134）
"老鹰捉小鸡"的新玩法	李思盈（135）
叶子奇遇记	刘宇睿（135）
有趣的花生派对	高文英（136）
一张平面图引发的故事	刘　怡（137）
在游戏中培养幼儿的好习惯	张紫妍（138）

教育探索

| 谚语融入幼儿园食育课程的策略探索 | 张梦迪（141） |

幼儿园安全教育探索分析
——以广州市某幼儿园为例 ……………………………………… 党仪婕(143)
在自然教育中提升幼儿环境保护能力的策略研究 ……………… 吕莉羽(146)
新时代幼儿教育"五育"并举困境及实施路径探究 ……………… 沈雪莲(148)
教师对幼儿园数学活动的指导策略研究 ………………………… 王　松(150)
"儿童本位"视角下幼儿园户外游戏场景的创设与思考 ………… 张莉娜(152)
绘本润心，筑梦成长
——在科普绘本中优化幼儿科学活动 …………………………… 陈美玉(155)
幼儿园大班进餐活动安全精细化管理的现状研究 ……………… 李　甜(158)
小班幼儿自我服务能力现状调查及培养实践 …………………… 邱庆芳(160)
浅谈民间游戏在幼儿园体育活动中的应用 ……………………… 卓　嘎(163)
培养大班幼儿任务意识的实践研究 ……………………………… 康汉泽(165)
野趣游戏中幼儿社会性行为的观察、评估与指导初探 ………… 刘　晔(168)
幼儿礼仪教育中存在的问题及对策分析 ………………………… 彭冬晓(172)
游戏中玩转数学　幼小间衔接无痕 …………………… 姚　璐　汪诗琪(174)
教师应对幼儿告状行为的调查 …………………………………… 徐海楠(177)
幼儿表达性语言障碍引发的行为问题的干预计划与实施评价 … 李晓华(179)
幼儿家庭教育社区支持的现状研究
——以乌鲁木齐市S社区为例 …………………………………… 聂　丹(182)
提高小班幼儿无稿剪纸活动兴趣的研究 ………………………… 李　菲(185)
集体教学活动中如何提升新教师师幼互动的有效性 …………… 李丹丹(187)
基于儿童生活的二十四节气园本课程建构的实践研究 ………… 邬　燕(191)
实施"一日活动皆课程"的活教育路径
——以二十四节气课程在幼儿园一日生活中的实践为例 ……… 魏诗苑(194)
"双减"背景下幼儿园幼小衔接家庭教育指导的策略初探 ……… 陈俏芬(196)
浅析"双减"背景下幼小衔接的重要性 …………………………… 李桂伦(199)
"双减"政策下幼儿美术游戏课程实施路径探究
——以安吉游戏模式为例 ………………………………………… 冯　雪(201)
幼儿园游戏化及生活化食育的开展实施策略探析 ……………… 李　慧(203)
幼小衔接视角下在建构游戏中培养规则意识的策略研究 ……… 朱莹莹(206)
"以美育人"理念指导下的幼儿园音乐美术实践研究 …………… 赵　旭(209)
对小班幼儿在沙水游戏中自发产生角色游戏的思考 …………… 汪　淼(212)
基于儿童视角有效开展主题活动的实践研究 …………………… 马潇文(214)
美育筑底，语言提质
——美育融入幼儿语言教学的实践探索 ………………………… 崔　月(217)
基于幼儿视角的幼儿园生活化课程研究 ………………………… 王海霞(219)
"无为而治"在幼儿园常规培养中的重要意义 …………………… 聂海涛(221)
美术活动中幼儿想象力的引导策略 ……………………………… 张晶晶(224)

以"学习准备"为例探究科学幼小衔接路径 …………………………………… 郭　婷(227)

基于共情的一对一倾听 …………………………………………………… 孔祥艳(229)

幼儿园中班生活活动中的劳动教育 ……………………………………… 潘　畅(231)

浅谈幼儿园小班进餐环节的组织与实施 ………………………………… 彭思佳(234)

浅谈幼小衔接工作中存在的问题及改进策略 …………………………… 侯　莹(236)

幼儿园生成活动探究下主题活动的建构与实施 ………………………… 周黎阳(239)

幼小衔接阶段幼儿前书写习惯培养策略研究 …………………………… 汤香莲(241)

以一对一倾听推进幼儿课程游戏化的策略研究 ………………………… 黄　容(244)

浅谈幼儿园主题墙创设的方法 …………………………………………… 张业慧(246)

浅谈幼儿易怒情绪的形成及应对措施 ……………………… 段超越　尚爱立(248)

高质量中班美工区域活动的有效开展策略 ……………………………… 王思佳(251)

幼儿认知和语言游戏的指导原则和实施策略 …………………………… 孟　文(253)

教学实践

【教案】

算数乐不停

北京市延庆区第七幼儿园　张伟丽

教学领域	科学	班级	大班
设计意图	本次活动的设计意图是让幼儿通过游戏化的数学教学活动，学习和掌握"5"以内的加减法运算，提高数学运算能力，同时也能培养幼儿的合作精神、解决问题的能力以及对数学的兴趣和信心。本次活动结合幼儿的生活经验和兴趣点，创设了购物的情境，让幼儿在模拟交易中，用加法计算水果的总价，并学会找零钱，感受到数学的实用性和意义。			
活动目标	1. 让幼儿能够理解加号、减号、等号的含义。 2. 能用具体物品或手指进行"5"以内的加减法运算，并能正确读出算式和结果。 3. 能用加法解决生活中的简单问题，如购物、分配等。			
重点难点	重点：理解加号、减号、等号的含义，学习"5"以内的加法。 难点：能用加法解决生活中的简单问题，并能用语言或图形表达解题过程和结果。			
活动准备	物质准备：水果卡片、水果、小黑板、水彩笔等。 经验准备：教师讲述故事，引入活动，并且安排分组。			
活动过程	一、游戏导入，激发兴趣 教师为幼儿讲述一个小故事——《小猴子的水果店》。这个故事讲的是小猴子开了一家水果店，卖各种各样的水果，有苹果、香蕉、梨、桃子等，每种水果的数量和价格都不同，小猴子要用加减法来计算水果的总数和总价，还要找零钱给顾客。教师问幼儿："你们想不想去小猴子的水果店买水果呢？你们会用加减法来计算水果的数量和价格吗？我们一起来试一试吧。" 二、小组合作，进行运算 教师为幼儿分组，每组4人，为每人发一张水果卡片，卡片上有水果的图片和数量，如苹果3个、香蕉4根等。教师出示加号、减号、等号的符号卡片，让幼儿学习读出符号的名称，并用手指比画出相应的动作。如加号是两根手指垂直并拢，减号是一根手指横着，等号是两根手指平行等。教师引导幼儿用水果卡片和符号卡片组成"5"以内的加法算式，如3个苹果加2根香蕉等于5个水果，然后用手指或物品进行验证，并正确读出算式和结果。教师鼓励幼儿尝试不同的组合，找出所有可能的算式，并写在小黑板上。 三、情境探究，解决问题 教师为幼儿创设购物的情境，让幼儿扮演水果店的老板和顾客，用水果卡片进行模拟交易。教师提供每种水果的单价，如苹果2元1个，香蕉1元1根等，让幼儿用加法计算自己要买的水果的总价，如2个苹果加1根香蕉等于5元，然后付钱给老板，老板再找回零钱。教师引导幼儿用语言表达自己的解题过程和结果，如："我要买1个苹果和1根香蕉，1个苹果是2元，1根香蕉是1元，一共是3元，我给老板5元，老板找我2元。" 四、活动延伸 教师可以在阅读区提供一些与加减法相关的图书，如《小熊的算术课》《小猪的数学游戏》等，让幼儿在自由阅读时选择感兴趣的书籍阅读和欣赏，从中学习和发现更多的加减法知识和技巧。			

	续表
活动反思	通过这次活动我意识到了自己的不足，比如活动引入时可以让孩子们自己先思考情境，我在一旁引导。今后还需要多反思和评价自己的数学教学活动，不断地改进和完善数学教学设计和实施，为幼儿提供更加丰富有趣的数学教学活动。

楼房好还是平房好

四川省农业科学院幼儿园　张誉小

教学领域	语言	班级	大班
设计意图	基于大班幼儿的发展阶段，开展辩论活动可以帮助幼儿学会表达自己的观点，提高倾听能力，同时培养幼儿独立思考、坚持己见、流畅表达的能力。通过集体教学，为幼儿提供积累辩论核心经验的机会。		
活动目标	1. 能清楚地根据辩论主题组织语言，清晰、大胆地表达自己的观点。 2. 能辩证地分析问题，有条理地表达自己的看法。 3. 能遵守轮流发言、举手发言、有序抢答等基本的辩论规则。 4. 积极参与辩论活动，在活动中感受语言表达的乐趣。		
重点难点	重点：能辩证地分析问题。 难点：有条理地表达自己的看法。		
活动准备	物质准备：平房和楼房的图片若干。 经验准备：幼儿观看成人辩论赛视频，了解辩论的基本流程；带领幼儿分别了解平房和楼房给生活带来的好处及不便。		
活动过程	一、引出辩题，激发幼儿活动的兴趣 教师出示"楼房"和"平房"的图片，组织幼儿进行谈话，引出辩题。 师：我们生活的地方是楼房多还是平房多呢？你喜欢楼房还是平房？ 幼儿发表观点。 师小结：每位朋友的观点都不一样，有的小朋友认为楼房好，有的小朋友认为平房好，相信你们一定都有自己的理由。 二、创设辩论环境，引导幼儿了解辩论的基本含义，激发幼儿用语言表达的欲望 出示字卡"辩论"，引导幼儿讨论什么是辩论。 师：现在，我们就来进行一项非常有趣的活动——辩论。小朋友们，谁知道什么是辩论？（幼儿自由讨论） 师小结：大家对同一个问题持不同的意见，每个人说出自己的理由，最重要的是要说服对方，这就是辩论。 三、辩论会：楼房好 vs 平房好 1. 分组讨论 请幼儿根据自己的意愿进行选择，分为平房队、楼房队两组。 师：请两队小朋友在小组内讨论有哪些理由可以证明自己选择的房屋类型更好。结合自己的生活，通过图画的方式记录下这些理由。 小组讨论可以增加幼儿沟通交流的能力，同时引导幼儿结合生活经验，用绘画的方式记录，帮助幼儿厘清所持观点的理由。 2. 第一场辩论：两组幼儿展示自己的讨论结果 (1)教师鼓励幼儿相互交流，说说自己不一样的理由。		

续表

活动过程	（2）教师鼓励幼儿举手说出更多的理由，并对幼儿的现场发言进行及时梳理、反馈，提升幼儿发言的质量。如引导幼儿尝试用"我认为……""因为……所以……"的句式。同时，提示幼儿遵守"举手发言、安静倾听"的辩论规则。 （3）适时引导，开阔思维。当幼儿说出了所持观点后，教师要适时引导幼儿说出更多不同的理由。如第一个幼儿说"楼房好，因为可以容纳更多的人"，接下来教师要提醒其他幼儿说出不一样的理由，打开幼儿的思维，从多角度去思考理由。 教师将两队幼儿的观点记录单贴在黑板上。幼儿轮流说出自己小组找出的"好"理由，每说出一个理由，教师在记录单上贴上一朵小红花。 师小结：在举手发言中，小朋友们说出了更多不一样的理由，而且用到了一些小方法来和对方辩论，你们表现得非常棒！ 3. 第二场辩论：自由辩论，反驳对方的观点 （1）引导幼儿讨论：自由辩论是怎样的辩论？辩论最重要的是要说服对方，怎样才能说服对方呢？ 师小结：自由辩论的时候，要认真听对方所持观点的理由是什么。教师重点鼓励、引导幼儿关注对方的观点并进行反思，并通过解决自由辩论中出现的矛盾冲突，建立有序抢答的规则。 （2）正面评价，善用鼓励。教师根据幼儿的现场表现，从表述观点、遵守规则两方面给予积极评价。
活动反思	活动中教师始终作为一个引导者和支持者，落实了幼儿的主体地位。教师运用辩论的方法，引导幼儿从不同角度思考问题，指导幼儿运用规范的语言表述自己的观点。活动中主要培养了幼儿自主学习的能力和主动探究的能力。

魔女城之旅

北京市朝阳区康泉新城幼儿园　李惠梅

教学领域	科学	班级	小班
设计意图	《3—6岁儿童学习与发展指南》中提到教师要引导幼儿观察按照一定规律排列的事物，发现其中的排列规律与特点。结合3—4岁幼儿模式认知核心经验——识别所提供的物体的排列模式，如ABABAB模式、AABBAABBAABB模式以及对所提供的简单模式进行填空、复制与扩展，结合班级幼儿年龄特点及兴趣需求，设计了本次教学活动。			
活动目标	1. 愿意积极动脑，参与模式闯关游戏，体验闯关的乐趣。 2. 在去往"魔女城"的路上，识别实物表征方式下的ABABAB模式、AABBAABBAABB模式。 3. 通过使用不同的图片、积木复制ABABAB模式、AABBAABBAABB模式完成闯关，将"公主"送回家。			
重点难点	重点：参与模式闯关游戏。 难点：通过使用不同的图片、积木复制ABABAB模式、AABBAABBAABB模式。			
活动准备	物质准备：绘本《乱七八糟的魔女之城》；幼儿操作材料，包括积木、水果图片、星星图片、月亮图片等；轻音乐。 经验准备：幼儿在生活中见到过按规律排列的物品。			

活动过程	**一、开始部分：情境导入，激发幼儿活动兴趣** 教师播放 PPT。 师：今天有一位小客人（公主）来到了小四班，她遇到了困难，需要聪明的小四班小朋友们的帮助，我们一起来看看她遇到了什么困难。 公主：我亲爱的王子去了魔女城，昨天我收到了王子的来信，他记不清回来的路了。王子在信中告诉我，需要闯三关才能到达魔女城。小朋友们，你们愿意帮帮我，和我一起闯关到魔女城接回王子吗？ 师：那接下来我们一起闯关吧！ **二、基本部分** 1. 铺小路：识别、复制 ABABAB 模式 师：第一关公主需要走过一条按规律排列的小路，李老师使用积木铺了一部分，请小朋友们继续将这条小路铺完。 师：你们发现这条小路是按什么规律排列的吗？ 师小结：我们一起铺出了有规律的小路，小路铺就的规律是一块粉色积木、一块白色积木，接着又是一块粉色积木、一块白色积木。 师：请小朋友们使用托盘中的材料铺一条和这条小路规律相同的小路。 幼儿分享铺小路的方法。 2. 搭小桥：识别、复制 ABABAB 模式 师：恭喜小朋友们闯过了第一关。第二关公主需要走过一座铺满星星和月亮的小桥。李老师给公主铺了一部分小桥，请小朋友继续将小桥铺完。 师：你们发现这座小桥是按什么规律排列的了吗？ 师小结：小桥是按照一个月亮、一个星星这样排列的。 幼儿分享搭小桥的方法。 3. 找钥匙：识别、复制 AABBAABBAABB 模式 师：恭喜小朋友们，我们现在已经闯过两关到达魔女城外了。王子在信中提到，需要将果子有规律地挂到树上，就可以拿到魔女城的钥匙了，钥匙就在树尖上。 师：李老师刚才摆放了果子，有哪位小朋友可以帮李老师摆放完？ 师：我们是按照什么规律摆放果子的？ 师小结：果子排列的规律是两个苹果、两个梨，是按照"两个两个"的规律排列的。 师：请小朋友们按照"两个两个"的规律摆放果子，这样我们就可以拿到钥匙找到王子了！ 幼儿分享有规律摆放果子的方法。 **三、结束部分** 师：今天我们闯过三关，按照"一个一个"的规律铺小路和搭小桥，然后按照"两个两个"的规律摆放果子。 师：我们帮助公主找到王子啦，王子和公主邀请小朋友一起到城堡中跳支舞，我们一起跳舞吧！
活动反思	依据幼儿年龄特点，教学活动内容由浅入深，前两关为识别、复制 ABABAB 模式，在幼儿积累了一定的排序经验后，第三关内容为识别、复制 AABBAABBAABB 模式。教师使用相应的指导语促进目标达成，如："你们发现这条小路是按什么规律排列的吗？"在每次活动中都伴有教师的及时小结，帮助幼儿总结有益经验，加深幼儿对规律的认知。

小动物音乐会

北京市朝阳区丽景幼儿园　苌静雅　李　莹

教学领域	艺术	班级	中班
设计意图	幼儿日常生活中喜欢哼唱歌曲《阿拉哩》，喜欢跟随音乐进行自发的律动表现。中班幼儿能用乐器为二拍子、四拍子歌曲和乐曲配不同的简单伴奏；能初步尝试参与打击乐演奏活动配器方案讨论。本班幼儿有使用打棒、双响筒、铃鼓的经验，结合幼儿发展水平和需要开展本次活动，通过创设情境使幼儿理解乐曲结构，感受歌曲欢快活泼的特点，鼓励幼儿尝试根据图谱分句演奏，体验操作乐器与同伴分组演奏的乐趣。			
活动目标	1. 感受歌曲欢快活泼的特点，能用乐器为歌曲伴奏。 2. 尝试根据图谱分句演奏，体验操作乐器与同伴分组演奏的乐趣。			
重点难点	重点：用自己喜欢的乐器为歌曲伴奏。 难点：尝试根据图谱与同伴分句演奏。			
活动准备	物质准备：弧形座位、动画 PPT、动物及乐器提示卡、图谱、打棒、双响筒、铃鼓、音乐《阿拉哩》。 经验准备：幼儿有使用打棒、双响筒、铃鼓的经验。			
活动过程	一、开始部分 师幼一同听歌曲《快乐的森林》做律动进场。 二、基本部分 1. 倾听音乐，欣赏动画，引出活动主题 播放动画 PPT，激发幼儿参与活动兴趣。 师：森林里的小动物们要举办音乐会了，小兔、小猴和熊猫准备参加，现在想邀请小朋友们来欣赏一下他们的表演。 2. 随音乐播放动画 PPT，师幼一起随音乐为小动物们拍手，用身体动作表现歌词节奏 (1)教师重点引导幼儿在唱歌的地方用拍手动作表现节奏。 师：我们在歌曲的什么地方为他们拍手？我们听音乐，一起用小手来试一试。 (2)教师适时退出，幼儿自己跟随音乐进行拍手。 师：现在你们能听着音乐自己为他们拍手吗？ (3)幼儿分组，听音乐分段拍节奏，重点指导幼儿随音乐为歌词部分拍手。 (4)结合图谱听完整音乐，幼儿分组拍节奏。 3. 跟随音乐进行轮奏 师：小动物们很喜欢和大家一起表演，如果这个节目加入乐器就更精彩了，你们愿意挑战一下吗？ (1)尝试为歌曲选择适宜的乐器，对照图谱贴上相应的乐器标志。 师：哪种乐器适合给××小动物伴奏？ (2)幼儿自选乐器，分组为歌曲伴奏。 ①听着音乐选取乐器，重点指导幼儿分组演奏，注意每个乐句之间的衔接。 ②结合图谱，随音乐分组进行轮奏。 (3)幼儿听音乐交换乐器，再次进行分组演奏。 三、结束部分 听音乐《我们都是好朋友》做律动离场，活动自然结束。			
活动反思	第一，目标具体明确，选材合理，符合幼儿发展需求。选材需源于幼儿兴趣，目标制定需符合本班幼儿发展水平，幼儿能用乐器为歌曲伴奏，尝试根据图谱分句演奏，体			

续表

活动反思	验操作乐器与同伴分组演奏的乐趣。多数幼儿完成了活动目标,在原有水平上有所提高。 第二,准备充分,过程完整,层次清晰。教师了解本班幼儿兴趣、相关经验及音乐能力和幼儿的发展现状,物质准备方面利于幼儿理解和区别歌曲的段落和节奏,能满足教学内容需要。活动过程及创设情境完整,层次较清晰,根据内容和幼儿发展水平运用集体、分组等不同教学形式,使每一位幼儿都有参与、表达、提高的机会。 第三,教学方法策略得当,有助于幼儿的理解与表现。运用情境导入策略和多媒体激发幼儿兴趣,为幼儿理解和掌握乐句及初次进行分组演奏做基础。通过提问引导,引发幼儿思考如何为歌曲伴奏,何时敲击乐器。引导幼儿感知歌曲结构及乐句表现的情绪、速度等,用肢体进行表现,根据音乐设计直观的动物形象的图谱,支持幼儿自主演奏。 第四,幼儿兴趣浓厚,在活动中积极自主。幼儿积极主动参与活动,情绪饱满、兴趣浓厚。能够专注欣赏,能根据图谱和教师手势引导进行分句拍节奏,愿意尝试分组伴奏,喜欢自己选择乐器为歌曲伴奏,也愿意尝试与同伴交换乐器再次演奏。

好听的声音

北京市朝阳区丽景幼儿园　林　雪

教学领域	科学		班级	小班
设计意图	《3—6岁儿童学习与发展指南》中指出:科学学习的核心是激发探究兴趣,体验探究过程,发展初步的探究能力。小班幼儿的思维具有直觉行动性,他们对周围世界的探索主要是在对物体的看、听、摸、闻等感知、操作活动中进行的。近期,班中幼儿喜欢拿各种各样的物体敲敲打打,喜欢听不同物体发出的声音,因此我开展本次活动"声音对对碰",提供幼儿在生活中常见的材料,鼓励幼儿运用听的方式感知、辨别不同的声音。			
活动目标	1. 感知不同的物体能发出不同的声音。 2. 在游戏中,辨别沙子、豆子、水三种物体在瓶子中发出声音的不同。 3. 在游戏中,愿意表达自己辨别声音的发现和感受。			
重点难点	重点:能够感知不同的物体发出的不同的声音,并尝试辨别。 难点:能够准确地辨别沙子、豆子、水在瓶子中发出的声音。			
活动准备	物质准备:瓶子、布、沙子、豆子、水、托盘、抹布、图片和背景音乐。 经验准备:幼儿在生活中听到各种各样的声音,对声音感兴趣。			
活动过程	**一、利用"音乐会"情境,激发幼儿参与游戏的兴趣** 1. 播放小熊开音乐会情境图片。 师:小熊开音乐会,需要乐器小沙槌,需要我们共同帮助它。 2. 激发幼儿帮助小熊的兴趣。 **二、在共同制作沙槌中,感受不同物体发出的不同声音** 1. 小小沙槌真有趣 (1)操作材料:沙子、豆子、水、瓶子。鼓励幼儿说一说:"这些是什么?""把它们放在瓶子里能发出声音吗?""会发出什么样的声音呢?"			

活动过程	（2）幼儿动手操作，制作沙槌。 教师示范沙槌制作方法后，鼓励幼儿动手制作沙槌。对于个别幼儿，教师可协助幼儿共同制作。 幼儿利用不同的方式，探索让小沙槌发出声音的方法，进一步感受三个小沙槌发出的不同声音。 2. 小沙槌找朋友 （1）利用游戏"声音对对碰"，帮助幼儿准确辨别声音。 出示一种小沙槌声音，幼儿进行辨别，并利用"声音对对碰"的游戏，与幼儿进行互动。 师：听一听老师手中小沙槌（沙槌用布蒙住）的声音，找一找，你有没有和这个声音一样的小沙槌？听一听，这两个声音一样吗？ 教师确认幼儿辨别的声音是否正确。 （2）多次游戏，反复感知，鼓励幼儿认真倾听，探索不同物质在瓶子里的不同声音。 三、音乐会开始 1. 师幼共同回顾制作小沙槌的过程，用了哪些材料，它们发出了什么样的声音。 2. 幼儿选择自己喜欢的小沙槌与小熊共同进行音乐会。 四、活动延伸 提供更多的材料，如大小不一的石头、不同的米等，投放在班级中，鼓励幼儿进一步探索不同物质发出的声音。
活动反思	在活动过程中创设和小熊一起开音乐会的情景，邀请幼儿参加制作沙槌的任务，激发幼儿动手制作沙槌的兴趣和欲望。所有幼儿都完成了沙槌的制作，幼儿参与活动的兴趣比较高，对不同物品放入瓶子中能发出不同声音的现象感兴趣，本次活动目标基本达成。 教师主要采取游戏化的方式，运用游戏化的语言与幼儿进行互动，幼儿很愿意参与到活动中，师幼互动状态比较好。活动中采用不同的教育方法及策略指导幼儿，在完成任务后及时帮助幼儿梳理经验，培养幼儿不怕困难的学习品质。 活动过程层次清晰，尊重幼儿的想法，以幼儿为主体，让幼儿自由探索制作沙槌的方法，创设的情景非常贴近幼儿的生活，符合小班幼儿的年龄特点。教师能够关注到幼儿在制作沙槌过程中的困难，通过语言和动作示范的方式，引导幼儿探索解决问题的方法。

小蚂蚁

北京市朝阳区丽景幼儿园　张晓飞

教学领域	艺术	班级	中班
设计意图	选择幼儿熟悉的、与生活经验相关的蚂蚁作为活动的内容，以游戏的方式来抒发情感、表现自我，让幼儿将生活经验迁移到音乐中，使幼儿在倾听与表现中感知《小蚂蚁》中的节拍与节奏，感受韵律的美，用打棒和串铃来体验与同伴合作演奏的乐趣。			
活动目标	1. 感知歌曲《小蚂蚁》中的节拍与节奏，感受韵律的美。 2. 能用打棒和串铃为歌曲伴奏，积极体验并享受与同伴轮奏的乐趣。			
重点难点	重点：感知歌曲《小蚂蚁》中的节拍与节奏，用打棒和串铃为歌曲伴奏。 难点：能准确识别节奏，与同伴轮奏。			
活动准备	物质准备：音乐、活动PPT、相关图片、打棒、串铃、身份卡片。 经验准备：幼儿熟悉音乐《小蚂蚁》，能用动作表现《小蚂蚁》中的韵律。			

续表

活动过程	一、开始部分 1. 听音乐进教室 师幼随《剪刀石头布》音乐做律动进场。 2. 复习歌曲《小蚂蚁》 师：小朋友们，看一看谁来了？（小蚂蚁）我们之前学过一首关于小蚂蚁的歌曲，你们还记得吗？让我们一起听一听、唱一唱吧！ 二、基本部分 1. 创设情景，引导幼儿用动作表现歌曲《小蚂蚁》 （1）鼓励幼儿跟随歌词，用肢体动作表现歌曲内容。 师：老师观察到有的小朋友跟着音乐唱歌，有的小朋友跟着音乐拍手。这次小蚂蚁搬木材的时候我们用动作为它加油好不好？ （2）提示幼儿跟随歌曲有节奏地做动作。 2. 多形式感知歌曲节奏特点 （1）出示图谱，引导幼儿观察并用手拍出图谱上的节奏。 师（依次出示图谱）：为了感谢小朋友们的帮助，小蚂蚁想请大家来庆祝一下，我们看一看小蚂蚁的庆祝方式吧！ 师：我们一起来用手拍出图谱上的节奏！ （2）幼儿尝试结合图谱随着音乐完整拍打节奏。 （3）幼儿自选身体部位拍打语词节奏。 师：除了拍手还可以拍身体的哪里？跟着音乐试一试。 （4）鼓励幼儿创造性地为歌曲伴奏，充分表达自己的情感和想象。 师：刚才老师观察到小朋友们有的拍手，有的拍肩膀，还有的踏步和拍腿，我们还可以用哪些方式为小蚂蚁庆祝呢？ （5）分角色扮演蚂蚁，小朋友为歌曲伴奏。 师：小蚂蚁想邀请一部分小朋友当蚂蚁一起搬木材，其他小朋友为他们加油打气，我们跟着音乐来试一试吧！ 3. 自选乐器为歌曲进行伴奏 （1）感知乐器特点，自选打棒、串铃为歌曲伴奏。 师：小蚂蚁为大家准备了打棒和串铃，请你们听一听哪个乐器的声音更像小蚂蚁呢？谁的声音适合给小蚂蚁加油打气呢？我们现在试一试吧！ （2）幼儿自选乐器，尝试跟随音乐进行轮奏。 （3）与同伴交换乐器，再次随完整歌曲进行轮奏。 （4）邀请部分幼儿进行展示，集体用轮奏的方式为歌曲伴奏。 师：谁想上台表演？小朋友们一起用串铃为他加油吧！ （5）教师及时对幼儿表现进行鼓励和指导。 三、结束部分 师幼随音乐《小蚂蚁》离场，活动结束。
活动反思	遵循《3—6岁儿童学习与发展指南》及《幼儿园教育指导纲要（试行）》指导要求，目标清晰明确，结合幼儿的原有生活经验和打击乐能力的发展及兴趣需要创设活动目标，充分分析活动重点和难点，符合幼儿发展水平和经验。 教学方法策略得当，支持幼儿主动学习与发展。肢体感知：幼儿跟随歌词用肢体动作表现歌曲内容和节奏，易于幼儿理解和记忆。图谱支持：结合歌曲内容以图谱形式呈现，运用图谱帮助幼儿感受和表现音乐节奏。情境创设：以小蚂蚁搬木材为情境，引导幼儿通过声势、用乐器伴奏、轮奏等方式在音乐中感受节奏韵律的美，体验与同伴演奏的乐趣。 幼儿喜欢参与节奏乐活动，通过肢体和语言表现自己对歌曲的理解和感受。多数幼儿能完成活动目标，在原有水平上有提高，感受并体验了打击乐活动的乐趣。

分分合合

北京市朝阳区丽景幼儿园　任　颖

教学领域	科学	班级	大班
设计意图	班级幼儿在日常活动中，具备了初步的数的分解组合经验。例如，幼儿在吃哈密瓜的时候，每人吃两块哈密瓜，那么一桌四个小朋友需要拿八块哈密瓜。幼儿在借助实物操作进行分合的过程中能够直观地感受部分与整体的关系。为了进一步丰富幼儿对数的分解组合的经验，我们设计了"分分合合"活动，让幼儿在活动中集中感受数的多种分合方法，感知部分与整体的关系。			
活动目标	1. 积极动脑筋想办法，解决游戏中的问题，感受数学游戏的乐趣。 2. 在解决游戏中的问题时，体验"8"以内数的多种分解组合方法。			
重点难点	重点：感知"8"以内的数的多种分解组合方法。 难点：在解决游戏中的问题时，尝试理解数的分解组合。			
活动准备	物质准备：即时贴、若干数字卡片。 经验准备：幼儿在生活中有数的分解组合经验，玩过泡泡糖的游戏。			
活动过程	一、开始部分："泡泡糖"游戏 1. 活动引入 师：今天我们要去数字王国和数字做游戏。小朋友们来猜一猜会有哪些游戏呢？ 2. 讲解游戏规则 师：泡泡糖，黏住手。黏住几只手，几只小手就黏在一起。下面请小朋友黏住两只手。 师：这两只手是怎么组合的？你的一只、他的一只，组合成两只手。 3. 游戏活动 教师出示数字卡片帮助幼儿梳理数的分解。 师：泡泡糖黏住了四只手。你是怎么组合的？ 师：还有不同的组合方法吗？幼儿可两人一组分别伸出两只小手黏起来，也可以四个人一起，每人伸出一只手黏在一起。 师：泡泡糖黏住八只手，你们是怎么组合的。小朋友四人一组伸出两只小手黏在一起。幼儿自然结组，每组四个人。 二、主要部分："冰棍变变变"游戏 1. 师：这个游戏叫作"冰棍变变变"。小朋友落在地上的小脚丫就是冰棍，如果脚离开地面，就不算冰棍。 2. 幼儿四人一组开展游戏活动 师：冰棍冰棍变，变7根。你是怎么变的？ 师：冰棍冰棍变，变5根。你是怎么变的？ 师：冰棍冰棍变，变3根。你是怎么做的？ 教师分别用数字卡片记录每组幼儿是如何变出7根、5根、3根冰棍的，帮助幼儿梳理7、5、3的不同分解方法。 三、结束部分："小手小脚变变变"游戏 1. 教师出示数字"6"请小朋友用"泡泡糖"或"冰棍变变变"游戏的经验变出"6"，每组变好后，用数字卡片表示出来。 2. 分享每组游戏结果。 3. 师：我们还认识其他的数字，小朋友也可以来变一变。			

活动反思	幼儿在玩"泡泡糖"游戏和"冰棍变变变"的游戏时，参与度较高，能够在老师的引导下尝试与同伴共同来解决问题。在体验"8"以内的数的多种分解组成方法时，幼儿一开始习惯于把总数分成两个部分，在黏住四只手的游戏环节，幼儿的思维模式还没有被完全打破。在老师总结分享时，通过再次演示，幼儿发现原来"4"可以分成2、1、1三个部分。紧接着幼儿对黏小手就有了自己的思考，逐渐学会变通。在玩游戏的过程中发现总数是可以分成两种或两种以上的。在"冰棍变变变"游戏活动中，教师在讲解游戏规则时，采用的是请幼儿站立的方式来感知游戏规则，如变两根冰棍，小朋友双脚落地；变成一根冰棍，一只脚落地；没有冰棍怎么变，幼儿可以抬起脚坐在椅子上。这对接下来分解数字"5"有很大帮助。最后一个游戏进一步让幼儿感知数量的多种分法。活动中，幼儿在参与游戏过程中能够积极解决问题，不断体验感知对于数的不同组合的方法。分组分享环节，教师可借助提问帮助幼儿共同思考。

北京的胡同

北京市朝阳区丽景幼儿园　许馨瑶

教学领域	社会	班级	大班
设计意图	"胡同文化"是老北京地域文化特色之一。在"我是北京娃"的主题活动中，幼儿对胡同文化产生兴趣。《3—6岁儿童学习与发展指南》在大班幼儿归属感的培养目标中指出："能感受到家乡的发展变化并为此感到高兴。"通过设计胡同文化主题海报，让幼儿置身浓郁的文化氛围中，产生热爱北京的情感。			
活动目标	1. 进一步感受北京的胡同文化，产生热爱北京的情感。 2. 能够通过小组合作设计制作出胡同文化的主题海报。 3. 在制作胡同文化海报的过程中，能与同伴协商合作，解决问题，坚持完成任务。			
重点难点	重点：愿意与同伴一起设计主题鲜明的胡同文化海报并坚持完成任务。 难点：能通过讨论、协商、分工合作等方式解决制作海报过程中遇到的问题。			
活动准备	物质准备：水彩笔、胶棒、彩纸、幼儿搜集的海报。 经验准备：有制作宣传画的经验；知道海报的基本特点；对北京胡同文化有一定的认识和了解。			
活动过程	一、导入 1. 回顾各小组胡同体验馆游戏及前期分组 师：小朋友们，我们的胡同体验馆即将开放，看一看每个组都做了什么？ 2. 小结 师：我们看到了胡同建筑组、胡同小吃组、胡同导游组和胡同游戏组，我们一定要把这些内容通过宣传海报让更多的人了解。现在先请小朋友欣赏一些海报。 二、欣赏海报 1. 欣赏海报，了解海报特点 师：请小朋友们说一说海报有什么特点？ 2. 小结 师：海报内容要突出想表达的主题；海报中的时间、地点等信息可以帮助别人更加清楚地了解海报内容，吸引别人的注意力。			

续表

活动过程	**三、分组制作胡同文化海报** 1. 小组讨论进行分工与设计 重点指导：观察幼儿是如何进行分工的，总结幼儿解决分工问题的好方法，鼓励各组小朋友相互学习分工的好方法。 2. 小组根据各自任务进行海报制作 重点指导：观察幼儿在制作过程中遇到的问题，并鼓励通过协商合作来解决问题；关注幼儿在制作过程中如何突出海报主题。 **四、小组尝试介绍海报：教师各组观察指导，引导小组说出海报的主要宣传内容** 重点指导：教师分别到各组进行倾听、观察，结合海报特点进行提问，根据幼儿作品的典型特点进行归纳小结，并鼓励幼儿协商选出本组的海报宣传员。 **五、作品展示：将海报展示在幼儿园公共区域，教师针对胡同文化进行小结** 师：今天小朋友们都是"胡同体验馆"的小小宣传员，我们把海报展示在这里，让更多的小朋友、老师都了解北京的胡同文化。胡同文化有着悠久的历史，更是北京闪亮的名片，让我们一起把胡同文化传承下去吧！
活动反思	本节活动是基于幼儿兴趣和年龄特点开展的，主要有三个层层递进的环节：通过回顾环节激发幼儿原有经验；通过分组设计环节引导幼儿不断发现问题、解决问题，提高其合作能力；通过分享环节激发幼儿的自信心和表达欲望。 从目标来说，教师主要通过感受北京的胡同文化，引导幼儿产生热爱北京的情感。通过小组活动支持幼儿设计制作胡同文化的主题海报，这也是本次活动的重点。在制作过程中，解决问题，坚持完成任务。 在活动中，主要采取以下四个策略：第一，通过分组活动的形式，为幼儿提供与同伴合作协商的机会，教师在其中作为支持者和参与者为幼儿提供帮助；第二，通过有层次的启发式提问，引导幼儿认识新问题，并在活动中鼓励幼儿解决问题，体验成功的喜悦；第三，让幼儿在教师精心创设的"胡同"情境中，介绍小组作品，给幼儿身临其境之感，进一步激发幼儿对北京的热爱。

小小值日生

北京市朝阳区丽景幼儿园　卢　杰

教学领域	社会	班级	中班
设计意图	《3—6岁儿童学习与发展指南》中指出："人际交往和社会适应是幼儿社会学习的主要内容，也是其社会性发展的基本途径。"在中班的一日生活中，很多环节都需要小值日生的参与，如晨间接待、火锅店角色区、值日生工作等等，幼儿在服务中通过与同伴、教师、环境的互动，形成社会交往、解决问题方面的良好学习品质。以前，晨间值日生大多由大班幼儿来担任，随着中班幼儿规则意识的增强，服务意识开始产生，他们开始对值日生的工作感兴趣，也希望能和哥哥姐姐一样为大家服务。于是，我们用"大带小"的方式体验做一名小小值日生，激发幼儿"班级小主人"的意识，照顾同伴，心系集体，体验为集体服务的乐趣。		
活动目标	1. 喜欢做值日生，愿意体验值日生的工作。 2. 能根据游戏情境，尝试使用恰当的语言、肢体动作进行服务。 3. 愿意参与服务，感受服务的快乐。		

续表

重点难点	重点：通过情景模拟和"大带小"游戏，体验值日生的工作内容及流程。 难点：能根据游戏情境，为他人进行服务。
活动准备	物质准备：大班值日生工作视频，黑板、纸、笔、服务牌、服装。 经验准备：观察过值日生服务的工作内容，有过一些社会情景中的经验。
活动过程	一、谈话导入，激发幼儿为他人服务的愿望 师：小朋友们，你们见过幼儿园里有哪些为我们服务的人呢？他们都做了什么事情？你愿意在班级为大家服务吗？ 1. 找出班级中需要服务的环节以及工作内容。 2. 教师在黑板上张贴服务标识，帮助幼儿记录需要服务的区域及相应的工作内容。 二、多种方式了解、体验值日生工作 1. 播放值日生哥哥姐姐的工作视频，了解值日生的工作内容。 （1）观看视频，了解值日生工作的内容。 （2）根据视频内容，师幼共同梳理服务内容。 小结：服务前要做好材料准备；服务中要了解工作的流程和内容，和顾客进行交流；服务后要做好材料的收拾整理等工作。 2. 通过情景模拟体验值日生工作。 （1）邀请大班哥哥姐姐讲解如何做值日生。 （2）幼儿自主选择工作内容，体验做值日生。 （3）分享工作内容及流程。 师：你的工作是什么？先做了什么，后做了什么？ 三、分享收获体验，激发劳动热情 师：小朋友们，服务后你有什么感受？ 小结：值日生工作虽然很辛苦，但是很有成就感、很快乐。希望小朋友都能积极地参与到班级"我是小小值日生"的工作中，感受劳动的快乐。
活动反思	本次活动环节衔接紧密，有一定的递进性，教师能够围绕活动核心目标进行有效提问。教师尊重幼儿年龄特点，能基于幼儿学习方式创设真实情境，提供丰富的教具材料，幼儿能够更加投入地进行值日生体验。 第一，活动源于幼儿的生活观察。每天早上入园，幼儿看到哥哥姐姐迎接小朋友都很羡慕，所以萌发了想要做日生的愿望。在班级中，随着中班幼儿规则意识的增强，他们也能够为班集体摆放小椅子、浇花、分发碗筷，活动能够激发幼儿参与的兴趣，与日常生活息息相关。 第二，创设真实情境，激发幼儿劳动的热情。活动中能够结合大班哥哥姐姐服务的视频，进行场景模拟，教师精心准备的场景创设，让幼儿有身临其境进行服务的感觉。同时，"大带小"的模式能够发挥同伴间学习的动力，挖掘更多的教育价值，促进幼儿的自主学习能力。 第三，混龄式学习，顺应社会性发展。活动中，从开始的观察思考，到后来的服务体验，对于中班幼儿来说是有一定挑战的。混龄式学习的方式，让大班幼儿通过示范和引导，帮助中班弟弟妹妹了解值日生工作。中班幼儿能根据自己的观察和体验及时发现问题并进行沟通，为中班幼儿提供更多的学习机会，顺应其社会性发展的要求。

丛林小战士

广东省潮州市饶平县海山镇中心幼儿园　孙杭洁

教学领域	健康	班级	大班
设计意图	《3—6岁儿童学习与发展指南》中提出走、跑、跳、攀、爬是幼儿应该具备的基本动作技能，要求5—6岁的幼儿能以手脚并用的方式安全地攀爬登架、网等。攀爬是一项身体各部位协调用力的复合型运动，对幼儿的身体控制能力和平衡能力有着极高的要求，具有一定挑战性。 目前我班幼儿仍处于直线攀爬阶段，很少进行攀爬移位。因此，本活动充分考虑幼儿作为学习主体性这一特点，通过层层递进的游戏环节，逐步引导幼儿进行攀爬移位，提升攀爬的协调性和灵活性，体验军人训练时的辛苦。		
活动目标	1. 游戏中勇于挑战自我，体验完成任务的成功和喜悦。 2. 能在攀爬设备上较熟练、灵活地攀登移位，动作较灵敏、协调。 3. 掌握攀爬移位的安全防护知识，攀爬时懂得自我保护。		
重点难点	重点：能在攀爬移位中进行自我保护。 难点：能较灵活地进行攀爬移位。		
活动准备	物质准备：由两个1.5米高的单杠和迷彩网组成的城门；轮胎、攀爬墙、防护垫、轻黏土、贴纸、盒子、迷彩服、小背篓若干；重量150—200克、直径60厘米的"火箭炮"若干；音乐。 经验准备：较熟练地掌握左右手交替、手脚并用的攀爬方式；幼儿已了解军人的训练过程。		
活动过程	一、热身活动，游戏准备 1. 赋予"小战士"游戏身份。 师：我们都穿上迷彩服，成为一名小战士了！部队即将开始训练，请你们跟随指挥官一起做准备活动吧！ 2. 师幼跟随音乐《我是勇敢小小兵》做头部、上肢、下蹲、体侧、体转、腹背运动，专项练习上下肢和腹部。 3. 配课老师检查户外场地安全。 二、关卡考验，攀爬移位 师：只有成功通关才能成为一名合格的小战士，你们准备好接受考验了吗？ 1. 关卡一：翻山越岭摘野果，直线攀爬 (1)攀爬墙顶端放置装有轻黏土做成的"野果"的小盒，幼儿向上爬摘野果，自由探索爬法，教师巡回观察。 (2)师幼共同回顾攀爬注意事项，教师示范：向上时，手抓稳后再伸脚；向下时，眼睛注意看脚要踩的地方；注意规避同伴。幼儿再次尝试游戏。 2. 关卡二：花样取手榴弹，初步尝试攀爬移位 (1)在攀爬墙网绳的纵横交接处贴有"手榴弹"，幼儿背着背篓在攀爬墙上自由上下左右移动身体寻找"手榴弹"。要求幼儿尽量多拿"手榴弹"，攀爬移动时注意抓稳踩稳攀爬绳，规避同伴。 (2)教师小结游戏中出现的情况，幼儿再次挑战。教师巡回指导，关注幼儿安全。 三、两队比赛，竞速攀爬 1. 幼儿排成两列人数相等的纵队，站在起跑线后。		

续表

活动过程	2. 伴随音乐 The Hardest Party 开始游戏，两列纵队的排头一起跑步前进，钻爬过低网，跳跃过轮胎，攀爬至墙上取火箭炮，投掷火箭炮越过"城门"，跑回起跑点拍下一名幼儿的手，然后排到队尾。 3. 依次进行至各队幼儿全部完成游戏，以速度快且投准火箭炮多的队伍为胜。 四、放松奖励，结束活动 1. 放松环节：教师引导幼儿伴随音乐《星星的眼睛》完成踏步、甩手、甩脚等放松动作。 2. 表扬、奖励幼儿，颁发"小小战士奖章"，结束活动。
活动反思	第一，循序渐进，逐层深入。整个攀爬活动由浅至深，从简单的直线攀爬逐步过渡到活动量和难度较大的攀爬移位，动作由易到难，丰富了幼儿的攀爬体验，提高了幼儿的攀爬水平。 第二，项目组合，综合发展。本次攀爬活动与钻爬、跳跃、投掷相结合，避免单一训练，丰富了运动形式，增强了运动力度，达到发展幼儿身体灵敏性、协调性和平衡能力的活动目标。

我是谁

北京市海淀区中国音乐学院附属幼儿园　朱思霏

教学领域	社会	班级	小班
设计意图	《幼儿园教育指导纲要（试行）》中指出教师要引导 3—4 岁的幼儿形成初步的自我意识和社会交往能力。活动采用游戏的形式引导幼儿学习自我介绍的方法，让幼儿主动大胆地向同伴介绍自己，以此来提高幼儿的自我意识和培养幼儿的同伴交往能力。		
活动目标	1. 知道自己的名字、年龄和所在班级。 2. 能主动大胆地向同伴介绍自己，并正确地说出自己的名字、年龄和所在班级。 3. 体验和同伴交往的乐趣，提高自我意识。		
重点难点	重点：知道自己的名字、年龄和所在班级。 难点：能主动大胆地向同伴介绍自己，并正确地说出自己的名字、年龄和所在班级。		
活动准备	物质准备：玩具电话若干、小熊娃娃。 经验准备：知道自己的名字、年龄，见过大人打电话。		
活动过程	一、创设情境，引发幼儿兴趣 师：丁零零——是谁打来的电话呢？让我们一起来接听一下。 以娃娃的口吻自我介绍："小朋友们好！我叫小熊，今年三岁了，今天是我的生日，我想请一些新朋友到我家做客。请愿意来的小朋友给我打电话，告诉我你叫什么名字，几岁了，是哪个班的哦。" 二、情景表演，学习如何自我介绍 老师先做示范，引导幼儿用完整的语句给小熊打电话。 师：天哪！小熊要开生日派对，这么有意思的事我一定要去（拿起电话给小熊打电话）。"你好小熊，我叫朱老师，今年三岁了，我是小班的。"还有哪个小朋友想和我一起去参加小熊的生日派对？赶快来打电话给小熊吧！ 请愿意做客的幼儿给小熊打电话，帮助他们完成自我介绍。		

续表

活动过程	**三、创设生日会的情景，鼓励幼儿大胆地进行自我介绍** 师：这么多的小朋友都想去小熊的生日聚会呀，那我们一起去吧！请小朋友们搭上前面小朋友的肩膀，我们一起开着小火车出发吧！ 在生日会上，让幼儿主动寻找自己想交的"新朋友"，鼓励幼儿用自我介绍的方法交朋友。 师：哇，我们来到了生日聚会，里面有好多好多的小朋友呀（与另一位老师示范如何交新朋友）！你好！我叫朱老师，今年三岁了，我是小班的，我喜欢唱歌。 师2：你好！我叫小花，今年三岁了，我是小班的，我喜欢画画。 师：刚刚我和小花老师互相做了自我介绍，她是我交到的新朋友。现在我们要一起去逛生日会啦，请小朋友们也找到自己想交的新朋友一起进入生日会吧。 幼儿自主交流，教师在旁指导，引导幼儿交不止一个"新朋友"。 **四、结束部分** 师小结：小朋友们真厉害，今天不仅学会了如何介绍自己，还在小熊的生日会上交到了新朋友，又懂得了在自我介绍时除了说名字、年龄和所在班级外，还可以跟他们说我们的爱好或者强项来进行自我介绍，这样可以让别人对自己的印象更加深刻，看来小朋友们都是交朋友的小能手呢！ **五、活动延伸** 让幼儿去别的班级进行自我介绍，尝试交到新朋友。
活动反思	幼儿对本次活动非常感兴趣，参与度较高，每个幼儿都愿意大胆地进行自我介绍，但是因为年龄原因有的幼儿还需要老师提醒或帮助才能完整地进行自我介绍。分散、自由地进行自我介绍，减少了面对全体小朋友做自我介绍时的紧张感，使幼儿能更加自信大胆地表达，交朋友的方式也锻炼了幼儿的社会交往能力。

马路上的车

北京市通州区于家务回族乡中心幼儿园　可佳旭

教学领域	艺术	班级	中班
设计意图	在建筑区游戏的时候，孩子们对辅助材料中的小汽车非常感兴趣，每次搭建时都会使用。近期请小朋友们从家带来自己的玩具车以丰富建筑区辅材，更加激起了他们对车的兴趣，时常在游戏中讨论有关车的话题。幼儿已有美工区捏汽车、教育活动画汽车的丰富操作经验。另外，《3—6岁儿童学习与发展指南》艺术领域提出：中班幼儿能用多种方式表现自己的所见所想，由此结合幼儿兴趣设计本次活动。			
活动目标	1. 在创作汽车的过程中感受剪纸活动的乐趣。 2. 运用拼贴的方式大致表现汽车的基本外观并大胆表现不同车的明显特征。 3. 能够正确使用剪刀，培养良好的工具材料收放常规。			
重点难点	重点：正确使用剪刀，拼贴出汽车的外观。 难点：大胆表现出不同车的明显特征。			
活动准备	物质准备：汽车模型、自制KT板马路、音频、其他与剪纸相关的材料。 经验准备：幼儿参与过捏泥汽车、绘画汽车的活动；在过渡环节及区域游戏中玩过汽车游戏；幼儿对生活中常见的车外观有一定了解，熟悉常见车的声音。			

续表

活动过程	**一、活动引入** 师：今天老师给小朋友们带来了一段音频，我们一起来听一听。哦，原来是各种各样的车的声音！ **二、感知车的外形、特征** 1. 师：谁来说一说，车都是由什么组成的呢？（幼儿讨论、回答。） 师：让我们验证一下吧！教师出示各种车的图片，让幼儿感知汽车的外观的相同点。 教师总结车的共同点：有窗户、车门、轮胎…… 2. 观察发现不同车的明显特征。 师：老师的神秘箱子里有什么？我们一起来看看。 师：你最喜欢什么车？（幼儿自由发表想法。） 师：老师把这些车都放在桌子上，请小朋友们看一看、摸一摸自己喜欢的车。幼儿自由选择，进行观察。 师：谁来说一说，你喜欢的车有什么明显和其他车不一样的地方，能让你一眼就看出来它是什么车？ 师小结：小朋友们喜欢各种各样的车！有的小朋友喜欢带梯子的消防车，有的小朋友喜欢带弯钩子的大吊车，还有的小朋友喜欢长长的、有很多车窗的公交车…… **三、剪纸创作** 师：老师发现有三条马路上没有车，要请小朋友们帮帮忙，用剪刀变魔术剪出各种各样的车，并把车开上路吧！ 师：我们一起来说一说安全用剪刀儿歌吧！ 幼儿回座位进行创作，教师将汽车模型、自制马路分散放置，便于幼儿观察及展示。 教师巡回指导：针对个别操作有困难的幼儿，教师可提示幼儿离开座位摸一摸、看一看汽车模型，感受车的外形，也可提供简单图形供幼儿拼贴创作。对于大部分幼儿，教师在巡视过程中提示将车的完整外形创作出来（包括门、窗、轮胎等）。对于能力较强的幼儿，教师提示将车的明显特征表现出来，请幼儿随时利用实物再次细致观察感知。 **四、车上路** 1. 完成的幼儿自取胶钉将汽车粘贴在空白马路上。 2. 请幼儿介绍自己的作品。提问：你做的是什么车？从哪里能让别人一下子就看出来？ **五、活动延伸** 1. 将制作好的汽车压膜，利用辅材制作立体汽车，投放在建筑区及户外搭建区中。 2. 将本次剪纸活动制作美篇分享给家长，请家长和幼儿在家共同制作立体车，带来幼儿园和小朋友们分享。
活动反思	活动前请幼儿从家中将自己喜欢的玩具车带来幼儿园，幼儿通过反复多次的游戏很好地增加了直接感知的经验。之后开展的绘画、捏泥、拼插、欣赏等活动，更加丰富了幼儿对汽车的外形感知。在本次活动中，教师针对难点进行开放问题的引导，帮助幼儿感知不同车的明显特征。大部分的时间交由幼儿大胆进行创作，创作过程中幼儿能够大胆且富有个性地进行表达。受时间限制，教师在最后的作品分享环节安排得有些紧凑，可再请几名幼儿进行分享，丰富同伴之间的学习经验。

彩色面条

北京市中央军委机关事务管理总局北极寺老干部服务管理局幼儿园　赵景飞

教学领域	科学	班级	大班
设计意图	最近角色区"小餐厅"十分热闹，幼儿对新投放的面粉很感兴趣，想和面团，并尝试制作面食。《幼儿园教育指导纲要（试行）》中指出，教师要尽量创造条件让幼儿实际参加探究活动，感受科学探究的过程和方法，体验发现的乐趣。为此，结合幼儿年龄特点与兴趣，设计了"彩色面条"这一活动，一方面让幼儿了解面条的制作过程，另一方面又满足了幼儿探究的愿望，从中提高合作解决问题的能力。		
活动目标	1. 探索面条的制作过程，尝试添加蔬菜汁制作彩色面条。 2. 在制作面条过程中遇到问题积极想办法解决，提高幼儿的合作能力。 3. 感受中国传统的面条饮食文化。		
重点难点	重点：添加蔬菜汁制作彩色面条。 难点：在制作面条时遇到问题能积极想办法解决。		
活动准备	物质准备：彩色面条实物与图片，榨汁机、菠菜、胡萝卜、紫甘蓝、量杯、面粉、安全刀、面盆、案板、托盘、擀面杖、湿毛巾、围裙、一次性手套等。 经验准备：幼儿在家有过榨汁或参与和面的经验。		
活动过程	一、猜谜导入，激发兴趣 1. 教师说谜面，引导幼儿猜谜底。 师：本来一大片，变成条条线，是线不做衣，碗里常常见。 2. 出示彩色面条实物和图片，引导幼儿观察。 师：今天老师准备了一碗面条，这碗面条和我们平时在幼儿园吃的面条有什么不同？都有什么颜色？ 师小结：这是一碗彩色面条，有绿色面条、橙色面条和紫色面条。 二、提出问题，猜想彩色面条的制作方法 师：想一想，面条是怎样制作的？ 师：你有制作彩色面条的好方法吗？ 师小结：彩色面条是用蔬菜汁和面，得到不同颜色的面团，再经过擀面、切条后变成的。 三、制作彩色面条 1. 榨汁组：提供手动和自动榨汁机、量杯等，与幼儿共同讨论怎样安全使用榨汁机，并用蔬菜探索如何榨汁。（重点指导幼儿安全使用榨汁机） 2. 和面组：提供面粉、面盆、水等，与幼儿讨论应该怎样和面，并利用榨出的胡萝卜汁、紫甘蓝汁、菠菜汁探索和彩色面团的方法。（重点指导和面时蔬菜汁加入的量，面团软、硬该怎么解决） 3. 切面组：提供案板、擀面杖、安全刀具等，探索擀面、切面的过程。（重点指导幼儿安全使用刀具和切面条的宽窄距离） 四、展示与总结 师：我们回忆一下彩色面条是怎样制作的，和猜想的一样吗？小组遇到了哪些问题，又是如何解决的？ 师小结：先用榨汁机把蔬菜榨出绿色、橙色、紫色的汁，再慢慢加入面粉和成面团，用擀面杖把面团擀成扁扁的圆形，最后切成大小相似的条形，各个小组相互配合，共同合作，彩色面条最终制作完成。		

活动过程	五、活动延伸 将制作好的彩色面条送到食堂进行加工，制作成彩色面条汤，午饭时供幼儿品尝，并鼓励幼儿说说品尝后的心情。
活动反思	大班幼儿开始萌发合作意识，结合幼儿的发现与兴趣，启发和引导幼儿探索制作彩色面条。活动前期，幼儿在家或在园有浅显的经验，对制作工具并不陌生，为后续的操作进行了铺垫。通过猜谜导入激发兴趣，出示彩色面条实物与图片，引发幼儿猜想讨论制作过程。活动中幼儿自主选择小组合作，幼儿作为活动主体，教师作为活动的支持者与引导者倾听幼儿的表达与想法，鼓励幼儿在亲身操作中发现问题、大胆尝试、验证猜想，小组之间的联动让幼儿真正体验到操作与合作的快乐。本次活动让幼儿品尝成果的同时，了解传统面食文化。

光影大探秘

天津市河西区第十七幼儿园　魏婷婷

教学领域	科学	班级	大班
设计意图	光与影的游戏激发着幼儿浓厚的探究兴趣，大班幼儿爱问好学、善于观察、喜欢探索，对隐藏在现象背后的"为什么""怎么样"充满好奇，而从自主游戏中生发出的光影游戏便是培养幼儿发现探究的良好载体。教师与幼儿一同观察、探究、发现材料，支持幼儿在游戏中通过直接感知、实际操作和亲身体验获取光影游戏经验。活动中发现影子形成的原因，物体与光源位置变化影响影子的变化规律，投影面不同对影子形状的影响等有趣的光影现象。			
活动目标	1. 幼儿在游戏体验中感知光影现象。 2. 能够在光影游戏中，通过"找、藏、玩、说、画"，探究发现光与影的关系。 3. 乐于在操作、体验中，感受探究光与影秘密的乐趣。			
重点难点	重点：在自主游戏中感知、发现光影现象的有趣。 难点：乐于大胆探索，能够在自主探究游戏中观察、发现光影的关系变化，并大胆表达、记录自己的发现。			
活动准备	物质准备：光影游戏相关材料、低结构探究材料。 经验准备：幼儿初步了解光的特性。			
活动过程	一、谈话激趣——**影子初印象** 由科学区"光影游戏区"交流中的游戏趣事，引发幼儿对影子的兴趣和好奇。 集体讨论：请说一说自己在活动区游戏中或现实生活中观察到的影子现象，唤醒幼儿的经验。 师：让我们一起去户外发现更多的光影秘密吧！ 二、自由探究——**影子来游戏** 1. 找一找、藏一藏 (1)找影子：请幼儿在户外场地上寻找有趣的影子，并用不同工具留住影子(白纸、相机等)，与同伴分享自己发现的影子。 提升经验：光被物体挡住就会形成影子。 (2)藏影子：怎样才能把影子藏起来呢？ 师：操场上有很多工具，我们试一试。说一说你是怎样将影子藏起来的？			

续表

活动过程	提升经验：只遮挡影子，影子不会消失，要找到能遮住光的物体，影子就藏起来了。 2. 同游戏、趣发现 自主探究游戏："光影隧道""影子变变变"游戏场景，幼儿自主选择场地，进一步探究光影的秘密。 (1)"光影隧道"游戏。幼儿在较暗的隧道环境中，使用手电筒照射喜欢的玩具或卡片等，探究影子大小与光的关系。（提示幼儿手电的光不要直射眼睛） 师：怎样为墙壁上的小动物们快速建好适合的房子呢？怎样让房子变大变小呢？ 提升经验：物体距光源越近影子越大，反之影子越小。 (2)"影子变变变"游戏。幼儿在由纸箱、柱体玩具、奶粉桶、跳箱、球面、积木和屏风等自主组合搭建的操作台前，选取不同的材料从不同的面进行影子游戏，观察影子的变化。 师：小棍在旅行时影子有哪些变化？换个不同的面试试，看一看小棍的影子有什么变化。 提升经验：投影在平面、球面等异形面上影子会发生变形。物体与投影面的位置改变，影子会发生变化。 **三、记录发现——影子大揭秘** 记录分享：幼儿通过绘画表征的方式，记录下在不同游戏情境中的发现。 梳理发现，提升经验：光源与物体的远近位置不同，产生的影子大小不同；木棒与投影面的位置改变，影子粗细、长短会发生变化；影子投影在平面、球面等异形面上，会出现"弯折""波浪""弧形"等变形。 **四、游戏延伸——影子再探索** 鼓励幼儿在户外活动时间继续进行更多的影子创意游戏。
活动反思	兴趣是所有活动高质高效开展的前提，它能把幼儿的认知和行动结合起来。教师沉下心来观察幼儿的游戏，捕捉到幼儿对光影的兴趣点，顺应幼儿的已有经验及兴趣需要。从生活中的影子入手，通过持续的观察思考和操作体验，幼儿在探究体验中逐步了解了光影的关系。此时教师和幼儿讨论新的发现并共同收集生活中更多的异形、多面等低结构且具有挑战性和探索性的材料，支持幼儿进一步探索和解决新的问题。 活动中幼儿们用绘画的方式记录下自己游戏的惊喜发现，在帮助幼儿自我回顾、自我整理、自我提升经验的同时，教师也在一对一的倾听中更加走近幼儿，了解幼儿的真实表达，发现每名幼儿的独特。

我们爱刷牙

北京市昌平区王府幼儿园 牛 艳

教学领域	健康	班级	小班
设计意图	《幼儿教育指导纲要（试行）》中明确要求：幼儿园必须把保护幼儿的生命和促进幼儿的健康放在工作首位。既要满足幼儿受照顾的需求，又要尊重和满足他们不断增长的独立需求，鼓励并指导幼儿尝试自理、自立。本活动有效地满足了幼儿的独立需要，培养了幼儿的自理能力，使幼儿拥有健康的身体。小班幼儿普遍爱吃甜食，自我控制能力发展不强，导致很多幼儿存在龋齿问题，因此幼儿园的牙齿健康教育很重要，所以要培养幼儿良好的卫生习惯。			
活动目标	1. 知道坚持刷牙的重要性，学习正确的刷牙方法，懂得爱护牙齿。 2. 体验刷牙的乐趣，养成良好的卫生习惯。			

重点难点	重点：知道坚持刷牙的重要性。 难点：学习正确的刷牙方法，养成良好的卫生习惯。
活动准备	物质准备：牙科分诊台拱门道具、牙刷、牙齿模型、医生白大褂、小镜子；圆弧刷牙法的动画视频。 经验准备：幼儿已有刷牙和看牙医的经验。
活动过程	一、情景引入 师：大家好，我是牙科医生。今天我来给小朋友们检查牙齿。 将药箱放在分诊台前，拿出小镜子，请幼儿张开嘴巴，露出牙齿。为全体幼儿检查牙齿，发现有的幼儿牙齿白，有的幼儿牙齿黑。 谈话活动：牙齿白的小朋友是如何保持的？ 引出坚持刷牙的重要性。 二、将有龋齿（黑牙）的小朋友请到诊所来进一步检查 师：我发现你的牙齿有个小黑点，我来检查一下，你有坚持刷牙吗？ 引出正确的刷牙方法并请幼儿观看圆弧刷牙法视频。 三、讲述刷牙方法，结合儿歌，练习正确的刷牙方法 儿歌（正确的刷牙方法）：牙刷横着拿，牙膏挤到牙刷上（黄豆粒大小），使用圆弧刷牙法，牙刷打圈转着刷。刷完牙后漱漱口，泡泡全都冲没啦。 四、练习正确的刷牙方法 请幼儿分组尝试刷干净牙齿模具上的污渍，直观感受刷牙的乐趣。 五、活动延伸 师：小朋友的牙齿有没有变白呀？现在小朋友们都掌握了正确的刷牙方法，带上我们的小牙刷去盥洗室去试试吧！ 把材料投放到相关区域供幼儿区域游戏时选择操作。
活动反思	本活动有效满足了幼儿的独立需要，培养了幼儿的自理能力，使幼儿养成良好的卫生习惯。 本活动模拟牙科诊所环境，尽量创造接近真实的环境，让幼儿在环境中操作具体形象的操作材料，不断增加感知和经验。教学内容上使用儿歌、视频等形式和方法，用儿歌引入正确的刷牙方法，幼儿复习儿歌并练习正确的刷牙方法；视频可以帮助幼儿更好地理解和掌握正确的刷牙方法。组织教育活动中采用的是集体与小组相结合的形式，让幼儿在体验和感受操作中学习，从探究中学习，变被动学习为主动学习，增强幼儿的自信心和自主探究的能力。 本次活动较符合小班年龄特点，目标明确，如果多一些时间供幼儿尝试和表达，效果可能会更好。

植物奇妙的身体

黑龙江省绥化市北林区第二幼儿园　刘青雪

教学领域	科学	班级	大班
设计意图	《3—6岁儿童学习与发展指南》在科学领域中指出：应培养幼儿亲近自然，喜欢探究，在探究中认识周围事物和现象的能力。植物在幼儿的生活中是十分常见的，而且大班的孩子好奇心和求知欲非常旺盛，经常会对自己所见的植物提出各种各样的问题，为了满足孩子的好奇心和求知欲，设计了此次活动。		

续表

活动目标	1. 知道植物一般由根、茎、叶、花、果实、种子六个部分组成。 2. 能说出常见的蔬菜、水果可食用的部分。 3. 感受植物世界的多姿多彩。
重点难点	重点：知道植物的组织结构。 难点：能够说出植物是由哪些部分组成的。
活动准备	物质准备：课件。 经验准备：了解常见的蔬菜、水果。
活动过程	一、组织导入，鼓励幼儿讨论人类和动物的身体结构 师：请认真看看你们的身体，你的身体由哪些部分组成？ 师：你家有养小动物吗？小动物的身体由哪些部分组成？ 师：小朋友们对人和身边小动物都很熟悉，其实我们身边还有一样很熟悉的东西，但是我们却不一定能够说出它们的身体结构，一起来看看吧！ 二、出示组图"植物的身体结构"，引导幼儿了解植物身体的各个部分 1. 鼓励幼儿自主探索，说说植物的身体结构。 师：植物是我们很熟悉的东西。这是一株西红柿，请你认真观察，说说它是由哪些部分组成的呢？ 师：这是什么植物呢？ 师：它由哪些部分组成？ 2. 教师逐一呈现植物的结构。 小结：植物的身体一般由根、茎、叶、花、果实、种子六个部分组成。 三、出示苔藓、蕨类植物图片，帮助幼儿了解并不是所有植物都由六个部分组成 师：所有植物都是由六个部分组成的吗？植物多种多样，有些植物只包含了六个部分中的几个部分，让我们一起来认识一下吧！ 师：这是什么植物？猜猜它由几个部分组成？ 小结：苔藓、蕨类等植物一般由根、茎、叶三个部分组成。 四、出示组图"哪个部分可以吃"，引导幼儿进一步加深对植物的了解 师：这些都是我们平常吃的食物，猜猜它是植物身体的哪个部分呢？ 小结：植物可食用的部分不一样。比如红薯、土豆，我们吃的是它们的根茎；莲藕、甘蔗，我们吃的是它们的茎；白菜、空心菜，我们吃的是它们的叶子；花菜、西蓝花，我们吃的是它们的花；橘子、西红柿，我们吃的是它们的果实；花生、瓜子，我们吃的是它们的种子。 五、活动延伸 家长可以带领幼儿去果园、菜园，引导幼儿观察水果、蔬菜，进一步扩展幼儿对植物的认知。
活动反思	植物虽然就在幼儿生活的周围，但是幼儿对植物的了解比较少，了解程度也不深。通过本次活动，把幼儿零散的知识和经验连接起来，形成对植物更深刻的认识。

筷子王国

湖北省应城市实验幼儿园　卢艳霞

教学领域	综合		班级	中班
设计意图	筷子是我们较常见并经常使用的餐具，但大多数幼儿在家中以及在幼儿园都没有使用筷子的习惯。为了让幼儿认识了解筷子的种类、会熟练使用筷子，我设计了此次活动。旨在通过亲身体验、实践操作，让幼儿进一步认识不同材料的筷子，知道它们的不同用途，并学会正确地使用筷子。			
活动目标	1. 知道筷子是中国人用餐的主要工具，初步体验使用筷子。 2. 通过感官观察，了解筷子的特点及其作用，知道筷子都是成双使用的。 3. 学习使用筷子的正确方法，培养小手肌肉的灵活性及协调性。			
重点难点	重点：掌握正确握筷的要领。 难点：会用筷子夹起不同材质的圆形物品。			
活动准备	物质准备：课件、握筷姿势图、筷子、视频、塑料块、纸团、玻璃球等。 经验准备：在家有使用筷子的初步经验。			
活动过程	一、情境导入 师：今天我们去筷子王国做客，国王特别欢迎我们的到来，但是进入筷子王国就要接受几个考验，小朋友们敢挑战吗？ 二、挑战第一关：找一找 1. 师（出示 PPT）：看，筷子们都藏在了王国的各个角落里，让我们一起把它们找出来吧。 2. 引导幼儿说说自己的发现。 幼1：我发现筷子都只有一支。 幼2：筷子应该都是两支在一起的。 幼3：是一双筷子。 师：小朋友们快点找到跟它们一模一样的小伙伴吧！ 三、挑战第二关：探一探 1. 教师出示实物筷子，幼儿人手一双。 2. 在亲身感知中比较筷子的外形特点。 师：请你们看看这些筷子都是什么样子的？我们什么时候会用到它们呢？（提醒幼儿从颜色、形状、长短、粗细、材质等方面观察发现它们的特点） 幼1：我手中的筷子是小朋友使用的，短短的。 幼2：我的筷子上面是方形的，下面是尖尖的。 幼3：我的筷子上有花纹，旁边小朋友的没有花纹。 幼4：有的筷子摸着滑滑的，有的摸着很扎手。 幼5：我发现筷子都是不一样的，我的这双筷子比其他筷子都要长一些，像是吃火锅时用的。 幼6：我们吃饭时，用筷子夹菜；还可以用筷子炸油条。 3. 观看视频：认识各种各样的筷子。 4. 师小结：有的筷子是竹子做的，有的筷子是木头做的，有的筷子是塑料做的，有的是不锈钢的筷子，还有些筷子已经保存在博物馆供我们欣赏；它们都是长长的、直直的，摸起来是硬硬的，而且都是一头粗一点，一头细一点。木筷、竹筷、不锈钢筷是人们吃饭用的，很长的筷子一般是炸鱼、炸油条或是吃火锅时用的，这样热油就不会烫到我们。			

续表

活动过程	四、挑战第三关：试一试 1. 师：你们会用筷子吃饭吗？你们是怎么用筷子的呢？ 2. 幼儿尝试练习用筷子。 3. 引导幼儿随PPT握筷姿势图学习用筷子的正确方法。 4. 幼儿相互交流，教师巡回指导，并帮助不能正确用筷的幼儿掌握要领。 五、挑战第四关：玩一玩 1. 筷子变变变——用筷子进行拼搭。 2. 筷子来唱歌——用筷子敲击节奏。 3. 筷子本领强——用筷子夹起弹珠、木珠、塑料块等，给它们分类。 4. 游戏"夹夹乐"——用筷子夹不同材质的圆形物品，看谁在指定时间内夹得快又多。（单人比赛、小组比赛） 六、活动延伸 1. 亲子设计：筷子展。 请小朋友们回家和家人一起为筷子设计漂亮的衣服（从花纹、颜色、图案等方面设计） 2. 收集使用一次性筷子的危害的相关资料。
活动反思	此次活动，以"去筷子王国做客"导入，通过挑战关卡，充分调动了幼儿参与活动的积极性。整个活动围绕筷子来展开，各环节紧密相连，相互渗透。在活动中，幼儿不仅初步了解了筷子的特点及作用，还将学到的用筷子技能运用到游戏中，锻炼幼儿手部小肌肉，提高幼儿灵巧性和手眼协调能力。最后的延伸活动，在亲子互动中，让幼儿充分体验到了创造的快乐。

我的连衣裙

中国人民解放军海军机关幼儿园　钟艳英

教学领域	艺术		班级	中班
设计意图	在幼儿眼里，事物都是具体的、生动的、有趣的，充满了生命活力。正是这种思维的直觉性、具象符号性和情感性的特点，才使幼儿的剪纸作品充满活力与魅力，体现出幼儿脱稿剪纸中的创意。选择绘本《我的连衣裙》引入活动，可以让幼儿在语言领域中运用剪纸的艺术方式来表达自己对该绘本的探索及对探索结果的理解。这种艺术表征的方式既发展了幼儿的艺术表现能力，又让成人通过艺术作品更好地了解幼儿的心理发展。			
活动目标	1. 根据自己的想法选择用纸，能够剪出连衣裙的外形，尝试用镂空花纹进行装饰。 2. 用剪纸的形式表现出对绘本内容的理解和想象。 3. 根据自己的想法选择用纸。			
重点难点	重点：用剪纸的形式表现出自己对于绘本的理解和想象。 难点：初步进行镂空剪纸。			
活动准备	物质准备：绘本《我的连衣裙》课件、剪纸相关材料。 经验准备：了解绘本《我的连衣裙》，知道连衣裙的特点。			
活动过程	一、导入部分 1. 出示图片（"花田"的连衣裙、"小鸟"的连衣裙），引发幼儿参加活动的兴趣和联想 师：我们看过一个绘本叫《我的连衣裙》，大家猜一猜小兔子去哪里了？请用自己的方式表达小兔子去了哪里，看谁表现的方法和别人的不一样。			

	续表
活动过程	(1)出示第一张图片:"花田"的连衣裙。 师:请用自己的方法告诉我们小兔子去哪里了?它的连衣裙上有什么样的图案?你觉得小兔子穿上这样的连衣裙会有什么想法?它的心情是怎样的? (2)出示第二张图片:"小鸟"的连衣裙。 师:哪位小朋友来说说小兔子去了哪里?它的连衣裙上有什么样的图案?你觉得小兔子穿上这样的连衣裙会有什么想法? 师:哪位小朋友来说一说,小兔子还穿着连衣裙去了哪里?连衣裙发生了哪些变化? 2. 引发幼儿剪连衣裙的兴趣 师:今天我们都变成小兔子了,来给自己做一件连衣裙,一会儿我们来让其他的小兔子猜一猜,你穿着连衣裙去哪儿了,看看大家猜的和你剪的一样不一样。 **二、基本部分:幼儿剪纸,教师观察(现场播放绘本《我的连衣裙》PPT)** 1. 请小朋友说一说镂空剪纸的方法 师:哪位小朋友给大家讲讲你有什么好方法能够把纸镂空出花纹? 2. 提出剪纸要求 师:小兔子们,今天我们用小剪刀来给自己做连衣裙,你要想好你穿着连衣裙去哪儿,选一张自己最喜欢的纸来剪。在使用剪刀的时候要注意安全,小眼睛一定要看着自己的纸剪,剪下来的碎纸及时收到碎纸筐里。 3. 幼儿剪纸教师观察 (1)观察幼儿选择色纸的情况。 (2)观察幼儿镂空剪纸的规律情况。 **三、结束部分:欣赏与评价** 1. 幼儿介绍自己的连衣裙 师:今天小兔子们很棒,做了这么多连衣裙!小兔子们用了红色、粉色,这些颜色让我们想起了小兔子到花田里、到晚霞里,到底小兔子去了什么地方?谁来介绍一下自己的连衣裙。 2. 幼儿展示自己的作品 师:大家做的连衣裙真漂亮,请穿上自己的连衣裙,老师来给大家照相。 3. 幼儿给观众赠送作品 师:孩子们,问问老师们喜欢你们剪的连衣裙吗?快把连衣裙送给她们吧!
活动反思	幼儿在创作的过程中,运用了多种图样和多种排序方式,呈现出各式各样的连衣裙。这么丰富的作品,与幼儿的已有经验是分不开的,他们将自己的已有经验进行迁移、整合并运用,依据自己的构思,经过创作过程中的不断调整创作出来的作品,体现出了幼儿大胆的想象力和创造力,带有明显的个人色彩。由于中班小朋友受小肌肉动作发展的影响,他们创造表现的技能还不够熟练与完美,在作品上表现出粗糙、不整齐、不平滑等稚拙感,但幼儿却是全身心地投入其中。正是这样纯真的童心、童趣,使得孩子们的剪纸作品充满了灵气和魅力。

夸夸家乡的桥

重庆市江津区龙华幼儿园　高小莉

教学领域	社会	班级	大班
设计意图	重庆是一座具有"桥都"美誉的城市，桥在人们生活中有着至关重要的作用。《幼儿园教育指导纲要（试行）》在社会领域内容与要求中指出：充分利用社会资源，引导幼儿实际感受祖国文化的丰富与优秀，感受家乡的变化和发展，激发幼儿爱家乡、爱祖国的情感。因此设计"夸夸家乡的桥"活动，把幼儿对家乡的热爱，以小见大引入到课堂之中，让幼儿体会家乡的桥给人们生活带来的方便。			
活动目标	1. 认识家乡的跨江大桥，知道它们的名称、特点及功能。 2. 大胆想象并设计出未来江津的跨江长江大桥，对高科技的运用有憧憬。			
重点难点	重点：认识家乡的跨江大桥，知道它们的名称、特点及功能。 难点：能大胆想象并设计出未来江津高科技的桥梁建筑。			
活动准备	物质准备：课件、记号笔、素描纸。 经验准备：了解桥的用途。			
活动过程	一、用一句话夸夸家乡 师：孩子们，我们的家乡是个好地方，现在请用一句话来夸夸我们的家乡。 师：江津确实是个好地方，最让高老师感到自豪的就是家乡的跨江长江大桥。 二、观看视频、图片，了解三座桥的名称、特点及功能 1. 看视频，了解江津长江大桥的特点 提问：你见过这座桥吗？这座桥叫什么？它的外形是什么样子的？ 小结：这是咱江津的第一座跨江长江大桥，它的名字叫"江津长江大桥"。它是T形桥梁，主要由桥墩、桥面、桥梁、支座组成。以前到德感街道要很久，现在一分钟就到了。江津长江大桥的通车让长江两岸的人们距离更近了。 2. 认识几江长江大桥 提问：江津有好几座跨江长江大桥，它和刚才的桥有什么不一样？ 指导要点：桥墩数量变少、双面悬索、桥面变宽。随着科技的发展，设计师和工人造出了现代桥梁，咱们江津有一座新修的不得了的桥，这座桥位于咱们江津几江，现在你们来夸夸这座桥。看看它的外形、形状、功能。 小结：几江长江大桥是连接几江半岛与滨江新城的一座双索面悬索桥。几江长江大桥的通车加快了"一江两岸、同城发展"的速度，进一步促进了江津的经济发展，让更多的人品尝到了江津的米花糖、花椒等。 3. 认识鼎山长江大桥 提问：相比之前的桥，鼎山长江大桥高科技功能体现在哪里？（两层） 小结：鼎山长江大桥由两座桥塔、斜拉索、引桥等部分组成，是双塔斜拉桥桥型，它只用两个桥梁就可以承重好多的车辆通行，很自豪地告诉你们，它是公轨两用桥，方便了江津的城际交通，获得过"首届重庆最美桥梁"第二名，吸引了全世界的人们来咱们江津参观旅游。 提问：小朋友们，江津的这三座长江大桥给咱们的生活带来了什么便利和好处呢？ 指导要点：从形状、功能、特点方面夸夸江津的长江大桥。 三、小小设计师 师：如果请你来设计跨江大桥，它具有什么现代化、高科技的功能呢？ 观察指导：幼儿能否从桥的特点、功能方面大胆说出自己的想法。			

续表

活动过程	小结：从你们的话语中，高老师能感觉出来你们非常热爱自己的家乡江津，现在请你们把自己的想法画到图纸上。 操作要求：纸笔人手一份，自己设计有高科技功能的长江大桥。 指导要点：现代化、高科技功能表现。 提问：你们自己设计的长江大桥有什么高科技功能？ 形式一：幼儿自由交谈。 形式二：个别分享。 观察指导要点：幼儿能否大胆分享自己的高科技技术、有无家乡自豪感。 四、活动结束 小结：老师预祝你们的设计师梦想都得以实现，期待你们为家乡的发展贡献自己的力量！
活动反思	通过幼儿看、听、说、画等表现形式，来达到活动目标。此次活动在突出社会领域教育的同时，还自然渗透了其他领域的教育，具有社会教育以外的许多教育价值和意义。

认识"6"以内的序数

北京市朝阳区西坝河第一幼儿园　王维静

教学领域	科学	班级	中班
设计意图	近一段时间，孩子们对数字产生了浓厚的兴趣，而且有的小朋友常常在排队的时候说"今天我要排第三""今天我想排第一"……中班的孩子们开始对序数产生了兴趣。我结合孩子们的生活体验情况设计了本次活动，让孩子们在轻松愉快的活动中进行自主探索、学习，以便今后能在生活中对序数有更好的认识。			
活动目标	1. 认识"6"以内的序数，学习序数词"第几"。 2. 能从不同的方向找到物体排列的位置。 3. 培养幼儿分析问题、解决问题的能力，在游戏中体验认识序数的乐趣。			
重点难点	重点：认识"6"以内的序数，能够运用序数词"第几"来表示物体的顺序。 难点：能从不同的方向找到物体排列的位置。			
活动准备	物质准备：能调头的火车图片一幅，1—6数字卡，小动物图片，房子图片，音乐。 经验准备：幼儿对序数有初步的认知。			
活动过程	一、创设情境"小动物坐火车旅行"，帮助幼儿认识"6"以内的序数 1. 教师出示火车图片(火车头朝左)，引导幼儿观察。 提问：这辆火车有几节车厢？(6节)车厢都有哪些颜色？可以用数字几来表示？黄色的是第几节车厢？可以用数字几来表示？ 2. 教师出示小动物图片。 提问：哪些小动物来乘车了？它们是怎么排队的？谁排第一？小兔排第几？ 二、引导幼儿感受不同方向物体的排列次序 1. 变换火车方向，车头朝右。 2. 提问：一起来看看，从右边开始数，小狗在第几节车厢？从左边开始数，小狗在第几节车厢？ 师小结：火车调头了，数的方向不同了，小动物排列的次序也就变了。			

续表

活动过程	**三、以"小动物住新房"活动巩固"6"以内的序数** 引导语：小动物们玩累了回到了自己的家。 1. 出示楼房图片，引导幼儿观察。 2. 让幼儿学会用第几层、第几号的形式来表示动物的住处。 3. 请幼儿上来把其他小动物送回家。 **四、操作游戏，了解从不同的方向找到物体排列的位置** 1. 介绍操作游戏的材料及玩法。 幼儿每人一张楼房图和六个小动物图片，幼儿自主让小动物住进楼房。 2. 幼儿操作，教师巡回指导。 **五、活动延伸** 1. 引导幼儿听音乐出去玩。排队时，问一问幼儿："你排第几？"活动自然结束。 2. 在活动区中投放可以排列序数的材料供幼儿进行操作。 3. 在日常生活中，如排队、户外游戏时渗透序数的知识。
活动反思	本次活动让孩子"能从生活和游戏中感受事物的数量关系并体验到数学的重要和有趣"，并结合中班幼儿年龄特点来设计，让孩子在各种游戏中充分通过动手、动口、动脑来轻松掌握序数的概念。 本次活动是一个以幼儿生活体验为基础的教学活动。活动能做到层层递进，突出重难点，并充分挖掘了教学具的多功能性。在活动中，教师除了引领幼儿习得数学知识，更注重培养幼儿的学习兴趣、情感态度，既让幼儿学到知识，又促进其整体素质的提高。把抽象的序数教学融入无痕的系列游戏活动之中，让幼儿在玩中乐、玩中悟、玩中思、玩中学。整个活动在教学的策略上倡导让幼儿主动参与，乐于探究、解决问题以及交流等多种教育理念。幼儿始终沉浸在游戏情境中，充分体验数学活动的乐趣。

金色的房子

北京市昌平区财贸幼儿园　姜美英

教学领域	语言	班级	中班
设计意图	近期，班级幼儿非常喜欢听故事，对故事很感兴趣，经常能看到幼儿到图书区看书，但是，他们在看书的过程中，不懂得分享图书，有时出现两个人争抢图书的现象。因此，我设计了本次活动。			
活动目标	1. 喜欢听故事，体验不同角色对话带来的快乐感受。 2. 理解故事内容，尝试模仿角色间的对话。 3. 懂得和同伴友好相处，共同分享快乐。			
重点难点	重点：理解故事内容，尝试模仿角色间的对话。 难点：能够模仿出故事中不同角色的对话。			
活动准备	物质准备：《金色的房子》中的相关图片和人物头饰，故事录音、录像和PPT。 经验准备：幼儿在日常的交往中会使用礼貌用语。			
活动过程	**一、导入故事** 出示金色的房子背景图，提问：图上有什么？房子是什么颜色的？这个房子的主人是谁呢？			

续表

活动过程	师：请听一听老师给小朋友们带来的故事吧！ **二、听《金色的房子》完整的故事录音** 引导幼儿初步感知故事情节中的角色对话。 提问：故事中都有谁？发生了什么事？它们都说了些什么？ **三、逐页出示故事图片，进行完整讲述，引导幼儿在进一步理解故事内容的基础上，感知故事角色之间的对话** 1. 播放故事PPT、音乐，教师完整讲述故事《金色的房子》。 2. 根据故事内容进行讨论，引导幼儿初步理解故事内容，感知故事角色之间的对话。 (1)提问：故事中第一个看见小姑娘的小动物是谁？它对小姑娘说了些什么？第二个、第三个、第四个看见小姑娘的小动物又是谁？它们分别对小姑娘说了些什么？ (2)提问：快到中午了，小动物们想到小姑娘家去玩，它们分别对小姑娘说了些什么？小姑娘是怎么回答的？ (3)提问：最后小姑娘请小动物们到她家去玩了吗？这次，小动物们对小姑娘说了些什么？小姑娘是怎么回答的？ **四、分段讲述** 教师通过分段讲述，利用手偶表演、提问、角色扮演的形式，帮助幼儿深入理解、感知故事内容，尝试模仿角色间的对话，体验不同角色带来的快乐感受。 1. 教师利用手偶讲述故事第一段内容，并通过提问体验不同角色带来的快乐感受。 提问：小动物们见了小姑娘的房子是怎么说的？小姑娘听了心情怎么样？ 小结：小动物们都非常喜欢金色的房子，小姑娘听了很高兴。 2. 教师利用手偶表演、提问、角色扮演的形式，学习故事第二段内容，引导幼儿尝试模仿动物的对话。 (1)教师利用手偶讲述故事第二段内容，进一步感知动物间的对话。 (2)通过提问引导幼儿学习角色间的对话。 提问：小姑娘为什么不请小动物进去玩呢？小动物对小姑娘分别说了什么？小姑娘是怎样回答的？ (3)幼儿利用头饰进行角色扮演，进一步模仿不同角色间的对话。 师：谁愿意扮演小姑娘、小鸟、小狗、小猴和小羊，演一演这段内容？表演时要说清楚它们之间的对话。 3. 教师利用手偶、讨论的形式，学习故事第三段内容，引导幼儿懂得和同伴友好相处，共同分享快乐。 (1)教师利用手偶讲述第三段故事内容，幼儿感知第三段内容。 (2)通过提问，引导幼儿懂得没有朋友的孤单，萌发幼儿懂得共同分享的快乐。 提问：小姑娘一个人在房子里感觉怎么样？小动物们是怎么邀请她一起玩的？小姑娘看到大家都邀请她一起玩，她是怎么说的，怎么做的？ 小结：让小伙伴们来分享自己的快乐才是最快乐的！ **五、看录像，懂得学会分享** 教师播放录像，引导幼儿回忆生活中的分享环节。 提问：我们小朋友在生活中是怎样分享快乐的呢？
活动反思	在活动中，教师能够以幼儿为学习主体，为幼儿创设一个宽松、自由的语言交往环境。幼儿喜欢说，在每个环节都积极主动地表达，大胆地把自己想说的话表达出来，对文学作品产生了浓厚的兴趣。

冰雪奇"盐"

江苏省常州市明德幼儿园　汪仙娥

教学领域	科学		班级	大班
设计意图	我们要充分贯彻《3—6岁儿童学习与发展指南》精神，选择合适材料，根据幼儿现有发展水平创设活动环境，提出问题，让幼儿选择适宜方法。通过推理和假设，进行实证探究，学会分享交流。 本次"冰雪奇'盐'"活动设计，通过幼儿多次操作，鼓励幼儿探索盐水结晶的科学原理，感知毛细现象；运用多种方法探索发现影响晶体结晶和形态的多种因素。			
活动目标	1. 引领幼儿运用各种感官仔细观察，鼓励幼儿发现问题、提出问题，培养幼儿的自我探索意识。 2. 通过尝试活动让幼儿了解盐水溶液结晶现象，运用多种方法探索发现影响晶体结晶的因素。 3. 培养幼儿的现代科技意识，激发幼儿学科学的兴趣。			
重点难点	重点：运用多种方法探索发现影响晶体结晶形状的因素。 难点：引导幼儿用物理方法促使晶体结晶。			
活动准备	物质准备：艾莎人偶、白棉纸、盐、氨水、洗衣液、磷酸二氢钾、亚铁氰化钾、色素、科学探究实验器材(每组一套)、幼儿科学探究记录表、PPT。 经验准备：幼儿对毛细现象和结晶现象已有初步的认识和了解，有做实验的经验。			
活动过程	一、导入 师：小朋友们，艾莎公主带来了她的冰雪魔法，让我们一起看一看吧。 幼儿自由观察点水成冰的魔法，玩偶艾莎手蘸醋酸钠晶体轻触冷却的醋酸钠过饱和溶液后迅速结晶，共同讨论魔法现象。 幼儿思考讨论水为什么会结冰？ 小结：冷却的醋酸钠过饱和溶液受到晶体刺激时状态失衡，过多的溶质就会迅速结晶。 通过课件了解结晶种类，引出盐析结晶——艾莎的结晶魔法裙。 二、引领幼儿进行分组探究 1. 幼儿探索配制分别加入氨水、洗衣液、亚铁氰化钾的不同配比的盐水溶液，分发实验器材及记录单(3人一组)。 幼儿选择实验材料，配制溶液，画裙子的设计图。 2. 分组操作。 教师指导幼儿使用两片白棉纸设计裙边，交叉固定制作裙撑；引导幼儿配制加入亚铁氰化钾的盐水溶液，溶液中滴入色素，观察有色溶液渗透裙边析出的盐析结晶花。幼儿尝试记录析出晶体的时长。 讨论：相同的水，盐加多少后就不会再溶解在水里了？加入氨水和洗衣液两种材料，溶液会更快析出结晶吗？结晶的形态是怎样的？小组合作探究，根据示意图验证结论。 3. 幼儿积极操作，自由探索不同方法。 引导幼儿探索盐水饱和度，请幼儿试试怎样让裙边更快结晶？加入氨水和洗手液后用时多久结晶？不同裙边的设计会影响结晶形状吗？幼儿再次带着问题操作、尝试。 请幼儿介绍自己的创意，提炼总结方法。 三、多媒体欣赏魔法裙开花视频 1. 幼儿欣赏，引导幼儿思考探索，树立科学意识。 2. 结合实验视频，扩展幼儿探究生活的方方面面。			

续表

活动过程	3. 分析不同实验操作，提高幼儿自主探究能力，识别规律，得出结论。 **四、教师分析实验范例，讲解实验中的重点要点** 师小结：魔法开花裙利用了毛细现象和盐析结晶的原理。 卡纸裙通过毛细现象把整个溶液蒸发时吸收了色素的结晶累积在裙边上，形成结晶雪花状。在加入亚铁氰化钾的盐水溶液中加入洗手液增加了表面活性，加入氨水加速溶解了盐。通过盐析出来的结晶是圆颗粒的。 **五、活动延伸** 1. 亲子科学探索，探究生活中毛细现象，如变色花（毛细现象引起彩色纹理）。 2. 糖水宝石（结晶现象引起的糖水结晶）。 3. 点水成冰（外力触碰破坏平衡状态引起结晶）。 4. 磷酸二氢钾结晶形态（针状形态）。
活动反思	本次科学活动力求合作探究方式，运用多感官探索操作，运用多次对比巩固毛细和结晶现象的科学认知。通过不同角度、多样化的科学活动，补充科学概念内涵，扩展外延，迁移和运用知识，锻炼发展能力，教师采用留疑的方式延伸，出示磷酸二氢钾，给幼儿留下想象、探索空间，激发他们的科学探索兴趣。

大家一起玩

北京市昌平区财贸幼儿园　王　蕊

教学领域	社会	班级	小班
设计意图	小班幼儿以自我为中心的年龄特点很突出，如不会与他人协商，常出现抢玩具、哭闹现象，因此设计本活动，引导幼儿适应集体生活，能和大家一起友好游戏，帮助幼儿学习正确的交往方法。			
活动目标	1. 愿意和大家一起玩玩具，体验与同伴游戏的乐趣。 2. 在教师的引导下通过情境游戏初步学习一起玩玩具的方法。 3. 在游戏中学习友好交往的方法，逐步养成良好的交往习惯。			
重点难点	重点：在情境游戏中初步学习一起玩玩具的方法。 难点：在游戏中能用适当的方法和伙伴玩玩具。			
活动准备	物质准备：小拉车玩具、球、遥控机器人、毛绒玩具、相关图片、背景音乐、背景板。 经验准备：有过在教师引导下大家一起玩玩具的经验。			
活动过程	**一、情景表演：学习说好听的话与人交往** 1. 小企鹅表演玩小拉车。 提问：小企鹅的玩具真好玩，你们喜欢吗？想和它一起玩吗？那要怎么做呢？ 2. 幼儿向小企鹅表达想一起玩玩具，学说好听的话。 3. 小结并出示PPT图片1：要想玩别人手里的玩具，可以跟他说："我能玩会儿你的玩具吗？谢谢。" **二、情景表演：初步学习一起玩玩具的方法** 1. 小企鹅表演玩球。 2. 教师示范一起玩玩具的方法。 3. 教师引导幼儿体验一起玩玩具的方法。 4. 小结并出示PPT图片2：你要是想玩别人的新玩具时，可以商量和他一起玩。			

续表

活动过程	三、情景表演：初步学习交换玩具的方法，一起玩玩具 1. 小企鹅表演玩机器人。 提问：小企鹅的遥控机器人真好玩，怎么才能玩它的遥控机器人呢？ 2. 幼儿再次向小企鹅表达想一起玩玩具，体验一起玩玩具的方法。 3. 出示毛绒玩具，启发幼儿学习用交换玩具的方法玩玩具。 提问：小企鹅有一个新玩具，我这里也有一个新玩具，小企鹅也很喜欢，那我要是想玩小企鹅的玩具，我们可以怎么办呢？ 4. 情景表演交换玩具，体验交换玩具的方法。 5. 小结并出示PPT图片3：要是想玩别人的新玩具，还可以用交换玩的方法。 6. 再次小结提升幼儿经验，学习到大家一起玩玩具的方法。 四、情景实践：大家一起玩玩具 小企鹅今天要带小朋友去好玩的欢乐城，我们一起带着自己的玩具去找小朋友玩新玩具吧。 小结：小朋友们，你们真棒！学会了有礼貌地跟别人一起玩玩具，还交到了好朋友。
活动反思	在活动中，三个情景分别选择了三种玩具，逐步引导幼儿学习与人友好交往的方法。整个活动通过创设情境及投放幼儿感兴趣的材料，使幼儿学会正确的一起玩玩具的交往方法。 活动运用三个情境，通过情境表演表达一起玩玩具，学习不同的交往方式，整体环节在情境与游戏中完成，运用体验法引导幼儿练习使用礼貌的表达方法。教师选用语言提示及亲身示范法引导幼儿学习一起玩玩具的方法，教育手段适合小班幼儿，并且体现了师幼互动的原则。但在活动中教师未能运用简单明了的语言梳理相关经验，没有关注幼儿经验的提升。

有趣的抽奖游戏

天津市东丽区第二幼儿园　于玉婷

教学领域	科学	班级	大班
设计意图	随着幼儿年龄的增长，大班幼儿的求知欲和好奇心逐渐增强，对身边的事物有浓厚的兴趣，并且乐意亲自动手去探索。《幼儿园教育指导纲要（试行）》中也指出，科学教育应密切联系幼儿的实际生活进行，将身边的事物与现象作为科学探索的对象。因此，我选择了"抽奖"这个人们生活中经常遇到并十分感兴趣的现象来进行大班幼儿的科学探索活动。		
活动目标	1. 感受参与抽奖游戏的乐趣，初步认识到生活中很难抽到大奖的事实。 2. 能在抽球游戏中感受概率，发现抽奖游戏的设计方式。 3. 能进行抽球实验的操作和记录、统计实验的结果，并用简练的语言说明游戏后的发现。		
重点难点	重点：能进行抽球实验的操作和记录、统计实验的结果，并用简练的语言说明游戏后的发现。 难点：能在抽球游戏中感受概率，发现抽奖游戏的设计方式。		
活动准备	物质准备：自制摸球抽奖箱、抽球记录表、统计表、PPT、颁奖音乐、不同的奖品。 经验准备：幼儿和家长共同关注了解生活中的抽奖活动。		

续表

活动过程	**一、引起幼儿活动兴趣，进入主题** 1. 播放幻灯片，引出抽奖。 2. 教师鼓励幼儿回答以下问题： (1)图片里的人们都在干什么？ (2)抽奖时是拿到大奖的人多还是没有拿到大奖的人多呢？ (3)你觉得这是为什么呢？ 3. 引出抽奖游戏。 **二、介绍材料并提出实验要求，演示抽球、记录方法** 1. 教师介绍抽球实验游戏材料。 2. 教师提出实验操作要求： (1)抽一次记录一次，抽到什么颜色的球就记录什么颜色。 (2)记录后马上把球放回抽奖箱中。 (3)记录完后在统计表中统计抽到白球和黄球的次数并进行比较，最后把抽奖箱放回原来的地方。 3. 教师演示具体抽球和记录的方法，并请个别幼儿尝试操作。 **三、幼儿进行抽球实验并记录、统计抽球结果** 1. 幼儿小组合作进行抽球实验。 2. 教师巡回观察，询问小组分工合作情况，了解抽球记录情况，并在过程中随时解决孩子们遇到的问题，进行及时的调整和引导。 3. 幼儿边操作边记录，教师在小组完成抽球实验时及时提醒进行统计，统计对比摸出白球和黄球的结果。 **四、幼儿对结果进行观察、对比和分组讨论，教师总结抽奖的设计方式** 1. 教师分组请幼儿讲一讲抽球情况和统计结果。 (1)抽中几次白球？抽中几次黄球？ (2)观察不同的小组统计的结果，你们发现了什么？这是为什么呢？ (3)教师引导幼儿发现各组的统计结果都是抽中白球的次数多，抽中黄球的次数少，并请幼儿猜测原因。 2. 教师将球倒入透明容器中引导幼儿发现白球多黄球少，从而发现抽奖中大奖的数量少，抽到大奖的概率也小。 **五、进行抽奖活动，让幼儿实际感受抽奖的乐趣，认识到很难抽到大奖的事实** 出示花朵抽奖卡片，进行抽奖活动，并在音乐中给幼儿颁奖，一等奖一人，二等奖、三等奖两人，其他为普通奖，让幼儿感受真实的抽奖，也感受到很难抽到大奖的事实。 **六、活动延伸** 1. 幼儿通过抽奖设计原理设计游园会的自制转盘。 2. 区域或自主游戏中设计制作不同的抽奖装置，在角色游戏活动中增加抽奖环节，或是进行科学、益智游戏操作活动。
活动反思	活动联系幼儿生活经验，激发了幼儿的兴趣。教师出示的摸球抽奖箱也引起了孩子们的好奇，大家一次次地抽球实验并能够准确地进行记录和统计，还对比发现了统计结果，过程中逐渐感受到概率问题，从而在教师引导下了解到抽奖的设计方式。在活动的最后真切地感受了抽奖，感受到了紧张热烈的氛围，和抽到大奖的惊喜以及认识到很难抽到大奖的事实，从而达到了活动目标。

破译小兵

中央军委机关事务管理总局红星幼儿园（黄寺园）　薛砚田

教学领域	科学	班级	中班
设计意图	\<3—6岁儿童学习与发展指南\>在社会领域的具有归属感中提出：知道自己是中国人，要激发幼儿爱祖国、爱家乡的情感。随着电子产品在生活中的普及，小朋友们在生活中处处都会接触到密码，在一次观看以我园历史为原型拍摄的电视剧《啊！摇篮》中，幼儿发现："那时传送机密文件都需要用电报解密，可是现在生活中的密码多为数字或字母。"看到幼儿有进一步探究数字的兴趣，我生成了本次活动"破译小兵"，通过图片、数字互换游戏，尝试用以图辨数、以数辨图让幼儿学习破解密码。最终破解全部密码，成功闯关获得勋章，让幼儿通过直观感知、实践操作，解决游戏问题。		
活动目标	1. 通过以图辨数、以数辨图的方式破解密码游戏。 2. 运用观察、对应的方式破解密码并分享破译的方法。 3. 愿意参与数学对应游戏，感知生活中数字的有用和有趣。		
重点难点	重点：通过图片、数字互换游戏，尝试以图辨数、以数辨图的方式学习破解密码。 难点：在破译密码游戏中运用观察、对应的方法找出正确的密码并分享。		
活动准备	物质准备：认识常见的军事武器与数字1—9。 经验准备：PPT、视频、密码卡、破译卡手卡。		
活动过程	一、破译任务大揭秘 指导语：小兵们，解放军叔叔给我们送来了一个紧急又神秘的任务，我们一起来看看吧！ 提问：破译任务是什么？还有什么任务？密码本上有什么？数与图之间你发现了什么？ 重点：激发破译兴趣，图、数对应是解密的关键。 二、破译小兵初级闯关——图形密码 指导语：小兵们，这是初级闯关——图形密码，你们有信心闯关吗？我们一起试试解开密码吧！ 提问：密码是什么？谁来说说，你是用什么方法找到数字密码的？ 重点：在集体讨论中知道数字与图形相对应，学习以图辨数的方法破解密码。 三、破译小兵中级闯关——数字密码 指导语：小兵们真是太厉害了！看，这回是中级密码，任务更难了！我们一起试试吧！ 提问：这次的密码和上次有什么不一样？需要我们用什么方法破解密码？ 难点：运用观察、对应的方式破解密码并分享破译的方法。 四、破译小兵再次挑战 指导语：我们小兵娃太棒了，知道用观察、对应的方法找到正确的密码，让我看看你们掌握这个本领了吗？ 提问：现在"2"是什么军事武器？又变成了什么？生活中哪里有密码呢？有什么用？ 重点：掌握连续观察、对应位置的方法是数图解密的关键，感知生活中数字的有用和有趣。 五、"破译小兵"活动延伸 1. 升级闯关——连线密码 指导语：下一次，我们一起破解连线密码，成功闯关后可以获得小兵勋章参观军营，你们有信心吗？		

	续表
活动过程	2. 在益智区结合幼儿创编密码的数学经验，鼓励幼儿自主编题解答并尝试创设不同密码形式，如声音密码、排序密码；再根据各区的不同情况投放、更新相对应的密码，如角色区投放人物密码，建筑区投放造型密码。
活动反思	本次数学活动"破译小兵"，以完成破解密码任务的形式闯关。 第一，以视频情景激趣法，引发幼儿参与兴趣。在与解放军叔叔的视频通话破译密码任务中，幼儿置身于特定情境，激发了幼儿兴趣，促使他们主动参与活动。 第二，以数图辨别操作法，促进幼儿自主学习。引导幼儿感知和体会用不同的方法，破译、解决游戏中遇到的问题，掌握图形与数字之间的对应关系，培养幼儿观察、分析、动手操作的能力，提高思维推理性，对破解密码有进一步探究的兴趣。 第三，以小兵勋章情感满足法，提高幼儿探究能力。在破译密码游戏中运用观察、对应的方法帮助幼儿积累数图对应的数学经验。同时，在收获勋章中提升幼儿自信心和探究能力，了解生活中数字的有用和有趣，体会成功的满足感。 结合活动需要，日后需提高信息技术 2.0 课件制作能力，让活动内容与过程更加精细、有趣，提高幼儿学习的有效性。

寻秘风之谷

福建省泉州石狮市实验幼儿园　陈晶晶

教学领域	艺术	班级	大班
设计意图	每个幼儿的心里都有一颗美的种子，关键在于教师如何充分创造条件和机会，萌发幼儿对美的感受和体验，丰富其想象力和创造力，引导幼儿学会用心灵去感受美和发现美，用自己的方式去表现美和创造美。丝巾是幼儿常见的生活用品，它色彩鲜艳、质感柔软、易于造型。因此我创设了"风之谷"的情境，以丝巾为主线，为孩子提供秋天特有的物品作为添加的材料，尝试用借形想象的方法，体验丝巾创作的独特艺术感受。			
活动目标	1. 借丝巾之形想象，添加自然物表现物体的艺术造型。 2. 在"风之谷"的情境中感受风之趣，体验联想带来的快乐。			
重点难点	重点：通过观察丝巾在风中的不同形象，进行大胆想象。 难点：以丝巾为载体来激发幼儿的创造力，去创造有趣的造型。			
活动准备	物质准备：不同颜色、大小的丝巾24条；不同形状的树叶、栗子、芦苇、金橘、松果、树枝、木片、麦穗；PPT、背景音乐。 经验准备：幼儿对各种常见的动物形象特征有一定的认知。			
活动过程	一、启程风之谷 创设风之谷的情境，感受玩风的乐趣。 师：风精灵今天邀请我们去风之谷玩。可是在这一路上我们会遇到各种各样的风，让我们带着丝巾共同去感受风的大小吧！ 二、探秘风精灵 1. 播放视频，引导幼儿观察丝巾在风中如何舞动。 风精灵：欢迎来到风之谷！你们知道吗，我有一个非常厉害的本领，那就是我能让丝巾在风中变成不同的样子。 师：真的吗？我们一起来看看吧。			

续表

活动过程	2. 说一说丝巾在风中的不同变化。 师：你们认为风精灵这时候吹出来的是大风还是小风？丝巾在风中变成了什么？ 3. 小结：风精灵用不同的风把丝巾变成不同的样子。那我们能不能用丝巾在不同的风中变出不同的样子呢？ 三、听辨风之语 1. 播放音效，幼儿借助丝巾表现小风、大风和狂风。 风精灵：我们风之谷一年四季都有风，一会儿我会吹出不同的风，让我来看看你们谁能让丝巾变出各种各样的形象。 2. 幼儿尝试合作，体验在风中玩丝巾的乐趣。 师：你们可不可以两两合作，把丝巾变成不同的形象呢？ 四、变出谷中物 1. 念动口诀，示范讲解。 风精灵：你们瞧，风之谷里只有我一个人，太孤单了，你们能用丝巾变出许多动物来吗？ 风精灵：我有一个丝巾变动物的魔法口诀，只要念出口诀，动物就能变出来了。我请老师来帮助我。（边念口诀边抛丝巾） 2. 幼儿初次尝试用丝巾变出动物，体验联想带来的快乐。 师：刚才我是怎么变的？除了向上抛，我还可以怎么做？既然大家都想来试一下，那我们都来试试吧！ 3. 出示PPT，引导幼儿添加自然物，表现物体的艺术造型。 风精灵：风之谷还有许多神奇的宝物，我们一起来看一看。 师：你们发现了吗？这些都是秋天里特有的物品。 师：你们看，这匹马好特别，眼睛是用什么变的？叶子能变成它的什么？ 4. 鼓励幼儿大胆想象，自由创作。 风精灵：请你们用丝巾和这些材料变出各种宝物来陪我玩吧！ 五、作品欣赏，交流分享 小结：今天每个小朋友都用丝巾变出了各种造型，下次你们能和好朋友一起合作变出不同的物品出来吗？（播放结束音乐，自然离场）
活动反思	本次活动选材源于生活并贴近生活，丝巾作为生活中常见的物品，方便幼儿进行创作。活动以情境贯穿始终，每个环节循序渐进、层层递进，幼儿学习的积极性很高。充分体现了在游戏中学，在游戏中体验。活动中有多个方面的互动，如材料与幼儿间的互动，教师与幼儿间的互动，幼儿与幼儿间的互动。 活动中也存在一些不足，例如幼儿创作的积极性已激发，教师应作为支持者在一旁辅助，等幼儿作品完成后再进行互动；活动中感受与欣赏环节所占的时间较长，而创作的环节时间较短，可以创设两次创作，在第一次个人创作完成后，再进行第二次两人以上的合作性创作。

站立的纸牌

北京农学院幼儿园　曾　艳

教学领域	科学		班级	大班
设计意图	\<《3—6岁儿童学习与发展指南》中明确指出："幼儿科学学习的核心是激发探究兴趣，体验探究过程，发展初步的探究能力。"而纸牌是人们在日常生活中常玩的一种娱乐游戏，孩子们经常接触到，也玩过。《幼儿园教育指导纲要（试行）》科学领域中提出：幼儿对周围事物和现象感兴趣，有好奇心、求知欲；能运用各种感官，动手动脑探究问题。大班的孩子对外界的事物充满了好奇心，他们常常会问许多为什么，如"为什么积木能站起来？""纸牌为什么站不起来？" 通过活动，既满足了幼儿的兴趣需要，又能拓展幼儿的认知经验，让幼儿了解到纸牌不仅可以用来娱乐，还是幼儿的益智用具，同时挖掘纸牌中所蕴含的教育元素，拓展幼儿的思维。通过幼儿感兴趣的游戏活动，使学习变得生动有趣，让幼儿在愉悦的过程中体验学习和游戏的快乐，以获得个体不同程度的发展。			
活动目标	1. 能够积极动手动脑探索纸牌拼搭高楼的游戏方法，在操作中体验成功的快乐。 2. 探索纸牌多层拼摆牢固、平稳、搭高的方法，并能按图例进行纸牌拼摆。 3. 在拼搭游戏中能够尝试运用合作、交流的方式进行探究，培养幼儿合作意识。			
重点难点	重点：探索纸牌多层拼摆牢固、平稳、搭高的方法，并能按图例进行纸牌拼摆。 难点：能够在操作、合作、分享、交流中发现纸牌多层拼摆的方法，并在游戏中进行应用。			
活动准备	物质准备：纸牌、图例、地垫、小筐、多媒体课件。 经验准备：有拼摆1—3张纸牌站立的经验，会看简单的图例。			
活动过程	一、出示照片，调动幼儿已有经验，引导幼儿回顾纸牌站起来的方法 提问： ①我们发现了哪些让纸牌站起来的方法？还有哪些让纸牌站起来的方法？ ②你认为哪种方法最牢固？为什么？ 小结：让纸牌改变形状，比如折叠、弯曲、两张牌相互支撑保持平稳，这样就能让纸牌站立。 二、出示图例和纸牌，布置拼摆任务，引导幼儿尝试自主拼搭，探索纸牌多层拼摆中搭稳、搭高、搭大的方法 1. 出示图例，幼儿初步探索纸牌多层拼摆中搭稳、搭高、搭大的方法。 (1)幼儿观察图例，做好拼搭计划。 提问： ①请小朋友认真观察照片，看一看照片中分别用的是哪一种让纸牌站起来的方法？ ②你想拼搭哪张图例上的建筑？ ③请小朋友观察好图例的方法后，试一试看你能搭出和图例一样的建筑吗？ (2)幼儿尝试拼搭，教师观察幼儿在拼搭过程中遇到的问题与拼搭情况。 要求： ①请幼儿按照图例进行搭建。 ②拼搭的作品要和图例相同。 (3)交流分享，教师帮助幼儿梳理拼搭方法。 提问： ①你拼搭的是哪一张图例，小朋友们一起对比看一看搭建的建筑和图例一样吗？哪里不一样？			

续表

活动过程	②用了什么方法？这样的方法稳固吗？你有什么好的方法分享给小朋友？ 师小结：要想拼搭成功，先要仔细观察图例中纸牌的数量、左右对称的方法，相互倚靠、弯曲、折叠的方法。 2. 幼儿二次操作，按图例拼搭，再次运用相互倚靠、弯曲、折叠的方法进行拼搭。 提问：你拼的是哪张图？怎样做可以让纸牌搭建得比较稳固？ 师小结：原来要想让纸牌拼搭更牢固，就需要掌握支撑点的数量、相互倚靠的距离、弯曲的弧度以及对称折叠等方法，还要注意牌与牌之间的距离，保持纸牌的平衡，这样拼搭的纸牌才更稳更高。 三、合作挑战拼搭，帮助幼儿进一步掌握拼搭方法，体验成功的快乐 1. 出示更多的纸牌数量，激发幼儿挑战创意拼搭的兴趣。 提出任务和要求：幼儿自愿结组分工协商，协商时间2分钟；四人为一个小组，拼搭一个又稳又高的建筑物；搭建时间10分钟。 2. 幼儿实践操作，教师观察幼儿拼搭情况，进行个别指导。 3. 交流分享 (1)经验分享，帮助幼儿梳理拼搭方法。 提问：你们组是怎样拼搭的？为什么搭得又稳又高？ (2)拍照做好记录，与班级幼儿分享成功的乐趣。 师小结：我们今天用纸牌拼搭出很多的建筑，在拼搭的时候，小朋友运用了左右对称、相互倚靠、弯曲、折叠等方法，并且与同伴分工协商成功完成了挑战任务！ 四、延伸活动，拓展幼儿游戏经验 图片欣赏，激发幼儿挑战拼搭更大的作品，进一步调动幼儿的挑战愿望。
活动反思	根据大班幼儿知识经验基础及认知特点、兴趣，设计了"站立的纸牌"这个活动。本次活动既满足了幼儿的兴趣需要，又拓展了他们的认知经验，还拓展了幼儿的思维。通过幼儿感兴趣的游戏活动，使学习变得生动有趣，幼儿在愉悦的过程中体验学习和游戏的快乐，以获得个体不同程度的发展。 第一环节是以经验再现导入，激发幼儿的兴趣。出示前期玩纸牌的照片，让幼儿复习纸牌站立的方法直接导入，并请幼儿讨论回答，再现已有的生活知识经验，激发了幼儿的学习兴趣，通过梳理多张纸牌组合站立的方法，培养幼儿的探索性与坚持性。 第二环节以图例拼搭为线索，引导幼儿大胆探索。第二环节是活动的重点，主要以幼儿自主探究为主，教师积极的引导来开展活动。第二环节包括两次探索活动。一是探索通过观察图例，发现拼搭的方法，让幼儿发散思维，参照图例初步尝试按图例拼搭。二是自由探索让纸牌站得更高的办法。幼儿进行知识迁移和提升，借助更多的纸牌，让纸牌站得更高。 第三环节是鼓励幼儿再创造。自由分组协商合作探索创新拼搭。第三环节也是难点突破，鼓励幼儿之间进行合作、学习。 活动最后出示更高更大的纸牌拼搭图例，拓展幼儿游戏经验。通过图片欣赏激发幼儿挑战拼搭更大的作品，进一步调动幼儿挑战愿望。 在活动设计上注重环节之间层层递进，关注大班幼儿的探索性与合作意识，尊重幼儿的最近发展区，尝试不同方法的拼搭。活动情景化、游戏化，在情景中引题，在游戏中学习，让幼儿在轻松自由的氛围中体验到学习的快乐、合作的快乐、游戏的快乐。整个活动体现了教育来源于生活，又高于生活的理念。

舞动的彩带

北京市丰台区育英幼儿园　张馨尹

教学领域	艺术		班级	大班
设计意图		近期我班在活动区中投放的彩带引起了幼儿浓厚的兴趣，他们经常随音乐自由舞动。为满足幼儿的发展，体现《3—6岁儿童学习与发展指南》艺术领域的核心"感受与欣赏，表现与创造"，我截取了《春节序曲》的音乐片段设计了一系列活动。大班幼儿不再满足于追随、服从，他们有自己的想法和主见，而且在活动中更有目的和计划。幼儿的自我控制能力明显提高，对于动作有一定的控制能力和自我约束能力，他们可以通过肢体的动作来表现自己对音乐的理解。如果有共同的兴趣或目标，幼儿会选择自己喜欢的玩伴，相互之间会有很好的分工、合作。		
活动目标	1. 欣赏民族曲风的乐曲，通过肢体、彩带的舞动，感受乐曲旋律的变化。 2. 在小组合作创编彩带舞中，体验合作的成功感。 3. 喜欢参与舞蹈创编活动，获得美的感受。			
重点难点	重点：通过绘画、肢体、彩带的舞动，感受乐曲的旋律变化。 难点：初步尝试小组合作的方式，创编彩带舞蹈。			
活动准备	物质准备：音乐、彩带、课件、纸笔。 经验准备：欣赏过音乐《春节序曲》；分组进行过童话剧编排，有分组合作完成任务的经验；会使用iPad拍摄等多种不同的记录方式。			
活动过程	一、回忆乐曲，分段欣赏，用肢体、彩带舞蹈感知乐曲 1. 帮助幼儿回忆上次活动，欣赏歌曲，通过绘画线条感受歌曲中两段音乐旋律的不同。 (1) 倾听音乐，用画线条的方式感受音乐。 (2) 分享听完两段不同旋律的音乐后所绘画的线条不一样的地方。 2. 欣赏第一段音乐。 (1) 回忆音乐。 (2) 分享感受。 (3) 第一遍倾听，听音乐用肢体动作感受音乐。 (4) 第二遍倾听，加入彩带随音乐舞动。 3. 回忆第二段音乐，再次欣赏与感知音乐。 (1) 回忆音乐。 (2) 分析与第一段音乐的不同，分享感受。 (3) 第一遍倾听，听音乐用肢体动作感受音乐。 (4) 第二遍倾听，加入彩带随音乐舞动。 二、分组进行舞蹈创编 1. 想一想，彩带舞编排可以有哪些创新。 师：元旦马上就要到了，你们想不想创编一段彩带舞到时候给大家表演？如果需要编彩带舞蹈，你们想想和刚才我们自己用彩带跳可能会有什么不一样的地方？ 2. 看一看，看视频发现彩带舞编排的特点。 师：张老师这里有一段彩带舞视频，我们看看都有哪些值得我们学习的地方？ 3. 说一说，彩带舞编排的变化。 4. 试一试，幼儿分组进行彩带舞编排。 (1) 回忆以往的分组经验，讲解编排要求。 (2) 自由分组，开始彩带舞编排。			

续表

活动过程	三、分享与展示创编成果 1. 幼儿分组进行展示。 (1)分组展示编排的舞蹈。 (2)讨论：遇到问题，我们是如何解决的。 2. 教师小结。
活动反思	幼儿动作灵活、控制能力明显增强。在通过彩带表现音乐的过程中，幼儿能随着音乐进行律动与舞蹈。幼儿的规则意识逐步形成，在分组创编的过程中，大多数幼儿会控制自己的行为，遵守活动的规则，在分组合作中进行分工合作。但是部分幼儿对于规则的认识还没有形成，规则对他们来说还是外在的。因此，幼儿在规则的实践方面还会表现出以自我为中心。所以在之后的活动中我还会继续关注幼儿的规则意识，注重规则意识的养成。在活动中，我的提问都是浅层次的，幼儿的回答比较简单。所以我还要加深提问的深度，多提有启发性的问题。

音乐律动"我是跳舞达人"

北京市丰台区育英幼儿园　吴　楠　刘　娜

教学领域	艺术	班级	大班
设计意图	一次表演区游戏时瑶瑶用iPad搜到网上《琪琪 恰恰 蹦蹦 拉拉》的舞蹈视频，孩子们跳得非常高兴，在区域评价时他们还进行了展示，纷纷在表演区进行表演。为了顺应幼儿的游戏需要，本次活动选用《琪琪 恰恰 蹦蹦 拉拉》的音乐，该音乐节奏鲜明，旋律简单，有不同于以往音乐风格的诙谐幽默的特点，能激发幼儿更好地表达和创作。 《幼儿园教育指导纲要(试行)》中指出"艺术是幼儿表达自己的认识和情感的重要方式"，《3—6岁儿童学习与发展指南》中艺术领域的核心目标为感受与欣赏、表现与创造。我们围绕"喜欢进行艺术活动并大胆表现"这一目标开展一系列能带给幼儿快乐体验的音乐游戏，有助于他们快乐成长。			
活动目标	1. 感受诙谐幽默的乐曲，在大胆表现中获得快乐与成功的喜悦。 2. 发现乐曲中不同角色的特点，能够运用肢体动作进行表现。 3. 能发现合作表演中的问题并解决，完成合作表演。			
重点难点	重点：发现乐曲中不同角色的特点，能够运用肢体动作进行表现。 难点：能发现合作表演中的问题并解决，完成合作表演。			
活动准备	物质准备：课件、音乐。 经验准备：有一定律动经验。			
活动过程	一、回顾《琪琪 恰恰 蹦蹦 拉拉》舞蹈 1. 教师出示课件引出舞蹈。 2. 教师扮演角色和幼儿一起跳。 师：还记得之前我们一起跳过的《琪琪 恰恰 蹦蹦 拉拉》吗？今天老师扮演恰恰这个角色，和其他三个角色一起进行表演，你们也跟着老师一起跳起来吧！ 3. 讨论《琪琪 恰恰 蹦蹦 拉拉》的音乐特点： (1)师：这个音乐给你什么感觉？ (2)师：它和其他音乐有什么不一样？			

续表

活动过程	二、个人表演秀 1. 选择角色进行个人表演 师：你最喜欢哪个角色，为什么？选择你喜欢的角色，一起跟着音乐跳起来吧。 师：你们发现这四个角色有什么特点？ 2. 运用课件演示分析琪琪的动作和音乐特点 (1) 师：我们先来看看琪琪的动作是什么？ (2) 师：琪琪是欢快的，我们一起唱唱、做动作。 3. 逐一引导幼儿分析恰恰、蹦蹦、拉拉的动作和音乐特点。 (1) 师：恰恰是什么动作，他是怎么唱的？ (2) 师：蹦蹦是怎么唱的？你会想起什么？ (3) 师：拉拉带给你什么感觉？ 三、合作表演秀 1. 第一次合作表演 师：小朋友们选择自己喜欢的角色，到你出场的时候就跳起来。 2. 发现问题 师：你们在跳的过程中发现了什么问题？该如何解决？ 3. 解决问题 师：总是跟不上音乐可以先跳得慢一点练习练习，然后再加快速度进行表演。教师用箭头指示牌提醒幼儿出场。 4. 第二次合作表演，体验成功 师：小朋友们真棒！配合得真默契！老师将小朋友的表演视频记录下来了，课后发给你们慢慢欣赏。 四、欣赏舞蹈创编 师：这些小朋友和我们跳得哪里不一样？期待你们创编出不同的动作，等下次见面时我们来一次真正的合作表演秀，快行动起来吧！
活动反思	在信息化时代，幼儿教育凭借信息的现代化技术的支持，帮助幼儿获得游戏的成功体验，突破游戏的难点，获得更好的发展。大班幼儿在游戏中获得合作的机会，大大提升了共同学习的经验，为幼小衔接打下基础。 通过本节活动，幼儿在环节递进、与教师层层互动、与同伴间合作学习、对艺术美的感受欣赏和表现创造中，逐步达成目标、获取经验，达到最近发展区。教师注重幼儿自身的自主感知、想象与感受，鼓励幼儿去感受、去创造。在整个活动过程中为幼儿创设轻松愉悦的艺术氛围，使孩子们在大胆表现的过程中获得快乐和美的感受，同时自己也获得了快乐与成功的喜悦，为自己的教育策略积累了经验。

大骆驼

北京市东城区大方家回民幼儿园　于　红

教学领域	艺术	班级	中班
设计意图	《幼儿园教育指导纲要（试行）》中明确指出："提供自由表现的机会，鼓励幼儿用不同的艺术形式大胆地表达自己的情感、理解和想象，尊重每个幼儿的想法和创造，肯定和接纳他们的独特的审美感受和表现方式，分享他们创造的快乐。"我从骆驼入手，引导幼儿自主欣赏童谣中各种手势舞动作，提高幼儿欣赏美的能力。"创编手势舞"是本班幼儿从未接触过的，通过本次活动的学习，幼儿能多了解一种艺术表现形式，丰富幼儿生活。		

续表

活动目标	1. 能结合童谣的词句用手势舞表示出简单的动作。 2. 与同伴一起为"志气大""风吹日晒""不怕"等词做出不同的动作。 3. 积极参与活动,能按音乐节奏展示童谣。
重点难点	重点:能结合童谣的词句,用手势舞表示出简单的动作。 难点:为"骆驼""风吹日晒""不怕"等词做出不同的动作。
活动准备	物质准备:童谣音乐、课件、童谣图谱记录、纸、彩笔。 经验准备:熟悉《大骆驼》的儿歌内容。
活动过程	**一、沙漠智勇大闯关** 1. 第一关:猜猜我是谁? 师:小朋友们,我们现在困在沙漠里了,需要一位朋友的帮助,你们来猜一猜它是谁?(播放骆驼的不同叫声) 指导重点:使用猜谜活动激发幼儿参与活动的兴趣。 2. 第二关:骆驼先生的考验 师:你们想走出沙漠,必须经过骆驼的考验,有一首关于骆驼的童谣你们记得吗? 指导重点:和同伴一起回顾童谣内容。 3. 第三关:帮助骆驼先生 师:你们能这么顺畅地说出有关骆驼的童谣,证明你们十分聪明,但是骆驼现在还不能带你们走出沙漠,因为他的同伴走丢了,你们可以帮帮他吗?需要你们边说童谣边做动作,这样骆驼的同伴就能找到他了。 指导重点:尝试为"骆驼""风吹日晒""不怕"等词创编出适合的动作。 4. 第四关:即将遇到沙尘暴 师:太好啦,骆驼的同伴找到他了,咱们一起走出沙漠吧,不好!沙尘暴要来了,我们需要更多的同伴帮助小朋友快速走出沙漠,需要你和同伴一起为童谣创编一些不同动作,如果你怕忘记可以先记录下来。 指导重点:分组进行动作创编,大胆表现自己的想法;重点创编出骆驼的形象,教师协助幼儿记录动作。 师:我们得加快速度了,沙尘暴马上就到了。 **二、庆祝走出沙漠** 师:你们真是太棒了,创编了这么多的动作,找到了这么多的同伴帮助我们走出沙漠,我们一起庆祝吧!哪一组的小朋友想先和大家分享?每组请一名小朋友来表演。 指导重点:鼓励幼儿大胆结合童谣的词句用手势舞表示出简单的动作。 **三、延伸活动:为骆驼先生选动作** 师:看了三组的表演,如果你是骆驼先生,你觉得哪一组的动作更适合这首童谣呢?小朋友可以在休息的时候用投票的方式选出你觉得最适合的童谣动作。 指导重点:引导幼儿用投票的方式选出童谣的动作。
活动反思	本次教育活动可以让幼儿结合童谣的词句用手势舞创编不同的动作,发展幼儿的创造力和想象力,符合本班幼儿年龄特征,运用游戏法让幼儿积极思考并大胆表现自己的动作,发展幼儿的创造力。 在艺术活动"大骆驼"中教师首先通过情景引入激发幼儿参与活动的兴趣,让幼儿通过猜一猜、想一想、说一说、演一演等多种形式来参与活动,提升知识经验。本次教育活动动静交替、由浅入深、层层递进,幼儿参与积极性高。活动结束后幼儿表示还想创作更多的动作。

陀螺讲解员

北京市东城区大方家回民幼儿园　柴玉瑞

教学领域	语言		班级	大班
设计意图	近期我班幼儿喜欢玩陀螺，慢慢演变成两两比赛，开始孩子们在原本的圆形陀螺盘中进行比赛，后来我与幼儿一起讨论、制作了不同形状的陀螺盘，玩了好一阵子，最后发现陀螺可以几个幼儿一起比赛，就这样又有了新的游戏玩法。我们经过反复的实验，与幼儿一起制定游戏规则，幼儿兴趣非常浓厚，从而开展了本次陀螺讲解员的活动，初步尝试讲解视频比赛过程，锻炼幼儿的语言反应能力。			
活动目标	1. 能根据陀螺的特点、性能等明显特征进行简单的描述。 2. 初步尝试对陀螺游戏的视频画面进行简单的解说。			
重点难点	重点：能用完整的语言讲解陀螺的主要特征等。 难点：能根据陀螺游戏的视频画面进行解说。			
活动准备	物质准备：陀螺展台、陀螺、与陀螺相关的视频片段。 经验准备：幼儿已玩过陀螺，对比赛讲解形式有简单的了解。			
活动过程	一、介绍陀螺，激发幼儿讲述兴趣 1. 幼儿分组介绍陀螺 师：近期，小朋友们都特别喜欢玩陀螺，那一会儿请小朋友去展台上拿自己的陀螺，和你的同伴来讲一讲你的陀螺，介绍它的名称、特点、功能，还可以讲一讲你的陀螺最厉害的地方是什么。 指导重点：幼儿分组介绍自己陀螺的特点，鼓励幼儿大胆介绍。 2. 个别幼儿介绍陀螺 师：哪个小朋友来给我们介绍下自己的陀螺？介绍的时候不仅要介绍陀螺的特点，还要用一句话来介绍你的陀螺的厉害之处，比如你的陀螺在对战时候会发光。 指导重点：鼓励幼儿能用简单、清楚的语言讲解自己陀螺的特点、优势。 二、分组观看视频比赛，讲解比赛过程 师：老师把你们平时玩陀螺的各种比赛都录下来了，那我们一会儿就分组看着视频来讲一讲。在讲的时候要讲清比赛的过程，以及比赛过程中发生了什么状况，讲完后每组派一个代表来给大家讲一讲。 指导重点：在幼儿讲解过程中鼓励幼儿根据陀螺比赛视频进行解说。 三、分享讲解内容，拓展讲解经验 师：哪个组愿意给我们讲解下你们组观看的比赛视频？小朋友听一听他在讲解时什么地方讲得好，在讲解时都应该讲什么？注意什么？ 指导重点：鼓励幼儿大胆解说视频，并帮助幼儿不断完善、梳理讲解的经验。 四、活动延伸 师：课后可以把我们玩陀螺的过程跟别的班的小朋友讲一讲，让他们和我们一起创新更多玩陀螺的好方法。 指导重点：进一步研究陀螺的好玩之处，讲解给更多小朋友听。			
活动反思	教师作为活动的引导者、参与者，帮助幼儿在玩的过程中提炼出讲述的内容，对幼儿来说是一个挑战。这次的讲解和解说活动的形式是我们第一次尝试，对刚上大班的幼儿有一定难度。因此，我们采取循序渐进的方式，让幼儿先反复看视频，讲述比赛的规则，再观察每个陀螺在动态画面中的变化及冲突点在什么地方，慢慢进行讲解。幼儿都很愿意参与讲述，能积极发言、讲解。在讲述游戏规则时，幼儿尝试讲述动态场			

	续表
活动反思	景画面，这也是说明性语言通过情景再现得到习得的机会。幼儿在讲解时可以自行分配任务，有讲解比赛规则的，有讲解比赛过程的，可以较细致地观察到陀螺的变化及场面上的动态，并且加入了自己的想法。这种全新的讲述形式，又一次激发了幼儿的积极性及语言表达能力，本次活动不仅增强了幼儿的反应能力，还可以在玩中学习到更多知识。

藏族童谣手势舞《捉迷藏》

北京市东城区大方家回民幼儿园　李梦琪

教学领域	艺术		班级	小班
设计意图	幼儿喜爱童谣，对于幼儿来说，它简洁明朗，朗朗上口，好学又好记，但传统的教学形式简单机械、单调。近期幼儿喜欢手势舞游戏，我在学习理解民族童谣的基础之上，利用手势表达童谣的内容，幼儿在模仿游戏中深入理解童谣，和童谣做游戏，从而感受民族童谣的韵律和优美的语言，同时在活动中有效地提高幼儿学习的积极性，变被动学习为主动学习。			
活动目标	1. 尝试利用手势表示童谣中"藏"的不同动作。 2. 喜欢说藏族童谣，愿意和同伴一起说童谣，并用自己喜欢的手势跟随童谣一起做动作。			
重点难点	重点：能够利用不同的手势表示"藏"的动作。 难点：能够边说童谣边较为顺畅地做出手势舞。			
活动准备	物质准备：童谣《捉迷藏》、藏族风格音乐、PPT、山洞、大山背景板。 经验准备：熟悉童谣，玩过捉迷藏的游戏。			
活动过程	**一、开始活动：动物捉迷藏** 1. 入场——小动物捉迷藏 师：小动物们都在大草原上玩捉迷藏，我们一起骑着小马去找小动物们藏在哪里吧！勒住缰绳，我们出发啦！ 指导重点：模仿蒙古族草原骑马、勒缰绳的动作后踢步入场，感受蒙古族的民族风情。 2. 复习童谣 师：今天咱们和小动物一起来玩捉迷藏的游戏，看一看小动物们都藏在哪里了？ 指导重点：幼儿边说童谣边播放PPT，利用游戏复习童谣，引出主题。 **二、探索新知：一起捉迷"藏"** 1. "藏藏"动作不一样 师：今天我们也来和小动物一起玩捉迷藏吧，你会怎么藏呢？用你们的小手来把自己藏起来吧，看看谁最厉害不会被发现。 指导重点：引导幼儿利用手部动作表示不同"藏"的动作，教师将不同的手势动作拍照进行梳理。 2. "藏"在哪里我知道 师：想一想童谣里野狼和山羊藏在了哪里？这些山洞、小山又是什么样子的？怎样用你的小手表示呢？ 指导重点：通过观看背景板引导幼儿利用手部动作对山洞和小山的外观进行表达。			

活动过程	三、动作练习：我来演童谣 师：小朋友们真聪明，能用小手表示出童谣的内容，那我们一起来学着大野狼和小山羊的动作，一起来捉迷藏吧。 指导重点：回忆和老师一起做过的童谣手势舞，复习手势动作，练习童谣手势舞。 四、展示活动：一起捉迷藏 师：小朋友们真棒呀，老师看到好多小朋友做的手势舞都特别有意思，谁愿意来当小老师，带着小朋友们一起来做一做？小观众们要一起说童谣哦。 指导重点：通过个别展示，帮助幼儿发现可以利用不同的手势动作来表示童谣。 五、活动结束：朋友一起做手势舞 师：捉迷藏的手势舞太有意思啦，看着这么多不同的童谣动作，快和你的好朋友一起再玩一玩吧！ 指导重点：活动自然结束，在教师和照片的引导下，尝试与同伴一起用不同的动作表演童谣手势舞。
活动反思	藏族童谣《捉迷藏》是一首朗朗上口的较短的童谣，教授藏族人民草原上骑马的动作引导幼儿律动入场，这样帮助幼儿较快地进入到教师创设的情景中，幼儿化身小牧民，来到"草原"和小羊、野狼捉迷藏。 在复习童谣时利用有趣的自制动画，结合节奏感鲜明的藏族风格背景音乐感受藏族音乐的旋律，幼儿通过观察图片中的小羊和野狼回忆手势动作，为之后的环节做铺垫。 在创编"藏"的动作中，通过配课教师的互助，及时将不同"藏"的动作进行梳理呈现，幼儿看到自己的照片在大屏幕上都非常兴奋，从而提升了幼儿对动作的模仿和记忆。 总体来说，本次活动幼儿参与度很高，并且在情景游戏中对童谣的手势创编表现都很大胆。

哈尼族童谣手势舞《其多列》

北京市东城区大方家回民幼儿园　马　聪

教学领域	艺术		班级	中班
设计意图	根据班中主题民族游戏，幼儿认识了云南哈尼族，他们通过观看哈尼族舞蹈知道了很多哈尼族有意思的事情，于是我们一起了解哈尼族的文化，学习哈尼族的童谣。			
活动目标	1. 初步尝试用自己喜欢的哈尼族手势做动作，为童谣创编手势舞动作。 2. 愿意大胆地表演动作，感受和同伴共同合作创编哈尼族童谣的乐趣。			
重点难点	重点：愿意大胆表演舞蹈动作。 难点：能够用哈尼族动作创编手势舞。			
活动准备	物质准备：儿歌、音乐、骰子、图卡、竹子背景等。 经验准备：熟练掌握哈尼族童谣《其多列》，有仿编动作的基础，了解哈尼族手势。			
活动过程	一、入场：哈尼族做客 师：小朋友们，我们的探寻中华民族之旅今天到达了哈尼族。和老师一起去找哈尼族小朋友玩吧！ 指导重点：在互动中能够根据律动的节奏进行舞蹈。 二、复习：童谣《其多列》 师：哈尼族小朋友为我们准备了一份小礼物，让我们一起来看看吧！我们也给他们带来			

续表

活动过程	了一首好听的童谣，我们一起来说说吧！ 指导重点：进行热身活动，能够根据音乐节奏复习童谣内容。 三、动作仿编：哈尼宝贝 1. 游戏1：哈尼手势骰子 师：他们都忙去准备过扎勒特节（十月节）了，他们邀请我们也去参加，我们一起准备一个好看的节目和他们一起过节吧！ 指导重点：甩骰子游戏过程中尝试模仿哈尼族特色手势动作。 （根据儿歌图谱进行游戏） 2. 游戏2：哈尼童谣骰子《其多列》 指导重点：尝试用不同动作表达童谣内容，选用合适的动作设计手势舞。 师：小朋友们，我们一起试试怎么样能把动作做得更加漂亮清楚！ 指导重点：引导幼儿在创编的过程中能够大胆展现动作，根据图卡做动作。 四、分组展示：你是我的好朋友 师：小朋友们，接下来我们一起在欢快的音乐中找到你的好朋友，一起来表演这个好看的童谣手势舞吧！ 指导重点：愿意和同伴分享做手势舞的乐趣，大胆地用自己喜欢的动作进行表演。 师：小朋友们，谁想来带着你的好朋友到前面展示一下？ 指导重点：能够发现同伴好看的动作，感受不同的动作美。 五、结束 师：小朋友们，我们的探寻中华民族之旅之哈尼族圆满结束，接下来让我们继续探寻我们祖国其他民族的舞蹈吧！ 指导重点：幼儿根据音乐离场。
活动反思	在整个游戏过程中幼儿兴趣度都很高，都参与到了活动当中，但由于时间问题，甩骰子游戏并没有把每一句童谣都展现出来，但幼儿在创编过程中积极性很高，整个活动幼儿都感受到了哈尼族特色的手势动作，为童谣创编了好看的动作。

汉族童谣手势舞《二十四节气歌》

北京市东城区大方家回民幼儿园 王思璐

教学领域	艺术	班级	大班
设计意图	我班幼儿对于音乐《二十四节气歌》非常感兴趣，为此我设计了这节课程，手势舞的活动不仅具有较高的艺术性，又具有直观形象性，其生动活泼的形式深受幼儿喜爱。一个充满趣味性的手势舞，可以使幼儿在接受美的教育过程中感知舞蹈艺术的美，促进幼儿的身体素质、思想品德、智力开发及家庭美育品德教育等各项综合文化素质的不断提高，达到寓教于乐的良好效果。		
活动目标	1. 在与同伴共同创编手势舞动作的过程中，能运用不同的肢体语言表现民族童谣《二十四节气歌》中的内容。 2. 体验汉族童谣《二十四节气歌》的美好情感，感受民族童谣手势舞创编的快乐。		
重点难点	重点：幼儿能熟练掌握童谣《二十四节气歌》，通过边说边做动作来独立完成手势舞的表演和展示。 难点：幼儿能精确掌握童谣手势舞的动作，使集体表演有默契并对音乐有美好感受，幼儿可以无障碍地表演完整的手势舞，以及掌控童谣旋律和节奏。		

续表

活动准备	物质准备：图片、《二十四节气歌》音乐。 经验准备：幼儿利用一日生活各环节熟悉、掌握童谣内容，利用其他教育活动将民族童谣与民族音乐相结合。
活动过程	一、听音乐、进教室——引入活动主题 师：小朋友们，你们记得刚刚听到的是什么童谣吗？ 指导重点：通过听童谣录音，引发幼儿参与活动的兴趣。 二、抽签游戏——激发幼儿创编动作 师：看，老师这里有许多图片，请一个小朋友来抽一张，你抽出什么，就用动作来表演一下。 指导重点：通过抽签游戏，鼓励其他幼儿尝试用不同动作表现童谣中的重点内容。 三、分组创编——自由分组进行创编 师：小朋友们，请你们想一想，把这首童谣加上好看的动作会不会变得又好听又好看？请小朋友给每句童谣编出符合内容的动作，让大家能看懂，你们一起想一想可以怎么编，把创编的动作记录下来。 指导重点：指导幼儿根据童谣内容用表情和动作进行创编。提醒幼儿可以有不同的动作、不同的形态。 四、展示动作——分小组展示创编动作 师：每组请一位代表来与大家分享，快上来给小朋友们介绍一下你们编的童谣动作，比比哪组小朋友编得最好看。 指导重点：让孩子参与其中，进行分享展示，让幼儿参与体会童谣手势舞。老师进行拍照，把不同的童谣代表动作拍下来。 五、幼儿互评——提升幼儿创编经验 师：小朋友都展示了一遍，我看到你们编的动作各不相同，请小朋友选一选这些代表动作哪个最好看，并说出原因。 指导重点：引发幼儿思考创编手势舞动作的好方法，提升幼儿的创编经验。
活动反思	在本次的创编手势舞活动中，还存在一些需要改进的地方。例如，从童谣中加入手势的环节教学过程中，应当更加注意活动的流畅性，让幼儿更自然地加入手势动作。同时，也应观察到不同幼儿的反应，在互动环节照顾到全体幼儿，针对不同的幼儿采用不同的教学方式，真正落实因材施教，让幼儿更喜欢手势舞，也更好地培养幼儿全面发展。

【说课稿】

没有耳朵的兔子

湖北省当阳市窑湾幼儿园　吴小梦

【设计意图】

在最近一次区域活动游戏时，图书区的幼儿盯着一本书看了很久，过了会儿便问道："这是什么动物？"有的幼儿说这是一只海狮，有的幼儿说这是一只鼹鼠，还有的幼儿说这是一只狗熊。当我告诉他们这是一只兔子时，他们惊讶地说道："啊？这不是兔子，兔子有耳朵。老师你说错了吧？"他们的交谈声中充满了好奇和困惑。我想我一定要和小朋友们一起来探讨这个有趣的故事。

【说教材】

根据大班幼儿年龄特点，我选用了《没有耳朵的兔子》这一绘本，这个绘本的封面非常有吸引力，在引起幼儿关注的同时更容易激发幼儿学习兴趣。故事图片简单却形象逼真，能引导幼儿猜想故事情节，在教师引导下能愿意讲话并清楚表达自己的想法。故事内容生动有趣，情感丰富，可以让幼儿喜欢上与他人讨论问题，发表自己的观点，更能让幼儿懂得面对残缺人士，不歧视，要多给予他们关爱和友好。

【说活动目标】

1. 懂得在生活中遇到有身体缺陷的人不歧视，多给他们一些关爱。
2. 在教师的引导下，能大胆地猜想故事内容，清楚地表达自己的想法。
3. 理解故事内容。

【说重点难点】

1. 重点：在教师的引导下，能大胆地猜想故事内容，清楚地表达自己的想法。
2. 难点：懂得不歧视在生活中遇到的有身体缺陷的人，多给他们一些关爱。

【说教法】

根据大班幼儿认知水平、实际情况和绘本阅读的年龄特点，整个活动我始终以幼儿为主体，运用视听讲结合法、讨论法、谈话法等学习方法，让幼儿在看看、听听、想想、说说、玩玩的轻松氛围中获得新知、发展能力、培养情感。

1. 直观演示法：观察是幼儿获得新知的有效途径。通过PPT鲜明生动的形象激发幼儿阅读绘本的兴趣。
2. 启发提问法：通过开放式与封闭式相结合的提问，引导幼儿有目的地观察，开拓幼儿思维。

【说学法】

1. 观察法：通过观察直接获得印象。
2. 讨论猜测法：在讨论猜测中大胆表达自己的想法。

【说活动过程】

一、谈话及提问导入

出示绘本封面，请幼儿大胆猜测这是什么动物？

提问：它看起来和你知道的兔子有什么不一样的地方？

通过提问、猜测和讨论吸引幼儿注意力，发散幼儿思维，让幼儿清楚地知道这是一只身体有缺陷的兔子，为之后解决重点、突破难点做铺垫。

二、师幼共读绘本

这一环节主要是为了实现三个目标，由于故事较长，采用分段讲述的方法，并通过提问法、讨论法，帮助幼儿理解故事内容。

1. 第一部分：特别的兔子

阅读绘本，请幼儿说说图片中都有哪些兔子，兔子有哪些本领，并根据图片说说没有耳朵的兔子有什么本领。

通过观察图片，设置提问，让幼儿初步了解到虽然它是一只特别的兔子，但是其他兔子会做的事情它都会做。

2. 第二部分：孤独伤心的兔子

观察画面让幼儿尝试讲述故事，引导幼儿思考没有耳朵的兔子和其他兔子一样都有许多本领，但是没有兔子愿意和它玩，此时这只兔子是什么样的心情；没有耳朵的兔子帮助蛋寻找家人，却遭到别人嘲笑时，兔子是什么心情。

在讲述故事的同时，可以加深幼儿对没有耳朵的兔子孤独悲伤心情的理解，它很讨厌别人嘲笑它。为情感目标的实现做铺垫。

3. 第三部分：努力付出的兔子

观察画面讲述故事，引导幼儿思考讨论当没有耳朵的兔子知道蛋孵出来的动物耳朵很短，跟没有耳朵似的时，兔子是什么心情；为什么没有耳朵的兔子会细心照顾蛋。

通过思考和讨论，让幼儿知道没有耳朵的兔子渴望有一个好朋友，它希望蛋孵出来的动物是没有耳朵的，这样就不会有人再嘲笑它了。它对生活充满希望并且努力细心照顾着蛋。

4. 第四部分：幸福的兔子

观察画面，设置提问：孵出来的小鸡是什么样子的？满怀期待的兔子看到有耳朵的小鸡会怎么样？为什么它们两个会成为好朋友？

通过一步步提问，让幼儿理解有耳朵的小鸡和没有耳朵的兔子都是身体有缺陷的。没有耳朵的兔子不想再被嘲笑，当看到有耳朵的小鸡时，它很失望。但是有耳朵的小鸡没有嘲笑它，还拥抱了它，所以它们成为好朋友。

【说活动总结】

教师带领幼儿一起梳理故事情节，让幼儿理解兔子从最开始的孤独伤心到充满期待到失落，再到幸福的心情变化。在教师的引导下，幼儿大胆猜测故事情节和内容，清楚地表达了自己的想法。

【说活动延伸】

观看残疾人视频。通过观看视频，教师加以引导，让幼儿知道残疾人的生活很不容易，但是他们不放弃，有信心。当我们在街上遇到身体残缺的人，不应该嘲笑讥讽，应该给予关怀，可以在大人的帮助下奉献自己的一点小爱心。

人民币上的中国符号

北京市朝阳区丽景幼儿园　马　颖

【设计意图】

人民币是孩子们日常生活中不可离开的，大班的幼儿有去超市、市场等前期经验，知道买东西需要钱。随着新年的临近，大班主题活动"快乐的新年　快乐的我"生成了"我为新年联欢会购物"活动，幼儿拿着在家里通过自己的"劳动"挣来的钱，并发现了钱的秘密。在这过程中，幼儿了解到通过劳动可以换取相应的金额。

【说教材】

《3—6岁儿童学习与发展指南》科学领域中提出，幼儿的科学学习是在探究具体事物和解决实际问题中，尝试发现事物间的异同和联系的过程。幼儿在运用数学解决实际生活问题的过程中，获得丰富的感性经验，充分发展形象思维。在社会领域当中，目标3是具有初步的归属感，通过观察人民币了解我们的祖国"中国"。语言领域中，阅读与书写准备目标1是对生活情境中的文字符号感兴趣，知道文字表示一定的意义，愿意用图画和符号表现事物或故事。

【说活动目标】

1. 通过对自选人民币的观察和记录，能清楚地表达自己的观察结果。
2. 在交流中了解人民币的主要特征及其含义，萌发对祖国的热爱之情。

【说重点难点】

1. 重点：能清楚地表达自己的观察结果。
2. 难点：能用符号进行记录，并了解人民币的主要特征及其含义。

【说教法】

1. 启发性提问法：重点启发幼儿关注到问题的局部，在观察的基础上通过提问架构幼儿思考问题的线索和原因。
2. 调动幼儿同伴间的相互学习：通过观察同伴的人民币面值并寻找与自己的人民币面值的不同之处。增进幼儿之间的交流，让幼儿自发自主地学习和获得经验。

【说学法】

1. 对比法：能够增强幼儿学习思维的敏锐性，提高全面思考问题的能力，进而调动幼儿学习的积极性。
2. 记录法：幼儿能够通过记录了解人民币中的内容，并发现人民币中的意义。
3. 小组讨论交流：幼儿在与他人交流的过程中对自己的探究结果进行论证和总结；还可以从别人那里得到启发和看到不同，促进幼儿思维发展，同时也提升幼儿的自信。

【说活动过程】

一、"我挣到钱了"——话题引入，激发兴趣

师：孩子们，明天我们要去购买联欢会所需的物品，你们带来了多少钱？你是怎样在家里通过劳动挣到钱的呢？你的心情怎么样？

重点引导幼儿表达劳动过程的感受。

二、"我的眼睛亮"——自由观察，记录感知

过渡语：你们真是好样的，能帮爸爸妈妈做那么多的事情了，老师真为你们高兴！今天我可要先考考你们，看看你们谁的眼睛最亮。

1. 师：今天，老师也给大家带来了很多不同面值的人民币，请每个小朋友选择一张，用你的小眼睛认真地看一看，你能发现哪些小秘密呢？请你用符号记录在自己的日记本上。
2. 幼儿自由选择不同面值的人民币。
3. 幼儿观察记录，教师进行个别指导，观察幼儿的记录方法和内容，发现问题，为交流引导做准备。
4. 引导幼儿在标记上做序号。

师：孩子们，你们观察得真细致，发现了很多秘密。请在你的记录中为每一个小秘密

做上标记,数一数,一共发现了多少个秘密?

三、"我知道的秘密多"——集体交流,互动理解

1. 师:我们现在来评选发现秘密最多的小朋友,每个小朋友说一说自己发现了几个小秘密。

2. 有选择地邀请幼儿集体交流。请选择不同面值人民币的幼儿、记录方法有创新的幼儿、发现特点多的幼儿进行交流,教师适当进行引导。

3. 结合幼儿交流中存在的困惑问题,引导幼儿观察多媒体图片,理解每一个符号的含义。

四、"有趣的中国符号"——统计记录,归纳提升

1. 教师结合幼儿的观察结果,有选择地在黑板上的表格中做记录,记录分为三部分,包括面值、防伪和中国特色符号。

师:孩子们,你发现的秘密用什么符号来表示呢?

2. 教师小结:人民币上有数字标记,表明面值;有防伪标记,防止坏人印假钞。它是在中国市场上用的钱,上面有很多中国的标记,小朋友发现了汉字、国徽、毛主席、漂亮的风景、美丽的古典花纹等,这些就是我们的"中国符号"。

【说活动总结】

本次活动幼儿参与兴趣高,尤其是观察交流阶段,充分体现大班幼儿自主学习的特点。他们利用观察记录的方法,从三方面认识了人民币。

本次活动中孩子积极的参与和目标的达成主要体现在以下几方面:

1. 能够调动幼儿的原有经验,在原有经验的基础上引发幼儿的学习兴趣。

2. 突出幼儿的自主选择,教师给幼儿充分观察记录的时间,让幼儿充分感知人民币的特点。

3. 有目的地邀请幼儿进行介绍,突出不同面值、不同记录方式等幼儿的交流,达到资源共享,促进同伴间互相学习。

4. 教师能够根据幼儿交流时出现的困惑进行互动引导,充分的图片资料帮助幼儿明确人民币的每个特征及含义。

5. 能够在交流的基础上进行统计,运用孩子自己能够读懂的符号进行归纳提升,使"中国符号"从抽象到具体,实现教育目标。

但是,活动过程中存在一些影响幼儿充分表达自己观察结果的情况。第一,教师在关注个别幼儿方面应加强,给有需要的孩子更多的指导和帮助;第二,可以增加幼儿与组内小朋友的交流和互动,使更多的孩子成为活动中交流展示的主体。

总之,抓住幼儿在主题活动中的兴趣点,有机地选择教育契机,生成探究活动,整合五大领域目标,给予孩子充分感知和体验的机会,让孩子在积极的状态下自主学习,快乐发展。

【说活动延伸】

请幼儿回家后和爸爸妈妈一起再观察一下不同面值的人民币,观察其中还隐藏着哪些小秘密。

创设其他与人民币相关的活动。

我的身体有秘密

四川省成都高新区石羊第九幼儿园　李　倩

【设计意图】

《幼儿园教育指导纲要（试行）》（以下简称《纲要》）明确提出："密切结合幼儿的生活和活动进行安全、保健等方面的教育，以提高幼儿的自我保护能力。"如何在大班开展相应的活动，让幼儿知道身体的哪些部位是隐私部位；如果遇到有人试图要触碰幼儿的隐私部位怎么办。经过认真思考，设计了这一教育活动。

【说教材】

幼儿对于性侵、性骚扰的意识模糊，但危险是潜在的，预防是最有力的武器。面对性骚扰、性侵害，要教会孩子如何进行自我保护。本次活动中通过动手操作、集体讨论，再到活动延伸设计《自我保护小画册》，引导幼儿认识身体隐私部位，知道怎样保护自己的隐私部位。

【说活动目标】

1. 了解身体的隐私部位，知道要保护自己并尊重别人的隐私。
2. 学习保护身体的五个警报。
3. 知道自己的身体不能随意让他人触碰，学会自我保护。

【说重点难点】

1. 重点：了解身体的隐私部位，知道要保护自己并尊重别人的隐私。
2. 难点：学习并认识保护身体的五个警报。

【说教法】

1. 多媒体教学法：通过播放 PPT、视频等传递活动的主要内容。
2. 直观法：在操作活动中幼儿先直观看图，再进行操作。
3. 游戏法：在活动最后引入游戏，再次巩固幼儿对隐私部位的认识。
4. 交流互动法：在活动中幼儿通过交流互动的方法，学习同伴之间的经验。

【说学法】

遵循幼儿学习的规律和幼儿的年龄特点，在《纲要》新理念的指导下，整个活动始终以幼儿为主体，采用相互学习法、观察知道法、活动操作法、启发教学法，让幼儿认识隐私部位的知识。

【说活动过程】

一、创设情境，激趣导入

1. 师幼随着音乐律动自然地玩"口香糖"的游戏。
2. 引导幼儿说一说碰了身体的哪些部位。

师：刚才你和好朋友碰了身体的哪些部位？（头、手、膝盖、脚）

二、感知理解，操作体验

1. 说一说。（出示操作卡通人体图片）引导幼儿与旁边的伙伴自由交流，说一说身体的哪些部位不能给别人随便看、随便摸。

2. 贴一贴。每组一张人体卡通图片，引导幼儿在自主讨论的基础上进行小组合作，将不能让别人随便看、随便摸的部位用"×"表示。

教师指导再操作，避免了幼儿操作的盲目性与随意性。幼儿贴"×"遮盖的过程，其实也就是帮助他们认识身体的隐私部位，并建立保护隐私部位概念的过程。

3. 辨一辨。展示操作结果，幼儿观察、思辨、纠错，自我完善操作结果。

(1)教师借助电子白板的拖拉功能，将幼儿操作中共同的遮盖部位，如人物图片上的胸部、屁股、生殖器等部位用"×"遮盖起来。

(2)对于幼儿操作中出现的有"异议"的身体遮盖部位，引导他们观察、思辨、纠错。

师：你们为什么要把这些部位遮盖起来呢？（教师指导：这一反问，将"球"抛给幼儿，引出下面的小结。）

师幼小结：图片上遮盖起来的部位，如胸部、腿、屁股、生殖器等，都不能随便露出来，不能让别人随便看、随便摸，它们都是我们身体的隐私部位。

三、拓展经验，丰富认识

1. 引导幼儿观看课件后根据自己的已有经验大胆地发表看法。

播放课件《我会保护自己》，了解哪些是危险的动作或者信号，并知道如何保护自己。

2. 学习五个危险警报。幼儿看图再次巩固危险警报：视觉警报、触摸警报、言语警报、约束警报、独处警报，并知道警报表达的意思。

3. 师幼通过模仿的方式，巩固幼儿对五个危险警报的认识。

四、小组讨论：发生危险时应该怎么办以及保护隐私部位的方法

1. 互动问答：学会自护的方法

教师出示PPT图片提问，引导幼儿学习相关自护方法。

(1)要学会打电话，记住父母的电话号码；(2)学会拨打紧急求助电话；(3)大声呼喊求助；(4)赶快离开！

师小结：我们要学会保护自己的隐私部位，如果有人要摸你的隐私部位，不许他摸，或大声地喊大人，或赶快离开。

2. 幼儿再次讨论在日常生活中应该怎么样保护自己的隐私部位。

总结：我们除了学会保护自己的隐私，也要尊重他人的隐私。

【说活动总结】

目标达成度方面，在活动的开始环节使用了音乐律动带动孩子进行活动前的热身，幼儿十分感兴趣，在操作的过程中使用"×"表示哪些部位不能让别人触碰；孩子在操作的过程中学习认识自己的隐私部位，在视频的讲解宣传环节中，幼儿通过学习五个警报信号，再次巩固和认识关于身体的隐私部位；最后以小游戏"我指你猜"结束活动。

教学效果及感受方面，在整个活动中，幼儿对前面的操作环节参与度很高，孩子一边讨论一边积极操作。

改进问题方面，第一，在发现问题时老师应该将问题及时抛出，引起幼儿的讨论；第二，活动的环节需要再次优化，比如怎么样保护自己的隐私这个环节，应让幼儿思考和讨论，或者是以延伸的活动进行，让幼儿通过对生活的观察来发现问题的所在。

【说活动延伸】

在区域活动中，引导幼儿将保护隐私部位的经验用自己的方法记录下来，并装进自制的"自我保护小画册"系列。

积木拼拼乐

北京市顺义区高丽营第五幼儿园　李炜哲

【设计意图】

比较是指根据某些具体特征或属性在两个或两组物品间建立关系，它是儿童数学学习的最常用方法之一，也是个体思维的最基本过程。

《幼儿园教育指导纲要（试行）》中大班数学领域的教学目标之一就是"初步认识量的守恒，能不受外形、摆放位置等变化的干扰，基本保持量的守恒"。而积木作为常见的游戏材料，它在长度和形状上有着内在的逻辑关系，因此本节活动以"积木"为载体，让幼儿在游戏中通过感知积木的长短、数量之间的关系，从而建立和发展量的守恒观念。

【说教材】

幼儿对量的守恒观念的形成一般在5—6岁，幼儿基本上能够逐渐理解物体在长度、面积、容积等方面的守恒现象。大班下学期的幼儿已初步具有测量、比较的经验，能依靠表象进行思维和认知活动。幼儿对事物的理解明显增强，在量的差异比较中，逐渐能够整理加工已有的知识经验，初步理解事物之间的联系，但仍显表面化。因此，我以《3—6岁儿童学习与发展指南》为依据，结合幼儿前期经验对活动进行调整，选择幼儿较为感兴趣的"积木"作为活动的操作材料。幼儿通过动手操作、直接感知，在活动中进一步帮助幼儿感知量的守恒。

【说活动目标】

1. 喜欢参与操作活动，在尝试和比较中鼓励幼儿积极思维，体验数学游戏的乐趣。
2. 通过动手操作，在多种变式和干扰因素下，充分感知体验量的守恒。
3. 在游戏中能理解并遵守规则，根据积木的长短和数量，能够探索出多种拼摆的方法。

【说重点难点】

1. 重点：在量的差异比较中，帮助幼儿感知和体验量的守恒。
2. 难点：尝试运用幼儿感兴趣、动手操作的形式，引导幼儿在尝试、比较、分析、疑惑、思考的过程中感知并体验物体量的不变性。

【说教法】

1. 操作法：是幼儿建构活动的基本方法，活动中幼儿通过动手操作，在与材料的相互作用中进行探索学习。通过多次操作，逐渐建构新经验，感知体验物体在不受外部因素的影响下具有量的不变性。

2. 游戏法：游戏是幼儿最自然的学习方法。本次活动以小组比赛的形式，逐步增加游戏难度，为活动增添了新的乐趣。幼儿在活动中不断感知和比较积木部分与整体之间的关系。

3. 问题引领法：活动中，通过问题引领，唤起幼儿已有的知识经验，充分发挥大班幼儿的自主性和自愿性，给幼儿的思考留有足够的空间。

【说学法】

1. 讨论法：幼儿通过亲身体验、实际操作、直接感知发现问题、解决问题，在相互交流中，表达自己对于"量的守恒"不同的认知和看法，总结经验。

2. 多感官参与法：活动中注重引导幼儿通过看一看（观察）、做一做（动手操作）、说一说（表达思维的过程）等多种感官的参与，不知不觉对积木的拼搭产生兴趣，在活动中增强专注力和注意力。

3. 小组合作探究法：通过幼儿之间相互竞赛，以积分的形式，不断探索和发现积木长短、数量的变化与组合方式之间的关系，从而对于量的守恒有初步的概念。

【说活动过程】

本次活动以幼儿感兴趣的游戏方式导入，注重幼儿的操作和体验。采用四段式的形式逐渐推进。活动开展的主线为：引发兴趣—动手操作—感知体验—拓展延伸。

一、观察游戏材料，引发兴趣

导入环节采用多感官参与法，从幼儿的已有经验出发，观察感知积木的外部属性特征（颜色、长短），通过提问、追问的方法，将幼儿的学习兴趣和探究愿望激发出来，自然引出本节活动"积木拼拼乐"，帮助幼儿进入情境，达成目标。

二、动手操作，进一步了解游戏规则，初步感知积木长短与速度之间的关系

1. 在活动中，通过实际操作法，让幼儿了解游戏规则。教师通过问题引领，引导幼儿分享自己找到的拼摆方法。

2. 随着游戏循序渐进地深入，结合教师的提问，幼儿了解到游戏的规则，为进一步探索速度与数量的关系做铺垫。每一次的提问都有总结，以强化幼儿的认识。

三、感知体验，积木长短与数量之间的关系

1. 幼儿通过实际操作，更加直观地理解"每一层的方法不一样"的游戏规则。游戏后，通过谈话讨论的方式，鼓励幼儿大胆探索和表达，自己总结经验，探索每层组合方式的不同。

2. 第二次游戏，通过小组合作探究，增加游戏难度，探索组合新方法，初步感知量的守恒。

四、延伸拓展，猜测遮住部分的积木的拼搭方法，教师留下悬念，游戏情境贯穿始终

教师给出两个条件，幼儿猜一猜遮住部分的积木的拼搭方法，给幼儿更多思考和操作的机会。教师投放记录的纸和笔，鼓励幼儿记录，引导幼儿关注底板的大小和组合方法多少之间的关系。幼儿运用之前游戏记录的结果进行推测并说出自己的理由，让幼儿体会到数学在实际生活、游戏中的有趣和有用，使活动的价值得到进一步提升。

【说活动总结】

本节活动从幼儿的兴趣中选材，既来源于幼儿的生活，又贴合教育实际。积木是幼儿感兴趣的事物，游戏是幼儿最自然的学习方式，把两者巧妙地结合在一起，满足了幼儿发展的需要。游戏化的形式让每位幼儿都能够参与之中，提高了幼儿参与的积极性，幼儿能够在愉快的情绪当中感知量的守恒，发挥幼儿的主动性和创造性。

活动中，教师以幼儿的自主学习为基础，注重幼儿关键经验，幼儿通过感知—探究—分享—延伸，增强学习的主动性，在发现问题、解决问题中，自主探索寻求答案。

活动中，教师注重与幼儿的经验相结合，根据幼儿已有经验层层递进，将上一个环节总结的经验运用到下一个环节中，使活动自然拓展、迁移延伸，环环相扣，很好地达成了预设目标。

《幼儿园教育指导纲要（试行）》中指出："教师应成为幼儿学习活动的支持者、合作者、引导者。"所以本次活动中教师也是以这些身份参与其中。师幼之间、幼幼之间的互动生动有趣，幼儿纷纷积极参与。

【说活动延伸】

在一日生活中，继续发展幼儿的空间感知能力，将积木投放在建筑区，通过系列的搭

建活动，充分体验和探索积木与积木之间的关系，通过比较，进一步发现数学在生活中的有用和有趣。

樱桃雨

中国音乐学院附属幼儿园　吴　玥

【设计意图】

《幼儿园教育指导纲要（试行）》（以下简称《纲要》）中指出：幼儿的语言能力是在交流和运用的过程中发展起来的，要为幼儿创设一个想说、敢说、喜欢说的环境。中班幼儿语言能力进一步增强，他们喜欢更有挑战性的语言活动。本次活动，我带领幼儿在理解故事的基础上，进一步感受故事中浓浓的温情。

【说教材】

《樱桃雨》讲述了一群小动物分享樱桃的趣事，内容丰富，充满色彩美和动态美，故事中充满小动物之间的关爱之情，有利于激发幼儿对文学作品美的欣赏和表达。

【说活动目标】

1. 欣赏故事，感知樱桃雨纷纷落下的色彩美和动态美。
2. 发挥想象，用创造性的语言表达对故事的理解。
3. 体会长颈鹿爷爷对小动物的关爱之情及小动物对长颈鹿爷爷的感谢之情。

【说重点难点】

幼儿的发展具有不平衡性和差异性，中班幼儿虽然已经有了较强的语言表达能力，但创造性使用语言的能力还有待进一步提高，因此我将目标2作为活动的重点。

培养幼儿良好的品质是幼儿园教育的重要事项之一，但品质的培养是循序渐进的，引发幼儿对周围事物的共情也需要适宜的引导，因此我将目标3确立为活动的难点。

【说教法】

《纲要》中指出：教师应成为幼儿学习生活的支持者、合作者、引导者。根据中班幼儿语言发展特点，本着发展性原则，在本次活动中，我始终遵循以幼儿为主体、教师为主导的原则，选择谈话法、讨论法、直观演示法这些更适合幼儿的教学方法。幼儿对教师提出的问题积极进行思考并回答，能启发幼儿的思维，促进幼儿创造性思维能力的发展，教师在活动中要引导、激励幼儿去大胆表达。

【说学法】

为了更好地调动幼儿参与活动的积极性，进一步激发幼儿参与活动的兴趣，促进幼儿发展，根据中班幼儿年龄特点和实际情况，在学法上我采用了游戏法、自主学习法和练习法。

【说活动过程】

一、开始部分

师：小朋友们，你们都见过下雨，但是你们见过下樱桃雨吗？

充分调动幼儿参与活动的好奇心，促使幼儿以最佳的情绪状态投入到本次活动中。

二、展开部分

1. 完整地讲述故事，初步感知故事内容。

本环节主要采用了直观演示法，在这里我将会借助PPT帮助幼儿初步感知故事。中班幼儿以具体形象思维为主，我通过具体形象的课件帮助幼儿建立起对故事的直接经验，为目标1的达成奠定了基础。

2. 分段讲述故事，进一步理解故事。

(1)引导幼儿理解故事关键信息。

师：小朋友们，樱桃园的主人是谁呀？小樱桃都有什么颜色呀？

我提出开放性的问题，引导幼儿积极思考问题，尽量一问多答，充分发挥幼儿的思维能力，此环节为目标2的实现做好了铺垫。

(2)结合PPT以及启发性问题，帮助幼儿理解故事内容。

师：小兔和小刺猬是用什么动作来表达自己想吃樱桃的呢？

我利用启发性的提问充分发挥幼儿的想象力，鼓励幼儿大胆表达并积极回应幼儿，促进幼儿思维发展和语言发展。

(3)师：请幼儿模仿一下长颈鹿爷爷是怎么说？怎么做的？

引导幼儿思考长颈鹿爷爷和小动物之间是什么样的情感。本环节我让幼儿主动去探索，鼓励幼儿用肢体动作参与语言的表达，增加语言表达的魅力，引导幼儿大胆想象并分享自己的经验。

师：小朋友们，你有没有帮助过别人？别人有没有帮助过你呢？

鼓励幼儿主动探索，让幼儿分享自己的经验，很好地将新经验与原有经验有机结合，实现活动的情感目标，也突破了活动的难点。

3. 发挥想象，创造性地表达对故事的理解。

我利用多媒体完整播放故事的动画，让幼儿在全面学习的基础上，再欣赏故事，通过多媒体动画直观感受樱桃雨落下的色彩美和动态美。

出示小樱桃和动物的图片，并把它们贴到黑板上。

师：小动物是怎么吃到樱桃的？是谁没有吃到所以请长颈鹿爷爷来帮忙呢？请幼儿把樱桃粘到对应的小动物身边。

游戏是幼儿最喜欢的活动，最能够激发幼儿的学习兴趣。这一环节幼儿对故事有了更加深刻的认识，幼儿能够大胆发挥想象，用创造性的语言表达对故事的理解。

【说活动总结】

经过以上环节的整合，实现活动目标，突破活动重难点。当然在活动进行中，我会根据幼儿的即时反应对流程进行调整或修改，努力使他们融入活动中。

【说活动延伸】

请小朋友们以"樱桃雨"为主题进行绘画制作。将活动延伸至艺术领域，引导幼儿画出自己心中的樱桃雨。

萝卜回来了

中央军委机关事务管路总局北极寺老干部服务管理局幼儿园　利文娟

【设计意图】

朋友是幼儿成长历程中不可缺少的，他们需要朋友，喜欢交朋友。中班的幼儿随着年龄的增长，自我意识正在逐步形成，交往的范围也发生着变化，他们开始关注和观察起周围的伙伴，产生了交往的动机和愿望。分享和他人的快乐，学习交往方法，构建起和谐的伙伴关系，让幼儿感到有好朋友是件非常美妙的事情。

【说教材】

"萝卜回来了"语言活动讲述小动物们相互关心的故事。故事中以"萝卜"为线索，将小动物们把萝卜分享给朋友的一个个情节，串联成一篇充满爱心的小故事。符合中班幼儿思维的特点，故事中所反映的"关心他人""与人分享"的情感主题，正与我们开展的主题活动目标相吻合。

【说活动目标】

1. 初步理解故事的内容，了解小动物们相互关爱的美好情感。

这是从孩子的知识培养维度考虑的，中班孩子的理解水平还处在初级，倾听能力需加强。从故事线索出发，逐步理解故事内容。

2. 学习复述描述动物心理活动的语句。

这个目标从孩子技能培养维度出发，中班孩子虽然能独立讲述，但讲话有时会断断续续，以语句的复述学习来促进幼儿的完整讲述能力。

3. 体验相互关心、与人分享的美好情感。

这个目标是从孩子情感态度培养维度出发的，"关爱他人""与人分享"是故事的主要寓意，也是中班孩子在与人交往过程中的情感态度。

【说重点难点】

1. 重点：初步理解故事的内容，了解小动物们相互关爱的美好情感。因为故事是语言技能锻炼、情感表述的载体，只有把握故事内容，才能进一步挖掘其教育意义，所以我把"初步理解故事的内容"作为重点。

2. 难点：体验相互关心、与人分享的美好情感。因为情感的体验是抽象的，中班幼儿的理解水平又有限，只有孩子在理解故事内容、充分把握故事人物形象的基础上，移情至生活经验，才能激发起孩子对"关爱他人""与人分享"的真正感悟。

【说教法】

1. 创设情境法：利用图片，烘托出萝卜的珍贵，让孩子进入故事情境，体验"关爱他人""与人分享"的情感。

2. 设问法：欣赏之前进行设问，让孩子带着问题进入故事情节，增强了孩子的注意力，让孩子有目的地倾听，利于故事内容的理解。

3. 讲述法：中班幼儿的有意注意增强了，运用语速、音量的变化，通过生动形象的讲述，能提升幼儿的情感体验，引导幼儿理解故事内容，帮助幼儿树立简单的是非观念，达到教育目的。

4. 直观演示法：由于孩子的思维处于具体形象阶段，抽象思维还未形成，所以对事物的认识依赖于图片、模型等，运用图片的直观演示，让孩子理解"送萝卜"的过程。

5. 讨论交流法：讨论"为什么萝卜又回来了？""小动物们为什么都不吃萝卜？"来引导孩子萌发"关爱他人""与人分享"的意识。

【说学法】

1. 观察法：孩子对图片有兴趣，观察图片，增强孩子的活动参与性，抓住故事线索，了解故事内容。

2. 讨论谈话法：幼儿在讨论、谈话中说出自己的理解是幼儿练习说话的机会；讨论的形式能给孩子宽松的讲话空间，利于孩子思维的发展。

3. 视听讲结合法：观察"送萝卜"过程图，孩子们在明晰角色间关系的同时，听一听、讲一讲，利于故事内容、语言的学习。

4. 模仿扮演法：在活动中，让幼儿尝试模仿角色的心理对话，在角色表演中体验同伴间互相关心、愿意与他人分享的美好情感。

5. 情境体验法：在一幅幅情景图片的帮助下，孩子才有话说、有情抒。

【说活动过程】

一、导入部分

教师出示图片展开谈话。此环节重点激起幼儿兴趣，引出故事线索，运用了观察法、讨论法，让孩子对故事背景有了解，突出了萝卜的珍贵。

二、完整欣赏故事，初步理解故事内容

此环节重点是理解故事内容，通过提问法、演示法帮助孩子了解故事主要角色和萝卜这一线索的发展。

三、分段欣赏故事，结合图片进一步理解故事，学习心理描述语句

此环节重点通过提问法、演示法帮助孩子了解故事中情节发展顺序，幼儿通过视、听、讲结合，模仿扮演来学习重复的语句，增进对故事情感的理解；"送萝卜"路线图的运用帮助孩子清楚了解故事发展的顺序，这样就解决了本环节的重点。

四、完整欣赏故事，体验故事情感，迁移故事主题

此环节的重点也是本活动的难点，教师运用讨论交流法、情境体验法来激发孩子对故事情感的把握和迁移，幼儿对生活情景图片的运用可以达到以景促情的效果。

【说活动总结】

幼儿在整节活动中思维活跃，紧紧跟随老师思路，回答问题积极主动。每个环节教师都让幼儿带着问题去听故事，这样可以帮助幼儿进入故事情景，把握故事内容。在本次活动中，教师引导幼儿观察画面内容，并用语言讲述内容和故事情节，鼓励幼儿当众表达，在讲述中发展语言表达能力。

【说活动延伸】

1. 家园共育：给幼儿讲述关于朋友的故事，鼓励幼儿邀请好朋友到家里来玩。

2. 自制礼物：让幼儿较深刻地感悟到"关心他人""与人分享"的美好情感，并把情感的理解上升到实际行动中。

一寸虫

北京市昌平区教工幼儿园　陈美平

【设计意图】

科学领域的发展目标紧紧围绕着激发探究和认识兴趣，体验探究和解决问题的过程，发展初步的探究和解决问题的能力。

中班幼儿有好奇心，喜欢接触新事物，经常问一些与新事物有关的问题，并能通过观察、对比获得一些新发现。此次活动通过直接体验、操作、感知变化，激发幼儿探索的兴趣。

【说教材】

科学领域的发展目标紧紧围绕着激发探究和认识兴趣，体验探究和解决问题的过程，发展初步的探究和解决问题的能力。近期我们结合幼儿在植物角发现的问题，开展了"晒秋啦"活动，幼儿有了一定的探究经验。

【说活动目标】
1. 在测量的操作活动中体验合作探究的乐趣。
2. 掌握用自然物测量直线段和曲线段的方法。
3. 在测量活动中，感受长度的守恒。

【说重点难点】
1. 重点：掌握用自然物测量直线段和曲线段的方法。
2. 难点：在测量活动中，感受长度的守恒。

【说教法】
1. 情境教学法：以绘本《一寸虫》故事导入，激发幼儿对测量的兴趣和探究。
2. 经验回顾法：回顾原有的测量经验，讨论测量的方法，总结多条一寸虫测量的方法及注意问题。
3. 启发探索法：幼儿以合作记录的形式体验感知用一条一寸虫进行测量的方法。
4. 思考猜测法：通过观察猜测不同形态火烈鸟脖子的长度，在验证中感知长度的守恒。

【说学法】
1. 问题呈现法：在第一个环节教师通过提问"你觉得一寸虫会怎样来量知更鸟的头到尾巴的长度"激发幼儿的测量兴趣。在第二个环节教师又提出问题"用多条一寸虫你会怎样测量知更鸟从头到尾巴的长度"（请个别幼儿演示测量方法，首尾相连，不能重叠）总结出幼儿测量的方法。整节集体教育活动贯穿教师提问，激发幼儿猜想。
2. 交流讨论法：在第三、第四环节幼儿运用了交流讨论法尝试运用一条一寸虫测量，分享测量的方法及测量时的新发现。
3. 实践探究法：在整节集体教育活动中贯穿实践探究法，幼儿通过大胆猜想，然后分组进行测量实践，验证自己的猜想结果。

【说活动过程】
一、故事导入，激发幼儿测量兴趣
教师讲述故事 1—3 页，引出主题。
提问：你觉得一寸虫会怎样来量知更鸟从头到尾巴的长度呢？

二、尝试运用多条一寸虫测量
提问：用多条一寸虫你会怎么测量知更鸟从头到尾巴的长度？（请个别幼儿演示测量方法）他是怎么量的？他用了几条一寸虫？用一寸虫测量的时候应该注意什么？（起点位置，首尾相连，不能重叠）
小结：你们的办法真好，从起点开始一条接着一条放上一寸虫，不能重叠，也不能空开，一共用了几条一寸虫，我们就知道知更鸟从头到尾巴有几寸长。

三、尝试运用一条一寸虫测量
师：一寸虫量出来了知更鸟的尾巴的长度，顺利躲过了灾难。它能量尺寸的本领被大家知道了，看，还有很多鸟让它帮忙呢。
1. 教师讲述故事 4—5 页，了解故事中的鸟的特征（苍鹭的腿、巨嘴鸟的嘴）。
提问：这是什么鸟？你们觉得它们会让一寸虫帮忙量什么地方？量腿的什么位置？量嘴的什么位置？
2. 幼儿自由分组，4 人一组，讨论测量方法并记录。
3. 幼儿分享一条一寸虫的测量方法及测量结果。
提问：只有一条一寸虫，你们是怎么测量的？谁能来演示一下？测量的结果是什么？

测量时要注意什么？（连接点）

小结：量的时候要从起点开始，可以做标记，然后把一寸虫对齐刚才的记号，这样一段一段地量下去，就知道用了几条一寸虫了，也就知道了长度。

四、感受长度的守恒

1. 出示三只不同姿态火烈鸟的脖子(直、弯曲)，幼儿集体猜测哪只火烈鸟的脖子长。

提问：它们的脖子是什么样的？请你们猜一猜谁的脖子最长？为什么？

2. 幼儿分组进行测量记录，运用一寸虫进行测量，验证猜测结果。

3. 幼儿分享测量的方法及测量时的新发现。

提问：你们的测量结果是什么？有什么新发现？

4. 小结：虽然火烈鸟脖子的姿态不同，有的直直的，有的弯弯的，用眼睛看是不准确的，我们通过测量发现它们的脖子一样长。

【说活动总结】

在本节活动中，通过集体测量、分组测量、记录等形式，层层递进，完成活动的重难点。首先，我们利用许多条一寸虫，让幼儿测量知更鸟从头到尾巴的长度，在测量中让幼儿积极发言并总结测量的方法。其次，幼儿分组用一条一寸虫测量鸟的不同部位。幼儿在分组活动中积极参与，在实践测量中讨论出多种测量方法，并进行了记录。但是在如何准确测量时有个别组忽视了这一点，我们在分享过程中主要进行了讨论，整理出最准确的记录方法。教师出示了三种不同姿态火烈鸟的脖子，在这个环节当中幼儿能够大胆猜测，在分组验证的环节中幼儿能够运用上个环节总结出的准确测量方法来进行测量。通过猜想和验证幼儿感知了长度守恒，突破了难点。

【说活动延伸】

我们可以把今天学习的新本领——测量，运用到生活中，去解决我们在生活中遇到的问题。

猴子学样

浙江省杭州市临安区太阳镇中心幼儿园　朱　灵

【设计意图】

动物是孩子们最喜欢的朋友，本次主题将带领孩子们走进动物的世界，进一步直观感知动物的外形和生活习性特点等。《猴子学样》绘本非常适合中班幼儿阅读，我利用中班幼儿好奇好问、爱模仿爱体验的特点，采用启发引导、互动表演等方式激发幼儿的体验兴趣，帮助幼儿学说人物对话、模仿猴子动作，体验故事的诙谐幽默。

【说教材】

故事《猴子学样》运用了拟人的表现手法，赋予了猴子以人的情感。故事以猴子模仿为主线，讲述小猴子模仿老爷爷的内容。故事中有趣的情节、生动优美的语言，吸引着幼儿。文本对中班幼儿来说难度适中，是值得运用和富有教育价值的语言教材。

【说活动目标】

1. 理解《猴子学样》的故事内容，知道猴子有爱模仿人的特点。

2. 通过细致地观察画面，尝试较完整连贯地讲出故事情节。

3. 学会大胆表达故事中的情境，创造性地表演故事。

【说重点难点】
　　1. 重点：理解《猴子学样》的故事内容，知道猴子有爱模仿人的特点。
　　2. 难点：完整连贯地讲出故事情节。
【说教法】
　　本次活动中我采用了示范练习法、图谱支架法、情境创设法，引导孩子通过游戏法、情境表演法、交流讨论法获得真价值。
【说学法】
　　首先跟幼儿一起布置班级的主题区域，将活动中出现的各种动物形象投放到区角中。重点将各种有关猴子的调查表呈现在主题墙上，让孩子有真体验。活动前请家长与孩子共同制作调查表，从绘本上或去动物园了解猴子各种各样的动作和形态，并记录在表格中。同时我还准备了《猴子学样》绘本、教学图谱、小猴子头饰。在活动前让孩子们对猴子有一定的了解，有讲故事的经验。
【说活动过程】
　　一、导入部分
　　师：孩子们，今天老爷爷要去集镇卖帽子，他不小心在休息的时候睡着了，接下来会发生什么事情呢？
　　吸引幼儿的兴趣，因为幼儿的思维是具体形象的，我通过直观的情境能让幼儿更真实地感知，不仅能激发孩子参与的兴趣，也为展开部分做好了铺垫。
　　二、活动展开部分
　　(一)初步感知故事内容，理解故事的情节
　　首先我出示故事的图谱，讲述故事第2—3段，提出两个关键性问题，分别是：①孩子们，故事当中除了爷爷，还有谁呢？②爷爷醒来之后发现了什么事情？让幼儿带着疑问，自主阅读故事，猜测故事的情节，并引导幼儿进行自由讨论。
　　《3—6岁儿童学习与发展指南》中的语言领域的教育建议：我们要引导孩子仔细观察画面，结合画面讨论故事内容，所以我让孩子自主阅读，同时把学习的主动权还给孩子，让孩子能够直接感知、实际操作、亲身体验，他们会更加喜欢。同时他们也可以带着高涨的兴趣与思考进入下一个环节。
　　(二)师幼共读，幼儿互相讨论，师幼共同表演
　　我出示图谱并提出两个关键性问题，师幼一起共读故事后半部分。运用图谱支架法，以图片作为支架，引导幼儿边看图片边尝试讲故事，教师结合图谱进行提问。
　　师：为什么小猴子拿走了爷爷的帽子？小猴子拿走帽子之后还有什么表现？
　　分组讨论："说一说如果你是老爷爷，你会怎么做？"运用交流讨论法，在提问的语言设计上，注重幼儿与同伴的交流，拓展思维空间。在小组交流、个别交流中关注个体差异，使每个孩子都能获得满足感。
　　师幼共同表演故事。运用情景表演法，让每个孩子都能参与到活动中，充分发挥以幼儿为主的教学原则，并为幼儿提供大胆表达自己情感的平台和机会。
　　本环节通过多种教学形式(提问、图谱等)让幼儿深入理解故事内容，完成了活动的重点。
　　三、巩固提升
　　师：孩子们，你们喜欢故事中的猴子和爷爷吗？为什么喜欢？请你来演一演。
　　教学策略：幼儿在角色扮演游戏的过程中丰富了情绪情感，进一步感受到故事语言的

幽默风趣，从而突破难点，实现了本次活动的情感目标。

【说活动总结】

在活动的结束部分，我让幼儿讨论找回帽子的好办法。最后教师小结：虽然故事中的小猴子一直在模仿爷爷，但是爷爷却没有生气，想出好办法来拿回了自己的帽子，成功解决了问题。

【说活动延伸】

在活动延伸部分，我鼓励小朋友们一起和爸爸妈妈再去找一找生活中除了小猴子们爱模仿，还有哪些小动物也是"模仿专家"。

眼镜公主

广州华商学院　邓蔼绮

【设计意图】

《幼儿园教育指导纲要(试行)》中指出：孩子要有初步的安全和健康意识，知道关心和保护自己。"眼睛是人体不可或缺的一部分，是我们用来观察世界、探索世界的窗口。大班的孩子马上就要步入小学了，需要高度用眼的活动也越来越多，时间也越来越长，因此，有意识地对他们进行用眼卫生教育十分必要。现在越来越多的幼儿沉迷于电子设备，导致眼睛健康问题严重。与此同时，不正确的写字与看书姿势也给眼睛带来了许多的压力。如今由于种种原因，幼儿戴眼镜的比例越来越高。保护眼睛要从小做起，从幼儿的生活学习入手。通过讲述《眼镜公主》的故事，让幼儿体会眼睛在学习、生活中的重要性，养成爱护眼睛的习惯。

【说教材】

《眼镜公主》是幼儿园大班的健康绘本，主要内容是眼镜公主因为看书、看电视的姿势不正确，使视力受损，导致眼镜公主经常看错数字、搭错公交车，连吃东西和做运动都非常不方便。但是幸好公主的近视是假性的，只要改变用眼习惯，勤做眼保健操和多进行户外运动，就能找回健康好视力。

本次活动让幼儿了解眼睛的重要性，提高幼儿对近视的认识，为幼儿的身心全面健康发展打下了良好的基础。活动既符合幼儿的现实需要，又有利于其长远发展；既贴合幼儿的生活，又有助于拓展幼儿的经验和视野。

【说活动目标】

1. 欣赏绘本作品，体会眼睛在学习、生活中的重要性。
2. 了解近视给我们带来的麻烦，能准确判断出良好的用眼习惯。
3. 学习保护眼睛的正确方法及眼保健操，养成良好的用眼习惯。

【说重点难点】

1. 重点：能准确判断出良好的用眼习惯、学习保护眼睛的正确方法以及眼保健操。
2. 难点：让幼儿养成良好的用眼习惯。

【说教法】

遵循以教师为主导、幼儿为主体、活动为主线的教学原则，采用观察法、提问法、示范法、游戏法、情景教学法、谈话法、操作法、探索式教法等方法开展本次活动。

【说学法】

引导幼儿通过参与、讨论、模仿、操作、展示等活动方式，逐步完成活动任务，引导幼儿在活动中生动、活泼、主动地学习。丰富幼儿的情感，培养幼儿的认知能力和语言能力。

【说活动过程】

一、激发兴趣，导入新课

讲述《眼镜公主》绘本第一段，自从国王给眼镜公主买了 iPad 之后，眼镜公主做了一系列奇怪的事情。

通过吸引幼儿的注意力，激发幼儿的好奇心与学习兴趣，进而顺利地进入下一个环节。

二、自由探索，初步体验

讲述完绘本的第一段，幼儿的好奇心达到了最高峰，接下来的环节，幼儿将通过自由讨论完成以下的活动任务。

1. 师：大家在什么情况下会把小羊认成小狗？眼镜公主为什么会把橘子当作网球？眼镜公主又为什么会把数字 33 看成 88 呢？

2. 师：眼镜公主是因为什么才变成这样的呢？

幼儿通过探索与思考，初步了解了本次活动的基本内容，激发了幼儿的探究欲望，增强了幼儿的自信心，为下面的学习奠定了基础。

三、讨论交流，巩固新知

通过上一个环节幼儿们讨论出来的答案来引出这一环节。在这个环节，将会讲述绘本的第二段，眼镜公主看医生，然后戴上了眼镜……

幼儿以小组合作的形式，通过观察、操作、交流、比较等方式完成以下重点活动内容。

1. 师：虽然公主戴上眼镜看东西很清晰，戴上眼镜的公主和原来比，你觉得怎么样？

2. 师：戴眼镜的公主的生活遇到了什么麻烦？

通过互动，让幼儿充分了解到眼镜公主为什么会把小羊认成小狗、把橘子认成网球，激发了幼儿继续探索绘本的欲望，让幼儿从绘本活动中感受到快乐，提高了幼儿的思维能力。

四、引导归纳，活动延伸

通过总结绘本故事，让幼儿了解到近视的烦恼，以及提出相应的讨论，让幼儿们讨论并给出相应的答案。

讨论：有哪些方法可以让公主的眼睛又变回亮亮的呢？

总结：可以做眼保健操，少看电视、电脑和手机。看电视的时候不能离电视机太近。

【说活动总结】

通过本次说课，我们可以得出以下结论：深入解读课程、生动讲解知识点、引导学生参与等多种教学策略都能够有效地提高学生的学习效果。同时，我们也需要不断地反思自己的教学方法和策略，不断地完善和提高自己的教学水平。

【说活动延伸】

首先，我利用"开发式"提问，在问答的过程中引导幼儿用比较清晰、准确的语言归纳自己所学的内容。然后，我再围绕活动重点和活动方法进行最后的归纳和总结。最后，在归纳总结的基础上，我又设计了活动延伸，其目的就是开发幼儿的智力，提高幼儿的自主创新能力。

英雄的守卫

山东省淄博市博山区八陡镇中心幼儿园　聂中华

【设计意图】

《幼儿园教育指导纲要（试行）》指出：利用社会资源，引导幼儿切实感受祖国的文化，激发爱国情感。为增强幼儿的爱国情感，切实体会祖国的强大，感受民族英雄的存在，设计了此次活动"英雄的守卫"。

【说教材】

"英雄的守卫"是大班幼儿社会领域的活动，通过切身感受，帮助其感知国家强大的力量来源，增强民族自豪感。本节活动生动有趣，利于幼儿爱国情感的激发。

【说活动目标】

1. 知道解放军是国家安全的保护者。
2. 能细致地进行观察，辨析三军的不同。
3. 萌发热爱、尊重解放军的情感，增强民族自豪感。

【说重点难点】

1. 重点：知道解放军是国家安全的保护者，萌发热爱、尊重解放军的情感，增强民族自豪感。
2. 难点：能细致地观察，辨析三军的不同。

【说教法】

《幼儿园教育指导纲要（试行）》指出：教师应成为学习活动的支持者、合作者、引导者。活动中，要心中有目标，眼中有幼儿，时时有教育，以互动、开放、研究的理念，让幼儿真正成为学习的主体。在本次活动中，我主要采用了情景创设法、启发问答法、讲授法、欣赏教学法、游戏体验等教学方法。

【说学法】

新时代教师应具备对大班幼儿社会教育活动的指导技能。在活动中我充分引导幼儿运用探究、陶冶、体验操作、模拟训练等学习方法，目的是让他们更好地理解，使他们在学中做、做中学、学中求思考。

【说活动过程】

一、标题导入，激起兴趣

师：小朋友们，你们认为什么样的人是英雄？

通过导入，激发幼儿的好奇心和兴趣；结合前期经验准备，幼儿能够很自然地融入教师的预设当中，产生进一步探究的欲望。

二、引入视频，提取信息

播放《国庆大阅兵》的视频，激发幼儿的美好向往。进一步激起幼儿兴致，为下一个环节做铺垫。

师：小朋友们，你们知道解放军有哪些兵种吗？

通过提问自然引入"小军博"，使幼儿带着思考进入下一个环节。

三、探秘"小军博"，丰富经验

我为幼儿创设了一个小小的军事博物馆，主要陈列了三军的不同服饰以及三军的武器模型。幼儿参观过程中，我会引领指导，注重面向全体、关注个体差异，提出要求，为我的下一步讲解打好基础。

师：小军博里，有武器模型馆、服装馆等。请你们到每个区走走、看看，仔细观察哦！发现了什么，回头告诉我。

带着问题参观，更具目的性，让幼儿的探究更有意义，体会探究乐趣，进而为突破本次活动的难点奠基。

四、集体讨论，分享收获

根据幼儿的发现，帮助幼儿理清思路，更好地辨别三军的不同。此环节设置两个小节，每一个小节都紧紧围绕难点而设。

环节1：辨别军装及体验游戏"我是一名小小解放军"

结合幼儿的发现，结合陆、海、空不同军人服装的图片，辨析服装的不同。之后加入了体验游戏"我是一名小小解放军"，让幼儿在体验中更好地融入、感受。

环节2：辨识三军的武器及挑战游戏"武器分类大挑战"

结合图片及武器模型，辨析三军武器的不同，之后通过"武器分类大挑战"游戏，巩固所学。

就是在这样的互动交流中，幼儿获得了新的经验，对三军有了更深层次的理解，达成了目标预设。

五、感受操练，切身体验

本环节我为幼儿准备了解放军日常操练的视频，意在让幼儿沉浸在热血铁骨的豪情中，切身体验军人的辛苦，萌发对解放军的热爱。

幼儿一起操练后，结束时我说："小战士们辛苦了！刚才的训练你们都很认真，我真为你们感到自豪！"表达对孩子们的赞赏，并自然过渡到下一个环节。

六、引入英雄事迹，情感升华

通过观看军人守护人民、保卫国家、维护世界和平的视频，真切地让幼儿感受到哪里有困难，哪里有危险，哪里就有人民解放军，从而让孩子们自然而然地流露出对解放军的爱，达到本节课的情感目标。

播放视频后，我会让幼儿谈谈感受，表达情感，从而提升孩子们的爱国情感。通过结束语，自然结束课程。

【说活动总结】

在活动当中，我以幼儿为主体，尊重幼儿，增强了幼儿的爱国情感，提升了幼儿的感知、表达能力，促进他们的身心和谐发展。

【说活动延伸】

为使活动更好地延续下去，我会在图书角投放相关绘本并将本次活动所用的材料投放到展台，让幼儿继续探索、加深了解。将活动延伸到区域活动中不仅能够帮助幼儿巩固新知，而且还可以拓展幼儿的经验和视野。

家园合作，请家长在平时生活中带领孩子感受祖国的强大。从生活的方方面面做好爱国榜样，加强幼儿的爱国主义教育。

整理本领无限大

北京市东城区大方家回民幼儿园　崔雨竹

【设计意图】

本学期对大班幼儿进行良好整理习惯的养成教育，其中包含了培养幼儿的责任心、做事认真仔细有始有终的态度，逐步提升整理技巧，培养井然有序的生活习惯。在活动开展的过程中，利用家园的密切配合，为幼儿养成良好的整理习惯，促进幼儿全面健康发展，为幼儿顺利升入小学奠定基础，做好全面的准备。

【说教材】

《幼儿园教育指导纲要（试行）》中指出，3—6岁是幼儿发展的关键期，教育内容的选择要贴近幼儿的生活，充分选择幼儿感兴趣的话题。本次活动融入到班级一日生活中，针对幼儿整理物品和保管好物品等生活自理能力不足，对未知感到恐惧的心理，通过教育活动教会幼儿动手整理，提高整理物品、保管物品的能力，培养幼儿的自信心，让幼儿对小学生活充满信心。

【说活动目标】

1. 幼儿学会分类整理小书包里的学习用品。
2. 了解整理身边物品的好方法，并积极与同伴分享。
3. 培养整理物品的好习惯，能够爱惜身边的物品。
4. 培养幼儿对集体物品的整理意识，激发幼儿对小学生活的向往。

【说重点难点】

1. 重点：幼儿能够在活动中发表自己对整理的看法，并且能够通过思考探究如何将物品进行合理的分类和整理收纳。
2. 难点：幼儿能在整理活动中与同伴进行合理分工，学习别人的优点，分享自己的经验，通过协商解决问题。

【说教法】

1. 直观演示法：鼓励能力强的幼儿在集体活动中进行演示，以强带弱，共同进步。
2. 小组合作教学法：在教学中教师采用小组合作法，让幼儿共同探讨更多整理物品的方式和可能性，也使得幼儿感受到整理是一件愉快的事情。
3. 操作练习法：活动中鼓励幼儿自主选择、自发探索整理的意义和整理的方式。

【说学法】

1. 分享式学习法：在整理实践活动中，向幼儿分享老师丰富的经验，同时，教师也要鼓励幼儿之间互相学习和分享经验。
2. 体验式学习法：鼓励幼儿亲自动手整理收纳。
3. 观察学习法：通过观察，丰富幼儿的整理经验，培养幼儿的整理意识，提升整理经验。

【说活动过程】

一、讨论：该不该整理身边的物品

有的小朋友认为整理有些麻烦，不太想动手。

师：当你看到整齐的物品时，你的心情是怎样的？

幼儿拍照记录下了教室中整齐和不整齐的角落，通过对比幼儿发现整齐的环境让人心情舒畅很多，都愿意生活在整洁的环境之中。

二、一起来搜索：哪里需要整理？

经过幼儿的全员大搜索，发现班里需要整理的地方有很多，平日里很多没人注意到的小东西都被细心的幼儿挖掘出来了。

三、实战阶段：一起来整理

整理柜子小达人：每天早晨幼儿都会在下楼晨练之前，将自己的小柜子里的物品摆放整齐。

最佳豆腐块：幼儿每天午睡起来都会将自己的被子叠整齐，师幼会共同选出每日的十名"最佳豆腐块"，奖励整理徽章。

整理书包大王：每天放学前，幼儿都会将自己的书包整理整齐，将物品分类摆放，老师计时，最先整理完且整理得很整齐的幼儿可以得到奖励。

整理小队：每天的值日生组成班里的整理小队，幼儿挑选自己的整理区域，在区域游戏后进行检查和细节整理。每天的整理小队都可以得到相应的奖励。

四、评选整理大师

师：这回小朋友们都全身心地投入到整理的大队中，我们开一次会，看看还有什么"敌人"需要攻克。

投票：我有好主意。

我们进行了小锦囊征集，每位贡献对策的幼儿都能得到一颗"智慧星"。针对区域游戏后的玩具归位检查环节，幼儿认为有的玩具和积木有损坏，且数量缺失导致难以摆放整齐所以很难收纳整理。于是我们在班级中进行了一场修理大会，小朋友们共同分类、寻找收纳箱、整理、贴标签。

我们很快就将小锦囊运用到了每日的整理活动中，每个幼儿都拥有自己的"整理之星"收集册，顺利完成任务的幼儿都会得到一颗整理徽章，贴在收集册中。

幼儿在活动中逐渐熟悉自己不擅长的整理任务，在能力的提升中培养了自信心；也用自己的能力去帮助了其他小朋友，从别人的肯定中，意识到了为人服务、整理周围的物品是一件非常光荣的事情。幼儿们每天都能够活力满满地整理自己的物品和班集体的物品，同时也对独立整理自己物品的小学生活充满了期待。

【说活动总结】

在活动的过程中，能感受到幼儿的热情越来越高，在此过程中幼儿的语言表达能力、同伴交往能力、情绪理解能力、创造力、想象力、自主合作能力等都会得到潜移默化的提升。

【说活动延伸】

延伸活动：我的本领无限大——放学后的整理。

培养独立掌控自己的物品的意识，懂得爱惜身边的物品，在整理中培养好的品格，才是幼儿在整理中学到的最重要的一课。

教育反思

【观察记录】

娃娃家的游戏

中国音乐学院附属幼儿园　陈　洁

【观察对象】萱萱（女）、文森（男）　**【班级】**小班

【观察时间】室内活动时间

【观察背景】

在小班幼儿入园两个月左右进行娃娃家扮演游戏时，萱萱想让文森戴上领带扮演"爸爸"，但文森却自顾自地玩起来，不理会萱萱。

【观察目的】

观察小班幼儿在交往中遇到的问题。

【观察过程】

萱萱走到文森面前小声地说："你愿意做我娃娃家的爸爸吗？"文森立刻拉着萱萱的手向娃娃家方向走去，走了几步突然停下对萱萱说道："我愿意。"萱萱脸上泛起了笑容。来到娃娃家，萱萱踮起脚取下挂在墙上的假发夹戴在头上，并用双手捋了捋耳边的头发。接着又伸手取下挂在墙上的领带回头递给身后的文森。这时，文森早已把放在娃娃家桌子下面的塑料筐取出来，正抱在胸前一件一件地把里面的餐具往外拿，桌上的小碗、小勺、灶具层层叠叠落成一堆，最上面的一把小勺已经摇摇晃晃快要掉下来了。

萱萱伸长了手臂，轻声喊着："文森，你的领带，是爸爸要戴的领带。"文森没有回应，萱萱喊了几声后将领带放在桌上的一堆餐具上面。文森将领带拿起来扔在了地板上，拿起小碗、小勺开始假装吃饭，全然不顾自己的脚已踩在领带上。

萱萱蹲下来用力拉拽着被文森踩在脚下的领带，文森摇晃了几下身体，没有抬脚，而是放下手上的小碗，拿了另一个碗，继续放在嘴边用小勺做着吃东西的模样。萱萱蹲在文森身边，没有说话，只是用两只手继续拉拽着领带。突然，涨红的小脸"哇"的一声哭了出来。

【分析与措施】

分析：

1. 虽然在游戏前明确分配给幼儿爸爸或妈妈的角色，但幼儿根本不予理会。他们按自己的想法、喜好模仿成人的各种动作。萱萱能主动运用服饰材料装扮自己扮演"妈妈"，并关注到同伴的角色，提醒"爸爸"用领带装扮自己。但是，这种角色意识还停留在表面。幼儿还没有形成"一个家"的意识，大家都是自顾自地玩。

2. 萱萱只是单纯地通过无声的动作拉拽领带，想达到捡起掉在地上的领带的目的，在多次尝试失败后选择用"哭"的形式引起周围人的关注。

3. 文森被邀请后虽然忘记回应同伴，但走了几步后立刻很认真地"补"上了漏说的话。游戏中文森虽然一直较少与同伴交往，更多地关注于使用餐具模仿大人吃东西，是因为此时幼儿正处于独立游戏阶段。

4. 文森虽然在进行着娃娃家游戏，但面对零乱的桌面和随意摆放的餐具并没有收拾的意识。

措施：

1. 让幼儿能情绪愉快地参加集体活动，愿意与同伴共同游戏，处于独立游戏阶段。鼓励幼儿之间相互邀请、自由结伴。让幼儿之间有更多的互动机会，而不是传统的老师指派分配角色。

2. 引导幼儿之间要有交流与合作的意识，在解决具体问题方面需要老师的协助。

3. 教师平时要对幼儿进行游戏材料的说明，弥补幼儿对材料认识的不足，锻炼幼儿整理物品的技能。

跳大绳

中国音乐学院附属幼儿园　薛晶晶

【观察对象】乐乐　【班级】大班
【观察时间】户外活动时间
【观察背景】

今天是孩子们第一次练习跳大绳，跳大绳不但能够发展幼儿的动作协调能力，还能提高幼儿的肺活量，促进孩子生长发育。希望通过观察来了解孩子现有的跳绳水平，以便进行相应的指导策略。

【观察目的】

大班上学期幼儿跳大绳的现状与举措。

【观察过程】

本月我们的户外重点练习项目是跳大绳，班里会跳大绳的孩子只有几个，为此我们增加了孩子在户外活动练习跳大绳的次数和时间，使孩子们可以尽快掌握跳绳这一技能。今天在户外练习跳大绳的时候，乐乐跳绳时的节奏与大绳摆动的幅度不一致，导致跳绳不连贯，经过反复的练习后，乐乐开始抗拒跳大绳，一边往后退一边小声嘟囔着："我最不喜欢的就是跳大绳了。"我看他满脸不高兴，眼睛泪汪汪的都快哭了，我走到他身边蹲下问他："你怎么了？发生什么事情了？"结果他一下子就委屈了，开始大哭，我抱着他安抚好他的情绪后问："是因为跳绳跳不过去难过吗？"他点点头，我说："我觉得你跳得已经很好了，虽然跳得不是很连贯，但是每一次都是有进步的，薛老师相信经过不断的努力，你一定会越来越棒的，你一定可以的！"他考虑了一会儿告诉我："那我再试试吧！"然后就去跳绳了，经过他不断的努力后，终于连贯地跳了五下，这时我立刻表扬他，其他小朋友也夸他，乐乐开心地笑了。在之后的练习中可以看得出他开始积极主动地跳绳，而且进步非常大，每一次都会开心地告诉我，他又多跳了几下，我也会给他竖起大拇指，直到我们开始收玩具回班的时候，他还在依依不舍地问我："下次还可以再玩跳大绳吗？"我说："当然可以！"

【分析与措施】

分析：

单调、枯燥的同一动作对于幼儿来说难以保持长久的兴趣，而且在这个过程中也并没有感受到游戏的愉悦以及游戏带给他的成就感，在这种情况下幼儿极有可能放弃，同时开始讨厌这个活动。

措施：

首先，采用鼓励示范的方式。邀请跳得好的小朋友进行示范并奖励他，让其他不会的幼儿可以积极主动地练习跳绳。幼儿对于跳绳内驱力的增强可以使得练习跳绳的这一活动更加有趣，练习的情况也会有很大的进步。

其次，增强幼儿自我效能感。在学习事物的过程中，孩子们的自我效能感是很重要的，首先得对自己有信心，而不是在面对挫折、困难的时候第一时间就想自我放弃。幼儿在遇到困难时教师应该进行鼓励以及用其他方式来肯定，让幼儿的自信心越来越强。在跳绳这个活动中我鼓励有进步的乐乐，我也会告诉他问题出在哪里，进行讲解、示范、练习、鼓励，在此过程中不光是乐乐，其他小朋友的热情也很高，不一会儿都满头大汗。我连忙组织孩子们停下稍微休息几分钟并小结了一下跳绳情况。经过几分钟的休息，孩子们又跳起来，还自主地组成了不同的小组，大家互相交流心得，忙得不亦乐乎！

它的声音很特别

中国音乐学院附属幼儿园　王柯蕴

【观察对象】菠萝　【班级】中班
【观察时间】上午
【观察背景】

在给小朋友们的牙齿涂氟后，小朋友们正排着队往楼梯间走，这时楼道里传来尖锐的警报声。

【观察目的】

1. 幼儿能否有序地排队回到班级。
2. 幼儿在排队过程中是否遵守规则。

【观察过程】

在医生们给幼儿的牙齿涂完氟之后，幼儿正排着队往楼梯间走，刚准备上楼梯时，忽然，一楼和二楼传来了一阵尖锐的警报声，一瞬间幼儿不知所措。我正顺着队伍安抚幼儿情绪时，看到了菠萝在队伍中手舞足蹈。我在询问了其他幼儿之后才知道原来是菠萝按响了火警警报器的按键，我刚关掉了警报器准备向菠萝了解情况时，他又再次按响了警报，我再次关掉并露出了严肃的表情，这时他才意识到事情的严重性。回到班级后我找他进行了深入的交流，我问："为什么你要按警报器呢？"菠萝在我的询问下显得有些迷茫，并且很认真地陷入了沉思，他说："因为，因为我觉得很好玩。""那你告诉老师为什么觉得报警器好玩？""因为我喜欢它的声音，它的声音很特别。""所以你才按了两次对吗？""是的。"了解到了事情的原委后我给菠萝讲了《烽火戏诸侯》的故事，菠萝也思考了自己的行为，对我说："我知道了，下次我不会这样了。"

【分析与措施】

分析：

1. 菠萝对声音比较敏感，当他听到从没听到过的音乐或者触碰某些物品发出声音时，他就会很激动，很兴奋。

2. 菠萝第一次按键可能是出于好奇，好奇为什么墙上有一个按键，大家都没按过所以他想试试；第二次按键是因为听到了这个从没听过的声音，所以在教师关了以后他又马上按了第二次。

3. 菠萝的情感世界很丰富，看到教师严肃的表情，又听了《烽火戏诸侯》这个故事，意识到了自己的行为不对。

措施：

1. 在保证安全的情况下，应该多鼓励菠萝去发掘和探索更多的声音。
2. 在进行一日常规音乐活动时，可以让菠萝多展现一下自己的优势，增加其自信心。
3. 设计一个以安全教育为主题的活动，对报警器进行介绍，再次对菠萝进行正向引导，并且提醒其他幼儿安全注意事项。

"不睡觉"的小孩

中国音乐学院附属幼儿园　吕佳蔓

【观察对象】橙子　【班级】大班

【观察时间】午休时间

【观察背景】

在其他幼儿午睡的时候，橙子却没有睡觉，而在制造动静。

【观察目的】

培养孩子良好的午睡习惯。

【观察过程】

又到了午睡的时间，小朋友们一个个换好自己的睡衣躺在了床上，没过一会儿就安静地睡着了。突然，我听到了一个声音，我朝着声音走去，原来是橙子发出的声音。他看到我站在了他的窗前，可是他并没有停下来的意思，我没有马上制止他，而是模仿他的声音也说了起来，本以为他会继续"变本加厉"，结果他马上安静了下来，睁大眼睛望着我，他见我并没有要停下来的意思，和我说："老师，您不要再发出声音了，其他小朋友都睡着了，您这样会吵醒他们的。"看着他"一本正经"的样子，我突然心生一计，装作没有听见他的话，继续"沉浸在我的世界里"。他见我这个样子，他的小脸涨红了，气鼓鼓地又"制止"了我一次，这次我不再说话了，看向了他的小眼睛。他一脸"严肃"地说："老师，您不能这样，会吵到其他小朋友的。"我说："我知道呀，可是我是在学习你呀。你也知道这样做会吵到其他小朋友，是不对的，那你为什么还要做呢？"听完我的话，橙子的小脸涨得更红了，低下了小脑袋，小声地说："对不起，老师，我知道我做错了，我以后一定好好睡觉。"看着他诚恳的样子，我微笑着摸了摸他的头说："老师相信橙子是一个懂事的好孩子，快睡觉吧。"他点了点头，很快就睡着了。同时我也和橙子妈妈进行了沟通，了解到他在家几乎都不睡午觉。

【分析与措施】

分析：

通过今天的事情，我意识到，有些道理幼儿是明白的，尤其是大班幼儿，他们的独立性很强，越来越想要"表现"自己了。这个时期，如果老师一味说教，幼儿可能还会"明知故犯"，所以我们可以站在幼儿的角度让他们自己意识到自己的错误，这样的方法会让孩子记忆深刻。同时，家园共育是必不可少的，幼儿的情况要随时与家长沟通，家庭和幼儿园是影响孩子早期发展的两大地点，只有家园合作共育才能促进孩子更好地发展。

措施：

1. 站在幼儿的角度去思考问题，让孩子自己反思。

2. 根据幼儿的年龄特点"对症下药"。
3. 家园合作，共同帮助孩子更好地成长。

别害怕，你是最棒的

中国音乐学院附属幼儿园　程　婉

【观察对象】帆帆、轩轩、辰辰　**【班级】**中班
【观察时间】六一活动
【观察背景】
"六一"儿童节，幼儿园为幼儿准备了丰富的室内游戏，鼓励幼儿拿着"闯关卡"独立去各班进行"游园"游戏。与之前老师分组带队参与不同，这次有了新的变化。
【观察目的】
幼儿独立参与游戏的自立能力。
【观察过程】
场景一：
班级准备的游戏是"快乐的小袋鼠"，帆帆站在老师旁边拿着闯关卡看着其他小朋友游戏。我问："帆帆，你可以在等候区排队，或者先去别的教室看看是否有空。""我不要玩！"他一口回绝了我的提议。"为什么啊？""我不要玩。"他再次重复。"那你先玩教室的吧，等一下就轮到你了。"下一轮帆帆参加了游戏，游戏后他继续站一旁，我拿过他的闯关卡说："游戏后你要找老师盖章，说明你成功了。你看这是什么？""五角星。"他咧着嘴笑了。
场景二：
游戏开始后10分钟左右，轩轩从外面的教室跑来说："老师，我不想玩了。"我问："为什么？"他说："我害怕。"我马上安慰他："别害怕，你可以带上好朋友一块玩。""好吧。"说完，他还是站在我身旁，没有去寻找好朋友。此时我发现辰辰一直坐在等候区，我记得他在上学期的"跳蚤市场"也是不愿意单独游戏的幼儿，为此我鼓动两个小朋友结伴前往，轩轩拉着辰辰的手出发了。
【分析与措施】
分析：
《3—6岁儿童学习与发展指南》在社会发展目标中明确指出：幼儿要愿意与人交往，有自尊自信自主的表现，并且有集体的归属感。
从帆帆游戏后的笑容可以看出，他不是不喜欢游戏，而是对单独参与游戏有抵触，有可能是规则的不明确，也有可能是一个人进入陌生教室害怕，或者是缺少独立解决问题的经验。轩轩是社交能力比较弱的幼儿，平时胆子比较小，遇到问题很容易哭。而辰辰由于语言表达能力比较弱，是一个比较内向的男孩。我提出让这两个小朋友一起游戏，也想通过互相鼓励，让他们一起参与到游戏中。
措施：
《幼儿园教育指导纲要（试行）》中指出，教师要鼓励幼儿主动参与各项活动，并提供幼儿自由活动的机会，支持幼儿自主选择，鼓励幼儿通过努力解决问题，不轻易放弃。为此，针对以上问题我采取的是以下两种方式。
第一，教师协助。由于帆帆上小班时基本没来幼儿园，所以他在与同伴交往、集体规

则、自理能力等方面比较薄弱，为此我请其他老师引导他走入教室，并且降低要求，在10个游戏中，只要他去尝试同在三楼的5个游戏就好。活动过程中老师帮助讲解规则，游戏后的闯关卡显示帆帆进行了4个游戏，我在集体面前特别鼓励和表扬了他。

第二，朋友结伴。轩轩和辰辰两人就像是互相"壮胆"，手拉手一起游戏，两人的闯关卡都完成了6个游戏，大大出乎我的意料，而且两人在反馈游戏体验时特别开心，挑战后的喜悦溢于言表。

这次游园活动后，我发现有三分之一的幼儿完成了全部游戏，有一半的幼儿完成了7个游戏，而参与4个以下游戏的幼儿仅有5位。可见中班幼儿在独立游戏方面有了很大的发展，这与平时的区域联动的体验有很大的联系。

小汽车

深圳市南山区蓓蕾蛇口幼儿园　陈雪漫

【观察对象】灏轩、书妤、长旺　【班级】中班

【观察时间】建构区游戏时间

【观察背景】

建构区域为幼儿提供了广阔的想象空间，搭建了创造平台，成为中班幼儿喜爱的游戏区域之一。《3—6岁儿童学习与发展指南》建议为幼儿提供具有操作性、多变化、多功能的玩具或材料，因此我引入了聪明棒，使建构区更加多样化。

【观察目的】

1. 学会运用互锁结构进行立体物体的拼插。
2. 培养幼儿发现问题、解决问题的能力。
3. 培养幼儿团结协作的能力。

【观察过程】

今天灏轩和书妤在地上用聪明棒拼搭东西，但他们所在的位置很拥挤，于是我蹲下来询问："你们在拼什么？"灏轩说道："拼小汽车，上次我看到大班的哥哥拼了一个大房子，我想拼一辆大汽车。"为了让他们方便拼搭，我邀请他们到空旷的位置继续拼搭。

不一会儿，他们完成了车身的拼装，灏轩皱着眉头说道："它的轮子我不会拼。"书妤听了后跑来向我问道："老师，您知道怎么拼轮子吗？"我说："你们想想轮子是什么形状的？"他们异口同声回答道："圆形。"我说："可以先拼一个圆形，然后想办法把圆形固定在下面。"灏轩点了点头，拉着书妤开始拼圆形，拼出圆形后他在车的下面比画着，发现可以把圆形接在底部的拼接口上。当他们把四个轮子都拼好，想继续把车身加高时，收区音乐响了，灏轩跑来向我说道："老师，我们还没有拼完呢！"我对他说道："没事，先放着，明天继续。"

第二天书妤请假了，灏轩来到建构区，他独自端着聪明棒来到小汽车旁继续拼了起来。长旺看他一个人，主动过来说要帮忙，过了20分钟左右，小汽车终于搭建好了。灏轩开心地邀请我过去欣赏，并让我帮他们和小汽车拍照。

【分析与措施】

分析：

1. 灏轩在拼插遇到困难时，能通过老师的引导和伙伴的协助解决难题，展现了良好的

合作与沟通能力；在作品未完工时，次日能主动继续认真完成拼装，达到了中班拼插水平且处于较好的状态。

2. 幼儿对立体图形认知的发展是逐渐形成的，需要结合日常生活，满足他们通过感知、操作、体验获取经验的需求。

措施：

1. 当幼儿遇到困难并发出求助信号时，教师可以及时介入给予支持，并激发幼儿继续探索和学习的欲望。

2. 活动后，邀请幼儿分享在活动中学到的新技巧，以及遇到的困难和解决困难的方法。这不仅可以增强幼儿的自信，同时也培养幼儿的表达能力和问题解决能力。

3. 为幼儿提供更多的学习资源和材料，例如拼接技巧、示例作品、相关的教程，以便幼儿进一步探索和学习。

房屋改造记

内蒙古自治区赤峰市红山区第十一幼儿园　王志丽

【观察对象】墨墨　【班级】大班

【观察时间】积木区游戏时间

【观察背景】

积木一直是孩子们比较喜欢的游戏材料，孩子们在积木区动手、动脑，和伙伴互相交流与帮助。

【观察目的】

观察幼儿的搭建能力、社会交往能力、语言表达能力、合作能力等。

【观察过程】

在积木区游戏的第一天，游戏开始时墨墨从旁边的收纳柜里取出了一些长方体的积木摆在了地面上，接着开始一块一块地摆，当摆到第八层时，他改变了积木的摆放方向，使得积木从原来南北朝向变成东西朝向，不一会儿他就搭建出了一堵两面连接的墙体，就这样他一直在搭墙。

第二天的游戏幼儿们仍然选择了搭建房子，他们拿来了一块垫子铺在地上，又拿来长方体积木一块挨着一块摆放在垫子上，之后又拿来一些长的圆柱体竖立摆放在长方体积木上，不一会儿，"墙体"搭好了，他们找来了长板，一块挨着一块地搭在墙体上，就这样房子搭好了，孩子们住进了自己新搭建的房子里。

第三天的游戏开始了。幼儿选择继续搭建房子，墨墨找来了两块垫子，把两个垫子拼在一起，又找来了一些长方体积木，把积木摆在垫子的边缘，紧接着又找来了长的圆柱体积木，竖立在摆好的长方体积木上。"墙面"搭建完以后，墨墨和其他幼儿一起过去搬来了一些长板，把长板一块一块地放在"房顶"上，就这样房子搭好了。

【分析与措施】

分析：

1. 在三天的游戏中，看似基本上都是在搭建房子，但是每天的搭建内容又不一样。孩子们在不断地用自己已有经验和新获得的经验调整搭建内容，可以看到幼儿在不断地探索、调整。

2. 在搭建过程中我们看到了幼儿互相合作、互相帮助、互相分享的好品质，更能看到孩子在遇到问题时想到的不是放弃，而是迎难而上，不怕困难，积极想办法解决。

3. 游戏发展了幼儿的语言交流能力及社会交往能力。幼儿在搭建的过程中有搭建技能的交流，有材料需要的交流；在玩的过程中孩子们有玩法的交流，有心情的交流，也锻炼了交流沟通的能力。

4. 在游戏中，孩子们的动手能力和想象力的发展有了飞跃，搭建技能、审美能力也逐步提升。

措施：

1. 教师或者家长可以带着孩子了解各种各样的房屋建筑或者一些经典建筑，支持幼儿获得更多的游戏经验，促进幼儿游戏的发展。

2. 教师可以根据孩子的需要提供更多复合材料，支持幼儿的游戏向更高水平发展。

红旗红旗飘呀飘

内蒙古自治区赤峰市红山区第十一幼儿园　张　冰

【观察对象】小雨　【班级】小班

【观察时间】下午室内游戏时间

【观察背景】

纸杯在我们生活中随处可见，但对于小朋友来说既陌生又熟悉。小小的纸杯虽不起眼，但是在幼儿的手中会出现什么玩法呢？

【观察目的】

1. 观察幼儿如何使用材料。
2. 了解幼儿游戏中的自主性和创造性。

【观察过程】

今天的区域游戏开始了，小雨对闲置在一旁的纸杯产生了好奇。他拿起几个纸杯转过头便问我："这个怎么玩儿呀？"我说："随便玩，想怎么玩就怎么玩。"接着小雨就开启了探索纸杯的体验之旅！

小雨从筐里拿出两个纸杯放在地上，紧接着又拿了两个纸杯叠在了刚刚的纸杯上面，便转过头来看了我一眼。好像在问我，他搭得对不对？但他并没有问，而是继续搭了起来。刚开始就遇到小难题，纸杯为什么都扣在一起了呢？他反复尝试，知道了纸杯层与层之间相互交错，每层杯子要叠在下面一层的缝隙处就能成功。此刻，他抑制自己的小兴奋，拿着纸杯继续不断往上搭建，向长延伸。

他的搭建吸引了正在一旁玩耍的小庚，小庚时不时抬起头模仿小雨的方法，然后去搭属于自己的作品。小雨在搭建的过程中偶尔会出现一些小意外，幼儿相互之间的追逐导致小雨的作品倒塌，还有些幼儿的纸杯用完了，会偷偷把小雨正在搭建的作品中的纸杯拿走，但小雨看到并没说什么，也没有发脾气，而是继续专心搭建心中那个完美的作品。

小雨越搭越兴奋，时不时偷偷地笑，看得出来他对这个作品很是满意。真是没一会儿的工夫，一条长长的、蜿蜒曲折的作品就完成了。他骄傲地站起来，背着小手看了看别的小朋友，很是自豪，仿佛在说："快来看我，看我厉不厉害！"虽然他没开口大声说，但我仿佛听到了这句话。我出于对这个作品的好奇，把他叫了过来问："你今天搭建的是什么呀？"

他说:"是红旗!"从他口中说出来的话我表示很震惊,今天小小的小雨做出了非常了不起的事。

【分析与措施】

分析:

1. 幼儿对纸杯有了新的认识,游戏的全过程都能认真进行搭建。

2. 在与材料的互动中,能够感受到材料材质的特征,纸杯很轻容易倒,因此在游戏中小雨能够关注到自己的动作,小心翼翼地搭建。

措施:

1. 为幼儿提供充足材料,满足他们的游戏需求。

2. 纸杯搭建材料只有纸杯,比较单一。教师可以根据幼儿需要投入新的材料,提高幼儿的创造性和想象力。

齿轮大闯关

内蒙古自治区赤峰市红山区第十一幼儿园　刘玉梅

【观察对象】 天天、俊哲　**【班级】** 小班

【观察时间】 建构游戏时间

【观察背景】

扭扭建构材料从刚开始投放就深受孩子们的喜爱,孩子们乐于建构、主动探索、快乐游戏。

【观察目的】

观察幼儿游戏,了解幼儿的游戏水平,思考如何进行有效的支持。

【观察过程】

一、初探齿轮

户外游戏开始了,俊哲手里拿着一个平板片,上面安装了3个齿轮和1个滑轮,天天拿着螺丝走过来,然后将两个螺丝插到了俊哲面前的小孔里,又拿来2个红色的齿轮和俊哲平板片上的蓝色的齿轮相扣,他转动红色齿轮,蓝色的齿轮也跟着转动。

二、1个齿轮带动3个齿轮转动

接着,天天又拿了1个红色齿轮,俊哲又拿了1个黄色小球,天天用螺丝将红色齿轮固定在平板片上,与红蓝齿轮相扣,用手拨动齿轮。俊哲将黄色小球放在小齿轮上,随着齿轮转动,小黄球也跟着转动。天天找来1个黑色小球放在齿轮旁,念叨着"快跑,有炸弹",俊哲的黄球滚出平板片,天天说:"你出局了。"天天将他口中的"炸弹"小黑球丢了出去,俊哲捡起小黑球,又放在了平板片上。

三、1个齿轮带动6个、9个、10个齿轮转动

天天去拿了红蓝各3个齿轮并排放在一起,用手转动1个齿轮,发现6个齿轮在同时转动,又取来1个红色齿轮放在中间,这个齿轮将两侧齿轮都连接了起来。天天转动1个齿轮,9个大小齿轮一起转动,这时天天又去拿了1个红色齿轮给俊哲,俊哲用螺丝固定,天天转动大齿轮,发现能同时带动10个齿轮转动,然后俊哲和天天玩起了闯关游戏。

【分析与措施】
分析：
幼儿发展是一个复杂且多维度的过程，涉及认知、社交、身体动作等多方面，在这个游戏中我观察到以下几点。

1. 幼儿主动探究、坚持不懈、专注等学习品质

游戏中，我发现两个孩子具有非常强的主动性和目标性，想象力和创造力都很丰富，自始至终都很专心、投入地探究自己的游戏。

2. 同伴间良好的社会交往能力，以及发现问题和解决问题的能力

在游戏过程中，两人一直分工合作，不断调整平板片上齿轮的数量和位置，从转动1个齿轮到带动10个齿轮转动，两个小伙伴不断思考，不断调整，发现问题、解决问题的能力较强。

3. 精细动作发展良好

在装齿轮的过程中，他们用螺母来拧螺丝，展示了良好的手眼协调能力。

措施：
1. 积极为幼儿创设良好的游戏材料和环境，为幼儿游戏提供必要的物质条件。
2. 在幼儿自主游戏的过程中，教师应最大限度地放手和最低限度地介入来支持幼儿游戏。

快乐涂鸦
——我眼中的美

山西省太原市育蕾幼儿园　程　蕊

【观察对象】宝亲、叨叨、然然、瑜儿　【班级】大班
【观察时间】涂鸦创作游戏时间
【观察背景】
育蕾园涂鸦区建成后小朋友们做了涂鸦计划，并带着计划开始创作。
【观察目的】
幼儿能否根据已有经验完成创作。
【观察过程】
涂鸦是幼儿的一种绘画语言，是不受限制的绘画形式，是幼儿自由表达内心世界的方式。育蕾园有一片富有野趣的户外涂鸦区，是孩子们得天独厚的涂鸦天地。
片段一：
涂鸦活动时，宝亲兴奋地把我叫过去，说："老师，看我画的莲花图，前两天妈妈带我去龙潭公园的时候，莲花开了，特别漂亮。"叨叨说："老师，你也看看我的。这是沙滩，这是山顶，这里有一个亭子，还有诗人李白和酒杯。"
片段二：
计划环节，然然和瑜儿商量好要画一座网红桥，瑜儿说："老师，我们想一起画一座网红桥。"我问："你想画的网红桥是什么样子的呢？"瑜儿说："就是天龙山的那个网红桥。"我问："你们商量好怎么画了吗？"瑜儿说："商量好了，然然画下面，我画上面。"涂鸦活动开始了，两人因为地方不够被挤到旁边的管子那里作画。然然一直在用各种颜色涂管子。我

问她:"你们的网红桥呢?"然然说:"我不知道该怎么画。"

【分析与措施】

分析:

《3—6岁儿童学习与发展指南》艺术领域的总目标是感受与欣赏、表现与创作。而感受与欣赏是表现与创造的前提,我们要和幼儿一起感受、发现和欣赏自然环境和人文环境中美的事物。片段一中宝亲涂鸦的灵感来源于欣赏龙潭公园莲花的美,叨叨的创作灵感来源于学习古诗词时感受到的意境美。

片段二中然然和瑜儿对"网红桥"的认知缘于一次关于佛头的课程故事,显然两位小朋友对其中的"网红桥"感兴趣,并发现了它与众不同的美,但是两位小朋友提笔不会画的原因在于缺乏经验,没有通过认真观察发现其美的方面,导致提笔时不知从何下手。

措施:

1.《3—6岁儿童学习与发展指南》艺术领域目标一"喜欢自然界与生活中美的事物"中5—6岁的目标是乐于收集美的物品或向别人介绍所发现的美的事物。所以在日常生活中,我们要和幼儿一起发现美的事物的特征,感受美和欣赏美。例如,让幼儿观察常见动植物以及其他物体,引导幼儿用自己的语言、动作描述它们美的方面,比如颜色、形状、形态等。

2. 因为"网红桥"不常见,幼儿在做出这样的计划之后,老师可以再次把网红桥呈现出来,并引导两位小朋友细心观察,发现其美的特征,并能通过语言表达自己的理解;或者倡导父母利用周末时间带幼儿去看网红桥,近距离感受它的美,丰富其已有经验,这样幼儿在作画的时候才能心中有数。

【案例分析】

小动物温暖的家

北京市朝阳区丽景幼儿园　钱姗姗

一、案例背景

在开展"冬天里的小动物"主题活动时,班级里投放了一些孩子们喜欢的动物玩偶。在一次谈话交流中我发现,孩子们知道冬天来了,萌生了关爱小动物的想法。因为班级里也有几只"小动物",孩子们自发产生了在建构区要为小动物搭一个家的想法。然而对于"家"的造型、搭建技巧等方面,幼儿还不是十分了解。结合幼儿的兴趣、发展的需求,进一步激发幼儿积极探索建筑与生活关系的兴趣,提升幼儿搭建技能,因此我支持他们开展以"冬天里,为小动物搭建温暖的家"为主题的建构游戏活动。

二、案例描述

每一张小桌子上都摆放了大大小小不同的"小动物"玩具。苗苗走到一个大大的鳄鱼旁边说:"哇,这只鳄鱼可真大呀,很长很长,我要给它搭一个大大的家。"佳佳抱起了一个大熊猫说:"老师你看,我觉得大熊猫比我还胖,我要给它搭一个暖暖的家。"咪咪说:"我要给我的小猴子搭一个家,它太小了,才到我的膝盖,所以它的家要小小的。"

佳佳进入建筑区,她拿了长形积木一块一块地围了一个长方形的"家"。佳佳让大熊猫住进"家"里。过了一会儿林林着急地说:"老师,我觉得大熊猫不舒服,因为这个家太小了。"我说："是有点小，那怎么办呢？"接着佳佳重新比照着在大熊猫旁边开始添加积木，让"家"的围墙向四周扩大。林林又走过来对我说："老师，我给小兔子搭了一个家。"我说："我感觉野狼会爬进小兔子的家。"林林说："我给它搭高点。"于是他又拿了三角形、长方形的积木一块一块往上摆，在摆的过程中发现积木不平总是往下掉。我说："你看看积木的形状，试一试哪个形状的积木四周更平整，适合搭高呢？"林林很耐心地边观察边搭。

乐乐搭了一个有洞的家。林林说："老师，冬天到了，小猴子的家还有这么多洞呢，很冷。"我回应："嗯，是啊。那用什么办法把洞封上呢？"乐乐说："我再拿一些积木封上。"同时，他又搭建了一个小门。我抛出问题："窗户在哪儿呢？用什么积木搭合适呢？"乐乐看了看积木柜里说："老师，这个积木是透光的，还有好多颜色。"他选择了一个透明彩色积木说："这就是窗户。"一个有门、有窗户的温暖的家就这样搭好了。

苗苗拿了几个小花装饰物随意摆在了房顶上。我抛出问题："苗苗，你见过什么样的房顶？"她说："我见过尖尖的，还有花很漂亮。"我又追问："怎么让小恐龙的房顶也变得更漂亮啊？"苗苗拿了四块圆形积木分别放在平铺房顶的两侧，一侧放了三块，一侧放了一块；然后又拿了两个三角形积木架在圆形积木上。我继续追问："房顶两边的积木不一样多，有可能一边倒了怎么办？"苗苗就很快把两边的圆形积木调整成一样多，而且还较均匀地调整了四块圆形积木的位置，并将三角形积木分别架在对称的圆形积木上。可乐还把一些辅助材料小花放到房顶上的四个角上。不一会儿他们高兴地说："老师，看我们搭的三角的房顶漂亮吗？"我说："你们真聪明！你们选用了不同的材料搭建了自己喜欢的而且特别漂亮的房顶。"几个人围在一起高兴地拍手。

三、案例分析

第一，借助谈话活动，为幼儿提供不同的小动物玩偶，鼓励幼儿自主去观察、探索，发现小动物的大与小、高与矮、胖与瘦等不同的外形特征，通过迁移经验进一步激发给小动物搭个家的愿望；思考根据动物的外形特征等，给动物搭一个什么样的家。

第二，通过前期对活动的铺垫，在本次活动中幼儿在搭建内容上更有目的性。在有一定围拢搭建的基础上，教师提出有效问题，引导幼儿进一步结合大熊猫、小兔子的外形特征，在"家"的大小及积木的形状上进行探究，能够运用延长、向四周扩大及搭高的方法，使幼儿的空间方位感知能力有了一定的提升。

第三，幼儿已经有围拢和搭高的经验，但是搭建得不够牢固，往往在选择积木时无目的性，同时也缺乏细致性。

第四，在不断的思考与实践中，幼儿积累了很多搭建的经验。从开始的简单围拢、搭高到选择稳定的结构材料进行基建，再到这一次能够结合自身生活经验，运用平铺和交叉搭建进行多层楼房的搭建。

四、案例措施

第一，教师支持鼓励幼儿积极地去思考，大胆表达自己的想法，支持幼儿进一步去达成自己的意愿。

第二，当幼儿对搭建内容没有目的性时，教师通过多种形式的师幼互动，如谈话活动、有效的提问、引导幼儿观察材料等了解幼儿的兴趣、拓展幼儿的思维，进一步明确搭建目的。

第三，当幼儿在搭建过程中遇到搭建不牢固的问题时，或教师发现幼儿对活动不感兴趣时，教师适时地介入。结合冬季的天气特点及幼儿对洞的兴趣，教师鼓励幼儿不断地去发现问题，进一步探究积木的结构。同时，在搭建过程中要引发幼儿探究现实生活中房子的构造，如房子的封闭性，还有结构中的门和窗户等。

第四，在楼顶搭建上，教师通过不断鼓励并提出关于楼顶搭建的问题，引发幼儿自主去思考选用什么材料及构建什么造型，引导幼儿积极地去尝试。同时，幼儿能够从美的角度运用辅助材料进行装饰，使幼儿与材料的互动更加积极。

五、案例总结

第一，抓住幼儿兴趣，创设适宜情境。生活即教育，教师能够抓住幼儿在生活中的兴趣和观察点——天气变冷，为小动物搭建家。在这一游戏情境中，幼儿根据动物的不同为它们搭建大小不同的家，利用围拢、搭高、盖顶等搭建技能，提升了搭建水平。

第二，利用开放性提问引发幼儿思考与实践。在幼儿进行游戏时，教师在活动中真正成为一名观察者、引导者。当幼儿在遇到困难时，不急于介入，而是利用适宜的提问方式，适时介入指导，给幼儿独立思考的空间，允许幼儿按照自己的方式进行游戏，同时利用提问的方式，启发幼儿思考与创造。激发幼儿进行更深入的探究活动，让幼儿不断积累经验。

第三，注重幼儿发展的整体经验，循序渐进地进行搭建。幼儿的搭建过程是在情境游戏中进行的，通过为大小不同的动物搭建家，幼儿感受围拢过程中可以使用不同大小的积木；为高矮不同的动物搭家，提高幼儿在搭建过程中的空间思维和搭建稳定性；搭建房屋的封顶又提高一个新的难度——幼儿需要在观察中进行积木的匹配和搭建中的造型表现。整个搭建过程循序渐进，幼儿获得成功体验的同时，提高了搭建技能，积累了搭建经验。

纸牌翻翻乐

北京市朝阳区丽景幼儿园　耿京金

一、案例背景

《3—6岁儿童学习与发展指南》中提出："人际交往和社会适应是幼儿社会学习的主要内容，也是其社会性发展的基本途径。"幼儿进入中班后更愿意与他人交往，集体意识逐渐增强，喜欢与同伴共同游戏，但在游戏中解决问题的能力有待加强，尤其在合作能力方面。

在五月的一次合作翻纸牌游戏中，有一组小朋友怎么也无法把纸牌按照游戏规则翻过来，我意识到这是一次幼儿成长的契机，于是我通过启发式提问、同伴互助等方式，给予幼儿交往和相互学习的机会，鼓励幼儿发现游戏中遇到的问题并尝试解决。最终小朋友们在亲身体验、同伴间讨论、经验分享等过程中，成功地找出解决办法，顺利地解决了游戏中的问题。

二、案例描述

当听到游戏开始的指令后，每个组的小朋友都积极参与到游戏中，蓝队和橙队很快按照游戏规则把纸牌翻了过来，但红队却一直没有完成游戏任务。看到其他队完成游戏，聪聪急得直跺脚："我们也得赶紧的，他们都完成了！"越着急，翻的纸牌越不是自己队想要的那一张，问题到底出在哪里呢？

我摸着红队小朋友的头说："我们先不要着急，先静下来想一想在刚才的游戏中为什么没有完成翻纸牌游戏？"红队的小朋友沉默了一会儿，摇了摇头。

看到他们不清楚纸牌没翻过来的原因，坐在椅子上的小朋友也在无趣地等待着，因此我对红队小朋友们说："没关系，一会儿我们再玩一次，看看我们到底哪里出现问题，蓝队和橙队的小朋友们要一起帮我们找原因，大家一起出主意，相信很快我们就能解决。"

紧接着，红队继续玩翻纸牌游戏，还没开始，坐在椅子上的瑞瑞指着桌子上的纸牌说："6翻完了，应该翻7！老师，他们7都没有翻出来，9就朝上面了。"

听到瑞瑞的话，红队的小朋友看着桌子上的纸牌站在那里没有说话。经过多次游戏，红队的小朋友们都没有发现纸牌6翻完后，纸牌7还没有翻出来9就正面朝上了，到底是什么原因呢？我想一部分原因是有的小朋友没有了解游戏规则，于是我拿出纸牌6问红队小朋友："按照游戏规则，纸牌6翻出后，要翻出哪张纸牌正面朝上？"红队小朋友想了一会儿，回答道："是7。"我继续追问："那如果你翻出的是9，应该怎么办呢？""应该扣回去。"回顾游戏规则后，孩子们继续进行游戏，聪聪站在小组的最前面，作为第一名去翻纸牌，翻的是第三张纸牌10，翻完后很快扣回去，回到队伍的末尾；紧接着淘淘出发，只见他拿起聪聪刚刚翻的第三张纸牌，翻过来后看到是10又扣了回去……看到这一现象我了解到小组内的幼儿在每一次翻牌后，没有沟通和商量，相互之间也不关注对方翻的是哪一张牌，于是我请幼儿先等一等，看看刚刚出现的这一问题。

我复盘了淘淘重复翻聪聪的纸牌现象后问道："刚刚这两名小朋友发生了什么事？"小海豚马上说："这张牌他们翻了三次。"我继续问道："如何避免重复翻到队友之前不需要的牌呢？"很多小朋友都举起手想要表达自己的想法，有的小朋友说："可以看着别人翻牌，并记住他翻牌的位置。""翻完牌后可以告诉别人自己翻的是第几张牌，这张牌是什么。"

通过同伴提出经验和想法，我又进行了总结和提升："红队的小朋友听到他们的建议了吗？他们给我们提供了什么好方法？"丰源说："我们可以说一说自己翻的牌。"听到丰源的话，我点了点头给予肯定："在翻纸牌后，我们可以小组内进行沟通，分享自己翻到的牌。"好好说："要记住自己和同伴翻过的纸牌。"结合好好的话，我总结道："我们在游戏中要注意力集中，关注自己和组内小朋友翻出的牌。"

三、案例分析

(一) 创设相互尊重、接纳的师幼互动氛围，尊重幼儿的主体性地位

当蓝队和橙队完成翻牌游戏后，我非常重视幼儿的主体性地位，并没有结束游戏或直接告知幼儿如何进行翻牌游戏，而是创设相互尊重、接纳的师幼互动氛围，给予幼儿游戏的空间和时间，细心地发现幼儿无法完成翻牌游戏的原因。

(二) 关注幼儿间的互动过程，运用启发式提问的方式，激发幼儿主动思考解决问题的办法

在解决合作游戏中相互间无沟通、无关注的问题时，我调动同伴力量，运用启发式提问的方式，激发幼儿主动思考如何解决问题。

(三) 帮助幼儿归纳与总结合作游戏的经验，便于幼儿迁移与运用解决相似问题的方法

当幼儿听到同伴的想法和意见后，我并没有直接让幼儿开始进行下一个环节，而是与幼儿共同进行经验总结和提升，目的是帮助幼儿思考产生问题的原因，归纳与总结合作游戏的成功经验。

四、案例措施

尊重幼儿的年龄特点，结合幼儿真实发生的事情和具体需要，抓住幼儿的需求和问题，教师给予适当、适时的引导和帮助。中班幼儿非常喜欢与同伴共同进行游戏，但与同伴游戏的过程中，合作、团队意识还有待加强，解决问题的能力也有待提升。因此在翻纸牌游戏中，红队幼儿在第一次翻纸牌游戏遇到困难时，我没有直接告诉他们如何去做，而是在游戏体验中引发红队幼儿思考和感受，发现玩翻纸牌游戏中遇到的问题和产生问题的原因，并利用多种方式进行解决。在这个过程中我扮演的是支持者的角色，先观察幼儿在游戏体

验中的情况，了解幼儿现阶段的发展水平，把握互动时机后再鼓励幼儿结合游戏中出现的问题，寻找解决问题的方法。

五、案例总结

在本次活动中，对幼儿来说，他们了解在合作游戏中要积极地参与，与身边的同伴进行互动，且同伴之间要商量、讨论，遇到问题要积极主动地解决；对教师来说，作为幼儿游戏的支持者和引导者，我发现了倾听幼儿的重要性。教师耐心地倾听幼儿的想法，细心观察、分析出现这一问题的原因，能让幼儿感受到被尊重的感觉，就能更加自主地解决问题。同时我也发现幼儿具有天生解决问题的潜力，作为教师，我们需要给予幼儿解决问题的机会与时间，鼓励幼儿自主地解决问题。当幼儿聚焦于某一问题时，教师采用启发式提问等方式，引导幼儿积极地思考解决问题的办法。当幼儿能自主地解决问题时，成就感与自豪感也会油然而生。

我们都想演小马

北京市朝阳区丽景幼儿园　王　岩

一、案例背景

《3—6岁儿童学习与发展指南》中提出："人际交往和社会适应是幼儿社会学习的主要内容，也是其社会性发展的基本途径。"幼儿进入中班，集体意识以及与同伴交往的意识逐渐增强，喜欢与同伴共同游戏，在游戏中遇到问题尝试自己解决，提高合作能力。

在一次表演游戏中，几名小朋友因为一个角色而发生争吵，我意识到这是一次幼儿社交能力发展的契机，于是通过启发式提问等方式，给予幼儿交往和相互学习的机会，鼓励幼儿主动尝试解决问题，最终小朋友们在思考与商讨中成功地找出解决办法，顺利地解决了角色分工的冲突问题。

二、案例描述

在一次集体活动中，班级开展了一次"小马过河"的故事表演活动。当我与幼儿共同回顾故事《小马过河》之后，幼儿四人一组，进行故事表演彩排。正要开始故事表演练习时，突然，传来了一阵争吵声："我不要当小松鼠，我要当小马！"

我循声望去，只见宽宽的手死死地拽住小马头饰的一角，使劲往后拉，一边拉还一边振振有词地对大泽说："凭什么每次都是你先选？老师说选角色要商量。"而小马头饰的挂绳在大泽手中，他反复说道："这是我先拿到的！这是我先拿到的！"说完，他一手紧紧地拽着头饰挂绳，一手去掰开宽宽拿着头饰的手。同组的两个小朋友手里拿着选好的角色头饰，愣怔着站在一边看着宽宽和大泽。

看到他们僵持不下，我轻轻地走过去问："怎么了？"宽宽看到我，皱着眉头指着大泽说："老师，我也想演小马，可大泽把小马拿走了！"大泽着急地说："老师，这是我先拿到的！"看到两个小朋友生气、着急的样子，我赶忙蹲下来问道："先别着急，《小马过河》有哪些角色啊？"四人回答说："有小马、马妈妈、老牛、小松鼠。"看来他们对故事角色非常了解，我接着问道："那你们都想演什么？"大泽抢先答："小马！"然后宽宽和铃铛也跟着说："我也想演小马。"我惊讶地说："有三人都想演小马。你们为什么这么喜欢小马啊？"大泽回答说："因为小马很聪明。"宽宽说："小马的台词多，所以我想演小马。"在了解了孩子们的想法后，我点了点头说："看来你们非常喜欢《小马过河》的故事，而且还特别想演一演，那怎样公平地选出小马呢？"这时宽宽提议说："那就石头剪刀布呗！"于是三人开始石头剪刀布，大泽说："你俩别慢出，不能耍赖。"猜拳好几次也没有分出胜负。看到这一情况，我走过去问："你们分出胜负了吗？"孩子们摇摇头。我疑惑地问："以前你们用石头剪刀布可以分出胜负，今天怎么就不可以了呢？"大泽马上反应过来说："以前我们是两个人玩石头剪刀布，今天三人老不同步，要不就出的一样。"我肯定地点了点头："今天有三名小朋友，你们快想想办法赶快解决这个问题。"这时候听到大泽说："那我们就一个人喊口令，说到布的时候再出，赢了的再和另一个人猜拳。"铃铛大声说："行，我同意，谁赢了谁就先选。"第一局大泽先和铃铛猜拳，大泽说："我喊口令，说到布就得出。"第一局铃铛胜利了，她选择了最喜欢的小马。大泽赶快说："我输了！谁还和我猜？宽宽咱俩猜吧。"第二局大泽赢了，他选择了老牛的头饰。最后一局是宽宽和沅沅，两人分别选择了另外两个角色。看到四名小朋友自己解决了角色分配的问题，我笑着对他们说："你们可真厉害，你们的方法真好！全班小朋友都该向你们学习。现在我们可以开始进行《小马过河》的彩排啦！老师太期待了。"

三、案例分析

（一）尊重幼儿的主体性地位

当教师发现幼儿因分配角色产生冲突的时候，重视幼儿的主体性地位，并没有指责幼儿或直接告知幼儿解决问题的办法，而是创设尊重、接纳的师幼互动氛围，耐心地倾听幼儿，帮助幼儿梳理争吵的原因以及引导幼儿关注我们做事的目的。

（二）关注互动过程，运用启发式提问激发幼儿主动思考

在解决角色分工的问题中，及时关注幼儿间的互动过程，运用启发式提问的方式，激发幼儿主动思考如何解决问题。例如，三个小朋友都喜欢小马，都想演小马的角色，教师通过启发式提问"怎样公平地选出小马"引导幼儿积极思考解决角色分配冲突的问题。幼儿在互动中相互启发，主动思考解决同伴交往中问题的办法，从而丰富幼儿解决人际交往问题的经验，促进幼儿的社会性发展。

（三）帮助幼儿归纳与总结成功经验，鼓励幼儿迁移经验解决问题

借助启发式提问引导幼儿进行生活经验的迁移，事后帮助幼儿归纳总结解决问题的成功经验。当幼儿再次遇到类似的问题，鼓励幼儿迁移与运用这次成功解决问题的办法，在一次次的实践与体验中慢慢习得解决问题的方法。

四、案例措施

《幼儿园教育指导纲要（试行）》提出："教师应成为幼儿学习活动的支持者、合作者、引导者。"当三名幼儿开始用石头剪刀布开始决定分配角色之前，并没有预想到会存在不同步和不好分胜负的情况。在教师发现幼儿的问题后，我并没有马上介入而是引导幼儿思考如何解决不同步和不好分胜负的问题，在尝试过程中判断办法是否可行。在这个过程中我的角色是幼儿学习的支持者，先运用观察、倾听的方式了解幼儿产生冲突的原因，再鼓励幼儿用自己想到的办法解决问题。就在这样的发现问题、解决问题的实践过程中，幼儿解决问题的能力不断提高，社会性逐渐发展。在故事表演练习时，鼓励幼儿自主商讨角色分配，当发生角色分配冲突时，采用启发式提问的方式引导幼儿关注关键问题，思考如何解决角色分工不公平的问题。此时我的角色是幼儿学习的引导者。幼儿在经过讨论、思考、尝试后最终用石头剪刀布的方式解决了角色分配的问题。

五、案例总结

在本次活动中，对于幼儿来说，他们掌握了解决问题的办法，解决问题的能力得以提升，同时也提高了幼儿自主解决问题的意识，为之后遇到相似的问题提供较好的解决问的经验与方法。对于教师个人来说，通过观察幼儿在解决问题活动中的表现，了解了观察与倾听幼儿的重要性。教师耐心倾听，让幼儿感受到被尊重，更加自主地解决问题。幼儿具有解决问题的潜力，作为教师，我们需要给予幼儿解决问题的机会与时间，鼓励幼儿自主地解决问题。

神奇的扎染

北京市朝阳区丽景幼儿园　王　岩

一、案例背景

一天，在美工区活动结束时，有一名小朋友不慎将一滴颜料沾在衣服，随后来到盥洗室清洗，水刚刚碰到衣服，颜料就四散开来，旁边的小朋友特别激动，认为晕开之后的颜色非常好看，很想试一试，之后激发了幼儿想要动手操作的兴趣。教师看到孩子们的兴趣，在美工区投放了扎染的颜料和材料，供幼儿大胆创作，并使幼儿认识到扎染是中国非物质文化遗产，也是民族民间传统的染色工艺。

二、案例描述

案例一：合作扎皮筋

美工区里，睿睿和嫣嫣自主选择扎染材料，睿睿说："我会用皮筋，我想用皮筋扎。"嫣嫣说："我也想用皮筋扎，但是我扎不紧怎么办呢？"睿睿拿起布和皮筋给嫣嫣示范："就像梳小辫一样，一只手拿着白布，另外一只手多绕几圈皮筋就紧了。"说着两个小朋友一起开始用皮筋捆绑白布，嫣嫣说："还是不太紧，你能帮助我一下吗？"睿睿接过白布帮助嫣嫣多绕了三圈扎紧了。嫣嫣用一根皮筋捆绑了一块布，用皮筋作为隔断分别挤上了红、黄两种颜色，打开之后嫣嫣说："睿睿快看！我的真好看！"睿睿说："你的只有两种颜色，我要多绑几个皮筋，就会出现很多颜色了。"说完睿睿又连续绑了两根皮筋，把布分成了四部分，分别挤上了红、蓝、粉、黄色，打开之后出现四种颜色并展示给嫣嫣："看我的！漂亮吧！这么多颜色！"嫣嫣对睿睿说："我也想要三根皮筋的，你帮我扎紧可以吗？"睿睿接过嫣嫣的布捆了三根皮筋，嫣嫣挤上了四种颜色，打开后也开心不已。

睿睿和嫣嫣相互看着自己的作品，睿睿说："你的条纹有的粗有的细，我的都一样，我的看起来整齐。"两个小朋友相互对比看着，经过对比后嫣嫣说："我们两个皮筋之间的距离不一样，所以条纹的粗细也不一样。"睿睿问我："老师，还有什么方法可以做出更好看的花纹呢？"我微笑鼓励睿睿："你可以把你学过的知识运用到这块布上，比如像剪纸那样，你可以大胆试一试。"睿睿说："我想把布折成三角形。"嫣嫣说："我想从中间拎起来再扎皮筋。"说着两个小朋友开始捆扎皮筋，分别挤上了多种颜色。打开布后睿睿惊叹道："哇！图案都不一样了！"嫣嫣说："我这个变成了太阳！"我问："为什么大家染出来的图案不一样？"嫣嫣说："因为睿睿是叠的，我没有叠。"我又问："那怎样才能扎染出好看的图案呢？"睿睿说："在做之前要先想好怎么叠才行。"

案例二：制作创意扎染作品

扎染的作品展示在美工区，菡菡、铭铭在互相介绍自己的作品，分享制作方法。老师问："这块漂亮的布还有其他展示的方法吗？"菡菡问我："我可以用剪子把我的作品剪了吗？""为什么要剪掉呢？"老师显得有些疑惑。菡菡说："我想剪成花朵的形状，贴在纸上。"我肯定菡菡的想法，说："当然可以，你的想法真好，你可以试试。"菡菡用画笔在扎染布上画了一朵小花,用剪子按照线条剪了下来,背面涂上乳胶粘在了纸的正中间并告诉老师:"我的小花完成了!"铭铭对菡菡说:"你这里只有一朵小花呀,太少啦。"菡菡拿起剪子:"我再多剪几朵花吧。"我问菡菡:"有花朵的地方还可以有什么呢?"菡菡说:"有蝴蝶,还有小草,可是我这块扎染布上没有绿色呀?"旁边在扎染的铭铭说:"我昨天扎染的作品有绿色,可以给你用。"菡菡连连点头:"太好了,谢谢铭铭!"铭铭帮助菡菡取下作品,他们两位小朋友一同绘画剪贴小草,作品完成了。铭铭说:"我想把布当成纸折起来。"我问:"你想折成什么呢?"铭铭说:我会折扇子。"说着将布平铺在桌子上,铭铭折一下翻一次,折到第二次发现布自己打开了,铭铭问老师:"纸能折上,布怎么折不上啊?老是散开。"菡菡说:"布是软软的,压不出印。"我向菡菡点点头,对铭铭说:"你可以找找需要的工具。"铭铭在工具区看到了乳胶,铭铭粘一下折一下,折到中间部分后布又散开了,铭铭拿着布找到我问:"老师,这怎么又开了?"菡菡听到后翻翻、找找看到了双面胶,告诉铭铭:"这个双面胶最黏了!"最后铭铭捏着中间部位向菡菡展示自己即将要完成的扇子。铭铭说:"这样好像蝴蝶结呀。"菡菡说:"老师,蝴蝶结可以做发卡吗?"我冲着菡菡点点头说:"你要经过铭铭的同意啊。"铭铭同意菡菡制作发卡,表明是他们两个一起完成的,菡菡在工具柜找到了拱形发卡,跟铭铭商量着如何摆放会更好看,用什么胶才能黏住。他们两个最终完成了发卡的制作,吸引来很多小女孩,轮流戴在头发上特别开心。

三、案例分析

为了更好地进行艺术探索与创造,为了丰富幼儿展示作品的经验,引导幼儿利用扎染好的作品进行改变,用另外一种形式创作表现。在活动中教师以旁观者的身份观察幼儿的扎染过程,当幼儿遇到问题时用简短的提问逐步启发幼儿的想法,鼓励幼儿大胆猜测与尝试,通过交流与分享支持幼儿获得经验,提升了幼儿解决问题的能力,重视他们的创造性表达。

四、案例措施

在捆扎皮筋时幼儿自主发挥想象力,用多个皮筋进行捆扎,在遇到困难时与同伴共同合作,掌握捆扎皮筋的方法,最后打开作品的刹那获得满满的成就感和对中国民间艺术扎染美的感受,激发出幼儿想要再次制作扎染的兴趣。幼儿在相互欣赏作品中能够根据扎染出来的画面分析出自己与他人的不同之处,从而了解捆扎方式、折叠方式与最后作品的图案有着很大的关系。

五、案例总结

扎染是具有一定的操作性和技巧性的,教师在提供扎染材料时,要把握高质量布料纯棉性与颜料的安全性,在辅助材料中要体现多样性、层次性与创意性三大特征,从而促使幼儿对美的感受力、表现力及创造力的提升。为此教师提供充足的工具,幼儿根据自己的需求寻找适宜的工具,教师鼓励幼儿大胆尝试,与同伴交流寻找更好的方法解决扎染中遇到的问题。

我是平衡"高高手"

北京市朝阳区丽景幼儿园　颜国东

一、案例背景

近期班级中的小朋友对于平衡游戏十分感兴趣，有一天石头对他的好朋友阳阳说道："你看，你看，我能够金鸡独立。"阳阳看到后也立刻说："这个我也可以。"石头说道："那我们比比谁坚持的时间长。"小朋友们听到后也纷纷加入进来，随后在班级里形成了一股平衡热潮。

《3—6岁儿童学习与发展指南》在健康领域5—6岁幼儿的发展目标中提出：5—6岁幼儿能在斜坡、荡桥和有一定间隔的物体上较平衡地行走。5—6岁的幼儿动作的目的和自控能力逐渐提高，平衡能力明显增强，已经能较好地控制身体。于是我们开展本次活动，在游戏中促进幼儿平衡能力的发展并提高平衡技巧，通过难度的层层递进，激发幼儿的挑战欲望。

二、案例描述

（一）通过提问示范，引导幼儿感受平衡动作技巧

我对小朋友们说道："请你们选择自己喜欢或者想要挑战的材料，然后站在上面，看看谁能保持平衡？"小朋友听到后纷纷去选择自己想要挑战的材料，小朋友选择了多种不同的材料开始挑战。在小朋友们站立过程中，我看到由于材料的不同他们的表现也不同。例如，因为垫子的材质较软，所以站在垫子上的孩子们相比选择较硬材料的孩子要显得格外不稳定。我向其他小朋友提问："请小朋友认真观察，为什么小雨虽然站在上面晃来晃去，却并没有没摔倒？"孩子们开始进行分享，根据孩子们的回答，我总结了平衡动作技巧。随后我请小朋友再次选择材料进行体验，同时向小朋友们提出也可以和好朋友互换材料进行体验。

（二）引导幼儿设计平衡路线，尝试体验高低差平衡

有了这个动作技巧之后，我向孩子们发出平衡任务挑战，孩子们摩拳擦掌，跃跃欲试。有的说："我们要摆成直线。"有的说："不要，直线太简单了，我们摆成弯弯的吧。"还有的小朋友说："这个小方砖摆在这里吧，这样走完轮胎，最终可以摆出一个弧形。"幼儿合作运用不同材料构建高低错落的路线。摆完之后，我请幼儿进行尝试。他们迫不及待地开始尝试。通过观察我发现，幼儿在通过具有高低差的物体时，会有一些不稳。在幼儿体验过后，我提出问题："大家在高低错落的路上行走，怎样保持平衡？"幼儿发表自己的想法，我肯定他们的想法并向他们竖起大拇指。我针对幼儿分享进行平衡动作总结，之后邀请他们再次游戏。在这次共同游戏过程中我发现孩子们走到有高低差的材料上时会慢下来，调整自己的姿态，保持平衡。

（三）加大挑战难度，帮助个别幼儿克服胆怯心理

攻克了这个难题之后，我提出一个新的挑战：你们敢不敢挑战在更高的地方保持平衡？孩子们听完之后纷纷表示想要完成挑战。合作摆放完材料后，由于高度的原因，孩子们有点胆怯。我站到佳佳旁边，伸出双臂围住她的身体（与幼儿身体保持一定距离，并未触碰），同时说道："别害怕！佳佳，老师会保护你，你可以的，相信自己。"游戏结束后我问道："你们在刚才的游戏中有什么感受？"他们说刚开始比较害怕，但后面就没有那么怕了，我听了之后第一时间肯定了他们的勇气。接着我站在梯子上，引导幼儿观察我的动作，我边说

边做，孩子们发现需要在双脚交替前进过程中运用刚才游戏时保持平衡的方法就可以平稳通过。他们的挑战欲望又一次被激发，于是我们又开始下一次挑战！这次，孩子们不仅走得平稳了，而且也不再像之前那样害怕了，并在挑战成功后都露出了开心的笑容。

三、案例分析

（一）针对关键问题提问，帮助幼儿梳理经验，完成挑战

在本次游戏的每个环节中都对关键问题进行了提问——"如何保持身体平衡？"不仅如此，在幼儿选择好自己喜欢的材料后我们在原地进行体验，我通过观察孩子的游戏情况，请个别幼儿示范，其他幼儿观察他的动作，及时带领幼儿进行平衡核心技巧的梳理，通过幼儿与教师相互的沟通，在案例中可以看出，在第二次的体验过程中，幼儿有意识地根据动作核心技巧来调整自身平衡。

（二）抓住教育契机，及时关注和鼓励个别幼儿

在每个游戏环节，教师都应观察幼儿的动作、情绪等。观察幼儿在每次游戏时的进步，及时给予幼儿肯定。在本次游戏环节的最终挑战中，班里的小朋友因为材料高度的增加，在初次游戏时都比较紧张，我发现后及时来到他们身边，鼓励他们。在后续的体验环节中，幼儿虽然还是会有点怕，但看到我在他们身边时他们就会勇敢地站直向前走。

（三）动作技巧的示范让幼儿更直观地掌握动作技巧

在每次经验分享环节，教师直接向幼儿做动作示范，采取边说边讲解的方式。幼儿通过观察教师的动作后，在后续的游戏中技巧都有了明显的提高。

（四）在有层次的游戏活动设计中给予幼儿大胆尝试的机会和空间

本次游戏一共分为三个挑战，具有明显的层次递进。先是原地的感受，然后是自由组合游戏材料，最后重新调整高度，游戏难度层层递进，在提高趣味性的同时也是对幼儿动作核心经验的不断巩固。

四、案例措施

在本次的活动中，教师与幼儿的共同游戏多数属于跟随形式，在以后的活动中可以增加两种不同形式的共同游戏。

第一，结合大班幼儿年龄特点，设计含有竞赛的游戏环节，教师真正地参与到幼儿的游戏之中，并随机加入到一组中，与幼儿共同竞技，在这个过程中教师可适当让幼儿挑战使其获得成就感。

第二，教师可以成为全体幼儿的对手，调整游戏形式，让幼儿来挑战老师，增加游戏的趣味性和挑战性等，更具有互动性。

五、案例总结

在带领幼儿开展的活动中，一定要做到以幼儿为本，活动中观察与发现到幼儿的某一种行为时，教师不应第一时间评论或制止幼儿，而是应该从儿童视角出发，判断幼儿在此时是否需要成人的介入和帮助。在本次活动中给予幼儿充分自主探索的机会，他们才能真正发自内心地进行游戏，在游戏中积极思考，敢于挑战。在幼儿体验过程中，教师观察到幼儿游戏过程中在动作经验、技巧经验和情绪心理上需要老师的帮助，便通过多种形式给予幼儿支持引导，适宜地介入游戏，真正地帮助幼儿。在日后的工作中也要时刻牢记以幼儿为本，从儿童视角出发，真正地了解幼儿所需，帮助幼儿解决问题。

"画"信传递爱

北京市朝阳区丽景幼儿园　杨　晓　刘思怡

一、案例背景

今年的中秋节能邀请爸爸妈妈一起来幼儿园庆祝，小朋友们都异常兴奋和开心。大壮说："我想让妈妈和我一起来幼儿园包月饼。"果宝说："我要在美工区做一个礼物，等妈妈来了送给她。""我也要做礼物送给妈妈。""我也要，我也要。"孩子们争先恐后地说着，都想在爸爸妈妈来园后送他们一份礼物。送什么礼物呢？孩子们七嘴八舌地说着自己的想法，大家都把目光放到了美工区，因为美工区可以做好看的作品，很多小朋友都想给爸爸妈妈画一幅画。用画来表达我们想说的话，那不就是画一封信嘛！孩子们把想说的话用画笔记录下来，装到信封里送给爸爸妈妈。这一定是一份装满惊喜与爱的礼物！

二、案例描述

（一）讨论：什么是信？

我说："有小朋友想要给爸爸妈妈画画呀，大人有一种表达自己感情的方式和你们画画很像，就是写信，把自己想说的话写在纸上送给他，他就能感受到你的关心和爱。""老师，什么是信啊？""信是什么样的？""也是画画吗？"小朋友们纷纷好奇地问我。小满说："我知道我知道，我见过信，就是一张纸上面写着很多字，外面还用信封装好。"我说："有的小朋友还不知道什么是信，没关系，我们一起来找找答案。"我先为小朋友们简单介绍了信是什么。"信是一种表达情感的方式，我们可以把想说给别人的话都写在信里，再送给那个人。"果果说："那我要写信送给妈妈。"听到果果这样说，小朋友们争先扬起头告诉我："我也要写信送给妈妈！"

（二）信怎么写？

我通过展示《小猫喵喵写信》的动画告诉孩子们怎么用画画的方式写信。

《小猫喵喵写信》的故事采用了动画的形式，用有趣且简单的表述告诉小朋友们，它是怎样给好朋友小鸡妙妙写信的。在纸的左上角画上收信的人，也就是小鸡的样子。信中用太阳表示早上，然后画了房子表示约定的地方是小猫的家，画了麦克风、电视机表示一起唱歌、看电视，把这些画用箭头连起来表示先后顺序。最后在纸的右下角画了自己的头像表示小猫是写信的人。讲完后我问孩子们："现在你们知道怎么用画画的方式写信了吗？"轩轩说："我要送给妈妈，我先画妈妈，意思就是写给她的信。"鑫鑫说："我也写给妈妈，我想和妈妈一起在家玩积木，我要把这些都画下来。"二宝说："我是写给爸爸的，我想和爸爸一起去公园玩滑板。"珊珊说："我要告诉妈妈我爱她，我就画一个爱心和一个笑脸，最后再画上我自己就行了。""对，告诉妈妈这封信是我画的。"看着孩子们亮闪闪的眼睛，我知道他们每个人心里都有自己的想法。我说："那请已经想好的小朋友来老师这里领写信的纸，然后开始画吧！"

（三）遇到困难我不怕

小泽说："老师，滑梯怎么画呀？"小泽想画和爸爸去玩滑梯，但是滑梯怎么画把他难住了。我问："这怎么办呢，你有什么好办法能把它画出来吗？"小泽提出可以从网上搜一下滑梯的图片，照着画。于是我在网上找到了滑梯的图片，这样他就能照着滑梯的样子来画。果果问："老师，我想画和爸爸妈妈去草原骑马，但是我不会画马，能查查马的样子吗？"果果按照小泽的方式解决了她的问题。画好了自己的信，孩子们都小心翼翼地把信折好放进了信封里。有小朋友问："老师，这个信封上的方格是干什么用的?"我问其他小朋友是否知道这个方格是做什么的。轩轩着急地说："我知道我知道，是贴邮票的。"师："没错，邮票就相当于我们给邮递员叔叔付的钱。我们这次就自己来制作小邮票。小朋友们都用自己喜欢的图案把邮票装饰好，把它粘到老师准备好的信封上。"

孩子们期待的中秋活动终于到来了，孩子们把自己写好的信整整齐齐地放在桌子上，等爸爸妈妈来亲手打开孩子们精心准备的小惊喜！

（四）用信传递爱

情感的流动从来都不是单向的，爱是在人与人之间传递的，所以我们鼓励家长们也用同样的方式给孩子们回信，用画的方式表达出自己想说的话，然后把这封信带到幼儿园，请小朋友们分享给大家。

小宁说："妈妈给我的回信中画的是咱们的幼儿园，里面有楼房，有大滑梯，还有很多好玩的玩具。妈妈说希望我健康快乐地长大，在幼儿园学到很多东西！"边说脸上也露出了笑容，语气中也透着骄傲的情绪。果宝的信里写了文字，所以请老师帮忙读，她的爸爸妈妈送给她很多祝福，希望她能一直做自己，不管什么时候爸爸妈妈都支持她，要快乐地长大。果宝说收到爸爸妈妈的信她很开心！

收到一封信的感觉是什么样的？孩子们向我分享着他们的心情，开心、快乐、惊喜……小朋友脸上的表情也透露着他们的心情，咧着嘴大笑、有点害羞的红晕、骄傲地扬着头……都是他们展示给我的情绪。

三、案例分析

首先，通过这种互相传递爱的方式，让幼儿感受到家人对他们浓浓的爱，感受到在大家面前分享幸福时的自豪与骄傲，发展幼儿的社会性。

其次，幼儿的语言学习需要相应的社会经验支持，应通过多种活动扩展幼儿的生活经验，丰富语言的内容，增强理解和表达能力。在众人面前分享家长给自己的回信，能锻炼幼儿组织连贯流畅的语言并在公众场合大胆表达，幼儿需要这样的机会。

四、案例措施

第一，用动画示范信怎么画。孩子们对画一封信产生了兴趣，但是他们没有关于信的前期经验，所以这个时候，生动有趣的示范就起到很重要的作用。通过动画中小猫和小鸡互相写信的方式，让幼儿了解怎么用画画的方式写一封信。

第二，引导幼儿自己去解决问题。当幼儿寻求老师帮助时，可以尝试引导幼儿自己先来想一想解决办法，锻炼他们自己思考问题、解决问题的能力。

第三，家园共育，让家长参与到孩子的活动中来。这次写信活动，我们不仅请孩子给家人写信，还鼓励家长们给孩子回信，通过分享家长给孩子的信，孩子们更能体会到信带给他们的情感体验。

五、案例总结

在现代社会中信件看似被电话、微信这种现代通信技术所取代，但是亲手书写的文字和绘画带来的感情又是现代通信技术无法取代的。让孩子们通过画信的方式来表达自己的情感、收获自己的情感是现代社会交往中有必要存在的一种方式。本次活动是一个有爱有温度的活动，希望孩子们在活动中不仅发展他们各方面的能力，更能从中感受到爱，也学会表达爱！

我们的"菇"事

四川省德阳市罗江区第二幼儿园 彭春红

一、案例背景

陈鹤琴先生说过：大自然是活教材，我们用眼睛去仔细看看，要伸出两手去缜密地研究。种植过程是幼儿亲近大自然的方式，也使幼儿关注、关爱生命的天性得以呈现。一次雨后散步中，孩子们惊奇地发现，幼儿园草地上长了一团黑乎乎的东西，走近一看，原来是一朵朵黑色的蘑菇，熙熙问："老师，这是什么呀？"媛媛说："我在超市里面见过这个东西。"琪琪说："这个东西好像是蘑菇，我不喜欢吃，它有一股怪怪的味道。"……孩子们在你一言我一语中拉开了"我们的'菇'事"种植之旅。

二、案例描述

第一次种植：

小班幼儿对外界充满了各种好奇，但由于生活经验、学习经验的欠缺，不了解蘑菇种植。于是，我以问题为导向，为幼儿提供种植蘑菇的视频，引导幼儿观察视频了解种植蘑菇的步骤与方法。我以"哪里可以买到蘑菇'种子'""你想种什么蘑菇"引出话题。昊昊说："老师，我家种了蘑菇，妈妈在网上买的种子。"月月说："我想种金针菇。"乐乐说："我想种香菇。"……于是我们开始收集统计，并在网上订购了最受孩子们欢迎的四种蘑菇（金针菇、灰平菇、杏鲍菇、香菇），收到蘑菇包后大家一起观察种植过程的图片，认领到本组要种植的蘑菇。在设计小组标牌时，我们把小组标牌分成两面，一面是彩打的蘑菇图片，另一面是幼儿与家长一起设计的标记图案。很快幼儿制作出本组的标记牌。幼儿开始商量："用什么方法进行种植呢？"经过大家一番讨论统计，一致认为蘑菇应该长在地里，于是决定以土培的方式种植蘑菇。他们打开蘑菇包，将里面的孢子播撒在小盆里，并填土喷水，插上本组的标记牌，这次的种植过程算是画上一个完美的句号。幼儿开始每天每组轮流选取管理员进行精心照顾，观察记录照顾的方法与盆里蘑菇的变化。孩子们每天一有空就会围着蘑菇种植区分享他们照顾蘑菇的故事，把自己看到的、做过的事情用符号记录在观察记录本上。一周下来他们发现蘑菇没有发生任何变化，反而招来很多小虫子时，孩子们有点气馁了："为什么蘑菇还没长出来？"第一次种植就这样以失败告终了。带着孩子们的问题，我们一起在班级微信群向有经验的家长咨询关于种植蘑菇的方法，在大家的分享交流中找到失败的原因：土培种植法不太适合在教室种植，因为是夏季，蘑菇包有一股味道，就会吸引很多小虫子，影响孩子正常生活的环境。在班里开展这样的种植活动更适合用水培，这样时间短、成效快，只需要每天给蘑菇浇充足的水，把它放在阴暗、空气流通的角落，注意整个蘑菇包不能完全用水泡着就行。

第二次种植：

幼儿这次选用了水培种植法。在这次的观察照顾上幼儿显得格外细心，除了形成常规照顾管理模式，他们还认真探讨一天浇几次水，浇多少水更适合蘑菇生长，放学后如何照顾蘑菇包等等。他们找来了计量水的工具——浇水壶。讨论制定出每天照顾蘑菇包的表格内容进行记录（用眼睛、小手与水壶三个标志引导幼儿记录看到的和动手操作的情况：发现蘑菇长出来了就用符号或者图形进行表征记录，浇水次数用贴纸记录，浇水量可以在水壶的简笔画上画出水的高度进行记录），每天茶余饭后幼儿都会不自觉地围在一起讲述他们种植蘑菇的话题，每个时间段都会自主进行观察记录，每天放学后组长会在蘑菇包上放上一张湿毛巾。经过孩子们细致的照料，不到三天的时间，有一组的蘑菇包长出了蘑菇；一周以后，全班每组的蘑菇都长出来了。孩子们用自己的方式快乐地采摘蘑菇，有的用手轻轻地把蘑菇从蘑菇包上摘下来，有的用剪刀采摘，有的孩子说"我要回家种蘑菇"等。很多家长知道幼儿园种植蘑菇的事件后非常支持，在家和孩子也一起种植了蘑菇，他们还拿自己家的蘑菇与班上的蘑菇做比较，大胆说出自己的种植体验。后来因为蘑菇包周期短、易生长的特点，孩子们又遇到新的问题：这么多新鲜的蘑菇不能一次采摘下来，需要每天收获一部分，因为夏天，新鲜蘑菇不适宜长时间搁置在教室里，容易坏掉。孩子们就想到把蘑菇送给厨房，让厨房阿姨给他们做成可口的蘑菇汤。当孩子们第一次品尝到幼儿园的蘑菇汤时，连平时挑食的孩子也大口大口品尝蘑菇的味道。孩子们还想到把这些采摘下来的新鲜蘑菇保存下来，于是就有了晾晒干蘑菇的活动。接下来很长一段时间，孩子们就开始晾晒蘑菇，他们用各种方式记录着自己的观察发现，并将这个话题延伸到其他活动中。

三、案例分析

第一次种植分析：

1. 幼儿经验匮乏，不了解蘑菇生长需要适宜的温度、水分、流动的空气以及阴暗潮湿的环境等条件。虽然孩子们天天给蘑菇浇水，却不知道到底浇多少水合适，有些组的幼儿没有把土浇透，有些组的幼儿又浇了太多水，把蘑菇孢子给浸坏了。

2. 由于幼儿在种植时没充分考虑到季节因素，以及蘑菇包在夏天有一股很重的味道，土培还会招来很多的小蚊子，影响幼儿正常的学习生活环境，导致种植失败。

第二次种植分析：

1. 幼儿有了上次失败的经历，对种植蘑菇更加细心和耐心，在观察记录中有自己的方法，对种植的方法与过程更加清晰，知道应该怎样做、不该怎样做，为以后种植活动习得更多的实践经验。

2. 幼儿在反思学习中主动发现问题，愿意主动探索，相互学习同伴间好的种植方法与技巧，与同伴合作解决问题，养成良好的责任意识、动手能力、探究习惯，激发了良好的学习态度与学习品质。

3. 当幼儿有了较丰富的生活、学习经验后，会自发拓展与延伸活动，形成丰富的、有价值的课程内容，体验种植与劳动的乐趣。

四、案例措施

第一次种植措施：

1. 家园配合，积累前期经验。让幼儿带着问题，回家与父母在网上查找关于蘑菇的特征、名称，寻找身边的蘑菇，初步了解蘑菇种类及蘑菇生长所需的条件与环境。

2. 教师引导，推进活动开展。教师以问题为导向，一步步引导幼儿有计划地开展种植活动，给幼儿自主探索的机会，使幼儿成为活动的主人，让幼儿自主选择种植的蘑菇，并制作标记牌充分尊重幼儿；借助图片、视频等方式帮助幼儿在实践中摸清种植蘑菇的步骤与方法，顺应幼儿的需要，让幼儿在记录表中记录观察蘑菇的生长情况，分享种植体验，培养幼儿的观察力、动手能力、表达能力，让幼儿在实践中积累种植活动的经验。

3. 家园互动，寻找失败的原因。在班级微信群向有经验的家长请教关于种植蘑菇的经验与方法，通过大家的分享交流，找到正确的种植方法。这样既调动家长参与活动的积极性，又形成良好的家园互动氛围，增强了家长与教师间的情感交流，为下次种植提供了实践基础。

第二次种植措施：

1. 放手支持，顺应幼儿需要。教师在整个种植活动中一直顺应幼儿需求，给幼儿更多自主探索的空间，放手让幼儿成为活动的主人。

2. 尊重接纳，构建师幼互动。教师平等地与幼儿对话，尊重幼儿的想法，始终以支持者、合作者、引导者的身份进入活动，形成良好的师幼互动关系。

3. 挖掘潜能，促进个性发展。每个幼儿都有他独特的想法与做法，善于抓住幼儿的话题，观察发现每个幼儿不同的发展需要，激发幼儿探究周围世界的能力，顺势引导，树立幼儿的自信心与成功感，体验种植活动的乐趣。

五、案例总结

"我们的'菇'事"源于孩子们生活中一个个问题，教师根据孩子们的兴趣，把"蘑菇种植"探究活动渗透到五大领域活动中，通过深入探究，让孩子们对蘑菇有了更深的理解。在整个课程活动中，孩子们是活动的主体，从对蘑菇一无所知到最后的了如指掌，增长了生活经验。在种植蘑菇过程中，孩子遇到很多问题和困难，他们通过老师、家长及网店老板的帮助解决了实际操作中遇到的问题。教师的退后、顺应、放手、支持让孩子们在种植过程中更加自主、自信。同时，在这个活动中家长也积极参与进来，形成了家园共育的良好氛围。这样的活动价值在于将幼儿活动融入种植之中，通过直接感知、亲身体验、实际操作，体会到种植活动的乐趣，体验到劳动带来的成功与快乐，使每个孩子富有个性地成长与发展，有利于他们从小树立正确的人生观、价值观。

对于教师、家长、孩子而言，学习是一段旅程。在过程中我们结伴而行，期待在后期的活动中，再次拥有这种相互支持、温暖、有趣的主题故事。

我是小小劳动者

中央军委机关事务管理总局红星幼儿园（黄寺园）　褚　静

一、案例背景

大班年龄段的孩子喜欢通过劳动证明自己。《3—6岁儿童学习与发展指南》中指出：应指导幼儿学习和掌握生活自理的基本方法，如穿脱衣服和鞋袜、洗手洗脸、擦鼻涕等的正确方法。《幼儿园教育指导纲要（试行）》中也强调幼儿园应"与家庭、社区合作，引导幼儿了解自己的亲人以及与自己生活有关的各行各业人们的劳动，培养其对劳动者的热爱和对劳动成果的尊重。"同时，帮助孩子树立正确的劳动观念，具有必备的劳动能力和积极的劳动精神，养成良好的劳动习惯和品质，促进孩子全面发展。家园携手结合信息技术的手段，更有效地实现家园以及幼小衔接连接。

二、案例描述

家务劳动需要家庭中每一位成员共同承担，孩子作为家庭中的重要成员，需要积极参与进来。大班幼儿已具备参与力所能及的家务劳动的能力，为了更好地开展幼儿园劳动教育，班级开展了"我是小小劳动者"劳动打卡活动，得到家长们的高度支持。

为了解幼儿在参与家务劳动过程中的表现情况，我们对家长进行问卷调查，调查发现因幼儿所处环境不同、发展水平不同，参与家务劳动过程中的表现也不同，主要存在如下一些问题。

第一，幼儿在参与力所能及的家务劳动时，自身能力和经验不足，常常做不好。如：

幼儿在扫地时不太会使用劳动工具，扫地时不能将垃圾扫到簸箕里。幼儿在清洗袜子里的污渍时洗不干净，袜子上的泡沫清洗得不彻底，不能拧干袜子里的水分。整理书柜时由于书太多还有杂乱的玩具，幼儿不会合理利用空间分类和摆放书籍。

第二，家长在幼儿参与家务劳动时，也担心孩子做不好，便常常代劳，导致幼儿的家务劳动参与度低，幼儿的劳动水平个体差异不同。

第三，小学对低年级孩子开展的劳动教育包含：完成个人物品整理、清洗，进行简单的家庭清扫和垃圾分类等，树立自己的事情自己做的意识，提高生活自理能力等。

结合上述问题，为提高幼儿家务劳动的自理能力水平，改善家长的观念认识，更好地做好幼小衔接的铺垫，需要进一步加强家园共育，做好本次家园共育活动。

三、案例分析

（一）萌发劳动意识

结合班级情况，将幼儿生活区域的问题进行拍照记录，请幼儿观看，使其发现自己的图书柜摆放杂乱、拖鞋东一只西一只等。播放教师整理物品的视频，教会幼儿整理物品的方法，带领幼儿进行实践操作，让幼儿意识到劳动的重要性。

（二）制订劳动计划

结合孩子的劳动体验和兴趣，与幼儿共同制定劳动日（每周五和周末）。

借助家长群将班级开展"劳动日"活动与家长分享；家长把幼儿居家参与劳动的照片、视频发到群里分享交流。这不仅能提高幼儿的劳动能力，增长其经验，同时也让家长深入了解幼儿做家务劳动的意义。

（三）家长问卷调查

家长和幼儿对家务劳动活动的参与度较高，利用问卷调查了解幼儿家中开展家务劳动的情况，了解家长主要想锻炼幼儿哪些方面的劳动能力等。

（四）分享"劳动月"

借助多功能一体机播放照片，帮助幼儿梳理每日劳动的内容。通过直观地展示从杂乱到整齐的过程变化，幼儿可以更清晰地梳理劳动中遇到的问题，通过谈论探索解决办法，不仅帮助幼儿梳理劳动后的感受和成果，还有利于提高幼儿解决问题的能力。

（五）分享劳动方法

家长反馈幼儿家务劳动情况，问题一：袜子洗不干净，两只小手不能很好地配合，需要多加练习；问题二：扫地时扫把和簸箕的配合使用有待提高，清扫后地面仍然不干净。结合两个问题展开讨论，将梳理的"小妙招"利用视频进行分享，从而提高幼儿的劳动能力和经验。

（六）争分夺秒"叠被子""制作三明治""整理图书"等竞赛游戏

组织线上活动，家长担任评委，A负责计时，B负责记录成绩，C负责录制视频，幼儿担任比赛选手。通过"叠被子""制作三明治""整理图书"等竞赛游戏，增强幼儿的劳动能力和自理能力，将好的方法梳理成"小妙招"。

（七）"家务小妙招"

结合家长的指导以及幼儿的实践，家长和教师共同分享做家务的技巧，帮助幼儿梳理经验，树立正确的劳动观，提升劳动技巧，了解劳动的意义。

（八）家园合作问卷星调查反馈

利用问卷星调查，结合幼儿参与的劳动月打卡情况和数据分析，促进家务劳动的效果，为幼小衔接搭建了桥梁。数据分析显示，90.91%的幼儿表现非常好，6.82%的幼儿表现较好，2.27%的幼儿有待提高。

（九）家园共育，做好幼小衔接

引领家长帮助幼儿树立正确的劳动观，科学指导幼儿劳动，更好地做好幼小衔接工作。通过组织线上家长会和班会活动，邀请小学老师、小学生分享小学的学习生活，帮助家长和幼儿梳理正确的劳动观念，为幼小衔接做好铺垫。

四、案例措施

第一，制订一份计划表，家长和幼儿一起商讨可做的家务或感兴趣的家务，如叠被子、整理书包、收拾房间等。

第二，游戏是孩子的天性，将家务劳动设置成一个游戏，增添趣味性。如擦桌子比赛，游戏设置起点和终点，家长和幼儿比一比谁做得又快又好，提高幼儿的劳动兴趣。

五、案例总结

本节活动借助多功能一体机、信息技术、劳动游戏等多种形式，不仅提高家园共育的实效性，而且增强了幼儿对劳动的兴趣。使用的信息技术有效帮助幼儿学习家务劳动"小妙招"，提高幼儿劳动的能力和生活经验。使用调查问卷、问卷星，关注活动中家长对幼儿在家务劳动中的真实反馈。根据孩子在家务劳动中探索出的"小妙招"实时更新"家务小妙招"，提高了孩子的参与性、探索性、实践性等，帮助家长树立了正确的劳动观。最后，开展"我劳动我快乐"线上分享活动，让家长、幼儿了解入小学前幼儿生活自理能力方面的准备，加强幼小衔接家园共育的沟通，促进家园共育携手的桥梁。

我们一起来签到

山西省太原市育蕾幼儿园　刘　佳

一、案例背景

《幼儿园入学准备教育指导要点》指出：幼儿要有初步的时间观念，做事不拖沓。教师要引导幼儿在日常生活和游戏中感受时间，学会按时作息，养成守时、不拖沓的好习惯，逐步树立时间观念。我们开始审视和思考，如何在幼儿视角下开展"晨间签到"，让孩子变得更自主，更具备发现问题、解决问题的能力；如何通过环境、材料的调整，有目的地实施指导，去挖掘自主签到中的教育价值。

二、案例描述

（一）签到"小故事"

最初的第一次签到，从孩子视角出发，尊重他们的想法。我们在与孩子们交流过后，发现孩子们比较中意用涂涂画画的方式来进行签到。

"老师，我想画个笑脸。""老师，你看我画的太阳公公。""老师，这个小汽车是我画的。"因此，我们创设了一面多功能的涂鸦墙来满足孩子们签到中的"兴趣"和"需求"。

（二）签到"小变化"

在反复的签到环节中，环境和材料的变化是伴随着孩子的学习而不断发生的。

从墙面的涂涂画画到使用可擦姓名贴，伴随着"家园小任务"，孩子们从慢慢熟悉自己的学号，到尝试用笔写出自己的学号，他们对男生和女生的性别还做出了区分。

一段时间过后，在和孩子们聊天的过程中发现，他们对同伴的出勤问题十分关心。

"丁丁昨天来了吗？""来了。""丁丁没来！""一周来园几天？"应孩子们的要求，大家找了一个空白的地方利用表格或悬挂"胸卡"的方式来统计一周来园情况。

（三）签到"小问题"

签到"胸卡"非常受欢迎，但是问题来了：因为每个孩子都要挂胸卡，地方有限，中班孩子小肌肉尚在发展中，不能熟练地捏夹子来夹住胸卡，所以胸卡总是掉落。于是，我们针对现状，再一次进行了优化。

胸卡由"悬挂"改为"直接贴"。改变了方法以后，孩子们操作起来得心应手多了，自己一周来园几天也一目了然了。

（四）签到"小新意"

签到成为班级一日生活中的常规活动后，老师应思考在常规活动中如何始终保持新意，使孩子在过程中能够继续学习。为此，我们加入了"天气预报"环节。按照学号顺序，每天早上由1名幼儿来播报当日天气："今天是×年×月×日，星期×，今天的天气是晴/多云/下雨……"

三、案例分析

（一）捕捉幼幼对话，抓好教育契机，转变签到形式

"歆笛，你画的是气球还是数字9呀？""我的学号是4号，不是9号。""这个太阳一点儿也不圆，画得像一只小刺猬，哈哈。"

我们发现，用涂涂画画的形式来表征记录非常受孩子们的喜爱，他们很享受自由画出各种想要画的图案的过程。但是，有些孩子的笑脸画得不是很圆，于是引起了我们的重视。经过思考发现，对于中班孩子来说，涂涂画画的签到墙并不利于他们书写姿势和握笔姿势的习惯养成，所以我们在此基础上进行了优化。优化后孩子们先在桌面上写和画，然后再将签好的姓名贴贴在墙上。书写姿势也在每天的签到中逐渐规范起来。

（二）根据幼儿签到中所遇疑问，抓住教育契机，创设可探究的签到环境

和孩子们展开了有关"如何记录自己和同伴一周来园情况"的大讨论。通过观察，孩子用复杂的表格无法准确地记录，因此也就不能正确地进行一周签到情况统计了。将表格更换为"悬挂胸卡"的方式来记录自己一周来园的情况。用专属"胸卡"来代替复杂表格，在整个过程中教师要做的就是不断观察、认真分析、支持引导；跟随孩子的学习与发展，善于发现他们在过程中遇到的问题和困惑，并为他们提供材料上的调整、方式方法上的改变，来帮助他们解决困惑、快速提升、发展能力。

（三）加入"天气播报"环节，让签到更吸引幼儿

为使签到环节真正始终对幼儿有意义，并且有吸引力，根据班级幼儿情况，我们加入"天气播报"环节，不仅锻炼了幼儿的语言表达能力和自信心，同时认识了日、星期、月、温度等生活常识，真正做到"一日生活皆课程"。

四、案例措施

（一）创设感兴趣的签到方式

中班幼儿对事物有着较强的好奇心，需要得到家庭和幼儿园的正确引导和教育。认知能力也有了明显的提高，他们开始能够进行简单的分类和排序，如按颜色、形状等分类。此外，他们开始能够进行简单的逻辑思维，观察能力也得到了明显的提高，他们开始能够注意到更多的细节和变化。所以创设孩子感兴趣的涂涂画画签到墙以满足他们强烈的好奇心，并通过姓名贴来丰富签到方式，为提高他们的观察能力和逻辑思维能力提供一定的支持。

（二）创设有规则的签到环境

中班幼儿的语言表达能力得到了明显的提高，他们能够使用更加丰富的词汇和语句进行表达。同时，他们开始能够理解和运用简单的语法规则，听说能力也得到了明显的提高。创设有规则的签到环境，例如，书写学号时要坐下来，姿势正确，握笔慢慢书写提供姓名贴的颜色，利用材料潜移默化地帮助幼儿进行性别、颜色的区分。

（三）创设可探究的签到环境

从每日签到，引发"一周来园几天"，教师在和幼儿的交流中敏锐发现幼儿的疑问和困惑，紧抓教育契机，分析现状并采取表格和悬挂胸卡的记录方式，帮助幼儿学习认识日、星期、月、天气等。在不断调整、不断优化的签到中培养自我管理能力，养成良好的生活作息习惯，发展表达、前书写等多种能力，真正体现"一日生活皆课程"的理念。

五、案例总结

陈鹤琴先生说过，凡是儿童能做的，都应该让儿童自己去做；凡是儿童能想的，都应该让儿童自己去想。通过儿童的思考和双手布置的环境，可使他们对环境中的事物更加了解也更加爱护。通过晨间自主签到，孩子们自己也非常有成就感，自我鼓励，每日能坚持来园，坚持参加晨练，养成良好的生活作息习惯，为大班幼小衔接打下坚实的基础。

为此，我们相信，孩子感兴趣的、有规则的，并且能进一步探究挖掘的签到形式，都可以向孩子传达。我们要做的就是站在他们身后，给予他们支持，见证他们的不断成长。

与落叶交朋友

广东省茂名高州市第四幼儿园　何李丹

一、案例背景

秋天的校园里，老师带领着幼儿在园舍户外散步，很多小朋友被掉落在地面上的落叶而吸引，他们捡起各种各样的落叶，高兴得手舞足蹈。"你看，我的落叶像个爱心"，"我捡到的叶子是黄色的"，"我捡到的叶子是大的"……孩子们欢快地在操场上跑着，一片、两片、三片……开心地玩数落叶的游戏。

二、案例描述

实录一：秋天的大发现

我说："这么多的落叶，你们能不能找到两片一模一样的呢？"于是孩子们七嘴八舌地开始谈论，对比探索起来。不一会儿有些孩子自信地和我说："老师，这些叶子是一样的。"另外一部分孩子跑过来一看："不对不对，这里不一样，还有这里也不一样。"无论拿出多少看起来相似的落叶，总有孩子能找到差异的地方。孩子们便有了主意："老师，我们发现了，这么多树叶都没有一模一样的。"

我夸赞他们："哇，真是个非常棒的发现。我得好好地记录下来告诉其他班上的小伙伴。可是不一样的落叶太多了，你们愿不愿意帮帮老师呢？"孩子们听了十分踊跃，都说要当记录落叶的小助手。

实录二：落叶图鉴

孩子们每天利用户外游玩时间搜集自己认为最特别的叶子，把自己认为最特别的叶子粘贴在白纸上，通过简单的符号图画对自己喜欢的落叶进行解说。一周后，老师组织孩子们分享他们的落叶图鉴。

"这是一张玉兔落叶。你看上面有一只玉兔。"小 A 认真地指着落叶上某块枯斑介绍道。"我的落叶是波浪落叶,这是它的裙子,是风吹出来的裙子。"小 B 指着因脱水略微卷曲的落叶,骄傲地向大家展示。最后轮到班上比较安静的小 C 分享,因为他没有把落叶像其他小朋友那样贴在白纸上做记录,而是折叠成了一个小勺子状。由于和旁人的不一样,所以他沉默了很久不愿作声。我说:"小 C 选的落叶感觉好厉害的样子,谁能猜猜看它厉害在哪里吗?""他的叶子变成漏勺了。""是挖土机的勺子。""不是,那是个瓢!"孩子们七嘴八舌发表着见解,小 C 这时忍不住回了一句:"这不是瓢,是漏斗!"我说:"原来小 C 的落叶可以变成漏斗,这太厉害了吧!"孩子们接着我的话题,纷纷讨论起来,落叶除了可以变漏斗,还可以变成扇子、帽子,甚至是望远镜……我说:"落叶长得多姿多彩,看来还是很有趣的玩具呢,我也想知道落叶可以怎么玩,你们能教教我吗?"我和孩子们约定在下次的户外游戏时间一起和落叶好好玩一玩。

实录三:落叶抛接赛

户外自主游戏时间到了,一部分孩子开始探究落叶能变成什么;而另外一些孩子三三两两在旁边组队玩起了接落叶。起初只是部分孩子玩简单的抛接,一人抛落叶,一人接落叶,然后互换角色。其余的小朋友纷纷效仿。很快,有些孩子觉得无聊,不感兴趣了。我好奇地问:"哇,刚才玩抛接落叶的时候,你们得了多少分呢?哪一个小朋友接住的树叶最多?哪一组获胜了呢?"一时间,孩子们开始讨论刚才的游戏,因为没有规则的约束,所以无法分辨谁是获胜者,于是孩子们认为要重新比一比。

小 D 说:"我们要站在高一点的地方来抛撒落叶,这样落叶就像从树上落下来一样。如果站在原来的草坪上抛落叶,它就飘不起来了。"小 E 说:"只能让抛的小朋友站得高高的,其他想要接的小朋友在下面接!"于是按照这个想法,孩子们重新自行分组,分成了喜欢接和喜欢抛的两组,他们搬来平日合唱用的方格凳,踩上去开始了游戏。不一会儿,接落叶的小朋友累了,停了下来。我说:"好棒啊,刚才这样真好玩。抛落叶的小朋友抛得真高,真厉害,那接落叶的小朋友抛落叶也会一样厉害吗?"孩子们纷纷不认输地回答:"一样厉害的,不信我们再来比一比。"就这样抛落叶和接落叶的小朋友进行了角色互换。这次他们找来老师当裁判,老师给出了时间限制,并再次比赛,比赛结束后不忘聚在一起把接到的树叶分别数清楚并进行记录,最后把比赛结果的记录表展示给老师看。

三、案例分析

实录一中,当地面上开始出现了大片大片的落叶,孩子们在户外又多了一样新的玩具——落叶。教师把大自然里十分常见的东西带进了孩子探究的视野中,落叶的颜色、质感、形状都成为孩子们讨论的话题。

实录二中,通过和落叶做朋友,不仅丰富了孩子们对落叶形状、颜色的认识,而且在大自然中玩耍增长了知识,开阔了眼界。在落叶图鉴的制作过程中,孩子们精细动作的发展得到了很好的锻炼。在分享活动中,不同的孩子通过不同的观察视角,对落叶本体进行了个性化的认识,在增强他们组织语言、表达能力的同时,也提升了他们的艺术素养和鉴赏能力。

实录三中,在孩子们利用落叶进行游戏的过程中,从简单的机械性抛接运动,到由胜负欲构成游戏雏形,再到最后形成规则鲜明、公平的竞赛游戏,这是孩子们积极探索游戏的一个过程。最后不断优化游戏的步骤和规则,孩子们逐渐学会自己设计、自己玩,这无疑进一步开发了孩子的游戏思维。

四、案例措施

蒙台梭利认为:"要教育儿童就要了解儿童,而观察正是了解儿童的主要途径之一,是教师进行有效指导的前提。"在"与落叶交朋友"的过程中,孩子们因为个性不同、能力不同,都会在游戏活动中遇到"瓶颈",如小C的落叶小漏勺,抛接落叶游戏中的游戏倦怠。而每次教师的观察和及时引导,都是把游戏顺利进行下去的关键所在。

教师作为观察者,要先了解幼儿的兴趣需要、认知水平、个别差异等年龄特质,要多用鼓励、赏识的语言进行支持。要以尊重幼儿为前提进行适时、适度的指导,不要过分刻意,或带有目的性地进行干扰,破坏幼儿游戏的自主性,应让幼儿充分感受到自我的存在,使幼儿重新激起探索的兴趣。

五、案例总结

此次活动的开展纯属意外,是幼儿的兴趣促使孩子们自主开展的一个活动。这次活动让我明白,有效的教育活动要以幼儿的兴趣需要为基础。兴趣是最好的老师,没有兴趣就没有教育。在此次活动中,美好的落叶环境激发了孩子的兴趣,使他们产生了想玩的愿望,这是本次活动成功的主要原因。从孩子们从头到尾的笑脸、笑声中我也深受感染。捡落叶的时间是短暂的,而留给孩子们的印象却是无限的。

从"要我喝水"到"我要喝水"

上海市普陀区陆家宅幼儿园　赵洁珺

一、案例背景

《幼儿园教育指导纲要(试行)》明确指出:"幼儿园必须把保护幼儿生命和健康放在工作首位。"幼儿年龄越小,体内所需的水分比例就越高,及时补水对幼儿的身体发育非常重要。《3—6岁儿童学习与发展指南》在3—4岁幼儿生活习惯与生活能力中指出:"愿意饮用白开水,不贪喝饮料。"可见国家对幼儿从小养成健康生活方式是多么重视。

小班幼儿刚从家庭环境过渡到幼儿园环境,处于日常照料由家长一手包办到初步建立自我服务意识的过渡时期。起初幼儿并不能体会到喝水的重要性,且自身喝水的"内需"处于被动状态,具体表现为在家中需要成人提醒或拿着水杯才会想起自己要喝水了;在幼儿园需要老师的提醒和引导才会来到茶水桶边倒水喝,倒多少水还需要老师提醒。因此,小班幼儿并未养成自主喝水、适时喝水的习惯。

在春天户外活动中,教师以支持者、合作者、引导者的身份尊重与倾听幼儿的想法与需求,提供和满足幼儿自发活动的机会,抓住教育契机,形成从"要我喝水"到"我要喝水"的内驱力转变,从小养成健康生活方式。

二、案例描述

春天来了,我带着孩子去户外,引发孩子观察植物的兴趣,萌发幼儿亲近自然、保护自然的情感。

实录一:

教师提问:"'春娃娃'在哪里?"悟悟指着花丛告诉我:"看,春娃娃。"我回应:"'春娃娃'叫醒了绿的草,小草从地里钻了出来。"

桐桐说:"'春娃娃'在这里!"我回应:"'春娃娃'叫醒了小花,开出红的花。"柠檬说:"这朵小花坏了!"我问:"小花耷拉着脑袋,它怎么了?"柠檬说:"它死了吧。"苒苒说:"它大概太热了……"哲哲说："太热了，我都出汗了。"我回应："你热得都出汗啦，小花怎么办？"

引发思考：我们出汗又热又渴，可以回教室喝水。小花小草一直在太阳下晒着，它们口渴了怎么办呢？

柠檬说："给它喝点水吧！"老师说："那我们试试吧。"

实录二：

引发思考：小花小草喝水的工具在哪里能找到呢？幼儿回应：在教室后面的花园里。于是我们来到种植地，寻找到工具后，再次来到户外给小花"喝水"。幼儿使用自己的工具给小花浇水。柠檬在用水壶给种植地浇水后喊道："赵老师，您看这里，它在吐泡泡。"柠檬看到水渗透进泥土而冒泡的现象兴奋地喊道。老师说："太热了，泥土宝宝正在咕咚咕咚大口喝水呢！"柠檬说："嗯，它在咕咚咕咚喝水呢！"

当我发现幼儿出汗后，夸张地给自己额头擦汗，有些幼儿见状也模仿了起来，摸起额头擦汗，随之我马上引导："宝宝热得额头都冒汗了。天气热要多喝水，小花小草要喝水，宝宝也要喝水去喽……"

实录三：

随着户外活动结束，幼儿回到教室后自主喝水。

引发思考：小花小草也和宝宝们一样喝过水了，摸摸额头还有汗吗？我们看看喝水的小花小草有什么变化？

实录四：

随后几天陆续会有幼儿跑来兴奋地告诉我小草长高了……璨璨拉着我说："赵老师，你看它长高了！"哲哲说："小花也长高了，你看！"我说："天热多喝水，小花小草要喝水，喝水能长高！"柠檬说："我也要喝水！"

我问："为什么要喝水呀？"柠檬说："我口渴了！我也要长高！"说完柠檬便跑到茶水桶边去喝水了。随后陆续也有一些幼儿来到茶水桶边，倒水喝了起来。

儿歌小结：天热多喝水，小花小草要喝水，喝水能长高！天热多喝水，宝宝口渴要喝水，喝水真有用！

自此以后，走廊空间变得"灵动"起来，有的幼儿喝完水会跑去植物架摸摸、看看小花小草，也有的幼儿拿着水杯边看边喝水。曾经幼儿园走廊里"××宝宝，来喝水"的提醒声，逐渐减少了。

三、案例分析

天气热了，幼儿能将自己的感受迁移到小花小草上，又能将经验迁移到自己身上，主动提出喝水的需求，愿意多喝水。

幼儿有关心小花小草的情感，有初步的同理心。当幼儿看到太阳下小花小草蔫了是因为"口渴"，联想到自己热了要喝水，小花小草热了也要"喝水"。

幼儿喜欢模仿成人及同伴，例如当老师用夸张的动作擦汗时，幼儿也开始摸自己的额头；有幼儿主动跑去喝水后，其他幼儿也陆续跟着去喝水等。

四、案例措施

（一）建立平等的教育关系，使需求助推课程发展

在实录中，幼儿在观察小花小草时发现小花耷拉着脑袋，引发了他们的思考。他们结合自身经验认为"小花太热了要喝水"。教师继续顺应幼儿，满足其照顾小花小草的情感需求，通过启发式的语言，鼓励幼儿自主探索寻找身边的工具为小花浇水。同时，继续挖掘

"天热给小花喝水"的教育价值，引发幼儿对"天热喝水"的进一步实践与思考，继而生成"宝宝要喝水"的活动。

在小班的课程中，活动的发起者不完全是教师，也有可能是幼儿。基于幼儿需求的基础上，师幼双方都可以根据活动的需要和实际发起有价值的互动，这种互动方式是双向的、链状的。

（二）满足多种教育需求，"柔活"幼儿活动空间

《3—6岁儿童学习与发展指南》在实施的原则中指出，"创设丰富的教育环境，合理安排一日生活，最大限度地支持和满足幼儿通过直接感知、实际操作和亲身体验获取经验的需要"，使他们在快乐的童年生活中获得有益于身心发展的经验。

基于小班幼儿思维具体形象的特点，借助户外活动"寻找春天"观察花草状态引发"天热要喝水"的生活教育契机，在走廊创设小班生活综合区，"柔活"生活饮水及植物角两个活动空间，同时满足幼儿观察植物和饮水的需求。幼儿通过持续观察比较小花小草"喝水"后的变化，丰富植物有了水才会生长的认知经验，激发了幼儿的探索欲，让他们沉浸在持久、深入的探究过程中建构科学经验。通过直接感知、亲身体验，幼儿明白了喝水的重要性。结合真实的情景创编的儿歌，进一步帮助幼儿养成口渴及时喝水、多喝白开水的好习惯，形成"要我喝水"到"我要喝水"的内驱力的转变，帮助幼儿从小养成健康的生活方式。

五、案例总结

我们相信幼儿是有能力的学习者，是可以进行主动学习、交流的沟通者。在"以幼儿发展为本"的基础上，教师与幼儿建立起积极的信任关系，是高质量的师幼互动的前提。在信任支持的氛围中，教师以"支持者、合作者、引导者"的身份与幼儿共同生活，共构课程，发挥专业的引领作用，立足幼儿可持续发展优先、幼儿发展需求优先、幼儿发展规律优先，挖掘幼儿自发活动的教育价值，拓展为一个有目标、有目的性的活动，真正为"幼儿发展优先"服务。

"果"然有意思

湖北省武汉市华中科技大学同济医学院附属幼儿园　陈　金

一、案例背景

在一次"海底捞"游戏中，多多突然喊道："火锅吃着口渴，有什么喝的吗？"一旁的琪琪连忙回应："我想喝果汁。"东东说："果汁酸酸甜甜的很好喝。"……小厨师们立即行动起来，用超轻黏土制作好"果汁"，可是顾客却因"吸不起来"郁闷了。米修见状凑过来说："果汁是有水的。"大家在水里加入颜料搅拌均匀充当"果汁"，可是"果汁"不能真的喝，要是有真正的水果做果汁就好啦！孩子们在用"心"游戏，萌发了想开真实果汁店的想法。

二、案例描述

实录一：一起创建"百果园"

为了扩大店面，"百果园"如何布局，区柜怎么摆放，大家边思索边开始迫不及待地行动起来。森林建议："收银台的柜子可以搬到中间来。"多多说："小橱柜可以放碗、盘子。"就这样，在集体智慧下，我们的"百果园"环境布置打造成功啦！我问："百果园"即将试营业，可果汁品种有些单一，想一想水果还可以加工做些什么产品呢？鹏鹏立刻兴奋地喊道："我和爸爸在家做过水果拼盘。"淘淘凑过来说："我们可以做水果串。"小威说："水果拼盘。"

添添说："我吃过水果捞。"孩子们生活经验丰富，认真地为"百果园"推出新品，经过讨论、投票后，"百果园"产品点单价位表就出炉啦！

实录二："百果园"试营业啦

配料师们耐心回应："今天点单有点多，请等一下！"大淘淘连忙返回传达信息给客人们，并主动找来一些书籍和玩具等，递给顾客，说："你们可以自选哦。"不久，丁零零——厨房传来响铃声，朵朵赶紧跑去端来做好的果汁问顾客："这是几号的啊？"没人应和，顾客们纷纷说"不是我点的"……大淘淘边接过朵朵手里的果汁边说："4号桌的，先放这儿吧。"

游戏后，老师根据送餐与点单信息不一致的情况，组织幼儿进行了回顾和探讨，共同解决问题。我问："在不知道果汁是谁的情况下，你们有没有解决的好办法？"淘淘说可以写名字。朵朵说可以写学号。米修说可以写编号。我问："那大家觉得哪个更适合而且速度最快？你喜欢哪种方式，来投票吧！"(写学号、写名字、编号码。)我说："统计一下，哪个票数最多？"大家高兴地说："写学号6票，我们就用这个吧！"

实录三："百果园"送外卖啦

"有新订单啦！"朵朵对配料师们叫喊道。厨房传来热情的回应声："好的！"大家有事可做后情绪瞬间高涨起来。配料师边看订单边说："这是小一班点的水果串，还有中三班点的水果捞……"一会儿工夫，铃声响起，都已经做好了。朵朵拿起食品，打包摆放好后联系外卖员："这是你们的订单！"外卖员东东取到食品，打电话给线上顾客中三班老师："您的订单好了！"张老师说："喂，是我的订单吗？"东东回复："是的！"张老师来到了中三班门口说："好的好的，是我的，谢谢！"

三、案例分析

为了帮助幼儿对果汁店新游戏流程有所了解，实录一中教师亲自去水果捞探店当吃播，率先用视频拍摄者的第一视角，引导小朋友了解顾客、服务员、配料师都在干什么，需要做哪些事情。同时，鼓励家长带幼儿实地探店或通过网络平台等途径丰富生活经验，充分发挥家园合作的作用，支持孩子更深入地了解"百果园"开业后的游戏流程，为提高游戏水平和角色意识搭建了有效支架。

针对实录二中观察到的问题，教师意识到"百果园"的游戏看似颇受欢迎，但如果不及时解决目前试营业过程中出现的矛盾，势必会影响孩子们日后参与游戏的积极性。"百果园"试营业结束后，师幼一起观看了游戏进行时的照片和视频，回顾游戏进程，鼓励孩子与同伴分享在游戏过程中的感受，同时引导孩子思考"百果园"目前在营业过程中出现的问题，并启发幼儿结合自己的生活经验提出可行性建议。

随着游戏的深入发展，当我们听到服务员喊出："欢迎光临，扫码进店。"结合当下局势，孩子们能将生活经验迁移到游戏中，可见现实中人们生活的现状直接影响到幼儿参与游戏的状态。当幼儿发现客流量渐渐减少时，引发了他们的思考，生意不好，没事可做，怎么办？这时幼儿主动提出意见，决定设计百果园 App 服务，经过一番努力，百果园 App 成功上线。可见，游戏是幼儿自己对现实生活最好的观察与反映。

四、案例措施

（一）追随幼儿兴趣出发，支持生成新游戏

陈鹤琴先生说过，孩子是生来好动的，以游戏为生命。基于幼儿的兴趣，我们惊喜地发现他们在游戏过程中能结合自己已有的生活经验，从我想喝"果汁"产生"开果汁店"的想法，再到筹备"果汁店"。在这个过程中，教师和幼儿进行了讨论并记录下问题，同时鼓励家长和幼儿收集与"果汁店"相关的视频、图像资料及所需工具、材料等，为游戏的开展做

好十足准备。

（二）正确看待矛盾冲突，适宜把握教育契机

"百果园"新店的诞生始于幼儿想喝真果汁，游戏由单纯的制作果汁到商量果汁产品的多样性，再到"百果园"升级服务送外卖。刚开始进行游戏时，在点单多的情况下，顾客要的食品与点单信息不一致，最后出现错单、漏单、多点等现象；顾客等餐时间长，等餐期间无事可做。为了解决这些问题，教师引导孩子针对在游戏过程中存在的矛盾冲突进行回顾讨论，并鼓励孩子大胆分享解决的办法，例如按学号或桌号下单配送，顾客等餐期间可选择看书、玩转魔尺、拼图等适宜的活动。幼儿认真思考并交流，最后投票选取最佳方式，建立新的规则并约定共同遵守，从而保证了游戏的顺利推进。

（三）从生活中来，到生活中去

由于游戏情境和现实生活的差异以及孩子认知发展水平有限，当孩子在游戏过程中发现之前习得的经验不适用于游戏时，将促使幼儿根据实际需要对已有经验进行改造以解决实际问题，在这过程中，孩子们的社会认知、社会情感和社会行为都能得到不同程度的提升。游戏"从生活中来，回到生活中去"，只有让幼儿获取丰富的生活经验，才能提高他们的角色游戏水平。

五、案例总结

"百果园"角色游戏未完待续，教师的思考也从未停止。在游戏过程中可以看到，前期家长的积极参与能让幼儿的兴趣和生活经验得以延展和深入。基于此，我们充分利用幼儿园内和幼儿家长的职业资源，邀请他们参与到班级角色游戏中或是让家长当助教等形式，让生活中的真实职业工作者用专业的职业技能指导幼儿游戏，既提高了游戏的趣味性，又能给予幼儿专业的指导，助推游戏更具深度。鼓励幼儿在生活经验的基础上不断创新，引导幼儿游戏向高水平发展。"百果园"里的游戏故事还在继续生发，期待孩子们会有更多的收获和成长。

与"光"嬉戏，形"影"不离

湖北省武汉市华中科技大学同济医学院附属幼儿园　　汪诗琪　　姚　璐

一、案例背景

四月的武汉春意盎然，阳光暖暖地照在身上，小朋友们在操场上快乐地嬉戏。杉杉拿着妈妈送过来的镜子随意翻弄起来，从旁路过的顺顺发现了墙上的光影，循着方向看去，说："你看，有亮光。"杉杉疑惑地看了一下手中的镜子，又对着车棚的墙壁照了过去，果然有一块特别亮的光影在墙壁上跳跃，顺顺跟随光影行走，快乐地拍打着墙壁，杉杉调整着镜子的角度，光影也随之变化，两人的"追逐"吸引了更多的小伙伴加入"光"的游戏，一次探寻光影之旅由此开始。

二、案例描述

区域游戏时，小朋友们发现了美工区的纸房子，大家你看看我，我看看你，有了新的想法。小米粒从科学区拿出了手电筒，对着纸房子照去，手电筒的光穿过小房子上面的孔，打在天花板上，光影清晰可见。这时，拓拓双手举起看着头顶大声地呼喊道："你们看，天花板上有一个爱心的光斑，好好玩呀！"小米粒抬头看去，又晃动了一下手电筒，说："看，我的又变成了一个星星的图案。"顺顺看了看小米粒，调整了自己手电筒照射的位置后也炫

耀道："我还变成了月亮的图案。"其他小朋友也纷纷模仿起来，望到天花板上不同形状的光影，孩子们兴奋极了。他们尝试着用手去遮挡手电筒的光，天花板上呈现出各自不同的手影。

游戏结束后，大家围在一起分享着今天的游戏经验。这时我故作疑惑地询问孩子们："最先开始手电筒射出的光是圆形的，可后来又是怎样发生变化的呢？"小米粒立马边示范边回答说："那是因为我把手电筒的光从小房子上的星星孔中照过去了。"一旁的顺顺接着补充道："是房顶的图案造成的。手电筒前面的图案如果是月亮，就会照出月亮形状的光影；如果是星星，就会照出星星形状的光影。"

科学区里，乔治拿着手电筒对着墙面照来照去，有了前面几次的游戏经验，他拿起了彩色透明卡片放在手电筒的前面，照射在墙面的光的颜色也发生了变化。晨晨若有所思地看着墙面上多彩的光影，善于绘画的她说："我画彩色的小人儿是不是用手电筒也能在墙壁上投射出彩色的呢？"她的提议引起了乔治的兴趣，两人来到美工区，开始在A4白纸上绘画彩色的小人儿，两人高兴地拿着绘画好的作品用手电筒对着墙面照下来，墙面上却是一块方形的黑色影子。乔治思索着说："你看我们的玻璃纸和磁力片都是透明的，是不是我们的纸不透光？"

过塑膜材料引起了晨晨的注意，她拿起了胶片，用彩色笔在上面画上了几个数字和小娃娃，尝试着用手电筒照了照，离得有点近，彩色数字有点模糊，她又将手电筒拿远了一点，照出了清晰的数字和小娃娃。

三、案例分析

受到天气的影响，接连几天的户外活动都没有出现阳光，幼儿在户外没办法用镜子"照出"光影继续他们的游戏，但这些困难依然无法阻止幼儿继续探索游戏的热情。于是，他们利用手电筒的光源在室内重新"造"出光影。这时，幼儿的游戏发生了新的变化。

他们利用科学区的手电筒、美工区里的纸房子等材料，不断去探索并有了新的发现。例如，越在黑暗的地方，手电筒照出的光越清晰；透过房顶上不同的图案，会照出相应形状的光影。透过这些现象，幼儿通过亲身体验和操作，发现光与影的奥秘，逐步去探索影子的变化。

在分享游戏的环节，教师利用提问的方式，引导幼儿思考、回忆游戏的过程，帮助幼儿梳理游戏经验，孩子们对光影有了进一步的认识。那么，光影的世界只有黑与白吗？孩子们利用科学区的彩色圆片还探索出了不同颜色的光。追随孩子们的游戏兴趣和游戏进程，我将在下一次活动中投放不同镂空图案、剪刀、彩色笔等材料，看看他们是否能让影子产生更丰富的变化，碰撞出新的火花。

四、案例措施

光是大自然最美妙的馈赠，最简单的光为幼儿提供了一种独特的体验，与它形影不离的就是"影"，随着幼儿生活和游戏经验的不断丰富，幼儿了解到光和影的变化带来的乐趣。

大家共同收集镜子、电筒、胶片、皮影台等，支持幼儿持续性的观察和探索，自制了投影仪，开启看光影小剧场的序幕，学会从不同的角度看待世界，也让他们与"光·影"做一场游戏。

利用家长资源支持光影游戏的发展，将幼儿的游戏想法转达给家长，鼓励幼儿与家长一起解决。家长们也参与到游戏中，使幼儿的游戏得到更多的关注和经验。

五、案例总结

（一）顺应游戏，共同进入"光·影"的游戏世界

兴趣是所有活动高效高质开展的前提，它能把幼儿的认知和行动结合起来，使幼儿主动开展游戏活动。活动的开展源于幼儿偶然发现了镜子反射在墙面的光影，我们及时捕捉到这一关键点，顺应幼儿的兴趣，为他们提供材料支持，和他们共同进入"光·影"的游戏世界。由于光影本身具有变幻莫测的特点，每一点改变都能带给幼儿无限的乐趣和思考，这就为幼儿的深度探究提供了可能。

（二）材料支持，有趣的"光·影"游戏其乐无穷

这些活动由幼儿发起，并且随着他们的经验和关注点逐步增加材料。由简到繁的材料设计与组合，引发了幼儿深入探究的兴趣。例如，由第一阶段的光与镜子到没有太阳的时候大家想到了可以代替太阳光的物体——手电筒，开启了第二阶段的光与影的游戏活动；发现了不同的图案，会照出相应形状的光影；用透明过塑膜绘画出彩色的投影器，对光与影有了更深刻的认识；与表演区进行联动，将《大王的皇冠》变成彩绘版。这些具有挑战性和探索性的材料使有趣的影子游戏大放异彩。

（三）家园共育，挖掘"光·影"游戏的独特价值

从生活中的影子入手，通过持续地观察和思考，利用家长资源支持光影游戏的发展，将幼儿的游戏想法转达给家长，鼓励幼儿与家长一起解决。家长们也参与到游戏中，使幼儿的游戏得到更多的关注和经验。幼儿逐步衍生出了手影游戏、3D立体投影等多种复杂又有趣的玩法。这些活动以关于光和影的核心经验为支撑，让幼儿在惊喜与收获中不断自发地与材料进行深入互动。在一次次的深入探究中，幼儿的表现更为专注。这种专注带来的深入思考和探索，不仅帮助幼儿收获了宝贵的核心经验，还帮助幼儿实现了自我建构和自我发展。

我的小学

湖北省武汉市华中科技大学同济医学院附属幼儿园　尹丽微

一、案例背景

幼儿经过三年在幼儿园的学习和生活，即将告别老师和同伴，进入下一阶段的小学生活。对于小学，幼儿有无限的憧憬和向往，在区域游戏或户外游戏时，常常听到幼儿讨论关于小学的话题："小学里面是什么样子的？""小学里的哥哥姐姐是怎样上课的？""小学的教室和我们幼儿园的教室一样吗？"……幼儿对未知的小学向往、好奇，迫不及待地想去小学看一看。追随幼儿的兴趣，我们开展了幼小衔接主题活动"约会小学"，充分利用同济医学院高校社区资源，为幼儿创设有利条件，让幼儿走"近"小学，参观小学环境，观察小学生在学校的学习、生活。在班级中开展有关探秘小学的系列活动，幼儿对小学产生了浓厚的兴趣和向往，也发现小学的很多建筑与幼儿园的不同。同时，结合主题开展了"我的小学"这一建构区游戏。

二、案例描述

晨谈活动开始了，大家对小学生活充满了疑问和向往，于是我们对这个话题开始了讨论。我们坐在一起说说大学看到的小学是什么样子。

"小学在你们心中到底是什么样子？"在教师引导下，孩子们用自己喜欢的方式把自己想象的小学画了下来。根据图画，幼儿开始搭建自己心中的小学。孩子们自己进行探索、搭建，在材料选择上首先选择的就是木质积木，辅助材料是建构时常会用到的纸杯等。

第一组幼儿尝试搭建。

师：孩子们，你们是怎么设计的？幼儿A说："小学里面一定有很多教室。"幼儿B说："小学有一个大门。"幼儿C说："学校里面还有楼房。"老师问："大门上面的建筑是什么意思？"幼儿B说："这个是我们给学校设计的标志。"老师又问："这个圆形的建筑是什么呢？"幼儿C说："这是我们建的一个图书馆，我们可以在里面看书。"老师说："都是学习的建筑，真不错，你们还想在里面建什么呢？"幼儿D说："还有玩耍的游戏器械吧，我想玩滑滑梯。"幼儿A说："对，还有健身器械，像我们家小区里面的那种。"老师说："如果加上你现在说的这些，就更完美了，你们再试一下吧。"

第二组幼儿尝试搭建。

老师问："孩子们，你们的小学是怎么设计的？"幼儿A说："小学的围墙很长、很高。"幼儿B说："在操场上有国旗台。"幼儿A说："小学里面还有很高的教学楼。"幼儿C说："我还建了一个小学的游泳馆。"

在这次搭建活动中，幼儿将自己对小学的想象用简单的建构表现出来，由于停留在初步想象，所以幼儿的整体规划和合作都不够。在开始搭建时会两两一组或者三人一组去完成作品，导致作品比较零散，缺乏整体性。在搭建中，对于间隔堆积、交叉连接、加高等建构方法的掌握不够，导致作品缺乏美感。

为了帮助孩子们直观地了解小学，验证心中的猜想，我们大班组充分利用同济医学院高校社区资源，开展了社区共生拓展活动"参观小学"，带着孩子们走进小学寻找答案。孩子们迈着矫健的步伐，精神抖擞地走向他们所向往的小学。走进小学，亲眼观察、亲耳聆听、亲身体验，这是幼小衔接最直观、最生动的一课。回到幼儿园，孩子们意犹未尽，你一言我一语，纷纷畅谈自己的见闻，讲述着幼儿园与小学在各个方面的不同，幼儿共同完成了"探秘小学"的对比图。

幼儿有了这次参观的经验，对小学有更加直观的感触，对小学的建筑有了更多的了解，对搭建小学产生了更大的兴趣和自信。同时，幼儿提出搭建空间有限，不能很好地发挥，我们于是利用建构室进行游戏。

幼儿再次搭建。

老师问第一组幼儿："你们是怎么来搭建小学的？"幼儿A说："我们是分工搭建的。我负责搭小学的围墙。"幼儿B、D说："我们搭小学的大门。"幼儿C、E说："我们负责搭建小学的教学楼。"幼儿B说："我还拼了操场。"老师称赞道："你们的分工很明确啊，我已经看到小学的样子了。"

老师走到第二组幼儿身边，询问他们搭建的小学的特点。幼儿A说："我们看到小学的教室有很多，我们就搭了很多教学楼。"幼儿B说："我们的教室是连在一起的，可以从一栋楼直接走到另一栋楼。"幼儿C说："我们还搭了一座多功能的活动室，一楼可以游泳，二楼可以打球，三楼可以看电影，四楼是空中花园……"

参观小学后，孩子们对于小学的概念更加直观，对于每个建筑物之间的连接方式、建筑物的构造、建筑物的作用等更加清晰，同伴合作、交流更加密切，提升了作品搭建的整体性。

三、案例分析

建构游戏一直以来都深受幼儿的喜爱，他们能通过积木去搭建出自己想象的事物，满足自己的需求。搭建小学可以让他们提前了解一些小学生活，满足他们的好奇心，激发他们对小学校园的无限憧憬和向往。小学到底是什么样子的，小学里面有什么等一系列的问题随着毕业脚步的临近在幼儿中间发酵。他们在和好朋友谈话中，每一个问题和回答都透露出幼儿对未来小学生活的渴望和期待。随着建构游戏的开展，幼儿将对小学的期待付诸在一次次建构活动中，丰富自己对小学的认知；在一次次探索中寻找自己对小学的未知；在一次次反思中，构建属于自己的小学情境。

四、案例措施

（一）兴趣是最好的老师

让幼儿从兴趣出发，可以有效地激发幼儿的创造力，培养他们的专注力，教师在游戏过程中充分发掘幼儿的兴趣，从兴趣出发，给予他们适当的支持和鼓励。

（二）营造自主游戏氛围

在游戏中教师是以观察者的角色出现，没有过多干预幼儿的活动。在一旁看着他们游戏，其间遇到幼儿有争执、寻求教师帮助时，也会适当引导幼儿向游戏的深层次发展，给予适当的帮助，锻炼他们自主解决问题的能力，学会克服困难，迎难而上。

（三）重视合作和鼓励

合作意识对于大班幼儿来说是极其重要的，在即将步入小学校园之际，要注意幼儿合作意识的培养，所以在游戏过程中要充分尊重幼儿的想法，鼓励幼儿与同伴之间的分工与合作，让幼儿融入团队，学会合作。

五、案例总结

在整个游戏过程中，幼儿是游戏的主体，教师只是引导者。搭建的过程并不是一帆风顺的，其中也遇到了倒塌现象，可是幼儿并没有就此气馁，而是不断改进搭建方式和搭建材料，解决问题的能力得到了提升，并且在长时间的游戏中，幼儿的专注力和计划意识得到了提高，实现了幼儿的全方面发展。

当表演区遇上数学绘本

湖北省武汉市华中科技大学同济医学院附属幼儿园　杨　晶

一、案例背景

《3—6岁儿童学习与发展指南》在艺术领域中指出，5—6岁幼儿在感受与欣赏时常常用表情、动作、语言等方式表达自己的理解；在表现与创造中能自编自演故事，并为表演选择和搭配简单的服饰、道具或布景。结合我们大班组这学期的教研主题"探究以表演游戏中的数学认知活动为载体的幼儿入学准备和入学适应"，以表演游戏形式帮助幼儿在已有数学经验上得以提升，于是我们将表演游戏和数学绘本进行融合，引导幼儿在表演游戏中输出对数学方面的认知。刚开始，幼儿在表演游戏中畏首畏尾，不敢表现自己，有时几名幼儿在一起，各有各的想法，没有形成一个完整的故事内容。面对这样的情况，我应该怎样提高幼儿表演的积极性和他们的合作性呢？这个问题引发了我的思考。于是我提供几本数学绘本，我们从倾听故事、了解故事内容开始，然后一起探讨和投票，选择幼儿最感兴趣的绘本故事《寻找消失的宝石皇冠》作为表演的载体。这样就相当于有了一个剧本，大家有了共同的表演剧本，就能围绕故事情节展开表演。

二、案例描述

（一）实录一：用其他方式替代故事中的规律线索

表演区的幼儿在讨论完自己的角色以后，开始准备自己需要的道具了，瑞瑞说："我是黑猩猩，需要有规律的图片，我去哪里准备呢？"柏恩过来说："你可以用笔画或者用贴纸代替呀！"瑞瑞想了想，说："那不是和故事里的不一样？"然后看了看我，说："老师，这样可以吗？"我回答说："只要你觉得可以代表故事里的意思，那么你自己创意准备道具是可以的。"于是，他找我要了几张贴纸，用排规律的形式制作了他需要的道具。

（二）实录二：增加角色创新故事内容

今天来表演的这组幼儿给故事增添了一个角色"警察"，他们在故事中有自己的想法，我问深深："你是怎么想着去扮演警察的？"深深说："因为故事里有小偷，博物馆里有很多贵重的东西，需要有警察来维护安全。"他把想法告诉同伴，得到了认可，于是选择了警察的背心穿在身上，这样更贴合角色。在接下来的正式表演中，深深站在博物馆的门口值守，前面有小偷在偷东西，他假装在睡觉，这样就可以欲擒故纵，为故事增加了前奏。他们带着自己的想法创编了故事绘本中没有写进去的部分。

三、案例分析

幼儿在理解故事内容的基础上，在材料准备上是可以有自己想象的空间的，不必拘泥于固定的游戏材料，他们可以根据自己扮演的角色，通过自己的角色创造更多新的东西出来。同一种模式可以用不同方式表征，幼儿对故事里模式的理解比较清晰，所以能发挥想象找到其他物品来变成模式的形式。

前期，我们针对其他幼儿的表演游戏情况看视频进行分析，我们一起对故事内容进行调整、创编。第二天，深深就加入进来了，他带着自己的想法加入进来，并且很自信地说出理由，他说："整个故事里，小偷的角色出来的次数不多，加入一个警察的角色，小偷就可以多演一段。"深深分析得很有道理。表演游戏的最后还增加了警察抓小偷的情景。

四、案例措施

在以上追踪观察的三个阶段中，我们清晰地看到幼儿在表演游戏中的发展历程：材料的探索—多样的表演—角色的增加，幼儿每一阶段的表现都体现了他们在游戏过程中的学习与发展。

（一）开拓思维，巧变材料

材料是游戏的关键，好的游戏材料能激发幼儿的学习兴趣和游戏欲望。大班幼儿的思维正在向具体形象发展，他们对代替物的选择和使用是在不同情况下呈现的，有时是游戏情节发展的需要促使孩子找物品替代；有时是因为材料催生出游戏的情节。这本绘本故事是以"规律"作为探索的线索，幼儿在理解规律的基础上创新材料，选择用不同的材料体现规律模式。作为教师，我们对幼儿游戏材料的支持应更适合他们的游戏需要和发展需要，不断丰富游戏材料。

（二）创新故事，捕捉智慧

幼儿的创造力是无限的，教师应该不断地去激发他们的创作兴趣和创作热情，让他们体验到成功的快乐，使他们成为环境的主人，调动他们参与的积极性。

幼儿在表演时，通过自己的理解来呈现故事内容，增加了一些角色，如"警察""小偷"。为了更完整地表演故事，幼儿自己商量加了些内容，使故事更加完整和饱满。参与的幼儿不一样，故事内容就会有小小的改动，根据幼儿的特点及优势，他们各自承担不同的工作。这些职责在游戏中缺一不可，必须通过小组间的组织和配合才能使表演游戏取得成功。表演游戏有利于积累有益的合作经验，体会同伴互助协作的重要性。

（三）抓住重点，突出线索

数学绘本故事作为我们探究的重点，在表演游戏中突出"数学"的认知必不可少，幼儿在表演游戏中，通过对故事的理解，认识到"规律"这一重点信息，认为在游戏中应该突出这个部分。每一次的游戏后，与幼儿互动分享，一是支持他们把自己的经验用语言表述清楚；二是引导幼儿互动，了解不同的规律方式；三是促进幼儿观点的碰撞，用追问、反问、质疑等方式，论证游戏中的数学认知，活跃幼儿思维。除了集中的互动分享外，还与幼儿讨论表演中出现的问题，用"幼儿画、幼儿说、我实录"的方式记录下来，支持幼儿集体讨论，用其他时间进行回顾、反思和讨论，使幼儿将游戏中的数学认知延伸到生活中，通过说、画、读等多种形式进行反思和经验积累。

五、案例总结

根据幼儿的游戏表现，鼓励他们利用表演区中能体现角色特点的材料进行装饰，不必拘泥于故事里的固定服装；或者当身边没有需要的道具时，可以以物代物，向大家说清楚此物代表的是什么道具。

幼儿的想法合情合理，倾听幼儿的创意想法，与同伴协商新增角色在故事中的出场秩序。针对表演游戏中"数学"知识体现不明显的问题，重新自制道具，将人物语言调整为通俗易懂的语言，重点突出"规律"这一数学知识。

喜欢出手的"顽童"

中央军委机关事务管理总局北极寺老干部服务管理局幼儿园　李敬雅

一、案例背景

一位名字叫澄澄的男孩，他喜欢打人，这不仅让他的家人头疼不已，也给其他幼儿带来了一些安全隐患。例如，有小朋友跟我告状："老师，澄澄动手抓我了！""老师，让澄澄跟我道歉他还笑。""老师，他又推我了。"……

二、案例描述

观察一：下午要上体能课了，我组织幼儿下楼去上体能课。到了操场上柏柏突然大哭了起来，我抱着柏柏问："柏柏，你怎么哭了呀？"柏柏回答道："澄澄动手打我！"我询问澄澄原因："澄澄，你是动手打小朋友了吗？"澄澄点点头说："我不是故意的，小手不自觉地就抓他了。"我蹲下来告诉澄澄："老师相信你不是故意的，你一定要小心一点，不要让小朋友受伤了，你是班里的大哥哥，要保护好咱们班的小朋友哦！"澄澄眼神坚定地点点头。我顺势又说："你快看，你刚刚不小心打到了柏柏，她好伤心，怎么办呀？"澄澄看了看哭着的柏柏走了过去，抱了一下柏柏说："对不起。"

观察二：上完体能课，我们要回班了，回班途中大家都排好队了，萌萌在澄澄的前面走着，澄澄的手又一次抓了过去。我很诧异地走到澄澄面前说："澄澄，你为什么要抓萌萌呀？"澄澄不说话。萌萌说："你抓到我了，你还不给我道歉。"澄澄好像是没听见一样笑着。我询问他："澄澄，能告诉老师，为什么推小朋友吗？"澄澄笑着说："我故意的，因为他挡着我走路了。"我告诉他："小朋友挡着你了，你应该用嘴告诉他挡着你的路了，而不是用手推。大家都是好朋友。"

观察三：吃晚餐时，我提醒小朋友手扶着小碗，大口吃。澄澄的手伸向了对面小朋友，被发现后一直笑……临近放学我跟澄澄说了今天发生的事情,他告诉我觉得很好玩。我看着澄澄认真地说:"我觉得这样不好,小朋友要是抓你的话,你的心情是怎么样的呢?"澄澄回答道:"我会很伤心。"我又说:"对呀!别的小朋友抓你,你会伤心,那你抓别的小朋友,他们会不会伤心?我们每天生活在一起,大家都是互帮互助的,比如你不会叠衣服,是不是思萌帮助你的呀?你的区卡找不到也是小朋友帮助你找到的对不对?"澄澄补充道:"还有我不会画画也是小朋友帮助我的!"我接着又说:"你看,那么多小朋友帮助你、爱你,你一定要爱小朋友们呀!可不能让他们伤心呀!"

三、案例分析

(一)寻求关注

随着年龄的增长,幼儿的自我意识逐渐得到发展,寻求关注的心理逐渐增强,澄澄爸爸妈妈工作比较忙,基本上都是奶奶带他。只要爸爸妈妈一在家,他就会做一些行为来引起爸爸妈妈的注意。

(二)爱模仿

幼儿的模仿能力很强。动画片中打来打去的场景很多,幼儿觉得很好玩,无形之中就学习了一些不好的行为,在生活中就模仿了起来。

(三)家庭因素

由于爸爸妈妈工作忙,澄澄基本上都是与奶奶一起生活。澄澄的奶奶什么事情都是顺着他的意愿来做,从而形成澄澄比较自我的性格,一旦他的意愿得不到满足就会大吵大闹,甚至动手来达到目的。

四、案例措施

第一,多关注幼儿,给予幼儿更多的关爱和安全感,让幼儿感受到我们时刻都在关注他。当幼儿做出不好的行为时不恐吓不打幼儿,要采用正向引导的方式。

第二,注意观察,幼儿出现打人行为时及时预防和制止。平时带孩子出去玩的时候,家长应用心去观察自己的孩子,看他们与同伴相处的情况。发生冲突的时候,如果情绪激烈,家长要及时介入,如果有小矛盾,可以引导幼儿自己解决,或者家长示范解决。不要当众责骂和批评幼儿,要了解打人背后的原因,耐心教导幼儿。

第三,陪伴幼儿并帮助幼儿了解自己的情绪。在日常生活中多陪伴幼儿,利用每次幼儿生气的时机来教会幼儿认识并用语言描述自己的感受。父母可以用语言表达情感支持,如"你看起来很生气""妈妈生气的时候就想要画画"。这样孩子慢慢就能学会用语言表达情绪了。

五、案例总结

幼儿的行为是在他们成长过程中逐渐形成的,我们应该多关注幼儿的成长过程,通过积极的引导和教育来促进幼儿健康茁壮成长。

(一)关注幼儿行为背后的原因

当幼儿出现打人的行为时,我们应该了解幼儿打人背后的原因。在解决问题之前,我们应该了解孩子们的需求和感受,最后找到解决问题的方法。

(二)给幼儿树立正确的榜样

当幼儿出现打人等行为时,老师应该给他们树立正确的榜样。这是因为榜样可以激励和影响孩子们的行为。老师应该表现出积极、尊重和关爱他人,并以这种方式来影响孩子们。

(三)及时鼓励幼儿

及时表扬幼儿在游戏中做得好的地方,鼓励幼儿保持良好的行为。及时的赞扬可以帮助幼儿树立自信心来保持良好的行为。

(四)给予幼儿正确的教育和引导

老师应该在生活中积极引导幼儿,让他们能够学会正确地处理问题。

总之,作为教师,我们需要关注幼儿的成长过程,并给予他们正确、积极的教育和引导。通过观察和了解幼儿行为背后的原因,我们可以帮助他们更好地成长和发展。

我们的朋友"小饺子"

新疆生产建设兵团第六师军户幼儿园　鲁春梅

一、案例背景

在我们班有一个养殖区,里面有小朋友带来的小动物,有乌龟、金鱼等。一天中午,小朋友午睡起来后,去养殖区和动物朋友打招呼,发现我们养的小乌龟和平常不一样,基于孩子的兴趣与生活经验,我们带着猜测进行了一系列的探索。

《幼儿保育教育质量评估指南》在活动组织中提到,发现和支持幼儿有意义的学习,采用小组或集体的形式讨论幼儿感兴趣的话题,鼓励幼儿表达自己的观点,提出问题、分析解决问题,拓展提升幼儿日常生活和游戏中的经验,针对班里当下的话题,捕捉到孩子们的兴趣。依据孩子们的认知和发展水平,追随儿童的脚步,开启了对"小饺子"的实践探究之旅。

二、案例描述

实录一:

小朋友午睡起来后,发现养的小乌龟和平常不一样,开始讨论起来……

萍萍说:"我发现小饺子不舒服了!"梓嫣说:"为什么水里有白色的东西?"奕名说:"小饺子生病了!"老师将小饺子拿起来说:"我们看看它有哪些症状。"涵涵说:"它鼻子里有东西,流鼻涕了。"浩博说:"它的嘴巴上怎么有泡沫?"奕名说:"一定是生病了。"

我们一起仔细观察小饺子,一致认为小饺子生病了,幼儿发现小饺子的很多症状很像自己生病时的样子,开始讨论小饺子生病了要怎么办。

硕硕说:"我生病后妈妈给我吃药就好了。"萍萍说:"我生病后妈妈带我打针就好了。"奕名说:"给它吃药吧,我生病了都吃药。"诗雯说:"不行,小乌龟是动物,不能吃我们的药。"涵涵说:"那我们让爸爸妈妈到药店买点治乌龟的药。"老师说:"那我们回家和爸爸妈妈找找治疗乌龟生病的方法吧!"幼儿齐声:"好!"最后一致决定回家和爸爸妈妈一起寻找治疗小饺子的方法。

第二天,孩子们带来了小饺子的治疗方法。

铭泽说:"我带来了药给小饺子,我和爸爸在手机上查的,吃了这个药就好了。"诗雯说:"我找到了治疗小饺子的方法。它要泡在晒过的水里才能变干净。"平平说:"妈妈帮我画了治疗小饺子的方法,给它喂药、打针、晒一晒、换水、吃好吃的。"萱萱说:"我也找到了治疗小饺子的方法,给它吃药、换水、多晒太阳。"萍萍说:"我也找到了,小饺子要多晒太阳、勤换水,还要给它好吃的。"

我们根据孩子提供的药和方法开始治疗小饺子。

实录二：

与小饺子朝夕相处的过程中，幼儿逐渐对小饺子产生了爱心、责任心，并且想办法让小饺子的病能快点好起来。轶轶说："我带了玉米和馕，小饺子肯定喜欢吃。"涵涵说："我带来了小麦和大米，我回家在奶奶手机上查的。"聪聪说："我让爸爸帮我画下来了，小饺子要吃鱼、蚯蚓。"奕名说："小饺子要吃西瓜、香蕉、鱼、生肉和胡萝卜。"

孩子们把带的食物每天给小饺子吃一点，希望它的病能快点好起来。

实录三：

"五一"假期回来，孩子们发现小饺子的病还是没有好转，猜想是不是小饺子的朋友们没有名字，所以它不开心了。为了让小饺子的病能快点好起来，大家又开始想新的办法。萍萍说："我们给它的好朋友起个名字吧，这样它就会好些了。"铭铭说："那好吧！这样小饺子开心了，病就好了。"大家开始自愿分组选择喜欢的小乌龟，讨论它们的名字。绿边小龟叫蝌蚪蚪，蓝边小龟叫沙沙，无边小龟叫小蛋糕，小鳄龟叫红太狼。

实录四：

一天上午，孩子们发现小饺子一动不动，身体僵硬，永远地离开了。萍萍说："我们把小饺子埋了吧。"浩浩问："埋在哪里？"梓嫣说："埋在幼儿园吧。"奕名说："那我们埋在幼儿园的树下吧。"诗雯说："好吧，那样我们还是可以过去陪它玩。"最后孩子们决定把小饺子埋在幼儿园的第二棵樱桃树下。

三、案例分析

幼儿在实录一中，观察小饺子的症状（鼻子上有鼻涕，嘴上有泡沫），结合自己生病的症状，觉得小乌龟是生病了。回家后请爸爸妈妈帮助查找治疗的方法，并把方法带到幼儿园与小朋友分享治疗小饺子，在对话中看出孩子们在不停地思考问题和解决问题。

孩子们在与小饺子相处的时间里，不停地想办法解决小饺子生病的原因，想办法让小饺子快点好起来，观察小饺子的变化，已经把小饺子当成好朋友了。

小饺子的离开让孩子们有了一些变化，他们的语气、表情中透露着不舍。孩子们这些微妙的情绪变化表现出他们对小饺子的不舍之情，虽然相处时间不长，但是孩子们和小饺子已建立了感情。

四、案例措施

抓住教育契机，灵活展开活动，提供及时的帮助，支持幼儿的问题探究，站在幼儿的角度与他们沟通，激励幼儿自己寻求问题的答案，激发他们的探究兴趣。

尊重幼儿的想法，在幼儿治疗小饺子的过程中，让孩子们逐渐树立责任意识。同时引导家长理解教师工作，让他们知道自己对幼儿成长的价值，积极参与并支持活动。

通过开放性提问、推测、讨论等方式，尊重孩子们的想法，支持他们，激发孩子们的探究兴趣，拓展每一个孩子探究学习的欲望。

我们要时刻尊重幼儿的想法，鼓励幼儿表达自己的观点、提出问题、分析解决问题，让幼儿在轻松愉悦的环境中进行学习探索。

五、案例总结

此次案例，教师支持幼儿探究，让幼儿对小乌龟的生活习性有了进一步的了解，对小乌龟的养护有了更专业的知识认知。充分尊重和保护幼儿的好奇心和探究兴趣，通过开放性提问、推测、讨论等方式，鼓励幼儿表达自己的观点，提出问题、分析解决问题，最大限度地支持和满足幼儿通过直接感知、实际操作和亲身体验获取经验的需要。我们从幼儿的问题出发，挖掘、整合、利用园内丰富的自然资源及教育资源，合理利用家长资源，由浅入深地开展家园合作，能积极参与并支持幼儿园的工作，成为幼儿园的合作伙伴。

整理小能手

北京市昌平区教工幼儿园　赵　楠

一、案例背景

(一)社会背景

幼小衔接就是幼儿园与小学教育衔接，也是幼儿在其发展过程中所面临的一个重要的转折期。幼小衔接的核心是这个年龄段的幼儿如何有效从思维方式、学习习惯、社会技能等方面适应小学的生活，顺利实现幼小衔接。

《教育部关于大力推进幼儿园与小学科学衔接的指导意见》强调，幼小衔接是一项系统工程，切实把幼小衔接工作纳入基础教育课程改革的重要内容，完善政策举措，健全工作机制，确保幼小衔接工作取得实效。

《幼儿园入学准备教育指导要点》中指出：幼儿的入学准备要注重身心准备、生活准备、社会准备和学习准备四个方面的内容。而生活准备部分中提出，要引导幼儿学会分类整理和存放个人物品。自理能力的培养对于幼儿有重要意义，自理能力的提升有助于缓解幼儿的焦虑情绪，顺利实现幼小衔接。培养幼儿良好的行为习惯，促进幼儿身心健康发展，帮助幼儿自然而然地轻松过渡和衔接。

(二)现实背景

我园幼儿家长大部分是教师，家长对于幼小衔接问题也比较关注，由于本年龄段的幼儿处于中班阶段，大部分家长对于幼儿未形成良好的自理能力而担忧。

中班的幼儿处于小班和大班的中间阶段，他们有了自己独立做事情的能力，主动性增强了，可是却缺乏做事情的持久性。显然这时候对幼儿的引导显得至关重要。

(三)故事背景

一天区域游戏结束音乐响了起来，辰辰专注地玩着企鹅敲冰的游戏，这时第二遍音乐再次响起，辰辰手里拿着小锤子，时不时看看老师，回过头来又看看建筑区的小朋友，显然他还想继续玩游戏，只见他迅速将手里的锤子放置到玩具筐中，用双手捧起"冰座"，砰地将"冰座"摔至玩具筐中，"冰块"四分五裂，然后辰辰将"冰块"捡起来放到筐里，又迅速推到玩具柜中。第二天企鹅敲冰的玩具筐受到小朋友的欢迎，可是这次迎来的却不是幼儿的欢笑声，老师说："这个冰少了，没办法摆满。"游戏未玩就结束了。

二、案例描述

这一天快乐的区域游戏在音乐声中结束了，孩子们沉浸在快乐的游戏中，收拾整理区域后，教师带领孩子一起环绕每一个区域，问道："孩子们，你们看到我们班级的区域，你们有什么感受吗？"孩子们纷纷说："乱"，"筐都乱了"，"很不整齐"，"照相馆的衣服都没摆好，下回我都没法玩了"。于是教师问："那我们有什么办法呢？"孩子们说："我们再进行重新整理。"于是孩子们重新回到自己的区域进行整理。

整理后教师带领幼儿再次参观每一个区域，孩子们发现还是不整齐，于是针对这个问题，教师组织了一节生活课程——整理活动。孩子们在活动过程中发现同样的材料放在一起比较整齐，还有的孩子说纸张类的材料最容易乱，要把它们整整齐齐叠放在一起，还有的孩子说在玩具筐里放入小筐，会更加方便和整洁。

三、案例分析

通过描述可以看出，中班的幼儿能动性很强，很愿意做一些劳动，想法也是非常丰富的。幼儿能够在老师的带领下发现班级中区域材料摆放凌乱的问题，并且孩子知道凌乱的环境会给人一种不好的体验。

教师利用这个契机带领幼儿一起整理。过程中，幼儿通过实践、探索找到了有利于整理的方法，有自己整理的意识，但是缺乏整理的方法，所以不知道如何进行整理，多是老师整理或是整理能力强的幼儿进行整理，就导致某些能力差的幼儿得不到锻炼，也就使得这部分幼儿不仅不会整理，而且缺乏主动整理的意识。整理能力对孩子来说至关重要，在未来的学习生活中，所有的整理物品的工作都要自己独立完成，可想而知这是一项对幼儿非常重要的能力培养。

四、案例措施

通过对本班幼儿整理能力的分析，我选择通过值日的任务形式来帮助幼儿提高整理能力。将幼儿分为周一、周二、周三、周四、周五五个组，每个值日生自己选择区域整理，以此让每位小朋友都能够有机会去整理玩具，帮助幼儿养成整理的能力。

督促幼儿每天入园第一件事情就是整理自己的小柜子，提高幼儿整理物品的能力。通过鼓励激励幼儿，提高幼儿自己主动整理的意识，养成自己整理物品的好习惯，从而有秩序地进行物品摆放、分类整理，提高动手能力以及对事物的分辨能力。将经常用和不经常用的东西进行分类整理，锻炼幼儿自己决策的能力，使幼儿更好地学会一步一步地规划自己的人生。

五、案例总结

陈鹤琴先生说过，习惯养得好，终生受其益，习惯养不好，终生受其累。3—6岁是习惯养成的关键时期，抓住幼儿的关键期，良好的习惯需要我们用心去培养。一定要面向每一名幼儿，能力弱的幼儿更要多加关注，因为这不仅直接关系着孩子的自理能力和独立性，还会影响孩子的自信心。

整理事小，习惯事大。叶圣陶先生说："教育就是习惯的培养。"巧用生活化课程，提供机会支持与帮助，能够促进幼儿能力的提高。本次活动中，教师运用值日生做任务的形式来引导幼儿逐步学会整理物品，并通过奖励的方式激励幼儿，增加幼儿整理物品的意识。幼儿在主动整理的过程中，不仅能够学会规划、整合、收纳、维持等技能，也能够知道自己需要承担义务，凡事不能过于依赖成人，而是要独立地做好自己。整理习惯的培养是重中之重，它将影响着孩子的一生。

合作真快乐

江西省直第二幼儿园　桑　央

一、案例背景

游乐场是每个孩子的快乐源泉。每每提到游乐场，孩子们似乎总有聊不完的话题。我问孩子们："你们喜欢去游乐场玩吗？"孩子们异口同声地说喜欢，并表达了自己喜欢玩的游乐项目，有旋转木马、过山车、海盗船等。

"今天河狸给我们发布的任务就是搭建游乐场的海盗船，你们准备好了吗？"我出示海盗船图片，让幼儿了解海盗船的结构，和他们共同总结海盗船由三部分组成，分别为船体、支架、吊臂。拥有牢固的支架才能使海盗船在空中安全摇荡，吊臂连接支架，和船体成为一个稳定的三角形。

二、案例描述

泽楷和馨玥了解了海盗船的总体结构后，两两自由搭档共同讨论构思设计图，设计图很快完成了，他们要设计一个独一无二的海盗船：控制台在海盗船的最上面，夏天的时候海盗船还可以直接把大家送到水上乐园。于是，他们根据自己的设计图开始搭建了。

他们先合作将六块大底板拼在一起，用薄片连接每块底板，随后搭建海盗船的支架，先固定两边支架的位置，泽楷用彩色积木依次堆高，最上方使用七孔积木，可以将长轴穿过，横梁为吊挂壁，滑轮能更好地锁住长轴，让支架与吊臂更加牢固。馨玥则在一旁认真搭建外围，两人有商有量。一会儿，两人同时搭建完成，准备合在一起摆动海盗船。

"海盗船怎么不能摆动？"泽楷看了看，"哦，可能是这个引起的。"只见他调整船体下方的短轴，先将短轴抽出，再重新插入横梁与船体中。只见他双手托住船身尝试再次摆动，"我明明调整了，可还是摆动不了，只能往右边动一点点。"他自己琢磨着。

我问："哪里晃不了？是哪里卡住了吗？你到另一边来看看，试一试，看看是哪里卡住了。"泽楷恍然大悟："哦！原来是对面短轴的长度超过了支架，不论往哪边晃动都会被支架卡住。"接着把几根短轴进行调整，将短轴的三分之二插入船体。"现在松了一点！"泽楷开心地摇晃着海盗船。泽楷沉浸在喜悦中，谁知还没一会儿工夫，海盗船就倒了。泽楷说："馨玥，你都不来帮我一下，就我一个人在这里搭。"此刻的馨玥一心只想着搭建旁边的水上乐园，泽楷独自重新调整海盗船。馨玥听到泽楷叫她，便过来看了看说："你看这边，你太粗心了！"泽楷说："这边还没连起来呢。原来是少了一根短轴，难怪刚刚会倒。馨玥，你太厉害了！"调整过后，他们骄傲地说："我们的海盗船终于可以营业了！"

我问他们："我可以当第一个游客吗？可是我总担心海盗船不安全，你们都固定好了吗？"泽楷突然反应："还没用滑轮固定住。"接着又调整了一番。我晃动他们搭建的海盗船发现船底被卡住了，让他再想想看，有什么办法可以不卡住。泽楷说："我知道了，是连接大底板的薄片挡住了船体，所以不能晃动。"馨玥说："那我们就把旁边的支架再搭高一点，这样我们的海盗船就能摆动，水上乐园也可以营业了！"经过多次改动，两人的海盗船终于能正常摆动了。

三、案例分析

两名幼儿共同设计好图纸后，根据核心经验开始搭建海盗船。完成搭建后第一次尝试摆动海盗船，发现无法摆动，泽楷仔细观察，发现是短轴的原因，短轴没有完全插入船体，延伸出来的短轴挡住了支架，导致海盗船无法摆动。调整后他小心翼翼地托着船体再次进行摆动，发现还是无法正常摆动，相比调整前却能往右边动一点点。这时我听见了他有些焦虑的语气，站在对面的我提醒他换个位置看看，检查是不是四个方向都兼顾到了，这时泽楷环绕四周认真地看着海盗船，时不时用手轻轻地摆动船体，发现原来是对面的短轴长度超过了支架，导致海盗船不能正常摆动。在第二次调整后海盗船终于能正常摆动了，泽楷兴奋不已。可没过多久，海盗船倒塌了，这时他有些生气地埋怨了同伴，似乎也是试探性地想获得同伴的帮助，可同伴沉浸在搭建水上乐园中。在一次次的失败面前，泽楷没有轻言放弃，遇到问题自己沉着思考，发现问题并解决问题。最后当同伴给出意见时，泽楷也欣然接受并进行尝试，还夸奖同伴，说明泽楷是一个不计较、包容心强的男孩儿。

四、案例措施

在第一次无法摆动海盗船时，泽楷仔细观察，发现是短轴的问题后立马调整，教师没有第一时间介入，而是让他大胆尝试。由于只顾及了自己眼前的两个短轴，调整短轴后，第二次还是无法摆动。这时教师给予了语言上的引导，激发幼儿换位思考，从而发现问题的所在。

幼儿合作搭建完成后，教师扮演游客的身份进行体验，讲述自己的担心，引导孩子发现问题，而不是干预幼儿、打断幼儿的思路，始终给予幼儿不断的启发，遵从幼儿以自己的方式递进，使幼儿不断体会到搭建探索的快乐和搭建成功的满足感，激发了幼儿学习的主动性和积极性。

五、案例总结

搭建过程中幼儿互为指导者和帮助者。当搭建过程中材料使用不合适造成海盗船无法摆动时，泽楷继续不断尝试，随后馨玥出谋划策，寻找最合适的材料调整船体。幼儿需要的是自己动手、自己操作、自己探究，不管结果如何，积极愉悦的体验才是他们最需要的。大班幼儿有独立的意识及活动能力，他们不愿意总是做一个接受者。教师要大胆放手，让幼儿根据自己的喜好与意愿积极主动地参加活动。幼儿是学习的主体，在学习活动中，教师应对幼儿的主体性活动给予尊重和保护。

"娃娃家"的故事

北京市房山区良乡第四幼儿园　林　海

一、案例背景

"娃娃家"是孩子们最爱的区域之一，我给娃娃家投放了很多操作材料。在厨房里，有各种各样好吃的食品，如汉堡、摊鸡蛋、饺子等。我发现无论是哪位幼儿，只要一进入娃娃家，就会忙不迭地穿上美丽的小围裙到厨房开始努力做饭了，乐此不疲。

二、案例描述

最近萱萱和航航两位小朋友经常选择去娃娃家玩。有一次，他们两个坐到地垫上把鞋脱下来放到"门口"，就目不斜视地径直走进小厨房，各自拿起小围裙匆匆穿上，一看就知道他们两个又决定在厨房大展身手做"大餐"了。只见萱萱拿起炒锅、小铲子和汉堡，对着航航自豪地说："我要做汉堡啦！"然后就全身心投入到做汉堡的乐趣中了，"加点生菜，加点火腿，加鸡蛋。"萱萱自言自语地嘟囔着。

而航航在一旁随心挑选了很多小甜点，只见他先拿了一个甜甜圈、一盒薯条，思索了一下，又拿了一个小汉堡、一块蛋糕。虽然他们两个分别扮演着爸爸和妈妈，但是彼此之间的交流互动不是很多，偶尔会聊上几句话，也和活动没有什么关系，完全投入到各自做饭的乐趣中了。

两天后，萱萱和航航又来到娃娃家，两个孩子又在乐此不疲地做饭，我把自己装扮成快递员，主动介入他们的活动。"当当当"，听到门响，他们显得很惊奇，"谁呀？""是我，我是送快递的！"一听说送快递的，他们两个都兴奋起来，很开心家里有人来。只见萱萱对航航说："爸爸，快开门，送快递的来了！""好的！""爸爸"爽快地答应了。"您好，这是您的快递，请您接收！"我努力扮演好快递员的角色。"这是什么呀？"航航好奇地问。"打开看看吧！"我这个快递员决定在一旁继续凑凑热闹。他们俩放下手中的食物，擦了擦手，小心翼翼地打开袋子。"是盆。"萱萱高兴地说着。我带着疑问的口气询问："这是干什么用的啊？"航航耐心地对我说："这个盆能给宝宝洗澡用。昨天穆老师还说，天热了，要给宝宝洗澡呢！这个快递真及时。"我说："那估计这个是穆老师给你们快递来的！看来这个澡盆真的有用处了！那你们给宝宝洗澡吧，再见了！"我告别了他们，在一边继续观察着他们的言行举动。航航拿着澡盆走到卧室旁的洗衣机边："来，宝宝，咱们洗澡吧！"这时扮演姐姐的蹊蹊也来到了一边，说："我也来帮忙洗！"说着就把娃娃抱起放进了澡盆，"妈妈"拿出毛巾、浴花和洒水瓶，开始有模有样地给宝宝们洗起澡来。厨房的"爸爸"还对着"妈妈"说："得洗洗脸！"于是航航又不慌不忙地给蹊蹊和宝宝洗脸，然后自己还嘟囔一句："再放点沐浴露和花露水，要不有蚊子！""妈妈"还说："爸爸你过来，你抱着点宝宝，我给宝宝擦擦。""换件衣服吧！"就这样，你一句，我一句，三个人合作着给宝宝洗了个舒舒服服的澡。

三、案例分析

开学初，我向娃娃家的厨房里投放了很多易操作的食物材料，所以幼儿对厨房的操作比较熟练。根据小班幼儿年龄特点，他们缺乏对事物的持续、深入探究能力，而且与同伴沟通交往的能力较弱，因此在做饭的过程中，两个人只是各玩各的，缺少交流与合作，使得他们无法在现有活动的基础上继续培养能力。

在发现问题后，教师介入式的引导与支持对孩子是很有用处的，孩子们也乐于接受教师的角色介入。以这样渗透性的方式丰富孩子的游戏内容，帮助孩子回忆生活经验，对孩子的游戏能力有很大的促进作用。

在区域点评的时候，教师也重点点评了娃娃家，对给宝宝洗澡的活动给予了很大的肯定和表扬，鼓励其他小朋友在进娃娃家游戏时先回想自己的父母是怎样给自己洗澡的，也想着照样子给宝宝洗澡等。

四、案例措施

（一）观察幼儿的兴趣需要，及时支持幼儿将生活经验和游戏内容建立联系

当孩子熟悉娃娃家的基础流程后，基本上是在重复之前的一些活动，无所事事，或者玩一会儿就想去别的区域，活动时间不长久、注意力不持续、内容形式不增添。小班的幼儿喜操作、爱模仿，而单一的或者高结构的材料很容易让孩子们失去兴趣。本案例中，我不断调整材料，从简单的摆盘吃饭到复杂的做饭，而后扮演快递员送澡盆，引导幼儿进行给宝宝洗澡的活动。通过对幼儿娃娃家活动的观察、对幼儿的倾听，积极引导、适度推进，孩子们的技能、社会性发展都在游戏中得到了发展提升。

（二）材料随幼儿兴趣更新，分层次投放

很多时候，不是我们要让孩子玩什么，而是孩子的兴趣点在哪里，并且要让这个兴趣点能够促进幼儿发展，这才是最重要的。孩子是成长、发展的生命个体，游戏的层次也要不断提高，相应的各种材料也在追随幼儿兴趣的同时不断更新、分层次投放。

（三）提升观察力，寻找培养幼儿能力的最佳路径

当我们找不到出路，感到迷茫时，就去观察每个孩子，观察他们的一举一动；就去倾听每一个孩子，倾听他们的一言一语。他们会用一颦一笑、实际行动告诉我们所有想要的答案。教师作为幼儿活动的观察者、倾听者、引导者、支持者，及时发现他们的需要、适时参与到幼儿的游戏中，从孩子中来，到孩子中去，促进幼儿的游戏发展和能力提升。

五、案例总结

在此次互动的过程中，我感受到为幼儿提供主动学习的机会和平台非常重要。特别是教师要具备先进的教育理念，在生发的节点上要通过实践来落实主动学习的教育理念，不能错失引导幼儿向前发展的微小机会与节点。

同时，要以发展的眼光欣赏幼儿，不能固化自己的观念，更不能固化幼儿的想法，要运用各种方法把幼儿引导到更高层次的发展上去。

教师的观察力、应变力、引导力、支持力、学习力、实践力等都要跟上时代的步伐，不断更新自己的知识储备，不断继承好的教育理念，不断创新适合自己的教育方法，以实践促发展，以发展促创新。

"小乌龟"慢慢来

北京市房山区良乡第四幼儿园　陈　莹

一、案例背景

由于先天原因，希希腿脚和手部的动作不太灵活，有一定的运动障碍。一次幼儿玩走平衡木的游戏，小朋友们都勇敢地往前走，快到希希走时，她紧皱眉头往后退不敢走，一个人在偷偷地流眼泪，我再让她走平衡木，她哭得更厉害了，边哭边说："我不会走，我不敢走。"

我意识到，希希对于走平衡木的活动，内心充满了恐惧，同时由于她身体的原因和平时接触平衡类的游戏少，对此项活动缺乏自信心。

二、案例描述

情景一：

考虑到希希身体的原因和不会走平衡木的现状，为了能她让一点点接受走平衡木的活动，我降低了活动的难度。这天，我带着她来到了车区，给了她一个小乌龟的头饰，准备了小贴画，让她看着地上的白线，我一边做走小桥的示范一边对她说："地上白色的线是小竹桥，剩下绿色的部分是小河。现在我是乌龟妈妈，我的乌龟宝宝，快来看看我是怎么过桥的？乌龟妈妈双手平举像小飞机一样，脚站在桥上，一只脚往前迈一步，然后另一只脚跟上来，一只脚又迈过来，另一脚再跟上来，乌龟妈妈不着急，一步一步走到河对岸。"希希认真倾听着我的语言引导，认真看着我怎样过桥。我走过桥后，对她说："乌龟宝宝，看到妈妈怎么走过桥了吗？快来奖励奖励我吧。"我把贴画给希希，她高兴地给我贴了一个。我对她说："这次我的乌龟宝宝和妈妈一起来试试过小桥吧。"于是，我和希希一起走了起来。

我又对她说："这次我的乌龟宝宝自己来试试过小桥吧，你就像妈妈一样，不用太快，慢慢走就可以，走过小桥，妈妈也奖励你一个贴画。"希希高兴地答应了。

希希戴上小乌龟头饰，学着我的样子，认真地开始走了起来。走的时候，我发现她的右脚还是不太灵活，在换右脚走时，上身就晃动得厉害，我提示她再慢一些。一会儿，她完整地走过了小桥，我赶紧奖励了她并问道："希希怎么一换脚走，身体就晃起来了呢？"她指着她的右脚说："因为我的腿脚力气小。"我拿出一根丝带对她说："这是一根有力量的丝带，我给你系在腿上，它就会让你的腿脚变得有劲儿。现在你的腿脚有力量啦，那咱再来走一次，试一试好吗？"希希答应了并自己主动走到了小桥上，这一次她走得稍微平稳了一些。

连续几天，希希都玩了小乌龟过桥的游戏，她会比别的孩子容易疲劳，但她每次休息完后，看着自己腿上的能量丝带，都非常高兴，再次过小桥时，都会比上一次好一些。

情景二：

随着小乌龟过桥活动的环境创设与游戏开展，希希在参与过程中，对于平衡类游戏有了一定的喜爱,她逐步掌握走平衡木的基本动作要领,胆子也大了些。这个时候,为了让希希在她的基础上有所进步,我又为她创设了新的游戏情景,更换了新的游戏材料。

这次,我选择了较宽的塑料平衡木当小桥,用希希熟悉的草地当小河,准备了沙包当粮食,希希当小乌龟,走过小桥,将粮食放回家。希希看着塑料平衡木,一开始不敢上,我就再次给她系上"力量丝带",拉着她的手走上了塑料平衡木。我与她商量,放开她的手,慢慢地,她自己敢走了。到第三次,她自己也勇敢地走上平衡木,自己完整地走下来。

可见她的腿脚对于走平衡木来说,还是有一定障碍的。我就告诉她,小乌龟慢慢走就可以,只要不掉到河里就是最棒的。就这样,希希在情境游戏中越来越敢走平衡木了。

情景三:

过了一段时间,希希尝试走测试用的较窄的木制平衡木。这次,她不再往后躲,她高兴地和同伴拉着手随着队伍向前走。不一会儿,轮到她上平衡木了,她还是犹豫了一下。我就站到她的身边,她抓住我的手,稍微一用力就站到了平衡木上,我刚松开手,没想到刚上平衡木的她大叫起来:"不行不行!"我意识到这样不行,赶快抓住她的手说:"没事,别着急,你拉着我的手走吧。"她紧紧地抓住了我。"试着迈一步,你一定行的。"在我的鼓励下,她终于鼓足勇气迈出了第一步。

在连续几天的游戏后,希希在我的鼓励下,在"力量丝带"的信念支撑下,终于能够独自走平衡木了,而且有了一定的自信。

三、案例分析

首先,由于先天因素,希希的腿脚和手的动作不太灵活,有一定的运动障碍。因此,在给其提供环境时,我首先选择车区地上的白线作为小桥,一方面是降低难度,另一方面让她体会走平衡木的感觉,逐步掌握走平衡木的方法。我选择小乌龟的头饰,也是让她心理上不畏惧,慢慢走就可以,选择给她系"力量丝带"也是一种积极的心理帮助。

其次,当希希逐步掌握走平衡木的动作要领且胆子大一些后,我进行了第二次环境创设和玩具材料调整。由于小班幼儿对熟悉的游戏场地没有畏惧感,所以,我选择希希熟悉的草地当小河,创设了"小乌龟过桥取粮食"的游戏情境,利用沙包当粮食,让希希当小乌龟,走过小桥,取粮食放回家。就这样,希希在情境游戏的体验中越来越勇敢。

最后,在有了走较宽的塑料平衡木的经验后,希希尝试走测试用的较窄的木制平衡木,这对她来说是一个不小的挑战,她的腿部力量和脚部发育的不足还是会给她带来一定的困难,她需要进一步增加有关力量和平衡动作的学习,减少走平衡木的恐惧。

四、案例措施

第一,根据该幼儿的年龄特点、发展水平及身体条件进行专门的培养与指导。

第二,在投放游戏材料时要根据实际情况及幼儿水平有目的、有层次地进行投放。

第三,给予幼儿逐渐发展的时间与空间。

五、案例总结

作为一名教师,要有善于发现的眼睛,关注集体的同时要重视个别幼儿的发展及重点指导。对于小班幼儿的指导要有耐心,要亲切,让幼儿觉得没有距离感,要与幼儿形成良好的师幼关系。在设计活动时,要根据幼儿的实际进行专门的培养与指导材料投放,要有目的性,有层次性。

家园共育促进幼儿健康成长

北京市东城区大方家回民幼儿园　李新新

一、案例背景

进入中班下半学期，班中大部分幼儿在自理能力、同伴交往、学习等方面都有了不同程度的进步，特别是在正确进餐和同伴交往方面。但是，羽羽却似乎依然在原地踏步，班中的老师都很为他着急。羽羽是班中比较活泼好动的幼儿。运动的时候，总能看到羽羽在操场上快乐地奔跑、游戏的身影。虽然他的性格很外向、活泼，可他交到的好朋友却并不多，大家都不是很喜欢和他一起玩，尤其是班中的女孩子们，会有些特意躲着他。在教育活动中，好动的羽羽也是很难集中注意力的。

二、案例描述

集体教育活动学习知识的时候，我经常发现羽羽的小眼睛没有看着老师，而是左看看、右看看，很容易被周围的环境所吸引，要不就是低头玩玩衣服、拉拉鞋带。当我请他起来回答问题时，羽羽往往不知道我刚刚讲些什么，需要我或小朋友们将刚才的内容再重复一次，给他一些提示，他才能尝试回答问题。有些时候，即使经过了小朋友的提醒，羽羽也还是不会回答，好像并没有太明白一样。

下楼梯、分散游戏、过渡环节游戏时，羽羽还常常会玩"旋转的小飞机"游戏，两臂伸直专找小朋友多的地方旋转，班中很多小朋友都因为羽羽的这个动作被"拍打"过。平时在下楼时，我还会时常看到羽羽先停住然后突然像前冲，推倒排在他前面的一个小朋友，羽羽选择的最多的"攻击对象"是班中的女孩子。

进餐时，虽然教师经常在羽羽的身边提醒、鼓励他，但他还是会把饭菜掉得满桌子、满地都是。羽羽收拾整理物品的意识也不强，常常会忘记餐后擦桌子、放椅子，甚至有时会忘记将自己的餐具送回到餐桌上。

户外活动时，羽羽还会经常蹲下来，抠掉塑胶场地上的颗粒，放在手里、兜里甚至是嘴里。我们经常过去提醒他，请他和大家一起认真做操，当时他会听从老师的建议，但一小会儿后，他还是会忍不住蹲下来继续玩。

羽羽在垃圾分类、不乱扔垃圾方面的意识也很薄弱。一次，区域活动时，羽羽正在美工区里进行剪纸游戏，他是按照墙饰中的方法在剪小衣服。突然，我看到他把自己从小衣服上剪下来的废纸直接扔到了桌子下面。于是，我走过去询问："羽羽，你把什么扔到桌子下面了？"他抬起头说："是剪下来的废纸。""你为什么把废纸扔到桌子下面？"我很不解。他低下头不说话。我继续问："废纸应该扔到哪里才对？""垃圾桶。"他小声地说。"对呀。垃圾要扔进垃圾桶，不能随手乱扔。你能做到吗？"他点点头。"刚才你把废纸扔到了桌子下面，这样我们的班级还会干净、整洁吗？我们每天要来幼儿园学本领，幼儿园就是我们的家，班级就是我们的家，我们应该要爱护它，让它干净、整洁，我们待得才舒服，对不对？你把刚才扔到桌子下面的废纸捡起来扔进垃圾桶，好吗？"接着，我陪着羽羽一起蹲下身来，将刚刚他扔到桌子下面的废纸捡了起来，并按照垃圾分类的要求扔进了垃圾桶。我对羽羽说："你看，这样我们的班级是不是更干净整洁了？我们把小垃圾送到了正确的地方，它也很开心，对不对？"羽羽看了看垃圾桶内的废纸，点了点头。

三、案例分析

家庭是幼儿人生中的第一所学校,父母则是幼儿的第一任老师。父母的示范作用很重要。羽羽在家中并非独生子女,他还有一个哥哥。和哥哥朝夕相处,哥哥有一些不好的行为习惯也在潜移默化中影响着羽羽。羽羽的哥哥在上小学三年级,由于成绩不理想,妈妈就一直忙着关心、辅导哥哥,对羽羽有所忽视了。这就更给羽羽形成良好的生活习惯、学习习惯带来了一些阻碍,同时也让羽羽感受到冷落,导致羽羽会喜欢用一些大家不喜欢、不接受的打人方式来引起他人的关注。虽然在幼儿园里老师总是很注重培养幼儿良好的生活习惯以及学习习惯,鼓励幼儿做一个讲文明、懂礼貌的好孩子,但当羽羽回到家里,受哥哥影响,且父母也没有起到正确示范时,那么羽羽在幼儿园中所受的正面教育的作用就微乎其微了。因此,家园合作、保持一致进行教育很重要。

四、案例措施

第一,鼓励家长对幼儿在家的要求要与教师在幼儿园里的要求保持一致,便于教师在幼儿园对幼儿进行正确、积极、有效的教育。

第二,建议羽羽妈妈可以在家同时辅导哥哥和弟弟。当辅导哥哥写作业时,可以让弟弟在旁边画画,学写自己的名字等。这样就能同时培养两个孩子专心、耐心的意志品质,同时防止羽羽因受冷落而引起的安全感缺失。

第三,在园时我们也要多给羽羽一些关心和指导,利用区域游戏培养羽羽良好的进餐习惯,提高羽羽参与活动的积极性以及专注性。例如,在角色区游戏"'串串香'小火锅店"中,邀请羽羽一起进行游戏,并在火锅店就餐时引导羽羽正确进餐,保持桌面干净、整洁,在游戏中潜移默化地培养羽羽养成正确的进餐习惯。在教育活动中,多关注羽羽并时常请他回答问题,加强羽羽的活动参与性。

第四,多请班中活泼、外向的小朋友带动羽羽共同游戏,减少羽羽的孤独感和被冷落感。教羽羽与同伴交往的正确方式方法,让羽羽学习正确的与同伴交往的方式,减少羽羽用打人行为引起他人注意的现象。

五、案例总结

首先要得到家长的支持和配合。日常我利用微信、电话、离园交流等多种方式和羽羽妈妈交流,让她认识到羽羽已经是中班的幼儿,对他来说,吃饭不掉饭粒、教育活动时能专注25分钟左右、正确进行垃圾分类和不乱扔垃圾都是他能够达到的能力水平;并鼓励妈妈,只要家长和老师进行家园配合,这些都是可以实现的。只有取得了家长的支持和配合,才能更快、更有利于纠正孩子的不足之处。其次要转变家长的教育观念。在和羽羽妈妈的谈话中,听得出妈妈觉得上了小学的大儿子学习情况不好,很担心、很着急,对在上幼儿园中班的小儿子羽羽缺乏关心,觉得他还小,不好的习惯等长大就好了。因此,我和羽羽妈妈沟通了很多次,希望她能了解良好的习惯养成其实在幼儿园的时候就已经开始了,甚至一旦习惯形成了,后期再改正就很难了。所以,在幼儿时期就要注重培养幼儿良好的习惯,特别是倾听能力。交流中我能够感受到羽羽妈妈对我的观点是接受与认可的,所以,我向她提出了一些可行的建议。相信在羽羽妈妈和教师的共同教育合力之下,羽羽一定能很快地取得进步。

【教育随笔】

教育，就在不经意间

四川省成都市锦江区四川师范大学　冯星星

今天是 2023 年 9 月 18 日，对于中国来讲这是一个特殊的日子。早上十点钟，三声防空警报如期而至，我本能地站了起来，思绪一下子把我拉到 2021 年 9 月 18 日。那天我刚好作为一名大三的学前教育专业的学生在幼儿园大班实习。

早上，像往常一样，主班老师刘老师在教孩子们学一个简短的手指舞，我作为一名实习生，在后面用正方形纸板裁剪出圆形形状，以便下午上活动课时用。突然防空警报响起，刘老师马上就停止了活动，用很严肃的声音让小朋友们都站起来。我不明所以，刘老师平时很温和的，怎么今天这么严肃？我也跟着小朋友们站了起来。三声防空警报过后，刘老师叫小朋友们坐下，我也跟着坐下。接着，刘老师便讲起了三声防空警报的原因，这是我第一次在幼儿园接受爱国教育。

刘老师用最简单的语言讲述了防空警报的来由，也讲了背后的故事。"今天是 9 月 18 日，1931 年的今天，也就是在很多年前，你们还没有出生的时候……"小朋友们认真地听着，讲到深处时，刘老师竟情不自禁地哭了，我看到几位小朋友也在偷偷地抹眼泪。最后，他告诉小朋友们，不要忘记先辈们为我们做过的事情，也不能忘记中国的历史。一些小朋友附和着："我很喜欢中国，因为中国是我的祖国""我长大了要当军人保护那些人"……后面刘老师和小朋友们慢慢平静了下来。在这个过程中，我看到大班的小朋友竟没有丝毫的不耐烦，也没有随意走动，就连平日里有些调皮的小朋友也都坐在小板凳上竖起耳朵认真地听着。我知道，大班的小朋友不一定能够理解什么叫爱国主义，但至少他们懂得了在民族大义面前什么是好的，什么是坏的；什么是应该做的，什么是不应该做的。一颗爱国的种子从小种在了这些小朋友心里。

学前教育是一个重要的启蒙阶段，是知识、技能、性格、态度的启蒙，也包括爱国主义的启蒙。我佩服刘老师没有把防空警报当作一个形式——警报声响起，大家就站起来，警报声结束，接着教手指操。我敬佩她抓住了这个机会进行适时而教；我也敬佩她站在幼儿立场用简短而又深刻的语言去解说历史，更敬佩她对学前教育的认识。

今天，我提笔写下这个故事的时候，还是免不了掉眼泪，就像那天在他们背后的我，仍然和他们同频共振着。

"你已经得到我家最大的贴画了"

北京市朝阳区丽景幼儿园　张立双

一天吃饭的时候，小朋友们的菜是"炒双花"（西蓝花和菜花）。因为知道豆豆不喜欢吃这种菜，我们少给他盛了一些西蓝花。当盘子里只剩下西蓝花的时候，他开始在座位上扭来扭去的，一会儿看看旁边的小朋友，一会儿看看中间的盘子。

我故意提高声音说："我记得豆豆在小班的时候最讨厌吃西蓝花了，每次一吃西蓝花就停住了，现在上中班了就是长大了，你看盘子里就剩一点点，剩下的都吃了。"豆豆听了我的话立刻挺直了腰，拿起勺子吃了一大口。我继续说：“哇！而且还大口吃呢，真是长大了，知道吃西蓝花对身体好。”转眼间，豆豆的几朵西蓝花都吃光了。我走到他身边悄悄对他说：“豆豆，张老师真的没想到你现在变得这么厉害了！"豆豆笑着对我说：“那当然了，我可厉害了！我都敢吃西蓝花了！"吃完饭之后，我到柜子里拿了一大张贴画送给他："豆豆，这个最大的贴画送给你，因为你战胜了自己不爱吃的西蓝花，学会保护自己了，大贴画也觉得你很厉害，想跟你做朋友呢！"他拿着贴画赶忙放到自己的柜子里，还仔细数着自己柜子里贴画的数量。

第二天早晨，我到班里的时候豆豆已经吃完饭了，他向我跑过来说："老师，我有一个贴画要送给你。"然后我当着他的面把贴画贴到了我的水杯上，他看到后又从自己的贴画纸上拿下来一个最大的说："这个也送给你，贴到水杯上。"我道谢后又贴到了水杯上，说："谢谢宝贝，剩下的贴画就分享给其他人吧，我已经得到两个啦。"他提高声音说："你已经得到我家最大的贴画了！"

豆豆一直喜欢老师表扬他，当他觉得自己做错事的时候，总会跑到没人的地方躲起来，需要老师耐心引导。通过近期我对他行为的正向引导，他开始愿意向我展示他自己的表现，并且喜欢跟我分享他认为最厉害的事情，分享最大的贴画。是我对他的信任，换取了他对我的信任，这也是一种走进孩子内心的方法。我相信我们会找到更多适合的引导方法，也相信通过引导，他会逐渐学会解决问题。因为孩子都是善良的，他们一切行为都来源于情绪，你给他好的感受，他就会产生好的情绪。

我很开心能够遇到这个可爱的孩子，不是因为他把家里最大的贴画送给我，而是因为——他愿意相信我。很幸运遇到他，因为可以让我学会站在儿童的视角去陪伴他们成长。

用心去感受　用爱去关怀

内蒙古自治区鄂尔多斯市东胜区第二幼儿园　吕欣然

入园，是小班孩子从家庭走向社会的第一步，他们离开熟悉的环境，蹒跚地走进一个新集体，独自面对陌生的老师、同伴，这时他们便会表现出一种前所未有的焦虑和不安，最直观的表现就是声嘶力竭的哭闹。

早上妈妈牵着张鑫宇（化名）的小手走到班级门口却怎么都放不开，哭声从园门口就开始持续不止，我费了好大的力气将他抱到活动室里，他却在地板上"撒泼打滚"："我不要来幼儿园，我要回家，我要妈妈。"我担心孩子磕到头，便想上前抱着安慰他，哪知我还没来得及反应，他突然弓腰打滚一脚踢到了我的肚子上，我忍着疼痛起身抱着他，小小的身子蜷缩在我的怀抱里，像是感受到了我的心跳，逐渐安静下来了，却还是止不住地抽泣。

入园第一周的张鑫宇随时随地都有可能爆发情绪，带着哭闹声，九头牛都拉不回来的一个小人儿，就这样开始了他的幼儿园生活，让我看在心里，疼在心上。

我们以为很了解孩子，为入园做好了充足的准备，却不能真实体会他们身处分离中，内心的焦虑、恐惧、不安和失措。对于小班的幼儿来说，他们需要熟悉新的环境，还要在新的环境中学习与"陌生人"相处，真的很不容易。

于是我邀请了几位幼儿园中大班的小朋友分享他们的经验。有的小朋友说："我会心里数星星，这样我就不那么想妈妈了。"还有的小朋友说："我会在中午睡觉的时候，悄悄地想一会儿妈妈。"同为孩子的语言表达远超过我们看似贴心的"安慰"。随后的户外时间，这群孩子一起去寻找好玩的角落，张鑫宇也含着眼泪找到了藏在叶子上的七星瓢虫，露出了惊喜的笑容。而我，则在他想妈妈的时候抱着他，安慰他。

随后的几天时间，我有意识地利用进餐、午睡、喝水等孩子力所能及的生活技能，耐心地引导张鑫宇，让他静静地感受到来自教师的安全感，用最平和的"牵着蜗牛去散步"的心态陪伴他渡过这个"难关"。同时，与张鑫宇妈妈在这个时间段增加沟通的频率，让孩子能够直观地感受到来自妈妈的肯定——老师是可以信任的。

张鑫宇从最初的被动抗拒到和爸爸妈妈不舍地说再见，再到欢快地拉着老师的手，开始了他的幼儿园新生活。

正如华爱华教授所说："缓解分离焦虑就不要强迫孩子快速适应新规则。"其实，孩子的心灵是开放的，但也是很敏感的，当他们确保幼儿园当下的环境是安全的、自由的，便会对这里的生活充满期待与向往。

小种子的大启示

中国音乐学院附属幼儿园　刘力畅

这天，我在幼儿园的植物角看到一包小小的种子。它静静地躺在角落里，几乎被孩子们彻底遗忘。于是，我决定带孩子们一起照顾这包小种子，看看它会如何生长。我把小种子展示给孩子们，他们立刻围了上来，好奇地问我是什么。我告诉他们这是一些种子，并且我们可以一起观察它的生长。有些孩子很兴奋，但也有一些孩子对此并不感兴趣。我让他们把自己的想法和感受写下来，这样他们就能更好地理解自己的感情和想法。我们为小种子准备了土壤和水分，然后把它放在教室的窗台上。每天，孩子们都会争先恐后地跑去观察种子有没有变化。他们开始记录下种子的每一次变化，从种皮的破裂到幼苗的出土，再到叶片的生长。在照顾小种子的过程中，孩子们学会了耐心等待和细致观察。他们了解到生命的成长需要时间和耐心，他们也认识到即使是微不足道的小事物也有其存在的价值和意义。

小种子的成长过程中也出现了一些问题。有一次，孩子们发现小种子出现了黄叶，他们很担心，甚至有些孩子开始哭泣。我告诉他们这是植物生长中很正常的事，我们可以一起找出问题并解决它。我们一起讨论了可能的原因，并调整了植物的位置和水分。不久后，小种子又恢复了生机。通过这次经历，孩子们学会了面对问题时要冷静并尝试找出解决方案。他们也了解到，即使是微小的改变也会对结果产生巨大的影响。最终，小种子开出了一朵美丽的小花。孩子们都惊讶于这颗小种子有如此强大的生命力。他们画下了这个过程，并写下了自己的感受。我看到他们的作品中充满了喜悦和自豪。

这个活动不仅让孩子们了解到了植物的生长过程，也让他们学会了尊重生命和欣赏自然的美丽。他们学会了耐心、细心和冷静思考，并且更加珍视他们所拥有的每一个生命。在幼儿园的教育中，我认为这种实践性的学习方式尤为重要。通过亲身经历和观察，孩子们可以获得更深刻的理解和感悟。这种方法也能激发他们的好奇心和求知欲，让他们更加热爱学习和探索。这个活动也让我深刻认识到作为教师，我们不仅要教授知识，更要培养孩子们的价值观和人生观，引导他们热爱生命、尊重自然，培养他们的耐心、细心和冷静思考的态度，帮助他们形成积极向上的价值观。

一颗小小的种子，带给了我们无尽的教育启示。让我们在日常教育中更多地引入类似的实践活动，让孩子们在快乐中学习、成长。我们也要不断地反思和提升自己的教育方法，更好地引导孩子们健康、快乐地成长。

我换牙啦

中国音乐学院附属幼儿园　周彤珂

今天活动课后孩子们陆续去上厕所，忽听有幼儿喊："老师，杭杭的牙快要掉了。""老师，她的牙只剩下一小块。"我快速跑进厕所，见一群孩子围着杭杭，大家七嘴八舌地议论着。

看到杭杭的眼泪快要流出来，很害怕的样子，我安慰她说："杭杭别害怕，不要紧，过几天就会长出新牙的。"面对这个情况，我脑海中有一种想法：现在大班的孩子已到了换牙的年龄，尽管中班时接触过浅显的口腔知识，但有些孩子对换牙现象还是有些恐惧，很有必要再学习一次。

我和孩子开始互动起来："平时老师经常见有些孩子的牙变黑，大家猜一猜，是什么原因造成呢？""是平时不刷牙造成的。""老师，是吃糖太多了。""还有，奶喝得太多，也会造成牙齿不好，会变黑的。"孩子们七嘴八舌地讨论着。"那掉牙的时候怎么办？"我继续问。"掉牙是要换牙了，我们不要害怕。""掉的牙叫乳牙，长出的牙叫新牙，也叫恒牙，恒牙才结实。"出乎我的意料，孩子们对换牙也有些了解。我夸奖他们："小朋友知道得还真多。"这时，我再看杭杭时，她脸上露出了笑容。

抓住孩子的年龄阶段，适时教育孩子，让他们了解更多的知识显得尤为重要。这节互动课，增强了孩子们对换牙知识的了解，以后再遇到这样的事情，他们就不会紧张害怕了。

排队

中国音乐学院附属幼儿园　邱美娜

新小班已经开学一个月了，宝贝们也要开始练习排队了，拉"小火车"是小班幼儿排队经常使用的一种方法，以接小火车的形式邀请幼儿抓住前面小朋友的衣服边，学习一个跟着一个走，形成一种秩序感，不脱离集体。幼儿因为走路不稳，或者掌握不好速度，会出现推挤的情况，这时就会有幼儿"告状"："老师，他推我""老师，他打我"……声音此起彼伏，乱作一团。在户外的时候，幼儿的注意力会不集中，看到别的孩子玩好玩儿的游戏，就会被吸引过去，"小火车"也会断开，等老师提醒才能反应过来，这时追赶就会跑，后面拉他火车的小朋友也会跟着跑，这时就会有小朋友跟不上步伐而摔倒。为了激发幼儿的兴趣，我带领幼儿以游戏的形式来接火车，如："小朋友们，来来来，我们的火车出发了，火车开往哪里去，火车开往操场去！"在火车出发之前，把每一位小朋友当作一节"车厢"，火车的车厢断开之后火车就不能继续出发了，就会停止，通过情景代入，宝贝们有很大的进步。

经过一段时间的训练，幼儿已有排队的意识了，知道要一个跟着一个走，但是为了解除会摔倒的安全隐患，我们让幼儿排队不再拉"小火车"。刚开始幼儿有随意出队、插队的情况，也会有站着不走的现象，老师这时会再以游戏活动的方式吸引幼儿的注意，老师会提前教幼儿歌曲《拔萝卜》，让幼儿在排队时扮演小萝卜，小萝卜要一个一个走，不能出队，如果出队了，就会被小兔子（老师扮演）发现，发现了就会被小兔子当萝卜拔走。幼儿特别感兴趣，幼儿一边紧紧地跟着前面的小朋友，一边跟着老师唱《拔萝卜》歌曲。经过两三天的练习，幼儿的排队走路练习得特别棒，也特别喜欢玩拔萝卜游戏，每次排队时，都会主动说："老师，我们玩拔萝卜游戏吧。"幼儿在快乐的游戏中学会了一个跟着一个走。

通过练习排队，我深切地感受到：幼儿的常规习惯养成非一朝一夕，需要有重点地关注、教育，并采取多种方式去培养。现在孩子们在一点一点地进步，在游戏中养成了良好的习惯，我为他们的进步感到快乐！

老师，她不跟我玩

中国音乐学院附属幼儿园　　杨瑞璇

在户外活动时，突然传来一阵哭声，我走近一看，原来是夏天哭了，小手正指着浩浩。浩浩可以说是我们班男孩子中最活泼的一个，性格十分开朗。唯一需要改正的就是控制不住自己，动作幅度较大，喜欢碰碰小朋友表示友好。小朋友向我告状时，浩浩名字出现的频率是最高的。我已经不止一次对他进行引导教育了，这次我也像往常一样请他在一旁思索，同时，我也向夏天了解了事情的经过。

我对夏天说："夏天，先不要哭，也许浩浩是有什么事情想要告诉你。有什么事情跟老师说，老师来帮助你解决。"瞬间，浩浩大步跑到夏天身边说："老师，我没有欺负她，她说不跟我玩，就哭了。"看到浩浩很为难的样子，我有点不知所措了。于是，我问夏天："你为什么不跟他玩呢？"她说："我想去旋转滑梯玩，可浩浩一直拦着我不让我去旋转滑梯，拉着我到彩色滑梯去了。"浩浩委屈地说道："我想和夏天一起玩彩色滑梯，可是夏天不肯，我就一直拉着她。"哦，原来是这样。

我说："没关系的，老师给你们讲过，别人不愿意做的事情，我们是不能要求别人去做的，可以主动和小朋友商量解决。虽然夏天没有和你滑同一个滑梯，但是并不表示她不和你玩，你说是吗？"我牵着浩浩的手，走到夏天面前说："不如，我们先听听浩浩的想法吧！"在浩浩清晰表达自己的想法后，夏天也点点头表示愿意和浩浩一起玩耍了。

是啊！孩子们都渴望和小伙伴一起玩耍，共同分享有趣的事情、共同感受快乐，有同伴的感觉是快乐的。但在幼儿交往过程中，交往、沟通的方式仍需适当的引导。

同时我也明白了，幼儿都有很强的交流欲望，喜欢与同伴相处，喜欢把自己好的一面展现给同伴，希望得到同伴的认可。幼儿在实际交往的过程中，能够发展他们的表达能力、交往能力等。

花儿，你慢慢开

中国音乐学院附属幼儿园　　石　博

在孩子发展的过程中，教育者和家长要有"静待花开"的心态，耐心聆听，静静跟随，给孩子充分的发展空间。我们班里有一位叫周周的孩子，不愿意参加集体活动，也从不与老师、小朋友们交流。在观察中，我发现周周时常会在阅读区里停留，会把书拿在手里，然后又放回去,偶尔也会翻一翻,我意识到这也许就是引导周周的好契机。

一天,我故意坐到周周旁边,打开《我的妈妈》这本绘本。不一会儿,他向我投来了好奇的目光,于是我问道:"周周,你看过这本书吗?"他摇摇头。"那咱们一起看好吗?""好。"这是周周第一次认真地回应我。那天,我和周周一起读完了这本绘本,心情如阳光般灿烂。

从那以后,我经常找机会和周周一起读书,还会就书中的内容与他简单地交流,开始他与我互动得很少,但哪怕只是一个眼神,一个肢体动作,我都会鼓励他。随着他看的图书越来越多,和我的交流也多了起来,有时候他还会主动问我一些问题,再后来,我引导周周和小朋友们一起阅读,周周与小朋友们的交流也多了起来,并且愿意和小朋友们一起游戏。

因为阅读,周周打开了心扉,获得了自信,融入了集体,这就是我和周周阅读的故事,它没有激动人心的场面,没有跌宕起伏的情节,却有着真实的成长记忆。静下心来,陪着孩子慢慢走,欣赏孩子成长的快乐,让花儿慢慢开,守候醉人的幸福,守候一份等待、一份感动、一份幸福。

幼儿情绪管理

中央军委机关事务管理总局北极寺老干部服务管理局幼儿园　蒋瑞雪

中班幼儿情绪发展特点:第一,中班幼儿的情绪常常变化无常,比如高兴、生气、悲伤等。第二,他们对自己的情绪有更深入的认知,并学会了如何表达自己的情感。第三,由于语言能力和控制情绪的能力尚未完全发展,中班幼儿可能会经常闹情绪和发生冲突。他们可能因为无法用言语表达而进行攻击或哭闹。第四,中班幼儿的情绪特点受到家庭环境和早期经验的影响。

米亚家庭条件优越,是家里唯一的孩子,在家里是"总指挥"。他的语言表达能力和理解能力强,但注意力不集中,自控力比较差,缺乏细心和耐心,其行为受情绪的影响更为直接,不太会与小朋友们友好相处。

今天准备户外活动时,幼儿们一一穿上外套,这时米亚说:"我的拉锁拉不上了。"乐于助人的小袁说:"我来帮你拉。"结果在拉拉锁的过程中不小心把米亚的手夹了一下,这可把米亚气坏了,反客为主边哭边说:"你夹到我的手了,你得赔我。"小袁一看把好事做成了坏事,赶紧道歉。

通过平时的沟通交流,我了解到米亚在家只要一哭,家人就会满足他的所有要求,导致他养成只要哭闹就能获得满足的心理。

从教师方面来说,首先,当米亚情绪失控时,我会先不理睬他的哭闹,在确保安全的前提下,允许他"大哭"来发泄一下。待米亚平息下来后与他单独谈心,不要责备他,鼓励他说说刚才做了什么,这样做是否正确,应该怎么做。再让孩子们说说今天发生的不开心的事情,大家一起来想办法解决,并随机生成教育,如特意让米亚给小朋友们分发手工纸等,帮助他在小朋友面前建立良好的形象。他的情感获得了极大的满足,情绪失控的行为也会相对减少。

从幼儿方面来说,家园共同制作记录表,利用奖励的方式来增强幼儿的自我监控能力。

从家长方面来说,通过家园共育,我和米亚妈妈沟通了孩子在园的具体表现,帮助他们了解到溺爱的消极影响,形成正确的教育态度。经过一个月的观察指导,米亚相对于之前有了很大的进步,如果发生了矛盾,也不会一味生气,而是能友好地解决。

通过这件事,我认识到幼儿情绪自控的重要性,教师、家长、社会教育大环境需要共同认识幼儿情绪自控的重要性,避免幼儿出现情绪问题。幼儿的心理健康需要教师和家长更为细心、耐心的辅导,情绪自控心理的辅导过程是漫长的、有针对性的、特殊性的、反复性的和长期性的,我们要循序渐进地引导,帮助幼儿逐渐正确认识自我,提高自我调节的能力。

晨间接待讲究多

山西省太原市尖草坪区机关幼儿园　张美仙

当早晨的第一缕阳光照射沉睡的大地,幼儿园的一切也被小朋友们稚嫩的问好声和欢快的脚步声唤醒了,微凉的空气伴随着落叶擦肩而过,美好的一天就这样开始了。

"老师,早上好!"孩子们甜甜的问候声让我一下子就感受到了天真无邪的快乐情绪。"宸宸,早上好!哇,你今天是自己走进幼儿园的啊,没有让妈妈抱,有进步啊!"老师的回应更让孩子雀跃不已:"妈妈再见!下午早点来接我!"远远地,看见雨舟拉着爷爷的手,十几步路的路程愣是半天走不过来,我赶忙走过去,只见雨舟的小眼睛红红的,眼泪一滴一滴往下流,爷爷怎么哄都不成。"雨舟,你今天的发型真漂亮,奶奶的手艺可太棒了!让老师看看,怎么扎的?"我弯下腰,摸着雨舟的小辫儿,轻轻地在雨舟耳边说,"哭了,就不漂亮喽。需要老师陪你进去吗?""嗯,好。爷爷下午早点接我,别忘了带上我的滑板车啊!"雨舟小声抽泣还不忘嘱咐爷爷。"平平,你理发了?真精神,以后就要这样,经常去理发哟!""嗯,老师,我帅吗?""帅,精神!"平平挺着小胸脯,小脸上透着骄傲的小神情。平平妈妈走过来感慨道,"看把他乐的,张老师,全园孩子的名字您基本上都能记住,太用心了,对孩子满眼都是爱。"

晨间接待,看似是一项很平常的工作,但是细细反思,里面却有许多值得思考的学问。《3—6岁儿童学习与发展指南》健康领域身心状况目标中提出,情绪安定愉快,具有一定的适应能力。小班幼儿较容易因为环境的变化、亲子分离等原因出现较大的情绪波动,并较难自控。这就需要教师帮助和引导他们逐渐缓解和转移不良情绪,老师一句句的问候和赞美,透出的是对孩子们深切的关怀,老师在晨间接待中看似随意的一句话,却凝聚着无限的教育智慧,饱含着老师对孩子细致入微的关爱。教师只有做个"有心人",在平时多观察幼儿的表现,多与家长交流,了解幼儿的特点,做到心中有数,才能利用晨间接待有的放矢地给每名幼儿不同的肯定与赞美,促进幼儿持续地发展与进步。同时也能借机与家长沟通交流,了解幼儿的情况,增进感情,形成朋友式的融洽关系,有利于工作的顺利开展。

晨间接待这一环节虽然短暂,但它作为一种"隐形课程",对家长、教师、幼儿都有着重大的影响。它不仅能够使幼儿身心愉悦发展,实现家园间的无缝衔接,还能巧妙地传播幼儿园的园所文化,使幼儿园文化融入到具体的实践中,使之成为一种生机勃勃、催人不断奋发向上的组织精神,也使幼儿园的每一个人都能够亲历、参与和分享这种文化的教育功能。

发现孩子的闪光点

山东省德州市德城区二屯镇中心幼儿园　高　月

几乎每年带班都会遇到这样的孩子：活泼好动，语言表达能力强；爱动手打人，但喜欢阅读；不爱表达，逻辑思维能力强。孩子并不是只会调皮捣蛋，他们也有自己的"可爱"之处，而作为和他们朝夕相处的老师，我们需要做的就是发现他们的闪光点并好好利用，以自己的教育智慧帮助孩子们更好地成长。

我们班的旭旭小朋友就是一个调皮的"小精灵"，他只喜欢跑，不会慢慢地走；老师觉得危险不允许小朋友们做的事情他偏偏去做，比如户外活动时擅自离开老师的视线，到其他区域活动；别的小朋友认真进行集体活动时，他自己一个人在地上爬来爬去；午休结束后光着脚丫在活动室跑来跑去；老师刚给穿上鞋，他又自己脱下来；等等。说实话，孩子这样的行为表现真的很令老师头痛，时时刻刻都要重点关注他，生怕出现一点儿"差错"。

虽然旭旭小朋友在园的行为表现有时不是很理想，但是他也有值得我们肯定的地方，比如很有礼貌，老师给他系好鞋带时，他会说"谢谢老师"；老师把饭菜端到他面前，他会说"谢谢老师"；他也会主动帮助别的小朋友。这天户外活动结束后，孩子们都到水杯架上找自己的水杯接水喝，我发现旭旭拿了一个水杯递给了垚垚，拿了一个水杯递给了琪琪，又拿了一个水杯递给涵涵，最后才拿了自己的水杯接水喝。我想这正是一个帮助他改掉坏习惯的机会。我把旭旭叫到身边，问他为什么这样做，以及这样做之后的感受。虽然他表达得不是很清楚，但从他脸上的表情可以看出帮助别的小朋友后他很开心。于是，我在全班小朋友面前表扬了旭旭帮助同伴的行为，并请全班小朋友为他鼓掌，然后结合他日常的表现，提出了老师的期望以及小朋友们的想法，希望他尽快改掉坏习惯，做一个大家更喜欢的小朋友。旭旭表示会改，并请大家监督他。所以在接下来的时间里，只要旭旭做了影响集体及自身安全的事，我们就会提醒他，他也会有所改进。但我知道，坏习惯的改正也不是一朝一夕的事，需要老师给予他更多的鼓励和耐心。

我想，发现并利用孩子的闪光点是一种帮助孩子改掉坏习惯的好方法，以后我会着重观察并继续发现旭旭身上的闪光之处，力求通过集体的影响和大家的鼓励帮助他改掉坏习惯，期待旭旭更好地成长！

春天就在我身边

广州华商学院　陈思妍

春风轻轻吹拂，转眼就到了四月。天气是醉人的温暖，我领着孩子们到户外做放松活动。"陈老师，快来看，之前这里没有花的，现在突然有了！"森森的声音突然在花圃旁响起，也吸引了其他小朋友的注意力。"好像是啊，这里看起来更漂亮了。""这是春天的功劳吧。""春天过去是不是就没有了？"大家七嘴八舌地讨论起来，越说越大声。我想起之前留在活动室的帆布袋，灵光一现，打算趁这个机会让孩子们进行一次植物拓染活动。于是我走到小朋友身边，笑着说："春天是一个生机勃勃的季节，百花齐放，小朋友们想不想把春天带在身边，无论哪个季节都可以感受到春天的美好呀？"小朋友们显然十分期待我所说的内容，纷纷点头，开始你一言我一语地说起来。小志直接从花圃旁冲过来，说："老师老师，到底是什么啊？"看着一双双闪亮的眼睛，我向小朋友们细细地讲述了植物拓染的活动流程，让小朋友们去寻找自己喜欢的植物，大胆在帆布袋上创作。

第二天，待我将注意事项说明之后，大家迫不及待地开始动手制作属于自己的帆布袋了。我走到孩子们身边，观看他们的制作过程。我发现森森的想象力很丰富，她将收集的花叶拼拼凑凑，制成一个爱心花环形状。"陈老师，为什么我的没有印在袋子上？"曦曦在我走到她旁边时扯扯我的衣角，嘟着嘴有点不高兴。我停下来查看，弄清原因后，轻轻对她说："不要着急，你换个姿势再用力敲击试试看。"经过反复尝试，曦曦逐渐找到适合自己的发力方法，植物也成功拓印在袋子上。"老师，快来看，我做了相框！"听到背后有声音传来，我转身看见小志高举着树枝相框，露出灿烂的笑容，不由得给他竖起大拇指。原来小志还用树枝和胶带制作了一个粘花的相框，他说这也是将春天留在身边的小物件。

在小朋友们的耐心制作下，一个个精美的帆布袋出现在我们眼前。小朋友们还主动分享自己的创作作品，说说自己的创作心得。曦曦说："这样春天就永远在我们身边啦。"

《3—6岁儿童学习与发展指南》中指出，每个幼儿心里都有一颗美的种子，要在大自然和社会文化生活中萌发幼儿对美的感受和体验。艺术源于生活，本次教学以大自然为活教材，让孩子们在拓染植物的过程中感受到春天的生机勃勃。在留住春日美好瞬间的同时，也锻炼了他们的动手能力，提高了他们的想象力与创造力。

行走在滚筒上

内蒙古赤峰市红山区第十一幼儿园　张雪荷

户外自主游戏开始啦！莹琪看到许多小朋友都在玩滚筒，于是她也想尝试玩滚筒。只见她把滚筒卡在了两个轮胎的中间，最开始并不敢自己站在滚筒上，而是让米粒拉着她的手，然后一起站在滚筒上。可是当有小朋友经过的时候，滚筒就会晃动，然后她就会害怕地下来。慢慢地，她开始尝试自己站在滚筒上，最开始站在上面还不是很稳，稍微一动，滚筒就会动一下，然后她就会顺势跳下来。接下来，她又试了好几次。后面的小朋友开始跟她分享经验，告诉她要勇敢，要挺直身体。然后，她又再一次进行尝试，站在上面，自己思考了很长时间，一动不动。我能看得出来她很害怕，但是，她也的确有了些许进步，她开始能越来越稳地站在滚筒上了。过了一会儿，她开始尝试在滚筒上走路。她听取小朋友的建议，把双臂张开，保持平衡，然后双脚开始在滚筒上走，但是我发现，滚筒却一动不动。她好像也发现了这个问题，但是又不太敢在滚筒上使劲走，她害怕摔倒，只能慢慢地自己尝试，找找走的感觉。过了很久，我发现滚筒好像滚动了一点，然后她马上又跳了下来。到了第二天，她又来尝试玩滚筒，但是这次并没有抢着玩，而是一直站在旁边默默看着小朋友们玩，仔细观察小朋友们是怎么在滚筒上走路的。轮到她的时候，她站在滚筒上，保持住平衡，这次她的脚步迈开得很大，开始尝试在滚筒上走路，我发现滚筒真的滚动了。她看到滚筒滚动以后，也露出了开心的笑容，变得越来越有信心，站在上面继续尝试走，慢慢地掌握了这个技巧，在滚筒上越走越自然。

在我的印象里，莹琪一直是个文静的小姑娘，但是我没想到她会尝试玩这个滚筒。这个滚筒，很多女生都不敢尝试，莹琪在尝试了一次之后，虽然失败了但是没有放弃，可见她是一个很执着的小姑娘。她站在滚筒上，其实每一次都有进步，这个过程是很漫长的，需要足够的耐心和信心。她从最开始站不稳需要两个轮胎固定，慢慢地开始用一个轮胎固定，再到后来，能在滚筒上流畅地行走。可见，她是非常有勇气的。不放弃，无数次尝试，总有一次会成功的。孩子站在上面的时候，我也是害怕的，我害怕她摔下来，但是我又不能表现出来。如果我表现出来，孩子恐怕就不敢在上面玩了。只有我们选择相信孩子，给孩子信心，那么孩子一定会成功！

"老鹰捉小鸡"的新玩法

北京明天幼稚集团怀柔分园　李思盈

户外活动时，我和孩子们一起玩"老鹰捉小鸡"的游戏，我问："谁愿意当老鹰啊？"只见孩子们都摇着头嘟囔着："我不当。"就连最喜欢当老鹰的奥奥也迟迟不表态，像是受了委屈一样低着头。我问："为什么你们都不愿意当老鹰呢？"有的孩子说："老鹰总是捉不到小鸡，小鸡们都不怕它了！"有的孩子说："一只老鹰太没意思了。"还有的孩子说："小鸡太多了，老鹰都捉不过来。"我问："那我们怎么解决这个问题呢？"奥奥想了想说："咱们多请几个小朋友当老鹰吧！"赵鹏接着说："咱们可以玩小鸡捉老鹰的游戏，一定很有意思。"听到他的话后，孩子们纷纷表示同意。我问："那咱们怎么玩呢？"有的孩子说："咱们选几个小朋友当小鸡去捉老鹰。""咱们可以给老鹰画个家，小鸡捉它时，它就可以跑回家去。""被捉到的老鹰就去当小鸡。"我问："一只小鸡能捉到老鹰吗？小鸡怎么才能捉到老鹰呢？"皓心说："多选些小鸡，一起去捉老鹰。"我又问："那咱们要选几个小朋友当老鹰合适呢？""3个""5个"许多个数字纷纷从孩子的口中说了出来。"既然这样，如果可以有许多个老鹰，那谁愿意来当老鹰呢？"这时，奥奥、鹏鹏等8个小朋友表示愿意当老鹰，孩子们也表示同意并进行了游戏尝试。

游戏中，"小鸡们"摩拳擦掌，跃跃欲试，并和同伴一起拼命奔跑去捉老鹰。"老鹰们"也不甘示弱，变化不同的位置，躲闪"小鸡们"来自不同方向的围攻。"小鸡"的斗志也被激发出来，变得更勇敢了，幼儿的参与热情大幅度提升。

幼儿是勇于实践的探索者，能在不断面临挑战和解决问题的过程中获得新的经验。要实现幼儿体育活动的价值，增强幼儿的体质，关键就是要为幼儿提供尽可能多的身体运动的机会，吸引幼儿参与其中，鼓励和支持幼儿主动游戏与体验，教师可在此过程中适时适度地给予幼儿适当的指导和帮助。教师要充分肯定幼儿的主体地位，发挥他们的主体性作用，运用他们无穷的创造力，把给游戏取名的权利交给孩子们，把创新游戏玩法的权利还给孩子们，把修改游戏规则的尝试留给孩子们。这样既培养了孩子们的创新意识，又促进了孩子们主动参与到游戏中，并乐于参加游戏活动。

总之，教师创造性的教学艺术，对游戏玩法有目的的创新，让游戏既是孩子的乐园，也是促进他们发展的平台，只要教师立足于孩子发展，孩子的主体地位得到突出，相信传统游戏的新玩法一定也会得到孩子们的喜爱，达到游戏教育性目标自然就"水到渠成"了。

叶子奇遇记

陕西省西安市长安区第六幼儿园　刘宇睿

阳光怡人，秋风拂面，操场上一片片红色、黄色的落叶，甚是好看。瑶瑶拾起一片飘落的银杏叶,告诉我:"老师,这个叶子好漂亮啊,像一把小扇子!嗯……我觉得它好像可以做小娃娃的裙子。"旁边玩耍的几个孩子也围了过来,有的拿起小树叶挡住自己的眼睛说:"这个可以做眼镜。"……孩子们这些不经意的发现,突然让我有了灵感:既然这么有兴趣,为什么不用叶子来开展一次活动呢?就这样,我的提议让那些小家伙开心极了,他们捡了好多不同种类的树叶,准备回教室搞树叶创意美术。

回到活动室后,我立即准备材料:美术用纸、剪刀、双面胶、水彩笔、毛球、亮片、小眼睛……一切准备就绪,美术活动就开始了。在简单的讲解了制作步骤之后,孩子们开始构思主题,选择树叶,进而拼摆树叶,裁剪粘贴,最后装饰完成,呈现出一幅幅灵巧生动的树叶粘贴画。

到了讲评展示的环节,瑶瑶最先举手发言:"老师,我的作品是《我和我的小伙伴》。我用枫叶做了一个大大的裙摆,再在上面添了一片银杏叶,让这件裙子颜色更加漂亮。旁边是我的好朋友,我用一片树叶做了他的身体,用水彩笔给衣服上做了格子装饰,这幅作品就完成了。"说着她脸上露出了满足的笑容。第二个展示的是轩轩,他很自信,得意地告诉我们:"在操场上我捡了很多的椭圆形树叶,这个形状很像小蝌蚪的大脑袋,我就想到了我们上次玩的皮影故事,做了一幅《小蝌蚪找妈妈》的树叶粘贴画。"孩子们还在继续争抢着展示自己的作品,我们班有一个特机灵的淘气包睿睿,他说:"老师,我觉得咱好像在开森林大会,好多小动物都到齐了。"他的话语引发孩子们哄堂大笑,在笑声中我们的美术活动也接近了尾声。

这是即兴的一节美术活动,因为孩子们兴致勃勃亲身经历的一切,才会使他们津津乐道、印象深刻。孩子们自己动手创造作品,体味成功的快乐,这种独特体验是非常宝贵的素材,是教学中展现精彩的源泉。我抓住他们捡树叶并讨论树叶特点这一教学契机,适时地开展了这个活动,从活动的效果反映出孩子们对各种形状的树叶特点和美的一个直观认识。在展示作品这个过程中,我为孩子们创设了宽松、自由、民主的氛围,可以满足幼儿的表达欲望,使交流评说取得最佳效果,绽放出孩子们智慧的火花。

其实,在教学中,只要我们用心感受孩子的世界,挖掘资源,抓住生活中的教育契机,让孩子在玩中学,充分发挥想象力和创造力,他们一定会爱上学习,使教学活动呈现出多姿多彩的本来面貌!

有趣的花生派对

天津市陆军军事交通学院幼儿园　高文英

又到了花生成熟的季节,幼儿园的沙土地里,孩子们春天种下的花生,在他们每天的精心照料下,终于要丰收啦。孩子们迫不及待地把花生从地下挖出来,有满满的一大盆,我们请食堂的叔叔阿姨把这些花生煮熟,让孩子们一起分享劳动后的甜蜜果实。孩子们一边吃,一边用花生壳摆弄着,有的拼成了小花,有的拼成了小虫,有的边摆边想。由于时间限制,孩子们的拼摆有些意犹未尽,于是,我利用这个有意思的发现,决定组织一节有趣的花生派对创意作品活动。

《3—6岁儿童学习与发展指南》指出,大班幼儿能用多种工具、材料或不同的表现手法表达自己的感受和想象。孩子们用花生壳拼拼摆摆的过程,正是他们在生活游戏中通过想象,自发地进行创造性表现的活动。孩子们提议把花生壳洗净晒干后,用它们制作有趣的作品。孩子们看着窗台上密密麻麻的小花生壳，承承高兴地拍手说："花生派对开始啦！"孩子们也很兴奋地大声说着。为了让花生派对活动更丰富多彩，我们一起讨论"花生壳像什么"，启发幼儿大胆想象。我出示了完整的花生壳粘贴画，请孩子们欣赏了很多花生壳创意粘贴作品图片。在经验准备阶段，我们讨论了花生壳粘贴的小技巧。由于花生壳粘贴面小，在粘贴时要用棉签均匀涂好胶水，然后把花生壳按在涂好胶水的地方，多停留一会儿，才能粘贴牢固。在制作的过程中，我提供了多种辅助材料，如黏土、白乳胶、卡纸、彩笔等，让孩子们进行组合粘贴，鼓励幼儿创造出新颖、独特的作品。在制作过程中，我发现孩子们真是创意无限，有花生壳、黏土和添画的作品《小鸡捉虫》，有涂色花生壳和黏土通过排序制作的花生壳爱心项链，有花生壳和黏土创作的漂亮花束，还有花生小船等各种有创意的作品。

通过这次"有趣的花生派对"活动，我感触很多，幼儿艺术活动的能力是在大胆表现的过程中逐渐发展起来的，教师的作用主要在于激发幼儿感受美、表现美的情趣，丰富他们的审美经验，使之体验自由表达和创造的快乐。我在引导孩子们制作花生壳作品的过程中，通过作品欣赏、作品创作、作品分享、作品讲述等环节，孩子们在有趣的花生派对活动中，体验创造的乐趣，锻炼了语言表达能力。珍视游戏和生活的独特价值，创设丰富的教育环境，最大限度地支持和满足幼儿通过直接感知、实际操作和亲身体验获取经验的需要，教师要善于抓住生活中的教育契机，善于发现幼儿感兴趣的事物、游戏和偶发事件中隐含的教育价值，把握时机，积极引导，让幼儿在活动中获得有益于身心发展的经验。

一张平面图引发的故事

北京市东城区大方家回民幼儿园　刘　怡

对于即将要上小学的孩子来说，参观小学是一件兴奋的事情，活动前幼儿园为孩子们安排了和小学生面对面活动，将自己想了解的问题记录下来与哥哥姐姐分享。问题最多的是：小学学校是什么样子的？教室和我们的一样吗？哥哥姐姐告诉孩子们，除了自己的班级，还有科技馆、体育馆、礼堂及专业教室……孩子们投来羡慕的目光。面对面活动结束后孩子们说："老师，我想参观那天都去看看。"我说："小学那么大，怎么才能找到这么多地方呀？""让哥哥姐姐带我们去！""傻孩子们，哥哥姐姐是要上课的。"笑笑说："那我们自己找！"莹莹说："就两个小时怎么能都找到。"我说："那要合理利用时间。"龙九说："要是有张地图就好了。"笑笑说："对，上次去中国科技馆就是参考地图的。"接下来的几天里孩子们都在为这事闷闷不乐，我决定要给大家一个惊喜。露露妈妈是某小学老师，我请露露妈妈拿来了小学的平面图，当我把平面图带到孩子们面前时，孩子们眼中流露出激动的目光。

通过看平面图，孩子们很快就找到了各种场馆，但新的问题产生了：每个人都有想要参观的地方，大家路线不一样怎么才能做到统一呢？莹莹说："每人设计一个路线，然后PK，看谁的最省时又看得最多。"孩子们点头赞成，在接下来的几天里开始设计自己的路线图并向同伴介绍，最终筛选出了三个路线图。一个是笑笑的"艺术之旅"，一个是桐桐的"体育之旅"，还有一个是露露的"校史之旅"。三张路线图都有不同的支持者，经过商量决定要让三个设计者分别说说理由，看哪个是最省时且看得最多的。

三名幼儿发表自己的观点，笑笑想先参观艺术展厅，因为她更喜欢这类活动；桐桐设计的"体育之旅"是因为从地图上看，运动场馆都挨在一起，参观起来比较方便；露露说大家先到便利店集合，省去来幼儿园路上的时间，他和妈妈也已经按路线走过，能把大家想看的都看到，还不会走回头路。参观当天大家先在便利店集合，省去了来幼儿园的时间；到了小学后跟随老师参观完常规路线后，孩子们跟随着露露，按商定好的路线开始参观。

参观小学是毕业前的常规活动，在活动的过程中孩子们展现出了探索的欲望。为了满足孩子们的愿望，我生成了一节科学活动"参观小学路线图"，在活动中从最初的看平面图、设计参观路线到最后评选，每个环节都充分调动着孩子们的主体性、参与性、探索性。杜威曾说：探索是儿童的本能，好探索是儿童与生俱来的特点。幼儿对周围事物有着与生俱来的好奇心和探索欲望，并以自己的方式熟悉并适应周围世界，只要老师给予幼儿充分探索的空间和时间，每个孩子都会是小小探索家。

在游戏中培养幼儿的好习惯

北京市东城区大方家回民幼儿园　张紫妍

受疫情影响，公众的卫生意识都得到了提高，幼儿在家长和教师的引导下，逐渐能够养成良好的预防病毒的好习惯。但是，秋季是传染病的高发季节，其中，勤洗手是保护幼儿不被病毒侵害的一个有效的预防措施。作为班级中的保育教师，我更要注重孩子的手部卫生情况，引导幼儿养成正确的洗手习惯。但是，秋季孩子们往往因为衣服厚不好挽上去，洗手太麻烦等原因，不认真洗手，我认为可以用游戏的方式引导幼儿认真洗手，从而培养幼儿养成良好的卫生习惯。

小朋友在饭前、便后、区域游戏后、户外游戏后，首先要洗手，可是，孩子们很喜欢偷懒，有的小朋友只把手指尖浸湿，有的偷懒不打香皂，还有的干脆不洗手。作为老师，我怎样才能督促孩子们自觉主动地洗手呢？

一天上午的过渡环节中，老师组织孩子们去洗手喝水。孩子们在洗手的时候，有几个孩子正在偷懒，被我发现了。于是我对在盥洗室的小朋友们说："我现在要做看洗手的小小值日生，请洗完手的小朋友让我来闻一闻你的手香不香。"这时，孩子都开始动作飞快地撸起袖子，冲水，打香皂，认真搓手，生怕自己洗手不到位手就不香了。洗完手的小朋友争先恐后地到我身边，一个个举着小手，想让我闻一闻他们的手。"老师老师，你闻闻我的手香不香？""我的我的，还有我的。"看到孩子们一个个渴望得到肯定的表情，我一个个地认真地闻着他们的手，闻到香香的味道，就夸张地说："哇！真的好香啊！真想咬一口你的小手呀！"孩子们听了，都连忙缩回手，笑嘻嘻地"逃"走了。遇到手上没有香味的小朋友，我就会佯装生气地问道："你是不是没有打香皂呀？我都闻不到香香的味道！"他会重新更认真地打香皂洗手。看到手上还有水珠的小朋友，我会说："哎呀！你的手还是湿湿的，我不要闻，不要闻。"孩子只好赶紧跑去认真擦手，再来找我检查。

中班幼儿年龄小，喜欢游戏，好胜心也强，老师可以选择更适合他们的方法，例如，用游戏的方式，帮助幼儿认真对待一件事情，坚持下去，孩子们就可以养成好习惯。对于我这个小游戏，孩子们很是喜欢，在这个小游戏中，孩子们开始认真对待洗手这件事情，以后，他们会养成认真洗手的好习惯。用游戏的方式，帮助幼儿养成了一个对自己有益的好习惯，何乐而不为呢？

教育探索

谚语融入幼儿园食育课程的策略探索

安徽省滁州市凤阳县云霁街幼儿园　张梦迪

一、幼儿园食育课程开展现状

（一）活动材料不充足

食育课程主打丰富多样。幼儿不可能将热情停留在相同的活动形式上，同时也不会长时间对同样的食品材料、操作工具等感兴趣。当下存在食育活动材料不充足的情况，导致此情况的原因是教师对活动的准备不够充分，从而严重影响教师对于饮食文化知识的延伸与讲解。

（二）生活关联不紧密

部分教师认为食育课程是一项偏实践类型的知识普及活动，因此将注意力集中在引导幼儿运用材料进行相关实践层面上。在此期间，教师忽略食育与幼儿生活之间的关联，导致食育课程与幼儿的生活起居相分离，一定程度上不利于幼儿在食育课程中养成良好的饮食习惯。

（三）缺乏传统文化渗透

食育课程中幼儿接触到很多的饮食文化知识。然而，许多教师将知识的范围限制在当下，但中华饮食文化流传至今，其中饱含深厚的文化底蕴及丰富的文化内涵。在食育课程中缺乏传统文化的渗透，导致幼儿错失文化传承的良机，不利于幼儿立足整体，系统地了解博大精深的中华文化。

二、谚语在幼儿园教育中的应用价值

（一）提升语言表达能力

谚语是一种精练且含义深刻的语言表达形式。幼儿在参与教育活动期间学习谚语，能够丰富自身语言储备与语言表达形式，让幼儿通过学习谚语掌握更多展现生活现象的语言，从而在遇到某种生活状况时，能够以贴切的语言将其形容出来，提升幼儿的语言表达能力。

（二）深化传统文化认知

谚语是中华优秀传统文化遗产的重要组成部分，是古今人民群众智慧的结晶。谚语源于人民的生活实践，蕴含着中华民族优秀的传统文化基因。比如，围绕二十四节气而来的谚语比比皆是，内容与节气的特征相关联，并且写有节气中适宜做的事情，对古时的农业耕作具有重要的指导作用。因此，在幼儿教育中融入谚语，能够引导幼儿了解更加多元的传统文化，从而提升幼儿对传统文化的认知。

三、谚语融入幼儿园食育课程的策略

（一）挖掘文化元素，谚语体现文化

文化元素与食育活动相结合，能够让幼儿教育活动更加丰富。谚语是文化的具体展现形式，因此教师挖掘文化元素，延伸出谚语，将其融入到食育课程中，一方面文化的融合能够使食育课程的主题更加鲜明，另一方面幼儿也可借助文化之力丰富对谚语的认知，同时还能将文化与常见的食物相结合。例如，幼儿园秋季晒秋活动中，教师以红薯为主要的食育食物开展相关课程。在开展课程之前，教师以红薯这一秋季典型食物为切入点，探索与红薯相关的文化元素。为此在课程正式开始之前，教师以一句"麦到芒种谷到秋，寒露以后刨红薯"的谚语作为引入。教师通过谚语让幼儿了解芒种、秋、寒露分别表示怎样的时间节点，联系幼儿的实际生活，以生活中常见的节气标志作为参照，使幼儿能够准确理解红薯是在寒露之后从地里挖出来的，从而对红薯这一食物有更加全面的了解。幼儿也能够在食育课程中带着对红薯的文化认知进行后续实践操作。

（二）谚语延伸故事，优化食育细节

食育课程并不是单一的动手实践课程，还是让幼儿拓展认知、丰富知识的课程。因此教师在食育课程中应当贯穿各种形式的教育环节，让活动趋向多元化。为此教师以谚语为切入点，延伸出相关的绘本故事。以讲故事为一环节，以此来优化食育课程的细节，让课程整体更加饱满丰富。例如，园内进行"春种稻谷"这一课程时，教师以"珍珠为宝，稻米为王"这句谚语，拓展出《水稻的故事》绘本故事讲解这一环节。首先，教师会让幼儿自主理解"珍珠为宝，稻米为王"这句谚语，幼儿会发表自己的看法。比如有的幼儿会说"珍珠是宝贝，稻米是大王"，教师则会继续引导幼儿："稻米是谁的大王？"幼儿则会顺着这一思路回答："是粮食中的大王。"当幼儿将注意力集中在"稻米"上时，顺势开展种稻谷的活动，让幼儿由对稻米的认知延伸至愿意通过劳动获得稻谷。

（三）制作节庆食物，主动理解谚语

节庆食物是传统节日中的代表性食物。节庆食物所带有的文化特征与谚语所具有的文化特质相统一。因此教师可以在以节庆食物为主的食育课程中贯穿谚语元素，让幼儿立足节日理解谚语中所包含的文化内涵。为此教师开展以节庆文化为主题的食育课程。例如，在"腊八粥"这一食育课程中，首先，教师为幼儿介绍腊八粥的由来。在此教师从介绍农历二十四节气中的第二十三个节气，也是冬季中的第五个节气"小寒"出发，让幼儿认识到小寒的到来代表着季冬时节的正式开始。其次，教师让幼儿认识到小寒是在腊月，而农历腊月初八是我国传统的"腊八节"，喝腊八粥是全国的习俗。在此教师穿插"小孩小孩你别馋，过了腊八就是年"这句谚语，让幼儿自主意识到腊八粥是腊八节的节庆食物，还有过了腊八春节就来到这一寓意。在制作过程中，教师会让幼儿带着对春节的期盼，制作腊八粥、品尝腊八粥。

（四）依据谚语内容，设计相关活动

在上述内容中提到，谚语是我国典型的民间传统文化。人们在生产生活中总结出的谚语颇为丰富，朴实无华的语句中融合着人民对生活的认知、感受与经验，同时也透露着不同元素的传统文化内涵。教师可依据谚语中所表述的内容，作为主要元素设计相关食育活动。例如，春节前夕有谚语："二十三，糖瓜粘；二十四，扫房子；二十五，磨豆腐；二十六，炖猪肉；二十七，宰年鸡；二十八，蒸枣花；二十九，去打酒；年三十儿，捏造鼻儿（饺子）；大初一儿，撅着屁股乱作揖儿。"其中包含了人们在春节前所做的准备，包含着与食物相关的民俗活动，是民俗文化的典型体现。为此在食育课程中，教师开展以"春节准备"为主题的相关活动。活动中教师引导幼儿设置不同的摊位，幼儿可以根据自己的喜好制作不同的民俗食物。在活动中，幼儿可以体验到不同食物的制作过程，其中有捏糖果、蒸枣花、磨豆腐等。幼儿可以根据自己的兴趣自由选择，并且在制作完成后进行自由展示。

（五）巧用谚语元素，投放食育材料

在食育课程中，如何巧妙地点明食材，以及如何设计食材的投放，是值得教师深入思考的事情。这两个问题贯穿于食育课程始终，同时也在不同程度上决定着课程实施的价值。为此教师运用谚语中的元素，借此投放与之相对应的食材，让幼儿通过解读谚语来了解食育课程的主题，同时准确认识主题背景下的食材。例如，"一梨润三秋"是一句古代的谚语，意思是吃一个梨能够滋润三个秋季。这个谚语的含义在于提醒人们在秋季要注意保持水分和滋养身体，以迎接干燥的秋季。教师将其中的"秋梨"作为本次食育课程的主要食材，带领幼儿制作秋梨水。由此，幼儿能够清晰地认识到本次课程中以秋梨作为食材的原因，同时也能够准确理解秋梨的作用，以及自己所做秋梨冻的意义。由此，教师巧用言语中所提及的食物作为食育课程的食材，将谚语含义贯穿于课程之中。

(六)引导学习谚语，拓宽知识广度

将谚语融入食育课程中，教师不仅要引导幼儿理解谚语，还要引导幼儿学会应用谚语，从而拓展幼儿的知识面。例如，教师在食育课程中融合谚语，先面向幼儿解读谚语的含义，再在所构建的情境中，让幼儿以演绎、舞蹈的方式将谚语表现出来，以此来深化其对所学谚语的认知。与此同时，教师还会提出相关问题，让幼儿运用谚语来回答。幼儿在思考的过程中加强对所学谚语的理解，同时在回答时能够有效运用谚语，在不断积累中可以拓宽知识的广度。

综上所述，将谚语与幼儿园食育课程相结合，深化食育课程的文化价值，让幼儿在制作食物的过程中加深对传统文化的理解。谚语的融入也让食育课程内容更加丰富，幼儿所获得的体验感更加多元化，使得食育课程更加深入幼儿的内心，激发幼儿的食育兴趣，从而进一步拓展其对食物的认知，使其更加有热情参与到食物制作过程中。同时，有利于培养幼儿良好的饮食习惯，能够端正幼儿对于食物的态度。除此之外，也为教师的成长提供良好的机遇，给教师更多的思考空间，让教师能够探索更多元化的育儿方式，给幼儿提供良好的受教育平台。

幼儿园安全教育探索分析
——以广州市某幼儿园为例

广东省广州市天河区旭日雅苑幼儿园　党仪婕

3—6岁的孩子，他们的身体尚未充分成长，抵抗力较低，免疫系统尚未发育健全，他们也缺乏良好的自我保障能力，缺乏必要的保障措施。随着当今学前教育日益受到关注，幼儿安全问题日益突出，对孩子构成严峻挑战，也给家庭带来巨大压力。

一、幼儿园安全教育的现状分析

(一)幼儿园安全教育内容选择

在幼儿园里，安全问题始终都很重要。尽管许多幼儿园都强调让孩子多参加户外活动，以降低安全隐患，但也不乏一些不负责任的做法，比如削弱家长的监督，甚至不让家长参与游戏，这些都给孩子的安全带来潜在的威胁。尽管教育工作者努力地加强安全防范，以确保孩子的安全，但随着社会的进步，各种各样的危机也随之而来。因此，为了确保幼儿的健康成长，幼儿园除了进行有关防范尖锐物品、防止触电、避免摔跤、预防中毒的日常安全教育外，还需加强对防洪、避免溺水、认清陌生人以及个人伤害的预防，提高幼儿的自身保护意识，增强其独立性。

表1　幼儿教师对安全教育内容的选择统计表

项目	人数(人)	百分比(%)
交通安全	99	82.5
消防安全	72	60.0

续表

项目	人数(人)	百分比(%)
同伴活动安全	82	68.3
居家安全	44	36.7
活动安全	57	47.5
饮食安全	64	53.3
防溺水	52	43.3
防触电	57	47.5
防走失	77	64.2
防烫伤	51	42.5
预防疾病	24	20.0
防摔伤	55	45.8
防雷击	22	18.3
防性侵	36	30.0
预防自然灾害	26	21.7

根据表1的数据，幼儿园的安全教育内容分别有交通安全、消防安全、同伴活动安全、防走失，其中，交通安全的教育比例高达82.5%，而防雷击的教育比例仅有18.3%，预防疾病的教育比例仅有20.0%，预防自然灾害的教育比例仅有21.7%。一天的时间里，幼儿教师需要确保幼儿得到充分的生命安全保障，因此，他们要充分利用一天的时间，让学生接受到多样化的、有效的、系统的健康教育。经过调查，我们发现，幼儿园的安全课程非常缺乏。无论是小班还是中班，都只提供了关于交通、与伙伴相处以及如何预防自然灾害的基本知识，而关于预防意外事故、避免跌倒以及如何进行户外活动的知识却非常匮乏。

(二)幼儿园安全教育方式

通过采用有效的教育方式，我们可以根据学生的个性和需求，提供有针对性的课程，帮助他们达到我们的教育目标。这种方式的核心原则在于：坚持正确的教育理念，确立明确的教育目标，并将课程的内容有效地传递给他们。通过采用个人化、多样化、关注孩子的需求、注重实用的技巧的方式，并结合孩子的成长需求，采取科学的、系统的、针对性的安全教育措施，让孩子们掌握必要的安全知识，学会正确的应急措施，增强他们的自救意识，从而达到预防和减少危险的目的。

表2 幼儿园教师进行安全教育的方式统计

方式	人数(人)	百分比(%)
教材或宣传手册	79	65.8
网络资源	64	53.3
走廊上的提示语、宣传画	91	75.8
电视短片	65	54.2
自己制作的教案	53	44.2

根据表2的数据，大约有75.8%的教师更喜欢使用标记性的指引或者宣传品来进行安全教育。使用现代化工具或者媒体工具的教师的占比是44.2%，这说明教师们正在不断地适应当今的社会、经济和科技，并使用现代化的工具或媒体工具来开始课程。然而，还有许多老师坚持使用传统的课堂模式。

经过调查，我们可以得出结论：在许多情况下，幼儿园的老师们主要依靠课本、宣传单以及墙壁上的告知牌等工具，以此来开展安全教育。然而，少数老师则开始使用互联网技术，如在线课程；利用多媒体技术，如在线影音课程、多媒体课件等。

二、幼儿园安全教育的问题及原因分析

（一）安全教育内容不全面

经过问卷调查，我们发现，幼儿园安全教育的重点集中在交通、伙伴关系、避免意外和消防安全，尽管它们满足了当今社会的需求，但它们的涵盖范围并不够。相比之下，预防疾病和意外事故的能力，比如防止感冒和打电话的能力，很少被关注。因此，作为教师，我们应该既注重日常的工作，又能预见可能发生的危险，并且能够为孩子们提供充足的安全知识。另外，我们应该注重培养孩子的健康和情感，而非只关注他们的身体健康。为了进一步提高孩子的安全意识，我们需要不断改进和完善幼儿园的课程。

（二）教师在安全教育方式上单一

经过问卷调查，我们发现，对于幼儿园教师来说，使用的安全教育工具有教科书、宣传单、指引性文字、图像、互联网应用、电影、录像带以及个人制作的课件。结果显示，使用教材或宣传手册的老师数量占比65.8%，使用网络资源的老师数量占比53.3%，使用电视短片的老师数量占比54.2%。经过调查，我们发现，在课堂中，教师主要依靠的不仅仅是教材和宣传单，还包括走廊上的指引。然而，在课堂外，教师很少利用互联网来开展安全教育。

（三）教师的安全教育知识技能缺乏

根据我们的调查，大多数教师并不了解安全教育的相关知识，甚至连一些日常的安全事件的预防和抢险方法都不了解。经过调查，大多数的幼儿园教师仅仅具备预防跌倒、避免触电和应对紧急情况的基本知识，以及处理各种突发事件的紧急处置方法。但是，很少有教师具备预防雷击、避免窒息、抢救受伤者的专业知识，这些问题正是由教师们的专业素养不足所导致的。

三、幼儿园安全教育建议

（一）开展全面的安全教育内容

幼儿园安全教育，主要围绕着道路交通保险、消防安全、运动健康等，随着生活质量的提升，以上安全性知识内容早已无法适应社会实际的需要，而这种变化较快的生活环境下的危害也就越来越多，也越来越容易被忽略。

幼儿园的安全教育内容需要与时俱进，适当增加教育内容。应全方位囊括安全知识，定期举办主题安全知识教育，帮助孩子系统了解。幼儿园应定期更换课程，与各园互动研究，利用互联网充实安全教育内涵。针对不同教育内涵，教师教育方式应不同。如幼儿安全知识可在一日活动中教育，成效较好；园外安全教育如交通安全需要家庭配合，可借助游戏进行教育。

（二）开展多种幼儿园安全教育的方式

要采取多样化的教学手段来开展安全教育。首先，教师应根据不同时期的幼儿个性特征、对儿童安全教育的目标要求及幼儿园自身的特点，在教学活动中较直观地教幼儿掌握

交通安全常识并熟悉面对风险时所要采取的方法,以加强幼儿自我保护能力,从而培养幼儿的学习态度,并把安全知识的行为引导作为教育目的。例如,对大班幼儿,可采取多样化的教学手段,如影音欣赏、游戏交流、创造情景等,让孩子们在实际模拟的情景中学会初步的交通安全认识和规范,并以此提高幼儿对交通安全的规范意识与准备能力。

对幼儿园教师来说,其工作的重点在于要使幼儿树立起自我保护的安全意识,懂得不要与陌生人交谈,不说自己家在哪里等。例如,可以通过创作一些童话故事,从"我"的角度,来阐明面对陌生人应当怎么做。通过安全教育专题游戏的展开,如"面对危机"来教导孩子如何维系和防范危机,淡定地面对危机,碰到危机能自救等。透过情景演绎的小童话故事《好烫的水》《我摔倒了》《我的奶水洒了》等,让孩子们懂得当事情再次发生的时候应有避免危机的能力。另外,还可以以"我能自救"的互动方式,让孩子们学会自身防护。上述这种生动有趣的方式,不但调动了孩子们浓厚的学习兴致,还让他们从游戏和情境中掌握了自救常识,学到了保护自己的知识。

(三)加强对幼儿教师队伍的安全教育知识技能培训

在危险的情况下,我们应该认识到,拥有自我保护的意识和能力至关重要。因此,我们应该在课堂上更多地进行安全教育,包括消防演练、紧急疏散等,以便更好地应对可能出现的危险情况。为了确保孩子们的健康与安全,我们需要努力为教师们提供更加完善的安全教育体验,以便他们更好地理解并有效地处理各种危险情况。同时,我们还需要定期举办安全教育活动,通过视频、图片、文字等形式,向教师们传授有关安全的常见知识,并且鼓励他们更加重视安全。此外,幼儿园之间应该积极沟通和协商,共同分享宝贵的经验,从而更好地提升幼儿园的安全管理水平。

在自然教育中提升幼儿环境保护能力的策略研究

广东省佛山市南海区桂城实验幼儿园　吕莉羽

一、研究背景

陈鹤琴先生指出,儿童教育应当遵循儿童的天性(兴趣、好奇心等),提倡并鼓励儿童在大自然中接受教育。《幼儿园教育指导纲要(试行)》也曾提出要求,要在幼儿生活经验的基础上,帮助幼儿了解自然环境与人类生活的关系,倡导教育幼儿"爱护动植物、关心周围环境、亲近大自然、珍惜自然资源、有初步的环保意识"。《3—6岁儿童学习与发展指南》(以下简称《指南》)中也细致地阐述了对于幼儿不同年龄段自然认知及发展的目标要求与建议。值得一提的是,《指南》五大领域中有四个领域都涉及自然活动,"自然"一词提及次数高达30余次。可见自然教育对学龄前儿童的重要性。然而,随着城市的发展,儿童与大自然渐行渐远,曾经喜欢在大自然中嬉戏玩耍、探索发现的儿童,他们越来越喜欢待在室内。由于缺乏与自然的互动,他们对自然的了解都是浅显的。如何更好地培养儿童亲近自然、尊重自然、热爱自然生命的情感态度?如何更好地激发潜能,让幼儿能够自发地实施环保行为?这是我们需要思考和研究的问题。

二、提升幼儿环境保护能力的策略

(一)依托主题课程,制定"自然教育系列"主题教学活动

根据多年一线教师的经验,幼儿园教学活动在幼儿的日常生活中占了很大比重。因此,在本研究的实施策略中我们围绕自然教育系列开展园内主题教学,通过动物系列、植物系

列、环保系列、纪念日系列教学活动帮助幼儿了解不同动物的习性和特点，激发幼儿对动物的喜爱之情。同时也指导幼儿进行种植，让幼儿栽培种子或小苗，鼓励幼儿每天观察它们的生长变化，去探寻事物的本源。通过种植活动不仅丰富了幼儿相关的知识、技能，还能激发幼儿的探究力、学习力、动手能力，同时也为幼儿提供自主接触自然、探索自然的机会，激发幼儿对生命的热爱。

（二）依托自然资源，组织"走进自然"系列体验活动

陈鹤琴在对儿童身心发展特点认识的基础上指出：传统教育中，人的观念被书本严重束缚了，让儿童回归到大自然之中，接触大自然中的花草木，与万物为友，儿童在广阔的自然中开阔了眼界，才能激起他们探索未知事物的好奇心。因此，我们制定走进自然系列主题活动，通过走进罗南生态园、乐湖水上森林公园、长鹿农庄、佛山植物园等，带领幼儿进一步了解动植物的特性，通过亲密接触让幼儿融入自然世界，知道动植物是人类的好朋友，以此激发幼儿喜欢自然、爱护自然的情感。

（三）结合家园共育，强化环保概念

3—6岁幼儿环境保护行为的形成离不开家庭、幼儿园和社会的共同教育。为进一步强化幼儿的环保概念，我们结合家园共育，通过垃圾分类、节约用水、节能减排、绿色出行等行为，让家长、幼儿共同参与其中。这样不但可以让家长近距离了解幼儿园的教育方法和理念，也能引起家长对环境保护的重视。

三、探索提升幼儿环境保护能力的成效

我们结合动物系列、植物系列、环保系列、纪念日系列开展园本主题教学，利用社会资源开展"走进自然"系列主题活动，让幼儿亲身体验，引导幼儿了解自然、尊重自然。通过家园共育践行保护自然环境，以上几个策略研究已初步形成幼儿园自然教育课程的组织与实施方案及活动案例。幼儿通过与大自然建立深厚而亲密的关系，热爱自然、尊重自然，加深了对自然环境的了解，能自发尊重自然环境中的生物，愿意主动保护自然环境。具体成效归纳为以下三个方面。

（一）教师层面

教师是自然教育课程实施的主体，课程实施的成功与教师发挥其主体作用有着密不可分的联系。通过自然教育系列活动，一线教师更深刻地认识到自然环境对人们生活的影响和危害。在研究之前，一线教师开展自然教育和环保教育通常都是随机的；研究后，我们将"自然教育系列"梳理成一套较为丰富的课程方案，教师们能在一日活动中更好地抓住教育契机，时刻为孩子们灌输环保意识，提升幼儿的环境保护能力。

（二）幼儿层面

幼儿是本次活动的主体，通过本研究，幼儿对自然有了更丰富的了解，自然教育很好地激发了幼儿的主动性，幼儿通过种植每天积极观察其生长变化，呵护植物的成长，自主地去探寻事物的本源，丰富幼儿相关的知识。在"走进自然"系列主题活动中，孩子非常热爱大自然，幼儿通过近距离接触懂得了一些动物与植物、动物与动物、植物与植物、人与动物的相互关系，很好地培养了幼儿简单的环保道德行为，如爱护花草、树木、动物，他们主动地去关心周围世界，了解自然界的各种现象和变化。在生活实际中，幼儿能够通过垃圾分类、光盘行动践行环保行为。

（三）家长层面

通过家园共育我们也取得了一定的收获：家长通过和幼儿一起参与学习，清楚地知道了垃圾的分类有4种，即可回收垃圾、有害垃圾、厨余垃圾和其他垃圾。在幼儿园一日生

活中，教师是幼儿的行为榜样，在家里，幼儿则成为家长的榜样，幼儿不断向家人、亲戚朋友传达环保理念，也让他们深刻地明白垃圾没有好好地分类会造成很大的危害，会影响我们周边的环境。在环保纪念日系列主题活动中，家长表示非常愿意从自己做起，为幼儿树立好榜样，配合幼儿绿色出行，在实际行动中贡献出自己的一份力量。

四、结语

本研究很好地提升了幼儿环境保护的意识和能力，对幼儿的成长发展有一定的帮助和影响，如何将活动价值使用可测评的教育结果一目了然地呈现出来是我们下一步需要思考的问题之一。另外，幼儿非常向往大自然，在下一步研究中，在探索自然方面我们想突破"校园围墙"，把更多的课程活动搬到户外开展，增加幼儿与自然互动的频率，满足幼儿对大自然的好奇心。

新时代幼儿教育"五育"并举困境及实施路径探究

广东省深圳市光明区马田合韵幼儿园　沈雪莲

一、新时代幼儿教育实施"五育"并举的重要性

2018年，习近平总书记在全国教育大会中强调，要培养德智体美劳全面发展的社会主义建设者和接班人。这是新时代下党中央对我国各个教育阶段的总要求。《深圳市"十四五"学前教育发展提升行动计划》也指出："加大投入力度，优化保教队伍，提高保教质量，努力满足人民群众对幼有善育的美好期盼，为培养德智体美劳全面发展的社会主义建设者和接班人奠定坚实基础。"当前，社会经济发展日新月异，传统模式的幼儿教育已不能满足素质教育的要求，因此，幼儿园及教师应不断创新发展现代化的教育模式，而"五育"并举便是践行现代化教育理念的新出路。"五育"并举指明了新时代教育发展的方向，为人才培养提供了基本遵循，社会的进步推动着素质教育的全面提高，国民素质的提高与国家的发展息息相关。"五育"并举进一步打破了传统教育模式带来的重理论、轻实践的弊端，在幼儿教育阶段开展"五育"并举，有利于促进幼儿综合素质的提升，为其日后的全面发展奠定良好基础。

二、新时代幼儿教育实施"五育"并举的困境

（一）"五育"并举融合发展仍需提升

在幼儿教育中，想要实现幼儿全面发展，德智体美劳就必须高度融合，发挥出"五育"并举的最佳效果。在目前的幼儿园教育教学中，德智体美劳教育虽然开展良好，但存在着"各自为政"的情况。教师往往只能侧重于两项或三项教育内容的融合教学，并没有将"五育"融会贯通。甚至一些幼儿园为了招生，为了迎合家长对幼升小的错误教育观念，强调学科教育，重智育，轻德、体、美、劳育，长此以往，不利于培养全面发展的新时代幼儿。

（二）"五育"并举开展形式相对单一

幼儿教育与其他阶段教育不同，没有严格的教材概念，目前幼儿园开设的课程通常都是根据班级开展的项目活动而设定的，所以许多幼儿园在"五育"相关活动、课程的设置上有所偏颇。高度灵活和自由随意是幼儿教育的主要特点，在此背景下，部分幼儿教师创设的教学活动课程往往只选择容易把控或自己擅长的，这在一定程度上违背了"五育"并举的初衷。同时，部分幼儿教师仍旧采用传统的教育教学模式，并没有与时俱进地结合当代幼儿的身心特点和发展规律，形成了美育就是画画、体育就是简单田径运动的教学方式，导致幼儿渐渐降低了主动参与"五育"活动的兴趣和积极性。在劳动教育中,一些教师因担心幼儿的安全问题,活动课程完全是由教师演示过程,幼儿仅为观看者,忽视了幼儿作为教学主体的意义,种种问题致使"五育"并举在幼儿教育中开展形式相对单一。

(三)"五育"并举教育评价有待完善

教育评价是检验幼儿教育质量的重要途径,也起着指导幼儿教育发展方向的关键作用,但许多幼儿园并没有科学合理的教育评价体系。现阶段的教育评价更侧重幼儿教育中的德育部分,对智、体、美、劳的教育评价并不完善,进而使教育评价过于关注结果而忽视过程。同时,"五育"教育评价方式仍受传统教育理念与模式的影响,以标准统一的结果性评价作为评价方式,不能体现不同幼儿的差异性和个性化发展。传统的教育评价方式也容易错过幼儿成长的关键期,导致幼儿在相应阶段没有得到应有的能力提升。此外,教师对幼儿进行教育评价时,评价标准与量化方式也有待完善。教师评价幼儿的成长发展大多是以考查幼儿掌握知识的多少作为依据,这样的评价容易以偏概全,不利于幼儿"五育"并举的全面发展和成长。

三、新时代幼儿教育"五育"并举的实施路径

(一)强化幼儿教育"五育"并举教育环境

新时代下,将"五育"并举融入幼儿教育教学中,强化"五育"并举的教育环境是关键所在。教育环境对幼儿学习成长起着重要的辅助作用,轻松欢快的教学环境可以帮助幼儿更好地集中注意力,跟随教师的引导主动参与教学活动与课程,从而提高幼儿教育的教学成效。首先,幼儿园及教师应加大对教育环境的人力和物力投入,为幼儿创设一个融入"五育"教育理念的良好物质教育环境,让幼儿在直观的视觉、触觉效果中,潜移默化地接受"五育"物质教育环境,包括幼儿园的场所布局、教学设施和教学材料等。为了营造一个有利于幼儿全面发展的环境,可以将教室布置成多功能区域,其中包括艺术区、科学区、阅读角等,在满足幼儿不同发展需求的同时,也促进幼儿的多元发展。其次,幼儿园可以结合自身的办园特色,遵循《3—6岁儿童学习与发展指南》的培养目标,构建"五育"教育的特色课程。例如,幼儿园可以开设"快乐烘焙"课程活动,教师在活动设计时便将"五育"并举理念融入其中,并以幼儿的视角思考怎样的烘焙教学方式和教学活动才能激发幼儿的学习热情和积极参与,从而为幼儿创设多元化的教育环境。在课程教学过程中,教师要鼓励幼儿动手参与体验烘焙,并在教师的引导下动脑思考、互帮互助、乐于实践、搭配装饰、热爱劳动,从而实现德智体美劳全面发展。

(二)促进幼儿教育"五育"并举全面发展

在实施幼儿教育"五育"并举的过程中,促进幼儿的全面发展是至关重要的。全面发展意味着幼儿在不同方面都能够得到良好的培养和发展,包括身体、智力、情感、社会和审美方面。一方面,教师要注重幼儿的兴趣培养。幼儿发展最好的方式就是根据他们的兴趣来进行教育和培养。教师可以通过观察幼儿的兴趣和特长,为他们提供相应的学习机会。例如,对于喜欢绘画的幼儿,可以提供更多的绘画材料和指导;对于对音乐有兴趣的幼儿,可以开设音乐培训班;等等。通过培养幼儿的兴趣,可以激发他们学习的动力,促进他们在各个方面的全面发展。另一方面,幼儿园要加强保教师资队伍建设。教师是实施幼儿教育"五育"并举的关键。他们需要具备全面的教育理论知识和实践经验,同时也需要具备对幼儿的关爱和尊重。为了促进幼儿的全面发展,学校和幼儿园应该加强对教师的培训和专业发展,提升他们的专业素养和能力。此外,学校可以组织教师团队合作,进行教学研讨和经验分享,以便不断提升教师的教育教学水平。

(三)建立健全"五育"并举教育评价体系

教育评价是对教育过程和结果进行评估、反馈和改进的重要手段,具有指导性和激励性的作用。对于幼儿教育来说,建立健全的评价体系可以帮助幼儿园和教师更好地开展工作,同时也能够为家长提供正确的参考。幼儿教育"五育"并举要求综合发展,因此评价体系应该包括幼儿的智育、德育、体育、美育和劳动教育等方面的评估指标。例如,在智育方面可以考查幼儿的认知能力、语言表达能力和问题解决能力等;在德育方面可以评估幼儿的道德品质、价值观念和社会责任感等;在体育方面可以观察幼儿的运动技能和身体素质等。传统的考试评价方式在幼儿教育中并不适用,因为幼儿的认知水平和表达能力有限。评价方法应该注重观察、记录和综合评估,通过观察幼儿的平时表现、记录幼儿的成长轨迹和综合评估幼儿的发展水平来进行评价。此外,教育评价标准应该明确具体、指导操作,并与幼儿教育的目标和特点相符。评价标准可以根据不同年龄段和发展阶段的幼儿制定,同时也可以根据幼儿的兴趣和特长进行个性化评价。评价标准的建立应该充分考虑到幼儿的个体差异和发展特点,避免过度评价和标准化评价。教师还需注意,评价结果应该及时反馈给家长和幼儿本人,以帮助他们了解幼儿的发展状况和需要改进的方面。

四、结语

综上所述,贯彻落实幼儿教育"五育"并举对实现幼儿的全面发展具有重要的意义。教师可以通过强化幼儿教育"五育"并举的教育环境、促进幼儿教育"五育"并举全面发展、建立健全"五育"并举教育评价体系等方式,提升幼儿的综合素质,促进其健康成长,完成幼儿教育阶段的育人任务和教育目标,实现教育强国。

教师对幼儿园数学活动的指导策略研究

辽宁省大连市甘井子区恒大港湾幼儿园　王　松

在幼儿园数学教育领域中,教师的指导策略具有决定性的作用,直接影响幼儿的数学学习和素质发展。本文旨在深入探讨并提炼出有效的指导策略,以帮助幼儿园教师更好地引导幼儿参与数学活动。数学早期教育会对幼儿的认知和数学问题分析能力产生深远影响,本文旨在为提高幼儿园数学教育质量提供实用而有益的指导原则。详细指导与实践策略内容如下文所述。

一、幼儿园数学活动的融合与实施价值

(一)从小培养文化素养

数学活动的融合能够从幼儿时期开始培养文化素养。通过数学活动,幼儿可以接触到数学的基本概念和应用原则,拓宽自己的认知边界。数学是一门普遍认可的全球性学科,通过数学活动的参与,培养幼儿从小形成广泛的文化素养,提升文化认知能力。

(二)文化自信心培养

幼儿园数学活动的融合有助于培养幼儿的文化学习自信心。数学活动的参与往往需要解决问题和面对困难,通过克服这些挑战和成功解决问题,幼儿会逐渐形成自信心。这种自信心的建立不仅仅是数学能力的提升,更是对自身学习能力的认可,从而促进幼儿在其他学科和活动领域的不断发展。

(三)促进学习能力进步

数学活动的实施能够促进幼儿的学习能力进步。数学活动中需要观察、分析、推理等学习流程，培养了幼儿的思维能力和逻辑推理能力。这些思维能力在学习其他学科和面对各类生活问题时也能够得到应用。此外，通过数学活动的实施，幼儿不仅掌握了数学知识和基础技能，同时也提升了学习应变能力，从而为未来的成长和实践训练奠定扎实基础。

二、幼儿园数学活动的融合与实践原则

（一）情景模拟原则

幼儿园数学活动应紧密联系幼儿的日常生活经验和实际情境，以更有效地激发他们对数学的兴趣和深刻理解。例如，在角色扮演中，可以创设购物场景，帮助幼儿通过模拟购物、计算货币数量和找零的活动来培养数学运算能力。此外，在户外活动中，可以利用花坛、积木等实物，鼓励幼儿进行数数和分类的游戏，以培养数学概念和基础学习技能。这样的教育方法有助于为幼儿建立坚实的数学基础，使幼儿在未来的学习中更加自信和成功。

（二）合作共建原则

幼儿园数学活动应注重培养幼儿的合作意识以及团队精神，通过小组合作解决问题的方式，激发幼儿的创造性思维，培养幼儿的团队合作能力。比如，组织幼儿参与数学拼图游戏，让他们在合作中学会倾听、协作和互动，培养他们的合作精神，从而在互动活动中获得新的启发。这不仅有助于幼儿学习数学，更能让他们在团队合作中收获成长。

（三）趣味生动原则

该原则强调通过生动有趣的方式来教授数学概念。这一原则通过使用游戏、故事、玩具等趣味性元素，吸引幼儿的注意力和活动兴趣。以游戏的方式学习数学，幼儿更容易理解和掌握抽象的数学概念，同时也能在积极的、互动性的环境中建立对数学的乐观态度。而趣味生动的教学方法可以激发幼儿的探索好奇心，并为他们打下数学学习的坚实基础。

三、幼儿园数学活动教师指导策略设计与实践方案

（一）创设情境，激发兴趣

在幼儿园数学活动中，教师可以通过讲述数学故事、展示数学动画或图片等方式，引导幼儿发现身边的数学问题，激发好奇心和探索欲望。这些情境可以包括生活中的各种场景，如超市购物、排队等待、时间管理等，让幼儿在轻松愉快的氛围中感受数学的乐趣。

除了引入生动有趣的数学情境，利用多媒体资源也是提高幼儿数学活动兴趣的有效手段。教师可以通过多媒体设备展示生活中的数学现象，如数字、形状、颜色等，帮助幼儿建立数学与生活的联系。这些多媒体资源可以包括视频、图片、音频等，使幼儿更加直观地了解数学在生活中的运用，从而增强学习和活动参与兴趣。

另外，设计互动游戏或活动也是幼儿园数学活动中不可或缺的一部分。通过游戏或活动，幼儿可以在轻松愉快的氛围中感受数学的魅力，同时提高他们的动手能力和思维能力。教师可以设计一些与数学相关的游戏或活动，如数字接龙、拼图游戏、数独等，让幼儿在游戏中学习数学知识，并培养他们的文化素养和探究思维。在游戏或活动中，教师需要注意观察幼儿的游戏表现，给予适当的指导和帮助，确保幼儿能够正确理解和运用数学知识。同时，教师还需要鼓励幼儿大胆表达自己的想法和见解，以此培养自信心和情感表达能力。

（二）注重操作，培养思维

提供丰富的操作材料，让幼儿在动手操作活动中理解数学概念，教师可以设计一系列具有开放性的数学问题，以引导幼儿通过思考和探索来找到问题的答案。

在设计问题时，教师应当鼓励幼儿大胆表达自己的想法和见解，培养他们的自信心和主动参与热情。例如，教师可以问幼儿："你认为有哪些日常生活中的事物可以用来表示数字？请举例说明。"这样的问题可以引导幼儿思考并尝试将数字与实际物体联系起来，从而

培养对数学概念的基础理解。

在观察幼儿的操作与活动细节过程中，应给予适当的指导和帮助，确保幼儿能够正确理解和运用数学知识。例如，如果幼儿在进行解答操作时出现错误，可以提供相关的提示和引导，帮助其纠正错误并找到正确的答案，在此期间还应该及时夸奖和鼓励幼儿的努力和进步，以此增强学习和活动参与动力。

（三）多元评价，鼓励进步

首先，评价机制应该包括多样的方式，如观察、记录、口头反馈和作品展示。这有助于全面了解幼儿的数学活动表现，而不仅仅是基于单一的标准化测试或测验。

同时，评价的重点应放在过程而非结果上。教师应鼓励幼儿积极参与数学活动，强化坚持与努力信念。当幼儿在解决数学难题遇到困难时，教师的积极反馈和指导可以帮助他们提高自信心，从而突破学习困境。

在活动参与和学习过程中，鼓励幼儿自我评价和反思是培养他们自主学习和发展的关键一步。教师可以帮助幼儿建立自我评价意识，让幼儿学会对自己的数学活动表现进行自觉反思，并设定未来的学习目标。这有助于培养他们的学习动机和自我管理能力。

此外，教师与家长之间的沟通也是评价机制的重要组成部分。定期与家长分享幼儿在数学学习活动中的进展，讨论他们的强项和需要改进的领域，可以共同促进幼儿的进步与提升。在此期间，家长的参与和支持对于孩子的数学学习活动至关重要，因此建立积极的家校合作关系是必要的。

四、结论与未来展望

综上所述，通过创设情境、注重操作、多元评价等教师指导策略，可以培养幼儿的数学学习自主意识，同时也能借助丰富且生动的游戏活动激发幼儿的学习兴趣，打牢数学文化底蕴，形成数学思考与问题分析能力，以便为后续迎接更大的学习和挑战奠定扎实基础。

为了不断提高幼儿园数学活动中教师的指导策略质量，可以考虑以下发展路径。其一，提供专业培训和支持。幼儿园可以组织专门的培训课程，帮助教师提升数学活动开展水平。同时，建立教师交流平台，促进教师间的经验分享和互相学习。其二，制定教学指南和资源。教育部门可以制定统一的教学指南，为幼儿园数学活动提供可行的教学方法和活动设计参考。同时，提供相关教材和资源，方便教师在教学过程中的应用。

"儿童本位"视角下幼儿园户外游戏场景的创设与思考

辽宁省大连市恒大港湾幼儿园　张莉娜

蒙台梭利说："在教育上，环境所扮演的作用相当重要，因为孩子从环境中汲取所有的东西，并将其融入自己的生命之中。"可见，环境对幼儿的成长意义重大。

一、当前户外游戏场景创设的现状分析

（一）重景观，轻实用

很多幼儿园在户外游戏场景构建中流于形式，关注更多的是美观，而不是区角和材料本身的使用和教育意义。比如，很多幼儿园绿化做得很美观，实际上并不实用，而且浪费了很多资源和空间，白白占用了幼儿的活动场地，事实上，户外环境具有很强的教育性。

（二）重运动，轻探究

户外游戏场景对幼儿来说就是充当了游乐场与运动场的重要场所，很多幼儿园在大型器材选择和设置时，只是比较单一的摆位，长时间游戏，只能片面满足幼儿运动的需求，不利于幼儿的探索和多样材料的组合游戏，缺少探究性。久而久之，幼儿会失去兴趣，从而大大降低自主游戏的质量。

（三）重内容，轻规划

有些幼儿园户外投放了很多游戏设施和材料，但缺少合理的规划和布局，因此会导致空间布局不合理。有的活动空间太小，活动不开；有的活动空间太大，资源浪费，这对于儿童的游戏质量来说，是十分不利的。

二、儿童本位视角下户外游戏场景创设的原则

首先，自然性与教育性。现在大家都在倡导"让孩子回归自然"，在自然中探索野趣，在野趣中激发灵性。对生活在钢筋水泥里、淹没于电子产品中的孩子来说，这种崇尚自然的教育方式犹如一缕清新春风，也给心弦紧绷的家长带来新的希冀。比如，沙水组合的沙池和水池，就是孩子们亲近大自然最好的游戏区，教师要适时对幼儿进行一对一倾听，多提供幼儿所需的丰富材料，让幼儿参与进来，提升游戏兴趣，体现教育意义。这些自然活动可以培养幼儿对周围事物、现象的兴趣以及幼儿动手动脑探究问题的能力，萌发幼儿亲近动植物，亲近自然的情感。

其次，趣味性与安全性。室外环境空间布局要尽可能地从幼儿的身心特点出发，做到富有趣味性。安全问题是家长和幼儿园共同关注的问题。幼儿天生好动，同时自我保护能力也较差，而要避免这些安全问题的发生，需要在幼儿园设计中重视细节问题，细节的安全性是避免安全问题发生的有效保障。比如，我园幼儿在PVC管游戏区搭出了帐篷，我们通过师幼互动，发现幼儿需要帐篷里的物品，我们提供了娃娃家等一些材料，提供材料的同时保证安全性。

最后，探究性与挑战性。户外游戏场景的探究性与挑战性，是保证幼儿长时间在同一个环境中保持新鲜感的重要因素之一，可以促进幼儿智力的提升与思维的发展。

三、基于儿童本位视角户外游戏场景创设的实施

（一）以回归儿童本位立场为指导思想

教师要更新思想，户外游戏场景构建不限于运动功能，而是在实现游戏探究与学习的综合价值。在幼儿教师的合理引导下，幼儿能够通过户外活动增强自身的动手能力，促进其健康成长。当幼儿的动手能力得到增强后，他们会很愿意主动向别人展示自己新获得的技能或知识，从而促使他们能独立完成更多的事情，更愿意参与到户外活动之中。幼儿教师要在设置活动内容时注意与实际生活的联系，这样幼儿才能够将活动中学到的知识与技能运用到日常生活当中。比如，我园幼儿在安吉游戏区活动时，教师发现他们喜欢投篮，于是新增了投篮球的趣味性游戏板块，幼儿手持篮球翻越安吉架后，会将篮球投入滚筒，可是篮球不会很顺利地进入滚筒，我们又加入了木板。幼儿开始把篮球从木板划入滚筒，自己又从木板上滑下，从滚筒里钻出，有的幼儿当守门员，在滚筒上坐着帮其他幼儿收球等，不仅锻炼了平衡能力，而且探究出了多样的创意玩法，让幼儿乐在其中。

（二）以整合户外活动空间为依据

在进行户外游戏场景构建时，教师要对户外可以利用的资源与空间进行整理汇总，尽可能地拓展空间，最好要做到动静结合，既给孩子们提供充足的游戏场所和活动空间，又保留给孩子一些独自思考、亲近自然的空间场所，不仅要考虑外在的美观度，而且要满足孩子们各种游戏活动的需要，可以通过将大型玩具移位和适当绿化的方式来调整。比如，将阳光充足的地方作为种植区，阴凉的地方作为沙池等，滑梯尽量放在一个靠边的位置，

方便幼儿游戏，又不影响旁边区域的活动等，做到为幼儿提供一个"麻雀虽小，五脏俱全"的游戏、活动空间。

（三）以多路径促进儿童自主探究为目的

户外游戏场景的构建不仅仅是为了实现游戏价值，还要满足幼儿的观察、体验、表达等能力的训练。针对户外游戏场景的构建，立足于幼儿的需求，教师可以开辟丰富的内容。

比如，安吉区、骑车区、大型积塑区、野战区等，让幼儿在户外游戏区域可以实现综合体能与心智的训练，为了保证幼儿自主游戏开展的活动质量，我们可以实行预约制，这样不但避免了不同年龄段幼儿的"争抢"现象，同时让幼儿能够更好地在活动中获得快乐和能力的提升，提升教育价值。

（四）以游戏中体验、体验中内化为依据

1. 巧妙配置材料，激发幼儿的兴趣

材料是户外自主游戏环境创设的关键要素，投放的材料要体现丰富、开放、多元的特征，能给予幼儿充分的选择空间，可支持幼儿用不同的方式去组合材料，探索多种多样的玩法。

比如，教师可以在幼儿园户外场地中设置骑车区，在骑车区中提供平衡脚踏车和三轮车等器材。幼儿最初玩的只是简单的"带人"游戏，随着游戏的开展以及幼儿间的讨论，陆续增加了加油站、洗车行、快递站点等丰富的游戏形式，增加了趣味性。户外自主游戏中的社会交往不是在教师的引导下产生的，而是由幼儿自主发起的。材料的多元性以及不同材料之间的联系，会激发幼儿游戏的灵感，促使幼儿社会交往与合作，能够发展幼儿的规则意识和与人合作的能力。

2. 关联幼儿经验，再现生活场景

户外自主游戏中幼儿的交往行为可源于幼儿的自主想象，教师要进行适时的师幼互动，并做好一对一倾听指导。

比如，一次我们在户外游戏区，用积木进行搭建时，有的幼儿想出了这里像一个烤箱，结合有的幼儿最近去吃烤肉的经历，我们创设了一个烤肉店的区域，吸引了更多的幼儿来游戏，大家一起商量烤肉店里都有什么。幼儿会将生活经验迁移到户外自主游戏中，也会在游戏中尝试一些新的玩法，让幼儿展现出自主的分工、合作、协商行为，提升幼儿的交往能力。

四、结语

为了贯彻落实《幼儿园工作规程》中的"促进幼儿身体正常发育和机能的协调发展，增强体质"这一保教目标，经过多年的实践证明，丰富多彩的户外活动，不但有利于幼儿一日活动的开展，而且对幼儿身心和谐发展有很好的促进作用。

我们遵循户外活动以玩为主的原则，能促进幼儿智力的发展。我们要安排足够的户外活动，以保证幼儿的生长发育。幼儿时期是人生中最快乐、最灵敏的阶段之一，也是体育教育的关键时期。因此，幼儿园户外运动环境的创设显得尤为重要，不仅仅是体能的锻炼，更有利于幼儿身心健康、人际交往等多种能力发展。在幼儿园户外游戏场景的构建工作中，教师一定要立足幼儿的成长与发展需要，以先进的思想与成功的经验来为幼儿打造出一个舒适、和谐的户外环境。

绘本润心，筑梦成长
——在科普绘本中优化幼儿园科学活动

海南省澄迈县瑞溪中心幼儿园　陈美玉

科普绘本是指科普类的绘本，以图文并茂的形式，特别强调文与图的内在关系，图画不再仅仅起辅助和诠释文字的作用，它们相互衬托，共同担当阐述科学知识、诠释科学道理的重要角色。科普绘本内容真实准确、有条理，并且有正确的科学依据，对科学知识的解释不再是生硬地说教，而是生动幽默、直观全面地阐述科学知识和原理，给幼儿以深刻的启迪。本园将科普绘本引入幼儿科学活动，搭建科普绘本活动与幼儿园科学学习活动之间的新桥梁，开展多种形式的科普绘本学习活动，深刻挖掘科普绘本为幼儿学习科学和激发对科学的兴趣的作用，以及科普类绘本对优化幼儿园一日活动中科学活动开展的重要作用。

一、集探究绘本，展幼儿兴趣

在绘本的探究过程中，只有激发幼儿的探索兴趣，才能有效地开展绘本活动。

（一）选择贴近生活的科普绘本

《幼儿园教育指导纲要（试行）》指出："选择幼儿感兴趣的事物。"幼儿根据自己的喜好选择科普绘本，能够最大限度地调动幼儿的主观能动性，在幼儿自身喜爱的科普绘本中不断提升创造力，优秀的幼儿科普绘本如法国的《永田爷爷的动物观察日记》系列，把幼儿所熟悉的动物的生活习性以生动幽默的故事形式呈现。

（二）选择引发兴趣的科普绘本

幼儿在绘本探索活动中发现乐趣，增强阅读的兴趣，保持科学探索中的好奇，《是谁嗯嗯在我的头上》就是这样一本书。该书描写了小鼹鼠寻找是谁在它头上大便的过程，故事诙谐有趣，让孩子以科学的眼光去看待生理问题。

（三）精选合适的探究科普绘本

幼儿在幼儿园一日活动中开展的科学探究活动，是为了激发幼儿的探究兴趣，使幼儿在探究过程中能够体验到科学活动开展带来的新奇。在科学绘本的选择过程中，应当在幼儿以往活动经验的基础上，采用幼儿能够理解和参与的科学绘本来进行投放，例如，科学阅读绘本《蜗牛》一书中，我们可以让幼儿养一只小蜗牛，来了解蜗牛在日常生活中的习性，进一步地丰富关于动物的经验性知识，引发幼儿的活动探索欲望。

二、多元活动，营造科学探究氛围

（一）专门的科普绘本教学活动

幼儿园一日活动过程中，专门的科普绘本阅读教学活动能够最大限度地提升幼儿的专注力，教师专门安排时间段，使幼儿参与到绘本阅读活动的开展中，提升幼儿的集体交往能力和阅读能力。它是以科普绘本阅读为主要内容的活动，可由教师和幼儿分别发起。

1. 教师预设的专项活动

教师预设的专项活动即集体教学活动，这是进行科普绘本阅读、提高幼儿探究能力的重要活动形式。它可以是班级每周安排一次科普绘本教学活动，也可以是教师进行"教学比武"的展示课。根据小班幼儿、中班幼儿、大班幼儿的年龄特点和认知水平，分别制订教学计划表，每周安排一节科学绘本教学活动。

2. 幼儿的自主阅读活动

幼儿的自主阅读活动是指幼儿自主发起的阅读活动，它可以是小组活动也可以是结伴活动，可以是在午餐休息时间或者晨间、离园活动等时间进行，教师提供科普绘本类的图书，引导孩子自主选择图书、自主结伴进行科普绘本阅读活动，教师做好支持者、引导者的角色。我们幼儿园特地开辟了一间绘本室，里面放置了各类绘本图书，供幼儿在课余时间自主阅读。

(二)渗透的科普绘本活动

渗透的科普绘本阅读活动指除了教师有组织地预设活动以外的其他一切活动。

1. 区域活动

在区域活动中，教师可以开辟一个"科普绘本"专栏，把优秀的、多样化的、适合幼儿年龄特点的科普绘本有目的、有计划地投放在阅读区专栏里供幼儿自由翻阅。区域活动为提高幼儿的自主探究能力提供了空间，在区域活动中，没有教师过多的指示、组织，幼儿可以自由地选择自己喜欢的科普绘本进行阅读，按照自己的想法和看法进行探索活动，并且不受别人干扰。

2. 环境创设

心理学研究也表明，环境能够对人的心情和意境产生影响，特别是年龄尚小的幼儿，受环境影响的因素更大，对环境的创设要求也较高。因此在环境的创设上要积极渗透科普绘本的理念，将一些好的优秀的科普绘本制成大幅图书展示在楼梯、走廊等地方，同时将科普绘本中学到的科学知识张贴在每班的墙上，并根据教学计划及时更换。

3. 整合各科教学

《3—6岁儿童学习与发展指南》中指出，"要关注幼儿学习与发展的整体性"，这就需要我们从幼儿的年龄特点出发，全身心地投入到幼儿活动开展中的协调性发展，注重区域游戏过程中幼儿探究能力的提升，不断地提高幼儿在科学知识获得中的全面协调。因此，在科学教学时，应当要结合各课程的优势，将幼儿园课程与班本课程有效的结合，以此开发幼儿的科学探究与创新力。

(三)家园互动活动

1. 亲子共读

亲子共读的重要性和特殊意义不例外地成为我们研究科普绘本阅读的其中一个领域。可以通过家长会、网络平台、谈话沟通等方式提高家长对科普绘本在提高幼儿科学探究能力等方面的认识，指导家长在日常购买书籍时适当地多购买此方面的科普绘本，并指导家长用正确的方式和孩子进行亲子共读。

2. 各类实践活动

在教室中可以设置"漂流书箱"，开展图书分享活动，传阅具有价值意义的科普绘本图书。每周开展一次"图书分享日"活动，将好的科普绘本和同伴进行交流分享。开展"家长交流会"活动，组织班级家长互相交流感受，汲取别人的亲子共读经验。

三、精准指导，优化科学活动

从幼儿的年龄特点和发展水平出发，将科普绘本阅读活动开展得丰富有趣，这就需要教师运用一些技巧，通过科普绘本，促进幼儿科学探究能力的提高。

(一)目标递进式策略

同一绘本对各年龄段幼儿有不同的要求，在物体的分类过程中，应当培养幼儿的分类收纳能力，将大小不同、规格不同的物体进行有效的收纳和归类。中班阶段的幼儿在物体分类的过程中，已经有了初步的分类能力，能够分清楚各种物体的特征，有了初步的感受，物体的进一步分类归纳，能够提升幼儿的迁移经验。

在绘本《大熊的储藏室》的阅读活动中，中班幼儿和大班幼儿都能够通过这一绘本获得知识。中班幼儿在活动开展中，能够根据物体的特征来进行分类。将物体进行第二次分类。采用递进式的策略来逐步提升幼儿的活动开展能力，让同一绘本在各个年龄段都能够取得相应的活动开展效果。

（二）多元提问式策略

在科普绘本活动开展的过程中，教师提出有效的问题，能够使幼儿在活动的开展过程中更加有效地沉浸在绘本故事里，能够有效地激发幼儿的发散性思维和创造力，使幼儿在活动开展的过程中，从多方面去探索科普绘本中的奥秘。因此在进行科普绘本教学时，教师要科学、合理地设计问题，使提问更具有效性。

（三）游戏情境式策略

户外的科学探究活动中，孩子们对于称重非常感兴趣，于是开展了科普绘本《鼠小弟称重》的阅读活动。之后，教师准备好体重秤，以鼠小弟的身份组织孩子们开展"猜猜谁最重"的游戏。

（四）体验操作式策略

幼儿园科学探究活动的开展过程中，重点要激发幼儿的探索兴趣，在科学探索的过程中获得探索能力，需要我们善于发现幼儿的好奇心，运用生活中的点点滴滴去引导幼儿观察生活中的事物，去发现问题和分析问题，并最终解决问题，使幼儿在日常活动中不断积累生活经验，并运用到新的生活活动中，使之形成受益终身的探究能力。因此在开展科普绘本教学活动中，我们积极创设操作情境，引导幼儿感知科学感性经验。

如在科普绘本教学"有趣的高楼"一课多研的活动中，教师首先开展科普绘本的学习，然后创设操作情境，采取灵活多样的科学操作方式，增强操作的趣味性、互动性和真实性。第一课研的操作环节是让孩子自主搭建高楼，活动场地是整个教室，孩子搭建的花样比较多。第二课研的操作环节是给孩子一个长颈鹿让孩子为它搭建高楼，孩子的目的性比较明确，努力搭建比长颈鹿高的楼。第三课研进行拓展搭建，孩子的思路比较宽阔，不仅搭出立体的楼房，也搭出了平面的楼房。

（五）经验迁移式策略

《3—6岁儿童学习与发展指南》在大班幼儿数学认知的目标中指出："能发现生活中许多问题可以用数学的方法来解决，体验解决问题的乐趣。"所以教师对幼儿进行科普绘本的教学后，可以将学到的科学知识迁移到日常生活中去。

如学习科普绘本《大熊的储藏室》最后一个环节时，让幼儿说说生活中的二次分类；活动结束后，引导幼儿把班级图书按大小、厚薄进行了分类，图书角摆放得整整齐齐，使幼儿观察到日常生活中的科学小知识。

幼儿园一日活动中所开设的科普绘本活动，可以有效地将数学知识结合到绘本的活动开展中，让幼儿直接感受到绘本所带来的趣味性，不断提升幼儿园科教的有效性。科普绘本活动的开展，为幼儿搭建了了解科学知识的平台，使幼儿通过科普绘本就能够直观地了解到各种科学知识，不断地开拓幼儿的思维空间，让幼儿园科学活动的开展变得更加精彩。

幼儿园大班进餐活动安全精细化管理的现状研究

山西省太原市育蕾幼儿园　李　甜

《3—6岁儿童学习与发展指南》在健康领域中提到，"幼儿身心发育尚未成熟，需要成人的精心呵护和照顾"。2022年教育部印发的《幼儿园保育教育质量评估指南》在"保育与安全"的评估指标中提出三点：第一，认真落实幼儿园各项安全管理制度和措施。第二，保教人员具有安全保护意识，做好环境、设施设备、玩具材料等方面的日常检查维护，及时消除安全隐患。发生意外时，优先保护幼儿的安全。第三，幼儿园切实把安全教育融入幼儿一日生活，帮助幼儿学习判断环境、设施设备和玩具材料可能出现的安全风险，增强安全防范意识，提高自我保护能力。通过解读以上文件精神，理解安全工作是幼儿园工作的重中之重，因此，教师的管理行为越精细，越能降低安全事故发生率。

笔者在参与幼儿的一日生活中发现，"三餐一点"环节至少占用幼儿一日活动的三分之一的时间，凸显出进餐活动的重要性。那么，如何组织大班幼儿安全有序进餐，成为幼儿教师工作中的重点。

学龄前儿童年龄小，身心发育均不成熟，缺乏生活经验，自我保护能力与防范意识较弱。近年来，幼儿园安全事故频发，进餐活动作为幼儿园一日生活的重要环节，其安全精细化管理显得尤为必要。

一、相关概念

（一）进餐活动

本文中的进餐活动主要指大班幼儿在园的四次就餐，包含早餐、中餐、午点和晚餐。教师分别在四次进餐活动前、中、后给予幼儿语言和行为指导等。

（二）安全精细化管理

本文中的安全精细化管理是指大班教师在进餐活动中实施的一种安全管理模式，即通过运用程序化、标准化的手段科学配置进餐前、进餐中、进餐后与安全相关的资源，如各环节时间的规划、教师的语言与行为等，并将其精细化形成直观的可操作的要素，最终确保幼儿的安全。

二、大班幼儿进餐活动的现状与问题

通过观察和访谈发现，L园部分大班教师进餐活动安全管理行为不够精细，过渡期时间的规划、教师的语言与指导行为等需要进一步精细化、规范化。主要表现在以下四个方面。

（一）重流程化，导致"清—消—清"制度落实不严格

观察发现，相较于中晚餐来说，部分保育教师在早餐中落实"清—消—清"制度更严格。中餐前是大班幼儿的运动环节，在此期间还有取午点的环节，两个环节时间紧凑，保育教师匆匆取回午点后，还没来得及做完一整套消毒流程，就已经到了取餐环节，导致消毒流程不完整。晚餐和午餐情况一样，总体上没有早餐环节"清—消—清"制度落实得到位。

（二）重进餐速度，导致常态化进餐安全教育不到位

观察发现，进餐前，在分组组织幼儿盥洗时，部分教师只是在走流程，匆匆催促幼儿加快盥洗速度，没有对幼儿一一进行检查，导致幼儿没洗手，发生细菌入口引发肚子疼等情况；还有部分保育教师将食物拉回班级门口时，在没有确保班内无幼儿活动的情况下，

匆忙将餐车拉进班级内,且没有关注餐车把手方向,极大可能引发幼儿磕绊的情况。进餐时,由于过多关注幼儿进餐速度、进餐环境的保持,而忽略了幼儿的进餐情绪,长期在严格的进餐环境下就餐,会影响幼儿的消化功能和心理健康成长。

幼儿的每周食谱中经常有鱼、虾、扇贝、核桃等食物。访谈中,很多教师提到在吃这些特殊食物时,大部分幼儿能自己剥皮、挑刺,但是速度慢,等完全剥干净时,食物基本已经凉了;有的幼儿因没有完全将皮、刺等挑干净,发生卡喉咙的情况;还有的幼儿因操作方法不当,可能会将手划伤。

(三)重降低意外事故发生率,导致幼儿自主性发挥不充分

观察发现,部分教师为了降低安全事故的发生,在大班幼儿已具备自主取餐的情况下,仍会剥夺幼儿的部分自主权,选择代劳分餐。进餐前,教师分好餐后,简单地让幼儿取放餐具、排队取餐;进餐中,为了减少幼儿走动,部分教师也会选择让加餐的幼儿举手示意,由教师直接代劳加餐;进餐后,面对动作缓慢的幼儿,教师会选择直接代劳放回餐具、收拾桌面残渣。这些行为虽然一定程度上降低了磕碰、烫伤等意外事故的发生,但严重影响了幼儿自主性的发挥。

(四)缺乏科学系统的值日生制度,极易造成幼儿磕碰情况

通过访谈发现,部分班级缺乏系统的值日生制度,导致很多教师会出现临时点兵的情况。例如,就餐前,保育教师会随机指定2—3位幼儿为值日生,这时,很多幼儿蜂拥而至举手表明自己想做值日生,场面一度混乱,极易发生拥挤摔倒事件;午餐环节,由于保育教师外出送餐具,班级只有一位带班教师,就会出现值日生无人看管的情况,其间极易发生滑倒磕碰的情况。

三、建议

(一)给予教师一定的自主权,就餐环节流程化转向模块化

《幼儿园教育指导纲要(试行)》中指出:"时间安排应有相对的稳定性与灵活性,既有利于形成秩序,又能满足幼儿的合理需要,照顾到个体差异。"可允许教师和幼儿根据本班需要,在同一时间模块中灵活地进行调整。例如,可将餐前环节、午餐、散步、午睡整合为生活活动时间(10:00—14:30),教师可根据本班幼儿餐前活动情况,提前组织完成活动的幼儿喝水、盥洗,并分组进行清—消—清,充分保障清—消—清制度的严格落实。

(二)树立正确的一日生活皆课程的观念

我国著名教育家陶行知提出:生活即教育,一日生活皆课程。教师要将进餐安全教育贯彻于就餐全过程,时刻注意餐车进出时有无幼儿走动的情况,提前发现,及早制止;注意餐车位置的选择和顺序的摆放,设计最合理的线路安排幼儿取餐;对于一些安全注意事项要做到餐前强调、餐中检点、餐后监督,把握好幼儿整体进食速度和营造轻松就餐环境的力度;对于特殊食物的食用方法,除了在就餐时反复强调,更要充分利用教学活动、区域活动等环节,提供充足的玩教具供幼儿选择、操作,在反复学习操作中促进幼儿小肌肉的发展。充分发挥家园合作的渠道,充分发挥家长的作用,在家中指导幼儿学习、练习特殊食物的食用方法。

(三)相信幼儿,学会放手,给予幼儿充分的自主权

在进餐活动中要学会大胆地放手,让幼儿成为自主进餐的主人。尊重每位幼儿的发展速度,让其自己动手取餐,更重要的是要让幼儿参与到自主进餐规则和内容的制定中。教师可组织幼儿一起讨论自主进餐时的注意事项,帮助幼儿共同制定进餐要求和规则,对幼儿没有讨论到的要点,教师可进行补充,这样能够帮幼儿更好地理解自己在进餐时需要注

意的事项,从而更好地规范自己的言行。

(四)明确师幼的具体职责,提前制定科学合理的值日生制度

根据本班幼儿的生理发展情况,制定合理的值日生制度。可利用教学活动或其他时间,与幼儿讨论制定本班幼儿值日生制度;充分听取幼儿意见后,提前决定下周值日生名单、具体职责、奖惩办法。更要严格明确每位带班教师的具体职责,避免出现幼儿无人看管的情况。

小班幼儿自我服务能力现状调查及培养实践

云南省丽江市玉龙县第二幼儿园　邱庆芳

幼儿期是个人自我服务能力和良好生活习惯初步养成的关键期。本文调研我园小班幼儿自我服务能力现状,为日常教学课程安排和教学质量提升提供借鉴参考依据,促进幼儿身心和谐健康发展。

一、小班幼儿自我服务能力现状分析

1. 幼儿自我服务意识较低

对169名小班幼儿自我服务意识能力水平的统计,数据分析见表1。

表1　幼儿自我服务意识能力水平的统计

水平	人数(人)	占比(%)
高级水平	36	21.3
中级水平	51	30.2
低级水平	82	48.5

由表1可见,我园小班幼儿自我服务意识普遍处于中、低级水平,自我服务意识达到高级水平的幼儿仅为21.3%,说明我园小班幼儿自我服务意识较弱,还需要进一步加大引导,通过家园合作促进幼儿自我服务意识发展。

2. 大部分家长赞成培养幼儿自我服务的能力

对家长培养幼儿自我服务能力的看法进行归类数据分析,分析结果见表2。

表2　家长对幼儿自我服务的看法统计

家长态度	人数(人)	占比(%)
赞成	89	52.6
不赞成	48	28.4
无所谓	32	19.0

从表2可以看出,家长赞成培养幼儿自我服务能力占比较高,大多数家长希望孩子能自我服务。还有部分家长持无所谓的态度,主要是家长主观上认为幼儿自我服务能力的培养要依靠幼儿园教师或者这些技能会随着年龄的增长而具备,不需要过分关注。

3. 幼儿生理方面的自我服务能力欠缺

对幼儿生理方面自我服务能力现状调查进行数据分析,详见表3。

表3 幼儿生理方面自我服务能力现状调查数据分析

类型	单位	能	不能	有时
自己吃饭	人数(人)	110	28	31
	占比(%)	65.1	16.6	18.3
自己喝水	人数(人)	131	12	26
	占比(%)	77.5	7.1	15.4
独立上厕所	人数(人)	129	7	33
	占比(%)	76.3	4.1	19.5
独立上床睡觉	人数(人)	103	21	45
	占比(%)	61.0	12.4	26.6

从表3可以看出，我园169名幼儿生理方面的自我服务能力还有所欠缺，特别是能做到独立上床睡觉的幼儿占比较其他三项略低，由此也可以看出部分幼儿自我服务能力还不强，还需要后期按照幼儿特点给予关注培养。

4.幼儿安全方面的自我服务能力不高

我们从幼儿的穿衣、洗澡及根据气候变化自己增减衣服方面进行了调查，数据分析详见表4。

表4 幼儿自我服务能力水平统计

类型	单位	能	不能	有时
自己穿衣服	人数(人)	32	116	21
	占比(%)	19.0	68.6	12.4
自己增减衣服	人数(人)	25	123	21
	占比(%)	14.8	72.8	12.4
自己洗澡	人数(人)	0	158	11
	占比(%)	0	93.5	6.5

由表4可以看出，我园幼儿安全方面的自我服务总体水平都不高，穿衣服方面表现为大多数幼儿认为扣纽扣很难，不会自己穿衣服，在洗澡方面幼儿均处于低级水平。

5.幼儿其他方面的自我服务能力一般

幼儿其他方面的自我服务能力包括幼儿自己收拾玩具、自己收拾学习用品、自己收拾餐具、自己整理床铺，数据分析见表5。

表5 幼儿其他方面的自我服务能力水平统计

类型	单位	能	不能	有时
收拾玩具	人数(人)	35	85	49
	占比(%)	20.7	50.3	29.0

续表

类型	单位	能	不能	有时
收拾学习用品	人数（人）	18	109	42
	占比（%）	10.6	64.5	24.9
收拾餐具	人数（人）	28	83	58
	占比（%）	16.6	49.1	34.3
整理床铺	人数（人）	23	124	22
	占比（%）	13.6	73.4	13.0

从表5中可以看出，幼儿独立收拾玩具、学习用品、餐具和整理床铺的能力均一般，自觉性不够，需要加强。

二、影响小班幼儿自我服务能力的因素

（一）家庭因素的影响

许多小班幼儿家长，还没有意识到培养孩子自我服务能力的重要性，在如何培养幼儿的自我服务能力方面存在着不少模糊认识，有的认为孩子太小，缺乏这种能力是很自然的，待孩子长大以后就具备了等。长此以往，孩子自我服务能力获得的机会处于被剥夺的状态，阻碍孩子独立能力的发展，表现出过度依赖家人的表现。

（二）幼教工作者的影响

幼教工作者对幼儿的自我服务能力的发展也起着举足轻重的作用，是幼儿能力发展的培养者。教师要对幼儿的生活予以全面、细心的照顾，但是有些教师将"保教结合"错误理解成了"包办代替"，不仅加重了自己的工作，更让幼儿事事依赖教师，在一定程度上影响了幼儿生活自理能力和解决问题的能力。

（三）幼儿自身的影响

第一，在幼儿有了自我意识的基础上，培养幼儿的自我服务能力，要比单纯灌输和强迫性培养的效果好得多。

第二，当幼儿出现了"我要""我自己来"等自我独立的意向，他们的自我服务能力也在这个时期内得到很大的提高，这是培养幼儿自理能力的最佳时期。

第三，动手能力越强的幼儿，他们的自我服务能力也越强。

三、小班幼儿自我服务能力的培养

针对问卷调查结果和影响因素分析，结合幼儿的发展目标，对本班幼儿采取了自我服务能力培养的五项措施。

（一）采用游戏形式，激发幼儿自我服务的兴趣

单纯的讲解、示范让幼儿学起来感到枯燥乏味，因而需要教师设计出各种形式新颖的游戏活动。例如，我在教幼儿扣扣子时，用废布自制了许多的果树，用扣子当果子，我说："果树上长满了果子"，幼儿就把果子尽快地扣上去。例如说："我们把果树上的果子都摘下来"，孩子们就把扣子解开来，这样反复练习解扣子和扣扣子的本领；运用游戏的方法教会幼儿洗手、洗脸、穿脱衣服等。将"要我做"变为"我要做"，幼儿自我服务的意识开始萌发。

（二）利用多种活动和教育手段，培养幼儿自我服务的能力

自我服务的能力也需要通过教育活动来培养。例如，小班幼儿认识蛋，把煮熟的蛋分给孩子们，一边让孩子们看、摸、闻，一边和孩子们一起剥去蛋壳、品尝蛋，幼儿既认识、

了解了蛋的特征,又在剥蛋的过程中掌握了劳动技能。

(三)注重个体差异,因材施教,提高幼儿自我服务的能力

幼儿虽在同一个班,但是由于各种因素影响,有的幼儿自我服务能力较差,往往别人能轻而易举做完的事,他却感到很吃力。对于这样的幼儿我们要"对症下药",在日常生活中注意观察幼儿的表现,要给予幼儿适时适当的帮助,使幼儿树立信心,引导幼儿参加活动,直至把事情做好。

(四)实施经常化教育,养成幼儿自我服务的习惯

幼儿自我服务能力的提高,是一个缓慢的过程,需要教师经常的、细致的教育及幼儿自觉参与练习,要善于抓住机会让幼儿学习新的劳动技能,在无意中反复练习,同时及时纠正幼儿的不良倾向,经常带领幼儿反复练习就能养成幼儿自我服务的习惯。

(五)依托家园共育平台,共同促进幼儿自我服务养成

父母的教养方式和态度、自身的行为习惯、种种的因素都会对幼儿产生巨大的影响。家长要有效配合教师做好幼儿自我服务培育,把幼儿作为一个完整的、独立的个体来对待,为幼儿提供尽可能多的学习锻炼机会,帮助教师注意幼儿在家中的表现,要求幼儿做一些力所能及的事情,来提高幼儿的发展水平。

综上所述,我园小班幼儿自我服务能力的现状还有待进一步提升,笔者根据调查数据分析结果从五个方面入手,设定了合适的教学课程,加强与家长的沟通联系,使幼儿逐步树立自我服务意识,提升自我服务能力,尽快适应幼儿园生活。

浅谈民间游戏在幼儿园体育活动中的应用

四川省阿坝州松潘县城关幼儿园 卓 嘎

民间游戏是中国民间传统游戏的简称。中国民间传统游戏是我国丰富的文化遗产之一,它们承载着丰富的民俗文化和历史内涵,丰富着人们的生活,带给人们无数的快乐,陪伴了一代又一代人的成长。民间游戏有助于培养幼儿的社会交往能力、团队合作意识和动手能力。《幼儿园工作规程》指出,幼儿教育要"以游戏为基本活动"。游戏是幼儿童年生活不可或缺的一部分,它是幼儿童年的欢乐、自由和权利的象征。而对幼儿来说,在进行民间游戏时不仅可以结交到更多的朋友,也可以促进自身身心的健康发展。本文主要就民间游戏在幼儿园体育活动中的作用进行了分析阐述,并就如何将民间游戏更好地运用于幼儿园体育活动提出了建议。

民间游戏顾名思义就是由民间创造改编,并被人们代代相传、喜闻乐见的一种游戏活动。踢毽子、跳橡皮筋和丢沙包等儿童时期常见的游戏都属于民间游戏,这些游戏活动为我们的童年留下了美好的回忆,并且在一定程度上也锻炼了我们的智力和体魄。目前幼儿园开展的体育活动往往枯燥、单一,多为现代化的玩具和器械,这难以适应当前对幼儿发展的需要。因此,充分挖掘和利用民间游戏并应用于幼儿园体育活动已经迫在眉睫。通过创造良好的民间游戏环境,丰富幼儿园体育活动,增强幼儿体质,开发幼儿智力,促进幼儿的健康发展。

一、民间游戏在幼儿园体育活动中的作用

(一)增强幼儿体质

现在的幼儿喜欢在家里看电视或者玩各种各样的玩具,很少出去和其他的小朋友做游

戏，这样不仅使幼儿缺少了足够的户外锻炼，也不利于幼儿的身心发展。即使是在幼儿园里，幼儿参加的体育活动往往也是内容比较枯燥、形式单一的活动，无法满足幼儿健康发展的需要。但民间游戏不仅具有丰富的形式、多样的类型，而且可以在户外自由活动。民间游戏常常以跑、跳为主，如果将民间游戏应用于幼儿园体育活动，在幼儿参加幼儿园体育活动时就可以锻炼幼儿的体魄；而且民间游戏一般在室外进行，这样幼儿也可以呼吸到新鲜的空气，促进幼儿的骨骼发育和新陈代谢，增强幼儿的免疫力。

(二)丰富幼儿生活

民间游戏有着各种各样的游戏形式，在促进幼儿身心发展的同时，也丰富了幼儿的生活。现在幼儿的日常生活往往就是写作业和看电视，单调枯燥且不利于幼儿的身心发展。但如果将民间游戏应用于幼儿园体育活动中，选择适当的游戏，合理安排游戏的时间，不仅可以充分发挥民间游戏的作用，也可以使得幼儿的生活更加多姿多彩。例如，早晨，老师可以安排幼儿进行一些较为安静的游戏，如绕口令和拍手等；在课间时，老师就可以组织一些大规模的民间游戏，如"丢沙包""木头人""老鹰捉小鸡"等。

(三)促进幼儿社会性发展

民间游戏一般都是团体游戏，如果将民间游戏应用于幼儿园体育活动中，幼儿就可以与其他小朋友一起玩耍，并在这个过程中结交到新朋友，增强沟通交流的能力和语言表达能力。另外，在进行民间游戏时往往也需要遵循游戏本身的既定规则，这也可以使幼儿养成良好的习惯，锻炼幼儿的规则意识。当玩民间游戏遇到诸如道具缺少和人员变动等问题时，幼儿们就需要聚在一起商量如何解决问题，在这个过程中也培养了幼儿的团队协作能力和解决问题的能力。

二、民间游戏在幼儿园体育活动中的具体应用

(一)创造宽松的户外环境和丰富的室内环境

如果要将民间游戏更好地应用于幼儿园体育活动中，良好的环境就是一个重要的环节。首先，需要创建一个宽松的户外环境。我们可以铺设柔软的塑胶场地便于幼儿活动和嬉戏，也可以在塑胶跑道上画上五颜六色的方格、圆圈或者其他一些图案等。其次，我们也需要建造一个丰富的室内环境。例如，在室内设立活动角并布置不同的活动区域，幼儿可根据自身的兴趣爱好选择不同的区域和游戏内容，满足不同幼儿的需求。我们也可以充分利用大厅和走廊等空间，创设环境并提供游戏的材料。

(二)合理制定游戏内容

教师根据不同幼儿的发展情况和时间的不同制定相应的民间游戏，也是将民间游戏合理运用于幼儿园体育活动的一个必备条件。第一，教师需要根据幼儿的年龄和身心发展情况制定不同的游戏内容。如果幼儿在上小班，可以安排一些角色扮演和骑竹马之类的游戏；如果幼儿在上中班，就可以安排一些生动有趣的游戏，类似于跳房子等；如果幼儿在上大班，可以安排一些如滚铁环等有难度的游戏。第二，教师需要根据时间的不同组织不同的民间游戏。例如，在清晨安排一些较为安静的民间游戏，而在下午时安排一些活动量大的民间游戏。

(三)发挥教师的指导作用

首先，教师需要全面并细致地了解每一个幼儿，这是将民间游戏应用于幼儿园体育活动的准备工作。其次，教师根据了解到的幼儿情况，根据每一个幼儿不同的性格爱好以及适合的活动量等，合理设计或者分配游戏，充分调动幼儿的积极性。再次，在进行民间游戏时，教师需要帮助幼儿形成并强化规则意识，通过游戏培养幼儿良好的习惯，使得幼儿

能通过游戏控制自身行为并形成规则意识。最后，教师还需要进行游戏评价或者让幼儿之间进行相互的评价，这样不仅可以加强幼儿之间的交流，还可以让幼儿通过评价不断完善自身，促进幼儿个性的健康发展。

（四）家园共育

只有家庭教育和学校教育相结合，才能真正促进幼儿身体和智力的发展，并培养幼儿健全的人格。因此，我们不仅需要大力促进民间游戏在幼儿园体育活动中的应用，还需要将民间游戏延伸到家庭中去，让幼儿在家人、教师和朋友的共同陪伴下，增进对民间游戏的了解，培养对民间游戏的兴趣，促进自身的健康茁壮成长。在具体运用时，家长应该多抽出时间为幼儿创造进行游戏的条件，并与幼儿共同游戏或者是引导幼儿相互之间进行游戏。

三、结语

民间游戏来源于先祖的智慧，并融入到一代又一代人的日常生活中。将民间游戏应用到幼儿园体育活动中，不仅可以丰富幼儿的日常生活，锻炼幼儿的体质，还可以使幼儿形成更加健全的人格。因此，我们需要挖掘民间游戏更深层次的内涵，为幼儿创造更加适宜的游戏环境并根据每个人情况的不同分配游戏内容，充分发挥教师的作用，使民间游戏更好地应用于幼儿园体育活动，使民间游戏的价值可以得到更加充分的利用，顺应现代社会的需求。

培养大班幼儿任务意识的实践研究

北京市延庆区教育科学研究中心　康汉泽

一、研究背景

任务意识是指个体对自身完成的任务及其要求的察觉和认识，是幼儿在教师和家长的带动下，有目的地完成某项任务的愿望。《幼儿园入学准备教育指导要点》在"社会准备"中明确了"任务意识"是做好幼小衔接的核心要点。由此可见，任务意识的培养是非常重要的，不可缺失的。然而，在日常观察中，经常发现大班幼儿：在各种活动中经常是虎头蛇尾，遇到困难就退缩；有的幼儿对玩完的材料及玩具有收纳的意识，但仍摆放随意、不整齐；推卸责任，例如，在种植角孩子们要种植一些植物，大家商量每个人从家中带一些种植的工具和种子，有的幼儿没有带，就会说："爸爸、妈妈忘了给我带了。"造成幼儿发生以上问题的三个原因如下。

首先，幼儿方面。幼儿的行为发展水平还处于低级阶段，坚持性、独立意识在发展中存在认知与行为脱节现象，很多幼儿知道了规则，但是行为上做不到，这样也就影响了他们自身任务意识的养成。

其次，教师方面。一些教师培养幼儿任务意识薄弱，面对幼儿任务意识的培养欠缺切实有效的方法。

最后，家长方面。多数父母及长辈过多地包办代替幼儿做一些事，当幼儿独立做事情时，经常会受到干涉和阻止，造成幼儿过度依赖成人，忽视了对幼儿自主性、独立性及任务意识的培养。

因此，通过本研究，要引导幼儿从被动走向自觉树立任务意识，从而激发其各项能力的发展，也为一线教师的实践提供借鉴，从而真正促进幼儿的发展。

二、研究对象

延庆区幼儿园社会领域工作室大班组150名幼儿。

三、培养大班幼儿任务意识的途径

（一）小步递进，支持幼儿完成有挑战性的任务

大班幼儿喜欢接受有挑战的任务，但也要讲究方式方法，任务不能过难，容易给幼儿造成心理负担或带来挫败感，从而打消幼儿对完成任务的积极性与主动性，为此，在布置任务阶段，教师会将任务进行分解，难度程度要追随幼儿的发展，从易到难，支持幼儿体验完成任务的胜任感与喜悦，从而增强幼儿主动完成任务的内驱力。

例如，在"我是小小播报员"活动中，教师就运用了此策略。开学初，为了培养幼儿的任务意识，同时培养幼儿能够有序、连贯、清楚地讲述一件事，发展幼儿的语言表达能力，教师和幼儿共同商量达成一致，制定了每天的"分享时刻"，幼儿每天在固定的时间、固定的地点，按照自己的编号，轮流承担"播报员"的任务。

第一阶段：明确任务。刚进入大班，孩子们首先要知道做好播报员的三个任务，第一，提前收集播报的信息，可以通过电视、图书、报纸等途径来获取；第二，运用简单文字或符号进行整理记录并练习播报；第三，敢于在集体面前播报。

在该阶段，针对任务的难点问题，教师通过提供符号支持，帮助幼儿降低任务难度。例如，幼儿在播报时忘记播报时间、地点、事件的时候，老师会出示符号提示牌，支持幼儿完整播报；如果幼儿忘记了播报的内容，可以现场连线家长，允许家长提醒或线上视频与幼儿共同完成播报；有的孩子一开始不能独立完成播报，教师就以记者的身份，通过分解提问，包括"这个信息是从哪里获取的""你想跟大家播报的事情是什么""事情是在什么时间、在哪里发生的、发生了什么、结果怎么样"等启发与引导幼儿播报。

第二阶段：解决问题。信息播报持续一段时间后，教师们发现两个问题，一方面，收集的信息单一或是以家长帮助收集为主，幼儿在播报时表达不连贯；另一方面，搜集的信息记录随意、无序，因此，在展示中不利于其他幼儿浏览。针对以上两个问题，教师采用家长会的方式，向家长展示了成功的案例，让家长了解"帮助"不等于"包办"，各自分工要明确，并提出合理建议，第一，提供支持，让幼儿寻找自己感兴趣的信息，如电视机、报纸、图书等。第二，与幼儿共同完成图文并茂的简报制作。幼儿可以完成关于信息符号记录的任务，家长可以引导幼儿有序记录，完成适当的文字说明。第三，鼓励幼儿练习播报信息，家长充当听众的角色，听听幼儿对新闻的掌握程度、表述情况等，适当给予指导，发挥家长的指导作用。

第三阶段，增加难度。当幼儿能够顺利完成第一阶段的三个任务后，可以提出新的要求，根据自己所播报的信息内容，谈一谈"为什么对这个信息感兴趣""这个信息教会了自己什么"，或是"说说自己的感受"。鼓励幼儿会思考、善表达、乐分享的态度，有利于幼儿社会性情感的发展。

通过循序渐进、逐层分解地设定任务，降低了幼儿完成任务的难度，渐渐地，他们能有质量地完成任务，在这个过程中，不仅提高了幼儿的任务意识，同时也实现了幼儿多方面能力的发展。

（二）家园携手，共同引导幼儿树立任务意识

通过开展"每日小任务"活动，提高大班幼儿树立任务意识，提高完成任务的能力。活动前，召开了家长会，向家长阐述了此活动对孩子的发展及教育意义，引导家长参与，倡议做一位敢放手、乐倾听、善观察、"慧"支持的家长。

1. 和任务本"交朋友"

为了吸引孩子记录任务的兴趣，教师们和孩子们共同制作了外观美丽的小任务本，引导孩子跟任务本"交朋友"。

2."三固定"提供保障

班级中三位教师，每天在固定的时间段、固定的地点、固定的小组，指导幼儿将今天的任务用简单的文字加符号的形式记录在本子上，然后回家讲给父母听并及时完成任务。

3. 搭平台、共分享、促提高

起初幼儿记录任务、完成任务可能需要教师和父母的帮助。渐渐地，教师搭建平台，鼓励幼儿通过交流、尝试，把自己摸索出的一些记录任务的好方法，与同伴分享，比如，用分隔线或空行来区分两天的小任务；用画符号的方式代替文字；遇到不会记的地方，会请小伙伴和老师帮忙。同时，注重提供家长交流指导记录的机会，丰富相关经验，支持幼儿完成任务。

（三）多元评价，提高幼儿完成任务的质量

5—6岁幼儿更加关注活动的结果，做了好事或取得了成功后还想做得更好，更加重视成人和同伴的评价，从而来调控自己的情绪和行为。为了及时激励幼儿参与活动、完成任务的积极性，我们采用了多种评价方法。

1. 教师评价

在幼儿完成任务的同时，老师会对完成任务的幼儿及时给予肯定，并利用直观的形式——"完成任务评价单"进行墙饰展示，作为鼓励性记录。这些方法会对幼儿乐于完成任务的内部动机产生巨大的推动作用。

2. 幼儿评价

(1)同伴评价，每周一次。全班幼儿聚焦一个任务内容，如"我的柜子最整齐"，对同伴间完成任务过程中的行为、态度及效果做评价，确定可以给小朋友几颗星，提出优点、不足以及改进的建议。最后每周选出1位"完成任务小明星"做一周的小班长，可以做一些力所能及的事情，如监督、整理等，让劳动作为一种奖励，提高幼儿完成任务的质量。

(2)幼儿自我评价。教师对一些日常常规易出现问题的环节布置小任务，幼儿对自己完成任务的效果进行自我评价，如"我的饮水量够啦""我的小手最干净""上课我会认真听讲"……幼儿每天活动结束后，会对照共同制定的标准，自己决定给自己几颗星。

3. 家长评价

建议家长采用口头或书面记录两种方式进行评价，结合幼儿在家中整理玩具、做家务完成各种小任务的表现，给予具体的肯定与鼓励。为了更好的家园互动，家长还可以把孩子完成任务的过程进行及时拍照，并发送给老师，通过班级展示进行评价。

四、培养大班幼儿任务意识的成效

（一）幼儿方面

1. **任务意识的养成使幼儿更自信、自主**

有步骤、有策略地对幼儿实施任务意识的培养，使大多数幼儿的坚持性、责任心和自信心不断获得提高，遇到困难愿意坚持解决，更加独立、勇敢，解决问题的能力也获得了提高。当幼儿遇到问题时，自己想办法解决的幼儿占全体幼儿的78%，较之前提升了31%。

2. **任务意识的养成使幼儿多种能力提升得更快**

幼儿在家中和园中愿意主动做一些力所能及的事，时间观念明显提升，语言能力、绘画表现能力、自理能力等都有了全面的提高。能完全按照要求完成任务的幼儿占全体幼儿的 85%，较之前提升了 45%。

（二）教师方面

第一，教师对培养幼儿的任务意识更加地重视，能在正确的观念引领下重视对幼儿任务意识的培养。

第二，培养幼儿任务意识的方法更加多样，适时地支持幼儿完成任务，能够针对问题采取有效的措施进行指导，提高幼儿完成任务意识的能力。

（三）家长方面

家长观念得到了转变，生活中能够放手让幼儿做力所能及的事，承担简单的家务劳动，过程中注意及时肯定和鼓励幼儿，更加关注幼儿任务意识的养成，家园教育形成合力。

培养幼儿拥有良好的任务意识和能力，不仅能使他们更好地体验胜任感、成功感，增强自信心，也能使他们提升不怕困难、坚持性及认真做事的责任感，形成终身受益的良好习惯和品质。

野趣游戏中幼儿社会性行为的观察、评估与指导初探

天津市静海区第三幼儿园　刘　晔

陈鹤琴先生指出："大自然充满了活教材，大自然是我们的教科书，我们要张开眼睛去仔细看，要伸出两手去缜密地研究。"户外野趣游戏将自然、游戏和幼儿融为一体，给幼儿以更多的时间和空间，让他们利用身边的资源和材料进行游戏。在开放式、低结构的资源环境中，幼儿能够充分地与材料互动、与同伴互动，从而使社会性行为表现更加突出。如何把握时机，在野趣游戏中对幼儿社会性行为加以引导呢？

一、幼儿社会性行为观察与评估的意义

观察是一种有目的、有计划、比较持久的知觉活动，教师对幼儿行为的观察可以了解幼儿在游戏中的表现和发展水平，对幼儿的发展和成长有重要意义。主要有以下三个方面：第一，社会性发展是儿童健全发展的重要组成部分，促进儿童社会性发展已经成为现代化教育的重要目标。第二，幼儿期是儿童社会性发展的重要时期，幼儿社会性发展是儿童未来发展的重要基础。第三，在观察基础上的评估分析能够更有针对性地引导幼儿形成积极的社会性行为。

二、幼儿社会性行为的观察评价方法

观察法是指教师在自然状态下有目的、有计划地对幼儿社会性行为进行直接观察，从而获得评价资料的方法。观察法是教师在幼儿游戏中较常用的一种获取信息的方法。在野趣游戏中，幼儿游戏内容的确定通常是依材料进行的，例如：小班幼儿具有强烈的模仿性，锅、碗、瓢、盆这些最贴近幼儿生活的材料，自然而然地让孩子很快进入到做饭的游戏情境中。而绳子、滑板、梯子、土坡等则为幼儿提供了运动探索的条件。由于野趣游戏内容的不确定性，教师可以根据幼儿游戏实际选择随机观察和有目的观察的方法。例如，初次开展野趣游戏，教师对幼儿的游戏内容不确定，幼儿在游戏中的社会性行为更不能提前预估，所以，随机观察的方法较适宜。而当野趣游戏持续进行了一段时间，教师对幼儿游戏情况有一定的了解时，对某一游戏情节或个别幼儿的行为可采取有目的的观察方法。

在对幼儿社会性行为的评价分析中，教师可以采用轶事记录法和量表评估法。

1. 轶事记录法

轶事记录法是观察评价的常用方法，是对有意义的、典型的幼儿行为事件进行记录和分析的一种观察方法。轶事记录法是用白描的方式记录幼儿表情、动作、与同伴之间的对话等，再现幼儿游戏的场景，进而为教师的评估、分析提供一手资料。

案例：

初次来到野趣区，孩子们一下子就被锅、碗、瓢、盆和各种造型的积塑材料所吸引。有的孩子用铲子和小碗挖土，有的孩子则摆弄着不同造型的积塑材料。

大雄把平底锅放在大石头上，手里拿着铲子，自言自语道："这里当灶台正合适，我要在这里做饭。"旁边的宇杨听到后，立马加入进来，说："大雄，我也跟你一起做饭，我去找些吃的。"

不一会儿，宇杨便端着一勺沙子过来，一下子倒进锅里。大雄赶紧拿起铲子搅拌，"哇，这是西蓝花吗？我最喜欢吃西蓝花了。"宇杨笑了笑，说："是呀！我也爱吃西蓝花，我再去找点别的。"宇杨又捡了几块石头，说："看，大雄，刚找来的土豆。"说着，又放进了锅里。大雄边搅拌边说："太香了。"说着，两人哈哈大笑起来。这时，果果端着一小盆水经过，说："要不要来点水，加上水，就可以做汤了。"果果将一小盆水倒进锅中，大雄搅拌得更带劲了，说："我们要做一锅土豆汤，很美味。"听到大雄说要做汤，奇奇将捡来的小草放进锅里当绿叶菜，暖暖又端来一碗沙子放了进去，小暄则用桶在锅里加水。大雄搅拌，果果吆喝着"鲜美的汤，鲜美的汤"。

从以上的记录中，我们可以看到小班幼儿具有强烈的模仿性，在角色游戏过程中，他们不断模仿成人的行为，创造性地反映周围的现实生活。由于小班幼儿具体形象的思维特点，他们的游戏是依材料而进行的，锅碗瓢盆的投放让他们很快进入到做饭的游戏情境中。大雄能够调动已有经验，把大石头当作做饭的灶台，而他把沙子当作西蓝花做饭的举动吸引了同伴的参与，使得游戏情节更加丰富。从做饭到做汤，不仅有幼儿生活经验的展现，还有幼儿在游戏中的创意与同伴间的分工合作。

2. 量表评估法

量表评估法是借助观察量表对幼儿的游戏行为进行记录并评估的方法。观察量表是教师在观察前依据观察目的设计的一种表格，方便教师观察时迅速且真实地记录于表格中。野趣游戏是幼儿社会性行为表现突出的一种游戏形式，借助观察量表对幼儿社会性行为进行分析，能够更清晰地了解幼儿的社会性发展水平。

表1是我园根据中班年龄阶段幼儿社会性发展水平制定的野趣游戏观察量表，分别从情绪管理、人际交往、角色意识、学习品质等方面对幼儿的行为进行分析，进而全面了解幼儿的社会性行为及发展水平。另外，对照《3—6岁学习与发展指南》中不同年龄阶段发展目标，设计了二级评价指标并制定相关评价标准。

表 1　户外野趣游戏观察量表

班级：中班　　　　　　　幼儿姓名：　　　　　　观察日期：　　月　　日

选用材料：				
游戏主题：				

视角	视察内容	评估级别		
		☆	☆☆	☆☆☆
情绪管理	1. 过程中情绪积极，主动与材料互动。			
	2. 遇到问题能积极面对、不放弃。			
	3. 没能承担自己喜欢的角色或遇到其他问题时能用正当的方式控制和调节自己的情绪。			
人际交往	1. 能与同伴制定游戏规则并自觉遵守。			
	2. 遇到矛盾时能协调不同观点，解决人际冲突。			
	3. 愿意与同伴合作，积极交流互动。			
	4. 在共同游戏中担当组织者/跟随者。			
表达交流	1. 能根据扮演角色模仿角色的语言，并根据不同角色模仿说话的语气语调。			
	2. 在游戏中能运用丰富的词汇进行表达和交流。			
	3. 能主动与同伴或成人进行角色对话。			
角色意识	1. 幼儿游戏有明确的角色意识与主题意识。			
	2. 能运用已有材料替代生活中的物品进行游戏。			
	3. 能运用语言、表情、动作体现角色的基本特征。			
探索兴趣和行为	1. 能主动或反复进行观察与探索。			
	2. 观察与探索的时间持续较长。			
	3. 能提出问题引发进一步探索。			
	4. 对于发现的问题能找出适当的解决方法。			
	5. 在遇到困难时能主动想办法并坚持游戏。			
学习品质	1. 幼儿能专注地游戏，愿意主动表达、分享。			
	2. 游戏中表现出大胆、勇敢、坚强的品质。			
	3. 具有冒险精神，敢于探索和尝试。			
收纳整理	1. 能主动收拾整理材料。			
	2. 能分类摆放材料。			
观察补充				
指导策略				

三、野趣游戏中幼儿社会性行为支持策略

积极的社会性行为对幼儿的发展具有重要意义,在野趣游戏中,我们可以运用以下策略支持幼儿社会性行为的发展。

(一)提供支持、包容的精神环境

因为野趣游戏的开放性和低结构性,所以游戏内容和主题的选择有不确定性。在游戏开展之初,教师要学会退后,放手让幼儿尝试,尊重他们的游戏意愿和主体地位,为幼儿创设支持、包容的精神环境。通过观察了解到幼儿游戏的兴趣,并且发现在游戏中幼儿有自己独特的想法和创意。他们具有初步的合作意识和角色意识,并且在游戏中能够细致入微地扮演和积极主动地表现。

(二)材料支持,激发幼儿的社会交往行为

游戏是幼儿喜欢的活动,而生活化的游戏材料更贴近幼儿的生活,容易诱发幼儿的社会性游戏行为。例如,锅、碗、瓢、盆这些最贴近幼儿生活的材料,能够让孩子很快进入做饭的游戏情境中;轮胎、围栏、泡沫垫这些低结构的游戏材料又为幼儿的创造和想象提供了无限的空间,从而让幼儿的游戏情节更加丰富;石头、树叶等各种自然物既是幼儿探究的对象,又是各种情感体验的载体,更是幼儿动手操作的材料、游戏时的玩具。这些生活化游戏材料的提供为幼儿创设了宽松、自然的游戏环境,更利于他们社会性行为的真实展现。

(三)经验支持,强化幼儿的亲社会行为能力

从幼儿游戏中表现出来的模仿、替代、想象中,我们可以看出幼儿的语言、思维、社会交往等方面的发展水平。基于观察和思考,有针对性地选择适宜的指导方式,才能真正起到推动游戏逐步深入、促进幼儿发展的作用。在野趣游戏中,我们可以根据实际情况巧妙利用以下策略。

第一,耐心等待。当幼儿一直沉迷于某一游戏没有进一步的情节发展时,如果幼儿在同伴合作中积极尝试解决问题,教师都应选择耐心等待,给幼儿足够的自主空间。

第二,适时引导。当幼儿在游戏中出现冲突时,教师可利用沟通引导的方法,帮助幼儿学会表达和倾听。教师可以首先请幼儿表达自己的想法,并让其倾听同伴的想法,然后引导幼儿一起解决问题。通过厘清问题,帮助幼儿理解冲突,提升交往技能。

第三,同伴互助。同伴是幼儿在园生活的重要他人,陈鹤琴先生曾说:"儿童教儿童,教学相长。"在宽松、自由的野趣游戏场地,幼儿之间有更多的沟通交流的机会,在不断地互动、学习中,幼儿的交往经验逐渐强化。

四、结语

总而言之,社会性发展是儿童健全发展的重要组成部分,幼儿社会性行为观察与评估对幼儿的发展有长远意义。教师可在观察基础上利用轶事记录法和量表评估法对幼儿社会性行为进行分析,了解幼儿的社会性发展水平。另外,教师可通过提供支持、包容的精神环境,利用材料支持和经验支持的方式支持幼儿社会性行为的发展。

幼儿礼仪教育中存在的问题及对策分析

广东省茂名市高州市第四幼儿园　彭冬晓

一、研究背景与研究意义

(一)研究背景

礼仪与道德的关系特别紧密，任何一种礼仪都离不开道德。礼仪是道德的一种外在表现形式，道德是礼仪的根基。作为一个拥有源远流长历史的文明大国，我国自古以来就创造并形成了一套完整的礼仪行为规范，被誉为"礼仪之邦"。然而，近年来，不文明行为屡屡发生，引起了全社会的广泛重视。3—6岁这一阶段是培养幼儿礼仪行为规范和道德素养的重要时期，抓住这个机会对幼儿进行礼仪行为教育和行为习惯养成教育，会起到双重效果。

(二)研究意义

本文从笔者所实习的幼儿园礼仪教育的现状出发，调查分析发现问题，并针对问题不断地探讨，提出相应的解决策略，以此来丰富幼儿礼仪教育理论，为广大幼教工作者提供经验，为学前教育的发展添砖加瓦。

二、幼儿园的幼儿礼仪教育现状

(一)幼儿园管理层对教师在工作中开展礼仪教育的态度

基于教师的问卷设计，主要设置了几个针对性的问题。其中"幼儿园管理层明确提出教师需要做好对孩子的礼仪教育吗"，超过44.6%的教师选择的是"明确强调过"，还有38.2%以上的教师提出"偶尔强调一下"，17.2%左右的教师选择"只是提过，关于教师的落实情况，园方并没有强制标准"，没有教师选择"没有要求"的选项。这意味着幼儿园的管理层基本意识到礼仪教育的关键意义，同时对教师的日常表现进行了规范和引导。

(二)教师和家长对幼儿园开展礼仪教育的态度

笔者在对教师、家长所设计的问卷中发现，对于相同题项"您认为幼儿园需要开展相应的礼仪教育吗？"，得到了不同的回答。结果表明，在教师方面，56.6%和43.4%的教师认为"很有必要"和"有必要"；在家长方面，75.6%和24.4%的家长，选择了"很有必要"和"有必要"，没有家长持反对或者漠不关心的态度。

调查得知，很多教师对幼儿的礼仪教育比较重视。部分教师由于对礼仪教育知识所知甚少，加上自身经验的不足，对孩子的照顾不到位，以至于在实践中无法做到与教育观念、行为习惯和教育意识一致。有的家长抱着"树大自然直"的观念，认为幼儿小时候不懂礼貌，但随着他们的成长，慢慢就会掌握。众所周知，学龄前这一阶段是孩子行为习惯发展的重要时期。

三、幼儿园礼仪教育中存在的问题

(一)幼儿园对礼仪教育的重视不够

幼儿园礼仪教育的重视程度直接关系到礼仪教育的成果。虽然幼儿园管理者认识到礼仪教育对幼儿发展的关键意义，不过更多的是形式上的关注，强调教师应重视加强幼儿礼仪教育，但大多数都是口头陈述，没有具体的实施措施，也没有量化的考核。

(二)礼仪教育环境因素作用发挥不充分

环境作为一种教育资源在幼儿礼仪教育中发挥着重要作用。它承载和推动着幼儿礼仪教育的发展,"近朱者赤,近墨者黑"。部分教师在课堂环境的设计上并不重视,也没有付出努力,思想观念比较传统;部分教师认为礼仪教育只是一种可有无可的教育形式;也有一些教师提出班级孩子众多,工作繁杂琐碎,平时精力分散,对幼儿礼仪教育方面的环境创设表示力不从心,难以有针对性地做好环境创设,为礼仪教学服务。

(三)家庭教育对幼儿礼仪教育的制约

家长是孩子的第一任老师,父母是否拥有正确科学的礼仪教育观念对幼儿礼仪发展特别重要。由于部分父母受教育程度、教育理念的不同以及对家庭教育的漠视,认为幼儿礼仪教育应该让幼儿园教师来实行,认为孩子在幼儿园学习了礼仪知识就行了,忽略家庭教育在幼儿礼仪教育中发挥的重要作用;忽略孩子是一个独立的个体,有自己的想法,从而使孩子产生逆反心理和抵触情绪。

四、促进幼儿园幼儿礼仪教育的对策

(一)要树立幼儿礼仪教育的意识

幼儿园管理层在礼仪教育的发展中起主导作用,并为礼仪教育提供保障。首先,幼儿园可以请礼仪教育专业的团队或者知名教授、专家、名师作为顾问,园领导带头组织各年级的年级组长和资深教师进行深入的调研。最后将调研结果进行整理归类,编辑成文字进行存档,不仅为本园教师也为其他幼教同行提供经验的借鉴和理论的指导。

开展教师礼仪教育培训。首先,幼儿教师要深刻地认识到自己在幼儿礼仪教育中扮演着非常重要的角色,其次,幼儿园可以聘请有关礼仪教育的专家学者在线下开展礼仪教育讲座或者专项培训,聘请礼仪形体教师进行培训,并将教师的衣着打扮、言行举止等纳入教师绩效考核标准里,促进幼儿礼仪行为规范化,为幼儿做好榜样。最后,幼儿教师在教学实践中应该具体问题具体分析,根据本班幼儿的特定需求选择适合本班级的礼仪教学方式。

(二)要重视创设礼仪环境

家庭环境氛围的营造。幼儿园要做好家庭礼仪教育的实时远程指导服务。提高家长的礼仪教育意识,通过微博、微信平台转变家长的教育观念,召开家长会,举办生活礼仪讲座,培养父母的礼仪教育理念,充实礼仪知识。建立起家长和教师之间联系的桥梁,借助微博、短视频、微信等自媒体作为家园联系的纽带,互相分享教育知识和教育经验,家园的合作使得幼儿礼仪教育得到快速发展。

营造适宜的园内环境。教师之间、家长之间、家长与教师之间要相互尊重、热情、礼貌相待,为幼儿营造一个谦恭有礼、和谐友爱的氛围。教师和幼儿之间要彼此互相尊重、互相关爱,每个孩子都是一个独立的个体,都有自己的思想和判断,因此教师和幼儿是一种平等的关系,尊重每一位幼儿,善于发现孩子身上的闪光点赞赏孩子,激发幼儿的学习积极性。

(三)构建家园共育体系

一是组织召开家庭礼仪教育经验交流会。向家长传导正确的幼儿教育理念和方法,抓住典型以小见大,改变他们分数至上、忽视幼儿素质发展的观念,同时改变家长将孩子丢给幼儿园教育、一切依靠幼儿园的错误观念。家长和幼儿园要建立紧密的联系,家长积极配合支持幼儿园的礼仪教育工作,避免家庭教育与幼儿园教育的脱节。

二是开展分层分类的家庭教育指导活动。受家庭构成、父母受教育程度、经济水平等因素的影响,每个家庭在礼仪教育中面临的问题也不同。留守儿童这一现象普遍存在,很多幼儿由爷爷奶奶照顾,所以分类分层地开展家庭教育指导活动是比较科学且高效的。

三是通过电话、微信、家园联系手册等工具与家长建立紧密的联系,及时向家长反映幼儿在园内的礼仪行为表现和出现的情况，同时了解幼儿在家里的礼仪行为表现，对那些在幼儿园和家里礼仪行为表现不一致的幼儿及时与家长沟通，提出家庭教育的建议，使得幼儿的礼仪教育行为得到巩固和强化，真正实现家园共育。

五、结语

礼仪教育是指礼仪内容和方法的学习和传授，意在让幼儿进行自我道德约束和遵守礼仪规范，尊重他人，学会与他人沟通交流。本文从幼儿园礼仪教育的现状出发，调查分析发现问题，并针对问题不断地探讨，提出相应的解决策略，以此来丰富幼儿礼仪教育理论，为广大幼师教育工作者提供经验，为学前教育的发展添砖加瓦。

游戏中玩转数学 幼小间衔接无痕

湖北省武汉市华中科技大学同济医学院附属幼儿园 姚 璐 汪诗琪

我园作为华中科技大学同济医学院的附属幼儿园，具有独特的人文和医疗环境，以及丰富完善的社区资源，为幼儿园开展优质的教育提供了深厚的文化底蕴。《幼儿园教育指导纲要（试行）》中明确指出，"幼儿园应与家庭、社区密切合作，与小学相互衔接，综合利用各种教育资源，共同为幼儿的发展创造良好的条件"。同济附小作为同济医学院的附属小学，与我们同在一个校区，为进一步推进幼儿园与小学的互通共融，深化科学衔接内涵，我园与同济附小成为幼小衔接共建单位，共同探讨幼小衔接的联合教研机制。

针对家长对于幼小衔接工作的困惑和难点话题，我们对同济附小一年级76名家长和同济附幼大班136名家长分别进行了问卷调查，剖析家长存在学习准备焦虑的原因（见表1），提炼出两个核心问题：幼儿园和小学的学习方式的差异性与家长认知观念的冲突，幼儿学习发展连续性与两个学段教学方式差异性的冲突。

表1 家长存在学习准备焦虑的原因

一年级家长视角	幼儿园家长视角
1. 幼儿园的学习就是做游戏，对于小学的学习帮助不大。	1. 小学与幼儿园的学习环境、教学方式变化太大，幼儿园应该帮助幼儿提前学习小学知识。
2. 学习学科知识才是学习，幼儿园玩得多、学得少。	2. 小学学习进度快、容量大，幼儿如果能提前学点，将来进小学就能领先。

一、幼小衔接联合教研的实践现状

幼小衔接联合教研活动中，大多数教研活动由幼儿园发起，参加对象以学科专任教师与幼儿园大班的骨干教师、教学管理者为主。教研内容及形式方面，一般通过参观小学、课堂观摩活动和集体教研互动等形式进行，但仍存在教研值得讨论的问题。

二、幼小衔接联合教研存在的问题

（一）幼小衔接并没有有效缓解家长的焦虑

学期初的幼小衔接家长会，通常以讲座的方式，家长们在家长会上以听为主，该如何进行科学衔接，行动上仍不知道该如何实施。

（二）教研形式以课堂观摩为主，成效较为浅表

幼小衔接联合教研中的教研形式往往是"去参观小学""小学教师来园"或"座谈交流"，部分教研活动以课堂观摩研讨为主，未深入思考联合教研要解决幼小衔接中的哪些具体问

题，导致教研成效较差，无法形成系统的具有推广价值的幼小衔接经验。

三、案例呈现

通过"问题清单"的梳理，共同寻找出家长、幼儿园教师和小学教师在幼小衔接中面临的关键问题和困惑，最终以"数学活动"为切入点，推进深入联合教研。三方形成合力，科学衔接，相信孩子们会在清雅烂漫的九月，踏进他们向往的小学校园，笑迎新的生活。

（一）家长联盟

1. 体验式家长会

对开学初的家长问卷调查表内容进行分析后，大家提出："能否让小学的教师讲述有关一年级小学数学大纲的要求，解决数学衔接的困惑"，"一年级的家长，经历了幼小衔接焦虑和迷茫，最能感同身受，可以参与到家长会中一起探讨"……我们邀请到了附小团队和一年级的家长，开启了"体验式家长会"。

除了有温度的环境，教师们还打破常规的家长会模式，精心准备了一些别具特色的暖场游戏，家长轻松愉悦，身临其境，感受着幼儿在园的快乐。

以问题式教研的方式，邀请家长参与到教研活动中，从帮助幼儿做好"身心准备、心理准备、社会准备、学习准备"四个方面进行讨论，各抒己见，相互交流自己的"好办法"。体验式家长会，让家长在体验中感悟，在感悟中思考，在思考中了解科学幼小衔接的方法。

2. 日行月谈

幼儿园教师和小学教师尝试对大班幼儿的家长开展"日行月谈"的活动。每月底周三离园后家长与幼儿园教师约定谈话名额，通过三方的交流互动，根据不同幼儿的性格特点和家长探讨因材施教的办法与策略，每一份"私人订制"，都汇聚了老师们的专业和用心。

"日行月谈"促进了幼儿园教师和小学教师与家长的深度互动，更为准确、同步地了解家长在孩子入学准备和入学适应方面的困惑、问题和意见，为后续幼儿园教师和小学教师共同推进衔接工作提供真实、有效的问题场。

（二）教研联盟

1. 冲锋集结——缔结同心

一份协议，一份承诺，一份期待。在参会人员的见证下，华中科技大学同济附小与华中科技大学同济医学院附属幼儿园共同签订了"幼小衔接共生合作协议书"，组建了幼小衔接研究共同体，确立了以两校教学团队为核心，以幼儿园大班、小学一年级班主任为主力成员的研修团队。从"我"变成了"我们"，从"两所学校"变成"一个团队"，开始了"共通"衔接视角，"共行"教研之路（见图1）。

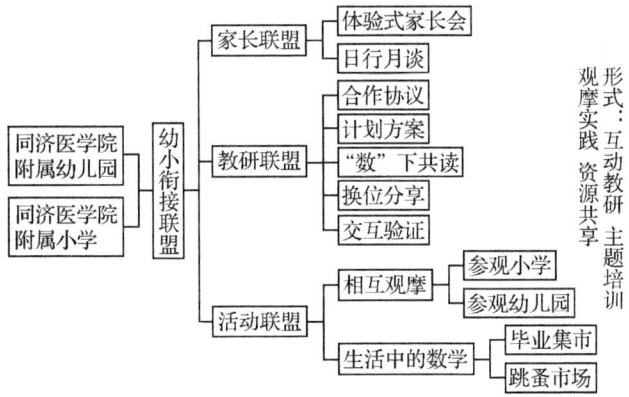

图1　幼小衔接研究共同体

2. 增进了解——以"数"共研

幼小衔接联合教研不仅要关注实际问题，还要通过学习了解相应的知识内容。联盟教研根据家长的热点问题、青年教师教学的难点，确定教研内容以数学认知为切入点，与小学数学教研组共读一本书，深入探索与衔接数学核心经验、数学语言等方面的内容，因地制宜采用网络教研、主题式教研、现场观摩等方式，提升教研工作的针对性和有效性。

（三）活动联盟

1. 双向走进——参观小学、参观幼儿园

大班幼儿带着各自的记录表，有目的地去观察，用工具去测量去小学的路线；小学的校舍楼层；小学桌子长、宽、高……通过对比了解，有了更加真实的体验与感受。

通过集体大教研的方式，解读幼儿表演游戏及关于"均分"数学核心经验的分析。

（1）依标对本，指引观察。借助《3—6岁儿童学习与发展指南》、《硚口区幼儿益智区发展要素及典型性表现》和《硚口区幼儿表演区发展要素及典型性表现》开展教研，指引教师们更专业地分析案例中教师的观察计划、观察实录、解读反思及策略支持。

（2）案例分析，剖析本质。观察案例分享，教师们针对性地聆听、思考、记录；各组教师组内交流，提炼观点；集中研讨，评价案例呈现的质量和教师儿童行为观察与支持的适宜性；最后结合研讨内容对案例进行优化处理。

（3）经验复盘，共同提升。挖掘数学核心的意义，通过更换游戏材料等方式，巩固"均分"数—量—形的相关内容。

2. 同频共振——幼儿园的毕业集市和小学的跳蚤市场

"9块9不算多，去不了香港新加坡；9块9不算贵，人人都说好实惠。"在一阵吆喝中，幼儿园的毕业集市开始了。每个孩子都有一件舍不得丢掉的玩具，每个孩子都有"别人的玩具更好玩"的想法，为了给他们的童年增添一次美好的经历，结合小学一年级"认识人民币"的活动，教研联盟共同商定了一次"爱心义卖"的活动。

教师们通过教研活动研讨出活动计划表，并根据时间线梳理了活动内容和活动类型，希望循序渐进地为幼儿丰富相关的活动经验。活动结束后，教师们充分感受到幼儿的变化，他们学会了看标价签，学会了算账，学会了利用图纸搭建，学会了用数学解决生活中的问题；游戏式数学活动让他们更加深入地认识到，数学是认识世界的工具。

四、教育反思

通过联动教研，我们共同梳理出数学领域研究和实施的方向：小学数学活动"游戏化"，幼儿园游戏"数学化"。每一次教研活动后，我们都会通过不同形式的复盘，聆听老师的思考，反思教研的过程及内容，让联动教研真正实现教师与教师、学校与学校之间的双向奔赴。

（一）精细化互动机制

幼儿园教师和小学教师通过联合家访、体验式家长会、日行月谈、问卷调查等方式，较为科学、客观地收集了幼小衔接中的"真问题"。以"数学核心经验"为切入点，打造更加贴近幼儿的教育生态环境，减缓学段"坡度"，助力身心"过渡"，让幼小衔接"零距离"，让孩子成长"看得见"。

研修的模式和制度的保障，让"研"变得有序，让"研"变得规范，让"研"变得有效。

（二）换位式分享交流

采用"换位式分享交流"，也就是幼儿园教师和小学教师不仅分享各自的做法与经验，还站在对方的角度梳理、总结，如小学教师梳理幼儿园教师为幼小衔接做了些什么、幼儿园教师梳理小学教师是怎么做的以及为什么这么做。对教研形式的"微调"，促使幼儿园教师和小学教师相互"靠近"。

（三）交互式验证实践

幼小衔接是两个阶段的连接，其教研成果是否切实有效、教育实践中的问题是否真正得到解决，都需要幼儿园和小学协同验证。幼儿作为幼小衔接的主体，他们进入小学后的适应情况很大程度上反映了幼小衔接联合教研的成果。幼儿园教师和小学教师可对个体展开从大班至小学一年级情况的纵向观察，在连续性共同观察、共同评价的基础上进行研究分析，不断地调整教育行为。

幼小衔接的目的就是能让家长、幼儿园和小学从之前的各行其是到三方合力，在此过程中，两个学段的老师，既能向下延伸，又能向上观望，搭建沟通平台，多些换位思考，探索有效途径，让课程和教学一脉相承。三方合力共研，幼小无痕衔接，助幼儿可持续发展，促幼小高质量衔接。

教师应对幼儿告状行为的调查

天津市陆军军事交通学院幼儿园　徐海楠

本调查选取幼儿教师作为调查的对象，首先是因为幼儿教师在工作中与幼儿的直接接触时间是最长的，幼儿阐述告状内容的直接对象就是幼儿教师。由于幼儿的认知水平较低，心理发展还不够完善，依赖性较强，独立性较差，还不能准确地去评判是非。所以一旦遇到他们自己不能解决的问题或困难时，就会出现告状行为，而教师就是他们心中权威的象征，他们会把自己当时最直接的想法告诉老师，并且会很频繁，期望得到老师的注意和解决。一些资料显示，在幼儿园中每天约有60%的幼儿向老师告状，有些幼儿每天的告状次数会多达5次。其次是因为教师在对幼儿的教育过程中，不但是作为教育者，而且是研究者。在实际教学的过程中，教师会结合实际的案例进行一些研究与调查，说服性较强。

一、幼儿告状行为的类别

幼儿的告状行为如此频繁，这与幼儿的年龄特征是分不开的，他们没有完整且深刻思考的方式，他们的想法十分单一、直观，而且自己的想法和情感都很易于外露不会隐藏。小朋友相处之间的一点点摩擦都会引起彼此的不满，有时其实是一种对老师的依赖，他们需要教师的帮助来评断一件事，所以"告状"的频率也越来越多（见图1）。幼儿告状行为的类别有寻求帮助、试探教师、表现自己、陈述情况、报复他人、检举对方、嫉妒他人。

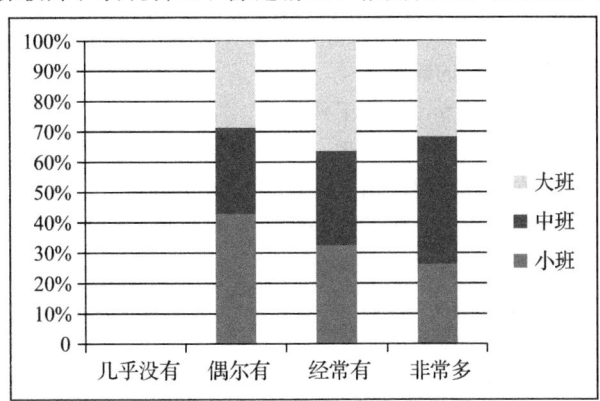

图1　幼儿向老师告状的频率

二、教师对幼儿告状行为的应对方式

(一)草草了事,急于平息

通过调查可以分析出,教师在应对幼儿的告状行为时态度上较为重视,行动上却力求在最短的时间内将告状事件平息,可以看出大多数教师并没有找到真正的解决方法(见图2)。

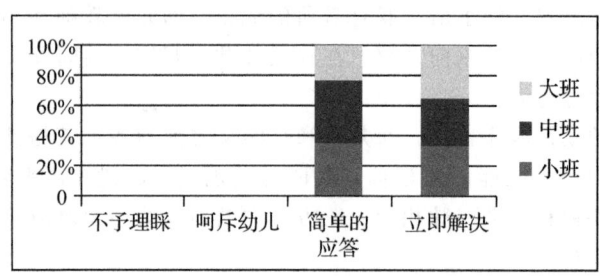

图2　教师在解决幼儿告状行为时的态度

(二)应对频率高,但是结果不明显

通过对教师的访谈调查可以得出,教师平时应对幼儿的告状行为频率很高,基本上对所有的告状行为都做出了相应的回应,但是幼儿告状前后所展现出来的效果并不是很明显。所以幼儿的告状行为出现的频率并没有随着教师的干预而逐渐减少。

(三)教师在处理问题时,大多带有烦躁的情绪

教师对于幼儿有绝对的权威性,所以教师的应对方式直接影响幼儿的告状频率。教师应对幼儿告状时,通常带有强烈的烦躁情绪,从而使教师不能很好地运用正确的方式解决(见图3)。幼儿在此期间也没有正确地认识到自己以及其他小朋友的错误,使告状行为没有发挥出它应有的作用。

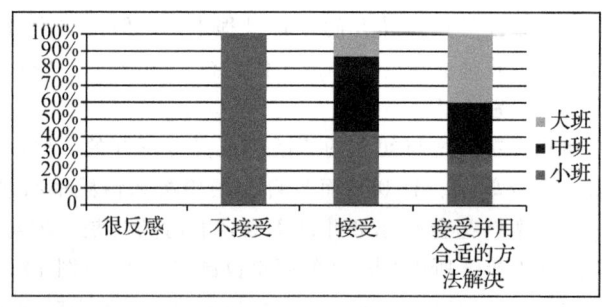

图3　教师对幼儿告诉行为的态度

三、教师应对幼儿告状行为的建议

(一)正确认识幼儿的告状行为,对症下药

告状行为是幼儿社会性发展的一种表现,是指幼儿在幼儿园的一日生活中为自己受到来自同伴某一方面的侵犯,或者发现同伴的某一行为与幼儿园的集体规则、教师的某项要求不符时,向教师发起的一种互动行为。首先要分清幼儿的各种告状类型,用不同的方法区别对待。幼儿的告状类型大致可分为以下几种情况。

(1)求助型告状。这是幼儿为了请求教师正确解决纠纷或请求教师保护自己而产生的告状行为,它在幼儿的告状行为中占很大比例。

(2)求赏型告状。求赏型心理是幼儿较为常见的一种心理,尤其是当同伴出现违规行为时,大多数幼儿一旦发现就会迫不及待地向老师告状。这往往是幼儿为了让教师关注自己的

表现而产生的告状行为。

（3）求罚型告状。这是幼儿出于自己的嫉妒或报复心理而产生的告状行为。

（4）试探型告状。这是幼儿为了试探教师的态度而产生的告状行为。有时幼儿并未和其他幼儿发生冲突，却告某幼儿的状，其实是想试探一下教师对此行为的态度。如果教师对此态度持肯定态度，那么，告状的幼儿还会做出类似的行为来。

（二）保持良好的心态

蒙台梭利在书里曾经说过："每个孩子都来自天堂，都是天使。"面对幼儿的告状行为要保持一个良好的心态，做出正确的判断，同时也要宽容孩子。即使幼儿犯了错误也要给孩子改正的机会和过程，教师不能将其作为幼儿本身的错误加以否定，或随意将它作为幼儿的犯规行为加以呵斥，要关注幼儿告状行为的积极层面。

（三）组织各种形式的活动

可以组织幼儿通过讨论、谈话等形式，讲一讲在幼儿园中遇到的问题和困难，让幼儿自己想办法解决，从而提高幼儿独立处理问题的能力和判断是非的能力，减少幼儿的告状行为。同时要教会幼儿使用礼貌用语、学会谦让、共同协商等良好的行为习惯。也可组织幼儿观看动画片、听故事等，有目的地引导幼儿评价其中人物的行为，从而丰富幼儿是非的感性经验，提高他们的辨别能力，进而减少幼儿的不良行为。

四、结语

幼儿的告状行为看来是小事，但是在幼儿的发展过程中，与其心理的发展有很大的关系。作为幼儿教师，对待此类问题不能小觑。事实上，只要我们教育得当，完全可以借助此类问题提高教师的教育水平和效果，幼儿也会因此而得到改变。

幼儿表达性语言障碍引发的行为问题的干预计划与实施评价

广东省东莞市凤岗镇第一幼儿园　李晓华

一、缘起

《3—6岁儿童学习与发展指南》中指出，幼儿语言的发展贯穿于各个领域，幼儿语言的发展离不开其生活的环境。据了解，2022年9月入学的小班孩子中，在0—3岁这个年龄段受到社会环境限制的因素，大部分孩子的活动范围受限于家门口、小区等偏居住地的位置，加上未能有机会接触各类人群，缺少生活经验，所以导致该阶段入学幼儿存在语言发展缓慢、语言表达障碍等问题，以下以我班一幼儿为例展开详细的分析。

二、案例与干预计划

（一）基本情况

东东(化名)，男，2019年出生，2022年入读本园区小班，东东家里有一位上高三的哥哥，同住一起的家人有父母、祖父母。东东入园的第一天表现出高于同班幼儿的入园焦虑症。具体为：不与同伴、教师交流；询问其是否需要如厕、洗手、吃饭等，他一律不回答，也不做任何肢体语言表示。入学第一周，东东不哭闹，不会主动提出要求，一日生活流程各环节需要教师一对一引导。第一周的周五东东在需要如厕时会主动拉起教师的手往洗手间方向走去。可是，入学第二周第一天，东东表现出与入园第一天一样的情况，如此反复进行三周时间，东东依然不开口说话。

(二)资料收集

1. 与家长交谈获取幼儿在家信息

在与东东爸妈的多次交谈中了解到,东东与哥哥相差的年龄较大,哥哥在家里忙于学习,基本也不跟东东互动。爸妈因为工作的原因,节假日、周末是最繁忙的时候,所以缺少时间陪伴东东,出游的时间也只局限在春节期间。东东是爷爷奶奶带大的,然而爷爷奶奶的年纪已有70多岁高龄,出行不方便;陪伴东东更多是在家里玩耍,并且祖辈出于对子孙后代的疼爱,东东的一切生活自理全被长辈"包办",父母对于东东的教养方面没有计划。

2. 在园内观察幼儿并收集信息

幼儿园里东东出现交流困难的情况,对于同伴的问好、同伴的交流、教师的问好,东东一概不理,对于幼儿园常规、集体教学、户外活动等都是"我行我素"。结合对东东入学第一个月的观察,东东在每周一入园时都需要重新熟悉幼儿园一日生活,到了周五,可以自主完成个人生活自理,此情况每周重复。小班第二学期开始一个月左右,东东在团队活动时,喜欢故意跑进人群打扰小朋友,并"恶意"损坏他人作品,或是用手将同伴玩具全部打乱;东东还喜欢抱着女幼儿,玩女幼儿或者教师的头发,摸女幼儿的脸蛋、衣服;在集体活动时大喊大叫;需要排队活动时,却喜欢"独立游戏";东东在情绪高昂的时候喜欢用大声尖叫表达自我心理等行为方面的问题。

(三)初步研究分析

1. 幼儿自身分析

东东存在语言表达性障碍,加之祖辈教养时间居多,幼儿的语言、生活自理能力未能得到一定的发展。东东对生活中的事物表示出好奇心去探索时,被误认为"捣乱""调皮"以至于无法得到发展需求上的满足,所以导致东东想利用"特殊"的行为引起他人的注意,以获得自身的满足。

2. 家长分析

第一,东东在家里时喜欢交流,不属于语言迟缓,但是东东在家里与父母交流时多使用家乡话,爸妈之间也不说普通话;东东能听懂普通话,因为东东父母尝试用普通话与东东交流,东东却使用家乡话回应父母。父母认为,东东在幼儿园不愿意开口说普通话是由于语言不通的原因造成的,所以东东不理会同伴的交流请求。第二,由于父母工作忙,东东在家里更多是自己玩积木、黏土、小汽车等。第三,因为社会因素影响,东东父母限制东东出门,所以缺少与同伴共同游戏的机会,甚至很少接触外面的公共环境。第四,东东生活自理方面,妈妈表示平时未能给予孩子更多耐心等待的时间,每当孩子想如厕、洗手、帮忙做家务等时,家里人都会直接帮他完成。

3. 老师分析

根据家长分析,首先,东东能用家乡话流利地与家人沟通,并且能听懂家长的普通话并用家乡话回应,体现出东东不属于语言发展迟缓。其次,在独自的情况下,东东能听懂普通话却无法利用普通话与他人交流,这属于语言表达性障碍。最后,东东因为长期缺少家长的有效陪伴、交流,缺少与社会接触,导致其生活经验缺失,未能满足东东身心发展需求,以至于东东出现行为问题。然而,《3—6岁儿童学习与发展指南》中明确指出,幼儿社会领域的学习与发展过程是其社会性不断完善并奠基健全人格的过程。而人际交往和社会适应是幼儿社会性学习的主要内容,也是其社会性发展的基本途径。结合以上内容,初步分析得出,东东因为语言表达性障碍导致其社会性发展迟缓,引发出行为问题。

4. 明确问题

第一，东东不愿意与同伴及家人以外的成人交流，想要加入同伴的游戏时更不会向同伴提出请求，而是直接进入游戏；加上东东的语言环境问题，导致东东的普通话发展得非常缓慢，东东能听懂却不愿表达。第二，东东未能做到自己的事情自己做，也可解释为家里教养的原因导致，东东想自己做的事情不能自己做，所以东东心理得不到满足，没有自我效能感。第三，0—3岁阶段的东东居家活动、自己玩游戏的时间居多，导致东东对群体生活失去兴趣，甚至出现害怕与陌生人接触、不懂正确与人接触的行为技能。

5. 拟定行动计划

(1)周期：学期制。

干预目标：

①家园统一语言环境，增加东东的安全感，引导东东愿意表达出自己的需要和想法。

②培养东东的生活自理能力，让孩子做自己的事情。

③正确引导东东社会性发展，帮助他树立正确的交往方式和良好的行为举止。

干预措施：

①增强东东父母对家庭教养的重视，学习家庭教育相关知识，增加亲子有效陪伴，如为东东创设自由、宽松的阅读环境，进行睡前亲子阅读。

②列举小班年龄阶段幼儿能独自完成的生活事务，让东东自主完成自己的小任务。

③鼓励东东与同伴交流，耐心等待东东表达，不替代东东说话，发现东东出现不良行为时需要马上积极引导。

(2)第一研究循环。

干预周期：第1—2个月

干预目标：

①与家长共同发现幼儿的兴趣点，积极引导幼儿自己动手探索。

②尊重和接纳东东说话的方式，不嘲笑，耐心等待其表达完成。

③合理安排时间，陪伴幼儿与幼儿共同完成游戏，耐心等待幼儿，给予幼儿一定的自主探索机会。

干预实施：

①仔细观察东东在班级自主游戏环节、户外活动等的表现，分析东东的兴趣、爱好。

②家长可以轮流合理安排时间陪伴幼儿，增加幼儿与外界的接触，多带幼儿到儿童乐园等促进儿童交往能力发展的地方。

③同伴互助：班级开展"互助团队"，帮助引导东东一日生活流程，利用同伴之间的接触让东东更易接受引导。

(3)第二个研究循环。

周期：第3—5个月

干预目标：

①东东愿意与人交往，能表达出想要加入同伴游戏的请求。

②增加幼儿之间相处接触。

③能根据自己的兴趣选择游戏，或表达出想要玩的游戏。

干预实施：

①创造交往的机会，利用走亲戚、邀请朋友到家做客的机会，鼓励东东与人交流。

②在安全的环境中，鼓励东东按照自己的想法做事，发现并支持东东的兴趣点，给予东

东探索感知的时间。

三、实施评价

（一）家庭环境、教养方式对幼儿的社会性发展起着关键作用

幼儿 0—3 岁期间主要靠家庭的教养方式进行培养，如父母、祖父母对幼儿过度保护，剥夺了幼儿表达交流的机会，缺少有效陪伴幼儿的时间或限制其与社会接触的机会，导致幼儿越来越孤僻，失去需要与人交往的意识。

（二）幼儿环境适应能力

环境变化，导致幼儿自我防护意识升高，致使幼儿处于谨慎状态，不愿与人交流；对于长期居家活动的幼儿，缺少社交生活，突然来幼儿园生活致使他的环境更新，难以适应，而且陌生的语言环境致使幼儿更加难以适应新环境的生活。

（三）引发注意

幼儿在集体活动中出现大喊大叫、突然抱着同伴等行为，因为无法用语言表达出来，所以为了引起同伴、成人的注意，只能制造"异常行为"来表达自己的需求。

四、行动反思

（一）语言表达性障碍影响各领域发展

通过上述个案行动效果可分析得出，幼儿语言表达性障碍引发出各领域的问题，东东表现更为严重的是行为问题。通过家园共同制订计划，在教育合力下，东东得到进一步的语言发展，从而改善行为问题。

（二）家庭教育对幼儿的重要性

孩子的语言能力、社会性不是与生俱来的，是在日后成长中不断发展与完善的，在这一阶段需要正确的引导。家庭作为孩子成长的重要环境，家长对孩子的影响关乎孩子一生，所以形成正确的家庭教养方式，创设良好的家庭氛围是孩子各领域发展的"加油站"。

幼儿家庭教育社区支持的现状研究
——以乌鲁木齐市 S 社区为例

新疆维吾尔自治区乌鲁木齐市第三十幼儿园　聂　丹

家庭教育受到人们越来越多的重视，国家在家庭教育方面出台了新的法律法规。《中华人民共和国家庭教育促进法》于 2021 年 10 月 23 日在第十三届全国人大常委会第三十一次会议上通过。该法第 38 条规定居民委员会和村民委员会可以依托城乡社区公共服务设施，设立社区家长学校家庭教育指导服务站点，配合家庭教育指导机构组织面向居民、村民的家庭教育知识宣传，为未成年人的父母或者其他监护人提供家庭教育指导服务。

一、幼儿家庭教育 S 社区支持的现状

（一）物质环境支持方面提供充足的教育娱乐设施

近几年以来，乌鲁木齐市 S 社区逐步认识到了社区支持对幼儿家庭教育的重要性，逐步创建文明和谐社区。社区相关部门和工作人员联合社区居民采取各种措施，逐渐加强了家庭教育社区支持工作。

社区新增了"心语小屋""才艺课堂""棋逢对手""爱心联盟""启明星""舞韵风采""成长阶梯"等教育娱乐场所。在物质环境方面给 S 社区的居民提供了充足的教育娱乐设施。

(二)身体健康支持方面给居民基本的医疗保障

以乌鲁木齐市哺育工程为例。哺育工程是乌鲁木齐市"十大民生项目"之一,旨在实现全民免费饮用"保健奶",为全市 0—6 周岁的婴幼儿提供一袋"纯乳"。增强全民体质,改善民生。哺育工程将把"纯净奶"运到城市各个社区(村庄)的"营养奶"分配站。今年推出的"母乳喂养计划",为 0—6 周岁的幼儿家庭,每人每日赠送一袋营养奶。从婴儿期开始,一直到 9 岁以下的义务教育阶段。具有本市户口的 0—6 周岁幼儿,在本市居住 6 个多月或持居民身份证的 0—6 周岁幼儿均列入本市母乳喂养计划营养乳免费发放范围,家庭有该年龄段孩子的家长可以到社区包户工作人员处进行登记,领取学生免费饮用健康奶。

"十项民生工程"是市、区在深入学习和贯彻习近平新时代中国特色社会主义思想、习近平总书记有关提高保障和改善民生水平的重要讲话的基础上,旨在解决人民群众最直接和最实际的问题,满足人民群众日益增长的对美好生活的需求所开展的工程。

(三)S 社区幼儿家庭教育组织形式

就目前社区家庭教育发展的现状来看,以社区为基础的家庭咨询形式逐渐增多,发展迅速,提供各种形式的咨询服务。部分社区积极传播科学知识和幼儿家庭教育方法,提升了家长的育儿水平。

在 S 社区的实地考察中发现,该社区在家庭教育方面也开展了一些活动,比如举办专业讲座,进行"一对一"解疑辅导。当社区中的居民发生家庭矛盾时,社区的工作人员第一时间赶到住户的家里调节家庭矛盾。S 社区联合乌鲁木齐市第三十幼儿园开展亲子活动,实现家、园、社区的协作发展。

(四)S 社区幼儿家庭教育的频次

家庭教育实施的频次关乎到一个社区对家庭教育的重视程度。《中华人民共和国家庭教育促进法》于 2022 年 1 月 1 日正式施行,其中规定:"每年 5 月 15 日国际家庭日所在周为全国家庭教育宣传周。"也就是在 5 月 15 日这一天,应该去宣传或组织一些家庭教育相关的内容。《关于进一步加强家长学校建设工作的指导意见》中规定了在妇女之家、基层文化活动中心等活动场地的基础上,由各辖区的父母学校或家庭教育指导单位在假期和业余活动期间,确保一年内至少安排两次家庭教育指导和两次家庭教育活动。

(五)对特殊家庭提供帮助

在社区的家庭教育中,有一类家庭的教育问题比较突出也比其他的普通家庭更需要社会的帮助,那就是特殊家庭。现如今在乌鲁木齐市水磨沟区的特殊家庭主要包括单亲家庭、留守儿童家庭、残疾儿童家庭等。在这些家庭中对儿童的物质支持和精神支持都受到多方面因素的影响,因此需要社区为他们提供一定的帮助,解决他们在生活和学习上遇到的困难。

通过调查发现该社区有对特殊家庭进行爱心募捐的活动,节日前对特殊儿童家庭进行爱心慰问,进行家访,免费发放大米、面粉、食用油等,为他们提供生活上的帮助。对残疾儿童家庭,社区工作人员可向社区申请残疾人需要的医疗器械,比如轮椅、助听器等,免费为辖区居民提供帮助。

二、S 社区幼儿家庭教育存在的问题

(一)内容方面,缺少家庭教育的相关知识

家庭教育的内容有很多,对于该社区来说缺乏家庭教育的相关知识。家庭教育的内容主要包含文明礼貌教育、公共道德教育、品德教育、健康教育、安全教育等。而从社区组织的活动内容上看,更多的是道德讲堂、相关知识讲座,少有幼儿家庭教育的相关内容。

(二)幼儿家庭教育形式单一,没有幼儿托管服务

社区服务是由政府、社区委员会和其他行为者向社区人民提供的一系列物质、文化和生计资源。通过查阅资料发现,乌鲁木齐的社区很少有提供幼儿托管服务的,加之近年传染病多发,社区的很多活动也就此暂停。

(三)幼儿家庭教育频次不高,没有专业实施人员

在我国农村地区,儿童的家庭教育活动较少。《关于进一步加强家长学校建设工作的指导意见》指出了在妇女之家、基层文化活动中心等活动场地的基础上,由各辖区的父母学校或家庭教育指导单位在假期和业余活动期间,保证在一年内至少安排两次家庭教育指导和两次家庭教育活动。通过了解发现,该社区只是在有节日时举办相关的教育活动,对于幼儿家庭教育方面举办的教育活动次数较少。

专业的家庭教育指导师,不仅能够提供专业的家庭教育服务的指导,而且开展的有关家庭教育方面的活动也更有质量和针对性。但是组织活动的人员也显得尤为重要。目前就 S 社区而言,开展家庭教育活动的主要是社区的工作人员、退休老干部、志愿者和一些在校大学生。

(四)特殊家庭方面,物质支持充足,精神支持缺乏

在家庭教育的社区支持中,有一类问题正变得越来越突出和重要,那就是特殊家庭的教育问题。这些家庭的教养方式与普通家庭不同,应该更加重视这种家庭,让他们在这个大家庭中感到温馨。

该社区在物质上为特殊家庭提供大米、面粉、食用油等物质上的帮助,节日期间工作人员走访、慰问特殊家庭。但是在精神层面上还缺乏一定的支持,更应该关注特殊家庭儿童的心理健康,可以进行深入细致的精神关怀服务,让特殊家庭感受到社区和周围邻居对他们的关心关爱。

三、完善 S 社区幼儿家庭教育的策略

(一)加强重视,增加家庭教育相关的内容

社区家庭教育是一种巨大而又繁杂的社会事务,要搞好社区家庭教育,必须加强对其的领导与监管。首先,社区方面应该重视起来,在教育活动中增加一些育儿知识、家长的教养方式、和谐的家庭关系等系列活动或者讲座,对父母进行家庭教育。其次,要加大对家庭教育理论的学习。要立足于现实,与基层的家庭教育工作紧密结合,立足于时代发展特征。

(二)进行创新,推进幼儿家庭教育形式多元化

随着知识经济、网络时代的到来,我们的生活正发生着很大的变化。面对这些变化,创建学习型家庭,开展多元化的家庭教育形式就显得尤为重要,是加强社区精神文明建设必不可少的组成部分。对于推进幼儿家庭教育形式的多元化,有以下四点建议。

第一,向家庭教育做得好的社区学习和借鉴。比如,以直播的形式开展线上授课,周边社区可联合组织活动。

第二,构建多元家长课堂教育平台。社区开展家长课堂,线上线下整合社区的教育资源,实施的家长可以是退休的老教师或者大学生志愿者。

第三,开展家庭教育新的形式,例如读书分享会、民俗文化体验、育儿知识普及、学习红色经典等。

第四,创建学习型家庭,倡导与时俱进的家庭生活方式。鼓励家庭成员参加有关家庭教育的征文活动或演讲比赛。

（三）发挥家长作用，提高活动频次

在家庭教育中，家长和幼儿是两个重要的因素，二者缺一不可。社区举办的一些教育活动所参与的对象不仅仅是未成年群体，在大多数情况下家长可带孩子一起参与活动。对于活动的举办，家长也可以和社区的工作人员沟通，一起参与教育活动的设计和策划。在活动开展之前，家长也可向周围的亲朋好友和邻居宣传社区举办的相关教育活动，鼓励更多的人来参加。

发挥家长的宣传和参与作用有利于教育活动的开展，能够帮社区工作人员减轻一定的工作量。与此同时，在活动中家长要踊跃参与并且积极鼓励孩子。

（四）重视特殊家庭的家庭教育和关爱

对于特殊家庭除了提供物质上的支持以外，还可以提供精神层面的支持，比如对特殊家庭的儿童开展一对一心理疏导，成立爱心驿站，举办"手拉手"邻里互助活动。社区还可以联系特殊教育学校的教师或者妇联对特殊家庭开展教育服务，向家长普及对特殊家庭儿童相关的教育知识及教养方式。每一位儿童都享有受教育的权利，特殊家庭的儿童也不例外。特殊家庭的孩子在学习和生活上遇到的困难，社区应及时解决，提供帮助和服务指导。

提高小班幼儿无稿剪纸活动兴趣的研究

北京市顺义区李遂中心幼儿园　李　菲

一、问题的提出

无稿剪纸活动就是幼儿不用铅笔画稿，直接通过视觉信号传递到大脑，又通过大脑对手的动作产生指令，运用剪刀和纸张表现事物特征及关系的活动。

（一）目前小班幼儿无稿剪纸活动存在的问题

幼儿学剪纸的第一个关口，也是最让人担心的就是幼儿的安全问题。特别是小班幼儿年龄小，使用剪刀的确有危险，容易伤及自己或他人。家长也因此会有种种的担心。其次就是对于初学剪纸的小班幼儿，由于他们的手部力量有限，小肌肉的发展不是很灵活，使用剪刀对他们来说是一个新的挑战。他们还不能按自己的想法剪出形象鲜明的东西，往往剪的只是小纸块，久而久之，孩子们没了成功的体验，就失去了兴趣。

（二）理论背景

兴趣是幼儿学习的动力之源。在兴趣的引导下，幼儿能够主动地学习、提高，从而形成健全的人格及达到情感与智力的协调发展。因此，要采取适当的方式来激发幼儿对无稿剪纸活动的兴趣。《幼儿园教育指导纲要（试行）》中指出："能初步感受并喜欢环境、生活和艺术中的美；喜欢参加艺术活动，并大胆地表现自己的情感和体验；能用自己喜欢的方式进行艺术表现活动。"剪纸活动正是幼儿最喜欢的活动之一，在剪纸活动中，孩子们的身心得到愉悦，想象力和创造力能够得到充分发挥。而小班（3—4岁）幼儿刚从婴儿期步入幼儿期，他们的年龄特征十分突出。《幼儿园快乐发展课程》中确定了"游戏化的一日生活"是实现小班教育目标的适宜途径。结合《幼儿园教育指导纲要（试行）》和《幼儿园快乐发展课程》中的要求，在开展小班幼儿无稿剪纸活动中，提高幼儿的兴趣就尤为重要。鼓励他们用自己的小手随意剪，剪自己看到的、想到的。幼儿无稿剪纸突出了幼儿在活动中的主体地位，强调幼儿的自主学习，引导幼儿学会思考和表达，探索学习的过程，发现问题和解决问题。把幼儿短暂的兴趣引导成稳定的学习兴趣并能主动探索学习，不断解决自己剪纸过程中遇到的问题，获得学习的快乐，让剪纸真正成为幼儿无拘无束的一种表达语言，使幼儿在剪纸活动中获得自信与成功。

二、采取的具体措施

(一)通过互动学习，激发幼儿参与无稿剪纸的兴趣

采取教师与幼儿合作剪的方法开展剪纸游戏，使幼儿在剪纸游戏时获得愉悦的情感体验，体验到剪纸游戏带来的快乐与自信。开展幼儿间的互动活动，进行剪纸游戏交流。通过互动，促进幼儿之间剪纸规则以及剪纸技能、方法的交流。最后通过家园互动，转变家长的教育观念，家园共同提高幼儿的剪纸兴趣。学期初，通过推送相关活动，向家长介绍无稿剪纸活动的目标及意义，免除家长的担忧。

(二)通过创设以剪纸为主要表现形式的教育环境来激发幼儿对剪纸的兴趣

《幼儿园教育指导纲要(试行)》中指出："环境是重要的教育资源，应通过环境的创设和利用，有效地促进幼儿的发展。"环境的创设包括提供物质材料、提供幼儿自由探索的空间。幼儿的艺术学习需要环境的熏陶，这是幼儿审美体验和创造性能力发展的重要途径，当然也是激发幼儿对剪纸产生兴趣的前提。因此，创设一个良好温馨的氛围尤其重要。

1. 在班级中开辟出专门的剪纸作品欣赏园地

首先，创设丰富多彩的物质环境。在初期投放形象鲜明、色彩鲜艳且内容接近幼儿生活的，易于被幼儿接受和理解的剪纸作品，后逐渐丰富。例如，根据小班幼儿喜爱小动物的特点，有意识地让孩子欣赏各种动态的剪纸动物，如老虎、小兔、小鱼等，让他们感受剪纸艺术的丰富多彩。

2. 为幼儿提供展示作品及在剪纸过程中探索与发现的小天地

在欣赏园地中留有一席之地，专门展示幼儿自己的剪纸作品，或用照片的形式记录孩子的剪纸过程，把孩子在剪纸中的发现记录下来。有了孩子们自己的作品，他们更愿意来到剪纸角进行创作，兴趣一下子就提高了许多。

3. 在幼儿园区域活动及班级的各个适宜的空间里，用剪纸作品来布置

在主题墙饰、班级活动室的悬挂装饰、各区角的标记上运用幼儿喜爱的剪纸图案，同时，以幼儿喜欢模仿的小动物为主题，设计了"可爱的小动物"桌标的剪纸图案。这种环境的创设给了幼儿艺术的熏陶，也大大提高了幼儿对于剪纸活动的兴趣。

(三)通过生动有趣的游戏活动来激发幼儿对剪纸的兴趣

剪纸活动内容的选择应接近幼儿生活，以唤起幼儿的情感体验。而且活动的形式应该是生动有趣的，只有这样才能被幼儿所喜爱。因此，教师要注重观察幼儿的兴趣点，从中挑选适宜的题材开展活动。活动的组织应采取丰富多彩的形式，让幼儿在不断变化的形式中体验剪纸的乐趣，从而进一步产生对剪纸的浓厚兴趣。例如，对于刚刚升入小班的幼儿来说，由于他们的手部力量有限，小肌肉的发展不是很灵活，使用剪刀对他们来说是一个新的挑战。针对这样的问题，首先是设立剪纸活动区域，激发幼儿使用剪刀的欲望，提供给幼儿各种纸张和剪刀，以及有趣的剪纸情节，如利用"小鸡吃米""小鸭捉小虫""给福娃宝宝送礼物"等方式让孩子在自由、宽松的氛围中活动，教师则在一旁观察、鼓励孩子的活动，并保护孩子在活动中使用剪刀的安全。同时，利用教学活动时间让孩子自由剪纸，孩子们在活动中学会了怎样拿剪刀才能将纸剪开，剪纸时左手和右手该如何配合。

其次，引导鼓励幼儿敢于拿剪刀，并用一些模拟动物的口吻来激发幼儿的兴趣，如小鸭张张嘴、小猫喵喵叫，使幼儿能够在轻松的环境中学会熟练使用剪刀，让幼儿觉得使用小剪刀剪出各种各样的事物是一件很高兴的事情。幼儿在最初使用剪刀时，总是用各种办法来拿住小剪刀，他们的方法各异，我在这个过程中不对幼儿的方法进行否定，而是鼓励幼儿只要

能够拿住剪刀就是很棒了。这样，幼儿愿意和老师一起参加剪纸活动。经过一段时间，在幼儿的体验下，再对一些持剪刀不正确的方法进行适当的引导，一个简短的小故事、自编的剪纸儿歌等让他们更乐于参加剪纸活动。

游戏化的幼儿一日生活体现出了游戏的重要性，在幼儿初学剪纸的时候，通过有趣的游戏，如利用"捏拢放开"的游戏来训练幼儿手指的力量。幼儿和教师一边说儿歌一边做，"捏拢放开，捏拢放开，小手拍一拍，捏住大拇指，捏住二拇指，捏住高个子，捏住无名指，捏住小妞妞"。游戏玩熟了以后，再加上剪刀和纸，捏拢放开，幼儿在不知不觉中，增强了手指的力量，为使用剪刀打下了良好的基础。教师在这一过程中，也体验到了剪纸的乐趣，对于组织无稿剪纸活动的信心也会大大增加。

（四）通过肯定幼儿的作品、鼓励幼儿的创作行为，激发幼儿对剪纸的兴趣

肯定与鼓励对于幼儿成长与发展有着至关重要的作用，要做到这一点需要老师站在幼儿的角度去审视幼儿的作品和创作行为，同时要用幼儿的心理去感受。因此，每当幼儿通过动手、动脑，创造性地完成一幅剪纸作品时，不管完成得怎样，只要有一点细小的进步，就要给予表扬或奖励，这样幼儿的剪纸兴趣就越来越浓了。用幼儿的剪纸作品来装饰活动室。这样不仅激发了幼儿对剪纸的兴趣，也让幼儿对美的事物和美的环境产生美的情感体验，使幼儿感受到中华民族剪纸文化的同时进行民族文化的熏陶，增强幼儿民族的自尊心和自豪感。当展出新作品时，孩子们会迫不及待地对周围的同伴骄傲地说："你们看，这是我剪的！"看着他们那自豪的神情，我完全可以相信，他们的下一个作品会更好。当幼儿有好的剪纸方法时，鼓励幼儿拿起剪刀和纸，站在全体幼儿面前，为其他幼儿示范。让幼儿在平等的氛围中，分享、欣赏自己和别人的发现，幼儿也会在相互学习中提高运用剪刀的能力。

三、实践中的反思

兴趣是幼儿最好的老师，幼儿只有对剪纸活动本身产生强烈的好奇心和探究欲望，才能激发内在的学习动力。幼儿对剪纸有兴趣，他们就会主动运用感官去看、去听、去想、去动手，从而积极探索。"在孩子的世界里，从一粒沙中可以观赏世界，从一朵野花中可以看见天堂；当孩子需要经验或规律时，他会尝试用各种态度和方法来应付不同的环境……这就是发展中的孩子，这就是成长的需要，这一切都表明，游戏对孩子是多么重要！"把游戏的权利交给他们，让他们在快乐的游戏中快乐地成长起来。为了这份快乐，我们要继续创造条件，让幼儿在游戏中生活，在游戏中学习，在游戏中成长，让他们过一个快乐而美好的童年。

集体教学活动中如何提升新教师师幼互动的有效性

上海市浦东新区好日子幼儿园　李丹丹

一、问题的提出

（一）现实情况

2023年我园新入职教师17名，学校给每位新教师都配备了一名带教师父，旨在提升新教师各方面的专业素养，尤其是教育教学方面。在观察中，17名带教师父普遍发现新教师的师幼互动存在着比较明显的问题，尤其是在集体教学活动中，其中以问题不清晰、回应简单重复、答非所问等问题居多，现就该问题有针对性地开展教育观察与探究，旨在提高新教师在集体活动中的师幼互动的有效性。

(二)师幼互动的重要性

众所周知,幼儿时期是人的发展关键期,在幼儿发展的过程中一定会遇到与之互动的一位或几位幼儿教师,故师幼互动成为幼儿发展的重要途径之一。有效的师幼互动能够促进幼儿生理和心理更好的发展,近十年来的研究发现,良好的师幼互动能满足幼儿心理发展需求、维持班级秩序和常规、巩固和建立师幼关系、帮助幼儿习得社会交往技能;师幼互动质量有利于对幼儿数量认知、能力动机、注意或坚持和社会性等学习品质有促进作用。

(三)生态系统理论与符号互动理论为师幼互动分析提供了理论基础

生态系统理论提出,人与环境之间的作用过程是双向的,作用于人的发展环境是即时、层层扩散的。教师与幼儿之间的作用是通过师幼互动完成的,教师不可能直接将互动内容作用于幼儿之上。符号互动理论是社会学中阐述人与人之间互动的最为常见的理论之一,旨在通过分析互动主体、互动内容、互动环境和互动行为四个维度,来达到更好的互动效果。

在新教师开展的集体教学活动中,这四个维度也是缺一不可的,通过观察收集相关互动情景加以分析,尝试提升新教师在该活动中师幼互动的有效性,提出切实有效的教育建议。

二、教育观察的设计

(一)研究过程

针对上述问题的提出,我与带教师父一起制定了一系列的改正方案(以一次集体教学活动为例),具体步骤见表1。

表1 研究过程步骤表

第一步:发现问题	师幼互动有效性不高
第二步:具体问题 (观看视频,自我审视)	1. 教师提问不清晰/无关键提问。 2. 只有简单回应,如"你真棒!""对的。" 3. 直接否定/打断幼儿的回答。 4. 喜欢重复幼儿的回答。
第三步:观察方案 (师徒共同制定)	观察活动名称:蚂蚁过河 观察者:师父 观察方式:非参与式观察(师父观看+徒弟观看视频回放) 观察时间:5月29日—6月2日(一周) 观察地点:中班组教室 观察记录方式:视频+手写记录
第四步:初步诊断 (师父反馈)	师父观摩结束后及时给予一定的调整改正方案,徒弟记录并调整准备下一次试教。
第五步:初步提升师幼互动的有效性	多次重复上述第三、四步骤,及时总结反思,提升集体活动中师幼互动的有效性。
其他注意事项:观察对象除了新教师,还有各班级幼儿,因此在观察和记录视频之前已征询幼儿家长意见。	

(二)数据处理

师幼互动起源于符号互动理论,符号互动理论是探究符号之间的相互作用的社会学理论派别,通过对生活环境中的个体与个体之间的互动进行研究分析,了解个体之间产生相互作用与影响的机理、方式与规律,进而呈现出人类群体生活的图景。符号互动理论是一种社会学理论，以社会心理学视角分析互动行为，力图从人际互动这一微观层面中反映社会现象。本研究基于符号互动理论，从一节语言活动"蚂蚁过河"中（反复试教）提取师幼互动行为共 40 次，从互动主体、互动内容、互动环境和互动行为四个维度入手分析相关内容，探究如何促进新教师师幼互动的方法。生态系统理论下，所有关系都是双向的，师幼互动也不例外，即成人影响着儿童的反应，但儿童决定性的生物和社会的特性，即其生理属性、人格和能力也影响着成人的行为。教师和幼儿作为师幼互动的双主体对象，大致的交互流程见图1。

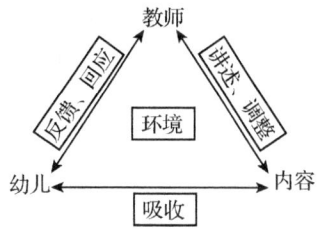

图 1　师幼互动流程图

三、集体教学活动中新教师师幼互动的表现

（一）互动的主体

集体教学活动是幼儿园中最常见的师幼互动形式之一，也是师幼互动频率最高的活动。教师一般是一对多地开展集体教学活动，在集体教学活动中教师和幼儿均为互动的主体，为更清晰地进行结果分析，以下从教师和幼儿两个方面分别进行分析。

1. 互动发起主体——新教师

观察研究发现，在集体教学活动中，教师是绝对的互动发起者。教师为了能够使教学活动有序开展下去，必须提前设置好需要提问的问题，引导幼儿在回答问题中不断与教师产生互动，这里所指的教师为新教师。在所采集的 40 次互动中，我们发现教师提出问题后，幼儿进行回应的次数为 38 次，占比 95.0%；幼儿主动向教师提问而进行师幼互动的次数为 2 次，占比 5.0%（见表2）。

表 2　集体语言活动中师幼互动发起主体统计表

发起主体	频次（次）	占比（%）
教师	38	95.0
幼儿	2	5.0

另外，在新教师对搭班教师和师父的集体教学活动的观摩中发现，幼儿在活动中主动发起互动的频率明显上升，分别占比为 18.0% 和 30.0%。

2. 互动承接者——幼儿

幼儿在集体教学活动中虽然也是互动的主体，但并不是真正意义上的"主体"，幼儿的互动地位明显较为被动。通常是在教师提问后，幼儿进行回答，并不能较为自由、自主地发起互动，是完全的互动承接者。

（二）互动内容：获取知识经验是主要内容

在观察研究幼儿与教师的 40 次互动的记录中可以发现：教师作为互动发起主体所指向的互动内容占比为 40.0%，其余分别为承上启下 15.0%，总结经验 17.5%，鼓励幼儿 7.5% 和其他（讲述规则等）20.0%（见表3）。

表 3　集体语言活动中互动内容统计表

互动内容	获取知识	承上启下	总结经验	鼓励幼儿	其他
频次（次）	16	6	7	3	8
占比（%）	40.0	15.0	17.5	7.5	20.0

(三) 互动环境：积极氛围为主

在观察记录中我们发现，新教师在师幼互动中存在两种互动环境偏向：积极氛围和消极氛围。其中积极氛围包括教师积极的鼓励、肯定、情感交流等；消极的氛围包括否定、重复等现象。表4中可以看出积极氛围和消极氛围分别占比87.5%和12.5%。

表4　集体语言活动中互动环境统计表

项目	积极氛围	消极氛围
频次（次）	35.0	5.0
占比（％）	87.5	12.5

(四) 互动行为

互动行为主要由互动发起（提问）、反馈行为和互动结果三个部分组成。接下来我们主要从这三个方面进行分析。

1. 互动发起（提问）

在5次观察记录中教师的提问没有做明显的改动，每个问题都有明确的指向性，第一个问题的目的旨在激发幼儿的兴趣；第二个问题想要激发幼儿思考；第三个问题的目的是让幼儿讲述自己的发现，畅所欲言；第四个问题想要帮助幼儿总结提升并过渡到下一个环节。具体提问时教师并没有发生大的错误，但是对幼儿的回答进行回应时明显出现了不尽如人意的反馈。

2. 反馈行为

反馈行为即幼儿对于教师提问的回答，在观察记录中我们可以发现，除了第三次中有幼儿出现未能回答问题外，其余师幼互动中幼儿均有一定的反馈。

3. 互动结果

40次师幼互动记录中我们可以发现，有5次是处在消极氛围的，其中2次是由幼儿导致的，3次是教师引发的，所以互动的结果与教师关系重大，教师的方式方法也是非常重要的。

四、集体教学活动中新教师师幼互动的问题及教育建议

(一) 存在的问题

1. 集体教学活动中主体的偏差

从上述的分析中我们可以看出，集体教学活动中互动主体存在一定的偏差，发起者通常为教师，这里不是教师占绝对的主导地位，而是发起互动次数比幼儿要多得多。符号互动理论认为在师幼互动时四维度缺一不可，且幼儿是师幼互动中不可或缺的一项符号。

2. 师幼互动的内容偏向

上述的研究分析可知，在新教师的师幼互动中，获取知识占据了绝大多数的互动内容，这也从侧面展现了新教师在集体教学活动中的"高控行为"，想要将课堂牢牢把握在自己的手中，将知识灌输进幼儿的脑袋中，殊不知这样的偏向非常不利于师幼互动的有效性。

3. 互动环境较为适宜

从上述的研究中可以发现，师幼互动的环境绝大多数情况下处于积极氛围之下。由此可以推断进行师幼互动的教师和幼儿之间存在融洽的情感链接，教师没有一味否定幼儿或者打压幼儿，一定程度上可以推断出该教师是热爱自己的职业和热爱幼儿的。

（二）教育建议

1. 新教师转换立场，平等互动

谈论结果显示，新教师虽然有意营造积极的氛围进行师幼互动，但是在互动内容和主题上还是存在误区，这是由教龄、经验等多方面导致的。新教师可以做的就是不论在何种师幼互动中都将幼儿看成平等的个体，转换自己的立场，积极应对幼儿主动发起的互动；对于自己提出的互动也能时时刻刻想着将主体地位还给幼儿，不要将自己的想法强加给幼儿。

2. 关注一日活动中各项活动的师幼互动

师幼互动不仅仅发生在集体教学活动中，还发生在幼儿园的一日活动中。新教师很容易因为自己的师幼互动效果不佳就放弃与幼儿的互动，这是大错特错的。新教师可以抓住除集体教学以外的任一活动，积极与幼儿进行互动，掌握一些互动的小技巧，把握住不同幼儿的年龄特点、兴趣爱好，有的放矢地进行师幼互动。

3. 针对新教师的师幼互动误区开展专题培训

新教师在师幼互动上的短板不仅会影响幼儿的成长，也会影响新教师成长的步伐，因此开展一些有针对性的师幼互动讲座是非常有必要的，如新教师沙龙。新教师可以坐在一起谈谈自己在师幼互动中的困惑与经验，互相答疑解惑；也可以请骨干教师讲述自己在具体某一节案例活动中的所思所想；还可以聘请师幼互动方面的专家进行线上讲座，分享师幼互动的知识和经验。

基于儿童生活的二十四节气园本课程建构的实践研究

内蒙古自治区鄂尔多斯市东胜区第二幼儿园　邬　燕

二十四节气是中华民族优秀的传统文化资源，纵观我国学前教育课程的发展历史可以发现，二十四节气在很早之前就已经作为幼儿园课程的一个组成部分。我国学前教育先行者张宗麟先生主张幼儿关注环境，在环境中学习，幼儿可以观察四季变化、天象气候，了解自然界中的动植物。他认为"农谚是最适合幼儿的咏物诗"，主张将农谚作为幼儿园教材。张雪门先生则认为儿童可以根据每月节气的变化，考察环境、事物的变迁，教材来源分为"自然界"和"人事界"。这些理论和思想都值得我们学习和借鉴。

在《3—6岁儿童学习与发展指南》精神引领下，我们从本园实际状况出发，综合幼儿全面发展需求、五大领域活动等要素，在实施基础课程的同时，开启了"对话自然：二十四节气生活化课程"的实践研究，逐步完善了课程总目标：对话自然、回归生活，体验、感知二十四节气的诗意之美，让四季流转的智慧给孩子的童年留下深刻的中国文化印记。课程实施中突出目标落实"三重"定位，即尊重幼儿的学习方式和特点，重视幼儿"当下"的体验、感受，注重幼儿学习品质的培养，积极探索多样化的课程实施途径，将节气课程自然渗透在幼儿一日生活中。

一、从活动走向课程，在沉淀中笃行致远

历时五年的课程实践，历经"单体活动——节气美食制作""特色活动——节气习俗体验活动""基于幼儿生活的班本化课程实施研究"三个阶段。活动由单一到丰富，幼儿由浅层参与到深度学习，教师由参考"教材"到自主预设、生成课程。在"以儿童发展为中心"的课程改革背景下，我们用行动见证蜕变之路。

(一)充分挖掘二十四节气的教育价值,将优秀传统文化融入课程

通过组织教师讨论研究如何将传统文化融入课程中,明确了节气主题活动实施要求,即以生活为依托,以文化为支撑,以儿童为原点,让幼儿直接感知、亲身体验、自主操作,在轻松、自然的状态下了解二十四节气文化。在此基础上,制定了课程总目标和各年龄段幼儿发展目标,挖掘了与节气相关的五大领域活动内容,初步建立了节气生活化课程体系,为持续开展课程实践研究奠定了基础。

(二)定期修订完善课程实施方案,增强其科学性、适宜性与可行性

课程实施方案的研发与制定需要教师共同倾注热情,奉献智慧;我们以课程实施中存在的问题为切入点,每学期进行全员参与的园本课程实施方案审议。例如,2022年,我们完善了园本课程实施方案2.0版,一是结合课程理念和课程实施总目标,细化了课程实施具体目标。二是重塑了"课程资源是自下而上的,由儿童与教师共同创造"的认识,梳理完善了1.0版的课程资源导图,从而明确了课程资源开发利用的方向。

(三)四季庆典暨幼儿工作坊,让幼儿体验节气生活的仪式感和自主学习的快乐

走班模式下的幼儿工作坊是我们借鉴瑞吉欧工作坊的精神,经过实践探索形成的节气习俗体验特色活动。以季节为分界点,在一年中开展春耕、夏长、秋收、冬藏四季庆典及节气主题工作坊活动,用仪式感给幼儿留下文化自信的印记;让幼儿在自主游戏、体验、操作、艺术创作中感知每个节气中重要的、有趣的事物,呼应拓展、整合反思已有学习经验。

(四)班本化课程实施增强课程实践力量的聚合与协作

《幼儿园教育指导纲要(试行)》在教育内容与要求部分指出"要给教师设计课程内容的权利",而班本化课程的实施和研究赋予了每一位教师全新的思维方式和提升专业能力的平台。我们通过年级、班级联动"七步推进"的方式开展主题审议,在"集中辨析预设内容—观察倾听识别兴趣—家园联动挖掘资源—班级审议确立主题—以班为本深度推进—多元评价自然融合—经验共享传承优化"的过程中逐步提升教师的课程领导力,引导教师运用自己的教育理念、知识储备以及教育智慧,陪伴幼儿共同建构课程。在班本化课程实施过程中,班级教师也积累了一些课程推进的经验和策略,例如,生成活动由"引发孩子的好奇心—分组探究—亲子分享—'小老师'分享—思考与提问—产生新的问题……",持续的研究过程让幼儿自发地一步步去探索解决问题,培养了幼儿良好的学习品质和高阶思维。

二、环境育人,支持幼儿主动卷入环境创设全过程

我们坚信幼儿能够通过环境的滋养成为课程的主人,幼儿能够在环境中去探索和学习,通过环境看到自己的经历和成长。

(一)适度微调主题环境,让幼儿始终处于环境之中

我们将主题墙、话题墙的位置调整到1.2米以下,让幼儿以小主人的身份直接参与环境规划、材料收集。同时,教师在课程中积极捕捉幼儿的兴趣点,做好观察记录,引导幼儿用儿童海报呈现自己的学习过程;在主题回顾环节,幼儿以主题墙为载体,向同伴和参观的老师们讲述自己的课程经历,在聆听与反思中,我们向孩子学习,拓展更多课程生发的思路。

(二)借助主题性区域提升幼儿在环境中的自主学习能力

以"儿童视角下的区域活动"为核心,教师运用"马赛克法"通过组织幼儿会议、谈话、绘画等,了解幼儿对于区域创设以及材料投放适宜性的表达,并与幼儿商量调整策略,突出幼儿在环境中的主体地位。同时,教师通过倾听幼儿的表征,思考区域创设与材料投放的有效性，从而持续推进主题性区域活动的开展。

三、园本研修以课程审议为抓手，逐步提升课程质量

我们将项目式园本教研和课程审议作为推进课程实施的重要途径，逐步完善三级课程审议模式，将审议与评价相结合，围绕实践中"真问题"的发现和解决以及课程优化调整的嵌入式评价进行综合考查，制定相应的考查要点，确保课程实施全过程落地有声，见行见效。

（一）课程计划审议"四步骤"

将教师自评、同伴互评、集体诊断相结合，不断完善和优化班级课程计划。第一步，教师依据考查要点对自己的课程计划提出具体的自评意见；第二步，对照考查要点，教师之间进行互评；第三步，讨论典型问题，提出改进措施，班级及时整改；第四步，优质课程计划分享交流，由此提升教师的课程设计与实施能力。

（二）课程实施中期审议"分段式"

在聚焦班级的半日连续观察中，倡导班内三位教师分工合作，激励教师为班本化课程的高质量开展共同做出努力，并通过不同的方式展示自身的课程领导智慧。第一阶段，以年级组为单位进行成果交流和小组观摩。第二阶段，通过微格教研对重点问题进行诊断，提出解决策略。第三阶段，制订适宜的行动计划并落实。教师在实践、自省、共省的过程中获得丰富的经验，在发现问题、解决问题中打破固有思维，树立"以儿童发展为本"的课程观。

（三）课程实施末期审议"整体复盘"

教师全面总结课程实施过程，通过实践前、中、后的对比分析，梳理经验，更新并形成新的教育教学观念，同时，针对存在的问题，提出改进措施与方法，制订再行动计划。呈现方式主要包括三方面，一是为教师提供平台讲述实施班本化课程的过程和心得；二是幼儿项目小组活动成果展示；三是向教师、家长了解课程实施中存在的典型问题及建议，综合评价结果，规划下一阶段研究工作，确保园本课程与园本教研并驾齐驱，持续、深入推进。

四、审视课程效应，在课程实践中成果丰硕

将调研作为课程实施的常态，从现状和问题出发，更科学、客观地呈现、反馈幼儿园的课程状态，辨析发展趋势，确保始终在行动中研究。

通过实地走访班级、小组讨论、个别谈话、问卷星调查了解课程实施成效及教师现阶段面临的问题和困惑。例如，2022—2023学年的两次问卷调查结果显示，66.67%的班级能根据幼儿的生活和兴趣生成活动，在主题开展过程中经常有师幼相互陪伴，共同探究的深度学习体验；93%的班级在主题开展前、中、后运用嵌入式评价了解幼儿已有经验以及在主题中获得的发展，从而不断调整预设计划；80%的班级每周进行1—2次班本化小审议，分析儿童的兴趣和发展需求，制订适宜的课程计划，确保课程实施的连续性。

在五年的实践研究中，我们及时梳理总结有价值的经验成果，2018年以来，先后整理了《二十四节气主题活动集锦》以及具有园本化、班本化特点的课程微视频；教师录制了24期"师语节气"视频，为家庭、班级了解节气习俗、开展节气课程提供了依据；2020年以来，中、大班幼儿开展100余次"节气·童趣麦兜播报"，不仅锻炼了自信心和口语表达能力，而且更深入地了解了节气文化。在教育教学成果推广方面，2023年3月至12月，在东胜区教育体育"传统文化进校园"专栏连续推送了春季、夏季、秋季、冬季的共计20个节气习俗的小视频。

课程成果的广泛宣传,起到了积极的示范辐射作用,让社会、教育同人、家长更多地了解节气课程在幼儿园的实施状况,为地区园所开展节气课程研究提供了资源,同时对中华优秀传统文化的传承与创新起到了积极的推动作用。

实施"一日活动皆课程"的活教育路径
——以二十四节气课程在幼儿园一日生活中的实践为例

内蒙古自治区鄂尔多斯市东胜区第二幼儿园　魏诗苑

在全面推进幼儿教育的过程中,对幼儿园的课程也提出了更高的要求,不仅要培养幼儿喜体验、乐参与和爱表达的个性和特点,还要在幼儿教育课程中融入丰富多彩的教学内容,其主要目标是从各方面培养幼儿全面发展。将二十四节气融入到幼儿园教育中,可满足幼儿课程教学需求,也是提高幼儿学习品质、发现大自然的奇妙、感受传统文化精神的必然要求,进而促进每个幼儿的多元化发展。

一、以幼儿兴趣为主融入集中教学活动

春夏秋冬是幼儿平时所关注的,每一个季节的轮换,都带给他们不一样的感受。二十四节气歌中唱道:春雨惊春清谷天,夏满芒夏暑相连,秋处露秋寒霜降,冬雪雪冬小大寒。这首歌的每一句包含了每一季的六个节气,每一个节气都代表着这一季节所显现的最明显的特征,这些都是孩子们所关注的,愿意去探索和发现的。将节气融入教育活动能激发幼儿对节气的认识和学习兴趣,提高对二十四节气探究的积极性。在每个节气来临之际,幼儿对节气产生了浓厚的兴趣,例如,在"寻春"这个主题里,在春分即将来临的时候,幼儿在家与爸爸妈妈阅读了与春分有关的绘本,也知道再过几天就是春分了,对春分时节有趣的风俗习惯等十分感兴趣。由此,教师们迅速捕捉幼儿的兴趣,以有趣的绘本《春分·采春茶》为切入点,利用绘本阅读的契机,探索绘本与五大领域的融合,生成主题活动"玩味春分"。首先,通过语言活动"春分·采春茶",以绘本引入,借助画面信息理解绘本中春分节气的习俗及含义,感受春分节气的趣味,品节气之"趣"。科学活动"春分竖蛋",在前期绘本阅读经验中幼儿都知道了春分这天要"竖蛋",为什么要在春分这天竖蛋呢?引导幼儿尝试竖蛋,体验科学探究的趣味,追随幼儿产生的问题"什么材料能帮助鸡蛋又快又好地立起来呢",提供材料支持幼儿猜想、记录、探索、交流,发现使鸡蛋立起来的办法。幼儿在玩中学,讨论与合作,获得了物体支撑的经验,感受节气游戏的有趣,探节气之"秘"。艺术活动"美丽的风筝",幼儿从绘本中知道了春分是放风筝的最好季节,对制作风筝产生浓厚的兴趣,幼儿大胆想象、创造,尝试运用多种工具、材料与同伴制作和装饰风筝,赏节气之"美"。

(一)植物角

由于古代中国是一个农业社会,农业耕种需要严格了解太阳运行情况,农事完全根据太阳进行,因此二十四节气与自然植物有着直接且重要的关联,当然对幼儿园的种植也有着一定的指导意义。教师在植物角与幼儿共同收集节气中有关种植的农业谚语,如种树造林莫过清明前后,清明前后种瓜种豆等,使幼儿在选择植物种类和种植时间时,可以进一步了解二十四节气,并能够学以致用,发现节气与种植的关系。

(二)科学区

二十四节气能较好地反映出太阳、月亮的运行周期,体现白昼的规律变化,因此在科学区结合地球仪材料,收集有关昼夜变化的节气规律图,与幼儿共同讨论其变化特点,并运用材料猜想、验证,在实际操作中体验昼夜变化的规律与节气的关联,帮助幼儿进一步了解二十四节气的精髓及内涵。

(三)美工区

二十四节气体现了自然万物的生长变化,自然中的一花一草、一树一叶都能促进幼儿对美的感知。随着时节变化掉落的树叶、松果、树枝等都能成为幼儿创造美的物品。我们引导幼儿与家长走进大自然发现探索节气留下的痕迹,一同收集各种各样的自然物投入到美工区,让幼儿能在美工区中运用自然物创造时节之美,感受大自然的美好。

(四)图书区

根据二十四节气的节点,分批投放有关二十四节气的图书,引导幼儿了解有关节气的内容,并在生活中体验。例如,冬至节气时,投放图书之后,教师会和幼儿一起包饺子、煮饺子,体验冬至节日的风俗;立春节气到来时,会投放图书《立春节》等,引导幼儿了解立春节气的来历、风俗习惯及气候特点,并引导幼儿进行分享活动,进一步充实幼儿学习、生活经验。

二、将节气知识融入常规活动中

(一)过渡环节活动

在班级走廊里粘贴二十四节气图示,幼儿在餐后散步、户外活动前、整队过渡环节等活动中讨论有关二十四节气的气候特点、风俗习惯、有关历史知识等,并将这些活动的经验进行提升总结,构成一个完整的知识体系。在餐前活动时播放二十四节气歌,引导幼儿感知二十四节气的名称及各节气的顺序。

(二)户外游戏、早操

在户外活动游戏中我们和孩子们共同探讨有趣的节气游戏,并组织课题组教师们讨论选择适合不同年龄特点的户外节气游戏,将投壶、"抬小猪"、套圈等节气传统游戏融入到户外游戏中,引导孩子感受多元节气文化。

在日常教育的过程中,我们利用晨间时间播放二十四节气相关儿歌,发现幼儿被《二十四节气歌》优美欢快的节奏吸引了,时不时地哼唱,由此我们也将《二十四节气歌》融入到早操中,创编二十四节气元素的早操,让幼儿通过每日的早操感受了解二十四节气特点,感受《二十四节气歌》的优美。

(三)餐点活动

幼儿对春、夏、秋、冬二十四节气里每个节气都有哪些特殊美食产生浓厚的兴趣,我们引导幼儿和爸爸妈妈共同调查了解二十四节气里的美食,组织孩子们共同谈论适合我们食用的美食,并将讨论出的美食与编排的食谱跟保健医生沟通商定,将二十四节气特有的饮食文化,适时渗透在幼儿"一餐两点"中。例如,在清明节气和孩子们学做"清明粿",品尝"清明粿";谷雨时节一起品"谷雨茶";冬至一起"搓汤圆",立夏节气品尝闽南特有的"薄饼";小满节气麦子成熟,渗透爱惜粮食等理念。

三、将二十四节气与研学活动融合

二十四节气曾是我们生活的重要组成部分,祖辈们的春播、夏耕、秋收、冬藏,都是依照二十四节气来安排的。例如,定期开展形式多样的户外研学活动,让幼儿走出校园,走进研学旅行基地,到生态气息浓厚的美丽田园,体验时令生活,同乐农耕文化。用传统石磨磨制豆浆并进行品尝;认识、了解当季时节成熟的瓜果蔬菜,观察其生长特征,与孩子们共同播种种子,学习种植技术,埋土、浇水、细心呵护成长,感受植物生长的奇妙。

下田捉泥鳅、下地捡鸡蛋，通过各种各样、丰富多彩的农耕体验让孩子们感受大自然的奇妙。

家长们自发成立假日小分队，利用周末或节假日，有计划、有目的地带领幼儿接触社会，亲近自然，开阔视野，形成同伴合作式的学习，培养实践能力，陶冶思想情操。假日小分队的活动内容包括自然探索、野外趣玩、农耕体验、阅读分享、主题分享会等。孩子们在轻松和谐的氛围中主动地探索、自主地学习，在互动中感知二十四节气与中华传统文化，在潜移默化中传承中华优秀传统文化的精华，并为自己身为一名中国人感到自豪。

在幼儿园一日活动中融入二十四节气文化，无论是对幼儿的个体成长、社会发展，还是对民族文化的传承与创新，都是十分有益的，作为幼教工作者，要不断地总结经验，探索更多有利于幼儿二十四节气教育活动的有效实施策略，让我们的传统文化在幼儿的心里生根、发芽、开花、结果，使幼儿对二十四节气传统文化有更为深入的了解与认识，让祖国优秀的传统历史文化与美德能代代弘扬与传承，让民族文化根植于每个孩子幼小的心田中。

四、结语

"活教育"理论是陈鹤琴先生在创建中国特色的幼儿教育实践中创立和发展起来的幼教理论，因为传统的"死教育"无法立足于当前时代的发展，而"活教育"是素质教育阶段和新课程改革下的大势所趋。对于教育者来说，必须创新教育观念，以"大自然"为活教材，让幼儿到自然和社会中去学习。从二十四节气教学的实践中，我们获得了丰富的活教育经验，而且更能活用自然资源，达到启发和激励儿童的目的。自然资源丰富多样，将它们应用在教学工作中，可以极大地启发幼儿探索和观察生活，更能感受到生活中的美，也能在掌握二十四节气的知识之后，和小伙伴、家长、老师们讨论，在知识的交流中提升语言表达能力，激发沟通欲望，潜移默化地提升幼儿自身的能力和素质水平。因此，教育工作者应该积极运用陈鹤琴先生的"活教育"理论，并在教学中去实践，通过二十四节气教学等有效和高质量的教学活动来启发幼儿的思维和创新发展，让幼儿在不断的学习、实践和探索中提高和激励学习兴趣，全面进行素质发展。

"双减"背景下幼儿园幼小衔接家庭教育指导的策略初探

广东省东莞市厚街镇桥头幼儿园　陈俏芬

如果说幼儿园是实施幼儿教育的"主阵地"，那么家庭一定就是教育的"补给站"，对幼儿的教育需要家园双方协同实施，二者相辅相成，缺一不可。近年来，随着"双减"政策的出台，对家庭教育的要求提到了新高度，幼儿园大班的家长更是倍感压力。

大班孩子正处于幼小衔接的关键时期，这是一个从学前期向学龄期发展的重要过渡时期。在这个阶段里，孩子的身心都要经历从量变到质变的过程，这是孩子成长过程中的重要里程碑。如果没有掌握好这段时间的教育规律，调整好孩子的行为习惯以及学习习惯，那将会对孩子未来的发展带来不可逆的负面影响。

作为教育一线的工作者，我们如果只关注孩子在园的教育是远远不够的，家长的作用也不容忽视。实际上，大多数家长都没有接受过专业的家庭教育培训学习，自身的家庭教育素养有限，要想在幼小衔接阶段做到幼儿园教育和家庭教育双赢困难重重，寻找"双减"背景下幼儿园幼小衔接家庭教育指导的策略至关重要。

一、"双减"背景下幼小衔接家庭教育现状

（一）教育认知有误区

幼小衔接不仅仅是知识的衔接，更是要为孩子们的行为习惯、学习习惯、心理适应能力、社会交往等奠定良好的基础，这是目前幼儿园幼小衔接工作的重心。

但是很多家长普遍认为，幼儿园才是教育的主阵地，幼小衔接靠的是教师在幼儿园教学的知识衔接，对孩子的心理准备、能力培养、习惯培养以及社会交往等方面的培养都有所忽视。家长只关注孩子的知识积累，忽略自理能力的培养，导致许多孩子在进入小学以后，自理能力低下，无法适应学习环境、学习习惯、学习模式、社交群体等方面的转变，"高分低能"的现象频频发生。

（二）盲目超前危害大

"双减"政策出台后，部分家长唯恐孩子落后于人，盲目为孩子报读各种类型的"幼小衔接班"，提前将一年级的知识"填鸭式"地灌输给孩子，违背了孩子正常的认知发展规律，这不就是揠苗助长的行为吗？

"双减"为孩子减了过重的作业负担，却利好了课外艺术培训，家长们为避免孩子"输在起跑线上"，为孩子报读大量的艺术培训项目，美其名曰减"负"增"能"，实则不仅减去了孩子课外自主自由的活动时间，也减去了亲子陪伴的时间，这才是可悲至极的"双减"。

（三）高控之下失个性

一部分家长自身尝过了低学历的苦，不愿让孩子重蹈覆辙，打着"一切为了孩子"的旗号，为孩子做好了未来16年乃至更长远的求学规划，要求孩子放弃一切与学习无关的活动，在高强度的控制下，孩子不敢有肆意的狂想，不敢有大胆的表达，不仅仅失去了自信，失去了童真，也失去了个性。不敢想象，在这样错误的教育氛围下，孩子的未来会出现怎样失衡的发展状况。

二、"双减"背景下幼小衔接家庭指导存在的问题

（一）认知不足

幼儿园五花八门的家园互动活动，如家长会、家长开放日、家长委员会等活动看似为幼儿园开展家庭教育指导提供了很好的平台和机会，但是沟通的效果却不尽如人意，更多的是形式主义。

（二）落实不足

幼儿园在开展幼小衔接家庭教育指导的过程中，往往只注重幼儿园层面的说教，却忽略了家长层面的实施。幼儿园一方只讲不追踪，家庭一方只听不落实，所有的理论都只能成为空话。

（三）规划不足

在幼小衔接关键阶段——大班年段，没有制订科学明确的幼小衔接家庭教育指导计划，待上级提出检查要求时才匆匆策划、草草了事，"随心随性"的工作安排往往对幼儿园常规工作造成了冲突。

三、"双减"背景下幼儿园幼小衔接家庭教育指导的策略

在"双减"时代的背景下，要想更好地引导大班幼儿顺利过渡到小学，单靠园方对孩子的培养是远远不够的，我们更应关注到家长意识形态的培养，找到行之有效的家庭教育指导策略，指导家长做好幼小衔接的家庭教育，推动幼儿园与家庭形成合力，共促孩子顺利过渡。

(一)精准定位

"双减"背景下幼儿园幼小衔接家庭教育指导是构建良好的幼小衔接教育生态的需要，是促进幼儿全面发展的需要；"双减"背景下，幼儿园幼小衔接家庭教育指导的目标应该关注构建幼小衔接家园共育机制，树立家长良好的幼小衔接家庭教育观，缓解孩子入学焦虑，提高孩子入学适应能力。

首先，幼儿园应该通过幼小衔接家庭教育指导，帮助家长了解"双减"的目的与意义。"双减"不仅遏制了幼儿园教育的"小学化"以及"超前教学"，同时也对幼儿园教育的质量有更高的要求，让幼儿园教育回归教育的初心，让幼儿园有更长远的发展，让孩子未来的路走得更远。

其次，引导家长主动落实"双减"式家庭教育，一"减"超前教学，二"减"过多的艺术类培训，把课外时间交还给孩子，让孩子的成长回归本真。

同时，通过幼小衔接家庭教育指导，让家长知道"游戏"才是孩子最好的学习方式，切勿过多关注孩子智力方面的培养，非智力品质同样重要。积极配合园方通过游戏的形式做好幼儿道德品质、体能素质、行为习惯、自理能力、社交能力、心理素质等方面的培养，引导孩子做好入学前的各项准备，才能更好地过渡到小学。

(二)把握重点

幼儿园和教师要有强烈的问题意识，以问题为导向，抓住关键问题进一步研究思考，着力推动解决幼儿园幼小衔接家庭教育指导面临的一系列共性问题以及突出的个性问题，梳理重点，形成指导规范。

1. 共性问题齐抓不放

收集与了解家长在幼小衔接重要阶段实施家庭教育的侧重点、关注点和需求，针对共性问题，提出幼小衔接入学准备的家庭教育指导意见。

2. 个性问题找准解决

针对大班幼儿在幼小衔接过程中出现的个性化现象，与家长一对一交流，分析成因，制定教育目标，实施个性化家庭教育指导策略。

3. 梳理整合形成指引

规范建设幼小衔接家庭教育理论指引手册，收纳日常家庭教育指导过程中的案例，以案说理，统筹解决共性问题，专项解决个性问题，梳理解决思路，形成理论指引，助力幼儿顺利过渡到小学。

(三)宣讲到位

推广是检验教育研究的重要手段。通过专题家长会、专题讲座等专项活动，消除"双减"给大班幼儿家长带来的心理焦虑，同时将幼小衔接家庭教育指导的理论知识传授给家长，为家长理清家庭教育的思绪；以案例分析为手段，引导家长掌握实施幼小衔接家庭教育的方法和技巧。

在"双减"政策背景下，针对幼小衔接家庭教育指导呈现的问题，幼儿园更应该秉承家园协同合作的理念，对家庭教育进行正确的指导和帮助，使家长从本质上认识到"双减"的目的，明确了解家庭教育是对幼儿教育必不可少的一部分，真正参与到对孩子的教育中来，才能让幼儿园教育和家庭教育形成双赢局面，助力孩子顺利过渡到小学。

浅析"双减"背景下幼小衔接的重要性

广东省东莞市厚街镇桥头幼儿园　李桂伦

"双减"背景下,如何做好幼小衔接,如何与家长一起做好沟通交流,如何鼓励家长营造良好的家庭教育氛围……在这个教育生态中,每个人的角色发生了转变。幼小衔接不单单是幼儿园的责任,小学、家长、社会每一方都是不可或缺的重要组成部分。重视家庭教育的重要性,杜绝"小学化"的行为,不是无所作为,而是适当准备。准备什么呢?从幼儿园的课程开始,从幼小合作开始,从良好的家庭教育开始。

一、幼小衔接敏感期"课程的力量"——幼儿园制定合适的课程,形成良性学前教育生态

幼儿园的教育模式,特别是大班时期的课程设定,对于准备升入小学的幼儿来讲,是非常重要的。一所幼儿园的园本课程设定,要从实际出发,实事求是。

小学低年级教师普遍反映一些问题,如小朋友"太小"(其实生理年龄已经到小学年龄了)、小朋友没"长熟"就上学了、家长操之过急(提前上学)、学习能力不足、幼儿园没教到位……现实中,我们不难发现很多幼儿刚入小学就厌学,上课老管不住自己,容易分神,做事磨蹭,不会听讲,不懂得遵守课堂纪律,视而不见、充耳不闻、笨手笨脚,自理能力差,不会与同学相处,经常哭哭啼啼……其实,这是入学年龄和入学成熟水平没有同步的问题,就是自然年龄虽然在长,但生理年龄和心理年龄都没有发展好。导致他们虽然达到上小学的年龄,但生理、心理、行动、能力上还没有达到成熟的水平,在进入小学后状况百出。所以,在幼儿园大班时期,幼儿园的园本课程围绕幼儿视知觉能力、听知觉能力、运动协调能力、知觉转换能力、数学准备能力、语言沟通能力、社会适应能力、学习品质能力八个方面设置,就像从地基打起,为幼儿以后的"高楼大厦"打下牢固的基础。

第一,若幼儿出现空间认知障碍知觉,容易出现左右不分(将拼音、数字等颠倒过来)、阅读的速度慢、观察能力弱等问题,幼小衔接期间,幼儿园的课程就可以利用不同的形式刺激幼儿的不同感官。

教师可以利用游戏——幼儿园幼儿最喜爱的方式进行教学,让幼儿在玩中去学,在玩中去发现,在玩中去探索,使课程游戏化,更加吸引幼儿的学习兴趣。如走迷宫能刺激幼儿的空间感,提高幼儿的注意力;影子游戏能体验空间的奇妙变化;看图摆放能锻炼头、脑、手的灵敏性。

教师可以利用课堂教学——集体教学、分组教学、个别引导等不同的教学方式,提高幼儿的学习热情,帮助幼儿拓展属于自己的最近发展区。如在课堂引入找不同、找对应等活动环节,让幼儿主动去观察、主动去思考、主动去发现其中的秘密,从而在无形中提高自身的视知觉能力。

创造灵活的活动空间、充分利用自由活动时间让幼儿更上一层楼。充分利用教室环境,在教室内提供充足的材料,让幼儿在闲暇的时间,自由选择操作材料,更直接地获取操作经验。

第二,幼儿听觉能力弱,容易注意力不集中,会导致说不清、记不牢、记错了等问题,创造机会,增设更多听与说的活动环节,让幼儿在多听、多说的环境中,提高读的水平。

教师在不同领域的教学中,利用有趣的活动,提高幼儿的注意力。例如,在教师阅读

绘本故事后可让幼儿复述故事，并引导幼儿发散思维，创编故事，表达自己的听后感；在数学活动中，运用漏数的游戏，引起幼儿注意听，集中精力去听；在记忆游戏中，从简单的字、词、句，来锻炼幼儿听知觉的敏感度；等等。

第三，要坚持让幼儿做自己的主人，从学习良好的行为习惯开始，从小事出发，自己的事情自己做。学会与人相处，相互合作；学会聆听他人的意见，主动表达自己的想法；学会锻炼自己，同时懂得鼓舞同伴一起进步，不怕困难、勇敢探索。幼儿园的课程尤为重要，大班课程应兼顾每一个方面的教学内容，发展每一个方面的能力水平，为适应小学生活做努力。

二、幼小衔接需要幼儿园和小学共同"合力"——做好幼小合作，知己知彼，形成良好的沟通习惯

幼小衔接需要合作，才能共赢。幼儿园大班的教师与小学低年级的教师，应该是一个共同体，是让幼儿不断进步的共同体。

第一，幼小衔接，需要幼儿园和小学共同合力，并驾齐驱。幼儿教师和小学教师是并肩作战的"战友"，而不是对立阵营的"敌人"。时代的进步，需要双方相互交流，没有哪一方是高高在上的，也没有哪一方是微不足道的。幼小衔接是关键时期，是幼儿要过渡到小学的重要时期。幼小教师双方要端正态度，认真对待，相互扶持，为幼儿的发展共同努力。

第二，小学与幼儿园之间应该形成良好的合作意识。在学期开始之前，双方领导应组织开展交流活动，让一线的教师面对面相互交流，说明大家的困惑，共同商议对策，为幼儿的发展保驾护航。例如，国家政策明令禁止幼儿园"小学化"，教师应交流小学需要幼儿园怎么做，该教什么；同时，交流当前在"双减"背景下，小学的教育需要幼儿园提前做好哪些方面的帮助等。

第三，幼儿园和小学共同制定幼小衔接的课程，让本地区的幼小衔接的事业发光发亮。幼小衔接时期，是重要的转折点。小学教师在实践中发现总结出来的问题，是精髓。幼儿教师要重视，在合作中教研，在实践中攻克问题。双方教师既各司其职，又相互影响。

第四，欢迎幼儿参观小学，欢迎小学教师来幼儿园上课——不同的交流方式，有不一样的效果。幼儿走进小学会加大他们对小学生活的向往，感受小学的学习氛围。同时，邀请小学教师走进幼儿园，体验幼儿园的教学形式，通过实践，让小学教师真切感受大班幼儿的学习状态、发展水平等。

三、在幼小衔接期间，家庭教育的重要性——良好的家庭教育环境、科学的家庭教育方法，让幼儿的学习事半功倍

每一位幼儿都是独一无二的，每一位父母也都是独一无二的。重视幼小衔接，做好幼小衔接，用正确的理念去养育幼儿，用良好的行为影响幼儿，用积极的态度感染幼儿。

家长要了解和重视幼儿的发展水平。每位幼儿的发展趋势、发展速度都是不同的，作为家长，应该尊重自己孩子的发展状况并制订相应的学习计划。

第一，读万卷书——亲子阅读给予幼儿知识力量的沉淀。从亲子阅读出发，培养幼儿良好的阅读习惯与兴趣。亲子阅读，需要家长的用心陪伴。不是单单给予孩子一本书让他自己看就可以了，阅读的过程是需要家长放下工作、放下手机，收拾好心情，与幼儿一起阅读，耐心解答幼儿的问题，引发幼儿思考。这是一个让家长与幼儿一起成长的过程，过程是神秘又有趣的。阅读要持之以恒，每天坚持15分钟的亲子阅读时间，不仅能增强亲子间的感情，还能培养良好的阅读习惯，为幼儿小学的学习打下良好的基础。

第二，行万里路——亲子锻炼，从小锻炼幼儿的体质。从一起锻炼身体，增强体质开

始，从走出户外，亲近大自然开始。充分利用亲子时光，不仅能锻炼身体，提高幼儿的运动能力，同时，高质量的陪伴，可以增强亲子之间的亲密度，让幼儿在遇到问题、困难时，敢和家长说，会主动和家长说。这种信任感是不可丢弃的，为日后幼儿遇到问题时，有相信家长的力量、有主动告诉家长的勇气做铺垫。

第三，家有家规——亲子时间规划，学会自己管理时间、制订计划，从而养成良好的生活学习习惯。时间管理是一件很重要的事情。为了适应小学紧张的学习进度，幼儿在家里就应该制定好作息表，学会时间管理的方法。家长可以与孩子一起商议，让幼儿自己制定作息表，在实践中提醒他们要持之以恒，在生活中逐渐养成良好的生活、学习习惯。

第四，父母的语言——鼓励、支持、赞美，是孩子成长的力量。每次对孩子的认可，每次对孩子行动的支持，每次毫不吝啬的赞美，对孩子来说，都是充满力量的支持。打压式的教育方式、否定式的教育行为对孩子的成长是具有消极的影响作用的。所以，作为家长，首先要发现自家孩子的闪光点，然后去支持孩子的想法，鼓励孩子去尝试，在遇到困难时给予他力量，在他成功时不忘赞美和欣赏。

第五，家长要不断自我成长——营造与孩子一起学习的家庭氛围。家长具备好学的品质，孩子就会受到感染，在潜移默化的成长环境中去模仿、去学习，成为更优秀的自己，这就是榜样的作用，这就是环境的作用。

"双减"背景下，在幼小衔接期间，每个角色、每个岗位都是重要的存在，都是不可缺少的力量。重视良好的幼小衔接，做好幼小衔接交流工作，做好家庭教育指导工作，提高家长对幼小衔接的重视，陪着幼儿一起学习，一起成长，一起探索未来。

"双减"政策下幼儿美术游戏课程实施路径探究
——以安吉游戏模式为例

天津市和平区第十一幼儿园　冯　雪

一、研究背景

2021年7月，中共中央办公厅、国务院办公厅印发《关于进一步减轻义务教育阶段学生作业负担和校外培训负担的意见》，即减轻义务教育阶段学生的作业负担，坚决压减学科类校外培训。"双减"的同时，也要同时推动"双增"，即增加学生体育、艺术、户外运动和劳动的机会；增加学生体育、音乐、美术课外培训的时间和机会，鼓励音体美机构办学，鼓励学生参加体育、美育培训。

在现有的美术教育中，没有运用合理的方式帮助幼儿开拓美术思维，偏离了美术教育的初衷，进行美术教育的初衷是在幼儿期建立起审美观，调节平时课堂的紧张气氛，发掘幼儿的学习兴趣，但一旦进行程式化，势必会适得其反。

二、现阶段幼儿美术游戏课程教学现状分析

（一）幼儿教师缺乏对幼儿美术游戏课程的正确认知

康德认为，艺术是一种自由的游戏；福禄贝尔认为，儿童游戏和艺术活动基本上是同一件事；英国教育家斯宾塞也将艺术看成满足爱好和情感的、由内在动机引发的游戏活动。游戏与美术有千丝万缕的联系，美术是幼儿表达内心情感和美好愿望的一种方式，对幼儿具有强大的吸引力，幼儿在美术中可以感受美，并唤起他们表现美的情感。通过调查，在现阶段，幼儿美术游戏课程仍旧存在"两张皮"现象，即游戏与美术分离。主要原因在于幼

儿教师缺乏对幼儿美术课程的正确认知，没有认知到"游戏与艺术活动基本上是同一件事"的深刻含义，导致游戏只是趋于形式的游戏，与美术课程强行捆绑，无法激发幼儿参与美术游戏课程的积极性和主动性，从而影响了幼儿美术的学习效果。

（二）教师过于限制幼儿的美术游戏行为

在自然教育原则中，提到要还给儿童自由，这里所提到的自由，包含自由的空间、自在的行为。即真正意义上的自然教育，是在教师的引导下，幼儿自由地发挥，哪怕是毫无规律的一组颜色，或者是看不出形象的小动物，这都是幼儿想象以及个体发展的体现。无论是传统幼儿美术绘画，还是幼儿美术游戏课程，其教学形式主要是在教室这样一个密闭性的环境中，且幼儿需要按照教师的要求坐在小板凳上进行艺术粘贴、绘画或者参与游戏，幼儿可发挥的空间并不大，不利于发挥幼儿的主观能动性以及创造性。

安吉游戏理念下，游戏的自主权还给了幼儿，幼儿时时处处获得真实的体验和经验，时时刻刻主动探究、积极思考，其发现和收获远远大于传统教学的效果。0—3岁的婴幼儿也有主动探究、发现世界的能力。这从他们识别人脸、听懂语言等惊人的表现中可见一斑。因此，在自主自由的游戏中，他们通过自己的感官去触碰、体验、感受世界，能更快发现、认识事物之间的联系，建立起对世界的认识。

三、安吉游戏模式概述

安吉游戏是一种符合儿童天性、体现儿童生命本质的户外游戏活动。安吉游戏提倡把游戏的自主权彻底还给儿童，让儿童在自主、自由的游戏中，获得经验、体验自主、表达见解、迎接挑战，使儿童的潜能得到最大限度的发展。

华爱华教授认为，安吉游戏是一种游戏状态。开展安吉游戏，无须准备任何材料或者道具，也无须教师向幼儿交代游戏玩法。安吉游戏的主体就是幼儿，幼儿自发地参与游戏，并且进入各种类别的游戏情境。

四、安吉游戏模式

爱玩是幼儿的天性，因此，在"双减"政策的大背景之下，开设幼儿美术游戏课程是非常正确且重要的教学路径之一。现阶段幼儿美术游戏课程教学仍旧存在着诸多问题，因此，结合教学现状以及学者、专家的教学理念研究，笔者认为安吉游戏模式是一种科学合理的教学模式。

（一）走出传统教室，走入户外涂鸦区

安吉游戏是一种户外活动，我们在开展美术游戏课程时，需要走出传统教室的束缚。因为是户外活动，所以天气情况是首先需要考虑的重点因素之一。其次需要考虑的因素是地点，应该遵循的原则是多元化以及安全性。所选择的场地应该具备丰富多彩的元素，例如草地、公园等地点，既包含绿草、树木、花卉、石头等自然元素，也包含石凳、栏杆等人工建造的元素，丰富多元化的元素更利于激发出幼儿涂鸦创作的想象力和灵感。还要遵循安全性原则，鉴于幼儿的年龄较小、好奇心强，并且不善于识别危险地带，为了保障幼儿的生命安全，应当选择安全地点，在美术游戏课程之前，我们需要充分检查地点的安全性和适宜性。

实践中，我为幼儿准备了各种颜料、画笔和纸张，引导幼儿尽情发挥，不限制任何的工具及纸张，随意涂鸦。这是幼儿与教师互动过程的体现，所以要留给幼儿充分创作的空间。很多主题是幼儿在游戏中生成的，并且呈现的是幼儿自己对游戏中问题解决的绘画表征。

(二)挣脱材料约束，幼儿自由涂鸦

幼儿们到达涂鸦区后，我没有规定任何游戏主题和美术材料。调查研究发现，大部分幼儿都会瞬间进入到涂鸦场地，并且与树木、花草、石凳等事物迅速建立亲密的友谊。众所周知，在幼儿的意识里，万物皆有生命、皆会言语。幼儿通常会跟一棵树对话，与小动物打招呼，这也是美好童真的体现。

在幼儿产生涂鸦灵感后，我们只需站在幼儿的身后静静观看，当幼儿向老师提出问题，比如询问老师："是否可以在这个石凳上涂鸦呢？"我们就可以肯定地回答："当然可以！"

以"涂鸦企鹅"为例，涂鸦完成的作品，不再是生硬的一幅画，而是具有生命的一只真正的企鹅。富有童真、童趣的幼儿会与企鹅成为朋友，互相交谈。如果其他幼儿也一同加入"涂鸦企鹅"游戏，有可能会出现幼儿之间意见不统一的情况，有的幼儿可能认为不要在继续涂企鹅了，然后继续讨论涂鸦或者不能涂鸦的理由。幼儿们无论是讨论或者争辩，我都没有打断或者站在哪一方，只去观察幼儿的行为和情绪变化。幼儿会在创作中探索不同颜色、不同材料的使用方式等，通过线条和色块表征自己的经验、感受自己的动作所产生的结果，获得自我认识的发展，涂鸦出更多的颜色、线条，让作品更加丰富，更富有情感。当孩子们经过多样性探究获得对不同美术材料的新奇感时，他们会进行特殊性研究，寻找新的灵感，逐渐扩大和游戏环境、材料之间的互动性，不断丰富着孩子们的创作经验与能力。

把游戏的自主权彻底还给幼儿，让幼儿在自主、自由的游戏中，获得经验、形成想法、表达见解、完善规划、迎接挑战，使幼儿的潜能得到最大限度的发展。幼儿在安吉游戏模式中不仅完成了美术作品，更多的是自主地完成了一次富有情感的创作，在满足幼儿的游戏需求的基础之上，深层挖掘幼儿的内在想象力，从而为造就幼儿的艺术素养奠定基础。

(三)涂鸦作品分享，感受绘画喜悦

游戏分享环节是必不可少的环节之一，也是安吉游戏模式升华的体现。它解放了幼儿，去除了教育生态中各环节的形式化内容，带来了幼儿的发展与教师的成长，保持了课程改革的活力，推动了课程改革实践不断靠近当代社会发展的新要求、新内涵。以"我的新房子"为例，我引导幼儿大胆说出自己的涂鸦感受。通过聆听幼儿的分享，增长了认知经验，也培养了幼儿分享、合作、思考联想、表达等多种能力，幼儿在与人交流、与人分享中认识自我，这均是启蒙教育的重要内容，也是"双减"政策的教育教学要求。

五、综述意义

在"双减"政策的背景之下，美术作为美育的重要组成部分，符合幼儿年龄、性格、行为、思维方式，美术游戏课程应运而生。通过采访、调研、探索，目前幼儿美术游戏课程仍旧存在着幼儿教师缺乏对幼儿美术游戏课程的正确认知以及教师过于限制幼儿的美术游戏行为的问题，因此采取安吉游戏模式，让幼儿自由涂鸦，互相交流和分享，根据自己的生活体验进行涂鸦，涂鸦出来的美术作品也会更加贴近幼儿的情感。游戏不仅让幼儿完成了美术作品，培养了幼儿的艺术素养和细腻丰富的情感，也点亮了幼儿的生命。

幼儿园游戏化及生活化食育的开展实施策略探析

安徽省滁州市凤阳县云霁街幼儿园　李　慧

一、幼儿园开展食育课程的价值与意义

学前教育与其他阶段教育的本质区别在于教育模式和教育内容的差异，幼儿所处的阶段正是从外界环境以及事物中获取信息积累经验的关键时期，一日生活中的任何内容都可以作为课程来呈现，也都能为幼儿提供能力和经验提升。作为一日生活的重要组成部分，饮食环节也同样承担着保障幼儿身体健康，培养幼儿良好生活习惯，以及提高幼儿多种能力、形成良好思想的作用；同时幼儿食育教育与幼儿的生命发展规律契合度较高，因此幼儿园开展食育课程具备提高幼儿身心健康的价值，进一步剖析幼儿食育课程的价值与意义可分为四点。

首先，食育课程能够拓展幼儿认知经验。食育课程将实物作为传递信息的媒介，表层上食育课程能够带领幼儿了解不同类型的食物，掌握食物的差异以及不同食物的功能价值，而深层上幼儿教师可将食育教育从食物本身拓展到食物的生长过程、制作过程，以及食物所包含的文化含义，在此过程中，幼儿会接触到与食物相关的各类文化和价值观，认知经验也逐渐丰富。

其次，食育课程能够培养幼儿良好的生活习惯，帮助幼儿养成良好的生活礼仪，推动幼儿社会化发展。食育课程属于生活实践类课程，其中囊括着大量幼儿生活能力内容。例如独自进餐、准备餐具、制作简单食物等，幼儿在学习这些知识与技能时会效仿教师行为，并通过大量实践与练习，将技能与经验转化为习惯，同时在食育课程中也包含大量饮食礼仪内容。幼儿在学习并掌握这些生活礼仪的同时，也会形成良好的生活礼仪习惯，进而拉进与其他幼儿的关系，为幼儿的良好社会化发展打下坚实基础。

再次，食育课程能够引导幼儿形成正向思想情感。食育教育能够帮助幼儿认识人与自然的关系，以及人的劳动与自然之间的关联，在通过劳动改造、自然获取食物的基本逻辑下，幼儿的劳动意识、自然观念乃至辩证思维均会得到培养，同时也会对生活、对自然形成正向情感。

最后，食育教育具有承载传统文化的作用。饮食不仅是一种生活方式，更是传统文化的集中体现，幼儿在学习各类食物的烹饪方式、食品形态、食品口味的过程中也会感受到饮食的文化与思想内涵，并产生对传统文化的热爱之情，吸引幼儿主动了解、传承传统文化。

二、幼儿园开展食育课程应遵循的原则

（一）本体知识建构原则

在开展食育课程时，幼儿园教师应以实物作为课程本体，围绕本体知识进行课程建构。首先，教师在开展食育课程时，应当基于食物的本体，让幼儿基于自身的生活经验去描述食物的形态、味道、种类；其次，教师在开展食育课程时，应当注重培养幼儿的进食能力，让幼儿掌握符合礼仪规范的进食方法，学会辨别食物的安全性；最后，关注幼儿的食物制作能力，让幼儿提前了解食物的制作流程，并初步掌握食材的基本烹制方法。

（二）拓展知识延伸原则

在幼儿了解食育本体知识后，教师应将食育知识拓展延伸到其他维度，让食育课程发挥更大的价值与作用，例如为幼儿播放食物从原材料到端上餐桌的全过程，借助食物的产生和生长掌握自然环境知识，学习自然规律乃至其他维度的知识内容。

（三）食育生活化原则

在开展培训课程时，教师应从生活角度出发，由于食物、进食、烹饪均与生活息息相关，因此教师也应将生活作为开展食育教育的主要途径，让幼儿在生活中了解食育知识，拓展知识维度，并提高幼儿技能掌握与应用水平。

（四）开展方式趣味性原则

驱动幼儿学习的原动力是幼儿对事物的兴趣，若教师仅为幼儿传递知识，则会因趣味

性不足而导致幼儿丧失对食育知识与技能的兴趣，并影响食育教育水平。因此，为了保证教学质量，教师在开展食育课程时，应遵循趣味性原则，让幼儿感受到有趣并主动投入食育课程当中。

三、幼儿园游戏化及生活化食育的开展实施策略

（一）食育与生活教育相结合的策略

食育与生活教育相结合的过程中，教师应明确生活教育的主体地位，将食育教育融入生活，而并非将生活融入食育教育。考虑到幼儿对于听讲式教学以及说教的兴趣较低，接受程度不佳，因此教师可通过各类生活体验，让幼儿基于自身生活经验感受食育知识、掌握食育技能。例如，教师可在每周生活体验活动时开展"我是小厨师"活动，为幼儿准备简单的食材以及配套的烹饪服装，营造烹饪氛围感，一方面唤起幼儿对厨师的生活经验认知，另一方面也能通过近似于家家酒的游戏化生活情境，调动幼儿的参与兴趣。随后教师可让幼儿根据自身对食物的认知选择本次烹饪所需的原材料，同时将幼儿分组，让每组幼儿通过配合分工来完成烹饪活动，最后让幼儿品尝各种制作的菜肴并做出评价。教师则在各组幼儿的菜肴中选择最佳菜肴，对所有幼儿进行鼓励，在此过程中幼儿能够掌握大量食物本体知识以及烹饪技能。在进食阶段，教师也可加入进食礼仪知识讲解，提高幼儿多维度能力。

（二）食育与环境创设认知相结合的策略

环境创设不仅具备美化园区、强化幼儿操作建构能力的作用，同时也能承载食育知识，提高幼儿对食育教育的接受水平。教师可在开展食育教育时将环境创设融合到活动当中。例如在开展"膳食营养与安全"教育活动时，首先，教师可带领幼儿共同建设种植、存储、制作等食育区域，并让幼儿在不同区域亲自劳动，在种植区域埋下种子，观察自己种植的作物在不同时间段的变化；成熟的作物采摘后放置在存储区，教师可带领幼儿在存储区规划出常温光照干燥环境、常温阴暗潮湿环境以及常温阴暗干燥环境，让幼儿将收集的蔬菜放在不同的环境下，并定期观察蔬菜的状态；在餐厅区域开展烹饪活动，让幼儿在烹饪的过程中了解食物的烹饪方式以及食物颜色、口感等知识。其次，教师可充分利用园内空间种植蔬菜与水果，并为幼儿分配种植任务；由2—3名幼儿负责一个空间，在培养幼儿劳动习惯的同时营造园内食育教育氛围。最后，在园内张贴食物安全、菜谱、当地特色美食等海报，潜移默化地影响幼儿，让幼儿形成对食物知识的浓厚兴趣，或在园内张贴膳食习惯、进食礼仪的海报，将食育知识打造成园内文化，既能够培养幼儿对传统饮食文化以及食物本身的责任心，又能够引导幼儿克服挑食和偏食习惯。

（三）食育与传统文化相结合的策略

我国的数千年历史决定了饮食文化的深厚底蕴，教师在开展食育课程时，也应当让幼儿认识到饮食知识与我国传统文化的关联，从本体知识跃迁至历史文化知识，在各类传统节日来临之际为幼儿讲解节日饮食文化，带领幼儿制作并品尝特色美食，同时也可为幼儿讲解食物背后的故事，将食物作为传统文化载体。例如，教师可在元宵节带领幼儿一同煮汤圆、吃汤圆，同时与幼儿展开猜想，思考汤圆的制作方法，准备面坯和汤圆馅，让幼儿通过动手了解汤圆的制作方式，并插入汤圆与元宵的区别等饮食小知识，让幼儿了解南北方饮食文化差异。此外，教师也可为幼儿讲述地方特色美食，如天津的狗不理包子与本地包子的区别，新疆手抓羊肉成为新疆特色美食的原因。教师可将历史文化典故与饮食相结合，比如在端午节为幼儿讲解吃粽子的由来，以及屈原的生平，进而丰富活动支撑内涵，开阔幼儿视野。

（四）食育与游戏化相结合的策略

游戏是幼儿教育中效果较为良好的教学方式，由于幼儿对游戏的热情较高、参与较为积极，因此教师可灵活应用游戏开展食育教育。

首先，教师可从饮食礼仪以及餐桌礼仪着手，通过游戏让幼儿认识礼仪的重要性，例如教师可开展"饮食文化我知道"游戏，由教师带领幼儿体验不同场景下的就餐环境，随后教师做出各种动作让幼儿判断该动作是否符合餐桌礼仪，再通过提问和角色扮演加深幼儿记忆。教师对每个礼仪内涵的讲解，让幼儿了解到餐桌礼仪的重要性。

其次，教师可从烹饪着手，让幼儿通过游戏了解食物制作的方式及食物的价值，进而形成良好的食物价值认知。例如，教师可开展"美食探究"角色扮演游戏，将幼儿分成三组，一组作为备菜员负责准备食材、洗切食材，一组作为厨师准备烹饪食材，一组作为记者进行采访，在忙碌的过程中让幼儿了解到菜肴制作的过程以及做好菜肴的辛苦。

四、结语

总结而言，食育教育对于幼儿教育来说具有多重价值与意义，在开展食育教育时，教师应遵循本体知识建构原则、拓展知识延伸原则、食育生活化原则以及开展方式趣味性原则；并采取将食育与生活教育相结合、与环境创设认识相结合、与传统文化相结合、与游戏化相结合的四种策略，全方面提高幼儿思维、经验、能力与知识掌握水平。

幼小衔接视角下在建构游戏中培养规则意识的策略研究

湖北省荆州市沙市大赛巷小学附属幼儿园　朱莹莹

一、研究背景

2021年，《教育部关于大力推进幼儿园与小学科学衔接的指导意见》指出："强化衔接意识，幼儿园与小学协同合作，科学做好入学准备和入学适应，促进儿童顺利过渡。"其中，社会准备是入学准备尤为重要的组成部分，社会准备关系到幼儿社会性发展，其指向性涵盖交往合作、诚实守规、任务意识、热爱集体四个部分。由此可见，幼儿的规则意识及执行规则的能力是社会性适应中极其重要的内容，它是幼儿学习、生活的有力保证，有利于幼儿顺利地实现从幼儿园向小学科学地过渡。

二、概念界定

本文的规则意识是指幼儿基于内心自主地根据规则对自我的行为进行约束，它与幼儿已有的生活学习经验有紧密的联系。对幼儿进行规则意识的培养，可以帮助幼儿对自己的行为进行约束、加以限制，从而养成良好的生活学习习惯。建构游戏是幼儿用各种建构材料，包括天然建构材料和人工建构材料，经由想象与造型活动搭建建筑物的形象的游戏，也叫结构游戏，属于创造性游戏的一种。

三、建构游戏中培养规则意识的意义

（一）以建构游戏为纽带，实现幼儿社会准备与其他三大准备的大融合

建构游戏对大班幼儿规则意识的培养价值不仅聚焦在幼小衔接的社会准备中，它对幼儿的身心准备、生活准备和学习准备也都扮演着重要角色。幼儿搭建某一作品从开始有计划地设定主题、实施构建方位结构到结束时的收纳规整材料等各个环节，不仅体现着做事有计划、失败不气馁、识别方位等学习习惯和能力，还涉及分类整理、承担任务等生活准备和良好情绪的养成、发展协调动作等身心方面的准备（见图1）。

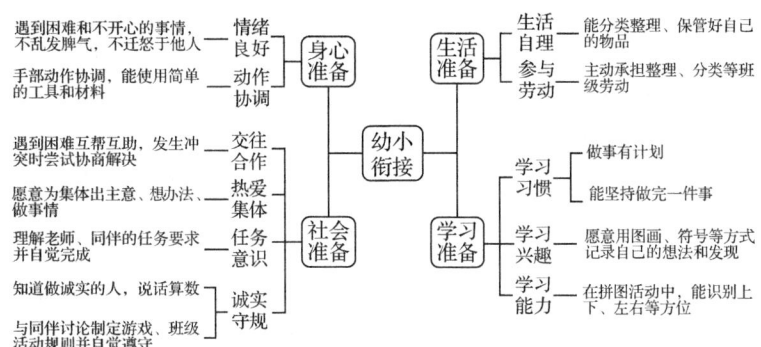

图 1　四大准备的融合汇总图

资料来源：根据《幼儿园入学准备教育指导要点》梳理。

（二）以建构游戏为纽带，实现教师班级管理的条理化

将幼儿在建构游戏中形成的种种规则延伸到班级常规，师幼一起建立"班级公约"，比如"我是文明小卫士""今天我当家""我是天气播报员"等。幼儿以主人翁的角色参与制定规则、管理班集体，不仅能提升幼儿在园认同归属感，甚至在之后遵守规则方面也会更加积极主动，让规则在一日生活中发挥举足轻重的作用。

（三）以建构游戏为纽带，更新家长关于幼小衔接的教育观念

由于竞争环境、工作压力、攀比心态，部分家长把"幼小衔接"与"知识学习"画等号，重智力因素大于重习惯因素。通过此次规则意识的培养、建构游戏的延伸，大班幼儿家长们更加注重学习品质、行为习惯的培养，对幼小衔接有了科学的认识，摆正心态，开展多样化衔接教育。

四、建构游戏中培养规则意识的策略

幼儿园建构游戏大多是一种合作游戏，在实际游戏中幼儿因缺少规则意识，和同伴产生矛盾无法继续游戏的现象屡见不鲜。作为幼儿园一线教师，结合自身教学工作，从制定规则、执行规则、强化规则三个层次提出培养幼儿规则意识的策略，为科学地做好幼小衔接奠定基础。

（一）以幼儿为主体，引导幼儿参与制定规则

1. 在主题建构中体验感受规则

教师是幼儿养成规则习惯和树立规则意识的引导者与参与者，要给予幼儿足够的空间，发挥教育机智、松弛有度。"千次说教不如一次体验"，只有自发地感受体会，才能将规则内化于心。

建构游戏按照建构方式分为单元建构和主题建构，主题建构是幼儿利用不同的建构材料，根据某个主题展开构造的、反映现实场景的一系列游戏。在一次主题建构游戏"我们的城市"中，小童和子轩在区角中运用"架空"技能合作搭建城市轨道，眼看就要大功告成了，"轰"的一声，整个轨道面塌了下来，孩子们没有泄气，但在仔细查找轨道倒塌的原因时，两人产生了分歧。子轩认为是小童在拼接的时候没有插紧，小童认为是子轩搭的下面的支柱纸杯太轻了。两人各执一词，互不相让。眼看游戏无法进行下去，这时我有必要介入了，我走过去说道："你们刚才说的两个地方都有可能造成轨道坍塌，我们一起检查一下好吗？"在两人都坚持先检查对方搭建的部分时，旁边的炎炎提议用"石头剪刀布"来决定，输了的子轩做出了让步，孩子们又愉快地完成了搭建。在集体展示的分享环节，我顺势问道："为

什么这么大的'轨道工程'中间有争吵还可以顺利进行下去呢,并且最终呈现的建构作品受到其他小朋友的喜爱?"通过启发式提问,最终让他们知道遇到问题是可以协商讨论解决的,知道互不相让是不对的,从而促使幼儿主动去遵循游戏规则。

2. 在讨论协商中理解制定规则

(1)规则的制定。以往我们错误的做法是教师制定规则,幼儿被动接受,可是效果不尽如人意。由于建构游戏的特殊性,材料种类众多且大小、形状不一,对幼儿的收纳整理能力提出了更高的要求,在协商制定规则中,包含幼儿对建构游戏材料的梳理、搭建场地的思考以及对幼儿计数能力的考验,幼儿在参与规则图标的制作过程中,可以让幼儿更加熟悉进区规则、搭建规则、收纳规则,是幼儿游戏能完整、长期进行的重要保障。

(2)规则的呈现。当幼儿的主体地位真正得到认同时,幼儿的主体性才能充分地发挥出来。大班幼儿协商合作可以制作出自己心目中的规则图标,通过规则图标的呈现也可以看出幼儿是否真正地认识与理解了游戏规则。大班幼儿的思维方式处于前运算阶段,比较具象,制定的规则常常以图文结合的方式来呈现,制定者内化规则的同时,也便于同伴的理解和遵守。

(二)以正强化为主导,提升幼儿规则的执行力

正强化是指幼儿作为被教育对象,成人对其某一特定行为加以肯定或鼓励,以支持幼儿这一行为能够持续发展,从而获得被认可的心理需求的满足感。

1. 善用多元化的评价策略

采用多种评价方式,内化规则要求。评价如"镜"又如"尺",对幼儿的评价不再像以往只停留在表面的内容价值,它也是幼儿重塑自我认识至关重要的信息。现多以过程性评价为主,结果性评价为辅,重点关注幼儿在集体商讨和平行介入时机的问题引导,及时表扬和鼓励守规的幼儿,明白这是大家一起遵守游戏规则带来的结果,知道遵守规则的意义。

此外,以游戏分享环节为契机,通过集体讨论或小组交流的方式鼓励幼儿大胆评价自己和同伴的作品,引导幼儿探讨建构游戏中的搭建经验,使已有的规则经验获得进一步提升,让幼儿的"他律"开始逐步发展为"自律",帮助幼儿将游戏规则内化于心、外化于行。

2. 设置规则执行的奖惩机制

游戏时,幼儿违反游戏规则是无法回避的,面对幼儿的违规行为,需要教师的教导,否则幼儿的这种放纵行为便得不到制止。在建构物体过程中,弄乱了同伴哪怕一小块材料,就会导致整个搭建作品的坍塌,要让幼儿明白违规的后果,从而促使其主动遵守规则。教师可以积极与幼儿制定违规行为的惩罚机制,例如,在搭建场所的旁边留一处空白的地方,违规的幼儿去那里安静地看故事书,暂停游戏或者缩短下一次建构的时间等。

(三)以家园联动为依托,强化幼儿的规则意识

家庭是幼儿从"生物人"向"社会人"过渡的第一个场所,也是促进幼儿社会化的摇篮。家庭教育更是幼儿获取知识、习得经验的主要途径,在幼儿园培养的规则意识,只有得到家长的密切配合,才能不断强化,起到"1+1>2"的功效。

1. 构建良好的家园关系,巩固幼儿已有的规则意识

根据建构游戏材料的分类(见图2),在天然游戏结构材料中,我们发现水、沙子、树叶、雪等材料就在孩子们的身边,不受场地的限制在家里也可以和爸爸妈妈进行游戏。

利用"五一"劳动节的契机,通过掌通家园 App 布置亲子小任务"我是家庭小能手",把家庭成员的鞋子成功配对后分类摆放在鞋架上;国庆节开展"我爱我的祖国"亲子建构作品展的活动,结合热爱祖国、热爱家乡的教学主题,利用家中废旧牛奶盒、卫生纸筒等材料

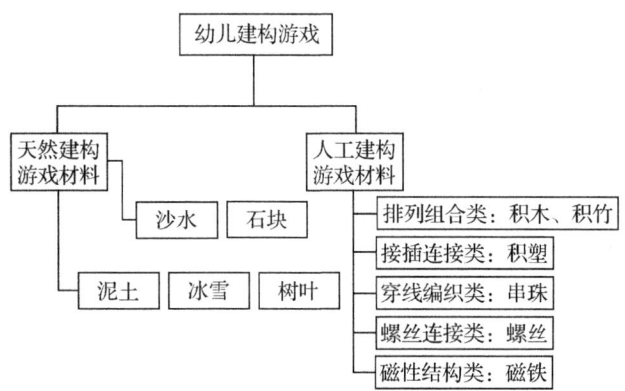

图 2 建构游戏材料分类

共同搭建"我身边的大桥""万里长城长又长"等作品,把班级上幼儿制定的搭建规则和常见的技能设计展示在家园联系表中。家长还可扮演"监督员"的角色,对幼儿的自觉性、专注力、任务的完成度进行三个等级的评价,以此来增强幼儿的规则意识。

2. 构建和谐的亲子关系,家长以身示范,榜样引领

"其身正,不令而行;其身不正,虽令不从。"家长与幼儿合作建构时,可以以同伴的角色进入,例如,搭建"雪娃娃"是幼儿冬天最喜欢玩的游戏之一,幼儿分配给家长装饰雪人头部的任务时,也要遵守事先商量制定的分工任务,为幼儿能积极投入游戏中、坚持专注完成一件事情做好榜样。

五、结语

规则意识的养成虽不是一蹴而就的,但教师作为幼儿教育活动的主导者,在制定规则时要以幼儿为主体,在具体行为中多鼓励赞赏,在家园共育中逐步强化规则,以小见大,将建构游戏的规则意识融入到一日生活的各个环节,便可为大班幼儿顺利过渡到小学的学习与生活及终身发展奠定良好基础。

"以美育人"理念指导下的幼儿园音乐美术实践研究

北京市朝阳区教育国资中心幼儿园(百子园) 赵 旭

作为艺术教育领域中的"姐妹艺术",音乐教育和美术教育之间有着千丝万缕的联系。随着社会的发展,越来越多的人意识到这一点,他们不仅关注了幼儿单独学科的发展,也开始注重学科间的联系。家长们重视对儿童的教育投资,其中不乏对音乐美术教育的投资。我园许多幼儿都会在课外专门学绘画、唱歌、跳舞的课程,家长们也会综合选择两门或多门艺术课程。这就说明了时代的发展使得家长们的思想转变了,他们更关注对孩子的艺术教育投资,并且正在做到全面教育幼儿。

《幼儿园教育指导纲要(试行)》(以下简称《纲要》)是幼儿园活动实施的基本方针,幼儿园课程的设置要遵守《纲要》的规章。《纲要》中明确指出:幼儿园的教育内容应该是全面的,艺术各领域的内容应相互渗透,从不同的角度促进幼儿情感、态度、能力、知识、技能等各方面的发展。

本文就幼儿艺术教育的整合,主要对音乐教育和美术教育相结合的教育相关原因、方

法、运用等来论述,希望能让更多的人来关注艺术整合教育,促进幼儿在童年时期更好地学习。

一、幼儿音乐教育和美术教育的定义

幼儿音乐教育和美术教育是幼儿在幼儿园时期艺术教育学科学习中的两个重点,对幼儿审美能力的培养发挥了极大的作用。幼儿音乐教育和美术教育又同属于艺术教育,它们之间存在着密切关系。

(一)幼儿音乐教育及其功能

音乐是用有组织的音构成的以声音塑造形象的听觉意象,是一种比较抽象的艺术,是表达人们的思想感情与社会现实生活的一种艺术形式。幼儿音乐教育旨在通过为幼儿提供有目的有计划的音乐学习活动,给幼儿以情感体验和审美感受,传授给幼儿韵律、节奏等音乐知识。

音乐教育是幼儿艺术学科教育中至关重要的一门课程,以一定的节奏和旋律通过听觉来影响幼儿的情感世界,能提高幼儿的审美情趣,促使幼儿逐步形成感受美、鉴赏美和理解美的能力。同时又可以使幼儿的听觉在音乐聆听中得到更好的发展,对于开发幼儿的智力、活跃思维、培养幼儿的协作意识和规则意识、发展幼儿的想象力和创造力及培养幼儿良好的道德情操都有积极的促进作用。

(二)幼儿美术教育及其功能

美术是用一定的物质材料,如颜料、纸张、画布、泥土、石头、木料、金属等,通过造型手段塑造可视的平面或立体的视觉形象,以反映自然和社会生活,表达艺术家思想观念和感情的一种艺术活动。

美术教育是幼儿全面发展教育中的一个重要组成部分,功效也是极大的。美术领域中的色彩协调、线条清晰、形象生动,有利于锻炼幼儿的视觉感官,加深幼儿对周围世界的认识,激发幼儿的审美情趣和造型智慧,发展幼儿的观察力、艺术想象力和操作能力。

(三)幼儿音乐教育和美术教育的关系

音乐和美术都起源于艺术、同属于艺术,相辅相成。音乐教育和美术教育都是借助于情感对幼儿进行教学的活动,它们的共同点都是在一定的艺术气氛感染下,调动幼儿积极向上的情感,培养幼儿的审美情趣和健康的精神世界,让幼儿学会感受美、发现美和创造美。

二、音乐教育与幼儿美术教育结合的方法及运用

(一)导入时,用音乐引领美术教育初步理解

在以往的教学中,我们在给幼儿初步介绍一幅美术作品时,幼儿往往对一些理解性较高的作品不能完全理解,失去学习兴趣。为了解决此问题,我们可以借助动听的歌声,将音乐导入美术教育中,以音乐的优美旋律和生动的歌词来吸引幼儿对美术活动的注意。

例如,在大班美术赏析活动"京剧脸谱"中,幼儿会对形形色色的脸谱感到陌生,颜色与代表人物容易混淆不清,像红色代表关公、黄色代表典韦等,若出现较多脸谱就会混淆。在课前过渡环节,教师可以在开始时播放《说唱脸谱》这首歌,幼儿听清歌词可以跟着唱,这样在脸谱赏析活动时再导入知识就会容易多了。

(二)传授知识时,用音乐创造美术教育意境

导入活动后就是学习知识的时间了,长时间或单调的学习方式对于年龄尚小的幼儿来说,会使他们感到乏味,学习的热情会下降。

例如,我们在给幼儿开展一次美术故事作品"小木匠"活动时,我先讲述了小木匠干活

的故事，幼儿都很喜欢听，但是当讲到小木匠使用的工具时，他们分不清小木匠所使用的各种工具，以至于不知道小木匠具体在干什么。为了解决此问题，我就在讲到工具使用时加入《小木匠》这首歌，歌词中对小木匠使用的工具及做的工活都会准确地介绍出来，再相对应地出示美术图画，这样故事不仅简单易懂，也使课堂的气氛更活跃。

（三）完成作品时，用音乐烘托美术教育气氛

美术活动后期，幼儿就要运用此节课教的知识完成一幅美术作品了。此时适当地加入一些轻音乐，可以起到烘托气氛、愉悦心情的作用，保持幼儿绘画制作的一贯参与积极性。

三、美术教育与幼儿音乐教育结合的方法及运用

（一）导入时，用美术明确音乐教育的形象

音乐教育是幼儿艺术教育学科中的一门较抽象的艺术，我们要依附于听觉来学习知识，但往往这种没有画面感的活动很难被幼儿理解，音乐往往不能引起幼儿的共鸣，导致课堂学习质量大大下降。解决的方法便是在音乐活动导入之际，同时出示一些与此次音乐活动相关的图画，让幼儿对音乐有画面感。

例如，在大班《粗心的小画家》歌曲学习活动中，幼儿对丁丁画错的小动物的画面只单单凭借想象是很难记忆的，而这又是歌曲中的主要歌词，于是我就出示了画错的小动物的图，让幼儿来记忆，使幼儿对歌曲的内容有了初步的了解，然后我们再边唱歌边记忆歌词。有了生动的画面形象辅助再学习，孩子们不仅对活动兴趣大增，而且更容易记住歌词。

（二）传授知识时，用美术辅助音乐教学

音乐打击乐活动"花儿"是一节在传授知识时突出运用音乐美术整合的方法的活动，以美术图画图谱来衬托辅助学习音乐《花儿》。音乐的乐音和美术的形象相互作用，使得幼儿准确掌握了二分音符、四分音符和八分音符的时值长短，以律动和乐器两种方式来学习和体会。在律动稳定节奏时，我以小苗成长、浇水和开花三个小花生长的过程图来分别表示三种音符，幼儿通过动作来初步体会音乐，方便了幼儿的学习。在使用打击乐器学习时，我也出示了三种乐器的图画图谱，幼儿仔细看谱，配合音乐，学习打击乐器，演奏得更加准确了。

（三）完成作品时，用画面提示帮助幼儿记忆歌曲

幼儿的记忆以无意记忆为主向有意记忆逐渐转变，有意地在有限的时间里专门去学习一首歌或欣赏一段乐曲不能被幼儿很好地记住，只有加入幼儿感兴趣的因素才能加深幼儿的记忆。

例如，小班学习歌曲《我爱我的小动物》时，幼儿学习小动物的叫声，演唱起来很容易，但是小班幼儿在活动结束复习演唱时还是会忘记哪只小动物先出场，这时我加入了图画来提示幼儿，他们不用再靠老师来提醒了，看到图画的顺序就都知道了小动物先后演唱的顺序，用这样的方法演唱比没有任何提示的演唱更易于幼儿学会歌曲。

四、讨论与建议

虽然幼儿艺术整合的教育教学方式成为艺术教育的新突破，也逐渐付诸教学实践当中，帮助幼儿更好地感受美、发现美、欣赏美，但是依然有一些不足的地方需要幼儿教师加以关注。

（一）创设更轻松的环境

为幼儿创设宽松、自由、和谐的学习环境，采用更生动活泼的教学形式把音乐和美术结合起来，要更善于把幼儿引到想象的王国中去，综合教学的新模式才会对艺术教育更有帮助。

(二)教师发挥更大的作用

教师是幼儿乃至所有学生获得知识的源泉,我们要想使未来的艺术整合教育更加完善,就必须对教师进行大量的综合教育的培养。教师要更加清楚艺术整合教育的各项实施方法,将幼儿的兴趣与教师的特长相结合,要能运用整合的教育来发掘和引导幼儿所固有的天分,调动幼儿学习的主动性,开发出更强大的创造力和想象力。

(三)整合吸纳家长资源

幼儿最多接触到的成人就是家长和老师,因此我们要充分发挥家长的优势,在艺术整合培养上做好家园共育,为艺术整合活动寻找可利用的平台和契机。我们在艺术整合教育开展时可以尝试整合吸纳各种家长资源,请他们到园中来为孩子们表演或讲座,为幼儿园的艺术教育活动开展增添活力。

对小班幼儿在沙水游戏中自发产生角色游戏的思考

湖北省黄冈市浠水县实验幼儿园 汪 淼

为期一周的课题实验活动,笔者对本园小班幼儿进行了沙水游戏行为观察。小班幼儿入园仅三个月,对沙水游戏充满着浓厚的兴趣,通过沙与水的结合,孩子们在游戏中尽情发挥想象,大胆表达游戏中的语言,因此在游戏中萌生了许多有趣的故事。

一、案例背景

沙是大自然的产物。沙水游戏给了幼儿亲近自然、释放自我的机会,同时因其自主性和创造性的特点深受幼儿喜爱,我园也乐意创造这方天地供幼儿畅游其间。

幼儿的学习以直接经验为基础,是在游戏和日常生活中进行的。幼儿的游戏经验在他们的生活和实践中习得,是以游戏为基本活动,满足幼儿学习模仿、社会交往的需要。

游戏没有固定的玩法,因此幼儿的兴趣能够在沙池里得到充分满足,积极性、主动性、创造性能力能得到充分发挥。在游戏观察过程中,我听到了孩子们的游戏语言,小班幼儿喜欢用沙水以物代物,模仿成人的语言、表情、行为动作等进行角色游戏。基于幼儿的兴趣需求,我园沙池里也投放了丰富的辅助材料,为幼儿的游戏开展提供基础保障。

二、沙水游戏中的角色分工游戏

在游戏过程中,教师充分给予幼儿自主、自由、自发的游戏空间,沙水游戏中萌生出娃娃家的角色游戏,而阳阳和朵朵也很自主地对应上了"石头爸爸"和"石头妈妈"的角色,自主创设出角色游戏情境,一起为石头宝宝做午餐。幼儿在自主创设的角色游戏情境中,十分投入、专注,而且已经有初步的角色意识,如爸爸、妈妈、宝宝等。

小班幼儿的游戏水平一般都处于独立游戏、平行游戏的阶段,但是在沙水游戏中幼儿有自发性的交互游戏行为,如阳阳说"城堡就是石头的家",朵朵就去准备酱油给石头做饭,阳阳和朵朵的语言交流也为两个人的互动提供了游戏支持。语言表达非常清晰,比较明确自己的游戏想法,相较于游戏中其他幼儿,阳阳和朵朵的语言表达能力发展得更好。

在交流分享中,阳阳讲述着自己给"小动物"做家的全过程,参与其中的幼儿很感兴趣,并且用游戏故事的方式进行记录。幼儿的绘画表征或许不经解读很难看出表达的意思,但是通过一对一倾听,教师对幼儿的作品有了明确的了解,幼儿在游戏中的对话能力和丰富的想象力得到了发展。

在一对一倾听后,教师对幼儿的作品有了明确的了解。幼儿从原来人物间的角色扮演到后来以物代物进行角色扮演,游戏的情节明显得到了进一步拓展,语言上也有了大步提升,在原先的话题上萌生了新的游戏话题。兴趣是最好的老师,幼儿的兴趣是游戏继续进行下去的重要支撑。在沙水游戏中,"石头"一直都是有生命力的存在,"给石头做家""把石头当作小动物",幼儿坚守着万物"泛灵论"的意识,从而表现在游戏中。

三、游戏价值

(一)幼儿层面

玩沙,作为结构游戏的一种,它属于一种创造性游戏,能满足幼儿生理和心理需要,为角色游戏的开展提供充分保障。

1. 兴趣是游戏的源泉

沙水游戏引发了幼儿的角色游戏,在游戏中,幼儿积极探索,不断体验自由与规则、成功与失败,满足自身发展需要。他们奇思妙想地将"石头"联想成各种游戏中所需要的道具,参与性极高,因此游戏中教师不必介入过多,只需安静地观察记录,捕捉幼儿的游戏行为。沙水游戏中"石头爸爸和石头妈妈一起为石头宝宝做午餐"的情境,是幼儿自创的,幼儿能主动将石头联想成"宝宝""小猪""小鱼""乌龟"等,将沙子当成"米饭",做饭时将沙和水结合起来好比是在"洗米煮饭",这一系列的游戏行为为角色游戏的开展提供了有力保障。

小班幼儿在角色游戏中一般会出现情节简单、零散、重复、相互间缺乏关联性的行为。沙水游戏中幼儿在两次游戏中都是以"石头"为主体,第一次把"石头"当宝宝,给石头宝宝做家;第二次把"石头"当小猪、小鱼等动物。由石头一物联想到许许多多有生机的生命,同伴之间的游戏语言也随即产生,推动新的游戏情境发展。

2. 同伴交流促进语言发展

对于刚入园才三个月的小班幼儿来说,他们在游戏中大多是独自游戏、平行游戏。如在娃娃家中会独自抱娃娃,给娃娃穿衣、打针等,与同伴共同游戏时也是自言自语,专注于做自己的事情。但是在沙水游戏中,阳阳和朵朵语言表达能力相对于小班幼儿来说发展迅速。在整个游戏过程中阳阳和朵朵都处在合作中,如帮忙拿铲子、桶,一起挖池塘,两个人的交流都是围绕"给石头做家"这一主题展开的。虽然有时会出现"自言自语"的现象,但这也符合幼儿的年龄特点及发展水平。可见,自主游戏给幼儿提供了想说、敢说、喜欢说、大胆说的表达平台,推动游戏的进展,使游戏情节更加充实。

3. 角色游戏推进沙水游戏进程

在沙水游戏中,幼儿的角色游戏始终是围绕"家"这个主题来开展的。幼儿自发地将娃娃家搬到沙水游戏中,"给石头做家"就是他们的游戏主题,从而推进着游戏的发展。幼儿以"角色扮演"为主要的表征手段,通过游戏还原自己在现实生活中的认知和体验。幼儿在游戏中的表现其实就是一种对现实生活的象征性表现。

(二)教师层面

1. 学会观察。蒙台梭利认为:要教育幼儿就要理解幼儿,而观察正是了解幼儿的主要途径之一。在案例中,教师扮演的只是一个观察者的角色,通过观察幼儿在游戏中如何自行解决问题,自主推进和丰富游戏情节的行为、互动和表现,教师可以获得更多关于幼儿兴趣、能力和特点的信息,有助于教师深入了解幼儿的发展水平和个性特征,从而更好地引导幼儿自主学习和成长。

2. 学会倾听幼儿。幼儿通过游戏来表达想法、情感和需求。在游戏现场,教师可以倾听幼儿的语言,从中获取幼儿的真实声音和观点,有助于教师理解幼儿的需求和感受,进而更好地满足他们的学习和发展需求。角色游戏依赖于幼儿的生活经验,是幼儿对现实生活的一种再现,如在游戏中,幼儿知道做饭是在干沙子里加入水,小鱼生活在水里等,这些场景的出现,正是幼儿生活经验的再现,而教师需要通过一对一倾听,帮助幼儿拓展生活经验,提高自身游戏解读能力。

3. 学会了解幼儿。幼儿在游戏中展现出的行为和态度可以反映认知、情感和社交能力方面的发展。教师可以了解幼儿的兴趣爱好、强项和挑战,为幼儿提供适当的学习支持。

4. 学会支持幼儿。游戏观察、游戏解读、游戏后的谈话,都是为了帮助教师发现幼儿在游戏中的学习行为,了解幼儿的学习进程和已具备的经验,其最终的目的是实现教师的有效支持,以最大限度促进幼儿的发展。游戏中教师完全放手,充分追随幼儿的脚步。如当幼儿谈到大海就是小猪的家,教师设疑"你们见过小猪游泳吗?"这样的追问引发幼儿思考,以此推进游戏的再次开展以及情境的丰富性。教师在游戏中从幼儿的角度来调整游戏给予幼儿支持。教师要有一双善于发现的慧眼,客观分析行为背后的智慧,以支持者的身份促进幼儿的多方面发展。

综上所述,作为教师,我们应当充分了解并珍视沙水游戏对幼儿的独特游戏价值,为幼儿创设宽松、愉悦的游戏环境,提供丰富适宜的游戏材料,满足和支持幼儿通过感知、操作、体验获取经验的需要。同时,在游戏中做用心的观察者、倾听者,从而了解幼儿的兴趣需要和发展水平,根据幼儿不同的兴趣需求和游戏水平,扮演好支持者和帮助者的角色,有效地促进沙水游戏和角色游戏的高度融合。

基于儿童视角有效开展主题活动的实践研究

北京市通州区于家务回族乡中心幼儿园　马潇文

国内外的研究中越来越多地关注以儿童视角为基础的研究和主题活动对儿童发展的影响。本文旨在深入探索主题活动对幼儿园教育的积极效果,并提出相关的教学策略和实践建议,以促进幼儿园教育质量的提高和改进。

主题活动有助于培养幼儿的综合素养,包括认知、语言表达、社交、情绪管理和创造力等方面。本文的研究成果可以为教师提供更科学、有效的指导和策略,使其能够在主题活动中更好地引导儿童。

一、本文研究价值

(一)儿童视角的重要性

儿童是幼儿园的核心群体,通过以儿童为中心的视角开展研究,可以深入了解儿童的需求、兴趣和思维方式,为教师提供更全面和有针对性的指导,从而提高主题活动的效果。

(二)主题活动对儿童综合发展的重要性

主题活动可以跨学科地整合幼儿园教育内容,通过针对特定主题的探索和实践,培养儿童的多元智能、社交技能、情感发展和创造力等方面的能力,促进他们的全面发展和个性成长。

(三)增强儿童参与感和提供发展机会

基于儿童视角的主题活动可以增强儿童的参与感和主动性。通过了解儿童的意见、想法和建议,教师可以根据儿童的兴趣和发展需求,设计和组织适合他们的主题活动。

二、聚焦问题，立足儿童立场

《幼儿园教育指导纲要（试行）》中指出儿童是积极的活动者和主动的学习者。如何在活动中调动儿童兴趣，激发积极参与活动的意愿，这必定需要老师立足儿童的立场、了解儿童的想法、满足儿童的需要，深入挖掘主题活动的内容。

教师在开展主题活动中经常出现虎头蛇尾的现象，儿童在参与过程中表现出开始火热到最后逐渐失去兴趣的情况，导致主题内容难以持续推进或教师主导草草收尾。教师实践过程中不能准确把握主题活动设计的原则，分析儿童的行为表现开展内容，常常脱离儿童的真实想法。应立足儿童立场提升教师在开展主题活动中观察、倾听、分析等能力，进而更加准确地了解儿童需求，捕捉有价值的生成活动，推进主题活动实施的适宜性和有效性。通过研讨，教师将零散的经验进行回顾，共同梳理出读懂儿童的方法（见图1）。

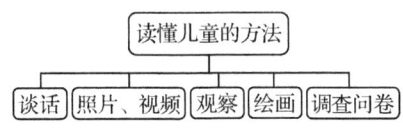

图 1　读懂儿童的方法

三、多元学习，探寻实践依据

（一）理论支撑

理论是实践的依据，是指引教师行为的明灯。因此教师通过自学、查阅等方式了解儿童视角的定义，通过资源共享进行理论共建。在这个过程中不仅明确了教研核心目标，也进一步对接督评标准理解"以儿童为本"的落实途径。在研究中教师经常翻阅《3—6岁儿童学习与发展指南》《幼儿园教育指导纲要（试行）》《学前儿童健康学习与发展核心经验》相关书籍，有问题、有疑虑时能够通过查阅相关内容明细概念，从目标、指导建议中寻方向、找答案，并逐渐追随儿童，朝着儿童喜欢的、适宜的活动贴近，让活动变得更加鲜活，满足儿童的实际需要。

（二）优质资源应用

全媒体时代信息无处不在，优质资源的信息传播平台也更加广泛，丰富的、优质的学习资源也能够满足老师自主学习的需要。通过推送学前教育平台优秀案例，教师自主学习，结合主题活动记录表回顾、反思已开展的活动效果。教师们将学习到的内容与自己的教学案例进行对接，不断反思调整教育行为并在实践中尝试运用多种儿童表征的方法。在鲜活的案例中梳理了具体可实行的研究路径。

通过对优质资源的学习，教师在实践、反思、调整的过程中解决困惑、积累经验，逐渐建立起批判性、成长性的思维，良性的循环有效促进教师专业发展。

四、实践落地，梳理有益经验

（一）确定幼儿喜欢的主题内容

在研究过程中梳理出了有效的实践策略得以运用。确定主题前运用读懂儿童的方法来寻找主题内容，教师需要结合儿童表征进行分析，发现儿童的兴趣点。如在中班"草莓探秘之旅"活动中，师幼进行谈话，从中捕捉到摘草莓的热门话题，又通过调查问卷了解儿童对于摘、种草莓的已有经验。恰好春天又是采摘的大好时节，内容既贴近儿童的生活又能满足其探究意愿。陈鹤琴先生提出："大自然、大社会都是活教材"，主题活动内容应取材于儿童现实生活中的自然与社会资源，符合儿童生活需要，这样才能引发儿童内在的兴趣，满足儿童的需要。同时内容的选择还应考虑到儿童已有的生活经验，因为新经验的获得与旧经验的重造都建立在已有经验的基础上。因此，老师基于以上因素生成了儿童喜欢的主题活动"草莓探秘之旅"（见图2）。

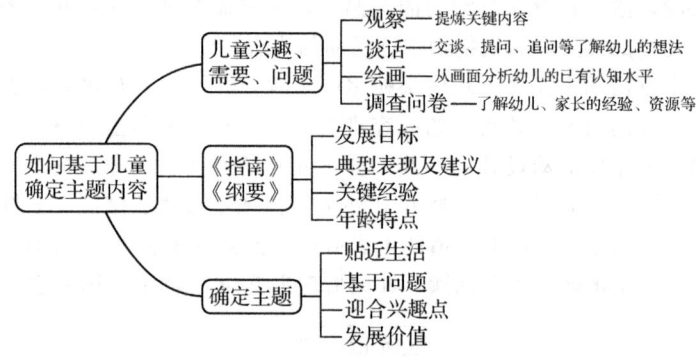

图2 基于儿童确定主题内容

（二）适宜的策略助推幼儿游戏

适宜的教学策略能够满足儿童的游戏需要，助推游戏水平的提升。教师在实践中尝试运用材料支撑、提问追问、同伴学习、情境体验等方式支持儿童主动探索，帮助其在活动中得到满足、获得成功感。如在大班"浓情端午爱国行"主题活动中运用多媒体、绘画表征、在谈话中了解端午习俗、投放英雄图书等方式体验端午，感悟英雄精神。儿童在活动中体现出了小主人的意识，积极主动参与到活动中，活动热情高涨且探究兴趣持续增长（见图3）。

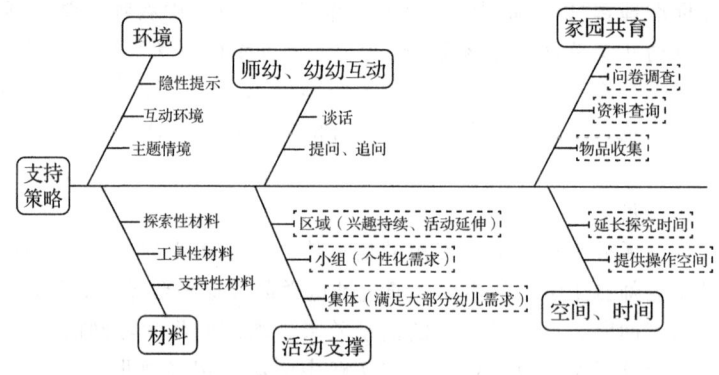

图3 适宜的支持策略

（三）生成儿童喜欢的活动

支持儿童做他们喜欢做、能够做、应该做的事，亦是教师"最大限度地支持和满足儿童通过直接感知、实际操作和亲身体验获取经验的需要"的过程。儿童有着天马行空的想法，听到的事物、看到的事物都可能激发好奇心，往往表现出热情的关注度。如在小班"春天的游戏"主题活动中幼儿对于放风筝十分感兴趣，虽然对于小班幼儿来说这件事具有一定的挑战性，但是教师能够结合儿童的年龄特点提供适宜的风筝材料，为儿童提供空间和时间，在老师的引导下找问题，并在不断的尝试中让小风筝飞上了天，实现了放风筝的愿望并增强了探究兴趣。这样教师能够思考教育价值并在过程中支持儿童的意愿，慢慢具备职业敏感度且能有意识捕捉儿童的兴趣点，能解决遇到的问题，追随儿童的视角生成儿童喜欢的活动。

美育筑底，语言提质
——美育融入幼儿语言教学的实践探索

北京市通州区于家务回族乡中心幼儿园　崔　月

美育是幼儿教学内容中的重要板块，语言教育活动是幼儿长期发展的重要基石。将艺术教学与语言教学进行结合，能够充分提高美育教学效率，引导幼儿主动追求、欣赏和创造美的事物，还能够提高幼儿对语言知识学习的积极性。因此，将美育和语言教学相结合，既是在教学模式上的创新，还能够不断挖掘幼儿自身潜能。让幼儿利用绘画、手工等形式来描述生活中的美好事物，抒发自己的内心世界，提升幼儿的综合能力。

一、美育融入幼儿语言教育活动的意义

（一）有助于拓展语言活动内容

美育融入幼儿语言教育活动的初衷是拓展语言教学内容，提高幼儿的学习积极性。幼儿的语言活动通常需要很多的生活化内容，将美育教学内容和日常语言活动进行结合，能够产生寓教于乐的效果。以美学教育为载体，将语言知识更加生动形象地向幼儿进行传授，不仅能够激发幼儿对于学习音乐、美术的积极性，还能够提高语言活动的趣味性，实现幼儿语言教学和美育的共同发展。

（二）有助于幼儿创造性思维能力的产生

美育教学和语言教育活动的融合能够充分激发幼儿的创造性思维和创新能力。幼儿在音乐、美术活动中不仅可以收获相应的知识，提高动手技能，还能够充分展现幼儿的创新、创造能力，同时轻松愉快的美育教学环境还有利于其身心的健康发展。教师在美育过程中能够充分促进幼儿之间、幼师之间的良性互动，从而提高自身语言能力，实现美育与语言能力的全面发展。

（三）有助于提高幼儿学习兴趣

语言教学的方式应当是"润物细无声"的，要通过生活中的点滴细节进行渗透，让幼儿从内心感受到语言表达的重要性。美育与语言教育的融合，一方面，能够培养幼儿的审美兴趣，3—6岁幼儿本身就对音乐、美术等美育内容抱有较高的兴趣，利用美育教学内容能够加强对幼儿的语言渗透；另一方面，幼儿本身活泼好动的天性导致其本身会有较高的表达欲，教师可以利用美育融合的契机，给幼儿更多的语言表现机会，从而综合提升语言教学质量。

因此，幼儿教师在教学活动的设计中，要时刻注重美育与语言的结合，从课程内容设计、环境设置到教学评价等各个环节。充分发挥游戏教学的优势，提高语言教育活动的效率。

二、当前幼儿语言教育活动存在的问题

（一）学习目标简单化，缺乏设计的合理性

幼儿在生理、心理方面刚开始发育，对于集体活动的参与有一定的陌生感，但对教师的安排和要求具有一定的服从性。部分幼儿教师在设计教学活动时，往往还是针对单一化的教学目标进行展开，并没有真正考虑到幼儿的身心发展特点。同时，教师在活动设计时也没有重视幼儿之间的个体差异性，如性别差异、性格差异等。此外，幼儿教师也缺乏多样化的评价模式，常常以任务完成与否进行评价，缺乏多元化的教学方式，无法有效地照

顾到部分幼儿的个性化发展。

(二)教学活动的形式与内涵无法形成统一

幼儿虽然在家庭教育中已经具备了一定的规则意识,但还是存在着注意力难以集中、行为难以自控、对新鲜事物有较强好奇心和探索欲等特性。这就要求教师在设计美育与语言教育相结合的活动时,既要能够满足语言活动内容和过程,以素质教育目标为导向,还要充分吸引和调动幼儿的注意力和积极性。但在实际情况中,教师为了吸引幼儿的注意力,往往会过分重视教学活动中的趣味性和调动幼儿参与的积极性,忽略了教学活动中知识的传授,不利于幼儿知识的获取、总结和应用。

(三)评价、激励模式单一,难以对幼儿产生有效引导

在美育和语言教学融合进行的过程中,幼儿教师应当在根据幼儿的身心发展情况、充分尊重幼儿的意愿的前提下设计教学内容。在完成教学目标的同时,让幼儿主动参与到活动中,提高其活动积极性。但在目前的游戏化美术教学活动中,由于需要创作过程,教师对幼儿的评价较为单一,主要通过语言或物质方式进行表扬。虽然激励化的评价方式有助于提高幼儿的学习效率,但过于单一的评价方式也影响到了幼儿语言教学的成果。

三、美育融入幼儿语言教学活动的路径探索

(一)融合教学内容要充分考虑幼儿特点

幼儿教师在设计语言教育活动时,应当充分考虑幼儿的生理、心理发展特点,充分尊重幼儿的意愿,在达成美育知识教育目标的同时让幼儿自主参与到学习内容的创设中来,提高幼儿参与活动的积极性。例如,针对小班的教学内容要相对简单,更多地强调对于规则意识的培养;中班幼儿则主要强调知识的掌握与运用;大班幼儿主要考虑逻辑思维能力的锻炼等。让幼儿在美育教学内容中主动探索实践,对知识产生领悟和运用的能力。对于幼儿来说,兴趣是引导其参与活动的主要因素。但在活动中也需要对幼儿进行适当的纪律规范,要对幼儿的创意活动时间以及活动目标进行明确,确保语言教学活动的设计能够适应幼儿的实际发展需求。

(二)美育教学活动开展要搭配符合幼儿的语言空间

在教学环境的布置上,教师要充分利用有限的教学资源,布置能够充分引发幼儿想象力提升的空间。例如,可以通过种植植物或者养育一些小动物,让幼儿对环境产生兴趣。通过在班级种植植物激发幼儿的爱心和责任心,引导幼儿进行观察和记录,从而让幼儿产生对绘画的兴趣和理解。此外,教师还可以运用多媒体向幼儿展现日常生活中不常见到的美术形象,例如,教师可以在教学活动中播放童话故事,让幼儿在听故事的同时,画下自己听到的内容作为笔记,在故事结束后可以根据自己绘画出的形象对故事进行复述、总结或续写。这样不仅能够促进幼儿的绘画能力,同时能够培养他们的想象力、联想力,最后还能够结合美育促进幼儿的语言能力。通过创意空间不断地培养幼儿的想象力和创新力,从而产生对美学事物的不同理解,进而实现美育和语言教学活动相互结合的目标。

(三)大胆创新教学形式,使幼儿对美育始终充满新鲜感

对于幼儿来说,新鲜事物的吸引力是最大的。如果教师设计的美育内容过于死板或重复度过高,幼儿在学习过程中也会觉得枯燥乏味。因此,教师在设计教学内容时,应当大胆创新。一方面,要主动观察幼儿的日常行为习惯,有针对性地设计舞蹈、音乐、美术教学内容。例如,针对五音不全的幼儿,教师可以避免让幼儿强行学习音乐课程,应当有针对性地延展教学,如通过乐器、指挥等形式让乐感稍差的幼儿参与到教学活动中。以幼儿为核心,尊重幼儿本身的差异化,根据幼儿的身体发展水平和四肢协调能力,设置不同的

教学内容。在保证幼儿安全的前提下，鼓励幼儿积极开展舞蹈动作的编排和创新，尊重其个性的发挥。艺术教育本就需要一个开放、自由的环境，幼儿在这样的教学环境中，自然会全身心地投入语言教学活动中。

（四）教学活动成果验收要注重评价和激励

开展美育和语言教学活动相结合的活动要注重学与玩的相互结合，并且形成系统性的评价。例如，教师对教学成果进行评价，不仅要对幼儿是否完成活动内容进行评价，还要对幼儿在教学活动中的创意表现、语言表现等多方位内容进行评价，让幼儿对美育产生客观认识。同时，教学评价中请幼儿作为评价者，幼儿在受到同伴的肯定与赞美后也会对表现美有更深的认识。此外，评价中不仅要有对幼儿的语言激励，以及小贴纸、游戏币等精神物质激励；还要为幼儿提供切实的学习成果表扬，如将幼儿的绘画作品在走廊上进行展示，定期举办手工成果展览会等，让幼儿切实感受到自己的美育成果受到老师的肯定和同学的赞赏，从而产生对艺术的学习兴趣和自信心。此外，教师在评价体系中，不仅要对教学成果进行评价，更要做好教学引导，以美育教学为兴趣点，以语言教学为基础，对幼儿的语言能力、创新思维能力以及动手实践能力形成综合性评价。在提高幼儿对艺术学习的兴趣的同时，确保幼儿语言综合能力的发展。

四、结语

综上所述，幼儿美育教学融入幼儿语言教学活动是为了让幼儿在艺术课堂中获得美学知识、审美情趣和综合能力的发展，同时还能够对自身语言能力形成积极影响，对于幼儿提高学习积极性有着重要促进作用，能够有效帮助幼儿借助课堂对生活中的事物产生美学认知，获得良好的教学成果，促进教学质量的不断提高。作为幼儿教育工作者，幼儿教师必须认识到语言教学的延伸性和美育教学的重要性，可以在今后借助各类优势教学资源，进一步拓宽美育和语言教学模式的教学创新手段，为幼儿创造更好的学习氛围，为其长期发展打下坚实的基础。

基于幼儿视角的幼儿园生活化课程研究

北京市通州区于家务回族乡中心幼儿园　王海霞

鉴于幼儿年龄特点，幼儿在学习与生活中具有发现和感知世界的独特视角，因此，幼儿视角下的世界与成人思维中的世界有很大的不同。生活化课程活动的实施，要求教师以生活为教育主题，通过构建具有生活气息的课程，让幼儿获取丰富的生活经验，为其未来的学习与生活做好充足准备。新课改背景下，幼儿教育要由"学科中心"转变为"幼儿中心"，基于这一要求，生活化课程活动的实施应做到从幼儿视角出发，满足幼儿的发展需求，让幼儿受教育的过程转变为其生活的过程。

一、生活化课程的教育价值

（一）满足幼儿需求，丰富生活经验

受年龄、经验、发展阶段的影响，幼儿所拥有的生活经验较少。在面对生活现象、社会情境和自然环境等时，幼儿常常会询问周围的长辈或教师"是什么""为什么"。由此可见，丰富的生活经验是满足幼儿发展需求的基本条件。生活化课程的构建，打破了传统教育模式的局限性，使教育活动与幼儿的实际生活息息相关，可有效满足幼儿的发展需求，让幼儿在课程中学会生活，并将所学知识运用到实际生活中，最终拉近幼儿与生活的距离，达到丰富幼儿生活经验的目的。

（二）整合学习内容，促进幼儿综合素养提升

在以往的幼儿教育工作中，存在着"知识本位"或"成人本位"的误区，教师常常忽略了幼儿个体的学习感受，以及幼儿的个体差异性，导致幼儿学习较为被动。生活化课程的构建，以实际生活为教育契机，让幼儿在与生活现象、生活材料的互动中，积累有益于身心发展的学习经验，可有效促进幼儿综合素养的提升。除此之外，生活化课程包含的社会实践项目，还可促进幼儿社交、合作等多项能力的提升。

（三）观念落地，助推课程的改革

随着我国教育事业的大力革新，全新的教育理念及教学政策被逐渐普及，学前教育工作要求教师将原有的"学科中心"调整为"幼儿中心"，以保证教育工作的针对性。《3—6岁儿童学习与发展指南》（以下简称《指南》）中指出："幼儿的学习是以直接经验为基础，在游戏和日常生活中进行的。"由此可见，生活化教育课程的实施，不仅满足了幼儿的发展需求，也落实了我国教育课程的改革，满足新时代背景下对幼儿教育提出的要求，能够真正地建立课程与生活之间的联系。

二、儿童视角下幼儿园生活化课程实施策略

幼儿园课程活动可分为"主题教育""区域活动""五大领域"三个方面，不同学习环节具有不同的教育功效，对幼儿身心发展起着积极的教育作用。

（一）融合主题教育活动，促进幼儿个体的发展

主题教育活动是幼儿园课程活动的重要组成部分，也是课程计划的基本实施载体，其通过对一个明确的学习主题进行拓展，让幼儿掌握多个领域的知识内容，最终实现幼儿个体的成长与发展。针对儿童视角下幼儿园生活化课程的实施，教师可立足于幼儿的生活兴趣，为幼儿创设生活化的主题活动，通过主题活动满足幼儿多项能力的发展需求，以达成理想的教育效果。

例如，在主题教育活动"我们的运动会"中，为丰富幼儿的活动经验，教师可以围绕当前的时事展开，通过家园共育、经验分享等多种形式丰富经验，并将其延伸至各个学习领域。教师可将主题教育活动与幼儿的身心发展巧妙地进行融合，从幼儿的实际情况出发，适当调整教育内容。例如，在观察到幼儿对"种植草莓"这一活动较为感兴趣后，教师可在语言教学中增添相关的知识技能的绘本图书；在区域活动中创设种植的实践内容；在社会实践中带领幼儿参观种植大棚、采访工作人员等，让教育活动满足幼儿的发展需求，真正发挥出主题教育的作用。

（二）结合区域活动教育，提高幼儿的学习兴趣

区域活动是幼儿园教育的重要组成部分，其以幼儿自主游戏为主，通过幼儿与游戏活动的互动，帮助幼儿了解丰富的区域活动知识，提高幼儿的学习兴趣。针对儿童视角下生活化课程的构建，教师可将生活元素融入幼儿的区域活动之中，在玩中促进幼儿能力的提升。在开展区域活动时，教师可根据幼儿的年龄特点为其设计不同的游戏项目。

例如，小班幼儿自我服务意识较差，无法独立完成基本生活活动，对此，教师可以为幼儿构建"娃娃家"区域，让幼儿在区域活动中尝试着照顾娃娃，并为幼儿创设不同的学习情境，让幼儿在情境中学习规则。如在"角色表演"区域中，教师可为幼儿创设"公交站排队""十字路口过马路"等社会中较为常见的生活情境，有效提高幼儿的学习兴趣，落实幼儿视角的教育理念，实现课程活动生活化。

(三)融入五大领域课程,助推幼儿全面性发展

《幼儿园教育指导纲要(试行)》中指出:"幼儿园的教育内容是全面的、启蒙性的,可以相对划分为健康、语言、社会、科学、艺术五个领域,也可多角度促进幼儿情感、态度、能力、知识、技能等方面的发展。五大领域课程活动具有系统化、有指向性的教育特点。在构建幼儿视角下的生活化课程时,教师可结合领域教学的特性,为幼儿创设不同的课程活动,使幼儿的身心得到全面发展。

1. 健康与生活,强化自理意识

健康领域教学可划分为"身心状况""动作发展""生活习惯和生活能力"三个方面,要求教师加强对幼儿成长过程的关注,帮助幼儿养成正确的运动习惯和良好的自理意识。在健康领域生活化课程的构建中,基于幼儿视角,教师可将教学中心放在"生活习惯和生活能力"这一部分,结合生活中的情境和事件,立足幼儿的发展阶段,通过课程活动增强幼儿认知,促进幼儿学习能力的提升。

针对小班幼儿,教师可关注其在生活中的表现,基于幼儿生活实际设计教学活动。小班幼儿年龄小且自理能力差,但动手意识发展较快,面对生活中的很多事物都具有较强的挑战欲望。例如,小班幼儿愿意尝试自己动手穿鞋子、穿袜子;帮助教师、家长、同学拿取东西等。基于幼儿这些行为,教师可结合健康领域课程特点,为小班幼儿创设生活化活动"我能行,我可以",将教学目标设为"掌握基础生活技巧,学会自己照顾自己,感受服务自己的乐趣"。在教学过程中,教师可结合生活事件,让幼儿尝试独立完成穿衣、整理图书和玩具等活动。通过具有实践性的课程,满足幼儿的发展需求,达成生活化课程的实施目的。

2. 语言与生活,发展表达能力

受年龄因素及个体发展水平的影响,在日常生活和学习活动中,幼儿具有较强的好奇心和语言探究欲望。面对未知的事件、奇妙的情境,幼儿通常会采取提问的方式,询问教师或家长"是什么""为什么""怎么做"。在幼儿视角下的幼儿园生活化课程构建中,满足幼儿的发展需求及好奇心,发展幼儿语言表达能力,实现领域教学目的与生活化课程目标的同步达成。

针对中班幼儿生活化语言活动的创设,教师可选取幼儿感兴趣的生活元素,构建具有指向性的教育课程。例如,在每周一回园上课时,教师发现幼儿会主动与同伴或教师分享自己周末做的事情,并讲述自己的所见所闻。基于幼儿这一特点,教师可在每周一为幼儿创设生活化语言活动:"猜猜我做了什么?"让幼儿在课堂中自由发言,说说自己在周末做了哪些事情、遇到了什么人。在幼儿自主讲述的过程中,教师和其他幼儿要认真聆听,给予其积极的回应,并针对幼儿的表达提出问题,立足幼儿的兴趣构建语言活动,有效践行生活化课程的理念,为幼儿创造表达的机会。

"无为而治"在幼儿园常规培养中的重要意义

北京市通州区于家务回族乡中心幼儿园　聂海涛

一、幼儿园常规培养的重要意义

幼儿园常规培养是指对幼儿在园一日生活中规则、行为习惯和思想品德的培养教育过程,是贯穿在幼儿园的一日生活中的。按照幼儿在园的一日活动内容来划分,幼儿园的常规可以分为学习常规、游戏常规和生活常规三部分。

在学习常规中，注重强调幼儿在学习中行为习惯以及学习态度的养成。这些有时会体现在教育活动的目标中，因为好的学习习惯和学习态度不是一朝一夕可以养成的，所以，这方面的常规培养可以是贯穿在整个幼儿园三年的教育活动中，是连续的、不间断的。游戏是幼儿园的一种重要的活动形式，有区域游戏、体育游戏、同伴间的自主游戏等。在游戏初期，幼儿主要就是在探索、尝试游戏的玩法和规则，只有遵守相应的规则，才能保证游戏的质量。在幼儿园一日生活中，根据季节的变换和幼儿的年龄特点，有比较规律的作息时间和要求，也会在进餐、如厕、盥洗、午睡等环节有不同的常规要求。遵守这些常规，能够为幼儿养成良好的生活卫生习惯奠定基础，为日后生活、学习起到积极的促进作用。

二、"无为而治"——自主游戏的发展价值

（一）有助于提高幼儿主动性

自主性是游戏所具有的基本特征。幼儿发展主要取决于游戏主体的内在动机，而不是外在的强制性命令和要求。游戏是幼儿主导的游戏，是幼儿参与的游戏。在游戏的过程中，幼儿遵循自己的意愿参与其中。在游戏中，幼儿从思想到身心都处于一种高度放松的状态，因此游戏的发展过程已经成为他们的主动发展的过程。在游戏中，选择什么样的游戏素材，如何分配角色和任务，并参与什么样的游戏，这类问题对幼儿的主动发展提供指导。幼儿的主动性和意愿成为选择的首要核心，这是促进幼儿主动选择游戏内容和决定游戏之间关系的途径。因此，幼儿的主动测试、主动选择、主动判断等都可以在游戏中得到发展。

（二）有助于培养幼儿积极性

在游戏中，幼儿作为参与活动的主体，幼儿的参与直接关系到游戏的整体效果。创造游戏环境等多种因素可以刺激幼儿游戏的积极性。游戏是幼儿发展的重要方式之一，并且已成为幼儿积极发展的重要支撑。幼儿在游戏中，在开放的环境下与同伴交流，一方面反映了主动的发展现状，另一方面反映了积极的互动程度，幼儿也在互动游戏中成长。通过创造物质环境和交往环境，幼儿不仅能在游戏中满足自己的兴趣和需求，还能在环境的引导下积极参与游戏。游戏是一种积极的互动，是幼儿融入社会的体现，但从更深层次上来说，它也是幼儿成长的一个良好动力。在玩耍的过程中，幼儿通过游戏与伙伴互动，逐渐克服与外界接触的恐惧，积极参与团体活动，促进幼儿自身的积极发展。

（三）有助于激发幼儿创造性

创意是游戏的核心。游戏角色生成、游戏素材和场景的创作，以及游戏情节的创作都体现了游戏的本质。幼儿的创造性水平一方面制约着游戏的发展，另一方面，游戏也是幼儿创造性发展的动力，因此两者之间存在着双向互动。通过游戏，幼儿可以整合他们想要的东西，并想要创造出他们自己特有的思维方式。幼儿作为游戏的主要参与者，可以在游戏内容、游戏方式等方面进行自由的想象和支配，可以发挥想象力，对游戏进行创造性的体验。这种创造性的体验不仅保证了游戏的顺利发展，更重要的是它对幼儿的创造性发展具有重要的作用。

三、幼儿园常规培养与自主游戏的关系

（一）常规培养是自主游戏的重要前提

3—6岁的幼儿，自我保护意识和人际交往能力都还处在发展阶段，在一些特殊的、危险的情况下，他们还不足以保护自己。在幼儿园的自主游戏中，幼儿可以自主选择游戏内容、游戏材料、游戏伙伴以及游戏的方式。但在这些活动之前，幼儿首先要熟悉游戏的规则、材料的使用规则、同伴间交往的规则，以及一些安全方面的规则。只有在这一系列的

前提下，幼儿的自主游戏才能安全、顺利进行，他们才可以从游戏中获得更多经验并得到发展。

（二）自主游戏是在常规培养中发展幼儿主动性的有力保障

倘若过分地强调遵守规则，忽略幼儿的自主游戏，就容易出现教师的"高控"现象，幼儿就会一味地遵循老师的意愿进行游戏，会失去主动探索、主动学习的机会，会担心触碰到"规则高压线"。因此，在活动过程中，自主游戏能够很好地调控由常规培养所带给幼儿的束缚感，能够很好地保证幼儿主动性的发展。

（三）常规培养和自主游戏相辅相成，辩证统一

自主游戏是目前很多幼儿园开展各种活动的主要途径。因为自主游戏更符合幼儿的心理特点，也是幼儿喜欢的游戏方式之一。自主游戏崇尚自由，常规培养强调规则。表面上看起来，常规培养与自主游戏是对立的关系，但实质上二者是相互联系的。在自主游戏的过程中，良好的常规秩序是不可或缺的。良好的常规秩序能够保障活动顺利进行的同时，还能够保障幼儿的安全。在注重引导幼儿遵守规则的同时，也要给幼儿创造宽松的心理环境和物质环境，使幼儿自由地发挥主动性和积极性。常规培养和自主游戏既有相互不同的一面，也有相互联系的一面，二者是相辅相成、辩证统一的。只有在活动中将二者有机统一起来，才会真正使幼儿得到发展。

四、结合常规培养开展自主游戏的方法与策略

（一）游戏活动的安排要合适

合适的游戏环境能够为幼儿的自主性和创造性的发挥提供所需的条件，不论是物质方面还是精神方面，都能支持幼儿主动去游戏，让他们可以尽情发挥想象。首先，游戏的场地和玩具需要能够满足需求，游戏场所中的各种材料都可能会被幼儿用到，幼儿的创造力是无穷的。其次，就是对幼儿的创造力精神方面的支持，要学会包容和允许幼儿犯错，让他们能够在自由、放松的情况下游戏、学习，释放自己的想法才能无拘无束地创造，与此同时，不能忽略游戏常规的重要性。

（二）合理投放材料，满足幼儿需要

幼儿自主性的发挥离不开合理的材料投放。由于幼儿发展水平有一定的层次性，所以在投放材料时，一定要考虑材料的层次性。另外，还要根据幼儿的兴趣投放材料。当幼儿寻求新的物质动力时，及时提供物质帮助满足幼儿继续游戏的愿望。当幼儿有了一个新的游戏主题，适当地提供材料可以激发幼儿想要游戏的愿望，加强游戏主题的深入。当幼儿面对挫折和失败、学习技能和社会冲动等不同问题时，能与同伴互动是解决问题很重要的方式之一。因此，教师的教育目标可以渗透到环境的创造和材料的供给中，这样幼儿就能在环境和材料的互动中找到问题并尝试解决问题。

（三）创设活动环境，培养幼儿的自主性

教师应该给幼儿创设一个宽松、自由发展的心理环境。它应该是一个有序的、充满活力和愉快的环境，对幼儿来说是可以接受的，也是幼儿最喜欢的环境。幼儿不再是知识的被动接受者，教师不再是一个知识传递者，这是一种新型的伙伴关系，教师应努力创造以幼儿为主体的和谐的人际环境，和幼儿一起玩，一起笑，一起学习。只有这样，在其他环境中孩子们才会喜欢并主动适应，自由自在、大胆独立地活动。

创设新奇、动态的物质环境。因为只有新奇、动态的环境，才会让幼儿感兴趣。"兴趣是一个闸门，依靠它，可以打开注意力的水库，引导注意力流出来。"幼儿通过各种各样的感官参与其中，通过视觉、听觉、触觉等了解事物的特征，对任何动态的环境都很感兴趣，

但实际上他们是动态环境中最活跃的因素。练习是幼儿的一种本能，它能满足幼儿身体发育的需要，也是幼儿探索环境的主要手段。因此，教师应根据幼儿的特点不断创建、变化新的环境、教育内容，充分利用各种材料为幼儿提供游戏的机会，为幼儿提供足够多样的活动，让孩子们有更多的选择的机会，增加幼儿参与的积极性，培养幼儿的自主性。

五、结语

综上所述，幼儿的成长是人生的起步阶段，也是创新能力和自主性发展的关键时期。如何合理地将常规培养与自主游戏有机结合，还需要我们在实际的教育教学中去实践，去探索。学会放手让幼儿自主游戏也是我们当前幼儿教育的重要任务，这需要我们用科学、合理的教育方法，引导幼儿一步一步地发展、成长。

美术活动中幼儿想象力的引导策略

北京市通州区于家务回族乡中心幼儿园　张晶晶

一、相关概念

(一) 幼儿园美术活动的概念

《幼儿园教育指导纲要(试行)》指出："艺术教育的目标是幼儿能初步感受并喜爱环境、生活和艺术中的美，喜欢参加艺术活动，并能大胆地表现自己的情感和体验，能用自己喜欢的方式进行艺术表现活动。"而美术活动作为幼儿园艺术教育中重要组成部分，不仅对幼儿的艺术启蒙有着重要作用，同时对幼儿的人格形成和多方面能力发展起到决定性作用。

幼儿园美术活动是指通过绘画、手工、造型等形式，让幼儿进行艺术创作和表现的活动。幼儿园美术活动是幼儿的一种基本体验活动，旨在帮助幼儿认识和感知世界、发展艺术素养、培养审美情趣和想象力。幼儿园美术活动包括教育教学活动和区域自由创作，如集体美术教学活动、手工制作、绘画比赛等。

幼儿园美术活动的特点是多样化、趣味性、实践性和互动性。多样化的活动形式可以满足幼儿不同的需求和兴趣，激发学习热情。趣味性的活动形式可以吸引幼儿的注意力和参与度，让幼儿在愉悦的氛围中学习和创作。实践性的活动形式可以让幼儿亲身体验和实践，加深对艺术的认识和理解。互动性的活动形式可以促进幼儿之间的交流与合作，培养幼儿的社交能力和集体意识。

在幼儿园美术活动中，引导幼儿发挥想象力是非常重要的。通过美术活动，幼儿可以自由表达自己的感受和想象，激发他们的创造力和想象力，从而促进幼儿的全面发展。因此，幼儿园教师应该注重引导幼儿发挥想象力，在美术活动中采取合适的策略和方法，让幼儿充分发挥想象力，创造出优秀的艺术作品。

(二) 想象力的概念

想象力是人类思维中重要的一环，是指能够在头脑中创造、模拟和组合各种形象和概念的能力。它是人类创造性和创新性的源泉，是进行艺术创作、科学研究、工程设计等活动的基础。

在幼儿教育中，想象力的发展也是非常重要的。幼儿的想象力可以帮助他们认识世界、表达情感、解决问题，并且是创造性思维的基础。通过美术活动的引导，幼儿可以通过色彩、线条、形状等元素表达自己的想象力，并且可以从中获得愉悦和满足感。

在美术活动中，幼儿的想象力的发展可以通过提供启发性的问题和提示、提供创造性的材料和工具、鼓励自由创作等方式进行引导。通过这些方式，幼儿可以充分发挥自己的想象力和创造力，表达自己独特的感受和想法，进一步提高自己的美术表现能力。

二、美术活动对幼儿想象力的影响

美术活动是幼儿发展想象力和创造力的重要途径，对幼儿的想象力有着积极的影响。下面从认知发展、艺术表达和情感体验三个方面探讨美术活动对幼儿想象力的影响。

(一)认知发展方面

美术活动可以帮助幼儿对世界进行感知和认识。在美术活动中，幼儿通过观察和表达，发现并表现自己对周围事物的认识和感受。这种感受和认识的过程需要依靠幼儿的想象力。例如，在绘画活动中，幼儿需要想象和表达自己对事物的感受和印象，这可以促进幼儿的想象力发展。

(二)艺术表达方面

美术活动是幼儿进行艺术表达的重要途径。通过绘画、手工、造型等形式，幼儿可以表达自己的想法、感受和情感，进而创造出各种形态各异的艺术作品。在这个过程中，幼儿需要依靠自己的想象力和创造力。通过不断的艺术实践，幼儿的想象力和创造力得到了锻炼和提高。

(三)情感体验方面

美术活动可以帮助幼儿进行情感体验和情感表达。在美术活动中，幼儿可以通过画画、制作、模仿等形式，表达自己的情感和感受。例如，在绘画活动中，幼儿通过画出自己的心情来表达自己的情感体验。这种情感体验和表达需要依靠幼儿的想象力和创造力。

综上所述，美术活动对幼儿想象力的影响主要表现在认知发展、艺术表达和情感体验三个方面。通过美术活动，幼儿可以充分发挥自己的想象力和创造力，培养良好的审美情趣和创造能力，从而促进幼儿的全面发展。

三、美术活动中引导幼儿发挥想象力的策略

(一)提供多样化的艺术材料

美术活动中，提供多样化的艺术材料可以帮助幼儿发挥想象力。幼儿可以通过触摸、拼接、剪切等方式，将不同的材料组合在一起，创造出自己的艺术作品。例如，提供不同颜色、形状和大小的纸张、布料、贴纸、毛线、珠子等材料，可以让幼儿自由发挥想象力，创造出各种形态各异的作品。

(二)提供开放性的主题

在美术活动中，开放性的主题可以让幼儿自由表达自己的想法和感受。例如，让幼儿自由绘画，或者提供一些开放性的主题，如"我的家""我的梦想"等，让幼儿根据自己的想象和创意创作。

(三)鼓励幼儿自由表达和想象

在美术活动中，鼓励幼儿自由表达和想象可以帮助幼儿充分发挥自己的想象力。鼓励幼儿不用拘泥于现实，放开想象，创造出独特的艺术作品。同时，鼓励幼儿表达自己的感受和情感，通过艺术作品表现自己的内心世界。

例如，笔者之前开展过一次"梦幻彩虹"的美术活动，创设彩虹城堡情境，以彩虹公主导入活动，激发幼儿创作的兴趣，自制公主裙，引导幼儿结合自己对彩虹的认识经验，发挥自己的想象来创作这条裙子。活动过程中，幼儿参与度极高，每个人创作出来的公主裙都不一样，但都很漂亮，幼儿自由表达和想象，创作美、感受美、欣赏美。

（四）提供合适的创作环境和工具

在美术活动中，提供合适的创作环境和工具可以让幼儿更好地发挥想象力。例如，提供宽敞明亮的创作空间，让幼儿感到舒适和自在；提供多种颜色、形状和大小的画笔、颜料等工具，让幼儿能够更好地表达自己的想法和感受。

（五）提供充分的时间和空间

在美术活动中，提供充分的时间和空间可以让幼儿充分发挥想象力。如在教学活动中，给予幼儿充足的时间自由创作，让幼儿充分发挥想象力，创造出优秀的艺术作品。同时，可以通过区域游戏的时间进行创作；区域分享时通过作品展览等方式，提供展示幼儿作品的机会，让幼儿得到肯定和鼓励，进一步激发他们的想象力。

四、美术活动中引导幼儿发挥想象力的策略实施方法和效果评价

（一）实施方法

1. 创造性的材料和工具

为了激发幼儿的想象力，可以提供一些富有创造性的材料和工具，如彩色纸张、水彩颜料、彩布、沙子、泡沫等。这些材料可以激发幼儿的好奇心和创造力，鼓励他们进行探索和尝试。

2. 启发性的问题和提示

在美术活动中，可以给幼儿提供一些启发性的问题和提示，引导他们进行想象力的探索。例如，问幼儿："你想画一幅什么样的画？"或者提供一些主题和情境，如"画一幅森林里的动物""画一幅你最喜欢的季节"。

3. 鼓励幼儿进行自由创作

在美术活动中，应该鼓励幼儿进行自由创作，避免过于限制他们的创造性。幼儿应该有机会自由地表达自己的想法和感受，通过画画来探索和表达自己的想象力。

（二）效果评价

1. 观察幼儿的作品

观察幼儿的作品可以了解他们的想象力和表达能力。如果幼儿的作品能够展现出自己独特的想象力和创造性，表现出了与之前相比的进步，那么可以认为引导策略产生了积极的效果。

2. 了解幼儿关于作品的想法和感受

通过幼儿分享和评价作品，可以了解他们对自己作品的认识和评价。如果幼儿能够自信地表达自己对作品的想法和感受，并能够对自己的作品进行合理的评价和反思，那么可以认为引导策略取得了良好的效果。

3. 比较不同引导策略的效果

可以尝试采用不同的引导策略，比较它们的效果。例如，在美术活动中，对比在提供启发性和提示下的作品与自由创作的作品，以了解哪种策略更适合引导幼儿的想象力。

4. 观察幼儿在美术活动中的参与度

通过观察幼儿在美术活动中的参与度，可以了解他们对这些活动的兴趣和投入程度。如果幼儿表现出高度的参与度和表现力，那么可以认为引导策略产生了积极的效果。

五、结语

美术活动是幼儿发展想象力的重要途径，通过引导幼儿自由表达和想象，可以充分发挥幼儿的想象力和创造力，提高他们的审美水平和艺术修养。在美术活动中，提供多样化的艺术材料和工具、设置开放性的主题、鼓励幼儿自由表达和想象、提供合适的创作环境

和工具、提供充分的时间和空间等策略可以有效地引导幼儿发挥想象力。因此，在幼儿美术教育中，应该重视引导幼儿发挥想象力的策略，促进幼儿艺术素养的全面发展。

以"学习准备"为例探究科学幼小衔接路径

山西省太原市尖草坪区机关幼儿园　郭　婷

为全面推进幼儿园和小学实施入学准备和入学适应教育，减缓衔接坡度，帮助儿童顺利实现从幼儿园到小学的过渡。2021年3月，教育部印发了《关于大力推进幼儿园与小学科学衔接的指导意见》（以下简称《指导意见》）。《指导意见》针对长期以来存在的幼儿园和小学教育分离、衔接意识薄弱、过度重视知识准备等问题，提出了一系列有针对性的重要举措。其中附件《幼儿园入学准备教育指导要点》和《小学入学适应教育指导要点》分别对幼儿园的入学准备教育和小学的入学适应教育提出了具体、可操作的指导。

为了科学做好幼小衔接，现以《幼儿园入学准备教育指导要点》（以下简称《指导要点》）之学习准备为例，谈谈我园从理论解读、双向联动教研、案例故事撰写、生活教育等几方面探索科学幼小衔接的有效路径和方法。

一、深度链接《3—6岁儿童学习与发展指南》（以下简称《指南》），找准衔接方向

《指导要点》中的"学习准备"包括好奇好问、学习习惯、学习兴趣、学习能力4个发展目标以及"对身边的新事物感兴趣，有好奇心和探究欲"等16个具体表现，并提出了保护幼儿的好奇心和主动性等11条主要教育建议。

《指南》作为幼儿学习与发展共同的目标导向，其包括健康、语言、社会、科学、艺术五大领域。选取"学习准备"发展目标中与《指南》有较直接关联的领域进行解读。

举例：

《指导要点》中学习准备发展目标一：好奇好问（科学领域）

具体表现：

1. 对身边的新事物感兴趣，有好奇心和探究欲。

2. 喜欢刨根问底，乐于动手动脑。

幼儿的学习就是幼儿通过自己特有的方式与周围环境互动的过程，是幼儿主动探索周围的社会环境、自然环境和物质世界的过程。围绕具体表现，通过链接《指南》，可以看到《指南》科学领域中子领域"科学探究"下的目标一是亲近自然，喜欢探究。

在这里有三个关键词：好奇、好问、好探究。

幼儿的好奇主要表现在喜欢接触大自然和新鲜事物，喜欢到户外游戏，到大自然中去，并常常为周围的事物所吸引，驻足观看。好奇是幼儿阶段的年龄特点，好奇心是幼儿探究的动机基础和内在的动力。正是由于强烈的好奇心，使幼儿保持探究的热情和积极性。

好问主要表现在幼儿真正的探究始于对问题答案的追求。幼儿的探究实际上是通过直接感知，对感兴趣的问题进行亲身体验和实际操作，寻求答案的过程。

好探究主要表现在动手探究是幼儿满足好奇心、找到问题答案的必由之路。

成人要善于发现和保护幼儿的好奇心，充分利用自然和实际生活机会，引导幼儿通过观察、比较、操作、实验等方法，学习发现问题、分析问题、解决问题。

采用链接的方法解读，促进教师举一反三，深度学习各准备中的具体表现，结合幼儿发展目标，有的放矢，科学做好幼小衔接。

二、开展联动教研，共话衔接路径

虞永平教授曾说过："从幼儿园到小学，不是翻山越岭，不是跳跃大沟深壑，也不是进入天壤之别的生活，而是童年生活的一种自然延伸和过渡。"2021年，我园与实验小学成为太原市及尖草坪区幼小衔接试点园（校），并结成联盟，幼小双向联动，教研先试先行。一次次教研经历了从未知到探索，从迷惑到明晰，从肩并肩到齐携手，双向奔赴，我们在一起行动。

开展联动教研初期，我园与实验小学交流《教育部关于大力推进幼儿园与小学科学衔接的指导意见》及附件，对文件精神达成共识；带着"儿童初上小学能否顺利适应小学生活？表现如何？一年级小学老师对学生的教学和生活关注比重怎样？教材教学进度是怎样的？"等一系列的问题，向小学一年级教师深入了解初入一年级的小学生的具体表现和存在的问题，并对照《指导要点》中身心准备、生活准备、社会准备、学习准备的具体表现进行分析，逐渐寻找到幼小衔接所聚焦的问题。在开展联动教研中，一同学习南京师范大学虞永平教授就幼小衔接方面在线答疑视频，通过专业指引，联结理念，聚焦学习准备，循序渐进开展双向联动教研。

第一次教研中，围绕学习准备的4个发展目标：好奇好问、学习习惯、学习兴趣、学习能力中的"学习习惯"进行研讨。研讨中，小学教师代表根据一年级小学生入学初期的具体表现及出现的问题与大家进行交流。其中，儿童出现上课做小动作、开小差，书香阅读活动不能坚持完成等问题。可见，儿童入学初期面临新的学习任务，只有养成良好的学习习惯才能保障儿童自主学习。透过现象看本质，面对儿童不能专注地做事，幼儿教师和小学教师分别从培养的策略进行研讨。幼儿教师采用游戏的方式（比如：传话游戏、棋类游戏、拼图游戏、图书漂流、制订区域活动计划等）来助力幼儿"专注力、坚持性、计划性等学习习惯的养成"；小学教师采用制定任务清单指导和督促儿童按时完成任务，用家校共育的方式，观察儿童完成任务的情况。幼小双向交流研讨中寻找到衔接契合点，从而达成共识：通过情境性、趣味性、游戏性的活动来培养儿童的专注力、坚持性、计划性等学习习惯。

经过前期的教研与教学实践，围绕"学习准备（学习适应）之学习习惯培养策略"组织开展第二次双向教研活动，结合实践中发现的问题再聚焦、再细化，将"如何培养儿童专注力"确定为本次研讨点。活动采用了云端教研的方式。研讨中，我园刘老师用视频方式分享案例《培养幼儿专注做事》；实验小学唐老师用录音方式分享案例《如何培养孩子的专注力》。随后幼小教师围绕"什么是专注力""培养专注力的重要性是什么""专注力应该怎样培养"这三个问题，结合自己的经验，针对案例开展交流和研讨。

随着衔接问题的聚焦，经历多次的双向教研，幼小交流经验逐渐增加，交流互动中打开研讨思路，各抒己见，寻找解决问题的办法。双方教师能够捕捉实际工作中的儿童专注力表现进行描述，由此延伸发现学习习惯的幼小衔接点，从而能够有效梳理衔接路径。

三、撰写案例故事，厘清主题脉络

案例撰写初期，我园教师在各领域教研组内交流各自的困惑与需求。同时围绕话题"学习准备，我们准备好了吗？"展开研讨活动，项目组专家团队给予专业的解答。随后教师聚焦《指导要点》中"学习准备"的16个表现，结合所带年龄段幼儿的实际生活，捕捉幼儿游戏生长点，挖掘典型内容，通过向外探寻、向内思考，实现过程中习得、实践中成长。一个个鲜活生动的案例"军事基地搭建记""恐龙的秘密""蜗牛奇遇记""小小设计师"在打磨、推敲、复盘、重构的过程中逐个诞生，逐渐树立课程观、教育观、儿童观，拓展幼小衔接主题活动脉络。

四、捕捉教育契机，生活处处皆准备

第一，围绕《指导要点》"学习准备"中"好奇好问"的具体表现"对身边的新事物感兴趣，有好奇心和探究欲"，以小班主题活动"昆虫记"为例。

春天到了，万物复苏，小虫子也活动起来了，它的出现总会引起孩子们的围观和尖叫。第一次孩子们在床边的地板上发现了一只西瓜虫，很快孩子们都被吸引过去，一边围观一边讨论，胆大的小朋友还尝试触碰虫子。老师告诉孩子们："这是西瓜虫，它还有一个名字叫潮湿虫，因为它喜欢潮湿的地方，这里靠近洗手间，所以我们能见到它。"当幼儿对大自然中的昆虫有浓厚的兴趣时，随机生成并开展了"昆虫记"的主题活动，进行了科学活动"可爱的虫子"，让幼儿熟悉身边常见的昆虫，找到它们并记录下来。艺术活动"美丽的蝴蝶"中，孩子们仔细观察许多蝴蝶的照片、标本之后，结合自己的想法给蝴蝶画出美丽的翅膀，给"蝴蝶小姐妹们"开了一场选美比赛。美工区投放了制作七星瓢虫的手工材料，让幼儿自主进行七星瓢虫的手工制作，丰富了科学区的昆虫图片，将昆虫按照不同的方法进行分类，了解昆虫的形态。一些孩子还会自己在家找一些相关绘本、挂图，带来给其他小朋友看。常常会在这里讨论昆虫的相关问题。活动中，教师呵护幼儿的好奇心，尊重幼儿好问的天性，支持了幼儿持续的探究行为。

第二，围绕《指导要点》"学习准备"中"学习习惯"的具体表现"做事有一定的计划性"，组织"五一劳动节"亲子主题活动。

亲子主题活动时，其中"小鬼当家——实践篇"中，大班幼儿开展了"劳动最光荣"的实践活动。

（1）开展"爸爸妈妈真辛苦"调查活动。组织幼儿调查爸爸妈妈每天在家所做的事情，让幼儿体会父母的辛苦，激发幼儿为父母分担家务劳动的热情。

（2）与家长共同商量制订家务劳动计划，用表格的方式制作劳动计划表。

（3）幼儿根据自己的家务劳动计划，每天在家做一些家务劳动，并把当天所做的家务在计划表内记录下来。

（4）师幼一起回顾劳动计划和完成情况，共同投票选出"家务劳动之星"。

（5）鼓励幼儿尝试有计划地安排自己的周末活动，活动持续延伸。

通过上述活动，在培养幼儿有计划、能坚持做事的学习习惯的同时，实现家园共育。

总之，幼儿入学准备是贯穿于幼儿园三年保育教育全过程的，要将身心准备、生活准备、社会准备、学习准备有机融合和渗透，不能片面追求某一方面的准备，要在建立有效的家园校共育机制过程中，用科学的、符合幼儿学习特点的方式，不仅帮助幼儿做好入学准备，还要帮助幼儿做好终身学习的准备。

基于共情的一对一倾听

江苏省淮安市惠民幼儿园　孔祥艳

《幼儿园保育教育质量评估指南》师幼互动评估指标中指出：教师保持积极乐观的情绪状态，以亲切和蔼、支持性的态度和行为与幼儿互动；重视幼儿通过绘画、讲述等方式对自己经历的游戏、阅读图画书、观察活动进行表达表征，教师能一对一倾听并真实记录幼儿的想法和体验。基于这样的要求，我们也意识到倾听幼儿，与幼儿积极互动的重要性。

幼儿时期是一个重要的成长阶段，他们需要稳定的情感支持和关怀，以促进身心健康的发展。

共情是指一种能力和行为，通过该能力和行为，一个人能够理解他人并与他人的情感状态产生共鸣。在师幼互动中，共情倾听是一种关键的技巧和能力，它能够建立信任、理解和真正关心幼儿的需求。通过实践工作，我们真切感受共情与倾听的密不可分的关系，也在一对一倾听的基础上总结出如何在共情基础上做好一对一倾听的经验方法。

一、建立共情倾听关系

（一）倾听和尊重

教师应该用心倾听幼儿的言语和非言语表达，并表现出对幼儿的尊重。通过认真倾听幼儿的表达，让幼儿产生被关注和被重视的感觉。

（二）探索个人兴趣

了解每个幼儿的个人兴趣爱好，并与他们分享这些兴趣。教师可以主动询问幼儿的喜好，参与他们的游戏和活动，这样的互动能够增进教师与幼儿之间的情感连接。在平时的活动中，我们通过家园互动，与家长沟通交流，直接了解幼儿的兴趣爱好。在园期间我们也会通过各种区域活动观察捕捉幼儿的活动表现，发现幼儿的活动兴趣点并及时记录，对幼儿进行更加全面的了解。

（三）关心家庭背景

了解每个幼儿的家庭背景和生活情况是建立亲密关系的重要一环。教师可以与家长互动，并了解他们对孩子的期望和需求。通过了解幼儿的家庭环境，教师能够更好地理解幼儿的行为和情绪。这点对于有个性化需求的幼儿特别适用，尤其是父母关系不和谐的幼儿，他们在园的情绪行为表现都比较特殊，更需要教师给予更多的共情倾听，给予幼儿温暖的爱。

（四）营造温暖环境

创造一个温暖、支持和安全的环境，让幼儿感到被接纳和关心。教师通过创设倾听角，让幼儿在放松愉悦的环境中更愿意表达。

二、掌握共情倾听技巧

（一）给予关注

在与幼儿交流时，教师需要全神贯注地关注他们，表现出对他们的兴趣和重视。通过眼神接触、身体姿势和面部表情，传达出对幼儿的关注和关切。我们通过创设温馨的倾听区域，给予幼儿放松的心理环境支持，同时在倾听幼儿的过程中，我们始终与幼儿平起平坐，用微笑、弯腰倾听、点头回应、眼神交流等方式与幼儿互动，久而久之，幼儿在倾听中更愿意表达，与教师的关系更加亲近。

（二）使用肯定性的回应

当幼儿表达自己的想法、感受或问题时，教师应该给予积极的回应和肯定，使用肯定性的语言，如"谢谢你分享你的想法"或"很棒，你做得很好！"这样的回应能够鼓励幼儿继续表达自己。同时，教师也要了解幼儿分享的内容，给予更加具体的回应。

（三）提出开放性问题

通过提出开放性问题，教师可以鼓励幼儿更多地表达自己的思想和感受。开放性问题要求幼儿进行更详细的回答，而不仅仅是简单的"是"或"不是"。例如，教师可以说："告诉我更多关于你今天玩的那个游戏的细节。"

(四)使用确认性语言

使用确认性语言表明教师正在理解和倾听幼儿的话语。例如,当幼儿分享自己的活动过程时,教师可以用话语来确认理解,可以说:"我明白,你今天在骑行区当小交警非常开心。"

(五)避免打断

给幼儿足够的时间表达自己的想法和感受,避免在他们说话时打断。即使教师已经理解了幼儿要表达的内容,也要等待他们说完,以表示对他们的尊重和耐心。这点在我们一对一倾听开展过程中是最普遍的现象,尤其是刚开始实施一对一倾听,幼儿不善于表达,教师要能够耐住性子,给予幼儿充分的时间去分享表达。

三、反思共情倾听行为

(一)观察自己的情绪反应

在与幼儿交流和互动时,教师应该注意观察自己的情绪反应,意识到自己的情绪状态,如是否感到焦虑、兴奋或不耐烦,以便更好地管理情绪,更好地倾听和回应幼儿的需求。

(二)反思言语和行为

教师可以回顾自己的言语和行为,思考是否有可能影响到幼儿的表达和情绪。通过自我反思,教师可以更好地意识到自己在交流中的态度、语气和表达方式,从而做出必要的调整和改进。

(三)放下个人偏见和刻板印象

教师应该检视自己对幼儿的偏见和刻板印象,意识到自己可能对某些幼儿有特定的期待、评判或偏见。消除这些偏见,以更客观和公正的方式倾听和理解幼儿的需求。

共情,让一对一倾听更有温度。共情倾听是师幼建立深层关系的关键,在共情中走进幼儿的内心世界,在倾听中理解幼儿的行为表现,让师幼关系真正平等和谐。共情,让一对一倾听更有力度。共情倾听是师幼有效沟通的关键,在共情中感知幼儿的游戏体验,在倾听中支持幼儿的学习方式,让师幼互动真正科学有效。基于共情的一对一倾听,让我们的保教质量得到质的提升。

幼儿园中班生活活动中的劳动教育

北京市房山区青龙湖镇坨里幼儿园　潘　畅

生活活动的各环节是培养幼儿生活自理能力的重要场所,也是幼儿劳动教育开展的重要途径之一。幼儿劳动教育的开展离不开生活活动各环节的支持。

本文主要对幼儿的劳动认知、劳动技能、劳动态度、劳动情感以及劳动习惯进行观察,发现幼儿在生活活动中存在的实际问题。分析存在问题的原因,然后从幼儿园教师和家庭两方面提出对策建议。为幼儿劳动教育的开展提供实践经验。

一、幼儿园中班生活活动中的劳动教育现状分析

(一)幼儿劳动认知方面

1. 幼儿不能认识到自己的事情自己做

主要表现为自我服务劳动方面,在午睡环节幼儿将自己脱下的衣服放置在床上,不会叠好;起床后不会叠自己的小被子;在入、离园环节自己脱下衣服不能自主叠放整齐。此外,教师在对幼儿进行专门教育时,幼儿出现注意力不集中、学习敷衍等行为现象。

2. 把劳动当成获得物质奖励的手段和方式

在观察中发现幼儿会参加劳动，是为了获得物质奖励，甚至希望老师将自己做劳动的行为告诉父母，从而获得父母的奖励。幼儿不是出于喜欢劳动而去劳动，而是把劳动当成获得物质奖励的手段和方式。

(二) 幼儿劳动技能方面

幼儿的自我服务劳动技能掌握不全面。在对幼儿自我服务劳动的观察中，中班幼儿没有掌握的劳动技能是不会叠衣服和不会叠被子。

(三) 幼儿劳动态度方面

幼儿劳动的态度决定着劳动的成效。有的幼儿劳动时态度马虎。例如，有的幼儿在洗手时不使用洗手液，也不会采用"七步洗手法"洗净手，只是简单地用水冲洗一下手，便跑出盥洗室，甚至上完厕所还需要老师提醒才记得洗手。

(四) 幼儿劳动情感方面

从对于幼儿劳动情感方面的实际观察来看，幼儿存在以下问题：幼儿不珍惜劳动成果和对成人劳动认识不足，不感恩劳动者。在认识成人劳动方面，幼儿忽视劳动者的劳动。其表现在幼儿对为他们服务的劳动者不知道感恩。感恩劳动者是劳动情感萌发的体现，比如对劳动者说感谢的话语："谢谢老师""老师您辛苦了""我来帮您"等；帮助劳动者做一些力所能及的事情。教师发现幼儿在生活活动的各环节中，很少有对劳动者表示感谢的。

(五) 幼儿劳动习惯方面

幼儿劳动时主动性、持续性不强，被动劳动现象明显。主要表现在幼儿劳动要老师提醒，或者半途而废。例如，如厕后不洗手，需要老师提醒幼儿；午睡环节教师提醒才能将鞋子摆放整齐；在为集体服务中，整理玩具、照顾自然角、收拾餐具、整理桌子、整理床铺等，都需要教师一一提醒。

二、幼儿园中班生活活动中劳动教育存在问题的原因分析

(一) 幼儿园教师对幼儿劳动教育的了解不够全面和深入

幼儿存在劳动问题的首要原因是幼儿园教师对劳动教育的了解不够全面和深入。幼儿园教师虽然对幼儿劳动教育的内涵、观念有一定的认识，但是对劳动教育的内容不够了解，认为劳动教育只是简单地以园地种植劳动为主要形式，忽略了自我服务劳动、为集体服务劳动以及手工劳动。在日常生活中，教师更加重视幼儿的安全教育和情感教育的培养，忽略了劳动教育对德智体美劳全面发展的意义。

(二) 幼儿园教师物质奖励使用不适宜

幼儿园教师使用物质奖励刺激幼儿参与劳动，其方法不适宜。例如，幼儿在擦完桌子以后，教师对其进行了当众表扬并给予了该幼儿最喜欢的奖励贴，并告诉该幼儿获得的奖励贴最多就能得到三个小爱心，周五离园后该幼儿也如愿得到三个小爱心。中班门前贴有奖励墙，幼儿互相比较谁的爱心多，谁就会换得的礼物多。因此，当幼儿因为劳动需要得到满足时，幼儿便会将劳动当成满足需要的途径，有奖励便会劳动，如果没有，便不会劳动。教师使用物质奖励刺激幼儿参与劳动，在一定程度上会促进幼儿参与劳动的频率，但是不适宜的物质奖励会使幼儿不能对劳动形成正确的认识，认为劳动是用来获取想要东西的条件，违背了劳动的真正价值意义。

(三) 幼儿园教师没有给予幼儿充分的劳动机会

幼儿在劳动技能方面存在问题的原因主要有两方面，一是幼儿本身自理能力较差。二是教师由于时间的限制和任务的复杂，在生活活动中很少让幼儿自主参与劳动实践。教师

为了在规定时间内完成任务，剥夺了幼儿的劳动机会，包办代替是幼儿没有掌握技能的主要原因。幼儿在劳动时不清楚劳动的先后顺序，其原因在于教师没有对幼儿进行经验传递，幼儿头脑中没有相应的劳动经验，导致劳动顺序混乱。因此，教师对幼儿进行经验传递，给予充分的劳动实践机会是解决问题的关键。

（四）劳动教育开展过程缺乏家园合作

幼儿不能认识到自己的事情自己做，需他人多次提醒，在劳动中主动性与持续性不强。其原因在于幼儿的劳动出现断层，教师在幼儿园进行劳动教育的实践后，没有将其延伸到家庭中去，使得幼儿园教育与家庭教育没有结合在一起。家庭是幼儿教育的重要一环，必须与幼儿园建立联系，保持教育的一致性。

三、对策与建议

（一）劳动教育的组织与实施要自然、自主

幼儿园在组织与实施劳动教育时，要注意各环节活动实施的完整性和流畅性，让幼儿自主选择劳动内容，给予幼儿充分的劳动时间。教师要灵活把握各环节的劳动时间以及空间，确保幼儿的劳动不被阻断。教师在劳动教育中，要改变原来的教师说、幼儿做的劳动方式，通过多样化的教学活动方式，让幼儿从被动变为主动，养成良好的劳动习惯，从而形成自发性的劳动行为。

（二）教师要充分学习幼儿劳动教育的相关理论知识

教师的教育理念影响着幼儿的发展。因此，要实施幼儿劳动教育，教师要具备劳动教育相关理论知识。教师要多途径、多形式进行理论知识的学习，加强劳动教育知识的学习和理解，将劳动教育纳入日常教育教学活动，促进幼儿全面发展。学习劳动教育的内容，将劳动教育内容具体划分，筛选出可作为园本特色的内容，制定目标体系和实践方案。

（三）丰富劳动教育的实施路径

1. 将劳动教育融入五大领域之中

劳动教育与健康领域融合，主要以幼儿掌握劳动技能和劳动素养为目的。《3—6岁儿童学习与发展指南》健康领域提出"手的动作灵活协调"发展目标，而幼儿手部动作的协调发展对幼儿适应社会生活具有重要意义。幼儿的动手能力是实现生活自理能力的基础，如穿衣、吃饭、如厕等。因此，教师在日常的教育活动以及体育活动中要注意发展幼儿的大肌肉、大动作以及精细动作等，增强幼儿的身体素质和劳动工具的使用力度。教师劳动教育融入到健康领域中，通过独立进餐、盥洗、穿脱衣袜、整理生活用品和学习玩具等内容掌握基本的技能和养成良好的生活习惯。劳动教育融入语言领域中，主要是通过相关劳动故事，让幼儿认识基本的劳动工具和劳动工具的用途。利用故事中的劳动人物以萌发幼儿爱劳动、认真劳动、乐意劳动的态度和情感。阅读经典的劳动模范人物、劳动知识的绘本，可培养幼儿尊重劳动、珍惜劳动成果以及热爱劳动人民的情感，通过日常的谈话活动，教师引导幼儿养成正确的劳动观念和劳动认知。社会领域中教师引导幼儿在日常活动中帮助教师以及同伴做一些力所能及的事情，并从事一些公益劳动，培养幼儿爱劳动和亲社会行为。在科学领域中教师要帮助幼儿认识和了解基本的劳动知识和劳动过程，要延伸和拓展幼儿的劳动经验。艺术领域引导幼儿学唱劳动歌曲，进行劳动主体绘画和劳动手工创作。劳动教育与五大领域的融合将幼儿园的生活性劳动、服务性劳动以及手工劳动结合起来，使劳动教育的内容更加丰富。

2. 劳动教育环境创设的科学化

良好的劳动教育环境是实施劳动教育的重要条件。一是要完善幼儿园场地等设施条件，充分利用幼儿园的已有空间和可开发空间，投放适宜性的劳动教育材料，让劳动在教师创设的环境中成为幼儿健康发展的主要途径。二是要注意幼儿劳动教育的时间，保证时间的完整和充足，幼儿劳动素养的培养是长期性、持续性的。三是劳动指令童趣化，在幼儿的劳动教育中，提醒幼儿该做某一劳动时，教师不可直接提醒幼儿该做什么，要培养幼儿主动劳动的习惯。幼儿教师要使用符合幼儿年龄特点的通俗易懂的指令，使幼儿能够在童趣化的指令中养成劳动习惯。例如，采用音乐指令对幼儿进行提示，幼儿听到音乐便知道该做什么，长此以往，劳动习惯会逐渐养成。

3. 加强家园联系，形成教育合力

家园教育上保持一致性。首先，教师要利用各种沟通方式增强家长意识，促使家长积极参与幼儿园劳动教育。其次，针对幼儿家长和幼儿教师在劳动教育过程中遇到的困难和疑惑，幼儿园定期开展讨论，对家长在教育幼儿过程中遇到的问题给予更加专业的回复。幼儿园定期开展家长工作，使家长充分了解幼儿劳动教育的内容、要求和方法，了解幼儿园劳动教育的实施情况，积极引导家长与幼儿园教师就幼儿的劳动情况进行交流与沟通。

四、结语

劳动教育不仅是促进幼儿全面发展的重要手段，而且能够涵养幼儿的精神世界，指导教育实践活动，具有很高的现实意义。在生活活动中开展劳动教育活动，可以将生活活动的教育系统化、规范化。因此，在生活活动中实施劳动教育是有必要的。

浅谈幼儿园小班进餐环节的组织与实施

四川省成都市武侯区幼狮幼儿园　彭思佳

从目前幼儿园实际进餐环节的组织与实施来看，幼儿园进餐环节组织与实施存在一定的问题，这些问题不利于幼儿的发展。所以，我们围绕幼儿园进餐环节的组织与实施进行探讨，有助于解决相关问题，为幼儿的发展奠定基础。

一、幼儿园进餐环节有效组织与实施的价值

（一）有利于幼儿的身体健康

随着社会经济的发展，人类对健康的定义在不断拓展，健康观念也在不断完善。过去多数人关注身体健康，属于一维健康观；后续人类开始关注身心，认为身心健康才是健康，进入二维健康观；再到如今的三维健康观，关注身体、心理、社会适应。但无论如何变化，身体健康一直很重要。幼儿时期，生长发育处在最旺盛的阶段，把握时机，有助于个体生命质量的提升。同时，就现代医学可知，多数疾病都在幼儿时期埋下隐患，例如肥胖症、糖尿病等。《中国儿童发展纲要（2021—2030）》认为5岁以下儿童健康的前提，必须满足两个条件，儿童贫血率低于10%，生长迟缓率低于5%。同时调查出幼儿之所以会出现各种疾病，主要原因还是饮食。他们的不良习惯，如挑食、偏食等，都影响着营养的摄取。由此，为保持身体健康，就必须关注进餐环节，通过有效的组织与实施，为幼儿提供合理的饮食，培养相应的习惯，从而利用良好进餐环节促进幼儿的身体健康。

（二）有利于幼儿的全面发展

从目前幼儿园教育实际情况来看，幼儿园必须将保育和教育融合起来，树立幼儿全面发展的观念。从当前学前教育改革的重头戏来看，幼儿的一日生活要做到合理，既要组织好进餐环节，又要组织好其他环节，在保证幼儿合理膳食的基础上，还要拥有良好的睡眠，培养良好的行为习惯。另外，幼儿园教育的重点在于培养习惯，良好进餐活动也需要与习惯连接到一起，不管是饭前还是饭后的哪种小事，都要引导幼儿进行锻炼，促使习惯养成。《3—6岁儿童学习与发展指南》也指出对幼儿来说，身体健康需要身体发育、心情愉悦等各种前提条件。而优良的进餐环节，是幼儿能够摄入营养，保证身体健康的活动，也是幼儿服务意识、能力培养的过程，促使幼儿从各种角度实现进步。

二、幼儿园进餐环节组织与实施存在的问题

（一）忽略幼儿的主体性

教师过度强调进餐纪律——在幼儿园的进餐环节里，教师与幼儿的关系，应该是幼儿为主体，教师为客体。但实际的进餐主体幼儿，却是被动者，教师变成主导者，他们为了完成进餐任务，把重点放在幼儿的进餐速度等无关于身体健康或行为习惯培养的内容，这些内容反而让幼儿出现压力。不少教师会以谁吃得快、吃得好为奖励，去激励幼儿快点吃饭。这种语言的引导，对幼儿来说属于一种错误的引导。这是因为吃得太快，幼儿会消化不良，肠胃会受不了；让幼儿成为工具，让他们为了获取奖励而吃饭，所谓的进餐变得机械化。教师组织的进餐环节，没能给幼儿带来进餐的享受，他们没有自主发展的机会。然而自主氛围就是教育契机，失去这种自主性，教师的观察能力、指导能力，幼儿解决问题的能力、自我表达能力等均得不到发展。基于此，教师应该关注幼儿的主体性，并且重视他们的诉求，让幼儿能够愉快进餐，从而培养行为习惯。

（二）忽略幼儿的情感需求

幼儿进餐环境对进餐心情也有影响。所以教师应当构建好进餐环节，并且重视幼儿进餐过程中的心情，了解幼儿在情感方面都提出了何种诉求，促使幼儿在精神上愉悦。然而实际的进餐环节，教师并没有构建这样的氛围，他们关注秩序，要求幼儿安静、有秩序地进行进餐环节，忽略幼儿的情感需求。

三、进餐环节存在的问题

（一）教师代劳情况严重

在小班的进餐环节中，自主取餐活动非常重要，因为这项活动激发幼儿自主性，调动幼儿的积极性，同时锻炼幼儿的能力。但是小班教师往往会代劳，帮助幼儿去取餐，尤其对待刚刚入园的幼儿，更加关注幼儿情绪稳定、环境熟悉等其他方面的内容，以保证幼儿常规生活活动的顺利进行。

（二）餐前餐后活动缺乏有效管理，忽略过渡环节的价值

组织进餐时，幼儿吃饭的速度并不一致，教师需要在进餐环节考虑多个内容，比如过渡环节组织情况，并安排合理的过渡环节。一般来说，教师组织的餐后环节同质化比较严重，多数教师为了方便，就组织自由阅读、游戏、集体讲故事、户外散步等方式，来等待还在吃饭的幼儿。通过这样的活动，来帮助幼儿实现同步性，一起进入下一个活动。虽然餐后活动较同质化，但是类型较丰富。可是大多数教师并不能有效组织餐后活动，更多的教师只能在过渡环节选择所谓的自由活动，缺少对幼儿餐后的管理。

四、幼儿园进餐环节有效组织与实施的策略

（一）发挥幼儿主体性，增加幼儿的做主机会

刚刚进入幼儿园的幼儿，他们在进餐环节时，本身就有取餐的困难，而且幼儿本来年龄就偏小，所以面对幼儿的问题，教师要摆正态度。所有的发展不能一蹴而就，要给幼儿发展的时间，给幼儿发展的机会，让幼儿大胆去实践。当幼儿勇敢进行实践以后，他们的能力能快速发展。例如自主取餐环节，教师不要因为占用时间太长，就不让幼儿去取餐，

而应该做好协调，告知幼儿园实际情况，调整进餐的时间规定，给幼儿充足的进餐时间，更好地完成进餐环节。习惯养成需要 21 天，幼儿如果每日重复相同的动作，他们早晚会使用取餐工具，教师需要渐渐减少自己的代办，不要让幼儿依赖教师，而要引导幼儿靠自己，发挥进餐环节的积极影响。在幼儿出现各种困难的时候，教师要耐心疏导，将幼儿当作主体，思考更多有益于进餐环节组织与实施的内容。

（二）关注幼儿情感需求，为幼儿打造良好的进餐环境

对于幼儿来说，他们的生活需要好心情作为调剂品，一个愉悦的环境就可以让幼儿开心，但教师却重视进餐环节的秩序，要求幼儿必须干什么。为了保证幼儿的愉悦情感，就必须设置良好的进餐环节，可以先从餐具入手，换成幼儿喜欢的餐具，让幼儿用喜欢的餐具吃饭，带来视觉上、情感上的愉悦。同时，空出一点时间，让幼儿从家里带来自己喜欢的餐垫，并把它布置到自己的餐桌上，教师也给幼儿布置一些饰品，例如沙漏、音乐等，通过感官给幼儿带去愉悦感，促使幼儿在愉悦的氛围里进餐。

（三）优化幼儿园进餐管理制度

幼儿园依照标准构建流程，制定一日生活的时间标准，希望利用一日生活完成教育，从而在重复训练过程中，带动幼儿的发展，帮助幼儿从开始实践某个事情，实现养成某种习惯的目标。为了让小班幼儿能力有所发展，要优化幼儿的进餐管理制度，给小班幼儿更多的进餐时间。《幼儿园教育指导纲要（试行）》提出时间安排必须具备灵活性，才能满足幼儿的需要，带动幼儿的发展。在弹性时间的影响下，幼儿园应当给小班幼儿制定弹性时间，增加 5—10 分钟的时间，促使教师有效调整时间，做好组织与实施。

五、结语

幼儿园进餐环节的组织与实施，不仅可以为幼儿提供均衡的营养，补给一日生活中所需要的能量，也与幼儿的卫生、习惯、自我保护能力密切相关。本文为了解幼儿园进餐环节的组织与实施，以小班幼儿为主要研究对象，利用案例分析法和访谈法，分析出幼儿园进餐环节组织与实施的问题，并以此为基础提出如何组织与实施进餐环节，利用有效进餐环节促进幼儿的全面发展。

浅谈幼小衔接工作中存在的问题及改进策略

河北省沧州市东光县幼儿园　侯　莹

幼小教育衔接是指学前教育与小学教育平稳过渡。幼儿园与小学两个阶段的教育是一个整体，具有连续性，要求这两个阶段的教育相衔接。幼儿园阶段为准备阶段；儿童进入小学是一个重大转折阶段，是儿童对变化的环境调整适应的阶段。

一、幼小衔接问题的提出

（一）幼小衔接的含义

"幼小衔接"是教育系统重要的一环，是一项长期而复杂的工作，教师和家长应该努力配合，一起关注并完成这项工作，做到全员参与，整体布局，精心规划，按步骤实施。只有这样，才能开展好幼小衔接工作，取得显著的成效。所谓的"幼小衔接"，指升入小学前家长、教师和孩子所参与的活动，可看作为学龄前儿童适应幼儿园和小学学习环境所提供的帮助。

(二)幼儿身心发展水平存在较大差异

《3—6岁儿童学习与发展指南》指出，幼儿的发展表现出一定的阶段性特征。幼儿在每个不同的成长阶段都面临着不同的发展任务，并且学习活动会伴随幼儿的终身。幼儿的发展过程中都会存在一个关键期，每个幼儿在自己所处的关键期内都会得到迅速的发展，但每个人都存在发展时间和速度上的差异性，所以教师应留心观察，扬长避短。

二、幼小衔接包含的内容

(一)知识的衔接

1. 认读识字

识字常用的方法有两种：拼音识字和形意识字。拼音识字主要适用于学龄前儿童到小学阶段，孩子现在学会了拼音，也就掌握了以后的文字认知方法。目前，很多孩子都能熟练掌握拼音的认、拼读、写等基础环节，而在最后的"拼认"环节上出现了问题：当汉字和拼音在一起时会拼读，但当拼音和汉字分开后就不认得了。

2. 写字

目前很多教育机构大多采用"生产线"的方式教授孩子写字，结果是每个孩子写的字都如出一辙。从另一个方面来讲，写字是一种重要的表达方式。而目前学写字的方式多是临摹文字，不能帮助孩子做到表达的目的。教孩子写字，不仅要教孩子正确的书写姿势，更要引导孩子书写出自己的个性。重要的是通过书写培养孩子表达的欲望。

(二)表达能力的衔接

表达是很重要的一个环节，很多学前机构利用这样的环节，在教授表达时多使用"记忆式"表达，而没有真正教会孩子正确的表达方式。从会听开始，到会说、敢说，再到怎样说、说什么，应完全适应孩子的思维，让孩子能够在短时间内掌握表达的方式，完成自己思考的表达方式。

(三)行为习惯的衔接

独特的行为习惯养成课堂，可以培养孩子独立性、适应性、时间观念、责任感等良好品质，让孩子更好地适应小学学习和生活。幼儿在入学前缺乏时间概念和规则意识。幼儿园阶段要把培养幼儿的规则意识和任务意识贯穿在幼儿一日生活之中，对日常生活中的每件小事都要严格要求，形成良好的生活和学习习惯。

三、目前幼小衔接存在的问题

(一)幼儿园与小学对衔接不重视，缺乏沟通

幼儿园与小学各自的角度和目标不同，缺乏衔接。大部分的幼儿园教师不知道幼儿升入小学需要达到什么样的能力和水平，单纯在幼儿园里教授小学的知识。一些学前班不教适合刚入学的孩子学的知识，不教孩子能够接受的知识，只教拼音、识字及50以内的口算练习，这样就会造成孩子过分自信，不重视小学生活。针对不同阶段的孩子所用的方法也应有所不同，刚步入小学，孩子的心理认知不被一些教师理解，一些教师未使用学生能接纳的教学方式，只让学生不停地抄写，从而使学生内心压抑，害怕学习，害怕出错。

(二)错误理解幼小衔接

1. 过分拔高对孩子来说并不是好事

望子成龙是每个家长的愿望。有些家长在孩子刚刚学说话的时候就强迫孩子学写汉字；很多家长把文化知识提前到幼儿时期学，认为这样做孩子上学后就会很轻松，结果等孩子真正上小学以后，他们认为"这些我都知道""这些我都会"，从而对学习失去了兴趣，注意力难以集中，这种过于求成的心理，反而会降低孩子的求知欲。

2. 优质的心理品质的训练对孩子很重要,但是不正确的思想却有碍于孩子优质心理品质的良好发展

在日常生活中时不时会听到家长吓唬孩子:"以后玩的时间就少了""老师很厉害。"一些孩子亲眼看到亲戚家的哥哥姐姐因考试没考好而被大人训斥责备,孩子从心理上会觉得很害怕,怕自己学习不好会被爸爸妈妈训斥,从而不愿意学。建议家长和老师在平时生活中不要吓唬孩子,要多给孩子做正面的引导,多说上学的优点。

四、学前教育中幼小衔接的改进策略

(一)提高幼儿能力并切实做到幼小衔接

1. 调整作息时间

幼儿园大班一节课的时间最多30分钟,课程中老师要严格按照游戏为主、教学为辅的原则,让幼儿在玩中学、学中玩,轻轻松松就把知识学到了。而小学一节课的时间设置在40分钟,课后只有上卫生间、喝水的时间,与入学前比较基本没有游戏时间,还要遵守课堂纪律,许多孩子因为时间问题从期待小学生活变成恐惧小学生活,心里开始有抵触。为了缓解这种情况,一些园所在课程上延长了时间,大班下学期一节课延长至35分钟,让孩子做好心理准备。这种安排非常有效,孩子会逐渐适应并且会期待踏入小学。

2. 重点培养常规和学习习惯

重点培养孩子的学习习惯,正确的坐姿、写姿是孩子良好学习习惯的基础,幼儿园里如果不能培养孩子这些好的学习习惯,等孩子大了就不好纠正了。在大班下半学期,教师可以在坐姿、写姿、握笔方面对幼儿进行专业的训练和指导,练习写简单的阿拉伯数字等,速度不重要,只要求占格规范。平时的学习中老师可以发小印章或者小奖状这些具有荣誉感的奖品,激发孩子努力学习的欲望;也可以组织孩子参观小学,学习小学生的正确坐姿等。

3. 重点培养生活能力

在幼儿园一般都是大人帮助孩子收拾上幼儿园要带的物品,如书本、衣服等。大班幼儿家长应该放手让孩子自己收拾,让其学会自己收拾物品、整理书包,按时上学不迟到,按时入睡。在幼儿各种生活能力培养方面以及与其他小朋友交往等方面打好基础,减少初上小学时爱丢东西的现象,学会自我管理,入学后能有条不紊地生活。

4. 提高语言表达能力

语言能力是孩子进入小学的基础。幼儿园小班开始,就要极其重视提高孩子的表达能力。在主题教学中,我特别注重阅读课,每次给孩子们分享一个小故事都会让孩子们复述出来,并且说出自己不理解的词语。孩子们都特别感兴趣,一个个争先恐后地参与。再通过课前自我介绍,天气介绍,周末趣事分享,给孩子提供锻炼表达能力的机会。

(二)转变家长教育理念,推进幼小衔接工作顺利开展

幼小衔接教育工作应该是各个主体共同参与合作的一个长期过程,基于家庭对儿童教育的重要作用,家长的教育理念也是幼小衔接教育工作成功的关键要素之一。家长可以从以下几个方面着手。首先,家长应积极参加学校或社会上的亲子教育,购买育儿方面的书籍,了解儿童成长发展的心理规律;还可以通过学校印发的宣传手册、家长会、家访等方式,来了解学校文化,并和教师探讨在儿童成长过程中遇到的困惑,学习正确的教养观念。其次,家长应主动和教师联系,接受教师的客观评价和积极建议。

(三)幼小衔接中小学与幼儿园需要做的工作

1. 搭建桥梁,主动沟通

小学教师和幼儿园教师应该明确自己在幼小衔接过程中起着重要的作用。小学方面可

以采取以下措施：首先，要主动迈进幼儿园，去了解幼儿园开展的活动类型，儿童的学习和作息时间，并积极关注这一阶段儿童生理及心理面临的发展规律和变化。其次，与幼儿园教师保持密切的联系，可以通过 QQ 和微信等即时通信工具来保持联系，以便对儿童入学后出现的一些不适应做出及时的调整，使之与幼儿园的教育有相一致的连贯性，引导儿童逐步适应小学的学习和生活。

2. 帮助家长更新教育观念，以形成家长和社会对幼儿教育的共识

幼小衔接工作中，家长的角色起着决定和影响的作用。无论是幼儿的生活起居习惯，还是社会性行为习惯，都直接受父母为人处世的影响。一方面，园所通过召开家长座谈会、邀请家长参加活动等方式，把最新的理念传授给家长，让他们改变保守的思想观念，学习幼儿发展观；另一方面，幼儿教师还应该对幼儿家长展开问卷调查，了解家长对班级工作的态度，了解幼儿的发展与进步，及时调整教育措施。

幼儿园生成活动探究下主题活动的建构与实施

中国人民解放军国防大学幼儿园（红山园）　周黎阳

一、活动由来

《3—6 岁儿童学习与发展指南》中指出：帮助幼儿养成良好的生活与卫生习惯，提高自我保护能力，形成使其终身受益的生活能力和文明生活方式。遵循"尊重儿童视觉角""贴近幼儿生活""呵护幼儿心灵""避免知识灌输"的原则，关注幼儿情绪状态和心理感受，运用多种形式进行表达，了解幼儿的想法和需求，帮助幼儿养成良好的卫生习惯，学会感恩、关心爱护身边的人，遵循幼儿的年龄特点和学习方式，以幼儿为本，有针对性地开展综合主题活动。

二、活动的预设与生成

（一）预设活动

预设活动的方案只是写了众多可能性的一种。方案设计一般比较严密，教学过程、教学步骤或环节，方案中都有比较详细的描述。教师将视角从书本教材转向生活教材时，由幼儿身边的事物现象生成主题活动，会发现幼儿的生活有趣而丰富，他们对身边的事物有无尽的兴趣和话题，有提不完的问题，也有各种朦朦胧胧的感悟。收集整理幼儿的已有经验认识和探究的欲望，初步预设出主题活动的基本框架，形成主题活动推进的初步路线。

（二）生成活动

生成活动认为教育就是要为幼儿带来更多的可能性去创新和发现，教育在于给幼儿创设学习的情境，帮助幼儿在与情境中的人、事、物相互作用的过程中主动建构知识。活动的生成是在幼儿兴趣的基础上进行探究，在幼儿教育中要能够关注幼儿和他人、环境之间的互动，在互动中进行意见表达、情感交流等，这些都可以成为主题活动进行生成的资源。《幼儿园教育指导纲要（试行）》指出教师要"关注幼儿在活动中的表现和反应，敏感地觉察他们的需要并及时地以适当的形式应答"。为了更好地利用这些资源，要能够更好地抓住幼儿的兴趣，并进行仔细观察，选择适宜幼儿发展需要、有利于幼儿掌握的知识内容。

（三）两者的转换

冯晓霞教授在《生成课程与预设课程》中指出：预设活动只是初步的设计思路和基本框架构造。而生成课程是一种动态的形成过程，是在师幼互动中发生的，这种课程没有固定

的教学模式，没有预设的教学目标，没有规定的教学时间，但它又不是一种随意的、自发的课程。生成课程是在有效的师幼互动、情境互动过程中自发生成的、幼儿主动探索的、教师引导并选择的有价值的学习课程，其内在动力为幼儿兴趣，外在条件为教师辅助。生成课程用一种开放的态度来对待课程与教学，更重视儿童的发散思维；预设课程对待课程与教学的态度相对来说比较封闭，重视的是儿童的集中思维。因此，教师应该从促进幼儿发展的根本目标出发，根据具体的教育情境，灵活地决定何时、何地、何种教育活动该预设，何时、何地、何种教育活动该生成。

三、生成活动促进幼儿的主动发展

（一）生成从生活中来，学习到幼儿中去

在教育实践中最根本的还要看具体实施的课程是否适合幼儿的发展规律和发展特点，是否能有效地促进幼儿的学习和发展。在幼儿的教学活动及日常活动中，在幼儿与周围人、事、物的互动过程中，教师要时刻关注幼儿，了解他们的内在需要，处处都隐藏着丰富的教育契机。幼儿本身具有一定的好奇心，喜欢进行探索，生活中的新鲜事物能够更好地激发幼儿的学习兴趣，教师在教育教学中要注重抓住幼儿发展的特点，更好地促进幼儿主体性的发展。对幼儿的教育是相对系统的过程，需要幼儿园、家长和社会之间的相互配合。

（二）以幼儿兴趣为主，以社会实践为辅

幼儿园是幼儿生活的主要场所，幼儿教师自身的教育观念、教育方式等都在一定程度上影响到幼儿的主体性发展。为此，幼儿教师要能够做到转变自身教育观念，追随幼儿的学习兴趣，为幼儿创设相应的空间，为幼儿主体性的发展提供一定的保障，真正从幼儿的兴趣点出发进行课程的生成，鼓励幼儿积极参与讨论，提出解决问题的办法。

（三）学以致用，有益成长

由于幼儿更加容易接受形象生动化的事物，在教育活动的开展中要能够摒弃理论性的知识，通过开展与幼儿实际生活相关联的活动，引导幼儿对实际生活进行观察，积累生活中的经验，以此促进课程的生成。幼儿课程生成不仅仅是师生之间进行互动的结果，还是家长、环境、同伴之间的相互影响。

四、活动反思

（一）理解生成课程内涵、提高教师素养、丰富专业知识

要想真正实施好生成课程，教师首先要理解生成课程的内涵，了解其结构、教学方式，把握其特点、目的，真正领悟生成课程的精髓，这样才能正确而全面地认识生成课程本身，也才能更好地指导实践。由于生成课程是无目标的，自发生成的，无形中对教师提出了比较高的要求，需要教师善于利用环境、教材等多种因素，使环境与课程有机结合，充分利用已有素材满足幼儿生成活动所需，同时也需要教师具有较强的专业素养、丰富的生活经验、严谨的逻辑思维。

（二）及时捕捉幼儿的兴趣点，采用追问、肯定的方式引导幼儿

在师幼互动过程当中，教师要善于观察幼儿，在一日活动中，幼儿会与环境、同伴、教师产生大量互动，在这些互动中，幼儿随时会对某个知识点产生浓厚兴趣。这个时候教师一定要注意细心观察，及时捕捉，并且在幼儿产生疑问的时候，教师不要直接告诉其答案，而要采用追问的方式，让他们自主思考，主动探索，鼓励他们自己想办法解决，实在不能解决的，教师再给予一定的帮助，鼓励他们积极探索，引导他们去实践，加大将每一个有效的兴趣点转化为生成课程的可能性。

（三）了解儿童发展的身心特点，对幼儿的生成活动进行适当选择

幼儿虽然是生成活动的主体，但并不是所有幼儿感兴趣的内容都适宜发展为生成课程。教师应该从理论上把握3—6岁儿童的不同认知特点、结构和已有知识经验水平，这样才能更好地连接幼儿的兴趣点与知识的目标点，对幼儿生成的课程进行必要的筛选和引导，也符合"最近发展区"的要求。如果幼儿主动建构的内容超出了自己已有的经验水平，则教师要对生成内容加以筛选，这样才能更加契合实际，也才能真正体现出生成课程的价值。

（四）判断生成课程类型，选择合适的介入方式

预设活动是教师作为实施者、设计者，通过相对固定的方法预先设计好的方案或计划，而生成活动是教师让幼儿参与设计，活动具有随机性、灵活性。教师在生成课程中仍然发挥着主导作用，要依据幼儿在活动中表现出来的兴趣、产生的问题和困惑，支持、帮助、引导幼儿去研究、探索，和他们一起探究。能够调动幼儿学习的积极性，让幼儿学得更生动、更有效，有利于发挥和发展幼儿的主体性，尊重幼儿的发展需要和探究欲望，这是一个师幼互动和相互应答的过程。幼儿园课程的设计和实施，是一个"预设"与"生成"循环往复的过程，需要教师充分发挥自身的创造性。

（五）创设丰富情境，提供生成课程产生的有效刺激

生成课程是幼儿在与教师、同伴、环境的大量互动中产生的，因此，教师应该为其提供丰富多样的环境，例如新颖未知的事物、种类丰富的活动等，让幼儿能够接触到大量的人和物，才能让他们在活动中，在与他人的交往中、思维碰撞中产生疑问，萌发兴趣，进而生成课程。教师应当留心生活，具有主动性和创新性，这样才能因地制宜地利用各种因素为幼儿创设各种各样、丰富多彩的环境，增强他们学习的热情和主动性，进而为生成课程的孕育提供一个温润的生长环境。

幼小衔接阶段幼儿前书写习惯培养策略研究

湖南省怀化市洪江市幼儿园　　汤香莲

幼儿期是人类认知和技能发展的关键时期，而书写作为一项基本的传播工具和认知活动，对幼儿的整体发展具有重要影响。幼小衔接阶段是幼儿即将进入正式教育的关键时期，早期书写习惯的培养对其未来的学习至关重要。然而，幼儿前书写习惯的培养在教育实践中一直面临挑战，需要深入研究以制定有效的策略。

本文旨在深入探讨幼儿前书写习惯培养的策略，结合家庭和幼儿园环境，以促进幼儿的书写技能和自我表达能力的发展。通过对相关文献的综述和实地研究，我们将探讨各种幼儿前书写培养策略的有效性，并提供有针对性的建议，旨在为幼儿教育提供更全面和科学的指导。这一研究旨在为幼儿前书写教育领域的实践和政策制定提供有益的见解，并推动幼儿书写习惯培养的进一步发展。

一、幼小衔接阶段幼儿前书写习惯培养意义

幼小衔接阶段幼儿前书写习惯培养具有重要意义，因为它不仅对幼儿个体的综合发展至关重要，还对其未来学习和生活产生深远影响。为更好地强化幼小协同，让幼儿从幼儿园顺利过渡到小学，对大班幼儿进行前书写教育，是提高前书写兴趣、发展前书写能力、帮助幼儿养成良好的前书写习惯的重要途径。首先，良好的书写习惯不仅有助于幼儿的文字表达能力，还能提高他们的沟通技能，促进社交互动。其次，书写习惯的培养可以增强幼儿的注意力、专注力和自我纪律，有助于他们在幼儿园和生活中更好地处理任务和问题。此外，早期的书写习惯培养可以促进幼儿的阅读和数学能力发展，为其今后的学习奠定坚实基础。最重要的是，良好的书写习惯有助于培养幼儿的自信心和自尊心，激发他们对学习的积极兴趣，塑造积极的学习态度。因此，幼小衔接阶段幼儿前书写习惯培养不仅是教育的重要任务，还是为幼儿未来终身学习和发展打下坚实基础的关键环节。

二、幼小衔接阶段幼儿前书写习惯培养现状

（一）缺乏系统建构

前书写经验是一个系统构建的过程，不能单纯地或是狭义地认为写写感受、记录一下就能证明前书写经验构建了。它的建构过程一定是系统的、层层递进渗透的认知过程。缺乏系统性教育意味着在幼小衔接阶段幼儿前书写习惯培养中，教育方法往往不够有条理和有计划，缺乏明确的教学目标和策略。例如，有些老师就给幼儿提供大量的书写的空间，让幼儿尽情地书写表达，误以为只要给予幼儿书写表达的平台、机会，多写多记录就是前书写学习经验的形成，其实不然。前书写学习经验的建构是一个系统的构建，而非靠几次记录、绘画表达就能形成的。因此，有必要制订明确的前书写教育计划。

（二）前书写活动形式单一

当前，很多幼儿园前书写活动的形式单一，要么是用低结构材料拼出汉字，要么是描红和临摹，很少看到与幼儿园课程相融合、与一日活动相结合、以游戏形式为载体的丰富多样的前书写活动形式。此外，很多幼儿园前书写教育活动的形式以图画表示为主，教师并未引导幼儿利用符号、图画等多种方式进行表征，且幼儿园更多是让幼儿用笔涂涂画画，而用其他书写替代物进行书写的方式较少，形式单一，而且老师对幼儿的坐姿都没有进行要求。

（三）家长理念存在误区

目前许多家长不理解"前书写"是正式书写的准备，以为孩子只有写出真正的汉字，才是令人惊喜的进步；误解幼儿前书写，认为幼儿园的孩子已经具备书写的能力，但其实过早的书写练习，反而会导致幼儿失去书写兴趣；又有些家长认为前书写只是机械练习写字，或者在6岁之前书写会影响骨骼发育。但实际上，前书写是幼儿通过书写和绘画表达自己的方式。同时，正确的握笔姿势和使用适当的书写工具不会影响幼儿的骨骼发育。如果家长能够正确指导和引导幼儿进行前书写，这将有助于激发幼儿对书写的兴趣，提高幼儿的书写技能和表达能力，并为幼儿未来的书写能力打下基础。

三、幼小衔接阶段幼儿前书写培养策略

（一）幼儿园进行前书写准备

幼儿的前书写和手指的精细动作发展有很大的关系，在幼儿园可以通过一些常规活动，如穿脱衣物、搭积木、绘画、捏轻黏土等来锻炼幼儿的精细动作，让幼儿自主取餐、使用筷子吃饭、系鞋带、剪纸、夹豆子、穿珠子等。幼儿晨间入园时，教师提供签到板，幼儿自主签到。例如，小中班的幼儿勾出或圈出自己的名字，大班的幼儿进行名字签到，在签到中练习握笔姿势，自己的名字也会写得越来越漂亮。在班级集体教学活动中可以练习控笔、坐姿及科学小实验的统计和记录等。区域活动中根据幼儿前书写能力投放操作材料，如建构区内可以投放笔和纸，让幼儿设计建构图纸；阅读区内可以投放报纸，让幼儿进行"报纸圈字"，圈出自己所认识的字。利用户外自主游戏的绘画与表征，如户外游戏前的计划、游戏后的表征，给孩子们充分使用笔的时间。

（二）体验书写的乐趣

前书写最核心的实质是为书写做准备，是一种手眼协调、锻炼手部小肌肉的练习活动，以游戏的形式开展控笔练习，可以有效提高幼儿的书写兴趣和专注力。在幼儿园，我们通常会使用多种方式让幼儿进行游戏，在游戏中书写，如用瓶盖、积木等"拼名字"；在沙池，让幼儿用手指或小棍在沙子上面画字；在水池或墙上，让幼儿用手指、毛笔或者其他绘画材料画字；在户外绘画墙，让幼儿用颜料、彩笔、粉笔进行涂鸦字；让幼儿写创意名字，把喜欢的线条、形状、图形进行组合，用不同的形式装饰自己的名字，画出自己的特征，设计专属于他们自己的名片，每一张独特的名片对幼儿来说都非常有意义，也很有趣。

（三）提供适当的书写工具

为了促进幼小衔接阶段幼儿前书写习惯的培养，提供适当的书写工具至关重要。这包括确保幼儿有易于握持的笔、合适的本子、颜色鲜艳的纸张等，以鼓励他们积极参与书写活动。例如，选用较大的便于幼儿抓握的粗的三角笔和特别设计的练习纸，可以帮助幼儿在纸上更自信地进行书写练习，而具备良好握持性能的铅笔有助于他们掌握正确的书写姿势。此外，提供涂鸦本、贴纸、彩色笔等多样的书写材料，可以让幼儿在创意和自由的氛围中享受书写，从而更愿意积极参与书写练习。通过提供适当的书写工具，可以使书写变得更加吸引人，有助于幼儿建立积极的书写习惯，同时培养他们的创造力和表达能力，为日后的学习生活奠定坚实的基础。

（四）创造友好的书写环境

创造友好的书写环境对于培养幼小衔接阶段幼儿前书写习惯至关重要。这意味着提供一个鼓励、激发兴趣和积极参与书写的氛围和空间。在幼儿园中，可以建立一个特别设计的书写角，其中包括舒适的座位，各种书写工具如铅笔、蜡笔、粉笔、彩色笔，以及书写示范板，用于展示正确的书写技巧等。同时，设置一面展示幼儿书写作品的墙壁，鼓励他们分享自己的努力和成就。这个书写角可以成为一个激发幼儿自主书写练习和创意写作的地方。在家庭环境中，家长可以创造一个安静且舒适的书写区域，提供充足的书写材料，如各种纸张、贴纸、涂鸦工具、颜色鲜艳的笔等，以鼓励幼儿在家中积极参与书写活动。这个书写角落应该与学习和创造紧密相连，为幼儿提供一个专注、创意迸发的空间，让他们自发地探索和表达自己的思想和想法。

通过这些友好的书写环境，幼儿可以感受到书写的愉悦和重要性，激发他们对书写的兴趣，从而更愿意投入时间和精力来发展他们的书写习惯。这种积极的环境可以为幼儿提供有益的书写体验，培养他们的自信心和书写技能，为未来的学习成功打下坚实的基础。

四、结语

在本文中，我们研究了幼小衔接阶段幼儿前书写习惯的培养策略，旨在为幼儿书写能力的提高提供深入理解。通过综合文献综述和实地观察，我们强调了家庭和幼儿园之间的合作、提供适当的书写工具、创造友好的书写环境以及示范和指导的重要性。这些策略有助于激发幼儿对书写的积极兴趣，提高他们的书写技能，并为未来的学术和社交发展奠定坚实基础。然而，我们也发现存在一些挑战，如时间不足、家庭支持不足等。因此，继续研究和实践这些策略，以改进幼儿前书写习惯的培养，对于提高幼儿的整体发展至关重要。

以一对一倾听推进幼儿课程游戏化的策略研究

湖南省怀化市洪江市幼儿园　黄　容

在当今日益多元化和复杂化的教育环境中,幼儿教育的重要性愈加凸显。游戏化教学已经被广泛认可为提高幼儿学习体验和成效的有效策略之一。然而,要实现成功的游戏化教育,一个关键要素是有效的倾听,特别是一对一倾听。本文旨在深入探讨一对一倾听在幼儿课程游戏化中的作用,探讨如何通过提高教育者的倾听技巧来增强幼儿教育的质量和效果。通过结合倾听心理学、游戏化教育和幼儿教育的理论框架,本文旨在为教育从业者提供有实际意义的策略和指导,以更好地满足幼儿的学习需求,促进其全面发展。通过对一对一倾听策略的深入研究,本文将为未来的幼儿教育实践和研究提供新的视角和启示。

一、以一对一倾听推进幼儿课程游戏化研究的意义

首先,通过强调一对一倾听在游戏化教学中的关键作用,本文为教育从业者提供了一种有力的策略,能够增强他们的教育方法,激发幼儿的学习兴趣和积极参与,从而提高教育质量。

其次,本文的价值还在于有助于深化对幼儿心理和认知发展的理解。通过游戏化教育中的一对一互动,幼儿不仅能够提高语言技能,还能培养社交技能和情感智力。这有助于塑造更全面、更自信的幼儿,为他们未来的成功打下坚实的基础。

最后,本文的理论和实践支持将有助于引导教育政策和实践的不断创新。随着社会和科技的不断变化,幼儿的学习需求也在不断变化。因此,深入了解一对一倾听在游戏化教育中的作用,有助于制定更具前瞻性和适应性的教育方法,更好地满足幼儿学习的多样化需求,为他们的未来发展创造更多机会。

综上所述,本文对于提升幼儿教育质量和效果,以及为下一代的全面成长和发展奠定坚实基础,具有重要而深远的意义。它为教育领域的专业人士提供了实际指导,并为未来的幼儿教育研究和实践提供了宝贵的见解。

二、以一对一倾听推进幼儿课程游戏化的现状

(一)时间和资源限制

时间和资源限制在推进幼儿课程游戏化中确实是一个显著而复杂的挑战。以一位幼儿教师为例,他们通常在一天内要面对一大群幼儿,每个幼儿都是独一无二的,具有不同的学习需求、背景和兴趣。如果教师希望实施一对一倾听,以更好地了解和满足每个幼儿的需求,这将不可避免地占用大量的时间。他们需要与每个幼儿建立深入的互动,了解他们的兴趣、挑战和潜力,以便更好地实施个性化教育。

这种一对一关注的实施需要教师精心准备个性化的教学材料,制订个别学习计划,定期与家长沟通,以及为了满足特殊需求的幼儿可能需要额外的支持和资源,如辅导员或特殊教室设备。这一切都需要耗费大量时间和精力,导致其他重要的教育任务,如课程准备、课堂管理、幼儿评估等任务受到压缩。

而且,如果幼儿教育机构的资源受限,例如财政预算不足或人员不足,那么采用一对一倾听策略将更加具有挑战性。为了应对这一问题,教育机构可能需要重新分配资源,提供更多的专业培训,或者探索创新的教学方法,以便在资源有限的情况下仍能够有效地实施一对一倾听。

总之，时间和资源限制对于实施一对一倾听以推进幼儿课程游戏化是一个复杂的挑战，需要综合考虑教育政策、教师培训和资源管理等多个方面的因素，以确保每个幼儿都能够获得高质量、个体化的教育体验。

（二）教师培训需求

教师培训需求在推进幼儿课程游戏化中至关重要，因为教师需要具备特定的技能和知识，以有效地整合游戏元素和一对一倾听。例如，教师需要学习如何设计富有启发性的游戏化活动，以激发幼儿的兴趣和积极参与。培训还可以涵盖倾听技巧的提升，例如主动倾听、提问技巧和反馈方法，以确保教师能够建立更深层次的互动，并更好地理解每个幼儿的需求。举例来说，教师培训可以包括实际的案例研究和情景模拟，让教师练习如何在游戏化教学中运用一对一倾听，使他们在实际课堂中更自信、更有效地应用这些策略。这种培训将有助于提高教师的专业素养。

（三）差异化需求

差异化需求是在推进幼儿课程游戏化中不可忽视的挑战，因为每个幼儿都是独特的，具有不同的学习风格、兴趣和需求。例如，一些幼儿可能对数学感兴趣，而其他人可能更喜欢艺术或语言。在游戏化教育中，一对一倾听需要根据每个幼儿的差异化需求来调整。

此外，差异化还涉及学习速度和能力的不同。有些幼儿可能在某些领域表现出色，而在其他领域可能需要更多的支持。因此，教师需要根据每个幼儿的学习进度调整教学内容和方法，以确保每个幼儿都能够在其自身的水平上取得成功。

因此，差异化需求意味着教师需要灵活地适应每个幼儿的独特性，以确保他们在游戏化教育中获得最大的益处。

（四）评估和反馈困难

在推进幼儿课程游戏化时，评估和反馈方面可能会遇到困难。一方面，由于游戏化强调学习的乐趣和探索，传统的评估方法可能无法准确捕捉幼儿的学习成果。例如，一个幼儿可能在游戏中取得了出色的表现，但这并不一定会在标准化测试中反映出来。另一方面，一对一倾听要求教师与每个幼儿建立更紧密的关系，提供及时的个性化反馈，但在大班班级中，这可能会变得非常具有挑战性，因为教师需要为每个幼儿分配足够的时间和关注。因此，如何有效地评估和反馈每个幼儿的学习进展，同时保持游戏化教育的乐趣和动态性，是一个需要仔细考虑和解决的问题。

三、以一对一倾听推进幼儿课程游戏化的策略

（一）对幼儿开展针对性的学习计划

个性化的学习计划是一种有针对性的教育策略，旨在根据每个幼儿的独特需求、兴趣和学习风格来制定教学。例如，考虑一个幼儿园的情景，其中有一名幼儿叫小明，他对数字和数学表现出浓厚的兴趣，但在语言技能方面可能需要额外的支持。在制订小明的个性化学习计划时，教师会为他提供更多的数学游戏和活动，以满足他的兴趣和挑战他的智力。同时，针对他的语言需求，教师可能会提供更多的语言丰富的游戏和沟通机会，以帮助他提高语言技能。通过这种方式，小明可以在他擅长的领域继续发展，同时在他需要改进的领域得到额外的支持，实现更全面的学习和成长。这种个性化的学习计划有助于提高每个幼儿的学习表现，同时增强他们的学习动力和自信心。

（二）开展小组游戏

小组游戏是一种有助于幼儿课程游戏化的策略，通过让学生分成小组来促进合作和互动。例如，想象一个小学的数学课堂，教师引入了一个名为"数学探险队"的小组游戏。学

生被分成小组，每个小组都有一个特定的任务，如解决数学难题、设计数学游戏等。在游戏中，每个学生都有机会发挥自己的优势，有些学生可能擅长解决问题，而其他学生可能擅长创意设计。教师可以在游戏过程中与每个小组互动，提供指导和反馈，同时也鼓励学生之间的合作和知识分享。这种小组游戏不仅增加了学生之间的互动和动力，还使教师能够更好地了解每个学生的学术和社交能力，从而更好地满足他们的需求。

（三）主动倾听

主动倾听是一种重要的沟通技巧，它涉及倾听者积极地倾听和理解说话者的言辞、情感和需求，以建立更深入的互动和更互信的关系。例如，在幼儿教育中，一名教师可以展示主动倾听，当一个幼儿分享他们的故事或问题时，教师会蹲下来与孩子处在同一视线高度，关注他们的眼神和言语，传达出"我在倾听你"的信息。教师可能会提出问题，如"告诉我更多关于你的故事"或"你觉得怎么样"以鼓励幼儿深入表达他们的感受。通过这种主动倾听，教师不仅可以更好地了解幼儿的需求和情感，还可以建立互信，为有效的教育和支持打下基础。

（四）教师对幼儿进行课程游戏化的评估

及时反馈是教育过程中的重要环节，它涉及在学习发生时立即提供信息和回应，以指导幼儿的进展和改进。例如，在一堂幼儿课程中，教师可以使用及时反馈来表扬一个幼儿的表现，如当一个幼儿成功解决一个难题或完成一个创造性任务时，教师可以立即给予称赞和鼓励。如果幼儿遇到困难或错误，教师也可以通过提供建议和指导，帮助他们及时纠正错误和改善。这种及时反馈不仅能鼓励积极的学习行为，还能帮助幼儿更好地理解概念，促进学习进展。

四、结语

本文深入研究了一对一倾听在推进幼儿课程游戏化中的关键作用与策略。我们强调了一对一倾听在个性化教育中的重要性，它有助于教育者更好地了解幼儿的需求和兴趣，提高他们的学习动力和参与度。此外，我们讨论了如何通过主动倾听、小组游戏、个性化学习计划和及时反馈等策略有效地融入一对一倾听，以优化幼儿的学习体验。然而，我们也指出了在实施过程中可能面临的时间、资源、评估和差异化需求等挑战。最后，本文呼吁教育者、政策制定者和家长共同努力，以确保每个幼儿都能够受益于游戏化教育和一对一倾听的优势，从而为他们的全面成长和未来的成功铺平道路。

浅谈幼儿园主题墙创设的方法

广西壮族自治区钦州市钦南区钦州市幼儿园　张业慧

主题墙是幼儿园课程中重要的一部分，创设主题墙是为了更好地支持幼儿的学习，通过创设主题墙，可以很好地记录幼儿的学习活动过程，更好地将幼儿的思维想法展示出来，鼓励幼儿在学习生活的过程中学会表达自我、分享情绪。此外，主题墙的创设还可以引导幼儿的行为活动，促进幼儿的全面发展。但是目前，主题墙的创设却没有发挥其应有的作用，一般都是教师在制作主题墙，主题墙成为教师展示自我才艺的平台，这与主题墙创设的目的是大相径庭的。所以，如何改变主题墙的创设模式，发挥主题墙的作用是目前幼儿教育研究工作中的热点话题，本文对此展开了研究与分析，希望通过研究与分析，解决主题墙创设的问题，提高主题墙创设的价值。

一、创设幼儿园主题墙的对策措施

(一)兴趣引导,凸显主题墙的动态性

主题墙的创设必须根据时代教育理念的发展进行改革,做到与时俱进、动态发展,不能只遵照一种模式、一套标准,最好要将幼儿的兴趣结合起来;在主题墙的创设过程中,教师担任的是引导者的角色。这意味着教师需要根据幼儿的行为和兴趣,灵活地调整主题墙的主题和内容,而不是机械地按照预设的模式和标准进行布置。只有这样,主题墙才能真正体现其动态性,与幼儿的学习和生活紧密相连。

以"植物主题"为例,当教师初步设定墙面内容为"植物的种子"时,这只是一个起点。在实际的创设过程中,幼儿可能会对种子的来源、种子的形状、种子的颜色等方面产生浓厚的兴趣。他们可能还会对种子的萌芽过程、植物的生长周期、植物的根茎等有更深入的兴趣。这个时候,教师就可以根据幼儿的兴趣和好奇心,对主题墙的内容进行适时的延伸和扩充。比如,可以增加关于种子萌芽过程的图片或实验展示,或者设置一个小型植物种植区,让幼儿可以亲手种植并观察植物的生长过程。通过这样的方式,主题墙不仅成为一个展示知识的平台,更成为一个促进幼儿自主探究和实践的舞台。幼儿可以在与主题墙的互动中,不断地提出问题、寻找答案,从而实现自我学习和自我成长。

(二)幼儿主导,加强幼儿设计与参与

幼儿是教育活动中的主体,教师在教育活动中扮演的是参与者和支持者的角色。主题墙是幼儿教育环境中的重要组成部分,可以为幼儿的教育起到支持的作用。所以,在创设主题墙的时候,要发挥主题墙的支持教育作用,坚决维护幼儿教育中幼儿的主导作用,尊重幼儿的想法,让幼儿参与到主题墙的设计活动中。比如,可以让幼儿参与到主题墙的内容的决定、位置的选取、素材的挑选中,尊重幼儿的每一个想法,这不仅可以增强幼儿的参与感和归属感,还能帮助他们建立起对学习的积极态度和自信心。

在主题的选择上,教师可以准备多个与幼儿生活经验、兴趣爱好相关的主题内容,然后让幼儿根据自己的兴趣进行投票选择。这样的选择方式既体现了民主性,又确保了主题内容能够贴近幼儿的生活和兴趣。通过让幼儿参与到主题选择的过程中,我们可以更好地激发他们的学习热情和探索欲望,使主题墙真正成为他们学习、成长的有力支持。在创作中,教师可以让幼儿自主进行创作,对于一些创作中出现的问题,比如缺少材料、内容单一等,让幼儿自己想办法解决。如果缺少材料,幼儿可以采用手绘的方式;内容单一可以查找更多的资料融入进去。总的来说,就是要提高幼儿的自主性,让幼儿独立自主地完成主题墙的设计。

(三)融入文化,实现传统文化的传承

我国拥有五千多年的文化历史,悠久的传统文化无疑是我们民族的宝贵财富,也是教育领域中不可忽视的丰富资源。在幼儿教育的日常实践中,主题墙作为一种直观、生动的教学工具,对于激发幼儿的学习兴趣和想象力有着至关重要的作用。因此,将传统文化元素巧妙地融入主题墙的创设中,不仅能美化教育环境,更能让幼儿在潜移默化中感受到中华文化的魅力,从而培养他们的文化自信和民族自豪感。然而,传统文化的内容极为丰富多样,涵盖了诗词、绘画、音乐、舞蹈、戏曲、民俗等各个方面,其内涵博大精深。在主题墙的创设过程中,如何选择合适的传统文化内容,使其既能吸引幼儿,又能有效地传递文化价值,这确实是一项考验教师智慧和能力的任务。

以"传统节日"为例,这是一个非常适合在幼儿园主题墙中呈现的主题。中国的传统节日如春节、元宵节、清明节、端午节、中秋节等,每个节日都有其独特的文化内涵和历史背景。教师可以围绕"传统节日"这一主题，设计一系列与节日相关的墙饰，如春节的红包、对联、鞭炮，中秋节的月饼、兔子、嫦娥等。在中秋节到来之际，教师还可以在主题墙饰中融入中秋节的相关知识内容，如中秋节的由来、习俗、传说，以及与之相关的古诗词等。这些内容不仅可以丰富主题墙的内涵，还可以让幼儿在参与主题墙创设的过程中，更深入地了解传统节日的文化内涵，从而增强他们对传统文化的认识和兴趣。通过这样的方式，主题墙不仅成为一个展示传统文化的平台，更成为一个连接幼儿与传统文化的桥梁。它让幼儿在轻松愉快的氛围中，感受到了中华文化的博大精深，也让他们在未来的日子里，能够自豪地传承和发扬这份宝贵的文化遗产。

（四）家园联合，共创主题墙的类型

除了幼儿园的教育资源，家庭的教育资源也是幼儿教育中不可缺少的。主题墙是幼儿园教育环境中的重要组成部分，它不仅能够美化教育空间，更能够激发幼儿的学习兴趣和探索欲望。在主题墙的创设过程中，家长不仅是支持者，更是参与者。他们与幼儿一起围绕特定的主题，进行资料的收集、整理、创作和展示，共同构建出一个丰富多彩的主题墙。

以园本生成课程"幼儿园里有棵苹果树"为例，家长与幼儿一起发现苹果种子的秘密，这不仅增强了幼儿对自然科学的兴趣，也让他们在实践中学会了观察和探索。家长的支持和参与，为幼儿园创建了"苹果种子的秘密"这一主题墙板块，使幼儿能够直观地了解到苹果种子的生长过程和特点。这样的活动，不仅丰富了幼儿园的教育内容，也让幼儿在家中得到了延续性的学习和体验。又如在"劳动小能手"主题活动中，家长更是发挥了巨大的作用。他们不仅帮助幼儿理解劳动的意义和价值，还通过亲身示范和实践，教会幼儿各种生活技能。这样的活动，不仅培养了幼儿的动手能力和独立性，也让他们学会了感恩和尊重他人的劳动成果。由此可见，家庭的教育资源在幼儿教育中具有不可替代的作用。家长的参与和支持，不仅能够丰富幼儿园的教育内容，更能够促进幼儿的全面发展和健康成长。

二、结语

综上所述，《幼儿园教育指导纲要（试行）》中明确提出了环境作为幼儿教育资源的重要性，而"主题墙"就是环境教育资源中重要的组成部分。在幼儿教育中，要发挥主题墙的作用，不要让主题墙成为教师展示才艺的工具，而是要结合幼儿的兴趣、发挥幼儿的主动性，融入多样化的文化内容，联合其他资源，推进主题墙的创新建设，更好地鼓励幼儿在主题墙上表达自我、分享自我，促进幼儿教育质量的提升。

浅谈幼儿易怒情绪的形成及应对措施

北京市昌平区教工幼儿园　段超越　尚爱立

一、概念界定

（一）易怒情绪

情绪波动比较大，易发怒是很常见的一种情绪。易怒并不只是情绪病，除了和压力、心理因素、环境因素等原因有关以外，还可能是病理性的，所以易怒情绪也是需要调理的。

本文将幼儿易怒情绪定义为：幼儿在遇到挫折时有直接的反应，包括行为上的反应、哭闹、叫嚷，甚至对身边的人进行人身攻击等。

（二）应对方式

应对方式是父母的稳定因素与情境因素交互作用的结果，是父母在日常抚养活动中表现出来的一种对孩子的固定行为模式、行为倾向。它反映了亲子关系的性质，并且具有跨情境的稳定性。由于母亲角色的独一无二性，母亲应对方式对幼儿情绪的发展有着重要的影响。不同的生活环境和文化水平形成的母亲的应对态度和应对方式都是不同的。母亲的亲身示范、母亲的期望、母亲的养育方式，都是孩子认同与模仿的对象。

在笔者看来，母亲的应对方式是当幼儿表现出某种行为，母亲给予的一种回馈。这种回馈是根据母亲生活环境、文化文凭、认知能力所形成的对幼儿的应对态度的总和，对幼儿的情绪发展和健康成长都起着重要作用。

二、个案研究

研究对象是一个两岁零九个月的小女孩依依，她是家里的独生女，平时在家里是个"小霸王"，说一不二，想要的东西一定要得到，得不到就开始发脾气。依依有乖巧的时候，但一旦触发情绪敏感点，情绪反应就比较大，生气的时候哄不住。达不到依依的要求，就会大吵大闹，生气摔东西。

依依的母亲28岁，职业是会计，大专学历，独生子女，性格比较内向，也比较有主见。婚前在家里也被父母宠着，婚后与丈夫感情恩爱，公婆也很宠爱她。但是在教育孩子方面，认为公婆溺爱孩子，虽然不愿意表现出自己的态度，但事实上不喜欢公婆娇惯孩子。虽然她自己平时也很娇惯孩子，孩子偶尔做错事并不是跟孩子讲道理，而是生气地吼孩子。久而久之，只要家里有什么事或者孩子做错事，一家人就很容易意见不合。

依依的家庭是一个五口之家，依依与爷爷奶奶、爸爸妈妈一起居住，家庭经济状况较好。爸爸白天上班，晚上下班回家就是打电脑游戏。爷爷奶奶退休在家，奶奶一直以来就是家庭主妇，依依的父亲就是奶奶一手带大的。白天依依的父母都工作，依依由爷爷奶奶照料，爷爷奶奶对依依一直比较溺爱，想方设法满足依依的要求。依依的父亲在家中不愿意掺和家庭事务，一般也不发表自己的意见，不理会孩子，也不管教孩子。

三、母亲不同的应对方式对幼儿易怒情绪的影响

很多父母都会认为，孩子刚出生时简直就像小天使，而随着孩子的不断长大，却成了"小霸王"。依依的父母也有同样的看法。这是十分普遍的现象，也说明孩子有了自我意识，会表达自己的情绪了。但孩子是否听话，能否控制好自己的情绪，与母亲的应对方式有着很大的关系。笔者以依依的例子来进行分析。

（一）暴力应对法

暴力应对法是通过以暴制暴的方式，达到控制对方不良情绪的目的，如大吼、咆哮甚至动手打人，但以暴制暴并不能取得预想的效果。通过笔者的十次观察，发现幼儿母亲有六次是以暴力应对的。如果幼儿母亲采取暴力应对的方式，那么孩子同样会以暴力的方式回击。在我与幼儿母亲的访谈中，她提到这样一个片段：有一次一家人一起吃饭，有一份是腌制过的又辣又咸的川式香肠，是给大人准备的，依依有自己专门吃的菜。但依依对香肠很感兴趣，非要吃。奶奶给了一块，依依妈妈已经不高兴了，说不能再吃了。依依不听，还要多吃。奶奶准备再给，被妈妈制止了。依依开始哭喊："就要吃，就要吃。"妈妈让依依吃自己清淡健康的菜，依依偏不听。结果妈妈也生气了，吼了她一句："爱吃不吃，不吃拉倒。"依依一听，号啕大哭起来。一家人正在吃饭，爷爷奶奶你一言我一语地劝说，依依妈妈更加恼火，一把拉起依依，拖她到墙角站着，命令她必须把碗里的饭菜吃完。依依情绪也上来了，用力把碗摔在地上，与妈妈顶撞，要不是爸爸过来拉住妈妈，妈妈的手可能已经落在依依身上了。爸爸劝了好久才把妈妈劝住，奶奶又好言好语地安抚依依。从这个例子来看，依依妈妈暴力应对问题的方式，容易引起幼儿的逆反抗拒心理。在这个案例中幼

儿的易怒情绪表现为用力摔碗；母亲的应对方式是发怒，差点动手。笔者认为，适当的做法是告诉孩子，腌制的菜有什么危害，为什么小孩子不能多吃。等幼儿自己明白了，也就不会强行再吃了。

（二）溺爱满足法

溺爱满足法是对孩子百依百顺，孩子产生不良情绪时，会想方设法去满足孩子的要求，达到缓解孩子情绪的目的。孩子是父母手心里的宝，母亲更是付出全身心的爱。为了孩子，什么都愿意付出。笔者在沟通中发现，在依依成长的前期，依依的母亲经常运用溺爱满足的应对方式。在依依不到两岁的时候，非常喜欢糖果和巧克力，亲戚朋友也经常送来糖果等零食。妈妈觉得既然依依喜欢，不给依依吃她就要大吵大闹，于是就由着她。依依吃了很多甜食，结果不到半年时间就引发了蛀牙，不得不去看牙医。每次补牙时，依依也是哭着喊着不想补，牙齿又经常发炎疼痛。此时的依依妈妈是十分后悔的，不该溺爱孩子，放任不管。慢慢地，依依妈妈发现长期的溺爱满足并不是解决依依容易哭闹的好办法。

四、应对幼儿易怒情绪的建议

通过多次访谈以及对个案进行分析研究，笔者发现无论是暴力还是溺爱的应对方式，都解决不了幼儿的易怒情绪，针对这个年龄段的幼儿，解决他们的易怒情绪应从以下两个方面着手。

（一）提前预防

1. 营造良好的家庭环境，塑造健康心理

家庭环境对幼儿的情绪发展起着重要的作用。家庭氛围越和谐，幼儿越自信，对外人际关系也比较融洽。幼儿的性格和情绪受遗传基因的影响，情绪是对环境的生理反应，例如，性情易怒或平稳、对新事物胆怯或好奇、好动和安静、适应力和耐性不同等。

2. 母亲注重自身心理健康，提高自身心理素质

高素质高情商的母亲培养出的孩子也一定是优秀的，这样的孩子同样拥有高素质和高情商。母亲要重视自身心理健康，不断提高自身心理素质。给孩子提供良好的家庭氛围，塑造健康形象，做掌握自己情绪的主人，而不是被自己的情绪左右。母亲的情绪状态是影响孩子心理健康发展的重要因素，母亲的喜怒哀乐对于孩子来说，感染力非常强。孩子心理尚未发展成熟，母亲应该调整自己的言行举止，当孩子有了易怒情绪，切忌以暴制暴。

（二）及时纠正

1. 发现幼儿不良情绪及时疏导

幼儿是一个情感易发群体，特别是不良的情绪反应，比如大喊大叫、容易自卑、胆小、羞怯、偏激、爱生气、爱哭、不合群等。如果幼儿的不良情绪得不到适时、适当的疏泄，积蓄过多，就会导致一系列不良的后果，不仅影响幼儿的身体发育，也会影响幼儿的心理发展。本文中的依依在出现易怒情绪后，母亲并没有第一时间正视这个问题，而是用不恰当的应对方式进行回馈。

2. 用鼓励表扬代替训斥惩罚

卢梭认为要尊重儿童，不要急于对他做出或好或坏的评判。幼儿的行为出于天性，他们还没有正确的是非观念，需要母亲的引导。如果母亲一味地训斥惩罚，效果可能会适得其反。比如幼儿将垃圾扔在地上，母亲如果呵斥他，小朋友就可能有逆反心理，下次还往地上扔，与母亲对着干，或者觉得扔在地上是种乐趣。这个时候，母亲的应对方式应该是从正面去引导，告诉孩子乱扔垃圾的行为不文明，会给环境带来伤害。一旦孩子学会了主动把垃圾扔进垃圾桶，母亲就要及时表扬和鼓励，用赞赏的语气说："宝贝真棒！好样的！"

这样孩子也有了自豪感，并懂得了垃圾的正确处理方式。幼儿需要管教和指导，但是如果他们时时刻刻都在管教和指导之下，是不大可能学会自制和自我指导的。

3. 与幼儿建立起相互信任的关系

母亲千万不要蒙骗孩子，要经常用正直和诚实的行为获得孩子的信任。孩子的提问，若涉及生死、性教育等敏感话题，也应做诚实的回答。孩子喜欢问："我是从哪儿来的？""我到医生那里打针会不会很痛？"母亲对此都应做出科学准确可信的答复。母亲还应该做出表率，对孩子表示信任。一旦孩子到了懂道理的年龄，父母就应当相信他们所说的话，以此建立相互之间的信任。

4. 引导幼儿正确宣泄易怒情绪

积极的情绪是幼儿心理健康发展的核心，也是幼儿健康的一种重要的表现形式。作为母亲，首先要意识到消极情绪也是正常的，要先接纳孩子的消极情绪，让幼儿合理宣泄和释放消极情绪。也许孩子的行为确实有不对之处，不过母亲这时不要急于批评和纠正。在倾听反馈之后，试着去接纳孩子，因为接纳是改变的开始，比如"我了解……""我体会到……"别担心孩子会误解你的意思，因为点头不表示赞同，接纳也不表示违反自己的立场。

高质量中班美工区域活动的有效开展策略

北京市东城区大方家回民幼儿园　王思佳

教师要以更加科学的眼光创设活动，以幼儿为主体不断促进美工区域活动质量的提高，教师在区域游戏的创设中首先要思考自身的地位，以参与者的身份尊重幼儿作为一个独立发展的个体的地位。但是，现阶段的美工区域活动依旧存在一些问题需要进行改变，具体问题和创新策略如下。

一、现阶段幼儿美术区域活动中存在的问题

（一）活动目标制定重形式轻培养

教师在开展幼儿美术区域活动的时候一定要将活动的目标与幼儿全面发展相结合，不仅要从幼儿的认知、知识、技能的基础方面进行目标设定，还要结合情感、态度、价值观等内在培养。但是现阶段的幼儿教育目标设定中缺乏整合性，教师的培养活动中的目标设定套用《3—6岁儿童学习与发展指南》、依赖教材，导致活动目标注重表现形式，缺少了对幼儿的真正全面的艺术培养。甚至有些教师在展开美术区域活动的时候，目标设计都不完整，教师过度关注幼儿的知识和技能的培养，而忽视了情感方面的培养。

（二）活动的内容设计过于单一

幼儿美术活动的内容是指教师在活动中教给幼儿什么，幼儿可以学到什么。教师在创设美术活动的时候，一定要根据幼儿的身心需求和本班级幼儿的实际情况展开分析，然后根据现阶段的幼儿需要完成什么活动目标来确定内容。但是现阶段的幼儿美术区域活动中，教师在开展美术区域活动的时候，就是简单地围绕美术活动展开，没有与其他艺术类教育内容展开融合，单一的活动内容导致幼儿在长期的幼儿园美术活动中逐渐丧失兴趣，甚至幼儿的创造力和想象力的发展被遏制。

（三）活动的评价内容与方法不科学

现阶段的幼儿美术区域活动评价中依旧存在传统教育评价的一些问题。虽然幼儿教育不会进行考试，但是教师在展开评价的时候，大多还是要给幼儿的作品分出名次，这种评价方法是非常不科学的,这种教育方式不仅是基于教师的主观审美,还会给一些没有评上名次的幼儿带来心理上的创伤。又或者教师的这些评价中的评语都是类似的,不仅毫无新意,而且没有针对性。这就导致教师的这些评价思考起不到对幼儿的针对性指导作用。

二、现阶段中班幼儿美术区域活动改进策略

(一)建立整体的活动目标

教师要将正确的教育理论融合到幼儿专注度培养的区域游戏创设中来,在《3—6岁儿童学习与发展指南》对幼儿的学习质量要求中,强调了幼儿仔细专注的游戏能力,这就需要教师深刻领悟《3—6岁儿童学习与发展指南》中的要求,将其教育精神融入到幼儿教育中,把握游戏目标的正确性。

以笔者执教的中班幼儿为例,中班幼儿大多在4—5岁,这一阶段的幼儿的专注力在9—15分钟,那么教师在设计美工区域游戏的时候要结合中班幼儿的发展情况设置难度。例如,笔者在设计"套娃线描画"这一美工活动的活动目标时,首先,在游戏预设目标中,要求幼儿达成10分钟以上的自我创作;其次,达成这一时间段中培养幼儿对线描色彩叠加实验的兴趣这一目标,激发幼儿对艺术创作的积极性,尤其是对色彩的感悟,幼儿在色彩的探索中了解了混搭、渐变、多色、深浅搭配等多种方式;最后,实现在民俗游戏融合的美工活动中渗透传统艺术的目标。虽然幼儿在游戏过程中会有各种各样的特殊情况发生,但是教师对游戏活动的把控力和执行力直接影响幼儿发展目标的实现,需要教师进行科学整合。

(二)创设高质量活动内容

教师了解幼儿在美术活动中的真正需求,是教师可以激发幼儿对美术活动内容兴趣的关键。教师只有找准了幼儿的兴趣所在,才可以更好地将更多资源融合到幼儿美术活动中。实际上,在真正的幼儿教育中,寻找幼儿真正需求的过程,不是教师刻意去寻找的过程,而是教师对幼儿在真实生活中的表现进行观察的结果。教师需要具备非常敏锐的观察力,在幼儿的活动中对幼儿表现出来的新鲜事件进行观察,对幼儿所表达的内容进行思考和感悟。幼儿在自然而然的活动中表露出来的内容,不仅是开展美术区域活动的窗口,更是开展幼儿艺术类课程的重要来源。

例如,我们开展了民俗游戏的谈话活动后,幼儿觉得木头陀螺或者塑料陀螺玩具大家都有,没有什么特殊的,孩子们想拥有自己制作的不一样的陀螺,于是笔者根据幼儿的需求开展了"纸杯陀螺"的美工活动。在这次美工活动中幼儿自己选择了材料并展开了陀螺的设计,并在活动结束后研究如何玩好纸杯陀螺。幼儿的真实需求在幼儿活动中大多是转瞬即逝的瞬间问题,教师要拥有敏锐的观察力,就可以把握幼儿的兴趣所在。结合幼儿兴趣开展活动是打造高质量美术区域活动的必然条件。

(三)建立和谐的师幼关系

教师的回应态度属于师幼互动中的一个非常重要的方面,教师首先要明确的是师幼互动质量的提升不是在短时间内能实现的,而是要贯穿在幼儿区域活动中。高质量的师幼互动中,教师要给予幼儿充分的自由,让幼儿可以自由地选择同伴、自主地选择材料、布置环境、创设情境等,激发幼儿的好奇心、探究能力等,增强游戏的教育目的性。幼儿探索的深度决定着幼儿需要教师帮助的程度。从这个角度来看,幼儿深度探究从侧面也可以促进幼儿的积极沟通。

例如,笔者在开展"自制DIY相框"活动的时候,首先,为幼儿打造了一个非常自由的美工区域游戏空间,在我们的美工区域里幼儿自由结组展开活动。其次,以幼儿需求为基

础，我们提供了吸管、彩纸、半成品硬卡纸、彩笔、小贴纸等材料，还提供了儿童剪刀、双面胶等辅助材料。幼儿可以通过对材料的创作，做出自己喜欢的相框，在这些相框中包含着幼儿的生活经验、对材料的理解、艺术审美表达等内容。

再如，笔者也十分重视对美工展示区的环境创设，并积极地引导幼儿参与其中，让幼儿进行环境布置，利用墙壁的布置和室内环境的布置来激发幼儿的兴趣。首先，教师征求了幼儿的意见，将幼儿在"套娃描线画""纸杯陀螺""自制DIY相框"等活动中的作品进行整理。其次，幼儿自主进行美工区域的墙面装饰，幼儿在以后进行美工区域游戏的时候就会在自己创设的环境中游戏，愉快的心情可以促使幼儿在游戏中以更加专注的态度投入美工创作，进而促进幼儿的全面发展。

（四）创设多元化评价内容

幼儿教师不可以固化地认为幼儿是一个单纯的知识接收者，而是要将幼儿的地位转换，将幼儿看作对美术艺术的探索者。为此在美术教育评价的过程中一定要将评价地位提升上来，注重结果的同时更要注重过程。基于教师与幼儿双主体的美术教育评价，不仅是对幼儿在课堂实施过程中价值的判断，更可以在这个过程中促进幼儿的积极性，积极发挥幼儿的主观能动性，促进整个美术区域活动的顺利进行。由此可见，教师树立注重教育过程的教育观对教育评价的实施十分重要。多元化评价内容的确定要围绕以下几点展开：第一，对于幼儿的评价基于幼儿的美术培养目标。第二，评价的目的是促进幼儿的进步与发展。第三，关注幼儿的个体差异化。第四，充分引入多元化的评价方式。第五，注重幼儿的自评环节。基于以上评价内容展开评价，以促进高质量美术区域活动的形成。

总而言之，笔者开展的美工区域活动不是为了督促幼儿按照活动计划的形式活动，而是对幼儿在活动中的自主、自发行为进行支持和发展性引导，并且将自己的支持策略根据幼儿在活动中的表现不断调整活动计划，不断满足幼儿对活动的需求，以幼儿的眼光看待问题，以幼儿的思维展开思考，不断促进幼儿的全面发展。

幼儿认知和语言游戏的指导原则和实施策略

北京市东城区大方家回民幼儿园　孟　文

研究发现，教师未能有效支持和帮助幼儿游戏、游戏形式单一且缺乏创造性、游戏未能联系幼儿的实际生活是导致活动开展不顺利的主要原因。为此，提出了幼儿语言游戏的指导原则实施策略，包括关注游戏的适宜性、体验性、语言经验的运用及给予有效支持和帮助等。

一、幼儿认知和语言游戏的指导原则

（一）先关注认知和语言游戏的适宜性，后关注形式的多样性

在不同的年龄阶段，对幼儿身心发展和能力水平的要求都存在着差别。小班幼儿的思维发展正处在动作思维的阶段，他们喜欢探索空间，因此"小猫躲起来"的游戏与幼儿的需要相吻合。而中班幼儿拥有一定的生活经验，他们更适合扮演游戏。大班幼儿喜欢获得成就感和新鲜的事物，他们还具有一定的竞争意识，因此，通常情况下，带有竞赛性质的认知和语言游戏可以将幼儿的积极性激发出来。为了与幼儿的年龄特征相联系，在进行认知和语言游戏的设计时，教师需要将难度作为考量的要素，因此，在进行认知和语言游戏的目标设定以及内容的选择时，都要将儿童的认知和语言能力的最近发展区域纳入考量之中。

在"我猜我猜"的过程中,老师先报出目标物的名字,然后让孩子们说出相应的数量,比如"裤子""一条裤子","鞋""一双鞋"等。这种认识与语言的游戏,能提升幼儿对量词的运用水平,激发对竞争与趣味的感受,促进幼儿的心理发展。

(二)先注重游戏体验,后追求认知发展

目前,在幼儿的认知与语言游戏中,普遍存在着偏重智能与认知的发展,而忽视了幼儿的游戏经验的问题。在幼儿的认知与语言活动中,教师应根据幼儿的认知与语言活动的基本特征来进行教学。首先,我们应将认知与语言的游戏视为一种智慧的游戏,而非一种为达成某种目的而进行的知识培训。其次,在简单的、反复的、可操作的游戏中,强调和重视幼儿的经验。在这一过程中,教师扮演着"引路人"的角色。在玩游戏的过程中,会产生出幼儿游戏的经验性,幼儿玩游戏的动机并不是获得某个奖品、达到某个目的,也不是要去学习某种知识和技能,而是在玩游戏的过程中,让孩子们获得体验感和满足感。

(三)先关注认知和语言经验的运用,后关注全面发展

幼儿的认知和语言发展拥有一定的经验和基础,与中小班幼儿比较起来,大班幼儿认知和语言的运用能力比较强,他们已经对周围的事物有了认识,并且有了自己的判断。首先,在实施认知和语言游戏的过程中,可以引导幼儿学会将自己已有的认知和语言经验运用到游戏中,从而在实现认知和语言发展目标的基础上,推动幼儿的全面发展。例如,在"开水果店"这个单字游戏中,教师用一种猜谜的方法引入,给出一个与水果名称相关的字,幼儿就会按照这个字的意思,在自己的生活中找到答案。结果表明,在游戏中,幼儿会将日常生活中所听到的词应用到游戏中,并模仿成人卖水果的交流方式,从而在这些游戏环节中,促进幼儿的认知水平和语言的运用能力,从而激发他们的认知和语言经验。其次,培养幼儿的思考能力,鼓励他们结交朋友并学会与他人分享。幼儿的全面发展是建立在幼儿不断发展的认识和语言经验基础上的。

(四)先观察幼儿游戏行为,后给予支持策略

观察是进行有效引导的先决条件,只有对幼儿的行为有足够的认识,才能进行有针对性的引导,对幼儿游戏过程中存在的问题进行分析,提出相应的对策。通过对幼儿在认知和语言游戏中表现出的个性特点和个体差异的观察,有针对性地指导幼儿。例如,"小小邮递员"这个单词游戏,就是为了让幼儿能够更好地了解地理位置,从而更好地充实他们的词汇量,老师们在观察中开创了一些新的游戏方式,除了可以讲地理位置之外,还可以讲讲数学方面的知识,讲讲邮递员要把一封信送到哪个单位、哪个楼层。通过对幼儿游戏的观察,我们发现,幼儿可以根据自己的想法,对游戏玩法进行创新;在对幼儿进行鼓励的同时,还将新游戏的形式记录和整理出来,让更多的幼儿去玩。

二、幼儿认知和语言游戏的实施策略

(一)指导方法灵活多样,给予幼儿有效支持和帮助

教师应向幼儿提供大量的、有趣的、有教育性的、有意义的、有学习意义的、由幼儿学习的、由幼儿自主创造的、具有创造性和教育性的学习素材。教师对幼儿进行有效的支持,具体包括对幼儿进行材料的支持,这些材料既新鲜又适合于幼儿的年龄阶段,可以促进幼儿的认知和语言能力的发展,在进行认知和语言游戏的时候,会使用到表演头饰、指偶、录音等内容,丰富的游戏材料可以提升幼儿的游戏品质。此外,教师要主动地倾听幼儿的表现,并对他们提出的问题进行有效的解答,及时鼓励和评价幼儿。每次幼儿向教师们提出问题的时候,教师要给予他们表达自己的机会,在倾听的基础上,对幼儿的疑问做出正确的判断,站在幼儿的角度进行思考,并给出答案。在幼儿面对问题的时候,要引导

幼儿去思考如何解决问题，而不是去告诉幼儿该如何去做，让幼儿养成自己独立解决问题的意识。不能随意地去指导幼儿的游戏，要在幼儿遇到问题时，有针对性地引导，为幼儿创造一个安全自由的认知和语言环境。除此之外，还要把"明示"与"含蓄"有机地结合起来，采取各种形式的引导。

（二）选择、生成和创编多种形式的认知和语言游戏

创新是发展的根本，认知和语言本身就拥有很强的应用特性，在学习的过程中，幼儿对词汇、句式的积累已经达到了一定的水平。因此，在进行游戏的时候，教师要有创意，要抛弃一成不变的游戏模式，不管是游戏的材料，还是游戏的方式，都要给幼儿带来新颖的感受。此外，教师还可以针对幼儿的特点，对幼儿认知和语言游戏的规则进行调整。有些传统的认知和语言类的游戏，要跟上时代的步伐，并按照幼儿的喜好来创造。例如，"拉大锯"的玩法很简单，只需要用口述的方式朗读，就可以让幼儿在模仿木匠拉锯的时候做一个有趣的游戏。如果幼儿想要更有趣的话，就必须改变游戏的规则。比如，我们可以让幼儿利用绳索来做游戏，还可以在游戏中加入一个比赛，比比谁的力气大，这样就能刺激幼儿的胜利欲望。除此之外，大班幼儿一般都会选择有一定难度的、有挑战性的游戏。将其他领域的内容进行融合，这也是一种创新方式。对创新后的游戏进行恰当的调整或改变，让游戏内容更符合幼儿的兴趣需要，这样幼儿才能充分体验到游戏所带来的乐趣。

（三）认知和语言游戏贴近幼儿的实际生活

要实现"认知"与"语言"的互动，就必须将陶行知"人生就是教育"的理念融入其中，以"认知"与"语言"来认识这个世界，并与外面的人进行交流。大班幼儿已经开始拥有对事物独立思考的能力，他们可以理解一些较复杂的信息，并且愿意将自己看到的和同伴分享，更加注重与他人进行有效的沟通。所以，在选择认知和语言游戏的内容时，教师应该尽可能地选择符合幼儿生活经验的材料，而不能与他们的现实生活相分离。例如，在春天到来的时候，可以组织幼儿去户外春游；在踏青的过程中，可以组织他们唱儿歌、念童谣、猜谜语等；在游戏的过程中，可以持续地引导他们去发现春天的特征，并学会去表达他们对春天的看法。教师们不仅要让幼儿去发现春天的美，还要让幼儿去亲身体验。教师们可以让幼儿去模仿春天里农民伯伯们劳作的过程，让幼儿去尝试种植的快乐。这也是一种现代的游戏方式，让幼儿了解到粮食的来之不易，并懂得尊重劳动果实。

（四）认知和语言游戏评价要从多角度进行

教师对幼儿进行的游戏的评价有多种方式。第一，评价的主体要多样化，可以从多个角度、多个方面展开，比如，幼儿玩游戏的积极性、参与度、持久性，认知和语言倾听与表达能力，对游戏规则的理解程度等。此外，还可以从幼儿游戏材料的运用情况、目标设置的合理性、游戏内容和组织形式、幼儿的情感态度表现、社会性表现等方面着手，对幼儿与游戏情境的互动情况展开分析评价。